A Luta pela Democracia no Brasil

A Luta pela Democracia no Brasil

DE VARGAS A BOLSONARO

2022 • Volume 5

Edson Simões

ALMEDINA

A LUTA PELA DEMOCRACIA NO BRASIL
DE VARGAS A BOLSONARO – VOLUME 5

AUTOR: Edson Simões

DIRETOR ALMEDINA BRASIL: Rodrigo Mentz
EDITORA JURÍDICA: Manuella Santos de Castro
EDITOR DE DESENVOLVIMENTO: Aurélio Cesar Nogueira
ASSISTENTES EDITORIAIS: Isabela Leite e Larissa Nogueira

DIAGRAMAÇÃO: Almedina
DESIGN DE CAPA: Roberta Bassanetto

ISBN: 9786556274881
Março, 2022

Dados Internacionais de Catalogação na Publicação (CIP)
(Câmara Brasileira do Livro, SP, Brasil)

Simões, Edson
A luta pela democracia no Brasil : de Vargas a Bolsonaro : vol. 5 / Edson Simões. – 1. ed. – São Paulo : Almedina, 2022.

Bibliografia.
ISBN 978-65-5627-488-1

1. Brasil – Política e governo 2. Democracia 3. Direito constitucional – Brasil 4. Ditadura – Brasil – História 5. Presidentes – Brasil – Eleição I. Título.

22-98925 CDU-340.131.5(81)

Índices para catálogo sistemático:

1. Brasil : Democracia e constitucionalidade das leis : Controle : Direito 340.131.5(81)

Aline Graziele Benitez – Bibliotecária – CRB-1/3129

EDITORA: Almedina Brasil
Rua José Maria Lisboa, 860, Conj.131 e 132, Jardim Paulista | 01423-001 São Paulo | Brasil
editora@almedina.com.br
www.almedina.com.br

SUMÁRIO

Capítulo 1

DECRETO 19.398, DE 11/11/1930 – REVOLUÇÃO OU GOLPE?

O primeiro ato legislativo do novo governo revolucionário de 1930, o Decreto 19.398, de 11/11/1930, foi o prenúncio da ditadura que viria apenas sete anos depois, o Estado Novo. Logo após assumir a chefia de Polícia do Distrito Federal do novo governo, o cargo mais importante na área de segurança, o caudilho Batista Luzardo se comprometeu a respeitar todos os direitos, assegurar as liberdades e velar pela ordem, concluindo que seria "a ordem dentro da liberdade." Osvaldo Aranha, o mais importante ministro do governo de Getúlio Vargas, em entrevista ao jornal carioca Correio da Manhã declarou praticamente o oposto: "A revolução não reconhece direitos adquiridos". Passaram-se apenas seis dias para que os "revolucionários de 1930" instituíssem o Decreto 19.398, que estabelecia os poderes discricionários do governo provisório. Uma das suas primeiras medidas foi dissolver o Congresso Nacional e as câmaras estaduais e municipais, colocando no poder os interventores nomeados pelo presidente Getúlio Vargas. O executivo passaria a governar por decretos-leis até que o País voltasse a ter um regime constitucional. O artigo 16 do Decreto determinava a criação do Tribunal Especial, que julgaria as pessoas que tivessem cometido irregularidades no governo anterior.

A imprensa também foi atingida. Em 13 de dezembro daquele ano, Luzardo convocou à chefia da Polícia todos os secretários e executivos de jornais, determinando que seus veículos de comunicação não comentassem ou noticiassem nada que se referisse ao "comunismo". Ao mesmo tempo, continuavam as prisões de líderes operários ou partidários que não apoiassem Vargas. David Nasser, um dos mais famosos jornalistas do período, afirmou que Luzardo "teve a inglória vaidade de ter sido o primeiro chefe de Polícia a ordenar prisões por questões sociais, mandando os detidos para a Casa de Detenção de forma sumária, sem processo ou inquérito, colocando-os nos mesmos pavilhões dos presos comuns". Logo após a edição do decreto, já se iniciaram as deportações e exílios dos assim chamados "indesejáveis" que, de alguma forma, traziam dificuldades ao novo governo. Por força do decreto 19.398, de 11/11/1930, o governo passava a exercer, conjuntamente, os poderes Executivo e Legislativo. No seu artigo 5º, estabelecia a suspensão das garantias constitucionais. No parágrafo único, se dizia que não teriam direito ao *habeas corpus* os réus funcionais e os sujeitos a tribunais especiais. No 16º ficava criado o Tribunal Especial para o processo e julgamento dos crimes políticos, funcionais e outros.

Havia a proposta, ainda, da criação de Tribunais Revolucionários Especiais, que geraram muita polêmica na sociedade porque se propunham a atingir os integrantes dos escalões superiores do governo imediatamente anterior. Em 12 de novembro, o governo provisório escolheu os primeiros cinco membros do Tribunal Especial, que seria presidido por Joaquim Seabra e teria sua primeira sessão ordinária em 12 de dezembro, no Palácio Monroe, no Rio de Janeiro. No entanto, já havia uma determinação, graças à pressão da sociedade civil, de que os apenados por aquele órgão não receberiam a pena de prisão, mas de banimento ou exílio, além da perda de função pública. Em pouco tempo, o Tribunal Especial mandou soltar vários cidadãos que haviam sido presos preventivamente. Os comunistas, no entanto, não seriam soltos e continuaram sendo perseguidos. Em março de 1931, os juízes do Tribunal Especial pediram demissão coletiva. Como resultado do episódio, o nome do órgão foi mudado para Junta das Sanções, sendo instalada em 6 de abril de 1931 no Rio de Janeiro, então capital federal.

Opositores comunistas e integrantes de movimentos sociais, entretanto, continuaram sendo perseguidos, assim como a imprensa permaneceu censurada. A chamada Intentona Comunista de 1935 seria mais um motivo para, alegando que os comunistas pretenderiam "atrelar o Brasil ao bolchevismo", endurecer ainda mais a repressão. Em março daquele ano, seria decretada a Lei de Segurança Nacional (LSN), que estabeleceu punição para os "crimes políticos e sociais". Os militantes da Aliança Nacional Libertadora (ANL) eram alvos preferenciais das medidas de exceção. O então ministro da Justiça, Vicente Rao[1], defendeu que contra estes fossem usadas medidas complementares à LSN. Em julho de 1936, a imprensa começou a noticiar que o presidente da República tinha pronta "uma mensagem sobre a criação de uma justiça especial para julgar os elementos extremistas". Era a criação do Tribunal de Segurança Nacional (TSN), que complementaria a LSN, convertendo-se em um tribunal de exceção, pronto para ser usado contra todos os inimigos do regime. Suas características remetiam ao Tribunal do Povo Alemão do III Reich – O Volksgenchts Hof. Poucos dias depois, Vargas remeteu à Câmara a mensagem para a criação do TSN. Ele previa a organização de colônias penais agrícolas – em geral, localizadas em locais insalubres – para que os "extremistas" cumprissem pena.

Em 25 de novembro, o TSN anunciava que os implicados no movimento comunista de 1935 chegavam a 456 pessoas, entre civis e militares, mas 500 pessoas presas pelas delegacias de Ordem Política e Social seriam julgadas pelo órgão. Eram acusados de, mesmo que não lutassem com armas nas mãos, divulgar ideias extremistas. Esse Tribunal foi responsável por julgar, até 1945, personalidades políticas como Olga Benário Prestes – judia comunista e mulher de Luiz Carlos Prestes – que foi deportada para a Alemanha Nazista, morrendo em uma câmara de gás, o

[1] Vicente Paulo Francisco Rao (1892 – 1978) – Advogado, jurista, professor e político brasileiro. Formado em filosofia e letras pela Faculdade de Filosofia, Ciências e Letras de São Paulo, em 1911, no ano seguinte diplomou-se pela Faculdade de Direito de São Paulo. Em 1926 participou da criação do Partido Democrático (PD) de São Paulo, organização que reunia setores da oligarquia cafeeira e da classe média, descontentes com o predomínio do Partido Republicano Paulista (PRP) na política estadual. Partidário da candidatura de Getúlio Vargas à presidência da República em março de 1930, Rao, com a vitória da revolução em outubro, assumiu a chefia de polícia de São Paulo, integrando o secretariado formado por João Alberto, indicado por Vargas como delegado da revolução no Estado. Em 1934, Rao participou da fundação da Universidade de São Paulo (USP), sendo um dos autores de seus estatutos. Tornou-se também professor da Faculdade de Direito dessa universidade. Vicente Rao foi o responsável pela elaboração da Lei de Segurança Nacional, sancionada em abril de 1935, que estabelecia sanções para jornais e emissoras de rádio que veiculassem matérias consideradas subversivas, além de prever a cassação de patentes de oficiais das forças armadas cujo comportamento fosse considerado incompatível com a disciplina militar. Ele foi também o responsável pelo fechamento da Aliança Nacional Libertadora (ANL), alegando ter provas do caráter comunista da organização.

próprio Prestes, condenado a décadas na solitária, e vários outros militantes de esquerda, contrários ao governo. Além de Olga, Elisa Saborowiski, a Sabo, também foi expulsa. A expulsão das militantes, inclusive de Olga, grávida de sete meses de Anita Leocádio Prestes, foi chancelada pelo Supremo Tribunal Federal (STF) em 17 de junho de 1936, quando foi negado o recurso impetrado por Olga a partir do seu advogado, Heitor Lima[2].

1.1 A Assembleia Constituinte e a Carta de 1934

Após o término da Revolta Constitucionalista em São Paulo, Vargas irá providenciar uma Constituinte, para normalizar a situação política da nação. Desde fevereiro de 1932 que uma comissão elaborava o Código Eleitoral a ser aprovado pela Constituinte, e que contava com as seguintes novidades:

- voto a partir dos 18 anos e também para as mulheres;
- deputados classistas, eleitos pelos sindicatos profissionais de patrões e operários;
- criação da justiça eleitoral.

Com a elaboração desse código, ocorreu o alistamento dos votantes, que deveriam eleger os futuros deputados à Assembleia Constituinte. Quanto às eleições afirmava o seguinte: "o número de deputados será fixado por leis; os do povo, proporcionalmente à população de cada Estado e do Distrito Federal, não podendo exceder de um por 150 mil habitantes, até o máximo de vinte e, deste limite para cima, de um por 250 mil habitantes; os das profissões, em total equivalente a um quinto da representação popular. Os territórios elegerão dois deputados".

Realizadas as eleições a 3 de maio de 1933, reapareceram as oligarquias regionais, organizadas em bancadas "partidárias" sem projeção nacional e sob denominações de efeito. Quanto aos "tenentes", poderosos no Nordeste, cindiram-se em dois grupos, sendo alguns contrários a

[2] Konrad, Diorge, *Em tribunais, política e justiça não nascem irmãs*, publicada no site www.vermelho.org.br, disponível in http://www.vermelho.org.br/coluna.php?id_coluna_texto=4983&id_coluna=14. Acesso em 12 dez. 2019.

assumir qualquer compromisso com a Constituinte; outros, ao contrário, buscaram angariar votos e apoio popular[3].

Principais iniciativas legislativas referentes à instalação da Constituinte:

- Decreto nº 21.402, de 14 de maio de 1932, do Governo Provisório, fixou o dia 3 de maio de 1933 para a realização das eleições à Assembleia Constituinte e criou a Comissão para elaborar o anteprojeto da futura Constituição[4].
- Decreto n. 22.040, de 1º de novembro de 1932, que regulava o trâmite dos trabalhos da Comissão e o envio de sua conclusão ao Chefe do Governo Provisório"[5].
- Regimento Interno da Constituinte, elaborado pelo Governo Provisório e publicado juntamente com o Decreto nº 22.621, de 5 de abril de 1933, compunha-se de vinte e dois artigos, tendo sido substituído posteriormente por aquele que a própria Constituinte elaborou e que, passando por alguma reforma no transcurso dos trabalhos, regeu a feitura da Magna Carta de 1934[6].

A instalação da Constituinte deu-se em 10 de novembro de 1933, presidida pelo mineiro Antonio Carlos Ribeiro de Andrada. A Constituição, terceira do Brasil, segunda da República, foi promulgada no dia 16 de julho de 1934. O anteprojeto tinha sido elaborado por membros do Governo Provisório, entre eles o general Góis Monteiro, Oswaldo Aranha e João Mangabeira.

A Constituinte de 1933 contava com 250 representantes na Câmara e 50 representantes classistas. Submeteu-se à influência das correntes ideológicas que alteraram o constitucionalismo da idade liberal com os

[3] O "Clube 3 de outubro" procura se organizar, sem sucesso, em partido nacional. Os "tenentes" fundaram um "Partido Socialista" e uma organização paralela, a "Ação Trabalhista", que procurava penetrar nas camadas operárias. Em menos de um ano, ambas as organizações desapareceriam.

[4] POLETTI, Ronaldo. *Constituições brasileiras, 1934,* v. III, 3. ed., Brasília: Senado Federal, 2012, p. 21.

[5] Ibidem, p. 21.

[6] BONAVIDES, Paulo e ANDRADE, Paes de. *História constitucional do Brasil*, cit., p. 277.

ingredientes sociais de uma nova Carta de direitos humanos. Os reflexos dessa posição sobre o princípio da representatividade conduziram aos parlamentos a eficácia participativa das categorias profissionais[7].

Na ocasião da abertura dos trabalhos da Constituinte, o discurso de Getúlio Vargas dividiu-se em duas partes: a primeira, de recapitulação superficial da crônica política do País desde os primórdios até às vésperas da Revolução de 1930; a outra, de exposição minudente das obras executadas pelo Governo Provisório[8].

"O clima político ao redor da convocação da magna e soberana assembleia não era dos mais favoráveis ao cumprimento da tarefa suprema, qual seja, a de restaurar a normalidade institucional fora de suspeitas, desconfianças, erros, ressentimentos e pressões"[9].

Na fase de concretização do processo constituinte houve protesto e contestação, a exemplo da carta que Otávio Mangabeira enviou do exílio, em Paris, a Raul Fernandes, um dos pró-homens da situação e pessoa da confiança íntima do chefe do Governo Provisório, sendo lida na sessão de 1º de fevereiro de 1934 pelo Constituinte Aloísio Filho, da Bahia[10].

> *"Houve revoluções, em 1930, em vários Países sul-americanos: Argentina, Bolívia, Brasil, Chile, Peru. Nenhum precisou de mais de um ano para reentrar na ordem legal, ou para pôr no lugar da ditadura deposta a legalidade restaurada. Só o Brasil deu ao continente o espetáculo de necessitar de mais de três anos para que pudesse reunir a sua Constituinte. Só o Brasil passou pelo desgosto de ver derramado o sangue dos seus filhos pela causa da volta do país ao primado da lei"*[11].

A seguir, Otávio Mangabeira denunciou o clima de coação que rodeava a Constituinte, preparada "em plena treva", decorridos três anos de autoridade discricionária:

> *"A imprensa, sob censura, como nunca jamais o esteve tanto. Os comícios proibidos. Exilados na maior parte, à época da eleição, os chefes políticos adversários da situação*

[7] Ibidem, p. 301.
[8] Ibidem, p. 279.
[9] Ibidem, p. 279.
[10] Ibidem, p. 280.
[11] Ibidem, p. 280.

dominante, feridos todos, indistintamente, pela suspensão de direitos, a principiar pelo mais velho – Antonio Augusto Borges de Medeiros – aquele sob cuja direção, até, inclusive., o movimento de outubro, se desenvolveu toda a carreira do chefe do Governo Provisório, e que, longe da terra natal, a culpa que ainda hoje expia é só a de ter escrito, aos setenta anos de idade, por honra das tradições de civismo e de bravura do Rio Grande do Sul, a página quiçá mais brilhante da sua grande e honrada vida pública"[12].

Outro trecho da carta em alusão a Vargas:

"candidato de si mesmo à sucessão de si próprio, não comparecendo em campo raso, face a face dos seus adversários, para submeter-se ao voto livre dos seus compatriotas, como estaria nos compromissos morais do Movimento de Outubro, mas sufragado por uma Assembleia que foi eleita sob as restrições por ele mesmo impostas, em seu benefício pessoal, e que lamentavelmente corromperam, nas suas próprias origens, a nova ordem jurídica, em via de instituir-se"[13].

Raul Fernandes redarguiu às críticas de Mangabeira e, em Carta Aberta, defendeu o novo regime sob a justificativa de que a alegada censura à imprensa na vigência do governo provisório era muito mais amena do que a ocorrida ao longo da República Velha. Reconheceu, por um lado, que o exílio impedira a algumas pessoas a participação nas eleições e que a suspensão dos direitos políticos ferira a outras com a inelegibilidade, mas, por outro, afirmou: "Mas antes da Revolução a proscrição não atingiu somente alguns cidadãos, pois fulminava, em massa, os partidos adversos aos governos, excluindo-os da representação política pela fraude eleitoral ou pelo arbítrio no reconhecimento de poderes"[14].

Otávio Mangabeira, em carta de 10 de janeiro de 1934, em réplica questionou a legitimidade da Assembleia Nacional Constituinte.

"Sustento que, a 3 de maio, não houve eleição no Brasil. Houve um simulacro de eleição. Assumiu ele as proporções de um escárnio, quando se tem em vista que foi obra de uma situação que resultou no convulsionamento do País, em nome precisamente de

[12] Ibidem, p. 280-281.
[13] Ibidem, p. 281.
[14] Ibidem, p. 281.

reivindicações eleitorais. Não havia no Brasil, a 3 de maio, liberdade de imprensa ou de tribuna. Como não há ainda hoje. À própria data da carta, com que V. Exa. me responde, ou alguns dias antes, um dos jornais do Rio de Janeiro, a que é ligada sabidamente uma das personalidades principais do movimento de Outubro, via suspensa pelo governo a sua circulação e detido o seu diretor, na capital da República, reunida a Constituinte, a que pertence, como um dos seus membros a referida personalidade"[15].

Entre os adversários, entendia-se que a interferência de Vargas era inadmissível. Em complemento a esse posicionamento, o constituinte Mozart Lago, em Declaração de Voto sobre a redação final da Constituição, apresentada a 16 de julho de 1934, assim expressou sua crítica:

"É que ao ditador, a quem aprouve vetar a eleição à Constituinte, a alguns milhares de brasileiros dignos e ilustres não bastou, nem satisfez prejudicar a seleção da Assembleia. Forçado a convocá-la pela Revolução de São Paulo, vingou-se da frustração do plano de eternizar-se na arbitrariedade, interferindo sub-repticiamente nos trabalhos de elaboração do novo Pacto Fundamental, para enxertar-lhe um calhamaço grotesco de incongruências, entre as quais, sobrelevam as do famoso artigo 14 (hoje artigo 18 das 'disposições transitórias', pela qual fugiu desprimorosa, imoralmente, ao exame de seus atos, muitos dos quais infringentes de decretos baixados do próprio punho ditatorial"[16].

Além das ponderações acerca da suposta intromissão do Poder Central na Constituinte de 1933 e da supressão do livre exercício da imprensa oposicionista, dizia-se que uma ameaça mais grave e inibidora do livre arbítrio das decisões Constituintes teria pesado sobre o soberano colégio, qual seja, a ameaça de dissolução da Assembleia Constituinte, como nesta manifestação do deputado fluminense Mozart Lago, que atestou, certa vez, o referido clima de instabilidade:

"esta Assembleia esteve, por vezes a ser dissolvida, e que o seria (e será) desde logo se se atrevesse a dissentir do poder pessoal que ela revigorou, cometendo erro imperdoável, logo no início da legislatura, ou reagisse contra as artimanhas em que se tem desman-

[15] Ibidem, p. 281-282.
[16] Ibidem, p. 282.

chado, materialmente, aquele mesmo poder, para desprestigiá-la no conceito da opinião pública e das Forças Armadas"[17].

Outra evidência de que haveria, eventualmente, dissolução da Constituinte estão nas palavras do representante da Bancada Unida de São Paulo, o deputado constituinte Alcântara Machado, ao discursar na sessão de 4 de maio de 1934:

> "*Eis-nos chegados, Sr. Presidente, à última fase de elaboração constitucional. Dentro em poucos dias, estará votada a nova lei fundamental da República.*
> *Para honra desta Assembleia e confusão daqueles que, desde o primeiro momento, deram mãos à odiosa empreitada de criar em torno da Constituinte uma atmosfera de pessimismo, quanto a sua estabilidade, à nobreza de seus propósitos e à eficiência de seus trabalhos – não creio que tenha havido entre nós, quem se intimidasse diante das ameaças de dissolução (muito bem!) ou se dobrasse a imposições de elementos estranhos (apoiado!) ou desanimasse diante da campanha sistemática de menoscabo e descrédito que vimos padecendo*"[18].

Ocorre que, de fato, nos quartéis crescera a insatisfação quanto ao teor dos debates na Constituinte, e o clima se acendera em razão do que foi apresentado no anteprojeto de autoria de um "grupo de notáveis", este intitulado "Comissão do Itamaraty".

1.1.1 A Comissão do Itamaraty e o anteprojeto

O texto substitutivo, elaborado pela Comissão do Itamaraty, boa parte não aproveitado na futura Constituição, enfrentou forte resistência entre os militares e desaprovação por parte de Getúlio Vargas, a ponto de o

[17] Ibidem, p. 283.

[18] No contexto dos propósitos do Poder Central quanto aos rumos da Constituinte, acrescente-se que a crise envolvida nos respectivos trabalhos em 1933 se acelerava em razão da "não menos ponderável atmosfera de incerteza ideológica provocada pela intervenção de correntes políticas de extrema esquerda e extrema direita, que faziam sua estreia no cenário novo da pós-Revolução, refletindo aqui, perante uma burguesia assustada com a crise dos mercados e os efeitos da depressão capitalista, os rumos inéditos de uma caminhada revolucionária que excedia às expectativas dos sistemas e enchia de surpresa e desafios os caminhos do futuro". Ibidem, p. 284.

novo líder da maioria na Constituinte, o deputado baiano Antônio Garcia de Medeiros Neto, postular a antecipação da eleição indireta para presidente da República em vez de promover primeiro a aprovação do novo texto constitucional, numa clara manobra para beneficiar Getúlio, uma vez que o referido parlamentar, para concretizar esse objetivo, propôs mudança no regimento interno da Assembleia[19].

Dada a reação negativa por parte da oposição e da imprensa, a proposta de Medeiros Neto não tomou corpo, mas ao ser apresentado, afinal, o novo texto, em que se podia divisar um teor mais liberal do projeto, no qual os deputados reforçavam o papel do Legislativo, dando-lhe autoridade para fiscalizar os atos do presidente da República, em vez de assegurar ao Executivo maior ingerência no cenário nacional, o que não atendia aos interesses de Vargas, as propostas também não agradaram os altos comandos do Exército, haja vista que até se cogitou de uma solução armada para o caso[20].

A dissolução da Assembleia foi sugerida pelo general Manuel Rabelo, da 7ª Região Militar, no Recife, por carta endereçada a Góis Monteiro, na qual propunha a manutenção de Getúlio como chefe de governo e a imposição da Constituição autocrática gaúcha ao Brasil[21]. No entanto, Vargas surpreendeu Rabelo ao dizer que, em vez de partir para as armas, o mais sensato seria valer-se da interferência política no projeto em discussão na Constituinte[22].

As principais disposições do anteprojeto, que merecem destaque, foram as seguintes: eleição indireta do presidente da República; amplas garantias sociais; socialização de empresas; garantia de adjudicação aos posseiros da terra produtiva que, por cinco anos, a ocupassem; impenhorabilidade da propriedade domiciliar; direito de herança restrito à linha

[19] Essa iniciativa fora apoiada pelos interventores mais próximos a Getúlio, como Flores da Cunha; no entanto, o próprio interessado preferiu não exprimir um juízo de valor sobre essa estratégia. *Vide* NETO, Lira. *Getúlio (1930-1945): do governo provisório à ditadura do Estado Novo*. São Paulo: Companhia das Letras, 2013.

[20] Ibidem, p. 284.

[21] Assim consta do rascunho de Rabelo, um manuscrito: "A Constituinte se desmoralizou sem remédio, ficando abaixo das assembleias legislativas que a Revolução derrubou como nocivas ao bem público". Ibidem, p. 284.

[22] Ibidem, p. 284.

direta ou entre cônjuges; liberdade sindical; expropriação do latifúndio; assistência aos pobres; salário mínimo; mandado de segurança; uso obrigatório, pelos estados dos símbolos nacionais; unidade da Magistratura[23]; instituição do júri; atribuição ao Ministério Público de órgão responsável pela aplicação das normas protetoras do trabalhador urbano e rural; integração das normas de Direito Internacional universalmente aceitas na legislação brasileira; instituição da Justiça Eleitoral; normas sobre o orçamento e a administração financeira; criação de territórios nacionais nas regiões fronteiriças, quando não possuíssem determinada densidade demográfica; capacidade eleitoral aos 18 anos para ambos os sexos, tornando obrigatório o voto para os homens; permissão do serviço religioso nas expedições militares, hospitais, penitenciárias ou "outros estabelecimentos públicos"; proteção da família pelo Estado sob o primado da indissolubilidade do vínculo matrimonial; prescrição de normas para o ensino e cultura, com ênfase da ordem econômica e social[24].

Diz-se que um dos problemas relacionados ao texto final da Constituição de 1934 deveu-se ao não acolhimento de boa parte do projeto. Como os constituintes se pautaram por uma desconfiança em relação ao

[23] Ainda que grandes nomes do direito brasileiro defendessem a unidade, como Clóvis Bevilacqua e João Monteiro, prevaleceu na redação final da Constituição a tese da dualidade, vencida a proposta unitária, que federalizava toda a Justiça. Arthur Ribeiro, Ministro do Supremo Tribunal e que saíra da Comissão por não concordar com o unitarismo, viu a sua opinião vitoriosa na Constituinte, sobretudo porque sustentada pelos representantes originários dos estados mais fortes e ricos da Federação. *Vide* POLETTI, Ronaldo. *Constituições brasileiras – 1934*, cit., p. 28.

[24] João Mangabeira foi obstinado defensor do anteprojeto por meio de artigos publicados na imprensa. Refutava a crítica de que o texto, pelas diferentes tendências que o influenciaram e pelos interesses nele confluentes, não guardava a unidade necessária para uma Carta política. Para ele, as Constituições justamente deveriam espelhar um ecletismo decorrente das transigências e da conciliação, feitas pelas pessoas que a elaboraram, a exemplo das constituições americana, como na de Weimar, em que o autor do seu projeto, Preuss, fez muitas concessões, como o fizeram os social-democratas. Segundo Mangabeira, o movimento de 1930, no Brasil, havia uma variação grande de tendências, "em cujo leito desaguavam correntes partidas de pontos opostos, em cujo bojo se abrigavam os interesses mais antagônicos, em cujas fileiras se atropelavam ideias mais adversas numa escala cromática, que se distendia do vermelho das reivindicações marxistas ao negro da reação clerical". *Vide* POLETTI, Ronaldo. *Constituições brasileiras – 1934*, cit., p. 25.

Executivo, tanto que condicionavam algumas decisões à palavra final do Legislativo, a Carta de 1934, por via reflexa, preparou o Golpe de Estado de 1937[25].

1.1.2 As disposições transitórias e as eleições presidenciais

Entre maio e junho de 1934 o clima de debates na Assembleia aqueceu, visto que se aproximavam as eleições presidenciais e entrava em votação, no plenário, o capítulo das "Disposições Transitórias", parte esta de extrema importância para os quadros governamentais e para a aprovação dos atos do Governo Provisório, como a decisão sobre a elegibilidade dos interventores e a resolução sobre a transformação ou não da Constituinte em Assembleia ordinária[26].

Em 1º de junho foi votado o artigo 14 das "Disposições Transitórias", sendo aprovados todos os atos do Governo Provisório e, em 4 de junho, ficou garantida a elegibilidade dos interventores para o próximo pleito, seguindo-se a orientação adotada para o cargo de presidente Constitucional da República. Vencidas essas questões, foi nomeada uma comissão de redação para dar forma definitiva ao projeto, a fim de concluir a fase final dos trabalhos constitucionais[27].

Finalmente, a Assembleia Nacional Constituinte, inaugurada em 15 de dezembro de 1933, aprovou em 15 de julho de 1934 a nova Carta, inspirada na Constituição de Weimar e marcada pela garantia de direitos sociais e pela confirmação do federalismo no Brasil, caracterizado pela autonomia dos Estados em relação à União[28]. A promulgação ocorrera em 16 de julho do mesmo ano.

Em linhas gerais, com o advento da Constituição de 1934, manteve-se o regime federativo e presidencial e a divisão dos três poderes da União.

[25] Poletti, Ronaldo. *Constituições brasileiras – 1934*, cit., p. 33.

[26] Abreu, Alzira Alves de *et al* (Coord.). *Dicionário histórico-biográfico brasileiro: pós-1930*, cit., p. 378.

[27] Ibidem, p. 379.

[28] A cada Estado incumbia prover, a expensas próprias, as necessidade de seu próprio governo e administração; no entanto, poderia ele receber da União apoio financeiro por insuficiência de renda (art. 12). *Vide* Poletti, Ronaldo. *Constituições brasileiras – 1934*, cit., p. 26.

O presidente, agora sem dispor de vice[29], era eleito para um mandato de quatro anos, podendo reeleger-se somente decorrido o prazo de 4 anos após o final de seu mandato. Nas disposições transitórias, estabelecia-se a eleição imediata (17/7/1934), em caráter excepcional, do 1º Presidente pela própria Assembleia.

Quanto ao próximo estágio, rumo às eleições presidenciais, observa-se que a Assembleia se dividiria em dois grupos: um de apoio e outro de oposição ao continuísmo de Vargas no poder. Ocorre que os opositores – no plano legal – se encontrariam dispersos entre diversas candidaturas alternativas, as quais revelariam as diferentes tendências, como a das oposições estaduais do Centro-Sul (PRM e FUG), as facções do tenentismo descontentes com a aproximação oligárquica de Vargas (dissidentes do PSD de Pernambuco) e até mesmo a Chapa Única por São Paulo Unido. Logo, Getúlio Vargas recebeu 175 votos, sendo eleito, em 17 de julho, Presidente constitucional, enquanto os demais votados foram: Borges de Medeiros (59 votos); Góis Monteiro (quatro votos); Protógenes Guimarães (dois votos); Raul Fernandes (um voto); Artur Bernardes (um voto); Afrânio de Melo Franco (um voto); Oscar Weinschenck (um voto); Paim Filho (um voto); Leví Carneiro (um voto)"[30].

Direitos trabalhistas e sociais – O paradigma para a feitura da Carta Constitucional de 1934 foi a Constituição de Weimar, de 1919. E sua base estava na junção dos direitos ligados à liberdade com aqueles oriundos da igualdade. Com isso, a Constituinte inseriu no texto constitucional, pela primeira vez no Brasil, de maneira abrangente, os chamados direitos sociais, com foco na educação, saúde, previdência e direitos trabalhistas. Ao adotar uma Constituição garantia, com viés social, mantiveram-se as liberdades advindas das Constituições brasileiras anteriores, somando-se a elas os direitos sociais, finalmente constitucionalizados.

Outras disposições da Carta de 1934 a serem enfatizadas:

[29] Em caso de vacância, haveria nova eleição, a não ser em caso de coincidir o fato no último semestre do quadriênio, quando assumiria, sucessivamente, o Presidente da Câmara, o do Senado e o da Corte Suprema.

[30] Poletti, Ronaldo. *Constituições brasileiras – 1934*, cit., p. 26.

- Oposição ao laicismo da Constituição de 1891, tendo em vista que o Preâmbulo assim dispunha: "Nós, os representantes do povo brasileiro, pondo a nossa confiança em Deus (...)". Além disso, segundo o art. 176, estava mantida a representação diplomática junto à Santa Sé[31].
- Todos os presos políticos seriam anistiados, até mesmo os participantes das "Frentes únicas" paulista e gaúcha (art. 19).
- Assistência dos Conselhos Técnicos a ministros de Estado como órgãos consultivos de senadores e deputados (art. 103).
- Decretação do estado de sítio e de intervenção pelo presidente da República mediante autorização do Poder Legislativo (arts. 175, 56, § 12 e 12, § 1º).
- Eleição por sufrágio universal, direto, secreto e maioria de votos (art. 52, § 1º), com exceção do que dispôs o art. 1º das Disposições Transitórias, em que, promulgada a Constituição, a Assembleia Constituinte "elegerá, no dia imediato, o presidente da República" (voto indireto em 17 de julho de 1934).
- Disposição, pela primeira vez, sobre os requisitos para a nomeação e definição das atribuições dos ministros de Estado (art. 59 e s.).
- Eleição de deputados e senadores pelo sufrágio universal, voto direto e secreto, assim como pelo voto profissional (Código de 1932).
- Ao Senado cabia a função do Poder Coordenador, atribuída antes ao Conselho Supremo projetado (coordenar os poderes federais entre si, manter a continuidade administrativa, velar pela Constituição e colaborar na elaboração das leis – art. 88)[32].

[31] Em relação à temática religiosa, note-se também a previsão do art. 17: "É vedado à União, aos Estados, ao Distrito Federal e aos Municípios: (...); II – estabelecer, subvencionar ou embaraçar o exercício de cultos religiosos; III – ter relação de aliança ou dependência com qualquer culto, ou igreja sem prejuízo da colaboração recíproca em prol do interesse coletivo. Acrescente-se, aliás, que a liberdade de culto foi erigida à condição de direito e garantia individual no art. 113, n. 4.

[32] Eram atribuições privativas do Senado: a aprovação prévia das nomeações de determinados magistrados e dos chefes de missões diplomáticas no exterior; a autorização para empréstimos externos dos estados, do Distrito Federal e dos municípios; a autorização para a intervenção federal nos estados, no caso de aquela visar pôr termo à guerra civil; a iniciativa das leis sobre intervenção federal, e em geral das que interessassem determina-

- A composição da Câmara dos Deputados consistia em representantes dos Estados em número proporcional à população e em representantes dos sindicatos (deputados "profissionais" – art. 23, §§ 1º e 3º)[33].
- Alistamento e voto obrigatórios para homens e mulheres, quando estas exerçam função pública remunerada, sendo eleitores os brasileiros de um ou de outro sexo, maiores de 18 anos (art. 109).
- Restrições à entrada de estrangeiros no país, limitada a dois por cento sobre o número total dos respectivos nacionais fixados no País durante os últimos 50 anos (art. 121, § 6º).
- Estatização (nacionalização) de empresas nacionais ou estrangeiras consideradas prejudiciais com pagamento de indenização (e também das empresas de seguro estrangeiras – art. 117).
- Sujeição da exploração de minérios à concessão estatal (artigo 119).
- Proibição da posse de órgãos de divulgação (jornais) por estrangeiros (artigo 131).
- Reconhecimento de sindicatos[34], garantindo a sua pluralidade e autonomia (art. 120).
- Amparo da produção e regulamentação das condições de trabalho na cidade e nos campos, tendo em vista a proteção social do tra-

damente a um ou mais Estados; a suspensão de concentração de força federal nos estados, quando as necessidades de ordem pública não a justificassem (art. 90). Acrescente-se a função de fiscalizar a legalidade do regulamentos expedidos pelo Executivo, podendo até suspender a execução dos dispositivos ilegais (art. 91, II). *Vide* POLETTI, Ronaldo. *Constituições brasileiras – 1934*, cit., p. 50.

[33] Os Deputados das profissões seriam eleitos na forma da lei ordinária por um sufrágio indireto das associações profissionais, reunidas nos seguintes grupos: lavoura e pecuária; indústria; comércio e transportes; profissões liberais e funcionários públicos (art. 23, § 3º). *Vide* POLETTI, Ronaldo. *Constituições brasileiras*, cit., p. 51.

[34] A título histórico, em 26 de novembro de 1930, sob a inspiração de Lindolfo Collor, era criado um novo ministério, o do Trabalho, Indústria e Comércio. Em março de 1931 começa a ser definida a regulamentação dos sindicatos. Entre 1932 e 1933, as Juntas de Conciliação e Julgamento são instituídas, dispõe-se acerca do horário de trabalho no comércio e na indústria, acerca do trabalho das mulheres e dos menores.

balhador e os interesses econômicos do País por meio de lei (art. 121)[35].

- Fixação do plano nacional de educação – ensino primário obrigatório e gratuito, extensivo a adultos; gratuidade progressiva dos demais níveis do ensino (artigo 150).
- Disposições sobre segurança nacional conforme os ditames do Conselho Superior de Segurança Nacional, este presidido pelo presidente da República e pelos ministros de Estado, bem como pelos chefes do Estado-Maior do Exército e da Armada (arts. 159 e 160).
- Papel das Forças Armadas: "instituições nacionais permanentes, e, dentro da lei, essencialmente obedientes aos seus superiores hierárquicos. Destinam-se a defender a Pátria e garantir os poderes constitucionais, a ordem e a lei" (art. 162)[36].
- Transformação do Supremo Tribunal Federal em Corte Suprema (art. 73).
- Criação da Justiça Eleitoral (art. 82) e Militar (art. 84).
- Criação da Justiça do Trabalho (art. 122).
- Interposição do recurso extraordinário das decisões das causas decididas pelas justiças locais em única ou última instância, quando se questionasse sobre a vigência ou validade de lei federal em face da Constituição (art. 76, III).
- Atribuição ao Poder Legislativo de suspender a execução da lei declarada inconstitucional (art. 96).

[35] Estão previstas as seguintes condições protetivas ao trabalhador: proibição de diferenças de salários por motivos de sexo, idade, nacionalidade ou estado civil; salários mínimos regionais; jornada de trabalho de oito horas; descanso semanal aos domingos; férias anuais remuneradas; indenização em caso de dispensa sem justa causa; assistência médica gratuita; previdência social; regulamentação das profissões; proibição de trabalho a menores de 14 anos de trabalho noturno a menores de 16 e em locais de trabalho insalubres a menores de 18 e às mulheres; reconhecimento das convenções coletivas de trabalho. Quanto ao trabalhador rural, falava-se em amparo, educação, organização de colônias agrícolas para cuidar dos desempregados.

[36] O serviço militar era obrigatório somente aos homens, visto que o exercício de função pública condicionava-se ao cumprimento das obrigações previstas em lei para com a segurança nacional, devendo todo brasileiro prestar juramento à Bandeira Nacional (art. 163).

- Concessão do mandado de segurança contra atos manifestamente ilegais de qualquer autoridade (art. 113, n. 33).
- Concessão do *habeas corpus* sempre que alguém sofrer, ou se achar ameaçado de sofrer violência ou coação em sua liberdade, por ilegalidade ou abuso de poder (art. 133, n. 23).
- A família, constituída pelo casamento[37] indissolúvel, será protegida pelo Estado (art. 144).
- Vedação à pena de banimento, morte, confisco ou de caráter perpétuo, ressalvadas, quanto à pena de morte, as disposições da legislação militar, em tempo de guerra com País estrangeiro (art. 113, n. 29).
- Liberdade quanto à manifestação do pensamento em qualquer assunto, sem dependência da censura, não sendo tolerada, porém, propaganda de guerra ou de processos violentos para subverter a ordem política ou social (art. 113, n. 9).
- Monopolização de determinada indústria ou atividade econômica, asseguradas as devidas indenizações, por motivo de interesse público e autorizada em lei especial (art. 116).
- Respeito à posse de terras de silvícolas que nelas se achem permanentemente localizados, sendo-lhes, no entanto, vedado aliená-las (art. 129).
- Fixação em lei da porcentagem de empregados brasileiros que devem ser mantidos obrigatoriamente nos serviços públicos dados em concessão e nos estabelecimentos de determinados ramos de comércio e indústria (art. 135).
- Ensino primário gratuito e obrigatório a ser concedido por toda empresa agrícola ou industrial, fora dos centros escolares, nos casos em que houver no estabelecimento mais de 50 pessoas, perfazendo estas e seus filhos pelo menos 10 analfabetos (art. 139).
- Distinção entre emenda e revisão (art. 178)[38].

[37] O casamento será civil e gratuita a sua celebração (art. 146). Lembre-se da preocupação, na época, da sífilis, tanto que assim dispunha o art. 145: "A lei regulará a apresentação pelos nubentes de provas de sanidade física e mental, tendo em atenção as condições regionais do país".

[38] No caso de modificação da estrutura política do Estado, da organização ou competência

Qualificada, na época, como a mais completa das Constituições americanas (Pontes de Miranda[39]), a Constituição de 1934 acabou sendo "rasgada" pelo Golpe de 1937[40]. E apesar do curto período de vigência, nem três anos, há consenso de que se tratou de um marco na história nacional por ter conciliado tendências das mais variadas sem se descuidar do tecnicismo jurídico[41].

1.2 Os rumos da Constituição de 1934

Durante a vigência da Constituição de 1934, o Legislativo foi cedendo, aos poucos, a todas as espécies de imposições. Além disso, as imunidades parlamentares foram violadas ostensivamente[42].

Como exemplo, o Congresso aprovou duas alterações na Lei de Segurança Nacional, Lei nº 38, de 4 de abril de 1935. Depois, em 18 de dezembro de 1935, aprovou três Emendas à Constituição. No caso da primeira, o presidente da República poderia ser autorizado a declarar a comoção intestina grave, com finalidades subversivas das instituições políticas e sociais, equiparada ao estado de guerra, em qualquer parte do território

dos poderes da soberania, ter-se-ia revisão. Em outros casos seria emenda. Para a emenda, o procedimento mais simples, incluindo a iniciativa; na revisão, haveria maior rigidez. A ideia era pertinente porque compatibilizava a extensão do texto constitucional, invasor de matérias impróprias, com a possibilidade de maior ou menor rigidez, consoante a natureza intrínseca dos dispositivos. *Vide* POLETTI, Ronaldo. *Constituições brasileiras – 1934*, cit., p. 54.

[39] Francisco Cavalcanti Pontes de Miranda (1892 –1979) – Advogado, jurista, professor, diplomata e ensaísta. Estudou Direito na Faculdade do Recife, onde se bacharelou em 1911, com 19 anos. Estreou aos 20 anos com o ensaio filosófico "A moral do futuro", prefaciado por José Veríssimo. A partir dessa época não cessou de escrever a sua grande obra, que abrange os campos da Sociologia, da Filosofia, da Matemática e, acima de tudo, do Direito. Com o livro A sabedoria dos instintos, recebeu em 1921 o prêmio da Academia Brasileira de Letras. Em 1925, a Academia voltou a premiá-lo com a sua láurea de erudição, pelo livro Introdução à Sociologia geral. Sua obra mais importante é o célebre Tratado de Direito Privado, em 60 volumes, concluído em 1970. Foi o sexto ocupante da Cadeira 7 da Academia Brasileira de Letras, eleito em 8 de março de 1979, na sucessão de Hermes Lima e recebido pelo Acadêmico Miguel Reale em 15 de maio de 1979. Faleceu no final deste mesmo ano.

[40] POLETTI, Ronaldo. *Constituições brasileiras – 1934*, cit., p. 55.

[41] Ibidem, p. 55.

[42] CERQUEIRA. Marcello, *A constituição na história*,cit., p. 485.

nacional. As outras duas puniam oficiais (da ativa, reserva ou reformados) que praticassem atos ou participassem de movimento subversivo das instituições políticas e sociais, além de funcionários civis que agissem da mesma forma, estes com demissão, aqueles com a perda da patente e posto[43].

Opina-se no sentido de que antes de o governo fechar as duas casas do Congresso, em 10 de novembro de 1937, à medida em que estas cediam às vontades do Executivo, ao mesmo tempo estavam assinando a própria sentença de morte por antecipação, pois, indiretamente, Senado e Câmara dos deputados já haviam fechado há algum tempo. Delineavam-se, portanto, os caminhos da ditadura[44].

A vigência da Constituição de 1934 dava-se de forma precária. De um lado, o governo, mediante sua própria ingerência nas disposições da Carta Magna, afrontava-a; de outro, os movimentos políticos, que se mostravam simpáticos a uma forma radical de atuar, com agravamento das condições políticas em decorrência do levante comunista de 1935 e do forte Movimento Integralista, fizeram com que, em 18 de dezembro de 1935, a maioria da Câmara aprovasse emenda instituindo a equiparação do estado de guerra à "comoção intestina grave", figura jurídica obscura, e retirasse as garantias de servidores civis e militares[45].

Ressalte-se, porém, que mesmo com a vigência passageira da Constituição de 1934, a instituição de seus princípios no plano constitucional incorporou-se aos fundamentos do direito positivo, de modo que os respectivos postulados também fizeram parte das Constituições posteriores[46].

No tocante às Disposições Transitórias, com base no art. 1º foi eleito Getúlio Vargas presidente da República (ganhou de Borges de Medei-

[43] Ibidem, p. 485.

[44] *Vide* Cerqueira. Marcello. *A constituição na história*, cit., p. 482. Vale advertir que se juntaram aos 250 representantes na Câmara 50 representantes classistas, indicados pelo governo por meio dos sindicatos, e que logo se incorporariam à representação política, servindo, principalmente, às manobras parlamentares. Nesse sentido, *vide* COSTA, Cruz. *Pequena história da República*, cit., p. 128.

[45] Venâncio Filho, Alberto (Colab. Especial). *In* ABREU, Alzira Alves de *et al* (Coord.). *Dicionário histórico-biográfico brasileiro: pós-1930*, cit., p. 1566.

[46] Ibidem, p. 1566.

ros), que deveria exercer o seu mandato até 3 de maio de 1938. Ainda as mesmas Disposições Transitórias transformam a Assembleia Constituinte em Câmaras dos Deputados e determinam que em 90 dias se procedam as eleições estaduais. O projeto fora elaborado por João Mangabeira[47], Temístocles Cavalcanti[48], Castro Nunes[49], Carlos Maximiliano[50], Solano da Cunha[51] e Góis Monteiro[52].

[47] João Mangabeira (1880 – 1964) – Entrou para a faculdade de Direito aos treze anos de idade. Apesar de pertencer a uma família numerosa, sem grandes recursos financeiros, conseguiu terminar seu curso jurídico aos dezessete anos. Logo foi eleito deputado estadual e na sequência deputado federal, época que se torna próximo de Rui Barbosa. Tornou-se em pouco tempo uma das figuras de maior destaque na Câmara dos Deputados. Conceituado como parlamentar e como jurista, passou a figurar entre as altas expressões da inteligência do país. Tendo sua atuação política marcada pela defesa do socialismo, faleceu no Rio de Janeiro, em 27 de abril de 1964, menos de um mês após o golpe militar que derrubou João Goulart.

[48] Temístocles Brandão Cavalcanti (1899 – 1980) – Foi um político, jurista e magistrado brasileiro. Entre outros cargos, foi procurador-geral da República e ministro do Supremo Tribunal Federal. Em março de 1917, ingressou na Faculdade de Ciências Jurídicas e Sociais do Rio de Janeiro, situada no Catete. Iniciou sua atuação política ainda estudante, proferindo em 1921 uma conferência na Faculdade de Direito de São Paulo, na qual acusou o governo do presidente Epitácio Pessoa de não cumprir a Constituição de 1891. Bacharelando-se em dezembro de 1922, já no ano seguinte impetrava habeas-corpus em favor dos alunos da Escola Militar do Realengo, no Rio, que haviam sido expulsos em razão da revolta de 5 de julho daquele ano, que, na capital da República, envolveu também o forte de Copacabana e efetivos da Vila Militar. Em 1967, foi nomeado ministro do Supremo Tribunal Federal (STF). Em outubro de 1969, aos 70 anos de idade, foi aposentado no STF e na Universidade Federal do Rio de Janeiro. Jurista de renome internacional, ao longo de sua vida Temístocles foi convidado a participar de várias entidades nacionais e estrangeiras ligadas ao direito, tornando-se membro correspondente do Instituto Hispânico, sócio da *International Law Association*, membro da Associação Francisco Vitorino em Madri. No Brasil tornou-se sócio efetivo da Sociedade Brasileira de Direito Internacional, conselheiro do Instituto Clóvis Bevilacqua, membro da Academia de Direito e de várias outras associações. Devido a seu prestígio como professor universitário, foi inúmeras vezes convidado para integrar comissões examinadoras de concursos para professor catedrático em diversas universidades do País.

[49] José de Castro Nunes (1882 – 1959) – Construiu uma nobre carreira na magistratura. Foi ministro de duas das mais importantes Cortes deste país: o Tribunal de Contas e o Supremo Tribunal Federal (STF). Entre 1931 e 1934 atuou como juiz federal substituto no Rio de Janeiro, período no qual ainda fez parte da comissão responsável por elaborar um anteprojeto de Constituição enviado à Assembleia Nacional Constituinte em novembro de 1933. Sua ascensão na magistratura continuou quando em 1934 tornou-se juiz federal

O presidente da Assembleia Constituinte foi Antônio Carlos que se revezou com o general Cristóvão Barcelos. Participaram ativamente: Raul

da 2ª vara da seção do Distrito Federal, função a qual exerceu até o ano 1937. Em seguida, passou a juiz da 2ª Vara de Feitos da Fazenda Pública no Distrito Federal, cargo que ocupou até 1938. Ainda em 1938, a aposentadoria do Ministro Alfredo Octávio Mavignier no Tribunal de Contas abriu espaço para que José de Castro Nunes fosse indicado para a Corte. Em 1940, Getúlio Vargas o indicou ao cargo de ministro do STF em vaga decorrente da aposentadoria do Ministro João Martins de Carvalho Mourão, cargo que ocupou até sua aposentadoria, em setembro de 1949.

[50] Carlos Maximiliano Pereira dos Santos (1873 – 1960) – Político, jurista e magistrado. Entre outros cargos, foi deputado federal, ministro da Justiça, procurador-geral da República e ministro do Supremo Tribunal Federal. Fez o curso de Humanidades em Porto Alegre e formou-se em Ciências Jurídicas e Sociais na Escola de Direito de Belo Horizonte, recebendo o grau de Bacharel em março de 1898. Depois de formado, advogou em várias comarcas do Rio Grande do Sul e perante o Supremo Tribunal durante trinta e seis anos. Ingressou na política sendo eleito Deputado ao Congresso Nacional nas legislaturas de 1911-1914 e 1919-1923, pelo Estado do Rio Grande do Sul. Foi ministro da Justiça e Negócios Interiores no governo de Wenceslau Braz, iniciado em 15 de novembro de 1914. Em 1932, foi nomeado Consultor-Geral da República e, em seguida, também Consultor Jurídico do Ministério da Justiça e Negócios Interiores. Passou depois para o cargo de Procurador--Geral da República, em decreto de 2 de agosto de 1934, exercendo-o até 3 de maio de 1936. Convidado por Getúlio Vargas, aceitou o cargo de Ministro do STF, em 1936, cargo que ocupou até 1941. Foi autor de inúmeras e importantes obras jurídicas.

[51] Francisco Solano Carneiro da Cunha (1887 – 1963) – Bacharelou-se em ciências jurídicas e sociais pela Faculdade de Direito de Recife em 1909. Participou da fundação da Liga de Defesa Nacional (LDN) em 1916, ao lado de Pedro Lessa, Olavo Bilac, Álvaro Alberto e outros. A LDN, inicialmente vinculada ao positivismo, caracterizou-se também pela defesa do serviço militar obrigatório, do nacionalismo e do civismo, bem como pelo ataque aos movimentos reivindicatórios do operariado. Elegeu-se deputado federal pelo estado de Pernambuco em 1924, sendo reeleito em 1927. Participou da Aliança Liberal e do movimento revolucionário de outubro de 1930, sendo nomeado, em novembro desse ano, vice-presidente do Tribunal Especial criado para julgar os crimes políticos e funcionais do governo deposto. Participou dos trabalhos da Subcomissão do Itamarati que de novembro de 1932 a maio de 1933 elaborou um anteprojeto de Constituição a ser apresentado pelo Governo Provisório à Assembleia Nacional Constituinte. No pleito de maio de 1933 elegeu-se deputado por Pernambuco à Constituinte, na legenda do Partido Social Democrático (PSD). Foi membro da Sociedade de Geografia do Brasil, do Instituto Arqueológico, Histórico e Geográfico de Pernambuco, da Ordem dos Advogados do Brasil e da Sociedade Brasileira de Direito Internacional.

[52] Pedro Aurélio de Góis Monteiro (1889-1956) – Alagoano, militar, pela Escola Prepara-

Fernandes, Pereira Lima, Cincinato Braga, Sampaio Correia, Odilom Braga, Abel Chermon, Nero Macedo, Levi Carneiro, Marques dos Reis, Domingos Velasco, Vasco de Toledo, Nogueira Pinto, Fernando de Abreu, Adolfo Soares, Euvando Lodi, João Alberto, Idálio Sardenberg, Abelardo Marinho, Mauricio Cardoso (ministro da justiça), Deodato Maio, Juarez Távora (ministro da agricultura), Osvaldo Aranha (ministro da fazenda), Góis Monteiro (ministro da guerra) e José Américo de Almeida.

A nova constituição não será completamente diferente da anterior, sendo uma constituição burguesa liberal, que não irá modificar a infraestrutura do Brasil, pois temia-se modificações radicais no sistema econômico, social e político da nação. Uma diferença que deve ser destacada é que, pelo menos no plano formal, começava a ocorrer a "descriminalização da miséria", tão comum no período anterior. Exemplo foi a obrigação de o Estado assistir os indigentes.

As principais inovações trazidas com a Nova Constituição foram:

- o artigo 116 dava à União poderes para monopolizar por motivo de interesse público determinadas indústrias.
- o artigo 117 previa a nacionalização progressiva dos bancos de depósitos e as empresas de seguros, "devendo constituir-se em sociedade brasileira, as que operavam o país".
- os artigos 120 e 121 asseguraram a pluralidade sindical e a completa autonomia dos sindicatos e garantiram ao trabalhador jornada de 8 horas, proibição de trabalho a menores de 14 anos, repouso semanal obrigatório, férias remuneradas, indenização por dispensa sem justa causa, assistência e licença remunerada à gestante.
- o parágrafo 4º do art. 121 diz: "o trabalho agrícola será objeto de regulamentação especial, em que se atenderá tanto quanto possí-

tória de Realengo e Porto Alegre. Escreveu para o jornal gaúcho "O Debate", controlado por Vargas. Reprimiu a Coluna Prestes (de Goiás até a Bolívia), chefiou as tropas rebeldes em 1930 contra Washington Luiz. Fundou a "Legião de Outubro", de tendência fascista e nacionalista. Comandou a repressão contra a Revolução Constitucionalista de 1932. Apoiou o golpe de 1937 que gerou o Estado Novo de Vargas, era simpatizante da Alemanha Nazista e Itália Fascista, antes da eclosão de Segunda Guerra Mundial. Posteriormente, ajudou na derrubada de Getúlio em 1945 e se elegeu senador por Alagoas (1947). Em 1952 é indicado para ser ministro do Supremo Tribunal Militar.

vel ao disposto neste artigo. Procurar-se-á fixar o homem no campo, cuidar da sua educação rural, e assegurar ao trabalhador nacional a preferência na colonização e aproveitamento das terras públicas".

- o art. 125 dispôs sobre aquisição originária de propriedade por usucapião, que passa a ser aplicada dentro de um período de 10 anos, quando a Constituição anterior exigia prazo de 30 anos, para a posse da terra produtiva não reclamada pelos seus possíveis proprietários.
- o art. 122 afirma que "para dirimir questões entre empregados e empregadores regida pela legislação social, fica instituída a justiça do trabalho (...)". E em seu parágrafo único trouxe como seria a constituição dos tribunais do trabalho e das comissões de conciliação.

1.3 A Constituição Outorgada de 1937 – A "Polaca" e a ditadura escancarada chamada Estado Novo

No dia da proclamação do golpe, entre outros pronunciamentos, destaca-se esta fala de Vargas que enaltece a interveniência ditatorial do Estado ao se referir à autoridade e à liberdade:

> *"Restauraremos a Nação na sua autoridade e liberdade de ação: – na sua autoridade, dando-lhe os instrumentos de poder real e efetivo com que possa sobrepor-se às influências desagregadoras internas ou externas; – na sua liberdade, abrindo o plenário do julgamento nacional sobre os meios e os fins do governo e deixando-a construir livremente a sua história e o seu destino"*[53].

Para a consecução desse fim, Vargas dividira e dispersara todos os seus oponentes. Os principais cargos do novo regime foram ocupados por homens que não tiveram nenhum papel importante na Revolução de 1930[54].

[53] Discurso lido no Palácio Guanabara e irradiado para todo o país, na noite de 10 de novembro de 1937. Vide http://www.academia.org.br/academicos/getulio-vargas/textos-escolhidos. Acesso em 15 de dez. 2019.

[54] Antigos opositores, oportunistas políticos, "criações" do próprio Vargas constituíram seu governo: Dutra, na Pasta da Guerra, Souza Costa na Fazenda, Waldemar Falcão no Trabalho e depois Marcondes Filho, o pernambucano Agamennon Magalhães substituindo o integralista Francisco Campos, que combinava a demagogia trabalhista com a tradicional politicagem coronelista, na pasta da Justiça. Únicas exceções: a presença de – "tenentes"

Elaborada por Francisco Campos[55], ministro da Justiça de Vargas, a Constituição de 1937[56] apresentou as seguintes características:

- Centralização total do poder nas mãos do ditador e de seus assessores mais próximos, quebrando a autonomia dos Estados, dando, pela primeira vez, um caráter realmente nacional ao poder federal.
- Estrutura paternalista nas relações entre trabalhadores e governo, propiciando o controle e a disciplina das organizações, sobretudo as operárias, o que, mais tarde, seria utilizado para mobilizar as massas contra os opositores do governo Vargas.
- Baixo índice de institucionalização do poder centralizador.
- Ação reorganizadora do Estado no campo social e econômico devido ao poder de o Executivo intervir sempre que necessário na economia, realizando a unificação administrativa (intervencionismo).
- Ateísta e aconfessional.
- Baseada, principalmente, na Carta Magna da Polônia ("Polaca"), mas também influenciada pelo fascismo italiano de Mussolini (1922), pelo nazismo implantado por Hitler na Alemanha, buscando no corporativismo português até a denominação "Estado Novo".
- A totalidade dos efeitos da Constituição passariam a vigorar depois de sua submissão a um plebiscito (art. 187), o que nunca aconteceu[57].

como Oswaldo Aranha (Relações exteriores entre 1938 e 1943) e outros como João Neves da Fontoura e João Alberto em cargos menores. Ibidem, p. 380-382.

[55] Francisco Campos assim justificava o Estado Novo na Carta de 1937: "A transformação operada no mundo pelas grandes revoluções industriais, técnicas e intelectuais mudou o clima político. O conceito político da democracia não era mais adequado aos novos ideais da vida. A liberdade individual e suas garantias não resolviam o problema do homem. Eram ideais negativos, que não garantiam ao indivíduo nenhum bem concreto; seja no domínio econômico, seja no domínio moral, seja no domínio intelectual e político". *Vide* BONAVIDES, Paulo e ANDRADE, Paes de. *História constitucional do Brasil*, cit., p. 346.

[56] A Carta de 1937 não trazia em sua organização Títulos, Capítulos e Seções; as matérias eram divididas em rubricas com a indicação do assunto que tratava. *Vide* CERQUEIRA, Marcello. *A constituição na história*, cit., p. 487.

[57] Por não realizar o plebiscito, Francisco de Campos explica as consequências do ato de Vargas. Em linhas gerais, segundo o art. 175, renova-se o mandato presidencial até a realização do plebiscito e se favorável à Constituição, de forma que o Presidente só terminaria o período de seis anos se o plebiscito fosse favorável à Constituição. Como não se realizou

- Até 1945, o País foi governado sob o estado de emergência.
- Governabilidade sustentada por meio de decretos-leis (de 1937 a 1945), ou seja, a centralização extrema do poder se perfazia mediante a nomeação do interventor pelo próprio presidente, que se outorgava o direito de modificar a Constituição e legislar por decretos[58]. Exemplos de decretos-leis temos o Código Penal de 1940 e a CLT (Consolidação das Leis Trabalhistas), de 1943.
- Supressão de bandeiras, hinos e armas estaduais ou municipais[59].
- Legislativo sujeito a eventual dissolução por decisão do Executivo[60].
- Criação do Conselho da Economia Nacional – composto de representantes das associações profissionais ou sindicais (influência do "corporativismo" fascista), constituiria uma assessoria técnica cujas atribuições eram promover a organização corporativa da economia nacional, regular os contratos coletivos de trabalho, verificar o desenvolvimento de vários ramos da economia, fundar institutos de pesquisa destinados a promover o desenvolvimento tecnológico e

o plebiscito dentro do prazo estipulado pela Constituição, "a vigência desta, que, antes da realização do pleito, seria de caráter provisório, só se tornando definitiva mediante a aprovação plebiscitária, tornou-se inexistente". *Vide* Chacon, Vamireh (colaboração especial). *In* Abreu, Alzira Alves de *et al* (Coord.). *Dicionário histórico-biográfico brasileiro: pós-1930*, cit., p. 1568.

[58] Destaque-se, também, estes poderes centralizadores: controle sobre as Forças Armadas, podendo afastar os militares que representassem risco "aos interesses nacionais"; declaração de estado de emergência em todo o Território Nacional, possibilitando prisões, exílio, invasão de domicílios; instituição de prisão perpétua; e censura de todos os meios de comunicação.

[59] Essa restrição foi completada por disposições do Decreto-lei n. 37, de 2 de dezembro de 1937, que extinguia os partidos políticos, vedando o "uso de uniformes, estandartes, distintivos e outros símbolos dos partidos políticos (medida então dirigida contra os integralistas).

[60] Seria exercido pelo Parlamento Nacional, com a colaboração do Conselho da Economia Nacional e do Presidente da República. A Câmara dos Deputados seria eleita por sufrágio indireto, ou seja, por vereadores das Câmaras municipais e dez "eleitores" eleitos por voto direto para uma legislatura de quatro anos, com o poder apenas de discutir os gastos orçamentários do governo, e do Conselho Federal, composto de representantes dos Estados eleitos para um mandato de seis anos pelas Assembleias estaduais e de dez membros nomeados pelo Presidente da República. A presidência do Conselho cabia a um Ministro de Estado, também designado pelo Presidente da República.

racionalizar a organização e administração da indústria, agricultura, crédito e organização do trabalho.

- Estabelecimento da pena de morte mediante o Decreto-Lei de 18 de maio de 1938.
- Mandato presidencial de 6 anos pela via indireta; nos casos de vacância, o Conselho Federal elegeria um presidente provisório entre seus membros, ou aquele indivíduo indicado pelo presidente da República.
- Trata-se da Constituição que mais dispôs sobre a possibilidade de plebiscito, ou seja, nove vezes: nos artigos 5º, parágrafo único; 63 e seu parágrafo único; 174, § 4º; 175; 178 e 187. Vale salientar que as constituições de 1824 (monárquica) e as de 1891 e 1934 não se referiram a plebiscito[61].
- Criação do DIP (Departamento de Imprensa e Propaganda) – órgão encarregado do controle ideológico (censura total aos meios de comunicação) e do DASP (Departamento Administrativo do Serviço Público), que se destinava a apoiar a administração pública nas questões burocráticas (supervisionar as atividades dos interventores e subordinar as suas administrações à administração federal).

A Constituição de 1937 era, portanto, centralizadora, autoritária e corporativa:

> *"Paulo Edmur de Sousa Queirós sintetizou muito bem a Constituição: "Consistiriam as bases da nova organização: centralização do poder político; liquidação do divisionismo federativo, muito embora com desconcentração administrativa; criação de órgãos*

[61] As hipóteses de plebiscito na Carta de 1937 eram as seguintes: a) de subdivisão ou desmembramento de Estados para anexação a outros ou a formação de novos Estados (art. 5º); b) de serem conferidos ao Conselho Nacional de Economia poderes de legislação sobre algumas ou todas as matérias de sua competência (art. 63); c) de emenda, modificação ou reforma da Constituição, na hipótese de ser rejeitado projeto de iniciativa do Presidente da República, a propósito, ou na hipótese em que o Parlamento aprovasse, apesar da oposição daquele, o projeto de iniciativa da Câmara dos Deputados (art. 174, § 4º); d) finalmente, de deliberação sobre a própria Constituição, na forma como se regularia em Decreto do Presidente da República (art. 178). *Vide* PORTO, Walter Costa. *Constituições brasileiras – 1937.* v. 4, 3.ed. Brasília: Senado Federal, 2012, p. 22.

técnicos constituídos com ampla participação das classes produtoras organizadas para assessorar a orientação política e econômica nacional, atribuída precipuamente ao Presidente da República; compulsão ao sindicalismo profissional urbano, como fomento do espírito associativo; redução drástica da influência do Poder Legislativo, órgão, no Brasil, contaminado pelo aventureirismo político e através do qual se mantinham, sem alternativa racional, os defeitos mais graves da sociedade patrimonialista em decomposição; liquidação dos chamados partidos políticos"[62].

O caráter centralizador da Carta de 1937 extinguiu a Justiça Federal. Na época alegava-se que as justiças dos Estados haviam sido muitas, em especial quanto ao controle pelo coronelato rural, pelos poderes políticos locais, da máquina e das decisões judiciais. No que diz respeito aos direitos sociais, estes se mantiveram, conforme a previsão da Constituição de 1934[63].

Atribui-se semelhança dos dispositivos constitucionais de 1937 com as investidas dos militares no pós-1964, a exemplo dos decretos-leis, dos estados de emergência, da suspensão dos direitos e garantias individuais, do colégio eleitoral para a escolha do presidente e do vice-presidente da República[64]. Diz-se que o que torna possível essa similaridade é o fato de que a Constituição de 1937 foi o "germe" (o Estado Novo foi sua realização) de Constituições autoritárias, e "a justificação teórica das ditaduras posteriores"[65].

Aduz-se que a Constituição de 1937, ao dispensar o trabalho de representação popular constituinte, fez surgir uma burocracia estatal com

[62] Chacon, Vamireh (Colab. Especial). *In* ABREU, Alzira Alves de *et al* (Coord.). *Dicionário histórico-biográfico brasileiro: pós-1930*, cit., p. 1567.

[63] Lopes, José Reinaldo de Lima. *O direito na história – lições introdutórias*, cit., p. 388.

[64] Bonavides, Paulo e Andrade, Paes de. *História constitucional do Brasil*, cit., p. 333.

[65] "Se é certo que Vargas implementou uma modernização do aparelho de Estado, criando uma burocracia mais eficiente e dando contribuições diversas à consolidação e codificação dos principais ramos do direito, e iniciando o processo de industrialização do País, de que é exemplo Volta Redonda, é também certo que atribuiu a essa burocracia renovada poderes muito mais amplos do que seria normal. Em suma: na completa ausência do Legislativo (ele nunca foi convocado), esse poder transferiu-se para as mãos da tecnoburocracia, que o exercia na realidade. Mais uma vez, uma conjunção que nos é familiar: autoritarismo e tecnocracia". Ibidem, p. 333.

pretensões legislativas, um Poder Executivo autoritário, centralizado e extremamente forte, um Legislativo pulverizado e convertido em Conselho Administrativo[66].

Se ao enunciar em seu art. 1º que "o poder político emana do povo e é exercido em nome dele e no interesse do seu bem-estar, da sua honra, da sua Independência e da Sua prosperidade", a Constituição de 37 traiu esse enunciado porque, na prática, descumpriu o primado do estado democrático ao cancelar as eleições, extinguir os partidos e fechar o Congresso[67].

O texto de 1937 e sua legislação complementar colidiram com os princípios montesquianos da distribuição dos poderes, ainda que previsse que estes seriam independentes e harmônicos entre si[68].

Na realidade, a competência dos três Poderes na Constituição de 1937 era meramente formal. Os artigos 38 a 49, por exemplo, que tratavam do Poder Legislativo, eram meramente figurativos em face da coexistência de um Conselho Federal criado pelos artigos 50 a 56, usurpando faculdades legislativas com dez dos seus membros escolhidos pelo presidente da República e os restantes pelas Assembleias Legislativas dos Estados[69].

Por sua vez, inexistia votação popular para a constituição do Senado, visto que os senadores, biônicos, eram denominados conselheiros[70].

Por fim, faltava controle jurisdicional dada a marginalização do Poder Judiciário, tanto que o artigo 91 ressalvava restrições à vitaliciedade, à inamovibilidade e à irredutibilidade dos vencimentos dos magistrados. Sem dúvida, a competência dos três poderes ficava limitada ao centralismo do Executivo[71].

1.4 A Constituição de 1946

Em 16 de setembro de 1946 foi promulgada "pelos representantes do povo brasileiro, reunidos sob a proteção de Deus", a quarta Constituição

[66] Ibidem, p. 339.
[67] Ibidem, p. 342.
[68] Ibidem, p. 344.
[69] Ibidem, p. 345.
[70] Ibidem, p. 345.
[71] Ibidem, p. 345.

republicana do Brasil sob o regime federativo e presidencialista com 5 anos de mandato ao presidente da República[72].

Na Constituição de 1946, entre outras disposições conservadoras, foram mantidos os dispositivos que permitiam a convocação ou o comparecimento espontâneo dos ministros ao Pleno; as Comissões de Inquérito parlamentar por iniciativa de 1/5 dos membros de cada Câmara; a possibilidade de o congressista aceitar ministério sem perder o mandato[73].

A título de comparação, lembre-se de que Constituição pós-Estado Novo só se referia textualmente a emendas da Constituição ("a Constituição poderá ser emendada"), mas não a "reforma", a não ser a previsão do parágrafo 5º do art. 217: "não se reformará a Constituição na vigência do Estado de Sítio". No texto de 1946 emenda e reforma passaram a equivaler-se na linguagem constitucional[74].

"A Constituição de 1946, voltando, pois, a inspirar-se no primeiro estatuto republicano, não simplificou tanto o processo reformista como aconteceria posteriormente com a Carta semioutorgada de 1967, a ponto de afastar da iniciativa da emenda as Assembleias Legislativas dos Estados, que haviam sido dotadas dessa faculdade nas três Constituições republicanas antecedentes. Manteve assim a Lei Magna de 1946 a titularidade federativa das Assembleias na proposta da emenda ao texto constitucional"[75].

"Num só artigo, o de nº 217 e seus seis parágrafos, a Constituição de 1946 disciplinou toda a matéria relativa a emendas constitucionais"[76].

Entre as revogações, destacam-se o fim da representação classista e dos órgãos de cooperação governamentais.

Um ponto considerado de importância foi a reinserção do Senado como segunda Câmara legislativa na estrutura congressual do sistema,

[72] A Carta de 1946 previu, inicialmente, mandato de 5 anos para Presidente e Vice, mas a Emenda Constitucional n. 9 reduziu-o para 4 anos. Lembre-se de que a Constituição de 1946 possuía 218 artigos, além de um "Ato das Disposições Transitórias" com mais 36 artigos. Dividia-se em nove títulos, que se subdividiam em capítulos e estes em seções.

[73] BALEEIRO, Aliomar e SOBRINHO, Barbosa Lima. *Constituições brasileiras – 1946*. v. V. Brasília: Senado Federal, 2001, p. 17.

[74] BONAVIDES, Paulo e ANDRADE, Paes de. *História constitucional do Brasil*, cit., p. 422.

[75] Ibidem, p. 422.

[76] Ibidem, p. 423.

a exemplo das origens republicanas e federativas de 1891, cabendo três senadores por Estado e mesmo número no Distrito Federal. Em relação aos deputados, saliente-se que o mandato seria de 4 anos[77].

Quanto aos prefeitos, os das capitais poderão ser nomeados pelos governadores dos Estados ou dos Territórios, assim como de outros municípios onde houver estâncias hidrominerais naturais, quando beneficiadas pelo Estado ou pela União (art. 28, § 1º).

TCU, órgão de auxílio ao parlamento – No campo das inovações, acrescente-se que o controle externo, a cargo do Congresso Nacional, passou a ser exercido com o auxílio do Tribunal de Contas da União (TCU), cabendo-lhe fiscalizar as contas do Executivo. As rendas da União, dos Estados e Municípios passaram a ser discriminadas, pondo fim à bitributação, antes prevista nas Constituições de 1934 e 1937[78], na medida em que a exigência de um mesmo tributo por diferentes entes públicos passou a ser inconstitucional[79].

Instituiu-se a partilha do imposto único federal sobre a produção, comércio, distribuição e consumo e sobre a importação e exportação de lubrificantes e de combustíveis líquidos ou gasosos, estendendo-se esse regime aos minerais e à energia elétrica (art. 15, III)[80].

Ainda na seara tributária, estabeleceu-se, expressamente, o conceito da Contribuição de Melhoria "quando se verificar valorização do imóvel em consequência de obras públicas", mas não exigida a valorização em limites superiores à despesa realizada (para todos os imóveis lançados), nem ao acréscimo de valor para cada imóvel beneficiado (art. 30 e parágrafo único)[81].

[77] Ibidem, p. 420.

[78] Ibidem, p. 420.

[79] Se se tratasse de competência concorrente, pela União ou pelo Estado, o produto da arrecadação seria partilhado na base de 20% para os cofres federais; 40% para os estaduais; e 40% para os municipais. BALEEIRO, Aliomar e SOBRINHO, Barbosa Lima. *Constituições brasileiras – 1946*. v. V. Brasília: Senado Federal, 2001, p. 18

[80] O imposto "único" (isto é, com exclusão de qualquer outro dos Estados e dos Municípios) seria dividido com Estados, Distrito Federal e Municípios proporcionalmente à superfície, população, consumo e produção nos termos e para os fins estabelecidos em lei federal, cabendo 40% à União e 50% aos Estados e Municípios (art. 15, § 2º). Ibidem, p. 18.

[81] Ibidem, p. 19.

Concedeu-se imunidade tributária a templos, bens, rendas e serviços de partidos políticos, instituições educacionais e assistenciais, e sobre papel destinado exclusivamente a jornais, periódicos e livros (art. 31)[82].

Outra disposição na área tributária tratou-se da isenção do imposto de consumo sobre mercadorias destinadas à alimentação, vestuário, habitação e tratamento médico das classes pobres (art. 15, § 10). Igualmente isentos os sítios de menos de 25 hectares trabalhados pelo dono e sua família sem assalariados, assim como a primeira operação do pequeno produtor[83], e também sobre autores, professores e jornalistas (art. 203) não incidiria nenhum imposto[84].

No quesito "arrecadação", os municípios foram inicialmente prejudicados, uma vez que o Tesouro Federal era capaz de arrecadar mais de 63% dos tributos pagos pelos brasileiros, enquanto os municípios conseguiam arrecadar 7%[85]. A situação foi revista, quando os municípios passaram a receber: todo o Imposto de Indústrias e Profissões; uma quota em partes iguais, no rateio de 10% do Imposto de Renda, excluídas as capitais; e quando a arrecadação estadual de impostos, salvo o de exportação, excedesse, em município que não fosse o da capital, o total das rendas locais de qualquer natureza, o Estado dar-lhe-ia anualmente 30% do excesso arrecadado[86].

Vale salientar que, em matéria financeira, parte das receitas das zonas urbanas industrializadas e prósperas deveria ser canalizada para os municípios do interior, mediante redistribuição de 10% da arrecadação total do imposto sobre a renda por todas as prefeituras, exceto as das capitais[87].

[82] Ibidem, p. 19.
[83] Ibidem, p. 19.
[84] Ibidem, p. 20.
[85] Ibidem, p. 20.
[86] Tornaram-se dotações compulsórias dos tributos de todo o País para zonas atrasadas: 3% da renda atribuída da União e dos Estados no Polígono das Secas – o Nordeste, até parte da Bahia, e de Minas Gerais; 3% dos tributos da União, durante 20 anos no plano de valorização econômica da Amazônia (art. 199); 1% da renda federal para o plano de aproveitamento total das possibilidades econômicas do rio São Francisco e seus afluentes). Ibidem, p. 20.
[87] Ibidem, p. 21.

No plano da justiça aplicável a parlamentares, a Constituição de 1946, no art. 48, § 2º, estatuiu que perderia o mandato, por 2/3 dos votos de seus pares, o deputado ou senador cujo procedimento fosse reputado incompatível com o decoro parlamentar[88].

O sistema de representação proporcional conferiu ao povo expressar-se por meio do voto, obrigatório e universal para maiores de 18 anos (exceto analfabetos, soldados e cabos), mas contribuiu para a criação de inúmeros partidos, dificultando as ações do governo e das oposições tradicionais, o que repercutiu na criação de 14 novas agremiações partidárias em 1964. Em consequência, com exceção de Eurico Gaspar Dutra (1946-1951), nenhum presidente conseguiu obter maioria absoluta de votos nas eleições. E o pior: alguns partidos pequenos tinham donos e vendiam até inscrições para candidaturas ao Congresso[89].

"O Estado Social obteve conquistas, constitucionalizando direitos que já haviam sido garantidos no âmbito infraconstitucional, como: a participação do trabalhador nos lucros da empresa; a instituição do repouso semanal remunerado; o reconhecimento do direito de greve; a estabilidade do trabalhador na empresa; indenização ao trabalhador despedido; concessão da aposentadoria facultativa do funcionário com 35 anos de serviço e da previdência às vítimas de doença, velhice, invalidez e morte; livre associação profissional ou sindical; e a inserção da Justiça do Trabalho na esfera do Poder Judiciário"[90].

Na área da educação, sob a noção de que deve nortear-se pelos princípios da liberdade e dos ideais da solidariedade humana, a Carta tornou obrigatório o ensino primário gratuito nos educandários oficiais, constituindo o amparo à cultura dever do Estado[91].

Outra conquista no plano social foi a possibilidade de intervenção no domínio econômico e o monopólio de determinada indústria ou ati-

[88] O primeiro deputado a submeter-se a essa pena foi o deputado Edmundo Barreto Pinto, que se deixava fotografar a jornais e revistas de casaca e cuecas com uma garrafa de champanhe sob o chuveiro, além de criar repetidos incidentes no curso dos debates. Ibidem, p. 421.

[89] Ibidem, p. 21.

[90] Bonavides, Paulo e Andrade, Paes de. *História constitucional do Brasil,* cit., p. 412.

[91] Ibidem, p. 412.

vidade quando estivesse em análise o interesse público e por limite os direitos fundamentais assegurados na Constituição[92].

Entende-se que um dos maiores avanços da nova Constituição na seara social, referente ao Capítulo dos Direitos e das Garantias Individuais, foi que o Poder Judiciário não poderia deixar de apreciar nenhuma lesão de direito individual[93].

Em relação às regiões menos desenvolvidas do País, segundo o art. 199, dispensava-se à Amazônia tratamento quase tão privilegiado quanto aquele que se concedeu ao Nordeste. Dispunha sobre a execução de um plano de valorização econômica daquela região, na qual seriam aplicadas durante pelo menos vinte anos consecutivos quantias não inferiores a três por cento da renda tributária da União[94].

O art. 29 das Disposições Transitórias previa que o Governo Federal ficava obrigado, "dentro do prazo de vinte anos, a contar da data da promulgação desta Constituição, a traçar e executar um plano de aproveitamento total das possibilidades econômicas do rio São Francisco e seus afluentes", no qual aplicaria, anualmente, "quantia não inferior a um por cento de suas rendas tributárias"[95]. Já o Nordeste ficaria com 4% da renda tributária da União, devendo-se aplicar em obras e serviços de assistência econômica e social em face dos efeitos funestos da seca, incluindo-se o aproveitamento do potencial econômico da bacia do São Francisco[96].

Defende-se a tese de que a Constituição de 1946 promoveu avanços em relação à ordem econômica, uma vez que teria se preocupado com a existência digna do cidadão, ou seja, um padrão de vida menos desigual

[92] Ibidem, p. 412.

[93] Ibidem, p. 412.

[94] No tocante à ajuda federal, ao Nordeste se dispensaria um plano permanente; para a Amazônia seria por 20 anos. Ibidem, p. 412.

[95] Ibidem, p. 413.

[96] Ibidem, p. 413. Lembre-se de que somente no século XXI, ou seja, a partir de 2007, pôs-se em prática o projeto de transposição do rio São Francisco a fim de promover a integração do Rio São Francisco com bacias hidrográficas do Nordeste Setentrional, prevendo-se a construção de mais de 700 quilômetros de canais de concreto em dois grandes eixos (norte e leste) ao longo do território de quatro Estados (Pernambuco, Paraíba, Ceará e Rio Grande do Norte) para o desvio das águas do rio. No entanto, lembre-se de essa mesma ideia surgiu no Império, à época em que dom Pedro II governava.

nas regiões mais afastadas do Brasil, dirigindo a atenção para condições de trabalho mais humanas e justas tanto nas áreas urbanas quanto rurais sob a regência de um ordenamento jurídico trabalhista regulador. Em sua maioria, as regras jurídicas deslocam-se de uma orientação direcionada do particular (o indivíduo) para a sociedade[97].

Outros consideram que a Constituição apresentou a mesma linha da Carta de 1891, ou seja, impregnada de liberalismo, todavia sem procurar resolver os problemas estruturais do País.

Sinteticamente, os principais pontos da Constituição foram:

1 – todos são iguais perante a lei;
2 – ninguém pode ser obrigado a fazer ou deixar de fazer alguma coisa, se não em virtude de lei;
3 – é livre a manifestação do pensamento sem que dependa de censura (salvo em relação a espetáculos e diversos públicas);
4 – não é permitido o anonimato;
5 – é inviolável o sigilo de correspondência;
6 – é inviolável a liberdade de consciência e de crença, e assegurado o livre exercício dos cultos religiosos;
7 – por motivo de convicção religiosa, filosófica ou política ninguém é privado de nenhum de seus direitos;
8 – é garantida a liberdade de associação para fins lícitos;
9 – é vedada a organização, o registro ou funcionamento de qualquer partido político ou associação cujo programa ou ação contrarie o regime democrático, baseado na pluralidade dos partidos e na garantia dos direitos fundamentais do homem;
10 – a casa é asilo inviolável do indivíduo;
11 – é garantido o direito de propriedade, salvo o caso de desapropriação por necessidade ou utilidade pública, ou por interesse social, mediante previa e justa indenização em dinheiro;

[97] Lembre-se de que apesar do alto grau de justiça social, a disposição constitucional acerca da participação nos lucros nunca se efetivou sob a égide da Carta de 1946, ficando essa regra inscrita “no rol das ilusões constitucionais da primeira fase do nosso Estado Social de direito. Ibidem, p. 413.

12 – ninguém pode ser preso senão em flagrante delito ou, nos casos expressos em lei, por ordem escrita de autoridade competente;
13 – não há pena de morte, banimento, de confisco nem de caráter perpétuo;
14 – não é concedida a extradição de estrangeiro por crime político ou de opinião e, em nenhum caso, a de brasileiro;
15 – é assegurada ao acusado ampla defesa;
16 – nenhum tributo pode ser exigido ou aumentado sem que a lei o estabeleça;
17 – o ensino profissional é, em matéria de educação, a primeira obrigação do estado;
18 – o trabalho é um dever social e recebe do Estado proteção e solicitude especiais;
19 – os crimes contra a economia do povo são contra o Estado;
20 – a utilização das riquezas minerais e das fontes de energia é da competência do Estado, sendo concedida somente a brasileiros.

1.5 Comparação entre as Constituições de 1824, 1891, 1934 e 1946

A começar pelos períodos de vigência das quatro Constituições (que tiveram uma Constituinte), há de se considerar:

- 1º Carta Imperial (1824-1889) – 65 anos;
- 1º Constituição Republicana (1891-1930) – 39 anos;
- 2º Constituição Republicana (1934-1937) – três anos;
- 3ª Constituição Republicana (1946-1967) – 21 anos.

Partindo-se de uma análise dos fatores sociais que influenciaram esses textos constitucionais, pode-se depreender como se desenvolveram ao longo do tempo a seleção de princípio e a formulação das normas[98].

Indispensável atentar, como em qualquer análise, o contexto histórico e o pensamento predominante durante o advento de cada diploma constitucional. Diga-se que as três primeiras constituições resultaram de movimentos marcantes que caracterizaram os regimes monárquico

[98] Kelly, José Eduardo Prado (colaboração especial).*In*ABREU, Alzira Alves de *et al* (Coord.). *Dicionário histórico-biográfico brasileiro: pós-1930*, cit., p. 1575.

(1822), o republicano (1889) e o regime marcado pela reforma socioliberal sob o lema "representação e justiça" (1930). A de 1946 derivou da inevitável reação nacional às violações contidas na Carta de 1937[99].

Durante a primeira República, os partidos nacionais não eram imprescindíveis ao processo político, uma vez que o sistema político caracterizava-se pela redução do eleitorado, pelos defeitos explícitos da legislação e pela constância da fraude, esta desde o alistamento até a apuração dos votos. Na verdade, as oligarquias é que exerciam a "soberania popular", comandando os destinos do País. Observa-se, portanto, um regime presidencial que carecia de base popular[100].

A Carta de 1824, nos arts. 9º a 12, submeteu-se ao dogma da "soberania popular", ao prever que os poderes políticos (Legislativo, Moderador, Executivo e Judicial) eram "delegações da nação", tendo somente como representantes o imperador e a Assembleia Geral (art. 11). Antítese da República, o monarca representava o Executivo, auxiliado pelos ministros de Estado (art. 102), e acumulava as atribuições do Poder Moderador (art. 101, itens I a IX), ou seja, cuidava "da Independência, equilíbrio e harmonia dos demais poderes políticos"[101].

Segundo a Carta de 1824, o imperador – a quem se delegara "privativamente" o Poder Moderador – investiu-se em posição única e superior às demais, na qualidade de "chefe da nação e seu primeiro representante" (art. 98). Sua pessoa tornou-se "inviolável e sagrada" e não estava "sujeito a responsabilidade alguma" (art. 99), embora fosse "chefe do Poder Executivo" e o exercitasse "pelos seus ministros de Estado" (art. 102). Se, "por causa física ou moral, evidentemente reconhecida pela pluralidade de cada uma das câmaras da Assembleia", ficasse impossibilitado "para governo", seria substituído pelo príncipe imperial, desde que tivesse 18 anos (art. 126)[102].

[99] Ibidem, p. 1575.

[100] Na Velha República o Presidente faz os Governadores; os Governadores elegem as bancadas de Câmara e Senado; esses congressistas indicam, elegem, reconhecem e proclamam o Presidente. Ibidem, p. 1573.

[101] Ibidem, p. 1570.

[102] Ibidem, p. 1573.

A Constituição de 1891, ao seguir a cartilha da Constituição norte-americana – por sua vez, esta influenciada por precedentes ingleses – dispôs sobre o *Impeachment*. Por influência de outras constituições do continente sul-americano, adotou o regime representativo (art. 19) e dispunha que os poderes Legislativo, Executivo e Judiciário, "harmônicos e independentes entre si" (art. 15), eram órgãos da soberania nacional, ao passo que o estatuto de 1934 cingiu-se à formulação do "princípio de legitimidade" (art. 29), que acabou sendo expresso, entende-se, em melhor redação no estatuto de 1946 (art. 1º): "Todo poder emana do povo e em seu nome será exercido"[103].

Quanto ao *impeachment*, a Constituição de 1934 distinguiu sete fases:

> *"1) oferecimento da denúncia ao Presidente da Corte Suprema (art. 58, §2º); 2) convocação, por aquele, de uma junta especial de investigação, composta de um Ministro da referida Corte, de um membro do Senado e de um representante da Câmara dos Deputados, eleitos simultaneamente pelas referidas corporações (art. 58, § 2º); 3) diligências da junta (assegurada a defesa) sobre os fatos arguidos; elaboração de um relatório e seu encaminhamento à Câmara, com os respectivos documentos (art. 58, § 3º); 4) exame da matéria pela Câmara, dentro de 30 dias após o parecer da comissão competente e formalização final da acusação, se fosse o caso; e envio das peças ao presidente da Corte Suprema (art., 58, § 4º); 5) afastamento do dignitário, se decretada a acusação (art., 58, § 6º), e 6) processo de julgamento por um Tribunal Especial, de que seria Presidente o da Corte Suprema e que se comporia de nove Juízes: três Ministros da mesma Corte, três membros do Senado e três membros da Câmara (art., 58, § 1º), todos escolhidos por sorteio dentro de cinco dias úteis depois de decretada a acusação (art. 58, § 1º). Tanto o Presidente quanto os seus Ministros ficavam sujeitos, nos crimes comuns, à jurisdição da Corte Suprema (Const., art. 76, 1, a), como também os demais mencionados nas letras b e c do citado inciso"*[104].

No âmbito dos direitos e garantias individuais, a Carta de 1824 dispôs sobre "a inviolabilidade dos direitos civis e políticos dos cidadãos brasileiros que tem por base a liberdade, a segurança individual e a propriedade" (art. 179). E previu, no título VIII, postulados que também estariam pre-

[103] Ibidem, p. 1573.
[104] Ibidem, p. 1573.

vistos nas outras Constituições republicanas, relativos ao "ser físico" e ao "ser moral". Acrescente-se que arrolou, ainda, garantias econômicas e funcionais (art. 179, incisos XXVIII a XXXIII)[105].

O estatuto de 1891, por sua vez, começou por ampliar a área da proteção jurídica, igualando para esses fins os nacionais e os estrangeiros residentes (art. 72, *caput*), aproximando-se ao que continha nos textos legais dos países mais desenvolvidos . Na questão sobre as "garantias" incluiu, como instituto constitucional, superior aos da legislação ordinária, o *habeas corpus* e preceitos processuais que acautelaram a eficácia de princípios básicos (por exemplo, arts. 72, §§ 13 a 16; arts. 19 a 27 e 31; arts. 73 a 77). Esta declaração da Carta de 1891 é marcante: "A especificação das garantias e direitos expressos na Constituição não exclui outras garantias e direitos não enumerados, mas resultantes da forma de governo que ela estabelece e dos princípios que consigna"[106].

A Constituinte de 1933 promoveu a inclusão de "direitos sociais e econômicos", a exemplo do que sucedera com as Constituições europeias do primeiro "pós-guerra". Ao "princípio da legalidade" (art. 113, inc. 2) os constituintes acrescentaram o da "estabilidade jurídica" (inc. 3), transposto da introdução ao Código Civil: "A lei não prejudicará o direito adquirido, o ato jurídico perfeito e a coisa julgada." A qualquer cidadão não só se concedeu "representar aos poderes públicos, denunciar abusos das autoridades e promover-lhes a responsabilidade" (inc. 10), mas também "pleitear a declaração da nulidade ou anulação dos atos lesivos do patrimônio da União, dos estados ou dos municípios". E associou-se ao *habeas corpus* um instituto de igual categoria – "o mandado de segurança para a defesa de direito certo e incontestável, ameaçado ou violado por ato manifestamente inconstitucional ou ilegal de qualquer autoridade" (inc. 33). Outros direitos individuais (gerando contraprestação por parte do Estado) emergem de diferentes agregados sociais. Assim, no pertinente à família (art. 144), à educação (art. 119), ao trabalho (arts. 115, 121 e 122) e ao acesso de cargos públicos (art. 168)[107].

[105] Ibidem, p. 1573.
[106] Ibidem, p. 1573.
[107] Ibidem, p. 1574.

Defende-se o entendimento de que a Constituição de 1946 (cap. II do título IV) conservou, em substância, a lista daqueles "direitos" e "garantias", e promoveu acréscimos no seu teor, como o do artigo 141, § 34 (anualidade dos tributos). Tendo mantido a "estrangeiros residentes" condição assemelhada à dos brasileiros, nos termos do pacto de 1891, mais se distinguiu, no artigo 142, ao permitir a estrangeiros de qualquer procedência entrarem no território nacional e nele permanecerem, ou dele saírem, respeitados os preceitos da lei[108].

Direito Eleitoral – Em relação às questões de direito eleitoral, na vigência da Constituição de 1891, o Código Eleitoral de 1932 ampliou o eleitorado ao obrigar o alistamento e o voto secreto dos maiores de 18 anos alfabetizados (arts. 108 e 109). Impôs, também, o sistema de representação proporcional no pleito para a composição da Câmara dos Deputados, das Assembleias Legislativas estaduais e das câmaras municipais (arts. 63, *d*, 82 e 83). A partir dessas mudanças, a participação dos cidadãos na vida pública do Brasil tornou-se mais ativa e, pelas condições exigidas, forçou a existência de partidos com registro na forma da lei civil e mediante comunicação ao Superior Tribunal e aos Tribunais das regiões onde viriam a atuar (art. 99, parágrafo único)[109].

A Carta de 1946, ao incentivar a atuação dos partidos nacionais, impôs somente uma restrição: "É vedada a organização, o registro e o funcionamento de qualquer partido político ou associação cujo programa ou ação contrarie o regime democrático, baseado na pluralidade dos partidos e na garantia dos direitos fundamentais do homem"[110].

Afirma-se que a Constituição de 1946 manteve-se fiel aos ditames do liberalismo clássico, principalmente se se considerar as mudanças ocorridas a partir de 1930, ainda que a Carta de 1946 tenha incorporado a legislação social do Estado Novo, nada dispondo de liberal nesse quesito. Isso significa que no campo político a Constituição de 1946 negou o Estado Novo, mas acolheu a legislação trabalhista protecionista, bem como as medidas de Segurança Nacional[111].

[108] Ibidem, p. 1574.
[109] Ibidem, p. 1571.
[110] Ibidem, p. 1571.
[111] CERQUEIRA, Marcello. *A constituição na história*, cit., p. 496.

Ela também recepcionou parte das lições doutrinárias do pós-guerra na seara do direito internacional, mas Maurice Hauriou, por exemplo, anuncia, com ênfase, os seguintes movimentos de constitucionalização: a) aquele que sucedeu à Independência americana e à Revolução Francesa de 1789; b) o que se seguiu às revoluções francesas de 1830 e 1848; c) o que se produziu após a Primeira Guerra Mundial, com a derrota da Alemanha, o desmembramento do Império austro-húngaro, do Império Otomano e do Império Tzarista, com o fenômeno da Revolução Soviética e o nascimento da URSS; e d) o que se desenvolve desde o fim da Segunda Guerra Mundial, e que está, no fundamental, ligado à descolonização do Terceiro Mundo[112].

Talvez dispensável afirmar que os constituintes de 1946 se notabilizaram por transformar um cenário obscuro em que a norma constitucional derivava de um desmedido autoritarismo, mas que, por vicissitude do destino, acabou sendo dilacerada pelo Ato Institucional dos militares por ocasião do golpe militar de 1964[113].

No que diz respeito ao aspecto da similaridade entre uma constituição e outra, no âmbito eleitoral a Seção IV, Capítulo IV, da Constituição de 1934, intitulada "Da Justiça Eleitoral", antecipava as normas que iríamos encontrar na Seção V, Capítulo IV, da Carta de 1946, sob o título – "Dos Juízes e Tribunais Eleitorais". O sistema de votos da Constituição de 1934 adotaria os preceitos do Código Eleitoral de 1932, com a ressalva de que acrescentaria a representação proporcional. Dispunha que a competência dos juízes singulares e das juntas apuradoras dependeria de legislação ordinária, e Tribunal Superior de Justiça Eleitoral, Tribunais Regionais na capital dos Estados e juízes singulares compunham a nova organização de caráter judiciário[114].

Judiciário – "Para o Tribunal Superior (eleitoral), dispunha-se que um terço de seus membros deveria ser sorteado entre os ministros da Corte Suprema, outro terço sorteado entre os desembargadores do Distrito Federal e o terço restante nomeado pelo presidente da República, entre seis cidadãos de notável saber jurídico e reputação ilibada, indi-

[112] Ibidem, p. 497.
[113] Ibidem, p. 497.
[114] Ibidem, p. 497.

cados pela Corte Suprema. Os Tribunais Regionais compor-se-iam de modo análogo, com desembargadores da Justiça local, com o juiz federal, com juízes de direito e pessoas nomeadas pelo presidente da República, sob proposta da Corte de Apelação"[115].

"Serviriam os membros dos Tribunais eleitorais por dois anos, nunca, porém, por mais de dois biênios consecutivos. Aos juízes locais vitalícios caberia a função de juízes eleitorais, com jurisdição plena"[116].

"Entregava a Constituição à Justiça Eleitoral competência *privativa* para o processo das eleições federais, estaduais e municipais, especificando, entre as suas atribuições: a) a de organizar a divisão eleitoral da União, dos Estados, do Distrito Federal e dos Territórios; b) a de fazer o alistamento; c) a de adotar ou propor providências para que as eleições se realizem no tempo, e na forma determinada em lei; d) a de fixar a data das eleições, quando não determinada na Constituição; e) a de resolver sobre as arguições de ilegalidade e incompatibilidade; f) a de conceder habeas corpus e mandado de segurança, em casos pertinentes à matéria eleitoral; g) a de proceder à apuração dos sufrágios e proclamar os eleitos; h) a de processar e julgar os delitos eleitorais e os comuns que lhe forem conexos; i) a de decretar perda de mandato legislativo, nos casos estabelecidos na Constituição"[117].

"As decisões do Tribunal Superior eram irrecorríveis, salvo as que pronunciassem a nulidade, ou invalidade, de ato ou de lei, em face da Constituição, e as quais negassem *habeas corpus*, casos em que haveria recurso para a Corte Suprema. Os Tribunais Regionais decidiam, em última instância, sobre eleições municipais, salvo quando seus julgados pudessem constituir matéria de recurso extraordinário. Nas eleições federais e estaduais, inclusive a de governador, caberia recurso, para o Tribunal Superior, da decisão que proclamasse os eleitos, admitido sempre, para essa instância suprema, recurso de todas as decisões que, nos Tribunais Regionais, lhe não observassem a jurisprudência"[118].

[115] BALEEIRO, Aliomar e SOBRINHO, Barbosa Lima. *Constituições brasileiras – 1946*, p. 46, v. V.
[116] Ibidem, p. 46.
[117] Ibidem, p. 46.
[118] Ibidem, p. 46-47.

"Todas essas normas já figuravam no Código Eleitoral de 1932. A Constituição foi um pouco mais longe, ao definir a competência da Justiça Eleitoral. Não chegou, porém, a inovar profundamente, nem quanto aos órgãos que compunham a Justiça, nem na maneira de sua composição, nem quanto às atribuições que lhe eram confiadas. Pode-se dizer que, em todo esse domínio do direito eleitoral, a única manifestação criadora da Constituinte de 1934 foi a que se consubstanciou na representação das profissões, apresentada como princípio constitucional (art. 7, I, h) e que deveria entrar na composição dos órgãos legislativos, ao lado de representantes do povo – 'na forma que a lei determinar' (art. 23). Para o primeiro pleito, e por força de preceito das Disposições Transitórias da Constituição de 1934, coube ao Tribunal Superior de Justiça Eleitoral fixar essa representação em 50 deputados, o equivalente a um quinto da representação popular; assim distribuídos os lugares, entre empregados e empregadores: lavoura e pecuária; indústria, comércio e transportes, 14 lugares para cada categoria; profissões liberais e funcionários públicos, 8 lugares"[119].

Não se observaram profundas reformas constitucionais entre as constituições de 1934 e 1946, a não ser uma espécie de reunião do que já vinha previsto na legislação ordinária e no Código Eleitoral de 1932.

Questão econômica: No que se refere à disciplina da ordem econômica e social, nos termos da Carta de 1824, a economia do País se firmaria (art. 179, XXII) em dois pilares, ou seja, a "propriedade" e o "trabalho", visto que a noção de "propriedade" ainda era a "quiritária", isto é, aquela derivada do direito civil peculiar aos cidadãos romanos e garantidos por uma ação civil relativa à coisa[120].

Os constituintes de 1890, por formação, filiavam-se ao individualismo. Sua concepção da "propriedade" (art. 72, *caput* e §17) estava assim definida: "O direito de propriedade mantém-se em toda a sua plenitude, salvo a desapropriação por necessidade pública, mediante indenização

[119] Ibidem, p. 47.

[120] Lembre-se de que o "direito ao trabalho", naquela época (art. 179, incisos XXIV e XXV), favorece exclusivamente "pessoas livres", cidadãos brasileiros (art. 69) na plenitude de suas regalias. ABREU, Alzira Alves de *et al* (Coord.). *Dicionário histórico-biográfico brasileiro: pós-1930*, cit., p. 1574.

prévia. As minas pertencem aos proprietários do solo, salvas as limitações que forem estabelecidas por lei a bem da exploração deste ramo da indústria". A propriedade intelectual ficava também protegida (cit. art., §§ 25, 26, 27). Em relação ao "trabalho", a garantia se corporificava no "livre exercício de qualquer profissão moral, intelectual e industrial" (cit. art., § 21). Um compromisso, em termos gerais, se contraiu, com endereço aos legisladores: "Incumbe outrossim ao Congresso (...) animar no País o desenvolvimento das letras, artes e ciências, bem como a imigração, a agricultura, a indústria e o comércio, sem privilégios que tolham a ação dos governos locais" (art. 35, inc. 2º)[121].

Por sua vez, a Constituinte de 1933 caminhou por outra linha, pois o respectivo conceito se condicionou ao "bem comum" (Const., art. 113, inc. 17): "É garantido o direito de propriedade, que não poderá ser exercido contra o interesse social ou coletivo, na forma que a lei determinar. A desapropriação por necessidade ou utilidade pública far-se-á nos termos da lei, mediante prévia e justa indenização. Em caso de perigo iminente ou comoção intestina, poderão as autoridades competentes usar da propriedade particular até onde o bem público exige, ressalvado o direito à indenização ulterior"[122].

Direito trabalhista – Sob o prisma do "direito do trabalho", a Carta de 1934 reconheceu os sindicatos e associações profissionais, os primeiros com a garantia da "pluralidade" e "completa autonomia" (art. 120, parágrafo único). Cogitou-se do amparo à produção e das condições do trabalho na cidade e nos campos, "tendo em vista a prestação social do trabalhador e os interesses econômicos do País" (art. 121). Traçaram-se diretrizes à "legislação do trabalho manual e do intelectual ou técnico" (§2º), provendo-se, do mesmo passo, providências para os serviços de amparo à maternidade e à infância, no lar e no trabalho (§39), bem como a "regulamentação especial do trabalho agrícola" (§49) e, em cooperação com os estados, à de colônias agrícolas, para onde seriam encaminhados os indivíduos de zonas empobrecidas que o desejassem e os "sem trabalho" (§5º). Instituiu-se, por último, a Justiça do Trabalho, com represen-

[121] Ibidem, p. 1574.
[122] Ibidem, p. 1574.

tação paritária, nas juntas e nos Tribunais, de empregadores e empregados (art. 122, parágrafo único)[123].

Em fevereiro de 1945, durante a Conferência Interamericana sobre problemas da guerra e da paz – reunida em Chapultepec –, ante o nascimento de novas Constituições europeias, foram elaboradas três importantes resoluções: a Carta econômica das Américas, a de Questões sociais e a Declaração de princípios sociais da América, a última a ensejar, no Comitê Jurídico, o estudo de uma carta interamericana de garantias sociais, o que despertou na Constituição de 1946 a republicação da matéria versada nos pactos antecedentes. Aceitou e estendeu o conceito da "propriedade" (como "direito individual") do diploma de 1934, mas condicionou o seu uso ao "bem-estar social" (art. 147) e criou outro caso de desapropriação (art. 141, §16), a determinada por "interesse social". Subordinou a organização da ordem econômica aos "princípios da justiça social, conciliando a liberdade de iniciativa com a valorização do trabalho humano" (art. 145). Admitiu e conteve, no artigo 146, que a União, mediante lei especial, interviesse no domínio econômico e monopolizasse determinada indústria ou atividade; porém, a intervenção teria por base o interesse público e por limite os direitos fundamentais assegurados na mesma Constituição. Assim previu o art. 145, parágrafo único: "A todos é assegurado trabalho que possibilite existência digna. O trabalho é obrigação social" (art. 145, parágrafo único). Integrou no Poder Judiciário os "Juízes e Tribunais de trabalho" (art. 94, V; arts. 122 e 123). Especificou as regras substanciais da legislação trabalhista (art. 157, com 17 incisos); reconheceu o direito de greve (art. 158), e declarou livre "a associação profissional ou sindical, sendo regulados por lei a forma de sua Constituição, a sua representação legal nas convenções coletivas de trabalho e o exercício de funções delegadas pelo poder público" (art. 159)[124].

Leis orgânicas – Vale salientar que a terminologia "leis orgânicas", que "têm por objeto regular o modo e a ação das instituições ou estabelecimentos, cujo princípio foi conseguido por uma lei precedente" (Domingos Vieira, em definição no *Grande Dicionário Português*), não fora expressamente veiculada na Carta de 1824, ainda que nela estivesse

[123] Ibidem, p. 1574.
[124] Ibidem, p. 1574-1575.

subentendida nos incisos VIII e IX do artigo 16: "Fazer leis, interpretá-las, suspendê-las e revogá-las. Velar na guarda da Constituição, e promover o bem geral da nação".

A Constituição de 1891, por sua vez, assim traz em seu artigo 34, inciso 34: "Compete privativamente ao Congresso Nacional (...) decretar as leis orgânicas para execução completa da Constituição".

Durante o curto período sob a presidência de José Linhares, final de 1945 e início de 1946, o anteprojeto de Constituição assim dispunha no art. 50:

> *"A elaboração das leis orgânicas obedece, no que couber, ao processo legislativo indicado no artigo anterior com os seguintes acréscimos: 1) Considera-se proposta uma lei orgânica quando, apresentado o projeto por uma sexta parte, pelo menos, dos membros de qualquer das câmaras do Congresso Nacional, foi considerado objeto de votos numa e noutra Câmara; 2) Dar-se-á por aprovado o projeto, se na legislatura seguinte obtiver a mesma votação nas duas Câmaras. Parágrafo único. São orgânicas as leis que consagram princípios de estabilidade social, para cuja legislação convenha pronunciar-se, nas urnas, a vontade atual da nação"*[125].

À luz da hierarquia das normas, as leis orgânicas se encontrariam em patamar superior ao das leis ordinárias. Ao final, a Constituinte (1946) não acordou sobre a previsão das leis orgânicas em razão da fixação do *quórum* exigido em uma e outra hipóteses que não se confundem: a emenda à Constituição e a decretação de "lei orgânica"[126].

No campo da reforma constitucional, no que atina à possibilidade de sua emenda ou revisão, segundo a Constituição de 1824, se, ao termo de quatro anos depois de jurada a Constituição, se conhecesse que algum dos seus artigos merecia reforma, far-se-ia proposição por escrito, a qual devia ter origem na Câmara dos Deputados e ser apoiada pela terça parte deles (art. 174). A tramitação compreenderia: 1) três leituras (com intervalos de seis dias, de uma à outra) das proposições (art. 175); 2) deliberação da Câmara dos Deputados sobre ser admitida à discussão, "seguindo-se tudo o mais que é preciso para a formação de uma lei"; 3) na hipótese

[125] Ibidem, p. 1575.
[126] Ibidem, p. 1575.

afirmativa, "vencida a necessidade de reforma do artigo constitucional", expedição de lei (a ser sancionada e promulgada pelo Imperador) que ordenasse aos eleitores dos Deputados para a segunda legislatura conferirem, nas procurações, "especial faculdade para a pretendida alteração ou reforma" (art. 176); 4) discussão da matéria na primeira sessão da segunda legislatura e prevalência do que se tiver vencido "para mudança ou adição à lei fundamental" (art. 177), e 5) solene proclamação da proposta, "junta à Constituição" (art. 177)"[127].

A referida Constituição diferenciou o que pode ou não ser alterado: "É só constitucional o que diz respeito aos limites e atribuições respectivas dos poderes políticos, e aos direitos políticos e individuais dos cidadãos. Tudo o que não é constitucional pode ser alterado, sem as formalidades referidas, pelas legislaturas ordinárias" (art. 178)[128].

Mas a Constituição de 1891, por outra senda, insculpiu no art. 90 que "a iniciativa da reforma delegou-se ao Congresso Nacional ou às Assembleias dos estados". Se a proposta de alteração provinha do Congresso, dependia, na apresentação, de quarta parte de qualquer das câmaras e, para "consideração", precisava, em três discussões, de 2/3 de votos, numa e noutra câmara; se oriunda dos estados, requeria o concurso de 2/3 deles, no decurso de um ano, "representado cada estado pela maioria de votos de suas assembleias" (§ 1º). A aprovação, todavia, só se dava por concluída se no ano seguinte alcançasse, em três discussões de cada câmara, a maioria de "dois terços dos votos" (§2º). Seguia-se a publicação (§3º) e, em todo o rito, permanecia uma vedação imperiosa: "Não poderão ser admitidos como objeto de deliberação, no Congresso, projetos tendentes a abolir a forma republicana federativa, ou a igualdade dos estados no Senado" (§4º)[129].

Os Constituintes de 1934 ocuparam-se da identificação de dois grupos de normas:

a) as referentes à estrutura do Estado (arts. 1º a 14, 17 a 21), à organização ou à competência dos poderes da soberania (capítulos II, III e IV do título I, o título II, o título III; e os arts. 175, 177, 178, 181), e b) as restan-

[127] Ibidem, p. 1575.

[128] Ibidem, p. 1575-1576.

[129] Ibidem, p. 1576.

tes do mesmo texto. Daí, dois métodos de reforma: para as do primeiro grupo, a "revisão"; para as do segundo, a "emenda"[130].

A "revisão" se processava nesta escala:

"1) *proposta apresentada na Câmara ou no Senado e apoiada, no mínimo, por 215 dos seus membros, ou submetida a qualquer daqueles órgãos por 2/3 das Assembleias Legislativas, em virtude de deliberação da maioria absoluta de cada uma delas; 2) elaboração de anteprojeto, se a Câmara e o Senado tivessem aceito a 'revisão' por maioria de votos; 3) submissão do anteprojeto (na legislatura seguinte) a três discussões e votações em duas sessões legislativas, numa e noutra casa; 4) promulgação pelas mesas da Câmara e Senado – para ser 'incorporada' à Constituição*"[131].

O rito da "emenda" assim se processava:

"1) *formulação da proposta de modo preciso, com indicação dos dispositivos a emendar por iniciativa: a) de uma quarta parte, no mínimo, dos membros da Câmara ou do Senado; b) de mais de metade dos estados no decurso de dois anos, 'manifestando-se cada uma das unidades federativas pela maioria da Assembleia respectiva' (art. 178, §1º); 2) aprovação da emenda aceita em duas discussões pela maioria absoluta da Câmara e do Senado em dois anos consecutivos, ou na mesma sessão legislativa se a emenda obtivesse o voto de 2/3 dos membros componentes de um daqueles órgãos – caso no qual se submeteria ao outro, se reunido, ou, em caso contrário, na primeira legislatura, em igual maioria (idem); 3) promulgação pelas mesas de uma e outra casas – para ser 'anexada, com o respectivo número de ordem, ao texto constitucional' (§3º). Duas proibições se impuseram a uma e outra modalidades: 1) proceder à reforma na vigência do 'Estado de Sítio' (art. 178, §4º), e 2) serem admitidos, como objeto de deliberação, projetos tendentes a abolir a forma republicana federativa (art. 178, §5º). Semelhante rigidez serviu de pretexto a políticos mais preocupados com o poder do que com a democracia ao criticarem acerbamente a Constituição, que lhes impediria a iniciativa de reformas incompatíveis, aliás, com os pressupostos doutrinários do sistema adotado. Em verdade, a censura embuçava outro propósito – a subversão do regime, tão pretendida pela 'direita' quanto pela 'esquerda'. Afinal, o Executivo fez tábula rasa das formalidades indeclináveis do pacto de 1934; e logrou, após a insurreição comunista de*

[130] Ibidem, p. 1576.
[131] Ibidem, p. 1576.

1935, ver triunfante, com a cumplicidade da maioria governamental, a 'emenda' que inovava o 'estado de guerra' nas comoções intestinas"[132].

Reconhece-se que houve agressão ao diploma de 1934 por ferir o § 3º do artigo 178, que proibia reforma ("revisão" ou "emenda") durante o "Estado de Sítio", e se descumpriram as exigentes condições do mesmo artigo quanto ao processamento de "revisão" (pois era caso dela, e não de "emenda").

Na Constituinte de 1946, adotou-se a redação do artigo 217, parágrafos 2º e 3º: "Dar-se-á por aceita a emenda que for aprovada em duas discussões pela maioria absoluta da Câmara dos Deputados e do Senado Federal, em duas sessões legislativas ordinárias e consecutivas. Se a emenda obtiver numa das câmaras, em duas discussões, o voto de dois terços dos seus membros, será logo submetida à outra; e, sendo nesta aprovada pelo mesmo trâmite e por igual maioria, dar-se-á por aceita".

Regras Constitucionais e o "juízo de legitimidade". Por fim, em relação à temática "juízo de legitimidade" no âmbito das regras constitucionais, sob uma perspectiva histórica, frise-se que na Convenção de Filadélfia, em 1787, para normalidade e eficiência do Estado federal, fazia-se imprescindível a primazia de suas leis sobre as dos estados-membros.

Tocqueville acentuava em *De la démocratie en Amérique*: "Contraído em seus limites, o poder outorgado aos Tribunais americanos de se pronunciarem sobre a inconstitucionalidade das leis forma ainda uma das mais poderosas barreiras que se têm levantado contra a tirania das assembleias políticas".

A Constituição de 1891 tomara por parâmetro e estímulo a teoria então vigente nos Estados Unidos. Por exemplo, o artigo 60 conferiu aos Juízes e Tribunais "as causas em que alguma das partes fundar a ação ou a defesa em disposição da Constituição Federal" (alínea *a*).

A Constituição de 1934, no art. 78, parágrafo único, possibilitou ao legislador criar um ou mais Tribunais federais de recurso (intermédios entre a primeira instância e a Corte Suprema): "Caberá recurso para a

[132] Ibidem, p. 1576.

Corte Suprema sempre que tenha sido controvertida matéria constitucional e, ainda, nos casos de denegação do *habeas corpus*"[133].

A Constituição de 1946, ao extinguir os Juízes Federais de primeira instância, conferiu ao Supremo Tribunal Federal (onde só se alterou a denominação) as atribuições que lhe pertenciam desde 1891 (art. 101, I, h e 1): o "recurso ordinário" (art. 101, II, *a*); o *habeas corpus* e "mandado de segurança" contra altos dignitários); e o "recurso extraordinário" nos casos também definidos em cláusulas anteriores para aferir de inconstitucionalidades arguidas (art. 1.001, III, a a d)[134].

A partir da visão norte-americana, Constituições europeias, promulgadas após a Segunda Guerra Mundial, instituíram cortes específicas com atributos e finalidades em tudo semelhantes – órgãos superiores do "controle constitucional" e de "alta justiça política"[135].

1.6 Antecedentes da Constituição de 1967 – medidas tomadas após o Golpe Militar de 1964

Os Atos Institucionais – Entre abril de 1964 e dezembro de 1966 foram editados quatro Atos Institucionais e quinze emendas constitucionais, as quais impuseram reformas nos Poderes Legislativo e Judiciário, no sistema financeiro e, ainda, no campo tributário. Na prática, o ordenamento normativo era regido à luz dos Atos Institucionais[136]. Cabe lembrar que, em 1964, foi deposto em um golpe militar o presidente constitucional João Goulart, em face de uma suposta "conspiração comunista".

Em linhas gerais, o intitulado AI-1 foi redigido pelo jurista Francisco Campos, *o Chico Ciência*, e editado em 9 de abril de 1964 pelo "Comando Supremo da Revolução", logo após o golpe militar e civil que implantou a ditadura, com início em 31 de março de 1964. O ato em referência assegurou à alta cúpula dos militares prerrogativas de cassar mandatos parlamentares, suspender direitos políticos e instaurar inquéritos policiais e administrativos. Em sua redação, tratou o golpe de "revolução vitoriosa", que se investiu de poder constituinte apto a destituir o governo ante-

[133] Ibidem, p. 1577.

[134] Ibidem, p. 1577.

[135] Ibidem, p. 1577.

[136] *Vide* BONAVIDES, Paulo; ANDRADE, Paes de. *História constitucional do Brasil*, p. 429-430.

rior e promover um novo comando normativo. Apesar de violar o texto constitucional então vigente, o AI-1 não revogou a Constituição de 1946, mas minou sua autoridade, buscando com isso dar legitimidade ao golpe perpetrado.

Os chefes da "revolução vitoriosa" – os Comandantes em Chefe do Exército, da Marinha e da Aeronáutica – representariam o Povo, e o Ato Institucional se destinaria "a assegurar ao novo governo a ser instituído os meios indispensáveis à obra de reconstrução econômica, financeira, política e moral do Brasil", tendo em vista que o governo Jango "deliberadamente, se dispunha a bolchevizar o País".

Somente à "revolução vitoriosa" caberia "ditar as normas e os processos de Constituição do novo governo e atribuir-lhe os poderes ou os instrumentos jurídicos – que lhe assegurem o exercício do Poder no exclusivo interesse do País".

Conforme o texto do AI-1, uma demonstração de que o processo revolucionário não seria radical é o fato de que a Constituição de 1946 fora modificada "apenas" na parte relativa aos poderes do presidente da República, para "restaurar no Brasil a ordem econômica e financeira e tomar as urgentes medidas destinadas a drenar o bolsão comunista, cuja purulência já se havia infiltrado não só na cúpula do governo como nas suas dependências administrativas".

A seguir, a redação dos artigos do referido Ato Institucional:

"Artigo 1º – São mantidas a Constituição de 1946 e as Constituições Estaduais e respectivas Emendas, com as modificações constantes deste Ato.
Artigo 2º – A eleição do presidente e do vice-presidente da República, cujos mandatos terminarão em 31 de janeiro de 1966, será realizada pela maioria absoluta dos membros do Congresso Nacional, dentro de dois (2) dias a contar deste Ato, em sessão pública e votação nominal.
§ 1º – Se não for obtido o quorum na primeira votação, outra realizar-se-á, no mesmo dia, sendo considerado eleito quem obtiver maioria simples de votos; no caso de empate, prosseguir-se-á na votação até que um dos candidatos obtenha essa maioria.
§ 2º – Para a eleição regulada neste artigo, não haverá inelegibilidades.
Artigo 3º – O Presidente da República poderá remeter ao Congresso Nacional projetos de emenda da Constituição.

Parágrafo único – Os projetos de Emenda Constitucional, enviados pelo presidente da República, serão apreciados em reunião do Congresso Nacional, dentro de trinta (30) dias, a contar de seu recebimento, em duas sessões, com o intervalo mínimo de dez (10) dias e, serão considerados aprovados quando obtiverem, em ambas as votações, a maioria absoluta dos membros das duas casas do Congresso.

Artigo 4º – O presidente da República poderá enviar ao Congresso Nacional projetos de lei sobre qualquer matéria, os quais deverão ser apreciados dentro de trinta (30) dias, a contar do seu recebimento na Câmara dos Deputados e de igual prazo no Senado Federal; caso contrário, serão tidos como aprovados.

Parágrafo único – O presidente da República, se julgar urgente a medida, poderá solicitar que a apreciação do projeto se faça, em trinta (30) dias, em sessão conjunta do Congresso Nacional, na forma prevista neste artigo.

Artigo 5º – Caberá, privativamente, ao presidente da República, a iniciativa dos projetos de lei que criem ou aumentem a despesa pública; não serão admitidas a esses projetos, em qualquer das Casas do Congresso Nacional, emendas que aumentem a despesa proposta pelo Presidente da República.

Artigo 6º – O presidente da República, em qualquer dos casos previstos na Constituição, poderá decretar o Estado de Sítio, ou prorrogá-lo, pelo prazo máximo de trinta (30) dias; o seu ato será submetido ao Congresso Nacional, acompanhado de justificação, dentro de quarenta, e oito (48) horas.

Artigo 7º – Ficam suspensas, por seis (6) meses, as garantias constitucionais ou legais de vitaliciedade e estabilidade.

§ 1º – Mediante a investigação sumária, no prazo fixado neste artigo, os titulares dessas garantias poderão ser demitidos ou dispensados, ou ainda, com vencimentos e as vantagens proporcionais ao tempo de serviço, postos em disponibilidade, aposentados, transferidos para a reserva ou reformados mediante atos do Comando Supremo da Revolução, até a posse do Presidente da República, e depois de sua posse, por decreto presidencial, ou, em se tratando de servidores estaduais, por decerto do Governo do Estado, desde que tenham tentado contra a segurança do País, e regime democrático e probidade da administração pública, sem prejuízo de sanções penais a que estejam sujeitos.

§ 2º – Ficam sujeitos às mesmas sanções os servidores municipais, neste caso, a sanção prevista no parágrafo primeiro lhes será aplicada por decreto do Governador do Estado, mediante proposta do Prefeito Municipal.

§ 3º – Do ato que atingir servidor estadual ou municipal vitalício, caberá recurso para o Presidente da República.

§ 4º – O controle jurisdicional desses atos limitar-se-á ao exame de formalidades extrínsecas, vedada a apreciação dos fatos que os motivaram, bem como de sua conveniência ou oportunidade.

Artigo 8º – Os inquéritos e processos visando à apuração da responsabilidade pela prática de crime contra o Estado ou seu patrimônio e a ordem política e social ou de atos de guerra revolucionária poderão ser instaurados individual ou coletivamente.

Artigo 9º – A eleição do Presidente e do Vice-Presidente da República, que tomarão posse em 31 de Janeiro de 1966, serão realizadas em 3 de outubro de 1965.

Artigo 10º – No interesse da paz e da honra nacional, e sem as limitações previstas na Constituição, os Comandantes-em-Chefe que editam o presente Ato poderão suspender os direitos políticos pelo prazo de dez (10) anos e cassar mandatos legislativos federais, estaduais e municipais, excluída a apreciação judicial desses atos.

Parágrafo único – Empossado o Presidente da República, este, por indicação do Conselho de Segurança Nacional, dentro de sessenta (60) dias, poderá praticar os atos previstos neste artigo.

Artigo 11º – O presente ato vigora desde a sua data até 31 de Janeiro de 1966; revogadas as disposições em contrário.

Rio de Janeiro, 9 de abril de 1964.

Gen. Ex. Arthur da Costa e Silva; Ten.-Brig. Francisco de Assis Correia de Mello; Vice- Almirante Augusto Hamann Rademaker Grunewald.

O AI-2 extinguiu os partidos políticos; deu ao presidente da República o direito de baixar atos complementares, decretos-leis sobre matéria de Segurança Nacional, determinar o recesso do Congresso Nacional, das Assembleias Legislativas e das Câmaras de Vereadores em estado de sítio ou fora dele. Note-se que durante o recesso parlamentar, o Poder Executivo fica autorizado a legislar mediante decretos-leis, em todas as matérias previstas na Constituição e na lei orgânica[137].

O AI-3 institui a eleição indireta também para a eleição de governadores e vice-governadores.

O AI-4 convoca o Congresso Nacional a reunir-se extraordinariamente para discutir e votar um novo texto constitucional. O referido calendário preestabelecido foi cumprido rigorosamente: enviado o pro-

137 Ibidem, p. 430.

jeto pelo Governo ao Congresso em 12-12-66, a Carta foi promulgada a 24-1-67, ou seja, pouco mais de 40 dias[138].

Há de ressaltar que vários outros Atos Institucionais foram publicados após o advento da Constituição de 1967, sendo o mais amplo deles o AI-5, que será oportunamente abordado.

1.7 O anteprojeto da Constituição de 1967

Para a elaboração do projeto da Constituição de 1967, Castello Branco instituiu uma comissão especial em 15 de abril de 1966 por meio do Decreto nº 58.198[139].

Em 19 de agosto, o anteprojeto foi entregue ao presidente Castelo Branco, e o presidente da comissão, Levi Carneiro, destacou os seguintes dispositivos:

> "1º) Os impostos terão caráter pessoal e sempre que possível serão graduados conforme a capacidade econômica de cada contribuinte; 2º) Nenhum imposto poderá ser aumentado em mais de 20% de uma só vez; 3º) Nenhuma pessoa física será obrigada a pagar impostos que atinjam 70% de sua receita; 4º) Em caso de crise de abastecimento, o governo poderá suspender todos os impostos que incidam sobre os gêneros de primeira necessidade, com a aprovação do Congresso Nacional; 5º) Em caso de crise financeira, o governo poderá proibir a importação de artigos de luxo e criar impostos para aqueles que viajem para o exterior; 6º) A plataforma submarina passa a figurar entre os bens da União; 7º) Na delegação de poderes ao Executivo para legislar,

[138] Ibidem, p. 430.

[139] A comissão era composta pelo jurisconsulto Levi Carneiro, dos ministros Orosimbo Nonato e Miguel Seabra Fagundes e do professor Temístocles Brandão Cavalcanti, cabendo-lhe: "a) a revisão das emendas constitucionais e dos dispositivos de caráter permanente dos Atos Institucionais, de modo a coordená-los e inseri-los no texto da Constituição Federal; b) excluir do ato das disposições constitucionais transitórias os preceitos de vigência já esgotada, incluindo os dos Atos Institucionais da mesma natureza, com as alterações adequadas; e c) sugerir emendas à Constituição que, imprimindo ao seu contexto unidade e harmonia, contribuam para a evolução do processo democrático brasileiro e garantam, na vida pública, regime de austeridade e responsabilidade". *Vide* KENDER, Antonio Carlos (colab.). *In* ABREU, Alzira Alves de *et al* (Coord.). *Dicionário histórico-biográfico brasileiro: pós-1930*, cit., p. 1577.

o Congresso estabelece as bases da delegação; o Presidente da República cria comissão para dar parecer ao projeto em causa; o projeto é submetido ao Congresso, que tem poderes para emendá-lo; em seguida é remetido ao presidente, que tem direito à apresentação de vetos; 8º) A fiscalização financeira é atribuída ao governo federal, aos estados e municípios, com delegação aos Tribunais de Contas para fiscalizar todos os dinheiros públicos; 9º) Extingue-se a prerrogativa do Congresso e dos Tribunais para a fixação de vencimentos de seus funcionários, a qual passará a ser objeto de lei ordinária, com veto e sanção do presidente da República; 10º) O Congresso Nacional não poderá aumentar despesas do orçamento da União; 11º) Os assessores do Congresso terão que apresentar seus pareceres assinados ou oralmente, durante as reuniões das comissões; 12º) Mantém-se toda a legislação trabalhista, inclusive a estabilidade por tempo de serviço e a participação dos empregados nos lucros das empresas; 13º) Limitação em 50% das despesas dos municípios com o pagamento de seu funcionalismo; 14º) O Presidente da República não poderá ser parente do Vice-Presidente, até o terceiro grau; 15º) O deputado não poderá mudar de partido, sob pena de perder o mandato; 16º) O número de partidos políticos não é fixado; 17º) Mantém-se dispositivo do Ato Institucional nº 2, que faculta ao Presidente da República a apresentação de emendas constitucionais ao Congresso Nacional; 18º) O processamento para a suspensão de direitos políticos de parlamentares, previsto, é o seguinte: realização de inquérito administrativo ou policial; comissão mista da Câmara e do Senado estudará o resultado das investigações; caso as acusações sejam comprovadas, o Presidente da República deverá decretar a suspensão. Ao parlamentar atingido cabe o direito de recurso à justiça; 19º) Cabe ao Congresso a cassação de mandatos por falta de decoro parlamentar; 20º) No caso de leis ou dispositivos de leis considerados inconstitucionais pelo Supremo Tribunal Federal, o Senado suspenderá a execução da referida lei ou dispositivo, cabendo aos Governadores a promoção da revogação da referida lei ou dispositivo; e 21º) O Vice-Presidente da República passa a exercer novamente as funções também de Presidente do Senado e do Congresso Nacional"[140].

[140] Ibidem, p. 1577-1578.

O referido projeto foi encaminhado ao Ministério da Justiça e este, por sua vez, enviou-o ao Congresso Nacional. Depois, em 7 de dezembro de 1966, com a edição do AI-4, o presidente da República convocou o Congresso Nacional para discutir, votar e promulgar o projeto de Constituição, procedimento este que deveria ser conduzido entre 12 de dezembro daquele ano e 24 de janeiro de 1967[141].

Antes da discussão e votação do projeto de Constituição, resultaram emendas a partir de uma série de reuniões promovidas pela maioria parlamentar, sob a presidência do senador Filinto Müller, com a participação dos parlamentares Daniel Krieger[142], Raimundo Padilha[143], Paulo

[141] Nos termos do Ato Institucional, assim que o projeto fosse recebido pelo Presidente do Senado, seriam convocadas para sessão conjunta as duas casas do Congresso. Daí, o presidente designaria uma comissão mista, composta de 11 senadores e 11 deputados, indicados pelas respectivas lideranças e observado o critério da proporcionalidade. A comissão mista reunir-se-ia 24 horas após a sua designação, para a eleição de seu presidente e vice, cabendo àquele a escolha do relator, o qual, dentro de 72 horas, daria seu parecer sobre o projeto em globo, que deveria concluir pela aprovação ou rejeição da proposta. Na sequência, proferido e votado o parecer do relator, seria o projeto submetido a discussão, em sessão conjunta das duas casas do Congresso, procedendo-se à respectiva votação no prazo de quatro dias. E aprovado o projeto pela maioria absoluta, seria este devolvido à comissão, perante a qual poderiam ser apresentadas emendas. Se o projeto fosse rejeitado, encerrar-se-ia a sessão extraordinária. As eventuais emendas deveriam ser apoiadas por 1/4 dos membros de quaisquer das casas do Congresso. Seriam apresentadas dentro dos cinco dias seguintes ao da aprovação do projeto, tendo a comissão mista o prazo de 12 dias para sobre elas emitir parecer. *Vide* Kender, Antonio Carlos (colab.). *In* Abreu, Alzira Alves de *et al* (Coord.). *Dicionário histórico-biográfico brasileiro: pós-1930*, cit., p. 1578.

[142] Daniel Krieger (1909 – 1990) – Formou-se na Faculdade de Direito de Porto Alegre em 1932, foi promotor público e elegeu-se deputado estadual no Rio Grande do Sul, pela União Democrática Nacional, em 1947. Posteriormente foi eleito senador consecutivamente em três legislaturas, de 1955 a 1978. Foi um dos principais nomes da União Democrática Nacional e, depois do Golpe Militar de 1964, migrou para a Aliança Renovadora Nacional (Arena), da qual foi o primeiro presidente.

[143] Raimundo Delmiriano Padilha (1899 – 1988) – Criado pela família na cidade de Santos, no litoral paulista, ainda jovem foi para a cidade do Rio de Janeiro, a fim de estudar no Colégio Pedro II. Na juventude, conseguiu ingressar na Escola Politécnica, porém largou o curso de engenharia para cuidar da família, após o falecimento de seu pai. Ingressou cedo no movimento integralista, tornando-se um dos líderes do movimento fascista no estado do Rio de Janeiro. Tomou parte do Levante integralista de 1938, ao lado de outros líderes Integralistas, quando foi preso e torturado pela polícia política de Getúlio Vargas. Após

Sarasate[144], Rui Palmeira[145], Antônio Carlos Konder Reis[146] e Leopoldo Peres[147], de forma que o projeto elaborado no Ministério da Justiça fora alterado[148].

recuperar sua liberdade em 1944, ajudou a fundar, com Plínio Salgado ainda no exílio em Portugal, o Partido de Representação Popular (PRP), partido pelo qual foi eleito suplente de deputado federal em 1950. Em 1952 assumiu o mandato na Câmara dos Deputados no lugar do titular que havia falecido. Pela UDN reelegeu-se em 1954, 1958 e 1962. Apoiou o golpe militar de 1964 e se reelegeu mais uma vez em 1966, desta vez pela Aliança Renovadora Nacional (Arena), o partido de sustentação do governo. Em 1971 é indicado pelo presidente Emílio Garrastazu Médici governador do estado do Rio de Janeiro, cargo que ocupou até 15 de março de 1975, quando da fusão com o estado da Guanabara. Após o término do seu mandato, retirou-se da vida pública.

[144] Paulo Sarasate Ferreira Lopes (1908 – 1968) – Advogado e jornalista, iniciou a vida política como deputado estadual no Ceará em 1934. Foi deputado federal por quatro legislaturas: 1946, 1951, 1959 e 1963, tendo concluído todos os períodos. Governou o Ceará entre 1955 e 1958. Estando filiado à Aliança Renovadora Nacional (Arena), exerceu também o cargo de senador pelo Ceará entre 1967 e 1968.

[145] Rui Soares Palmeira (1910 – 1968) – Advogado, agropecuarista, jornalista e político brasileiro que fez carreira em Alagoas. Jornalista, fundou e dirigiu O Estado e o Diário do Povo, em Maceió, além de colaborar no Jornal de Alagoas, na Gazeta de Alagoas e no Diário da Manhã, este de Recife. Pertenceu também à Associação Alagoana de Imprensa. Fundador do diretório estadual da UDN em Alagoas, com o fim do Estado Novo (1937-1945) e a redemocratização do país, elegeu-se no pleito de dezembro de 1945 deputado à Assembleia Nacional Constituinte, tendo sido reeleito deputado federal em 1950 e senador em 1954 e 1962. Filiou-se à Aliança Renovadora Nacional (Arena) após o fim do pluripartidarismo. Faleceu no dia 16 de dezembro de 1968, em pleno exercício de seu mandato no Senado, sendo substituído pelo suplente Mário Gomes de Barros.

[146] Antônio Carlos Konder Reis (1924 – 2018) – Advogado, foi deputado à Assembleia Legislativa de Santa Catarina nas legislaturas de 1947 e 1951, eleito pela União Democrática Nacional – UDN. Elegeu-se deputado federal por Santa Catarina em 1955 e 1999, senador em 1963, vice-governador (1991 – 1995), governador biônico de Santa Catarina (1975 – 1979) e novamente governador de Santa Catarina em 1994, depois da renúncia do titular Vilson Kleinubing. Em 1979 foi sucedido pelo seu primo Jorge Bornhausen no governo de Santa Catarina.

[147] Leopoldo Peres Sobrinho (1929 – 2018) – Oriundo de uma família de políticos, filiou-se ao PSD e foi eleito deputado federal em 1962. Migrou para a Aliança Renovadora Nacional (Arena) após a tomada do poder pelos militares em 1964 sendo reeleito em 1966 e 1970. Foi candidato a senador pelo PMDB em 1982, sendo eleito primeiro suplente de Fábio Lucena e efetivado após a renúncia do titular em decorrência das eleições de 1986. No governo Fernando Collor dirigiu a Zona Franca de Manaus.

A 12 de dezembro o Congresso recebeu o projeto de Constituição elaborado pelo Ministério da Justiça, com as alterações procedidas pela comissão de parlamentares, que teve acesso ao referido texto antes de seu encaminhamento[149].

Em suma, entre abril de 1966 a dezembro do mesmo ano houve comentários por parte da imprensa sobre o projeto da nova Constituição, os trabalhos da comissão de juristas e do Ministério da Justiça. Saliente-se que vários juristas brasileiros contribuíram com sugestões, como Goffredo Telles Júnior[150], João de Oliveira Filho[151], Miguel Reale[152],

[148] *Dicionário histórico-biográfico brasileiro: pós-1930*, cit., p. 1577.

[149] Ibidem, p. 1578.

[150] Goffredo da Silva Telles Júnior (1915 – 2009) – Foi professor na Faculdade de Direito da Universidade de São Paulo (USP), onde lecionou desde 1940, inicialmente como livre docente, depois como professor catedrático. Tomou posse da cadeira Introdução à Ciência do Direito no ano de 1954, e foi vice-diretor da Faculdade de Direito da Universidade de São Paulo de 1966 a 1969, tendo exercido sua diretoria em diversos períodos. Em 1977 foi o principal redator da Carta aos Brasileiros, em que juristas importantes condenavam o regime de exceção e apelavam pelo estado de direito. Pouco depois de sua aposentadoria, em 1985, pelo voto unânime do conselho universitário, foi honrado com o título de Professor Emérito da Universidade de São Paulo. Escreveu vários livros, entre os quais destaca-se *Direito quântico*, de 1978.

[151] João de Oliveira Filho – Jurista, foi eleito presidente do IAB no dia 17 de dezembro de 1959, para o biênio 1960/61.

[152] Miguel Reale (1910 – 2010) – Jurista, filósofo e escritor, bacharelou-se em Direito em 1934, quando publicou seu primeiro livro, *O Estado moderno*. Doutorou-se em Direito, em 1941, quando se tornou catedrático de Filosofia do Direito no Largo São Francisco, após concurso realizado em setembro de 1940. Com sua tese *Fundamentos do Direito* (1940), lançou as bases de sua "Teoria Tridimensional do Direito", que se tornaria mundialmente conhecida. Em 1947 foi Secretário da Justiça do Estado de São Paulo. Em 1949, assumiu a Reitoria da Universidade de São Paulo, cargo que ocupou novamente de 1969 a 1973. Em 1953, publicou o seu Curso de Filosofia do Direito, logo depois vertido para o italiano pelo catedrático da disciplina da Universidade de Bolonha, Prof. Luigi Bogolini. Em 1969, foi nomeado pelo Presidente Artur da Costa e Silva para a Comissão de Alto Nível que reviu a Constituição de 1967, desse trabalho resultando, em parte, o texto da Emenda Constitucional nº 1 de 1969. Supervisor da Comissão Elaboradora e Revisora do Código Civil, cujo Anteprojeto se converteu no Projeto nº. 634, depois sancionado pelo Presidente da República pela Lei nº. 10.406 de 10/01/2002.

Reginaldo Martins[153], Orlando Gomes[154], Oliveiros S. Ferreira[155], Seabra Fagundes[156], Galvão de Sousa[157], Raul Machado Horta[158] e Haroldo Valadão[159] [160].

[153] Reginaldo Martins – Jurista brasileiro que apresentou sugestões ao projeto da Constituição de 1967.

[154] Orlando Gomes dos Santos (1909 – 1988) – Formou-se pela Faculdade de Direito da Bahia em dezembro de 1930, com 21 anos. Teve toda a vida consagrada ao Direito, sua prática, magistério e estudo. Autor de dezenas de livros, deixou um legado doutrinário que se faz leitura obrigatória para o estudo jurídico no Brasil, nos campos do direito civil, direito do trabalho e também da sociologia jurídica. Em 1937 foi preso pelo Estado Novo, por haver falado da extinta União Soviética em suas aulas. Pouco afeito à política, admirador do marxismo, experimentou na ilha de Fernando de Noronha a prisão por suas ideias, tornando-se defensor do estado democrático.

[155] Oliveiros da Silva Ferreira (1929 – 2017) – Foi um cientista social, jornalista, escritor, cientista político, historiador e professor, licenciado em Ciências Sociais pela então Faculdade de Filosofia, Ciências e Letras, hoje Filosofia, Letras e Ciências Humanas – da Universidade de São Paulo – em 1950. Aposentou-se na Faculdade de Filosofia da USP em 1983. Em 1997 entrou para os quadros da PUCSP, lecionando nos cursos de Graduação e Pós-Graduação. Como jornalista, iniciou sua carreira no jornal "O Estado de S. Paulo" como repórter, em 1953, e lá permaneceu até o ano 2000.

[156] Miguel Seabra Fagundes (1910 – 1993) – Bacharelou-se em Direito pela Faculdade do Recife em 1932. Em meio à Revolução Constitucionalista que se estendeu de julho a setembro de 1932, foi nomeado juiz e em seguida designado por Vargas procurador do Tribunal Regional Eleitoral (TRE) do Rio Grande do Norte. Em junho de 1935, às vésperas de completar 25 anos, foi nomeado desembargador do Tribunal de Justiça do Rio Grande do Norte, na qualidade de representante dos advogados. Em março de 1950 exonerou-se da função de desembargador do Tribunal de Justiça e retomou a advocacia. Com a edição do Ato Institucional nº 5 (AI-5) em 13 de dezembro de 1968, manteve uma posição firme contra mais essa medida de exceção, combatendo, como jurista, a cassação dos mandatos eletivos, a suspensão dos direitos políticos, a supressão do habeas-corpus e a demissão sumária de magistrados. Em abril de 1970 foi eleito presidente do IAB. Em 1971 recebeu o título de *doutor honoris causa* da Faculdade de Direito da Universidade de São Paulo (USP). Quando presidia o Conselho Federal da OAB entre 1979 e 1981, durante a ditadura militar, uma carta-bomba endereçada a ele resultou na morte de sua secretária, Lyda Monteiro, no dia 27 de agosto de 1980. Na época, a instituição denunciava desaparecimentos e torturas de perseguidos e presos políticos e criou a Comissão de Direitos Humanos em seu Conselho Federal.

[157] José Pedro Galvão de Sousa (1912 – 1992) – Graduou-se em Direito pelo Largo São Francisco em 1934. Foi filósofo, jurista, cientista político e professor universitário. Fundou a Faculdade Paulista de Direito, tendo sido seu vice-diretor, a qual, mais tarde, incorporou-se

Finalmente, em 13 de dezembro de 1966 instalou-se a comissão mista incumbida do estudo do projeto de Constituição.

Para uma ideia geral das etapas que envolveram a edição da Carta de 1967, destaque-se que no dia 4 de janeiro foi feita a apresentação do parecer sobre as emendas; no dia 5, a publicação do parecer; dos dias 6 a 17, a discussão das emendas em sessão conjunta; nos dias 18 e 19, a votação das emendas em sessão conjunta; no dia 20, a apresentação da redação final; no dia 21, a publicação da redação final e sua votação; e, no dia 24, a promulgação da nova Constituição[161].

Como se pode perceber, tratou-se de curto período que separou o envio do projeto do governo ao Parlamento e o prazo irrecorrível de sua aprovação e promulgação. Em decorrência, setores da oposição não puderam se opor ou manifestar-se acerca dos ditames do novo texto. Na prática, o governo visava justamente um Parlamento debilitado, com o

à Pontifícia Universidade Católica de São Paulo (PUCSP), da qual foi vice-reitor. Possui inúmeras obras relacionadas à ciência política e jurídica.

158 Raul Machado Horta (1923 – 2005) – Graduou-se pela UFMG na turma de 1946, da qual foi o orador. Doutorou-se na mesma faculdade, onde foi professor de Direito Constitucional, tendo lecionado essa disciplina também na Pontifícia Universidade Católica de Minas Gerais e Política Financeira, na Faculdade de Ciências Econômicas da UFMG. Era membro da Academia Mineira de Letras e professor emérito da UFMG.

159 Haroldo Teixeira Valadão (1901 – 1987) – Era filho de Alfredo Vilhena Valadão e de Maria Isabel dos Reis Teixeira Valadão. Seu pai foi importante jurista e ministro do Tribunal de Contas da União (TCU) de 1916 a 1935. Em 1917 ingressou na Faculdade de Ciências Jurídicas e Sociais da capital federal, pela qual se diplomou em 1921. Em 1929 iniciou carreira no magistério superior como livre-docente, ingressando mediante concurso na Faculdade de Direito da Universidade do Rio de Janeiro. Em 1940, através de concurso, tornou-se professor catedrático de direito internacional privado na Faculdade Nacional de Direito da Universidade do Brasil. Presidiu o Instituto dos Advogados Brasileiros entre 1944 e 1946. Ministro do Tribunal Superior Eleitoral (TSE) de 1955 a 1959, foi designado durante o governo do marechal Artur da Costa e Silva (1967-1969) procurador-geral da República.

160 *Dicionário histórico-biográfico brasileiro: pós-1930*, cit., p. 1578.

161 O Congresso Nacional, no exame, discussão e votação do projeto e das emendas que lhe foram apresentadas, realizou 61 sessões, tendo usado a tribuna uma ou mais vezes 122 parlamentares. No texto, composto de 180 artigos, foram operadas 306 modificações, com a aprovação, total ou parcial, de 274 emendas. Ibidem, 1579.

agravante de que as "discussões" em torno do novo texto constitucional ocorreram num período de férias escolares e de festas natalinas[162].

1.8 A Constituição de 1967

1.8.1 Introdução

A Constituição de 1967 foi promulgada no dia 24 de janeiro e imposta à nação no dia 15 de março. A vigência do texto integral perdurará até a edição do Ato Institucional nº 5, de 13 de dezembro de 1968, quando se tornará ainda maior o recrudescimento militar em face da imposição das respectivas modificações[163].

Relata-se, na verdade, que o governo não se conformou com o trabalho inicial dos juristas que ele próprio escolhera para redigir o texto da nova Carta, isto porque teria ficado excessivamente liberal. Assim, substituiu o ministro Mem de Sá pelo jurista Carlos Medeiros Silva, encarregando-o de rever o texto e ajustá-lo às exigências do regime, permitindo-se pequenas alterações sob conhecimento das lideranças no Senado e na Câmara[164].

Cumpre destacar que os direitos individuais e os direitos políticos foram suprimidos pelo AI-5, como a garantia de *habeas corpus*, nos casos de crimes políticos contra a Segurança Nacional, a ordem econômica e social e a economia popular (art. 10). Excluiu-se, também, "de qualquer apreciação judicial todos os atos praticados de acordo com o Ato Institucional e seus Atos Complementares, bem como os respectivos efeitos" (art. 11). Aliás, nos termos do art. 1º do Ato Complementar nº 38, de 13 de dezembro de 1968, com fundamento no AI-5, decretou-se o recesso do Congresso Nacional[165].

162 Bonavides, Paulo e Andrade, Paes de. *História constitucional do brasil*, p. 437.

163 Ibidem, p. 436.

164 Roberto Campos, o homem forte da economia, coordenou esse trabalho com o jurista Carlos Medeiros Silva, de tal forma que os aspectos legais estivessem harmonizados com os critérios financeiros e econômicos que norteavam o sistema de Governo. Incompatível, aliás, o teor do § 1º do artigo 1º da Constituição de 1967 "todo o poder emana do povo e em seu nome será exercido". Ibidem,p. 436.

165 Cerqueira, Marcello, *A constituição na história*, cit., p. 522.

Posteriormente, no âmbito da Segurança Nacional, constata-se o endurecimento da aplicação da lei penal com o advento do Decreto-lei nº 898, de 29 de setembro de 1969, "ensaio do castigo que logo seria imposto à nação com a edição da Emenda Constitucional nº 1, de 17 de outubro de 1969"[166]. Por exemplo, segundo o art. 27 do Decreto-lei nº 898, aquele que assaltasse, roubasse ou depredasse estabelecimento de crédito ou financiamento, qualquer que fosse a sua motivação, submeteria-se à pena de reclusão de 10 a 24 anos; portanto, esse dispositivo igualava o crime comum de assalto a banco ao crime político[167].

Para a Lei de Segurança, não importava a motivação do agente, tanto que no presídio da Ilha Grande foram confinados, ao lado de perigosos ladrões de banco, numerosos ativistas políticos, cuja disciplina carcerária, preenchida por noções de solidariedade, hábitos de estudos oferecidos por meio de palestras e leituras, divisão dos presentes de frutas e cigarros, além de roupas e agasalhos, acabou inspirando os bandidos a também se organizarem, dando origem à organização criminosa "Comando Vermelho"[168].

Afirma-se que a nova Constituição encobria, no plano internacional, a dura realidade imposta ao Legislativo e à Nação, pois, sob o manto de um texto "aprovado pelo Congresso", o Brasil estava, na verdade, restringindo direitos a seu povo.

1.8.2 A Constituição de 1967 – características

Cumpre relacionar as seguintes características da Constituição:

- Continuou a República Federativa, sob o Regime Representativo.
- Presidente e vice-presidente seriam eleitos de maneira indireta pelo Congresso Nacional e delegados das Assembleias Legislativas dos Estados.
- Deu poderes ao presidente da República para propor leis e baixar decretos leis em casos de urgência.

[166] Ibidem, p. 522.
[167] Ibidem, p. 522.
[168] Ibidem, p. 522.

- A União legislará em relação ao Direito Internacional, Civil, Comercial, Eleitoral, Trabalhista etc.
- Manteve-se a organização do Legislativo, com três senadores por Estado, e deputados com mandato de 4 anos em número proporcional à população dos Estados.
- A ordem econômica objetivava realizar a justiça social.

As principais modificações constitucionais em relação à Constituição de 1946 foram:

- Eleições indiretas para presidente e vice-presidente da República, efetuado pelo Colégio Eleitoral (artigo 74) numa sessão pública e mediante votação nominal. O Colégio Eleitoral é composto pelo Congresso Nacional e de 3 delegados indicados pelas Assembleias Legislativas e mais um por 500.000 eleitores inscritos no Estado, não podendo nenhuma representação ter menos de 4 delegados.
- O Poder Legislativo será formado pelo Senado e Câmara dos Deputados, só que no artigo 51 obriga o Congresso Nacional a aprovar Projetos de Lei enviados pelo presidente, sobre qualquer matéria no prazo de 45 dias a contar do recebimento pela Câmara dos Deputados (mesmo prazo com o Senado). Caso não ocorresse nenhuma deliberação durante este prazo, os projetos seriam considerados aprovados (decurso de prazo).
- O Poder Judiciário contava com os seguintes órgãos: STF; Tribunal de Recursos e Juízes Federais; Tribunais e Juízes Militares; Tribunais e Juízes Eleitorais; Tribunais e Juízes do Trabalho.
- Em relação aos municípios, os prefeitos das Capitais de Estado e dos Municípios considerados Estâncias Hidrominerais teriam a nomeação efetuada pelos governadores, com aprovação da Assembleia Legislativa.
- Os municípios considerados de Segurança Nacional teriam os prefeitos nomeados pelos governadores, com a aprovação do presidente da República.
- O número máximo de vereadores seria de 21, guardando-se a proporção em relação ao eleitorado do município.

- Os partidos políticos teriam novas limitações para registro e ficavam proibidas as coligações partidárias.
- Em relação aos Direitos e Garantias individuais não haveria foro privilegiado nem Tribunais de exceção.
- Na parte referente ao sistema educacional, seria obrigatório o ensino primário gratuito para alunos de 7 a 14 anos, exceto o ensino secundário, a não ser para os que tivessem ótimo aproveitamento e falta de recursos[169].
- A nova Constituição legitimou os decretos lançados pelo Executivo e reforçou o poder centralizado na Presidência da República. Institucionalizou as eleições indiretas para os cargos majoritários. Fortaleceu a ideia de Segurança Nacional.
- Aos Estados concedeu-se pior tratamento do que o dispensado aos municípios, atribuindo a uma lei complementar o poder de criar novos Estados e novos Territórios. Deduz-se que na União se concentrou um poder que deveria partir da vontade da população residente na área em questão. Equiparam-se os Estados aos Territórios, a que se atribui uma simetria obtusa[170].
- A Constituição pouco deixou aos municípios. Em relação a estes, definiu-se a competência da União e dos Estados, deixando um resíduo que nada mais é do que uma autonomia meramente operacional, porque toda a tarefa de criação e organização dos Municípios pertence à União e aos Estados. E acrescentam que fica com a União maior competência do que lhe coube sob o regime de 1946[171].

No âmbito econômico-financeiro[172], a presença da União é de natureza essencialmente intervencionista, seja no estabelecimento de uma política, seja na execução de planos nacionais ou mesmo regionais (art. 8º, XIII) de desenvolvimento, com a ressalva de que o não cumprimento

[169] Reis, Carlos Kender (colab.). Inabreu, Alzira Alves de *et al* (Coord.). *Dicionário histórico-biográfico brasileiro: pós-1930*, cit., p. 1579.
[170] Baleeiro, Aliomar; Cavalcanti, Themístocles Brandão; Brito, Luiz Navarro. *Constituições brasileiras – 1967*. 3. ed., v. VI. Brasília: Senado Federal, 2012, p. 22.
[171] Ibidem, p. 23.
[172] Ibidem, p. 23.

pelos Estados de medidas e dos planos econômicos e financeiros cujas diretrizes tenham sido fixadas pela União é motivo para intervenção federal nos Estados (art. 10, IV-c)[173].

Assim, entende-se que a possibilidade de intervenção nesses termos fere o mecanismo federativo, uma vez que os Estados devem participar e colaborar no mecanismo federativo, comandado pela União:

"Onde se iniciou, portanto, uma involução do processo histórico do nosso federalismo foi na redução das prerrogativas dos Estados, na limitação dos seus poderes de organização, na sua maior submissão a um planejamento de União (global, regional e setorial) ficando os Estados sujeitos às mais severas penas. Faltaram à Constituição certas medidas que permitissem manter um equilíbrio necessário à preservação das autonomias estaduais. Houve omissão no afirmar-se o princípio da autonomia dos Estados, e falta de ênfase na proclamação da existência da forma federativa, a começar pelo título I que se transformou de "da organização federal" em "da organização nacional", voltando ao título de 1937"[174].

> "Pode-se resumir da seguinte maneira, em nossa Constituição, o reforço do Executivo:
> a) ampliação da iniciativa;
> b) limites no tempo da aprovação dos projetos do governo;
> c) delegação legislativa;
> d) restrição a emenda dos projetos governamentais;
> e) faculdade ao Executivo de expedir decretos-leis"[175].

Esses instrumentos fortaleceram o Poder Executivo em várias frentes, seja no comando da política administrativa e financeira, seja no mecanismo parlamentar, que fica condicionado, na maioria das suas atividades, à participação do Poder Executivo[176].

No que diz respeito ao âmbito dos partidos políticos na Constituição de 1967, temos que "a principal interferência da Constituição no meca-

[173] Ibidem, p. 23.
[174] Ibidem, p. 24.
[175] Ibidem, p. 30.
[176] Ibidem, p. 30.

nismo é a exigência contida no inciso VII do artigo 149 para a organização de partidos políticos, a saber:

- 10% do eleitorado que haja votado nas últimas eleições para a Câmara;
- distribuídos em dois terços dos Estados com o mínimo de 7% em cada um deles;
- 10% de deputados em pelo menos 1/3 dos Estados e 10% de senadores.

Esses partidos deverão:
1 – ter personalidade jurídica, com o registro dos estatutos no TSE;
2 – aceitar o regime democrático baseado na pluralidade de partidos e na garantia dos direitos fundamentais;
3 – submeter-se à fiscalização financeira;
4 – à disciplina partidária;
5 – obediência ao programa partidário. Sem vinculações externas;
6 – possuir âmbito nacional, mas obediência às deliberações das bases partidárias, isto é, aos direitos locais".

Em suma, implantou-se um regime bipartidário sem precedentes na nossa realidade social, política, ideológica, mas que funcionava na base de uma dupla posição que nada mais é senão uma opção entre o governo e a oposição.

Em referência ao Governo da União, na Lei Maior de 1967, a participação das unidades divisionárias no governo central repete, em grande parte, a Constituição anterior[177].

No tocante ao sistema de distribuição do número de deputados entre as unidades-membros, a Carta de 1967 previu novos índices, nos termos do § 2º do art. 41: "*O número de deputados será fixado em lei, em proporção que não exceda de um para cada trezentos mil habitantes, até vinte e cinco deputados e, além desse limite, um para cada milhão de habitantes*"[178].

[177] Ibidem, p. 33-34.

[178] Objetivou-se "evitar que, com o aumento progressivo da população brasileira, se elevasse em consequência, desnecessariamente, o número de deputados". À luz da Carta de 1946, o Estado de Minas possuiria, em 1970, 55 Deputados de Pernambuco 27, e do

Com a nova regra, segundo o quadro comparativo a seguir, apurou-se que somente os Estados de Minas Gerais e São Paulo restariam sub-representados. Em outra via, aumentou o número de Estados super-representados em relação ao sistema de 1946, como Acre, Amazonas, Pará, Piauí, Rio Grande do Norte, Alagoas, Sergipe, Espírito Santo e Mato Grosso.

Em síntese, a Carta de 1967 garantiu, por muito tempo, na Câmara, a "super-representação dos núcleos estruturalmente menos desenvolvidos do País, das zonas mais atrasadas e, por igual, politicamente mais sujeitas ao jugo do coronelismo"[179].

No quadro a seguir, evidencia-se a composição na Câmara de 1970[180].

COMPOSIÇÃO FEDERATIVA DA CÂMARA DOS DEPUTADOS 1970

ESTADOS	SISTEMA DE 46		SISTEMA DE 67			
	Art. 58	150.000	Sub-R	§ 2º do Art. 41	300.000	Sub-R.
Acre	7*	7*	–	7*	7*	–
Amazonas	7*	7*	–	7*	7*	–
Pará	13	13	–	7*	7*	–
Maranhão	23	25	2	12	12	–
Piauí	9	9	–	7*	7*	–
Ceará	23	26	3	13	13	–
Rio Grande do Norte	8	8	–	7*	7*	–
Paraíba	15	15	–	7	7	–
Pernambuco	27	32	5	16	16	–
Alagoas	9	9	–	7*	7*	–
Sergipe	7*	7*	–	7*	7*	–
Bahia	36	47	11	23	23	–
Minas Gerais	55	79	24	29	39	10
Espírito Santo	10	10	–	7*	7*	–
Rio de Janeiro	23	32	9	16	16	–
Guanabara	25	29	4	14	14	–
São Paulo	79	118	39	35	59	24
Paraná	41	55	14	25	25	–
Santa Catarina	19	19	–	9	9	–
Rio Grande do Sul	35	46	11	23	23	–
Mato Grosso	10	10	–	7*	7*	–
Goiás**	21	23	2	11	11	–

Ceará 23. Conforme o § 2º do art. 41 da Constituição de 1967, estes números seriam, respectivamente, 29, 16 e 13. Ibidem, p. 35.

179 Ibidem, p. 51.

180 Ibidem, p. 44.

1.8.3 Presidente da República

O abandono da eleição direta e a escolha do chefe de Estado através de um "colégio eleitoral" bastante limitado modificou substancialmente o valor da participação de cada Estado no processo[181]:

"Com a eleição direta, os grandes Estados definem os pleitos, porque o seu eleitorado representa a grande maioria no País. Lembre-se que somente o número de eleitores inscritos de São Paulo e Minas Gerais, em 1966, correspondiam a 35% de todo o eleitorado brasileiro.

O sufrágio indireto, ao contrário, enfraquece esta força política de natureza territorial e desloca o poder de decisão para a área dos Estados menos industrializados. Segundo os parágrafos 1º e 2º do artigo 76 da Constituição vigente [na época], o "colégio eleitoral" do presidente da República compõe-se de 3 grandes parcelas: 1a) todos os membros do Congresso Nacional; 2a) 3 representantes indicados pelas Assembleias Legislativas de cada Estado; 3a) mais um delegado 'por quinhentos mil eleitores inscritos no Estado'"[182].

Apurou-se que em 1966[183] o colégio eleitoral do presidente da República corresponderia a 582 eleitores, assim distribuídos:

- 475 congressistas, 66 delegados correspondendo à quota fixa por Estado e mais 41 representantes segundo a quota variável em função do eleitorado inscrito. Em outras palavras, o "índice corretivo" equivale a 7% da totalidade do colégio eleitoral[184].

[181] Ibidem, p. 43.
[182] Ibidem, p. 43.
[183] Ibidem, p. 43.
[184] Ibidem, p. 45.

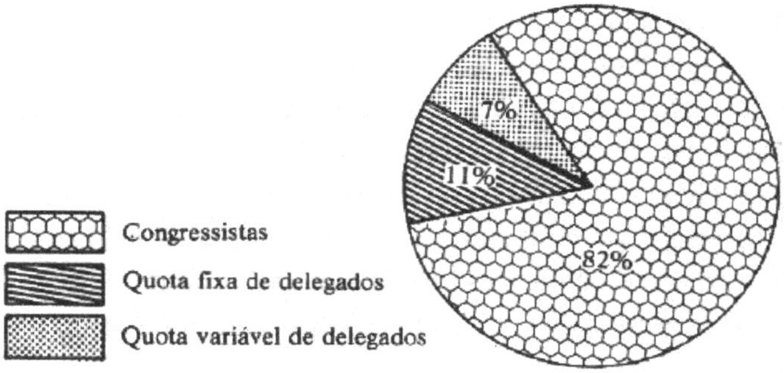

Fonte: Baleeiro, Aliomar; Cavalcanti, Themístocles Brandão; Brito, Luiz Navarro. *Constituições brasileiras – 1967*. 3. ed., v. VI. Brasília: Senado Federal, 2012, p. 47

Logo, prepondera na sua composição a mesma norma encontrada na Câmara dos Deputados e que redunda na subordinação representativa dos Estados mais desenvolvidos:

"Isto se reafirma na comparação entre a participação dessas unidades na eleição direta ou indireta. Embora reconhecendo que as eleições presidenciais acusam maior grau de abstenção, se figurarmos a hipótese dos votantes de 1966 como eleitores diretos do presidente da República, os resultados parecerão bem expressivos, como demonstra o quadro a seguir.

Desequilíbrio geográfico – Enquanto na eleição direta, os Estados de São Paulo, Minas Gerais, Guanabara, Paraná e Rio Grande do Sul dispõem de mais de 60% dos votantes, no sufrágio indireto estes Estados participam apenas com 40% no 'colégio eleitoral'. Aliás, somente eles e o Rio de Janeiro têm, no quadro comparativo, os percentuais de participação diminuídos da eleição direta para a indireta.

Em suma, as técnicas consagradas na Carta de 1967 sobre a Constituição do Poder Legislativo e do organismo para escolha do presidente da República ensejam um desequilíbrio de forças político-territoriais no poder central da Federação. A Câmara dos deputados reflete, organicamente, uma distorção que favorece as unidades-membros menos industrializadas. Por sua vez, com o sufrágio indireto para a escolha do chefe de Estado, também se desloca o poder decisório que detinham na eleição direta os Estados desenvolvidos, para o domínio dos Estados mais emergentes. Este aspecto da Federação brasileira revela um comprometimento regressivo da Constituição de 1967 com a oligarquia agrícola do País"[185].

ELEIÇÃO DO PRESIDENTE DA REPÚBLICA

ESTADOS	ELEIÇÃO DIRETA	%	ELEIÇÃO INDIRETA		QUOTA VARIÁVEL (Insc. 1966)
	Votantes (% 1966)		Congressistas	Quota fixa	
Acre	0.11	2.4	10	3	1*
Amazonas	0.52	2.4	10	3	1*
Pará	1.69	2.9	13	3	1*
Maranhão	1.34	3.9	19	3	1*
Piauí	1.38	2.6	11	3	1*
Ceará	3.81	4.8	24	3	1
Rio Grande do Norte	1.71	2.4	10	3	1*
Paraíba	2.39	3.4	16	3	1
Pernambuco	4.09	5.3	27	3	1
Alagoas	0.92	2.7	12	3	1*
Sergipe	0.85	2.4	10	3	1*
Bahia	5.56	6.7	34	3	2
Minas Gerais	13.34	10.2	51	3	6
Espírito Santo	1.62	2.6	11	3	1*
Rio de Janeiro	5.93	4.9	24	3	2
Guanabara	7.43	4.9	24	3	2
São Paulo	23.60	12.7	62	3	9
Paraná	6.57	5.7	28	3	2
Santa Catarina	3.85	3.6	17	3	1
Rio Grande do Sul	9.12	6.5	32	3	3
Mato Grosso	1.23	2.6	11	3	1*
Goiás	2.67	3.4	16	3	1
Territórios	–	0.5	3	–	–
TOTAL	–	–	475	66	41

O que ocorre é que a estrutura da federação na Carta de 1967 reflete distorções que privilegiam os Estados menos desenvolvidos; portanto, aqueles em que a vontade das oligarquias agrícolas aparece mais decisiva[186].

[185] Ibidem, p. 46-47.
[186] Ibidem, p. 47.

Além disso, se se alega, por um lado, que o texto da Constituição de 1967 era cuidadosamente redigido sob o crivo de Castello Branco antes da escolha de Costa e Silva[187], então futuro presidente, por outro argumenta-se que o mesmo Castello teria optado pelo intitulado – e suposto – Poder Constituinte Congressual, ou seja, um poder reformador ou instituidor de nova ordem constitucional que fosse capaz de evitar a convocação de uma Assembleia popular e, também, a imposição, unicamente, da força pelo Executivo, visto que agora contava também com a participação do Congresso[188].

Mas a referida participação congressual era fictícia, na medida em que os parlamentares estavam, na verdade, cerceados pelos Atos Institucionais, pois eram impedidos de atuar de forma independente, tanto que o governo lhes apresentou, pelo menos às lideranças no Senado e na Câmara, os artigos que não podiam se submeter a emenda constitucional durante a fase de encaminhamento do projeto de Constituição[189].

A Constituição tentava esconder o que na verdade já se sabia: o Brasil contava com um congresso submisso, que aceitara "um texto centralizador no plano federal com uma enorme concentração do poder político; afinal, essa tramitação mascarou o projeto oficial, dando-lhe aparência de legalidade e de legitimidade"[190].

[187] BONAVIDES, Paulo e ANDRADE, Paes de, *História constitucional do Brasil*, cit., p. 431.

[188] "Caminhou o governo para atribuir essa faculdade constituinte ao Congresso, que não a recebera na ocasião da coleta dos votos populares. Podia, quando muito, o legislador usar simplesmente do poder de emenda, dentro dos limites permitidos pela Constituição de 1946 ainda vigente, mas desmoralizada na prática pelos atos de força. Jamais poderia arvorar-se em Poder Constituinte. (...) Para a Carta de 1967, o governo utilizou-se do inexistente Poder Constituinte Congressual, aproveitando-se da mutilação do Legislativo que as cassações deformaram e aviltaram". Ibidem, p. 432.

[189] "Sabe-se que o SNI opinou pelo preparo de uma Constituição que pudesse 'constitucionalizar o institucional', mas o que pretendia o órgão de informações do período ditatorial era construir uma atmosfera favorável ao 'sistema' que se impopularizava e formar opinião internacional com a ideia de um regime com sua Carta Constitucional votada pelo Parlamento". Ibidem, p. 433.

[190] Ibidem, p. 434.

1.8.4 O Ato Institucional n. 5 (1968) – O Congresso "versus" os militares

No dia 13 de dezembro de 1968, uma sexta-feira 13, o governo decretou o recesso do congresso e editou o Ato institucional n. 5 (AI-5, como se tornou conhecido). Concedia ao presidente da República a faculdade de cassar os direitos políticos de quem julgasse necessário, suspendendo ainda as garantias de *habeas corpus* para crimes classificados como políticos contra a Segurança Nacional. Concedia ainda ao chefe do Executivo Federal o poder de intervir livremente nos governos de Estados e municípios, assim como decretar o recesso do Congresso, das Assembleias Legislativas e Câmaras de vereadores. O dispositivo suspendia ainda as garantias da magistratura: vitaliciedade, inamovibilidade e estabilidade. O Congresso foi declarado em recesso e ordenou-se a prisão do ex-presidente Juscelino Kubitschek. A imprensa passou a sofrer censura mais rígida, da mesma forma que todas as manifestações artísticas e culturais. Ao contrário do que dispunham os Atos Institucionais anteriores, o AI-5 não tinha limite de vigência (duraria até 13 de outubro de 1978, quando o revogou a Emenda nº 11, assinada pelo presidente Ernesto Geisel)[191].

No dia 1° de fevereiro de 1969 foi editado o AI-6, que, entre outras implementações, passou a determinar que os casos envolvendo delitos relacionados à segurança nacional passariam a ser julgados pela Justiça Militar. Em 7 de fevereiro, o governo determinou o recesso das Assembleias Legislativas dos Estados da Guanabara, do Rio de Janeiro, de São Paulo e de Pernambuco. No mesmo dia, mais senadores e deputados federais foram cassados. Vinte dias depois, o AI-8 suspendeu todas as eleições[192].

A Crise entre o Congresso Nacional e o governo ocorreu devido a críticas aos militares feitas pelos deputados Marcio Moreira Alves e Hermano Alves, ambos do MDB. O governo pede que a Câmara Federal suspenda as imunidades dos parlamentares, mas o plenário recusa a proposta (12-12-68). Em consequência o governo edita o Ato Institucional nº 5 e seu Ato Complementar nº 38 fechando o Congresso por tempo indetermi-

[191] Koifman, Fábio (Coord.), *Presidentes do Brasil – de Deodoro a FHC*, cit, p. 629.
[192] Ibidem, p. 630.

nado (13-12-68). Em decorrência, a Constituição é modificada e o País mergulha em um período ditatorial de fato.

> *"O Ato Institucional n. 5 não deixa de ser uma autocrítica da Revolução, em que o partido do governo não escapa a uma censura no preâmbulo. E, na decretação do recesso do Congresso por tempo indeterminado está o sinal mais evidente de uma nova fase em que a dita Revolução se reinicia sem a classe política que não quis ou não pode integrar-se no processo "revolucionário". A manutenção da Constituição de 1967 tem o efeito de manter também o mesmo sistema de escolha do presidente da República. Mas é bem provável que nos atos complementares que se anunciam um deles venha a tratar do processo eleitoral. Quanto às punições, a impressão geral, na área do governo, é que esse período será rápido, seguido de uma ofensiva reformista e administrativa. O Ato teve o cuidado de colocar a dimensão econômica como um dos dados mais importantes da questão. Por isso, os ministros Hélio Beltrão e Delfim Netto, antes temerosos da repercussão das medidas excepcionais sobre o mercado e o volume de investimentos, teriam concordado com elas. E o presidente Costa e Silva, que tanto insistiu na integridade da Constituição em vigor, se curvou aos argumentos em torno dos quais os militares se uniram: a Revolução estava a caminho da autodestruição; com o AI-5, forte apenas por precaução – para que outros não sejam necessários –, o regime não será afetado, já que as medidas excepcionais só serão aplicadas se forem inevitáveis; e, finalmente, agora a Revolução tem em suas mãos todos os poderes para a sua realização. O dia 13 de dezembro, para os militares, passa a constituir o Ano Zero da Revolução"*[193].

1.8.5 A Emenda Constitucional n. 1 (considerada uma nova Constituição) e a Constituição de 1967

Em 17 de outubro de 1969, a Junta Militar, invocando o uso de atribuições que lhes conferia o artigo 3º do AI-16, combinado com o parágrafo 1º do artigo 2º do AI-5, considerando o recesso do Congresso Nacional (Ato Complementar nº 38, de 13/12/1968), e considerando ainda que, com esse recesso, o "Poder Executivo Federal fica autorizado a legislar sobre todas as matérias", entre elas se incluindo "a elaboração de emendas à Constituição" (considerando inicial da Emenda Constitucional nº 1 e tese, diga-se de passagem, evidentemente inaceitável), promulgaram

[193] Revista Veja, nº 15.

a Emenda Constitucional nº 1, de 17 de outubro de 1969, publicada no Diário Oficial de 20 de outubro de 1969[194].

> *"Essa emenda teve publicação de duas correções no Diário Oficial de 21 de outubro de 1969: a primeira, referente ao parágrafo 1º do artigo 97, para corrigir "provas e títulos" em vez de "provas de títulos"; a segunda, para corrigir "irreelegibilidade", no artigo 151, parágrafo único, alínea a, em vez de "inelegibilidade". E foi republicada, na íntegra, em 30 de outubro de 1969, data prevista para o início de sua vigência.*
> *Desde logo, note-se que enquanto a Constituição de 1967 se encimava pelo título "Constituição do Brasil", a Emenda nº 1/69 denominou-se "Constituição da República Federativa do Brasil". A Constituição de 1967, fugindo à tradição anterior, que foi iniciada com o Decreto nº 1, de 15 de novembro de 1889, repetida no Decreto nº 510, de 22 de junho de 1890 e perfilhada por todas as nossas constituições, denominando nosso país de "Estados Unidos do Brasil", passou a referir-se apenas a "Brasil". Já a Emenda nº 1/69 veio a denominar o país "República Federativa do Brasil", conforme a Lei nº 5.389, de 22 de fevereiro de 1968, em nosso entender sem força para fazê-lo, porque atentando contra o nome indicado pela Constituição de 1967, votada pelo Congresso Nacional.*
> *Note-se também que, embora alterando, às vezes substancialmente, o texto de 1967, sem a participação do Congresso Nacional, a emenda nº 1/69 tinha a forma inicial: "O Congresso Nacional, invocando a proteção de Deus, decreta e promulga...", o que, evidentemente, não correspondia à realidade"*[195].

A fim de que se possam conhecer as linhas gerais do texto constitucional na redação que lhe deu a Emenda nº 1/69, vale acompanhá-lo com observações relativas às modificações mais importantes introduzidas no texto da Constituição de 1967, e com brevíssima análise de seu alcance (quando indispensável). Para isso, mais conveniente se faz obedecer à própria disposição da matéria constitucional, assinalando, nessa ordem, as alterações havidas, e, quando necessário, introduzindo sucinta nota sobre as consequências das modificações. Para maior facilidade,

[194] CORREIA, Oscar Dias (colab. especial.). *In* ABREU, Alzira Alves de *et al* (Coord.). *Dicionário histórico-biográfico brasileiro: pós-1930*, cit., p. 1995.
[195] ibidem, p. 1995.

referir-nos-emos à Constituição de 1967 apenas como "Constituição" e à Emenda Constitucional nº 1/69 apenas como "Emenda"[196].

Seguem nos próximos itens as alterações introduzidas pela Emenda.

1.8.5.1 Da União

Em relação à União, podem ser salientadas as seguintes alterações mais importantes: 1) pela Constituição, exigia-se para a intervenção federal nos estados "grave perturbação da ordem"; pela Emenda (art. 10, III), exigia-se simplesmente "perturbação da ordem" ou "corrupção no poder público estadual"; 2) pela Constituição, admitia-se a intervenção para reorganizar as finanças do estado que suspendesse o pagamento de sua dívida "por mais de dois anos"; pela Emenda (art. 10, V), admitia-se a intervenção no estado que fizesse o mesmo "durante dois anos", e 3) pela Emenda (art. 10, VII, alínea g) eram estendidas aos deputados estaduais as proibições previstas para os federais no artigo 34, I e II[197].

Em relação aos estados e municípios, a Emenda estabeleceu: 1) a fixação dos limites de remuneração dos funcionários estaduais e municipais (art. 13, V) nos limites máximos estabelecidos em lei federal; 2) a aplicação aos deputados estaduais do disposto no artigo 35 e seus parágrafos (art, 13, VIII), e 3) a fixação da remuneração dos funcionários dos Tribunais de Contas estaduais e a delimitação do número máximo de seus membros em sete (art. 13, IX). A Emenda modificou ainda a redação do parágrafo 1º do artigo 13: a fórmula da Constituição "cabem aos estados os poderes não conferidos por esta Constituição à União ou aos municípios" foi alterada para "poderes que explícita ou implicitamente não lhes forem vedados". Ainda no artigo 15, II, a, ocorreu a supressão do "estadual" no final da alínea, com o que se pode interpretar que a prestação de contas pode obedecer à lei federal. O mesmo ocorre na alínea e, §3º, art. 15[198].

Quanto ao sistema tributário, o item I do parágrafo 2º do artigo 21 da Emenda veio facilitar – com a autorização da instituição de contribuições pela União – a intervenção do domínio econômico e o controle de

196 Ibidem, p. 1996.

197 Ibidem, p. 1996.

198 Ibidem, p. 1996.

outras atividades. O parágrafo 4º do artigo 21, possibilitando a formação de reservas com os recursos dos impostos enumerados nos itens II e IV, "para financiamento de programa de desenvolvimento econômico", veio conceder mais recursos à União e facilitar sua atuação junto aos estados. Por fim, o parágrafo 4º do artigo 24 deu à União, por lei complementar, a faculdade de fixar as alíquotas máximas do Imposto Sobre Serviços (ISS) e o parágrafo 6º do artigo 23 submeteu os convênios dos estados sobre o Imposto sobre Circulação de Mercadorias (ICM) à lei complementar da União[199].

1.8.5.2 Do Poder Legislativo

Quanto ao Poder Legislativo, a Emenda opôs à sua autonomia e às suas prerrogativas uma série de restrições, valendo enumerar: 1) aboliu a faculdade de autoconvocação do Congresso, prevista na Constituição (parágrafo 1º do art. 31), e 2) acrescentou, no parágrafo único do artigo 30 (correspondente ao artigo 32 da Constituição), princípios a serem obedecidos no regimento de cada uma das câmaras, restringindo a tradicional faculdade de livre elaboração. Entre essas restrições, incluíram-se não apenas as referentes às despesas de remuneração dos parlamentares, como, principalmente, a negativa de autorização para a publicação de certos pronunciamentos (propagandas de guerra, de subversão à ordem política ou social, de preconceito de raça, de religião ou de classe, pronunciamentos que configurassem crimes contra a honra ou contivessem incitamento à prática de crimes de qualquer natureza); a restrição à criação de comissões parlamentares de inquérito, reduzidas a cinco, funcionando concomitantemente, e, ainda, a fixação do mandato dos membros da mesa de qualquer das câmaras, sendo proibida a reeleição[200].

A Emenda trouxe ainda restrições à inviolabilidade parlamentar no artigo 32 – restrição abrandada pela Emenda Constitucional nº 11/78 – e à imunidade, no parágrafo 10 – restrição abolida pela mesma Emenda Constitucional nº 11/78, que restaurou o texto da Constituição. Esta mesma Emenda nº 11/78, aliás, acrescentou ao artigo 32 o parágrafo 5º, pelo qual "nos crimes contra a Segurança Nacional, cujo processo inde-

199 Ibidem, p. 1996.
200 Ibidem, p. 1996.

pende de licença da respectiva Câmara, poderá o procurador geral da República, recebida a denúncia e atenta à gravidade do delito, requerer a suspensão do exercício do mandato parlamentar, até a decisão final de sua representação pelo Supremo Tribunal Federal"[201].

No artigo 35 (correspondente ao artigo 37 da Constituição), a Emenda incluiu, no inciso II, como motivo de perda do mandato, o procedimento "atentatório das instituições vigentes", e acrescentou o item V, referente à perda do mandato por infidelidade partidária. Suprimiu o voto secreto, que era explicitamente previsto nas votações de concessão de licença para incorporação do parlamentar às Forças Armadas em tempo de guerra (art, 32, parágrafo 3º), bem como nas votações para a perda do mandato (art. 35, parágrafo 2º), previstas nos itens I e II do artigo. Diga-se de passagem que a Emenda Constitucional nº 11/78 ampliou os casos de perda ou suspensão do mandato, declarada pela respectiva mesa, no caso do parágrafo 5º do artigo 32. Por fim, o parágrafo 1º do artigo 36 reduziu as hipóteses de convocação de suplente, admitindo-as apenas no caso da investidura de um parlamentar em cargo de Ministro de Estado. Mas a Emenda nº 13/79 ampliou-as, de novo, incluindo as Funções de Secretário de Estado e Prefeito da capital[202].

Na seção II, "Da Câmara dos deputados", a Emenda: 1) incluiu as condições "maiores de 21 anos e no exercício dos direitos políticos", no artigo 39, correspondente ao 41 da Constituição (a Emenda nº 8/77 fixaria em "até quatrocentos e vinte" o número dos deputados); 2) alterou, em seu parágrafo 29, o critério para a fixação no número de parlamentares, que era o da população, para o de eleitores inscritos (a Emenda Constitucional nº 8/77 retomaria ao critério de população, ainda que modificando os quantitativos), e 3) na competência privativa da Câmara, acrescentou o item III[203].

Na seção III, "Do Senado Federal", além de outras modificações, como a inclusão das condições "maiores de trinta e cinco anos" e "no exercício de seus direitos políticos", a Emenda: 1) incluiu a competência para a prévia aprovação dos Conselheiros de Contas do Distrito Federal e excluiu

[201] Ibidem, p. 1996.
[202] Ibidem, p. 1996.
[203] Ibidem, p. 1997.

a do Procurador-Geral da República, e 2) condicionou a autorização de empréstimos, prevista no item N do artigo 42 (correspondente aos 44 e 45 da Constituição), à audiência do Poder Executivo Federal[204].

Na seção IV, "Das atribuições do Poder Legislativo": 1) incluiu-se na sua competência o orçamento "plurianual" (inciso II do art. 45, correspondente ao 46 da Constituição); 2) fez-se a ressalva do item V – sobre criação de cargos públicos e fixação dos respectivos vencimentos – que passou a poder ser também objeto de decreto-lei (art. 55, III da Emenda), e 3) acrescentou-se a competência para a "organização administrativa e judiciária dos territórios", que não estava explícita na Constituição. A Emenda Constitucional nº 8/77 acrescentou o inciso X, relativo à competência para dispor sobre "contribuições sociais para custear os encargos previstos nos itens II, V, XIII, XVI e XIX do artigo 165 e parágrafo 1º do artigo 166, parágrafo 4º do artigo 175 e artigo 178", além da óbvia competência para deliberar sobre o adiamento e suspensão de suas sessões (art. 44, item IX da Emenda)[205].

Na seção V, "Do processo legislativo", o artigo 47 (correspondente ao artigo 50 da Constituição) teve excluído o item III, que reconhecia às Assembleias Legislativas dos estados competência para propor emenda da Constituição, suprimindo, em consequência, o parágrafo 4º do artigo 50 da Constituição. A Emenda nº 8/77 reformou o texto do item I, dispondo que a proposta, ao invés de ser de membros da Câmara dos Deputados ou do Senado Federal, deveria ser ele membros da Câmara e do Senado Federal. Esses membros que, pelo parágrafo 3º da Constituição, deveriam ser "uma quarta parte", pela Emenda deveriam ser "um terço", e, pela Emenda Constitucional nº 8/77, 1/3 de cada uma das casas[206].

O quórum de aprovação das emendas à Constituição era, na Constituição, de maioria absoluta das duas casas do Congresso (art. 51). Pela Emenda, passou a ser de 2/3 (art. 48). E, pela Emenda nº 11/78, voltou a ser maioria absoluta. O prazo de votação, que era de 60 dias, tanto na Constituição quanto na Emenda, passou a ser de 90 dias, pela Emenda nº 11/78. Com a criação do estado de emergência, foi incluída no texto, por

[204] Ibidem, p. 1997.
[205] Ibidem, p. 1997.
[206] Ibidem, p. 1997.

imposição da Emenda nº 11/78, a vedação da Emenda Constitucional em Estado de Emergência[207].

Pela Emenda (artigo 52, II, correspondente ao artigo 55 da Constituição), também pôde ser objeto de delegação de competência a legislação referente ao direito civil e direito penal – o que era vedado pela Constituição –, bem como o sistema de "medidas" (item III). Na competência do Presidente da República para a expedição do decreto-lei incluiu-se o item III, "criação de cargos públicos e fixação de vencimentos". No artigo 57 (correspondente ao 60 da Constituição), ampliou-se a competência exclusiva do Presidente da República para a iniciativa de leis: no item N, alargando os limites abrangidos pela legislação do Distrito Federal e territórios; no inciso V, relativo à legislação sobre servidores públicos; e no item VI, para a anistia de crimes políticos. O prazo para veto, no artigo 59, parágrafo 1º passou de dez para 15 dias úteis, e da mesma maneira, foi fixado o prazo de 45 dias para a apreciação, pelo Congresso, do veto do Presidente da República[208].

Na seção VI, "Do orçamento", foram feitas inúmeras alterações de redação que, contudo, não modificaram substancialmente a matéria. Convém lembrar a modificação no processo de votação do orçamento, previsto no artigo 66 da Emenda, que modificou o estabelecido no artigo 68 da Constituição, passando a votação a ser conjunta, das duas casas do Congresso[209].

Na seção VII, "Da fiscalização financeira e orçamentária", não houve qualquer modificação. A Emenda Constitucional nº 7/77 foi que alterou a redação e a ordem dos parágrafos 7º e 8º do art. 72, transpondo-os para 8º e 7º, e acrescentando ao § 8º (em que se transformou o § 7º da Constituição) a faculdade de o Presidente da República ordenar o registro ou a execução, também nos casos do parágrafo anterior, *ad referendum* do Congresso[210].

[207] Ibidem, p. 1997.
[208] Ibidem, p. 1997.
[209] Ibidem, p. 1997.
[210] Ibidem, p. 1997.

1.8.5.3 Do Poder Executivo

Na seção I, "Do presidente e vice-presidente da República", o artigo 74 (correspondente ao artigo 76 da Constituição) foi alterado pela Emenda Constitucional nº 8/77, modificando-se o critério estabelecido no parágrafo 2º em vez de quinhentos mil eleitores, um milhão de habitantes. Da mesma maneira, a Emenda nº 8/77 alterou a data do artigo 75 de 15 de Janeiro para 15 de outubro e a duração do mandato, de cinco anos, como determinado na Emenda (art. 75, § 3º), para seis anos (alterando o correspondente artigo 77, § 3º da Constituição, que o fixara em quatro anos). O mesmo foi feito no § 1º do artigo 77, quanto ao vice-presidente. No § 2º do artigo 77 (correspondente ao § 2º do artigo 79 da Constituição), retirou-se do vice-presidente da República a presidência do Congresso Nacional, alterando-se-lhe as funções[211].

Na seção II, "Das atribuições do presidente da República", embora ocorressem várias alterações de redação, a mais importante modificação foi a autorização dada ao presidente da República para outorgar ou delegar atribuições (além da que constava da Constituição, aos ministros de Estado), a "outras autoridades". Na seção III, "Da responsabilidade do presidente da República", não houve alterações senão da redação (art. 83, § 2º)[212].

Na seção IV, "Dos ministros de Estado", nova redação corporificou as suas obrigações. O texto correspondente, no artigo 87 da Constituição, previa o comparecimento à Câmara e ao Senado nos casos e para os fins previstos na Constituição. Além disso, a Emenda não incluiu norma correspondente ao artigo 88 e parágrafo único da Constituição, que dispunha a respeito do processo dos ministros de Estado, nos casos de crimes comuns e de responsabilidade. A matéria foi deixada para a fixação da competência do Supremo Tribunal Federal (art. 119, I, b)[213].

Na seção V, "Da Segurança Nacional", acrescentou-se no artigo 87 à caracterização do Conselho de Segurança Nacional que ele "é o órgão de mais alto nível na assessoria direta do presidente da República". No artigo

[211] Ibidem, p. 1997.
[212] Ibidem, p. 1997.
[213] Ibidem, p. 1997.

88 explicitou-se o § 1º do anterior artigo 90 da Constituição e ao artigo 88 se acrescentaram os incisos I e VI[214].

Na seção VI, "Das Forças Armadas", houve pequenas modificações de redação, como no artigo 90 (correspondente ao artigo 92 da Constituição), em que foram alteradas para Marinha e Aeronáutica as denominações que haviam sido transformadas em Marinha de Guerra e Aeronáutica Militar; no artigo 91, em que se acrescentou ao § 1º do anterior artigo 92 da Constituição, depois de "Forças Armadas", "essenciais à execução da política de Segurança Nacional", e no parágrafo único do artigo 91 (correspondente ao parágrafo 2º do artigo 92), no qual se estabeleceu que cabe ao presidente da República a "direção da política da guerra", que não constava daquele § 2º[215].

A seção VI, "Do Ministério Público", era, na Constituição, a seção IX do capítulo VII, "Do Poder Judiciário", artigos 137 a 139. Na Emenda, foi incluída como capítulo VI do "Poder Executivo". Não ocorreram alterações de monta, a não ser a desnecessidade de aprovação do nome do Procurador-Geral da República pelo Senado Federal, o que era exigido pelo artigo 138 da Constituição[216].

Na seção VIII, "Dos funcionários públicos", a Emenda introduziu várias modificações: 1) acrescentou o artigo 98, para estabelecer a paridade quanto aos vencimentos do Poder Judiciário e do Poder Legislativo; 2) acrescentou ainda um parágrafo 3º ao artigo 99, modificando a redação do parágrafo único do artigo 100; 3) o artigo 101, inciso III teve, já agora por parte da Emenda Constitucional nº 18/81, a redação alterada, para ressalvar a aposentadoria para o professor após 30 anos de serviço, e a professora, após 25 anos, de acordo com o artigo 165, item XX; 4) o artigo 104 (correspondente ao artigo 102 da Constituição), que sofrera emendas de redação pela Emenda, foi alterado, substancialmente, pela Emenda Constitucional nº 6/76, especificando as várias hipóteses de investir-se o funcionário público em mandatos diversos; 5) o parágrafo 4º do artigo 108 (correspondente ao artigo 106 da Constituição) exige metade, no mínimo, de assinaturas dos membros das respectivas casas

[214] Ibidem, p. 1997.
[215] Ibidem, p. 1997.
[216] Ibidem, p. 1997.

legislativas para a admissão de emendas aos projetos de lei de que tratam os parágrafos 2º e 3º, quando a Constituição só exigia 1/3, e 6) os artigos 109, 110 e 111 foram incluídos pela Emenda. E o artigo 111 foi modificado pela Emenda Constitucional nº 7/77, para fazer remissão ao artigo 153, parágrafo 4º, que teve sua redação também modificada pela mesma Emenda nº 7/77[217].

1.8.5.4 Do Poder Judiciário

No capítulo VIII, relativo ao Poder Judiciário, o artigo 112 (correspondente ao artigo 107 da Constituição) incluiu, na enumeração dos órgãos, o item VI, relativo aos Tribunais e Juízes estaduais, e acrescentou, ainda, um parágrafo único, prevendo a possibilidade de instituição de processo de rito sumaríssimo[218].

A Emenda Constitucional nº 7/77 alterou fundamentalmente todo o capítulo, com a criação do Conselho Nacional da Magistratura (atual artigo 112, II) e a determinação de que a lei complementar estabeleceria todas as normas referentes à magistratura (Lei Orgânica da Magistratura Nacional, já promulgada: Lei Complementar nº 35 de 14/3/1979)[219].

Na seção II, "Do Supremo Tribunal Federal", a Emenda tornou a fixar, no artigo 118 (correspondente ao artigo 113 da Constituição), o número de Ministros em 11. E modificou, no correr da seção, a competência do órgão, com alterações que, entretanto, não a modificaram fundamentalmente. Por sua vez, a Emenda Constitucional nº 7/77 introduziu lhe outras modificações, além de acrescentar a seção III, referente ao Conselho Nacional da Magistratura (artigo 120)[220].

Na seção III, "Dos Tribunais Federais de Recursos", a Emenda manteve a possibilidade de criação de mais dois Tribunais de recursos (um em Pernambuco e outro em São Paulo), no parágrafo 1º do artigo 121 (correspondente ao artigo 116 da Constituição), bem como fixou o número de ministros (13). A Emenda Constitucional nº 7/77 aumentou esse número para 27 e eliminou a referência àquela criação. A competência do Tribu-

[217] Ibidem, p. 1997-1998.
[218] Ibidem, p. 1998.
[219] Ibidem, p. 1998.
[220] Ibidem, p. 1998.

nal Federal de Recursos, já alterada pela Emenda, atribuindo-lhe hipóteses anteriormente previstas como do Supremo Tribunal Federal (v. g., art. 122, I, b da Emenda e art. 114, I, b da Constituição; art, 122, I, e [parte final] e art. 114, I, e da Constituição), foi, depois, alterada pela Emenda Constitucional nº 7/77. Não só a nomeação dos Ministros – no caso dos Juízes Federais – passou a independer de aprovação pelo Senado, como a competência foi ainda mais ampliada. A seção, com a Emenda nº 7/77, passou a ser seção IV[221].

Na seção IV, "Dos Juízes Federais", embora ocorressem alterações impostas pelas modificações dos artigos anteriores, não houve mudanças substanciais. A Emenda Constitucional nº 7/77 impôs outras modificações à seção, nos artigos 123, 125 e 126 da Emenda[222].

Na seção V "Dos Tribunais e Juízes Militares", semelhantemente, foram introduzidas algumas modificações, como as dos artigos 128, parágrafo 2º, e 129, parágrafos 1º e 3º, sem maior profundidade. E, da mesma maneira, novas modificações foram feitas pela Emenda Constitucional nº 7/77, nos parágrafos 2º e 3º do artigo 128[223].

Na seção VI "Dos Tribunais e Juízes Eleitorais", as alterações reduziram-se a: 1) composição modificada para três ministros do Supremo Tribunal Federal, em vez de dois (art. 124, I, a da Constituição), mantidos os outros dois do Tribunal Federal de Recursos e excluído o desembargador do Tribunal de Justiça do Distrito Federal, e 2) ampliação da competência dos Tribunais Eleitorais para, nos termos do inciso IX do artigo 137, "a decretação da perda de mandato de senadores, deputados e vereadores, nos casos do parágrafo único do artigo 152", que não constava do correspondente artigo 130 da Constituição. O artigo 137 foi alterado pela Emenda Constitucional nº 11/78, que o adaptou à redação global do texto constitucional[224].

Na seção VII "Dos Tribunais e Juízes do Trabalho", (denominação que alterou a correspondente seção VII da Constituição, "Dos juízes e Tribunais do Trabalho"), ocorreu, sobretudo, a modificação do artigo 141,

[221] Ibidem, p. 1998.
[222] Ibidem, p. 1998.
[223] Ibidem, p. 1998.
[224] Ibidem, p. 1998.

parágrafo 1º, b, que acrescentou ao correspondente artigo 133, parágrafo 1º, b, da Constituição, a vedação de recondução dos ministros classistas do Tribunal Superior do Trabalho por mais de dois períodos. A Emenda nº 7/77 deu nova redação aos parágrafos 22 do artigo 142 e artigo 143[225].

A seção VIII, "Dos Tribunais e Juízes Estaduais" (anteriormente, na Constituição, "Da justiça dos estados"), sofreu várias modificações de redação, valendo salientar: 1) no artigo 144, II, c (correspondente ao artigo 136, II, e da Constituição), o aumento de dois para três anos como interstício para a promoção; 2) no artigo 144, parágrafo 12, d, a instituição do Tribunal de Justiça como único órgão de segunda instância da Justiça Militar estadual (quando a Constituição, artigo 136, parágrafo 1º, d, admitia "tribunal especial"); 3) a proibição à Justiça Estadual de "receber mensalmente, importância total superior ao limite máximo estabelecido em lei federal" (artigo 144, parágrafo 4º, não constante do correspondente artigo 136, parágrafo 42 da Constituição); 4) a proibição de alteração da divisão e organização judiciária fora do prazo de cinco em cinco anos, no parágrafo 5º quando, no correspondente parágrafo 52 do artigo 136 da Constituição, tal modificação era possível mediante proposta do Tribunal de Justiça[226].

A Emenda Constitucional nº 7/77 alterou substancialmente esta seção (atualmente, seção IX), bastando citar: 1) a obrigatoriedade de promoção do juiz que figurar pela quinta vez consecutiva em lista de merecimento (acrescentado no artigo 144, II, a, da Emenda); 2) a redação da alínea c do mesmo artigo 144, II, acrescentando-lhe: "ou forem recusados, pela maioria absoluta dos membros do tribunal ou do órgão especial previsto no item V deste artigo candidatos que hajam completado o estágio", e 3) acrescentou os incisos V a VII do artigo 144 e alterou a redação dos parágrafos 1º, d, 4º, 5º e 6º do mesmo artigo[227].

1.8.5.5 Da Declaração de Direitos

O capítulo I do título II, "Da nacionalidade", teve a redação modificada com reflexos importantes: 1) no parágrafo único do artigo 145 (corres-

[225] Ibidem, p. 1998.
[226] Ibidem, p. 1998.
[227] Ibidem, p. 1998.

pondente ao parágrafo 1º do artigo 140 da Constituição), acrescentou-se à enumeração de cargos privativos de brasileiros natos os de ministro do Superior Tribunal Militar, do Tribunal Superior Eleitoral, do Tribunal Superior do Trabalho, do Tribunal de Contas da União, procurador-Geral da República, governador do Distrito Federal, embaixador e os cargos das carreiras de diplomata, de oficial da Marinha, do Exército e da Aeronáutica; 2) suprimiu-se o § 2º do artigo 145 da Constituição, que dispunha: "além das previstas nesta Constituição, nenhuma outra restrição se fará a brasileiro em virtude da condição de nascimento", e 3) acrescentou-se ao artigo 146 (correspondente ao artigo 141 da Constituição), o parágrafo único, determinando que "será anulada por decreto do presidente da República a aquisição de nacionalidade obtida em fraude contra a lei"[228].

No capítulo II, "Dos direitos políticos", houve sensíveis modificações, com a alteração da redação de várias disposições. Enumeremos as mais importantes: 1) acrescentou-se ao artigo 148 (anterior 143 da Constituição), depois de "representação proporcional", "total ou parcial"; 2) alterou-se a redação do artigo 149 (artigo 144 da Constituição); 3) no artigo 151, substituiu-se a extensa e taxativa enumeração dos casos de inelegibilidade dos artigos 146 e 147 da Constituição pela enunciação dos princípios gerais a que deveria obedecer a lei complementar que dispusesse sobre a matéria (o que, aliás, foi imediatamente feito pelo Decreto-Lei nº 1.063, de 21/10/1969). Essa orientação foi mantida pela Emenda Constitucional nº 8/77, quanto ao artigo 151 da Emenda. Depois, contudo, a Emenda Constitucional nº 19/81 alterou as alíneas c e d do parágrafo único do artigo 151, transformando-o em § 1º e acrescentando-lhe o § 2º, vedando a recondução, no mesmo período administrativo, dos que se desincompatibilizarem nos termos dos nº 2 e 3 da alínea c do parágrafo 1º[229].

No capítulo III, "Dos partidos políticos", houve duas modificações importantes: 1) no artigo 152, VII, foram alteradas as exigências para a organização dos partidos políticos, passando de 10% do eleitorado, distribuídos em 2/3 dos estados, com o mínimo de 7% em cada um deles,

[228] Ibidem, p. 1998.

[229] Ibidem, p. 1998.

bem assim 10% dos deputados em, pelo menos, 1/3 dos estados e 10% dos senadores (artigo 149, VII da Constituição), para 5% do eleitorado, distribuídos em, pelo menos, sete estados, com o mínimo de 7% em cada um deles; 2) a pena de perda do mandato pelo deputado, senador ou vereador que, "por atitudes ou pelo voto se opuser às diretrizes legitimamente estabelecidas pelos órgãos da direção partidária, ou deixar o partido sob cuja legenda foi eleito" deveria ser decretada pela Justiça Eleitoral, mediante representação do partido[230].

Este capítulo teve sua redação profundamente alterada pela Emenda Constitucional nº 11/78, valendo ressaltar as seguintes principais modificações: 1) a separação entre os princípios a serem obedecidos na organização dos partidos e exigências para o seu funcionamento; 2) entre estas, a modificação para: votação de 5% do eleitorado, distribuídos em, pelo menos, nove estados, com o mínimo de 3% em cada um deles, e 3) no parágrafo 5º – que cuidou da perda do mandato por infidelidade partidária, ou abandono de partido – uma ressalva foi acrescentada: "salvo para participar, como fundador, da Constituição de novo partido"[231].

No capítulo IV, "Dos direitos e garantias individuais", podem ser apontadas as seguintes alterações no artigo 153 (correspondente ao artigo 150 da Constituição); 1) no parágrafo 8º, a Emenda acrescentou como não toleradas "as publicações e exteriorizações contrárias à moral e aos bons costumes"; 2) no parágrafo 11, no final, a Emenda substituiu "função pública" por "cargo, função ou emprego na administração pública, direta ou indireta"; 3) no parágrafo 18, suprimiu "a soberania" que se seguia a "instituição do júri"; 4) acrescentou, no parágrafo 22, "facultando-se ao expropriado aceitar o pagamento em título da dívida pública, com cláusula de exata correção monetária"; 5) no parágrafo 28, depois de "liberdade de associação", a Emenda acrescentou "para fins lícitos"; 6) alterou o parágrafo 29, referente à cobrança de tributos, profundamente modificada quanto à vigência, e 7) acrescentou o parágrafo 34, sobre a aquisição da propriedade rural. A Emenda alterou também a redação do artigo 154 e, no parágrafo único, modificou substancialmente a norma, ao dispor que "quando se tratar de titular de mandato eletivo, o processo não

230 Ibidem, p. 1998-1999.
231 Ibidem, p. 1999.

dependerá da licença da Câmara a que pertencer", enquanto o correspondente parágrafo único do artigo 151 da Constituição fazia depender da licença da Câmara respectiva[232].

A Emenda Constitucional nº 7/77 modificou a redação da Emenda: 1) no parágrafo 4º, para admitir que o ingresso em juízo possa ser condicionado ao exaurimento das vias administrativas; 2) no parágrafo 11, para: a) não excluir das penas, a de confisco; b) ressalvar, quanto à pena de morte, a legislação penal aplicável em caso de guerra externa, sem se referir (como no parágrafo 11 da Emenda) à "guerra psicológica adversa, ou revolucionária, ou subversiva", nem a condicionar a lei futura, e c) revigorar a redação da Constituição – "exercício de função pública", e 3) no parágrafo 29, para se ampliar a "outros impostos especialmente indicados em lei complementar"[233].

No capítulo V, "Do Estado de Sítio", foram introduzidas duas alterações importantes: 1) a duração do Estado de Sítio passou dos 60 dias previstos no artigo 153 da Constituição para 180 dias, no artigo 156, podendo, ademais, "ser prorrogado, se persistirem as razões que o determinaram" (sem fixar prazo de prorrogação), segundo a Emenda, enquanto a Constituição só admitia a prorrogação por igual prazo, isto é, 60 dias; 2) no parágrafo único do artigo 157 (correspondente ao parágrafo único do artigo 154), expressamente se indicava o quórum de 2/3 para a suspensão da imunidade dos deputados federais e senadores, o que foi abolido pela Emenda[234].

Este capítulo foi totalmente reformulado pela Emenda Constitucional nº 11/78, com a criação das "medidas de emergência" e do "estado de emergência", estabelecendo as hipóteses de sua decretação, bem como a criação do Conselho Constitucional, especialmente para ser ouvido pelo presidente da República em caso de decretação do estado de emergência[235].

[232] Ibidem, p. 1999.
[233] Ibidem, p. 1999.
[234] Ibidem, p. 1999.
[235] Ibidem, p. 1999.

1.8.5.6 Da Ordem Econômica e Social

Neste título III devem ser indicadas as seguintes modificações: 1) a alteração, no artigo 160 (correspondente ao artigo 157 da Constituição), dos objetivos da ordem econômica e social (esta incluída na Emenda), acrescentando-se à "justiça social" o "desenvolvimento nacional"; 2) a alteração da redação do inciso IV; 3) o acréscimo do inciso VI "expansão das oportunidades de emprego produtivo"; 4) no artigo 161 (anterior parágrafo 1º do artigo 157) a exclusão de "prévia indenização"; 5) a autorização ao Presidente da República, no parágrafo 4º (correspondente ao parágrafo 5º do artigo 157 da Constituição) para delegar a atribuição para a desapropriação de imóveis rurais por interesse social, ainda que continuando privativa dele a "declaração de zonas prioritárias"; com o que se suprimiu a competência de órgãos colegiados prevista naquele parágrafo 5º do artigo 157 da Constituição; 6) no artigo 164 (anterior parágrafo 10 do artigo 157 da Constituição), foi suprimida a parte final "visando à realização de serviços de interesse comum"; 7) no artigo 165 (correspondente ao artigo 158 da Constituição, e que enumera as garantias dos trabalhadores), foi acrescentado, no inciso XVI, – "seguro contra acidentes do trabalho"; 8) foi excluído o parágrafo 2º do artigo 159, sobre contribuições previdenciárias e sua arrecadação e 9) foram acrescentados os artigos 172, sobre aproveitamento agrícola e mau uso da terra, e 173, sobre não aplicação da norma do artigo (anterior 165 da Constituição) aos navios nacionais de pesca[236].

A Emenda Constitucional nº 18/81 alterou o inciso XX do artigo 165 da Emenda (anterior artigo 158 da Constituição) para fixar a aposentadoria para o professor, após 30 anos, e, para a professora, após 25 anos de efetivo exercício em funções de magistério. Por sua vez, a Emenda Constitucional nº 12/78 assegurou aos deficientes a melhoria de sua condição social e econômica[237].

1.8.5.7 Da Família, da Educação e da Cultura

Este título IV sofreu as seguintes modificações na Emenda: 1) a inclusão da assistência à educação aos excepcionais, no parágrafo 4º do artigo 175

[236] Ibidem, p. 1999.

[237] Ibidem, p. 1999.

(equivalente ao artigo 167 da Constituição); 2) a afirmação de que a educação é "dever do Estado", no artigo 176 (anterior 168); 3) a alteração do anterior inciso VI do artigo 168 da Constituição – "é garantida a liberdade de cátedra", pelo inciso VII: "A liberdade de comunicação de conhecimentos no exercício do magistério, ressalvado o disposto no artigo 154" (abuso do direito individual com o propósito de subversão do regime ou corrupção); 4) no artigo 178 (equivalente ao artigo 170 da Constituição), acrescentou-se a parte final: "entre os sete e os 14 anos, ou a concorrer para aquele fim, mediante a Constituição do salário-educação, na forma que a lei estabelecer"; 5) ao parágrafo único do artigo 178 acrescentou-se: "e a promover o preparo de seu pessoal qualificado"; 6) a ressalva, incluída no artigo 179 (correspondente ao artigo 171 da Constituição), de que as ciências, as artes e as letras são livres, "ressalvado o disposto no parágrafo 8º do artigo 153" (ressalva já indicada no item XXXVIII, a, anterior), 7) no parágrafo único, acrescentou, depois de "pesquisa", "ensino"[238].

1.8.5.8 Das Disposições Gerais e Transitórias

Neste título V as mudanças, obviamente, foram grandes. Fixemos as mais significativas: 1) o artigo 181 (correspondente ao artigo 173 da Constituição) foi modificado no inciso I para abranger os atos praticados pelos ministros militares no exercício temporário da presidência da República; 2) o artigo 182 foi acrescentado, para renovar a declaração da vigência do AI-5, e demais atos posteriormente baixados, bem como o parágrafo único; 3) da mesma maneira, foi acrescentado o artigo 183, relativo ao mandato do presidente e vice-presidente da República; 4) o artigo 184 e parágrafo único objetivaram conceder pensão aos ex-presidentes da República que não tivessem sofrido suspensão dos direitos políticos, e assegurar tratamento médico e hospitalar, por conta da União, para o presidente da República atacado de moléstia que o inabilitasse para o desempenho de sua função (caso do presidente Costa e Silva); 5) o artigo 185 foi acrescentado, para declarar inelegíveis os cidadãos que tivessem sofrido a suspensão de seus direitos políticos; 6) o artigo 186, também novo, fixou o mandato das mesas do Senado e da Câmara e sua inelegibi-

[238] Ibidem, p. 1999.

lidade para o mandato seguinte; 7) O artigo 187 estabeleceu a não perda do mandato do deputado ou senador investido na função de interventor federal, secretário de Estado ou prefeito de capital; 8) o artigo 188 determinou a vigência da redução do número de deputados federais e estaduais para a próxima legislatura; 9) o artigo 189 decretou que a eleição dos governadores, em 1970, se faria não por sufrágio universal e voto direto e secreto, como previsto no artigo 13, parágrafo 2º, da Emenda, mas por um colégio eleitoral constituído pelas respectivas Assembleias, fixando o parágrafo único a data e forma da eleição; 10) o artigo 190 suspendeu, na "atual legislatura", a aplicação da proibição de atividades político-partidárias aos ministros ou juízes dos Tribunais de Contas da União, dos estados e dos municípios; 11) o artigo 191 extinguiu todos os Tribunais de Contas Municipais, menos o do Município de São Paulo; 12) no artigo 192, foram mantidos, como órgãos de segunda instância da Justiça Militar estadual, os Tribunais especiais criados para o exercício dessas funções antes de 15 de março de 1967; 13) o artigo 193 restringiu o uso privativo do título de ministro e fixou como de conselheiros o dos membros do Tribunal de Contas do Distrito Federal; 14) o artigo 195 cuidou do aproveitamento dos "atuais" substitutos de auditor e promotor estáveis da Justiça Militar da União; 15) o artigo 196 vedou a participação de servidores públicos no produto da arrecadação de tributos e multas, inclusive de dívida ativa; 16) foi alterada a redação do artigo 186 (mesmo número da Constituição), sendo-lhe acrescentados os parágrafos 1º e 2º; 17) no artigo 199, foi declarada a igualdade de tratamento entre portugueses e brasileiros, se admitida a reciprocidade, salvo o disposto no artigo 145; 18) o artigo 200 incorporou às Constituições estaduais as disposições da Emenda, e 19) a vigência da Emenda foi decretada a partir de 30 de outubro de 1969[239].

Este título foi modificado depois pelas Emendas Constitucionais:

Emenda nº 11/78: 1) revogou os Atos Institucionais e complementares que contrariavam a Constituição, ressalvados os efeitos dos atos praticados com base neles, excluídos de apreciação judicial; 2) alterou a redação dos artigos 184 e 185.

[239] Ibidem, p. 1999-2000.

Emenda nº 7/77: 1) declarou, no parágrafo 1º do artigo 193, o título de desembargador privativo dos membros dos Tribunais de Justiça; de juiz, dos integrantes dos Tribunais inferiores de segunda instância e da magistratura de primeira instância, e, no parágrafo 2º, que os membros do Tribunal de Contas dos estados, do Distrito Federal e dos municípios teriam o título de conselheiros; 2) excluiu, no artigo 196, a parte final: "inclusive da dívida ativa"; 3) acrescentou os artigos 201 a 207, cuidando: o 201 – da transformação dos juízes federais substitutos em juízes federais; o 202 – da adaptação da legislação dos estados aos preceitos da Constituição e da Lei Orgânica da Magistratura Nacional, dentro de seis meses; o 203 – da criação de contenciosos administrativos federais e estaduais, e o 204 – da autorização para que a parte vencida da instância administrativa requeresse diretamente ao tribunal competente a revisão da decisão nela proferida. O artigo 205 estabelecia que as questões entre a União e os estados e órgãos da administração indireta e outros (que especificava), seriam decididas pelas autoridades administrativas; o 206 oficializava as serventias do foro judicial e extrajudicial, ressalvando a situação dos atuais titulares efetivos (redação, por sua vez, alterada pela Emenda Constitucional nº 16/80), e o 207 tratava do preenchimento das vagas no Tribunal Federal de Recursos[240].

Emenda nº 8/77: fixou, no artigo 208, a duração do mandato do presidente da República eleito em 1º de Janeiro de 1974.

Emenda nº 14/80: estabeleceu, no artigo 209 (que fora acrescentado pela Emenda nº 8/77) a extensão do mandato dos atuais dirigentes municipais, até 31 de Janeiro de 1983 e, no artigo 210 (também acrescentado pela Emenda nº 8/77), que não haveria redução do número de deputados na legislatura iniciada em 1975[241].

1.8.5.9 Conclusões

Uma das principais modificações introduzidas pela Emenda Constitucional nº 1/69 foi a centralização do poder nacional do Executivo Federal (mais propriamente, no Presidente da República), por intermédio da ampliação de sua competência e da ampliação das hipóteses de interven-

240 Ibidem, p. 2000.

241 Ibidem, p. 2000.

ção federal nos estados[242]. Ocorreu consequente enfraquecimento ainda maior da Federação, não só em decorrência dessa centralização, como da intromissão (ou possibilidade constitucional) em matéria de competência estadual. Introduziram-se restrições às prerrogativas do Poder Legislativo e dos seus membros ou à sua competência, à livre manifestação do pensamento, objetivando (segundo a Emenda) fins éticos, e ainda às garantias gerais dos cidadãos. Em síntese, prevaleceu a tendência unitarista do Estado, em prejuízo da Federação, e estabeleceu-se o predomínio do Executivo Central, em prejuízo dos demais poderes e das garantias políticas, que caracterizam a República[243].

O Executivo Federal transformou-se em árbitro definitivo de todas as questões de interesse nacional, ou regional, na área administrativa, econômica, financeira, social e política. Dessa forma, mesmo quando o texto expresso da Emenda Constitucional nº 1/69 não o autorizasse, sua atuação se fez sentir no sentido mais amplo, sem que se expressasse reação válida a essa crescente centralização, que, na realidade, excede os próprios estritos termos da Emenda. E faz dela inexpressiva imagem da realidade[244]. Vale lembrar que o Ato Institucional 14 (AI-14), editado pela Junta Militar que substituiu o presidente Costa e Silva em 9 de setembro de 1969, instituiu no Brasil a pena de morte por "guerra psicológica adversa" e "guerra revolucionária ou subversão" definida pela Lei de Segurança Nacional (LSN). No dia anterior, havia sido imposta a pena de banimento do território nacional pelo AI-13 em função da expulsão do País dos 15 guerrilheiros libertados após o sequestro do embaixador americano Charles Burke Elbrick por um grupo de "terroristas" que exigiu a libertação dos presos políticos, enviados ao México, como condição para libertar o diplomata[245].

Emendas constitucionais posteriores – Foram introduzidas, após a Emenda Constitucional nº 1/69, modificações determinadas por 18 novas emendas, assim especificadas:

242 Ibidem, p. 2000.
243 Ibidem, p. 2000.
244 Ibidem, p. 2000.
245 Inf. do Departamento de História da Assembleia Legislativa de São Paulo, disponível in https://www.al.sp.gov.br/noticia/?id=266569. Acesso em 20 de maio de 2020.

Emenda nº 2, de 9/5/1972, que "regula a eleição de Governadores e Vice-Governadores dos estados em 1974".

Emenda nº 3, de 15/6/1972, que "altera a redação do artigo 29 (*caput*) e a do artigo 36 e seu parágrafo 1º da Constituição".

Emenda nº 4, de 23/4/1975, que "dispõe sobre a remuneração dos vereadores".

Emenda nº 5, de 28/6/1975, que "dá nova redação ao *caput* do artigo 25 da Constituição".

Emenda nº 6, de 4/6/1976, que "dá nova redação ao artigo 104 da Constituição".

Emenda nº 7, de 13/4/1977, editada pelo presidente da República Ernesto Geisel, depois de decretado o recesso do Congresso Nacional, em 1º de abril de 1977, pelo Ato Complementar nº 102, modificando os artigos 8º, XVII, *c*; 72, §§ 79 e 89; 96; 111; 112; 113; 114; 115; 119; 120; 121; 122; 123; 125; 126; 128; 131; 142; 143; 144; 153; 193; e acrescentando os artigos 201 a 207[246].

Emenda nº 8, de 14/4/1977, editada nas mesmas condições da anterior, modificando os artigos 13; 15; 21; 39; 41; 43; 47; 48; 74; 75; 77; 97; 151; 153; e acrescentando os artigos 208 a 210.

Emenda nº 9, de 28/6/1977, que "dá nova redação ao parágrafo 1º do art. 175 da Constituição".

Emenda nº 10, de 14/11/1977, que "acrescenta parágrafo ao artigo 104 da Constituição".

Emenda nº 11, de 13/10/1978, que modifica os artigos 29; 32; 35; 47; 48; 65; 81; 137; 152; 153; 155; 156; 157; 158; 159; 184; 185.

Emenda nº 12, de 17/10/1979, que assegura aos deficientes a melhoria de sua condição social e econômica.

Emenda nº 13, de 10/10/1979, que "altera o artigo 36 da Constituição".

Emenda nº 14, de 9/9/1980, que "altera o título das Disposições Gerais e Transitórias, estendendo os mandatos dos atuais prefeitos, vice-prefeitos, vereadores e suplentes até 1983, imprimindo nova redação ao artigo 209".

246 ABREU, Alzira Alves de *et al* (Coord.). *Dicionário histórico-biográfico brasileiro: pós-1930*, cit., p. 2000.

Emenda nº 15, de 19/11/1980, que "restabelece o sistema de voto direto nas eleições para governador de Estado e para senador da República".

Emenda nº 16, de 27/11/1980, que altera os artigos 5º, 99, 26, 121 e 206.

Emenda nº 17, de 2/12/1980, que altera os artigos 23, 24 e 25 e dá outras providências.

Emenda nº 18, de 6/8/1981, que "dispõe sobre a aposentadoria especial para professores e professoras".

Emenda nº 19, de 6/8/1981, que "altera o artigo 151 da Constituição"[247].

[247] Ibidem, p. 2000.

Capítulo 2
O CENÁRIO EM QUE FORAM APLICADAS AS CONSTITUIÇÕES DE 1934, 1937, 1946, ATOS INSTITUCIONAIS E CONSTITUIÇÃO DE 1967 – REPÚBLICA NOVA (1930-1985)

2.1 A República Nova (1930-1985) – Do início até o Golpe de 1964 – Fatos

Em suma, as causas da Revolução de 1930, que destruiu a República Velha e possibilitou o início da Nova, foram:

- oposição dos grupos médios urbanos à corrupção política, ao predomínio das oligarquias e do coronelismo, à hegemonia de dois Estados na vida nacional (São Paulo e Minas) e ao pseudo-liberalismo;
- descontentamento de certos setores sociais com o exclusivo favorecimento ao café, devido à sua condição de maior produto de exportação;
- ideologia tenentista, patrocinadora dos levantes de 5 de julho do Forte de Copacabana (1922) e São Paulo (1924) e que reivindicava um governo tecnocrático, autoritário, nacionalista e desenvolvimentista; exprimiu os anseios de determinados grupos médios que queriam livrar o Brasil da velha herança colonial de nação apenas exportadora de matérias-primas e dominada por um punhado de grandes senhores rurais;
- indiferença dos cafeicultores com o destino do Governo de Washington Luís quando ele se recusou a adquirir os estoques de café que não puderam ser vendidos em 1930 em face da crise mundial que então se iniciava;

- cisão na classe dominante: em 1929, Washington Luís escolheu para o substituir em 1930, na condição de candidato governista às eleições, o paulista Júlio Prestes, em vez de um mineiro, como seria de esperar, pois vigorava o sistema de rodizio e Washington Luís era ligado à política paulista; devido a essa atitude, Minas, por intermédio de seu presidente, Antônio Carlos, uniu-se ao Rio Grande do Sul e Paraíba, e os três estados organizaram a Aliança Liberal, cuja chapa para as eleições de 1930 ficou constituída de Getúlio Vargas para presidente e João Pessoa para vice.
- dependência econômica: O setor agrário-exportador dependente dos países compradores. Setor industrial dependente de tecnologia e capitais externos. Necessidade crescente da intervenção do Estado na economia, medida compensadora da dependência.

A dependência econômica, tanto do setor agrário sujeito às oscilações do mercado internacional e às restrições de baixa dos preços, impostos pelos países compradores, quanto do setor industrial, cujo desenvolvimento se liga umbilicalmente à tecnologia e aos capitais externos, e essa dependência procura ser compensada tanto para o setor agrário-exportador quanto para o industrial por uma crescente ação do Estado na economia que, por sua vez, leva a uma hipertrofia relativa do intervencionismo estatal e, portanto, do poder decisório do Estado no campo econômico, procurando resolver os diversos conflitos de interesse dos setores produtivos através de um pragmatismo econômico pouco ortodoxo.

- Conflito, na esfera política, institucional entre uma base liberal, que não dá conta das transformações necessárias à continuidade do predomínio político das camadas dominantes, e a necessidade de intervenção do Estado (baixo nível de institucionalização). A Revolução de 1930 é um "dos eventos mais importantes da história do Brasil no século passado" e foi durante muito tempo apresentada ora como o movimento que permitiu a ascensão política das classes médias, ora como o episódio que levou ao poder a burguesia industrial. As duas teses, na sua visão, estão descartadas pela historiografia mais recente, influenciada, sobretudo, pela análise de Boris Fausto em *A Revolução de 1930 – Historiografia e História*, (1970)[248].

O historiador Boris Fausto argumenta que as duas interpretações derivam "de uma leitura simplista da história do Ocidente europeu, transplantada para o contexto brasileiro". E ao remeter ao seu enfoque marxista, vislumbrou nas revoluções francesa e russa o triunfo, respectivamente, da burguesia e do proletariado, tidos como protagonistas dessas revoluções. No Brasil, essa forma de ver a Revolução de 30 tinha clara implicação política nos anos 1950 e meados dos anos 1960. Seria uma maneira de justificar, pelo antecedente, a estratégia majoritária da esquerda, que defendia "a tese de que era uma necessidade histórica forjar uma aliança entre a burguesia nacional e a classe operária, cimentada pelo Estado, para enfrentar o imperialismo e os latifundiários"[249].

A ideia da Revolução de classe média sempre foi mais frágil. Apesar da identificação da classe média urbana com o tenentismo, os militares de baixa patente tinham suas próprias razões para atacar a oligarquia agrária. Os "tenentes" nunca atuaram em nome da classe média. A eventual aliança de interesses entre os dois segmentos era apenas circunstancial. Quanto ao conceito de uma revolução burguesa, embora tenha resistido mais, também é inconsistente. Basta lembrar que Júlio Prestes, o eleito que nunca tomou posse, tinha o apoio dos industriais de São Paulo, enquanto o Partido Democrático, aliado dos revolucionários, identificava-se com os interesses da lavoura e defendia uma política anti-industrial[250].

A tese da Revolução burguesa persistiu por mais tempo porque houve efetivamente uma maior industrialização depois de 1930. A nova realidade, porém, não refletia um programa coerente dos novos governantes. Tratava-se, antes, de uma reação à crise cafeeira deflagrada pela quebra da Bolsa de Valores de Nova York, em 1929. De qualquer maneira, a indústria foi beneficiada. O País também passaria a se tornar cada vez mais urbano. Some-se a isso o fim de um regime que se sustentava em

[248] PILAGALLO, Oscar. *A história do Brasil no século 20 (1920-1940)*. Col. Folha Explica. 2.ed. São Paulo: Publifolha, 2009, p. 56-57.
[249] Ibidem, p. 57.
[250] Ibidem, p. 57-58.

vícios eleitorais e a introdução de uma agenda social e se terá, apesar de tudo, o marco inicial do Brasil moderno[251].

Desponta a era Vargas dentro da República Nova. A Revolução de 1930[252] foi, portanto, um movimento promovido pelas dissidências oligárquicas, no sentido da modernização institucional.

2.1.1 A Revolução de 1930 – Suas consequências

Em face do resultado das eleições e do cenário econômico-social, em que interesses particulares determinam as atuações dentro de cada um dos blocos participantes, a deflagração da Revolução de 1930, fruto de uma aliança heterogênea (Aliança Liberal e "tenentismo"), marcou a transição do Brasil arcaico para o Brasil moderno, apesar das sérias dificuldades a surgir posteriormente, quando chegou a hora de optar por decisões capazes de resolver os grandes impasses nacionais[253].

A Revolução de 1930 deu origem a um Estado liberto do controle das antigas oligarquias e que seria obrigado a levar em consideração e a exprimir outros anseios. Um Estado mais complexo, mais heterogêneo em seus objetivos, em condições de assumir uma posição arbitral em momentos de crise da sociedade brasileira[254].

A partir das pesquisas do Instituto Superior de Estudos Brasileiros (ISEB),realizadas na década de 1950 e início da década seguinte, sobre o significado da Revolução de 1930, podem-se destacar, entre várias, duas vertentes[255], já supramencionadas mas agora mais detalhada.

A primeira constata que o movimento revolucionário de 1930 interessou e favoreceu a burguesia industrial (tendo seu desfecho em 1937), uma vez que foi decisiva para o processo de incorporação do Brasil aos padrões capitalistas mais desenvolvidos, sem que isso implicasse o controle do Estado pela burguesia industrial. Para outros, a conexão existiria

[251] Ibidem, p. 58.

[252] Costa, Cruz. *Pequena história da República*, cit., p. 113.

[253] Lopez, Luiz Roberto. *História do Brasil contemporâneo*, cit., p. 64.

[254] Ibidem, p. 64.

[255] Oliveira, Lúcia Lippi (Colaboradora). *In* abreu, Alzira Alves de *et al* (Coord.). *Dicionário histórico-biográfico brasileiro: pós-1930*, cit., p. 5003.

na medida em que a burguesia industrial, enquanto fração de classe, teria participado diretamente do episódio revolucionário[256].

A outra linha de argumentação relaciona 1930 às tentativas frustradas da classe média de chegar ou participar do poder na década de 1920. Os movimentos tenentistas seriam os exemplos significativos dessas experiências, que só em 1930 teriam obtido sucesso pela aliança entre os "tenentes" e as oligarquias dissidentes[257].

No entanto, há quem encontre incongruências nessas duas teorias, por entender que, na verdade, a estreita união de interesses entre a burguesia agrária e a industrial nos maiores centros, o desenvolvimento desigual de diferentes áreas, fez com que "a cisão dentro das classes dominantes ganhasse contornos regionais. O regionalismo, como explicação do movimento de 1930, é entendido como forma particular assumida pelo desenvolvimento do capitalismo no Brasil"[258].

Ocorre que, para a maioria dos estudiosos, 1930 representa a procura de um novo equilíbrio das classes dominantes regionais, em consequência da quebra da coesão das antigas oligarquias e do remanejamento dos quadros políticos da Primeira República. Outra questão de destaque se refere à análise do desdobramento da revolução. Foi revista a suposição de que 1937, ou seja, o Estado Novo, estivesse necessariamente contido no movimento revolucionário de 1930[259].

Há uma perspectiva de análise que merece ser lembrada. Se em 1930 propunha-se a centralização do poder nas mãos do Estado, para que através de sua ação se transformasse a economia e a sociedade, hoje se entende que a sociedade pode vir a controlar esse Estado já plenamente construído e implantado na vida brasileira[260].

[256] Ibidem, p. 5003.
[257] Ibidem, p. 5004.
[258] Fausto, Bóris, *A revolução de 1930*, apud Oliveira, Lúcia Lippi (Colabordora). *In* Abreu, Alzira Alves de *et al* (Coord.). *Dicionário histórico-biográfico brasileiro: pós-1930*, cit., p. 5004.
[259] Ibidem, p. 5004.
[260] Ibidem, p. 5005.

A Revolução de 1930 prossegue diante do cenário de dificuldades[261], pois, nas palavras de um senador da época: "nós (liberais e reacionários) somos vinho da mesma pipa, farinha do mesmo saco"... . Diz-se que o povo não saiu às ruas para apoiar os revolucionários de forma explícita, considerando-se que mal discernia a sua composição, mas saíram às ruas para atear fogo e promover quebradeira em clubes de jogo e escritórios de políticos, visto que não havia polícia. Assim se deflagra a Revolução de 3 de Outubro[262].

Participaram da Revolução de 1930: os velhos oligarcas, que aspiravam somente o poder; os jovens oligarcas ("ala jovem" da Aliança Liberal), que postulavam algumas reformas políticas e sua ideologia equivalia à do movimento "tenentista"; o Partido Democrático de São Paulo, que no liberalismo vislumbrava uma forma de alcançar o governo estadual, acabou apoiando os revolucionários; e os "tenentes"[263], que defendiam o centralismo e reformas sociais[264].

Quanto à burguesia cafeeira paulista, maior oligarquia latifundiária e empresarial do País, de que se esperava apoio irrestrito ao então presidente Washington Luís, não correspondeu às expectativas, uma vez que não obteve do governo a confirmação da compra da safra excedente de café entre 1920-1930 por ocasião do "crack" da Bolsa de Nova York[265].

Sintetizando, o quadro da Revolução de 1930 foi o seguinte:

[261] Não havia estabilidade do câmbio em relação à libra esterlina; além disso, o mercado cafeeiro sofria grandes oscilações monetárias, prejudicando os cafeicultores. Schwarcz, Lilia M.e Starling, Heloisa M. *Brasil: uma biografia*. São Paulo: Companhia das Letras, 2015, p. 353.

[262] Fausto, Bóris, *A revolução de 1930*, apud Oliveira, Lúcia Lippi (Colabradora). *In* Abreu, Alzira Alves de *et al* (Coord.). *Dicionário histórico-biográfico brasileiro: pós-1930*, cit., p. 5005.

[263] Os tenentes consistiam num grupo de oficiais subalternos, que atuaram em ações militares dos anos 1920. Almejavam o poder desde a Proclamação da República. Experientes sob o ponto de vista militar, eram idealistas e desfrutavam da simpatia da tropa, de setores médios da população e da massa de trabalhadores urbanos. Schwarcz, Lilia M.e Starling, Heloisa M. *Brasil: uma biografia*, cit., p. 356.

[264] Lopez, Luiz Roberto, *História do Brasil contemporâneo*, cit., p. 63.

[265] Ibidem, p. 63.

- Getúlio Vargas, como o líder civil, e Pedro Aurélio de Góis Monteiro, do movimento armado, derrubam o governo de Washington Luís; o candidato eleito, Júlio Prestes, é impedido de tomar posse;
- em 3 de novembro de 1930 é empossado, em definitivo, Getúlio Vargas;
- em 6 de novembro do mesmo ano, Oswaldo Aranha, ministro da Justiça, ao declarar dissolvido o Congresso Nacional, põe fim aos direitos adquiridos;
- em pouco tempo, a coalizão revolucionária perde homogeneidade, ocorrendo a sua cisão.

A divisão ministerial entre os revolucionários foi efetuada da seguinte maneira: *Fazenda* – José Maria Whitaker (banqueiro paulista); *Exterior* – Afrânio de Melo Franco (mineiro); *Justiça* – Oswaldo Aranha (político jovem do Rio Grande do Sul); *Viação* – José Américo de Almeida (ex-secretário de João Pessoa, deputado cassado); *Agricultura* – Joaquim Francisco de Assis Brasil (intelectual); *Guerra* – Gal. Leite de Castro (da junta pacificadora); *Marinha* – Alm. Isaías de Noronha, depois almirante Conrado Heck.

Foram criados os seguintes ministérios: Trabalho, Indústria e Comércio – Lindolfo Collor; Educação e saúde – Francisco Campos. A chefia de polícia ficou com Batista Luzardo.

Dessa forma, organizada a cúpula administrativa, começarão as divergências políticas, principalmente com a oficialidade que participou da Revolução.

2.1.2 A "Era Vargas" (1930-1945)

Durante o governo de Getúlio Vargas (1882 – 1954), no setor agrário, os produtos sujeitaram-se às oscilações do mercado internacional, submetendo-se a períodos de baixa dos preços. Quanto ao setor industrial, ocorreu a conhecida cantilena: depende da tecnologia e dos capitais externos. Devido a esse cenário submisso, observa-se crescente intervenção do Estado na economia, que procura resolver os diversos conflitos de interesse dos setores produtivos por meio de um pragmatismo econômico pouco ortodoxo.Em decorrência, há um crescimento exagerado da máquina estatal e uma dependência econômica do setor agrário exportador, submisso a países compradores.

Como o governo Vargas dispõe de apoio por parte das Forças Armadas, não se cria uma força política capaz de superar tal ruptura institucional, o que só serve de munição político-administrativa para o habilidoso chefe de Estado. Assim, nenhuma classe detém fôlego para ascender, tampouco conseguem os setores econômicos, como o agrário e o industrial, impor-se no cenário nacional.

No plano político, essa hipertrofia dos poderes do Estado, a partir de 1930, choca-se com um embasamento institucional liberal cuja pobreza e ineficácia estão na origem das diversas crises político-institucionais que levam à intervenção sempre necessária das Forças Armadas e ao consequente rearranjo institucional que permita o reajustamento entre o grau de desenvolvimento econômico e a representação política das camadas dominantes a ele ligadas. Em certos casos, a ruptura do processo político leva à não reposição institucional, permitindo a manutenção pragmática e não institucionalizada do poder pessoal, como se verifica durante o Estado Novo (1937-1945), quando o baixo índice de institucionalização política é compensado pela habilidade político-administrativa do chefe de Estado.Rupturas sucessivas do processo político, com a intervenção das Forças Armadas, não resultam da ascensão de novas classes nem de um conflito entre "setor agrário" e "setor industrial".

No plano social, os reajustes político-institucionais não traduzem nem a ascensão de novas classes, que procuram apoderar-se do Estado para realizarem seus interesses (nem a "classe média nem o diminuto e controlado operariado"), nem um conflito entre "classes dominantes" (inexiste o conflito de interesses entre "oligarquia agrária" e "burguesia industrial"). São, em geral, movimentos de baixa pressão sociológica que se dão no seio da própria classe dominante, dividida em função de interesses regionais ou conjunturais.

Essas linhas mestras são apenas um pano de fundo, uma vez que não dão conta de todos os fatores que entram em jogo na determinação dos fatores políticos, nem é mecânica a relação entre o desenvolvimento econômico e as crises político-institucionais.

Quanto à situação econômica, o País encontrava-se em perfeita crise, pois o café estava completamente desvalorizado, apesar da criação do

Conselho Nacional do Café em São Paulo. O CNC, mediante uma taxa de 10 shillings (depois elevada para 15), com uma contribuição do governo federal, comprará os estoques excedentes para incineração à razão de milhões de sacas por ano. Até 1937, foram destruídas 70 milhões de sacas. O CNC promoveu, ainda, intensa propaganda em prol dos cafés finos, cujo preço era muito maior no mercado internacional. Trataria ainda o CNC de conquistar novos mercados, inclusive a União Soviética. E, *a posteriori*, diminuiria o custo de produção pela redução de salários e tarefas dos colonos, em 50%. Ao fim de um ano dessa política, os preços não haviam ainda melhorado. Acrescente-se o fato de que, por volta de 1931, o cenário caótico brasileiro refletia-se nos cerca de 2 milhões de desempregados.

2.1.2.1 Período revolucionário

2.1.2.1.1 Organizações ideológicas e conflitos diversos

O Clube 3 de Outubro – O êxito da revolução foi consequência da posição das Forças Armadas, primordialmente dos tenentes que vinham participando de levantes desde 1922, daí a formação do referido clube para defender a política da jovem oficialidade. A iniciativa de se criar a associação partiu de Góis Monteiro, e o objetivo do clube era fixar os militares na disputa política, fora dos quartéis, pois as forças armadas pretendiam algumas reformas sociais, visto que os políticos desejavam apenas modificações na política. Várias tendências estarão presentes nessa organização: o democrata cristão, o comunista, o nazifascismo etc.

A Legião de Outubro – Foi criada por Francisco Campos para fazer oposição ao Clube 3 de Outubro, e guardava em seu bojo elementos fascistas, os camisas pardas. Daí por diante, haverá cisão entre os revolucionários devido a diferentes tendências, e a crise se ampliará até as camadas populares. Haverá intervenção em todos os Estados, deixando mais acirrado os ânimos políticos.

Os interventores, na totalidade militares, foram: João Punaro Bley (Espírito Santo); Juracy Magalhães (Bahia); Maynard Gomes (Sergipe); Afonso de Carvalho (Alagoas); Landry Salles (Piauí); Magalhães Barreto (Pará).

Conflitos – Em dezembro de 1930 ocorreu um conflito violento no baixo meretrício do Rio, com vários mortos pela polícia. No mesmo período, em Madureira, os fuzileiros navais brigaram violentamente. Em janeiro de 1931, surgiram choques nos seguintes pontos:

- Niterói: briga entre soldados do Exército e a polícia.
- Morro do Salgueiro: violento tiroteio entre os moradores e soldados que tentaram dominar o "morro agitado".
- Em 1º de maio de 1931, a Força Pública Paulista tenta rebelar-se por intermédio de três batalhões.
- Em maio de 1931, ocorre um levante em Recife, por intermédio do 21º batalhão, logo contornado.

Ocorrem conflitos, ainda, em Vitória, Bahia e outros pontos do Brasil. A situação era tensa.

2.1.2.1.2 A Revolução (Revolta) Constitucionalista de 1932

Os dois primeiros anos do governo getulista foram marcados pela influência tenentista e pelo autoritarismo[266]. Em repúdio a essa forma de governar, São Paulo, à margem do cenário político, protagoniza, representado no PRP (Partido Republicano Paulista), a Revolução em 1932, sob o reclamo de nova Constituição, contando com a adesão do Partido Democrático – PD, que agrupava os setores médios na política.

Após o golpe dado por Vargas, a oligarquia do café em São Paulo e até a burguesia começaram a tramar uma contrarrevolução para derrubá-lo do governo. Opuseram-se reiteradamente à nomeação dos seguintes

[266] Os "tenentes", chefes militares da Revolução de 1930 ligados aos planos estratégicos de Getúlio Vargas, não tardaram a intervir em São Paulo, entrando em conflito com o Partido Democrático, cujas posições ameaçavam a liderança do movimento revolucionário. A oposição dessas forças ao predomínio do PD em São Paulo foi paulatinamente se justificando com base na existência de outro projeto político que enfatizava a realização de um amplo programa de reformas econômicas e sociais, sob um regime discricionário, que seriam sancionadas por uma constituinte convocada posteriormente, posição essa que durante o primeiro período pós-revolucionário estava em sintonia com as perspectivas políticas do chefe do Governo Provisório.

interventores para o Estado[267]: João Alberto Lins de Barros, pernambucano, delegado militar, era chamado de forasteiro (nomeado em 24 de novembro de 1930, governou até 25 de julho de 1931[268]); Laudo Ferreira de Camargo (paulista e civil, governou de 25 de julho de 1931 a 13 de novembro de 1931); Manuel Rabelo (general e tenentista, foi interventor de 13 de novembro de 1931 a 7 de março de 1932); e Pedro de Toledo (diplomata, foi interventor de 7 de março a 10 de julho de 1932). Todavia, mesmo com a nomeação do último interventor, Pedro de Toledo, a crise evoluiu, pois os "aristocratas do café" achavam-se afrontados com o período da intervenção federal, principalmente, com a nomeação do primeiro interventor, João Alberto.

Desse conflito sobressaía intencional defesa pela centralização do poder, que demonstra a influência de ideologias fascistizantes então em voga na Europa. Assim, os embates entre os "tenentes" e os militares legalistas e, ainda, as oligarquias alarmadas com sua progressiva marginalização do poder passam a ser o centro da política do Governo Provisório, daí o surgimento da "Legião Revolucionária" de Miguel Costa, em São Paulo; da "Legião Mineira", de Gustavo Capanema, em Minas Gerais; da "Legião de Outubro", de Oswaldo Aranha, no Rio de Janeiro, grupos estes sem nenhuma expressão popular e patrocinados por membros do Governo Provisório.

Getúlio Vargas, com habilidade, adota uma política dúbia, pois ora apoia os "tenentes" contra as oligarquias, ora estas contra os "tenentes". E Vargas, de forma estratégica, nomeia para a pasta da Fazenda José Maria Whitaker, um banqueiro, uma vez que este optava pela ortodoxia financeira e pela continuidade da política cafeeira dos governos pré-revolu-

[267] A decisão de se apoderar do governo de São Paulo foi tomada no trem especial que vinha do Sul trazendo o grupo de comando da revolução, composto pelos "tenentes" Osvaldo Aranha, João Alberto Lins de Barros, Miguel Costa, Maurício Cardoso e Virgílio de Melo Franco.

[268] A escolha contrariou as pretensões do PD, que esperava a indicação de Francisco Morato, um de seus líderes. Foi esse o primeiro passo para o processo paulatino de cisão entre os "tenentes", Getúlio Vargas e o PD, que iria configurar uma crise política ao nível das forças que haviam feito a revolução. DAVIDOFF, Carlos Henrique (colaboração especial). *In* ABREU, Alzira Alves de *et al* (Coord.). *Dicionário histórico-biográfico brasileiro: pós-1930*, cit., p. 5006.

cionários. Ocorre que o nome para a referida pasta não foi bem recebido pelos paulistas dada a impopularidade de Whitaker em razão de sua própria ortodoxia e por representar os banqueiros[269].

Entre novembro e início de dezembro de 1930, os "tenentes" consolidaram sua preponderância política em São Paulo com a nomeação de Miguel Costa, um dos líderes militares da Revolução de 1924 e um dos comandantes da Coluna Prestes, para o comando da Força Pública paulista. Depois, no dia 12, ele lançou a Legião Revolucionária de São Paulo, força paramilitar criada para lhe dar sustentação política; no dia 24 João Alberto foi nomeado interventor militar em São Paulo; e no dia 27, pressionado pela ofensiva tenentista, demitiu-se o secretariado civil, chamado "Governo dos 40 dias", tempo de sua duração. No começo de dezembro, Miguel Costa foi nomeado secretário da recém-criada Secretaria de Segurança Pública[270].

Nos meses seguintes, como o PD fora afastado do poder, este buscou a conciliação com os tenentes e com Getúlio Vargas, iniciativa esta que fora evidenciada por ocasião do VII Congresso do partido, realizado em 2 de fevereiro de 1931. O PD esperava que o Governo Provisório reintegrasse o País no regime constitucional representativo, pondo fim à intervenção militar[271].

Em São Paulo se manteve a ocupação militar, assim como a ofensiva dos tenentes. E a polícia legionária, no final da Semana Santa, ao prender Vicente Rao – um dos líderes do PD – com mais 18 correligionários, sendo invadidas a sede do partido e a redação do *Diário Nacional*, órgão oficial dos democráticos, motivou o rompimento com o interventor[272].

[269] Acusara-se, aliás, o novo Ministro de estar sacrificando os proprietários de café a pedido da missão inglesa, liderada pelo sr. Otto Niemayer, que exigiria uma política deflacionária por parte do governo brasileiro. Porém, logo após a renúncia de Whitaker, o Governo Provisório nomeava um gaúcho para substituí-lo, Oswaldo Aranha, que salvou São Paulo da crise econômica ao iniciar o sistema de compra e queima dos excedentes de café pelo governo federal.

[270] *Dicionário histórico-biográfico brasileiro: pós-1930*, cit., p. 5006.

[271] Ibidem, p. 5006.

[272] *Ibidem*, p. 5006.

O movimento contrário à ocupação militar de São Paulo ganhou o apoio da Força Pública, instituição ligada à oligarquia estadual cujos oficiais se opunham à chefia do "tenente" Miguel Costa. Dessa união, planejou-se um golpe para depor Miguel Costa e João Alberto, até que em 28 de abril de 1931 ocorreu o levante, mas dominado no mesmo dia por Miguel Costa, com a prisão dos coronéis Joviniano Brandão, da Força Pública do Estado, e Cristiano Kinglhoeffer, tenente-coronel da Guarda Nacional, e mais duzentos rebeldes. Diante desse desfecho, a oposição democrática centrou-se, a partir de então, na luta pela convocação de uma constituinte[273]:

> *"A arregimentação dos apoios se expandiu através de setores já organizados da sociedade civil, como as associações profissionais, e através de organizações espontâneas criadas no bojo do próprio movimento, como as várias ligas pró-Constituinte. A base social do movimento constitucionalista era constituída fundamentalmente por uma aliança de classes entre a oligarquia paulista e as classes médias, dele estando ausentes as organizações operárias politicamente mais representativas e economicamente mais significativas, como a dos empregados têxteis, ferroviários, metalúrgicos, sapateiros, empregados da construção civil, marceneiros etc. A reserva e a desconfiança com que o proletariado encarou o movimento constitucionalista e o seu posterior desdobramento numa luta armada refletiam a descrença com relação à política oligárquica estadual, que sempre se pautara, quer se tratasse do Partido Republicano Paulista (PRP) ou, mais recentemente, do PD, por uma posição de não reconhecimento político da questão social e pela repressão às organizações operárias"*[274].

Em maio, diversos setores das classes médias e da oligarquia apoiavam o movimento constitucionalista com maior ênfase. Fato é que, no fim do mês, a Liga da Defesa Paulista, em sessão inaugural, reuniu elementos do PD e do PRP que acordaram táticas de defesa da autonomia política e econômica de São Paulo[275].

[273] Ibidem, p. 5006.
[274] Ibidem, p. 5006.
[275] O Instituto de Engenharia de São Paulo, a Sociedade de Medicina e Cirurgia de São Paulo e o Instituto da Ordem dos Advogados de São Paulo elaboraram uma circular dirigida às entidades profissionais, solicitando-lhes apoio para difundirem a restauração do

Em 15 de fevereiro de 1932, a "Liga de Defesa Paulista", ou seja, o PD, recebe a adesão do velho inimigo, o PRP, formando-se a "Frente Única Paulista" que, como sua congênere do RS (PRG + PL) passa a exigir a imediata "reconstitucionalização" do País, principalmente após a sua primeira vitória: a nomeação de Pedro de Toledo, civil e paulista, para o cargo de interventor[276].

No dia 24 de fevereiro de 1932, num sinal de que Vargas cederia às exigências "constitucionalistas", o presidente publicou o novo Código Eleitoral. Dentre as inovações do diploma, este previa o voto secreto e, pela primeira vez, o voto das mulheres, além de uma representação "classista" em que deputados seriam eleitos pelos sindicatos profissionais de patrões e empregados com os mesmos direitos que os outros parlamentares.

Ocorre que no mesmo dia da promulgação do novo código, Lauro Sodré comanda em praça pública uma manifestação "constitucionalista" no Rio de Janeiro. Por sua vez, os "tenentes" do "Clube 3 de Outubro", em reação, manifestam-se violentamente com uma tropa armada ao assaltar e empastelar a redação do *Diário Carioca*, jornal antitenentista.

A ação dos tenentes no Diário resultou na agressão física de redatores, operários e vários populares. Os gráficos, como protesto, decretaram

regime constitucional. No dia 19, publicou-se no jornal *O Estado de S. Paulo* manifesto da Liga de Defesa Paulista, evocando o ideário da tradição bandeirante heroica do Estado e a necessidade de preservação de seu patrimônio, apoiado pela proclamação das mulheres paulistas. A liga definia-se como uma "arma defensiva", que constituiria força capaz de reagir eficazmente contra incursões ou arbítrios nocivos a São Paulo. A maior parte das assinaturas era de pessoas ligadas à universidade. Observa-se que grupos clandestinos com objetivos armamentistas também surgiram, cujo organizador era o tenente Benedito Cerpa, da Força Pública. Ibidem, p. 5007.

276 Essa aliança congrega partidos sob a hegemonia da oligarquia agrária, "fatias" de várias camadas sociais dela dependentes (tanto no PRP quanto no PD), bem como elementos industriais (mais no PRP do que no PD), elementos dos "setores médios" e até do proletariado, camadas estas que não constituem forças políticas autônomas, fato este a ser constatado durante a Revolução Paulista. No entanto, a bandeira "constitucionalista" atemoriza as oligarquias quanto à "usurpação tenentista" do poder político (poucos percebiam que o radicalismo manifesto dos "tenentes" não seguia nenhuma orientação política coerente – os "tenentes" não sabiam o que fazer com o poder, a não ser dele tirar proveitos pessoais. Vargas, por sua vez, soube enfraquecer as oligarquias políticas locais em proveito do poder central.

greve por 48 horas, e os periódicos deixaram de circular. A apuração do caso é conduzida com seriedade pelo Ministro da Justiça, o gaúcho Mauricio Cardoso e pelo Chefe de Polícia do Rio, o gaúcho Batista Luzardo, mas tudo acaba sendo abafado por Vargas, ainda que se tenha atribuído a responsabilização do atentado ao "Clube 3 de Outubro" e a seu presidente, ao Interventor do Distrito Federal, Pedro Ernesto, e a vários elementos ligados ao Governo Provisório e à Interventoria. Em consequência, com exceção de Oswaldo Aranha, o ministro da Justiça e os demais Ministros do Governo Provisório do grupo gaúcho renunciam ao cargo.

No dia 18 de março de 1932, ao intimidar Vargas, a Frente Gaúcha exige a reabertura do inquérito sobre o atentado ao jornal *Diário Carioca*, o afastamento de Pedro Ernesto, a escolha dos interventores numa lista de cinco nomes indicados pelos partidos estaduais, a liberdade de imprensa e a realização de eleições para a Constituinte até o dia 31 de dezembro de 1932. Em tom conciliatório, o então presidente, em 3 de maio de 1932, divulga um decreto marcando as eleições para 3 de maio do ano seguinte, mas a Frente recusa, enquanto Gois Monteiro ameaça o Rio Grande do Sul com a federalização da Brigada Militar[277].

A "Frente" (FUP) obtém uma primeira vitória com a nomeação, para o cargo de interventor, de Pedro de Toledo, "civil e paulista", e que, a 9 de julho, tornar-se-ia o chefe virtual da sublevação paulista. Frente a essa concessão do Governo Provisório, o pleito da "reconstitucionalização imediata do País" ganha corpo.

• *Outros fatos que motivaram o movimento revolucionário de 1932*

Em fevereiro, ocorrem agitações de rua, nas escolas e faculdades, em especial a Faculdade de Direito do Largo São Francisco, contra o governo, em prol da Constituição de 1891. Em consequência disso, em 23 de maio, um grupo de estudantes e populares tenta depredar e invadir a Legião Revolucionária de Miguel Costa. Os seus ocupantes atiram e

[277] Entende-se que as medidas concretas tomadas por Vargas não significavam, propriamente, uma pretensão ditatorial e anticonstitucional. Apenas os "tenentes" se opunham à reconstitucionalização e, mesmo assim, de forma parcial (quanto à data ou à forma apenas) e raramente manifesta, havendo até grupos de "tenentes" que iniciavam os preparativos de suas campanhas eleitorais.

morrem quatro manifestantes nesse confronto: Euclides Miragaia, Mário Martins de Almeida, Dráusio Marcondes de Sousa e Antônio Camargo de Andrade. As iniciais deles vão gerar o movimento MMDC, uma espécie de "sociedade secreta" contra o regime; em junho, diante de agitações violentas em São Paulo, o governo federal não pode tomar posições contra Pedro de Toledo. A campanha é feita à base de *slogans*: "São Paulo conquistado"; "Convocação imediata da Constituinte"; "São Paulo dominado por gente estranha", aparecem em diversos locais. A revolta estava montada, e em 9 de julho eclode a contrarrevolução em São Paulo, que espera a coalizão de Minas, Rio Grande do Sul e outros Estados. Em seguida, surge o "Manifesto ao Povo Paulista" em 10 de julho, assinado pelo general Isidoro Dias Lopes e pelo coronel Euclides Figueiredo, dois dos líderes do movimento.

Finalmente, o rompimento dos paulistas com o governo federal deu-se em 9 de julho de 1932. Essa ruptura se deve às seguintes causas: perda de prestígio político dos paulistas, por ocasião da Revolução de 1930; hostilidade da oligarquia paulista e do Rio Grande do Sul que, por pouco, também não participou da revolta; temor pela radicalização dos "tenentes" e pelo sistema de interventorias que, excluindo políticos tradicionais, representativo destas oligarquias, colocava nos poderes estaduais esses mesmos tenentistas como interventores. Nesse contexto, o Partido Democrático publicou manifesto em oposição a esse grupo, organizado sob o codinome "Clube 3 de outubro", o qual simpatizava com a ditadura[278].

Criou-se a junta Revolucionária, que pretende exigir o regime constitucional. A essa altura, movimentam-se outros revoltosos, como o general Bertoldo Klinger (chefe militar do movimento), Francisco Morato (líder do PD), Pádua Sales (PRP) coronel Júlio Marcondes Salgado (comandante da Força Pública). Lançam um documento, prevendo a criação de

[278] Os tenentes praticamente impuseram a Vargas como interventor o tenente pernambucano João Alberto Lins de Barros, cuja nomeação ocorreu em 24 de novembro de 1930. Numa tentativa conciliatória, ao nomear Miguel Costa (anti-tenentista) para o seu secretariado, João Alberto foi acusado pelo PD, em manifesto, de preterir "grandes vultos" das terras paulistas e de acolher ideias comunistas, sendo evidente nessa manifestação o caráter ultrarregionalista da oposição quanto ao nome do interventor.

uma junta governativa com São Paulo, Rio Grande do Sul, Distrito Federal, Minas e Norte do País em oposição ao governo central

A Paulicéia era um campo de batalha; inicia-se a Campanha do Ouro pelo bem de São Paulo, em que a população é estimulada a doar objetos de valor em prol da revolta, e a vitória parece que chegará rápida. Na realidade, as principais cidades acenavam favoravelmente a uma nova constituinte. Em São Paulo, a insatisfação provinha da perda do controle da política do café e de sua autonomia política em razão dos interventores[279], que ora são absorvidos pelas oligarquias, ora repudiados pela população local.

• *A insurgência do movimento revolucionário paulista de 1932*

O interventor Pedro de Toledo submete-se a violentas pressões por parte dos "tenentes" (agora divididos) quando vai promover a composição do novo secretariado. A radicalização atinge seu auge em maio quando, no meio da troca de libelos acusatórios entre o Governo Provisório e a Frente Paulista, realizam-se violentas manifestações de rua na capital nos dias 22 e 23, "espontaneamente" promovidas pelos dirigentes da "Frente" e pela "Liga Paulista Pró-Constituinte". Em decorrência Pedro de Toledo forma um secretariado "frentista", demitindo aquele que foi firmado em comum acordo com o Governo Provisório[280].

Na noite do dia 23, ocorreram vários motins de rua, que provocaram o empastelamento dos jornais *A Razão* e *Correio da Tarde*, favoráveis ao governo. Foi num desses conflitos, em que a população entrou em choque com membros do Partido Popular Paulista, de João Alberto, e morreram, conforme indicado anteriormente, quatro jovens: Miragaia, Martins, Dráusio e Camargo. Em seguida, as iniciais desses quatro nomes, for-

[279] Destaque-se, aliás, que inúmeros tenentes foram nomeados interventores nos Estados, o que gerou conflitos com as forças políticas tradicionais locais. Isso foi o que ocorreu em São Paulo, situação esta agravada pelo fato de que, além de ter perdido sua hegemonia política na vigência do Café com Lei, o estado paulista vivenciou o desemprego, a miséria e a agitação social em virtude da crise mundial nos idos de 1930 a 1932, até que fosse nomeado para a pasta da Fazenda o paulista, banqueiro e proprietário de café, José Maria Whitaker. SCHWARCZ, Lilia M. e STARLING, Heloisa M. *Brasil: uma biografia*, cit., p. 363-364.

[280] ABREU, Alzira Alves de *et al* (Coord.). *Dicionário histórico-biográfico brasileiro: pós-1930*, cit., p. 5009.

mando a sigla MMDC, passaram a designar a principal sociedade secreta civil de resistência autonomista e constitucionalista[281].

No dia 7 de julho, Pedro de Toledo ignorava a preparação da luta armada pelos paulistas, mas Getúlio Vargas obtivera a tradução de uma mensagem cifrada por intermédio de Flores da Cunha, na qual fora detectado o movimento revolucionário paulista que, em síntese, sugeria a renomeação de Góis Monteiro, a fim de obstar a ação da Força Pública, e do general Bertoldo Klinger, comandante militar de Mato Grosso, que dera apoio à causa constitucionalista, tornando-se, em seguida, seu chefe militar[282].

Rio Grande do Sul – Às vésperas do 9 de julho, Celidônio Filho, integrante do MMDC, havia dirigido-se ao Sul, levando aos gaúchos mensagem dos constitucionalistas paulistas, na qual afirmavam a situação insustentável do governo de São Paulo que, mesmo após o fim das negociações com o governo federal, via-se na contingência de aceitar uma vaga no ministério ou fazer a revolução, caso contrário não se garantiria por muito tempo o secretariado de maio. Em resposta ao emissário paulista, os líderes gaúchos reafirmaram os compromissos assumidos com São Paulo, pedindo um prazo de 15 dias para a deflagração da guerra[283].

[281] A ideia de fundação de uma sociedade secreta surgiu num jantar realizado no dia 24 de maio no restaurante Pocilipo, na rua das Flores, em que compareceram Sampaio Vidal, Prudente de Morais Neto, Paulo Nogueira Filho e Aureliano Leite. Após o encontro, conseguiu-se reunir no salão de chá do Clube Comercial, 23 pessoas ligadas ao movimento constitucionalista, e ali mesmo foi escolhida a direção, que ficou composta por Paulo Nogueira Filho, Sílvio de Campos, Edgar Batista Pereira, Antônio Carlos Pacheco e Silva, Gastão Saraiva e o comandante Pietcher, como técnico militar. Em seguida Paulo Nogueira foi chamado por Valdemar Ferreira para criar a polícia secreta do levante que se preparava, e Aureliano Leite tomou seu lugar na direção da sociedade secreta. De início chamou-se Guarda Paulista, e sua sede localizava-se no Clube Comercial, sendo a ideia inicial da sigla de Edgard Batista Pereira na forma CDMM, e de Aureliano Leite a ideia definitiva: MMDC. Ibidem, p. 5009.

[282] Ibidem, p. 5010. O general Bertoldo Klinger (1884-1969) – Participou da Revolução Constitucionalista de 1932 e assumiu o Comando-geral das tropas sublevadas em São Paulo.

[283] Ibidem, p. 5010.

No Rio Grande do Sul, apesar dos comícios de solidariedade a São Paulo, o interventor gaúcho, Flores da Cunha, manifesta apoio ao Governo Provisório; aliás, com apoio dos partidos gaúchos, ainda propensos a uma "saída política".

Os rio-grandenses, declaradamente apoiando o movimento revolucionário paulista, restringiram-se ao "apoio moral". Flores da Cunha declarou que o movimento paulista podia ser justo, mas "seu resultado é imprevisível...", permanecendo na retaguarda e, ao término da revolução, com a vitória dos legalistas, ficou ao lado de Vargas[284].

Os implicados como Flores da Cunha (interventor gaúcho), Borges de Medeiros, João Neves, Bernardes, Olegário etc. não puderam atuar decisivamente em prol da revolta, pois uns temiam perder a situação estável em que estavam, outros encontravam-se isolados do povo.

Cumpre assinalar que no ápice da revolução,do lado federal, vários generais recusaram-se a reprimir o movimento. Diante dessa séria crise militar, houve quem dissesse que haveria um golpe militar contra Vargas. A título de exemplo, na época Vargas nomeou Góis Monteiro para comandante em chefe das forças legalistas em face da recusa do general João Gomes (12/7)[285].

O então presidente atentou para o fato de que não dispunha de total apoio por parte da alta oficialidade do Exército, o que o forçou a modificar radicalmente sua posição frente aos "tenentes", estes mortais inimigos da alta cúpula militar, visto que a ascensão dos "tenentes" aos postos--chave" da nação era considerada entre os militares uma afronta à ordem hierárquica interna.

[284] Em setembro, ao observar que o interventor não definia a situação, Borges de Medeiros promove uma revolta dos caudilhos do interior, e Flores revela-se contra a revolta. A Brigada Militar é lançada contra os revoltosos, que são vencidos em Piratini (20/09). Borges é preso e remetido para o Rio, sendo posteriormente desterrado, somente voltando após a decretação da anistia, em 1934. Em Minas, com menos repercussões, Arthur Bernardes também é preso.

[285] Outro exemplo, entre vários, foi o pedido de demissão de Tasso Fragoso, Chefe do Estado-Maior do Exército, que se recusou a bombardear São Paulo (16/7). Sob a acusação de conspirarem com os rebeldes, outros foram reformados e até presos. No caso de Góis Monteiro, ainda que este tivesse mantido contatos com os revoltosos paulistas, decidiu por estar ao lado de Vargas.

Precavido, após o fracasso do movimento revolucionário paulista, Vargas acabou se afastando dos tenentes em definitivo. Finda a ameaça militar de São Paulo, até poderia prescindir deles, mas sabia como contar com o apoio das oligarquias estaduais e da alta cúpula militar.

Após a derrota paulista, a 3 de outubro de 1932, Vargas nomeou o general Valdomiro Castilho de Lima[286] governador militar de São Paulo e, depois, interventor em 1933.Manteve a data das eleições para a Constituinte e fixou para 10 de novembro de 1933 o dia de sua instalação. De forma conciliatória, em consonância com a oligarquia paulista, Vargas substituiu Valdomiro Lima, da Interventoria, em 14 de julho de 1933, por Armando Sales de Oliveira, futuro candidato à Presidência da República em fevereiro de 1937[287]. No plano econômico, prestou toda a ajuda

[286] Valdomiro Castilho de Lima (1873 – 1938) – Participou da Revolução de 1893 ao lado das forças legalistas e em 1898 entrou para a Escola Militar da Praia Vermelha, no Rio de Janeiro. De volta ao Rio Grande do Sul foi eleito deputado estadual em 1904. Foi depois reeleito, com mandato até 1913, ao final do qual retornou às atividades militares. Chegou a participar da repressão ao movimento tenentista que eclodiu no Rio de Janeiro em julho de 1922 – mesmo ano em que assumiu o comando do 3º Regimento de Infantaria, na Praia Vermelha. Suas simpatias pelo tenentismo logo o fizeram ser reformado e preso entre 1923 a 1925. Libertado, manteve-se afastado das atividades políticas até 1929, quando se filiou à Aliança Liberal. Após a derrota eleitoral desta, participou das operações militares que deram início à Revolução de 1930, em Porto Alegre. Valdomiro foi comandante das tropas revolucionárias que ocuparam o quartel da 3ª Região Militar na capital gaúcha, e esteve à frente de uma coluna de quatro mil homens que atravessou o estado de Santa Catarina, atingindo o Paraná. Durante o governo provisório de Vargas foi interventor federal no Estado de São Paulo, de 6 de outubro de 1932 a 27 de julho de 1933 e participou de um grupo de observadores enviados pelo Brasil à Guerra da Abissínia.

[287] Armando de Sales Oliveira (1887 – 1945), natural de São Paulo, engenheiro civil pela Escola Politécnica, tornou-se empresário bem sucedido, dada a relação com o dono do jornal *O Estado de S. Paulo*, Júlio Mesquita, de quem era sogro. Participou das articulações que levaram à criação, em princípios de 1932, da Frente Única Paulista (FUP) e da deflagração do Revolução Constitucionalista. Quando nomeado interventor de São Paulo, período em que enfrentou forte oposição por parte de setores militares, em especial pelo general Daltro Filho, comandante da 2ª Região Militar, destaque-se que em sua gestão foi criada a Universidade de São Paulo (USP). Em outubro de 1934, nas eleições para a Constituinte estadual, os membros de seu partido elegeram-no governador constitucional em abril do ano seguinte. Lançou sua candidatura à presidência em fevereiro de 1937, visando às eleições de janeiro de 1938. Contudo, devido aos projetos continuístas de Vargas, este, apoiado pelos generais Eurico Gaspar Dutra, ministro da Guerra, e Góes Monteiro,

necessária para a recuperação econômica de São Paulo (cujas exportações de café caíram durante a Revolução de 1932)[288].

Vitória política – Entende-se que apesar da derrota militar de São Paulo, o Estado obteve uma vitória política, seja pela nomeação de Armando Sales e pela realização da Constituinte, seja, sobretudo, pelo afastamento definitivo dos "tenentes" da esfera decisória em virtude da reconstitucionalização do País. Se, por um lado, o poder de Getúlio aumentou, por outro ele confirmara que o peso político do estado mais rico do País não passava despercebido, daí as importantes concessões aos paulistas[289].

Com o término da revolução, do ponto de vista político, descortinava-se um fortalecimento do projeto político liberal constitucionalizante, que passava a empolgar praticamente todas as forças sociais em jogo na cena política. Aumentaram os simpatizantes pela constitucionalização, criaram-se novos partidos e, em 26 de outubro de 1932, o Governo Provisório reativou a comissão encarregada de elaborar o anteprojeto da Constituição, confirmando a data de 3 de maio de 1933 para a realização das eleições[290].

As interpretações sobre a Revolução Constitucionalista de 1932, em essência, passam por duas versões. De acordo com a getulista, a primeira, a Revolução de 1932 foi caracterizada como um movimento ilegítimo, a que havia sido atraída a população paulista, sob a liderança dos políticos

chefe do Estado-Maior do Exército, em novembro de 1937 fechou o Congresso Nacional e cancelou as eleições, instituindo a ditadura do Estado Novo.

288 Em resposta à dificuldade do estado paulista, o governo manteve a política, iniciada um ano antes, de comprar e destruir estoques de café, com o objetivo de segurar os preços. Além disso, dívidas de cafeicultores foram perdoadas. Getúlio também não se opôs a que bônus emitidos em São Paulo durante a guerra continuassem a circular como moeda. Mais tarde, o Banco do Brasil resgataria esses títulos, protegendo as instituições paulistas de mais prejuízos. Outros pontos favoráveis à oligarquia paulista: prorrogação por três meses (19 de julho a 19 de outubro) dos títulos e obrigações em moeda nacional, sustentação dos bônus de guerra como moeda de curso legal, prolongamento e cancelamento das dívidas dos cafeicultores etc. Davidoff, Carlos Henrique (colab. especial). *In* ABREU, Alzira Alves de *et al* (Coord.). *Dicionário histórico-biográfico brasileiro: pós-1930*, p. 5013.

289 Pilagallo, Oscar. *A história do Brasil no século XX (1920-1940)*, cit., p. 67.

290 Davidoff, Carlos Henrique (colab. especial). *In* Abreu, Alzira Alves de *et al* (Coord.). *Dicionário histórico-biográfico brasileiro: pós-1930*, p. 5013.

decaídos com a Revolução de 1930, que pretendiam restaurar o passado e recuperar as posições perdidas, quer através do que se denominava "prussianização" do Brasil, com a hegemonia paulista, quer através do separatismo. Quanto à versão da oligarquia paulista, a segunda, baseia-se na tese de que a reforma política motivou a luta armada, enfatizando a resistência heroica contra a ditadura e o embate pela instauração da ordem legal e das liberdades democráticas fundamentais[291].

Em síntese, as causas que motivaram a derrota, de forma geral, foram: a) o movimento demorou muito tempo, além do previsto, afetando economicamente São Paulo; b) descontentamento entre os soldados,que desertavam constantemente; c) agitações que poderiam gerar uma subversão social, isto é, uma revolta popular contra a situação vigente em São Paulo e no País.

A revolução consistiu na utilização de sentimentos e princípios que se antagonizavam com o tenentismo. E o tenentismo era o que no governo existente persistia como revolucionário. Assim, a oposição à Revolução de 1932 teria decidido apoiar o tenentismo, que não possuía um programa revolucionário bem definido e que faz com que, vitoriosos militarmente, deixe que o movimento contrarrevolucionário prossiga e alcance a sua vitória em 1934, com a volta ao regime constitucional. O equilíbrio das forças políticas, após a derrota militar da revolução de 1932, poderia ser esquematizado na seguinte forma: o tenentismo ganhara nova projeção na vida política, mas com a perda parcial do seu espírito de grupo e, especialmente, do seu espírito revolucionário. E, se assim podemos dizer, o espírito da Revolução de 1932 progrediu, obtendo, de fato, afinal, a vitória. O próprio Getúlio Vargas, com a sua vocação civilista e o seu espírito de desgastar as forças que pudessem romper com a ordem social, põe-se ao lado da reconstrução constitucional, talvez temeroso de que se desencadeasse um estado crônico de conflitos militares ou mesmo civis.

Ainda que esse movimento revolucionário tenha naufragado, digamos, por falta de apoio de outros setores em nível nacional e por inexistir uma liderança capaz de conduzi-lo, ao final conseguiu chamar a atenção do presidente no sentido de adotar a ideia de uma Assembleia Constituinte.

291 Ibidem, p. 5013.

Em 1934, sob influência da constituição alemã de Weimar, promulga-se a nova carta, que dispunha acerca da legislação social e eleitoral, do Poder Legislativo unicameral, da representação classista e da vigência do presidencialismo e do federalismo, sendo Getúlio Vargas eleito indiretamente para o mandato presidencial de 1934/1938.

Como consequência, foi convocada a Constituinte de 1933, que elaborou a constituição democrática. A Constituição foi promulgada em 16-07-1934 e, no dia seguinte, por eleição indireta, foi eleito Getúlio Vargas com 175 votos contra 59 de Borges de Medeiros. Os outros concorrentes, Góis Monteiro, Protógenes Guimarães, Raul Fernandes, Artur Bernardes, Afrânio de Melo Franco, Oscar Weinschenck, Firmino Filho, Levi Carneiro, não conseguiram nem 5 votos.

2.1.2.2 O choque ideológico – direita vs. esquerda[292] no Brasil e a Intentona Comunista de 1935

2.1.2.2.1 Ainda o Tenentismo

Os antigos tenentes que estavam no poder haviam abandonado as suas ideologias. Uma de suas referências, o clube 3 de Outubro, foi fechado por Góis Monteiro. A partir de então, caso quisessem parolar sobre política e problemas de Estado, os "tenentes" que se filiassem ao Partido Social Democrata, uma legenda copiada da II Internacional, sob a qual se misturaram políticos e revolucionários históricos liderados pelos interventores, tanto os que foram como os que não foram "tenentes".

Em 1935, foi declarado o "estado de sítio" e a Constituição perdia sua razão de ser. Abriram-se, também, a Getúlio Vargas novas perspectivas para dar vazão ao continuísmo de seu governo e promover uma radical transformação na estrutura do Estado. Os modelos fascista e nazista, por mostrarem-se capazes de deter as conquistas democráticas, exer-

[292] Na segunda década do século XXI, ainda que sem a mesma polarização existente tanto no pós Revolução Russa como durante a Guerra Fria, fica evidente que o choque ideológico entre a esquerda e a direita permanece vivo na sociedade brasileira, novamente com vantagem para esta.

ciam verdadeiro deslumbre em cobiçosos por poder, como o presidente gaúcho[293].

No cenário brasileiro, Francisco Campos assumia a direção doutrinária da Legião Liberal Mineira segundo os moldes do fascismo italiano, sob a alegação de que se tratava de "um fascismo de ideias, de espírito e não de métodos de compressão"[294].

Havia um clima de antagonismo entre os ideais da esquerda e os da direita (o integralismo), fruto de uma luta que, por via reflexa, originara-se na Europa. Diante desse momento de inquietação, Vargas vislumbrava aproveitar-se da situação para continuar no poder[295].

No caso do movimento direitista, representado pelos integralistas, surgiu logo após o fim da Revolução de 1932, período em que obteve apoio das classes conservadoras, segundo as diretrizes do escritor Plínio Salgado. Sob o manto nacionalista, os integralistas incorporaram outras receitas de movimentos reacionários da Europa, pois, como o próprio nome sugere, pretendia-se estabelecer um "estado integral", capaz de sintetizar as realidades nacionais[296].

Nesse contexto, a possibilidade de erigir-se um verdadeiro regime democrático tornava-se cada vez mais improvável, considerando que a massa operária apenas assistira à Revolução de 1930, e não revelara interesse pelo movimento de 1932. Portanto, tratava-se de uma parcela débil e não organizada da população. Desse modo, praticamente sem objeções, a não ser em razão do repúdio de um pequeno grupo de intelectuais e de políticos mais esclarecidos, os fascistas encontraram um terreno fértil para seduzir a classe média, atraída, em parte, pelos ideais nacionalistas[297].

Enquanto isso, o pequeno grupo de esquerda, então representado pelo Partido Comunista, mantinha-se atento à linha internacional dos sovietes, sob a direção de Stálin. A escancarada radicalização entre os

[293] Costa, Cruz., *Pequena história da República*, cit., p. 130.

[294] Ibidem, p. 130.

[295] Ibidem, p. 130.

[296] A exemplo do fascismo, em várias partes da Europa, o Integralismo correspondia às aspirações das camadas conservadoras e contou também com o apoio de alguns altos dignitários do clero católico, bem como das colônias italianas e alemã e dos respectivos descendentes. *Vide* Costa, Cruz, *Pequena história da República*, p. 129.

[297] Costa, Cruz, *Pequena história da República*, cit., p. 130.

movimentos de direita e de esquerda e a conjuntura internacional, em que fascismo e democracias e fascismo e comunismo se colidiam, contrastam com a inércia interna por parte de prováveis partidos ideológicos nacionais de caráter classista que poderiam surgir, ligados ou contrários ao movimento de 1930.

Em 1935, vê-se a explosão no cenário político nacional de duas agremiações partidárias, ideologicamente definidas, influenciadas pelo contexto internacional: a "Ação Integralista Brasileira" (movimento de direita) e a "Aliança Nacional Libertadora" (movimento de esquerda, liderado pelos comunistas, em oposição ao fascismo).

Aliança Nacional Libertadora (ANL) – Criada segundo os moldes da Frente Popular Internacional (do partido Comunista), a Aliança visava estabelecer uma frente única anti-imperialista, incorporar a massa ao movimento popular revolucionário e trabalhar pela instauração do seu poder.

A ANL era, portanto, um instrumento tático legal de ação entre as massas, manipulada pelos comunistas, particularmente pelo capitão Luís Carlos Prestes, que havia rompido com o movimento tenentista. Ressalte-se que a Aliança reunia tendências políticas heterogêneas (levantes comunistas que seguiam orientação da Terceira Internacional Proletária – Komintern[298] –, grupos sociais e políticos contrários à ascensão do fascismo e do nazismo, além do Partido Comunista Brasileiro).

O programa da ANL[299], divulgado pelos jornais *A Nação*, *A Pátria* e *A Manhã*, do Rio de Janeiro, e *Plateia*, de São Paulo, propunha a criação

[298] Dada a ascensão do nazismo na Europa, a partir de 1934 realizaram-se em Moscou vários encontros para discutir a formação de uma frente popular internacional destinada a frear a expansão nazista e frear o fascismo. Luís Carlos Prestes, então vivendo em Moscou, acompanhou de perto os debates, sendo, ao final, decidido que no caso do Brasil, promover-se-ia uma revolta armada. Abreu, Alzira Alves de *et al* (Coord.). *Dicionário histórico-biográfico brasileiro: pós-1930*, cit., p. 108.

[299] Fundada oficialmente em 12 de março de 1935, a ANL reunia diferentes correntes, como socialistas, comunistas, católicos e democratas de diferentes setores, sejam proletários, intelectuais, profissionais liberais, sejam militares. O papel de Prestes foi fundamental para o crescimento do movimento, tanto que, em poucos meses, após uma inauguração sangrenta (no Teatro João Caetano no Rio, onde a cavalaria fez numerosas vítimas), a ANL já contava com mais de 1600 sedes locais e pouco mais de meio milhão de aderentes.

de um governo "popular-democrático", a ser alcançado pela via eleitoral; falava em reformas, em particular, "contra o latifúndio"; era "anti-fascista e anti-imperialista".

Outros detalhes sobre o programa da ANL:

> *"A esse programa inicial foram acrescentados itens complementares, diretamente sugeridos por Luís Carlos Prestes em carta de 25 de abril de 1935 lida por Benjamim Cabello no comício realizado no Estádio Brasil, no Rio, no dia 13 de maio. Os novos itens incluíam a denúncia dos tratados antinacionais com o imperialismo, a exigência de atendimento das reivindicações operárias, como jornada de oito horas de trabalho, seguro social, aumento salarial, salário igual para trabalho igual e salário mínimo, a luta contra as condições escravagistas e feudais de trabalho, a devolução das terras arrebatadas dos índios pela violência, a completa liquidação de quaisquer diferenças ou privilégios de raça, cor ou nacionalidade, a mais ampla liberdade religiosa, com a separação entre a Igreja e o Estado, e a tomada de posição contra qualquer guerra imperialista, acompanhada da estreita união com as alianças libertadoras dos demais países da América Latina e com todas as classes e povos oprimidos do mundo. Nesses novos itens amenizava-se o caráter inicial da proposta de nacionalização, sendo defendida a encampação dos serviços públicos mais importantes e das empresas imperialistas que não se subordinassem às leis do governo revolucionário. Em sua carta, Prestes teve a preocupação visível de abordar mais precisamente temas ligados à sociedade industrial"*[300].

Em 5 de julho de 1935, dia do 13º aniversário da primeira revolta tenentista no forte de Copacabana, por meio de manifesto, Prestes referiu-se em seu discurso a vários pontos do programa do movimento, tendo enfatizado na parte final que "a situação era de guerra e cada um precisava ocupar o seu posto". Invocava as massas para o momento do assalto,

300 Lançado no Rio, o movimento aliancista espalhou-se rapidamente pelos estados. No Rio Grande do Sul, apesar da forte penetração integralista, a ANL transformou-se numa importante força política, organizada por Agildo Barata. No Espírito Santo, em Pernambuco e em São Paulo, a instalação pública da aliança atraiu milhares de aderentes. Nesse último estado, o movimento foi dirigido por Caio Prado Júnior e contou com o apoio de Miguel Costa. Até junho de 1935, segundo seus dirigentes, a ANL já teria reunido 400 mil aderentes. Robert Levine, em *The Vargas regime*, dá uma cifra situada entre 70 mil e cem mil participantes. *Vide* ABREU, Alzira Alves de *et al* (Coord.). *Dicionário histórico-biográfico brasileiro: pós-1930*, cit, p. 116.

em defesa de um governo popular nacional revolucionário, pondo fim ao fascismo e ao "odioso" governo de Vargas[301].

Atento ao encontro dos aliancistas, com base na Lei de Segurança Nacional, o governo, por meio de decreto, declarou fechada a organização em 11 de julho de 1935, sendo presos muitos líderes. Posteriormente, em 13 de julho de 1935, foram confiscados documentos que seriam utilizados para provar que o movimento era financiado do exterior e controlado pelos comunistas[302].

2.1.2.2.2 A denominada Intentona Comunista (1935)

Com o fechamento da ANL, que passou a atuar na clandestinidade, os membros viam-se impedidos de alcançar o poder, por isso uma ala radical do PCB planejou um levante armado e com apoio de diversas tendências políticas de oposição a Vargas. Decidiu-se que a data seria 23 de novembro, mas essa decisão se dera de forma desorganizada[303].

O mês escolhido para a revolta fora novembro de 1935. A 23 de novembro, sem a mínima organização e conexão, estourava prematuramente uma "sedição comunista" do Rio Grande do Norte que organiza um "Comitê Popular Revolucionário", liderado por Lauro Cortez Lago[304]. Aderem ao movimento: o capitão de Mar e Guerra Hercolino Cascardo, o general Miguel Costa, o coronel Felipe Moreira Lima, Carlos Lacerda, estudante. Todos irão divulgar as ideias da aliança.

[301] Ibidem, p. 116.

[302] Skidmore, Thomas E., *Brasil de Getúlio a Castelo* – 1930-64, São Paulo: Companhia das Letras, 2010, p. 43.

[303] Destaque-se que o próprio Getúlio Vargas instigava, de forma velada, essa insurreição, visto que visava utilizá-la como argumento para conseguir poderes excepcionais do Congresso – sabia ele com antecedência os planos e as datas das rebeliões planejadas. Além disso, havia a presença de agentes do serviço secreto britânico e da Gestapo alemã assessorando a política brasileira no combate ao comunismo.

[304] Instalou-se o primeiro governo popular revolucionário, com duração de quatro dias. O levante foi deflagrado por sargentos, cabos e soldados do 21º Batalhão de Caçadores, que assumiram o comando em nome da ANL e receberam a adesão de diversos civis. Sobre esse conflito, *Vide* Abreu, Alzira Alves de *et al* (Coord.). *Dicionário histórico-biográfico brasileiro: pós-1930*, cit., p, 109. Lauro Cortez Lago era um funcionário da policia civil que participou da Intentona Comunista no RN, tendo o cargo de secretario-geral do Comitê Popular Revolucionário que governou por 3 dias aquele estado. No levante morreram 20 pessoas.

A essa altura Getúlio dava corda aos agitadores, pois, descontente com a oposição que recebia (em geral), preparava o golpe de Estado, para breve. Com a obtenção das notícias acerca do ocorrido em Natal, houve em Recife, no dia 24 de novembro, a eclosão da revolta do 29º Batalhão de Caçadores. No dia 25, debelado o movimento, Prestes ordenou a eclosão da revolta no Rio de Janeiro. No mesmo dia, Vargas pediu ao Congresso que fosse declarado o estado de sítio em todo o território nacional[305].

Na noite de 26 para 27 de novembro, sob a liderança de Agildo Barata, eclodiu no Rio a revolta do 3º Regimento de Infantaria, mas em pouco tempo os revoltosos foram dominados, havendo milhares de prisões tanto de comunistas como de simpatizantes, membros e dirigentes da ANL, trotskistas, socialistas e anarquistas[306].

Os revoltosos ficaram isolados, visto que não receberam apoio das massas populares; por conseguinte, foram logo dominados pelas tropas legalistas comandas pelo general Góis Monteiro. O movimento, que se dizia do povo, não durou nem 48 horas, e a massa popular ficou totalmente alienada ao que ocorria naquele momento. A revolta da cúpula do PCB, encetada por Luiz Carlos Prestes, fora abortada.

A "intentona"[307] resultou em grande repressão política, com prisões em massa efetuadas pelo chefe de polícia do governo, Filinto Muller. As prisões ocorreram arbitrariamente, como foi o caso do escritor Graciliano Ramos, preso na capital alagoana sob a vaga acusação de ser um militante comunista[308]. A mulher de Prestes, Olga Benário, grávida, foi entregue posteriormente aos nazistas alemães e morta em uma câmara de gás dentro de um campo de concentração.

Enfim, tudo estava sendo preparado para o golpe de Estado de Vargas.

305 Abreu, Alzira Alves de *et al* (Coord.). *Dicionário histórico-biográfico brasileiro: pós-1930*, cit., p. 109.

306 Ibidem, p. 109.

307 Intentona, segundo o Dicionário Houaiss (Objetiva, 1990) significa "intento louco", "projeto insano" ou ataque imprevisto. A expressão foi inicialmente usada por historiadores críticos ao movimento para desqualifica-lo, como uma loucura que não poderia, jamais, dar certo.

308 A prisão faria com que Graciliano Ramos escrevesse duas de suas principais obras: Angústia, de 1936, e o texto Baleia, que deu origem a Vidas Secas, seu livro mais conhecido, de 1938. Posteriormente, foi escrito Memórias do Cárcere.

Esse cenário serviu de justificativa para a maior concentração do poder nas mãos do governo central, pois, a partir desse momento, começou a ser preparado o golpe de 1937. Na verdade, ao longo do ano de 1936, o Congresso aprovou todas as medidas excepcionais solicitadas pelo Executivo. Por exemplo, o estado de sítio foi prorrogado até junho de 1937. Congressistas foram presos, em desrespeito às imunidades parlamentares. Em 1936, criou-se a Comissão Nacional de Repressão ao Comunismo, encarregada de investigar a participação de funcionários públicos e outros em atos e crimes contra as instituições políticas e sociais. O atestado de ideologia passou a ser exigido para todos que exercessem cargos públicos e cargos sindicais. Finalmente, instituiu-se o Tribunal de Segurança Nacional, para julgar os implicados na Revolta de 1935.

2.1.2.2.3 O integralismo[309]

Criada sob os moldes fascistas irá defender as classes conservadoras e contará inclusive com o alto clero da igreja católica.

Quanto ao movimento integralista, sua ideologia consistia na busca por um governo ditatorial, com partido e chefe únicos. As bases da Ação Integralista Brasileira surgiram a partir de 1932, época em que Plínio Salgado divulgou um documento intitulado "Manifesto à Nação Brasileira", de cunho ultradireitista, representante das altas camadas da oligarquia, da alta cúpula militar e do alto clero, tendo como mote o repúdio ao comunismo e como lema a defesa da pátria, de Deus e da família. Até mesmo nas vestimentas, os integralistas copiavam as dos fascistas e nazistas: "camisas verdes", correspondentes das "camisas pretas" de Mussolini; e das "camisas pardas", dos S.A. de Hitler, acrescido de um símbolo, o

[309] Na segunda década do século XXI, com a ascensão da extrema direita no Brasil, também reavivou-se o movimento integralista, principalmente via redes sociais. Ocorreu inclusive, no final de 2019, um atentado contra a produtora "Porta dos Fundos", localizada na cidade do Rio de Janeiro, que realizou o filme de especial de Natal chamado "Primeira Tentação de Cristo", cuja autoria foi inicialmente reivindicada por supostos integralistas. A Polícia Civil identificou pelo menos um dos suspeitos do ataque como Eduardo Fauzi Richard Cerquise, que fugiu para o exterior, mais especificamente a Rússia, logo após o atentado, tendo também sido expulso do grupo integralista de que fazia parte.

sigma, e uma saudação de braço levantado e mão espalmada – "Anauê"[310]. Até o título Führer" e "Dulce" foram transformados em "chefe nacional" e, na mesma linha, o nome do jornal integralista, *A Ofensiva*, tradução do alemão *Der Angrift*[311].

Em 1932 foi criada a Sociedade de Estudos Políticos (SEP), para estabelecer vínculo político com indivíduos e grupos espalhados em vários estados, especialmente no Rio, Minas e Ceará. Plínio Salgado organizou-a, sociedade esta que se tornou a antecâmara do partido e nascedouro do manifesto integralista.

Esse centro de reflexão ideológica, sob viés antiliberal e nacionalista, organizou-se em várias comissões de estudos: economia, pedagogia, constitucional e jurídica, higiene e medicina social, geografia e comunicações, história e sociologia, religião, política internacional, educação física, arte, literatura e agricultura. A tendência majoritária, comandada por Plínio Salgado, era fascista, composta por um grupo de estudantes da Faculdade de Direito de São Paulo, como Alfredo Buzaid[312], Rui Arruda, Roland Corbisier, Almeida Sales e Ângelo Simões Arruda. A segunda tendência, monarquista, fundava-se na realeza e no catolicismo.

A ação ideológica do SEP estendeu-se também ao Norte do País. Em maio de 1932, numa reunião da entidade em São Paulo, Salgado propôs,

[310] A expressão, de origem tupi, servia como saudação de guerra e, também, significava "você é meu parente". A palavra era utilizada para exaltar, afirmar, consagrar e manifestar alegria. Era usada pelos membros da Ação Integralista Brasileira (AIB) criada em 1932 nos moldes nazifascistas por Plinio Salgado. É de origem Tupi e usada pelos integralistas de seguinte maneira: – Deus, saudado com "4 anauês", o chefe nacional com 3 anauês, os membros do Supremo Conselho, da Câmara dos Quarenta, os Secretários Nacionais e assistentes, arqui-provinciais e chefes de províncias 2 anauês. Os Secretários Provinciais, Governadores de Região, chefes municipais e distritais seriam saudados com um anauê.– Havia uma revista chamada "Anauê".

[311] De 1932 a 1935, período este marcado pela crise econômica, pelo alto custo de vida e pela ascensão do movimento de esquerda, os nazifascistas brasileiros chegaram a arrolar e organizar em moldes paramilitares quase 800 mil adeptos. Em 1935, sob atos de violência, espancavam cidadãos supostamente comunistas e atacavam, com veemência, todos os opositores. Entre os simpatizantes, destacam-se: Raimundo Padilha, Miguel Reale, Felinto Müller, Vicente Rao e muitos outros.

[312] Buzaid se tornaria, depois, ministro da ditadura militar, no governo de Garrastazu Médici, o mais repressivo de todos.

com apoio da tendência majoritária, a criação de uma nova comissão técnica, denominada Ação Integralista Brasileira (AIB), cujo objetivo seria "transmitir ao povo, em uma linguagem simples, os resultados e as bases doutrinárias da SEP", que passaria a existir cinco meses mais tarde, com a publicação do manifesto de outubro de 1932, tornando-se o principal partido fascista em busca do poder político.

Estabeleceram-se as bases da AIB no I Congresso Integralista, realizado em Vitória, em fevereiro de 1934[313], sendo ampliadas, em março de 1936, no II Congresso Integralista de Petrópolis[314]. Pouco depois, a AIB apresentou Plínio Salgado como candidato à presidência da República, visando à sucessão de Vargas[315].

Os integralistas tentaram demonstrar sua força política em desfiles e concentrações: em março de 1937 realizou-se um primeiro desfile

[313] A partir de 1934, consolidou-se a imprensa integralista, com quase uma centena de títulos em diversos estados. Em maio de 1934 fundava-se um jornal de âmbito nacional: *A Ofensiva*. A AIB também dispunha de um "jornal oficial" (*Monitor Integralista*), no qual eram publicados todos os atos administrativos, e duas revistas nacionais (*Anauê* e *Panorama*).

[314] O Congresso de Vitória definiu, por intermédio dos estatutos, os órgãos de base da organização política e estabeleceu os objetivos do movimento. A AIB se definia como uma "associação nacional de direito privado, com sede civil na cidade de São Paulo e sede política no lugar onde se encontrar o chefe nacional". *Vide* TRINDADE, Hélgio (Colaboração especial). *In* ABREU, Alzira Alves de *et al* (Coord.). *Dicionário histórico-biográfico brasileiro: pós-1930*, cit., p. 2808.

[315] A estrutura verticalizada e disciplinada do integralismo fundava-se na sua cúpula, como nos movimentos fascistas europeus, em que à figura do chefe nacional atribuía-se a direção total e indivisível, tornando seu poder centralizado, total e permanente. Os estatutos consideravam que a pessoa do chefe era "intangível" e sua função "perpétua". Ninguém podia, sob pena de expulsão, interpelá-lo sobre qualquer tema sem o haver previamente solicitado, nem intervir no domínio de suas atribuições exclusivas. Todos esses poderes estavam ligados a juramento solene ao chefe nacional: "Juro por Deus e pela minha honra trabalhar pela Ação Integralista Brasileira, executando, sem discutir, as ordens do chefe nacional e de seus superiores hierárquicos." A valorização da fidelidade ao chefe teve como consequência o culto da personalidade, pois, além de dispor de um poder legal enorme, vinculando seus adeptos por um juramento, Salgado possuía, por suas qualidades de orador, o carisma pessoal dos chefes fascistas. *Vide* TRINDADE, Hélgio (Colaboração especial). *In* ABREU, Alzira Alves de *et al* (Coord.). *Dicionário histórico-biográfico brasileiro: pós-1930*, cit., p. 2813.

na Guanabara; e em julho, outro em São Paulo[316]. O mais importante, porém, foi organizado novamente no Rio de Janeiro, com a participação de delegações de diversos estados próximos, cujo sentido ambíguo da marcha, que tanto poderia ser de apoio como de ameaça a Vargas, em novembro de 1937, poucos dias antes do golpe que implantaria o Estado Novo, acabou, aparentemente, selando a sorte do integralismo, que acabou sendo dissolvido em dezembro[317].

Plínio Salgado, católico e nacionalista, líder intelectual desse movimento, municiou-se do contexto social de 1920, ou seja, por se tratar de uma época de transição, apropriou-se de um novo engajamento ideológico sob a influência do modernismo e pós-modernismo, por onde militou, cujos principais núcleos temáticos surgiriam da convergência e das contradições entre o nacionalismo, o modernismo e o espiritualismo[318];

[316] Um comício, realizado em São Paulo em 7 de outubro de 1934 para comemorar os dois anos da Aliança Integralista Brasileira (AIB), acabou em confronto com grupos antifascitas, formados por comunistas, trostskistas e anarquistas. Acabou com sete mortes, três dos quais de integralistas e três de policiais, além de um estudante antifascista. Batidos no episódio que ficou conhecido como Batalha da Praça da Sé, os militantes de direita ganharam o apelido de "galinhas verdes", em alusão à sua suposta covardia e ao fato de muitos terem tirado suas camisas verdes para fugir dos antifascistas comandados, entre outros, pelo anarquista Edgar Leuenroth e pelo socialista João Cabanas, um dos líderes da Revolução de 1924. No dia seguinte, o Jornal do Povo fazia troça em sua manchete principal, encimada pela imagem da fuga dos integralistas: "um integralista não corre, vôa...". inf. de Abramo, Fulvio, *A revoada das galinhas verdes, uma história do antifascismo no Brasil*. São Paulo: Veneta, 2012.

[317] Abreu, Alzira Alves de *et al* (Coord.). *Dicionário histórico-biográfico brasileiro: pós-1930*, cit., p. 2813.

[318] A obra *Os sertões*, de Euclides da Cunha, desperta entre as elites intelectuais europeizadas a consciência de sua alienação. A seguir, o pós-guerra desperta o sentimento de dependência econômica dos países periféricos, acompanhado da ideologia difundida por revistas como *Revista Brasil* (1916), *Brasileia* (1917) e, principalmente, *Gil Blas* (1919), que se propunha a combater a "americanismofobia" e os abusos do "polvo canadense", que monopoliza os serviços de eletricidade e transporte. Já o modernismo, independentemente da questão estético-literária e de outras manifestações ideológicas, funda-se também no nacionalismo verde-amarelo e no movimento da Anta (a que Salgado se filia). O espiritualismo, terceiro traço, emerge principalmente da edição de duas obras que marcaram o início de um catolicismo combatente e renovado, *A Igreja, a reforma e a civilização*, do padre Leonel Franca, e *Pascal e a inquietação moderna*, de Jackson Figueiredo. Trindade, Hélgio

depois, devido à própria experiência fascista na Europa, na sua visão, havia identificado a fragilidade da democracia liberal[319].

O marco ideológico de Salgado iniciou-se com a edição do romance *O estrangeiro,* publicado em 1926[320]. Depois, em 1927, alguns ensaios do volume *Literatura e política* ilustraram o começo do seu engajamento. Em *O esperado* e *O cavaleiro de Itararé,* romances sociais de 1931 e 1932, o autor percorre a problemática política, sendo o primeiro editado no jornal *A Razão,* e o segundo, com o lançamento do manifesto de outubro de 1932[321].

Durante sua atividade jornalística, o arcabouço da ideologia integralista estava elaborado. Restaria mencionar o estado de espírito "pré-integralista" de Salgado no final de sua atividade no jornal paulista. Nada mais sugestivo do que mencionar a passagem de uma "nota política" de fins de 1931, na qual ele reconhecia que "o germe da Ação Integralista se desenvolve neste momento" e que se tornava um imperativo despertar a nação:

> *"O Brasil que não respira. Permita Deus que não esteja morto. Porque os povos vivem nas agitações das ideias. E a nossa pátria não vibra ao sopro generoso do pensamento... Dos debates é que se vai à luta. E a luta é a expressão da vida dos povos. Um povo que não luta é um povo que perdeu o sentido da vida, que perdeu a consciência de si mesmo"*[322].

Colaboração especial). *In* Abreu, Alzira Alves de *et al* (Coord.). *Dicionário histórico-biográfico brasileiro: pós-1930,* cit., p. 2809.

319 Segundo o próprio Plínio Salgado, "A revolução literária e artística de 1922-1923 teve o mérito de acender um chamejante espírito de rebeldia. (...) De 1922 a 1926 eram tão absorventes as leituras que fazíamos de Marinetti, Soffici, Govoni, Apollinaire, Cocteau, Max Jacob, Cendrars, como, de 1926 a 1930, foram as leituras de Marx, Sorel, Trotsky, Riazanov, Pleckanov, Feuerbach". Em outras palavras, para ele, a literatura e a política interpenetravam-se. Ibidem, p. 2809.

320 Jorge Amado se referia à obra de Salgado como "a maior imbecilidade que já li".

321 Nesses trabalhos, Plínio Salgado reflete sobre a situação econômica, social e política da década de 1920, sem se descurar da inquietação quanto às contradições de uma sociedade em transição, fonte esta que alicerçou parte da ideologia integralista. Ibidem, p. 2809.

322 Ibidem, p. 2809.

Nos meios universitários e intelectuais do Rio e São Paulo, bem como em alguns periódicos seus dirigentes e colaboradores engajavam-se em movimentos radicais de direita, como as revistas *Hierarquia* e *Revista de Estudos Jurídicos e Sociais*, do Rio, e *Política*, de São Paulo[323].

Na mesma época, observam-se vários movimentos de inspiração fascista, como a Legião Cearense do Trabalho[324], Ação Social Brasileira e o Partido Nacional Sindicalista, os dois últimos reunindo um pequeno número de indivíduos e com audiência política restrita, de ideologia fascista[325].

2.1.2.3 O golpe de novembro de 1937 – O Estado Novo

Entre 1930 e 1935, para se beneficiar, Vargas lançava grupos oposicionistas uns contra os outros, pois, graças à inexistência de pressões das massas, e porque cada um dos grupos careciam de coesão e disciplina, o cenário de constante instabilidade política encerra-se com o advento do Estado Novo em 10 de novembro de 1937, o dia do golpe getulista, assegurando ao ditador mais oito anos de governo.

A polarização ideológica de 1935 entre as forças integralistas e o levante comunista daquele ano serviram de argumentos ou pretexto para Vargas efetivar em seu benefício o Golpe de 10 de novembro, tendo em vista que, a partir de 30 de março de 1935, a atuação do Congresso propiciou ao ditador uma série de poderes especiais indispensáveis para reprimir as atividades políticas então "subversivas", a exemplo da aprovação e endurecimento da Lei de Segurança Nacional e da renovação do estado de sítio diante das "sucessivas ameaças comunistas"[326].

Ainda que desde o final de 1936 tivessem iniciado as articulações para a disputa da presidência da República em 1938, Vargas já se decidira pelo

[323] Ibidem, p. 2810.

[324] Na Europa, ao concluir o romance *O esperado*, e esboçar um manifesto político, essa obra serviria, mais tarde, para o lançamento da Legião Revolucionária de São Paulo, movimento político organizado sob a liderança do interventor João Alberto Lins de Barros em apoio aos ideais de 1930. *Vide* TRINDADE, Hélgio (Colaboração especial). *In* ABREU, Alzira Alves de *et al* (Coord.). *Dicionário histórico-biográfico brasileiro: pós-1930*, cit., p. 2810.

[325] Ibidem, p. 2810.

[326] Vargas chegava ao ponto de soltar comunistas presos para, diante do clima de "ameaça", prorrogar o estado de sítio.

golpe. Os candidatos a presidência seriam: Armando Sales de Oliveira (governador de São Paulo ligado ao grupo do jornal *O Estado de S. Paulo*), José Américo de Almeida (apoiado pelo governador mineiro Benedito Valadares).

Mas faltava a Vargas o indispensável, o apoio das Forças Armadas.

O general Pedro Aurélio de Góis Monteiro era o único elemento de confiança no Exército capaz de apoiá-lo. No entanto, em maio de 1935, Vargas se sujeitara a aceitar a indicação, feita por Armando Salles, do general João Gomes Ribeiro Filho para a Pasta da Guerra, excluindo Góis. Em 1936, Gomes tornava-se um obstáculo aos planos de Vargas, opondo-se à intervenção no Rio Grande do Sul contra Flôres da Cunha. Em dezembro de 1936 ele é afastado e substituído por Eurico Gaspar Dutra, um então desconhecido general, que acabaria se tornando ministro da Guerra até 1945. Com essa modificação e com a nomeação de Góis para o cargo de chefe do Estado-Maior do Exército, Vargas garante o apoio militar para o golpe[327]. Os integralistas acompanham Vargas nesta propaganda anticomunista e na montagem do clima necessário à implantação da ditadura. Neste contexto o governo divulga o Plano Cohen.

O Plano Cohen – Em junho, o Congresso nega a renovação do estado de sítio. Diante disso, Góis Monteiro apoia o "Plano Cohen": documento apócrifo engendrado por um oficial integralista, o capitão Olímpio Mourão Filho[328], que lhe entregara um documento "descoberto" no Estado-Maior, que se tratava de um "plano comunista" para tomar o poder e assassinar oficiais. No dia seguinte, 30 de setembro, anuncia-se o refe-

[327] No primeiro semestre de 1937, Vargas providenciou intervenções nos Estados, a fim de afastar opositores em Mato Grosso, Maranhão e Distrito Federal. Dutra e Góis Monteiro afastam oficiais que eventualmente poderiam se opor ao Golpe (Valdomiro Lima e José Pessoa). Em abril de 1937, alegando-se uma "conspiração" no Rio Grande do Sul, decreta-se o estado de sítio na região. Assim, Góis ataca o maior opositor, Flôres da Cunha, que prometera apoio eleitoral ao candidato Salles de Oliveira.

[328] Esse mesmo militar seria o responsável, em 1964, pela eclosão do golpe que levou à ditadura militar. Mourão, sediado em Juiz de Fora, Minas Gerais, seguiu com sua tropa em direção ao Rio de Janeiro na madrugada de 1º de abril de 1964, com o objetivo de depor o presidente João Goulart. O então mandatário decidiu não enviar tropas para detê-lo, com medo de "provocar um banho de sangue entre brasileiros", e ele acabou surpreendendo até os oficiais que já conspiravam havia algum tempo.

rido plano à imprensa de todo o País e, diante da "ameaça vermelha", o governo pede o Estado de Guerra, sendo-lhe concedido pelo Congresso no dia 1º de outubro[329].

Estava tudo pronto para o golpe, a nova constituição já havia sido elaborada por Francisco Campos (que substituirá, a 9 de novembro, José Carlos de Macedo Soares), e todos os governadores, silenciosamente, participavam do plano de Vargas. Só Flores da Cunha, no Rio Grande do Sul, com os seus "provisórios" atrapalhava o plano, mas devido a uma perfeita estratégia politica-militar Vargas domina a situação no Sul.

Com esse pretexto,[330] para eliminar definitivamente a oposição, a 14 de outubro a Brigada Militar do Rio Grande do Sul é federalizada, e lançado um "impeachment" contra Flôres da Cunha, que foge para o Uruguai no dia 18[331]. Em mensagem à nação (10 de novembro), alegando a necessidade de por um termo à "agitação", Vargas decretava o fechamento do Congresso e de todos os partidos políticos e anunciava uma nova Constituição. Era a consumação do Golpe e o início do Estado Novo, sem tiros, sem protestos marcantes.

O Congresso, acovardado, a essa altura, devido ao plano Cohen, acaba fazendo tudo o que o Executivo deseja. As portas do Congresso foram fechadas a 10 de novembro de 1937 pelo novo ministro da Guerra, general Dutra.

329 A fraude do Plano Cohen foi revelada em 1945, no fim do Estado Novo, por Góis Monteiro, isentando-se de culpa, tendo afirmado que a divulgação do documento ocorrera ao seu alvedrio. Na verdade, o documento tratava-se de um texto para debate e não de um verdadeiro plano organizado pelo Komintern. Em 1957, Mourão Filho explicou seu envolvimento na história do Plano Cohen. Ele reconheceu a autoria do documento e de tê-lo escrito no final de agosto de 1937 na condição de chefe do serviço secreto da AIB, sob as ordens de Plínio Salgado. Brandi, Paulo (colaboração especial). *In* ABREU, Alzira Alves de *et al* (Coord.). *Dicionário histórico-biográfico brasileiro: pós-1930,* cit., p. 4703.

330 Basbaum, Leôncio. – *História Sincera da República* (1930-1960). Vol. 3; Ed. Fulgor – RJ- 1968. p. 100.

331 Nesse contexto, Vargas conta com o apoio do governador de Minas, Benedito Valladares. No Nordeste, a "Missão Negrão de Lima" consegue o apoio da maioria dos Governadores para o Golpe. E procurando ganhar a adesão dos cafeicultores paulistas, Vargas reduz a taxa de exportação de café de 45$000 para 12$000 por saca, visando incrementar as vendas no exterior. Designa-se a Francisco Campos (Chico Ciência), futuro Ministro da Justiça do Estado Novo e de tendência integralista, a redação de uma nova Carta.

2.1.2.4 O Estado Novo[332] (1937-1945) – a ditadura concretizada

Estava consolidado o golpe de Vargas, e o Diário Oficial já divulgava a nova Constituição Outorgada (feita por Chico Ciência). Era o fim da "democrática República nova".

"O golpe de novembro, oriundo embora do estilo pessoal getuliano de governo que, segundo Góis Monteiro, não sabia governar com o Congresso funcionando, só foi possível porque um conjunto de circunstâncias se haviam acumulado no processo histórico nacional e internacional. Em primeiro lugar, a ascensão mundial do nazifascismo, das tendências totalitárias e fascistas da burguesia. Em segundo, porque a própria burguesia brasileira, aterrorizada com o fantasma do socialismo e das frentes populares, estava disposta a receber com bons olhos, como de fato recebeu, um bom governo forte que liquidasse de vez com as veleidades liberalóides e socializantes das massas. Acresce que a burguesia estava cansada de quinze anos de agitações políticas. Desde 1922 as massas e o próprio País viviam em constantes agitações. Era necessário fortalecer o poder Executivo, dar-lhe os meios necessários para impor uma paz interna por um longo tempo"[333].

A expressão "Estado Novo" foi empregada pela primeira vez por Oliveira Salazar, no início da década de 1930, para justificar o regime autoritário português. Sua utilização no Brasil, assim como na Carta de 1937, evidencia a subordinação ideológica da ditadura de Vargas ao fascismo europeu[334].

O Golpe de 10 de novembro demonstrou que não havia um partido organizado. O apoio integralista fora simples manobra de Vargas, que, aliás, não admitia a ideia de "partidos políticos", uma vez que, com o decreto de 2 de dezembro, dissolvia todos eles. Assim, usando a mesma tática utilizada para acabar com a ANL, Vargas romperá com os integralistas, jogando-os numa posição da qual resultará, em 11 de maio de 1938, o denominado

[332] O termo Novo foi utilizado como "chamariz" para a implantação da ditadura. Decorre sempre esta estratégia para implantar governos totalitários no Brasil e na América Latina.

[333] Basbaum, Leôncio. *História Sincera da República (1930-1960)* - Editora Fulgor - RJ - 1968- p.100.

[334] Martins, Luciano (colaboração especial). *In* Abreu, Alzira Alves de *et al* (Coord.). *Dicionário histórico-biográfico brasileiro: pós-1930*, cit., p. 2039.

"*putsch* integralista", esta uma tentativa frustrada de deposição do então governante do País, mas que resultará na repressão dos insurgentes.

"O Estado Novo era também a derrota do violento extremismo da direita, a liquidação dos sonhos dos integralistas que, meses antes do golpe de 1937, davam a todos a impressão de possuir grande força política. Mas logo eles, como os comunistas, estariam fora da lei, o que, aliás, constituiu duvidoso consolo a muito esquerdista. "Num esquema simplista" – escreve Nelson Werneck Sodré –, "a ditadura fascista de 1937 correspondia a uma tentativa de realizar a revolução burguesa sem o proletariado. Sob a camada que lhe dava fisionomia, atrás da fachada policial, o Estado Novo realmente buscaria compor as novas forças econômicas internas. E na fase ascensional do fascismo, tomara a este as suas exterioridades mais tristes. Mas se o fascismo italiano e o nazismo alemão correspondiam a uma fase capitalista desenvolvida, o Estado Novo deveria corresponder a uma etapa capitalista inicial. As contradições de que surgiu o Estado Novo, e as que se mantiveram ou apareceram na sua vigência, apresentaram-se com uma complexidade que o aparato policial, a brutalidade repressiva e a externada centralização apenas disfarçaram. Diferenciou-se o Estado Novo, por outro lado, das formas ditatórias que se tornaram correntes na América Latina, após a crise de 1929, todas destinadas, aliás, a impedir que a crise desembocasse em alterações mais profundas."

"Nos dois anos que precederam à eclosão da Segunda Guerra Mundial, as exportações aumentaram, restabelecendo-se os negócios, o que veio permitir que se alargasse o prestigio do chefe do Estado Novo. No campo o trabalhador continuava, porém, abandonado como sempre, sem assistência, com salários de fome. Nos grandes centros, São Paulo, Rio de Janeiro, Porto Alegre, Belo Horizonte, o surto fabril e imobiliário atraía massas crescentes de gente do interior e do sertão para viverem muitos, nesses centros urbanos, em condições de miséria. Assim, surgiram, nas grandes cidades, os elegantes bairros residenciais, os apartamentos – a especulação imobiliária era um fabuloso negócio – e, ao lado disso, as favelas. Opulência e miséria se avizinhavam, a orla dos apartamentos de Copacabana e as favelas dos morros. Os hábitos tradicionais de vida se modificavam. A mulher começava a trabalhar. O sistema de vendas a prestações, imitação do *american way of life*, instalava-se dando uma aparência de prosperidade à classe media e até ao trabalhador urbano. Começavam a funcionar as faculdades de filosofia, ciências e letras, às quais acorreu a pequena burguesia. A vida intelectual é mais intensa; o marxismo (nem sempre muito puro...) tem larga audiência, até nos meios esnobes, sucedendo-lhes ou acompanhando-o, as correntes do pensamento filosófico alemão, o existencialismo, tudo um tanto confuso e vago. Um interesse maior dirige a mocidade para os problemas concretos da vida nacional e ela dedica-se fortemente à sociologia moderna, pois a sociologia a muitos se lhes afigura ser, como dizia Mário de Andrade, a "arte de salvar rapidamente o Brasil...". Ao lado disso, os jovens se ocupavam mais seriamente com os estudos econômicos e revelavam cada vez maior interesse pelos problemas nacionais".[335]

O Estado Novo afinava-se portanto, com o fascismo por se opor à democracia representativa, à pluralidade de partidos e à representação autônoma de interesses. Além disso, valorizava, também, o "Estado forte", este tutor da sociedade civil. Mas cumpre asseverar que o Estado Novo diferia substancialmente do fascismo europeu no plano das práticas políticas concretas, na inexistência de partido único, na ausência de intensa mobilização política de massas e na não uniformização da elite dirigente. Além disso, o Estado Novo prescindiu de qualquer mecanismo, ainda que formal, de legitimação (o plebiscito previsto na Carta de 1937 nunca chegou a ser realizado), só procurou criar sua máquina de propaganda dois anos depois de implantado – a criação do Departamento de Imprensa e Propaganda (DIP) é de dezembro de 1939 e a glorificação da pessoa de Vargas ("pai dos pobres"), mais folclórica do que mítica, só se iniciou três anos e meio depois de instaurada sua ditadura pessoal. Essas diferenças não foram acidentais: elas indicam fenômenos políticos e realidades sociais distintas.[336]

Ressalte-se que o Estado Novo privilegiava o corporativismo; tratava-se digamos, de sua doutrina oficial. Por se tratar este de um preceito incompatível com o desenvolvimento do capitalismo brasileiro e os interesses estrangeiros a ele associados, isso explica por que sua implantação não foi levada a cabo.

[335] Costa, Cruz. *Pequena História da República. cit.* p.138-139.

[336] A oposição dirá que se Vargas é o "pai dos pobres", então é a "mãe dos ricos", como a mostrar a verdadeira face do regime. Abreu, Alzira Alves de. et al (coord.) *Dicionário Histórico – Biográfico Brasileiro: pós 1930*, cit. p.2039.

Dois problemas particulares ao Estado Novo merecem ser destacados: *"O primeiro deles diz respeito à maneira de rearticular política e economicamente os subsistemas regionais no âmbito da nação. (...) essa articulação se fizera (...) através do jogo de equilíbrios que se processava no âmbito da 'confederação oligárquica'; suas peças fundamentais eram a 'política dos governadores' e a ação das 'bancadas' – de cada estado no Congresso Nacional. Parte integrante das regras desse jogo era o respeito à autonomia política dos estados e a relativa autarquização econômica de cada um deles. O novo Código Eleitoral de 1932 e a criação da Justiça Eleitoral, assim como os processos de acomodação política que se seguiram à Revolução de 1930 (entre novembro de 1930 e novembro de 1935, os 20 estados tiveram 60 interventores ou governadores), já haviam abalado os fundamentos desse jogo. A partir de 1937, a supressão dos órgãos legislativos e a submissão dos interventores ao Executivo federal, se não foram bastantes para liquidar localmente a dominação oligárquica, tornaram inviável a função, por ela antes exercida, de promover também a articulação política dos subsistemas regionais em plano nacional. Essa integração teria que ser promovida, portanto, através de outros meios e da quebra dos valores que até então haviam dado consistência política à organização federativa. As noções de 'Estado centralizado e forte' e de 'reconstrução nacional', apropriadas na vaga ideológica que cobria parte da Europa, e que encontravam larga ressonância nas forças 'modernizadoras', seriam os novos valores a serem contrapostos à concepção tradicional de federação. Foi em nome de ambos, por exemplo, que se procedeu solenemente à queima das bandeiras dos estados (símbolo de sua autonomia política), e que a Carta de 1937 vedou a criação de impostos interestaduais, instrumento de sua autarquização econômica, duas disposições que, para além de suas finalidades políticas imediatas, teriam significativa importância para a expansão do capitalismo no país. Com efeito, a liquidação da autonomia dos estados enfraqueceu aqueles grupos locais que logravam identificar seus interesses particulares com a defesa da 'economia da região', o que abriria o caminho para que se realizasse, sem maiores resistências políticas estaduais, a transferência de renda do setor agroexportador para o setor industrial; da mesma forma, a abolição das barreiras tarifárias inter-regionais eliminariam um dos obstáculos à unificação do mercado interno.*

A ação desse 'Estado centralizado e forte' em plano nacional, entretanto, iria prescindir no Brasil da edificação dos complicados mecanismos de controle que a extensão territorial do país faria prever. É exato que a presença nos estados dos destacamentos do Exército, sobretudo a partir do controle que ele passou a exercer sobre as forças públicas estaduais, projetou a presença do poder central nas diferentes regiões do país. Mas não menos importantes parecem ter sido os mecanismos de lealdades pessoais que vincula-

vam os interventores a Vargas. Tanto é assim que ficou praticamente no papel a instituição dos departamentos administrativos (criados em abril de 1939), que teriam por função aprovar atos do interventor e fiscalizar a execução dos orçamentos estaduais. Tudo se passou, em síntese, como se a fidelidade política a Vargas em plano nacional tivesse por prêmio a autonomia administrativa em plano estadual. Não eram muito diferentes as práticas políticas, vigentes durante a República Velha.
O segundo problema para cuja solução as elites dirigentes da época foram buscar no fascismo europeu sua fonte de inspiração foi o relativo à organização da representação de interesses, notadamente de setores urbanos e no plano sindical. Foi nesse plano que efetivamente se criaram formas imperfeitas (mas nem por isso menos eficazes, para aquilo a que se destinavam) de organização de tipo corporativista. Mas também aqui a fonte de inspiração (que era a Carta del Lavoro, de Mussolini) foi como que submetida a uma apropriação seletiva e pragmática"[337].

O controle dos sindicatos pelo Estado visava impedir a livre expressão de interesses, seja pela greve, seja pela eventual criação de centrais operárias autônomas por meio de alianças intersindicais. Defende-se a tese de que esse "cerceamento da representação de interesses" construiu-se por meio da criação do sindicato único para cada categoria profissional, da Justiça do Trabalho e do imposto sindical, visto que segundo a Carta de 1937 a "associação profissional ou sindical é livre", mas só o sindicato "regularmente reconhecido pelo Estado tem o direito de representação legal". Após dois anos de implantação do Estado Novo, estipulou-se que "não será reconhecido mais de um sindicato para cada profissão" (Decreto nº 1.402, de 5 de julho de 1939). A Justiça do Trabalho só seria efetivamente instituída em maio de 1939. E o imposto sindical, compulsório e descontado em folha, só seria criado em julho de 1940[338].

Em relação à questão do controle estatal de Vargas, destaque-se que seu governo gerou uma profusão de leis, decretos-leis e portarias que acabaram se reunindo, em 1943, na Consolidação das Leis do Trabalho – CLT, fazendo crer que o *leitmotiv* não era a implementação de um postulado ideológico, mas a utilização pragmática das vantagens que a partir

[337] Abreu, Alzira Alves de *et al* (Coord.). *Dicionário histórico-biográfico brasileiro: pós-1930*, cit., p. 2039-2040.
[338] Ibidem, p. 2040

dele podiam ser extraídas; de outro, a instituição desses controles não apenas antes mas também depois do Estado Novo serviram como uma das bases do populismo. Isso indica que a solução autoritária, dada à organização da representação de interesses de empregados e operários, era menos uma característica específica do Estado Novo do que parte integrante da cultura política das elites dirigentes[339].

Assim, a função do Estado Novo parece ter sido menos a de introduzir uma inovação do que a de garantir, através da eliminação de resistências políticas, a consolidação de algo já existente e que havia sido introduzido pela Revolução de 1930[340].

Quanto à representação de interesses no plano das associações patronais, ainda que também submetidas aos controles da legislação sindical, o problema se colocava em termos formalmente semelhantes, mas substancialmente distintos:

> *"Em grande parte porque a representação de interesses e, além disso, a participação dos empresários no processo decisório realizavam-se menos através da ação de suas associações de classe, enquanto tais, do que da participação individual e direta de seus representantes naqueles organismos criados no interior do aparelho do Estado e onde eram discutidas e elaboradas as principais decisões econômicas. Esses 'órgãos técnicos' (Conselho Federal do Comércio Exterior, Conselho Técnico de Economia e Finanças etc.), oficialmente criados com a função de assessorar a Presidência, logo se transformaram numa arena específica, integrada por representantes do empresariado e da burocracia civil e militar. Foi em seu âmbito que se realizou a composição de interesses entre as facções da elite dirigente, quando da formulação de políticas públicas. Foi desses órgãos que saíram as sugestões inovadoras e as diretrizes (criação de Volta Redonda, Lei do Petróleo) para as principais realizações do Estado Novo no campo da promoção do desenvolvimento econômico. Se esta foi uma prática introduzida no início da década de 1930 (através das 'comissões mistas'), foi sob o Estado Novo que ela foi consolidada e expandida para cobrir também atividades econômicas setoriais (criação do Instituto do Açúcar e do Álcool, do Cacau, do Pinho, do Sal etc.)"*[341].

[339] Ibidem, p. 2040.
[340] Ibidem, p. 2040-2041.
[341] Ibidem, p. 2041.

Ao mesmo tempo em que essas inovações ocorriam no plano do sistema de decisões, houve, de forma sistemática, a profissionalização e modernização dos quadros do aparelho do Estado, a exemplo da criação do Departamento Administrativo do Serviço Público (DASP), que deu início à moderna tecnocracia brasileira e do seu padrão de relacionamento com os grupos empresariais[342].

É importante esclarecer, aliás, que as indicações dos "representantes de classe" que iriam integrar os órgãos técnicos (e, portanto, participar do processo decisório) só poderiam partir das associações de classe reconhecidas pelo Estado. Essa condição foi bem aceita pelo empresariado brasileiro, tanto que o número das associações de classe que foram criadas (ou que sobreviveram) sob o Estado Novo, pelo menos quando se realizou em 1945 a I Conferência das Classes Produtoras (Conferência de Teresópolis), chegou a quase seiscentas, entre rurais, comerciais e industriais de todo o País[343].

O Putsch integralista (1938) – os integralistas desejavam colocar na Presidência Plínio Salgado e se revoltaram com a ilegalidade do Partido Integralista. O descontentamento pelas medidas de Vargas levou a uma primeira tentativa de levante em 11 de março do mesmo ano que acabou sendo impedida pela polícia. Na verdade, tratou-se de um alarme falso, pois, desconhecendo uma contraordem que havia sido dada, os conspiradores postaram-se nos locais combinados e prontos para o ataque (o edifício dos Correios e Telégrafos, as usinas geradoras de eletricidade, a Rádio Mayrink Veiga e a Escola Naval)[344].

Esses grupos foram identificados pela polícia por meio de denúncias. A duas horas da ação, alguns conspiradores foram presos. A polícia vasculhou casas, prendeu militares e civis, descobriu planos dos membros do Sigma (símbolo integralista) de extermínio dos inimigos e frustrou o plano dos militares da Marinha, que era prender Getúlio Vargas por ocasião do almoço na Escola Naval, que se realizaria naquele dia[345].

[342] Ibidem, p. 2041.
[343] Ibidem, p. 2041.
[344] Menandro, Heloísa (colaboração especial). *In* Abreu, Alzira Alves de *et al* (Coord.). *Dicionário histórico-biográfico brasileiro: pós-1930*, cit., p. 4993.
[345] Ibidem, p. 4994.

Na casa de Belmiro Valverde, um dos líderes do movimento[346], os policiais apreenderam enorme suprimento de armas, bem como uma lista de 300 oficiais do governo a serem eliminados. Otávio Mangabeira e Euclides de Figueiredo foram presos, mas como algumas autoridades simpatizavam com o integralismo, Plínio Salgado foi liberado[347]. O então chefe de Polícia, Filinto Müller, simpatizante declarado do movimento, se esforçou para inocentar o líder integralista e colocou toda a culpa em Valverde, que acusou de agir sem o consentimento dos chefes. Na casa de Salgado, segundo o historiador Hélio Silva, foram encontrados 3 mil punhais com a marca do sigma impressos no cabo

Não conformados, contando Valverde com apoio de alguns militares integralistas (entre eles os tenente Arnoldo Hasselmann, Severo Fournier, Júlio Nascimento e o general João Cândido de Castro Júnior), planejaram um ataque ao Palácio Guanabara (residência de Getúlio Vargas). Escolheram a madrugada do dia 11 de maio de 1938. Pretendia-se prender Vargas e, se necessário, eliminá-lo[348].

Ocorre que, mais uma vez, seus objetivos foram frustrados porque os sitiados conseguiram solicitar socorro por meio de uma linha telefônica secreta. E reagiram à bala. Até mesmo a filha de Vargas, Alzira, atirou contra os atacantes. Os integralistas presentes se renderam, e muitos foram fuzilados no local[349]. Os sitiados resistiram e, após 5 horas de luta,

[346] Belmiro Valverde (1884-1963) era médico, natural da Bahia, e integrante do conselho supremo da Ação Integralista Brasileira (AIB). Depois do putsch, foi acusado por Plínio Salgado de precipitar o levante por sua própria conta. Chegou a ficar mais de um ano preso sob acusação de subversão. SALGADO, Plínio. *A quarta humanidade*, São Paulo, Editora Américas, 1995, p. 84

[347] No Distrito Federal e no estado do Rio foram presas mais de seiscentas pessoas, mas quatrocentas foram soltas dias depois. Em outros estados houve também muitas prisões. Em São Paulo, o jornal *Ação* foi fechado pela polícia. Ibidem, p. 84.

[348] Ibidem, p. 84.

[349] Uma série de contratempos ocorreu no ataque ao palácio. Dos 150 homens previstos para tal missão, somente 30 se apresentaram. O transporte também falhou e os revoltosos contaram com apenas dois caminhões. O ataque se limitou aos jardins do palácio, onde foi travado um combate de algumas horas entre os revoltosos e um grupo de familiares e funcionários mais próximos a Vargas. Segundo Alzira Vargas do Amaral Peixoto, que participou diretamente dos acontecimentos, trocando tiros com os atacantes, algumas autoridades policiais e militares, do chefe de polícia aos comandantes de guarnições,

chegaram as tropas, lideradas pelo próprio ministro da Guerra, Eurico Gaspar Dutra, que dizimaram os atacantes. Dias depois do atentado, foi encontrado um carro abandonado com um bilhete, atribuído ao coronel Euclides Figueiredo, no qual estava escrito "o homem não deve escapar", em óbvia referência a Vargas. Figueiredo negaria, depois, a autoria do texto[350].

O golpe falhara, e Vargas, daí por diante, ficará sozinho no cenário político da nação; o seu pensamento daqui por diante será: o governo não tem mais intermediário entre ele e o povo; o Estado, agora, iria ajudar a burguesia nacional, que pretendia o progresso do País; até 1945, o País viverá relativamente calmo em relação a levantes armados; o DIP (Departamento de Imprensa e Propaganda, criado em 1939) agirá na surdina para evitar qualquer surpresa, e a censura rígida a todas as ideias e divulgações liberais será colocada em prática.

Após essa fracassada tentativa, com o poder ainda mais reforçado, a 16 de maio de 1938, por emenda constitucional, foi instituída a pena de morte no Brasil, cuja aplicação, prevista também em casos de ameaça à vida do presidente, não teria, entretanto, efeitos retroativos. Pouco tempo depois, eram exilados Mangabeira, Arthur Bernardes, Armando Salles, Lindolfo Collor; Plínio Salgado, mais tarde, seria convidado a sair do País, partindo para Portugal. Estavam removidos, assim, todos os obstáculos políticos.

Constata-se, em decorrência, total falta de estrutura ideológica. Trata-se de um vácuo institucional completo, apto a nutrir o poder pessoal do ditador. Atribuem-se duas linhas básicas de interpretação sobre o período ditatorial de Vargas. A primeira situa o Estado Novo como um "parêntese ditatorial", motivado por causas conjunturais internas e externas, no processo de democratização das instituições políticas brasileiras, iniciado em 1930 e retomado em 1945. A outra interpretação, ao contrário, "vê o Estado Novo como resultante do prevalecimento da vertente

hesitaram em prestar auxílio aos sitiados, dando margem à suspeita de que estivessem coniventes com o levante. http://www.fgv.br/cpdoc/acervo/dicionarios/verbete-tematico/revolta-integralista.

350 Inf. de CPDOC/FGV, disponível in http://www.fgv.br/cpdoc/acervo/dicionarios/verbete-tematico/revolta-integralista.

autoritária contida na própria Revolução de 1930", a qual corresponderia a uma "tendência estrutural nos países de capitalismo retardatário e dependente"[351].

Para demonstrar a "nacionalização" do País, Vargas proibiu que os Estados federados tivessem bandeiras e outros símbolos estaduais. Em 4 de dezembro de 1939, ordenou que fossem queimados, numa cerimônia cívica na Esplanada do Russel, no Rio de Janeiro, os estandartes dos Estados. É que o Estado Novo era contrário a qualquer demonstração de regionalismo. Ainda naquele ano, o ditador se pronunciaria: "não temos mais problemas regionais. Todos são nacionais e interessam ao Brasil inteiro", disse.

Um destes problemas, citados timidamente pela imprensa censurada pelo DIP, e repercutidos pela fraca oposição, era a tortura na chefatura de Polícia da capital, comandada por Filinto Müller no perído entre 1939 e 1942. A escritora e líder feminista Patrícia Galvão, a Pagu, o ex-deputado comunista e líder de esquerda Carlos Marighella, além do também líder operário Joaquim Câmara, foram algumas das vítimas desse procedimento. Mas se a oposição era tratada dessa forma, alguns dos inimigos da véspera poderiam ser aliados. Vargas havia participado, em 1938, da inauguração da Avenida Nove de Julho em São Paulo, que relembra o dia em que se iniciou a revolta contra ele e tem até um túnel construído para relembrar a Batalha do Túnel, uma das mais cruentas do episódio, ocorrida na fronteira entre São Paulo e Minas Gerais[352].

2.1.2.5 O Brasil na Segunda Guerra Mundial

No plano político, Vargas não deixou dúvidas sobre suas simpatias pelos regimes fortes. É o que se pode observar no pronunciamento que fez em junho de 1940 para uma plateia de militares a bordo do navio *Minas Gerais*, quando criticou a política liberal e afirmou: "Velhos sistemas e fórmulas antiquadas entram em declínio... o Estado tem a obrigação de assumir as forças produtoras". Numa alusão direta à Alemanha e à Itá-

[351] Martins, Luciano (colaboração especial). *In* Abreu, Alzira Alves de *et al* (Coord.). *Dicionário histórico-biográfico brasileiro: pós-1930*, p. 2037.

[352] Neto, Lira. *Getúlio (1930-1945) do governo provisório à ditadura do Estado Novo*,. São Paulo: Companhia das Letras, 2013, p. 112.

lia, elogiava "as nações fortes que se impõem pela organização baseada no sentimento da pátria e pela convicção da própria superioridade"[353]. O discurso foi interpretado pelos americanos como uma evidente declaração de simpatia ao Eixo, e propiciou uma rápida mobilização dos Estados Unidos no sentido de esclarecer as posições brasileiras[354].

Na realidade, até 1940 o governo não aderira de forma explícita à política do Eixo, tampouco às exigências norte-americanas (os EUA exigiam uma definição de Vargas no sentido de ceder algumas bases no Brasil; de outro lado, as nossas matérias-primas eram indispensáveis ao esforço bélico norte-americano). No governo, dividiam-se as preferências: de um lado Francisco Campos e Filinto Müller acobertavam a propaganda nazista e promoviam o alinhamento do Brasil ao Eixo (Filinto, chefe da Polícia do Rio de Janeiro, era o elo entre Vargas e o embaixador do Terceiro Reich). De outro, Oswaldo Aranha, nomeado ministro das Relações Exteriores, antigo embaixador nos EUA, e Lourival Fontes, diretor do DIP. Entre eles, Dutra e Góis Monteiro oscilavam, esperando que um dos blocos fizesse uma melhor oferta de equipamentos para o Exército e de financiamento para a indústria de base a ser implantada no Brasil para depois optarem[355].

[353] D'Araujo, Maria Celina. *O Estado Novo*. Col. Descobrindo o Brasil, Rio de Janeiro: Zahar, 2000, p. cit., p. 46.

[354] Ibidem, p. 46-47. Apesar das semelhanças e das inspirações tiradas do fascismo, o Estado Novo procurava manter-se "neutro" no conflito ideológico entre fascismo e democracia. Desde 1938, o governo, em nome do nacionalismo, tomara medidas drásticas contra as minorias nacionais organizadas (alemães, italianos e japoneses) no Brasil, que agitavam as ideias do Eixo (Roma, Berlim, Tóquio – conhecido pelo acróstico "Roberto"), proibindo as escolas em línguas estrangeiras, desorganizando as agremiações fascistas e nazistas, isto apesar dos numerosos membros do Governo que simpatizavam com estas ideologias.

[355] Acrescente-se que desde o início da guerra, Getúlio recusava-se a se pronunciar a favor ou contra qualquer das partes envolvidas, embora seu Diário refletisse uma aposta na superioridade militar do Eixo. Além disso, recorria ao pan-americanismo para explicar sua neutralidade e temia os prejuízos que qualquer posição política pudesse trazer ao comércio internacional do Brasil. Vargas argumentava que a guerra era um assunto europeu e não das Américas e que se devia evitar que o Brasil fosse alvo de retaliações, como as que viriam a ocorrer mais tarde com o afundamento de navios brasileiros pelos alemães. Seguindo os princípios dos tratados entre países americanos, Getúlio alegava que uma posição oficial do Brasil em relação ao conflito na Europa não faria sentido, uma

Os países do Eixo ocupavam-se do esforço de interceptar a remessa de alimentos e matérias-primas aos Aliados, até que um ataque de submarino, em 4 de fevereiro de 1942, atinge o navio brasileiro "Cabedelo", ação esta que fora atribuída aos submarinos alemães. Nos dias seguintes, quatro outras embarcações foram afundadas[356]. Em 15 de agosto de 1942, o navio brasileiro *Baependi* é afundado perto da costa brasileira, outros quatro nos dias seguintes, totalizando 18 navios e 607 mortos. Em 21 de agosto de 1942, o governo brasileiro, pelo seu ministro de Relações Exteriores, Oswaldo Aranha, oficializava a guerra à Alemanha e à Itália. Seguiram, a 31 de agosto, a decretação do estado de guerra e, a 16 de setembro, a mobilização geral.

A partir de então, com a manifestação expressa do País em combater na guerra, os Estados Unidos passaram a financiar a indústria do aço no Brasil. São contraídos empréstimos para a construção da usina siderúrgica de Volta Redonda, no Rio de Janeiro, permitindo ao País produzir não apenas maquinário pesado para a indústria, mas também armamentos[357]. Nesse momento, o Nordeste brasileiro assume importância no cenário geopolítico da II Guerra, na medida em que a região se tornou a alternativa mais viável para os norte-americanos chegarem à Europa – através do Norte da África –, caso fosse inviabilizada a travessia do Atlântico Norte[358].

Para Vargas, era notório que a concessão das bases do Nordeste constituía uma imposição, pois, caso não o fizesse, o Brasil seria considerado inimigo dos Aliados. No seu entendimento, o pan-americanismo parecia-lhe uma espécie de letra morta, visto que os estados americanos não eram efetivamente pares. Ao final, essas concessões, segundo anotações do diário do presidente, afrontavam a soberania nacional. Aliás, acrescentou que "a maioria dos países americanos que adotou essas soluções de

vez que nenhum País do continente havia sido atingido. Esse argumento perdeu o valor em dezembro de 1940, com o atentado japonês às bases americanas de Pearl Harbor, no Havaí. Sobre essa linha de argumentação, D'ARAÚJO, Celina. *O Estado Novo*, cit., p. 47-48.

356 Foram elas: Itagiba, Araraquara, Anibal Benévolo e Arara, todas afundadas no Oceano Atlântico.

357 D'ARAÚJO, Maria Celina. *O Estado Novo*, cit., p. 47.

358 Ibidem, p. 47.

declarar guerra ou romper relações não o fez espontaneamente. Foram coagidos pela pressão americana"[359].

Ao alinhar-se aos reclamos americanos, o Brasil assinaria com os EUA acordos comerciais visando à aquisição de material bélico para a modernização do Exército brasileiro, velha demanda dos militares. Em 1941, por exemplo, firmou-se acordo em que mediante a venda de minerais estratégicos aos EUA receberíamos equipamento, apesar de certa contrariedade por parte dos americanos, que desconfiavam dos chefes militares brasileiros, como de Dutra e Góis Monteiro, considerados, dadas as evidências, germanófilos[360].

Ao longo do conflito armado mundial buscava-se impedir a expansão na região da influência ideológica e econômica do nazismo, seja por influência da ação de imigrantes, da presença de facções político-partidárias, seja da forte atuação de embaixadas e delegações diplomáticas e comerciais. Terminada a guerra, contudo, começaria o combate ao comunismo[361].

Em decorrência do envolvimento do Brasil no conflito, criou-se a Força Expedicionária Brasileira, a FEB, em 1943, medida esta inimaginável para alguns, uma vez que diziam ser mais fácil "uma cobra fumar" do que a FEB embarcar para o campo de guerra. Em de julho de 1944 os "pracinhas" partiram para a Itália, sob o comando do general João Batista Mascarenhas de Moraes, tendo atuado com destaque nas batalhas de Monte Castello, Camaiore, Castelnuovo, Montese e Fornovo, algo que surpreendeu os americanos, que haviam tentado impedir o embarque das tropas, isto porque não confiavam no preparo do soldado brasileiro e julgavam que esse apoio não seria mais necessário, diante do desfecho, ao que tudo indicava, a favor dos Aliados[362]. O primeiro escalão nacional, comandando pelo general Zenóbio da Costa, após desembarcar em Nápoles, ficará incorporado ao 5º Exército americano e irá agir no Norte da Itália.

[359] Ibidem, p. 49.
[360] Ibidem, p. 50.
[361] Ibidem, p. 51.
[362] Ibidem, p. 51-52.

Ao fim da guerra, o Brasil havia perdido 433 brasileiros, 37 navios e a FEB se tornava o símbolo da luta do Brasil em prol das democracias. Foi sob grande ovação popular que os "pracinhas" voltaram ao Brasil e desfilaram pela cidade do Rio de Janeiro, onde foram recebidos por Vargas.

2.1.2.6 A luta pela democratização – a queda de Vargas

Diante das mudanças na conjuntura internacional, que apontavam a vitória dos Aliados sobre os países do Eixo, se antes a presença de soldados brasileiros favorecia o prestígio de Vargas, internamente a natureza do Estado Novo, marcado pelo autoritarismo do ditador, colidia com a "causa das democracias" pela qual os combatentes lutavam, pondo em xeque a própria existência do regime[363].

Durante a guerra surgiram as primeiras criticas ao regime, que apresentava radicais contradições em relação às teses da liberal-democracia que estava sendo defendida na Europa. Em 1943, surgira o chamado Manifesto dos Mineiros, que pedia a consulta à nação para saber se a Constituição seria definitiva ou não.

Sem dúvida, dada a sua condição de estrategista, ao perceber a evolução do conflito mundial, Vargas começou a redefinir sua "linha" política. Em 29 de outubro de 1943, a escolha de Benjamim Vargas para chefe da Polícia do Distrito Federal repercutiu negativamente entre as forças do Exército e o próprio Dutra, que acreditaram tratar-se do primeiro passo dele continuar no poder. Ainda em 1943, o presidente promete elei-

363 "A mudança nos rumos do conflito mundial, com a participação direta desde 1941 dos Estados Unidos a partir do ataque que sofrera em Pearl Harbor, leva a ditadura ao impasse que seria resolvido quando Vargas alterasse sua base de apoio internacional para se integrar ao esforço de guerra norte-americano, a partir de 1942, com a construção de bases aéreas no Nordeste para a operação dos aviões dos novos aliados. O bombardeamento, por submarinos do Eixo de navios brasileiros em nossas costas, rebentou as comportas que continham a opinião pública e as massas ganharam as ruas, desafiando o aparato policial do regime e exigindo a participação do País na guerra contra o nazifascismo. CERQUEIRA, Marcello. *A constituição na* história, cit., p. 489. Acrescente-se o entendimento de que, durante a guerra, surgiram as primeiras criticas ao regime de Vargas, que apresentava radicais contradições em relação as teses da liberal-democracia que estava sendo defendida na Europa. Em 1943, surgira o chamado Manifesto dos Mineiros, que pedia a consulta à Nação para saber se a constituição seria definitiva ou não.

ções para o fim da guerra, que seriam marcadas para 2 de dezembro de 1945[364]. Atribui-se ao episódio da queda de Roma em 1944, símbolo da decadência do fascismo, a mudança de rumo da política de Vargas, que passa a redefinir o nacionalismo por meio de medidas de industrialização e das reformas sociais[365].

Pelo fato de contar com o aparelho sindical, dirigido pelo Ministério do Trabalho (Marcondes Filho[366]), Vargas estará apto a comandar as massas operárias, que se postarão ao lado do presidente, o "Pai dos Trabalhadores". Nesse contexto, coube ao Departamento de Imprensa e

[364] Em outubro de 1943 torna-se público o surgimento de uma oposição burguesa liberal que exigia, ainda que de forma tímida, a "redemocratização do País" por meio de documento (Manifesto dos Mineiros) no qual assinavam, entre outros, Virgílio de Melo Franco, Afonso Arinos, Milton Campos, Magalhães Pinto, Adauto Cardoso, Pedro Aleixo e Bilac Pinto, todos eles futuros líderes da UDN, após a guerra, e que foram demitidos dos seus cargos em função do manifesto. A estes acrescentam-se alguns elementos do extinto PD de São Paulo (Paulo Nogueira Filho, Júlio de Mesquita e Waldemar Ferreira) e os políticos eliminados pelo Golpe de 1937: Lima Cavalcanti, Juracy Magalhães, Otávio Mangabeira, Flores da Cunha e José Américo. O Rio de Janeiro e o Distrito Federal eram representados por Raul Fernandes, Prado Kelly, José Eduardo de Macedo Sores e Carlos Lacerda. Todos estes se encontrarão nas fileiras da UDN após o conflito. Cerqueira, Marcello. *A constituição na* história, cit., p. 490.

[365] Ibidem, p. 491.

[366] Alexandre Marcondes Machado Filho (1892 – 1974) – Diplomou-se em 1914 pela Faculdade de Direito de São Paulo. Após formar-se, exerceu o cargo de promotor público na capital paulista e tomou parte na fundação do Instituto dos Advogados de São Paulo. Em 1926, elegeu-se vereador em São Paulo pelo Partido Republicano Paulista (PRP). No ano seguinte, obteve uma vaga de deputado por seu estado no Congresso Nacional. Como membro da bancada do PRP, foi partidário da candidatura presidencial de Júlio Prestes nas eleições de março de 1930. Apesar de vitorioso no pleito, Júlio Prestes foi impedido de assumir a presidência em função do movimento armado deflagrado em outubro daquele ano, que levou Getúlio Vargas ao poder. Em 1932, deu apoio ao Movimento Constitucionalista, deflagrado em São Paulo contra o governo de Vargas. Após a instalação da ditadura do Estado Novo, em novembro de 1937, foi nomeado vice-presidente do Departamento Administrativo do Estado de São Paulo (DAESP), órgão cuja finalidade era garantir o controle do governo federal sobre o estado de São Paulo, da mesma forma que se dava nos demais estados. Em dezembro de 1941, foi nomeado ministro do Trabalho por Vargas. Em julho de 1942, assumiu também a pasta da Justiça, passando a acumulá-la com a do Trabalho. Em 1945 elegeu-se senador por São Paulo na legenda do PTB.

Propaganda (DIP) explorar a nova imagem[367]. Mesmo assim, no plano interno, o início de 1945 foi marcado por protestos, a começar pelo 1º Congresso Brasileiro de Escritores, realizado em São Paulo entre os dias 22 e 26 de janeiro, que pedia liberdade de expressão e eleições livres[368]. Na área militar, o general Góis Monteiro, ao chegar de Montevidéu, onde estivera no comitê de defesa política das Américas, declarava que viera "para acabar com o Estado Novo", do qual ele fora, com o general Dutra, um dos principais fiadores.

Depois, dada a repercussão entre os jornais da época da entrevista de José Américo em tom combativo ao governo federal, mesmo com a vigência da censura, Vargas não se opõe e, em 28 de fevereiro, edita o Ato Adicional n. 9 (Lei Constitucional), prevendo eleições a serem marcadas num prazo de 90 dias com sufrágio universal (excluídos apenas os analfabetos), representando, com esse ato, uma profunda reforma da Constituição de 1937, uma vez que iniciava um período de maior abertura política[369].

[367] O "populismo" de Vargas fará escola: em 1945, de novo com Vargas; entre 1950-1964, com Jânio, Adhemar de Barros e Jango. Ibidem, p. 491.

[368] O manifesto pedindo liberdade de expressão e eleições livres foi assinado pelos integrantes da mesa: Aníbal Machado (presidente), Sérgio Milliet, Dionélio Machado, Murilo Rubião e Jorge Amado. O evento havia sido uma promoção da Associação Brasileira de Escritores. Inf. de CPDoc/FGV.

[369] Trechos do Preâmbulo da Lei: "Considerando que se criaram as condições necessárias para que entre em funcionamento o sistema dos órgãos representativos previstos na Constituição; Considerando que o processo indireto para a eleição do Presidente da República e do Parlamento não somente retardaria a desejada complementação das instituições, mas também privaria aqueles órgãos de seu principal elemento de força acessível à compreensão geral e de acordo com a tradição política brasileira;

Considerando que um mandato outorgado nestas condições é indispensável para que os representantes do povo, tanto na esfera federal como na estadual exerçam, em toda sua amplitude, a delegação que este lhes conferir, máxime em vista dos graves sucessos mundiais da hora presente e da participação que neles vem tendo o Brasil;

Considerando que a eleição de um Parlamento dotado de poderes especiais para, no curso de uma legislatura, votar, se o entender conveniente, a reforma da Constituição, supre com vantagem o plebiscito de que trata o art. 187 desta última, e que, por outro lado, o voto plebiscitário implicitamente tolheria ao Parlamento a liberdade de dispor em matéria constitucional;

São criados, posteriormente, alguns partidos políticos como: UDN (Uniao Democrática Nacional), PTB (Partido Trabalhista Brasileiro), PRB (Partido Republicano Progressista- de Adhemar de Barros), PR (Partido Repúblicano - com Artur Bernardes), PSD (Partido Social Democrata), PSB (Partido Socialista Brasileiro), etc. A UDN será o partido que fará mais oposição a Vargas, pois foi gerado em São Paulo e tinha como programa a declaração de princípios do I Congresso de Escritores.

Daí por diante, a UDN se caracterizará pela oposição ao governo e por bloquear as mais urgentes reformas em nome da pureza constitucional. No dia 1.° de maio, em concorrido comício operário, Vargas lança a candidatura do seu ministro da Guerra, Eurico Gaspar Dutra. Nos meses seguintes as campanhas eleitorais tomam vulto.

A UDN (União Democrática Nacional), patrocinará em abril a candidatura de Eduardo Gomes. Depois, em julho, o PSD (Partido Social Democrático), "partido dos interventores", idealizado pelo mineiro Benedito Valladares, inspirador da candidatura Dutra, disputava com a UDN a influência nas oligarquias. Em agosto, forma-se o PTB (Partido Trabalhista Brasileiro), organizado pelo Ministério do Trabalho, também presidido por Vargas. Plínio Salgado, o "Führer" tupiniquim, ressurgia à frente do PRP (Partido da Representação Popular) nos moldes integralistas. E o Partido Comunista Brasileiro (PCB), então legalizado, em apoio ao atual presidente, lança o seu candidato, o engenheiro Yedo Fiúza, e

Considerando as tendências manifestas da opinião pública brasileira, atentamente consultadas pelo Governo, decreta [...] eleições para o segundo período presidencial e governadores dos Estado, assim como as primeiras eleições para o Parlamento e as Assembleias Legislativas [...] O presidente eleito tomará posse, trinta dias depois de lhe ser comunicado o resultado da eleição, perante o órgão incumbido de proclamá-lo. O Parlamento instalar-se-á sessenta dias após a sua eleição [...]". Outras leis constitucionais, então sob o crivo do presidente substituto José Linhares, foram depois editadas para regular, entre outras disposições, poderes constituintes aos parlamentares (Lei Constitucional n. 13, de 12-11-1945); extinguir o Tribunal de Segurança Nacional, símbolo da justiça de exceção (Lei Constitucional n. 14, de 17-11-1945); dispor sobre o poder do Presidente da República, pois, enquanto não se promulgasse a nova Constituição, exerceria todos os poderes de legislatura ordinária e de administração que coubesse à União, expedindo os atos legislativos que julgasse necessários (Lei Constitucional n. 15, de 26-111945); revogar o estado de emergência (Lei Constitucional n. 16, de 30-11-1945) Cerqueira, Marcello. *A constituição na* história, cit., p. 491-492.

comunistas e trabalhistas, em maio de 1945, organizam um movimento de massas, exigindo a permanência de Getúlio (movimento queremista), numa nítida demonstração de que ele se perpetuaria no poder[370].

2.1.2.6.1 Queremismo – tentativa de continuação do governo Vargas

O PTB apoiou o Queremismo, num cenário em que os dias finais do regime foram de intensa mobilização popular. Enquanto a lei eleitoral e o alistamento iam sendo providenciados, o movimento queremista era amplamente apoiado pela máquina de propaganda e de mobilização do Estado Novo. Manifestações foram livremente realizadas na cidade, atestando o referido plano continuísta, condenado por alguns, como pelo embaixador americano no Rio de Janeiro, Adolfo Berle Júnior, mas apoiado, desta vez, pelas massas[371].

Em 1945, tendo em vista que o Estado Novo era atacado publicamente por todos os lados, até mesmo pelo seu maior jurista, Francisco Campos[372], no caso do embaixador dos Estados Unidos, Berle, em entrevista-palestra em Petrópolis (RJ), em 29 de setembro de 1945, ele também promoveu ataques. Marcondes Filho, substituto de Francisco Campos no Ministério da Justiça, tentara eliminar as características corporativas da Constituição, a prerrogativa de o presidente indicar seu sucessor, as

[370] As esquerdas, aproveitando-se do nacionalismo professado por Vargas (em junho assinara um decreto "antitruste" que será logo revogado após o Golpe), denunciam a interferência "imperialista" e organizam uma manifestação queremista gigantesca a 3 de outubro. Lembre-se, no entanto, que entre 1946 e 1964 a política brasileira restringiu-se a três partidos – PSD, UDN e PTB, encerrada em 1964. *Vide* D'ARAUJO, Maria Celina. *O Estado Novo – descobrindo o Brasil*, cit., p. 59.

[371] Em reação ao embaixador Berle, Vargas afirmou não ser candidato e estar disposto a cumprir o calendário legal da redemocratização, que previa eleições gerais para Executivo e Legislativo e a instalação de uma Assembleia Constituinte. Ao final, admitiu que havia "forças reacionárias poderosas e ocultas" que desafiavam a vontade popular e que, ciente disso, ficaria ao lado do povo: "o povo pode contar comigo".Ibidem, p. 60.

[372] Francisco Campos até admitiu na época: "adotamos, por motivo de estratégia política, muitos conceitos que a guerra e, particularmente, o seu desfecho tornaram caducos e inviáveis no mundo a ser modelado pelas nações vitoriosas e pela ideologia que elas representam e declaradamente arvoram como bandeira de luta e de vitória". PORTO, Walter Costa. *Constituições brasileiras*, cit., p. 24.

eleições diretas e livres para a presidência e Congresso e o aumento no número de deputados, conforme a população[373].

Campos assentia que o principal fator deflagrador dos ataques ao Estado Novo proveio do processo de vitória das forças aliadas na Europa, pois, lutando ao lado do 5º Exército americano na Itália, os oficiais brasileiros se tinham dado conta "da anomalia de lutar pela democracia no exterior enquanto persistia uma ditadura em seu próprio País"[374].

Em vez de se apegar à defesa do regime imposto pelo Estado Novo, surpreende o fato de que o jurista conservador tenha revisto publicamente os fundamentos daquela política de governar: "aconselham aos homens responsáveis pela situação que, ao invés de esperar o impacto daquelas forças e daquelas circunstâncias sobre a nossa organização política, se antecipem ao choque promovendo, desde já, a atualização de nossas instituições no sentido indicado pelos acontecimentos mundiais. Nisto consiste a sabedoria política"[375].

E imputa a Vargas sua responsabilidade:

> *"O Sr. Getúlio Vargas já pensou demais em si mesmo. É tempo que pense um pouco no Brasil e no seu povo, cuja magnanimidade, cordura e tolerância lhe tem dispensado fatores e prerrogativas de maneira mais copiosa do que a qualquer dos seus filhos de merecimento igual ou superior. Atente o Sr. Getúlio Vargas os sofrimentos e humilhações do povo brasileiro. Não queira agravá-los ainda mais. Restitua-lhe a posse do futuro, uma vez que não pode recuperar o passado, irremediavelmente perdido"*[376].

Se um golpe estava em marcha, por outro armava-se o contragolpe. Duas medidas de Vargas selaram o seu destino. A primeira foi a alteração do calendário eleitoral, símbolo maior do projeto de redemocratização;

[373] As pretensões de Marcondes Filho foram obtidas conforme relatório secreto da embaixada dos Estados Unidos a Washington em 17 de Janeiro de 1945. Ibidem, p. 25.

[374] Ibidem, p. 26.

[375] PORTO, Walter Costa. *Constituições brasileiras – 1937*, cit., p. 14.

[376] No entanto, certa vez, em entrevista coletiva à imprensa, em 1945, Getúlio descreveria o nazifascismo: "caracterizado por um partido único, oficial e pelo poder absoluto do Estado sobre a vida econômica e espiritual dos indivíduos, com preconceito racial e repúdio da religião". Enfim, segundo ele, "nada disto tinha acontecido no Estado Novo". *Vide* PORTO, Walter Costa. *Constituições brasileiras- 1937*, cit., p. 13-36.

a segunda foi a nomeação de um amigo pessoal, João Alberto, para a prefeitura do Rio, e de seu irmão, Benjamim Vargas, para o cargo de chefe da polícia do Distrito Federal. Na prática, com essas duas nomeações, Getúlio ficaria com o controle da capital e da repressão; as massas poderiam ser convocadas a seu favor e protegidas pelo poder público. Os políticos temeram novo Golpe de Estado[377].

2.1.2.6.2 A queda de Vargas e o governo transitório de José Linhares (30-10-1945 a 31-01-1946)

Esse fora o momento para destituir o presidente, ocasião em que o candidato Dutra e o ministro da Guerra, general Góis Monteiro, depuseram Vargas na noite de 29 de outubro de 1945 mediante a proposta de uma retirada pacífica em que ficara acordado que a Presidência ficasse a cargo do presidente do Supremo Tribunal Federal, José Linhares, que manteve a data das eleições para o dia 2 de dezembro. Com essa atitude, Vargas pretendia que, pelo menos naquele momento, nenhum ex-aliado assumisse em seu lugar. Linhares governou de 30/10/1945 a 31/01/1946. A queda da ditadura fora festejada pela imprensa, mas Vargas seguia nova etapa de sua carreira política, tornando-se senador pelo Partido Social Democrático nas eleições do dia 2 de dezembro[378].

Apesar da queda da ditadura personalista de Vargas em 1945, constata-se que as estruturas corporativistas, então fortalecidas pelo Estado Novo, resistiram ainda mais. A começar, citem-se, por sinal, com o advento da Revolução de 1930, o surgimento do Ministério do Trabalho e da Ordem dos Advogados do Brasil, em 1933 do Instituto de Aposentadoria e Pensões dos Marítimos e o dos Bancários, em 1936 o Instituto dos Industriários, a Lei do Salário Mínimo e o IBGE, em 1938 o Instituto dos

[377] D'Araujo, Maria Celina. *O Estado Novo – descobrindo o Brasil*, p. 60-61.

[378] Acredita-se que não fosse a vitória dos aliados sobre o nazi-fascismo, tudo isso teria perdurado, sem a possibilidade de deter os sistemas autoritários. A vitória sobre o nazifascismo e a pressão popular no sentido de redemocratizar o País fizeram com que os precursores do Estado Novo procurassem contornar a verdadeira ideologia contida na Carta de 1937, afastando-a da influência ditatorial e explicando-a sob outro ângulo. Mas diante de todas as comprovações históricas, a ideologia da Constituição de 1937 permaneceu invariável e vinculada à sua origem autoritária. *Vide* Bonavides, Paulo e Andrade, Paes. *História constitucional do Brasil*, cit., p. 346.

Empregados em Transportes e Cargas, o Conselho Nacional do Petróleo e o Departamento Administrativo do Serviço Público (DASP), em 1939 os institutos de Aposentadoria e Pensões da Estiva e de Resseguros do Brasil e a Lei do Imposto Sindical, em 1940 o Instituto de Previdência e Assistência dos Servidores do Estado, em 1942 os serviços Nacional de Aprendizagem Industrial e Nacional de Aprendizagem Comercial, em 1943 a promulgação da CLT, inspirada na fascista *Carta del Lavoro*. Durante o Estado Novo foram criadas ainda: Usina de Volta Redonda (1942), Companhia Vale do Rio Doce (1941) e a CHESF (1943)[379].

Vargas retirou-se pacificamente para São Borja. Ao final, Dutra (PSD + PTB) fora eleito com 3.251.000 votos contra 2.039.000 de Eduardo Gomes (UDN), 579.000 de Yedo Fiuza (PCB) e 10.001 de Mario Rolim Teles. Respectivamente, 55,39%, 34,74%, 9,7% e 0,17% dos eleitores. Os parlamentares eleitos prepararam-se para se reunir, em 1º de abril de 1946, na Assembleia Nacional Constituinte, sob maioria do PSD. Pela Primeira vez, havia representantes de todos os partidos nas Assembleias Legislativas, e até um senador comunista, Luiz Carlos Prestes, eleito pelo Rio de Janeiro, também 15 deputados federais comunistas da câmara e do senado; após as eleições haveria a criação de uma nova assembleia constituinte para dar uma constituição ao Brasil.

José Linhares, assumindo interinamente a presidência, valendo-se do poder que lhe conferia a Carta de 1937 e a Lei Constitucional n° 15, de 26 de novembro de 1945[380], promove a convocação da Assembleia Nacional

[379] Chacon, Vamireh (colaboração especial). *In* ABREU, Alzira Alves de *et al* (Coord.). *Dicionário histórico-biográfico brasileiro: pós-1930*, cit., p. 1567.

[380] As Leis Constitucionais, inclusive as produzidas na interinidade de Linhares, objetivaram ampliar a aplicabilidade da pena de morte em casos de crimes políticos (a Carta admitia, para além dos crimes políticos, a pena de morte para o "homicídio cometido por motivo fútil ou com extremos de perversidade", na rubrica referente aos "Direitos e Garantias Individuais", art. 122, inc. 13, letra f); fazer valer, por tempo indeterminado, a aplicação da aposentadoria compulsória de funcionários civis e militares, por motivo de interesse público ou conveniência do regime; alterar o sistema tributário; criar imposto único sobre combustíveis e lubrificantes; a suspensão das garantias atribuídas à propriedade e à liberdade de pessoas físicas ou jurídicas (etc.) "de que resultem prejuízos para os bens e direitos do Estado Brasileiro, ou para a vida, os bens e os direitos das pessoas físicas ou jurídicas brasileiras, domiciliadas ou residentes no País", quando declarado o estado de emergência; ampliar os poderes do Presidente da República na decretação do Estado de

Constituinte, que se reuniu em 1º de abril de 1946, tendo o PSD a bancada majoritária[381].

Do lado dos comunistas, agora legalizados, estes eram contrários ao princípio da separação de poderes, segundo as lições de Montesquieu, e ao bicameralismo, visto que defendiam um Parlamento democrático, que, "sem resvalar no parlamentarismo, deveria ser o eixo de legitimidade para as formas políticas restauradas do constitucionalismo republicano"[382]. Destaque-se o discurso de Prestes, proferido em 23 de maio de 1946, em que se dispunha a colaborar "num sistema de união de forças democráticas" em benefício do "regime da normalidade", em repúdio aos métodos de repressão do Estado Novo e por uma Constituição "capaz de defender a democracia e de abrir perspectivas possibilidades para o progresso" do Brasil:

> *"Há um ano, no dia de hoje, o nome do Partido Comunista do Brasil era, pela primeira vez, pronunciado de público, em nossa pátria, depois de 23 anos de vida clandestina e de perseguições de toda a ordem. Nestas condições, comemoramos hoje o primeiro ani-*

Sítio e do estado de emergência; dispor sobre fontes de energia elétrica; compatibilizar os órgãos da Justiça Militar e do Tribunal de Segurança; alargar a aplicação da aposentadoria compulsória e da disponibilidade, por motivos políticos, aos Juízes; permitir aos Juízes o exercício de funções eleitorais e de cargos em comissão de confiança do Presidente da República ou dos interventores; revogar lei anterior que permitia a aposentadoria compulsória por motivos políticos; conferir poderes Constituintes ao Congresso a ser eleito; extinguir o Tribunal de Segurança Nacional; dispor sobre os poderes do futuro Congresso e do Presidente da República a ser eleito; revogar o dispositivo que criava o Conselho de Economia Nacional; revogar o dispositivo que permitia a ratificação, pelo Parlamento, de lei declarada inconstitucional pelo Poder Judiciário; dispor sobre a proclamação do Presidente da República a ser eleito e fixar os subsídios de Deputados e Senadores. *Vide* CERQUEIRA, Marcello. *A constituição na história*, cit., p. 490.

381 No governo, Linhares, cearense de nascimento, ficou apenas 93 dias até entregar o cargo a Dutra, vencedor das eleições. No entanto, sua administração teve um lado folclórico. Como empregou muitos parentes em cargos públicos, ganhou da população o apelido de José Milhares. Diziam que seus parentes eram "milhares". Ele assumiu a função porque no Estado Novo não havia vice-presidente e Linhares ocupava o cargo de presidente do STF. Era o primeiro na linha sucessória. Garantiu as eleições livres e, num aceno ao capital estrangeiro, extinguiu a lei antitruste.

382 BONAVIDES, Paulo e ANDRADE, Paes. *História constitucional do Brasil*, cit., p. 381.

versário de vida legal de um partido que é democrático, que tem pugnado, durante todo o ano decorrido, pela solução pacífica dos problemas nacionais, que continuará lutando pelo seu programa, o qual deseja, como é direito de todo homem e de toda agremiação política, ver vitorioso pelos processos democráticos"[383].

Prestes aproveitou para anunciar a omissão do projeto quanto a uma proposta eficaz de reforma agrária:

Não se diz nada de prático sobre a reforma agrária, sobre a maneira de acabar com os restos feudais na agricultura, sobre a necessidade de ensino gratuito, sobre a gratuidade indispensável da Justiça, sobre medidas práticas que assegurem o progresso do Brasil[384].

2.1.2.7 A economia na ditadura de Vargas

Para promover um equilíbrio entre a produção e a estocagem de café, foram queimadas mais de 78 milhões de sacas no governo Vargas. Com essa medida, mantinha-se o nível de emprego e promovia-se mais renda ao setor cafeeiro. Por outro lado, isso gerou um aumento da dívida externa e um déficit na balança de pagamentos dada a redução drástica nas exportações e do preço do produto.

Num estágio seguinte, mesmo com a redução da taxa de exportação, combinada com uma política agressiva de vendas e de propaganda no exterior, e o País aumentando a sua participação no mercado de café (57%), isso não impediu uma queda ainda maior dos preços em 1939. Em fins de 1940, o Inter-American Cofeee Agreement fixava quotas de exportação para os EUA, principal importador de café (os países europeus na guerra tinham reduzido suas compras) e os 14 países latino-americanos produtores. Entretanto, no Brasil, a política de queima anual de milhares de sacas de café seria mantida até 1944.

Diante do cenário cafeeiro em âmbito mundial, intensificou-se a intervenção do Estado na economia, pelo estímulo à diversificação de culturas. Foram criadas autarquias especiais, os Institutos do Açúcar e do Álcool, do Mate, do Pinho, com múltiplas atribuições: financiamentos, experimentação e divulgação de técnicas mais aperfeiçoadas de cul-

383 Ibidem, p. 381-382.

384 Ibidem, p. 382.

tivo. No Estado de São Paulo, por exemplo, expandira-se o plantio de algodão devido ao aumento das exportações para a Alemanha e o Japão, que necessitavam de matérias-primas em virtude de sua participação na guerra.

A industrialização – nota-se que em razão da guerra, os países produtores de bens manufaturados reduziram a oferta desses bens em 40%, o que forçou o processo de substituição de importações pelo desenvolvimento das indústrias locais, de forma que a capacidade produtiva ligada ao mercado interno estava sendo intensamente utilizada. Em consequência, o surto industrial implicaria uma absorção cada vez mais intensa das matérias-primas, entre elas do algodão. E o mercado consumidor crescia com o processo de urbanização, aumentando a procura generalizada de produtos agrícolas. Finalmente, o Estado Novo aboliu, ainda em 1937, as taxas interestaduais de exportação, integrando os setores rural e urbano, oque contribuiu para o desenvolvimento de um mercado realmente nacional.

Apesar do quadro favorável, a indústria era afetada por uma instabilidade na produção. Devido à capacidade ociosa até então do setor, previa-se como indispensável ou a importação de bens de capital, ou o desenvolvimento de sua produção no País. A primeira alternativa se tornava inviável, por algum tempo, devido ao déficit da balança de pagamentos. Outra seria a maior participação do poder central ao conceder financiamentos e vantagens para a importação daqueles bens, aos industriais interessados em produzi-los.

O início das realizações econômicas inovadoras, planejadas em 1939, deu-se em 1940, quando Vargas e o ministro da Fazenda, Souza Costa, trabalharam na elaboração de um plano quinquenal, baseado na instalação de uma usina de aço de destaque, fábricas de aviões, usina hidroelétrica em Paulo Afonso, drenagem do Rio São Francisco, estradas de ferro e de rodagem, e a compra na Alemanha de navios para o Lloyd Brasileiro de destroieres e aviões. Ainda que parte desse plano fora efetivada, a importância para a vida nacional das inovações efetivadas não foi pequena.

Em maio de 1940, Vargas, informava ao Departamento de Estado americano que a Krupp[385], a firma alemã, se dispusera a construir a alme-

[385] Fundada por Freidrich Krupp, no século XIX, a Krupp foi uma das maiores empresas da Europa e grande fornecedora de armamentos para exércitos do todo o planeta. Em

jada usina de aço. Por sua vez, Summer Wells, subsecretário de governo dos EUA, alegara que a dependência militar do Brasil em relação à Alemanha se consumaria em definitivo se a Krupp interviesse. Em setembro de 1940, o governo brasileiro recebia dos EUA empréstimos de US$ 20 milhões, feitos pelo Eximbank. Essa proposta incluía outros compromissos da parte dos americanos: incremento do transporte marítimo do carvão vindo do Sul para a usina, o equipamento da Estrada de Ferro Central do Brasil, para transportar o ferro extraído de Minas Gerais. Um ano e meio depois da instalação de Volta Redonda, que se deu em 1941, o empréstimo subiu a US$ 45 milhões. Estava criada a Companhia Siderúrgica Nacional, que deveria produzir inicialmente 300 mil toneladas de aço por ano. Os custos locais deveriam ser cobertos pela venda de ações, por parte do governo brasileiro, aos Institutos de Previdência e aos investidores nacionais.

A partir de 1942, em consequência da investida americana no Brasil, foram eliminadas as companhias de aviação alemã (Condor) e italiana (Lati).[386] O governo brasileiro obtinha em troca US$ 200 milhões em armamentos, 35% dos quais deveria pagar até 1948. A Itabira Iron Company, desapropriada pelo governo, foi concedida ao Brasil, que obtinha também a pequena estrada de ferro que ligava as minas à cidade de Vitória; o EximBank financiaria com US$14 milhões a exploração de minas. Formou-se então a Cia. Vale do Rio Doce, da qual a Inglaterra e os EUA se comprometiam a adquirir 750 mil toneladas de ferro. Os americanos comprariam a borracha excedente, não consumida pelo mercado interno e reivindicavam a exclusividade na venda desse produto no mercado mundial, em troca de financiamentos (do banco americano) para sua exploração, na Amazônia. Asseguravam a compra do café e de cacau[387].

1999,uniu-se à fabricante de elevadores Thyssen e formou o conglomerado ThyssenKrupp, um dos mais importantes do mundo na área, direcionando sua produção para o setor civil.

[386] A Inteligência americana atribuía a estas companhias aéreas um papel destacado na espionagem e no contrabando para os países do Eixo. Bretonha, José Fábio, *O fascismo e os imigrantes italianos no Brasil*, Porto Alegre: EDIPUCRS, 2009, p. 286.

[387] A Cia. Vale do Rio Doce representou um novo investimento do Estado, no plano da infraestrutura, que garantia o controle nacional de matéria-prima para a indústria pesada, especialmente para a Usina de Volta Redonda. Parte dessa mesma orientação nacionalista, o Conselho Nacional do Petróleo, já antes de 1940, lutando com resistências estrangeiras,

A alta nos preços do café, em 1943, e o consequente aumento das exportações desse produto, combinada ao baixo nível em que se mantiveram as importações, resultou num saldo positivo na balança de pagamentos. Os grupos comerciais ligados aos interesses internacionais tinham esse argumento – o acúmulo de divisas estrangeiras – para reivindicar a abolição de medidas protecionistas. E sobretudo os capitais estrangeiros, principalmente americanos, liberados depois da guerra, viam num Brasil parcialmente industrializado, oportunidade para seus investimentos: pressionavam, portanto, na mesma direção.

A industrialização, que já era um fato, o impulso que lhe fora dado, abriram um debate econômico e político que se desdobraria no s anos seguintes: a controvérsia sobre o desenvolvimento. Boa parte dos industriais locais, interessados na maior participação da iniciativa particular e mesmo na privatização das indústrias estatais, agora rentáveis, defendiam a tese do papel complementar do Estado na economia. Outros, em menor número, eram pela participação mais decisiva do Estado por meio do planejamento, e seu principal ideólogo, Roberto Simonsen.

2.1.3 O governo do general Eurico Gaspar Dutra (de 31-01-1946 a 31-01-1951). Vice: Nereu Ramos – A Guerra Fria no poder – capitalismo X comunismo

À época do lançamento da candidatura de Eurico Gaspar Dutra (1883 – 1974) em São Paulo, no dia 13 de março de 1945, Vargas, certo de que o general venceria, disse-lhe: "o senhor irá à Presidência porque eu quero"[388]. Dutra encontrava-se numa situação embaraçosa, uma vez que começaram os apelos para que ele se retirasse da disputa em nome de suas próprias qualidades cívicas, não favorecendo o continuísmo da ditadura[389]. Após deixar o Ministério da Guerra em 9 de agosto, a sua situação tornara-se insustentável. Ao consultar a opinião do ex-presidente

mas apoiado pelo Exército, especialmente por Dutra, criava instrumentos para o controle do refino e da distribuição daquele combustível, essencial para o cumprimento do programa de ampliação dos meios de transporte e para a indústria. Pouco tempo depois, também sua extração por empresa estatal estaria garantida.

388 Koifman, Fábio (Org.) *Presidente do Brasil – de Deodoro a FHC*, cit., p. 386.

389 Ibidem, p. 387.

Arthur Bernardes, pessoa de sua confiança, este lhe disse que seu nome já estava sendo "solapado e admitia a sua derrota nas urnas"[390].

A candidatura não ganhava projeção popular, haja vista a falta de apoio de Vargas, o ônus de suceder a um ditador e os pedidos para renunciar. Por sua vez, a campanha do brigadeiro Eduardo Gomes recebia o apoio dos setores mais conservadores da sociedade, descontentes com o avanço do populismo e do nacionalismo de Vargas.

No entanto, atribuiu-se a vitória a Dutra à repercussão do violento discurso do general Cordeiro de Farias contra a chapa situacionista e à forma oportuna como os respectivos apoiadores souberam valer-se dos ataques do oposicionista, que teria dito não querer o voto dos "marmiteiros", "da malta de desocupados que apoia o ditador". Hugo Borghi, que trabalhava na campanha de Dutra, ao saber que, após consultar o dicionário, a palavra "malta" significava "grupo de operários que percorre as linhas férreas levando suas marmitas", adotou a marmita como símbolo da campanha, daí a criação da seguinte frase de efeito que ganhou o voto da maioria dos eleitores: "um marmiteiro autêntico (...) que já demonstrou que ama os humildes de cujo seio saiu, deve ser o seu candidato, trabalhador, porque ele, liberto dos ódios e preconceitos, fará nossa pátria feliz e próspera nos anos futuros"[391].

Após o resultado das eleições, que dera vitória a Dutra, o Congresso Nacional se reuniu para instalar a Assembleia Constituinte e elaborar a nova Constituição, sendo esta promulgada em setembro. Entre outras disposições, a Carta trouxe de volta o cargo de vice-presidente, extinto desde 1937, tendo sido eleito Nereu Ramos[392].

[390] Assim Bernardes teria se manifestado: "Se o senhor sente que há realmente o propósito de forçar a retirada de sua candidatura, pela sua renúncia, não tenha dúvida de que é um novo Golpe de estado que se prepara. Ao Dr. Getúlio não convém a eleição do brigadeiro e a retirada da sua candidatura abrirá as portas para o caos encoberto com o pretexto para adiar as eleições que possam escolher outro candidato. Cumpre-me dizer-lhe, general, que a derrota não constitui desonra e o maior serviço que o senhor pode prestar ao País é manter-se candidato a qualquer preço, ainda que para ser derrotado. Terá a qualquer tempo o meu depoimento sobre essa conversa, se dele precisar". Ibidem, p. 387.

[391] Ibidem, p. 387.

[392] Ibidem, p. 388.

2.1.3.1 Administração Dutra – o governo que tentou seguir "o livrinho" (a Constituição)

De forma simplória, Dutra referia-se à Constituição como "o livrinho". Lançou o Plano SALTE (Saúde, Alimentação, Transporte e Energia). Entre final de 1946 e início de 1947, a conjuntura mundial acena para uma política mais agressiva contra o bloco socialista. A "Guerra Fria", ou o confronto não declarado entre as potências capitalista e socialista será a expressão do endurecimento da posição dos EUA e de seus parceiros diante da União Soviética e de seus satélites. Por aqui, o governo Dutra, usando ainda leis do arsenal do Estado Novo, reforma compulsoriamente militares acusados de pertencerem a "partidos antidemocráticos"[393].

Calculava-se que Dutra não faria um governo diferente de Vargas por ter sido ministro da Guerra no governo anterior, ainda que tivesse contribuído para a sua deposição[394]. Diferentemente do esperado, as forças políticas de Dutra e as da oposição uniram-se para governar e combateram o trabalhismo, concedendo uma participação mínima das forças populares na direção dos negócios públicos[395].

Nesse período, as opiniões favoráveis a reformas econômicas, sociais ou políticas eram rotuladas de comunistas ou subversivas. A doutrina do anticomunismo passou a agir contra trabalhadores, estudantes e intelectuais[396]. Antes da cassação do Partido Comunista Brasileiro, a bancada

393 Ibidem, p. 388.

394 COSTA, Cruz. *Pequena história da República*, cit., p. 154.

395 Eleito por uma coligação bafejada pelo prestígio de Vargas, o general Dutra, candidato do PSD, partido dos Interventores no Estado Novo, após tomar posse, troca em parte de alianças e se compõe com a UDN, partido que apoiara o brigadeiro Eduardo Gomes, antes adversário. Bloco de forças que é formado para impedir o natural avanço dos setores populares, que o oficialismo logo carimbaria como a "serviço de Moscou", conhecido bordão da época; ao mesmo tempo em que, no plano econômico, malbarata as divisas tão duramente acumuladas durante a guerra. BALEEIRO, Aliomar e SOBRINHO, Barbosa Lima. *Constituições brasileiras – 1946*, v. V, cit., p. 37.

396 Posteriormente, em maio de 1970, o Partido Comunista Brasileiro acabaria sendo cassado pelo TSE. O fato que contribuiu para esse desfecho foi o seguinte: Prestes respondeu a um jornalista do *Jornal do Comércio* e da *Tribuna Popular* que na hipótese de uma guerra entre o Brasil e a União Soviética, se se tratasse de uma guerra imperialista, ele apoiaria a União Soviética. Dada a repercussão, no dia 23 de março, a denúncia partiu do advogado Honorato Himalaia Virgulino, que fora procurador do Tribunal de Segurança Nacional

comunista na Constituinte teve atuação destacada em órgãos técnicos, como na Comissão de Investigação Econômica e Social, com um projeto sobre o problema sanitário do Brasil, este considerado um dos mais completos; a educação recebeu estudos e contribuições, principalmente do escritor Jorge Amado[397], que era deputado federal por São Paulo.

Nas eleições suplementares de janeiro de 1947, Abel Chermont foi eleito suplente de Prestes no Senado Federal. O PCB elegeu 18 vereadores no Distrito Federal, num total de 50 – tornando-se com isso o partido majoritário na Câmara – e 46 deputados nas assembleias legislativas estaduais. Seu eleitorado concentrava-se nas zonas urbanas do Distrito Federal e dos estados de Pernambuco, Rio de Janeiro e São Paulo[398].

Mas com a determinação em definitivo do fechamento do partido em 10 de maio de 1947 pelo ministro da Justiça, Benedito Costa Neto, após o TSE ter julgado pela procedência do cancelamento do seu registro, desencadeou-se, então, a repressão aos núcleos comunistas. A polícia do Rio de Janeiro fechou cerca de 600 células do partido. Em São Paulo, em torno de 360 células, 22 núcleos distritais e 102 comitês. Em Porto Alegre, 123 tiveram suas atividades encerradas pela polícia[399].

No plano internacional, temos, de um lado, os Estados Unidos a abandonar a política desenvolvida por Franklin Roosevelt de cooperação com a União Soviética, sob o argumento de que os soviéticos representavam uma ameaça militar devido ao avanço de sua ideologia na Europa central e ao fato de que incentivavam revoluções. Por conseguinte, os americanos promovem programas de ajuda econômica e militar aos governos ameaçados por revoluções socialistas, a exemplo do Plano Marshall[400].

em 1935, e encaminhou ao TSE um pedido de cancelamento do registro do PCB. Abreu, Alzira Alves de *et al* (Coord.). *Dicionário histórico-biográfico brasileiro: pós-1930*, cit., p. 4268.

397 Ibidem, p. 4268.

398 Ibidem, p. 4269.

399 Mais à frente, a 7 de janeiro de 1948, 169 deputados votaram nominalmente a favor da cassação do mandato dos parlamentares comunistas, e 74 contra. Todos os deputados e vereadores – além do senador Prestes – eleitos na legenda do PCB perderam seus mandatos, restando apenas dois comunistas no Congresso, Diógenes Arruda e Pedro Pomar, eleitos em São Paulo na legenda do PSP. Ibidem, p. 4269.

400 Abreu, Alzira Alves de *et al* (Coord.). *Dicionário histórico-biográfico brasileiro: pós-1930*, cit., p. 4269.

Na outra senda, a União Soviética intensifica o apoio às revoluções socialistas vitoriosas. Quanto à Europa Oriental, área de sua influência, era submetida a rígido controle[401]. Em síntese, em face da disputa ideológica e da corrida armamentista decorrente do choque entre capitalismo e socialismo, as demais nações do mundo foram obrigadas a filiar-se a um ou outro sistema (Guerra Fria). No caso brasileiro, o País alinhava-se ao lado dos Estados Unidos, daí a sequência de medidas para impedir a atuação dos comunistas, ao passo que estes reagiam contra o capital estrangeiro e o imperialismo, e mais tarde contra o governo Dutra[402].

O Ministério do Trabalho interveio em 143 sindicatos considerados sob controle comunista, e a Confederação dos Trabalhadores do Brasil (CTB), órgão criado e controlado pelo PCB, foi fechada. Ainda em janeiro de 1948, o partido lançou um manifesto rompendo com o governo, com o qual procurara colaborar por meio de sua política de "ordem e tranquilidade". O documento denunciava os atos inconstitucionais de Dutra, pedia sua renúncia e declarava a franca oposição do PCB ao governo[403].

Mas no âmbito político, se antes o governo contou com algum apoio da UDN, a situação se inverteu, pois o partido passou a alegar que deixou de desempenhar o papel que lhe fora atribuído pelo governo. Enquanto isso, a política econômica adotada abriu as portas do mercado de forma desordenada[404]. Entre várias medidas, por meio do Decreto nº 9.215 que, em 30 de abril de 1946, Dutra proibiu o jogo em todo o território nacional. Tratou-se do fim dos cassinos e do teatro-revista, condenando músicos, atores, cantores, vedetes e técnicos ao ostracismo[405].

Em seu mandato, Marinha e Aeronáutica ficaram mais fortes com a criação do Estado-Maior das Forças Armadas, do Conselho de Segurança Nacional e da Escola Superior de Guerra[406]. Na educação, foi realizada

401 Ibidem, p. 4269.
402 Ibidem, p. 4269.
403 Ibidem, p. 4269.
404 Ibidem, p. 4269.
405 Ibidem, p. 4269.
406 Ibidem, p. 4270.

uma grande campanha de alfabetização de adultos, considerada pela Unesco a mais ampla da época[407].

Em transportes, destacam-se a Rodovia Presidente Dutra, o término da construção da estrada Rio-Bahia, a ampliação da rede ferroviária nos Estados de Goiás, Minas Gerais e Ceará, bem como a eletrificação das linhas da Estrada de Ferro Central do Brasil, que foi concluída nos subúrbios do Rio de Janeiro e ampliada até Barra do Piraí[408]. No campo econômico, frise-se que o acúmulo de divisas ocorreu durante a Guerra entre a Coreia do Sul e a do Norte, ocasião em que, pelo receio de uma guerra mundial, os países procuravam estocar produtos. É nesse momento que o preço do café subiu até 74%[409].

Relações diplomáticas – No cenário diplomático, num contexto em que os países se deparavam com a Guerra Fria, durante a Conferência Interamericana da Manutenção da Paz e Segurança, realizada em Petrópolis entre 15 de agosto e 17 de setembro e depois no Rio de Janeiro, restou evidente a ingerência americana nos assuntos dos países americanos, a tal ponto que, com a assinatura do Tratado Internacional de Assistência Recíproca (TIAR), os Estados Unidos poderiam enviar suas tropas com o auxílio dos signatários, sob a alegação de garantir a paz e a segurança nos países amigos. E o Brasil, ao aderir a esse compromisso, rompia relações com a União Soviética[410].

Entende-se que durante o período de aproximação com os Estados Unidos, em que também se nota uma maior presença de capital estrangeiro no País, o cenário denota a política econômica e financeira adotada pelo Governo brasileiro: livre-cambista e antiestatizante. Ocorre que houve aumento da inflação, desequilíbrio da balança de pagamentos e, em consequência, dependência crescente do País. Além disso, o governo Dutra foi marcado por arrocho salarial dos trabalhadores, na crença de que a austeridade tinha por requisito esse rígido controle. Pretendia-se,

407 Ibidem, p. 4270.

408 Ibidem, p. 4270 .

409 LOPES, Luiz Roberto. *História do Brasil contemporâneo*, cit., p. 101.

410 ABREU, Alzira Alves de *et al* (Coord.). *Dicionário histórico-biográfico brasileiro: pós-1930*, cit., p. 4270.

com essa política, superar o atraso econômico, sobretudo nas áreas tecnológicas, energéticas, científicas e sociais[411].

Enquanto isso, na medida em que Vargas já havia rompido com Dutra, o ex-presidente, desde o pleito de 1947, fazia campanha tanto para o PSD quanto para o PTB, os dois partidos que criara. A estratégia era manter apoio de caciques políticos no interior e das massas nas áreas urbanas. Assim, contava em voltar ao poder em 1951[412].

2.1.3.2 A economia

No plano econômico, com o advento da Segunda Guerra, o País assumira a inesperada condição de credor devido à exportação de produtos primários e ao crescimento da indústria nacional, mas por falta de restrições alfandegárias e em razão do aumento das importações de bens manufaturados, isso resultou no desequilíbrio da balança comercial e praticamente no esgotamento das reservas monetárias do Brasil. Fato é que o custo de vida aumentou.

Ainda em relação à economia, no terceiro ano de mandato, Dutra propôs ao Congresso o Plano SALTE, destinado às áreas de saúde, alimentação, transporte e energia, a fim de ajustar os gastos públicos e reorganizar a destinação das verbas a serem aplicadas até 1953, que acabou sendo aprovado em 10 de maio de 1948. Diante dos laços estreitos com os Estado Unidos, diferentemente da política nacionalista do Estado Novo, prevalecia no País a adoção de uma diretriz liberal[413].

Mas o preço dessa política era alto. Com a valorização do cruzeiro e o aumento das importações, num primeiro momento a estratégia propiciou maior oferta de produtos e redução da inflação, mas em outro o Brasil não suportaria essa abertura comercial diante do aumento da dívida externa, visto que o Brasil era um país exportador de matérias-primas, sendo incapaz de compensar as importações. Logo, as reservas em moeda forte, acumuladas durante a Segunda Guerra, esvaíram-se[414].

[411] Cerqueira, Marcello, *A constituição na história*, cit., p. 502.

[412] Pilagallo, Oscar. *A história do Brasil no século 20 (1940-1960)*, cit., p. 47.

[413] Ibidem, p. 45.

[414] Ibidem, p. 45.

Mudou-se, então, a política econômica. Dutra passou a intervir na economia com veemência ao adotar o controle cambial para impedir a compra de bens de consumo no exterior. Numa fase seguinte, com o aumento das reservas brasileiras, o presidente passou a investir na industrialização, de forma que possibilitasse à indústria brasileira comprar equipamentos e máquinas importados livres do controle cambial do governo. Isso permitiu modernizar a indústria brasileira e capacitá-la a atender a uma demanda reprimida interna. Ao final, num surto de crescimento, o produto interno bruto (PIB) aumentou a uma taxa média anual de 8% nos três anos seguintes[415].

Outras medidas tomadas por Dutra – Encampou a Leopoldina Railway e as estradas de ferro deficitárias; inaugurou a Usina Volta Redonda em 1946, iniciada com Vargas; em agosto de 1947, inaugurou o penúltimo trecho da estrada de ferro Brasil-Bolívia; promoveu a pavimentação da Rodovia Rio-São Paulo (Presidente Dutra); comandou a instalação definitiva da Cia. Hidroelétrica do São Francisco. Em São Paulo, conduziu o processo de ascensão do café.

2.1.3.3 As eleições e a volta de Getúlio

Por volta de 1949, os partidos começaram a discutir os seus candidatos à presidência. Os indicados foram: Eduardo Gomes (UDN), João Mangabeira (PSB), Cristiano Machado (PSD) e Getúlio Vargas (PTB). Mesmo afastado e tendo praticamente abandonado o exercício parlamentar como senador, uma vez que passava a maior parte do seu tempo na própria fazenda de São Borja, Vargas, assediado ocasionalmente por políticos, planejava voltar à política de forma mais incisiva já que pelo menos nos muros das ruas de várias cidades seu retorno era requisitado pela população: "Ele voltará"[416].

[415] Ibidem, p. 46.
[416] Ibidem, p. 47.

A confirmação do plano do ex-presidente foi revelada em entrevista a Samuel Wainer[417], dos *Diários Associados,* de Assis Chateaubriand[418], publicada em manchete no dia 3 de março de 1949: "Eu voltarei como líder de massas"[419]. O lançamento da candidatura deu-se um ano depois, precisamente no dia 19 de abril de 1950, data do seu aniversário, por iniciativa de João Goulart (1919-1976), político gaúcho até então de pouca notoriedade, que transformou uma festa entre amigos na sua fazenda em evento político[420].

Nesse clima, Vargas adotou duas providências[421]:

> *"A primeira delas foi cuidar de não pulverizar os votos da massa eleitoral em mais de uma candidatura populista. Para tanto, firmou um acordo com Adhemar de Barros, que corria na mesma faixa. Adhemar surgira como interventor de São Paulo durante o Estado Novo, quando montou uma eficiente máquina partidária. Com essa base, elegeu-se governador em 1947 e poderia sonhar com uma candidatura à Presidência em 1950. O acordo, em suas linhas gerais, era simples: dessa vez, Vargas se elegeria com o apoio de Adhemar; na eleição seguinte, os papéis seriam trocados. O governador paulista indicou o candidato a vice. Tratava-se de João Café Filho. Vargas não confiava em*

417 Samuel Wainer (Samuel Haimovich Waine) (1912-1980) – Paulista, jornalista, fundador da revista "Diretrizes" de cunho antifascista que é fechada por Vargas em 1944. Entrevista Vargas após a sua derrubada (1945). Inicialmente colaborador dos "Diários Associados", acaba fundando o jornal "Última Hora", que passou a apoiar Getúlio Vargas na sua volta à presidência (1951). Foi submetido a uma CPI liderada pelo Deputado Carlos Lacerda, que o acusou de receber ajuda financeira do governo. Foi preso em 1955, contudo a sua rede de jornais sobreviveu. Foi cassado após o Golpe Militar de 1964 e exilou-se. Voltou ao Brasil em 1967, quando vende os seus jornais para saldar as dívidas adquiridas. Escreveu "Minha Razão de Viver", memórias que foram lançadas após a sua morte.

418 Francisco de Assis Chateaubriand Bandeira de Mello (1892-1968) – Paraibano, bacharel em Direito (Universidade de Recife), jornalista e político. Iniciou a carreira jornalística no "Diário de Pernambuco" e, posteriormente, conseguiu organizar um império jornalístico, com aproximadamente 100 jornais, revistas, estações de rádio e televisão (pioneiro em 1950). Passa a influenciar a política nacional com este conglomerado, a partir da década de trinta. Combateu Vargas e a criação da Petrobrás. Foi eleito senador pela Paraíba (1952) e Maranhão (1955). Foi diplomata exótico na Inglaterra. Morreu tetraplégico em São Paulo.

419 Pilagallo, Oscar. *A história do Brasil no século 20 (1940-1960)*, cit., p. 47-48.

420 Ibidem, p. 48.

421 Ibidem, p. 48.

Café, mas esse era o preço do acordo, e ele pagou a conta, pedindo votos ao companheiro de chapa (na época, votava-se separadamente no presidente e no vice).
A segunda providência foi se certificar de que, se eleito, tomaria posse. Não se tratava de uma preocupação descabida, como os acontecimentos logo se encarregariam de demonstrar. Para ter certeza de que as regras do jogo democrático seriam cumpridas, Vargas foi procurar aquele que daria a palavra final: o General Góis Monteiro. Cinco anos depois de ter liderado o Golpe que derrubara Vargas, Góis Monteiro, agora Chefe do Estado-Maior das Forças Armadas, deu o sinal verde ao ex-presidente. Sua candidatura não enfrentaria resistência dos militares, e o resultado da eleição seria respeitado"[422].

Getúlio Vargas, eleito presidente da República, obteve 3.849.040 votos (48,7% do total). O segundo colocado, o udenista Eduardo Gomes, conseguiu 2.342.384 votos (cerca de 30%). E o terceiro, Cristiano Machado, candidato oficial do PSD, 1.697.193 votos (pouco mais de um quinto do total).

2.1.4 Getúlio Dornelles Vargas (31-01-1951 a 24-08-1954). Vice: Café Filho – A Petrobrás – nacionalistas *versus* entreguistas

Durante o governo de Vargas (1882 – 1954), serão tomadas algumas medidas que indisporão o presidente com vários setores:

- A fixação do salário mínimo, em parceria com o ministro do Trabalho João Goulart, tido por parte da burguesia nacional como "comunista";
- A aprovação da criação da Petrobrás (Petróleo Brasileiro S.A), empresa responsável pela exploração e refino do petróleo, o que feriu os interesses dos Estados Unidos, que jamais aceitou o monopólio total sobre o petróleo em mãos brasileiras. Passaram a criticar o governo.

O *New York Times*, por exemplo, afirmou: "não é nenhum exagero dizer-se que, se o Brasil modificar sua política nacionalista para o fomento de seus recursos petrolíferos jacentes, sua economia poderia transfor-

[422] Ibidem, p. 48-49.

mar-se". Acrescentando paternalmente: "A nacionalização da indústria e do petróleo efetuado pelo governo de Vargas deixou de fora os investimentos estrangeiros, sem os quais não pode haver indústria petrolífera no país. O Brasil faria muito bem se estudasse a nova indústria petrolífera do Canadá, onde se recebe com agrado e se favorece capital estrangeiro... A Venezuela é um modelo de como uma nação pode beneficiar-se com uma inteligente regulamentação dos investimentos".

- Procurou fixar a remessa de lucros para o exterior, criticando o governo anterior por ter deixado sair do limite imposto de 8%;
- Não aceitou a criação de uma força interamericana de paz, proposta pelos EUA.

2.1.4.1 A economia

Durante sua campanha, Getúlio Vargas promoveu fortes críticas à política econômica de seu antecessor, atribuindo-lhe a responsabilidade pela crise cambial ao abrir totalmente o país a importações. Já na presidência, com o propósito de impulsionar a infraestrutura e a indústria brasileira, Vargas contou, inicialmente, com o apoio de grande parte da indústria nacional, formando aliança com a nova burguesia, representada pela Federação das Indústrias de São Paulo (Fiesp), que defendia a participação do Estado na economia, o protecionismo cambial e tarifário e a reserva de mercado.

Vargas, com o intuito de fomentar a industrialização do País, dando continuidade ao que havia iniciado na gestão anterior, a partir da Comissão Mista Brasil-Estados Unidos, criou em 1952 o Banco Nacional de Desenvolvimento Econômico, que 30 anos depois se chamaria BNDES ("S" de Social), um banco de fomento à indústria nacional. A referida instituição contava com dólares do Banco Mundial para financiar projetos de infraestrutura, um aporte que provinha do auge da Guerra Fria, na medida em que o governo norte-americano tinha interesse em ajudar países que se alinhavam contra o "inimigo comunista", a União Soviética.

Outra iniciativa desenvolvimentista que se tornou realidade foi a Petrobras. Enviado o projeto de lei ao Congresso no dia 6 de dezembro de 1951, a aprovação da Petróleo Brasileiro Sociedade Anônima deu-se somente em 1953, sendo precedida por amplos debates, oriundos, de um lado, por defensores dessa ideia, os nacionalistas, que defendiam o lema "O petróleo é nosso"; e, de outro, os liberais ou entreguistas, que defendiam a entrada de capital estrangeiro no setor e atacavam a perspectiva de monopólio estatal[423]. Os Estados Unidos, por exemplo, se colocarão contrários ao monopólio estatal do produto, que viram como uma medida "socializante".

Ocorre que o ritmo do processo de industrialização não era sustentável, haja vista que a entrada de dólares era insuficiente para equalizar financeiramente os investimentos no setor. Além disso, devido ao aumento das importações, em face do maior crescimento, surgiu nova crise cambial, e o maior nível de consumo pressionou a inflação. A crise econômica anunciava as dificuldades que Vargas enfrentaria, pois em 1953 uma onda de greves, motivada por reivindicações salariais, colocaria sua popularidade em risco[424]. As medidas nacionalistas tomadas por Vargas geraram o seguinte comentário de revista americana *Current History*: "É duvidoso que Getúlio acabe o seu mandato".

A crise política – Nesta fase, Vargas tinha contra si:

a) grande parte do povo que o havia eleito e que agora temia sob o peso da inflação
b) a UDN e partidos menores
c) todos os grupos partidários, que simpatizavam com "os entreguistas" e eram "amigos dos americanos"

[423] As discussões entre "nacionalistas" e "entreguistas" foram motivo de desgaste para Getúlio perante muitos setores, principalmente militares. Vale lembrar que o presidente propusera também a nacionalização de outros setores da vida econômica do País, a exemplo da energia elétrica, através da Eletrobrás, mas neste caso foi mal sucedido devido à pressão de grupos estrangeiros interessados na área. Algumas medidas relativas ao comércio exterior, em apoio à indústria nacional, concretizaram-se. Através da Carteira de Exportação e Importação do Banco do Brasil, a CEXIM, o Ministério da Fazenda exerceu rigoroso controle político-administrativo, no mercado de câmbio, tratando de canalizar o máximo das divisas disponíveis para a importação de máquinas e equipamentos para a indústria. FARIA, Antonio Augusto e BARROS, Edgard Luiz de. *Getúlio Vargas e sua época – Coleção História Popular n. 8*, São Paulo: Global, 1983, p. 73.

[424] Ibidem, p. 74.

d) a quase totalidade das Forças Armadas, principalmente a Marinha e Aeronáutica
e) toda a força dos *trusts* e monopólio que desejavam a sua queda.

A fim de superar esse momento de insatisfação popular e manter-se no poder, ele decidiu reformar o ministério em meados de 1953. Acrescente-se o fato de que o presidente recém-eleito, sem vínculo explícito com nenhum partido, encontrou um governo em momento delicado, pois enfrentava um centro desconfiado, uma direita de implacável oposição e um Exército até então neutro. Em busca de um consenso, distribuiu os cargos ministeriais a vários partidos, sem levar em conta se lhe haviam oferecido, ou não, apoio. Por exemplo, para a Agricultura, a adversária UDN; para o Ministério do Trabalho, João Goulart, um homem do PTB, partido pelo qual se elegera; para o Ministério da Fazenda, Horácio Lafer, este ligado a industriais paulistas com vinculação ao capital estrangeiro. Em suma, todas as frentes haviam conseguido presença em seu governo, seja de nacionalistas, de burgueses mercantis e capitalistas industriais, do patronato, seja do operariado[425].

A mudança ministerial de maior repercussão deveu-se ao nome de João Goulart, o *Jango,* para a pasta do Trabalho,a principal liderança trabalhista daquele período, quando deu mostras de que estaria a favor do trabalhador ao prometer dobrar o salário mínimo e apoiar os movimentos grevistas[426].

Além do fato de negociar com grevistas, a UDN condenava Goulart pelas medidas sociais: empréstimos do Instituto de Aposentadoria e Pensões dos Bancários (IAPB) às cooperativas e segurados; aumento dos limites para financiamento de imóveis aos associados dos institutos

[425] KOIFMAN, Fábio, *Presidentes do Brasil – de Deodoro a FHC,* cit., p. 405.

[426] Jango, ex-deputado e então presidente nacional do PTB, gozava da confiança de Getúlio. Natural de São Borja, era filho do sócio de seu irmão, Protásio; casado com sua sobrinha, Maria Thereza; fora iniciado na política por Vargas; apoiou a candidatura de Dutra na campanha de 1945. Mas devido a sua postura política de apoio à classe trabalhadora, era classificado como um comunista, um vermelho. Visto com desconfiança pelos liberais, cite-se o exemplo da manifestação do general Canrobert Pereira da Costa, duas vezes ministro interino da Guerra: "Aquela era uma provocação difícil de engolir". KOIFMAN, Fábio, *Presidentes do Brasil – de Deodoro a FHC,* cit., p. 406.

e caixas de aposentadorias e pensões; representação dos empregados no conselho fiscal do Instituto de Aposentadoria e Pensões dos Industriários (IAPI), dentre outras[427].

A oposição udenista não se conteve, principalmente a bancada no Congresso, intitulada "Banda de Música", pois acusava o ministro de subversivo por incentivar a luta de classes. A situação tornou-se insustentável a partir do momento em que mais de 80 coronéis demonstraram sua insatisfação por meio de manifesto porque os soldos se encontravam em patamar inferior ao novo salário nacional. Vargas, por isso, diante da forte pressão, demitiu Goulart em 23 de fevereiro de 1954[428].

2.1.4.2 A questão do jornal Última Hora e Samuel Wainer

A fim de se preservar, Vargas fomentou logo no início do seu governo a criação de um jornal que o apoiasse. A tarefa foi designada ao jornalista Samuel Wainer que, sem dinheiro, recorreu a empréstimos de empresários e políticos simpáticos ao governo e ao Banco do Brasil. Assim, em junho de 1951, surgia o jornal *Última Hora*, que acabou se tornando sucesso de vendas a ponto de incomodar os concorrentes. Nesse contexto, Carlos Lacerda passou a tratar o periódico como ameaça à "imprensa independente". Primeiro, promoveu a acusação de que Wainer não poderia ser dono de jornal por não ser brasileiro, como exigia a Constituição, mas romeno, visto que teria nascido na Bessarábia. Depois, alegou que o jornal teria sido irregularmente beneficiado pelo Banco do Brasil, por influência de Vargas[429].

427 Ibidem, p. 406.

428 Historiadores apontam que a reforma ministerial de 1953 fora conservadora, considerando-se a seguinte nomeação de ministros: José Américo de Almeida, da UDN, para a pasta da Viação e Obras Públicas; Oswaldo Aranha, simpatizante da UDN, para a da Fazenda; Vicente Rao, também simpatizante da UDN, para a do Exterior; Tancredo Neves, do PSD, para a da Justiça; e Antônio Balbino, do PSD, para a da Educação. O Ministro da Agricultura, João Cleófas, da UDN, manteve-se no cargo. *Vide* KOIFMAN, Fábio, *Presidentes do Brasil – de Deodoro a FHC*, cit., p. 406.

429 Ibidem, p. 406. A disputa entre o "Corvo", como Lacerda era chamado, e o "Bessarabiano", apelido que Wainer ganhou, se tornou uma das mais cruentas da imprensa brasileira, reunindo dois contendores que entraram para a história do jornalismo.

Diante de tamanha conturbação, instaurou-se uma Comissão Parlamentar de Inquérito (CPI) para apurar as denúncias envolvendo o *Última Hora* a pedido do próprio Wainer, com a anuência de Vargas. Apesar de o governo contar com maioria no Congresso, o assunto ganhou repercussão. O próprio jornalista admitiria, em suas memórias, a atitude precipitada: "Eu deveria ter percebido que a maioria governista no Congresso era fictícia – muitos deputados não hesitariam em atraiçoar o presidente. (...) Lacerda compreendeu imediatamente que a CPI lhe forneceria o palco ideal para o show de falso moralismo que sempre soube encenar"[430].

Em seu jornal no Rio de Janeiro, *Tribuna da Imprensa,* Lacerda[431] abria espaço aos discursos ofensivos dos parlamentares da Banda de Música, do Clube da Lanterna (lacerdistas exacerbados) e intensificava seus ataques a Vargas, tendo popularizado a expressão "mar de lama" ao se referir ao governo[432]. Mas os ataques não surtiram o efeito desejado, visto que o presidente escapou do processo de *impeachment*, ainda que, em 1953, a CPI tivesse concluído pela irregularidade no empréstimo do Banco do Brasil, mas sem participação de Vargas na operação[433].

Partindo para a última opção, na medida em que o cerco continuava a se fechar, Vargas aproveitou a comemoração do Dia do Trabalho, em 1º de maio de 1954, para anunciar que o salário mínimo, corroído pela inflação, seria dobrado. Abraçara a proposta de Goulart, lançada dois meses antes. No mês seguinte, os integrantes do núcleo, então representados pelo líder da UDN, Afonso Arinos, propuseram, de novo, o *impeachment*

[430] Ibidem, p. 406.

[431] "Era necessário derrubar o populista que pretendia chamar para si as massas e fazer uma política antiamericana". As acusações divulgadas nos jornais eram violentas contra Vargas, que terá como crítico o jornalista Carlos Lacerda.

"No Congresso e na imprensa apreciam as denúncias de escândalos de financiámentos do Branco do Brasil. De malversações de dinheiro públicos que envolviam políticos ligados ao governo, enfim a prática da corrupção que data dos tempos coloniais"...

[432] Carlos Lacerda opunha-se a Vargas com a mesma força com que, no passado, defendia ideias de esquerda. Tendo iniciado a vida política como militante comunista, foi expulso do PCB no final dos anos 1930 e, ao falhar na tentativa de se reintegrar ao partido, acabou se transformando na principal voz da direita golpista. KOIFMAN, Fábio, *Presidentes do Brasil – de Deodoro a FHC*, cit., p. 407.

[433] Ibidem, p. 407.

ao Congresso, sob o argumento de corrupção, mas não obtiveram êxito nessa tentativa, ao ser o pedido rejeitado por 136 votos a 35 em junho de 1954[434].

Devido a este clima, em fevereiro de 1954, aparecia o "Manifesto dos Coronéis" que criticavam o aumento dos salários mínimos, decretado por Jango (que foi afastado, pois acusam-no de estar desejando criar um república sindicalista, semelhante à de Juan Péron, na Argentina). Tramava-se um golpe, faltava apenas uma oportunidade para explodir o complô.

2.1.4.3 Gregório Fortunato e o atentado da Rua Toneleros

A ruína do governo Vargas deu-se após a versão do atentado a Carlos Lacerda, no dia 5 de agosto, atribuído ao chefe da segurança pessoal do presidente, Gregório Fortunato. Wainer, que o havia conhecido em São Borja, nos tempos da reclusão de Getúlio em sua estância, escreveu em seu livro, *Minha razão de viver*:

> "*Instalado num chalé na entrada do Catete, Gregório vivia recebendo homenagens de figurões interessados em ver facilitado o acesso ao presidente. Homem primitivo, ele não soube compreender os reais motivos daqueles afagos, e deixou-se seduzir pela maciez do poder. A certa altura, considerou-se inatingível e passou a circular com inteiro desembaraço, agindo à revelia do presidente. Esse equívoco irremediável contribui para explicar a tragédia da rua Toneleros. Certamente influenciado por pessoas que não eram amigas do presidente, Gregório concluiu que a melhor maneira de ajudar Getúlio era eliminar Carlos Lacerda. A mente primária do guarda-costas não poderia avaliar as consequências do plano arquitetado nas sombras do Catete*"[435].

O referido "atentado" a Lacerda ocorreu na rua Toneleros, em Copacabana, cujos disparos, na verdade, causaram a morte de seu segurança, ora de plantão, o major da Aeronáutica, Rubens Vaz. Segundo CRUZ COSTA, o fato se desenvolveu da seguinte forma: "*Carlos Lacerda, diretor d'A Tribuna da imprensa, o jornal que mais rudemente atacava Vargas e seu governo, regressava na madrugada de 05 de agosto de 1954, de uma reunião em que falaram no Colégio São José. Acompanham-no, um de seus filhos e o major*

[434] Ibidem, p. 407.
[435] Ibidem, p. 408.

da aeronáutica, Rubens Florentino Vaz. Despediam-se à porta de residência de Lacerda, à rua Toneleros, em Copacabana, quando alguém disparou um tiro que atingiu o jornalista em um pé. O major, dando volta em torno do seu carro, surpreendeu então o pistoleiro e avançou para ele. Novo disparo de revólver e o oficial caía, mortalmente ferido. O agressor, aproveitando a escuridão, fugirá em um táxi, ferindo antes, porém, um guarda municipal que tentara detê-lo. Tinha início nessa madrugada, com a morte do oficial aviador, uma crise muito séria para o governo. Este, no dia seguinte, quando foi noticiado o ocorrido, publicava uma nota em que declarava que o agressor, qualquer que ele fosse e custasse o que custasse, seria severamente punido. Assim, para acompanhar o inquérito iniciado, foi designado um promotor público, e pela aviação militar, um de seus coronéis. No dia 8 a trama do crime começou a ser esclarecida: soube-se que o táxi em que o criminoso fugira estacionava em um ponto de táxis perto do palácio do Catete e que seu motorista habitualmente servia os homens da guarda pessoal do presidente da República. Jornais, estações de rádio e de TV não cessavam de difundir notícias sobre o "crime da rua Toneleros", e a tecer conjecturas as mais variadas insinuando a imprensa da oposição ou claramente indicando que o crime fora arquitetado no palácio da presidência da república, por Vargas ou por um de seus filhos. Os companheiros de farda do major Vaz puseram-se então, por sua própria conta, à caça do assassino que afinal, em 17 de agosto foi preso no Estado do rio no meio do mato, verdadeiramente apavorado, e confessou haver sido o mandante do crime, o negro Gregório Fortunato, de São Borja, era o chefe da guarda pessoal do presidente. Na base aérea do Galeão onde se realizava o inquérito à revelia da polícia (e por isso foi chamada de República do Galeão), verificou-se que outros implicados no atentado a Lacerda e na morte do oficial pertenciam à guarda pessoal de Vargas. Este, quando teve, estarrecido, notícia desses fatos, dissolveu a guarda e mandou abrir o palácio do Catete para as buscas que pudessem ser necessárias, nada ocultando ou procurando ocultar. Chamado à sua presença o encarregado do inquérito na aeronáutica, coronel João Adyl de Oliveira, deste ouviu o relato completo dos fatos apurados. Quando o coronel terminou, Vargas, com a fisionomia contristada, disse: "tenho a impressão de me encontrar sobre um mar de lama"[436]. Já então a autoridade do presidente da República estava reduzida a frangalhos.

[436] Costa, Cruz. *Pequena história da República*, cit., p. 166-168.

Em 21 de agosto, o vice-presidente da República, João Café Filho, procurava Vargas para propor-lhe, em vista do clamor que se levantava na câmara, na imprensa e nos meios militares a renúncia de ambos, o que o presidente recusou terminantemente, afirmando então, que do Catete só sairia morto. A Tancredo Neves, seu Ministro da Justiça e ao deputado Gustavo Capanema, seu velho colaborador, diria dois dias mais tarde: "o problema de deixar ou não o governo parece-me secundário. A questão está em sair com honra. Não posso sair do governo enxovalhado, com essa pecha de condescendente com o roubo e o homicídio. Tenho que ficar no governo enquanto for necessário para defender o meu nome". No dia 22, o Clube da Aeronáutica, em assembleia presidida pelo brigadeiro Eduardo Gomes, exigia a renúncia de Vargas, o mesmo fazendo a Marinha. Em 23, estando o presidente a despachar o Ministro da Justiça, foi informado que Café Filho relatava naquele momento no Senado, a proposta que lhe fizeram, dois dias antes, e revelava ainda que consultara vários lideres políticos e militares e que, de "nenhum destes líderes, tanto de forças políticas como de forças armadas, recolhe qualquer prova de garantia ou segurança, já não digo sobre a viabilidade de uma recuperação da autoridade do governo, tão duramente comprometida" – o que deixou estupefato não só a Vargas mas as demais pessoas que com ele ali se encontravam[437].

Nesse mesmo dia 23, que já estava a terminar, 32 generais repudiavam a fórmula conciliatória lembrada, a de um "afastamento temporário" de Vargas, exigindo a renúncia imediata e definitiva. Foi convocado então o ministério na madrugada de 24 e não havendo este chegado claramente a uma decisão, resolveram os ministros publicar uma nota (que Getúlio Vargas não leu) na qual se dizia que o presidente aceitava a licença, passando o governo ao seu substituto legal desde que fosse mantida a ordem, respeitados os compromissos solenemente assumidos perante a nação pelos oficiais generais de nossas forças armadas. Em caso contrário, persistiria inabalável o seu propósito de defender as prerrogativas constitucionais, com o sacrifício, se necessário da própria vida. Fora autor da ideia da licença como formula conciliatória, o genro de Vargas, Amaral

[437] Ibidem, p. 168.

Peixoto. Por sua vez, sem ferimentos graves, ainda no hospital, Lacerda providenciou a publicação de um artigo na *Tribuna da Imprensa*:

"(...) acuso um só homem como responsável por este crime. É o protetor dos ladrões, cuja impunidade lhe dá a audácia para atos como o desta noite. Esse homem chama-se Getúlio Vargas"[438]. Aberto inquérito policial militar pela Aeronáutica, suspeitava-se de Gregório Fortunato, o "Anjo Negro do Catete", e não se provou que Getúlio teria sido o mandante do crime[439].

Soube-se que, em 11 de agosto, no Hotel Serrador, no Rio de Janeiro, o vice-presidente Café Filho acertou com Carlos Lacerda os detalhes do novo governo na hipótese de renúncia ou impedimento de Vargas[440]. Depois, no dia 22 de agosto de 1954, por meio de nota, a Ordem dos Advogados do Brasil (OAB) acenou publicamente pela renúncia do presidente, evidenciando o conturbado momento político por que ele se submetia. Por sua vez, o vice-presidente da República apresenta ao Senado, então oficialmente, as razões que o levavam a propor a renúncia conjunta de Vargas e dele próprio. E o ex-presidente Dutra declarava à imprensa:

> *"A renúncia é a única solução capaz de tranquilizar o País... não há como negar que ele tem contra si, no momento presente, a opinião pública; e a um governo que não tenha a seu favor a opinião pública não resta outro caminho senão a renúncia, ainda que dispusesse de elementos materiais para resistir"*[441].

438 KOIFMAN, Fábio, *Presidentes do Brasil – de Deodoro a FHC*, cit., p. 408.

439 O caso de Gregório Fortunato lembra um pouco, guardadas as épocas e a história, a do pedreiro Adélio Bispo dos Santos que, em 6 de setembro de 2018, em plena campanha eleitoral, atacou a facadas o então líder nas pesquisas à eleição presidencial, Jair Bolsonaro (PSL). Atingido por um golpe na altura do abdômen, o candidato foi socorrido e o agressor preso. O caso, que ocorreu na cidade mineira de Juiz de Fora, contribuiu para humanizar a figura de Bolsonaro, tido como um defensor da ditadura militar, que ganhou mais força após o episódio. Na ocasião, ele estava com pouco mais de 20% das intenções de voto e começava a sofrer ataques dos seus adversários. Após o ocorrido, os ataques cessaram e ele acabou o primeiro turno com 46% dos votos válidos. Não participou dos debates na TV, o que foi considerado uma grande vantagem para sua candidatura, enfim vitoriosa.

440 KOIFMAN, Fábio, *Presidentes do Brasil – de Deodoro a FHC*, cit., p. 409.

441 Ainda que não estivesse atuando na política, Dutra exercia influência sobre militares e civis que participaram de seu governo. Fato é que no mesmo dia 22 de agosto os

O suicídio de Vargas, em 24 de agosto de 1954, foi também seu último ato de estadista. Não teria sido ditado pelo desespero de ocasião, mas determinado por onze dias de reflexão, visto que foi no dia 13 de agosto que a filha do presidente, Alzira, se assustou ao ler um rascunho escrito a lápis pelo pai:

> *"Deixo à sanha dos meus inimigos o legado da minha morte. Levo o pesar de não haver podido fazer por este bom e generoso povo brasileiro, e principalmente pelos mais necessitados, todo o bem que pretendia"*[442].

A mesma sugestão de morte foi transmitida por outro filho de Getúlio, Manuel ("Maneco") Vargas, ao jornalista Samuel Wainer na noite de 22 de agosto:

> *"Cabisbaixo, abúlico, Maneco era a imagem do regime agonizante. Getúlio queria saber se eu estava disposto a lançar o jornal à frente de uma contraofensiva destinada a conter o Golpe em marcha. Disse a Maneco que resolvera ficar com o presidente até ao fim, até porque não me restava qualquer outra saída. Maneco então contou-me que naquela manhã, durante a reunião do Ministério, Getúlio fizera uma declaração patética: 'Só morto sairei do Catete'".* WAINER, Samuel. Minha razão de viver. Rio de Janeiro: Record, 1988, p. 202-203).

A manchete do jornal *Última Hora* do dia 23 de agosto de 1954 foi "Getúlio ao Povo: Só Morto Sairei do Catete".

A última reunião do Ministério de Vargas aconteceu na madrugada de 23 para 24 de agosto, quando todos se posicionaram sobre o curso dos acontecimentos. Por exemplo, Tancredo Neves, Ministro da Justiça, opôs-se à renúncia e invocou os militares a permanecerem ao lado do presidente, apesar de o ministro da Guerra, Zenóbio da Costa, ter dito a Vargas que as Forças Armadas eram favoráveis à renúncia. Já Oswaldo Aranha, ministro da Fazenda, demonstrando solidariedade, sugeriu que Getúlio poderia resistir ao preço de sua própria vida; ou convocar aqueles

brigadeiros lotados no Rio de Janeiro, reunidos no Clube da Aeronáutica, assinaram um abaixo-assinado pela renúncia do presidente. Ibidem, p. 409.

[442] Ibidem, p. 408.

que demonstravam fidelidade para resistir militarmente a qualquer ameaça de golpe; ou, por fim, renunciar caso entendesse ser essa a melhor opção[443].

Também participando da reunião, a filha do presidente, Alzira Vargas, censurou Zenóbio por sua postura ambígua. Ele e os outros ministros militares argumentaram, em resposta, que não seriam obedecidos pelas tropas se lhes ordenassem resistir ao golpe iminente[444].

Ao fim da reunião, Getúlio disse:

> *"Já que o Ministério não chega a nenhuma conclusão, eu vou decidir. Determino que os ministros militares mantenham a ordem pública. Se conseguirem, eu apresentarei o meu pedido de licença. No caso contrário, os revoltosos encontrarão aqui dentro do Palácio o meu cadáver"*[445].

Com autorização de Getúlio, Tancredo Neves emitiu a seguinte nota, que seria divulgada a partir das 4h45 da madrugada do dia 24:

> *"Deliberou o presidente Vargas, com integral solidariedade dos seus ministros, entrar em licença, passando o governo a seu substituto legal, desde que seja mantida a ordem, respeitados os poderes constituídos e honrados os compromissos solenemente assumidos perante a Nação pelos oficiais generais das nossas Forças Armadas. Em caso contrário, persistirá inabalável no seu propósito de defender as prerrogativas constitucionais com o sacrifício, se necessário, da própria vida"*[446].

2.1.4.4 O suicídio e a carta

Na tarde de 23, Vargas ainda recebera o escritor Augusto Frederico Schmidt e lhe dissera estar tranquilo. "Como tranquilo??" – surpreendeu-se o poeta – "não me faça ilusões sobre o momento". "Conheço a gravidade de tudo, mas assim mesmo estou tranquilo. Não são os acontecimentos de forma que nos perturbaram, mas o que esta em nós mesmo. O difícil, e que provoca a indecisão, é a necessidade de tomarmos uma resolução.

[443] Ibidem, p. 409.
[444] Ibidem, p. 410.
[445] Ibidem, p. 410.
[446] Ibidem, p. 410.

Mas quando, enfim, nos resolvemos, quando sabemos para onde vamos, e que devemos fazer, isso nos tranquiliza. Eu sei o que devo fazer e para onde eu vou e é para isso que lhe digo que estou tranquilo"[447]. Pouco depois das oito da manhã do dia 24 de agosto, Getúlio suicidou-se com um tiro no coração, de posse de um envelope contendo uma carta-testamento. Seu ato acarretou um clima de comoção em toda a nação.

A carta-testamento, um dos mais importantes documentos políticos da história do Brasil inicia com a seguinte frase; "*Mais uma vez as forças e os interesses contra o povo coordenaram-se e novamente se desencadeiam sobre mim. Não me acusam, insultam; não me combatem, caluniam, e não me dão o direito de defesa. Precisam sufocar a minha voz e impedir a minha ação, para que eu não continue a defender, como sempre defendi, o povo e principalmente os humildes. Sigo o destino que me é imposto. Depois de decênios de domínio e espoliação dos grupos econômicos e financeiros internacionais, fiz-me chefe de uma revolução e venci. Iniciei o trabalho de libertação e instaurei o regime de liberdade social. Tive de renunciar. Voltei ao governo nos braços do povo. A campanha subterrânea dos grupos internacionais aliou-se à dos grupos nacionais revoltados contra o regime de garantia do trabalho. A lei de lucros extraordinários foi detida no Congresso. Contra a justiça da revisão do salário mínimo se desencadearam os ódios*".

A seguir, fez a defesa das estatais que criou, em especial, a empresa de petróleo: *quis criar liberdade nacional na potencialização das nossas riquezas através da Petrobrás e, mal começa esta a funcionar, a onda de agitação se avoluma. A Eletrobrás foi obstaculada até o desespero. Não querem que o trabalhador seja livre. Não querem que o povo seja independente. Assumi o Governo dentro da espiral inflacionária que destruía os valores do trabalho. Os lucros das empresas estrangeiras alcançavam até 500% ao ano. Nas declarações de valores do que importávamos existiam fraudes constatadas de mais de 100 milhões de dólares por ano. Veio a crise do café, valorizou-se o nosso principal produto. Tentamos defender seu preço e a resposta foi uma violenta pressão sobre a nossa economia, a ponto de sermos obrigados a ceder. Por fim, dirigiu-se à população e aos inimigos.* E aos que pensam que me derrotaram respondo com a minha vitória: era escravo do povo e hoje me liberto para a vida eterna. Mas esse povo de quem fui escravo não mais será escravo de ninguém. Meu sacrifício ficará para sem-

[447] Costa, Cruz. *Pequena História da República*, cit., p. 170.

pre em sua alma e meu sangue será o preço do seu resgate. Lutei contra a espoliação do Brasil. Lutei contra a espoliação do povo. Tenho lutado de peito aberto. O ódio, as infâmias, a calúnia não abateram meu ânimo. Eu vos dei a minha vida. Agora vos ofereço a minha morte. Nada receio. Serenamente dou o primeiro passo no caminho da eternidade e saio da vida para entrar na História".

Entende-se que o retorno de Vargas à presidência, com sua marca populista, trouxe ao processo econômico a injunção dos aspectos políticos, representados pela presença do sindicalismo e tudo aquilo que ele poderia representar como elemento de pressão e interferência[448]. Este é o relato superficial dos acontecimentos que encheram quase 21 anos da história brasileira. Em outro plano, mais profundo, de mais difícil análise, desenrolaram-se e continuam a se desenrolar outros acontecimentos bem mais importantes, por certo, que estes, apenas aparentemente mais vivos. Vargas coincidiu com uma encruzilhada da história do país. Quando retornou ao poder, em 1951, ele trazia para o seu governo as contradições agravadas e aprofundadas entre o novo e o velho. Essas contradições perduraram nos dez anos que se seguiram à sua morte. E aí estão, como é fácil de ver.

Com o suicídio após a divulgação da carta testamento de Vargas pela mídia, houve distúrbios no Rio, São Paulo e Porto Alegre. Os seus inimigos ficaram apreensivos pois a vitória lhes custará a ira popular e gerará insegurança no golpe de estado que estava em andamento. Com os acontecimentos haveria a ascensão ao poder de Café Filho, secundado pelo brigadeiro Eduardo Gomes e Amorim do Vale. Revoltada, a população atacou jornais antivarguistas e protestou nas ruas.

[448] O getulismo vinculava-se ao nacionalismo econômico, por isso, durante as atribulações do momento político quase ao final de governo, só restava-lhe ampliar o intervencionismo estatal. Nesse contexto, a edição do Plano Aranha, que estabeleceu um rígido controle sobre os créditos fornecidos às indústrias e o monopólio governamental na compra e venda das divisas eventualmente acumuladas, com os lucros do comércio exterior; e o Plano Laffer, que postulou a obtenção de um empréstimo de 1.000.000 de dólares a serem aplicados nos setores básicos e carentes de capital. *Vide* LOPEZ, Luiz Roberto, *História do Brasil contemporâneo*, cit., p. 102.

2.1.5 João Fernandes Campos Café Filho (24-08-1954 – 08-11-1955) – Conservadorismo e entreguismo

Café Filho (1899 – 1970), ao tomar posse, assumiu o compromisso de garantir eleições legislativas para outubro e, um ano depois, para presidente da República, mas o cenário aparentemente mais calmo acabaria, depois, marcado por uma crise emblemática sem precedentes[449].

O novo presidente vai formar um governo com os membros da UDN, partido inimigo de Vargas. No Ministério da Fazenda colocará Eugênio Gudin, economista famoso por seu conservadorismo. A essa altura os jornais americanos escreviam, como o *Wall Street Journal*: "Funcionários americanos predizem que Café Filho pode eventualmente abrir a possibilidade de investimentos de interesses estrangeiros nas indústrias de petróleo e da energia do Brasil".

O acordo de cooperação atômica-Brasil-Estados Unidos, sairá posteriormente, em 3 de agosto de 1955. Em seguida, houve a rescisão da lei 2004, a respeito dos minérios e petróleo, que facilitou a vida das multinacionais do setor.

Portanto, o presidente recém-empossado adotou o modelo econômico udenista, ou seja, o de dependência estrangeira, frontalmente contrário ao do governo anterior, pois, a começar pela Instrução n. 113, baixada pela SUMOC (Superintendência da Moeda e do Crédito), a qual criou uma série de facilidades e isenções para o capital estrangeiro no País, o ministro da Fazenda iniciou rígida política de estabilização monetária, baseada na restrição ao crédito e no corte de despesas públicas, para conter o ímpeto inflacionário[450].[451]

[449] Koifman, Fábio (Coord.), *Presidentes do Brasil – de Deodoro a FHC*, cit., p. 428.

[450] Essa resolução seria fundamental para a política econômica de Juscelino Kubitschek no período presidencial seguinte.

[451] Nos dias de hoje (2018), um vice-presidente também assumiu o governo no lugar do titular, no caso o então vice-presidente Michel Temer (MDB), que assumiu o cargo em substituição à petista Dilma Roussef, que sofreu impeachment, e fez um governo diametralmente oposto ao da titular, aliando-se aos rivais eleitorais do PSDB, opositores do PT governista da presidente. Assim como Café Filho, também levaria a pecha de "traidor" por parte dos que foram derrubados. Antes dele, outros dois peemedebistas, José Sarney e Itamar Franco, assumiram o mandato em substituição, respectivamente, aos presidentes

Além dessa vinculação do desenvolvimento nacional ao capital estrangeiro, outro fator representativo de mudança na economia foi a queda no preço do café, que resultou na diminuição de recursos provenientes da exportação para sustentar importações de bens intermediários e a industrialização interna por meio dos tradicionais mecanismos de transferência de renda. Sem contar que, a partir de 1955, o capital americano tornou-se ainda mais disponível, uma vez que o processo de reconstrução da Europa havia terminado[452].

Com um governo composto por conservadores, o novo presidente era visto com bons olhos pelos jornais americanos.

2.1.5.1 A crise – evolução dos acontecimentos

Enquanto isso, os partidos políticos preparavam-se para a presidência da República. Conforme as eleições de 3 de outubro se aproximavam, líderes pessedistas, como Nereu Ramos, Benedito Valadares, Edgar Batista, e udenistas, como Carlos Lacerda, propuseram ao presidente que adiasse as eleições para o ano seguinte, pois alegavam que o suicídio de Vargas resultaria na votação em massa dos candidatos do PTB[453].

Café Filho recusou tal proposta e alegou que as eleições ocorreriam nas datas previstas pela Constituição. Concorriam ao pleito Juscelino Kubitschek de Oliveira (o JK do PSD e PTB), Juarez Távora (UDN), Ademar de Barros (PSP) e Plínio Salgado (Partido Integralista). Os eleitos foram JK, presidente, e João Goular, o Jango, vice, apoiados pelo PSD-

Tancredo Neves (morto antes de tomar posse) e Fernando Collor, que também sofreu impeachment.

[452] Tratou-se Café Filho de um vice-presidente a contragosto de Getúlio Vargas, uma vez que este preferia o general Góis Monteiro, ministro da Guerra e chefe do Estado-Maior do Exército durante sua gestão, isto porque evitaria novos problemas com os militares.

[453] Ao contrário do que Lacerda previa, nas eleições legislativas o PSD passou de 112 para 114 cadeiras, apenas. E o PTB, de 51 para 56. Na prática, não se tratou de uma vitória avassaladora, como dissera o líder udenista. Keller, Vilma (colab. especial). "*Café Filho*" (verbete). Rio de Janeiro: CPDOC | FGV – Centro de Pesquisa e Documentação de História Contemporânea do Brasil. Extraído de http://www.fgv.br/cpdoc/acervo/dicionarios/verbete-biografico/joao-cafe-filho. Acesso em 18 dez 2019.

-PTB[454]. A partir desse momento uma série de tramas tenta impedir a posse de ambos . Carlos Lacerda, por sua vez, defendia o fechamento do Congresso. JK teve 3.077.411 (35,68%) votos ante 2.610.462 (30,27%) de Távora e 2.222.725 (25,77%) de Ademar de Barros. O último colocado, Plínio Salgado, ficou com 714.739 votos, o equivalente a 8% do total. Na eleição à vice-presidência, Jango obteve 3.591.409 votos (44,25%) à frente de Mílton Campos (UDN), que ficou com 3.384.739 (41,70%) e Danton Coelho (PSP), que teve 1.140.261 (14,05%). Portanto, o vice teve votação maior que a do titular[455].

Os fatos a seguir colaboraram para o aprofundamento da crise política:

- Em 1º de novembro – o coronel Jurandir Bizarria Mamede, membro da Escola Superior de Guerra, no enterro do general Canrobert Pereira da Costa (antigo ministro do general Dutra), discursou violentamente contra os candidatos recém-eleitos e alegou que aquela eleição se tratava de uma farsa, manifestando-se contra a posse.
- 2 de novembro – em um momento ideal para não comprometer-se com o golpe que estava sendo preparado, Café Filho foi acometido de complicações cardíacas. Carlos Luz, Presidente da Câmara, assume interinamente a Presidência.
- Em 9 de novembro – o general Henrique Teixeira Lott, ministro da Guerra, pede a prisão do coronel Mamede, mas não é recebido pelo presidente interino Carlos Luz; por isso, supondo o envolvimento deste no golpe, renuncia ao cargo, mas, em seguida, arrepende-se e prepara um contragolpe, juntamente com outros militares, que não aceitavam o "regime de exceção da UDN". O episódio de 11 de novembro ficou famoso como o "golpe preventivo", que visava evitar outro golpe. Lott se tornou conhecido como o Marechal da Legalidade.
- 11 de novembro – as tropas, um total de 25 mil homens, vão às ruas em pontos estratégicos, e Carlos Luz é deposto, frustrando o plano

[454] Naquela época, a legislação eleitoral permitia a votação em presidente e vice de partidos diferentes.

[455] Fonte: secretaria do IBGE no Tribunal Superior Eleitoral (TSE) e KOIFMAN, Fábio, (coord.), Presidentes do Brasil, – de Deodoro a FHC , cit., p. 482-483.

de Carlos Lacerda de impedir a posse dos eleitos. Assume o vice-presidente do Senado, Nereu Ramos, que solicitou a instauração de estado de sítio ao Congresso, a qual se efetivou em 25 de novembro[456]. A essa altura os ex-governantes fugiram, sob proteção da Marinha, no cruzador Tamandaré, para Santos. Pretendiam resistir, com a ajuda do brigadeiro Eduardo Gomes (Aeronáutica), líder da UDN, mas falharam em seus objetivos, já que o Exército dominava todo o país. Carlos Luz, Carlos Lacerda e o coronel Mamede chegaram a se refugiar no barco de guerra[457].

- 21 de novembro – Café Filho foi impedido pelos generais de retomar o poder, ante o consenso do Congresso. O Exército iria garantir a posse dos eleitos. Nereu Ramos permanecerá no cargo até 31 de janeiro de 1956, quando passou a faixa a JK.

2.1.6 Carlos Coimbra da Luz – um governo relâmpago (8/11 a 11/11/1955) – A crise se aprofunda com o Legislativo

Atribui-se a Carlos Luz (1894 – 1961) a atitude de permitir a ação daqueles que visavam impedir a posse dos eleitos. Na verdade, o presidente interino havia se oposto à candidatura de JK e assumia a Presidência em meio a uma crise política que girava exatamente em torno da vitória do político mineiro. Na sua posse, os grandes nomes da UDN estavam presentes. Em vez de resolver a crise militar, Carlos Luz aprofundou-a[458].

Luz deixara o ministro da Guerra, o general Lott, esperando numa sala por 2 horas, ocasião em que este exigia a punição do coronel Mamede em razão de seu discurso ameaçador à eleição de JK e Jango. Diante da inércia do presidente, Lott renunciou, sendo nomeado para o Ministério da Guerra o general da reserva Álvaro Fiúza de Castro, que aguardava na

[456] Sob a proteção de alguns militares da Marinha e o apoio do Brigadeiro Eduardo Gomes da Aeronáutica, os governantes depostos, com a intenção de impor resistência, fogem para Santos, mas são contidos devido ao domínio do Exército por todo o País.

[457] No dia 9 de novembro, nas páginas do seu jornal Tribuna da Imprensa, Lacerda diria: "estes homens (JK e Jango) não podem tomar posse. Não podem tomar posse nem tomarão posse". No jornal O *Globo* na edição de 11 de novembro de 1955, a manchete da edição extra era: "Ocupada a cidade pelo Exército, sob as ordens de Lott. Destituídos o sr. Carlos Luz e entregue a presidência ao sr. Nereu Ramos".

[458] Koifman, Fábio (Coord.), *Presidentes do Brasil – de Deodoro a FHC*, cit., p. 443.

sala ao lado daquela em que ocorria a audiência. A transmissão do cargo foi marcada para as 16h do dia seguinte[459].

Na mesma noite, em conversa com o general Odylio Denys – comandante da Zona Militar Leste –, Lott foi sondado sobre um possível golpe. Na manhã seguinte, tomou conhecimento da movimentação militar contra o presidente, a partir de plano elaborado desde o mês de maio por Denys, o que levou o Exército a impedir o golpe[460]. A seguir, o Congresso declarou Carlos Luz impedido de exercer a Presidência. Diante disso, após decisão na noite de 11 de novembro de 1955 entre os insurgentes, resolveram retornar ao Rio de Janeiro, tendo Carlos Luz solicitado ao brigadeiro Eduardo Gomes que suspendesse toda a ação de resistência[461].

2.1.7 Nereu de Oliveira Ramos (11/11/1955 a 31/01/1956) – o governo tampão

Nereu Ramos (1888-1958), Vice-Presidente do Senado, segundo a ordem de sucessão, assume a Presidência da República. Pouco depois, o Congresso declarou o impedimento de Café Filho. Nereu Ramos permaneceu no cargo até 31 de janeiro de 1955, quando Juscelino Kubitschek finalmente tomou posse. A pedido dos ministros militares legalistas, Nereu Ramos decretou estado de sítio nos termos da Lei n. 2.654, de 25 de novembro de 1955[462]. No entanto, cumpre lembrar que durante o período de campanha, a partir de 24 de agosto de 1954, Carlos Lacerda era favorável a um golpe de Estado e defendia que o Congresso permanecesse em recesso. E logo depois de conhecidos os resultados das eleições de 3 de outubro, o jornalista e deputado passou a pregar o golpe de forma

[459] Ibidem, p. 443.

[460] Ibidem, p. 444.

[461] Ibidem, p. 444.

[462] Segundo a Constituição, a duração do estado de sítio era de um mês, mas os ministros Lott e Alves Câmara, da Guerra e da Marinha, queriam a prorrogação. Como Nereu Ramos não aceitou os termos da proposta, diante do silêncio de JK, que estava em Paris, o PSD, partido do futuro chefe de governo, formulou o referido pedido, sendo suspenso o estado de sítio depois que Juscelino e João Goulart tomaram posse. Koifman, Fábio (Coord.), *Presidentes do Brasil – de Deodoro a FHC*, cit., p. 456.

mais incisiva, com o objetivo de impedir a posse de Juscelino e de João Goulart[463].

2.1.8 Juscelino Kubitschek de Oliveira (JK) (1956-1961). Vice: João Belchior Goulart – o presidente bossa nova

Juscelino Kubitschek de Oliveira (1902 – 1976) nasceu em Diamantina, Minas Gerais. Filho de um caixeiro-viajante e de uma professora, formou-se como médico na cidade de Belo Horizonte, em 1927. Fez curso e estágio complementares em Paris e Berlim em 1930 e casou-se com Sara Lemos em 1931.

Começou a trabalhar como capitão-médico da Polícia Militar, quando fez amizade com o político e futuro governador Benedito Valadares. Nessa condição, lutou contra São Paulo, nas tropas mineiras. Nomeado interventor federal em Minas, em 1933, Valadares colocou o amigo como seu chefe de gabinete. A seguir, Kubitschek foi eleito deputado federal (1934-1937), nomeado prefeito de Belo Horizonte (1940-1945) e realizou obras de remodelação da capital.

Após uma gestão como deputado constituinte, em 1946, pelo PSD (Partido Social Democrático), foi eleito governador em Minas Gerais (1950 a 1954). Venceu a eleição para presidente da República com 36% dos votos, numa coligação PSD-PTB com o slogan "Cinquenta Anos em Cinco".

Quando terminou o mandato, JK, como era conhecido, foi eleito senador por Goiás em 1962, mas teve seu mandato cassado e seus direitos suspensos, em 1964, pelo regime militar. Morreu em um desastre automobilístico no quilômetro 165 da Via Dutra, nas proximidades de Resende (RJ), em 22 de agosto de 1976.

Juscelino Kubitschek prometera em campanha desenvolver o País ao ritmo de 50 anos em cinco. Assumia o Planalto ante o retrospecto de uma carreira política positiva no governo de Minas Gerais[464]. Comprometera-se a pacificar o ambiente político e, de início, solicitou ao Congresso

[463] Costa, Cruz, *Pequena história da república*, cit., p. 172-173.
[464] Koifman, Fábio (Coord.), *Presidentes do Brasil – de Deodoro a FHC*, cit., p. 478.

que suspendesse o estado de sítio. No mesmo sentido, aboliu a censura à imprensa[465].

2.1.8.1 A crise civil – militar – as revoltas de Aragarças e Jacareacanga e a pacificação

A revolta de Jacareacanga, ocorrida em 11 de fevereiro de 1956, tratou-se de uma ação por parte de oficiais da Aeronáutica que tomaram as bases aéreas de Aragarças (GO), Cachimbo (PA), Santarém (PA) e Jacareacanga (PA), com o objetivo de depor Juscelino, mas acabaram sendo derrotados e seus líderes, o major Haroldo Veloso e o capitão José Chaves Lameirão, presos.

Após serem contidos, JK enviou projeto de lei ao Congresso concedendo anistia a todos os envolvidos em movimentos políticos e/ou militares no período de 10 de novembro de 1955 a 10 de março de 1956, o que foi aprovado no dia 6, mas não se estendia, por decisão parlamentar, aos comunistas. Em decorrência, o ministro da Aeronáutica, brigadeiro Alves Seco, demitiu-se, sendo substituído pelo brigadeiro Henrique Fleiuss[466].

Descontente com as manifestações públicas de militares com viés político, Juscelino determinou que elas fossem proibidas. A decisão se deu principalmente em razão da homenagem decidida pela "Frente de Novembro" ao general Lott. Ainda que a "Frente" de oficiais apoiasse Juscelino, essa manifestação certamente desagradaria o pessoal do "Clube da Lanterna", ligado a Carlos Lacerda e aos militares da Aeronáutica[467].

No campo político, a aliança PSD-PTB, que formou a base do governo de Juscelino, empenhou-se em garantir a governabilidade. Em retribui-

465 Ibidem, p. 473.

466 Ibidem, p. 474.

467 Persistiam os ataques por parte de determinados militares, como os do general Juarez Távora, candidato presidencial derrotado da UDN, pois, numa longa entrevista, fez severas críticas ao presidente. Ao saber que vários oficiais se solidarizariam com o general caso este fosse punido, diante da tensão entre a Presidência e o almirantado, e diante de um documento que criticava os "novembristas" adeptos de Juscelino, os quais foram acusados de criar instabilidade no País, Juscelino decretou o fechamento do "Clube da Lanterna" e da "Frente de Novembro", ultimando com a prisão de Juarez Távora em sua própria casa por 48 horas. Ibidem, p. 473-483.

ção, o presidente facilitou-lhes o acesso ao poder e condições de aprovar projetos e verbas de acordo com seus interesses[468].

2.1.8.2 A economia – O Programa de Metas – cinquenta anos em cinco

Mas decidido a concretizar a promessa de campanha, ou seja, reduzir de 50 para 5 anos o tempo necessário ou ideal para se atingir a modernização e a industrialização do País, em vez de atuar apenas à luz dos órgãos tradicionais de decisão, velho alvo dos políticos interessados em garantir a sua fatia do poder, o governo JK criou verdadeira "administração paralela" – órgãos de assessoria e execução, formada por Grupos Executivos, Grupos de Trabalho, o Conselho de Política Adµaneira (CPA), além de incorporar outros já existentes, mas redefinidos em sua atuação, como a Superintendência de Moeda e Crédito (Sumoc) e a Carteira de Comércio Exterior (Cacex), ligadas ao Banco do Brasil e ao Banco Nacional de Desenvolvimento Econômico (BNDE)[469].

O programa de metas foi um plano para alguns setores – chave da Economia Brasileira, tanto públicos quanto privados, abrangendo cerca de ¼ da produção Nacional[470]" Participaram: Lucas Lopes, Roberto Campos, Philip W. Glasser, Rinald Carson, Glycon de Paiva e Mario Pope.

Para levá-lo adiante, haverá a conjuração de interesses internos e externos. Abandona-se o modelo do governo anterior no setor econômico e coloca-se em pauta uma política desenvolvimentista com a ajuda do capital internacional. O passo para internacionalização é dado com o Programa de Metas de J.K. que irá criar a indústria automobilística. A instrução 113 permitiria a entrada no país de indústrias estrangeiras. Com o objetivo de acelerar o crescimento econômico ante a instalação de indústrias, a ampliação da infraestrutura e a ligação entre as diversas regiões do País, o Plano de Metas de JK, que contou com investimento externo[471] e apoio da elite nacional, consistia no planejamento de 31 metas:

[468] Ibidem, p. 474.

[469] Ibidem, p. 475.

[470] Barbosa, Fernando de Holanda. *Dicionário Histórico-Biográfico Brasileiro*, vol. IV, p. 480.

[471] Apesar de, na conjuntura da Guerra Fria, Juscelino promover uma política externa que se pretendia independente em relação aos Estados Unidos, acabou se rendendo ao capital americano para financiar seu projeto para o Brasil. Foi nesse quadro que viajou àquele

- Energia (metas 1 a 5): elétrica, nuclear, carvão, petróleo (processos de produção e refino); aumentou a produção de energia elétrica por intermédio de CEMI 6 (Três Marias e Furnas);
- Transportes (metas de 6 a 12): construção e/ou reequipamento de estradas de ferro; construção e ou pavimentação de estradas de rodagem, portos e barragens; investimentos na Marinha Mercante e nos transportes aéreos; deu prioridade para a indústria automobilística que foi instalada no ABC paulista[472];
- Alimentação (metas de 13 a 18): aumento da produção de alimentos, em especial trigo e carne, por isso o investimento em armazéns, silos e frigoríficos, bem como em fertilizantes e na rápida mecanização da agricultura;
- Indústrias de base (metas de 19 a 29): aço, alumínio, metais não ferrosos, cimento, álcalis, papel e celulose, veículos motorizados e construção naval; previstos também grandes investimentos em maquinaria pesada;
- Educação (meta 30): reformulação do sistema educacional, principalmente no que se refere à preparação de mão de obra;
- Construção de Brasília (meta 31): a síntese de todo o Plano.

país, como presidente recém-eleito, procurando apresentar a nação com seu potencial de crescimento. Depois de empossado, aceitou sugestão de um amigo próximo, o intelectual Augusto Frederico Schmidt – figura das mais influentes de sua gestão –, para criar a Operação Pan-Americana (OPA), espécie de bloco econômico e militar regional. Schmidt acabou nomeado embaixador e presidente da Operação.

[472] Na verdade, desde o início do século XX havia os primórdios da indústria automobilística no Brasil, no entanto, apenas de empresas montadoras, que não fabricavam nada, apenas montavam carros no Brasil. A empresa de carrocerias Grassi foi uma das pioneiras nessa área e, desde 1919, a Ford estava instalada no bairro do Ipiranga, em São Paulo, montando veículos importados em partes. Em 1925, chegou a General Motors. Em 1956, com os novos tempos, no entanto, a empresa brasileira Romi, de Santa Bárbara d'Oeste, interior de São Paulo, passou a fabricar a Romisetta, a partir de uma licença da empresa Isetta, da Itália. Três anos depois, a alemã Volkswagen instalou-se em São Bernardo do Campo, chegando a seguir a Fiat, em Betim (MG), a Chevrolet e a Ford. Apesar de ser o sexto maior produtor mundial de carros, o Brasil é o único dos países dos Brics que não tem uma montadora de capital genuinamente nacional. As que havia, Gurgel, Puma e Troller, entre outras, faliram ou foram compradas por empresas estrangeiras. Latini, A. Sidney, *A implantação da indústria automobilística no Brasil*, São Paulo: Alaúde, 2007.

Em análise sobre o crescimento, destacam-se: construção de 20 mil quilômetros de estradas de rodagem (no entanto, foram acrescidos apenas 826 quilômetros de ferrovias); no setor energético, passou-se de 3 milhões de kW, em 1955, para 4,75 milhões de kW, em 1961, com destaque à construção das centrais hidrelétricas de Furnas e Três Marias; quanto à produção de petróleo, foi de 2 milhões de barris por ano, em 1955, para 30 milhões, em 1960; na produção de aço, que em 1955 era de 1,15 milhão de toneladas, alcançou 2,5 milhões em 1960, o que serviu de base também para a implantação da indústria automobilística, cuja produção alcançou, em 1960, 321.150 unidades, contra a meta original de 100 mil veículos[473].

No entanto, o FMI criou obstáculos para a obtenção dos empréstimos, visto que o órgão, em 1958, impôs condições, como a instituição de câmbio livre, de incentivos ao comércio exterior e fim de subsídios para petróleo, trigo, papel e fertilizantes. Juscelino acabou por romper com o órgão em junho de 1959[474].

Também, pode-se afirmar que a contratação de empréstimos para financiar o desenvolvimento também se destinava a equilibrar a balança de pagamentos em virtude da queda dos preços do café, garantir a remessa de dólares das empresas aqui estabelecidas e fazer girar a dívida do governo. Como se nota, a prática desse endividamento retomou a mesma prática dos tempos da República Velha. O resultado foi, além da desnacionalização, uma reviravolta no padrão de acumulação do capitalismo brasileiro. A título de comparação, se a era Vargas se baseava na lenta expansão da indústria de base, com JK o setor de produção de bens duráveis passava a ser o motor da economia industrial[475].

[473] Para atingir os objetivos de investimento no País, Juscelino viu-se impedido de aumentar tributos, por isso a estratégia de recorrer a investimentos estrangeiros, como os de países do Mercado Comum Europeu (criado em 1957), do Japão no setor de expansão de capitais e dos Estados Unidos para a construção da hidroelétrica de Três Marias. No plano interno, graças à Resolução n. 113 da Superintendência de Moeda e Crédito (Sumoc), adotada no governo Café Filho, incentivou o empresariado nacional a se associar a empresas estrangeiras. Ibidem, p. 409.

[474] Ibidem, p. 409.

[475] Ibidem, p. 409.

Quando Brasília foi inaugurada em 21 de abril de 1960, Juscelino Kubitschek pensava retornar à Presidência em 1965, tanto que em seu gabinete as pessoas já usavam um broche no qual se lia: "JK 65"[476].

Na visão de Celso Lafer[477], o Programa de Metas foi um caso bastante bem-sucedido na formulação e implementação de planejamento, concluindo que os problemas por ele ocasionados aos governos que se sucederam resultaram justamente do seu sucesso:

> *"Igualmente, a mudança da zona de incerteza do macrossistema brasileiro, que passou de externa a interna, acarretaria a necessidade de utilização de toda uma administração e não apenas de alguns órgãos de ponta, se se desejasse prosseguir, com sucesso, no esforço de planejamento. Ora, toda uma administração, em virtude do caráter difuso da competência da administração pública brasileira, era de difícil mobilização, e a impossibilidade se enfrentar a zona de incerteza – representada por um planejamento que não tivesse mais como ênfase principal, a implantação de unidades produtivas ou a superação de ponto de estrangulamento, mas sim o controle de um sistema em funcionamento – passou a ser o novo ponto de estrangulamento do sistema brasileiro. Nessas circunstâncias, e com a contínua ampliação e não institucionalização da participação política – que pressionava difusamente o sistema como um todo até 1964 – tornou-se cada vez mais difícil traduzir os imperativos políticos de um regime que se desejava aberto em programas de ação administrativa implementáveis – o que explica, ao menos em parte, o colapso do populismo"*[478].

E ainda, em 1959, foi criada a SUDENE (Superintendência do Desenvolvimento do Nordeste), com a participação de Celso Furtado, para alavancar o desenvolvimento do Nordeste.

Apesar destas medidas, JK recebeu as seguintes críticas:

a) emitiu dinheiro em demasia;
b) desvalorizou o cruzeiro, sendo que o dólar que valia 50 cruzeiros irá para 250 cruzeiros;

[476] Ibidem, p. 409.
[477] LAFER, Celso (colaboração esp.). *In* ABREU, Alzira Alves de *et al* (Coord.). *Dicionário histórico-biográfico brasileiro: pós-1930*, cit., p. 4806.
[478] Ibidem, p. 4806.

c) ocorreu apenas a expansão industrial e não a chamada industrialização e desenvolvimento nacional;
d) não procurou dar prioridade ao problema nordestino. A região empobreceu muito neste período;
e) não abordou os problemas agrários, no Brasil, o que seria fácil para o seu governo;
f) permitiu que o capital internacional enfraquecesse o capital nacional, marginalizando a burguesia nacional. A penetração deste capital criou déficits e, por conseguinte, a queda do câmbio;
g) causou uma inflação desenfreada. Apesar das "boas intenções" de JK, e do governo realmente democrático que realizou sem perseguições e prisões arbitrárias, o Brasil continuava com os mesmos problemas de sempre, adicionando-se agora mais elementos negativos para a crise que iria desenvolver-se.

2.1.8.3 Eleições

Antes da inauguração de Brasília, precisamente no dia 8 de novembro de 1959, dois pré-candidatos da UDN às eleições para presidente em 3 de outubro de 1960 confrontavam-se na convenção do partido: Jânio da Silva Quadros, empunhando sua vassoura[479], e Juracy Magalhães, representado por cartazes com os dizeres "A UDN não precisa de vassoura. Juracy é limpo!".

Jânio contava com a coligação de três partidos. O PSD de Juscelino lançou o ex-ministro da Guerra, marechal Henrique Teixeira Lott. Dada à coligação com o PTB, o vice João Goulart tornou-se candidato à reeleição[480].

Destaque-se, aliás, que Goulart estava em ambas as chapas para a vice-presidência e concentrava as antipatias gerais dos militares. Outro

[479] O equipamento de limpeza serviria para "limpar a corrupção". Não era um símbolo inédito, o ex-presidente Hermes da Fonseca já tinha usado a mesma simbologia, na campanha eleitoral, em 1909, quando enfrentava a campanha "civilista" do advogado e jornalista baiano Rui Barbosa. Assim como no caso de Jânio, na década de 1950, a vassoura serviria para lutar contra os situacionismos estaduais e "limpar a corrupção". Ao que parece, deu certo, ambos assumiram o cargo ao qual aspiravam Fonte: Koifman, Fábio, *Presidentes do Brasil – de Deodoro a FHC*, p. 146.

[480] Ibidem, p. 146.

candidato era Ademar de Barros, mas Jânio acabou vencendo a todos, ao obter a preferência de 48% do eleitorado (5.636.623 votos), contra 3.846.825 votos obtidos por Lott.

Para a UDN, Quadros era a maneira de o partido recuperar-se das derrotas anteriores e, afinal, alcançar o poder. O "homem da vassoura" apresentava-se como a representação da austeridade, sendo, para muitos, principalmente para a classe média, aquele que conseguia exprimir os seus próprios ressentimentos, a sua ânsia de poder e o seu moralismo[481].

Juscelino Kubitschek, no final de governo, tornou-se um dos presidentes mais populares da história da República em razão, principalmente, de suas iniciativas desenvolvimentistas. E o presidente que o substituiria, Jânio Quadros, num momento em que as denúncias de corrupção em pleno cenário de consolidação democrática eram frequentes, trazia consigo o discurso da "vassoura", que fora acolhido pelas massas[482].

2.1.9 Jânio da Silva Quadros (1961-1961). Vice: João Goulart (Jango) – O moralismo histriônico e a crise política

Temperamental, o ex-governador de São Paulo Jânio Quadros (1917 – 1992) era conhecido pelo hábito de perseguir e repreender funcionários. Foi empossado em 31 de janeiro de 1961, com João Goulart, após haver conseguido uma das maiores votações da história republicana: 5.636.623, o equivalente a 48,26%. Seus principais concorrente foram o marechal Henrique Teixeira Lott, pelo PSD, que recebeu 3.846.825 votos (32,94%), e Adhemar de Barros (PSP), com 2.195.709 sufrágios, ou 18,79%. Para vice, Goulart obteve 4.547.010 votos (36,70%), seguido por Mílton Campos (UDN), com 4.237.719 (33,7%) e Fernando Ferrari (PDC), com 2.137.382 (17%)[483].

481 Costa, Cruz, *Pequena história da República*, cit., p. 178.

482 Koifman, Fábio (Coord.), *Presidentes do Brasil – de Deodoro a FHC*, cit., p. 507.

483 Goulart, como visto anteriormente, estava na chapa de Jânio, liderada pela UDN, e na de Lott, do PTB. A legislação eleitoral da época previa a eleição de presidente e vice em pleitos separados. No PTB, sua candidatura havia encontrado enormes resistências por parte dos militares, que o viam com desconfiança, mas ainda assim foi escolhido. Na chapa de Jânio Quadros, havia o Movimento Jan-Jan (Jânio – Jango), com o qual o candidato simpatizava. Eleitos Jânio e Goulart, logo viria a crise que levou o presidente a renunciar e o vice a ser vetado pelos militares por ser visto como "comunista", embora fosse um rico

Na época, o jornal *O Globo* antevia o caminho a ser trilhado pelo candidato recém-eleito:

"Os partidos derrotados, pelo seu peso no conjunto das forças parlamentares, criarão dificuldades tanto maiores quanto for a sua adesão ao novo presidente que foi eleito em nome de uma renovação total de métodos e costumes políticos e não poderia, impunemente, entregar essa bandeira que foi plantada nos comícios. A convocação de pessedistas, petebistas e ademaristas para um apoio maciço ao governo, começaria por desmoralizá-lo perante a opinião do país, e acabaria pela cota de concessões que seriam reclamadas, conduzindo-o aos métodos de rotina e nivelando-o aos demais.
Getúlio tentou reformar o sistema, e fracassou porque lhe faltava a confiança das forças políticas e militares, atentas ainda à sua experiência recente do domínio da técnica de Golpe de Estado e do exercício do poder pessoal. O Sr. Jânio Quadros, tentará, inutilmente, a mesma reforma, inclusive para permitir que sua estrela continue a luzir depois deste quinquênio. Dois anos depois, entretanto, não escapará à pressão de setores consideráveis da opinião nacional, para que não a reduza, ao plano político, mas a estenda ao campo social, sacudido no Nordeste e no extremo sul por impaciências pré-revolucionárias. E nesse ponto sofrerá também, inevitavelmente, a pressão do pensamento e dos interesses conservadores, abrigados ainda nos partidos que ele venceu em outubro. Sua posição na Presidência da República, ao menos inicialmente, em consequência mesmo da autoridade excepcional que lhe deram os dois milhões de votos sobre o candidato dos partidos da situação, acima das possibilidades dos partidos que o apoiaram, é de isolamento, de quase solidão".

No dia da posse, Jânio faria o seu primeiro e violento pronunciamento:

"Se não me faltar o arrimo da inspiração divina, se não me faltar o apoio das multidões, se não me faltar o apoio do Legislativo e do Judiciário, sei de mim que resgatarei a palavra de fé empenhada nas praças.
Somos um Estado democrático cujos fins se contêm no Governo do povo, pelo povo e para o povo.
É terrível a situação financeira do Brasil. Nos últimos 5 anos, o meio circulante passou de 57 bilhões para 206 bilhões de cruzeiros. Desenhadas em centenas de milhares, devemos ao estrangeiro 3 bilhões e 802 milhões de dólares, o que marca, só a este título

estancieiro. Fonte: Costa, Celia Maria Leite. Disponível in https://cpdoc.fgv.br/producao/dossies/Jango/artigos/Campanha1960/A_campanha_presidencial_de_1960.

e naquele período, a elevação de 1 bilhão e 435 milhões de dólares. E só no corrente exercício, de 600 milhões de dólares.
Os encargos assumidos pelo Banco Nacional de Desenvolvimento Econômico, com avais e empréstimos externos, ascendiam, em nome do Tesouro Nacional, a 11 bilhões e 200 milhões de cruzeiros e, em nome do próprio banco, a 23 bilhões e 400 milhões de cruzeiros. E não era só isso: acentuava que os 'déficit' orçamentários subiram eles, de 1951 a 1955 a 28 bilhões e 800 milhões de cruzeiros; alçaram-se de 1956 a 1960 a 193 bilhões e 600 milhões de cruzeiros. O 'déficit' em potencial para 1961 'era de 108 bilhões de cruzeiros.
Em novembro último, não dispúnhamos de 47 milhões e 700 mil dólares para cobrir os ajustes com o Fundo Monetário Internacional. Faltaram, igualmente, recursos para quitar duas obrigações do Eximbank, uma de 8 milhões e 200 mil dólares, outra de 20 milhões e 100 mil dólares. Tomou-se, apenas, a providência de descarregar as faturas vencidas sobre a administração que ora se instala. Devo pagar, entre 1961 e 1965, 1 bilhão, 853 milhões e 650 mil dólares de prestações o que significa, fazendo-se a conversão do dólar à taxa de câmbio livre, na base de 200 cruzeiros o dólar 370 bilhões e 730 milhões de cruzeiros".

E avisava: "Atentem bem: *370 bilhões e 730 milhões de cruzeiros*".
Sobre a política externa afirmava:

"O colonialismo agoniza, envergonhado de si mesmo incapaz de salvar os dramas e as condições que engendrou. Ao Brasil cabe estender as mãos a esse mundo jovem, compreendendo-lhe os excessos ou desvios ocasionais que decorrem da secular contenção de aspirações enobrecedoras. Compreender significa auxiliar no que for possível e no que for preciso. Abrimos os nosso braços a todos os países do continente. Abrimo-los também às velhas coletividades europeias e asiáticas, sem prevenções político-filosóficas".

O discurso parecia indicar uma política externa independente.

2.1.9.1 Nova crise: O papel de Carlos Lacerda – crises e conflito

As medidas tomadas para debelar as crises foram:

- Tentar moralizar o serviço público;
- Repressão ao contrabando, após a seguinte conclusão, a que chegou o serviço federal de prevenção e repressão das infrações contra a fazenda nacional. A partir de 1954, entraram 10 mil carros de con-

trabando com prejuízos para o tesouro de US$ 33 milhões, isto é 8 bilhões e 400 milhões de cruzeiros;
- Combate ao jogo, principalmente os jóqueis clubes (que deverão funcionar apenas aos domingos e feriados);
- Moralização" do cinema, rádio e TV;
- Tentou efetuar a reforma cambial para solucionar os problemas dos nossos déficits (instrução 204);
- Criou a lei antitruste, a fim de evitar abusos das empresas internacionais;
- Abertura de sindicância contra a corrupção existente no país;
- Estudos para a reforma urbana e agrária e participação dos empregados nos lucros da empresa;
- Limitações da remessa de lucros para o exterior;

A essa altura, Jânio foi procurado pela liderança das classes produtoras (CONCLAP)[484], que irá criticar a sua atuação. Como resposta, lança a seguinte nota:

> *"Quando assumi a presidência, este país era um caos. Não estou usando uma figura, uma imagem literária, encontrei um caos administrativo. Tenho que aplicar medidas drásticas e ásperas, a fim de conduzir este pais a sanidade. São-me indiferentes os aplausos e os apupos. Os senhores compreendem: aos 44, atingi a presidência da República, máximo que um homem pode aspirar. Agora, minha única ambição é servir apenas a de servir, e de servir bem.*
> *Homem poderosos já me procuraram para expressar sua desativação do meu governo. Expliquei-lhes que só haveria dois meios de tolher os meus passos: depor-me ou assassinar-me, o que não me parece fácil. Só venceremos o caos, só alcançaremos a sanidade, com o sacrifício de todos. Ou juntamos todas as nossas forças ou acabaremos perecendo todos juntos. Os sacrifícios terão de ser distribuídos proporcionalmente. Os que têm maior capacidade, se sacrificarão mais, os que têm menos, se sacrificarão menos. Medidas iminentes serão adotadas, impondo esses sacrifícios. Se os senhores me apoiarem, ser-me-á fácil levar a bom termo a tarefa de sanidade nacional. Se os senhores não me*

[484] O Conclap era o Conselho Superior das Classes Produtoras, uma das mais importantes entidades empresariais da época.

apoiarem, provavelmente falharei, mas desconfio que não falharei sozinho, porque outros terão falhado também".

E como se desfizesse uma chicotada nos representantes do poder econômico, assinalava:

> *"Sou um defensor da livre iniciativa, e só transijo com a intervenção do Estado nos casos ligados à segurança nacional e às necessidades do desenvolvimento. Recomendem os senhores aos seus companheiros da produção e do comércio a maior prudência com relação aos preços dos gêneros de primeira necessidade, como meio indispensável de defesa da livre iniciativa. Será suprimido o controle de preços. Mas registrarei os preços dos gêneros de primeira necessidade no dia em que acabar a COFAP (Comissão Federal de Abastecimento e Preços - Criada em 1951), e compararei seu nível com aquele que ocorrer posteriormente. Se os resultados forem desfavoráveis, terei de adotar medidas para corrigi-los e, se necessário irei às últimas consequências".*
>
> *O receio do dia de amanhã exerce efeitos altamente perturbadores sobre a vida do país. Leva cada um a se jogar contra o outro, na expectativa de melhor se garantir para o futuro. Urge extinguir esse receio, a fim de que se estabeleça entre todos o clima de compreensão indispensável ao progresso nacional. Neste país imenso, com tantas coisas a fazer é necessário valorizar o trabalho manual e o trabalho intelectual. Em países como a Índia, China, o Egito, as duas Alemanhas, a Rússia e os Estados Unidos, trabalha-se de sol a sol. Só com o trabalho árduo e intenso será possível realizar o engrandecimento nacional. Infelizmente, existem entre nós pessoas que não querem trabalhar e ainda se vangloriam disso. Podem estar certos de que combaterei sem tréguas essa categoria de gente, até eliminá-la do quadro brasileiro.*
>
> *Compraremos e venderemos a todos que queiram comprar ou vender a nós. Estudarei o caso do café, para uma solução de acordo com os verdadeiros interesses do comércio e da produção em conjunto, que nem sempre coincidem com os do cafeicultor. Ao fim do governo, desejo que o cruzeiro seja uma moeda forte, respeitada, e não aviltada como esta, motivo de vergonha para todos os brasileiros. Conto com a colaboração dos senhores para as novas medidas que serão adotadas pelo governo".*

Conflito com Lacerda – A crise assumia aspectos relevantes, todavia o governo continuava tomando outras medidas consideradas radicais: estabelecerá relações diplomáticas com países comunistas, pois, segundo o então presidente: "Em matéria de política exterior temos sido muito tímidos". Irá defender a autodeterminação de Cuba[485] e acabará dando ao líder revolucionário cubano Ernesto Che Guevara a Grã-Cruz, condecoração mais importante do Brasil (18 de agosto de 1961).

Essa atitude de Jânio, criticada pelos jornais da época, foi o estopim de uma séria crise. O jornal *O Globo* noticiava:

> *"Tudo tem um limite, até a capacidade, que alguns creem inesgotável, de o povo brasileiro suportar agressões a seus sentimentos e a seus ideais.*
> *Atingiu esse limite a outorga ao Sr. Ernesto Guevara, vulgo 'Che', ex-cidadão argentino que renegou sua pátria para servir à causa do bolchevismo no 'front' avançado de Cuba, da Ordem Nacional do Cruzeiro do Sul em seu mais elevado grau".*

No mesmo dia, Carlos Lacerda[486], que rompera com Quadros, e era governador da Guanabara, condecorava a Manuel Verona, adversário de Fidel Castro. A essa altura, a oposição se organizará violentamente em todo o País. No estágio final da crise, o Congresso romperá com o Executivo. O governador Lacerda e outros políticos efetuavam campanha violenta em todo o País contra as "atitudes loucas" de Quadros e acusavam-no de querer dar um golpe de Estado.

2.1.9.2 A renúncia

Com a adesão dos militares ao movimento, a crise terá o seu final rapidamente. O governo ficará acuado, e só restará a renúncia, que acontecerá no dia 25 de agosto de 1961. A causa que levou mais rapidamente Jânio

[485] Jânio Quadros buscava se desvincular da influência do governo norte-americano. Apesar de eleito pela UDN, a sigla mais à direita dos grandes partidos brasileiros da época, Jânio defendia o restabelecimento de relações diplomáticas e comerciais com os Países do Leste Europeu, então integrantes do polo comunista, apesar dos tempos de Guerra Fria. KOIFMAN, Fábio (Coord.),*Presidentes do Brasil,* cit., p. 509.

[486] Outra versão sobre o rompimento de Lacerda com Jânio teria causa no dia 18 de agosto (véspera da condecoração de "Che"), quando o governador do Rio de Janeiro, após pedir dinheiro ao presidente para o jornal *Tribuna da Imprensa,* teria ouvido que o ministro da Fazenda Clemente Mariani, sogro do filho de Lacerda, atenderia à solicitação. Mas entre os deslocamentos de Carlos Lacerda em Brasília, ele teria encontrado suas malas à porta da residência presidencial, causando-lhe a impressão de que não era bem-vindo. KOIFMAN, Fábio (Coord.), *Presidentes do Brasil,* cit., p. 509.

à queda foi a sua política exterior; todavia, acredita-se que se tratava de algo planejado, pois disse ele certa vez a um político:

> *"Ora Tancredo, eu vi a tática de Nasser. Ele namorou todos os países socialistas e comunistas do mundo para efeito externo. Eu iria fazer aqui no Brasil o que ele fez sabiamente no Egito. Encherei o Brasil de campos de concentração para comunistas e agitadores"*[487].

Na realidade, quando o presidente resolveu apresentar a sua renúncia, todo o País se surpreendeu e caiu realmente em estado de perplexidade. Quais as verdadeiras razões da renúncia, ou pelo menos, qual a versão do renunciante, até hoje ninguém sabe. Mas há alguns fatos conhecidos que nos permitem jogar um pouco de luz sobre o mistério.

Jânio, eleito de um lado pelas forças mais reacionárias do País, a UDN, e, a mesmo tempo, pelas massas descrentes dos partidos, não podia, como desejava, jogar com pau de dois bicos. Era-lhe impossível atender a essas duas facções antagônicas do povo brasileiro. Enquanto desenvolvia ou programava uma política de esquerda (relações com os países socialistas, projeto de controle de remessas de lucros para o exterior, projeto de reforma agrária), tomava por outro lado a bênção do Fundo Monetário Internacional.

Posto na parede pelos grupos reacionários, ele tinha de escolher um ou outro lado. Não encontrando apoio nas forças da esquerda, para continuar com a sua política, não tinha outro caminho senão a renúncia. É sabido que Jânio jogou com sua renúncia, como já havia jogado com a renúncia da sua candidatura antes das eleições.

Vindo de Brasília, ninguém sabe se a caminho do Rio ou de São Paulo, ficou detido várias horas no Aeroporto de Cumbica, esperando... que os cinco milhões de votantes se levantassem em seu favor para recolocá-lo na presidência, possivelmente sem Congresso, para que pudesse governar à sua vontade. Mas como ninguém se levantou, não só pela surpresa,

[487] Referia-se a Tancredo Neves, político mineiro que, meses depois, se tornaria premiê de Jango e, com a redemocratização, presidente do Brasil. Costa Cruz, *Pequena História da República*. cit., p.179

pelo inesperado de sua atitude, mas por não ter um partido, um jornal a seu lado, não teve outro remédio senão seguir o seu caminho.

Não lhe fora possível desistir da renúncia. É preciso lembrar que "coube a Jânio Quadros começar a pagar a conta deixada pelo "desenvolvimentismo" de seu antecessor, Juscelino Kubitschek. Inflação, déficit público e dívida externa – pesadelos que viriam a atormentar os brasileiros nas décadas seguintes – tinham começado a tomar formas e dimensões assustadoras durante os chamados "anos dourados" de JK.

Como determinava a Constituição, no caso de impedimento do presidente, assumiria a presidência o seu sucessor legal, o vice, que era João Goulart, mas naquele momento este estava ausente do País em missão na China comunista, a qual havia sido intermediada – assim disseram na época – por Jânio quadros[488].

Atribui-se à origem da renúncia de Jânio Quadros a fato ocorrido em Cuba. Em 1961, os Estados Unidos planejaram a derrubada de Fidel Castro na chamada invasão da Baía dos Porcos, e o então presidente americano, John Kennedy, enviou o diplomata Adolf Berle Junior como emissário para sondar o presidente brasileiro a respeito da possibilidade de envio de uma força expedicionária do Brasil a Cuba. Jânio afirmou que sua decisão dependeria do aval do Congresso e que mesmo diante da aprovação do Legislativo, ele não o faria porque a ilha caribenha tinha o direito de conduzir sua própria história, em respeito ao princípio da autodeterminação dos povos. Em gratidão à neutralidade brasileira, o regime de Havana baniu duas dezenas de padres espanhóis condenados à morte por atividades supostamente antirrevolucionárias em Cuba. O interlocutor de Jânio nas negociações fora o ministro da Indústria e Comércio cubano, Ernesto Guevara"[489].

2.1.10 Paschoal Ranieri Mazzilli (25/08 a 07/09/1961) – novamente uma presidência tampão

Com a queda de Jânio, assumiu a presidência o presidente da Câmara de Deputados, Ranieri Mazzili (1910 – 1975), visto que o vice, Jango, estava na China. Ainda na sessão do Congresso em que Ranieri Mazzilli assu-

[488] Costa, Cruz. *Pequena história da República*, cit., p. 161.

[489] Koifman, Fábio (Coord.),*Presidentes do Brasil*, cit., p. 510.

miu a presidência da República, um deputado do Partido Trabalhista Brasileiro já denunciava que Carlos Lacerda, pela televisão, aconselhava o Exército "a não dar posse ao Sr. João Goulart".

2.1.10.1 Os militares contra João Goulart – tentativa de golpe de Estado e o parlamentarismo

Os ministros militares – Sílvio Heck, da Marinha (antigo comandante do Tamandaré em 11 de novembro de 1955), Grün Moss, da Aeronáutica e Odílio Denys, da Guerra – já haviam manifestado a Mazzilli a "absoluta inconveniência" do regresso ao País do vice-presidente. À crise que a renúncia de Quadros abrira, juntava-se agora outra, de caráter militar.

> *". (...) Não eram as Forças Armadas que se opunham à posse de Goulart, mas as suas cúpulas através dos ministros. Em 26 de agosto, o marechal Lott (...) declarava que tentara demover o marechal Denys, seu companheiro de novembro de 1955, da intenção (...) de não permitir que Goulart entrasse no exercício de suas funções e, ainda, de detê-lo (como por vários meios tentou a Aeronáutica com a 'operação mosquito')*[490] *quando ele pisasse território nacional. Conclamava assim* [491] *(...) para a preservação*

[490] Em 4 de maio de 2013, em depoimento à Comissão Nacional da Verdade (CNV) no Rio, o coronel-aviador da Reserva, Roberto Baere, contou que recebeu de seus superiores a ordem para, ao lado de outros colegas, abater o avião em que voava o vice-presidente, em trânsito entre Porto Alegre e Brasília. Para evitar os caças, o Caravelle da Varig, que levava Jango, voou a 11.100 pés, fora de alcance dos aviões da Força Aérea Brasileira (FAB) que, sob o comando de oficiais de extrema-direita, pretendia abatê-lo.

[491] "Tomei conhecimento nesta data, da decisão do senhor ministro da guerra Marechal Odílio Denis, manifestada ao representante do governo do Rio Grande do Sul, Deputado Rui Ramos, no Palácio do Planalto, em Brasília, não permitir que o atual presidente da República, Sr. João Goulart, entre no exercício de suas funções e ainda, detê-lo no momento em que pise o território nacional.
Mediante ligação telefônica, tentei demover aquele eminente colega da prática do semelhante violência, sem obter resultado. Embora afastado das atividades militares, mantendo um compromisso de honra com a minha classe, com a minha pátria e as suas instituições democráticas e constitucionais. E, por isso, sinto-me no indeclinável dever de manifestar o meu repúdio à solução anormal e arbitrária que se pretende impor à nação.
Dentro desse orientação, conclamo todas as forças vivas do país, forças da produção e do pensamento, dos estudantes e intelectuais, dos operários e do povo em geral, para tomar posição decisiva e enérgica no respeito à Constituição e preservação integral do regime

integral do regime democrático. Na noite de 26 de agosto, Lott era detido e conduzido a uma fortaleza do Rio de Janeiro. Em 27, a Câmara dos Deputados reafirmava sua firme decisão de dar cumprimento ao disposto constitucional e de não votar o impedimento de Goulart. Logo que tomou conhecimento do veto dos Ministros militares, o governador do Rio Grande do Sul, Leonel de Moura Brizola, cunhado de Goulart, (...) formou uma cadeia de rádio – a Cadeia da Legalidade – destinada a informar e a mobilizar a opinião pública que, quase na sua totalidade, era favorável à posse de João Goulart. Dois jovens militares, governadores dos Estados do Paraná e de Goiás, Ney Braga e Mauro Borges, também se alinharam entre os que exigiam o respeito à Constituição. Em 30 de agosto (...) o general José Machado Lopes, comandante do III Exército, que abrange os Estados do Rio Grande do Sul, Santa Catarina e Paraná, aderia ao movimento legalista encabeçado por Leonel Brizola. A situação agravava-se com a ameaça de um choque entre as duas facções militares, da qual poderia resultar uma guerra civil. Em 29 de agosto de 1961 surgia (...) a sugestão de uma emenda à Constituição, a do ato adicional que instituía o sistema parlamentar de governo e que acabaria sendo aceita e promulgada em 2 de setembro de 1961. Teria assim início o curtíssimo período de sistema parlamentar de governo no regime republicano"[492].

2.1.10.2 Parlamentarismo

Em 2 de setembro, com a aprovação de 263 votos contra 55 dos deputados e de 48 contra seis dos senadores aprova-se a Emenda Constitucional nº 4 à Carta de 1946, de autoria do deputado Raul Pilla[493], instituindo-se o parlamentarismo no País sob regime de urgência[494]. Tancredo Neves foi indicado para presidir o governo. Assim, no dia 7 de setembro, o pre-

democrático brasileiro, certo ainda, de que os meus camaradas das forças armadas saberão portar-se à altura das tradições legalistas que marcam sua história no destino da pátria". WILLIAM, Wagner. *O soldado absoluto*.Rio de Janeiro: Record, 2002, p. 146.

492 COSTA, Cruz, *Pequena história da República*, cit., p. 182-183.

493 Raul Pilla (1892-1973), médico, jornalista e escritor, era conhecido como o "papa do parlamentarismo no Brasil. Foi influenciado nesse particular pelo seu professor de história do colégio Júlio de Castilhos, Apeles Porto-Alegre. Durante a Revolução Constitucionalista de 1932, promoveu levantes em sua terra, Rio Grande do Sul, em apoio ao movimento paulista. Posteriormente, exilou-se na Argentina, retornando com a anistia. Sua emenda em apoio ao parlamentarismo foi uma solução de consenso para evitar um confronto.

494 KOIFMAN, Fábio (Coord.), *Presidentes do Brasil – de Deodoro a FHC*, cit., p. 529.

sidente João Goulart tomou posse, e Ranieri Mazzilli voltou a presidir a Câmara dos Deputados[495].

De início, a própria emenda (art. 21) previa para 1966 – portanto, após o término do mandato de Goulart, – a realização de um plebiscito no qual a população decidiria se o regime parlamentar seria mantido ou se o País voltaria ao presidencialismo[496].

Mas posteriormente, mediante acordo, por intermédio da Lei Complementar nº 2, de 16 de setembro de 1962, seria antecipada a data do plebiscito: "Art. 2º A Emenda Constitucional nº 4, de 2 de setembro de 1961, será submetida a 'Referendum' popular no dia 6 de janeiro de 1963[497]. E nos termos do § 1º da referida lei complementar, após a proclamação do resultado pelo Superior Tribunal Eleitoral, o Congresso adequaria o sistema de governo à vontade das urnas.

Na verdade, O Ato Adicional de 2 de setembro de 1961 evitou a guerra civil ou o choque dos militares e constituiu uma satisfação ao veto dos ministros, uma solução de curiosa "conciliação". João Goulart seria apenas o chefe do Estado e não do governo[498].

2.1.11 João Belchior Marques Goulart (JANGO) (07-09-1961 a 02-04-1964). Primeiro-ministro: Tancredo Neves (1961–1962); Brochado da Rocha (1962); Hermes Lima (1962–1963) – parlamentarismo e presidencialismo

2.1.11.1 O ministério e o referendo

Após ter recebido o governo sob o sistema parlamentar, Goulart (1919 – 1976) indicou o seu ministério, de natureza conciliatória, para aprovação do Congresso, mas como o então Chefe de Estado visava ter de volta o presidencialismo e governar com mais poderes, agravou-se, depois, a

[495] Cerqueira, Marcelo. *A constituição na história*, cit., p. 513.

[496] Ibidem, p. 513.

[497] Antes, em agosto de 1962, o primeiro-ministro Brochado da Rocha reiterava a necessidade imprescindível de antecipar o plebiscito, cuja urgência não se compadecia com o prazo permitido pelo Ato Adicional: nove meses antes do término do mandato presidencial. Cerqueira, Marcelo. *A constituição na história*, cit., p. 514.

[498] Costa, Cruz, *Pequena história da república*, cit., p. 183-184.

crise política entre o Legislativo e o Executivo[499]. Em 26 de junho de 1962, Goulart indica outro ministério, com o premiê San Tiago Dantas. O Congresso alega o perfil "esquerdizante" do novo indicado, por isso o rejeita.

A 3 de julho, somente com a indicação do pecuarista Auro de Moura Andrade, o Congresso assente, mas as classes trabalhadoras decretam uma greve geral, resultando na renúncia do indicado. Depois, outro ministério, encabeçado pelo professor Brochado da Rocha[500], acaba sendo aprovado pelo Congresso a 13 de julho, cuja composição foi a seguinte: Justiça – Cândido de Oliveira Neto; Educação – Roberto Lira; Trabalho – Hermes Lima; Fazenda – Walter Moreira Sales; Exterior – Afonso Arinos; Saúde – Marcolino Candau; Viação – Hélio de Almeida; Minas e Energia – João Mangabeira; Agricultura – Renato Costa Lima; Indústria e Comércio – José Ermírio de Morais; Guerra – Nelson de Mello; Marinha – Pedro Paulo de Araújo Suzano; Aeronáutica – Reinaldo de Carvalho.

Num cenário de crise econômica e de questiúnculas em torno do ministério, greves e manifestações intensas agitam todo o País. A UDN comandava os ataques ao governo Jango na pessoa de Lacerda (e seu jornal *A Tribuna de Imprensa*) e dos jornais *O Globo* e *O Estado de S. Paulo*.

Com o intuito de encontrar uma saída e contornar a crise, o premiê Brochado da Rocha apresentou as seguintes reivindicações ao Congresso (10 de agosto de 1962):

> *"O governo deseja legislar, sobre os seguintes assuntos: 1- Repressão ao poder econômico; 2- Monopólio da importação de petróleo e derivados; 3- Monopólio do comércio de minérios e materiais nucleares; 4- Regulamentação do estatuto do trabalhador rural; 5- Controle da moeda e do crédito".*

499 Composição do ministério de Jango: Premiê – Tancredo Neves (PSD – Minas); Exterior – Santiago Dantas (PTB); Minas e Energia – Gabriel Passos (UDN); Fazenda – Walter Moreira Sales (banqueiro).

500 Francisco de Paula Brochado da Rocha (1910-1962) – Gaúcho, político, bacharel em Direito (Faculdade de Direito de Porto Alegre), professor, deputado estadual, secretário de Educação e Cultura, da Segurança Pública, do Interior e da Justiça (Rio Grande do Sul) e consultor Geral da República. Presidiu o Conselho de Ministros do Governo João Goulart durante a fase parlamentarista.

Em 13 de setembro, o premiê complementa o seu projeto, pedindo ao Congresso o plebiscito para 7 de outubro, mas a recusa é imediata, e o ministro renuncia. Assume, em seu lugar, o jurista Hermes Lima[501].

Por sua vez, o Rio Grande do Sul deseja o plebiscito, até que no dia 16 de setembro de 1962, após aprovação pelo Congresso, promulga-se o projeto de Lei Complementar, estabelecendo o *referendum* para 6 de janeiro de 1963. Em seguida, Goulart constituía um "ministério Tampão", com base no anterior, e aguardará 6 de janeiro[502].

2.1.11.2 Fase presidencialista – a crise econômica, o Plano Trienal e o pedido de estado de sítio

Após as eleições de 6 de janeiro de 1963 em todo o Brasil, para aprovar ou rejeitar o parlamentarismo, a vitória fica com Jango. No dia 23 de janeiro era revogado o Ato Adicional nº 4 que dispunha sobre o parlamentarismo e promulgada a Emenda Constitucional que instituía no Brasil sistema presidencialista com base na Constituição de 1946. O Congresso, presidido por Moura Andrade, investia Goulart como presidente da República com amplos poderes. Em seguida, Jango organiza seu ministério, que terá a seguinte composição:

Justiça – João Mangabeira; Fazenda – San Tiago Dantas; Trabalho – Almino Afonso; Educação – Teotônio Monteiro de Barros; Exterior – Hermes Lima; Saúde – Paulo Pinheiro Chagas; Viação – Hélio de Almeida; Minas e Energia – Eliezer Batista; Agricultura – José Ermirio de Moraes; Indústria e Comércio – Antonio Balbino; Extraordinário para a Reforma Administrativa – Ernâni Amaral Peixoto; Guerra – general Amauri Kruel;

[501] Hermes Lima (1902-1978) – Baiano, político, bacharel em Direito (Faculdade de Direito de Salvador), escritor, professor, ministro do Trabalho (1962) e primeiro-ministro durante o parlamentarismo (1961-1963), ministro das Relações Exteriores (1963) e ministro do STF. Obras: "Introdução à ciência do Direito", "Problemas do Nosso Tempo", "Lições da Crise".

[502] Novo Ministério: Primeiro Ministro e Ministro do Exterior – Hermes Lima; Justiça – João Mangabeira; Fazenda – Miguel Calmon; Saúde – Eliseu Pagioli; Trabalho – João Pinheiro Neto; Indústria e Comércio – Otávio Dias Carneiro; Minas e Energia – Elieser Batista; Educação – Darci Ribeiro; Viação – Hélio de Almeida; Agricultura – Renato Costa Lima; Guerra – General Amauri Kruel; Marinha – Almirante Pedro Paulo de Araújo Suzano; Aeronáutica – Brigadeiro Reinaldo de Carvalho. Ibidem,p. 427, fasc. XIII.

Marinha – almirante Pedro Paulo de Araújo Suzano; Aeronáutica – brigadeiro Reinaldo de Carvalho.

A situação havia se modificado, pois, libertando-se do sistema de governo parlamentarista, Goulart ganhava, portanto, maior liberdade de ação para conduzir a política administrativa. No entanto, o estado econômico-financeiro do País já lhe era bastante desfavorável.

Economia – diante da crise econômica, motivada por endividamento externo, declínio da taxa de crescimento econômico, inflação elevada, o governo Goulart apresentou as principais diretrizes do intitulado Plano Trienal de Desenvolvimento Econômico, elaborado em fins de 1962[503] pelo economista Celso Furtado, ministro extraordinário do Planejamento. Pretendia-se deter a inflação e aumentar o crescimento industrial em 7%. Os investimentos seriam da ordem de US$ 4 bilhões, dois terços fornecidos pelo setor privado e o restante pelo Estado, que deveria reduzir as suas despesas, limitar as emissões, aumentar alguns impostos e suprimir subvenções a determinados bens de consumo[504].

Pretendia-se com o plano reverter o caótico quadro econômico por meio de reformas adstritas ao setor administrativo e bancário, eliminando-se entraves institucionais à "utilização ótima dos fatores de produção", com destaque às reformas agrária e fiscal[505]. Mas a imprensa e o Congresso passaram a atacar violentamente o projeto. Lacerda, por exemplo, representando a UDN, acusava violentamente Jango de continuísmo. A inflação tinha crescido, sendo de 37% em 1961 e 51% em 1962, ocorrendo a diminuição do crescimento econômico de 7,3% em 1961 para 5,4% em 1962.

[503] Isso ocorria desde 1962, quando o "déficit" do balanço de pagamentos era de 360 milhões de dólares contra 14 milhões em 1961; a produção agropecuária aumentara, apenas, em 1,3% contra 7,7% do ano anterior; a produção industrial alcançava 6%, contra 8% em 1961; o papel-moeda emitido era da ordem de 508 bilhões e 780 milhões de cruzeiros contra 313 bilhões e 800 milhões do ano passado; o custo de vida, consequentemente, elevava-se a 52,7% contra 43,2%; a taxa de crescimento nacional era de 8,7% contra 7,7% em 1961

[504] MENANDRO, Heloísa (Colaboração esp.). *In*ABREU, Alzira Alves de *et al* (Coord.). *Dicionário histórico-biográfico brasileiro: pós-1930*, cit., p. 4939.

[505] Ibidem, p. 4939.

Ocorre que o referido plano de desenvolvimento, como se verá a seguir, acabou sendo minado pelas greves e agitações, pois o presidente, sob pressão, promoveu reajustes ao funcionalismo público (onerando o Tesouro). Enquanto isso, o preço do café baixava, o dólar continuava subindo, estando em Cr$ 1.300,00 (dois anos antes valia Cr$ 250,00)[506].

Em março de 1963, San Tiago Dantas, ministro da Fazenda, viajou a Washington para discutir um plano de ajuda do governo americano ao Brasil e a negociação das dívidas do País. Os Estados Unidos condicionaram o auxílio à execução de um programa de estabilização econômica e de medidas anti-inflacionárias, que seriam avaliadas por uma comissão do Fundo Monetário Internacional (FMI), e à solução do problema criado com as desapropriações de empresas concessionárias de serviços públicos, subsidiárias de firmas americanas[507].

As reformas de base e as rebeliões – ao longo do primeiro semestre de 1963, o Executivo enviou ao Congresso alguns projetos de lei relativos às reformas de base. Em março apresentou um anteprojeto de reforma agrária mediante alteração dos textos constitucionais, o que foi rejeitado pelo Congresso. Outra proposição do presidente foi a de uma reforma bancária, que propunha a criação do Conselho Monetário Nacional e do Banco Central[508].

No mês de maio do mesmo ano, as pressões provinham dos setores nacionalistas e de esquerda. O Comando Geral dos Trabalhadores (CGT) ameaçou decretar greve geral para exigir do Congresso a aprovação das reformas, ante mudanças na Constituição, e para obter um aumento de 70% para os funcionários públicos[509].

Ainda em maio, ao se discutir acerca da elegibilidade dos cabos, sargentos e suboficiais, o subtenente Gelei Rodrigues Correia declarou que os sargentos e suboficiais poderiam lançar mão de seus "instrumentos de

[506] Ibidem, p. 4939.

[507] Setores mais radicais do PTB, liderados por Brizola, combateram o Plano Trienal e julgaram-no submisso às exigências norte-americanas. O movimento sindical condenou a política salarial nele proposta. Diante dessas manifestações, o plano foi abandonado. Ibidem, p. 4939.

[508] Ibidem, p. 4940.

[509] Ibidem, p. 4940.

trabalho (os fuzis)... para exigir as reformas de base do governo federal", até que em 12 de setembro de 1963 ocorre a revolta dos Sargentos da Marinha e da Aeronáutica em Brasília, visto que o STF recusou reconhecer-lhes a candidatura a deputado[510].

Nessa rebelião participaram cerca de 600 cabos, sargentos e suboficiais da Aeronáutica e da Marinha que se apoderaram dos prédios onde estavam instalados o Departamento Federal de Segurança Pública (DFSP), a Estação Central da Rádio Patrulha, o Ministério da Marinha, a Rádio Nacional e o Departamento de Telefones Urbanos e Interurbanos (DTUI). As comunicações da cidade com o resto do País foram cortadas. Um grupo de 150 cabos e sargentos tentou ocupar o Ministério da Aeronáutica, mas a recusa da guarda de plantão do edifício em aderir forçou-os a se retirarem. O presidente Goulart se encontrava fora de Brasília, em visita à cidade de Pelotas (RS), mas após 12 horas da eclosão do movimento, os insurgentes acabaram sendo sufocados por tropas do Exército[511]. Os rebeldes eram comandados pelo sargento da Aeronáutica

[510] A Constituição de 1946 proibia, embora de forma pouco explícita, que os graduados das forças armadas (sargentos, suboficiais e cabos) exercessem mandato parlamentar em nível municipal, estadual ou federal. Nesse sentido, o direito à elegibilidade foi o móvel principal das campanhas reivindicatórias da categoria, que começou a se organizar no governo de Juscelino Kubitschek (1956-1961). Durante o mandato de João Goulart (1961-1964), o movimento dos sargentos foi fortalecido devido à sua participação durante os meses de agosto e setembro de 1961 na campanha da legalidade, que garantira a posse de Goulart na presidência da República. Nessa conjuntura favorável, a luta pela elegibilidade ganhou novo impulso. Além disso, o movimento dos sargentos, através das suas lideranças, apoiava as reformas de base (agrária, urbana, educacional, constitucional etc.) preconizadas pelo governo. Realizado o pleito na Guanabara, foi eleito o sargento do Exército Antônio Garcia Filho, pelo Partido Trabalhista Brasileiro (PTB), deputado federal. Tomou posse em 1º de fevereiro de 1963, passando a integrar a Frente Parlamentar Nacionalista, agrupamento suprapartidário de parlamentares nacionalistas de esquerda. No Rio Grande do Sul, embora eleito, o sargento do Exército Aimoré Zoch Cavalheiro foi declarado inelegível pelo TSE. Em São Paulo, o sargento do Exército Edgar Nogueira Borges elegeu-se vereador à Câmara Municipal da capital paulista pelo PTB, mas também foi impedido de assumir o cargo. LAMARÃO, Sérgio (Colaboração esp.). *In* ABREU, Alzira Alves de *et al* (Coord.). *Dicionário histórico-biográfico brasileiro: pós-1930*, cit., p. 4992.

[511] Foram detidos 536 soldados, sendo 284 da Aeronáutica e 252 da Marinha. Os prisioneiros foram mandados para o Rio, onde foram alojados no barco-presídio ancorado na baía de Guanabara. Ibidem, p. 4992.

Antônio de Prestes Paula, que foi preso, no dia seguinte, pela Polícia do Exército (PE). No total, 536 militares foram detidos e 19 sargentos condenados a quatro anos de prisão em Inquérito Policial Militar (IPM).

A crise amplia-se, gradativamente, com a coesão de militares contra o movimento comandado pelo CGT, forçando Jango a pedir autorização ao Congresso para decretar estado de sítio por 30 dias, mas não consegue apoio para a medida já que tanto as forças políticas de esquerda como as de direita temiam ser alvo dos poderes emergenciais, e por consequência de um golpe de Estado. O governo criará outro ministério com a seguinte formação::

Justiça – Abelardo Jurema; Fazenda – Carvalho Pinto; Trabalho – Amauri Silva; Exterior – Evandro Lins Silva; Educação – Paulo de Tarso; Indústria e Comércio – Egídio Michaelsen; Minas e Energia – Oliveira Brito; Saúde – Wilson Fadul; Agricultura – Oswaldo Lima Filho; Viação – Expedito Machado; Guerra – gal. Jair Dantas Ribeiro; Marinha – almirante Sílvio Mota; Aeronáutica – brigadeiro Anísio Botelho[512].

2.1.11.3 As repercussões em torno da reforma agrária de Jango

Mediante pesquisa do governo Jango, comprovou-se que apenas 5 ou 6% das terras aráveis pertenciam ao governo federal. Jango resolveu encampar as terras dos latifundiários e distribuí-las para os camponeses. Todavia, ele teria de desembolsar, aproximadamente, 1 trilhão de cruzeiros velhos, o que seria pago em títulos da Dívida Pública, resgatáveis no fim de alguns anos[513].

Como o Congresso se recusava a modificar o artigo 141 da Constituição, mudança que, para Jango, seria indispensável para viabilizar a reforma agrária, o presidente determinou a elaboração da minuta de um decreto que dispunha sobre a desapropriação das terras situadas às margens dos açudes e das rodovias e ferrovias federais. A repercussão dessa iniciativa entre o patronato rural, que ameaçou impedir pela força qualquer tentativa de reforma agrária, foi das piores. A discussão envolvendo

[512] Menandro, Heloísa (Colaboração esp.). *In* Abreu, Alzira Alves de *et al* (Coord.). *Dicionário histórico-biográfico brasileiro: pós-1930*, cit., p. 4939.
[513] Ibidem, p. 4940.

esse tema, que gerou impasse entre o governo e o Congresso, barrou o andamento da pauta das demais reformas[514].

Nesse contexto, a imprensa anunciava que o governo pretendia dar um golpe, culminando com o fato de que o marechal Tito, então presidente da Iugoslávia, viria ao Brasil, este visto como uma presença "comunista"[515]. Nos primeiros meses de 1964, Goulart procurou obter apoio das massas para a implementação das reformas. Para isso, convocou um comício, apoiado pelos sindicatos e por organizações populares, para 13 de março, no Rio de Janeiro, pouco antes da abertura dos trabalhos do Congresso. Outros comícios foram programados para algumas capitais, e o último, em São Paulo, reuniu um milhão de trabalhadores no dia 1º de maio[516].

2.1.11.4 O auge da crise e o comício das reformas

A fim de amenizar o momento de insatisfação por parte de segmentos da sociedade com o seu governo, Jango edita os seguintes decretos, a fim de torná-lo popular:

- Tabela para remédios, obrigando os laboratórios a vendê-los a preço de custo.
- Fabricação de produtos têxteis e calçados a baixo custo.
- Adoção pelas escolas de livros para vários anos, a fim de evitar gastos.
- Nova lei do inquilinato, permitindo ao morador adquirir a casa onde residia; proibia a majoração de aluguéis.

[514] Ibidem, p. 4940.

[515] O papel do governo dos Estados Unidos não esteve circunscrito apenas ao âmbito diplomático. Convencidos de que Jango daria um golpe, os americanos ajudaram ativamente as forças que queriam derrubá-lo. Financiaram instituições ligadas aos conspiradores e, por sugestão do embaixador Lincoln Gordon, puseram em marcha um esquema militar para apoiar os golpistas, caso houvesse necessidade. Tratava-se da Operação Brother Sam, que envolvia o deslocamento, para o litoral brasileiro, de uma esquadra liderada pelo porta-aviões *Forrestal* e integrada por contratorpedeiros e petroleiros. Os navios zarparam em 1º de abril, pouco antes do afastamento formal de Jango. Como não houve resistência, a missão foi abortada. Pilagallo, Oscar. *A história do Brasil no século 20 (1960-1980)*, cit., p. 47-48.

[516] Abreu, Alzira Alves de *et al* (Coord.). *Dicionário histórico-biográfico brasileiro: pós-1930*, cit., p. 4940.

- Criação da SUPRA (Superintendência da Reforma Agrária), para desapropriar áreas próximas a rodovias e ferrovias da área federal e revendê-las aos trabalhadores do campo a preços baratíssimos.
- Encampação de refinarias de petróleo particulares para controlar a importação de petróleo e seus derivados (como: Manguinhos, Capuava, Matarazzo, Amazônia, Ipiranga, que eram representantes da Gulf etc.).
- Inclui outro tema oriundo de discussão no Congresso, na imprensa e na sociedade, que foi a regulamentação da Lei de Remessa de Lucros, editada em setembro de 1962, mas que acabou sendo promulgada pelo presidente em janeiro de 1964 por meio do Decreto nº 53.451. Disposições como as do art. 31, que limitava as remessas de lucro para o exterior em 10% sobre o capital registrado, e as do art. 32, que considerava as remessas em excesso a esse limite como retorno de capital, geraram polêmica entre os investidores estrangeiros[517]. Jango pretendia que os decretos fossem assinados no dia 13 de março de 1964, num grande comício.

A crise – De um lado, os comunistas exigiam reformas radicais, de outro, as ligas camponesas nordestinas ameaçaram tomar atitudes violentas sob a liderança de Francisco Julião; enquanto isso, Brizola criticava Jango e preparava o seu "grupo dos 11"[518].

Os líderes udenistas e outras forças coligadas criticavam o clima de instabilidade no País e acusavam Jango de estar tomando posição comunizante. O ministro Carvalho Pinto, ameaçado e criticado pelo deputado Brizola, renunciou (o Plano Trienal já não funcionava – 20 de dezembro de 1963). Para completar o panorama, ocorreu a regulamentação da Lei

[517] MENANDRO, Heloísa (colaboração esp.). *In* ABREU, Alzira Alves de *et al* (Coord.). *Dicionário histórico-biográfico brasileiro: pós-1930*, cit., p. 4939.

[518] Ibidem, p. 4939. O Grupo dos Onze foi uma organização da sociedade civil, criada pelo então deputado Leonel Brizola em fins de 1963, que planejava fazer pressão em prol das chamadas Reformas de Base como a reforma agrária, a educacional, etc. Foi desarticulada após o golpe militar de 1964.

de Remessa de Lucros para o Exterior, colocando os grupos econômicos internacionais contra o governo[519].

Diante do momento em que Goulart perde, de forma paulatina, o controle da situação, uma coligação de forças planeja a tomada de poder, sob a motivação de que era necessária alguma mudança no País. Os Estados, comandados por Lacerda, Ademar de Barros, Magalhães Pinto (respectivamente Guanabara, São Paulo e Minas Gerais), entre outros, procuraram organizar a resistência ao governo federal[520]. Jango, todavia, quer anunciar as medidas populistas[521] e confia em seu dispositivo de segurança, criado pelo general Assis Brasil[522].

O Grande Comício das Reformas (13-03-1964) – Goulart anunciou a adoção das medidas por meio de decretos, com destaque à desapropriação das terras de latifúndios. Contava com o apoio e presença de muitos outros representantes de sindicatos, partidos e organizações de esquerda e nacionalistas. O governador de Pernambuco, Miguel Arraes, e o deputado federal Leonel Brizola buscavam consolidar a formação de uma frente popular de apoio às reformas de base[523].

Realizado no dia 13 de março de 1964, na Guanabara, na Praça Cristiano Ottoni e Campo de Santana ao lado do Ministério de Guerra, o

[519] MENANDRO, Heloísa (colaboração esp.). *In* ABREU, Alzira Alves de *et al* (Coord.). *Dicionário histórico-biográfico brasileiro: pós-1930*, cit., p. 4939.

[520] Ibidem, p. 4939.

[521] Ibidem, p. 4940.

[522] O general Argemiro Assis Brasil (1909-1982) era o líder do suposto esquema militar de João Goulart que, por causa de vários problemas, parte causados pelo próprio presidente, acabou se desintegrando e perdeu força diante dos militares rebeldes, liderados pelo então chefe do Estado-Maior, general Humberto Castelo Branco. Tido como um militar de esquerda no Exército, era muito próximo do então ministro da Guerra, general Jair Dantas Ribeiro, e de Osvino Ferreira Alves, militar nacionalista. Atuou como adido militar e embaixador do Brasil na Argentina e foi espionado por agentes da central de inteligência americana (CIA) durante sua passagem por Buenos Aires e no Brasil. Com o passar do tempo, principalmente após a libertação dos marinheiros rebeldes após pressão do presidente, praticamente 90% dos militares passaram a integrar o grupo contrário a Goulart, o que, enfim, redundaria em seu afastamento. SKIDMORE, Thomas E., *Brasil de Getúlio a Castelo* – 1930-64, São Paulo: Companhia das Letras, 2010, p. 140-142.

[523] MENANDRO, Heloísa (colaboração esp.). *In* ABREU, Alzira Alves de *et al* (Coord.). *Dicionário histórico-biográfico brasileiro: pós-1930*, cit., p. 4940.

evento reuniu aproximadamente 200 mil pessoas ao redor do palanque. Soldados cercavam a praça para evitar tumultos. Participaram do comício: Jango e sua mulher (D. Maria Tereza); Darcy Ribeiro (Chefe da Casa Civil); Brizola, Eloy Dutra, Almino Affonso (deputados); Seixas Dória (Governador de Sergipe); Badger Silveira (Governador do Rio); Miguel Arraes (Governador de Pernambuco), ministros militares etc.[524].

Houve no dia violentos discursos contra o Congresso, sob a alegação de que o Parlamento impedia o presidente de governar. Foram assinados os decretos objetos da contestação. Dois dias após o Comício das Reformas, Goulart enviou ao Congresso mensagem presidencial a fim de "dar contas da situação do país e solicitar as providências necessárias à definitiva erradicação dos obstáculos institucionais e estruturais que impedem a aceleração e consolidação de nosso progresso". A mensagem afirmava a "necessidade imperiosa de reformas estruturais e institucionais... para atender a velhas e justas aspirações populares, ora em maré montante, que ameaça conduzir o País a uma convulsão talvez sangrenta"[525].

Ao longo da mensagem, o presidente frisou a necessidade de o Congresso apoiar as reformas bancária, fiscal e administrativa. Propôs, também, diretrizes para a "adoção de uma reforma constitucional" que viabilizasse as demais reformas de base: a agrária, a política e a universitária, para as quais foram apontados princípios básicos"[526].Ao término do comício, às 21 horas, os militares estavam a conspirar contra o presidente. A destituição estava próxima.

2.1.11.5 A reação a Jango – a marcha da família com Deus pela liberdade e as revoltas militares

Atribuiu-se à irmã Ana de Lurdes[527] a ideia da marcha da família, ocorrida em São Paulo, no dia 19 de março de 1964. Coube ao deputado Cunha

524 Ibidem, p. 4940.

525 Ibidem, p. 4940.

526 Ibidem, p. 4940.

527 A irmã Ana de Lurdes, cujo verdadeiro nome era Lucília Batista Pereira, liderou a campanha, ao lado do deputado Cunha Bueno. Neta de Rui Barbosa, a religiosa integrava a campanha em desagravo do rosário e participou de marchas conhecidas como Cruzadas do Rosário, uma ideia do padre irlandês Patrick Payton, que seria agente da CIA, para combater uma suposta "ameaça comunista" ao Brasil. De acordo com a historiadora

Bueno, diretor da Willys do Brasil, executá-la. Os jornais do Estado divulgaram maciçamente o evento contra "Jango e seus amigos comunistas" e a favor da Constituição. Mais de 100 mil pessoas estiveram na Praça da Sé[528].

Carlos Lacerda, o senador Auro de Moura Andrade, o governador Ademar de Barros, o general Nelson de Mello, o padre Calazans[529] foram alguns dos nomes de expressão que participaram da manifestação, contando com a presença da Banda da Guarda Civil e com a celebração de uma missa pela "salvação" da democracia[530].

Na oportunidade, o Presidente do Senado afirmou:

> *"Pela consciência cristã do Brasil, estamos presentes a esta manifestação. Hoje é dia decisivo para a existência do Brasil. Confiemos nas Forças Armadas, confiemos na democracia, ergamos as mãos pela democracia"*[531].

A Revolta da Marinha – Em 25 de março de 1964 temos a Revolta dos Marinheiros, um episódio de resistência em que marinheiros, reunidos na sede do Sindicato dos Metalúrgicos do Rio de Janeiro, não acataram à ordem de prisão emitida pelo ministro da Marinha, Sílvio Mota. Os marinheiros realizavam uma "reunião comemorativa" do segundo aniversário da Associação dos Marinheiros e Fuzileiros Navais, entidade considerada ilegal[532]. Participaram cerca de 2 mil militares.

Aline Pressot, autora de uma dissertação sobre o tema na Universidade Federal do Rio de Janeiro (UFRJ), a ideia dela era promover uma marcha para defender o rosário mas, dentro da conspiração contra o presidente em marcha já há alguns meses, a rebatizou como Marcha com Deus pela Liberdade, marcando-a para a data de 19 de março, dia de São José, o padroeiro da família. A proposta surgiu após uma reunião com o parlamentar, que indignou-se com o discurso de Jango no comício das reformas, realizado dia 13 de março.

528 MENANDRO, Heloísa (colaboração esp.). *In* ABREU, Alzira Alves de *et al* (Coord.). *Dicionário histórico-biográfico brasileiro: pós-1930*, cit., p. 4940.

529 Era senador pelo PSD, um dos líderes do conservadorismo católico e fundador de entidades católicas leigas, como a Lareira, movimento de proteção à família.

530 MENANDRO, Heloísa (colaboração esp.). *In* ABREU, Alzira Alves de *et al* (Coord.). *Dicionário histórico-biográfico brasileiro: pós-1930*, cit., p. 4940.

531 Ibidem, p. 4940.

532 LAMARÃO, Sérgio (Colaboração especial). *In* ABREU, Alzira Alves de *et al* (Coord.). *Dicionário histórico-biográfico brasileiro: pós-1930*, cit., p. 4992.

O ministro da Marinha mandara prender os 12 diretores da Associação dos Marinheiros e Fuzileiros Navais, haja vista que a reunião servira de pretexto para propaganda política e divulgação de ideias radicais a favor das reformas com infiltração de elementos comunistas. Participam da reunião: Brizola, Abelardo Jurema (Ministro da Justiça), general Osvaldo Alves, entre outros[533].

O líder dos marinheiros, Cabo José Anselmo[534] (agente duplo – que se ligou à repressão, traindo seus companheiros), promovera violentos discursos contra o imperialismo e o latifúndio. A reunião direciona-se em favor das "reformas de base, que libertarão da miséria os explorados do campo e da cidade, dos navios e dos quartéis. Os marinheiros reivindicaram, também, o reconhecimento de sua associação, a melhoria da alimentação a bordo dos navios e dos quartéis e a reformulação do regulamento disciplinar da Marinha, sem a adoção de nenhuma medida punitiva contra os presentes à reunião[535].

Apesar da ordem do ministro da Marinha, no sentido de impedir a reunião dos marinheiros, o contra-almirante Candido Aragão[536], coman-

[533] Ibidem, p. 4992.

[534] Atribuiu-se ao Cabo Anselmo (Itaporanga d'Ajuda (SE), 13 de fevereiro de 1942) a função de agente infiltrado das forças de repressão do governo militar, pois teria fornecido aos militares informações que lhes permitiram capturar guerrilheiros e opositores da esquerda. Em uma das ações da repressão, em que ele traiu seus companheiros, até sua mulher, Soledad Viedma Barret, que estava grávida de um filho seu, foi assassinada pelos agentes do Dops. O fato ocorreu na região metropolitana do Recife em 1973.

[535] Lamarão, Sérgio (Colaboração esp.). *In* Abreu, Alzira Alves de *et al* (Coord.). *Dicionário histórico-biográfico brasileiro: pós-1930*, cit., p. 4992.

[536] A adesão dos fuzileiros evidenciou a grande polarização existente no interior das forças armadas em torno do apoio ao presidente João Goulart. A posição de Aragão, aliada à ordem emitida em seguida por Goulart, proibindo as tropas de invadir o Sindicato dos Metalúrgicos, provocou o pedido de demissão de Sílvio Mota, que foi imediatamente substituído à frente do Ministério da Marinha pelo almirante Paulo Mário Rodrigues. Ibidem, p. 4991-4993.Cândido dos Santos Aragão (1926-1998), tido como um militar de esquerda, era almirante e, certa vez, teria sugerido ao presidente bombardear o Palácio Guanabara, onde trabalhava seu rival, o governador Carlos Lacerda. Jango não autorizou a ação. Fonte; Almeida, Anderson, artigo O Comandante Aragão e a construção da memória. Disponível in http://www.snh2011.anpuh.org/resources/anais/14/1308175662_ARQUIVO_ALMEIDAAndersonArtigoAnpuh2011Aragao.pdf. Acesso em 20 de abril de 2020.

dante do Corpo de Fuzileiros Navais, desobedeceu seu superior hierárquico. No dia 26 (quinta-feira Santa), uma escolta de fuzileiros navais deveria tomar o Palácio do Aço, onde se encontravam os marujos, mas ela adere à reunião dos colegas marinheiros. Somente com a coligação de tropas das três Armas os rebeldes são finalmente aprisionados. Ocorre que, para surpresa geral e dos militares de alta patente, são depois libertados por ato presidencial[537].

2.1.11.6 O golpe militar, a fuga de Jango e o Ato Institucional nº 1

No dia 30 de março, a convite, Jango comparece ao Automóvel Clube, na Guanabara, onde a Associação dos subtenentes e sargentos da Polícia Militar comemoraria o 40º aniversário de sua fundação, oportunidade em que os violentos discursos são transmitidos por rádio e TV. Os discursos foram contundentes, e após a reunião estava selada a derrocada do presidente[538].

No dia 31 de março, em Minas Gerais, o general Olympio Mourão Filho[539] e o governador Magalhães Pinto estão à frente do movimento

[537] Lamarão, Sérgio (Colaboração esp.). *In* Abreu, Alzira Alves de *et al* (Coord.). *Dicionário histórico-biográfico brasileiro: pós-1930*, cit., p. 4992.

[538] Trechos do discurso: "A crise que se manifesta no país foi provocada pela minoria de privilegiados que vive de olhos voltados para o passado e teme enfrentar o luminoso futuro que se abrirá à democracia pela integração de milhões de patrícios nossos na vida econômica, social e política da Nação, libertando-os da penúria e da ignorância". (...) Não admitirei o golpe dos reacionários. O golpe que nós desejamos é o golpe das reformas de base, tão necessárias ao nosso país. Não queremos o Congresso fechado. Ao contrário, queremos o Congresso aberto. Queremos apenas que os congressistas sejam sensíveis às mínimas reivindicações populares". Iibidem, p. 4992.

[539] O plano do general Olympio Mourão Filho consistia em direcionar sua tropa a caminho do Rio, onde tomaria o Ministério da Guerra. Na verdade, havia outras frentes, mais articuladas, como a do general Humberto Castello Branco, chefe do Estado-Maior, da qual compunham variadas patentes e regiões, empresários de peso e representantes dos interesses americanos. Sem confiar em Mourão em razão de seu vínculo com o integralismo e porque estivera associado ao Plano Cohen, pretexto para o Golpe do Estado Novo, em 1937, para Castello Branco Mourão se precipitara ao sublevar sua região militar. Mas diante da impossibilidade de abortar a ação, Castello Branco optou por não impedi-la, sob pena de colocar em risco a conspiração. Embora o presidente contasse com comandos leais ao governo, para evitar derramamento de sangue preferiu evitar o confronto. Em consequência, no Rio, o aliado general Morais Ancora, do I Exército, mudou de posição

para depor Jango. No Paraná, o governador Ney Braga aguarda os acontecimentos. No Rio Grande do Sul, o governador Ildo Meneghetti fica na expectativa. Brizola prepara uma nova cadeia da legalidade. Em São Paulo, Ademar de Barros adere, juntamente com o general Kruel do II Exército, ao movimento. Em Recife, o comandante do IV Exército cerca o palácio do governo para prender Arraes. No Rio, o governo cerca o Palácio Guanabara, na tentativa de prender Lacerda.

Nessa condição, sem poder opor resistência, Jango sai do Rio para Brasília, e de lá para Porto Alegre. No Congresso, Moura Andrade declara vago o cargo de presidente da República. Jango acaba fugindo para Montevidéu, e assume Ranieri Mazzilli, presidente da Câmara.

Em seguida, o comando Supremo de Revolução (Gen. Artur da Costa e Silva – Almirante Augusto Radameker – Correa de Mello etc.) começa a determinar as medidas: cassações de políticos e militares oposicionistas ao Golpe; corte de autonomia das universidades; militarização do Estado; censura; e edição do Ato Institucional nº 1 (AI-1) pelo Comando Supremo da Revolução (nome oficial do golpe militar).

Admite-se que a concretização do golpe político-militar de 1964, deveu-se à participação de civis influentes, dos militares, do governo americano (segundo se comprovou mais tarde). Além disso, há de se considerar outros fatores: como o esvaziamento político de Jango; a instabilidade nas Forças Armadas, receosas da quebra da hierarquia; e os temores da classe média ante o fantasma do comunismo em plena Guerra Fria. Credita-se, também, a condução do golpe ao projeto de desenvolvimento capitalista, implementado pelos governantes militares, considerado o verdadeiro objetivo dos articuladores da derrubada do presidente João Goulart[540]. As determinações passam pelo Comando Supremo da Revolução (general Artur da Costa e Silva) e com a participação do brigadeiro

para apoiar os golpistas, a exemplo do general Amaury Kruel, do II Exército de São Paulo. Diante da queda iminente, que se consumou na noite de 1º de abril, e o presidente do Senado, Moura Andrade, declarou vaga a Presidência da República, dando posse, interinamente, ao presidente da Câmara, Ranieri Mazzilli. Em seguida, os Estados Unidos logo reconheceram o novo governo. Jango ficou no Rio Grande do Sul por mais dois dias, antes de cruzar a fronteira com o Uruguai e partir para um exílio que seria definitivo. Pilagallo, Oscar. *A história do Brasil no século 20 (1960-1980)*. 2. ed. São Paulo: Publifolha, 2009, p. 45.

540 Koifman, Fábio (Coord.), *Presidentes do Brasil – de Deodoro a FHC*, cit., p. 553.

Francisco de Assis Correia de Mello e o vice-almirante Augusto Hamann Rademaker Grünewald).

2.1.12 Presidência de Paschoal Ranieri Mazzilli (02/04 a 15/04/1964) – novo Governo Provisório

Um dos primeiros atos de Mazzilli, a mando dos militares, foi o de fechar o Instituto Superior de Estudos Brasileiros (ISEB), supostamente um órgão comunista[541]. Durante o exercício provisório da presidência, o poder era, de fato, exercido pelo general Arthur da Costa e Silva, que seria o segundo presidente na sequência dos governos militares, pelo vice-almirante Augusto Rademaker e pelo brigadeiro Francisco de Assis Correia de Melo. O político Amaral Peixoto assim descreveu a condição de Mazzilli perante os militares:

> *"Antes de vir ao Rio se entender com o Costa e Silva, o Mazzilli me chamou a Brasília e fez questão que eu e o Bilac Pinto, que era o Presidente da UDN, viéssemos com ele no avião para dar uma demonstração de que ele contava com apoio político. Quando chegamos, estavam formados à sua espera o Costa e Silva e o Brigadeiro Correia de Melo, o Melo Maluco, que faziam parte da Junta Militar. Estava também o Almirante Melo Batista, que depois foi o Ministro da Marinha do Castello.*
>
> *Descendo a escada do avião, já senti que o Costa e Silva, o Almirante Melo Batista e alguns generais que estavam em volta não gostaram da nossa presença junto do Mazzilli, pois éramos muito políticos. Antes de seguir para o Palácio Laranjeiras, o Mazzilli me disse: 'O Ministro da Guerra' – o Costa e Silva não podia ser Ministro ainda, porque o Mazzilli era o Presidente e não o tinha nomeado – 'me pediu que fosse ao Palácio da Guerra daqui a uma hora'. Daquele momento em diante, vi que o Mazzilli não era mais presidente, porque, em vez de os Ministros Militares irem ao seu encontro, ele é que foi ao Ministério da Guerra receber instruções dos militares.*
>
> *O Mazzilli foi lá e teve uma entrevista muito desagradável com o Costa e Silva. Ele me pediu para passar mais tarde no Laranjeiras com o Martins Rodrigues, e percebi logo que estava muito abatido. Embora não tivesse me contado todos os detalhes da*

541 O órgão foi criado em 1955, no Rio de Janeiro. Detinha autonomia administrativa e vinculava-se ao Ministério de Educação e Cultura. A proposta era de fomentar o estudo, o ensino e a divulgação das ciências sociais, em especial a discussão acerca do desenvolvimentismo.

conversa, disse: 'Alguns amigos nossos, muito chegados a nós, estão na lista negra, vão ser decapitados[542]'".

Nessa viagem, realizada no dia 3 de abril de 1964, Mazzilli foi informado de que exerceria o cargo até a próxima eleição de um novo presidente, a ser escolhido pelas Forças Armadas, e também acerca da composição do novo Ministério: professor Octávio Gouvêa de Bulhões, da Fazenda; professor Luiz Antônio da Gama e Silva, da Justiça; embaixador Vasco Leitão da Cunha, das Relações Exteriores; Arnaldo Sussekind, do Trabalho; almirante Augusto Hamann Rademaker, da Marinha; general Arthur da Costa e Silva, da Guerra; e brigadeiro Francisco Corrêa de Mello, da Aeronáutica[543].

No dia 10 de abril, o presidente Mazzilli, com base no Ato Institucional, cassou o mandato de quarenta parlamentares, que também tiveram seus direitos políticos suspensos por dez anos. Outras 58 pessoas também foram alvo de suspensão de direitos políticos, podendo-se citar o senador Amauri Silva, os deputados Almino Afonso, Abelardo Jurema, Francisco Julião, Leonel Brizola e José Aparecido. Em segundo grupo, Luiz Carlos Prestes, João Goulart, Jânio Quadros, Darcy Ribeiro, Josué de Castro, João Pinheiro Neto e Dante Pelacani. Além disso, três governadores foram cassados de igual forma: Seixas Dória, de Sergipe; Miguel Arraes, de Pernambuco; e Badger da Silveira, do Estado do Rio de Janeiro[544].

No dia 11 de abril, o Congresso elegeu o general Humberto de Alencar Castello Branco à Presidência da República e José Maria Alckmin (vice-presidente), tornando-se Mazzilli, por ocasião da posse presidencial em 15 de abril, novamente presidente da Câmara dos Deputados. Os militares conseguiam o poder.

542 KOIFMAN, Fábio (Coord.), *Presidentes do Brasil – de Deodoro a FHC*, cit., p. 5524.

543 Ibidem, p. 554.

544 Dando continuidade às cassações de mandatos parlamentares e direitos políticos, que vinham ocorrendo desde o início do movimento militar, Castello Branco cassou Juscelino Kubitschek em 8 de junho. O ex-presidente perdeu seu mandato de senador e os direitos políticos por dez anos. Essa medida levou o Partido Social Democrático (PDS), que apoiava o regime, a se retirar do governo. KOIFMAN, Fábio (Coord.), *Presidentes do Brasil – de Deodoro a FHC*, cit., p. 600.

2.2 A DITADURA MILITAR (1964-1985)

2.2.1 Governo Humberto de Alencar Castelo Branco (11-4-1964 a 15-3-1967). Vice José Maria Alkmin – os militares no poder

O general Humberto de Alencar Castello Branco (1897-1967), natural de Fortaleza (CE), era filho do também general Cândido Castello Branco e descendente do escritor cearense José de Alencar. Aluno da turma de 1919, na arma da Infantaria, da Escola Militar do Realengo, no Rio, era tido como um intelectual no Exército e chegou a publicar vários livros e ensaios. Em 1931, foi o primeiro colocado em sua turma no curso do Comando e Estado-Maior do Exército. Em 1945, já no posto de tenente-coronel, foi à Itália lutar contra o nazismo pela Força Expedicionária Brasileira (FEB), permanecendo 300 dias nos campos de batalha. Durante a ditadura, seu grupo, tido como moderado, se contrapunha ao de Costa e Silva, seu sucessor, a linha dura, mais à direita e defensor da Lei de Segurança Nacional (LSN). Morreu em 18 de julho de 1967, em um acidente aéreo mal explicado no qual um avião militar, da Força Aérea Brasileira (FAB) atingiu a cauda da aeronave em que ele viajava, derrubando-a.

Nas eleições indiretas de 11 de abril de 1964 o general Castello Branco[545] obteve 361 votos. Juarez Távora, 3 votos. Dutra, 2 votos. Conforme anunciara no discurso de posse, em 15 de abril de 1964, a intervenção militar se tratava de um "compromisso democrático assumido pelas Forças Armadas, implementado de maneira transitória e de caráter corretivo"[546].

[545] "Respeitado por seus pares e distante dos golpistas de primeira hora, Castello Branco significava a garantia de que o movimento contra Goulart não seria mera aventura. (...) O general tratou de harmonizar, desde o início de 1964, as posições de conspiradores e legalistas. Cada discurso radical do governo facilitava a tarefa: o temor de um Golpe à esquerda aumentava as adesões à direita. No início de março, quando se consolidou uma espécie de estado-maior revolucionário, Castello Branco centralizou o comando da operação, contando com significativo apoio nas Forças Armadas." *Vide* PILAGALLO, Oscar. *A história do Brasil no século 20 (1960-1980)*, cit., p. 46.

[546] KOIFMAN, Fábio (Coord.), *Presidentes do Brasil – de Deodoro a FHC*, cit., p. 600.

As primeiras medidas tomadas pelo governo golpista foram as seguintes:

- Expurgos em todos os setores da sociedade, e as cassações continuaram.
- Instalação dos IPMs (Inquéritos Policiais Militares).
- Fim das eleições diretas para Presidência da República e governos de Estado.
- Extinção dos partidos políticos (Ato Institucional nº 2, de 27-10-1965).
- Derrogação da Constituição de 1946 (AI-2).
- Imposição do bipartidarismo com o MDB (Movimento Democrático Nacional – formado por integrantes dos extintos Partido Social Democrático (PDS) e Partido Trabalhista Brasileiro (PTB) e a ARENA (Aliança Renovadora Nacional – formada por integrantes da antiga União Democrática Nacional (UDN)).
- Eleições indiretas para Presidência da República (AI-2).
- Organização do grupo LÍDER (Liga Democrática da Revolução), de combate à corrupção (linha dura).
- Instalação do Serviço Nacional de Informações (SNI), sob a chefia do general Golbery do Couto e Silva.
- Instituição do Plano de Ação Econômica do Governo (Paeg), para conter a inflação e retomar o crescimento econômico[547].
- Sanção da "Lei Suplicy", nº 4.464/1964, que proibia a atividade política de entidades estudantis.
- Acordo MEC-USAID e o plano nacional de educação.
- Eleições diretas em onze Estados, por força de emenda constitucional de 8 de abril, marcadas para 3 de outubro de 1965[548].

[547] Ibidem, p. 600.

[548] Na sucessão dos governadores dos Estados que teriam eleições, o PTB e o PSD lançaram, no dia 2 de agosto, a candidatura do marechal Henrique Teixeira Lott para a Guanabara. Porém, seu nome foi considerado inelegível, e o embaixador Francisco Negrão de Lima acabou sendo indicado para suceder Carlos Lacerda. As urnas trouxeram a vitória da oposição em dois Estados: Minas Gerais, com Israel Pinheiro, e Guanabara, com Negrão de Lima. No dia seguinte, Juscelino chegava do exterior e foi convocado a depor na Polícia do Exército, no Rio de Janeiro. O resultado motivou uma Revolta na Vila Militar, do Rio

- Prorrogação do mandato de Castello Branco em um ano pela emenda constitucional nº 9, de 22 de julho.
- Nova composição do Supremo Tribunal Federal, que passa a contar com dezesseis ministros, em vez de onze (AI-2).
- A Justiça Militar estendeu sua atuação também para crimes civis contra a Segurança Nacional (AI-2).
- Política externa – Juraci Magalhães, embaixador nos EUA, realiza o acordo sobre garantia de investimentos entre os EUA e o Brasil, no qual quem fornecia o dinheiro era o "governo garantidor" e quem recebia era o "governo do país recipiente". O Brasil ficava na dependência americana.

2.2.1.1 A situação econômica no período Castello Branco

Os índices de inflação e crescimento de 1966, divulgados pela Fundação Getúlio Vargas (FGV), foram, respectivamente, 39,1% e 3,8%. Principais medidas tomadas no setor econômico:

a) Combate à inflação;
b) Modificação da lei de remessa de lucros de setembro de 1962, eliminando o limite que era de 10% (para remessa);
c) Promulgação da Lei de Garantia de Investimentos, por intermédio de Juraci Magalhães (embaixador em Washington), dando mais segurança às empresas americanas no Brasil;
d) Instituição da Lei de Fundo de Garantia por Tempo de Serviço, que acabava com a Lei de Estabilidade dos Trabalhadores;
e) Criação do cruzeiro novo;
f) Redução da emissão monetária, com o aval do ministro Roberto Campos, economista liberal e pró-americanos. Foi criado o PAE (Programa de Ação Econômica), que tinha como lema: "Desenvolver-se é querer desenvolver-se". Foi organizado o Conselho Consultivo de Planejamento e os Estudos do EPER (Escritório de Pesquisa Econômica Aplicada).

de Janeiro. Inconformados com a derrota no Rio e em Minas, componentes da linha dura do Exército se rebelaram no dia 5 de outubro. Costa e Silva, então ministro da Guerra, neutralizou a crise que procurava desestabilizar o Presidente Castello Branco. Ibidem, 601.

2.2.1.2 A eleição indireta de 1966 e seus desdobramentos

No início de 1966, Costa e Silva se lançou candidato à Presidência da República e, em resposta presenciou a rejeição e os pedidos de exoneração dos ministros Ernesto Geisel, chefe do Gabinete Militar; Golbery do Couto e Silva, chefe do SNI; e do general Cordeiro de Farias, ministro extraordinário para a Coordenação dos Organismos Regionais, que também anunciara sua candidatura[549].

Diante da controvérsia, em reunião do dia 26 de março com a cúpula do governo, Castello Branco decidiu que os pré-candidatos deveriam se submeter ao crivo da Arena. Ao final, o nome de Costa e Silva acabou sendo homologado pela convenção do partido do governo no dia 25 de maio, tendo o jurista mineiro Pedro Aleixo como vice-presidente. Após 2 meses, o presidente sofreu um atentado no Aeroporto de Guararapes, na cidade do Recife, quando morreram o almirante reformado Nélson Fernandes, diretor da Companhia Hidroelétrica do São Francisco, e o jornalista Edson Régis[550].

Por ocasião das eleições indiretas de 3 de outubro de 1966, toda a bancada do MDB, em protesto, saiu do plenário na hora da votação. Costa e Silva foi eleito pelos que ficaram. Então, Castello Branco decretou, no dia 20 de outubro, recesso do Congresso até 22 de novembro.

Em dezembro, foi cancelado o recesso de final de ano do Congresso pelo Ato Institucional nº 4, decretado no dia 7. Na pauta dos deputados e senadores: apreciar o projeto de uma nova Constituição[551]. A nova constituição foi promulgada em 24 de janeiro de 1967. Procurava fundamentar legalmente o golpe militar de 1964. O MDB não a subscreveu.

2.2.1.3 A reação parlamentar, as cassações e a nova Constituição

De 1964 a 1966, foram cassados os mandatos parlamentares de Abelardo Jurema, Adahil Barreto, Almino Affonso, Bocaiuva Cunha, Cesar Prieto, Doutel de Andrade, Eloy Dutra, Expedito Machado, Felix Valois, Fernando Santana, Francisco Julião, José Aparecido, Leonel Brizola, Moysés Pimentel, Neiva Moreira, Paiva Muniz, Paulo de Tarso, Pelópidas Silveira,

[549] Ibidem, p. 601.
[550] Ibidem, p. 601.
[551] Ibidem, p. 602.

Rogê Ferreira, Roland Corbisier, Rubens Paiva, Salvador Lossaco, Sérgio Magalhães, Tenório Cavalcanti, e de muitos outros. Isso facilitou a ação do governo junto à Constituinte congressual que deveria votar o projeto oficial e promulgá-la, como o fez[552].

Com o enfraquecimento da oposição, haja vista as cassações de mandatos e de direitos políticos de grande parte de suas lideranças no Congresso, vale destacar a reação do jurista Seabra Fagundes em face dessas arbitrariedades.

> *"(...) O Congresso não dispunha de poder constituinte e o que poderia o Legislativo fazer seria simplesmente emendar a Constituição de 1946 e não substituí-la por outra. Mas o Presidente Castello Branco afirmou, na ocasião, que 'somente uma nova Constituição poderá assegurar a continuidade da obra revolucionária'"*[553].

Na verdade, durante a primeira quinzena de outubro de 1966, quando a maioria dos parlamentares se encontrava em seus estados a dedicar-se a suas respectivas campanhas para o pleito de 15 de novembro, surgiram rumores em Brasília de que haveria cassação de mandatos[554]. Consta que o presidente da Câmara, Adauto Lúcio Cardoso, recebera do general Castello Branco a garantia de que não haveria mais cassação de mandatos parlamentares e que a soberania do Congresso seria respeitada[555].

Ocorre que no dia 12 de outubro as novas cassações se tornaram públicas. Como havia poucos deputados em Brasília por estarem envolvidos em sua própria campanha eleitoral, mesmo assim, Adauto Cardoso abriu a sessão e deu a palavra aos atingidos pelos afastamentos[556]. Os acontecimentos assim se sucederam:

[552] BONAVIDES, Paulo; e ANDRADE, Paes. *História constitucional do Brasil*, cit., p. 435.
[553] Ibidem, p. 435.
[554] Ibidem, p. 439.
[555] Ibidem, p. 439.
[556] Ibidem, p. 439.

> *"Era comovedora a solidariedade dos Deputados que abandonavam suas campanhas eleitorais, para trazer seu apoio aos companheiros atingidos e, sobretudo, à instituição vulnerada.*
> *Um deles, o bravo Deputado Brito Velho, do antigo Partido Libertador, do Rio Grande do Sul, homem de exemplar consciência ética e jurídica, chegou atrasado em Brasília e quando tentava alcançar o Palácio do Congresso, já as tropas do então Coronel Meira Matos haviam cercado o edifício. E só a superioridade da força armada impediu fisicamente o Deputado Brito Velho, sob protestos os mais veementes, de reunir-se aos companheiros – quase todos seus adversários de partido – encurralados nas dependências da Câmara, para correr com eles todos os riscos e lavrar todos os protestos.*
> *A resistência durou uma semana. O deputado Doutel de Andrade, um dos atingidos, pronunciou um discurso que há de honrar em todos os tempos a História do Poder Legislativo do País. Todos os cassados subiram à tribuna e reiteraram seu propósito de, juntamente com o Presidente Adauto Cardoso, negar-se a compensar a honra de seus mandatos, conferidos pelo povo, pela submissão e pelo arbítrio.*
> *Desenharam-se tentativas de medidas jurídicas, mas o Judiciário era tão impotente quanto a Câmara"*[557].

Alguns deputados resistiam às cassações, pois se concentraram dia e noite nas dependências do Legislativo, com uma provisão de sanduíches e água mineral para a eventualidade do cerco longo[558]. O governo, por sua vez, garantiu ao presidente da Câmara que os parlamentares cassados teriam suas garantias físicas asseguradas e que poderiam retirar-se sem ser molestados. Do lado de fora, já na madrugada de 21 de outubro, o que se via era um arsenal bélico munido de morteiros e carros de assalto, nos arredores dos palácios dos Três Poderes. Cortada a rede telefônica e de energia elétrica, houve um momento em que o deputado Doutel de Andrade, com dois ou três amigos, desceu ao plano de entrada do prédio, onde um tenente, acompanhado de alguns soldados, ergueu uma metralhadora e o intimou a retirar-se, ao que o líder catarinense, com um repelão na metralhadora, afastou fisicamente a ameaça, bradando: "Retire-se você que é um invasor. Esta Casa é a casa do povo e é a minha casa!".

[557] Ibidem, p. 439.
[558] Ibidem, p. 440.

Então, o oficial retrocedeu, e a tropa postou-se no túnel de entrada do edifício[559].

Com a capacidade de resistência afetada, Adauto Lúcio Cardoso anunciou aos colegas que se retiraria, sendo seguido pelos demais parlamentares. À porta de saída, o presidente da Câmara reuniu em torno de si os deputados cassados, disposto a garantir-lhes a integridade, e retiraram-se[560]. Finalmente, a 15 de março, Castello Branco passa o governo ao general Costa e Silva, que pôs fim à Constituição de 1967 com a edição do AI-5, de 13 de dezembro de 1968, pouco depois da morte do malogrado fundador do regime de 1964[561].

2.2.1.4 Balanço do governo Castelo Branco

O governo Castelo Branco, no plano das idealizações, acreditava que o desenvolvimento podia ser atingido por meio de leis. Para Bresser Pereira, muitas delas eram tecnicamente bem feitas, como a lei do inquilinato, a lei do CONCEX, das incorporações imobiliárias, da criação do Banco Central, "normas que resultaram do trabalho de técnicos inteligentes e capazes".[562]

Ao encerrar o governo, o general Castelo Branco tinha conseguido, entre outras medidas:

- Estruturar os órgãos de repressão, principalmente o S.N.I.
- Ampliar a censura.
- Lançou 3.747 atos punitivos, com: 116 cassações; 547 suspensões de direitos políticos (10 anos); 569 reformas militares; 526 aposentadorias; 22 exonerações e 1.574 demissões.
- Punir adversários e críticos do regime.

2.2.1.5 A Frente Ampla e perseguições políticas

Para demonstrar força, foi no seu governo que houve perseguição aos membros da Frente Ampla como J.K., Carlos Lacerda e João Goulart, ambos ex-presidentes, e um dos seus principais algozes.

559 Ibidem, p. 440.
560 Ibidem, p. 441.
561 Ibidem, p. 441.
562 Bresser, Luis Carlos. *Desenvolvimento e Crise no Brasil.* SP: Editora Brasiliense, 1972. p. 164.

A Frente Ampla foi um movimento político lançado oficialmente em 28 de outubro de 1966 com o objetivo de lutar "pela pacificação política do Brasil, através da plena restauração do regime democrático". Seu principal articulador foi o ex-governador do então estado da Guanabara, Carlos Lacerda, que, embora tivesse participado do movimento que derrubou o presidente João Goulart ("Jango"), em 31 de março de 1964, não concordava com as medidas políticas e econômicas tomadas pelo regime militar que então se instalou. Além de Lacerda, a frente contou com a participação dos ex-presidentes Juscelino Kubitschek e João Goulart, e de correligionários de ambos. Dois anos depois, acabou sendo extinta e alguns membros expulsos do País.

"Para entrar na história, Castello decidiu que era preciso também legislar, e nada melhor do que terminar o governo com uma Constituição Nova. Mas a Constituição de 1967, que pouco durou, foi desfigurada pelo mesmo ímpeto legislador dos sucessores, sendo corroída pelo Ato Institucional nº 5".

"Em conclusão, filosoficamente, era um governo idealista no sentido de acreditar mais nas ideias do que na realidade. Idealista porque negava a realidade ou pelo menos não conseguia captá-la. Idealista porque acreditava que seria preciso modificar antes as mentalidades e depois as estruturas, que, mais importante do que se criarem condições efetivas para a mudança social, era fundamental "converter", persuadir. Outra faceta do idealismo filosófico do governo Castelo Branco estava na crença de que o desenvolvimento econômico podia ser feito basicamente por meio de leis."[563]

2.2.2 Arthur da Costa e Silva (de 15-03-1967 a 31-08-1969). *Vice: Pedro Aleixo* – A "linha dura" predomina

Costa e Silva (1899 – 1969), um general oriundo da comunidade de informações, sempre de óculos escuros, não era o candidato preferido de Castelo Branco, mas acabou eleito pelo Congresso Nacional, em outubro de 1966, com 294 votos, todos da Arena (Aliança Renovadora Nacional), o partido do governo. O Congresso Nacional tinha 472 membros, entre deputados e senadores. Seu vice era o civil Pedro Aleixo e seu governo foi considerado

[563] idem, p.163.

como o responsável por institucionalizar a ditadura, já que foi em 1968, durante o mandato de Costa e Silva, que foi imposto o Ato Institucional número 5, o AI-5, que fez com que um regime difuso se transformasse em uma ditadura militar de fato. O AI-5, a medida mais dura da ditadura militar, permitia que o presidente fechasse o Congresso, determinasse a cassação de políticos e impedisse reuniões de "caráter subversivo".

O segundo governante do regime militar tomou posse em 15 de março de 1967. Contrariamente a essa característica do seu mandato à frente do Executivo, Costa e Silva fez um esforço para se aproximar de alguns setores da população[564], principalmente da classe média, com algumas propostas econômicas que poderiam atender aos anseios desse grupo. Passou a ser identificado, no entanto, como um representante da linha dura, ou seja, dos setores mais reacionários do Exército.

Ao compor seu ministério, o presidente convidou 9 civis, 8 oficiais da ativa e dois da reserva. Entre os militares, estavam representados os grupos "linha dura" e também alguns do "Grupo da Sorbonne". A linha dura era composta por setores mais conservadores e dispostos ao enfrentamento com a oposição, ao passo que no outro grupo pontificavam os intelectuais militares, como Castelo. No mesmo dia da posse, entraram em vigor a nova Constituição e a nova Lei de Segurança Nacional, ambas criadas ainda no governo anterior. Entre os planos anunciados, o governo traçou projetos de controlar o processo inflacionário, ao mesmo tempo que se empenharia em implementar o desenvolvimento econômico do País[565].

Alguns acontecimentos marcantes do governo:

- Atuação da Frente Ampla – pacto entre as lideranças do País (JK-Jango-Lacerda) para mobilização popular com o intuito de acabar com o autoritarismo militar e voltar à democracia e às reformas.
- O fechamento e invasão da Universidade Federal de Minas Gerais em Belo Horizonte (maio de 1968) pela Polícia.

[564] Costa e Silva não permitia que seus auxiliares mais próximos o tratassem por "Excelência", conforme manda o protocolo da Presidência; dessa forma, se dirigiram a ele como "general" ou "presidente" até perceberem que o tratamento de sua preferência era "chefe", e assim passaram a chamá-lo. *Vide Presidentes do Brasil – de Deodoro a FHC*, cit., p. 627.
[565] Ibidem, p. 627.

- Dissolução do 30º Congresso da União Nacional dos Estudantes (UNE) em Ibiúna com a prisão de 700 estudantes, em setembro de 1968.
- Crise da CNBB com o governo devido a perseguições de padres em algumas regiões do País. Metralharam, inclusive, a casa de D. Helder Câmara, um religioso identificado com a esquerda, em Recife.
- Forte censura à mídia nacional.

2.2.2.1 – 1968 – A grande crise governamental e as revoltas estudantis

Em vários países, o ano de 1968 foi marcado pela intensificação da mobilização estudantil, que, em muitos casos, acabou por envolver outros grupos sociais. Aconteceu principalmente na França e na antiga Tchecoslováquia (República Tcheca). De igual forma, isso se passou no Brasil. Em 16 de fevereiro de 1968, ocorreu em Osasco, no Estado de São Paulo, a primeira grande greve de operários do governo Costa e Silva. No dia 28 de março, durante manifestação contra o aumento do preço das refeições no restaurante estudantil Calabouço, no Rio de Janeiro, o estudante secundarista Edson Luís de Lima Souto morreu ao ser atingido por um tiro disparado por policiais militares que haviam sido destacados para conter os manifestantes.

O fato chocou e sensibilizou os estudantes, que intensificaram o movimento de contestação ao governo. O corpo do jovem foi carregado pelas ruas do centro do Rio de Janeiro e velado no saguão de entrada da Assembleia Legislativa. Os ativistas estudantis decidiram promover uma greve em todo o País, transformando a vítima em mártir. Edson Luís foi enterrado no dia seguinte, e o féretro, acompanhado por cerca de 50 mil pessoas. Em 30 de março, o governo determinou que as passeatas fossem reprimidas. No dia seguinte – aniversário do "Movimento de 64" –, o deputado paulista Mário Covas, líder do MDB, declarou em entrevista ao jornal *Última Hora*, do Rio de Janeiro:

> *Este sistema militar que decretou guerra ao povo acabou criando uma atmosfera de absoluta incompatibilidade entre povo e Forças Armadas, o que é profundamente inconveniente, inclusive para a Nação. Mas isso é inevitável em face do governo militarista que declarou guerra a todo o povo brasileiro. E os festejos de hoje acabaram por ser um desfile para ninguém, para comemorar o nada.*

A missa de sétimo dia de falecimento de Edson Luís foi marcada para 4 de abril na Igreja da Candelária, no Rio de Janeiro. Os estudantes novamente organizaram uma manifestação para esse evento. Dessa vez, o choque foi ainda mais violento entre os participantes e a polícia. Muitos estudantes ficaram feridos; mais de 600 acabaram presos. Houve protestos também em outras capitais do Brasil.

Com a intensificação de críticas e acusações públicas feitas por Carlos Lacerda, a "Frente Ampla" foi posta na ilegalidade em 5 de abril (pela portaria nº 177 do ministro da Justiça Luís Antonio Gama e Silva)[566], sendo também proibida a divulgação na mídia de qualquer notícia que envolvesse os nomes de seus principais articuladores: Lacerda, Juscelino Kubitschek e João Goulart. No dia 16 de abril, aconteceu uma paralisação de metalúrgicos em Contagem, no Estado de Minas Gerais, com o envolvimento de 20 mil grevistas. No dia seguinte, 68 municípios, inclusive todas as capitais, foram transformados em áreas de Segurança Nacional, e seus prefeitos passaram a ser nomeados pelo presidente. Em São Paulo, nas comemorações do Dia do Trabalhador – 1º de maio –, dezenas de pessoas foram presas depois que o governador do Estado, Abreu Sodré, foi ferido ao ser atingido por uma pedra[567].

Em um episódio que ficou conhecido como "Sexta-Feira Sangrenta," no 21 de junho, ocorreu novo conflito entre manifestantes e a polícia nas ruas do centro do Rio de Janeiro. Quatro pessoas foram mortas e dezenas ficaram feridas. Cinco dias depois, aconteceu a "Passeata dos Cem Mil" no Rio de Janeiro, protesto que tinha em sua linha de frente os principais nomes da cena cultural e política de oposição no País. No dia 29 de junho, a polícia da capital gaúcha, Porto Alegre, reprimiu uma passeata organizada por estudantes. Em 4 de julho, nova passeata reuniu 30 mil pessoas no Rio de Janeiro. No dia seguinte, o governo decidiu proibir qualquer tipo de passeata. Como a proibição não surtiu efeito nos dias que se seguiram, o presidente ameaçou instaurar estado de sítio como forma de pôr termo às manifestações[568].

[566] LAMARÃO, Sergio (colaboração esp.). *In* ABREU, Alzira Alves de *et al* (Coord.). *Dicionário histórico-biográfico brasileiro: pós-1930*, cit., p. 2391.

[567] Ibidem, p. 2391.

[568] Ibidem, p. 2391.

Em 10 de julho, o jornalista Carlos Castello Branco escreveu sobre o que dissera Costa e Silva a um deputado naqueles dias:

> *[O presidente] prefere ficar em Brasília, sobretudo nas horas de crise. Brasília o imuniza contra as emoções que devastam o Rio de Janeiro e lhe dá perspectiva mais ampla e, ao que acredita, mais verdadeira de uma realidade nacional que não se esgota no asfalto da Guanabara. De lá ele tem a visão geral do quadro e pode confrontar o que ocorre nas grandes metrópoles com o que se passa no resto do País.*

No dia 16 de julho, o governo interveio no sindicato dos metalúrgicos da cidade de Osasco, que havia organizado uma greve de 15 mil trabalhadores. Na ocasião, foram presos alguns sindicalistas apontados como líderes. Em 22 de julho, uma bomba explodiu na sede da Associação Brasileira de Imprensa (ABI). Dois dias depois, o líder estudantil Vladimir Palmeira foi preso. No mesmo dia, explodiu uma bomba no Teatro Opinião, importante referência artística e intelectual no Rio de Janeiro. No dia 22 de agosto, a Câmara dos deputados rejeitou um projeto que concedia anistia aos presos em passeatas e greves. Uma semana depois, aconteceram duas grande intervenções policiais-militares na Universidade de Brasília (UnB) e na Universidade Federal de Minas Gerais (UFMG), na cidade de Belo Horizonte. Durante os confrontos, muitos estudantes ficaram feridos e outros tantos foram presos.

Conflito com o Congresso – No dia 2 de setembro, o deputado Márcio Moreira Alves (MDB) realizou, para poucos presentes, dois discursos na Câmara. No primeiro, questionou: "Quando o Exército não será um valhacouto de torturadores?". No segundo, sugeriu:

> *Vem aí o Sete de Setembro. As cúpulas militares procuram explorar o sentimento profundo de patriotismo do povo e pedirão aos colégios que desfilem junto aos algozes dos estudantes. Seria necessário para que cada pai, cada mãe, se compenetrasse de que a presença de seus filhos nesse desfile é um auxílio aos carrascos que os espancam e os metralham nas ruas. Portanto, que cada um boicote este desfile. Este boicote pode passar também às moças, às namoradas, àquelas que dançam com os cadetes e frequentam os jovens oficiais*[569].

[569] Koifman, Fábio (Coord.), *Presidentes do Brasil – de Deodoro a FHC*, cit., p. 626.

Além disso, propôs o parlamentar uma "*Operação Lisístrata*", inspirada na comédia grega de Aristófanes, na qual as mulheres se negaram aos guerreiros – em inusitada "greve" de sexo – até que eles suspendessem os quase permanentes combates. Para o general Jayme Portella de Mello, esse discurso "era a centelha para reacender as agitações que tinham amainado, voltando as passeatas de estudantes e os comícios relâmpagos"[570].

De fato, as palavras de Moreira Alves acabaram repercutindo e alcançando enorme dimensão, sobretudo pelo fato de o texto do discurso ter sido rapidamente impresso e distribuído a todos os principais comandos. Apesar de suas propostas terem sido apenas retóricas, e inócuas do ponto de vista político, alguns setores militares encararam o discurso do deputado como desrespeitoso e suas palavras como contrárias à honra de todos oficiais. No dia 12 de setembro, foi iniciado o processo de cassação de Moreira Alves no Supremo Tribunal Federal (STF). No dia seguinte, em nome das Forças Armadas, os ministros militares reivindicaram ao presidente que o parlamentar fosse processado com base na Lei de Segurança Nacional (LSN)[571].

O episódio havia demonstrado situações curiosas: a comissão de Justiça da Câmara, apesar da maioria da Arena, o partido do governo, havia negado autorização para que o político fosse cassado, já que ele gozava de imunidade parlamentar. Sob pressão da linha dura, Costa e Silva havia mudado a composição da comissão, para que aprovasse a cassação do mandato do jovem parlamentar. A autorização acabou sendo concedida, em 11 de dezembro, dois meses após o discurso, finalmente a comissão autorizou o início do processo. No plenário, entretanto, uma nova surpresa, muito desagradável para a ditadura: os deputados negaram a autorização. O pior para o governo foi saber que a Arena também era majoritária entre os parlamentares e, ainda assim, o processo de cassação não havia sido autorizado. Os deputados comemoraram a vitória, mas não sabiam que aquele era a última alegria de 1968. Logo, o governo decretaria o recesso do Parlamento, como uma retaliação à derrota no plenário do Congresso. Era o AI-5 mostrando a força do arbítrio.

[570] Ibidem, p. 626.
[571] Ibidem, p. 626.

Exatamente um mês depois, os estudantes organizaram clandestinamente, na cidade de Ibiúna, no Estado de São Paulo, o 30° Congresso da União Nacional dos Estudantes (UNE). O Congresso foi duramente reprimido e cerca de 600 estudantes presos. No dia 21 de outubro, o governo criou o Conselho Superior de Censura, que passou a funcionar como órgão do Ministério da Justiça. No dia 10 de dezembro, o Supremo Tribunal Federal determinou que fossem postos em liberdade 81 estudantes que estavam presos desde julho. Dois dias depois, a Câmara dos Deputados rejeitou autorização para que Márcio Moreira Alves fosse processado. No mesmo dia, o Exército e as polícias entraram em prontidão, enquanto o presidente reunia os ministros militares e os principais comandantes do Exército para tratar da crise[572].

De acordo com Rondon Pacheco, na época Chefe do Gabinete Civil, na noite do dia 12, Costa e Silva dormiu no Palácio Laranjeiras, no Rio de Janeiro, seriamente ameaçado de ser deposto pela "linha dura" por causa de sua recusa em promulgar um decreto "mais radical". Na sexta-feira, 13 de dezembro de 1968, atendendo a reivindicações e diversas pressões, o presidente assinou o Ato Institucional nº 5 (Al-5), considerado por Ronaldo Costa Couto "o mais ditatorial instrumento jurídico do período militar". O vice-presidente, Pedro Aleixo, foi contra e absteve-se de assinar o documento[573].

Uma vez aprovado o AI-5, Costa e Silva disse: "Eu confesso que é uma verdadeira violência aos meus princípios e ideias". Para o general Octávio Costa, assinar o AI-5 "foi um ato de fraqueza do marechal, que achou que estaria ou deposto pela subversão ou pela "linha dura"[574].

A radicalização do regime – e também as diretrizes sugeridas pelas organizações internacionais de esquerda, como a OLAS (Organização Latino-Americana de Solidariedade), ou por resoluções dos grupos locais levou diversos ativistas políticos da oposição a se engajar na luta armada contra o regime militar. No dia 14 de dezembro, foi a vez de Carlos Lacerda ser preso no Rio de Janeiro, onde não muito tempo antes, exercia o cargo de governador do Estado da Guanabara. Essa prisão não

[572] Ibidem, p. 627.
[573] Ibidem, p. 627.
[574] Ibidem, p. 627.

durou muito, e uma semana depois Lacerda e Kubitschek, que também fora detido, estavam em liberdade. Nos dias 30 de dezembro de 1968 e 16 de Janeiro de 1969, o governo divulgou listas de dezenas de cassações de direitos políticos, atingindo mandatos de senadores, deputados e vereadores e até juízes[575].

No dia 12 de março, nova lista com dezenas de cassações de mandatos e direitos políticos foi emitida. O movimento "subversivo" (aos olhos do governo) ou "revolucionário" (de acordo com os ativistas) intensificou suas ações. Passaram a ocorrer com mais frequência assaltos a bancos praticados por grupos políticos organizados, que se referiam a tais atos como "expropriações". Um decreto-lei do dia 22 de março passou a permitir o enquadramento desse tipo de assaltantes de banco na Lei de Segurança Nacional. O mesmo decreto-lei determinou que a divulgação de notícias consideradas truncadas passava a constituir delito, o que poderia determinar a intervenção do Ministério da Justiça nas empresas infratoras de rádio e de televisão. No dia 29 de abril, saiu mais uma lista com os nomes de deputados federais, estaduais, prefeitos, vereadores, juízes e militares cassados[576].

O AI-5 e suas consequências – A alegação oficial era de que o AI-5 havia sido editado para "pacificar o País" diante da subversão e do grande número de ataques praticados por terroristas de esquerda. No entanto, foi uma resposta aos conflitos de rua e às contestações à ditadura de uma forma geral. É possível dizer que, com o AI-5, o regime militar perdeu todos seus escrúpulos, mostrando sua verdadeira face, com o predomínio da chamada "linha dura" na política nacional. Doente, o presidente Costa e Silva foi afastado, o vice-presidente Pedro Aleixo impedido de assumir o cargo. Uma junta militar declarou vaga a Presidência da República e impôs a Emenda Constitucional n. 1, de 1969, incorporando a Carta de 1967 e todos os instrumentos repressivos editados após o golpe de 1964, em particular o AI-5. Declarado em "estado de guerra subversiva", o Brasil teve prevista a pena de morte para os rebeldes[577].

[575] Ibidem, p. 628.
[576] Ibidem, p. 628.
[577] Ibidem, p. 628.

Sem nenhum canal de participação política e sob a mais violenta repressão, vários setores de esquerda que, eventualmente, poderiam praticar alguma forma de contestação nos marcos legais passaram a ser marginalizados. Passaria a predominar, então, a resistência armada. Grupos como a Vanguarda Popular Revolucionária (VPR) , Movimento Revolucionário 8 de outubro (MR 8) e Movimento Revolucionário Tiradentes (MRT), entre vários outros, intensificam sua ação. Foram esmagados pela mais brutal repressão que o Brasil já conheceu. Sem oferecer resistência alguma, o Congresso será chamado para votar as medidas tomadas pela junta militar. Um general até então desconhecido, Emilio Garrastazu Médici, foi indicado presidente do País. Consuma-se o golpe dentro do golpe, a fase mais radical do regime militar[578]. Médici era, até então, chefe do Serviço Nacional de Informações (SNI).

Resta saber se Costa e Silva usou os radicais ou se foi por eles usado. Ambas hipóteses podem ser consideradas O presidente tinha uma relação de dependência mútua com a linha dura. "Colocara-se como estuário das frustrações de todos aqueles que achavam necessário aprofundar o processo arbitrário e punitivo", como escreveu o jornalista Elio Gaspari. Mas nem sua trajetória foi sempre próxima desse grupo, nem sua biografia, até os anos 1950, indicava o caminho que seguiria[579].

Gaúcho de Taquari, Costa e Silva estudara em Porto Alegre, no Colégio Militar, onde foi colega de Castello Branco. O primeiro se destacava mais nos esportes, enquanto o segundo, cearense de nascimento, era tido como um dos maiores intelectuais das Forças Armadas. A trajetória de Costa e Silva não levava a crer que ele poderia se aliar aos radicais do Exército. Em 1922, no episódio do levante do Forte de Copacabana, ficou ao lado dos tenentes rebeldes e acabou amargando algum tempo de cadeia. Em 1955, ficou ao lado do general Lott no contragolpe que garantiu a posse de Juscelino Kubistchek Durante a Revolução de 30, por sua vez, se aliou às forças de Getúlio Vargas que puseram fim à República Velha.

Para chegar ao poder, entretanto, se associou aos radicais da linha dura. Naquele 13 de dezembro, quando o governo enfrentava a rebeldia

578 Ibidem, p. 629.
579 Ibidem, p. 629.

do Congresso e a insatisfação das ruas, uma reunião do Conselho de Segurança Nacional foi convocada e apresentado o texto do AI-5, com o fechamento geral do País. Somente o vice-presidente Pedro Aleixo negou-se a assinar o texto, de autoria do ministro da Justiça, Gama e Silva. Os demais o fizeram. Entre eles o chefe do Serviço Nacional de Informações (SNI), Emílio Garrastazu Médici – que pouco depois se tornaria o presidente e até o ministro da Fazenda, o civil Antônio Delfim Netto. O AI-5 vigoraria por tempo indefinido, ao contrário dos atos anteriores, e daria ao presidente o poder de cassar políticos, fechar o Congresso, suspender o habeas corpus, impor censura prévia à imprensa, aposentar compulsoriamente professores universitários e prender dissidentes. Foi o início dos chamados Anos de Chumbo.

Em 26 de agosto de 1969 o presidente Costa e Silva foi vitimado pelo início de uma trombose cerebral e, por causa disso, chegou a ficar imobilizado fisicamente por alguns dias. Reunido, o alto comando das Forças Armadas se reuniu (30/08) e vetou a possibilidade de que o vice-presidente Pedro Aleixo assumisse o cargo. Pesaram contra o ele o fato de ser civil e de ter se recusado a assinar o AI-5. O país passaria a ser governado por um triunvirato formado pelos ministros militares, ou seja, o general Aurélio de Lira Tavares, o almirante Augusto Rademaker Grunewald e o brigadeiro Marcio Souza e Mello, com base no ato Institucional nº 12 (31/08).

Em vez do vice-presidente, designado por lei no caso de impedimento do titular, assumiria a junta militar enquanto durasse o impedimento. Um novo ato institucional, o AI-14, de 5 de setembro, estabelece que para enfrentar a *Guerra Psicológica Adversa e a Guerra Revolucionária ou Subversiva* torna-se necessária maior repressão, de modo que se admite a pena de morte, antes só admitida em caso de guerra externa. O Ato Institucional nº 16, de 14 de outubro, ante a gravidade da doença do marechal, declara a vacância da presidência, bem como da vice-presidência. Enquanto não se realiza a eleição das novas autoridades, a chefia do Poder Executivo continua a ser feita pelos ministros militares. O mesmo Ato marca o dia 25 de outubro para realização de novas eleições. O que ocorrerá no mesmo estilo, com a imposição de um candidato ao Congresso, para ser homologado.

2.2.2.2 Setor econômico – o chamado "milagre econômico"

Considera-se que foi no governo Costa e Silva que se iniciou o chamado "milagre econômico brasileiro", ante a reformulação iniciada por Delfim Netto, cujo auge ocorreria durante o governo subsequente, do presidente Médici. No dia 14 de julho, foi anunciado o ambicioso "Programa Estratégico de Desenvolvimento", cujo objetivo básico era atacar as causas da elevação dos preços, possibilitar a expansão da produção e "habilitar o homem brasileiro para o processo de desenvolvimento"[580].

"O governo Costa e Silva teve o grande mérito de, pela primeira vez, ter diagnosticado em termos oficiais a inflação brasileira como sendo de custos". E as medidas que passou a tomar são, sem dúvida, coerentes com esse diagnóstico. Boa parte das medidas econômicas do Governo passaram a ter como objetivo estimular a procura, em vez de dificultá-la, como fizera o governo anterior[581]".

Os resultados da política econômica iniciada pelo ministro Delfim Netto mostraram-se positivos. Definindo a inflação principalmente como sendo de custos e apenas secundariamente como de demanda, o governo não teve receio de tomar medidas, ainda que sempre limitadas, para estimular a procura. Nesses termos, a política salarial foi reformulada, procurando-se compensar as perdas que os assalariados haviam sofrido com a subestimação do resíduo inflacionário. A política de crédito revelou-se mais flexível. Os investimentos governamentais continuaram em nível elevado. O estímulo à procura permitiu que as empresas aumentassem sua produção e que os níveis de emprego fossem restabelecidos. Entrava, assim, a economia em um processo cumulativo de prosperidade, em que o aumento da procura estimulava a produção e esta, por sua vez, voltava a estimular a procura. Os lucros das empresas aumentavam, de forma que estas não tinham mais necessidade de aumentar seus preços para cobrir seus custos.

O governo, por sua vez, coerente com sua definição da inflação, estreitava cada vez mais os controles administrativos sobre os preços industriais. Se a inflação é de custos, isto é sinal de que os preços estão sendo estabelecidos em termos monopolíticos. Nessas circunstâncias, portanto,

[580] Ibidem, p. 629.

[581] Bresser, Luis Carlos Pereira. *Desenvolvimento e Crise no Brasil*, cit., p.172-174.

não tem sentido pretender combater a inflação com severas restrições à demanda. É preciso liberá-la ao mesmo tempo em que um severo controle dos custos e preços industriais é estabelecido, com a adoção de técnicas modernas de verificação (e não o velho tabelamento de preços, que acabava sempre por ser burlado) das variações de custo ocorridas e dos aumentos de preço pretendidos, que serão ou não autorizados pelo poder público. Essa política foi adotada mediante a criação do Conselho Interministerial de Preços (CIP), que controlava custos e preços das 350 maiores indústrias brasileiras, precisamente o setor oligopolista da economia. Além disso, o déficit do governo era contido dentro de estreitos limites, e o crédito bancário controlado, de forma que, ao mesmo tempo em que entrávamos em um período de relativa prosperidade, a inflação se reduzia para quase a metade da verificada em 1965 e 1966, girando em torno de 25% em 1967 e 1968, e caindo ainda mais em 1969.

Em relação à redução do déficit do governo e das emissões de papel moeda, é preciso salientar que isto foi em parte possível, graças ao saneamento financeiro ocorrido durante o governo Castelo Branco.

Outro aspecto positivo da conjuntura econômica no Governo Costa e Silva, além da redução da taxa de inflação, era o aumento das exportações. Estas atingiram um recorde de US$ 1,89 bilhões de dólares em 1968, e tudo indicava que em 1969 superariam a casa dos US$ 2 bilhões. Além da situação econômica internacional favorável, um fator que sem dúvida teve influência positiva sobre as exportações, principalmente as de manufaturados, foi o estabelecimento pelo ministro da Fazenda de uma taxa cambial móvel. Este fato, além de limitar a especulação, deu segurança muito maior aos exportadores, que não ficavam arriscados a ver, de repente, que os produtos que exportavam haviam se tornado gravosos.[582]

Retomada do desenvolvimento – A política econômica conjuntural do ministro, somada ao natural dinamismo da economia brasileira, produziram resultados. A partir de meados de 1967 a economia brasileira entrava em uma fase de franca recuperação econômica. Segundo os levantamentos preliminares da Fundação Getúlio Vargas (FGV), o ano de 1967 terminou com uma taxa de desenvolvimento econômico razoável

[582] idem .p.172-174.

de 4,5% embora a taxa de crescimento industrial ainda fosse muito baixa, em torno de 2,85%. Em 1968 ocorre uma grande expansão da atividade industrial, com evidente aproveitamento de uma parte da capacidade ociosa instalada. O produto industrial aumenta de 14,91%, enquanto a renda aumentava a uma taxa entre 6% e 7%.

Durante o primeiro semestre de 1969 a economia continuou seu ritmo ascensional. As sondagens conjunturais realizadas pela Fundação Getúlio Vargas no começo do ano, porém, já indicavam perspectivas menos otimistas por parte dos empresários. As sondagens realizadas em meados de 1969 revelam um claro agravamento das perspectivas econômicas. (Revista Conjuntura Econômica. Janeiro de 1969/ agosto de 1969.)

Planos – Os planos desenvolvidos pelo governo foram os seguintes: Plano Social de Desenvolvimento e Programa Estratégico de Desenvolvimento. Para tanto, o governo ampliou a entrada de capital estrangeiro na economia brasileira por meio de subvenções, isenções fiscais e concedendo concessão de financiamentos privilegiados, consolidando a posição de empresas internacionais na modernização da economia brasileira. O modelo econômico ficou atrelado e, portanto, dependente do capital internacional. Praticamente, foi uma continuação da proposta do governo anterior.

Outras medidas tomadas durante o governo de Costa e Silva foram:

- Aprovação do Acordo Mec-Usaid (1968), que adotou uma política educacional privatista, visto que retirou investimentos no setor público do ensino e passou a incentivar as escolas particulares. Essa nova fase priorizou a formação de mão de obra qualificada e houve uma tentativa de implementar o ensino técnico-profissionalizante nas escolas secundárias com objetivo de formar profissionais de nível médio para as indústrias. O objetivo era apenas utilitarista[583].

[583] O ano de 1968 caracterizou-se por forte mobilização estudantil internacional, tendo reflexos no Brasil. No Rio foi morto o secundarista Edson Luís de Lima e Souto por policiais militares no restaurante estudantil Calabouço. Ocorreram revoltas em todo o país contra a repressão. No enterro do estudante participaram cerca de 50 mil pessoas. Em 21 de junho, novo conflito com os estudantes no centro do Rio, com dezenas de feridos e 4 pessoas mortas. O desdobramento foi a passeata dos 100 mil (26-06-1968) contra a ditadura.

- Foi lançado o Decreto-Lei nº 477, que puniu manifestações de estudantes, professores e funcionários de todas as Universidades.
- Houve, todavia, incentivo à pesquisa universitária, principalmente na área tecnológica com o intuito de modernizar o País.
- Foi consolidado um novo sistema previdenciário, com o INPS, que unificou os diferentes benefícios sob o controle do Estado. Organizou-se o SINPAS (Sistema Nacional de Previdência e Assistência Social), o IAPAS, encarregado dos pagamentos do sistema, o DATAPREV para informatização e o INAMPS para dirigir a assistência médica pública.
- Ligação pelo sistema de micro-ondas de todo o País.
- Utilização de satélite artificial para comunicações internacionais.
- Incentivo à indústria naval.
- No dia 5 de dezembro, o governo transformou o Serviço de Proteção aos Índios (SPI) em Fundação Nacional do Índio (Funai). Dez dias depois, em 15 de dezembro, Costa e Silva criou o Movimento Brasileiro de Alfabetização (Mobral)[584].

No último dia desse mesmo mês, a Organização Latino-Americana de Solidariedade (OLAS) decidiu, durante uma conferência em Cuba, pela implementação da "estratégia revolucionária" em toda a América Latina. Esse fato teve importante significado para alguns setores da "esquerda" no Brasil, pois iria refletir, de certa maneira, na atuação de diversos grupos no País, tendo alguns deles optado pela implementação da luta armada como estratégia. Tal acontecimento veio bem a calhar para os setores da "extrema direita", que não cansavam de advogar o endurecimento do regime. Costa e Silva tinha dificuldades de manobrar politicamente, mas continuava tentando tomar pulso da administração[585].

Em 27/08/1969, Costa e Silva, enquanto preparava uma emenda constitucional, passa mal e acaba tendo trombose (28/08/1969). A doença era grave, sendo afastado do governo por uma junta militar. Ele acabou morrendo em 17 de dezembro de 1969, em razão de um ataque cardíaco, no Rio de Janeiro.

[584] KOIFMAN, Fábio (Coord.), *Presidentes do Brasil – de Deodoro a FHC*, cit., p. 630.
[585] Ibidem, p. 630.

2.2.3 A Junta Militar[586] (de 31-08-1969 a 30-10-1969) – Augusto Rademaker, Márcio de Sousa e Melo e Aurélio de Lira Tavares – a ditadura transparente

Durante o governo da Junta Militar foi aprovada a Emenda Constitucional nº 1, de 17 de outubro de 1969, na verdade outra Constituição, pois alterou substancialmente o texto constitucional de 1967, a ter vigência a contar de 30 de outubro de 1969, quando se empossam as novas autoridades. No dia 19 de outubro de 1969 foi promulgada a nova Carta Constitucional pelo ministro Rademaker[587].

Em 31 de agosto (Ato Institucional nº 12), a junta militar formada por Lira Tavares (Exército), Augusto Hamann Rademaker Grünewald (Marinha) e Márcio Mello (Aeronáutica) assume o poder explicitamente e informa ao País a ausência do presidente. Foi editado o Ato Institucional nº 12. A junta outorgou, em 17 de setembro de 1969, a Emenda nº 1, antecipada pelo Ato Institucional nº 16, que deu nova redação ao trecho que previa a convocação do Colégio Eleitoral para a eleição indireta de presidente e vice-presidente da República nos moldes da Constituição de 1968, já outorgada durante o regime militar. Na prática, entretanto, a Emenda nº 1 tornou-se, de fato, a nova Constituição, ao adaptar os vários atos institucionais e complementares. Com essa nova redação, o Executivo se tornava o mais forte dos poderes, concentrando muitas atribuições, entre elas a de censurar a imprensa e de impedir o gozo de vários direitos consagrados anteriormente, como as liberdades de reunião e de expressão, duramente violentados pela repressão policial-militar. Era a concentração autoritária de poder em um deles, sobrepujando os demais.

[586] Tivemos, portanto, com o impedimento temporário do presidente Costa e Silva, por motivo de saúde, o almirante Augusto Rademaker, ministro da Marinha à época, assumiu a chefia do governo por força do Ato Institucional nº 12 (AI-12), de 31 de agosto de 1969, compondo a Junta Militar que governou o País durante dois meses: de 31 de agosto a 30 de outubro de 1969. Da Junta também faziam parte o brigadeiro Márcio de Mello e Souza e o general Lyra Tavares, respectivamente ministro da Aeronáutica e do Exército. O AI-12 foi assinado pelos três ministros militares e por políticos, entre os quais José de Magalhães Pinto, Delfim Netto, Mário Andreazza, Jarbas Passarinho, Hélio Beltrão. Na vigência do AI-5, com o País em estado de exceção e o recesso do Congresso, o Alto Comando das Forças Armadas tomou a si a responsabilidade pela Segurança Nacional .

[587] Bonavides, Paulo; e Andrade, Paes de. *História constitucional do Brasil*, cit., p. 443.

Apesar disso, o governo se preocupava com a legitimidade constitucional, a despeito de não considerar os protestos da sociedade contra a concentração de poder[588].

> *"A preocupação com essa legitimidade era de tal ordem que a Emenda de 1969 não foi considerada autonomamente pelos juristas. Assim é que Pontes de Miranda, examinando o texto de 1967 e a Emenda de 1969, manteve o título de seu estudo jurídico 'Comentários à Constituição de 1967, com a Emenda nº 1 de 1969'. Isto é, a Constituição permaneceu como a de 1967. Não há, pois, Constituição de 1969, mas de 1967, cujo sistema não foi alterado pela Emenda nº 1, embora esta tenha promovido algumas modificações no seu texto. Em seu 'Curso de direito constitucional' (3ª edição, vol. I), o professor Pinto Ferreira não considera que a Emenda nº 1 tenha revogado a Constituição de 1967, mas que esta 'passou a vigorar com duzentos e um artigos'. Outros, como Aliomar Baleeiro, quando trata da Constituição de 1967, a classifica sempre como 'Constituição de 1967-1969'"*[589].

O que houve é que a Constituição em vigor não atendia às expectativas de maior repressão à sociedade do grupo agora no poder. Assim, para esse grupo, seria necessário agravar ainda mais as medidas, mesmo após o AI-5, e a Emenda Constitucional n.°1 supriria essa lacuna. Até mesmo em seu preâmbulo, quando se dizia que o Congresso havia promulgado a emenda, havia mentira, já que o Legislativo não participara do episódio. O texto de 1967 tinha 189 artigos, enquanto que o de 1969 apresentava 217[590].

A nova peça altera muito a de 1967, reforçando o seu caráter autoritário e as medidas repressivas. Uma das inovações autoritárias era a criação do Estado de Emergência, além do Estado de Sítio, que já existia. A legislação eleitoral era sempre contemplada de forma de assegurar casuísmos que garantissem o poder oficial. Um deles, bem para a frente, era o de número 8, de 14 de abril de 1977, quando o presidente Ernesto Geisel criaria a figura dos "senadores biônicos", ou seja, que não tinham votos

588 Ibidem, p. 443.

589 Ibidem, p. 443-444.

590 IGLÉSIAS, Francisco. *Constituintes e Constituições brasileiras.* Coleção Tudo é História. São Paulo: Brasiliense, 1982, p. 80.

mas eram indicados pelo governo, uma interferência direta no Legislativo. Trata-se de uma aberração de qualquer ponto de vista[591].

Guerrilha e sequestro – Os governos militares haviam deposto um governo fraco e despreparado, de Goulart, mas se mostravam tão despreparados quanto. Se o golpe havia recebido, inicialmente, algum apoio popular, seus desdobramentos, com o agravamento da repressão, fizeram com que perdesse qualquer simpatia da população. Em 4 de setembro, uma ação ousada de guerrilheiros urbanos, o sequestro do embaixador americano Charles Burke Elbrick, realizada com o objetivo de forçar o governo a libertar presos políticos, testou mais uma vez os limites da junta militar. Sem saída e atemorizada com a possibilidade de que os chamados terroristas, entre os quais estavam os jornalistas Franklin Martins e Fernando Gabeira, matassem o representante da maior potência do planeta, aliada ao regime militar desde o início, os militares cederam e soltaram os presos políticos (entre os quais José Dirceu, Ricardo Zaratini e Vladimir Palmeira). O embaixador foi libertado e os presos seguiram para o México. No dia seguinte, o AI-13 criou a pena de banimento e a aplicou aos libertados. Foi criado, também, o AI-14, que instituiu a pena de morte e a prisão perpétua para os casos de guerra psicológica adversa e guerra revolucionária ou subversiva[592].

Em 16 de setembro de 1969 em nota oficial foi comunicado ao País o impedimento definitivo de Costa e Silva, preparando o caminho para a sucessão do presidente já que o vice não assumiria o cargo. O AI-17 dava à junta militar o direito de transferir temporariamente para a reserva os militares que atentassem contra a coesão das Forças Armadas. Esse documento tinha endereço certo: destinava-se aos insatisfeitos com a indicação de Garrastazu Médici para a Presidência da República. Suas ideias principais haviam sido definidas pela Comissão dos 3M – em alusão à letra inicial dos sobrenomes dos seus membros, os generais Antônio Carlos Muricy, Emílio Garrastazu Médici e Jurandir de Bizarria Mamede, com o intuito de sintetizar o pensamento das Forças Armadas em relação ao preenchimento da Presidência da República[593].

[591] Ibidem, p. 81.
[592] KOIFMAN, Fábio (Coord.), *Presidentes do Brasil – de Deodoro a FHC*, cit.,. p. 648.
[593] Ibidem, p. 649.

Nesse período foram editados os seguintes Atos Institucionais: AI nº 13 (banimento de pessoas consideradas perigosas); AI nº 14 (pena de morte); AI nº 15 (fixava a data das eleições municipais onde ocorriam as intervenções federais – para 15-11-70); AI nº 16 (vacância dos cargos de presidente e vice); e AI nº 17 (Junta poderia transferir para reserva militares críticos do sistema)[594].

Em 25 de outubro foram eleitos o general Garrastazu Médici e vice Augusto Rademaker.

2.2.4 Emílio Garrastazu Médici (30-10-1969 a 15-03-1974). Vice: almirante Augusto Rademaker – O auge da repressão

Emílio Garrastazu Medici (1905-1985), natural de Bagé (RS), entrou na Escola Militar do Realengo em 1924, saindo como tenente. Em 1948, foi promovido a tenente-coronel. Em 1966, se tornou o sub-comandante da Academia Militar das Agulhas Negras (Aman). No ano seguinte, chegaria à chefia do Serviço Nacional de Informações (SNI), cargo que deixou para ocupar a Presidência da República por indicação da junta militar que sucedeu Costa e Silva. Aliás, um dos integrantes da junta, o almirante Rademaker, se tornou seu vice. Médici, que fez um dos governos mais violentos da ditadura, com muitos casos de tortura de opositores e censura à imprensa, integrava a "linha dura" em oposição à Sorbonne, como eram chamados os militares moderados.

O Congresso Nacional, em decorrência do Ato Complementar número 73, foi reaberto para a eleição indireta. Médici, pela chapa da Arena (Aliança Renovadora Nacional) obteve 239 votos. O MDB, partido da oposição, não votou[595].

Administração e repressão – O general Emílio Garrastazu Médici (1905-1985) assumiu a Presidência da República em um momento politicamente crítico. Contudo, o Ato Institucional nº 5 (AI-5) dava-lhe sustentação e plenos poderes para agir da maneira que considerasse adequada[596]. E o presidente, o terceiro da ditadura militar, usou muito deste instrumento autoritário.

594 Ibidem, p. 649.
595 Ibidem, p. 684
596 Ibidem, p. 684.

As palavras do próprio mandatário confirmam isso: "*Quando as obras da ponte Rio-Niterói começaram a arrastar-se, chamei o ministro [dos Transportes] Mário Andreazza e lhe disse: 'Vamos desapropriar a obra, formar uma empresa e terminá-la'. Ele me perguntou: 'Podemos? Temos dinheiro?!'. Respondi: 'Eu posso. Eu tenho o AI-5 na mão e, com ele, posso tudo. Se eu não posso, ninguém mais pode'*"[597].

O novo presidente manteve seis dos ministros de Costa e Silva – Delfim Netto, Márcio de Souza e Mello, Costa Cavalcanti, Mário Andreazza, Antônio Dias Leite e Jarbas Passarinho. Para a presidência do Senado, foi indicado o presidente da Arena, Filinto Strubling Müller, que, durante o primeiro governo do Presidente Getúlio Vargas, fora por muitos anos o temido chefe de polícia do Rio de Janeiro, o antigo Distrito Federal[598]. Nesse período, o Congresso não teve voz. Senadores e deputados apenas chancelavam decisões do Executivo[599].

Liberdade – A liberdade de opinião, então, se tornou somente uma expressão. Aos poucos, se apertava o controle sobre qualquer manifestação de opinião. Em 29 de abril de 1970, foi estabelecida a censura prévia a livros e periódicos para com isso "evitar exteriorizações contrárias à moral e aos bons costumes". O deputado pela Arena Plínio Salgado, que havia liderado o Movimento Integralista durante a década de 1930, chegou a pedir ao governo, em discurso na Câmara, que os jornais diários sofressem censura prévia. A proposta de Salgado se estendia, também, ao ensino de disciplinas como sociologia, antropologia, história e até biologia. O aumento do garrote da censura proposta pelo parlamentar foi idealizado a partir de uma denúncia do jornalista Carlos Castello Branco

[597] Ibidem, p. 684.

[598] Filinto Müller (1900-1973) participou da Revolução de 1924 e, posteriormente, da Coluna Prestes, da qual foi expulso por Prestes sob acusação de "deserção, covardia e indignidade". Posteriormente, se tornaria chefe de Polícia de Vargas, função na qual foi acusado de torturar uma quantidade enorme de presos. Foi um dos responsáveis, também, pela prisão e deportação de Olga Benário Prestes, mulher do líder comunista Luiz Carlos Prestes, que o havia expulsado da Coluna. Morreu em 1973, em um acidente de avião no Aeroporto de Orly, na França. Segundo o jornalista David Nasser, no livro *Falta alguém em Nuremberg*, contratou a escória da polícia para ajuda-lo no período Vargas a combater a subversão. Serviu a duas ditaduras.

[599] Koifman, Fábio (Coord.), *Presidentes do Brasil – de Deodoro a FHC*, cit., p. 685.

segundo a qual antigos integralistas estavam ocupando cargos de confiança no governo Médici[600].

A mídia censurada – Entre 1969 e 1972, os donos de empresas de comunicação "negociavam" a censura com os militares. Depois que a Polícia Federal ficou encarregada da censura, esse acordo foi extinto porque eles se recusavam a tratar desse assunto com policiais. As ordens de censura começaram a ser enviadas por escrito ou por telefonemas aos editores. Alguns assuntos eram terminantemente proibidos. Os mais complicados eram tidos como sensíveis para o regime:

> *"Os assuntos geralmente proibidos eram atividades políticas estudantis, movimentos trabalhistas, pessoas privadas dos seus direitos políticos e más notícias sobre a economia. As notícias mais sensíveis eram as referentes aos militares – o que quer que pudesse causar dissensão nas Forças Armadas ou tensão entre militares e o público"*[601].

Mesmo com toda a força do governo controlando os meios de comunicação, jornalistas, artistas e militantes conseguiam, com muito esforço, vazar denúncias de violências, sequestros, assassinatos e desaparecimentos de presos políticos. Alguns locais como o quartel do Exército na rua Barão de Mesquita, na Tijuca e a Base Aérea do Galeão, no Rio de Janeiro, além do quartel do Departamento de Ordem Política e Social (Dops) na rua Tutóia, em São Paulo, ficaram famosos por abrigar sessões de tortura dirigidas por "profissionais", policiais ou militares treinados para torturar presos políticos. Os DOI- Codi – Destacamento de Operações e Informações (DOI) e Centro de Operações de Defesa Interna (Codi) funcionavam em todos os Estados brasileiros e foram os principais centros de tortura. De acordo com o historiador Hélio Silva no livro "Emílio G. Médici" (Coleção os Presidentes. p.103-104)

> *"Os locais de tortura, tecnicamente organizados, sob direção de especialistas treinados em serviços similares nos Estados Unidos, eram conhecidos, graças à revelação de algum sobrevivente, indiscrição de torturadores, ou pesquisas da reportagem"*[602].

600 Ibidem, p. 685.
601 Ibidem, p. 685.
602 Ibidem, p. 686.

Continuam a guerrilha e a repressão – O final da década e o governo Médici foram marcados, também, pelo acirramento de ânimos de um e outro lado do espectro ideológico. Grupos de esquerda se organizaram, no campo e na cidade, para combater o governo com a luta armada, por meio de ações como assaltos a banco e sequestros de personalidades. Ao mesmo tempo, se organizariam, também, grupos de extrema-direita, formados por militares e civis, que agiam para reprimir duramente o que chamavam de "subversão". Assim, a ação dos grupos de esquerda servia de desculpa para que o governo endurecesse cada vez mais sua atuação, ao fornecer motivos para a linha dura e seus aliados civis. Não eram somente militantes de esquerda as vítimas da violenta repressão. Também passou a atingir indiscriminadamente estudantes, artistas, jornalistas e outros profissionais liberais[603].

Sentindo-se respaldados pelo regime, sargentos e policiais de baixo escalão, com capacidade intelectual absolutamente limitada, assumiram funções de "juízes" informais, atuaram de forma desmedida e violenta contra todos os que, por alguma razão, considerassem "subversivos". Além de castigos corporais, foram registradas também mortes de gente que, em muitos casos, não tinha nenhuma ligação com política, além de censuras absurdas e toda sorte de arbitrariedades[604].

A luta desigual entre alguns guerrilheiros urbanos (os terroristas, para o governo) contra as forças governamentais, era valorizada pelo presidente para justificar mais e mais repressão. Sobre esse conflito, certa vez Médici declarou à revista Veja (16.10-85):

> *"Em 1970, houve um tiroteio num aparelho subversivo e um major morreu ao socorrer um sargento que fora ferido. Então, tive uma conversa com o ministro Orlando Geisel. 'Mas só os nossos morrem?', perguntei: 'Quando invadirem um aparelho,*

[603] Ibidem, p. 686.

[604] Muitos artistas, entre os quais Chico Buarque, Caetano Veloso, Gal Costa, Milton Nascimento, Geraldo Vandré, entre muitos outros, foram censurados na época da ditadura. Entre os casos mais absurdos, um jovem foi preso porque estava com um livro sobre cubismo embaixo do braço. O policial achou que o cubismo, movimento artístico fundado por Pablo Picasso, era alguma referência a Cuba, ilha socialista no Caribe.

terão de invadir metralhando. Estamos em uma guerra e não podemos sacrificar os nossos'"[605].[606]

Ao mesmo tempo em que ocorriam os crimes contra a oposição, o presidente se esforçava para passar uma imagem de "brasileiro comum", que ia ao estádio com um radinho de pilha no ouvido e se comportava exatamente igual a qualquer um. Para estimular o nacionalismo, o governo forjou duas frases de propaganda "ninguém segura esse país" e "Brasil, ame-o ou deixe-o", que tentavam criar uma aura de "fraternidade" entre a população, mesmo que esta estivesse se sentido violentada. Em 6 de junho de 1970, o Brasil ganhava o tricampeonato mundial de futebol no México, o que rapidamente se tornou propaganda positiva do governo[607].

Em situações extremas, o governo tinha que agir, mesmo que sob pressão. No caso do assassinato do militante Stuart Angel Jones por militares, eles foram exonerados por eventuais "excessos" em sua ação. É que sua mãe, a brasileira Zuzu Stuart Jones, fez protestos em várias partes do mundo, o que causou profundo desgaste político internacional ao governo[608].

Atacada de todas as formas, com seus líderes mortos ou exilados, a guerrilha praticamente se extinguiu em 1972. Restou à sociedade civil formas alternativas de protesto, como as artes e os espetáculos. Ainda

[605] Koifman, Fábio (Coord.), *Presidentes do Brasil – de Deodoro a FHC*, cit., p. 686.

[606] O presidente do Brasil eleito em 2018, Jair Bolsonaro, de extrema direita e defensor da ditadura militar, reproduz o mesmo pérfido discurso.

[607] Koifman, Fábio (Coord.), *Presidentes do Brasil – de Deodoro a FHC*, cit., p. 686.

[608] Stuart Angel Jones foi morto na Base Aérea do Galeão, em 1971. Os militares o prenderam em um jipe, com a boca colada ao cano do escapamento. Era militante do MR-8 e filho do americano Norman Angel Jones e da estilista brasileira Zuzu Angel. Sua morte levou ao afastamento do brigadeiro João Paulo Penido Burnier e à exoneração do ministro da Aeronáutica, Marcio de Mello e Souza. Zuzu, que morreu em um acidente de carro suspeito em 1976 nunca obteve notícias do filho, mas denunciou o caso nos Estados Unidos, onde conseguiu sensibilizar o senador Edward Kennedy, que levou o caso ao Congresso, com este pressionando o Brasil. Chico Buarque escreveu a música *Angélica* em homenagem à luta de Zuzu. Em 2006, o caso chegou ao cinema em um filme com direção de Sérgio Rezende. A morte cruel de Stuart Angel Jones também é citada na música *Cálice*, do mesmo autor, no parágrafo: "quero cheirar fumaça de óleo diesel, me embriagar até que alguém me esqueça."

assim, grupos paramilitares como o Comando de Caça aos Comunistas (CCC) invadiam peças de teatro para agredir e prender os autores. Uma das formas alternativas de expressão foi o semanário de humor *Pasquim,* no qual trabalharam alguns dos melhores jornalistas do País na época. Diretores e jornalistas acabaram presos, mas o jornal não se intimidou. No período, seriam mortos pela repressão os principais líderes "terroristas" como Carlos Marighela[609], da ALN, e Carlos Lamarca[610], da VPR[607].

[609] Carlos Marighella (1911 - 1969) – Filho de Augusto Marighella, operário e imigrante italiano, e de Maria Rita do Nascimento, negra e filha de escravos, teve outros sete irmãos. O início na vida acadêmica, em 1929, quando ingressou na Escola Politécnica da Bahia para cursar Engenharia Civil, também foi a porta para seu ingresso na política e na militância. Em 1934, foi preso depois de divulgar um poema em que criticava o interventor da Bahia, Juracy Magalhães, nomeado por Vargas. Neste mesmo ano mudou-se para o Rio de Janeiro, onde se tornou um militante profissional do PCB. Ele era responsável pela imprensa e divulgação do partido. Em 1937 foi preso pela segunda vez, agora já durante a ditadura de Vargas, e torturado sob as ordens de Filinto Müller, chefe da repressão. Ficou um ano preso e só foi liberado com a "macedada", como ficou conhecida a ordenação do ministro da Justiça à época, José Macedo Soares, que determinou que os presos políticos fossem soltos. Foi preso e torturado novamente em 1939, permanecendo, dessa vez, seis anos na prisão. Em 1945, com o fim do Estado Novo, foi beneficiado com a anistia e libertado. Em 1946, elegeu-se deputado federal constituinte pelo PCB baiano, mas, tendo início a Guerra Fria, o partido voltou à ilegalidade e seu mandato foi cassado. Em 1964, logo após o golpe, Marighella foi baleado e preso por agentes do Departamento de Ordem Política e Social (Dops), órgão de repressão da ditadura, dentro de um cinema. Em 1965, foi liberado por uma ação judicial, mas decidiu abandonar a resistência pacífica e aderir à luta armada contra o regime militar. Naquele mesmo ano, escreveu *A Crise Brasileira*. Após divergências internas, foi expulso do partido em 1967. Em 1968, fundou o grupo armado Aliança Libertadora Nacional (ALN), que se tornou a mais conhecida resistência armada à ditadura, participando de assaltos a bancos e do famoso sequestro do embaixador americano Charles Elbrick, em conjunto com o Movimento Revolucionário 8 de Outubro (MR-8). Nomeado como o inimigo número um da ditadura militar brasileira, em 4 de novembro de 1969 Marighella foi morto a tiros por agentes do Dops, em São Paulo.

[610] Carlos Lamarca (1937 - 1971) – Filho de carpinteiro, fez o ginásio em colégio de padres e ingressou na Escola Preparatória de Cadetes, em Porto Alegre, em 1955. Dois anos depois transferiu-se para a Academia Militar das Agulhas Negras, em Resende (RJ), tornando-se aspirante-a-oficial em 1960. Passa a servir no 4º Regimento de Infantaria, em Quitaúna, na cidade de Osasco (SP). É enviado para integrar as Forças de Paz da ONU na região de Gaza (Palestina), de onde volta 18 meses depois. Está ligado à 6a Companhia de Polícia do Exército, em Porto Alegre, quando ocorre o golpe militar de 1964. Volta a Quitaúna em 1965 e é promovido a capitão em 1967. Faz contatos com grupos políticos

2.2.4.1 A grande potência e o "milagre brasileiro"

Naquele período, foi lançado o primeiro Plano Nacional de Desenvolvimento (PND I) com o objetivo de possibilitar, graças a investimentos na indústria, um crescimento de 8 a 9% ao ano, com inflação abaixo de 20% e um aumento de US$ 100 milhões nas reservas cambiais. Visava garantir eficiência e rentabilidade à indústria nacional. O planejamento era a base para elevar o Brasil à categoria de nação desenvolvida, elevando a renda nacional per capita. Grandes obras de infraestrutura como a ponte Rio-Niterói e a Transamazônica fizeram parte do esforço. Por algum tempo, a economia cresceu por volta de 11%, mas o choque do Petróleo, em 1974, interrompeu o crescimento. O governo seria forçado, então, a lançar o II PND[612].

O País, no entanto, graças à conjuntura econômica internacional, experimentou um período de crescimento, usado habilmente pela ditadura para melhorar a imagem interna do País, principalmente com a classe média. Delfim Netto, então ministro da Fazenda, aproveitou-se do crédito externo (fácil, com juros baixos) para desenvolver o País em muitos setores de produção. A inflação caiu, não passando de 18% a média anual ante números superiores a 40% anteriormente. Era o "milagre econômico" brasileiro que, no entanto, teve vida curta. Entre 1969 e 1973, tempo em que durou esse fenômeno, o chamado "Brasil grande" da ditadura ambicionava entrar no Primeiro Mundo[613].

Depois de um período de crescimento econômico médio de 7,2% ao ano a economia brasileira ficou extremamente dependente do crédito

de esquerda que defendiam a luta armada para derrubar a ditadura e, em 1969, abandona o quartel para unir-se à organização Vanguarda Popular Revolucionária (VPR), levando armas da guarnição para a guerrilha. Exímio atirador, torna-se um dos mais ativos militantes da oposição armada ao Regime Militar. Participou de diversas ações, como assaltos a bancos, e instala um foco guerrilheiro no Vale do Ribeira, no sul do estado de São Paulo, desarticulado em 1970 pelo Exército. No mesmo ano comanda o sequestro do embaixador suíço no Brasil, Giovanni Enrico Bucher, no Rio de Janeiro, e foge para a Bahia. Em 17 de setembro de 1971 é localizado na zona agreste baiana, no município de Ipupiara, e assassinado pelas forças da repressão.

611 KOIFMAN, Fábio (Coord.), *Presidentes do Brasil – de Deodoro a FHC*, cit., p. 687.

612 Ibidem, p. 687.

613 Ibidem, p. 688.

internacional, além de produtos importados, principalmente o petróleo. Outro fator negativo foi o aumento na concentração de renda, já que os trabalhadores, segundo o economista Luiz Aranha Côrrea do Lago[614], não se beneficiaram do crescimento econômico. Indicadores importantes como educação, saúde e habitação permaneceram negligenciados[615].

Durante o mandato de Médici, o governo iniciou, também, várias obras faraônicas, ligadas à infraestrutura do País. A Transamazônica, estrada que cortaria toda a Floresta Amazônica, foi uma delas. Revelou-se, enfim, um fracasso e foi engolida pela mata, embora tenha proporcionado muitos recursos a alguma empreiteiras. A Usina de Itaipu e a ponte Rio- Niterói também foram construídas nessa época. Em todos os casos, estas obras custavam muito dinheiro e acarretavam pedidos de empréstimos externos, o que complicava mais ainda as contas internacionais do Brasil[616].

2.2.4.2 Projetos de Médici

Alguns projetos como o Programa de Assistência ao Trabalhador Rural, o Programa de Redistribuição de Terras e de Estímulo à Agroindústria do Norte e Nordeste (Proterra), Provale (Vale do S. Francisco), Prontel (Telecomunicações), Telebrás (Telecomunicações), Planhab (Habitação popular), Mobral (alfabetização), etc... foram criados no governo Médici. Em agosto de 1971 também foi feita a reforma do ensino, criando o primeiro grau, unindo o antigo curso primário e o ginasial, englobando alunos de 7 a 14 anos, e mudadas as diretrizes também do segundo grau (em três anos), que passaria a ter o objetivo de capacitar o aluno para o exercício de uma profissão. Ao mesmo tempo, o governo suprimia disciplinas que via como "subversivas", como filosofia e sociologia do ensino médio e enfraquecia história e geografia, passando a ensinar Estudos Sociais e Organização Social e Política Brasileira (OSPB) para evitar a "doutrinação ideológica" dos estudantes, sem nenhum sucesso, pois as matérias

[614] Lago, Luiz Aranha Corrêa do. Milagre Econômico Brasileiro. In: ABREU, Alzira Alves de. (org.). *Dicionário histórico-biográfico brasileiro Pós 1930*. Rio de Janeiro: FGV-CPDOC, 2001 [1984], p. 3802.
[615] Ibidem, p. 3802.
[616] Ibidem, p. 3802.

citadas serviram, também, para conscientizar os jovens contra a autoridade do regime[617].

Ao mesmo tempo, o presidente procurava se beneficiar em termos de popularidade de pompas oficiais como, por exemplo, a cerimônia do retorno ao Brasil dos restos mortais de D. Pedro I, em 1972, durante a qual, mais uma vez, procurou testar sua proximidade da população[618].

2.2.4.3 Conclusão

Na opinião do general Moraes Rego Reis, durante o governo, o presidente Médici: *"(...) estava iludido por uma falsa popularidade e seu prestígio do futebol. Seu desinteresse pelas coisas do governo era notório. Julgava suficiente seu poder de escolher os auxiliares e de decidir. (...) Por outro lado, Orlando [Geisel], Delfim Netto e Leitão de Abreu dispunham de enormes poderes nas áreas militar, econômica e política, e os demais ministros tinham de submeter-se às suas orientações. Eram superministros e não se reportavam ao presidente, salvo para informá-lo, resumidamente, do que se passava. Médici não tinha capacidade e, principalmente, disposição para as enormes responsabilidades do governo. Daí a origem dos ressentimentos que mais tarde o inferiorizavam, amargurando sua velhice*[619].

A sucessão – em 18 de junho de 1973, a Arena indicou Ernesto Geisel para a presidência e o MDB lançou o seu presidente, Ulisses Guimarães, como "anticandidato". Em 15 de janeiro de 1974, o colégio eleitoral sufraga como presidente Geisel, que obteve 400 votos. Ulisses e seu candidato a vice, Barbosa Lima Sobrinho, conseguiram 76 votos na eleição indireta.

2.2.5 Ernesto Geisel (15-03-1974 a 15-03-1979). Vice: general Adalberto Pereira dos Santos – distensão política x linha dura

Ernesto Beckman Geisel (1907-1996) nasceu em Bento Gonçalves (RS) e, ao contrário da maioria absoluta dos presidentes brasileiros, era luterano e não católico. Filho do imigrante alemão Augusto Guilherme Geisel e da brasileira Lydia Beckman, entrou, em 1921, no Colégio Militar de Porto Alegre. Em seguida, iniciou sua carreira na Escola Militar do

[617] Ibidem, p. 3802.
[618] Ibidem, p. 3802.
[619] Ibidem, p. 3802.

Realengo, no Rio. Em 1960, chegou a general de brigada. Um ano depois, como comandante da guarnição militar do Exército em Brasília, teve um papel importante nas negociações entre os ministros militares e o Congresso, que levou à implantação do parlamentarismo no Brasil, permitindo a posse do então vice-presidente João Goulart. Posteriormente, com a ditadura militar, se tornou chefe da Casa Militar de Castelo Branco e, depois, ministro do Superior Tribunal Militar (STM). Em seguida, foi convidado por Médici para ser o seu sucessor.

A abertura política e o confinamento da linha dura (1974-1979) – Depois de Médici e o auge da tortura e da violência estatal, o próximo presidente, o penúltimo do regime militar, deveria ser alguém com um histórico diferente. Havia forte anseio na sociedade de mudança e redemocratização do País. Os militares, por outro lado, temiam que a roda da história andasse muito rápido, ou seja, que a oposição tomasse o poder muito cedo e resolveram escolher alguém que fizesse a abertura de forma gradual e controlada, como uma forma de evitar maiores problemas para o estamento militar. Assim, a forte penetração de Ernesto Geisel nas Forças Armadas, inclusive junto aos militares da linha dura, seria um fator determinante em sua escolha. Mesmo esses setores reconheciam sua integridade e seus méritos como administrador. O Pais esperava um processo de redemocratização e distensão política. Geisel propôs a "abertura, lenta, gradual e segura". Pretendia diminuir o uso de Atos Inconstitucionais.[620]

Sucessor de Médici, Geisel diria sobre a ação do presidente:

> *"Achava que era um confronto que era preciso enfrentar. Achava que era uma questão que tinha que ser liquidada. O Brasil não podia estar vivendo situações como a de meia dúzia de esquerdistas sequestrarem um embaixador! Ou roubarem bancos! E havia conluios nessa história. Parte do clero estava envolvida, apoiando a subversão ideologicamente, apoiando os estudantes. Estes eram explorados pela religião e por meia dúzia de líderes. Havia a participação do exterior, de Cuba principalmente. Havia líderes tradicionais, como Marighella. Mais tarde surgiu Lamarca, com suas guerrilhas, e que teve de ser liquidado. Era essencial reprimir. Não posso discutir o método de repressão: se foi adequado, se foi o melhor que se podia adotar. O fato é que a subversão acabou.*

620 Koifman, Fábio (Coord.), *Presidentes do Brasil – de Deodoro a FHC*, cit., p. 712.

Quando assumi o governo, havia ainda casos isolados em que a linha dura se engajava, mas o problema no Araguaia tinha acabado. O de Caparaó estava extinto. No Sul, as ações do Brizola também tinham cessado"[621].

Eleições de 1974 – A oposição, representada pelo MDB, que conquistara em 1974 16 das 22 cadeiras ao Senado e vira aumentar suas bancadas na Câmara Federal, com 160 deputados e nas assembleias legislativas, além de parte da Igreja Católica, pressionavam para que o Brasil saísse de um regime de exceção. Dessa forma, o governo optaria por um processo de distensão, embora não abrisse mão de usar suas prerrogativas autoritárias. Em um processo de avanço e recuo, algumas vezes foram punidos militares da linha dura[622].

Apesar disso, o Partido Comunista Brasileiro (PCB) continuou sofrendo com medidas repressivas. Havia a crença de que o Partidão, como era conhecido, tivesse assessorado o MDB, o que possibilitou a vitória expressiva da agremiação da oposição nas eleições legislativas. O ministro da Justiça, Armando Falcão diria que

"O desmantelamento da rede tipográfica permitiu comprovar que o PC teve participação ativa nas eleições parlamentares de 1974, trabalhando a favor de diversos candidatos. Já foram instaurados inquéritos policiais para que os culpados pela manutenção das gráficas sejam indiciados. Várias pessoas foram presas"[623].

A "Linha Dura" rebelde – Os militares de "linha dura" interpretavam a ordem de reprimir a seu modo e continuavam sendo acusados de promover torturas e "desaparecimentos" de presos políticos, mantendo uma verdadeira caça aos apontados como comunistas. O presidente Geisel, ao ser informado da morte nas dependências do DOI-CODI de São Paulo – Destacamento de Operações e Informações (DOI) e Centro de Operações de Defesa Interna (Codi), que funcionavam nos Estados brasileiros e foram acusados de se tornar os principais centros de tortura durante o regime militar) – de um suposto comunista (o tenente José Ferreira

621 D'Araújo, Maria Celina e Castro, Celso. Ernesto Geisel. RJ: FGV, 1997. p. 223/224.
622 Ibidem, p. 712
623 Ibidem, p. 713.

de Almeida), manifestou-se preocupado com tais procedimentos[624]. Mesmo temendo a posição da linha dura não enfrentou imediatamente o problema. Posteriormente, se chocou contra esta prática de governos anteriores.

Apesar de acuada, a linha dura não havia desaparecido. Em dois episódios, ao menos, demonstrou que continuava agindo. Dom Adriano Hipólito, então bispo de Nova Iguaçu, foi sequestrado, espancado e pintado de vermelho, além de abandonado nu em Jacarepaguá. Seu carro, um fusca, foi explodido pelos algozes. Solto, ele acusou a repressão pela violência. Outro episódio foi a Chacina da Lapa, quando dirigentes do PC do B foram mortos a tiros por militares do Exército[625].

Tortura e Assassinatos de Vlado Herzog e Manoel Fiel Filho – Um dos episódios mais marcantes do período Geisel foi o assassinato, em outubro de 1975, no DOI-Codi em São Paulo, do jornalista Vladimir Herzog, diretor de jornalismo da *TV Cultura*. Apontado por um colega venal, Claudio Marques, do jornal *Shopping News*, informante da comunidade de informações, e replicado pelo então deputado estadual José Maria Marin (Arena)[626], de estar envolvido com o comunismo, o jornalista foi torturado e morto. Montou-se, na sequência, uma versão absolutamente

[624] Ibidem, p. 713.

[625] Nesse episódio, ocorrido numa casa da Rua Pio XI, 767, Lapa, zona oeste de São Paulo, onde funcionava o comitê central (CC) do PC do B, em 16 de dezembro de 1976, militares do Exército mataram dois dirigentes do partido – Ângelo Arroyo e Pedro Pomar – e prenderam outros cinco – Elza Monnerat, Haroldo Lima, Aldo Arantes, Joaquim de Lima e Maria Trindade – que foram torturados. Um outro, João Batista Drumond, morreu na tortura. O militante Manoel Jover Telles foi apontado como traidor de seus companheiros. A Chacina da Lapa foi o último massacre perpetrado pela ditadura, já em seu ocaso. Fonte: Pomar, Pedro Estevam da Rocha.*Massacre na Lapa: como o Exército liquidou o Comitê Central do PCdoB*.São Paulo: Scritta, 1976.

[626] Ex-presidente da Confederação Brasileira de Futebol (CBF), Marin se envolveu em acusações de corrupção, tendo sido acusado, nos Estados Unidos, em 2015, como um dos líderes de um esquema de propinas à frente da entidade. Preso naquele país desde 2016 responde a vários processos e circula por Nova York com tornozeleira. Em um dos processos, foi condenado, em agosto de 2018, a quatro anos de prisão e multa de USS 1,2 milhões. Outros US$ 3, 5 milhões de sua propriedade foram confiscados. O ex-dirigente foi libertado, após 5 anos de prisão, por ser do grupo de risco para o novo cornavírus e voltou ao Brasil em abrilde 2020.Fonte: jornal Globo Esporte.

inverossímil de suicídio[627]. No ano seguinte, outra morte suspeita, dessa vez do operário Manuel Fiel Filho, em circunstâncias idênticas, emparedou a linha dura. Sem outra saída, Geisel demitiu o general Ednardo D'Ávila Mello, comandante do II Exército, que foi responsabilizado por estas ações desastrosas que culminaram nos assassinatos. No Ministério do Exército caiu também o ministro Sylvio Frota, substituído pelo general Fernando Belfort Behtlem. Frota era um dos mais conhecidos representantes da linha dura e havia tentado dar um golpe no presidente ao se apresentar como seu candidato à sucessão com apoio das Forças Armadas. Geisel, entretanto, conseguiu neutralizá-lo.

Política Externa – No que diz respeito à ação do País no exterior, o governo Geisel criou a Política Externa Independente (PEI) que se caracterizava por uma postura autônoma em relação aos Estados Unidos. Por força dessa política, que privilegiava um pouco mais o diálogo sul-sul, o Brasil reconheceu o novo governo socialista de Angola, além dos governos da China, de Bulgária e Romênia retomou relações diplomáticas com Moçambique e votou por retaliações contra o regime racista da África do Sul[628]. Por outro lado, as relações com os Estados Unidos se reduziram ao mínimo possível por causa da política pró-direitos humanos do presidente americano Jimmy Carter, que denunciava o governo brasileiro de tortura e prisões ilegais de adversários políticos. Adotou o pragmatismo responsável[629].

Também foi assinado um acordo de cooperação nuclear com a Alemanha, em 1975, envolvendo investimentos da ordem de US$ 10 bilhões que

627 O culto ecumênico em homenagem a Herzog, feito a partir de movimento liderado pelo Sindicato dos Jornalistas sob a presidência de Audálio Dantas, em 31 de outubro de 1975, foi o maior ato de repúdio à ditadura naqueles anos. Foi oficiado pelo cardeal d. Paulo Evaristo Arns, ao lado do rabino Henry Sobel e do reverendo evangélico Jayme Wrigth, e reuniu 8 mil pessoas, vigiadas atentamente por 500 policiais que fecharam a Praça da Sé. Na sua fala, Arns afirmou: "não matarás, quem mata não somente se torna maldito diante da memória dos homens, como aos olhos de Deus". Certamente, aquele momento significou o início do fim da ditadura. A União acabou condenada, posteriormente, pela morte do jornalista.

628 Koifman, Fábio (Coord.), *Presidentes do Brasil – de Deodoro a FHC*, cit., p. 713.

629 Ibidem, p. 714.

seriam usados na construção de oito centrais nucleares e usinas de enriquecimento de urânio e reprocessamento de combustível nuclear. Até 2001, apenas duas usinas, Angra I e Angra II, foram construídas e entraram em operação. O acordo, o primeiro entre um país industrializado e outro do Terceiro Mundo, foi duramente questionado pelos Estados Unidos e por parte da comunidade internacional que temia que o Brasil produzisse energia nuclear para fins bélicos. O convênio acabou anulado sem obter grandes avanços[630].

Geisel reconheceu o novo governo de Portugal após a Revolução dos Cravos. Reatou com a República popular da China, que era comunista, com os Emirados Árabes e Moçambique. Pediu a saída de Israel dos territórios árabes e votou por retaliações contra o racismo da África do Sul[631].

Oscilações governamentais – O período também teve alguns retrocessos. Embora com alguns avanços, a Lei Falcão, promulgada pelo presidente em 1976 e idealizada pelo general Golbery do Couto e Silva, impedia o acesso dos candidatos ao rádio e à TV, permitindo apenas a exibição de uma fotografia no vídeo, acompanhada de um sucinto currículo. A ação do governo era uma tentativa de conter os avanços do partido da oposição – o MDB ,que conquistava cada vez mais votos[632].

Um outro retrocesso foi uma atitude autoritária em que o general-presidente fechou o Congresso Nacional em 1º de abril de 1977, lançando duas semanas depois o chamado Pacote de Abril. Foi uma tentativa de enfraquecer a oposição. De acordo com o Pacote, seriam mantidas as eleições indiretas para governador e o mandato presidencial seria alongado para seis anos, em vez de cinco como eram naquele momento. Outra novidade, essa bizarra, foi a criação do "senador biônico", controlado pelo poder central, que garantiria ao Executivo o poder de escolha de um terço dos representantes do Senado[633].

630 Ibidem, p. 714.
631 Ibidem, p. 714.
632 Ibidem, p. 714.
633 Ibidem, p. 714.

Geisel, o "presidente da distensão"[634], manteve-se firme no propósito de conter tanto os avanços da oposição quanto os arroubos e desmandos dos militares radicais. No ano de 1978, em algumas regiões do País, o sindicalismo foi reestruturado. Na rica região do ABC Paulista, o líder metalúrgico Luiz Inácio Lula da Silva, o Lula, que décadas depois chegaria a presidente da República, organizou uma greve com a adesão dos funcionários da empresa Scania. Naquele mesmo ano, o general Geisel apresentou ao Congresso a Emenda Constitucional número 11 que revogava, a partir de janeiro de 1979, o AI-5, maior instrumento de repressão dos governos militares. Ao mesmo tempo, revogou decretos de banimento de cerca de 100 exilados pelos governos pós-golpe de 1964. Isso fez com que muitos líderes proscritos voltassem ao País[635].

634 O governo Geisel se caracterizou pela abertura política, lenta, gradual e segura. Houve, portanto, avanços e recuos nesta tese governamental de democratização do País defendida pelo general Golbery do Couto e Silva, Chefe da Casa Militar.
Principais acontecimentos:
- Em 1974 o MDB, sob "o comando de Ulysses Guimarães" venceu as eleições parlamentares nos principais Estados, fazendo críticas à política econômica e tornou-se um partido organizado e com propostas a longo prazo.
- Em 1975 foi assassinado o jornalista Wladimir Herzorg nas dependências do DOI-CODI em S.P. A repressão noticiou como suicídio.
- Em janeiro de 1976, nas mesmas circunstâncias e no mesmo local (DOI-CODI) morreu o operário Manoel Fiel Filho.
- Em represália o governo demitiu o General Ednardo do comando em S.P. diminuindo a violência da repressão.
- No mesmo ano foram efetuadas novas cassações e ocorreu o massacre da Lapa com a morte de militantes do PC do B.
- Os estudantes voltaram a protestar em passeatas e a UNE foi recriada em 1977.
- Em abril de 1977, Geisel decretou o recesso do Legislativo e editou o Pacote de Abril passando o mandato presidencial de 5 para 6 anos e criando um Senado biônico, ou seja, escolhido pelo voto indireto para cada Estado. A escolha seria feita pelo mesmo Colégio Eleitoral que escolhia o governador. Era o casuísmo que tentava proteger a ARENA de futuras derrotas.
- Foi proibida a 29ª Reunião Anual da SBPC.
- É levantada a bandeira "Anistia Ampla Geral e Irrestrita".

635 Entre estes estavam Leonel Brizola, Luiz Carlos Prestes e Miguel Arraes, tidos como três ícones da esquerda. Foram recebidos por verdadeiras multidões nos aeroportos.

Nesse mesmo ano, foi suspensa a censura prévia à imprensa – o primeiro jornal liberado foi *O Estado de S. Paulo* –, censurado desde o governo anterior[636].

2.2.5.1 Economia

O presidente lançou o II PND (Plano Nacional de Desenvolvimento), que vigorou entre 1975 e 1979, e defendia o modelo econômico e social vigente, na tentativa de garantir melhores salários e qualidade de vida para os brasileiros.

No plano econômico, Geisel enfrentou momentos difíceis como a Crise do Petróleo no Oriente Médio, com grandes reflexos no Brasil, que dependia do petróleo importado, e o consequente aumento da inflação e da dívida externa. O presidente solicitou, então, ao ministro do Planejamento Reis Veloso um plano para que o Brasil enfrentasse essa situação difícil. Era O segundo PND. Durante seu governo, foi concretizada a fusão dos antigos estados do Rio de Janeiro e da Guanabara, formando o novo Estado do Rio de Janeiro e o município do Rio de Janeiro[637].

A alta do preço de petróleo aumentou a inflação para mais de 30% e esse se constituiu em um dos mais graves problemas enfrentados por Geisel. Durante seu governo também se aceleraram os empréstimos contraídos no exterior. Foram criadas diversas empresas estatais, o que resultou em gasto maior por parte do Estado, em parte por causa do Proálcool. Em 1970, os empréstimos externos foram da ordem de US$ 5,1 bilhões. Em 1974, passariam para 17,1 bilhões e chegariam a quase 50 bilhões em 1979. Com o fim do milagre econômico, o crescimento da economia, de 14,5% ao ano em 1973, cairia para 9,5 % em 1975[638].

Em termos de busca de fontes de energia, uma preocupação constante do presidente, foi iniciado o Programa Nacional do Álcool, o Proálcool, que viabilizou o uso de álcool anidro para mistura com a gasolina e também na indústria química. Como medida reguladora, o governo limitou a velocidade máxima a 80 quilômetros por hora e criou medidas restritivas

[636] KOIFMAN, Fábio (Coord.). *Presidentes do Brasil – de Deodoro a FHC*, cit., p. 714.

[637] Ibidem, p. 715.

[638] Ibidem, p. 715.

ao consumo da gasolina[639]. Também abriu para empresas internacionais a prospecção de petróleo em território brasileiro A instituição, pelo Congresso, do divórcio no Brasil fez com que a Igreja criticasse o governo.

Em 1974 o crescimento de economia começou a diminuir: de 14,5% em 1973 para 9,5% no ano seguinte e 5,4% em 1975". A inflação e a crise social aumentaram em decorrência da economia. O presidente Geisel terminou seu mandato com grande inflação. "O índice do PIB cresceu na média anual em 6,7% e em 4,2% no cálculo per capita, entre 1974-1978. A inflação subiu em média 37,9% no mesmo período". A dívida externa já atingia a casa dos U$ 43,5 bilhões.Também defendeu o desenvolvimento integrado.

2.2.5.2 A sucessão

O presidente-general Geisel indicou como seu sucessor na Presidência (31-12-1977) o general João Baptista de Oliveira Figueiredo, ministro-chefe do Serviço Nacional de Informações (SNI), que assumiria o governo a seguir. Houve alguns avanços em seu governo, mas a redemocratização do País, a chamada "abertura política" seria concluída pelo governo seguinte, que finalmente passaria a Presidência do País novamente a um civil[640]. Os opositores a Figueiredo foram: Sylvio Frota que tentou derrubar Geisel e pretendia ser candidato à presidência representando a "linha dura" e foi afastado do Ministério de Exército pelo pre-

[639] Ibidem, p. 715.

[640] Em 2018, foi revelado pelo professor da FGV Matias Spektor um documento da CIA redigido pelo seu então diretor William Colby segundo o qual Geisel teve conhecimento do assassinato de 104 opositores políticos e opinou que as execuções deveriam ter continuidade, transformando a questão do extermínio de "subversivos" em uma política de Estado. O documento, um memorando enviado por Colby ao então secretário de Estado, Henry Kissinger, deixa claro que também Figueiredo concordou com as mortes dos opositores políticos. O memorando foi desclassificado e parcialmente liberado pelo governo americano. Um telegrama, que está no mesmo lote de documentos, assinado pelo então embaixador americano no Brasil, John Crimmins, afirmava, por outro lado, que o presidente brasileiro buscaria ter controle sobre o maior órgão de repressão da força terrestre, o Centro de Informações do Exército (CIE). Informações do jornal *Folha de S.Paulo*, edição de 16 de maio de 2018, p. A-9.

sidente – o general Hugo Abreu, da chefia do gabinete militar, que se demitiu pelo mesmo fato (31-1-78)[641].

Em 15 de outubro de 1978 concorreram pelo Colégio Eleitoral o general João Baptista Figueiredo (Arena) e o anticandidato, general Euler Bentes (MDB). Figueiredo ganhou com 355 votos contra 256 votos de Euler.

2.2.6 João Baptista de Oliveira Figueiredo (15-03-97 a 15-03-85). Vice: Aureliano Chaves – A abertura concretizada e o fim do regime autoritário

João Batista de Oliveira Figueiredo (1918-1999), o último presidente do regime militar, nasceu no bairro de São Cristovão, no Rio de Janeiro. Era filho do também general Euclides Figueiredo, personagem importante da Revolução de 1932 e do movimento integralista. Quando criança, a família mudou-se para Alegrete (RS). Em 1935, iniciou sua carreira militar na Escola Militar do Realengo, no Rio, onde destacou-se na equitação e classificou-se em primeiro lugar após o fim do curso. Oficial da Cavalaria, foi promovido a coronel em 1964 e escolhido para chefe do Serviço Nacional de Informações (SNI). Dois anos depois, comandou a Força Pública paulista. Posteriormente, voltou ao SNI, onde permaneceu como ministro-chefe, até ser convidado por Geisel para substitui-lo. Na Presidência, celebrizou-se por uma frase na qual dizia que "preferia o cheiro do cavalo ao cheiro de povo". Na saída, pediu para "ser esquecido"[642].

Ao assumir, Figueiredo deixou clara sua intenção de conduzir a abertura em um ritmo compatível com a segurança do regime. Ao receber a faixa presidencial, no dia 15 de março de 1979, comprometeu-se a restaurar a democracia e a estabilidade econômica: "Reafirmo, portanto, os compromissos da Revolução de 1964, de assegurar uma sociedade livre e democrática"[643].

Apesar desse cenário, o governo conseguiu levar adiante, sob pressão da sociedade, reformas importantes como o fim dos dois únicos parti-

641 Koifman, Fábio (Coord.), *Presidentes do Brasil – de Deodoro a FHC*, cit., p. 739.

642 Figueiredo disse que preferia o cheiro do cavalo. *Folha de S.Paulo*. 2 nov. 2000; CPDOC – FGV – Centro de Pesquisa e Documentação de História Contemporânea do Brasil. Rio de Janeiro: Fundação Getúlio Vargas, 2009.

643 Ibidem, p. 739

dos, Arena e MDB, e o surgimento de vários outros, como o PDS (antiga Arena) e PMDB (antigo MDB), além do Partido dos Trabalhadores (PT), Partido Trabalhista Brasileiro (PTB), Partido Democrático Trabalhista (PDT) e Partido Popular (PP). Também foram anistiados os presos políticos[644].

Refletindo o ambiente tenso da recessão, numerosas greves irromperam. A primeira delas aconteceu ainda antes do início do governo Figueiredo. A onda grevista começou com os metalúrgicos de São Bernardo, espalhou-se por Santo André, São Caetano e Diadema – o ABCD –, paralisando mais de 200 mil trabalhadores, que reivindicavam aumento de 70% nos salários. Em 23 de março de 1979, o governo interveio nos sindicatos paulistas e os dirigentes foram afastados, entre eles Luiz Inácio da Silva, o Lula. Em abril de 1980, nova greve dos metalúrgicos do ABCD paulista, também sob a liderança geral de Lula. Dessa vez, eles queriam aumento real dos salários em 15%, direito de acesso dos líderes sindicais às fábricas, garantia de emprego por um ano, reajustes trimestrais, semana de quarenta horas de trabalho, estabilidade no emprego para os delegados sindicais. Ficaram parados por 41 dias. O governo interveio no sindicato de São Bernardo. Foram presos 64 líderes, 13 denunciados à Justiça – Lula inclusive – por infringir a Lei de Segurança Nacional de 1969. A greve recebeu apoio da Arquidiocese de São Paulo, tendo à testa o arcebispo dom Paulo Evaristo Arns[645].

Em 30 de outubro, Figueiredo sancionou nova política salarial, prevendo reajustes semestrais. A Lei nº 6.708 definiu percentuais maiores para quem ganhava abaixo de três salários mínimos e menores para aqueles com mais de dez salários mínimos mensais. Para o nível intermediário, 100% da inflação mais uma parcela por produtividade. Essa medida diminuiu a pressão dos movimentos sindicais. Em 1980, por outro lado, ocorreram 46 atentados da extrema direita contra a abertura política[646].

[644] Ibidem, p. 740.
[645] Ibidem, p. 740.
[646] Ibidem, p. 740.

2.2.6.1 Lei da anistia, reforma partidária e terrorismo da extrema direita

Apesar das dificuldades econômicas, Figueiredo conseguiu levar adiante a liberalização política com a Lei da Anistia e a eleição direta para governador. Questionado se conseguiria implementar a abertura, o presidente usou uma frase que marcaria sua trajetória: "eu prendo e arrebento quem se opuser", disse. A anistia era um tema muito sensível para o presidente, filho de exilado, o também general Euclides de Oliveira Figueiredo, ele defendeu, apesar da oposição dos militares dos porões (a linha dura), o assunto. Em 28 de agosto de 1979, foi assinada a Lei n° 6.683, que ficou conhecida como "Lei da Anistia". Aprovada por 206 votos contra 201, ela não foi tão ampla como esperavam alguns, mas uma anistia de mão dupla. Beneficiou todos os exilados políticos e também os "agentes da repressão", assim chamados pela oposição aqueles que tinham ficado no País, "prendendo, torturando e matando". A nova legislação provocou polêmica por permitir que torturadores não respondessem por seus crimes[647].

O MDB, por seu presidente, deputado Ulysses Guimarães, não se opôs à lei, por considerar que não poderia haver discriminação na concessão de anistia, que significa esquecimento. Não restam dúvidas de que, apesar das limitações, este foi, sem dúvida, um passo importante na ampliação das liberdades públicas. Logo, começariam a chegar os exilados políticos, recebidos com festa por seus correligionários. O ex-governador do Rio Grande do Seul, Leonel Brizola, há 15 anos fora do País, o ex-governador de Pernambuco, Miguel Arraes, o ex-deputado Márcio Moreira Alves, os dirigentes comunistas Luiz Carlos Prestes e Gregório Bezerra, o antropólogo Darcy Ribeiro, entre outros. O último preso político desde a decretação da anistia, José Sales Oliveira, recebeu liberdade condicional em Fortaleza, Ceará[648].

Seria, em sequência a vez da reforma partidária, com a extinção dos antigos partidos e o surgimento de novos, incorporando as forças atuantes durante a ditadura, os líderes que retornavam do exílio e as novas tendências surgidas no Brasil após o início da abertura. O senador José

[647] Ibidem, p. 740.
[648] Ibidem, p. 741.

Sarney dirigia o PDS, o PMDB estava sob a direção de Ulysses Guimarães, no PTB havia uma disputa entre Brizola e a ex-deputada Ivete Vargas, que acabou conquistando a legenda. Dissidentes da antiga Arena criaram o PP, liderado por Magalhães Pinto. Pontificava o PT, formado por intelectuais, grupos socialistas e correntes ligadas à Igreja, principalmente às Comunidades Eclesiais de Base e a esquerda lutava para legalização do PCB e do PCdoB[649].

Em 1980, os mandatos de prefeitos e vereadores eleitos em 1976 foram prorrogados por dois anos, com apoio do congresso. Em 19 de novembro, com a Emenda Constitucional nº 15, o Congresso Nacional aprovou o projeto do governo que acabou com as eleições indiretas para o Senado e introduziu diretas para governador, restando somente como indiretas as eleições dos prefeitos de capitais e de áreas de interesse da Segurança Nacional. A iniciativa melhorou a imagem do governo e aumentou a confiança da sociedade na abertura política. Mas a recessão econômica favorecia cada vez mais a oposição. E o PMDB cresceu[650].

Atentados e a linha dura – A extrema direita, no entanto, não estava morta. Em 1980, nada menos que 46 atos terroristas foram atribuídos a grupos descontentes com a abertura. O jurista Dalmo Dallari, professor da Universidade de São Paulo (USP), foi sequestrado e ferido. Logo, começaram ataques noturnos a bancas de jornais que vendiam publicações consideradas "esquerdistas". Bombas foram enviadas à presidência da Ordem dos Advogados do Brasil (OAB) e à Câmara Municipal do Rio de Janeiro. No primeiro caso, endereçada ao presidente Eduardo Seabra Fagundes, matou a funcionária Lyda Monteiro da Silva. No segundo, com alvo no vereador Antônio Carlos de Carvalho (PMDB) mutilou o servente José Ribamar. Em discurso indignado, o presidente afirmou que "nem mil bombas o impediriam de fazer a abertura"[651].

Em 30 de abril de 1981, outro atentado, mais uma vez atribuído à linha dura, perturbou o cenário. Foi em um show no Riocentro, no Rio de Janeiro, em homenagem ao Dia do Trabalho, quando militares em carros civis tentaram explodir duas bombas com a intenção de causar pânico

[649] Ibidem, p. 741.
[650] Ibidem, p. 741.
[651] Ibidem, p. 741.

e mortes. Um dos petardos chegou a estourar, sem, no entanto, atingir seu objetivo. Outro, explodiu no colo do sargento Guilherme Pereira do Rosário, que morreu dentro do carro modelo Puma em que estava. Seu companheiro, o capitão Wilson Luís Chaves Machado, perdeu uma perna. Militares atribuíram o atentado à esquerda, mas a versão não se sustentaria[652].

Aberto inquérito na área militar, chegou-se à conclusão de que não se podia apurar os mentores do atentado. O impacto do evento causou desgaste ao governo e ao regime militar. Figueiredo não quis conduzir a investigação. Descontente com o modo como estas estavam sendo encaminhadas, o general Golbery do Couto e Silva resolveu deixar a Casa Civil da Presidência no dia 6 de agosto de 1981, depois de sete anos e quatro meses ligado ao poder. Em um desabafo diria "criei um monstro", em relação ao SNI. Só dezenove anos depois do escândalo do Riocentro, em setembro de 1999, o inquérito foi reaberto. Oficiais que prestaram depoimento na época afirmaram que ele foi praticado por militares radicais do DOI-Codi do Rio de Janeiro[653].

2.2.6.2 A reforma eleitoral, as eleições de 1982 e as "diretas já"

Em 11 de janeiro de 1982, o Congresso Nacional aprovou o projeto de reforma eleitoral, prevendo a vinculação geral dos votos a um só partido, proibindo coligações partidárias, tornando necessário o registro de chapa completa com candidatos a todos os cargos e dispondo sobre a nulidade de votos dados a mais de um partido. Estendia os benefícios da anistia aos cassados e limitava a inelegibilidade a condenados cuja pena mencionasse explicitamente sua condição de inelegíveis[654].

Eleições de 1982 – no dia 15 de novembro de 1982, 40 milhões de brasileiros foram às urnas para eleger de vereadores a governadores. Era a primeira vez, desde 1965, que se realizavam eleições diretas. Tanto na Câmara dos Deputados quanto no Senado venceu o partido de sustentação do governo, o PDS. Na eleição para governador, porém, a conquista das oposições foi extraordinária. Nove eleitos pelo PMDB e um pelo PDT

[652] Ibidem, p. 741.
[653] Ibidem, p. 742.
[654] Ibidem, p. 742.

ganharam o controle dos maiores estados, como Franco Montoro em São Paulo; Tancredo Neves em Minas Gerais; Leonel Brizola no Rio de Janeiro; e José Richa no Paraná. O PDS elegeu doze governadores, a maioria no Nordeste. Apesar das divergências com o FMI, o Brasil conseguiu fechar um acordo de concessão de crédito no dia 15 de dezembro daquele ano: receberia 4,8 bilhões de dólares no prazo de três anos. Em contrapartida, deveria promover um severo plano de reajuste econômico[655].

O ano de 1983 veria o surgimento das manifestações pelas eleições diretas para a Presidência da República. Um grande comício em São Paulo, em janeiro de 1984, reuniu mais de 200 mil pessoas. Os meios de comunicação – a televisão em particular –, que praticamente ignoravam o movimento, começaram a cobrir os eventos. E o País foi empolgado pelas "Diretas-já". Todas as esperanças dependiam da aprovação da emenda para alterar a Constituição, proposta pelo deputado mato-grossense Dante de Oliveira. Mas a Emenda Dante de Oliveira precisava dos votos de dois terços dos congressistas – e não os conseguiu. Terminada a votação nominal, 298 deputados (55 do PDS) tinham dito "sim" às "Diretas-já", contra 65 que votaram "não". Houve três abstenções e 112 parlamentares não compareceram para votar, em uma manobra das lideranças governistas. Eram necessários 170 deputados e 23 senadores para aprovar a PEC número 5, que estabelecia as eleições diretas para presidente[656].

2.2.6.3 A política externa

O presidente promoveu a continuação do pragmatismo, afastou-se do alinhamento político com os EUA e se aproximou dos países que trouxessem melhores vantagens econômicas para o Brasil. Estreitou relações

[655] Ibidem, p. 742.

[656] Ibidem, p. 742. A Emenda Dante de Oliveira (PEC 51/1983), apresentada pelo então deputado do mesmo nome, tinha por objetivo restituir as eleições diretas para presidente por meio da alteração dos artigos 74 e 148 da Constituição de 1967. Na época, 84% dos brasileiros, segundo pesquisa do Ibope, eram favoráveis à eleição direta. A emenda acabou derrotadas, apesar do apoio popular. Quanto ao seu autor, Dante continuou na política, se elegue duas vezes prefeito de Cuiabá e duas vezes governador. Morreu em 2006, depois de complicações de uma pneumonia.

com o Peru assegurando ampliar a compra do petróleo e a construção de uma hidrelétrica por consórcios brasileiros[657].

Defendeu a autodeterminação da Namíbia e criticou o racismo da África do Sul. Visitou diversos países, com destaque para a Alemanha, que prometeu o investimento de US$ 970 milhões nos setores de alimento, transportes urbanos e indústrias químicas. Continuaram os acordos nucleares firmados no governo anterior[658]. Propôs uma saída pacífica para a Guerra das Malvinas, travada entre a Inglaterra e a Argentina.

2.2.6.4 Economia

Durante o governo de Figueiredo houve grave crise econômica e energética. As taxas de juros subiram cada vez mais, ao mesmo tempo que o nível de atividade econômica decresceu[659].

Bem no início, logo no primeiro ano de governo, veio outro "choque" nos preços de petróleo – problema que havia ocorrido pela primeira vez em 1973 e complicado o início do governo Geisel. As taxas de juros internacionais bateram todos os recordes, e a economia dos países industrializados mergulhou em recessão, o que diminuiu muito o mercado internacional, prejudicando, principalmente, os países mais pobres, como o Brasil, que dependiam da exportação de produtos básicos para acertar suas contas[660].

Em razão destes problemas, a década de 1980 seria chamada de "a década perdida", já que houve uma forte recessão global e alta geral dos juros, o que causou a queda dos preços de matérias-primas e a interrupção dos créditos internacionais. O governo americano tinha iniciado um ajuste em suas contas que atingiu todo o planeta[661].

Enquanto avançava na abertura política, o governo Figueiredo conviveu com o aprofundamento da crise econômica. A recessão de 1981 a 1983 fez crescer o desemprego e obrigou o País a recorrer ao Fundo Monetário

[657] Koifman, Fábio (Coord.), *Presidentes do Brasil – de Deodoro a FHC*. cit., p. 742.
[658] Ibidem, p. 742.
[659] Ibidem, p. 742.
[660] Ibidem, p. 742.
[661] Ibidem, p. 742.

Internacional (FMI). A inflação, a partir de 1983, superou os 200% ao ano e a dívida externa bateu recordes, chegando a US$ 61,4 bilhões[662].

Em 1979 Figueiredo propôs o congelamento das importações de petróleo e criou o Conselho Nacional de Energia, investiu no Proálcool e aumentou a prospecção do petróleo na plataforma submarina, conseguindo aumentar a produção de óleo cru (de 160 mil para 320 mil barris diários – 1979/1982)[663].

Realizou um plano de privatização das empresas estatais. A inflação que estava em 77% alcançou o grande índice de 110% neste contexto. A crise alcançou as exportações e a dívida externa atingiu 54 bilhões de dólares (1980) e 61 bilhões de dólares em 1981. O déficit alcança a previdência e gera as contribuições compulsórias por intermédio do "pacote da previdência". Foi criado em 1982 o Finsocial para o desenvolvimento de programas na área agrícola, educação, saúde e habitação. Incentivou a exportação de ferro, manganês e bauxita na serra dos Carajás (Pará). O projeto Jari, do americano Daniel Ludwig que explorava área do Pará e do Amapá foi comprado por empresários brasileiros. Efetuou empréstimos de 4,8 bilhões de dólares para pagar os juros da dívida externa que estava em 88 bilhões de dólares do FMI.

Foi assinada uma carta de intenções com o FMI, gerando redução de investimentos públicos, facilitando a remessa de lucros para o exterior, corte de subsídios a serviços básicos e queda no índice dos reajustes salariais da classe trabalhadora. Foi reduzida a importação de US$ 20 bilhões para 17 bilhões, afetando a produção.

A construção de usinas nucleares foi adiada, o ministro do planejamento tinha dificuldade em equacionar a crise econômica. A dívida interna atingiu 21 trilhões de cruzeiros e novamente houve o empréstimo ao FMI de 6,5 bilhões de dólares, era o "empréstimo jumbo". Os aumentos dos salários foram limitados, conforme determinação do FMI (1983). Em 1984 houve uma pequena melhora na economia com a recuperação do PIB em 5,4% real[664]

662 Ibidem, p. 743.

663 Ibidem, p. 743.

664 Ramos, Plínio de Abreu e Costa, Marcelo Costa (Colaboração esp.) *In* ABREU, Alzira Alves de *et al* (Coord.). *Dicionário histórico-biográfico brasileiro: pós-1930*, p. 2198.

Em 9 de agosto do mesmo ano de 1980, o ministro do Trabalho, Murilo Macedo, anunciou que o governo tinha decidido reajustar os salários semestralmente com base no índice do custo de vida, como alternativa para diminuir a influência da inflação sobre os salários[665].

2.2.6.5 A sucessão presidencial

As Diretas Já e o Colégio Eleitoral – A campanha foi realizada em 1984. Houve comícios em todo o país em favor das eleições diretas reunindo mais de 30 milhões de brasileiros. Na véspera da votação da emenda (24 de abri de 1984), Figueiredo decretou estado de emergência em Brasília e em 10 municípios de Goiás, encarregando de reprimir os manifestantes pró-diretas, o general Newton Cruz. O seu objetivo era intimidar o Congresso. A emenda Dante de Oliveira foi derrotada em 25 de abril de 1984 numa sessão de 16 horas[666].

A batalha sucessória fixou-se no Colégio Eleitoral. Depois de muitas disputas de bastidores, o ex-governador de São Paulo, Paulo Maluf venceu a disputa para a eleição indireta à Presidência. Inconformado com a escolha, o senador José Sarney abandonou a presidência do PDS e se filiou ao PMDB. Também deixaram o PDS o vice-presidente da República, Aureliano Chaves, e o senador Marco Maciel. Os dissidentes do partido do governo criaram o Partido da Frente Liberal (PFL), representando as forças oligárquicas do Nordeste[667]. Foi criada a Aliança Democrática encabeçada pelo PMDB para derrubar o regime militar[668].

Nove governadores recém-eleitos da oposição lançaram o nome do governador de Minas Gerais, Tancredo Neves, à Presidência da República. O PFL apontou José Sarney como vice. O PTB e o PDT apoiaram o PMDB. A campanha foi até janeiro de 1985 e o presidente da República não quis se envolver. Em 15 de janeiro de 1985, em eleições indire-

[665] KOIFMAN, Fábio (Coord.). *Presidentes do Brasil – de Deodoro a FHC*, cit., p. 743.

[666] Ibidem, p. 743.

[667] Ibidem, p. 744.

[668] Ibidem, p. 744.

tas, Tancredo[669] (PMDB) foi o vencedor com 480 votos, enquanto Maluf (PDS) conseguiu apenas 180 votos do Colégio Eleitoral[670].

Após a eleição, Tancredo visitou os EUA e vários países com objetivos comerciais. Era o fim do Regime Militar e o início da Nova República. Os fatos que marcaram o governo do general João Figueiredo foram sem dúvida a concretização de abertura política, iniciada por seu antecessor, a Lei da Anistia, a crise econômica e o fim do bipartidarismo[671].

[669] Tancredo temia que os militares se recusassem a empossar os civis eleitos e que a situação se complicasse, o que causaria um retrocesso. Por isso, não cuidou antes da saúde abalada. Havia um esquema alternativo, preparado pelos futuros ministros do Exército, general Leônidas Pires Gonçalves, e da Marinha, Henrique Sabóia, além de Sarney e o vice-presidente Aureliano Chaves para garantir a posse dos civis. Fonte: *O Estado de S.Paulo*, edição de 24-03-2012, p. 12.

[670] Koifman, Fábio (Coord.). *Presidentes do Brasil – de Deodoro a FHC*, cit., p. 744.

[671] Ibidem, p. 744.

Capítulo 3
A CONSTITUINTE, A CONSTITUIÇÃO DE 1988 E A ORDEM JURÍDICA DA NOVA REPÚBLICA (1985-)

3.1 A constituinte de 1987 – um "balaio de gato"

Foi consequência da Emenda Constitucional nº 26/85 que previa uma Assembleia Nacional Constituinte para 1º de fevereiro de 1987. Os poderes Constitucionais ficaram com o Congresso Nacional. A proposta de uma Assembleia Constituinte exclusiva que se dissolveria na conclusão dos trabalhos não prosperou.

Desde fevereiro de 1987, a Assembleia Nacional Constituinte trabalhava na elaboração da nova Constituição. As discussões, presididas por Ulysses Guimarães, tomaram o porte de uma epopeia, tamanho o volume de propostas e emendas em matérias antigas e novas que se pretendiam introduzir.

Para cumprir os compromissos assumidos por Tancredo, Sarney havia enviado ao Congresso Nacional, em 28 de junho de 1985, mensagem ao Congresso Nacional com a proposta de convocação de uma Assembleia Nacional Constituinte. Dessa iniciativa resultou a Emenda Constitucional nº 26, de 27 de novembro de 1985. O ato convocatório, acompanhado da concessão de anistia, dispunha nos três primeiros artigos da emenda ao texto constitucional que os membros da Câmara dos Deputados e do Senado Federal se reuniriam, unicameralmente, em Assembleia Nacional Constituinte, livre e soberana, no dia 1º de fevereiro de 1987, na sede do Congresso Nacional. O presidente do Supremo Tribunal Federal instalaria a Assembleia, dirigindo a sessão de eleição de seu presidente.

Em 15 de novembro de 1986 a população havia eleito os membros da Constituinte – um total de 487 deputados e 72 senadores – que deveriam escrever a nova Constituição Brasileira. O ministro Moreira Alves, presidente do Supremo Tribunal Federal (STF) presidiu a sessão. Dois dias depois, o deputado Ulysses Guimarães, presidente da Câmara, foi eleito presidente da Assembleia Nacional Constituinte com 425 votos ante 59 do deputado Lisâneas Maciel (PDT). Criaram-se oito comissões, cada qual dividida em três subcomissões. Um órgão central, a Comissão de Sistematização, com 49 membros de todos os partidos, receberia todas as propostas e as organizaria. Em 26 de fevereiro daquele ano, foi eleita a Mesa Permanente da Constituinte, presidida por Ulysses e que tinha como membros Mauro Benevides, Jorge Arbage, Marcelo Cordeiro, Mário Maia, Arnaldo Faria de Sá, Benedita da Silva e Sotero Cunha.

As comissões e subcomissões funcionaram, de início, como a espinha dorsal da Constituinte e ponto de partida para a formulação do anteprojeto. A primeira forma do anteprojeto se caracterizou pela prolixidade, redação frágil e desalinho da linguagem. Até contribuições que poderíamos classificar como folclóricas estavam presentes. Entre elas uma que sugeria que os carros oficiais fossem pintados de uma só cor . Enfim, as 24 subcomissões eram as seguintes:

I – Comissão da Soberania e dos Direitos e Garantias do Homem e da Mulher: a) Subcomissão da Nacionalidade, da Soberania e das Relações Internacionais; b) Subcomissão dos Direitos Políticos, dos Direitos Coletivos e Garantias; c) Subcomissão dos Direitos e Garantias Individuais; II- Comissão da Organização do Estado: a) Subcomissão da União, Distrito Federal e Territórios; b) Subcomissão dos Estados; c) Subcomissão dos Municípios e Regiões; III- Comissão da Organização dos Poderes e Sistema de Governo: a) Subcomissão do Poder Legislativo; b) Subcomissão do Poder Executivo; c) Subcomissão do Poder Judiciário e do Ministério Público; IV – Comissão da Organização Eleitoral, Partidária e Garantia das Instituições: a) Subcomissão do Sistema Eleitoral e Partidos Políticos; b) Subcomissão de Defesa do Estado, da Sociedade e de sua Segurança; c) Subcomissão de Garantia da Constituição, Reformas e Emendas; V – Comissão do Sistema Tributário, Orçamento e Finanças: a) Subcomissão de Tributos, Participação e Distribuição das Receitas; b) Subcomissão de Orçamento e Fiscalização Financeira; c) Subcomissão do Sistema Financeiro; VI – Comissão da Ordem Econômica: a) Subcomissão de Princípios Gerais, Intervenção do Estado, Regime da Propriedade do Subsolo e da Atividade Econômica; b) Subcomissão da Questão Urbana e Transporte;

c) Subcomissão da Política Agrícola e Fundiária e da Reforma Agrária; VII – Comissão da Ordem Social: a) Subcomissão, dos Direitos dos Trabalhadores e Servidores Públicos; b) Subcomissão de Saúde, Seguridade e do Meio Ambiente; c) Subcomissão dos Negros, Populações Indígenas, Pessoas Deficientes e Minorias; VIII – Comissão da Família, da Educação, Cultura e Esportes, da Ciência e Tecnologia e da Comunicação: a) Subcomissão da Educação, Cultura e Esportes; b) Subcomissão de Ciência e Tecnologia e da Comunicação; c) Subcomissão da Família, do Menor e do Idoso.

A nona comissão instituída veio a ser a de Sistematização. Uma das surpresas dos trabalhos das subcomissões veio da Subcomissão do Poder Executivo, que instituía uma forma de "parlamentarismo híbrido", ao mesmo passo que concedia mandato de cinco anos ao presidente da República. As propostas de base para o rascunho de uma carta tinha nada menos que 501 artigos. Era, com efeito, o anteprojeto apresentado pelo relator da Comissão de Sistematização, deputado Bernardo Cabral, em 26 de junho de 1987.

No dia 12 de agosto de 1987, expirou o prazo para entrega das emendas populares e surpreendentemente a Comissão de Sistematização recebeu um milhão de assinaturas em favor da reforma agrária, bem como 500 mil pela estabilidade no emprego. Igualmente elevado nas propostas populares foi o número de assinaturas dos que desejavam da Constituinte a fixação das eleições presidenciais diretas para 1988.

A novidade era a definição de cinco anos para o mandato do presidente Sarney. O novo Projeto de Constituição, em que se propunha a adoção do parlamentarismo como forma de governo, o relator o entregou ao deputado Ulysses Guimarães no dia 18 de setembro de 1987. O Centrão, grupo formado por parlamentares conservadores, em geral ligados a grandes empresários, de partidos como PMDB, PFL, PDS e PTB, então começou a pressionar para fazer valer sua proposta, enfim aprovada, de um substitutivo, assinado pelo deputado Roberto Cardosos Alves, que foi aprovado por 290 votos a favor e 16 contra. O lider do PMDB (Mário Covas) e vários parlamentares, retiraram-se do plenário, assim como os representantes de esquerda de partidos como PT, PDT, PC do B e PCB. Passou a haver o temor que o Centrão conseguisse retirar avanços da Carta.

Reportagem da *Folha de S. Paulo*, estampou os receios dominantes, oriundos da vitória do Centrão:

> *(...) Um emaranhado de regras orienta a votação definitiva do texto da nova Constituição. Além dos tradicionais mecanismos do Poder Legislativo, o novo regimento do Congresso constituinte, formulado pelo Centrão, acrescentou novas regras que estão provocando dúvidas, queixas e protestos dos Constituintes.*
> *A votação da nova Constituição será feita por capítulos, seguindo-se a ordem cronológica do projeto. Ao se iniciar a votação de um capítulo, a primeira proposta a ser votada será a emenda do substitutivo integral do Centrão, que altera, em maior ou menor parte, todo o texto aprovado pela Comissão de Sistematização. Pela avaliação geral, o Centrão manteve 80% do texto. As alterações, entretanto, mexem nos pontos substanciais*[672].

No entanto, segundo pesquisadores do período, o Centrão não se sobrepôs, como se poderia imaginar. E os autores asseveram[673]:

> *Com efeito, uma derrota acabrunhante – o primeiro grande revés do chamado Centrão, cujas forças tendiam a dispersar-se ou a refluir às suas origens que foram as do compromisso da extinta Aliança Democrática – ocorreu em maio de 1988. Nessa ocasião o plenário rejeitou por 279 votos contra 210 o projeto do Centrão para o capítulo da Constituição concernente à Ordem Econômica. Houve festa nacionalista nos meios parlamentares mais inclinados à esquerda durante o episódio dessa votação de 1º turno. A partir de então, nunca mais aquele movimento teve a força e a coesão de seus primeiros dias. Nunca mais aglutinou espontaneamente com feliz êxito as diferentes combinações partidárias".*

No dia 27 de janeiro de 1988, com a Constituinte às vésperas de completar um ano de funcionamento, votou-se em primeiro turno, o preâmbulo e cinco artigos do projeto que compunham o Título I. O primeiro turno, assim inaugurado, iria dilatar-se até 27 de julho, data de seu encerramento com a aprovação do projeto. Durante o primeiro turno, no dia 22 de março de 1988, houve em Plenário uma das batalhas políticas mais acesas de toda

672 Edição de 28 de janeiro de 1986, p. A-6.
673 Ibidem, p. A-6.

a história da Constituinte, aquela em que se decidiu a forma de governo: pela vez primeira se alcançou naquela casa o *quorum* máximo, a presença de 559 parlamentares Constituintes no recinto, tomando parte na votação[674]. Com relação ao sistema de governo, a preferência da Assembleia recaiu sobre o presidencialismo, cuja continuidade no País ficou aprovada por 343 votos contra 213, tendo havido três abstenções[675].

Com relação ao mandato presidencial, a Constituinte deu ao presidente os cincos anos de exercício na Presidência da República. A aprovação se deu por 304 votos contra 223[676]. Pela disposição aprovada, o mandato do então presidente da República expirava em 15 de março de 1990 e a primeira eleição direta para o mesmo cargo, após a promulgação da Constituição, ficava fixada para o dia 15 de novembro de 1989[677].

Depois de encerrado a 30 de junho de 1988 o primeiro turno, ocorreu uma das mais graves crises da Assembleia Nacional Constituinte, decorrente do estremecimento de relações entre aquela Casa e o Palácio do Planalto:

> *"(...) No dia 26 de julho de 1988, por uma cadeia nacional de rádio e televisão, o presidente Sarney discursou durante cerca de meia hora, tecendo críticas ao projeto de Constituição, que já alcançara a fase final de votação do primeiro turno.*
>
> *A previsão presidencial mais séria pertinente ao futuro da Carta era a que concluía pela 'ingovernabilidade do País', caso se mantivesse, sem alteração, o texto aprovado no primeiro turno, o qual, segundo ele, acarretaria ao Tesouro ônus insuportável, com reflexo imediato sobre o Orçamento Geral da União, sujeito a uma sobrecarga de 2 trilhões e 200 bilhões de cruzados, o equivalente a 12 bilhões e 600 milhões de dólares, trazendo para a Nação um cortejo de males que se estendiam desde o desemprego e a hiperinflação ao ócio e à improdutividade.*

No dia seguinte, 27 de julho de 1987, o presidente da Constituinte, deputado Ulysses Guimarães, também em rede nacional de rádio e TV, respondeu ao presidente da República:

674 Ibidem, p. A-6.
675 Ibidem, p. A-6.
676 Ibidem, p. A-6.
677 Ibidem, p. A-6.

"Em cerca de 18 meses, cerca de 5,4 milhões de pessoas livremente ingressaram no edifício do Congresso Nacional... As portas estavam e continuam abertas. É só transpô-las... O projeto submetido a segundo turno é longo – 321 artigos –, versando matéria complexa e tantas vezes controvertida. Inevitavelmente abriga imperfeições, previamente previstas com a instituição de um segundo turno revisionista, e pelo número de emendas e destaques apresentados. Existem, reconheço, vamos corrigi-las. Mas mesmo na fase atual, temos muito mais de que nos orgulhar do que nos arrepender da Constituição que escrevemos"[678]*.Esta Constituição terá cheiro de amanhã, não de mofo.*
Repito: esta será a Constituição Cidadã. Porque recuperará como cidadãos milhões de brasileiros... Esta Constituição, o povo brasileiro me autoriza a proclamá-la, não ficará como bela estátua inacabada, mutilada ou profanada. O povo nos mandou aqui para fazê-la, não para ter medo.

Naquela mesma noite do discurso de Ulysses, a Constituinte aprovou, por 408 votos contra 18 e 55 abstenções, o projeto de Constituição elaborado no primeiro turno. Ainda seria necessária a votação de 1.774 destaques. O segundo turno de tramitação do Projeto de Constituição prosseguiu depois da votação de 27 de julho num ritmo acelerado. O texto definitivo da nova Carta, com 245 artigos no corpo permanente e 70 no Ato das Disposições Transitórias, foi votado[679] em plenário pela Assem-

[678] Ibidem, p. A-6.
[679] Na edição de 28 de setembro de 1988, noticiando o fim das votações do segundo turno com a adoção do texto definitivo da nova Constituição, o Jornal do Brasil, sob o título "PDS se curva à maioria", estampou uma local, vazada parcialmente nos seguintes termos, em que se comenta a posição do Partido Democrático Social, principal força conservadora e tradicional de oposição à Nova República:
"O Senador Jarbas Passarinho, Presidente do PDS, encerrou sua participação na Assembleia Nacional Constituinte aplaudido de pé, com discurso eloquente em defesa da nova Carta. Em nome de seu partido, Passarinho encaminhou o voto favorável da bancada, salientando que a Constituição não é a do sonho dos pedessistas ou de qualquer Constituinte, mas que expressa a vontade da maioria. "Ninguém poderá arrogar-se o direito de insurgir-se contra ela, seja qual for o seu poder ou a sua importância", advertiu.
"Ex-Ministro dos governos Costa e Silva e Médici, Passarinho acredita que a promulgação da nova Carta praticamente encerra a transição que o Brasil vive desde 1979, do autoritarismo para a democracia plena: A seu ver, a prova de eficácia da Constituição virá com o tempo. "Mas ingovernável, ela certamente não torna o País", opinou o Senador. "Requererá, isto sim, talento para o exercício do governo"... Reconheceu que a esquerda

bleia Nacional Constituinte em 22 de setembro de 1987, por 474 votos a favor, 15 contra e seis abstenções.

foi "útil na obtenção dos avanços sociais, assim como nós na contenção dos excessos, ainda que alguns estejam consagrados em dispositivos de indisfarçável vocação estatizante, que retroage às equivocadas ideias sepultadas nos anos 50".

De 22 de setembro, data de encerramento das votações do segundo turno, com a aprovação do texto definitivo da Constituição, a 5 de outubro, data da promulgação, trabalharam ainda ativamente os membros da Comissão de Redação, que corrigiram as omissões e obscuridades do texto em relação à matéria aprovada em plenário durante o segundo turno. A Comissão, segundo os dados divulgados pela imprensa, aprovou 212 sugestões dos Constituintes e 205 do filósofo Celso Cunha, num trabalho que sobremodo contribuiu para o aperfeiçoamento de estilo, de técnica e de linguagem do texto constitucional.

As emendas de redação final recebidas pela Comissão, que teve apenas quatro dias para celebrar suas reuniões; se elevaram a mais de mil, sendo que várias tinham caráter polêmico e não puderam ser objeto de exame mais profundo, segundo a queixa de alguns Constituintes. Prestou relevantes serviços de assessoria jurídica à Comissão de Redação o Dr. José Afonso, professor titular da Faculdade de Direito da Universidade de São Paulo e inspirador do *habeas data* introduzido na Constituição.

Principiou às 9 horas do dia 5 de outubro de 1988 a festa de promulgação da Carta, com a celebração de um culto ecumênico. Na mesma manhã, o Deputado Ulysses Guimarães, Presidente da Assembleia Nacional Constituinte, recepcionou no Salão Nobre da Câmara dos Deputados, os Presidentes dos Parlamentos dos Países das Américas, bem como os de Portugal e Espanha e todo o corpo diplomático, na qualidade de convidados de honra às cerimônias daquele dia.

Tiveram início às 15 horas os atos solenes que precederam a sessão magna, com a chegada dos Presidentes da República e do Supremo Tribunal Federal, os quais, após revista à tropa, foram introduzidos pelo Presidente Ulysses Guimarães ao recinto do Congresso Nacional.

Às 15 horas e 30 minutos, Ulysses declarou aberta a sessão solene, tendo uma comissão de líderes, por determinação do Presidente da Constituinte levado e acompanhado, do Salão Negro ao Plenário, o Presidente José Sarney e o Ministro Rafael Mayer.

Após a execução do Hino Nacional, Ulysses Guimarães assinou cinco exemplares da Constituição, fazendo entrega dos mesmos aos componentes da Mesa, o primeiro a Sarney, o segundo a Humberto Lucena, Presidente do Senado Federal e o terceiro a Rafael Mayer, Presidente do Supremo, ficando os dois restantes sobre a Mesa.

Cumpridos esses atos protocolares, foram proferidos os dois discursos fundamentais da solenidade histórica: um por Ulysses Guimarães, Presidente da Constituinte, o outro por Afonso Arinos de Meio Franco, Presidente da Comissão de Sistematização, em nome dos Constituintes.

Vejamos o que disse Ulysses especificamente em relação à feitura da Constituição e ao processo constituinte. Depois de asseverar que entre 2 de fevereiro de 1987 e 5 de outubro de 1988 a Nação mudou, no que tange à Constituição, Ulysses assinalou que a mudança

Sobre a Constituição aprovada, Ulisses declarou, conforme vimos anterioremente: "Esta Constituição terá cheiro de amanhã, não de mofo".

era na definição dos poderes, na restauração da federação, e sobretudo na cidadania. Tudo num País de 30.401.000 analfabetos, onde a cidadania começa com o alfabeto.
Encareceu Ulysses as 61.020 emendas apresentadas, bem como as 122 emendas populares, algumas com mais de um milhão de assinaturas, ao mesmo passo que louvou a presença diária de cerca de 10.000 pessoas, em livre trânsito pelas dependências do Congresso Nacional, durante os trabalhos Constituintes. Gente composta de favelados, trabalhadores, cozinheiras, menores carentes, índios, posseiros, empresários, estudantes, aposentados, servidores civis e militares. Traçou Afonso Arinos, por sua vez, um vasto painel histórico das Constituições brasileiras, analisadas em suas linhas gerais, até formular, com toda a acuidade, essa observação sobre a nota essencial de caracterização do constitucionalismo contemporâneo na era do Estado Social:
"É importante insistir neste ponto. A garantia dos direitos individuais é cada vez mais eficaz e operativa nas Constituições contemporâneas, mas a garantia dos direitos coletivos e sociais, fortemente capitulada nos textos, sobretudo nos Países em desenvolvimento e, particularmente nas condições do Brasil, torna-se extremamente duvidosa – para usarmos uma expressão branda – quaisquer que sejam as afirmações gráficas existentes nos documentos, como este que estamos, hoje, comemorando. Afirmar o contrário é ingenuidade, ilusão, ou falta de sinceridade, quem sabe, de coragem. Direito individual assegurado, direito social sem garantia – eis a situação."
O Presidente Sarney não discursou no ato de promulgação da nova Carta. Não fora prevista fala presidencial. O chefe do Poder Executivo limitou-se durante a cerimônia a prestar o juramento solene à Constituição, na qualidade de Presidente da República. Mas na véspera da promulgação, no programa "Conversa ao pé do rádio", definiu o Presidente sua posição em face da Carta Magna, que ele combatera com tanta severidade em algumas ocasiões de feitura e tramitação do projeto. Naquele programa radiofônico Sarney declarou:
"A Constituição não deve mais ser discutida. Eu a critiquei sempre com espírito público, na fase de elaboração.
Amanhã ela será lei. Ela é história. Serei o seu maior servidor. Eu a convoquei. Serei o primeiro a jurá-la. Lutarei pelo seu êxito... E desejo que a nova Constituição assegure ao Brasil anos de paz, de avanços, de prosperidade, de compreensão e senso do dever."
Sem título expresso de poder Constituinte de primeiro grau, de que se desvestiu. com o encerramento do exercício da tarefa de formulação da nova lei básica do País, nem por isso o Congresso Nacional se apartará das responsabilidades de fazer eficaz sua própria Constituição. Doravante lhe caberá a delicada incumbência de elaborar a complexa e copiosa legislação complementar, a par de mais de 300 leis ordinárias, cuja feitura representa materialmente, numa determinada acepção, a metade da Constituição que está por fazer. Em verdade, trata-se de um apêndice de leis que vai casuisticamente permear a Constituição com a realidade concreta, e de cuja aplicação e aplicabilidade há de depender

"Senhores Constituintes,
A Constituição, com as correções que faremos, será a guardiã da governabilidade.
A governabilidade está no social. A fome, a miséria, a ignorância, a doença insistida são ingovernáveis.
A injustiça social é a negação do governo e a condenação do governo.
A boca dos Constituintes de 1987-1988 soprou o hálito oxigenado da governabilidade pela transferência e distribuição de recursos viáveis para os municípios, os securitários, o ensino, os aposentados.
Repito: esta será a Constituição Cidadã. Porque recuperará como cidadãos milhões de brasileiros... Esta Constituição, o povo brasileiro me autoriza a proclamá-la, não ficará como bela estátua inacabada, mutilada ou profanada.
O povo nos mandou aqui para fazê-la, não para ter medo.
Viva a Constituição de 1988.
Viva a vida que ela vai defender e semear".

Os 15 votos "não" foram da bancada do Partido dos Trabalhadores, que obedeceu a uma diretriz do Diretório Nacional. O PT considerou o texto "elitista e conservador" no conjunto. Um só de seus deputados, o constituinte João Paulo, de Minas Gerais, votou a favor. Bonavides e Andrade[680] questionam se a Constituinte de 1986 teria um perfil ideológico definido. Segundo eles, a ação partidária foi substituída pela movimentação dos grupos, e a imprensa acusou a organização de *lobbies* de interesses os mais variados (o *lobby* santo, da Igreja Católica; o *lobby* evangélico, das várias ramificações protestantes; o *lobby* dos prefeitos, dos governadores, das multinacionais, das mulheres, dos cartorários, dos servidores públicos etc.), como influenciadores ou deformadores da vontade da Constituinte.

toda a construção formal nascida da boa-vontade, esforço, diligência e dedicação de 20 meses de trabalho e consenso constituinte.
Essa parte invisível da Constituição, casando-se com os elementos reais da existência social, é importantíssima para manter a vida e fazer a eficácia da Constituição formal, onde solenemente se documentou o pacto dos nossos direitos e liberdades e se lavrou a ata de legitimação dos poderes de governo. Sem a Constituição formal, não há a garantia do pressuposto da predominância da Sociedade sobre o Estado, como é da índole e inspiração. dos princípios sobre os quais a Constituinte ergueu a nova tábua de valores, em nome do Povo e da Nação, cuja soberania, incontrastável, se aloja, sagrada, na consciência do cidadão.
680 Ibidem, p. A-6.

O próprio governo estruturou seu grupo de ação – o Centrão (Centro Democrático), que coordenou os vários agrupamentos dispostos a votar com o Planalto, especialmente o dispositivo que adotava o sistema de governo e o que fixava o período do mandato presidencial[681].

Os ministros e, particularmente, os governadores foram mobilizados para uma ação direta sobre os Constituintes[682].Comprovou-se a ação eficaz dos governadores, e 16 deles foram a Brasília e lá permaneceram durante os dois dias em que a Constituinte debateu e votou os pontos polêmicos.

Através dessas votações e da posição assumida pelos Constituintes, conclui-se que o perfil da Constituinte de 1987-1988, embora conservadora, tem características muito especiais, às vezes, até mesmo contraditórias, refletindo interesses grupais ou regionais em detrimento do essencial, mas, na realidade, representando a sociedade no seu conjunto, com todas as suas intranquilidades, preocupações, instabilidade e deficiências de formação e de prática política[683].

O cientista político Leôncio Martins Rodrigues[684], realizou uma análise da orientação sócio-política dos deputados da Constituinte com base em extensa pesquisa. Na apresentação do trabalho, a também cientista política Maria Teresa Sadek observou:

> *Evidentemente, a Constituição nem sempre reflete de forma exclusiva o próprio perfil daqueles que a elaboraram. A Carta de 1946, por exemplo, não é a imagem e a semelhança de seus Constituintes. Portanto, nossa nova Lei Magna será o resultado das características pessoais de cada constituinte somadas aos desdobramentos e mediações das pressões políticas e sociais.*

681 Ibidem, p. A-6. .

682 Ibidem, p. A-6.

683 Ibidem, p. A-6.

684 *Quem é quem na Constituinte*, São Paulo: Maltese, 1987, apud Bonavides, Paulo e Andrade, Paes de, *História constitucional do Brasil*, cit., p. 474. Leôncio Martins Rodrigues (1934-) é professor titular aposentado do Departamento de Ciência Política da Universidade Estadual de Campinas (Unicamp).

O resultado da pesquisa, na visão dos doutrinadores[685], no entanto, não coincide com a posição deles, pois Rodrigues, na p. 97, conclui que tendo em vista as autodefinições e na conformidade dos formulários preenchidos pelos próprios deputados, e por ele recolhidos em larga medida, a Assembleia Constituinte é, predominantemente, de centro esquerda ou de esquerda moderada". A conclusão, ao que parece, não corresponde à ideologia política dos parlamentares. Nenhum deles se diria de direita ou da esquerda radical, ainda mais numa autodefinição, uma vez que não pretendem se indispor com o eleitorado. Uma outra análise, esta do professor da Universidade de Brasília (UnB), David Fleischer, citado por Leôncio Martins Rodrigues (p. 97-98), oferece a seguinte distribuição político-ideológica dos parlamentares constituintes: direita, 12%; centro-direita, 24%; centro, 32%;· centro-esquerda, 23% e esquerda, 9%[686]. A realidade demonstra que não é assim. A maioria direitista e conservadora da Constituinte demonstrou nas votações suas posições, em número bem superior ao citado pelo cientista político.

O polêmico mandato presidencial – a duração do mandato presidencial foi um dos temais mais polêmicos da Constituinte. O presidente Sarney havia, por ocasião do envio da emenda que reestabeleceria as eleições diretas para a escolha do seu sucessor, fixado o prazo de quatro anos, o preferido da população de acordo com as pesquisas de opinião. O sucesso inicial do Plano Cruzado, entretanto, fizera com que mudasse de ideia e passasse a fazer pressão para ficar cinco anos.

Para conseguir o período almejado, o presidente Sarney fez o que pôde (...) distribuiu verbas e emissoras de rádio e de televisão com senadores e deputados e apelou para os ministros militares. Em maio de 1987, ocupou uma cadeia nacional de rádio e televisão para comunicar que ficaria cinco anos no poder"[687]. O peemedebista foi o último presidente a distribuir concessões sem a obrigatoriedade de remetê-las ao Congresso para aprovação. Posteriormente, a nova Constituição estabeleceria que o Congresso é que teria essa atribuição. Assim, mais da metade das 1.028 concessões feitas em sua gestão foram distribuídas nos últimos nove

[685] Ibidem, p. 464-466,474.
[686] Ibidem, p. 475.
[687] Ibidem, p. 475.

meses de trabalho da Constituinte, entre janeiro e outubro de 1988. O presidencialismo ganhou do parlamentarismo, embora a mudança do sistema de governo fosse fortemente apoiada – e o mandato de cinco anos foi aprovado[688].

Paulo Bonavides e Paes de Andrade opinam no sentido de que é de todo impossível compreender a missão cumprida pela Assembleia Nacional Constituinte sem o preliminar exame de suas nascentes políticas tão decisivamente definidoras da natureza, do cunho e da qualidade desse colégio soberano, o mais singular de toda a história constitucional do País[689].

A Constituinte brasileira[690] foi a primeira que se não originou de uma ruptura anterior das instituições; esta, portanto, a primeira constatação

[688] Ibidem, p. 475.

[689] Ibidem, cit., p. 451.

[690] Identificavam-se, então, três propostas divergentes com relação à convocação da Constituinte.

Uma postulava a convocação de uma Assembleia Nacional Constituinte livre, soberana e exclusiva, eleita com a incumbência única de votar o novo pacto político, dissolvendo-se ao final.

Desde a Constituinte Imperial, vem o Brasil sofrendo a coexistência anômala do exercício simultâneo ou sucessivo do desempenho da função legislativa ordinária pelo órgão do Poder Constituinte. A malograda Constituinte de 1933 foi exceção à regra. Entretanto, apesar de corretamente convocada, sofreu a presença de "Constituintes classistas", além de eleger indiretamente o Presidente da República. Constituinte livre, soberana c exclusiva não era um mero bordão das forças que então demandavam sua convocação; assim como a efetivação de um Congresso com poderes Constituintes não apenas feria um cânon do Direito Constitucional. Uma Assembleia Constituinte não se confunde com um Parlamento ordinário, embora pareça funcionar como tal. Os interesses que se expressam na eleição e no funcionamento de um Congresso ordinário não são, por definição, os mesmos que se exerceriam em uma Assembleia com a atribuição exclusiva de redigir o pacto político, dissolvendo-se em seguida. A Assembleia Constituinte define um sistema de poder que entra em funcionamento após o seu termo, de preferência por intermédio de eleições gerais, naturalmente excluído o Poder Judiciário. (O Judiciário restou intocado porque um Congresso, embora Constituinte, não dispõe de poderes para intervir em outro Poder. Da mesma forma, quando o Congresso Constituinte reduziu a expectativa de mandato do então titular da Presidência da República, liberou forças que se aliaram à emenda presidencialista para derrotar o semiparlamentarismo vitorioso na Comissão de Sistematização.) Como se viu, o Congresso Constituinte imprimiu sua lógica aos trabalhos, reduzindo sua capacidade de decisão. O extravagante plebiscito sobre forma e sistema de

que a mais superficial análise histórica de nosso passado prontamente descobre:

> *"Mas é constatação, sem dúvida, apenas aparente, porquanto, se a Carta Magna não foi precedida de um ato da Independência, como a Carta Política do Império, de 1824, ou da queda de um império, como a de 1891, ou do fim de uma República oligárquica – a chamada Pátria Velha – Carcomida, posta abaixo pelas armas liberais da Revolução de 1930 – como a Constituição de 1934, ou da ruína de uma ditadura e dissolução do Estado Novo, como a de 1946, ou até mesmo de um Golpe de Estado que aniquilou com um violento Ato Institucional uma República legítima, qual o fez a de 1967, nem por isso a ruptura deixa de ser a nota precedente do quadro Constituinte instalado em 1987, visto que ela se operou na alma da Nação, profundamente rebelada contra o mais longo eclipse das liberdades públicas: aquela noite de 20 anos sem Parlamento livre e soberano, debaixo da tutela e violência dos Atos Institucionais, indubitavelmente um sistema de exceção, autoritarismo e ditadura cuja remoção a Constituinte se propunha fazê-lo, como em rigor o fez, promulgando a Constituição ora vigente"*[691].

3.2 A Constituição de 1988 – a cidadania e a colcha de retalhos

A "Constituição Cidadã", como a chamava Ulysses Guimarães, reconheceu direitos políticos e sociais dos cidadãos em geral e de minorias, como

governo mandado realizar pelo artigo 2º do Ato das Disposições Constitucionais Transitórias é exemplo por si só eloquente de como não se opera uma Constituinte. Investidos de poderes extraordinários, os Constituintes não poderiam dispensar a delegação excepcional que possuíam e, por assim dizer, devolver aos mandatários a decisão sobre o sistema de Poder que melhor conviesse ao País, dissolvendo sua autoridade e apelando para um tipo de consulta sabidamente imprópria para tal finalidade.
Outra recusava a ideia da convocação, contentando-se em conferir poderes ao Congresso Nacional (em final de legislatura) para redigir uma nova Constituição.
A terceira, intermediária, vitoriosa ao cabo, preconizava a convocação de um Congresso Constituinte.
Recebida a mensagem com que o Presidente Sarney encaminhou a proposta de convocação da Constituinte, e após a sua leitura, formou-se Comissão Mista de Deputados e Senadores para examinar e dar parecer sobre o projeto de Emenda Constitucional. Designado relator, o Deputado Flavio Bierrenbach tem seu substitutivo recusado e o Congresso aprova o substitutivo do Deputado Valmor Giavarina, que em nada modifica o projeto oficial, embora tenha o mérito de ampliar a anistia concedida por lei ordinária, em 1979." *Vide* Cerqueira, Marcello, *A constituição na história*, cit., p. 529-530.

[691] Bonavides, Paulo e Andrade, Paes de, *História constitucional do Brasil*, cit., p. 451.

os dos índios. Limitou a jornada de trabalho a 44 horas semanais, estipulou o seguro-desemprego, ampliou a licença maternidade e introduziu a licença-paternidade, fixada, depois, em cinco dias. Proibiu a ingerência do Estado nos sindicatos e assegurou aos funcionários públicos o direito de se organizar sindicalmente. Também procurou desestimular as demissões, ao determinar o pagamento de multa de 40% sobre o valor total do Fundo de Garantia por Tempo de Serviço (FGTS) em caso de demissão sem justa causa. Criou o *habeas data*, assegurando às pessoas o direito de obter dados de seu interesse constantes dos arquivos das entidades governamentais, e previu o Código de Defesa do Consumidor. Estabeleceu ainda as eleições diretas em dois turnos para a Presidência da República, governos estaduais e prefeituras com mais de 200 mil eleitores[692].

Em setores como petróleo, telecomunicações, energia elétrica, portos e transportes rodoviários, a Carta manteve o monopólio do Estado – fator tido mais tarde como causa das dificuldades da ampliação do fornecimento de bens e serviços à população, bem como elemento de resistência à adaptação do País ao mundo em processo de globalização. Posteriormente, foi realizada a aprovação de várias emendas constitucionais alterando esse quadro. O texto foi criticado também por tratar de assuntos que não eram de natureza constitucional e estabelecer um número excessivo de regras para garantir o cumprimento das leis[693], ou seja, de ser prolixo demais.

A Constituição de 1988, promulgada em 5 de outubro de 1988, defrontou-se com o problema de sua eficácia, a saber, de sua adequação à realidade, ou, em termos mais precisos, de sua legitimidade:

> *"Um ligeiro retrospecto nos evidencia que das Constituições elaboradas na história constitucional do Brasil em épocas de abertura, a de 1988 é aquela que, de princípio, em suas nascentes, menos títulos congregava para fazê-la a rigorosa expressão da vontade popular soberana. Com efeito, basta examinar a primeira fase do processo Constituinte para chegar a essa conclusão necessária"*[694].

692 KOIFMAN, Fábio (Coord.). *Presidentes do Brasil – de Deodoro a FHC*, cit., p. 800.
693 Ibidem, p. 800.
694 Ibidem, p. 801.

A Emenda Constitucional nº 26 convocatória da Assembleia Constituinte foi obra de iniciativa do Poder Executivo, que se valeu do próprio Congresso – um poder constituído e limitado – para transformá-lo em órgão de soberania[695].

Há críticos que apontam para o fato de a Constituinte ser congressual, portanto originada do Congresso e não exclusiva para conduzir o processo ou exprimir sem pressupostos restritivos o exercício da soberania nacional em toda a sua plenitude. Uma limitação prévia de origem estava na operação eleitoral. Elegeram-se deputados e senadores, e estes últimos, representando o ramo federativo do sistema, significavam já um pressuposto originário de compromisso aparente com a base federativa da organização do Estado, ao mesmo passo que diminuía politicamente a integridade de expressão da vontade popular, em virtude da composição paritária do Senado[696].

A sub-representação política dos grandes Estados na composição do colégio constituinte tornava-se assim patente, sendo por conseguinte óbvio que essa carência de plenitude e igualdade na representação conjunta do eleitorado fazia baixar o teor de representatividade e democracia do poder soberano no exercício da função constituinte, caindo consideravelmente o grau de sua legitimidade. O ponto de partida era, pois, o de uma legitimidade, bastante reduzida. A maior parte dos juristas e estudiosos do tema sugeriam a eleição de uma Constituinte exclusiva e, se se possível, desatada do vínculo federativo prévio, a exemplo da de 1933.

Vale lembrar que o governo só não esteve distante em duas questões que se lhe afiguraram de importância fundamental, sobre as quais concentrou todo o peso de sua pressão e influência: a da manutenção do regime presidencial e a da preservação do mandato de cinco anos do presidente nos termos impostos por ele mesmo. No mais, por omissão do Governo, a Constituinte se viu de braços livres para atuar na inserção de todas as matérias do texto, lidando unicamente com os anseios sociais, em estreito e íntimo contato com as forças de opinião[697].

695 Ibidem, p. 801.

696 BONAVIDES, Paulo e ANDRADE, Paes de, *História constitucional do Brasil*, cit., p. 460.

697 Ibidem, p. 461.

As críticas ao texto final da Constituinte foram da esquerda à direta. Luiz Carlos Prestes, secretário-geral do Partido Comunista Brasileiro, que havia sido constituinte em 1946, diria que a Constituição de 1988 é "a mais reacionária da história do Brasil". A direita, por sua vez, se queixava de que a Carta oferece direitos sem dizer de onde sairão os recursos para pagá-los. O senador Roberto Campos (PDS) diria que ela "é saudavelmente libertária no político, cruelmente liberticida no econômico, comoventemente utópica no social"[698].

Além disso, o parlamentar censura também o conceito de empresa nacional e levantam dados sobre a palavra-chave do texto, assinalando que "direitos" e "garantias" aparecem respectivamente 76 e 46 vezes, ao passo que "deveres" apenas quatro vezes e produtividade uma única vez. Disso extrai o Senador a seguinte conclusão: "Um texto que distribui garantias, deveres, benefícios, sem se preocupar com a eficiência e a produtividade"[699]. Na imprensa também houve críticas. O jornal *Folha de S. Paulo*, no editorial *O elogio do atraso*, publicado em 30 de agosto de 1988, lastimava a discriminação em favor das "empresas brasileiras de capital nacional", e ponderava que "chegava a ter um aspecto tragicômico o fato de que a proteção cartorialista a determinados tipos de empresa nacional, incapazes de enfrentar a concorrência externa, fosse defendida pelas forças de esquerda no Congresso constituinte".

Em artigo do jornal inglês *Financial Times* a Constituição brasileira era classifica de "nacionalista e xenófoba":

> "*A Constituição é menos impressionante quando aborda questões econômicas. As disposições são retrógradas, ignorando a atual tendência latino-americana de maior participação das forças de mercado e de diminuição das restrições ao capital estrangeiro. A tônica é nacionalista e protecionista, a começar com o conceito de empresa 'brasileira', cujo capital majoritário precisa ser de controle nacional. As empresas brasileiras podem ter acesso privilegiado e financiamentos, operar exclusivamente em setores-chaves estratégicos e receber tratamento preferencial em contratos*"[700].

[698] Ibidem, p. 461.
[699] Ibidem, p. 462.
[700] Ibidem, p. 462.

Em prefácio de uma edição da Constituição, de responsabilidade do Senado, que depois seria retirada de circulação, o deputado Ulysses Guimarães a apelida de "Constituição coragem" ao, segundo ele, resgatar o brasileiro da miséria e do atraso.

> "(...) *A Constituição luta contra os bolsões de miséria que envergonham o País. Diferentemente das sete Constituições anteriores, começa com o homem. Geograficamente testemunha a primazia do homem, que foi escrita para o homem, que o homem é seu fim e sua esperança, é a Constituição cidadã.*
> (...) *Por isso mobiliza, entre outras, novas forças para o exercício do governo e a administração dos impasses. O governo será praticado pelo Executivo e o Legislativo. Eis a inovação da Constituição de 1988: dividir competências para vencer dificuldades, contra a ingovernabilidade concentrada em um, possibilita a governabilidade de muitos. É a Constituição coragem.*
> *A Constituição durará com a democracia e só com a democracia sobrevivem para o povo a dignidade, a liberdade e a justiça*"[701].

O deputado Gastone Righi, líder do Partido Trabalhista Brasileiro (PTB) declarou que o País tinha "a Constituição mais moderna e avançada do mundo", destacando, sobretudo, a parte dos direitos sociais e trabalhistas. As lideranças de extrema esquerda, compartindo da opinião sobre pontos positivos da nova Carta Constitucional, se mostraram, todavia, pessimistas quanto ao tratamento constitucional da matéria sobre a reforma agrária e funções das Forças Armadas no contexto do regime[702].

Dados estatísticos estampados pelo *Jornal do Brasil*, segundo lembram os doutrinadores, de 3 de setembro de 1988, resumiram o trabalho da Constituinte congressual: 200 mil emendas e pareceres, 21 mil discursos. A mesma informação assinalava o vulto dos canais abertos para a Constituinte comunicar-se com o País, a saber, 712 programas do Diário da Constituinte, transmitidos por 170 estações de televisão e 700 programas da "Voz da Constituinte", transmitidos por 2 mil emissoras de rádio.

Segundo o mesmo jornal, a Primeira Secretaria da Mesa acumulou 28 mil notícias sobre a Constituinte, publicadas pelos oito jornais de maior

[701] Ibidem, p. 463.
[702] Ibidem, p. 463.

circulação do País. Nunca, por conseguinte, em toda a nossa história constitucional, os trabalhos de uma Assembleia Nacional Constituinte foram acompanhados cotidianamente de tão perto por um público de todas as camadas sociais quanto os da Constituinte de 88, tendo sido este sem dúvida um poderoso e influente fator de coadjuvação da presença participativa do povo[703].

Uma das mais significativas inovações introduzidas no constitucionalismo brasileiro com o advento da Carta de 5 de outubro de 1988 se aloja no capítulo dos direitos e deveres individuais e coletivos, que faz parte do Título II acerca dos direitos e garantias fundamentais: o mandado de injunção.

O artigo dispõe sobre o novo remédio processual nos seguintes termos: "conceder-se-á mandado de injunção sempre que a falta de norma regulamentadora torne inviável o exercício dos direitos e liberdades constitucionais e das prerrogativas inerentes à nacionalidade, à soberania e à cidadania"[704].

A questão crucial levantada com respeito a esse instituto desde o primeiro momento de adoção das normas constantes da Lei Maior de 1988 gira ao redor de sua autoaplicabilidade, que uns colocam fora de toda a dúvida, outros, porém remetem à esfera da regulamentação complementar, retardando assim os efeitos que o sistema recém-implantado aguarda da técnica nominalmente extraída do direito anglo-americano, assim como o *habeas corpus*, este familiar ao constitucionalismo brasileiro:

> *"A injunção é sem dúvida novidade maior do que o habeas corpus se ponderarmos que ela se desatou, por inteiro, do ponto de vista material ou de conteúdo, de seu símile predecessor, qual imperara em países como a Inglaterra e os Estados Unidos, conservando talvez, por único traço comum de identidade, à exceção do nome, o igual objetivo de proteger direitos subjetivos"*[705].

[703] Ibidem, p. 464.
[704] Ibidem, p. 465.
[705] Ibidem, p. 466.

O mais famoso dicionário de Direito do século passado, nos Estados Unidos, o do juiz Bouvier,[706] assim define tal instrumento:

> *"Um mandado proibitório, expedido, em geral, pela autoridade de um tribunal de equidade, para evitar que um ou mais de um dos réus ou partes ou quase partes num processo ou num procedimento, em semelhante juízo, façam ou consintam que seus subordinados, ou quantos estejam sob suas ordens, executem ato reputado injusto ou ofensivo à equidade, na medida em que atinge direitos de alguma outra parte ou partes, em tal processo ou procedimento em jurisdição de equidade"*[707].

A injunção tem tido larga aplicação tanto na Inglaterra como nos Estados Unidos, sendo um instituto ou garantia peculiar ao direito desses países, com vários séculos de tradição, mas que já se estendeu depois a outros sistemas jurídicos, revelando sempre um elevado grau de adaptação e flexibilidade, de acordo obviamente com as exigências e os fins para que tem sido utilizado em cada época ou ordenamento. A injunção, instrumento protetor de direitos subjetivos, acabou por deslocar-se nos Estados Unidos da esfera jusprivatista, onde servira com frequência àqueles fins há pouco enumerados, para uma esfera jurídica bem convizinha do campo juspublicístico propriamente dito.

Isto aconteceu desde que ela entrou a ser empregada também para regular e proteger unilateralmente uma certa ordem de relações na sociedade, onde os interesses do capital colidiam com os do trabalho, servindo aquele remédio para privilegiar a camada patronal contra o estamento obreiro, durante uma fase na qual a justiça norte-americana, desde a mais baixa à mais alta instância de sua jurisdição, funcionou no campo trabalhista como uma justiça de classe, exposta de maneira justificada à

[706] Referimo-nos ao dicionário jurídico americano *A Law Dictionary*, de autoria do juiz John Bouvier (1787-1851), nascido na França, mas que se tornou cidadão americano em 1812 e , em seguida, começou a trabalhar com direito na Filadélfia, chegando ao cargo de juiz. Ao perceber que não havia dicionários de direito nos EUA, compilou um, o que o custou 12 anos de trabalho, separando os princípios da legislação americana dos da inglesa, que a sucedeu. A obra, até hoje referência na área, obteve muito sucesso, sendo até os dias atuais usado como ponto de partida para muitas pesquisas jurídicas.

[707] Ibidem, p. 470.

crítica severa dos marxistas sobre o Direito no universo social das nações capitalistas[708].

Foi a época, com efeito, em que prevaleceu, segundo a linguagem dos publicistas, o chamado "governo por injunção", que outra coisa não significou senão um período odiento de predomínio de uma jurisprudência ferozmente inclinada ao favorecimento escandaloso dos interesses empresariais[709], como a indicada a seguir:

> *A questão das medidas de injunção, envolvendo matéria trabalhista, principiou basicamente com o caso Debs, ocorrido de 1894 a 1895, por ocasião de uma greve que Eugene V. Debs e outros, membros da "American Railway Union", uma organização sindical de ferroviários deflagraram contra a Pullman Co. de Chicago. Os grevistas, rodeando de piquetes os carros da companhia acarretaram a paralisação do transporte de mercadorias entre os Estados. Os empregadores utilizaram porém o remédio da injunção contra os piquetes, o qual tendo sido concedido não foi obedecido. Disso resultou que Debs e outros dirigentes sindicais envolvidos na greve acabaram presos por desacato à autoridade judicial. A consequência mais grave do desrespeito ou resistência ao cumprimento do mandado de injunção no direito americano é sujeitar o recalcitrante a punição sumária com multa ou prisão por desacato ao tribunal, sem lograr o benefício de julgamento por um júri.*

Alguma mudança nesse instituto só ocorreu a partir da década de 1930, quando, após o crack da Bolsa americana, os Estados Unidos passaram a preocupar-se mais para a necessidade de uma maior proteção do trabalhador e de seus instrumentos sindicais de defesa. Somente nesse momento acabou o chamado "governo por injunção" – uma espécie de ditadura judiciária pró-capital – realmente entrou em declínio e depois com a nova legislação adotada se extinguiu. A Lei Norris-la Guardia acabou de vez com o instituto, em 23 de março de 1932.

A nova lei promovia uma série de salvaguardas, determinando às cortes federais mais rigor na concessão de injunções em matéria trabalhista, o que só poderia ocorrer após audiência de testemunhas que comprovassem a ameaça de atos ilegais, com lesões irreparáveis de direito; A contro-

[708] Ibidem, p. 471.
[709] Ibidem, p. 471.

vérsia central do então estreante *writ* é a da autoaplicabilidade, a qual, no entender dos doutrinadores, decorre, por inteiro, do espírito da própria Constituição.

Sob influência do direito alemão, o sentido de autoaplicabilidade inspira também todas as nossa regras constitucionais pertinentes a direitos e liberdades constitucionais. O mandado de injunção outra razão de ser não tem senão a de proporcionar a plenitude dessa garantia, toda vez que a ausência de norma regulamentadora obstaculizar, ou seja, na linguagem mesma do legislador maior, fizer inviável o exercício daqueles direitos e liberdades, bem como das prerrogativas inerentes à nacionalidade, à soberania e à cidadania. Viola o texto constitucional e coloca-se contra o verdadeiro espírito de sua vocação libertária quantos tiverem da Constituição entendimento contrário[710].

3.2.1 Considerações gerais da Constituição de 1988

A Constituição Brasileira de 1988, fiel às tradições nacionais, reafirma, como fundamento da ordem jurídica, o princípio da legalidade, fonte de direitos e deveres e limite ao poder do Estado e à autonomia da vontade[711].

Nos termos do inciso I do artigo 5º, "Ninguém será obrigado a fazer ou deixar de fazer alguma coisa senão em virtude de lei", redação esta que proclama a regra fundamental da igualdade de todos perante a lei. Deriva desse princípio a regra de que a competência administrativa se vincula necessariamente a uma autorização legal[712].

A lei é, por excelência, ato que incumbe ao Poder Legislativo. O Parlamento, investido da representação popular, emite, no âmbito traçado pela Constituição, os comandos que estruturam a ordem jurídica. O poder de legislar é atividade precípua do Parlamento que, até mesmo etimologicamente, fala em nome do povo[713].

O ato legislativo, fonte primária do Direito, é, contudo, complementado pelo regulamento, fruto do poder regulamentar próprio do Chefe

[710] Ibidem, p. 472.

[711] TÁCITO, Caio. *1988 – Constituições brasileiras*, 3.ed., Brasília: Senado Federal, 2012, p. 13, v. VII.

[712] Ibidem, p. 14.

[713] Ibidem, p. 13.

do Poder Executivo, bem como pelo ato administrativo geral (ato-regra, na definição de Duguit), emanado do poder normativo que a lei atribua, especificamente, a órgãos da administração[714].

A regra da supremacia da Constituição e da hierarquia da lei, assim como o princípio da reserva legal, estabelecem o critério de validade das sucessivas fontes do direito positivo, regulando a eventual declaração de vícios de inconstitucionalidade ou de legalidade de atos normativos[715].

A Constituição brasileira admite, também, a prática da lei delegada, que transfere ao Executivo os poderes de criar o direito, com força equivalente ao ato legislativo material e formal[716].

Inspirada no modelo constitucional italiano, consagra, ainda, a medida provisória, modalidade substitutiva do decreto-lei[717].

O artigo 59 da Constituição enumera as modalidades de processo legislativo:

I – emendas à Constituição;
II – leis complementares;
III – leis ordinárias;
IV – leis delegadas;
V – medidas provisórias;
VI – decretos legislativos;
VII – resoluções.

A iniciativa de emenda à Constituição incumbe ao presidente da República, a um terço, no mínimo, dos membros da Câmara dos Deputados ou do Senado Federal e, ainda, a mais de metade das Assembleias Legislativas dos Estados da Federação. Não são permitidas emendas tendentes a abolir o regime federativo, a separação de Poderes, os direitos e garantias individuais ou o voto direto, secreto, universal e periódico[718], caracterizando as chamadas cláusulas pétreas.

[714] Ibidem, p. 13.
[715] Ibidem, p. 14.
[716] Ibidem, p. 14.
[717] Ibidem, p. 14.
[718] Ibidem, p. 14 .

A distinção entre a lei complementar e a lei ordinária caracteriza-se pela exigência, quanto à primeira, de aprovação por maioria absoluta. Ademais, numerosas disposições constitucionais impõem, em matérias determinadas, a elaboração de lei complementar, com requisito de eficácia de normas programáticas, destituídas de força imediata[719].

Algumas disposições dignas de nota são:

- A Lei Delegada será baixada pelo presidente da República, após prévia resolução do Congresso Nacional, que especificará o conteúdo e os termos de exercício da delegação. Vale salientar que esse instrumento legislativo raramente foi utilizado.
- É vedada a delegação de atos de competência exclusiva do Congresso Nacional, de competência privativa da Câmara de Deputados ou do Senado Federal, ou em matéria reservada à lei complementar. Não caberá, ainda, delegação legislativa no tocante à organização do Poder Judiciário e do Ministério Público, à nacionalidade, cidadania, direitos individuais, políticos e eleitorais, ou, ainda, a planos plurianuais, diretrizes orçamentárias e orçamentos.
- A iniciativa de leis complementares e ordinárias incumbe a qualquer membro ou comissão nas Casas do Congresso Nacional (Câmara dos Deputados e Senado Federal) e ao Presidente da República. A este último é assegurado a iniciativa privativa em matérias específicas, vedada, nessa hipótese, emenda que importe aumento de despesa.
- Ao Supremo Tribunal Federal e aos Tribunais Superiores é atribuída a iniciativa de leis relativas à sua composição e à organização judiciária. É permitida ao Procurador-Geral da República a iniciativa de proposta de criação e extinção de cargos no Ministério Público.
- A Constituição destaca, especialmente, como exercício da cidadania, a iniciativa popular de projetos de lei. É mister, porém, sejam subscritos por, no mínimo, um por cento do eleitorado nacional, obrigatoriamente representado por, pelo menos, cinco estados da Federação, em cada qual com, pelo menos, três décimos de seus eleitores. Em alguns (poucos) casos como a Lei da Ficha Limpa, de

[719] Ibidem, p. 15.

2010, ou a lei que pune a compra de votos, de 2008, esse princípio foi observado.

- Igualmente é facultada a iniciativa popular de leis de específico interesse do município, mediante manifestação de, pelo menos, cinco por cento do eleitorado local. Votado, sucessivamente, em cada uma das Casas do Congresso Nacional, o projeto aprovado é submetido à sanção ou veto, total ou parcial, do presidente da República.
- O veto será apreciado em sessão conjunta do Congresso Nacional, somente podendo ser rejeitado pela maioria absoluta de deputados e senadores.
- Em decorrência do regime federativo, a Constituição enumera, de forma exaustiva, as matérias de competência legislativa privativa da União, cabendo aos estados federados a competência que, por essa forma, não lhes é vedado exercer.
- Como previsto no Ato das Disposições Constitucionais Transitórias, no prazo de um ano, a partir da promulgação da Constituição de 1988 (ou seja, até 5 de outubro de 1989) deviam as Assembleias Legislativas elaborar as Constituições dos estados federados, nas quais serão obedecidos os princípios da Constituição Federal, entre os quais o que se refere ao processo legislativo. Trata-se de Poder Constituinte derivado decorrente, que é subordinado, condicionado e limitado.
- Promulgada a Constituição do estado federado, caberá às câmaras municipais, no prazo de seis meses, votar a Lei Orgânica do respectivo município, respeitado o disposto na Constituição Federal e na Constituição estadual.
- Merece especial destaque a adoção, no artigo 62 da Constituição brasileira, da medida provisória, a ser editada pelo Presidente da República, em caso de relevância e urgência. O texto reproduz, quase literalmente, a disposição do artigo 77, segunda parte, da Constituição italiana de 1948.
- A medida provisória, com força de lei, será de imediato submetida ao Congresso Nacional e perderá eficácia se não for convertida em lei no prazo de trinta dias a partir de sua publicação.
- A medida provisória veio substituir o sistema do decreto-lei, previsto em Constituições anteriores como espécie de processo legisla-

> tivo, cabendo ao Presidente da República sua expedição, em caso de urgência e relevante interesse público, mas há, contudo, diferenças significativas entre os dois institutos. Com respeito ao decreto-lei, a Constituição de 1967 limitava a competência excepcional do Presidente da República a matérias especificamente definidas: Segurança Nacional, finanças públicas, inclusive normas tributárias, e criação e remuneração de cargos públicos. Não mais existe, quanto às medidas provisórias, qualquer restrição *ratione materiae*. Por sua vez, no sistema do decreto-lei, o silêncio do Congresso Nacional, após o decurso do prazo, valia como forma tácita de confirmação. Já agora estará rejeitada a medida provisória que não for convertida em lei no prazo estipulado[720].

Como a rejeição da medida provisória – expressamente ou pelo silêncio – importa perda de sua eficácia, cumpre ao Congresso Nacional disciplinar as relações jurídicas dela decorrentes[721]. Caso o Congresso Nacional quede inerte, a Emenda Constitucional 32 estabeleceu, no §11 do art. 62, que as relações jurídicas constituídas e decorrentes de atos praticados durante a vigência da medida provisória conservar-se-ão por ela regidas.

É possível sustentar que, em verdade, a medida provisória, por sua eficácia condicional, não revoga lei anterior sobre a matéria. Tão somente suspende-lhe a vigência, na expectativa da deliberação definitiva do Congresso Nacional[722]. Caso seja rejeitada, o presidente da República não poderá editar outra com o mesmo teor na mesma sessão legislativa. A importância prática das medidas provisórias destaca-se pela frequência com que o presidente da República tem feito uso dessa prerrogativa[723]. Nos onze meses que se sucederam à promulgação da nova Constituição (ou seja, até 31 de agosto de 1989), foram editadas 83 medidas provisórias. Em igual período, o Congresso Nacional aprovou e foram promulgadas 135 leis ordinárias (inclusive leis de conversão de medidas provisórias) e leis complementares. Demonstra-se, por essa comparação, que

720 Ibidem, p. 15-16.
721 Ibidem, p. 18.
722 Ibidem, p. 18.
723 Ibidem, p. 18.

o uso pelo Presidente da República da competência de legislar diretamente, embora na dependência de aprovação do Congresso Nacional, torna-se frequente e competitivo no processo legislativo, excedendo o pressuposto de excepcionalidade[724]. Tal fato foi característico em todos os governos posteriores à Carta.

Permitiu-se ao Congresso Nacional, conforme interpretação fixada, o direito de emenda da medida provisória, que a anterior Constituição vedava no tocante ao decreto-lei.

A Constituição de 1988, à semelhança de Cartas Constitucionais precedentes, consagra o princípio de garantia dos direitos adquiridos, dos atos jurídicos perfeitos e da coisa julgada. De outra parte, a ordem jurídica anterior, constituída na vigência da Constituição revogada, não deixa de existir, a não ser quando incompatível com a nova Constituição. É a chamada "teoria da recepção", em que o novo texto constitucional dá nova condição de validade à legislação infraconstitucional a ela anterior, desde que compatível com sua base principiológica.

As normas contidas na Constituição têm, em princípio, aplicação imediata. Ou porque assim resulte de sua própria natureza, ou em virtude de expressa determinação. Nesse sentido, o artigo 5º, § 1º, estabelece que "as normas definidoras dos direitos e garantias fundamentais têm aplicação imediata". Outras normas constitucionais, todavia, têm sua aplicação diferida em razão de não serem autoexecutáveis. Em diversas passagens, a própria Constituição remete à lei complementar como requisito de eficácia.

Especialmente nos aspectos inovadores, de que se reveste a nova Constituição, cumpre ao Congresso Nacional o dever de editar a legislação complementar ou ordinária necessária à plenitude de sua aplicação[725].

O Superior Tribunal de Justiça (STJ) surgiu com a Constituição de 1988, sendo instalado efetivamente em abril de 1989:

[724] Ibidem, p. 19.
[725] Ibidem, p. 19.

Poder Judiciário
(CF 1988)

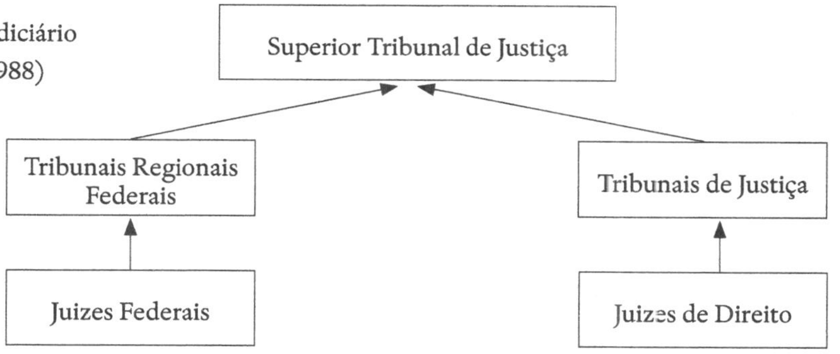

3.2.2 Os direitos chamados fundamentais

A regra da igualdade equipara, perante a força da Lei, o Poder Público e o cidadão, a administração e os administrados. A era liberal repousa sobre o individualismo jurídico e a liberdade de iniciativa econômica. A autonomia da vontade e o direito de associação, o direito de propriedade e a liberdade de locomoção, a limitação e harmonia entre os Poderes e a legitimidade do sistema representativo são os valores básicos do Estado Liberal[726].

A dinâmica da evolução social começa, porém, a opor ao princípio tradicional de que todos são iguais perante a lei, a compreensão de uma crescente desigualdade perante os fatos sociais. Uma nova ordem jurídica começa, lentamente, a evoluir sobre a pressão de causas e concausas[727] econômicas e sociais. O Estado é chamado a dirimir conflitos entre as forças do capital e do trabalho, bem como a conter os excessos do liberalismo e da propriedade privada, submetendo-os aos princípios do bem comum e da justiça social. As Constituições enriquecem-se com novos capítulos pertinentes a direitos econômicos e sociais, tão relevantes para o homem comum como os direitos civis e políticos. O centro de gravidade da ordem jurídica caminha do individual para o social[728].

[726] Ibidem, p. 22-23.

[727] Concausa é o conjunto de fatores preexistentes ou supervenientes, suscetíveis de modificar o curso natural do resultado, fatores esses que o agente desconhecia ou não podia evitar. É o congresso de fatores anatômicos, fisiológicos ou patológicos que existiam ou possam existir, agravando o processo. *In Dicionário Aurélio.*

[728] TÁCITO, Caio. *1988 – Constituições brasileiras*, cit., p. 23.

Toda uma nova gama de direitos do homem incorpora-se aos figurinos tradicionais: direito ao trabalho (com derivações ao direito de sindicalização, direito de greve e co-gestão na empresa); direito à saúde e à habitação; proteção à família, assistência ao menor e ao adolescente; direito à segurança social. O primeiro marco institucional dessa tendência modela-se na Constituição de Weimar (1919), como antes inspirara a Constituição do México (1917). O tema social firma, ainda, sua presença em uma nova ordem internacional progressivamente institucionalizada a partir dos conflitos mundiais do século. À exacerbação do nacionalismo, como defesa da soberania e do princípio de autodeterminação dos povos, oferece-se o contraste do intercâmbio entre as nações, desenvolvendo um sistema crescente de maior convivência internacional e regional[729].

Os direitos sociais do homem não se opõem, antes completam as liberdades tradicionais. Os direitos econômicos e sociais são um prolongamento dos direitos e garantias individuais, contemplando a pessoa, além de sua qualidade singular, para garantir seus direitos de participação na sociedade, a substituição de um conceito de justiça distributiva pela de justiça comutativa que deve levar em conta as desigualdades individuais. Ademais, para a eficácia de tais direitos, o Estado torna-se um continuado prestador de serviços, cuja exigibilidade configura um dos relevantes aspectos dos direitos do cidadão. A abstenção do Poder Público, omisso na continuidade de suas prestações, é tão abusiva como a violação de direitos individuais[730].

Além disso, acrescente-se que: "Não fica, porém, modernamente, adstrito à proteção de direitos públicos subjetivos (sejam eles individuais ou sociais) o respeito aos direitos humanos. Uma nova tendência começa a se desenhar, sobretudo nas duas últimas décadas, no sentido de abranger não mais apenas os direitos personalizados em uma ou mais pessoas determinadas, ou mesmo em direitos coletivos de categorias específicas, ligadas por uma relação jurídica básica (como os acionistas de uma sociedade anônima ou os membros de um condomínio), mas para alcançar os interesses de grupos integrados por uma pluralidade de pessoas indeterminadas, embora vinculadas por um mesmo interesse comum. Aos

729 Ibidem, p. 23.
730 Ibidem, p. 24.

habitantes de determinada região são essenciais as condições do meio ambiente em que se integram; aos consumidores sobreleva a qualidade dos produtos ou a defesa contra manipulações de mercado; o livre acesso à informação isenta ou a proteção a valores históricos e artísticos são elementares à difusão e preservação da cultura"[731].

Tais bens coletivos, sem titular certo, constituem matéria-prima de uma vida comunitária estável e sadia, a serem juridicamente protegidos. A tais valores sociais que são, a um mesmo tempo, peculiares a todo um grupo social e a cada qual de seus partícipes, consagrou-se o qualificativo de direitos difusos, que reclamam a proteção da lei[732].

A Constituição Brasileira de 1988 mantém e amplia a diretriz das Constituições anteriores, relativa aos direitos fundamentais, objeto de título próprio, que se desdobra em capítulos dedicados sucessivamente aos Direitos e Deveres Individuais e Coletivos, aos Direitos Sociais e aos Direitos Políticos[733].

Os direitos individuais e coletivos estão enunciados no art. 5º, que, em 1988, continha setenta e sete incisos e dois parágrafos. Depois, em 2004, a Emenda Constitucional n. 45, de 2004, acrescentou novo inciso e mais dois parágrafos, o que resultou em setenta e oito incisos e quatro parágrafos.

Em confronto com a Constituição anterior (a de 1967, emendada em 1969), na qual a Declaração de Direitos correspondia a trinta e seis parágrafos, teria havido aparentemente um alargamento de direitos fundamentais. Em verdade, os direitos e liberdades são praticamente os mesmos, com desdobramentos e particularismos que visam a coibir abusos de direito. De outra parte, diversas garantias e direitos que tradicionalmente figuram no direito comum passam a ter *status* constitucional[734].

Refletindo a reação contra a anterior experiência autoritária de governo, a Assembleia Constituinte traduz, em normas programáticas, o anseio de atendimento a aspirações populares de liberdade e de justiça

[731] Ibidem, p. 24.
[732] Ibidem, p. 24.
[733] Ibidem, p. 25.
[734] Ibidem, p. 25.

social, segundo o movimento pendular próprio das fases de restauração democrática[735].

3.2.3 Outras regras dispostas na Constituição de 1988

Entre os objetivos fundamentais da República (art. 3º) inscreve-se o de construir uma sociedade livre, justa e solidária, erradicar a pobreza e a marginalização, reduzir as desigualdades sociais e promover o bem de todos, sem preconceitos de origem, raça, sexo, cor, idade e quaisquer outras formas de discriminação, devendo a lei punir atos atentatórios a esses valores[736].

- Especifica-se, no elenco dos direitos explicitamente assegurados, a inviolabilidade da vida privada e da intimidade, da honra e da imagem das pessoas, com a reparação do dano moral ou material de sua violação.
- O texto incorpora, ainda, normas penais e de processo penal, como de direito civil, a que, por essa forma, quer-se dar ênfase e estabilidade. Na proteção aos direitos difusos, impõe-se ao Estado o dever de agir, na forma da lei, em defesa do consumidor. Com essa finalidade, determinou-se, em norma transitória, a elaboração, pelo Congresso Nacional, do Código de Defesa do Consumidor, dentro de cento e vinte dias da promulgação da Constituição.
- A Constituição prevê remédios judiciais contra a inércia legislativa de modo a assegurar a efetividade dos direitos constitucionais. Vai buscar na Constituição portuguesa a figura da inconstitucionalidade por omissão, mediante ação direta de competência do Supremo Tribunal Federal (art. 103, § 2º) e, ainda, modalidade nova de controle jurisdicional, o mandado de injunção, sempre que a falta de norma regulamentadora torne inviável o exercício de direitos e liberdades constitucionais e prerrogativas, inerentes à nacionalidade, cidadania e à soberania popular (art. 5º, nº LXXI).
- A ação popular, já existente, de iniciativa de qualquer cidadão, teve ampliada sua aplicação, antes condicionada à existência de dano

[735] Ibidem, p. 25.
[736] Ibidem, p. 25.

ao patrimônio público. Desde 1988 passou a caber também o seu uso em defesa da moralidade administrativa e do meio ambiente. A qualquer cidadão, partido político ou associação de classe é concedido o direito de representar perante o Tribunal de Contas da União (órgão de fiscalização e controle financeiro), denunciando irregularidades e ilegalidades. É de se referir que, na atual Constituição, a Corte de Contas não apenas fiscaliza a legalidade da gestão financeira e patrimonial do Estado, como ainda a legitimidade e economicidade dos atos e contratos como forma de controle de cada um dos Poderes em matéria financeira.

- Estabelece o § 1º do artigo 5º que as normas definidoras dos direitos e garantias fundamentais têm aplicação imediata. Todavia, o conteúdo dessas normas, conforme o seu texto, em certos casos atribui à lei ordinária a disciplina do princípio que nelas se contém. É mister, ter presente que, quando assim for, a regra da aplicação imediata não afasta a necessidade de norma legal para eficácia da norma.
- Os direitos sociais constituem objeto de capítulo especial. Em termos programáticos como tais se definem a educação, a saúde, o trabalho, o lazer, a segurança, a previdência social, a proteção à maternidade e à infância, e a assistência dos desamparados. Em atendimento a tais direitos, a Constituição, mais adiante, discrimina o título relativo à Ordem Social, os mecanismos e os meios de ação que o Estado tem o dever de oferecer ao indivíduo, à família ou à comunidade, titulares de direitos públicos subjetivos ou de interesses legítimos.
- O artigo 7º enumera, em trinta e quatro incisos, os direitos dos trabalhadores urbanos e rurais, reproduzindo e, em certos casos, acrescendo os princípios e normas da legislação do trabalho. A associação profissional ou sindical é regulada no artigo 8º, mantida a garantia da liberdade e da unidade sindical e da representação, pelo sindicato, de direitos e interesses coletivos ou individuais da categoria.
- O direito de greve está expressamente assegurado, cabendo aos trabalhadores decidir sobre a oportunidade de exercê-lo, devendo a lei definir sua incidência sobre serviços ou atividades essenciais e a punição dos abusos.
- Está prevista a participação de trabalhadores e empregadores nos colegiados dos órgãos públicos pertinentes às suas atividades e a

eleição de um representante dos empregados em empresas com quadro de pessoal superior a duzentos integrantes.

- Entre os direitos políticos, o exercício da soberania popular traduz-se no sufrágio universal e no voto direto, secreto e igual. Mais ainda, a soberania exprimir-se-á mediante o plebiscito e o referendo, assim como pela iniciativa popular de projetos de lei, tal como previsto no processo legislativo.
- O alistamento eleitoral e o voto são obrigatórios para os maiores de dezoito anos e facultativos para os analfabetos, os maiores de setenta anos e os maiores de dezesseis e menores de dezoito anos. É livre a formação de partidos políticos, de caráter nacional, segundo os requisitos que a lei estabelecer.
- A Justiça Eleitoral, órgão integrante do Poder Judiciário, supervisiona e coordena o processo eleitoral e a existência e funcionamento dos partidos políticos, que perante ela devem-se registrar.
- O princípio da pluralidade partidária, amplamente garantido no processo de restauração democrática, de que a nova Constituição representa o ápice, facilitou, recentemente, a dispersão de correntes partidárias.
- É marcante, no texto constitucional, a presença do povo e a valorização da cidadania e da soberania popular[737].

À fórmula tradicional de que o poder emana do povo, estipula-se o seu exercício por meio de representantes eleitos, ou diretamente, nos termos previstos pela Constituição. A iniciativa popular de projetos de lei, ou de representação ao Tribunal de Contas da União, são aspectos dessa tendência. Assim também a legitimidade processual atribuída aos partidos políticos, ou organização de classe, para a ação direta de inconstitucionalidade, inclusive por omissão, ou as reclamações sobre prestação de serviços públicos e a iniciativa de ação popular por qualquer cidadão[738].

737 Ibidem, p. 27-29.
738 Ibidem, p. 29.

3.2.4 A ordem social

A atual Constituição destacou, em preceito especial, o elenco de direitos sociais (art. 7º) e disciplinou em títulos distintos a Ordem Econômica e a Ordem Social. Programaticamente, se afirma que a Ordem Social tem por base o primado do trabalho e como objetivo o bem-estar e a justiça sociais (art. 193). Em sete capítulos se desdobram, a seguir, os temas constitucionais componentes da Ordem Social, a saber:

I – Seguridade Social;
II – Educação, Cultura e Desporto;
III – Ciência e Tecnologia;
IV – Comunicação Social;
V – Meio Ambiente;
VI – Família, Criança, Adolescente e Idoso; e
VII – Índios.

A seguridade social destina-se a assegurar os direitos relativos à saúde, à previdência social e à assistência social, mediante ação integrada dos poderes públicos e da sociedade. Será financiada com recursos dos orçamentos da União, estados, municípios e Distrito Federal e contribuições de empregados e empregadores, podendo a lei instituir fontes adicionais de receita (art. 195).

A saúde, consagrada como direito de todos e dever do Estado, deverá compor-se em um sistema único, que permita obter a integração dos serviços federais, estaduais e municipais, com a participação da comunidade. A assistência à saúde é livre à iniciativa privada, podendo as instituições particulares participar, de forma complementar, do Sistema Único de Saúde. Aspira o modelo constitucional ao acesso universal e igualitário às ações e serviços de saúde do Estado, visando ao atendimento integral das necessidades, com prioridade para as atividades preventivas. Sem prejuízo da continuidade das ações e serviços existentes, a aplicação do plano nacional de saúde, tal como idealizado na Constituição, demanda legislação que a viabilize, a par de recursos financeiros mais amplos nos três níveis da Federação.

A Constituição de 1988 trata, com maior amplitude, dos sistemas e planos de previdência social, facultando a qualquer pessoa participar de seus benefícios, mediante contribuição, assegurado o reajustamento periódico das prestações de modo a preservar-lhes o valor real, não podendo, ademais, nenhum benefício ser inferior ao salário mínimo. Diante da amplitude atribuída à Previdência Social, deverá a lei promover sua reformulação, especialmente no sentido de sua extensão plena aos trabalhadores rurais.

A Constituição não se refere, a não ser obliquamente, aos planos de previdência privada, proibindo que lhes seja atribuída subvenção ou auxílio do Poder Público, quando tenham fins lucrativos.

No entanto, em diversas empresas estatais e privadas foi instituída, em anos recentes, essa modalidade de complementação do regime de aposentadoria e pensões prestado pelas instituições oficiais da previdência social.

A assistência social é igualmente prevista na Constituição de 1988 em termos de atendimento a todos os necessitados, independentemente de qualquer contribuição. Tem como objetivo precípuo a proteção e amparo a todas as formas de carências e deficiências, dentro dos recursos disponíveis, admitida a participação popular na formulação da política assistencial e no controle das ações em todos os níveis.

A educação é qualificada como direito de todos e dever do Estado e da família, com a colaboração da sociedade. Cuida-se, por essa forma, de alcançar o tríplice objetivo de pleno desenvolvimento da pessoa, seu preparo para o exercício da cidadania e sua qualificação para o trabalho. O ensino terá como princípios básicos a igualdade nas condições de acesso e permanência na escola e a liberdade de ensinar, aprender e divulgar o conhecimento. O ensino público e a iniciativa privada compartilham a missão educacional, assegurada a pluralidade de ideias e de concepções pedagógicas. Porém, os recursos públicos serão destinados, salvo limitadas exceções, ao custeio do ensino público.

O ensino fundamental, prestado pelo Estado, deverá ser obrigatório e gratuito, constituindo direito público subjetivo. A prioridade do ensino fundamental e do pré-escolar, que se impõe aos municípios, tem direta correlação com a diretriz de erradicação do analfabetismo, que é enfaticamente proclamada na Constituição.

A Educação não é monopólio do Estado. O ensino é livre à iniciativa privada, resguardadas duas condições essenciais: o respeito às normas gerais da educação nacional e a subordinação à autorização e avaliação de qualidade pelo Poder Público. A competência legislativa, em matéria de Educação, está distribuída em termos equitativos. À União compete regular o sistema federal de ensino e editar normas gerais básicas, superiores à legislação estadual e municipal. Com a observância de tais normas gerais, incumbe aos estados e municípios dispor sobre os respectivos sistemas de ensino, dentro do princípio de competência legislativa concorrente.

É especialmente garantida a autonomia das universidades, tanto públicas como privadas, respeitadas as normas sobre diretrizes da Educação Nacional. Afirma-se o princípio de valorização do magistério e das demais atividades de ensino, com a garantia do direito à carreira e o ingresso pela porta democrática do concurso público de provas e títulos.

Em relação à cultura, é dever do Estado garantir a todos o pleno exercício dos direitos culturais e o acesso às fontes da cultura nacional, devendo merecer apoio e incentivo do Estado a valorização e difusão das manifestações culturais.

Os valores do patrimônio cultural brasileiro devem ser defendidos, com especial proteção a manifestações das culturas populares e dos vários grupos étnicos participantes da formação nacional. É assegurada às comunidades indígenas a utilização de suas línguas maternas e de processos próprios de aprendizagem no ensino fundamental.

A Cultura Nacional é, em suma, resguardada em todos os planos, valorizada tanto em sua unidade como em suas peculiaridades regionais, nas manifestações eruditas ou populares, na universalidade de proteção a bens culturais de caráter material ou imaterial, nos modos de vida como na preservação de hábitos e costumes, nas criações científicas, artísticas ou tecnológicas que tragam a marca da experiência nacional. É dever do Estado fomentar práticas esportivas, destinando-se prioritariamente os recursos públicos para o desporto educacional. Assegura-se a autonomia das entidades desportivas e a existência de justiça desportiva, regulada em lei, como organização civil, sujeita a controle final do Poder Judiciário[739].Pela primeira vez, surge, nas Constituições brasileiras, um capítulo

[739] Ibidem, p. 36.

especial dedicado à Ciência e à Tecnologia. É um símbolo de velocidade do desenvolvimento científico e da aplicação de conhecimentos técnicos, de modo a colocar ao alcance do maior número de pessoas os recursos do progresso[740].

No capítulo sobre **Comunicação Social**, coloca-se a questão relevante do impacto dos veículos modernos de divulgação, cuja presença na vida quotidiana nivela classes sociais e confunde as idades. Nesse contexto, as emissoras de rádio e televisão deverão dar preferência, em seus programas, às finalidades educativas, artísticas, culturais e informativas, assim como à promoção da cultura nacional e regional. A pessoa e a família devem dispor de meios legais de garantia contra ofensas a tais valores culturais, inclusive a defesa contra propaganda de produtos ou serviços que possam ser nocivos à saúde e ao meio ambiente.

O texto original da Constituição trazia restrições à participação de capital estrangeiro na propriedade de empresa jornalística, pois " a propriedade de empresa jornalística e de radiodifusão sonora e de sons e imagens devia ser privativa de brasileiros natos ou naturalizados há mais de dez anos. Era vedado ao capital estrangeiro exceder sua participação na empresa jornalística em mais de 30%. Ademais, essa participação não poderia ter direito a voto (§2º do art. 222 do texto original da CF). Em 2002, a Emenda Constitucional nº 36 manteve a restrição quanto ao percentual de capital estrangeiro na empresa de comunicação, porém retirou a expressa proibição do direito de votar do capital internacional, deixando essa regulamentação por conta de lei complementar.

A proteção ao meio ambiente, além das medidas referidas nos tópicos anteriores, é objeto de um capítulo próprio da Ordem Social, no qual se afirma o direito de todos ao meio ambiente ecologicamente equilibrado, declarado bem de uso comum do povo e essencial à sadia qualidade de vida. Impõe-se ao Poder Público o dever de defendê-lo e preservá-lo, mediante um elenco de ações e atividades especificamente discriminado, em sete incisos, visando assegurar a efetividade daquele direito comunitário[741].

[740] Ibidem, p. 37.
[741] Ibidem, p. 38.

Em dois capítulos finais, a nova Constituição enumera medidas específicas de proteção à família, à criança, ao idoso e aos índios. A família, base da sociedade, deve merecer especial atenção do Estado, reconhecendo-se como entidade familiar estável entre o homem e a mulher, devendo a lei facilitar sua conversão em casamento[742].

O casamento civil é celebrado gratuitamente, regulados em lei os seus efeitos jurídicos. A lei estabelecerá o efeito civil do casamento religioso. Na sociedade conjugal os direitos e deveres são igualmente exercidos pelo homem e pela mulher. Nos termos da lei, o casamento civil poderá ser dissolvido pelo divórcio. O planejamento familiar é livre decisão do casal, vedada qualquer ação coercitiva por parte de instituições oficiais ou privadas. A proteção e assistência à criança e ao adolescente são deveres da família, da sociedade e do Estado "com absoluta prioridade" (Art. 227 da CF/88). São especificados direitos e garantias especiais que os amparem. Os pais têm o dever de assistir, criar e educar os filhos menores, e os filhos maiores, o dever de ajudar e amparar os pais na velhice, carência ou enfermidade[743].

Os idosos, no artigo 230, também têm expresso direito à proteção, mas a Constituição retirou a expressão "com absoluta prioridade" conferida apenas às crianças. Tais normas constitucionais têm precedência em Constituições anteriores, embora sem a minúcia e precisão de que agora se revestem. Inovação relevante, na atual Constituição, se caracteriza pela amplitude do tratamento dedicado à proteção das comunidades indígenas[744].

São reconhecidos aos índios sua organização social, costumes, línguas, crenças e tradições. As terras que tradicionalmente ocupam devem ser demarcadas pela União e sobre elas terão os índios direitos imprescritíveis e posse permanente, sendo inalienáveis e indisponíveis. É garantido aos índios o usufruto exclusivo das riquezas do solo, dos rios e dos lagos nas terras de seu domínio, declarando-se nulos e extintos os atos que as tenham como objeto[745].

742 Ibidem, p. 38.

743 Ibidem, p. 38.

744 Ibidem, p. 39.

745 Ibidem, p. 39.

Os índios, suas comunidades e organizações são partes legítimas para ingressar em juízo em defesa de seus direitos e interesses, com assistência obrigatória do Ministério Público[746].

Em síntese, todo o extenso título dedicado, na Constituição, à Ordem Social, em seus diversos aspectos, supra discriminados, fortalece e assegura estabilidade a princípios e normas que, em sua maior parte, integram o direito comum nos vários planos da Federação[747]. Elevados à condição de direitos e deveres constitucionais, adquirem mais alta significação e pressupõem maior garantia de efetividade[748].

Consagrando-se, de forma destacada, a Constituição impõe ao legislador e, em geral, aos órgãos do Estado, nos vários níveis da Federação, um poder-dever de tornar realidade os objetivos e providências a que especialmente se refere, com propósito de alcançar a realização de um dos fundamentos do estado democrático de direito que, nos termos do artigo primeiro da Constituição, é o modelo da República Federativa do Brasil: a dignidade da pessoa humana[749].

3.2.5 Virtudes e Defeitos da Constituição de 1988

A Constituição Brasileira de 1988 teve, antes e acima de tudo, um valor simbólico: foi o ponto culminante do processo de restauração do Estado democrático de direito e da superação de uma perspectiva autoritária, onisciente e não pluralista de exercício do poder, timbrada na intolerância e na violência. Ao reentronizar o direito e a negociação política na vida do Estado e da sociedade, removeu o discurso e a prática da burocracia tecnocrático-militar que conduzira a coisa pública no Brasil por mais de 20 anos[750]. Este é, sem dúvida, um dos seus aspectos positivos, embora devamos considerar muitos outros, não necessariamente favoráveis.

É possível perceber que, à medida que se distanciou no tempo, foi-se tornando possível o exame do ciclo que se encerrou em outubro de 1988,

[746] Ibidem, p. 39.
[747] Ibidem, p. 39.
[748] Ibidem, p. 39.
[749] Ibidem, p. 39.
[750] Abreu, Alzira Alves de *et al* (Coord.). *Dicionário histórico-biográfico brasileiro: pós-1930*, cit., p. 1582.

com o fim da ditadura militar poucos anos antes, sem a distorção das paixões políticas. O que se constatou foi que o período ditatorial exibiu indicadores econômicos positivos e indicadores sociais dramáticos. Inserido na economia mundial como um dos dez grandes produtores de riquezas, o Brasil ainda convivia com índices sofríveis em áreas como educação, habitação e saúde. A inapetência política para o enfrentamento da questão agrária agravou os problemas urbanos, que em sua ponta mais visível manifestava-se no aumento da criminalidade e da violência em geral[751].

A nova Carta constitucional, portanto, surgiu em uma sociedade civil que viveu décadas de marginalização e praticamente nenhuma participação cidadã em seu conjunto, em um Estado no qual os interesses privados, que ditavam a ordem política e econômica, eram super-representados. Na euforia de recuperação das liberdades públicas e na retomada do espaço democrático, a Constituinte representou amplo exercício de participação popular, trazendo à tona questões até então muito reprimidas que se manifestavam num novo ambiente, marcado pela negociação e pela reafirmação de atores que estavam começando a poder, depois de muito tempo, se expor. Foi inegável o caráter democrático da Constituição surgida desse processo.

No entanto, é forçoso reconhecer que, como um efeito paradoxal deste caráter democrático, o texto final expressou uma vasta mistura de interesses legítimos de trabalhadores e categorias econômicas, cumulados com interesses cartoriais, corporativos e ambições pessoais. O produto final foi heterogêneo, com qualidade técnica e nível de prevalecimento do interesse público oscilantes entre extremos[752]. A doutrina constitucional caracteriza a Carta de 1988 como sendo compromissória, analítica e dirigente. Compromissória por ser um texto dialético, sem predomínio absoluto de uma única tendência política, embora várias tenham se destacado. Em um mundo ainda marcadamente dividido em dois blocos ideológicos antagônicos, o texto buscou equilíbrio entre os interesses do capital e do trabalho. Vivíamos, ainda, os estertores do chamado socialismo (apesar de ser, na prática, um capitalismo de Estado) na antiga

[751] Ibidem, p. 1582.
[752] Ibidem, p. 1582.

União Soviética, que seria extinta três anos depois, e de sua contraparte, o capitalismo, nos Estados Unidos.

Assim, o texto refletiu essa dualidade. Ao lado da livre iniciativa, alçada à condição de princípio fundamental da ordem institucional brasileira, consagraram-se regras de intervenção do Estado no domínio econômico, inclusive com a reserva de determinados setores econômicos à exploração por empresas estatais, alguns deles sob regime de monopólio. O texto contemplou, ademais, amplo elenco de direitos sociais para os trabalhadores e impôs restrições ao capital estrangeiro[753]. Em sua consecução, os constituintes de 1988 optaram, igualmente, por uma Carta analítica, na tradição do constitucionalismo contemporâneo, materializado nas Constituições portuguesa e espanhola, respectivamente de 1976 e 1978. Os dois países, a exemplo do Brasil, procuravam superar experiências autoritárias[754]. O modelo oposto é o que tem como paradigma a Constituição dos Estados Unidos, exemplo típico do constitucionalismo sintético, cujo texto contém apenas sete artigos e 27 emendas. A tradição brasileira, a complexidade do contexto em que se desenvolveu a reconstitucionalização do País e as características de nosso sistema judicial inviabilizaram a opção pela fórmula do texto mínimo, cuja importação seria um equívoco caricatural. É inevitável a constatação, todavia, de que os Constituintes de 1988 caíram no extremo oposto, produzindo um texto que, menos que analítico, é casuístico e prolixo[755], abarcando muitos temas, em alguns aspectos contraditórios.

Por fim, a Carta brasileira de 1988 é, também, dirigente. O termo, trazido do constitucionalismo português, identifica uma opção pela inclusão no texto constitucional de grandes linhas programáticas, que procuram sinalizar caminhos a serem percorridos pelos legisladores e pela administração pública. Estabelecem-se fins, tarefas e objetivos para o

[753] Ibidem, p. 1582. Muitas dessas restrições ao capital estrangeiro e dos monopólios estatais em várias áreas acabariam caindo depois.

[754] A ditadura de Francisco Franco na Espanha durou de 1936, com a vitória na Guerra Civil Espanhola, até 1975, com sua morte. A de Antônio de Oliveira Salazar, em Portugal, estendeu-se entre 1926 e 1974, quando foi derrubada pela Revolução dos Cravos.

[755] Abreu, Alzira Alves de *et al* (Coord.). *Dicionário histórico-biográfico brasileiro: pós-1930*, cit., p. 1582.

Estado e para a sociedade. Este tipo de constitucionalismo diminui, de certa forma, a densidade jurídica do texto, embora represente um esforço para condicionar a atuação dos poderes e impulsioná-los na direção eleita pelos Constituintes, notadamente em domínios como os da educação, da cultura, da saúde e da realização de valores como a justiça social e os direitos a ela inerentes. O constitucionalismo dirigente é extremamente dependente da atuação do Congresso Nacional na edição das leis ordinárias necessárias ao desenvolvimento dos programas meramente alinhavados na Constituição[756]. Essa modalidade legislativa pressupõe que os constituintes pretendem, de alguma forma, definir o País que teremos no futuro a partir do texto constitucional.

É de se notar que a Constituição de 1988 convive com o estigma, já assinalado antes, de ser um texto excessivamente detalhista, que em diversos temas perdeu-se no varejo das miudezas – seja no capítulo da administração pública, como no título da ordem tributária ou no elenco de mais de 70 artigos no Ato das Disposições Constitucionais Transitórias, para citar apenas alguns exemplos. Não escapou, tampouco, ao ranço do corporativismo exacerbado, que inseriu no seu texto regras específicas de interesse das mais diversas categorias, inclusive magistrados, membros do Ministério Público, advogados públicos e privados, polícias federal, rodoviária, ferroviária, civil e militar, corpo de bombeiros, cartórios de notas e de registros, que bem servem como eloquente ilustração. O texto foi marcado, em sua versão originária, pela densificação da intervenção do Estado na ordem econômica, em um mundo que caminhava na direção oposta, e por uma recaída nacionalista que impôs restrições ao ingresso de capital estrangeiro de risco, em domínios como os da mineração, das telecomunicações, do petróleo, do gás etc[757]. Essas características foram muito criticadas, logo após a sua edição.

Entre outros problemas, a nova Carta não foi capaz de conter a crônica voracidade fiscal do Estado Brasileiro, nem de impedir um sistema tributário que, na prática, constitui um cipoal de tributos que se superpõem, criando uma onerosa e ineficiente burocracia nos diferentes níveis de poder. O sistema de seguridade social, notadamente no campo previ-

[756] Ibidem, p. 1582.
[757] Ibidem, p. 1582.

denciário, integra uma estrutura que se tomou economicamente inviável e incapaz de conter a sangria de recursos imposta pelas fraudes e pela corrupção. É preciso, todavia, conservar a capacidade de identificar as vicissitudes que podem e devem ser associadas ao texto constitucional de 1988 com outras tantas que fazem parte da crônica patologia institucional, social e cultural brasileira, e que não podem ser imputadas ao trabalho dos Constituintes, mas, sim, a um País fragilizado por sucessivas rupturas políticas e pelo desequilíbrio de suas relações sociais[758], ou seja, são bem mais estruturais e anteriores à edição da Constituição.

Nesta linha de raciocínio, é preciso evitar que a crítica, cabível e necessária, venha a encobrir as virtudes e as inovações criativas e valiosas trazidas pela Carta de 1988. Os direitos fundamentais, por exemplo, transplantados para o início do texto constitucional, antes da disciplina da organização do Estado e dos poderes, configuram, a despeito da enunciação prolixa, valiosa carta de proteção dos cidadãos brasileiros, tanto contra os abusos estatais como contra os privados. Novas ações judiciais, como o mandado de segurança coletivo e a constitucionalização da ação civil pública, ampliaram os mecanismos de proteção dos direitos, inclusive os de última geração, intitulados direitos difusos, que abrigam áreas importantes como a tutela do meio ambiente e do consumidor[759].

A nova Constituição, além disso, reduziu o desequilíbrio entre os poderes da República, que no período militar haviam sofrido o abalo da hipertrofia do Poder Executivo, inclusive com a retirada de garantias e de atribuições do Legislativo e do Judiciário. A nova ordem restabelecia e, em verdade, fortalecia a autonomia e a Independência do Judiciário, assim como ampliava as competências do Legislativo. Não obstante, a Carta de 1988 manteve a capacidade legislativa do Executivo, não mais através do estigmatizado decreto-lei, mas por meio das medidas provisórias, importadas do regime italiano. Embora em todo o mundo se tivesse operado, em maior ou menor intensidade, o esvaziamento da capacidade legislativa originária do Parlamento, o fato é que a redação do texto constitucional e a timidez do Legislativo e do Judiciário deram ensejo ao abuso da utilização de um instrumento que, nascido para acudir a situa-

[758] Ibidem, p. 1582.
[759] Ibidem, p. 1582.

ções excepcionais – de “relevância e urgência”, como prevê o artigo 62 –, passou a integrar a rotina no processo de edição de normas jurídicas[760].

A Federação, mecanismo de repartição do poder político entre a União, os estados e os municípios, foi amplamente reorganizada, superando a fase do regime de 1967-1969, de forte concentração de atribuições e receitas no governo federal, uma medida de caráter autoritário, como o regime que representava. Embora a União tenha conservado, ainda, a parcela mais substantiva das competências legislativas, ampliaram-se as competências político-administrativas de estados e municípios. A partilha das receitas tributárias foi feita de forma mais equânime, sem a prevalência quase absoluta da União, como no regime anterior. A prática revelou, no entanto, que os principais beneficiários do sistema de distribuição de receitas foram os grandes municípios, que contam com arrecadações de impostos altas. Os estados brasileiros, apesar da recuperação da autonomia política, de que tinham sido alijados, não tinham conseguido, em sua grande maioria, encontrar o equilíbrio financeiro desejável[761].

Em matéria eleitoral, a Constituição de 1988 reintroduziu o voto direto para a presidência da República, transformado em cláusula pétrea (artigo 60, §4º, II), e estabeleceu a eleição em dois turnos na hipótese de nenhum candidato alcançar a maioria absoluta na primeira votação (artigo 77, §2º e §3º)[762]. Na verdade, é uma Constituição Dirigente, aquela que, como frisamos anteriormente – e que aparece no primeiro capítulo dessa obra – procura estabelecer linhas mestras de atuação do Estado em direção a um objetivo.

Excesso de normas – Para se ter uma ideia da “inflação legislativa” brasileira, apenas entre 5 de outubro de 1988 e 28 de setembro de 2020, segundo o Instituto Brasileiro de Planejamento e Tributação – IBPT), foram editadas mais de 6,4 milhões de normas. Em média, foram 800 normas por dia útil. Na área tributária editaram-se até 2020[763] 419.387 normas. No âmbito federal, no mesmo período, foram editadas 168.642

[760] Ibidem, p. 1582.

[761] Ibidem, p. 1582.

[762] Ibidem, p. 1582.

[763] Ano de início das revoltas abordadas na primeira parte do livro.

normas desde a promulgação da Constituição Federal, passando por 6 emendas constitucionais de revisão, 108 emendas constitucionais, 2 leis delegadas, 116 leis complementares, 6.308 leis ordinárias, 1.612 medidas provisórias, 5.491 reedições de medidas provisórias, 13.318 decretos federais e 141.680 normas complementares (portarias, instruções normativas, ordens de serviço, atos declaratórios, pareceres normativos, etc.) [764].

Os Estados editaram 1.860.778 normas, sendo 424.043 leis complementares e ordinárias, 605.046 decretos e 831.689 normas complementares. Em média foram editadas 159,31 normas por dia ou 229,93 normas por dia útil, em nível estadual. Neste período, em média, cada Estado editou 68.918 normas, o que dá 5,90 norma/dia ou 8,52 norma/dia útil[765].

Os municípios foram responsáveis pela edição de 4.446.262 normas, divididas em 742.878 leis complementares e ordinárias, 850.077 decretos, e 2.853.307 normas complementares. Em média, os municípios brasileiros editaram 380,67 normas por dia ou 549,42 normas por dia útil. Se considerarmos os 5.567 municípios do Brasil, cada um deles editou, em média, 798,68 normas neste período[766].

Estatísticas: dividindo-se a quantidade de normas editadas pelo número de habitantes do país, verifica-se que nos três anos anteriores à promulgação da Constituição de 1988 foi editada 1 (uma) norma geral para cada grupo de 300 habitantes. No período de 1989 a 2020 foi editada 1 (uma) norma para cada grupo de 33 habitantes[767].

Se em 2013, em matéria tributária, por exemplo, contávamos com 309.147 normas, em 2020 passamos a ter 419.387 normas[768].

Até outubro de 2020, conforme pesquisa do IBPT, computam-se:

[764] Amaral, Gilberto Luiz do; Olenike, João Eloi; Amaral, Letícia Mary Fernandes do; Yazbek, Cristiano Lisboa; e Steinbruch, Fernando. *Quantidade de normas editadas no Brasil: 32 anos da Constituição Federal de 1988.* Instituto Brasileiro de Planejamento e Tributação, 2020, p. 2-4.

[765] Amaral, Gilberto Luiz do; Olenike, João Eloi; Amaral, Letícia Mary Fernandes do; Yazbek, Cristiano Lisboa; e Steinbruch, Fernando. *Quantidade de normas editadas no Brasil: 32 anos da Constituição Federal de 1988*, cit., p. 4.

[766] Ibidem, p. 4.

[767] Ibidem, p. 7.

[768] Ibidem, p. 5.

- 6.475.682 normas (168.642 normas federais; 1.860.778 normas estaduais; 4.446.262 normas municipais);
- em média são editadas, por dia, 14 normas federais; 159 normas estaduais, 381 normas municipais, sendo, ao todo, 554 normas diárias.

O quadro geral de normas federais, em outubro de 2020, por meio de contagem realizada pelo IBPT desde a promulgação da Constituição de 1988, é o seguinte:

QUANTIDADE DE NORMAS EDITADAS - 32 ANOS DA CF DE 1988		
NORMAS FEDERAIS	**GERAIS**	**TRIBUTÁRIAS**
CONSTITUIÇÃO FEDERAL	1	1
EMENDAS CONSTITUCIONAIS DE REVISÃO	6	-
EMENDAS CONSTITUCIONAIS	108	16
LEIS DELEGADAS	2	-
LEIS COMPLEMENTARES	116	52
LEIS ORDINÁRIAS	6.308	1.156
MEDIDAS PROVISÓRIAS ORIGINÁRIAS	1.612	258
MEDIDAS PROVISÓRIAS REEDITADAS	5.491	1.674
DECRETOS FEDERAIS	13.318	1.698
NORMAS COMPLEMENTARES*	141.680	27.249
TOTAL	**168.642**	**32.104**
MÉDIA POR DIA	**14,44**	**2,75**
MÉDIA POR DIA ÚTIL	**20,84**	**3,97**

Fonte: Amaral, Gilberto Luiz do; Olenike, João Eloi; Amaral, Letícia Mary Fernandes do; YAZBEK, Cristiano Lisboa; e Steinbruch, Fernando. *Quantidade de normas editadas no Brasil: 32 anos da Constituição Federal de 1988*, cit., p. 4.

A partir das tabelas supra torna-se claro que as divergências fundamentais presentes no texto constitucional de 1988 foram modificadas, de forma artificial, por meio de frequentes remissões às leis complementares e ordinárias (113 LC no texto original da CF/1988). Levantamento da Câmara dos Deputados aponta que são 382 os dispositivos constitucionais passíveis de regulamentação. Até o início de 2020 já haviam sido regulamentados 223, sendo que 91 possuíam proposições apresentadas e

28 ainda estavam sem proposições[769]. Outros pontos que enfraquecem o texto constitucional podem ser relacionados, como inserção de normas de cunho conjuntural, muitas vezes inexequíveis, que podem tornar o texto precocemente obsoleto; aprovação do presidencialismo (emenda em plenário) com a manutenção de dispositivos parlamentares que fortalecem o Poder Legislativo e; imperfeições técnicas e utopia de muitos de seus dispositivos.

Um dos efeitos mais nocivos da CF/88 reside no excesso de poder concedido tanto ao Poder Judiciário como ao Ministério Público, que acabaram levando à judicialização (justicialização) da política e à politização do judiciário (Justiça). "O fortalecimento do Judiciário que advém de novos institutos recorda-nos a advertência de Loewenstein: 'se se outorga o direito aos tribunais de frustrar uma decisão política do governo ou do Parlamento, começa o perigo de que – quer a decisão do Tribunal não seja respeitada – com prejuízo para o Estado de direito – quer a decisão política do governo seja substituída por um ato judicial que, embora revestido jurídico-constitucionalmente, não é, no fundo, senão um ato jurídico de pessoa que não teve nenhum mandato democrático para levar a cabo esta função'"[770]

Vale destacar que a nomeação de ministros para o STF, nos governos de Lula e de Dilma Rousseff, que tinham por foco a defesa de causas identitárias como base de atuação, pode ter sido um dos fatores que culminaram na crise da República e no *impeachment* da presidente Dilma em 2016. Afastaram-se eles do garantismo constitucional e acabaram por trazer uma pauta cada vez mais embasada em valores, ferindo o princípio da legalidade e, consequentemente, a segurança jurídica, inclusive com mudanças constantes de jurisprudência, como no caso da possibilidade ou não da prisão após decisão condenatória em segunda instância, fato que resultou na prisão do ex-presidente Lula.

[769] *Vide* https://www2.camara.leg.br/atividade-legislativa/legislacao/Constituicoes_Brasileiras/regulamentacao/dispositivos. Acesso em 30 jan. 2020.

[770] Loewenstein, Karl. Teoria de la constitución. Madrid: Editorial Ariel, 1979. p. 324 apud Tavares, Ana Lucia de Lyra. A Constituição Brasileira de 1988: subsídios para os comparatistas. *Revista de informação legislativa*, v. 28, n. 109, p. 71-108, jan./mar. 1991, p. 72.

Em relação ao fato de ser a Constituição de 1988 dirigente e carregada de normas programáticas, pode-se fazer a seguinte reflexão: de que adianta a um desvalido, sem-teto, gozar, no plano da superestrutura da Constituição, do direito à moradia se, em realidade, não vislumbra perspectiva outra que não o relento? O que de fato interessa é a concretização dos direitos econômicos e sociais, e no capitalismo não há efetivo interesse de concretizar tais direitos. Nesse sentido a Constituição dirigente serve como ouro de tolo, vendendo e não entregando, funcionando como instrumento de apaziguamento social, mas sem de fato por termo às mazelas sociais.

3.2.6 Síntese

Os compromissos assumidos pela Constituição brasileira de 1988 – especialmente aqueles previstos em seus três primeiros artigos – faz com que esta seja classificada, segundo a sua estruturação como Constituição Dirigente, por, ao contrário de várias cartas constitucionais ao redor do mundo, não se resumir a um mero ordenamento político, mas também como ordenamento econômico e social. A tese do Constitucionalismo Dirigente foi amplamente divulgada no Brasil a partir da obra de J. J. Gomes Canotilho – inspirada inicialmente em diferentes obras como a de Vezio Crisafulli e Peter Lerche –, que, tendo como enfoque privilegiado a Constituição portuguesa de 1976, buscava a afastar de vez qualquer dúvida em relação à aplicabilidade das normas programáticas. Nesta visão, em síntese, desvaloriza-se a ideia clássica de Constituição como estatuto delimitador do Poder, para que se confira um grande valor às normas programáticas e aos objetivos de mudança econômica e social, que na ótica da Constituição portuguesa visariam a transição gradativa para o socialismo (era o que dispunha o art. 1º, atualmente revogado, da Constituição portuguesa de 1976)[771]

O modelo de Constituição Dirigente inspirou diversos membros da Assembleia Constituinte brasileira. Por isso, a presente Constituição não almeja simplesmente retratar a realidade política vigente, como em modelos ultrapassados do século XX, mas também cuida da inserção de objetivos programáticos que não poderiam ser aplicados no momento

771 Moreira, Nelson Camatta. *Dignidade Humana na Constituição dirigente de 1988*, cit., p. 8

da elaboração do texto constitucional. Em simples termos, os agentes do Poder Constituinte originário submetem os futuros governos e a sociedade à realização de princípios constitucionalmente aventados para a transformação da realidade social. Assim, nas palavras de Canotilho, o "programa constitucional de governo concebe-se também como programa em conformidade com a Constituição, devendo distinguir-se de outras figuras afins com as quais anda sistematicamente confundido (programa eleitoral e partidário, acordo partidário-governamental e acordo programático-governamental)"[772].

A princípio, o sentimento constitucional consiste na adesão interna à normas e instituições fundamentais de um país, experimentada com intensidade mais ou menos consciente porque estimula-se (sem que seja necessário um conhecimento exato de suas peculiaridades e funcionamento) que são boas e convenientes para a integração, manutenção e desenvolvimento de uma justa convivência"[773]. Por isso, além da noção da sua força normativa – legado da tradição constitucional europeia do século XX (pós-II Guerra) –, a compreensão da Constituição como dirigente, programática e compromissária é fundamental para se atribuir sentido à relação Constituição-Estado-Sociedade para se alcançar a finalidade maior desse "trinômio" que é o bem comum[774].

Com base nos argumentos desenvolvidos na pesquisa, logram-se alguns apontamentos:

a) Com o advento da Constituição de 1988, inaugura-se um novo momento do constitucionalismo no Brasil na medida que, em face do conteúdo altamente comprometido com os ideais democráticos e com a defesa dos direitos humanos, promove-se uma verdadeira revolução no campo jurídico brasileiro. Essa revolução pode ser resumida na proposta de um resgate ético do direito como um todo, capitaneado pelo direito constitucional[775];

b) A partir do Estado Democrático de Direito sugerido pelo texto supracitado, a cidadania no Brasil deve ser reestruturada, principalmente

[772] Ibidem, p. 8.
[773] Ibidem, p. 19.
[774] Ibidem, p. 19.
[775] Ibidem, p. 19.

à luz dos ideais transformadores desse modelo de Estado, que sugerem, principalmente, a melhoria das condições sociais no Brasil. Para tanto, a Carta assume uma postura Compromissária-dirigente, com metas bem definidas principalmente a favor daqueles que sempre se viram alijados de qualquer possibilidade de participação materialmente democrática no Estado e na sociedade[776];

c) Todavia, há dificuldades para a materialização da democracia num modelo de sociedade em que boa parte dos "cidadãos" não são reconhecidos como integrantes do jogo democrático. Como consequência disso, percebe-se que falta no Brasil um sentimento constitucional que, inevitavelmente, acaba por comprometer a efetivação da própria Constituição dirigente, na medida em que este texto depende diretamente de uma cidadania ativista, capaz de, ao lado da própria Jurisdição constitucional, implementar as promessas descumpridas da modernidade[777];

d) Por fim, como proposta diferenciada para a leitura da problemática exposta acima, sugere-se no presente texto uma leitura hermenêutica das ações políticas que viabilize sair-se dos impasses deixados pelas concepções filosóficas de cunho hegemônico no que se refere à identidade dos agentes morais e políticos.[778]A falência do Estado Liberal, que tinha por desígnio apenas a proteção do indivíduo contra os abusos da Máquina Estatal, estabelecendo, assim, uma declaração dos direitos do homem, como estatuto negativo, deu azo ao crescimento de um novo modelo de Estado, mais preocupado com o bem comum, com a justiça social e não apenas com o indivíduo em si, isolado da sociedade[779].

Refletindo a nova realidade, as Constituições contemporâneas, precipuamente após a Segunda Guerra Mundial, constituindo documentos jurídicos de compromisso entre o Liberalismo Capitalista e o Intervencionismo, passaram a incluir explicitamente, em seus textos, normas diretamente

[776] Ibidem, p. 20.
[777] Ibidem, p. 20.
[778] Ibidem, p. 20.
[779] Dias, Mariana Dattolli Gouveia.*A efetividade das normas constitucionais programáticas.* Publicado no site *Conteúdo Jurídico*, em 24 de maio de 2015, disponível em https://conteudojuridico.com.br/consulta/Artigos/39393/a-efetividade-das-normas-constitucionais-programaticas, Acesso 12 dez 2019, p. 4.

ligadas a valores, como as que dizem respeito à promoção da dignidade humana e dos direitos fundamentais, e também as atreladas a opções políticas, gerais ou específicas, a exemplo, respectivamente, da redução das desigualdades sociais e da prestação, pelo Estado, dos serviços de educação[780].

A formação do conteúdo social nas leis maiores dos Estados deu origem ao conceito de Constituição dirigente, de que a Constituição Federal de 1988 é exemplo, haja vista estabelecer fins e programas de ação futuros orientados por postulados sociais e democráticos e vinculantes aos Entes Públicos[781].

Foi a partir dessa mudança de paradigma que surgiram as normas programáticas, as quais, conforme os ensinamentos do jurista brasileiro José Afonso da Silva[782], são: aquelas normas constitucionais através das quais o constituinte, em vez de regular, direta e imediatamente, determinados interesses, limitou-se a traçar-lhes os princípios para serem cumpridos pelos órgãos (legislativos, executivos, jurisdicionais e administrativos), como programas das respectivas atividades, visando à realização dos fins sociais do Estado[783].

Enuncia o autor que se diferenciam as normas programáticas das de princípio institutivo por seus fins e conteúdo, pois, enquanto as primeiras são embebidas de valores sociais, objetivando a interferência do Estado na ordem econômico-social, por meio de prestações positivas, com vistas à realização do bem comum, as segundas têm conteúdo organizativo e regulativo de órgãos e entidades e respectivas atribuições e relações[784].

Afirma, ainda, que as normas de cunho programático, dotadas de caráter vinculante, como as demais normas de Direito, impõem limites à autonomia de determinados sujeitos, tanto privados como públicos, e ditam comportamentos em razão dos interesses a serem regulados[785].

780 Ibidem, p. 4.

781 Ibidem, p. 4.

782 Professor titular da Faculdade de Direito da USP, secretário de Segurança Pública (SP) entre 1995 e 1999, constitucionalista e autor do Curso de Direito Positivo. Ele nasceu em (SP) Minas Gerais em 1925.

783 Dias, Mariana Dattolli Gouveia.*A efetividade das normas constitucionais programáticas*, cit., p. 4.

784 Ibidem, p. 4.

785 Ibidem, p. 5.

Segundo o autor, há normas programáticas que mencionam uma legislação futura para atuação positiva do programa previsto, enquanto outras não a indicam. Ressalta que essa diferenciação é relevante, porque vincula o programa das primeiras ao princípio da legalidade, ficando dependentes da atividade do legislador e de sua discricionariedade – ao passo que as demais vinculam todo o Poder Público –, e abre campo à discricionariedade da legislação, da administração e da jurisdição (até onde possam), nem sempre carecendo de lei para o seu cumprimento, e há as que postulam observância de toda a ordem econômica, diante das quais qualquer sujeito, público ou privado, que age em sentido oposto ao princípio, comporta-se inconstitucionalmente[786].

Sendo assim, percebe-se que, apesar de serem classificadas como normas de eficácia limitada, possuem as normas programáticas, em determinadas situações, eficácia imediata, direta e vinculante, conforme mencionado por José Afonso da Silva, que enumera os seguintes casos em que tais efeitos são possíveis:

> I – quando estabelecem as ditas normas um dever para o legislador ordinário;
> II – quando condicionam o trabalho legislativo futuro, sancionando com a inconstitucionalidade as leis e atos editados em confronto com os seus preceitos;
> III – ao disporem sobre os fins sociais e à proteção da justiça social, informando a concepção do Estado e da sociedade e inspirando sua ordenação jurídica;
> IV – quando servem de norte para a integração e aplicação das demais normas constitucionais;
> V – ao condicionarem a atividade discricionária da Administração e do Judiciário;
> VI – ao criarem situações jurídicas subjetivas, de vantagem ou de desvantagem[787].

786 Ibidem, p. 5.
787 Ibidem, p. 5.

Ressalta o ilustre professor que, não obstante protegerem as normas em debate interesses juridicamente relevantes, nem sempre têm capacidade para tutelar diretamente direitos particulares desde logo exigíveis. Podem produzir, sim, simples interesse, simples expectativa, interesse legítimo ou, até mesmo, direito subjetivo[788].

Produzem interesses simples normas como a do artigo 170, caput (a ordem econômica [...] tem por fim assegurar a todos existência digna, conforme os ditames da justiça social), que protegem um interesse geral, mas não conferem aos beneficiários desse interesse o poder de exigir a sua satisfação. Não ministram elas meios para a sua efetivação antes que o legislador cumpra com o seu dever de completá-las. Desta forma, os destinatários podem ter uma expectativa de sua concretização através de uma atividade estatal ulterior[789].

Geram interesses legítimos, podendo ser utilizadas para fundamentar solução de dissídios em favor de seus beneficiários, regras como aquela prevista no art. 170, III da Constituição Federal de 1988, que institui o princípio da função social da propriedade. Exemplifica o autor que este postulado pode ser invocado contra o abuso do direito de propriedade, impondo, por exemplo, ao seu titular, atuações positivas ou abstenções no interesse da coletividade. O mesmo se aplica à norma insculpida no art. 205 da Lei Maior brasileira que, ao enunciar que a educação, direito de todos e dever do Estado e da família, será promovida e incentivada com a colaboração da sociedade, visando ao pleno desenvolvimento da pessoa, seu preparo para o exercício da cidadania e sua qualificação para o trabalho, permite a responsabilização das autoridades competentes, caso não ofereçam o ensino obrigatório pelo Poder Público.[790]

Há casos, porém, em que as normas programáticas produzem direitos subjetivos, possibilitando a exigência de uma prestação ou de uma abstenção, ou, ainda, um agir que crie, modifique ou extinga relações jurídicas. Conforme mencionado acima, as normas sob exame geram para o administrador público e para os órgãos legislativos situações subjetivas negativas, indicando que eles não podem desenvolver suas atividades em desconfor-

[788] Ibidem, p. 6.

[789] Ibidem, p. 6.

[790] Ibidem, p. 7.

midade com os limites e programas traçados. Assim, o beneficiário de uma norma programática pode pedir a invalidação de um ato editado de forma contrária ao quanto preceituado pelo dispositivo constitucional[791].

Dessa feita, observa-se que se não se tem um direito subjetivo positivo, no sentido de se obrigar à realização de um direito fulcrado em uma norma programática, tem-se um direito negativo, podendo-se exigir do Poder Público que não pratique atos em desconformidade a tais normas[792].

Em suma, para que se visualize a eficácia jurídica e social das normas constitucionais é preciso que a Carta Magna seja interpretada sistematicamente (Plano sintático), que os valores nela consagrados estejam em consonância com a história e os anseios populares (Plano semântico), e que haja uma permanente pressão popular para que as elites políticas e econômicas cumpram com o disposto na Constituição e efetivem os princípios e valores lá previstos (Plano pragmático), evitando-se, na medida do possível, a frustração popular e a crise constitucional[793].

A importância de se estudar a aplicabilidade e a eficácia das normas programáticas decorre do fato de que, ainda hoje, se ouvem murmúrios de que a Constituição de 1988 está repleta de normas de intenção, destituídas de eficácia jurídica e imperatividade[794].

De fato, um pouco antes da convocação da constituinte de 1988 era possível identificar um dos motivos do fracasso da realização do Estado de Direito no País. Isso porque havia uma evidente falta de seriedade em relação à Lei Maior, um sentimento de indiferença para com a distância existente entre o texto constitucional e a realidade. Exemplo dessa situação, conforme ressalvado por Barroso, foi a convivência, por longos anos, do dispositivo da Carta de 1824, que dispunha que "a lei será igual para todos" com uma realidade desigual, que estabelecia privilégios para a nobreza, voto censitário e o regime escravocrata[795].

Além do paradoxo acima mencionado, havia no País um problema patológico, qual seja, a insinceridade constitucional. O conteúdo inse-

[791] Ibidem, p. 7.
[792] Ibidem, p. 7.
[793] Ibidem, p. 7.
[794] Ibidem, p. 4.
[795] Ibidem, p. 5.

rido na Constituição tornou-se um instrumento de dominação ideológica, uma vez que repleto de promessas que não seriam honradas[796]. À vista dessa situação, Barroso afirma que a doutrina da efetividade consolidou-se no Brasil como um mecanismo eficiente de enfrentamento da insinceridade normativa e de superação da supremacia política exercida fora e acima da Constituição.

A Carta Magna brasileira, por meio de suas normas e princípios, indica um desejo de que seja implantado um Estado forte, intervencionista e regulador, na esteira dos preceitos de um verdadeiro Estado Democrático de Direito[797]. Ao estabelecer como meta a construção de um Estado Social, conforme se extrai da leitura pormenorizada do seu art. 3º, e ao explicitar, ao longo do seu corpo normativo, os meios necessários para esse desiderato – garantindo os direitos sociais, prevendo a intervenção do Estado na economia e a função social da propriedade, apenas a título de exemplificação – a Constituição brasileira reconhece a falta do cumprimento das promessas da modernidade, as quais ficaram esquecidas, convivendo, por muito tempo, ao lado de políticas excludentes[798].

Lenio Streck, em sua obra "*Jurisdição Constitucional e Hermenêutica*", assevera que:

> [...] *se há a determinação da construção de um Estado Social, é porque o pacto constituinte reconheceu a sua inexistência. Daí o nítido caráter dirigente da Constituição; daí o seu perfil compromissário, apontando para a realização de políticas públicas aptas à construção de um Estado Social e Democrático de Direito*[799].

A consagração do status de disciplina dirigente ao Direito Constitucional não foi, infelizmente, de logo, percebida pela doutrina e aplicadores do Direito nacional, pois os mesmos não se encontravam suficientemente amadurecidos para entender a revolução que havia se instaurado no País[800].

[796] Ibidem, p. 4. Esse aspecto, certamente, não mudou praticamente nada. A Constituição continua um conjunto de promessas que não foram cumpridas.
[797] Ibidem, p. 4.
[798] Ibidem, p. 4.
[799] Ibidem, p. 4.
[800] Ibidem, p. .

Ainda hoje se verifica que a forma como se encara o Direito impede que se atenda às demandas provenientes de uma sociedade complexa, composta de relevantes contrastes. Prevalece na mente dos juristas aquele modelo utilizado para resolver conflitos interindividuais, não se desvencilhando, maioria, do pensamento dogmático-objetificante, por meio do qual não se consegue identificar a diferença entre texto e norma ou entre vigência e validade[801].

A falta de uma desejada efetividade da Lei Maior decorre, outrossim, do fato de que os Tribunais nacionais, aqui se incluindo os Tribunais Superiores, insistem em negar executoriedade às denominadas 'normas programáticas', que continuam a ser entendidas como meros programas, puros conselhos[802].

Afirma Streck que:

> *Forma-se, assim, um habitus, no interior do qual a Constituição é apenas mais uma lei [...], espécie de "capa de sentido", circunstância que fragiliza sobremodo qualquer possibilidade de prevalência do sentido de dirigismo constitucional ou de força normativa da Constituição. Nesse universo, muitas vezes a Constituição é interpretada de acordo com os Códigos ou de acordo com Súmulas*[803].

A Constituição de 1988, conforme já mencionado, instituidora do Estado Democrático de Direito, exige a realização substantiva dos direitos sociais, daqueles vinculados à chamada terceira dimensão. Assume o Direito, por consequência, um novo papel: o de transformar as estruturas da sociedade. A implantação do Estado Constitucional de Direito trouxe para o centro do sistema jurídico a Lei Maior, a qual, encarada não como um ato de governo, mas como ato de um povo constituindo o seu próprio governo, passou a estabelecer limites a todos os agentes políticos, inclusive aos parlamentares, que tiveram de suportar o controle de sua atividade pelas normas constitucionais[804].

[801] Ibidem, p. 5.
[802] Ibidem, p. 5.
[803] Ibidem, p. 5.
[804] Ibidem, p. 5.

O legado deixado pelo constitucionalismo do Estado Democrático de Direito, composto de ideias ligadas à força normativa da Constituição, ao constitucionalismo dirigente e à superação da concepção de constituições meramente programáticas, implantou o que muitos chamam de 'judicialização da política', ou seja, a necessidade de instalação de um ativismo judicial ou intervencionista dos tribunais constitucionais, que intervêm por meio do controle de constitucionalidade na política.[805] Essa questão, que diz respeito à intervenção dos tribunais na realidade concreta tem sido muito criticada no Brasil.

Ressalta, ainda Streck :

> *Em países de modernidade tardia como o Brasil, na inércia/omissão dos poderes Legislativo e Executivo na consecução de políticas públicas (mormente no âmbito do direito à saúde, função social da propriedade, direito ao ensino fundamental, além do controle de constitucionalidade de privatizações irresponsáveis que contrariam frontalmente o núcleo político-essencial da Constituição), não se pode abrir mão da justiça constitucional na busca da concretização dos direitos constitucionais de várias dimensões*[806].

Menciona, ainda, o autor a importância da sociedade civil organizada, que deve instar as instâncias judiciárias ao cumprimento da Constituição, com o auxílio de instrumentos diversos, a exemplo das ações constitucionais e do controle difuso e concentrado de constitucionalidade[807]. Como explicar a pequena participação da cidadania em temas que dizem respeito a seu próprio futuro? Para o jurista, há alguns fenômenos que explicam o que ele chama de "baixa constitucionalidade":

a) o fato de ter o País vivido períodos curtos de democracia, com a consequente falta de autonomia dos tribunais superiores; b) a precária instalação do controle difuso, que permaneceu por muitas décadas sem mecanismos de extensão dos efeitos das decisões; c) a tardia inserção do controle concentrado de constitucionalidade, que ocorreu apenas em 1965; d) e o demorado ingresso do Brasil na era do constitucionalismo do

[805] Ibidem, p. 5.
[806] Ibidem, p. 5.
[807] Ibidem, p. 5.

Estado Democrático de Direito, que apenas se deu com a Constituição Federal de 1988" [808].

"Gestada dentro do período histórico com as características acima esmiuçadas, a Constituição da República Federativa do Brasil, promulgada em 5 de outubro de 1988, trouxe, em si, dois conteúdos principais, quais sejam, uma rede de garantias e direitos fundamentais concedidos ao cidadão, com vistas a que os abusos estatais cometidos durante o governo militar não se repetissem, e uma pormenorizada gama de mandamentos econômicos e sociais, enfatizando um modelo nacional de desenvolvimento econômico, com vistas a alcançar a justiça social e, desta forma, corrigir o desastroso rumo que a economia havia tomado"[809].

A Constituição de 1988, em vista dessas características, foi classificada pelos estudiosos da teoria da Constituição como uma Constituição dirigente. Nos dizeres do constitucionalista Manoel Gonçalves Ferreira Filho, Constituição dirigente é aquela que estabelece um "plano para dirigir uma evolução futura", "um ideal a ser concretizado", valendo-se, para tanto, de normas programáticas. Acrescenta, ainda, que a ideia da Constituição dirigente é defendida principalmente por juristas de inspiração marxista, que veem nela um meio da implantação progressiva de um Estado socialista, num primeiro momento, e comunista, ao final[810].

Entretanto, mais importante do que classificação que se pretenda conceder à Constituição de 1988, como adverte o também jurista Gilberto Bercovici, é imperioso que a compreensão do texto constitucional seja feita dentro do contexto social e político concreto em que ele está inserido, na medida em que, ao exercer o papel de ordem jurídica fundamental, conforma e determina o conteúdo de todo o ordenamento jurídico[811].

Além disso, a Constituição dirige-se não somente às atividades e à estrutura do Estado, mas é também a lei fundamental da sociedade, encontrando-se inserida em seu contexto histórico e político. A Consti-

[808] Ibidem, p. 7.
[809] Ibidem, p. 7.
[810] Ibidem, p. 7.
[811] Ibidem, p. 7.

tuição de 1988, dessa forma, deve ser vista além de seu conteúdo formal, ou seja, a partir de seu conteúdo concreto, destinada que é a legitimar a República do Brasil como Estado social, por meio da transformação da sociedade, fundamentada na justiça social e na erradicação da pobreza[812].

Sendo assim, as normas constitucionais somente podem ser consideradas efetivas quando seus objetivos tenham sido alcançados, isto é, quando houver a concreção, no mundo real, do comando normativo constitucional. Chama-se de Constituição dirigente aquela imbuída do compromisso de transformar a realidade social em que foi promulgada e na qual tem sua vigência. Em outras palavras, deve ela nortear permanentemente as ações do Estado, exigindo-lhe que sempre siga a direção indicada. Para José Joaquim Gomes Canotilho, jurista português e um dos formuladores da constituição daquele país, o dirigismo constitucional inclui não só imposições legiferantes, mas também os direitos econômicos, sociais e culturais. Em seu entender, o programa constitucional, ainda que aberto, não deixa de ter força vinculante no momento da interpretação e da concreção constitucional. A Constituição dirigente é, portanto, concebida como norma e tarefa, como programa de ação ou como plano normativo, tudo sempre tendente à vinculação do programa constitucional[813].

Ao vincular e legitimar o poder político, o conteúdo da Constituição dirigente normatiza as finalidades e as tarefas do Estado, de maneira que a ação política encontra-se submetida às exigências e limitações impostas pelo próprio texto constitucional, que, por sua vez, explicita os valores políticos fundamentais do legislador constituinte. Deve haver verdadeira fundamentação constitucional, ou seja, a Constituição exerce o papel de premissa material para a política, que deve existir e acontecer nos limites do conteúdo constitucional[814].

Retornando o pensamento de Bercovici, conclui-se que a Constituição dirigente, ao estabelecer fundamentos e limites para a ação da política, não só garante o existente, mas também consiste num objetivo para o futuro. Desta forma, por meio de suas diretrizes voltadas para o futuro,

[812] Ibidem, p. 7.
[813] Ibidem, p. 7.
[814] Ibidem, p. 7.

vincula a ação discricionária do legislador (político) ao seu conteúdo valorativo, limitando e dando os contornos ao âmbito de atuação deste[815].

Dentro da compreensão de José Joaquim Gomes Canotilho, "a constituição tem sempre como tarefa a 'realidade". Seria, portanto, possível ao Direito intervir na alteração da própria realidade social. Trata-se, dessa forma, de um conjunto de ações e iniciativas que tem por finalidade a transformação social.

José Afonso da Silva, a respeito da Constituição de 1988, destaca:

Quer-se dizer que ela traz os pressupostos de realização de um constitucionalismo moderno, que ela tem a vocação de realizar os direitos fundamentais do Homem, que é o que justifica a existência de qualquer constituição, porque ela foi feita com características de instrumento de transformação da realidade nacional. Será assim na medida em que se cumpra e se realize na via prática. Uma constituição que não se efetiva não passa de uma folha de papel, tal como dissera Lassalle, porque nada terá a ver com a via subjacente[816].

Não se pode, portanto, deixar-se levar pela falsa impressão de que a Constituição dirigente, por si só, seria um remédio para todos os males sociais, que a sua simples existência já resolveria os problemas aos quais pretende dar solução. Ela somente concretizará seu programa por meio da ação do Estado e, por consequência, por meio da ação política. Essa segunda parte, naturalmente, cabe à própria sociedade civil organizada.[817]

Para Eros Roberto Grau, a Constituição dirigente exige uma interpretação dinâmica, voltada à transformação social, por meio da implantação de políticas públicas "*que, objeto de reivindicação constitucionalmente legitimada, hão de importar o fornecimento de prestações positivas à sociedade*".[818]

Gilberto Bercovici enfatiza:

A Constituição dirigente não estabelece uma linha única de atuação para a política, reduzindo a direção política à execução dos preceitos constitucionais, ou seja, substitui

[815] Ibidem, p. 8.
[816] Ibidem, p. 8.
[817] Ibidem, p. 8.
[818] Ibidem, p. 8.

a política. Pelo contrário, ela procura, antes de mais nada, estabelecer um fundamento constitucional para a política, que deve mover-se no âmbito do programa constitucional. Dessa forma, a Constituição dirigente não substitui a política, mas se torna a sua premissa material[819].

A política implementa e dá efetividade e manutenção ao programa constitucional. Fora da política, não é possível compreender o conteúdo valorativo e os objetivos do texto constitucional. A fim de melhor conformar a ação política a ser desenvolvida pelo legislador, a leitura e a compreensão do conteúdo constitucional deverão alimentar-se principalmente de valorações extrajurídicas, ou seja, que tenham como referência a própria realidade social destinatária da intervenção, considerados os seus aspectos históricos, culturais, políticos e – em última análise, até mesmo – jurídicos[820].

Assim, a sobrevivência de uma Constituição dirigente, como a de 1988, depende diretamente da vivência que a sociedade tem dos institutos constitucionais, ou seja, somente a reiterada concreção diária dos valores constitucionais é que conservam a necessária simbologia do conteúdo axiológico constitucionalizado. Já no preâmbulo da Constituição de 1988, o legislador constituinte fez questão de deixar bem claro o caráter dirigente do texto que promulgou naquele 5 de outubro. Revela-se, como objetivo da reunião da Assembleia Nacional Constituinte, a premência de se "instituir", no Brasil, "um Estado Democrático, destinado a assegurar o exercício dos direitos sociais e individuais, a liberdade, a segurança, o bem-estar, o desenvolvimento, a igualdade e a justiça como valores de uma sociedade fraterna, pluralista e sem preconceitos, fundada na harmonia social"[821].

É bastante evidente que, quando utiliza o termo "instituir", o texto constitucional reconhece que esse Estado Democrático que quer ver existir no Brasil, fundando nos valores por ele fixados, ainda era inexistente no momento da promulgação da Constituição (como, de resto,

[819] Ibidem, p. 8.
[820] Ibidem, p. 8.
[821] Ibidem, p. 8.

parece continuar em construção ainda hoje, mais de 20 anos depois). A posição de José Afonso da Silva é bastante clara nesse sentido:

> (...) *O artigo indefinido "um" tem, no contexto, função diretiva importante, conotativa da ideia ele que o objetivo era instituir um tipo diferente de Estado Democrático, com nova destinação – qual seja, a de assegurar os valores supremos (infra) de uma sociedade fraterna, pluralista e sem preconceitos. (...)*[822].

Ainda é de ressaltar que, já no preâmbulo do texto constitucional, o legislador constituinte deixou impressa a repulsa da sociedade brasileira ao modelo de Estado que havia sido instituído no país pelo regime militar. Não se pretende apenas um Estado Democrático, isto é, o contrário de um regime de exceção, como o anterior. Pretende-se, também, um Estado no qual imperem os "direitos sociais e individuais, a liberdade, a segurança, o bem-estar, o desenvolvimento, a igualdade e a justiça"; tudo em contraposição ao modelo que foi erigido no período histórico anterior à promulgação do texto constitucional, do qual eram características a carência de direitos individuais, a arbitrariedade no trato do direito à liberdade e à segurança, a concepção de crescimento econômico desvinculada da necessidade de distribuir riquezas e da ideia de justiça social[823].

Daí o caráter evidentemente dirigente da Constituição, que aponta para o futuro que pretende ver real. Logo na sequência, ou seja, em seu artigo 1º,a Constituição define que a "República Federativa do Brasil (...) constitui-se em Estado Democrático de Direito". Neste ponto, o verbo constituir não indica uma vontade do legislador ou uma meta a ser atingida, mas sim uma realidade, expressão da autodeterminação do povo brasileiro a respeito da República Federativa do Brasil, que é um Estado Democrático de Direito[824].

Verifique-se a definição de Canotilho sobre o que vem a ser o Estado Democrático de Direito:

[822] Ibidem, p. 8.
[823] Ibidem, p. 8.
[824] Ibidem, p. 8-9.

> (...) *O Estado de Direito Democrático-Constitucional é um Estado alicerçado em normatividade jurídica quanto aos direitos fundamentais, garantias, definição de competências, controlo do poder, solução ele conflitos (racionalidade do Estado de Direito Liberal); é um Estado aberto a uma definição normativo-constitucional de direitos sociais, econômicos e culturais, a urna fixação dos fins e tarefas do Estado, a uma planificação (em sentido não ideológico) dos problemas econômicos e sociais (racionalidade do Estado de Direito Democrático)*[825] (...).

A partir dessa definição, pode-se afirmar que um dos pilares do Estado Democrático de Direito é a fiel obediência ao princípio da legalidade. Este se encontra consagrado, no âmbito administrativo, nos artigos 5º, inciso II, e 37; no âmbito tributário, no artigo 150, inciso I; e, no âmbito penal, no artigo 5º, incisos XXXIX e XL, do texto constitucional. André Ramos Tavares, vendo a questão sob o prisma econômico, que, em seu entender, permeia todo o texto constitucional, faz a ligação da autodefinição do Estado brasileiro como Democrático de Direito com sua repercussão no mundo econômico, na medida em que a obrigatoriedade de obedecer ao princípio da legalidade "confere a necessária segurança e previsibilidade das relações jurídicas"[826].

Entretanto, a obediência do Estado Democrático de Direito ao princípio da legalidade, na vigência de uma Constituição dirigente como é a de 1988, deve estar atenta a um conceito democrático de legalidade, na medida em que a lei é um dos atos oficiais de maior destaque na atividade política de uma sociedade e regula o viver social, guiando a realização de interesses. Dessa forma, não pode o Estado Democrático de Direito ater-se a uma legalidade meramente formal, mas lhe incumbe, sim, dispor de uma produção legislativa que realmente influa na realidade social, buscando equalizar situações socialmente desiguais, exercendo uma atividade política na busca da justiça social[827].

Elias Díaz entende a democracia como um processo que se prorroga no tempo, cujas variáveis ou exigências nunca são satisfeitas plenamente, mas, pelo contrário, aumentam a cada passo que se dá. Referido autor

[825] Ibidem, p. 9.
[826] Ibidem, p. 9.
[827] Ibidem, p. 9.

vê a democracia meramente formal como insuficiente, mas pontua que é a partir dela que se pode chegar à democracia real, estágio social em que se verificam as seguintes características: "a) efetiva incorporação dos homens, de todos os homens, nos mecanismos de controle das decisões, e b) de real participação dos mesmos nos rendimentos da produção". Sem isto, a sociedade poderá ser uma sociedade de massas, mas não será plenamente democrática[828].

A obediência à legalidade, dessa forma, funda-se na exigência de legitimidade, de acordo com a qual as leis hão de corresponder à prevalência da vontade geral, consubstanciada no norte valorativo constitucional, sobre a vontade individual ou idiossincrasias dos detentores momentâneos do poder. As leis, para atender aos anseios populares, devem estar atentas ao conteúdo dirigente da ordem constitucional, pautando-se pelo respeito à dignidade da pessoa humana e aos ditames da justiça social. A República Federativa do Brasil, como Estado Democrático de Direito que é, deve atuar sob o império da legalidade democrática, diminuindo, assim, as possibilidades de arbítrio dos detentores do poder[829].

O Estado Democrático de Direito em que se constitui a República Federativa do Brasil tem os seus fundamentos enumerados nos incisos do próprio artigo 1º do texto constitucional: I – a soberania; II a cidadania; III – a dignidade da pessoa humana; IV – os valores sociais do trabalho e da livre iniciativa; V – o pluralismo político.

Dos cinco fundamentos acima listados, dois deles são abordados com maior proeminência no presente estudo, quais sejam a dignidade da pessoa humana e a cidadania[830].

> "*Contando contra a mudança de posicionamento de Canotilho é possível afirmar que o Brasil se faz dependente da construção de uma Teoria da Constituição bem parecida com a proposta dirigente. Por que tal posicionamento? A primeira justificativa que poderia surgir serviria como uma crítica ao abandono da condição dirigente ao conformar-se com uma Constituição eminentemente descritiva. Claro que quanto mais próxima a correlação do texto constitucional com a realidade verificada nas relações*

[828] Ibidem, p. 9.

[829] Ibidem, p. 9.

[830] Sarcedo, Leandro. *Política criminal e crimes econômicos: uma crítica constitucional*, cit., p. 55.

entre os detentores e destinatários do poder, maior será a força normativa constitucional. Mas a Constituição não é a mesma coisa que a lei fundamental do reino. Ela não pode se limitar a descrever o que acontece. Ela assume um caráter prescritivo, institui um dever-ser"[831].

O segundo pós-guerra legou Constituições embebidas de conteúdo ético-moral, que, sem descuidar do passado, apontam para um futuro próximo. Esse futuro, no caso do Brasil, comporta uma sociedade igualitária, preocupada com a redução das desigualdades sócio-econômicas e a erradicação da pobreza. Além desses objetivos, notadamente compromissórios e de vinculação dirigente, a Constituição assume uma feição principiológica sustentada sobre a concretização dos Direitos Fundamentais. Esse é o conteúdo ético-moral que impregna a Constituição. Agora, no que o ideal de concretização de Direitos Fundamentais poderia emperrar o avanço democrático? Ora, somente se o avanço fosse destinado a poucas pessoas[832].

[831] Ibidem, p. 55.
[832] Ibidem, p. 55.

Capítulo 4
O CENÁRIO EM QUE OCORREU A APLICAÇÃO DA CONSTITUIÇÃO DE 1988 – MARCO PRINCIPAL DA NOVA REPÚBLICA (1985 –)

4.1 Tancredo de Almeida Neves (1985). Vice: José Sarney. Comoção Nacional – Ganhou e não tomou posse

Tancredo de Almeida Neves (1919 – 1985), que seria o primeiro presidente civil após o fim da ditadura, não assumiu o cargo. Internado com fortes dores abdominais às vésperas da posse, que seria em 15 de março de 1985, ele foi impedido de assumir a Presidência. Tancredo foi hospitalizado às pressas, às 10 da manhã do mesmo dia, no Hospital de Base de Brasília impedindo-o de assumir a presidência. Sem saída, um restrito comitê, do qual participaram Ulysses Guimarães – então Presidente do PMDB e da Câmara dos Deputados –, Aureliano Chaves, Fernando Henrique Cardoso, José Hugo Castelo Branco, Fernando Lyra, Marco Maciel e o ministro Leônidas Pires Gonçalves, aprovou por consenso a posse de Sarney, o vice, como caminho constitucional. Foi Ulysses quem ofereceu o respaldo político e jurídico: "Ponderei que a interpretação natural da Constituição indicava a posse do vice-presidente e todos concordaram"[833].

Uma mobilização dos oficiais-generais que comandavam os quatro Exércitos também fez parte da operação. Os ministros militares do futuro governo foram orientados a evitar contato com os quartéis e aguardar em suas casas a divulgação do programa de posse de Sarney. Foi então que, avisado por seu sobrinho a respeito da decisão tomada, Tancredo consentiu em deixar-se anestesiar e operar[834].

[833] KOIFMAN, Fábio (Coord.). *Presidentes do Brasil – de Deodoro a FHC*, cit., p. 796.

[834] Ibidem, p. 797. O País viveu um drama, com toda a população colada nos televisores, esperando notícias de Tancredo. Enfim, no dia 21 de Abril, Dia de Tiradentes, ele morreu.

A sucessão de Tancredo – Sarney presidente interino – o vice-presidente José Sarney (1930 –) recebeu a faixa presidencial como presidente interino. Não houve discursos. Em vez de estar presente à solenidade, o último presidente militar, João Figueiredo, que acusaria Sarney de traição pelo fato de este ter sido presidente do partido do governo e se bandeado para a oposição, retirou-se do Palácio do Planalto pela porta dos fundos. Para ele, o mandato presidencial deveria ser conferido a Ulysses Guimarães (PMDB), que convocaria novas eleições. Na saída, pediu que "o esquecessem"[835].

Ocorreu que o general Figueiredo achava que o vice-presidente eleito não poderia substituir alguém que não fora empossado: "Agora, se o doutor Tancredo tivesse ficado doente cinco minutos depois de dado o Termo de Posse, aí eles poderiam colocá-lo [Sarney] no cargo como substituto". Além disso, o general passara a ver Sarney como um desafeto, pois rompera com o governo de forma precipitada, deixando o PDS sem antes consultá-lo. Quando Sarney o procurou para fazer-lhe o comunicado oficial, Figueiredo não escondeu sua mágoa: "*Eu fui surpreendido com a sua saída. Você foi embora e me deixou a pé. Me deixou no espaço. Como se eu não existisse. Você não respondeu com a mesma cortesia que eu lhe dei. (...) Eu vim a saber da sua exoneração pela televisão*"[836].

As dificuldades enfrentadas por Sarney no período de interinidade foram muitas. Sobre isso, comentou a revista *Veja* (3-4-1985):

> "*A interinidade gerou, até agora, três semanas de um governo sem nexo, no qual pode haver trabalho, dedicação e vontade de agir, mas não há um rumo compreensível. Na mesma edição, Ulysses Guimarães declarou. 'Sabíamos que nosso governo iria ser difícil. Só não imaginávamos que seria tanto*'"[837].

O início do governo seria, de fato, confuso, com problemas de relacionamento entre ministros. A questão era que o ministério tinha sido escolhido por Tancredo. Sarney tinha consciência desses problemas. Ele teria

[835] Ibidem, p. 739.

[836] Ibidem, p. 797. Figueiredo se celebrizou por algumas frases, uma das quais em que dizia que preferia "cheiro de cavalo a cheiro de povo" e outra na qual respondeu o que faria se alguém se opusesse à abertura: "eu prendo e arrebento".

[837] Ibidem, p. 798.

confidenciado a parlamentares na época: "Seria ingênuo imaginar que eu possa executar o meu programa de governo. Vice não tem programa de governo"[838].[839] (Veja 3-4-1985)

A interinidade terminou com a morte de Tancredo Neves em 21 de abril de 1985. Foi uma comoção nacional, e o vice, José Sarney, efetivou--se como presidente da República. Depois da morte do presidente, a dinâmica natural da política levou Sarney a nomear ministros de sua confiança e a imprimir sua própria marca ao mandato[840].

Sarney iniciou então o mandato com plenos poderes, apropriando-se da expressão "Nova República". Criada por Ulysses Guimarães, ela se tornou sinônimo de sua administração[841]. Ulysses finalizava assim a delicada tarefa de garantir a transição dos governos militares para as mãos de um civil. Quando Sarney já estava no Planalto, disse aos jornalistas:

"*Agora, vou dormir. Acho que conseguirei. Quem eu acho que não vai conseguir é o Sarney. Eu me livrei desta e não queria estar na pele dele de assumir a responsabilidade de governar o País*"[842] (O Globo - 16-3-1985). A memória de Tancredo continuou presente, porém. Especialmente naquilo que eram suas principais metas políticas: a transição para a democracia e a convocação da Assembleia Nacional Constituinte[843].

4.2 José Ribamar Ferreira de Araújo Costa – José Sarney Costa (de 15-03-1985 a 15-03-1990) – ficou interino até 22-04-1985 (morte de Tancredo)

José Sarney Costa, nascido José Ribamar Ferreira de Araújo Costa[844] em 24 de abril de 1930, maranhense de Pinheiro, participou da política estu-

[838] Ibidem, p. 798.

[839] Na sequência, a história registraria que nada menos do que três vices-presidentes oriundos do PMDB, José Sarney, Itamar Franco e Michel Temer, assumiriam a Presidência devido a problemas de saúde ou impeachment dos ocupantes, no caso, Tancredo Neves, Fernando Collor e Dilma Roussef.

[840] Koifman, Fábio (Coord.). *Presidentes do Brasil – de Deodoro a FHC*, cit., p. 768.

[841] Ibidem, p. 768.

[842] Ibidem, p. 768.

[843] Ibidem, p. 768.

[844] "Em 1965 adotou legalmente o nome de *José Sarney Costa*, do qual já se utilizava para fins eleitorais desde 1958, por ser conhecido como 'Zé do Sarney', isto é, José filho de Sar-

dantil, foi presidente da Federação Maranhense de Estudantes, delegado da UNE durante o período em que estudou na Faculdade de Direito no Maranhão, onde se bacharelou em 1953. Foi diretor do Tribunal de Justiça do Maranhão, jornalista de *O Imperial*, no qual dirigiu o suplemento "Letras e Artes". Entrou para a Academia Maranhense de Letras (AML), após o lançamento do livro "Canção Inicial", em 1952.

Em 1955, como era suplente do deputado federal Olimar Campos, assumiu a cadeira após a sua morte no Rio de Janeiro. Em 1956, colaborou com o *Jornal do Bras*il e as revistas *Cruzeiro* e *Senhor*. Passou a lecionar na Universidade Católica do Maranhão. Eleito deputado federal (1958) pela UDN, passou a atuar na ala "Bossa Nova" do partido que combatia J.K. na Presidência.

Foi reeleito deputado federal em 1962 e, em 1965, se elegeu governador do Maranhão. Com a criação da Arena e do MDB, escolheu a sigla governista (ARENA). Em 1971, assumiu a cadeira do senador sendo reeleito em 1978. Presidiu a Arena em 1979. Com a abertura política foi para o PDS, do qual se tornou presidente. Foi tido como o último "coronel" do seu Estado, um dos mais pobres do País. Em 1980, foi eleito para a Academia Brasileira de Letras (ABL) na cadeira de Tobias Barreto (nº 38). Durante a luta pelas "Diretas Já", ajudou a criar o Partido da Frente Liberal (PFL) que passou a criticar o regime militar. Saiu candidato a vice-presidente na chapa de Tancredo Neves, na eleição indireta, respaldado pela Aliança Democrática. Sarney ajudou a implodir o partido de sustentação (Arena) do regime militar, conseguindo o apoio dos deputados (anti-governistas) para Tancredo Neves. Assumiu o governo com a morte do titular, em abril de 1985.

Há duas fases para o governo:

- Interino – que se estendeu até a morte de Tancredo (21/04/1985).
- Efetivo – a partir do falecimento de Tancredo até 1990.

Naturalmente, não foram fáceis os primeiros meses de governo. Havia uma grande fragilidade política do presidente. No entanto, em maio de 1985, uma Emenda Constitucional restabeleceu a autonomia política dos municípios considerados "área de Segurança Nacional" pelo regime

ney". Fonte: ABREU, Alzira Alves de *et al* (Coord.). *Dicionário histórico-biográfico brasileiro: pós-1930*, cit., p. 5291.

militar, cujos prefeitos eram eleitos indiretamente. Ela ainda concedeu o direito de voto aos analfabetos e aos jovens maiores de 16 anos, extinguiu-se a fidelidade partidária e diminuiu as exigências para o registro de novos partidos, o que possibilitou a legalização do Partido Comunista Brasileiro (PCB) e do Partido Comunista do Brasil (PC do B)[845]. O antigo PCB havia se dividido em duas agremiações, consequência das lutas contra a ditadura militar[846].

Na área da política externa, o presidente reatou relações com Cuba, rompidas durante o regime militar, e fortaleceu os laços com nações africanas falantes de português, como Moçambique e Angola, contribuindo na criação da Comunidade de Países de Língua Portuguesa (CPLP). Também se reaproximou dos vizinhos Argentina e Uruguai, assinando acordos comerciais que levariam, em poucos anos, à fundação do Mercado Comum Sul-Americano (Mercosul), em 1991. Em outra frente, foi acusado de superfaturar a licitação da ferrovia Norte- Sul e de nepotismo nas concessões de Rádio e TV[847].

4.2.1 A situação econômica

Na área econômica, o governo enfrentaria muitos problemas e lançaria ao menos três planos econômicos para tentar enfrentar as dificuldades: Cruzado, Cruzado I e Plano Verão. Havia, ao menos um dado favorável: a retomada das exportações. Com saldo na balança comercial suficiente para pagar os juros da dívida e reserva de U$ 9 bilhões, o governo podia negociar com os credores externos sem recorrer ao FMI. As dívidas externa e interna, entretanto, permaneciam um problema no horizonte de longo prazo. A inflação, que alcançou 223,8% em 1984 e 235,5 % em 1985, tornou-se insustentável[848].

845 Koifman, Fábio (Coord.). *Presidentes do Brasil – de Deodoro a FHC*, cit., p. 768.

846 Ibidem, p. 799. Uma destas agremiações, o PCB, se tornaria depois o PPS, aliado de longa data dos tucanos e do DEM, partidos à direita no espectro político.

847 Ferreira, Jorge & Almeida, Lucília, O presidente acidental: José Sarney e a transição democrática in Brasil republicano: o tempo da Nova República. Da transição democrática à crise política de 2016, Civilização Brasileira, São Paulo, 2018, p. 55-56.

848 Ibidem, p. 799.

Em agosto de 1985, o empresário paulista Dilson Funaro assumiu a condução da política econômica, juntamente com o ministro do Planejamento, João Sayad, em substituição ao então ministro da Fazenda, Francisco Dornelles, sobrinho de Tancredo. Em fevereiro do ano seguinte, Sarney lançou o "Plano Cruzado"[849], que substituiu o cruzeiro por uma

[849] "Em meados de 1986 a equipe econômica responsável pelo Plano Cruzado já começava a se curvar diante da evidência empírica e reconhecia que havia um excesso de demanda generalizado na economia. (...) os remédios clássicos consistem na adoção de políticas monetária e fiscal contracionistas. A partir de maio de 1986, o Banco Central do Brasil começou a aumentar a taxa de juros básica da economia, a taxa *over-night*, mas este aumento foi tímido em relação ao que era necessário fazer naquele momento. Em meados de 1986 um novo pacote econômico foi anunciado, denominado Plano de Metas, que na época ficou conhecido como Cruzadinho. Este pacote criou o Fundo Nacional de Desenvolvimento (FND), e instituiu um empréstimo compulsório, com validade até 31 de dezembro de 1989, que incidia sobre o consumo de gasolina e álcool, e sobre a compra de automóveis e utilitários, cujo pagamento seria feito em cotas do FND, além de outras medidas de menos importância. O resultado deste pacote foi praticamente nenhum, pois a economia continuou aquecida e a inflação engessada pelo congelamento.
O tiro de misericórdia do Plano Cruzado foi dado pelo pacote econômico de novembro de 1986, anunciado logo após as eleições de 15 de novembro, em que o Partido do Movimento Democrático Brasileiro (PMDB), partido político que dava sustentação ao governo Sarney, obteve uma vitória esmagadora. Este pacote ficou conhecido como Plano Cruzado II. Na divulgação do pacote, o Ministério da Fazenda classificou as medidas em seis categorias: a) medidas de estímulo à poupança; b) medidas fiscais com correção de preços; c) outras medidas fiscais; d) medidas de estímulo à exportação; e) medidas de desindexação; e f) medidas de redução da participação do Estado na economia. Além de um bom número de medidas cosméticas, o pacote aumentou impostos indiretos, reajustou preços de bens e serviços que estavam completamente defasados, concedeu alguns subsídios para as exportações, e expurgou do índice da inflação as variações de preços de produtos considerados supérfluos, como cigarros e bebidas. O fracasso desta última tentativa de salvar o Plano Cruzado deveu-se única e exclusivamente ao fato de que as origens do processo inflacionário brasileiro não foram atacadas, isto é, o financiamento do déficit público pela emissão de moeda não foi estancado e o regime monetário-fiscal-cambial não foi alterado. (...)."O fracasso do Plano Cruzado deve-se única e exclusivamente ao fato de que ele não atacou a causa básica da inflação no Brasil, o financiamento do déficit público através de emissão de moeda pelo Banco Central, mas tão somente procurou estancar a inflação congelando os preços. Confundiu-se inércia inflacionária com inflação inercial. Apesar da causa básica da inflação no caso brasileiro ser o financiamento do déficit público através de emissão de moeda, a propagação da inflação não é instantânea em virtude de rigidez no sistema de preços. Esta rigidez existe devido a contratos previamente acordados entre as

nova moeda – o cruzado – na proporção de 1.000 para 1, extinguiu a correção monetária, congelou os preços, a taxa de câmbio e os aluguéis. Os salários dos trabalhadores foram reajustados pela média dos últimos seis meses e tiveram um abono de 8%. Foi estabelecido que os próximos aumentos seriam concedidos automaticamente sempre que a inflação chegasse aos 20% – o chamado gatilho salarial. Foi criado também o Índice de Preços ao Consumidor (IPC) para corrigir a poupança e as aplicações financeiras[850].

Surgiram, então, os "fiscais do Sarney", cidadãos que, atendendo a um apelo do presidente, passaram a participar das fiscalizações de remarcação de preços. Gerentes de supermercados chegaram a ser presos e expostos nos meios de comunicação. Num primeiro momento, o plano econômico conteve, de imediato, a inflação e a população se acostumou a acompanhar o tabelamento dos preços, denunciando lojistas que o desobedeciam. O presidente ganhou enorme prestígio político. No entanto, em poucos meses a situação mudaria de figura[851].[852]

Ocorreu, assim, o que se poderia esperar: com o reforço no caixa das famílias, os consumidores começaram a comprar mais, e a economia apresentou sinais de desequilíbrio entre demanda e oferta, com o desaparecimento de mercadorias das prateleiras dos supermercados. Os fornecedores começaram a cobrar ágio pelos produtos, obrigado os consumidores a enfrentarem filas para adquiri-los. A inflação voltou a

partes, estabelecendo regras de reajustes que dependem de preços passados, ou porque previsões do futuro são feitas com base em dados do passado, ou ainda em virtude de cláusulas de correção monetária que reajustam preços hoje em função da inflação de ontem. Portanto, a inflação tinha uma componente inercial, mas isto não significa dizer que esta componente era a origem da inflação, como queriam os economistas responsáveis pelo Plano Cruzado. A principal lição que se pode extrair do Plano Cruzado está consagrado no ditado popular: o que começa errado não pode dá certo." Barbosa, Fernando de Holanda (colab.especial). *In* Abreu, Alzira Alves de *et al* (Coord.). *Dicionário histórico-biográfico brasileiro: pós-1930*, cit., p. 4708.

[850] Ibidem, p. 4709.

[851] Koifman, Fábio (Coord.), *Presidentes do Brasil – de Deodoro a FHC*, cit., p. 796.

[852] Adesivos verde e amarelos escritos "eu sou fiscal do Sarney" começaram a circular pelo País após uma fala do presidente, estimulando a participação da população na fiscalização dos preços: "cada brasileiro e brasileira deverá ser um fiscal dos preços, um fiscal do presidente para a execução fiel desse programa em todos os cantos do País".

crescer, e o Plano Cruzado experimentou o fracasso. Mesmo diante desse quadro, o governo manteve o congelamento por mais um tempo. É que haveria eleições em novembro de 1986, e a aliança que apoiava o presidente, formada por PMDB e PFL, venceu nos principais Estados do País, com exceção de Sergipe, conquistando a maioria absoluta das cadeiras no Congresso, que formaria a Assembleia Constituinte em alguns meses. A vitória política foi vista por muitos como um "estelionato eleitoral", já que os preços seriam liberados na sequência[853].

E foi o que aconteceu. Logo após as eleições, o governo lançou o "Plano Cruzado II", que liberou os preços de produtos, serviços e aluguéis. Houve reajuste das tarifas públicas e dos impostos indiretos. Com isso, foi registrado aumento generalizado de preços, e a inflação disparou. A população não apoiou o plano e perdeu a confiança no governo. Em um dos artigos que passou a assinar na *Folha de S. Paulo*, Sarney fez um retrospecto sobre os planos econômicos de seu governo:

> *"Mais grave do que tudo foi o Cruzado II, este sim, verdadeira catástrofe, cuja concepção era absurda e inviável e a aceitamos acossados pela perplexidade de injunções descontroladas (...) Foi o grande erro do meu governo. Acresce que sem reservas não pudemos importar, abastecer o mercado, evitar o ágio e manter os preços. (...) Como eu lamento não ter voltado atrás quando vi a reação e o que era o Cruzado II"*[854].

Moratória – com essa situação, a economia ficou desorganizada e a inflação disparou. A crise das contas externas, também afetada pela situação externa, fez com que o presidente declarasse a moratória da dívida externa em fevereiro de 1987, interrompendo o pagamento dos juros da dívida externa. A medida, é claro, repercutiu muito mal nos fóruns internacionais e entre os credores do Brasil. O economista e embaixador Roberto Campos classificou a "moratória unilateral" como um dos desastres da "jovem democracia", e afirmou:

> *"Há países que sofrem apertos circunstanciais, às vezes param de pagar temporariamente ou mantêm um pagamento simbólico. Nós fizemos o contrário. Proclamamos*

853 KOIFMAN, Fábio (Coord.). *Presidentes do Brasil – de Deodoro a FHC*, cit., p. 797.
854 Ibidem, p. 799.

uma moratória unilateral, chamada de moratória soberana. Quer dizer, não é que nós não pudéssemos pagar. É que nós não queríamos pagar. Isso é gravíssimo"[855].

Segundo depoimento de Ronaldo Costa Couto, ministro do Interior do governo Sarney, a decisão da moratória não foi sustentada em crenças, ideologias ou desafio aos credores, mas uma necessidade para evitar que o País tivesse suas reservas ainda mais reduzidas. Segundo ele, o presidente tinha herdado uma gigantesca dívida externa, agravada pelas crises do petróleo de 1973 e 1979 e pela explosão dos juros internacionais no início dos anos 1980[856].

O fato é que a moratória trouxe enormes danos à credibilidade internacional do País, com reflexos no crescimento econômico e na política de emprego. Cinco meses depois da criação do segundo plano, em abril de 1987, o ministro Funaro foi substituído por Luís Carlos Bresser na pasta da Fazenda. A inflação tinha voltado à casa dos 23,26% mensais[857].

O novo ministro lançou, em junho, um conjunto de medidas para obter o controle da economia. As medidas ficaram conhecidas como Plano Bresser[858]. Além de congelar os preços de aluguéis e salários por

855 Ibidem, p. 800.

856 Ibidem, p. 800.

857 Ibidem, p. 800.

858 Em 1987 o então novo ministro Bresser Pereira tinha como diretriz o controle da inflação, mas não alcançou resultados positivos.
"Desde que assumiu plenamente a Presidência da República após a morte de Tancredo Neves, José Sarney careceu de legitimidade e apoio político para implantar um regime de austeridade necessário para combater a inflação. A substituição do ministro da Fazenda Francisco Neves Dornelles por Dílson Funaro, em agosto de 1985, marcou a opção pelo desenvolvimentismo em detrimento do controle da inflação que, naquele mês, atingiu a taxa mensal de 14%. Diante da escalada da inflação, que chegou a 16,2% em janeiro de 1986, Funaro lançou o Plano Cruzado. Entre fevereiro e novembro de 1986 o congelamento de preços instituído pelo plano reduziu a 1% a taxa mensal de inflação. Quando se lançou o plano, havia uma previsão de que o déficit público, descontada a correção monetária sobre a dívida pública, seria reduzido para apenas 0,5% do PIB e que o congelamento de preços só duraria três meses, prazo supostamente suficiente para eliminar a inércia inflacionária. Mas o sucesso inicial do plano, implantado em ano eleitoral, levou o governo a seguidas concessões que tornaram as políticas monetária e fiscal francamente expansionistas, gerando um notável aumento da atividade econômica e dos salários reais. O congelamento da taxa nominal de câmbio e o aumento da renda provocaram a elimina-

três meses, o Plano eliminou o subsídio ao trigo – o que encareceu todos os produtos feitos com a *commoditie* importada – e adiou obras já planejadas, como a Ferrovia Norte-Sul, o polo petroquímico do Rio de Janeiro e o projeto trem-bala entre Rio e São Paulo. Atingiu também o rendimento das cadernetas de poupança, irritando a população. E sofreu retaliações

ção do superávit comercial. Apesar dos sintomas inequívocos de inflação artificialmente reprimida, como a valorização de imóveis, o desabastecimento em muitos mercados e a prática de ágio em outros (no mercado paralelo de dólares praticou-se ágio de mais de 90%), a inevitável correção de rumos do Plano Cruzado foi protelada até o dia seguinte às eleições de novembro de 1986. Quando se iniciou a flexibilização do congelamento de preços e da taxa de câmbio, a taxa mensal de inflação decolou do patamar de 1,4% em outubro. Em fevereiro de 1987 planava a 14%. A volta da inflação acionou a Escala Móvel de Salários, instrumento que concedia aos salários nominais correções automáticas toda vez que a inflação acumulada atingia 20%. Restabeleceu-se, desta forma, e com maior intensidade, a indexação generalizada cuja eliminação fora a motivação básica do Plano Cruzado. Em fevereiro de 1987, diante do iminente esgotamento das reservas cambiais, o governo Sarney optou por declarar uma moratória unilateral dos compromissos externos do país, por temer o desgaste político de um acordo com o FMI, estigmatizado como responsável pela recessão de 1983." CARDOSO, Renato Fragelli (Colab. Especial). *In* ABREU, Alzira Alves de *et al* (Coord.). *Dicionário histórico-biográfico brasileiro: pós-1930*, cit., p. 4701. "Após a elevada inflação corretiva de junho, o mês de julho foi promissor: a taxa de inflação caiu para 3,1% e o balanço comercial alcançou superávit de 1,4 bilhão de dólares. Anunciou-se nesse mês o Plano de Controle Macroeconômico, cuja meta era elevar a poupança pública de modo a criar condições para a retomada do crescimento econômico sem pressões inflacionárias. Mas em agosto, quando as primeiras revisões de preços foram autorizadas, a inflação voltou a subir para 6,4%. O descompasso entre a inflação em ascensão e os reajustes salariais definidos pela URV com base na inflação passada inferior à corrente passou a gerar forte queda dos salários reais, levando o governo a ceder a pressões por antecipações de futuros reajustes salariais. A vulnerabilidade política do governo Sarney permitiu que, dentro do próprio governo, as categorias mais mobilizadas conseguissem significativas antecipações de reajustes salariais, contribuindo para o fracasso da tentativa de controlar o déficit público.

Os mecanismos de indexação como a URV, embutidos no próprio Plano Bresser por concessão política, e a incapacidade do governo para implantar a austeridade monetária e fiscal acabaram por deixar a cargo da inflação o papel de reduzir os salários reais ao nível compatível com a eliminação do déficit comercial, a contenção do déficit público e a manutenção do emprego. A inflação de dezembro atingiu 14%. Bresser, incapaz de implantar suas propostas na área fiscal, pediu demissão em 18 de dezembro." CARDOSO, Renato Fragelli (colab. especial). *In* ABREU, Alzira Alves de *et al* (Coord.). *Dicionário histórico-biográfico brasileiro: pós-1930*, cit., p. 4701.

dos credores internacionais, por causa da suspensão do pagamento das dívidas. Os objetivos do governo não foram atingidos e, no final do ano, os índices de inflação eram de 366%[859].

Economia e impopularidade – totalmente enfraquecido, o presidente chegou a enfrentar, em junho de 1987, no Rio de Janeiro, quase uma agressão física. O ônibus que o conduzia foi cercado por uma multidão que o agrediu com insultos. Obrigado a passar, o veículo foi apedrejado e a janela ao lado da qual estava Sarney quebrada. O presidente escapou por pouco. No seu mandato, nada menos que 12 mil greves foram registradas. Em janeiro do ano seguinte, o ministro Bresser cairia do Ministério da Fazenda. Em seu lugar assumiu Maílson da Nóbrega, que adotou uma política conhecida como "feijão com arroz", que tencionava evitar a hiperinflação. Os níveis de inflação, entretanto, chegaram a 933% no final daquele ano. Em 15 de janeiro seria lançado o Plano Cruzado Novo, que buscava resgatar medidas do primeiro Cruzado, como o congelamento de preços e salários, além de privatizar estatais e exonerar funcionários. Foi um novo fracasso. A inflação entre fevereiro de 1989 e o mesmo período de 1990 chegou a estratosféricos 2.751%[860].

4.2.2 A Assembleia Nacional Constituinte

A Constituição vinha sendo discutida e elaborada desde 1987. Apresentava uma proposta inicial de conciliação no País, segundo o presidente do STF, José Carlos Moreira Alves, com o objetivo de uma democracia com harmonia social e econômica. O jurista Carlos Ari Sundfeld comentou no artigo o "Fenômeno Constitucional e suas três forças ": "Sustento que a carta de 1988, para os homens do Direito, tem valido mais pela aura que por seus preceitos, que ela é uma constituição chapa-branca, não uma romântica Constituição cidadã, e, ainda, que ela tem um potencial desestabilizador cuja superação tem dependido do compromisso com a governabilidade do meio político e dos tribunais (...). Em suma, os cidadãos que tiveram a atenção primária da Constituição foram policiais, fiscais tributários, militares, juízes, membros do Ministério Público, advogados públicos, defensores, professores de universidades oficiais, profissionais

[859] Ibidem, p. 4702.

[860] KOIFMAN, Fábio (Coord.), *Presidentes do Brasil – de Deodoro a FHC*, cit., p. 801.

de saúde pública, e assim por diante (...). Ao fortalecerem-se esses organismos e corporações, pelo poder derivado da inserção constitucional, tornaram-se eles – e não os cidadãos – os verdadeiros protagonistas do fenômeno constitucional brasileiro".

Em relação ao mandato do presidente da República, Sarney negociou o aumento do seu mandato para 5 anos com a doação de concessões de canais de TV e rádio para ter o apoio dos parlamentares. Esse padrão de cooptação se repetiria no governo seguinte.

4.2.3 Final da administração Sarney

Em fins do mês de fevereiro de 1988, o Senado instaurou uma Comissão Parlamentar de Inquérito (CPI) para investigar suspeitas de corrupção no governo federal. A ideia dos senadores era investigar o favorecimento de empresas e bancos privados. Alguns ministros e o próprio presidente eram acusados dos crimes de malversação de recursos públicos. No entanto, em meio a pressões de todo tipo, A CPI do Senado foi encerrada. O presidente jamais respondeu à lista de 40 perguntas que lhe foi enviada pelos membros da Comissão. O relatório com a conclusão de que o presidente José Sarney tinha conhecimento das irregularidades foi enviado a órgãos como Ministério Público Federal, à Polícia Federal e ao Tribunal de Contas da União (TCU), mas nada foi feito. O relatório final foi arquivado pelo presidente da Câmara, na época Inocêncio de Oliveira (PFL), aliado do presidente, em março de 1998[861].

O presidente Sarney chegou ao final de sua gestão com o País em risco de hiperinflação, a imagem desgastada e cercado pelo descrédito da população. Uns o criticavam pelo que tinha deixado que fizessem; outros, pelo que deixara de fazer. Poucos se lembravam de que havia começado seu mandato sem plano de governo, como um "estranho no ninho" do PMDB, "que tinha horror dele"[862].

Logo, entraria em cena um personagem que, aproveitando-se dos altos índices de impopularidade do governo Sarney, se dizia "caçador de marajás" e perseguia os funcionários com salários altos em seu Estado, Alagoas, que processou na Justiça. Era Fernando Collor de Mello, gover-

[861] Ibidem, p. 802.
[862] Ibidem, p. 803.

nador do Estado nordestino pelo PMDB, que denunciava o presidente e seu governo, que classificou como um "antro de corrupção". Usava a máxima "não me deixem só", em uma estampa de homem atlético e pretensamente "moderno" que o levaria, em pouco tempo, à Presidência e a consequências devastadoras para a população[863].

Sucessão – Em decorrência desse quadro, foram lançados 22 candidatos à Presidência da República em 1989, mas a disputa ficou entre Lula e Collor, o qual, com apoio da mídia e, principalmente, da Rede Globo, acabou vitorioso com seu discurso de modernidade.

Nas eleições no primeiro turno participaram: Luiz Inácio Lula da Silva (PT), Marronzinho (PSP), Zamir (PCN), Guilherme Afif Domingos (PL), Roberto Freire (PCB), Paulo Gontijo (PP), Aureliano Chaves (PFL), Leonel Brizola (PDT), Fernando Gabeira (PV), Antônio Pedreira (PPB), Manoel Horta (PCdoB), Armando Corrêa (PMB), Celso Brant (PMN), Paulo Maluf (PDS), Mário Covas (PSDB), Lívia Maria (PN), Affonso Camargo (PTB), Enéas (PRONA), Ulysses Guimarães (PMDB), Ronaldo Caiado (PSD) e Eudes Mattar (PLP).

Aliás, por ocasião das eleições presidenciais de 15 de novembro de 1989, escolhia-se pela primeira vez, desde Jânio Quadros, um presidente pelo voto direto. O Partido dos Trabalhadores (PT), principal partido de oposição, que ganhou densidade política e eleitoral ante a fragilidade do governo Sarney, lançou o candidato Luís Inácio Lula da Silva, principal líder do partido. Diante do descrédito das principais figuras políticas do País, no primeiro turno Fernando Collor de Mello, pelo Partido da Reconstrução Nacional (PRN), destacou-se naquele cenário, ante o apoio de setores empresariais e dos principais meios de comunicação, tendo obtido 28% dos votos, seguido de Lula, com 16%. Depois, no segundo turno, Collor obteve 35.089.998 votos (42,75% dos votos) e Luiz Inácio Lula da Silva (PT), 31.076.364 votos (37,86% dos votos). Não se habilitaram para o segundo turno concorrentes de expressão e tradição política no País, como Leonel Brizola (PDT), Ulysses Guimarães (PMDB) e Mário Covas (PSDB)[864].

[863] Ibidem, p. 800.

[864] BARROSO, Luís Roberto (colab. especial). *In* ABREU, Alzira Alves de *et al* (Coord.). *Dicionário histórico-biográfico brasileiro: pós-1930*, cit., p. 1582.

Collor apresentou-se ao povo como "um super-herói, defensor dos descamisados que iria resolver os problemas estruturais do País com o seu minúsculo PRN. O seu governo iria combater a corrupção e acabar com as desigualdades sociais. A sua proposta era flexibilizar o papel do Estado para a modernização econômica e se baseava em ideias neoliberais. Era o presidente mais jovem do País, tendo sido eleito pelo voto direto após a ditadura militar.

Sarney passou a faixa a Collor em março de 1990, que o atacara duramente durante toda a sua campanha eleitoral[865].A composição do novo governo apresentou tendências que iam da centro-esquerda à direita e representavam profundos interesses antagônicos. Predominavam os políticos ligados ao capital monopolista nacional, internacional e aos latifundiários. Mesmo assim, o grupo progressista se articulou e conseguiu que o governo tomasse medidas favoráveis aos setores sociais que não integravam os quadros de elite brasileira, a saber: elevação do salário mínimo, financiamento da casa própria (popular), fim da censura, diminuição das intervenções nas universidades federais, reatamento diplomático com Cuba etc.

4.3 Fernando Afonso Collor de Mello (15-03-90 a 02-10-92). Vice: Itamar Augusto Cautiero Franco – o Caçador de Marajás e moralismo. O novo presidente, ex-governador de Alagoas aos 37 anos, considerado "o caçador de Marajás", fora eleito aos 40 anos como o mais jovem presidente da história do Brasil. Saíra do PMDB e se filiara ao insignificante partido da Reconstrução Nacional (PRN), vencendo, conforme exposto, Luiz Inácio Lula da Silva, do Partido dos Trabalhadores (PT), em 2º turno, a 17 de dezembro de 1989[866]. Típico filho da oligarquia nordestina, embora nascido no Rio de Janeiro, Collor (1949 -) era neto do jornalista gaúcho Lindolfo Collor, que foi ministro da Fazenda de Getúlio Vargas com quem romperia posteriormente. O pai de Collor, o político alagoano Arnon Affonso de Mello, matou acidentalmente, durante uma sessão no Senado, um senador, José Kairala, uma vez que pretendia atirar em seu

865 KOIFMAN, Fábio (Coord.), *Presidentes do Brasil – de Deodoro a FHC*, cit., p. 800.
866 Ibidem, p. 829.

inimigo político, Silvestre Péricles. A mãe de Collor, Leda, era filha de Lindolfo.

Sua candidatura à presidência começou a ser forjada em Pequim, China em 1987. Em torno de um pato laqueado – tradicional iguaria chinesa –, Renan Calheiros, Cleto Falcão e Claudio Humberto, três expoentes do que veio a ser conhecido como a "República de Alagoas", além do próprio Fernando Collor, concluíram que o momento político favorecia o lançamento de uma candidatura que se mostrasse desvinculada dos "políticos tradicionais" e conseguisse capitalizar a insatisfação popular com as várias denúncias de corrupção que cercavam o governo Sarney[867].

Collor correspondia, ao menos nos aspectos formais, a essa ânsia de transformação experimentada pela população. Era jovem e já se notabilizara como "Caçador de Marajás". Tinha a vantagem de uma carreira obscura anterior à eleição para o governo de Alagoas. Corresponderia à aparência de renovação pela qual o eleitorado ansiava[868].

Alguns políticos de carreira vitoriosa, como Ulysses Guimarães, Leonel Brizola, Mário Covas e Aureliano Chaves apareciam de forma bastante desfavorável nas pesquisas de intenção de votos. Somente se destacavam o próprio Collor e seu principal rival, Luiz Inácio Lula da Silva (PT): cada um a seu modo, ambos representavam, para os eleitores, a esperança de uma profunda mudança na prática política do País[869].

Uma vez decidida a candidatura, Collor apossou-se de uma sigla inexpressiva, o Partido da Juventude, e transformou-o no Partido da Reconstrução Nacional. Embora tivesse origem política na Arena, o partido da ditadura, e no PMDB, agremiação do detestado presidente Sarney, apresentava-se como um político "novo", "candidato da sociedade civil", o que, nem de longe correspondia à realidade. Ao polarizar com Lula, levava vantagem, ao menos entre os empresários e demais forças conservadoras. Estas iriam concentrar seu apoio no único candidato que parecia capaz de derrotar o ex-metalúrgico[870], que temiam profundamente.

867 Ibidem, p. 828.
868 Ibidem, p. 828.
869 Ibidem, p. 828.
870 Ibidem. p. 829.

Portanto, por falta de candidatos em que pudessem confiar, os conservadores apostaram em um jovem aventureiro, que na juventude integrara gangues de ricos arruaceiros em Brasília. Até mesmo o ex-presidente Geisel, pouco antes de morrer, publicaria em suas memórias que sabia que Collor era desde a juventude, dos tempos em que fazia parte de uma gangue, na capital federal. Geisel não quis votar em Collor; chegou a se inclinar para votar em Lula. Mas aí o seu espírito corporativo prevaleceu e, como ele disse, acabou votando em Collor. Lula esteve, de fato, a pique de ganhar. Foi por pouca coisa[871].

Com liderança consolidada nas pesquisas de intenção de voto, que o davam 37% das preferências, Collor se assustou com o lançamento, na reta final da campanha, da candidatura do apresentador de TV Sílvio Santos. O novo candidato – cuja candidatura teria sido inspirada pelo presidente – tinha um perfil semelhante ao líder: era desvinculado dos partidos tradicionais e tinha uma forte ligação com as classes menos favorecidas (público em que também atuava Collor). A candidatura do dono do Sistema Brasileiro de Televisão (SBT) acabou impugnada pelo Supremo Tribunal Eleitoral (TSE) porque Sílvio Santos não atendeu aos prazos mínimos de filiação exigidos. Assim, Collor supostamente passaria ao segundo turno para enfrentar Lula ou Leonel Brizola (PDT)[872].

Para evitar desgastes, Collor se recusara a participar de debates televisivos com os adversários no primeiro turno[873]. No segundo, travou dois duelos com Lula. No primeiro, o candidato do PT teve desempenho francamente melhor, e as pesquisas eleitorais revelaram isso claramente. No seguinte, Lula estava irreconhecível. É que o PRN tinha descoberto um trunfo: Miriam Cordeiro, ex-namorada de Lula, disposta a revelar ao vivo e em cores que o candidato petistá teria lhe sugerido abortar quando engravidou da filha de ambos. O fraco desempenho de Lula foi realçado

[871] Ibidem, p. 829.

[872] Ibidem, p. 829.

[873] Como dizia Marx, a história não se repete, quando se repete é como farsa. Nas eleições de 2018, o candidato melhor posicionado nas pesquisas, Jair Bolsonaro, então no PSL, se recusava a debater com os demais competidores, em geral muito muito melhor aquinhoados intelectualmente que ele. Bolsonaro dizia ser então, inimigo do "velha política" e representante de uma "nova proposta", embora fosse deputado federal havia quase três décadas.

pela edição dos "melhores momentos" do debate feita pela Rede Globo – a mesma cuja programação em Alagoas era transmitida pelo canal da família Collor. Isso prejudicou enormemente o petista. No dia 17 de dezembro, Collor foi declarado vencedor, como o primeiro civil eleito pelo sufrágio livre e universal, depois de 25 anos de regime militar[874].

4.3.1 Economia

O plano econômico de estabilidade ou sequestro das cadernetas de poupança – O novo presidente dizia que ia destruir a inflação "com um só tiro". Ao tomar posse lançou o Plano Brasil-Novo para liquidar a inflação. Idealizado pela ministra da Economia Zélia Cardoso de Mello, o "Plano Collor[875]" determinava, entre outras medidas, a extinção do cruzado e o restabelecimento do cruzeiro como moeda nacional, a supressão de vários ministérios, autarquias e fundações, a venda de empresas públicas, a demissão e a colocação em disponibilidade de milhares de funcionários públicos e a redução de restrições à importação[876].

Em uma medida polêmica, que trouxe grandes problemas à população, o governo limitou o saque em cadernetas de poupança e contas correntes a 50 mil cruzeiros e confiscou os depósitos bancários acima deste

[874] KOIFMAN, Fábio (Coord.). *Presidentes do Brasil – de Deodoro a FHC*, cit., p. 830.

[875] Segundo Dionísio Dias Carneiro, "As expectativas em torno de uma nova tentativa de choque anti-inflacionário no início do governo Collor condicionaram, em grande medida, o caráter do novo programa: tinha data marcada e deveria vir na forma de uma descontinuidade dramática, dado o estilo do próprio presidente. Em seguida à posse do novo governo, o choque foi anunciado pela ministra da Economia, Zélia Cardoso de Mello, a partir de um diagnóstico de que os programas anteriores haviam falhado basicamente por não terem atacado as causas do desequilíbrio financeiro do Estado brasileiro nem terem destruído os mecanismos que impedem, na economia brasileira, a atuação de uma política monetária rígida , que resultou em um controle direto do Banco Central sobre um montante de quase 51 bilhões de dólares ao final de março (mais do que o dobro do valor dos títulos federais fora do banco) visava impedir que a massa de recursos financeiros líquidos em poder do setor privado pudesse dirigir-se para os ativos reais, durante o período de transição da economia para taxas mais baixas de inflação.CARNEIRO. Dionísio Dias (Colab. Especial). *In* ABREU, Alzira Alves de *et al* (Coord.). *Dicionário histórico-biográfico brasileiro: pós-1930*,cit., p. 4704.

[876] KOIFMAN, Fábio (Coord.), *Presidentes do Brasil – de Deodoro a FHC*, Universidade Estácio de Sá, p. 830, 831.

valor[877]. Aumentou os preços das tarifas públicas, dos combustíveis e do gás de cozinha e congelou os salários e os preços dos produtos no varejo. Para limitar os gastos públicos, defendia a extinção ou a venda de 23 mil empresas estatais e a demissão de 360 mil funcionários públicos.

O Plano chocou o País e recebeu críticas de vários setores. Com o pacote ocorreu o desabastecimento de produtos no mercado consumidor e a economia entrou em processo recessivo. A abertura da economia atingiu o setor empresarial brasileiro, que não conseguia competir com os produtos estrangeiros. Muitas empresas faliram. Cidadãos que tinham guardado seus parcos recursos na poupança, a mais popular das aplicações brasileiras, perderam tudo e houve casos de suicídio. Quando, dezoito meses depois de confiscado, o dinheiro começou a ser devolvido aos brasileiros, a "bala de prata" já se revelara ineficaz. A inflação tinha voltado e, com ela, a recessão. Além disso, surgiam as primeiras denúncias de corrupção contra membros do governo[878].

Considerações sobre as medidas econômicas do Governo Collor – O plano econômico de Collor vinculou-se ao consenso de Washington, que reuniu técnicos do governo americano, do FMI, do BID e do Banco Mundial e seus representantes latino-americanos, para analisar reformas econômicas nas Américas. Houve um conjunto de tentativas de contenção inflacionária e estabilização econômica efetuado no governo de Fernando Collor de Melo, sob os nomes de Plano Collor e Plano Collor II[879].

A aceleração da inflação no final do governo Sarney – de cerca de 40% em outubro de 1989 para 80% em março de 1990 – atestava o fracasso do Plano Verão. Seus efeitos duraram até o terceiro trimestre do ano, quando ainda sobrevivia num clima de festa promovido pelo governo que apeava do poder, causando uma elevação irresponsável das despesas públicas em meio à comemoração cívica da primeira eleição democrá-

[877] Mais de trinta anos depois do sequestro do dinheiro dos poupadores em caderneta de poupança ainda não foram solucionados pelo STF boa parte dos litígios surgidos pela violência perpetrada.

[878] Koifman, Fábio (Coord.), *Presidentes do Brasil – de Deodoro a FHC*, Universidade Estácio de Sá, cit., p. 830.

[879] Carneiro, Dionísio Dias (colab. especial). *In* Abreu, Alzira Alves de *et al* (Coord.). *Dicionário histórico-biográfico brasileiro: pós-1930*, p. 4704.

tica desde 1960. O consumo do governo aumentou de 5,8% para 8,2% do PIB entre 1989 e 1990, em decorrência dos aumentos salariais ao final do governo Sarney. A aceleração progressiva da inflação foi acompanhada de um comportamento favorável da balança comercial nos seis meses anteriores ao programa, atribuído ao atraso cambial decorrente da defasagem da indexação diante da aceleração inflacionária[880].

O Plano Collor constituiu uma opção de alto risco, condicionada pela percepção de alguns fatores que o enquadram na lógica dos fracassos das intervenções que lhe precederam. O primeiro fator era a crença de que a explosão inflacionária seria iminente e inevitável caso se tentasse qualquer alternativa gradual. O segundo, a avaliação política da precária composição pluripartidária de apoio ao governo no Congresso, o que não abriria espaço para prolongadas negociações em torno de um programa minimamente consensual, especialmente depois de uma eleição presidencial acirrada no segundo turno. Como terceiro fator existia uma análise política de que em ano de eleições (parlamentares e locais) o melhor ativo que o governo teria a oferecer aos que lhe apoiassem seria a parceria em um programa com boa chance de sucesso rápido, ainda que seus resultados a médio prazo tivessem eventualmente de ser aprimorados através de uma maioria parlamentar após as eleições[881].

As expectativas em torno de uma nova tentativa de choque anti-inflacionário no início do governo Collor condicionaram, em grande medida, o caráter do novo programa: tinha data marcada e deveria vir na forma de uma descontinuidade dramática, dado o estilo do próprio presidente. Em seguida à posse do novo governo, o choque foi anunciado pela ministra da Economia, Zélia Cardoso de Mello, a partir de um diagnóstico de que os programas anteriores haviam falhado basicamente por não terem atacado as causas do desequilíbrio financeiro do Estado brasileiro nem terem destruído os mecanismos que impedem, na economia brasileira, a atuação de uma política monetária rígida[882].

Três pontos foram então apresentados como base do programa: 1) uma reforma fiscal com o objetivo de permitir, já no ano de 1990, uma rever-

[880] Ibidem, p. 4704.
[881] Ibidem, p. 4704.
[882] Ibidem, p. 4704.

são das contas do setor público da ordem de 10% do PIB, objetivando-se uma conversão de um déficit operacional previsto para 8% do PIB em um superávit operacional de 2% do PIB; 2) uma reforma monetária destinada a acabar com a moeda indexada, seguida por um bloqueio ao acesso a cerca de 80% dos ativos financeiros do setor privado. Tal indisponibilidade, que resultou em um controle direto do Banco Central sobre um montante de quase 51 bilhões de dólares ao final de março (mais do que o dobro do valor dos títulos federais fora do banco) visava impedir que a massa de recursos financeiros líquidos em poder do setor privado pudesse dirigir-se para os ativos reais, durante o período de transição da economia para taxas mais baixas de inflação; 3) o anúncio de uma política de rendas, a partir da instauração de congelamento imediato de preços e salários, depois de uma modesta correção em alguns preços públicos, e uma regra para o reajuste de preços e salários, destinada a impedir que as pressões inflacionárias acumuladas no período anterior, que continha expectativas explosivas, viessem a prejudicar o andamento do programa[883].

A regra imediata para reajuste de preços e salários, criada pela Medida Provisória (MP) nº 154, era engenhosa e objetivava o desatrelamento dos reajustes à inflação passada. Seria feita uma prefixação, a partir de maio, de uma taxa mensal que constituiria o limite máximo para ajustar preços de mercadorias e serviços, não sendo necessária, portanto, uma autorização. Além destes elementos pertinentes essencialmente ao choque de desindexação, o novo governo anunciou quatro reformas que constariam da agenda de qualquer partido "progressista" ou de qualquer programa de "ajuste estrutural" inspirado no estilo de Washington. As propostas eram destinadas à reconstrução de uma estrutura econômica que permitisse a retomada do crescimento econômico em bases mais estáveis. Seriam programadas uma reforma administrativa; uma nova política comercial com forte conteúdo de liberalização; uma reforma cambial; um programa de enxugamento da máquina estatal e uma reforma tributária destinada a eliminar isenções, expandindo a base da tributação e a extinção dos incentivos fiscais. Além disso foi anunciado um programa de privatização com ampla participação do sistema financeiro[884].

[883] Ibidem, p. 4704.
[884] Ibidem, p. 4704.

O Plano Collor II, apresentado à nação em 31 de janeiro de 1991, foi a resposta que o governo conseguiu para sair da situação de encurralamento a que fora levado a partir do quarto trimestre de 1990. Com expectativas de inflação crescente, o Banco Central não conseguia vender títulos prefixados sem sinalizar juros nominais em elevação e, por essa via, inflação crescente. O desequilíbrio financeiro do governo paulista ao final do ano anterior e a incapacidade política de controlar os estragos que poderiam ser feitos ao sistema financeiro como um todo pela presença de um grande banco com problemas de liquidez aumentava ainda mais as expectativas inflacionárias no País[885].

Além disso:

> *"O Banco Central assumiu as perdas, monetarizou os títulos para socializar o prejuízo e pediu trégua com mais uma rodada de desindexação. Decretou-se, assim, mais um adiamento do apocalipse, com congelamento de preços e de câmbio. O governo conseguiu a trégua proposta com o Plano Collor II nas primeiras cinco semanas: baixou rapidamente a taxa de juros e ainda assim conseguiu vender títulos públicos; paralisou a taxa de câmbio e mesmo assim não interrompeu as exportações; financiou (via expansão monetária vigorosa em fevereiro) a absorção de parte da dívida inafiançável dos estados, podendo, então, apelar para as 'necessidades adicionais de moeda causadas pela menor taxa de inflação esperada'; interrompeu a queda do nível de atividade pela via do congelamento e dos aumentos salariais; desindexou a economia, ainda que temporariamente, tumultuando de vez as regras contratuais".*
>
> *Porém, trouxe para si o apoio interessado dos setores industriais, de olho em dois ou três meses de maiores vendas e, assim, alguma chance de recuperação dos lucros a curto prazo. A durabilidade da trégua era uma questão crucial para o novo estilo. Obviamente, ela não seria sustentável com inflação fora do controle e ficaria cada vez mais difícil sustentá-la sem que seus reais objetivos pudessem ser anunciados à nação. Assim, foi feita a substituição da equipe econômica, comandada pela ministra Zélia, por uma equipe que trouxesse para o governo a confiança do mercado financeiro internacional e que sinalizasse a disposição efetiva para uma mudança de rumos na estratégia de estabilização.*

[885] Ibidem, p. 4706.

Houve inegável vitória em fevereiro, a partir do anúncio de uma taxa de inflação (FIPE) de 20,54%, com índices semelhantes tanto do Instituto Brasileiro de Geografia e Estatística (IBGE) quanto da Fundação Getúlio Vargas (FGV). Por duas razões, esse número foi inferior entre cinco e dez pontos percentuais ao esperado: a primeira foi a gordura acumulada pelo aumento preventivo de vários preços desde dezembro; a segunda foi a combinação da desindexação com o congelamento da taxa de câmbio.

Dinamitados os mecanismos formais de indexação e lançada a incerteza quanto à validade de contratos em moeda nacional, seria de se esperar por uma dolarização das cláusulas contratuais – o que não significa necessariamente a dolarização da economia ou das formas e meios de pagamento. A formação de preços do setor de serviços, por exemplo, que estava superindexada, pode ter ficado, pelo menos por esses dois meses, atrelada a uma taxa de câmbio que se atrasou com relação aos custos.

Enquanto durou o fôlego propiciado pelo congelamento, os preços "adiantados" absorveram os aumentos de custos unitários, em alguns casos com o auxílio da recuperação das vendas. A absorção do "tarifaço" poderia, com alguma repressão adicional, durar de 60 a 90 dias. Depois disso, os atrasos foram dando origem à combinação inadministrável de desobediência e desabastecimento. As repercussões sobre custos e vendas dos aumentos salariais já contratados para os meses seguintes ajudariam a reacelerar a inflação.

Com expectativas de inflação crescente a partir do final de março, o grande desafio para o Banco Central era, como sempre, o que fazer com a taxa de juros. Aproxima-se sempre o ponto crucial em que o governo eventualmente volta ao velho dilema nesse regime de política: como a elevação (ou não) do custo do dinheiro afetaria o público, e mercados financeiros em particular, em termos de inflação esperada. Março e abril seriam meses difíceis do ponto de vista fiscal: a queda da arrecadação por conta da recessão já existente e do adiamento do recolhimento do imposto de renda era agravada pelo incentivo à postergação do pagamento de impostos, causado pela desindexação. A recuperação da arrecadação só viria com defasagem, quando a economia já estivesse reindexada, e com expectativas crescentes de taxa de inflação. Em resumo: sem câmbio defasado em relação à inflação, acabava a trégua e inviabilizava-se a taxa de juros baixa necessária para manter a desindexação.

A diferença entre a queda de braço de março de 1991 e a de setembro do ano anterior é que em 1990 o esforço na direção do ajuste fiscal era mais convincente a curto prazo, depois que o governo federal absorveu na prática, e financiou via expansão monetária, o excesso de gastos dos governos estaduais, além de enfrentar e devolver os cruzados retidos.

> *Se o governo não consegue reduzir suas necessidades globais de financiamento, que agora incluem não só o setor público federal, financeiro e não financeiro, mas também toda a parcela dos governos estaduais que têm o poder efetivo de transformar em pressão monetária seus aumentos de déficit, não há possibilidade de financiar-se a não ser com taxas de juros reais crescentes. Como não se pode operar uma economia em tal regime, novos choques tornam-se inevitáveis para liquefazer os débitos impagáveis, baixar as taxas de juros e começar tudo de novo.*
>
> *De qualquer maneira, a recuperação do nível de atividade teria de vir para que as dívidas do setor produtivo e dos consumidores gerassem ativos financeiros durante a devolução dos cruzados retidos, caso prevalecesse, como se esperava, um grau elevado de desconfiança do público com relação a títulos públicos. A recuperação da confiança veio de forma muito lenta em 1991, e mesmo assim só depois da substituição da equipe econômica, com a nomeação para a Fazenda de Marcílio Marques Moreira. Marcílio havia estabelecido uma excelente relação de confiança com as instituições de Washington, além de uma reputação pessoal de austeridade e de seriedade que eram imprescindíveis para o restabelecimento da confiança. Afinal, o governo estava desmoralizado por dois congelamentos em menos de um ano, e tinha diante de si as tarefas hercúleas de descongelar os preços, recompor as tarifas públicas, desvalorizar o câmbio, devolver os cruzados retidos em um montante de 29 bilhões de dólares – ou seja, mais do dobro da dívida mobiliária fora do Banco Central –, renegociar a dívida externa e dar ao governo uma chance de recuperar o crédito perdido junto aos poupadores, políticos e investidores internacionais*[886].

A inflação continuava aumentando, e o seu índice acumulado chegou a 400% (1991). O desemprego alcançou 5,23%, e o crescimento do PIB foi reduzido a 4,6%[887].

Enxugamento da administração-nem por isso arrefecia a disposição de Collor para enfrentar interesses ditos poderosos – a essa altura, os dos militares tinham sido incluídos na lista. Ele extinguiu o Serviço Nacional de Informações (SNI) e o projeto nuclear secreto da Marinha.

- Demarcou os mais de 9,4 milhões de hectares da reserva Yanomami, território fronteiriço com países vizinhos e, por isso, visto como de

[886] Ibidem, p. 4706, 4707.
[887] Ibidem, p. 4707.

interesse da Segurança Nacional – historiadores e demais pesquisadores brasileiros dispensam-lhe até hoje gratidão pelo referido ato.

- Determinou a facilitação do acesso aos diversos acervos de arquivos públicos[888].
- Pagou a parte de uma dívida externa dos usineiros alagoanos no valor de 85,9 milhões de dólares para o Midland Bank de Londres.
- Iniciou o Programa Nacional de Desestatização e privatizou a Usiminas.
- Demitiu 134.103 funcionários públicos, e em 1991 promulgou a Lei 8.270 (dezembro), recriando os cargos disponíveis e arruinando sua proposta anterior de enxugamento administrativo.

Publicou 184 Medidas Provisórias, 867 Decretos, 174 Leis e 98 Projetos de Lei.

4.3.2 A corrupção e a CPI (1992)

A crise se iniciou com o conflito gerado em Alagoas após a compra do Jornal *Tribuna de Alagoas* pelos amigos de P.C. Farias[889], que se chocava com os interesses de Pedro Collor, dono da Gazeta de Alagoas, e irmão do presidente.

A opinião pública, entretanto, mostrava-se muito insatisfeita com o presidente e seu governo, em especial a classe média. A maior crítica era o sacrifício de suas poupanças, sem que houvesse o fim da inflação. Uma entrevista bomba, concedida pelo irmão do presidente (e seu rival), Pedro Collor de Mello, à revista *Veja*, ajudou a complicar ainda mais a situação. Ele denunciava corrupção na administração, que não envolvia

[888] Koifman, Fabio (Coord.), Presidentes do Brasil – de Deodoro a FHC, Universidade Estácio de Sá, cit., p. 831.

[889] PC Farias era a forma como era conhecido Paulo César Cavalcante Farias (1945-1996), tido como o auxiliar mais próximo do presidente e seu testa-de-ferro desde Alagoas. Tesoureiro da campanha de Collor, PC Farias chegou a acumular cerca de US$ 1 bilhão em um caixa 2. Foi morto, ao lado da então namorada, Suzana Marcolino, na madrugada de 25 de julho de 1996. Ela teria matado o namorado e se suicidado na sequência. Até hoje o crime não foi totalmente esclarecido. Quatro seguranças que estavam no local foram levados a júri popular e absolvidos. O irmão de PC, o então deputado Augusto Farias, é que bancou a defesa deles. O crime motivou uma "guerra de laudos" entre peritos e permanece inconcluso.

somente ministros e altos funcionários, mas o próprio chefe do Executivo. O seu tesoureiro de campanha, Paulo César Farias, era um dos mais citados, mas não o único. Os principais casos de farra com o dinheiro público foram:

- SOS Estradas – liberação de 500 milhões de dólares sem licitação.
- Portobrás, envolvendo 100 bilhões de cruzeiros.
- Telebrás, envolvendo 600 milhões de dólares, em que estava envolvido Roberto Marinho da Globo (NEC).
- Previdência Social – cartelização dos fundos de pensão, envolvendo 3 bilhões de dólares (ministro Antônio Rogério Magri).
- Agricultura – isenção do pagamento do valor da correção monetária da dívida contraída por fazendeiros junto ao Banco do Brasil.
- Contratação sem licitação de agências de publicidade que trabalharam na Campanha.
- Pressão de P.C. Farias para que o Banco do Brasil desse empréstimos à Vasp (empresa privatizada), com juros mínimos.
- Concorrências superfaturadas para compra de fardas no Exército.
- Concorrências superfaturadas no Ministério da Saúde, que comprara bicicletas, mochilas, guarda-chuvas e outras mercadorias de uma empresa do Paraná.

A denúncia de corrupção de P.C. Farias, que foi considerado uma espécie de "Testa de Ferro" no governo Collor em transações irregulares gerou enorme instabilidade. Diante destes fatos foi criada uma CPI para averiguar os casos de corrupção. Em 30 de março houve uma renúncia coletiva do ministério.

O Congresso Nacional instalaria, em 26 de maio de 1992, uma Comissão Parlamentar de Inquérito (CPI) para investigar o "esquema PC". As diligências não resultavam em nada, e os ânimos já estavam fraquejando quando a revista *IstoÉ* descobriu o motorista particular da família Collor, Eriberto França, que mostrou o caminho de alguns dos depósitos feitos em contas-fantasmas usadas por Collor[890].

[890] KOIFMAN, Fábio (Coord.), *Presidentes do Brasil – de Deodoro a FHC*, cit., p. 828.

O irmão do presidente, Pedro[891], foi um dos primeiros a ratificar as acusações contra P.C. Farias na mencionada entrevista na *Veja*. O povo foi às ruas juntamente com os estudantes (caras pintadas), pedindo o *impeachment* de Collor.

O impeachment de Fernando Collor de Mello, o primeiro do Brasil e da América do Sul, se iniciou em 29 de setembro de 1992, concluindo-se em 29 de dezembro daquele ano. No processo, os parlamentares chegaram à conclusão que o presidente era culpado de crimes de corrupção e fraudes fiscais. O esquema teria arrecadado R$ 15 milhões, desviados ilegalmente em benefício de algumas das mais poderosas figuras da República, entre elas o presidente. Entre os ouvidos na Comissão Parlamentar de Inquérito (CPI) organizada para investigar as denúncias estavam a ex-secretária do presidente, Ana Acioli, e o ex-motorista Eriberto França, que confirmaram as acusações. Collor foi condenado na Câmara por 441 votos (eram necessários 336) ante 38. No Senado, foram 76 a 3. O presidente já havia renunciado ao cargo, mesmo assim perdeu por oito anos seus direitos políticos, até 2000[892].

As apurações da CPI se comprovaram no seu relatório final (26/08/1992), e foi instituído o processo de *impeachment*[893] pelo Congresso

[891] "O que o irmão revelou foi a existência de uma estrutura de extorsão pela qual os empresários eram obrigados a pagar propinas como condição para fechar negócios com o governo. O responsável pela operação, segundo Pedro Collor, era Paulo César Farias – o 'PC' –, mas acima dele estaria o próprio presidente da República. A denúncia do chamado 'esquema PC' surgiu no momento em que Collor tentava recuperar a imagem do governo, atraindo figuras de alta reputação profissional e ética, como Marcílio Marques Moreira, o político Célio Borja e o cardiologista Adib Jatene, que aceitaram ocupar os ministérios da Economia, da Justiça e da Saúde, respectivamente. Era o 'Ministério Ético', para o qual também foi chamado o Senador Fernando Henrique Cardoso, do Partido da Social Democracia Brasileira (PSDB). Foi a corrente liderada por Mário Covas em São Paulo que impediu o senador do PSDB de integrá-lo, ponderando que o partido deveria permanecer na oposição. Se não fosse esse o caminho escolhido, dificilmente Fernando Henrique se elegeria presidente da República na campanha sucessória de 1994". KOIFMAN, Fábio (Coord.), *Presidentes do Brasil*, cit, p. 831, 832.

[892] Collor atualmente (2020) é senador de Alagoas pelo PROS.

[893] "A partir daí, tanto a produção de provas consistentes quanto a pressão popular tornavam o processo de afastamento de Collor irreversível. No feriado de 7 de setembro, Collor conclamou o povo a se vestir de verde e amarelo, como sinal de amor à pátria e de

Nacional. O vice-presidente (Itamar Franco) assumiu interinamente em 2 de outubro. Fernando Collor, para não ser cassado, renunciou em 29 de dezembro de 1992 antes de o Senado decretar o *impeachment*. Itamar Franco assumiu em definitivo a presidência.

4.4 Itamar Augusto Cautiero Franco (de 02-10-92 a 01-01-95) - de crítico de Collor a presidente

Itamar Franco (1930-2011) era mineiro, mas foi registrado na Bahia, devido ao fato de ter nascido na costa baiana em um navio. Formou-se em engenharia civil e eletrotécnica na Universidade Federal de Juiz de Fora. Participou da política estudantil, trabalhou no IBGE, no DNS, no SESI, foi prefeito de Juiz de Fora (MDB-1966), Senador (1974) e vice-presidente de Collor em 1989. Era nacionalista e defendeu a normalidade constitucional. Itamar Franco esteve interinamente à frente da presidência entre 2 de outubro de 1992 e 29 de dezembro de 1992, data esta em que houve a renúncia de Collor e o início do governo do mineiro. Itamar, cuja carreira política foi construída em Minas Gerais, assumiu o mandato presidencial em um momento especialmente complexo, até com a forma de governo e o sistema político, república ou monarquia, presidencialismo ou parlamentarismo, sendo questionadas. O cenário econômico e social, por sua vez, não estimulava nenhuma forma de otimismo, com recessão prolongada, inflação em alta e o pessimismo da população diante da corrupção instalada no governo Collor. O novo presidente teria que domar a crise e oferecer um governo minimamente eficiente. Em declarações, ainda como interino, diria que vivia um enorme desafio:

reação às tentativas de derrubá-la. A resposta foi uma multidão trajando roupas pretas em protesto contra o presidente. Os jovens, que havia anos se mostravam insensíveis à política, passaram a fazer passeatas com os rostos pintados – não como Collor queria, mas de verde e amarelo, pedindo o afastamento do presidente. Eram os "caras- pintadas". No dia 29 de setembro de 1992, quando o Senado se preparava para julgar o presidente da República, Collor – enfim convencido de que não tinha a menor chance de ser absolvido – renunciou. Tentava com esse gesto abortar o julgamento e livrar-se da pena de cassação dos direitos políticos a que se sujeitava. Os senadores, porém, entenderam que a renúncia não tinha efeito depois de iniciado o processo e o tornaram inelegível até ao ano de 2000. Cassado, o 'Caçador de Marajás' deixou o Palácio do Planalto sob os gritos de 'Ladrão, ladrão!' Hoje, é senador por Alagoas. Ibidem, p. 832.

> *"Assumo na esperança de que possamos realizar um governo (...) dentro da normalidade democrática e na certeza de que temos que estar atentos ao Congresso Nacional e, particularmente, à reivindicação nas ruas (...). Espero (...) poder cumprir fielmente aquilo que sempre preguei na vida pública"*[894]. (Jornal do Brasil – 2-10-1992)

Depois, por ocasião de sua posse, quando foi intensamente aplaudido por estudantes, parlamentares, ministros, embaixadores e convidados que lotavam o recinto, na sequência de intensas manifestações populares pelo afastamento de Collor, assim se pronunciou:

> *"Nos quase três anos em que se proclamou a falsa modernidade como programa de governo, o resultado representou alguns passos atrás na economia do país (...) o lema da modernidade, tão proclamada, empobreceu o país em 10% em apenas 30 meses. (...) Trata-se, senhores, de uma ilusão, de um pesadelo, do qual devemos despertar, mas dele não despertaremos com choques. Garantiremos a estabilidade das regras econômicas e asseguramos que não serão tomadas decisões arbitrárias.*
> *Prosseguiremos sem açodamento, mas sem pausas, a privatização de empresas estatais. Todos nós queremos modernizar o País e o modernizaremos sem empobrecer a classe média e sem agravar o sacrifício dos trabalhadores.*
> *Este será um governo honrado (...). Pretendo dizer com poderes quase imperiais para começar a era da responsabilidade dividida de fato"*[895].

As propostas de Itamar para a governabilidade foram:

- Responsabilidade e honradez do governo, de acordo com princípios éticos.
- Modernização da economia, mas sem prejudicar os trabalhadores nem empobrecer a classe média.
- As estatais em condição temerária seriam vendidas sem açodamento para evitar prejuízo ao erário.
- Combate aos juros altos dos bancos – reduziu as taxas de 30% para 20% durante o governo interino.
- Seleção de gastos públicos.

[894] Koifman, Fábio (Coord.), *Presidentes do Brasil – de Deodoro a FHC*, cit., p. 848.
[895] Abreu, Alzira Alves de et al (Coord.) – *Dicionário Histórico – Biográfico Brasileiro: pós – 1930*. pág. 2332.

- Respeito à dívida externa – cumprimento dos contratos.
- Propagou mudança na mentalidade empresarial, que deveria colaborar com o progresso social e não com o lucro da sua empresa.
- Procurou baixar os preços dos alimentos, dos remédios e bens de consumo.
- Na política externa propôs a integração do Cone Sul e defendeu a "estrita reciprocidade".
- Propôs uma revisão constitucional com melhor distribuição de encargos entre União, Estados e Municípios.
- Projetos de Lei importantes para a nação, tais como: concessão de serviços públicos, modernização dos portos às licitações e a prosperidade industrial, a reforma partidária e o plebiscito sobre presidencialismo ou parlamentarismo.
- Discussão sobre o papel das "Forças Armadas" e as verbas fundamentais para o seu funcionamento.

Ao formar sua equipe, recorreu basicamente ao seu grupo de Juiz de Fora – uma das exceções foi Fernando Henrique Cardoso, instalado no Ministério das Relações Exteriores[896].

Plebiscito – Em 21 de abril de 1993 realizou-se um plebiscito[897] para dirimir as dúvidas sobre a forma de governo (monarquia x república) e o sistema de governo (presidencialismo x parlamentarismo), tendo vencido a forma republicana e o sistema presidencialista. Em suma, venceu a tendência centralizadora da política brasileira, ou seja, o presidencialismo, com 57% dos votos ou 36,7 milhões de votos.

4.4.1 Economia

A primeira necessidade para garantir a continuidade do governo interino era reforçar o Tesouro com urgência. A solução encontrada foi a criação

[896] Ibidem, p. 850.

[897] Saliente-se que, a título histórico, houve também um plebiscito para consultar a vontade popular sobre o sistema de governo, se parlamentar ou presidencial, no governo de João Goulart, em 1963, depois da crise da renúncia de Jânio Quadros, em que se decidiu pelo presidencialismo. *Vide* Koifman, Fábio, *Presidentes do Brasil – de Deodoro a FHC, cit.*, p. 849.

do Imposto Provisório sobre Movimentação Financeira (IPMF), enviado ao plenário da Câmara dos Deputados no dia 9 de dezembro daquele ano de 1992. Com Itamar o imposto sobre o cheque era calculado em 0,25%, para todos os cheques emitidos até dezembro de 1994[898].

O primeiro Plano Econômico foi de Paulo Hadad e propunha o combate à miséria; criação de empregos; luta contra a inflação por meio de ajuste fiscal; e retomada do crescimento.

O Plano Real e a inflação – A inflação era galopante. Fernando Henrique encontrava-se em Nova York quando Itamar o nomeou para o Ministério da Fazenda (21-5-1993).

Em 1994, para estabilizar a economia, o então ministro da Fazenda coordenou inicialmente os trabalhos do chamado Plano Real, este formulado por um grupo de economistas, com o aval do presidente[899].

[898] O IPMF foi finalmente aprovado na Câmara no dia 20 de janeiro de 1993, estabelecendo taxa de 0,25% sobre todos os cheques emitidos e outras movimentações de dinheiro no sistema bancário. Teve apoio de 358 parlamentares, enquanto 84 votaram contra e dois se abstiveram. O economista e ex-ministro da Fazenda Roberto Campos, então Deputado do Partido Democrático Social (PDS) pelo Rio de Janeiro, criticou o imposto, classificando-o de "adulterino e adulterado". *Vide* Koifman, Fábio, *Presidentes do Brasil – de Deodoro a FHC*, cit., p. 849.

[899] "Duas características básicas podem ser identificadas no Plano Real dentro da sequência de tentativas de estabilização da economia brasileira, depois da crise da dívida externa do início da década de 1980. Uma característica foi a intenção deliberada de fugir aos movimentos bruscos e do elemento surpresa que fizerám a glória e o fracasso de seus antecessores, e que atingiram o paroxismo no Plano Collor. A segunda característica foi a insistência da equipe no governo em anunciar o plano como uma estratégia multifásica de estabilização, da qual a reforma monetária seria apenas um momento, e não necessariamente o mais importante. Essas duas características tinham o objetivo de desarmar os espíritos dos agentes econômicos, que tinham se habituado a associar programas de estabilização a perdas súbitas de direitos. O comportamento defensivo contra os choques anti-inflacionários exacerbava conflitos e acelerava a inflação ao gerar corrida contra a moeda, aumentando, a cada tentativa, os custos dos programas de choque e diminuindo as chances de sucesso em programas baseados em desindexação. A concepção de uma sequência de etapas permitiria certa flexibilidade para a correção dos erros inevitáveis dos programas de choque, mas, ao mesmo tempo, se tornaria compatível com a construção de uma imagem de serenidade na reinstitucionalização da política econômica, que seria útil para minimizar os custos da estabilização em termos de perdas bruscas de crescimento econômico e de desemprego. A primeira etapa foi a construção de algum espaço para

Destaque-se que o marco da instituição do referido plano foi a edição da Medida Provisória n. 434, de 27 de fevereiro de 1994, que, entre outras disposições, instituiu o Programa de Estabilização Econômica, o Sistema Monetário Nacional e a Unidade Real de Valor (URV).

Dias antes, em 24 de fevereiro do mesmo ano, em reunião do Ministério convocada por Itamar e televisionada para todo o País, foi apresentado o "Plano de Estabilização Econômica" do governo para combater a inflação, promover o ajuste fiscal e zerar o déficit público. A máquina de arrecadação foi aperfeiçoada para reduzir a sonegação de impostos. Paralelamente, estabeleceu-se um programa de aumento da receita: empresas públicas e privadas, assim como seguradoras e sociedades financeiras passaram a pagar a denominada Contribuição Social sobre o Faturamento (Cofins), além de que todos já estavam sujeitos ao IPMF[900].

Itamar Franco presidiu todas as reuniões econômicas para a formulação do plano e teve ampla participação nelas. Quando Fernando Henrique foi empossado na pasta da Fazenda, convencido de suas limitações na área, ele prometeu compensá-las com uma equipe competente e muita articulação política: "ministro da Fazenda no Brasil de hoje tem que ser pessoa capaz de entender o conjunto e ter forte capacidade política negociadora"[901].

Considerado o mais bem-sucedido de todos os planos emergenciais lançados nos últimos anos para combater a inflação, o de Itamar Franco surgiu no momento em que se combinaram condições políticas, históri-

a política fiscal. Diante do irrealismo óbvio que seria tentar fazer uma reforma fiscal de profundidade sem conhecer as necessidades de financiamento do governo por detrás do véu da inflação elevada, optou-se por obter um mínimo de desvinculação entre despesas e receitas orçamentárias a partir da criação do chamado Fundo Social de Emergência (FSE). A segunda foi anunciar uma sequência de reformas que envolveria a Previdência Social, e os componentes administrativo e patrimonial, com a finalidade de construir um horizonte plurianual no qual fosse possível se obter uma redução consistente das necessidades de financiamento inflacionário do governo. A terceira foi a introdução de uma moeda de conta indexada capaz de, através de um mecanismo de operacionalidade simples, permitir uma recuperação mínima da percepção de preços relativos". *Vide* Carneiro, Dionísio Dias (colab.especial). *In* Abreu, Alzira Alves de *et al* (Coord.). *Dicionário histórico-biográfico brasileiro: pós-1930*, cit., p. 4712.

900 Koifman, Fábio (Coord.), *Presidentes do Brasil – de Deodoro a FHC*, cit., p. 850.

901 Ibidem, p. 850.

cas e econômicas propícias para permitir que o governo brasileiro lançasse, no final de 1993, as bases de um programa de longo prazo[902]. O novo plano seria beneficiado, também, pelo conhecimento do que deu errado nos anteriores.

Em retrospecto, cumpre lembrar que no dia 28 de julho de 1993, com três zeros a menos, o cruzeiro sofreu a sexta mudança desde sua adoção em 1942, passando a chamar-se cruzeiro real. Restabeleceu-se o "gatilho salarial" – dispositivo utilizado pela primeira vez no governo Sarney, pelo qual os salários (congelados por um ano junto com os preços) eram automaticamente reajustados sempre que a inflação atingia ou ultrapassava 20%[903]. Quanto aos rumos do plano de estabilização econômica, em 15 de setembro de 1994, por sete votos a três, o Supremo Tribunal Federal derrubou o IPMF, considerado inconstitucional. O imposto deixou de ser cobrado, mas o contribuinte tinha de recorrer à Justiça para receber o dinheiro de volta[904].

A equipe de Fernando Henrique formulou uma estratégia complexa para combater a inflação. Primeiro, descartou qualquer tratamento de choque, como congelamento de preços ou salários. Segundo, delineou um orçamento equilibrado para 1994 que o Congresso aprovou. Terceiro, criou uma transição em dois estágios para uma nova moeda. O primeiro estágio, que começou em março de 1994, deveria durar quatro meses e envolvia a criação de uma nova unidade de valor, a URV (Unidade Real de Valor), para a qual todos os valores prévios foram convertidos. Enquanto isso, o cruzeiro continuava como moeda, criando assim um conjunto dual de preços. O objetivo aqui era forçar o público a parar de pensar nos valores da moeda que historicamente se havia desgastado tão rapidamente. Este deveria ser também o estágio para a diminuição da "inflação inercial" (a inflação que se autossustentava, sem nenhuma nova pressão inflacionária) que, como todos os observadores concordavam, havia feito do aumento de preços um fenômeno autorreprodutor.

[902] Ibidem, p. 850.
[903] Ibidem, p. 851.
[904] Ibidem, p. 851.

O segundo estágio, que começou em 1º de julho, foi a introdução de uma nova moeda, o real. Para reforçar esse avanço, o governo adotou uma taxa cambial sobrevalorizada e impôs altas taxas de juros reais. A primeira medida era para combater a inflação (como importações baratas) e a segunda, evitar o tipo de *boom* descontrolado no consumo que havia ocorrido sob o Plano Cruzado. Também programada estava a eliminação gradual da indexação no decorrer do ano seguinte. Finalmente, permitiu-se que os trabalhadores negociassem aumentos salariais em URVs. Graças, em parte, à economia forte e a uma boa colheita no segundo semestre de 1994, os salários reais não caíram (como ocorrera durante praticamente todas as tentativas anteriores de estabilização), mas, ao contrário, mostraram aumento.

A inflação começou a cair imediatamente, indo de 929% em 1994 para 22% em 1995. Os consumidores provocaram um *boom* de consumo. O último trimestre de 1994 e o primeiro de 1995 viram um aumento da produção industrial (14% para este último período, quando o PIB cresceu 10,4%), com a inflação continuando em queda. Em dezembro ela havia alcançado uma média mensal de apenas 0,96%. Obviamente, havia considerável excesso de capacidade em meados de 1994. No início de 1995 o sucesso a curto prazo do Plano Real estava assegurado.

As medidas eram monetaristas, tanto é que a nova moeda implantada pelo Plano, o Real, levou seis meses para chegar às mãos dos brasileiros. Nesse período, a população conviveu com duas moedas: o cruzeiro real e a Unidade Real de Valor (URV), criada em 27 de fevereiro de 1994, uma espécie de moeda indexada ao dólar americano. Foi o "golpe de gênio" do Plano, segundo o jornalista Márcio Moreira Alves. Em 10 de março, a URV entrou em vigor, valendo CR$ 647,50, preço do dólar nesse dia. Segundo argumentou o candidato Fernando Henrique Cardoso, a situação naquele momento era de "orçamento equilibrado, reservas cambiais de US$ 34 bilhões, negociação praticamente concluída com os bancos credores privados e acordo fechado sobre a dívida dos governos estaduais e municipais"[905].

[905] Ibidem, p. 851.

4.4.2 Orçamento, CPI e Projeção de FHC

Na época, quanto ao orçamento, emendas parlamentares dispuseram sobre a alteração de gastos orçamentários e propuseram onde os recursos seriam aplicados, havendo autorização final do plenário do Congresso Nacional.

As subvenções sociais eram, geralmente, acolhidas pelos ministros, que recebiam as listas em suas respectivas pastas, acolhendo as indicações das entidades particulares e prefeituras que deviam receber a verba proposta. Ocorre que o parlamentar proponente da emenda recebia uma porcentagem do dinheiro, e até os ministros poderiam receber essa propina. Havia emendas introduzidas ilegalmente no orçamento federal. As empreiteiras, também, entraram nesse jogo, pois com a proposta de obra para governadores e prefeitos em suas regiões pelas emendas parlamentares "aprovadas", acabavam dando propina de 5% a 20% do valor total para deputados, bem como a outros envolvidos. Diante desses fatos, houve denúncias sobre o que estava acontecendo no orçamento geral da União.

Criou-se uma CPI em 20 de outubro de 1993, que se prolongou até 1994, para apurar as responsabilidades de empreiteiras, parlamentares e funcionários, sendo, ao final, proposta a cassação de 18 parlamentares, a investigação de outros 14, de forma que alguns deputados renunciaram para evitar o julgamento. Posteriormente, foi aprovada outra CPI somente para investigar as empreiteiras.

FHC – A queda da inflação criou uma imagem favorável de FHC, que se viabilizou como candidato à Presidência. O seu partido, o PSDB[906], conseguiu uma aliança com o PFL que acabou facilitando a sua vitória. O vice era Marco Maciel (PFL). Para candidatar-se, Fernando Henrique havia deixado o Ministério. Seu substituto na Fazenda, o embaixa-

[906] No dia 17 de outubro, o Partido da Social Democracia Brasileira (PSDB) lançou a candidatura de Fernando Henrique Cardoso para Presidente da República. Segundo Itamar Franco, ele era seu candidato à sucessão desde quando o havia nomeado para a Fazenda. Chegara a discutir várias vezes a ideia com o líder do governo no Senado, o político gaúcho Pedro Simon (PMDB), que achava "uma loucura" Fernando Henrique sair do Ministério para concorrer, depois do lançamento do Plano Real. *Vide* Koifman, Fábio, *Presidentes do Brasil – de Deodoro a FHC*, cit., p. 852.

dor Rubens Ricúpero, protagonizou o momento mais constrangedor do governo Itamar – o "Episódio da Parabólica". Nos bastidores da TV Globo, onde estava para uma entrevista ao jornalista Carlos Monforte, a conversa do ministro foi inadvertidamente posta no ar antes da hora, sendo captada por receptores equipados com antena parabólica. O conteúdo era explosivo, pois dava conta de que o governo estava manipulando a opinião pública com o objetivo de eleger Fernando Henrique. "O que é bom a gente fatura; o que é ruim, esconde", disse Ricúpero, referindo-se à tática de esconder informações sobre a economia, sob a vigência, naquele momento, do recém-lançado "Plano Real". O ministro pediu demissão de imediato, sendo substituído por Ciro Gomes.

4.4.3 A eleição

Na campanha de FHC priorizaram-se temas como saúde, educação, segurança, habitação e agricultura. Foi apoiado pela coligação PFL, PTB e PPB. Adversários: Lula (PT), Enéas Carneiro (PRONA), Orestes Quércia (PMDB), Brizola (PDT), Esperidião Amim (PPR), Carlos Antonio Gomes (PRN) e Hernani Fortuna (PSC)[907].

Fernando Henrique foi eleito logo no primeiro turno do pleito de 3 de outubro de 1994 com 34.377.198 votos, que representavam 54,3% do total[908] de votos válidos, contra 17.122.127 (27%) dados a Lula (PT). Os outros candidatos obtiveram os seguintes resultados: Enéas Ferreira Carneiro, do Prona, ficou com 7,38% (4.672.026 votos); Orestes Quércia, do PMDB, com 4,38% (2.773.93 de votos); Leonel Brizola, do PDT, com 3,18% (2.016.386 de votos); Esperidião Amim, do PPR, com 2,75% (1.740.210 votos); Carlos Antônio Gomes (PRN), 0,61% (387.738 votos); e Hernani Fortuna (PSC), 0,38% (238.197 votos)[909].

FHC foi eleito pela URV (Unidade de Referência de Valor), ou seja, graças ao plano econômico engendrado pelos economistas Persio Arida, André Lara Resende, Francisco Lopes, Gustavo Franco, Pedro Malan, Edmar Bacha e Winston Fritsch. A URV, espécie de valor monetário transitório entre a moeda então vigente (o cruzeiro) e a que seria implantada

[907] KOIFMAN, Fábio (Coord.), *Presidentes do Brasil – de Deodoro a FHC*, cit., p. 873.

[908] Ibidem, p. 874.

[909] Ibidem, p. 874.

(o real), permitiu que a inércia inflacionária – processo em que a inflação se alimenta dela mesma, num ciclo sem fim – viesse a ser cortada sem choques ou surpresas ou congelamentos de preços ou confiscos, como os tentados em planos anteriores[910]. A oposição, liderada pelo candidato do Partido dos Trabalhadores (PT), Luiz Inácio Lula da Silva , apostou contra o "Plano Real", e a eleição tomou ares plebiscitários: quem era a favor do Plano votava em Fernando Henrique Cardoso; quem era contra, votava nos candidatos oposicionistas. Assim foi selada a vitória de FHC.

4.5 Fernando Henrique Cardoso (FHC) (01-01-1995 a 01-01-1999). Vice: Marco Maciel – primeiro mandato – do Real à reeleição

Carioca, filho de militar (o general Leônidas Fernandes Cardoso), nascido em 18 de junho de 1931, veio para São Paulo em 1940. Formou-se em Sociologia (1952), foi orientado pelo professor Florestan Fernandes, e lecionou na Faculdade de Economia da USP. Depois, foi assistente do professor Roger Bastide na cadeira de sociologia da USP e de Florestan Fernandes. Realizou o curso de pós-graduação na universidade de Paris a convite do professor Alain Tourraine (1962).

Após o golpe de 1964, trabalhou no CEPAL (no Chile). Lecionou em Paris, voltando ao Brasil em 1968, quando prestou o concurso para professor catedrático da USP. Com o AI5 foi proibido de lecionar (1969), acusado de subversão e obrigado aposentar-se. Montou o CEBRAP (Centro Brasileiro de Planejamento) e ministrou palestras em diversos países.

A partir de 1972, passou a colaborar com diversos jornais e revistas (Opinião-Movimento-Argumento). Foi detido pela OBAN (Operação Bandeirante) em 1975 e, liberado, foi lecionar nos EUA e Inglaterra.

De volta ao Brasil (1978), filiou-se ao MDB e disputou o cargo de senador contra Franco Montoro, ficando na suplência. Após as eleições nacionais (1982), como Montoro foi eleito governador assumiu a cadeira de senador (1983). Participou do Movimento "Diretas Já". Foi líder de Sarney no senado e candidato a prefeito de SP contra Jânio Quadros (1985).

Perdeu a eleição para prefeito com 1% de diferença de Jânio Quadros. Em 1986 foi reeleito para senador. Redigiu o regimento interno

[910] Ibidem, p. 874.

da Assembleia Constituinte e liderou o PMDB até 1988, quando participou da fundação do PSDB. Em 1992, assumiu o Ministério das Relações Exteriores no governo Itamar, e, em seguida Ministério da Fazenda (1993), quando foi criado o "Plano Real", que derrubou a inflação de 80% vigente no Brasil. Fernando Henrique Cardoso assumiu a Presidência da República em 10 de janeiro de 1995, com a inflação abaixo de 3%. Logo que entrou no salão nobre, Cardoso ergueu o braço direito do presidente Itamar Franco e, sob os aplausos dos convidados, ambos atravessaram o salão de mãos dadas até o parlatório. Ali foi feita a passagem da faixa presidencial num clima de harmonia, que não demoraria a apresentar acordes dissonantes[911]. Foi apoiado por uma coligação da qual, além do PSDB, faziam parte o Partido da Frente Liberal (PFL), o Partido Trabalhista Brasileiro (PTB) e o Partido Progressista Brasileiro (PPB)[912].

A aliança com três partidos considerados "de direita" – especialmente com o PFL – deu espaço a acusações de que Fernando Henrique estaria traindo suas próprias convicções e que, de marxista convertido à social-democracia,, tornara-se naquele momento a própria encarnação do neoliberalismo[913]. A contribuição da máquina eleitoral do PFL – principalmente no Nordeste, em que se inclui a Bahia, controlada pelo então senador Antônio Carlos Magalhães (PFL) – era tida, porém, como fundamental para a eleição de um candidato que, embora dono de grande popularidade, tinha atrás de si um partido – o PSDB – que, criado seis anos antes, dispunha de estrutura ainda incipiente[914].

Mas a sigla que definiu a vitória de FHC não foi a de nenhum dos partidos que o apoiaram, mas a URV (Unidade de Referência de Valor), engenhosa criação de um grupo de economistas de que, em 1993, o então ministro da Fazenda de Itamar Franco, Fernando Henrique Cardoso, se fez cercar e em que se incluíam Pedro Malan (que viria a ocupar o Ministério da Fazenda), Edmar Bacha (que se tornou presidente do BNDES), André Lara Resende (que também viria a ocupar a presidência do BNDES), Pérsio Arida (primeiro presidente do Banco Central no

911 Ibidem, p. 852.
912 Ibidem, p. 873.
913 Ibidem, p. 873.
914 Ibidem, p. 873.

governo FHC) e Gustavo Franco (que também ocupou a presidência do Banco Central)[915].

4.5.1 Principais medidas governamentais

Ao assumir, o plano econômico já tinha conseguido a estabilização dos preços e a contenção da inflação. A moeda estava forte e estabilizada. Adotando os princípios do neoliberalismo, o presidente começou a privatizar as estatais e consolidar o processo de abertura do mercado nacional aos produtos estrangeiros.

Era necessário enfrentar as reformas sociais. Nas áreas de habitação, saneamento básico e abastecimento de água, os investimentos necessários chegavam a R$ 50 bilhões. O déficit habitacional herdado por FHC chegava a 12 milhões de moradias, cuja construção não exigiria menos de R$ 30 bilhões, mas para isso havia apenas R$ 340 milhões no orçamento de 1995. Mais de 20 milhões de brasileiros não eram servidos por rede de abastecimento de água e mais de 78 milhões por rede de esgoto quando FHC assumiu a Presidência, e seriam precisos quase R$ 20 bilhões para atendê-los, quando a previsão orçamentária para o saneamento básico era de pouco mais de R$ 500 milhões[916].

A esperança de que a chamada "dívida social" fosse enfrentada com empenho pelo governo Fernando Henrique Cardoso alimentava-se da trajetória política do presidente – sempre ligada à "esquerda" – e da vitória sobre a inflação, que antes corroía qualquer esforço que se fizesse para resgatá-la[917].

Programa Comunidade Solidária (prenúncio do Bolsa Família) – Presidido pela primeira-dama Ruth Cardoso, assim como Fernando Henrique uma intelectual respeitada, foi a resposta de FHC às denúncias de corrupção e de "assistencialismo eleitoreiro" dos programas de socorro aos mais pobres. Embora a política de atendimento passasse a envolver as próprias comunidades na distribuição dos recursos, ao lado de outras alterações profundas, o programa recebeu verbas curtas: em 1995, R$ 800 milhões, o que daria R$ 2,08 ao mês para cada um dos 30 milhões de bra-

[915] Ibidem, p. 873.
[916] Ibidem, p. 875.
[917] Ibidem, p. 875.

sileiros que viviam abaixo da linha da pobreza. O presidente foi acusado de relegar a questão social a segundo plano[918]. O Programa Comunidade Solidária foi o prenúncio do Bolsa Família, instituído posteriormente no primeiro mandato do Presidente Lula.

Contudo, sempre questionado, Fernando Henrique respondia com o argumento de que o controle da inflação era a mais eficaz política social, sem a qual nenhuma outra teria efeitos, e que a expansão maior dos gastos públicos traria de volta o processo inflacionário e, com ele, a falência de qualquer esforço de redistribuição de renda[919]. A administração enfrentaria, também, a crise financeira do México em dezembro de 1994 – primeiro sinal de que as perspectivas de crescimento econômico mundial não estavam livres de grandes sustos – contaminou as economias dos chamados "mercados emergentes" e reforçou a atenção dedicada pelos economistas do governo à saúde financeira do País, em prejuízo dos investimentos sociais[920].

Proer – Foi nesse contexto que se criou o polêmico "Programa de Estímulo à Reestruturação e ao Fortalecimento do Sistema Financeiro Nacional" (Proer) – um fundo de financiamento a juros subsidiados para projetos de fusões e incorporações de instituições bancárias, uma tentativa de evitar falências no sistema[921]. Em 1995, foram registradas vitórias governistas em votações delicadas no Congresso, como as emendas constitucionais que permitiram a quebra dos monopólios estatais do petróleo, do gás canalizado, da navegação de cabotagem e das telecomunicações, além da que acabou com a distinção entre empresas nacionais e estrangeiras, mas as reformas que mais profundamente influiriam nas contas públicas – a tributária, a administrativa e a previdenciária – continuaram paralisadas[922].

Se, por um lado, o desemprego de mais de 1 milhão de pessoas em idade ativa evidenciava-se assustador, por outro, a estabilidade da moeda resistia bem a seu primeiro grande teste – a crise do México, que explodira no fim de 1994. Em pesquisa feita pelo Datafolha em dezembro de

918 Ibidem, p. 876.
919 Ibidem, p. 876.
920 Ibidem, p. 876.
921 Ibidem, p. 876.
922 Ibidem, p. 876.

1995, 41 % dos entrevistados disseram considerar o governo de Fernando Henrique Cardoso bom ou ótimo – mais do que em seu primeiro mês no cargo, quando obtivera a aprovação de 36% dos entrevistados pelo mesmo instituto[923].

Previdência Social – O ano de 1996 foi quase todo consumido em batalhas políticas em torno das reformas da Previdência e da Administração, que encontrou resistências. Os últimos meses desse mesmo ano reservariam ainda outros debates, que marcariam 1996 como um ano de desgaste da imagem de Fernando Henrique Cardoso: as discussões sobre a aprovação da Emenda Constitucional- votada no início de 1997 – que permitiria a reeleição do próprio presidente, de governadores e de prefeitos[924].

O mesmo governo que, no primeiro ano, havia conseguido aprovar cinco importantes reformas à Constituição foi incapaz, no ano seguinte, de fazer andar as reformas previdenciária, administrativa e fiscal, destacadas desde a campanha como vitais para o País. Um dos fatores apontados para a demora na tramitação de assuntos considerados urgentes foi a transferência dos empenhos da base governista para a aprovação da emenda da reeleição. Mas é inegável que o assunto contou com a forte resistência de setores que não tinham interesse em aprovar as mudanças[925]. Aliás, nem o próprio governo demonstrou interesse nessas questões.

Reeleição – O presidente sempre dizia que não interferiria na decisão a ser tomada pelo Congresso em relação à própria reeleição. No entanto, até mesmo a ação dos líderes parlamentares governistas em favor da emenda o desmentia. Logo, apareceram na imprensa denúncias sobre uma fita grampeada, cuja origem era atribuída a um certo "mister X", em que os deputados Ronivon Santiago e João Maia diziam ter recebido R$ 200 mil do ministro das Comunicações de FHC, Sérgio Motta, pelos seus votos em prol da reeleição. Toda essa especulação se baseava em um comentário grampeado de um dos parlamentares, que na oportunidade teria dito "o Sérgio acertará isso"[926].

923 Ibidem, p. 877.

924 Ibidem, p. 877

925 Ibidem, p. 877.

926 KOIFMAN, Fabio (Coord.), Presidentes do Brasil – de Deodoro a FHC, Universidade Estácio de Sá, cit., p. 877. No seu livro, *O príncipe da privataria* (Geração Editorial, 2013)

Na edição de 21 de maio de 1997 da revista *Veja* – às vésperas da aprovação da emenda da reeleição –, o articulista Roberto Pompeu de Toledo referiu-se às denúncias de compra de votos e seus reflexos sobre FHC:

> *Como pode isso acontecer? É que no meio do caminho havia uma pedra, havia uma pedra no meio do caminho. Uma pedra dura, áspera, pontuda, cheia de perigos, que o Presidente confundiu com uma pepita de ouro. Essa pedra chamava-se reeleição, ou a possibilidade de reeleição. Há um Fernando Henrique antes e um depois dessa pedra. No momento em que se deixou seduzir por ela, atrapalhar-se e cegar por ela, produziu-se um corte na percepção das pessoas que o observavam, de longe ou de perto*[927].

A emenda da reeleição, uma situação inédita na política brasileira, acabaria, enfim, aprovada em junho de 1997. O presidente e seu vice, Marco Maciel (PFL), em uma situação também incomum, não precisaram se desincompatibilizar dos seus cargos para concorrer às funções. Permaneceram à frente do Executivo, significando uma grande vantagem ante seus adversários, que nem tinham como reclamar. Na área social, não houve muita preocupação. Foi registrada uma grande queda de qualidade nos serviços públicos, com o sucateamento da saúde, segurança pública e crise na educação.

Sintetizando, a situação do período era a seguinte:

- A Comunidade Solidária caracterizava-se por assistencialismo que não resolvia a miséria social.

o autor, o jornalista Palmério Dória, identifica o Mister X como o empresário acreano Narciso Mendes, que teria gravado os deputados que aceitaram a propina de R$ 200 mil do grupo de FHC para votar por sua reeleição. Eles teriam sido comprados pelo então governador do Acre, Orlei Camelli, e pelo do Amazonas, Antonino Mendes, ambos aliados do presidente. Depois de gravar os parlamentares, Mendes, que é dono da retransmissora do SBT no Acre, teria repassado a fita ao jornalista Fernando Rodrigues, que a reproduziu na *Folha de S.Paulo*, revelando um dos maiores escândalos do governo tucano. O caso acabou arquivado pelo procurador-geral da República (conhecido como engavetador-geral da República), Geraldo Brindeiro da Silva, p. 142.

927 Koifman, Fábio (Coord.), *Presidentes do Brasil*, cit., p. 878.

– A Previdência Social foi alterada, mas trazendo prejuízo para os seus usuários com a modificação das regras da aposentadoria.

Denúncias – Foi também o ano do "escândalo do SIVAM" (Sistema de Vigilância da Amazônia), em que escutas telefônicas clandestinas das conversas de um assistente diplomático do governo levantaram suspeitas de corrupção na concorrência, realizada no mandato do presidente Itamar Franco. Como não se conseguisse chegar a provas para essa e outras acusações de corrupção contra integrantes do governo FHC, começava-se a falar do "efeito teflon"- as denúncias não chegavam a "colar" na figura do presidente[928].

Mesmo que se desconsiderassem as suspeitas de corrupção, Fernando Henrique Cardoso receberia a crítica de ter sido um presidente que pôs em segundo plano reformas importantes para o País na busca da aprovação de uma emenda que tinha estreita relação com o interesse pessoal do próprio FHC[929].

Privatização – Uma das principais críticas da oposição foi em relação às privatizações de empresas estatais feitas no governo FHC. Elas tinham gerado verdadeiros escândalos, pois as estatais foram praticamente doadas para a área privada à guisa de melhoria do serviço público e do pagamento da dívida externa. Alguns exemplos são:

- A Companhia Siderúrgica Nacional (CSN) foi leiloada por R$ 1,0 bilhão em "moedas podres", vendidas pelo BNDES pela metade do seu valor e pagamento em 12 anos.
- Telebrás – as empresas telefônicas foram leiloadas por 8,8 bilhões, e o governo investiu antes da venda 21 bilhões em obras diversas e houve fornecimento de empréstimos aos compradores para o pagamento no leilão.
- Companhia Vale do Rio Doce – vendida por U$ 3,3 bilhões, tendo em caixa US$ 700 milhões com um faturamento anual de US$ 2 bilhões. Isto além das reservas minerais como bauxita, potássio,

[928] Ibidem, p. 876.
[929] Ibidem, p. 877.

manganês, níquel, caulim, urânio, zinco, titânio, tungstênio, nióbio e ouro.
- Ferrovias vendidas com entradas de 20% do seu valor e o restante a ser pago em 30 anos.
- Sucateamento do sistema bancário estatal e o PROER compensando prejuízos de bancos privados. O "Programa de Estímulo e Reestruturação e ao Fortalecimento do Sistema Financeiro Nacional (PROER) era um fundo de financiamento a juros subsidiados para projetos de fusões e incorporações de bancos, com o intuito de evitar falências e crise do Sistema[930].
- Petrobrás – com as novas medidas ficou com a menor fatia de comercialização da gasolina. Foi criada a Agência Nacional de Petróleo que tem mecanismos para associar a Petrobrás com outras empresas e vender qualquer setor de suas atividades[931].

A explicação oficial para as privatizações seria o atraso do parque industrial brasileiro, que teria sido causado pelo intervencionismo estatal. Isso foi batizado de Custo Brasil. Assim, a ideia vendida à população foi que o Estado precisava ser reduzido a um nível menor, o chamado Estado mínimo, para que tivesse recursos para investir em setores como educação, saúde e segurança pública.

No entanto, apesar da entrada de recursos não houve o repasse. Tanto é que na Educação houve corte de verbas para as universidades públicas e a diminuição de investimentos em ciência e tecnologia. O País continuou importando a tecnologia e a globalização tem facilitado os investimentos de empresas internacionais no Brasil e no mundo subdesenvolvido[932]. A fundamentação era simples:

> *"Em torno de 70% a 75% do valor adicionado das grandes corporações dos países capitalistas centrais continua sendo produzido nos países de origem. Mais de 85% da sua atividade tecnológica é concentrada em bases nacionais. No caso das grandes empresas*

[930] Ibidem, p. 876.
[931] Ibidem, p. 880.
[932] Ibidem, p. 881.

norte-americanas, não menos de 98% das cadeiras nos conselhos de administração são ocupadas por cidadãos norte-americanos (...)"[933].

Isto levava ao aumento da remessa de lucros para o exterior, porque as matrizes destas empresas multinacionais estão em seus países de origem. O governo aprovou ainda em nome da abertura da economia:

- Abertura da Navegação de Cabotagem para estrangeiros.
- Concessão pública ao setor privado para distribuir gás canalizado.
- Fim da distinção entre capital nacional e estrangeiro.
- Quebra de monopólio da União sobre as jazidas de petróleo e gás natural, bem como o refino do petróleo nacional ou estrangeiro.
- Quebra do monopólio estatal sobre telecomunicações.

O último ano desse primeiro mandato de FHC apontava o seguinte quadro:

- Entre 1995 e 1998, trinta empresas estatais tinham sido vendidas para o setor privado, sendo a maioria de capital estrangeiro. Tinham sido arrecadados US$ 11 bilhões e os adquirentes receberam US$ 5,9 bilhões.
- Os recursos das vendas eram para pagar a dívida externa e para aplicações na saúde, educação e transportes, mas a dívida continuou a crescer e não houve grandes investimentos nas "tarefas específicas do Estado". Em 1993, a dívida externa era de US$ 143,5 bilhões e em 1998, alcançara US$ 254 bilhões.

A Contribuição Provisória sobre Movimentação Financeira (CPMF), que foi criada para possibilitar investimentos na saúde, não foi usada para esse fim, o que ampliou ainda mais a crise no setor.

O presidente dedicaria, portanto, o ano de 1998 à preparação da primeira reeleição presidencial da história da República. Teve o apoio

933 FERNANDES, Luís, As armadilhas da globalização. In CARRION, Raul K.M. e VICENTINI, Paulo G. Fagundes, *Globalização, neoliberalismo, privatizações – quem decide este jogo?*, Porto Alegre: UFRGS, 1997.

maciço dos empresários e da mídia com o seguinte refrão: "eu peço a você mais quatro anos porque juntos vamos derrubar a inflação e juntos vamos vencer o desemprego". FHC foi reeleito no 1º turno com 35.936.540 (53,06%) votos nas eleições de 1998. Os seus principais concorrentes foram Luiz Inácio Lula da Silva (PT), com 21.475.218 (31,71%); Ciro Gomes (PPS), com 7.426.190 (10,97%), e Enéas Ferreira Carneiro (Prona), com 1.447.090 (2,14%).

4.6 Fernando Henrique Cardoso (01-01-1998 - 01-01-2002). Vice: Marco Maciel - segundo mandato

O segundo mandato de FHC se iniciou com preocupações relacionadas a crises internacionais que atingiram, inclusive, os chamados Tigres Asiáticos - o grupo formado inicialmente por Hong Kong, Cingapura, Coréia do Sul e Formosa (Taiwan), depois integrado também por Malásia, Tailândia e Indonésia, além da Rússia. Havia a expectativa de que o Brasil, como um dos países emergentes, pudesse ser afetado pela crise. O governo manteve a paridade da moeda, embora muitos especialistas em finanças tenham apontado para uma necessidade da desvalorização do real diante do dólar. A seguir, isso foi feito. Tornava-se insustentável manter a paridade com o dólar[934].

A grande preocupação era o aumento da dívida pública, que havia chegado a US$ 328 bilhões, o equivalente a 30% do PIB do País. Além disso, o Brasil estava cada vez mais dependente do FMI, o que gerava grandes problemas. Assim, várias exigências do Fundo foram atendidas pelo governo, que aprovou a Lei de Responsabilidade Fiscal (LRF), elevou os impostos sobre o cheque e determinou a cobrança de 11% para os previdenciários inativos. Os servidores civis, com salários maiores que R$ 1.000, ficaram tributados em 20%; também houve elevação do I.R. em 10%; suspensão dos reajustes dos funcionários civis federais e extinção de 70 mil cargos no governo federal. Assim, o Brasil passou a ter uma das cargas tributárias mais altas do mundo.

Também houve mudanças no campo da economia, depois da desvalorização do real frente ao dólar, Gustavo Franco deixou a presidência do

934 Koifman, Fábio (Coord.), *Presidentes do Brasil – de Deodoro a FHC*, cit., p. 879.

Banco Central, sendo substituído por Armínio Fraga. Pedro Malan continuou como ministro da Fazenda, permanecendo nesse posto durante os oito anos de mandato de FHC. O novo presidente do Banco Central introduziu o sistema de metas de inflação, caracterizado não apenas pela meta a ser alcançada em cada ano fiscal – estabelecida pelo Comitê de Política Monetária (Copom) e podendo variar em dois pontos percentuais para cima ou para baixo –, mas também pelo câmbio flutuante e por um exigente objetivo de superávit primário.

O sistema de metas representa um momento de apogeu técnico do neoliberalismo, servindo de instrumento de coordenação de diferentes elementos da abertura econômica de dimensão planetária dos anos 1990. A opção do governo por esse tipo de medida, de caráter neoliberal, deve-se aos seguintes motivos:

> *"Os desequilíbrios resultantes de uma prolongada apreciação cambial (1994-9) e de uma abrupta desvalorização (em janeiro de 1999) mostraram que o objetivo de baixar progressivamente as metas de inflação era, de fato, apenas teórico. A discussão já tinha então se deslocado para o problema que ficou conhecido sob a rubrica da vulnerabilidade externa. Nos termos em que a discussão havia se colocado ainda no primeiro mandato de FHC: quando exposto ao vírus cambial, um organismo fragilizado pela abertura comercial e financeira mal administrada passa a sofrer da doença crônica do déficit externo.*
>
> *A abertura econômica do Real aboliu o estrito controle de capitais do modelo nacional--desenvolvimentista e instaurou o livre fluxo de capitais. Com isso, conseguiu financiar com capital externo a manutenção da quase paridade da moeda com o dólar. Mas se tornou dependente de influxos constantes de capital externo para financiar seu déficit. Em uma situação de fuga em massa de capitais (como as que ocorreram nas diversas crises), o País necessita de um substancial colchão de reservas em moeda estrangeira, suficiente para fazer frente às retiradas de capital externo. Na ausência de um colchão de reservas como esse, só resta ao País elevar ainda mais suas taxas de juros, na esperança seja de evitar a fuga de capitais, seja de atrair novos capitais para financiar o sangramento de reservas, que se dá na velocidade de um dique. Ocorre que a elevação continuada das taxas de juros aumenta o déficit, em um arriscado círculo vicioso"*[935].

[935] NOBRE, Marcos. *Imobilismo em movimento – da abertura democrática ao governo Dilma.* São Paulo: Companhia das Letras, 2013, p. 91.

Dessa forma, a dívida externa do setor público foi transformada em dívida interna. Assim, o governo passou a oferecer títulos públicos a taxas de juros elevadas, mas em reais. Assim, em 1993, a dívida interna representava 18,8% do PIB, enquanto a externa representava 14,4% do PIB; já em 2002, a dívida interna passou a representar 41,2% do PIB, enquanto a externa permaneceu praticamente estável, em 14,3% do PIB[936].

4.6.1 Principais fatos

Lei de Responsabilidade Fiscal – A última reforma constitucional de peso aprovada no período FHC foi a reforma da Previdência, em 1998, realizada logo após a sua reeleição. A aprovação da chamada Lei de Responsabilidade Fiscal (LRF), em abril de 2000, foi a grande novidade do seu segundo mandato. Essa lei estabelece limites para gastos com pessoal para os três poderes e proíbe expressamente o refinanciamento das dívidas de Estados e municípios; exige que toda nova despesa prevista tenha indicada a sua fonte de financiamento própria; restringe as despesas e exige o equilíbrio de contas no último ano de mandatos executivos, entre outras providências[937]. Antes dessa nova legislação, era comum, por exemplo, que administradores aumentassem os salários dos funcionários no fim de sua gestão, deixando para o sucessor o ônus de cancelar o aumento[938].

Para além do controle de gastos dos entes públicos, a Lei de Responsabilidade Fiscal teve papel importante na continuidade do processo de concentração monopolística da política econômica nas mãos do governo central, sacramentando uma repartição orçamentária desigual entre os níveis da Federação, concentrando na União não só parte substancial dos recursos, mas igualmente o poder de controlar, no tempo, os repasses constitucionalmente devidos a estados e municípios, que operam, por sua

[936] Lembre-se de que no período Lula, em 2005, a dívida interna representava 49% do PIB, enquanto a externa figurava em 2,6% do PIB. A dívida externa foi praticamente zerada no segundo mandato de Lula e, em fevereiro de 2008, o País passou da posição de devedor à de credor do FMI. Ibidem p. 92.

[937] Nobre, Marcos. *Imobilismo em movimento – da abertura democrática ao governo Dilma*, cit., p. 92-94.

[938] Ibidem, p. 92-95.

vez, comparativamente, dentro de margens de manobra bem mais estreitas. Estados e municípios passaram a negociar suas dívidas em condições duríssimas, enquanto a União, fortalecida por um expressivo aumento da carga tributária (que passou de 25% para 32% do PIB) passou a deter supremacia orçamentária ante os demais entes[939].

O que era possível constatar, ainda, é que a Lei[940] parecia colocar um ponto final (legal, pelo menos) em qualquer tipo de política econômica alternativa, como as do tipo keynesiano, ditas anticíclicas. Em situação de crise, esse tipo de política preconiza que o Estado aumente o investimento, em lugar de se retrair com o conjunto da economia, produzindo uma saída da crise mais rápida e menos dolorosa em termos sociais. Com a economia novamente em crescimento, o Estado poderia, então, restabelecer o equilíbrio de suas contas. Contrárias à orientação neoliberal do governo, políticas econômicas de inspiração keynesiana[941] têm um horizonte temporal de médio e longo prazo, não considerando desequilíbrios orçamentários de curto prazo como indicadores definitivos ou decisivos[942].

FMI – O Brasil submeteu-se a um "pacote" do FMI, em 2002, recebendo US$ 6 bilhões e comprometeu-se a pagar a dívida. Seriam cerca de US$ 40 bilhões emprestados no período. Para isto diminuiria os gastos

[939] Ibidem, p. 93.

[940] A Lei de Responsabilidade Fiscal (LRF), Lei Complementar nº 101,de 4 de maio de 2000, visando a transparência dos gastos públicos, dispôs sobre o controle dos gastos da União, dos Estados, do Distrito Federal e dos municípios, condicionado à capacidade de arrecadação de tributos desses entes políticos, principalmente em razão de os gestores públicos promoverem obras de grande porte no final de seus mandatos, deixando a conta para seus sucessores. Na prática, as contas públicas devem se submeter a aprovação ou não pelo Tribunal de Contas, em âmbito da União, dos Estados ou dos Municípios. Em caso da correspondente rejeição, instaura-se investigação em relação ao Poder Executivo em questão, podendo resultar em multas ou mesmo na proibição de o representante postular algum cargo público.

[941] John Maynard Keynes (Cambridge, 5 de junho de 1883 – Tilton, East Sussex, 21 de abril de 1946) – economista britânico, considerado o pai da macroeconomia moderna, defendeu uma política econômica de Estado intervencionista, capaz de reduzir efeitos perniciosos à economia.

[942] Nobre, Marcos. *Imobilismo em movimento – da abertura democrática ao governo Dilma*, cit., p. 94.

do Estado[943] com a aplicação rígida da Lei de Responsabilidade Fiscal, na esfera federal, estadual e municipal, mesmo em detrimento do serviço público. Nesse contexto, a rejeição ao presidente aumentou por causa de vários fatores, a saber:

Apagão – A Eletrobrás não conseguiu atingir suas metas no setor energético, e as empresas energéticas privatizadas não fizeram investimentos no setor e nem melhoraram a qualidade dos seus serviços. Houve o chamado apagão, em 2001, que fez cair a popularidade do governo. As reservas de energia não eram mais suficientes para manter o fornecimento de eletricidade à população, o que geraria blecautes. A queda dos níveis dos reservatórios de água das usinas hidroelétricas em consequência da estiagem foi o que causou o problema, mas a oposição questionava a falta de previsão governamental para detectar o problema. Para enfrentar a dificuldade, o governo pediu que a população economizasse energia – o que foi obtido – e instalou usinas termoelétricas pelo País.

Desemprego – O desemprego passou a ser outro problema do período, assolando milhares de pessoas em todo o País. Somente em São Paulo, cerca de 20% da população economicamente ativa estava desempregada. Estudo da Organização das Nações Unidas (ONU) demonstrou que o Brasil ocupava a 69ª colocação em empregabilidade entre 162 países, um número baixo para seu poder econômico.

A Carta de Porto Alegre – Assinada por sete governadores (Rio de Janeiro, Amapá, Acre, Mato Grosso do Sul, Rio Grande do Sul e Alagoas), criticava o preço insuportável pago pelos brasileiros pela tal estabilidade monetária que, na prática, demonstrava tratar-se de uma frágil medida econômica. Em consequência, o Brasil estava refém dos grandes especuladores internacionais que cada vez cobram um preço mais elevado da nação. O governo não aceita as críticas da carta.

Corrupção – Aliado a isso, houve muitas denúncias de corrupção contra políticos ligados ao governo. Em um dos casos mais rumorosos, uma disputa pela presidência do Senado entre os senadores Antônio Carlos Magalhães (o ACM) do PFL-BA, aliado de primeira hora do governo, com o também governista Jader Barbalho (PMDB-PA), acusado por ACM de

[943] As perguntas que ficam são: quanto às privatizações realizadas nesse período, para onde foi o dinheiro? Onde foi aplicado? Qual o real benefício para o país?

desvios na Superintendência de Desenvolvimento da Amazônia (Sudam) levou à instalação de uma CPI para investigar fraudes no sistema eletrônico de votação do Senado. ACM havia se indisposto com FHC, de quem esperava apoio no confronto. Ameaçados de serem cassados, ACM e Jader renunciaram a seus mandatos para evitar a inelegibilidade. Ainda houve uma proposta do PT de *impeachment* contra FHC, que não prosperou.

A questão Petrobras – Durante o período do governo FHC, outro fator que lhe trouxe problemas foi um acidente em uma plataforma de petróleo da Petrobrás, a P-36, na Bacia de Campos, que causou a morte de 11 trabalhadores. O problema foi atribuído pelo sindicato da categoria a descuido técnico na manutenção dos equipamentos, excesso de terceirização do trabalho, o que levou ao cansaço dos operários. Até praticamente tombar em função de explosões em sua base, a plataforma era a maior semisubmersa do mundo e havia custado US$ 350 milhões para a estatal brasileira[944].

Serviços públicos – A inflação não voltou aos níveis dos governos anteriores, mas uma parte importante dos servidores públicos – que teve os vencimentos congelados – começou a articular greves reivindicando aumentos. O governo afirmou que a folha salarial dos servidores públicos atingira cerca de R$ 60 bilhões, ante R$ 40 bilhões em 1994, embora não tivesse havido aumento de funcionários. Em resposta, as entidades ligadas aos servidores públicos argumentavam que esse aumento de folha teria relação com a remuneração dos postos das agências regulatórias e com o aumento de salário de funcionários em cargos de confiança e não representavam majoração dos salários de uma forma geral[945].

[944] A *Folha de S. Paulo*, de 18 de março de 2001 (p. A 18), trouxe um depoimento elucidativo, dado por um parente de uma das vítimas das explosões na P-36: "Meu irmão era mecânico. [...] Era um absurdo. Eles são submetidos a múltiplas funções e, num momento de acidente, estão cansados e sem o preparo adequado. Não são bombeiros". A Petrobras foi vítima, uma vez mais, da falácia da sua 'modernização'; se não bastassem as toneladas de petróleo que vêm sendo despejadas nas águas, em seus sucessivos acidentes contra o meio ambiente, agora esse último episódio teve triste proporção vital. Vide ANTUNES, Ricardo. *A desertificação neoliberal no Brasil (Collor, FHC e Lula)*. São Paulo: Autores Associados, 2004, p. 38.

[945] KOIFMAN, Fábio (Coord.), *Presidentes do Brasil – de Deodoro a FHC*, cit., p. 880.

Questão nuclear – Após 27 anos de assinatura do acordo Brasil-Alemanha, poder-se-ia dizer que o que restava dele era a usina de Angra 2, que ficou pronta 25 anos após a assinatura do chamado "Acordo do Século" e Angra 3, ainda nas fundações. O setor nuclear, na esteira das dificuldades da crise energética de 2001, conseguiu incluir novamente na pauta energética a discussão da retomada das obras de Angra III, embora a construção desta usina, que demandaria, ainda, cerca de 5 anos e meio para entrar em operação, não pudesse ser apresentada como solução de curto prazo para os problemas de racionamento de energia.

Angra 3, considerando-se os equipamentos já adquiridos, foi considerada pela Eletronuclear como estando com um progresso de 30% na construção, mas não foi incluída nos relatórios mundiais da AIEA de 2002 (dados até dez/2001) como usina "under construction" talvez devido à indefinição quanto à retomada das obras[946].

No governo FHC, contrariando décadas de coerência em política externa, o Brasil aceitou ratificar o TNP – Tratado de Não Proliferação Nuclear. O TNP é assimétrico e discriminatório porque impressiona apenas países desarmados. Enquanto o Brasil enfrentava esses problemas, o Paquistão e a Coreia do Norte desenvolviam armas nucleares e a França continuava testando as suas bombas no Pacífico.

4.6.2 Balanço geral do governo FHC

Sintetizando, o governo de FHC divide-se em dois períodos: "*O primeiro, mais tranquilo, durou até meados de 1997, quando a crise mundial pegou o Brasil no contrapé. O segundo, a partir de então, foi caracterizado por crises. Além das*

[946] Pouco antes do acidente no Japão, a tragédia de Fukushima, em 2011, o governo brasileiro havia optado por retomar o projeto de conclusão da usina nuclear Angra 3, no litoral fluminense. Retomaram-se as obras em 2009, sob a alegação de evitar um apagão no País. Depois houve a suspensão das obras e, desde 2015, ante as revelações de corrupção, não há perspectiva de prosseguirem. Foram consumidos 8 bilhões de reais e são necessários mais 17 bilhões para a conclusão da usina. Obviamente, não há capital para isso. Bianca, Alvarenga. Uma usina de R$ 25 bilhões: Angra 3 é o nosso desastre nuclear. São Paulo: *Revista Veja*, 15 jul. 2018.

dificuldades econômicas, o Presidente ainda enfrentaria a ameaça de ruptura da base governista e a radicalização do MST"[947].

A crise na aliança desequilibrou a base de sustentação de FHC no Congresso, constituída pelo PFL e pelo PMDB. Tudo começou com a disputa pela presidência da Câmara e do Senado[948]. A questão agrária, longe de se resolver, ao menos obteve algum avanço. Entre 1995 e 2001, foram assentadas mais de 300 mil famílias, 50% mais do que nos assentamentos dos 30 anos anteriores[949].

Quanto ao Movimento dos Trabalhadores Rurais Sem Terra (MST), fundado em 1984, no final do regime militar, começou a ganhar dimensão nacional a partir do ano seguinte até se tornar, dez anos mais tarde, o mais importante movimento social do País. Com sua política de ocupação de terras, o MST entrou em choque com proprietários e com a polícia. Alguns enfrentamentos provocaram mortes[950].

O MST não pode ser entendido sem se levar em conta suas implicações partidárias: o movimento é associado ao PT, partido que lhe garante apoio estrutural. No primeiro mandato de FHC, houve quase 1.500 invasões de terra. A situação se agravou no início do segundo mandato, mas em 2000 o governo editou a chamada medida provisória "anti-invasão", que excluía do programa de reforma agrária os assentados que participassem de invasões, e o movimento entrou em refluxo[951].

Outros indicadores sociais também mostraram melhoras nos anos FHC. O setor de saúde teve aumento de verbas. O programa de combate à Aids obteve reconhecimento mundial e a produção de genéricos, incentivada pelo governo, barateou remédios. A mortalidade infantil, que é um dos melhores índices para monitorar a saúde de um País, diminuiu de quase 40 para pouco menos de 30 por mil nascimentos, entre 1994 e 2000, de acordo com o IBGE[952].

[947] PILAGALLO, *A história do Brasil no século 20 (1980-2000)*, 2. ed., São Paulo: Folha Explica – Publifolha, 2009, p. 85.
[948] Ibidem, p. 85.
[949] Ibidem, p. 85.
[950] Ibidem, p. 85.
[951] Ibidem, p. 86.
[952] Ibidem, p. 86.

Na educação, o número de crianças com acesso ao ensino cresceu. Passou de 85%, em 1989, para 97%, em 2001, a porcentagem de crianças de 7 a 14 anos que estão na escola. E o índice de analfabetismo entre pessoas com mais de 15 anos foi reduzido de mais de 17% para menos de 14% entre 1992 e 1999[953].

Os dados sobre pobreza e distribuição de renda não apontam na mesma direção. O Plano Real, ao pôr fim à inflação crônica, beneficiou os segmentos de menor poder aquisitivo, os que mais perdiam com a alta dos preços, pois não tinham como proteger seu dinheiro da desvalorização diária. O número de pobres diminuiu de quase 60 milhões, em 1993, para 53 milhões em 1999, mas o desemprego dobrou e a concentração de renda, uma característica histórica da sociedade brasileira, continuou no mesmo patamar, o sexto mais alto do mundo[954].

Contudo, o perfil econômico do País mudou nos oito anos de FHC. O Estado ficou mais enxuto, com a venda de empresas estatais que renderam mais de US$ 90 bilhões. Praticamente tudo o que foi arrecadado com o programa de privatização, porém, serviu para quitar parte do passivo criado pela política cambial. Maior devedor do País, o governo aumentava sua dívida cada vez que os juros subiam para segurar a cotação do real. Os juros no Brasil chegaram a ser os maiores do mundo. Em 2002, a dívida pública era equivalente a 64% de tudo o que o País produziu no ano, mais do que o dobro da registrada na posse de FHC, em 1995[955].

Política e sucessão – Em 2001, uma importante articulação política de esquerda em nível global concretizou-se sob a forma do Fórum Social Mundial, sediado na cidade de Porto Alegre, prefeitura-modelo do PT. Criado como contraponto ao Fórum Econômico de Davos – encontro anual, na cidade suíça, da cúpula do empresariado e da finança mundial –, o Fórum Social Mundial representou importante amplificador das forças oposicionistas lideradas pelo PT, tanto em nível interno como externo[956].

953 Ibidem, p. 87.

954 Ibidem, p. 87.

955 Ibidem, p. 87.

956 Nobre, Marcos. *Imobilismo em movimento – da abertura democrática ao governo Dilma*, cit., p. 89,95.

Esse quadro geral mostra por que, em seu segundo mandato, FHC esteve praticamente o tempo todo na defensiva. Já não se tratava de prosseguir com a agenda de reformas liberalizantes, de reformas estruturais, privatizações e outras medidas que exigiriam a aprovação de emendas constitucionais, mas tão somente de administrar a crise trazida pela própria lógica do Plano Real em sua forma de implementação nos seus primeiros anos de existência. E, evidentemente, de impedir qualquer forma de regressão ao modelo nacional-desenvolvimentista[957].

O candidato oficial à sucessão de FHC seria o senador José Serra (PSDB), que tinha como vice a peemedebista Rita Camata. Pelo PFL, um forte candidato seria Luís Eduardo Magalhães, filho de ACM, mas morreu em decorrência de um infarto, em 1998. Roseana Sarney, governadora do Maranhão e filha de José Sarney, o substituiria, até chegando a ser competitiva, de acordo com pesquisas de opinião pública. Sua candidatura foi pulverizada, no entanto, quando a Polícia Federal encontrou em seu escritório uma alta soma de dinheiro que não podia ser declarada. As cenas, exibidas no Jornal Nacional da Rede Globo, destruíram a candidatura. O PFL e a família Sarney atribuíram a operação a Serra, o que colaborou para implodir a reedição da aliança entre os dois partidos naquela eleição. Sarney, depois, abandonaria a candidatura do tucano[958].

A base parlamentar do governo FHC chegou a 2002 dividida. Enquanto isso, o PT, partido de oposição, de origem na esquerda, fazia um movimento em direção ao centro político, permitindo maior flexibilidade nas alianças, no espírito "Lulinha, paz e amor". O mercado, entretanto, não demonstrava muita confiança de que o sistema de gerenciamento político instaurado no governo FHC seria mantido. O PT lançaria, então, a Carta aos Brasileiros, em julho de 2002, para tentar acalmar o mercado e os empresários[959].

Explodiram escândalos contra políticos aliados do governo, como foi o caso de fraude no painel eletrônico do Senado, que envolveu Antônio Carlos Magalhães, durante a cassação do parlamentar Luiz Estevão.

957 Ibidem, p. 90, 95.
958 Ibidem, p. 91, 98/99.
959 Ibidem, p. 91, 99.

A eleição - Em 2002 concorreram à Presidência José Serra (PSDB) - 19.705.445 votos (23,20%), Lula (PT) - 39.455.233 (46,44%), Ciro Gomes (PPS, PDT e PTB) - 10.170.882 (11,97%), e Anthony Garotinho (PSB) - 15.180.097 (17,87%). No final da campanha, Lula concordou com FHC e deu apoio explícito ao acordo com o FMI, que já estava gerando arrocho salarial, demissão de funcionários públicos e queda de atendimento nos serviços públicos essenciais à população.

Em sua quarta tentativa de chegar à Presidência da República (1989, 1994 e 1998), o presidente Luiz Inácio Lula da Silva (PT) derrotou no segundo turno o candidato do PSDB, José Serra, com 61,27% dos votos válidos (52.793.364). José Serra ficou com 38,73% dos votos válidos (33.370.739). Desde que começou a concorrer, o petista, ex-líder sindical, tinha visto seu porcentual de votos aumentando progressivamente. Teve 17% da votação em 1989, 27% em 1994 e 32% em 1998, o que os especialistas chamam de "crescimento endógeno", agregando os votos da esquerda: os 17% de Lula com os 16% de Brizola, em 1989, somam 33%; em 1994, os 27% de Lula com os 3% de Brizola chegam a 30%; e Brizola e Lula juntos em 1998 recebem 32% dos votos[960].

Em linhas gerais, a política econômica de FHC, de garantir a estabilidade com juros elevados, alvo de críticas por parte do PT então na oposição, foi mantida pelo seu sucessor, o presidente Lula.

4.7 Luís Inácio Lula da Silva (Lula) - (01-01-2003 a 31-12-2006). Vice: José de Alencar - O PT chega ao poder - primeiro mandato

4.7.1 A primeira fase do governo Lula

Pernambucano de Caetés, município desmembrado de Garanhuns em 1963, região do semiárido nordestino, Luiz Inácio Lula da Silva nasceu em 1945 e, aos sete anos, seguindo a sina de muitos nordestinos, montou num pau-de-arara com a família com destino a São Paulo. Primeiro a família ficou instalada no litoral paulista e, no início de sua adolescência, muda-se para São Paulo com a mãe, agora separada do pai, e os irmãos solteiros. Ao concluir o ginásio aos 14 anos e conseguir emprego numa

[960] PEREIRA, Merval. *O lulismo no poder*. Rio de Janeiro: Record, 2010, p. 18.

metalúrgica, é admitido no curso técnico de torneiro mecânico do Senai (Serviço Nacional da Indústria). Aproveitando-se do avanço industrial na região do ABC, na Grande São Paulo, que atrai as principais metalúrgicas do mundo, Lula faz da metalurgia sua profissão e, com 17 anos, perdeu o dedo mínimo da mão esquerda num acidente de trabalho, na fábrica Independência, em 1963.

Durante um longo período de retração da economia, acompanhada de desemprego e inflação, começa a frequentar reuniões no sindicato dos metalúrgicos por influência do irmão (Frei Chico), local em que terá expressiva atuação e ganhará reconhecimento nacional. Em 1969, ao ocupar uma vaga de suplente na diretoria do sindicato, inaugurou sua trajetória de líder sindical. Em 1971, foi convocado a assumir um cargo na diretoria do sindicato, trocando pela primeira vez o turno na fábrica por uma sala na sede da entidade. Em 1975, antes de completar 30 anos, Lula assume a presidência do sindicato. Casado, enviuvou aos 25 anos. Casou novamente, em 1974 com Marisa Letícia.

Entre 1978 e 1980, comanda greves gerais que assumem proporções impensáveis, firmando-se como o maior nome da oposição no cenário político do país. Em 1978, desafiando a ditadura militar, na fase de abertura com Geisel, como presidente do Sindicato dos Metalúrgicos, comandou uma grande manifestação pró greve geral no País. Em 1979 tal greve ocorreu, iniciada em São Bernardo do Campo, solidificando a sua liderança em âmbito nacional. Em 19 de abril de 1980, no 17º dia do movimento grevista daquele ano, o então líder sindical foi enquadrado na LSN (Lei de Segurança Nacional) pela ditadura militar. O encarceramento, que durou 31 dias, deu-se na sede do Dops (Departamento de Ordem Política e Social), em São Paulo, que era comandado à época pelo delegado Romeu Tuma (1931-2010)

Ainda em 1980, no dia 10 de fevereiro, participou da fundação do Partido dos Trabalhadores, formado na sua origem por um grupo heterogêneo, composto por militantes de oposição à Ditadura Militar, sindicalistas, intelectuais, artistas e católicos ligados à Teologia da Libertação. Lula foi seu primeiro presidente. Organizou um comitê suprapartidário em prol das eleições diretas e promoveu o primeiro grande comício das Diretas Já, ainda em 1983, e foi o deputado federal mais votado do Brasil em 1986.

Com a redemocratização, foi candidato derrotado em três eleições presidenciais: 1989, na qual disputou o segundo turno com Fernando Collor de Melo; e nas duas derrotas para Fernando Henrique Cardoso, ambas no primeiro turno: 1994 e 1998. Na quarta candidatura Lula foi finalmente eleito presidente da República, esta em segundo turno, em 27 de outubro de 2002.

O Lula que saiu, portanto, de 17% da votação no primeiro turno em 1989 para 48,5% no primeiro turno da eleição de 2006, e repetiu a mesma votação expressiva do segundo turno de 2002 no de 2006, recebendo mais de 60% dos votos do eleitorado, é um Lula diferente, mas que persegue a liderança da esquerda como um ativo político importante.

Na primeira fase do governo Lula, houve a preocupação de não se buscar o apoio formal do PMDB, visto pelo PT e parte da esquerda como um representante da degradação da política. O governo Lula decidiu contar apenas com as bancadas eleitas pelo PT e por seus então aliados históricos (PSB, PDT, PCdoB) e com os partidos de pequeno e de médio porte disponíveis para barganhas fisiológicas mais ou menos explícitas, contando ainda com o apoio de figuras isoladas do próprio PMDB. A maioria dos ministérios era controlada pelo PT, especialmente por candidatos derrotados nas eleições para governos estaduais importantes[961].

Lula tinha como única tática visível olhar simultaneamente para os dois extremos sociais, mantendo uma política ortodoxa que favorecia os mais ricos, ao mesmo tempo que introduzia importantes mudanças em favor dos mais pobres. Mas, para além dessa diretriz muito geral, operava ainda em boa medida mais como árbitro do PT do que como presidente da República. O governo estava dividido essencialmente entre facções do partido que seguiam se digladiando por espaço. E Lula, como fazia antes de sua eleição, como principal liderança do partido, continuava a se colocar acima das dissensões, na posição de "último recurso" que sempre ocupou nas disputas internas do PT. Essa situação fez com que as figuras de José Dirceu (ministro-chefe da Casa Civil) e de Antonio Palocci (ministro da Fazenda) se sobressaíssem e passassem a canalizar as disputas internas ao governo em duas facções concorrentes. Dirceu apoiado

961 Ibidem, p.18, 82-87.

no PT, Palocci como porta-voz de outras forças partidárias dentro do governo e do mercado financeiro[962].

Economia – A era Pallocci – Os primeiros passos dados no campo econômico foram no sentido de manter o acordo com o FMI para conseguir a chamada governabilidade e o respeito dos "mercados", pelo ministro da Fazenda, Antônio Palocci. Ao mesmo tempo, indicou o ex-presidente do Banco de Boston, Henrique Meirelles, como presidente do Banco Central. Era uma tentativa de garantir aos mercados, inclusive internacionais, que não haveria mudanças bruscas na condução da política econômica. No Ministério do Planejamento, o escolhido seria Luiz Fernando Furlan, importante empresário da área alimentícia. Na Agricultura, outro grande produtor, Roberto Rodrigues.

A prioridade nº 1 da agenda do novo governo eram as "Reformas" e entre elas a "Previdenciária", conforme rezava o plano neoliberal, e nesse caso, a manutenção dos aposentados teria um grande "custo fiscal", que não interessava ao FMI que desejava hipotecar as finanças públicas para resgatar os credores e subsidiar o capital "financeiro". No exercício do cargo, Lula enfrentaria, de início, dificuldades - entre elas, manter o superávit fiscal (arrecadação maior do que os gastos) exigido pelo FMI e conquistar uma base de sustentação no Congresso Nacional, pois os partidos que compunham a aliança vitoriosa eram minoria no Legislativo. Passou a depender do apoio de um PMDB dividido, e mesmo da oposição (representada basicamente pelo PFL e pelo PSDB)[963].

Palocci manteve a prática de juros altos, que continuaram a asfixiar o crédito bancário, justificando a medida pela necessidade de atrair investimento externo para honrar o pagamento da dívida. Os juros cresceram de 25% para 26,5%[964].Buscando a confiança do FMI e dos investidores internacionais, o governo se comprometeu a elevar o superávit fiscal para 5% ao ano, reduzindo ainda mais os investimentos públicos[965].Com isso, os impostos permaneceram elevados e não houve avanços na tentativa de fazer a reforma tributária. A política econômica sustentada pelo governo

[962] Ibidem, p. 82-87.

[963] CEREZO, Miguel Castro (Coord.). *História do Brasil – das origens ao século XXI*, cit., p. 272.

[964] Ibidem, p. 272.

[965] Ibidem, p. 273.

era neoliberal, contrariando seu próprio partido e os aliados. Apesar disso, foram registrados bons resultados na área econômica: um crescimento médio de 2,3% ao ano em 2005 e a inflação na casa dos 5,69% no mesmo ano, ou seja, sob controle.[966]

No mesmo gabinete, foi integrado o ex-candidato presidencial Ciro Gomes: o governo Lula conformou-se de saída como uma grande frente nacional da burguesia e do grande capital sobre a base de uma plataforma comum – o acordo com o FMI. Algo que se revelou também nas declarações que o titular do organismo deu sobre a gestão de Lula dois meses e meio depois de seu *début,* apresentando-a "entusiasticamente" como paradigma da política do FMI.

Outra medida importante para a melhora econômica de boa parte da população foi o início de recuperação do valor do salário mínimo o que, a partir de 2005, iria se transformar numa política permanente. Com isso, as parcelas mais pobres da população tiveram aumentado o seu poder de compra. No conjunto, é possível deduzir que, embora tenha mantido a política econômica do período anterior, o governo procurava mover-se para promover mudanças, mesmo que fossem inicialmente as de caráter da microeconomia. Aliado a isso, o governo contou com uma conjuntura internacional particularmente favorável, na qual foram registradas altas nos preços de bens primários, como soja e minério de ferro, exportados pelo País, o que ensejou um ciclo de forte crescimento econômico. Com isso, uma vez que não havia crises internacionais à vista, a vulnerabilidade externa do País foi radicalmente reduzida, a ponto de o País quitar sua dívida integralmente com o FMI. Na dívida interna, a situação continuava crítica, com o nível de juros extremamente alto. Mesmo com essas características, houve uma trégua nas reivindicações do MST e da CUT, conseguida pela esquerda petista, logo no início do governo Lula.

A reforma tributária – A reforma foi apresentada por intermédio do PEC 41, que acabou por fatiar a reforma, reduzindo-a quase que apenas à prorrogação da CPMF e do mecanismo conhecido como Desvinculação de Receitas da União (DRU). Ou seja, que essa reforma reduz-se a uma reforma de caixa do governo federal.

966 Ibidem, p. 273.

A carga tributária brasileira bateu novo recorde no primeiro semestre de 2003, segundo levantamento do Instituto Brasileiro de Planejamento Tributário (IBPT). A soma dos tributos arrecadados nos primeiros seis meses do ano atingiu 37,57% do PIB, um aumento de 0,9 ponto percentual comparado ao mesmo período do ano anterior, quando atingiu 36,67%. Desde 1994, a relação entre arrecadação e PIB recuou apenas uma vez, em 1996; a partir daí, a carga tributária só cresceu. No primeiro semestre de 2003, segundo levantamento do IBPT, a arrecadação tributária cresceu R$ 39,77 bilhões, ou 17,5%, enquanto o PIB cresceu R$ 91,05 bilhões, ou 14,69%. Os campeões de arrecadação no período foram: ICMS: R$ 57 bilhões; Imposto de Renda: R$ 46 bilhões; INSS: R$ 38 bilhões; Cofins: R$ 28 bilhões; FGTS: R$ 11 bilhões; e CPMF: R$ 11 bilhões. Juntos, os seis tributos representaram 27,13% do PIB brasileiro, de acordo com o IBPT. Mas o imposto que apresentou maior aumento no volume recolhido foi o PIS (46,85%), que teve o sistema de arrecadação alterado pelo governo. Enquanto isso, o IPI avançou apenas 2,14%, revelando a estagnação da indústria nacional.

Fome Zero e Bolsa Família – Logo depois do início do governo foi lançado o Programa Fome Zero[967] com o intuito de combater a miséria e que consistia na entrega às famílias carentes de vales-alimento de R$ 50,00 a R$ 250,00 por mês, segundo o número de filhos existentes. Em troca, as famílias deveriam participar em programas para a comunidade local, tais como a construção de viadutos, coleta de lixo, etc. O plano seria implementado gradualmente e estava relacionado com alguns cortes de benefícios previdenciários. No entanto, não conseguiu grandes êxitos gerou críticas por parte da sociedade civil, sendo depois incorporado a outros projetos sociais, como Bolsa Família, criado em 2003, derivado do Projeto Comunidade Solidária (instaurado por Ruth Cardoso durante o governo de Fernando Henrique Cardoso). Apesar disso, a ideia de combate à

[967] A primeira grande bandeira levantada pelo governo Lula foi a luta contra a pobreza e a miséria. A solução encontrada em 2003 foi o Programa Fome Zero, inspirado na Campanha contra a Fome mantida pelo sociólogo Betinho – mas que se propunha a abandonar o caráter assistencialista desta e adotar medidas para que a população miserável se reerguesse social e economicamente. CEREZO, Miguel Castro (Coord.), *História do Brasil – das origens ao século XXI*, cit., p. 273.

fome continuaria sendo a principal marca do governo Lula no Brasil e no exterior. Chegaria, até, a receber um elogio internacional do então diretor-gerente do Fundo Monetário Internacional (FMI), Horst Köhler.

Assistencialismo e política – O Fome Zero acabaria sendo o foco de uma discordância entre o coordenador do programa e ex-assessor do presidente Lula, Frei Betto, e o ministro do Desenvolvimento Agrário, Patrus Ananias. O motivo foram os comitês gestores do plano que Frei Betto defendia que eles tivessem mais força e fossem os "olhos e ouvidos" da sociedade diante do programa. Ananias, por sua vez, não concordava que eles tivessem mais poder que as prefeituras na fiscalização da política nem tanta autonomia. O ex-assessor especial do presidente acabou deixando o governo. Alegou "desencanto com a burocracia". Um jornalista crítico ao governo denunciou que os programas como o Fome Zero e a Bolsa Família, acusados de assistencialistas, estariam sendo organizados para fins diversos do propalado:

> *"Esses programas levariam para os municípios a legenda do PT, e estaria montado um grande quadro de apoio nos pequenos municípios para viabilizar a reeleição de Lula*[968]*. (...) Além da incapacidade gerencial já demonstrada, há suspeitas de que a negligência com que foi tratado o acompanhamento das condicionalidades tenha forte razão política, já que os cadastros estariam sendo dominados por forças políticas locais. Os comitês gestores despertam líderes locais e acabam se transformando em referências políticas. Por isso são muito combatidos pelos políticos locais, que os acusam de criar um poder paralelo nos municípios. Os defensores dos comitês dizem, ao contrário que nos currais eleitorais do interior, haver líderes independentes é complicado para os caciques políticos"*[969].

O Bolsa Família, idealizado anteriormente pelo governo FHC, por sua vez, propõe-se a transferir renda do governo federal diretamente para famílias comprovadamente pobres, elevando suas condições econômicas (com valores variando entre R$ 15 e R$ 95 em seu início). A transferência da renda ocorre sob a condição de que as famílias mantenham seus filhos

968 Pereira, Merval, *O lulismo no poder*, cit., p. 105.

969 Ibidem, p. 113. De fato, há críticas sérias de que o programa se transformou, com o tempo, numa espécie de demonstração de coronelismo eletrônico.

na escola, o que ajuda a elevar o nível de escolaridade das classes mais necessitadas[970].

O programa gerou um impacto considerável na sociedade, principalmente nas camadas menos favorecidas, ajudando a maquiar o problema da concentração de renda no Brasil. Até o governo anterior, o País era o sexto mais desigual do mundo Ainda assim, o projeto é acusado de assistencialista, já que sua ênfase está em transferir renda, sem nenhuma outra ação de envolvimento e requalificação da população[971].Críticos apontam, principalmente, a falta de uma porta de saída, ou seja, a possibilidade de o trabalhador se tornar autônomo e dispensar a ajuda estatal.

Violência – O governo federal também acumulou problemas, como a dificuldade cada vez maior de combater a violência e a marginalidade, que se manifestam em conflitos com o tráfico nas favelas do Rio de Janeiro ou em rebeliões nos presídios paulistas, comandados por organizações criminosas. Ainda que esses problemas se manifestem mais na alçada estadual, o clima de guerra civil em que o País se encontra tem reflexos na esfera federal, que frequentemente recebia pedidos de ajuda por parte dos governadores para conter a violência[972]. Outro problema foi a falta de demarcação de terras indígenas, que chegou a apenas 88 nos dois mandatos do presidente, ante 147 no governo FHC e 120 no curto governo Collor. O Conselho Indigenista Missionário (Cimi), órgão ligado à Igreja, considerou os governos Lula "o período mais violento das últimas décadas" no que diz respeito à política agrária[973]. Da mesma forma, foram registradas mais mortes em conflitos por terra. Segundo a Comissão Pastoral da Terra, foram 13 mortos nos três primeiros meses de 2003 ante nove no mesmo período de 2002.

Por fim, o Brasil do presidente Lula também não foi poupado de críticas da opinião internacional por ocasião do assassinato, no Pará, da missionária norte-americana Dorothy Stang, em 2005. Ela militava em favor

[970] Cerezo, Miguel Castro (Coord.), *História do Brasil – das origens ao século XXI*, cit., p. 274.
[971] Ibidem, p. 274.
[972] Ibidem, p. 274.
[973] Violência e poucas terras marcaram a era Lula. *Carta Capital*, 22 abr. 2002, p. 12.

de famílias pobres, expulsas da terra por grandes fazendeiros e madeireiros, os principais responsáveis pela sua morte na Amazônia[974].

4.7.2 As reformas e propostas do governo Lula

I - Previdenciária - O governo Lula no Brasil adotou a proposta do Banco Mundial, com uma aposentadoria básica para os pobres, paga pelo governo (quem recebe mais, teria de colocar seu dinheiro em um fundo complementar, que seria aplicado no mercado financeiro, para render a aposentadoria no futuro), o que explica suas similaridades com os regimes que os governos "socialdemocratas" da Grã-Bretanha e Alemanha, e até os direitistas franceses, pretendem aplicar. Há uma tendência geral do capitalismo mundial em reduzir a seguridade social a um "benefício universal básico" ("renda cidadã", "renda mínima" etc.), e que qualquer benefício acima seja coberto diretamente pelo trabalhador, com contribuições obrigatórias ou voluntárias para companhias ou fundos privados. A proposta em favor da "renda cidadã" - um salário ou aposentadoria mínima para todos os cidadãos - inscreve-se dentre da tendência do capitalismo de destruir a seguridade social surgida nos anos 1940 e 1950.

O principal responsável, no governo Lula, pela reforma do sistema previdenciário, e ex-coordenador adjunto da equipe de transição do PT, Luiz Gushiken, era titular da empresa Gushiken & Associados, especializada no tema. A empresa serviu ao governo de Fernando Henrique Cardoso com um estudo, que foi editado como um livro de 357 páginas, resultado de um contrato de prestação de serviços entre Gushiken e o Ministério da Previdência, de Cardoso. O próprio ministro de FHC, José Cechin, assinou a apresentação da obra e celebra a qualidade técnica da equipe de Gushiken & Associados, mostrando que a questão da reforma da Previdência "supera as barreiras partidárias e ideológicas" (*O Estado de S. Paulo*, 2002).

O conteúdo da Proposta de Emenda Constitucional (PEC) 40/2003 foi definido pelo escritório de consultoria de Gushiken. A inspiração da reforma é o Banco Mundial, que a batizou como a "Previdência dos três patamares". Um primeiro patamar seria estatal. Este "patamar" seria

[974] Ibidem, p. 12.

financiado com contribuições dos trabalhadores ou diretamente pelo Estado sobre a base dos impostos gerais. Um segundo seria privado (fundos ou companhias de seguros), com contribuições obrigatórias dos trabalhadores acima do percentual de contribuição do primeiro patamar. O terceiro também seria privado. Com este esquema, o que se quer é reduzir a aposentadoria estatal, de modo a diminuir o gasto em aposentadorias, e aumentar os pagamentos da dívida do Estado (no caso, da dívida externa). Assim, o Estado "garantiria", por exemplo, um "benefício universal", e qualquer excedente sobre essa soma proveria de contribuições a um fundo, o trabalhador assumindo o risco pelo investimento do fundo.

O documento apresenta os três "pilares": o obrigatório, com um sistema público de assistência, financiado por impostos e encarregado de pagar uma quantia mínima pela velhice; o segundo, também obrigatório, gerenciado pelo setor privado e plenamente capitalizado para fins de poupança; o terceiro, facultativo, que indica a poupança individual como uma alternativa complementar aos pilares obrigatórios.

Essa reforma seguia, na verdade, as recomendações do Banco Mundial. Consiste em estabelecer um sistema estatal básico obrigatório que pague aposentadorias básicas, eliminando, definitivamente, os rendimentos como proporcionalidade do salário. Com isso, a burguesia obteria várias coisas: pagar aposentadorias mais baixas, reduzir consequentemente a contribuição patronal e "obrigar", na prática, os trabalhadores que aspiram a uma aposentadoria conforme aos seus salários a contribuir "voluntariamente" para uma aposentadoria privada.

O desmonte da previdência pública no Brasil, ao enfraquecer ou desmontar a previdência pública baseada num sistema de solidariedade, tem como objetivo empurrar para a previdência privada, baseada no sistema de capitalização, um enorme número de pessoas: ao fazer isso, torna disponível uma grande fonte de recursos para os setores empresariais, com baixa exigibilidade (já que os cotistas dos fundos de previdência só irão buscar recursos após muitos anos de contribuição), com baixos juros (os juros reais para viabilizar um sistema previdenciário são muito baixos, uma vez que as aplicações são de longo prazo) e em grande volume. A discussão sobre a Reforma da Previdência gerou uma crise política dentro do PT, que culminou com a expulsão dos deputados João Batista Araújo (Bahia), Luciana Genro (Rio Grande do Sul) e da senadora Heloisa Helena, por serem considerados dissidentes do governo e, portanto, "radicais".

II – Reforma agrária – Até por causa de sua origem, tecnicamente de esquerda, a reforma agrária era a mais esperada do governo Lula. O presidente nomeou um dirigente da tendência petista Democracia Socialista (DS), Miguel Rossetto, para o estratégico Ministério de Desenvolvimento Agrário, justamente no País que se transformou em símbolo mundial da luta camponesa pela terra. Pois bem, inicialmente "o ministro admitiu que o governo desejava revogar a MP (decreto-lei) de Fernando Henrique Cardoso que proíbe o Incra (Instituto Nacional de Colonização e Reforma Agrária) de vistoriar, por dois anos, terras invadidas [pelos sem-terra, com vistas à sua expropriação]. 'Temos posição contrária a vários artigos da MP, disse o ministro [que] se declarou admirador do MST (Movimento dos Trabalhadores Rurais Sem-Terra)"No entanto, bastou um par de queixas dos latifundiários para que, em nota oficial, o Ministério desmentisse a notícia de que pretendia revogar a MP.

O período foi decepcionante nesse sentido. Em janeiro de 2003, os movimentos agrários exigiam do governo Lula o assentamento de 400 mil famílias sem-terra, naquele ano. Inicialmente, se falou em assentar 140 mil no primeiro ano, depois se baixou a promessa para 60 mil. Terminando o ano, o balanço do Incra apontou para pouco mais de 20 mil famílias assentadas. Do orçamento destinado à reforma agrária, 65% foi cortado.

III – Ciência e tecnologia e questão nuclear – Em relação à ciência e tecnologia, reiterou-se o apoio aos fundos de Apoio ao Desenvolvimento Científico e Tecnológico, como mecanismo inovador de estímulo ao fortalecimento do sistema de C&T nacional. Quando de sua criação, os fundos foram definidos como responsáveis por promover maior sinergia entre as universidades, centros de pesquisa e o setor produtivo e por criar novos incentivos ao investimento privado em C&T. Já a questão nuclear, neste contexto, em 2003 esperava selar, definitivamente, o destino das obras de Angra 3. A partir deste ano se ela fosse construída, já roubaria de Angra 2 o título mundial de usina nuclear com maior tempo em construção. O debate contudo ainda não chegava ao fim. Luiz Pinguelli Rosa, então presidente da Eletrobrás, afirmou que na nova matriz energética, que tem que ser pensada com o gás de São Paulo, não tem absoluta convicção de qual seria a posição de Angra III e propôs que a iniciativa privada viabilize a Usina de Angra 3, com participação da estatal na gestão. Segundo explicou:

> *A ideia é fazer uma empresa que teria um contrato com a Eletronuclear para que toda a energia de Angra 3 fosse dessa empresa e comercializada por ela. Seria uma empresa comercializadora, mas não como as existentes aí. Ela seria criada para viabilizar o investimento e teria a garantia de que por 20 anos, ou pelo tempo acordado, toda a energia produzida seria dela. A empresa ganharia vendendo energia!*[975].

A ideia baseava-se na possibilidade de que a Framatone, empresa francesa que adquiriu o capital da Siemens, investisse os US$ 1.8 bilhões necessários à conclusão de Angra III[976].

O objetivo de uma comissão que se reuniu na Câmara foi discutir a retomada do programa brasileiro e a construção de Angra III, comparecendo representantes dos ministérios do Meio Ambiente, da Ciência e Tecnologia, e de Minas e Energia, da Eletrobrás, da Eletronuclear, da Comissão Nacional de Energia Nuclear (CNEN), da Sociedade Brasileira para o Progresso da Ciência (SBPC), além de organizações não-governamentais ambientalistas e sindicalistas. As primeiras informações publicadas na página da Eletronuclear indicam que este foi um movimento do lobby pró-Angra III[977].

[975] Notícia veiculada no Portal EBC em 19 set. 2003. Extraído de http://memoria.ebc.com.br/agenciabrasil/noticia/2003-09-19/pinguelli-propoe-parceria-com-iniciativa-privada-para-viabilizar-usina-de-angra-3. Acesso em 20 ago. 2019.

[976] Apesar da vontade, o projeto não andou. Na época, faltavam R$ 8,3 bilhões para o governo concluir a obra. A proposta do governo era colocar a usina em funcionamento até 2014. Em 2017, uma nova inspeção demonstrou que faltavam R$ 17 bilhões para terminar a obra. O custo para descontinuar o projeto, por sua vez, chegava a R$ 12 bilhões.

[977] O lobby por Angra III programou em seguida o seminário em Brasília, *Tecnologia Nuclear – Soberania e Desenvolvimento*, com o objetivo de despertar a atenção das autoridades e da sociedade para a necessidade de dar prosseguimento ao Programa Nuclear Brasileiro". O governo federal deixou para 2005 a decisão sobre a retomada das obras da usina nuclear de Angra III. A expectativa era que o anúncio fosse feito ainda em dezembro, após a última reunião do ano do Conselho Nacional de Política Energética (CNPE). Mas ainda não havia consenso sobre o tema. Pelo contrário. Enquanto o Ministério de Ciência e Tecnologia torcia para tirar a ideia do papel, a pasta de Meio Ambiente era contra. E a

Os custos da energia nuclear no Brasil não embutem fases do ciclo tais como o descomissionamento. Frequentemente se confundem, intencionalmente, custos operacionais (O&M) com os de produção de energia. Portanto, a continuação de Angra III exige que as questões de custos sejam devidamente endereçadas com análises claras e transparentes frente a opções energéticas de origem fóssil como o gás natural.

Algumas considerações sobre a questão nuclear na atualidade são:

- Segurança: A energia nuclear tem sofrido arranhões adversos na sua imagem como opção energética segura para a saúde e o meio ambiente, comprometendo-se de forma profunda nos acidentes dos reatores de Three Mile Island em 1979 e Chernobyl em 1986. Existe também uma preocupação crescente com relação sobre o transporte seguro de materiais nucleares e com a segurança das instalações contra ataques terroristas.
- Proliferação: A energia nuclear encerra riscos potenciais de segurança notadamente através da possibilidade do mau uso de instalações nucleares com a finalidade de propiciar obtenção de tecnologia para a aquisição de uma capacidade nuclear militar.
- Rejeitos: A energia nuclear ainda não resolveu o desafio do gerenciamento a longo prazo dos rejeitos radioativos. Continuar com os programas sem uma solução para esta questão seria uma irresponsabilidade com o presente e futuro.

IV – Cultura e meios de comunicação – O governo foi acusado de tentar controlar os meios de comunicação, por meio do Conselho Nacional de Jornalismo, proposta que não vingou devido à forte reação da sociedade. As entidades que o propuseram, inclusive a Federação Nacional dos Jornalistas (Fenaj), tentaram, sem sucesso, esclarecer que não havia interesse em controlar a imprensa.

V – Política externa e o audiovisual – O pensamento por trás da Lei Geral do Audiovisual, ou pelo menos uma das maiores influências ideológicas na sua elaboração, e também para alguns conceitos de autoes-

ministra Marina Silva contava com a ministra de Minas e Energia, Dilma Rousseff, futura presidente, como aliada.

tima e subserviência que foram desenvolvidos pelo presidente Lula em seus pronunciamentos, está em um paper que circulou restritamente pelo governo e em algumas áreas intelectuais do país. Com o título geral de "Subdesenvolvimento e cultura", é de autoria do secretário-geral do Itamaraty, Samuel Pinheiro Guimarães. Todo seu raciocínio vai no sentido de conter a indústria audiovisual americana e estimular os meios de comunicação brasileiros a colaborar para a criação de uma "cultura nacional", sem a qual se enfraquece a capacidade do Estado de promover e defender os interesses nacionais.

Pinheiro Guimarães era um dos mentores das linhas mestras de política externa na época, e há quem o identifique como líder de uma corrente antiamericana dentro do Itamaraty. Antigo adversário da Alca, a área de livre comércio com os Estados Unidos, foi diretor do Instituto de Pesquisas em Relações Internacionais QPRI) do Itamaraty, de onde foi demitido pelo então ministro das Relações Exteriores, Celso Lafer, no governo Fernando Henrique, devido às críticas públicas que fez na ocasião à postura do governo brasileiro em relação à Alca[978].

O então secretário-geral do Itamaraty considerava, por exemplo, que "o Brasil não deve participar de blocos econômicos em condições de extrema assimetria desfavorável". Segundo ele, "a Alca colocaria em confronto direto, ainda que gradualmente, as megaempresas multinacionais americanas e as empresas brasileiras. Mesmo que algumas empresas brasileiras conseguissem sobreviver à competição e até aumentar as suas exportações, no conjunto as megaempresas americanas levariam vantagem nos EUA, no Brasil e na América do Sul, acarretando a desindustrialização e o aumento do déficit comercial brasileiro"[979].

No *paper* "Subdesenvolvimento e cultura", ele detalhava essa preocupação com a hegemonia americana, fazendo uma análise da influência que os Estados Unidos exercem no Brasil através das megaempresas de sua indústria cultural, principalmente a audiovisual. E atribui a ela uma "vulnerabilidade ideológica" da sociedade brasileira[980]". "O estímulo e o acesso à diversidade das manifestações culturais permitiria à sociedade

[978] Pereira, Merval. *O lulismo no poder*, cit., p. 50.
[979] Ibidem, p. 50.
[980] Ibidem, p. 50.

brasileira "ter acesso a distintas e, muitas vezes, contraditórias visões do mundo, das relações interpessoais, das questões existenciais"[981].

Ele qualificava de "questão estratégica" imaginar mecanismos que ampliassem o acesso de todos, sejam eles artistas, intelectuais, políticos ou simples brasileiros, à miríade de manifestações culturais brasileiras e de todas as sociedades que constituem a diversidade cultural planetária e que fortaleçam e enriqueçam a nossa própria identidade, combatendo a hegemonia cultural de qualquer origem no Brasil.

Daí o parágrafo XIV do artigo 4º da Lei Geral do Audiovisual, que define como papel do Estado "fomentar a participação diversificada de obras cinematográficas e videofonográficas de outras nacionalidades no mercado brasileiro". Como se um simples decreto governamental pudesse definir de que tipo de manifestações culturais o público deveria gostar[982].

VI – Programa Nacional dos Direitos Humanos[983] – Lançado no final do ano de 2010, foi mais uma tentativa de impor o controle governamental à sociedade, abordando uma gama imensa de assuntos polêmicos, desde a semente da revisão da Lei de Anistia até o aborto. Talvez tenha sido o cineasta Fernando Meirelles quem melhor definiu o político Lula[984].

981 Ibidem, p. 50.

982 Ibidem, p. 53.

983 "O caso de Cuba é exemplar de como as políticas petistas podem ser emocionais e, postas a serviço de um governo e não mais apenas de um partido, equivocadas. Devido ao constrangimento de criticar o país que os acolheu quando eram exilados políticos, constrangimento esse que atinge, de uma maneira ou de outra, todo o núcleo diretivo do PT, o Itamaraty coloca-se em posição dúbia diante da repressão abusiva de opositores do regime de Castro. Em vez de criticar o ataque aos direitos humanos e, ao mesmo tempo, rejeitar uma presumida ameaça de invasão americana à ilha – explicação oficial do governo de Fidel Castro para justificar a retomada da repressão política –, o governo brasileiro coloca-se em cima do muro, assim como alguns intelectuais que, ao contrário do escritor uruguaio Eduardo Galeano, não souberam assinar o documento de apoio a Cuba mas, ao mesmo tempo, e de maneira irrefutável, recusando apoio à repressão e ao assassinato de opositores do regime. A guerra fria que persiste entre o governo cubano e os Estados Unidos produz uma espécie de túnel do tempo em que a lógica não tem muito espaço." Pereira, Merval. *O Lulismo no poder*, cit., p. 29

984 Ibidem, p. 29.

Contratado para montar a apresentação do Brasil para o Comitê Olímpico Internacional que acabaria escolhendo o Rio de Janeiro como sede das Olimpíadas de 2016, Meirelles viu Lula chegar sem conhecer o texto que leria e em pouco tempo ter uma interpretação tão perfeita que "parecia que ele mesmo tinha escrito". Frase definitiva do cineasta: "Nunca vi um ator tão bom quanto ele. Não sei se é um bom presidente, mas é um grande ator"[985].

4.7.3 As crises

Viagens – Em junho de 2002, o ministro da Casa Civil, José Dirceu, usaria avião da FAB para fazer campanha política em Cruzeiro do Oeste, Paraná, para seu filho, Zeca Dirceu, futuro candidato a prefeito. No mês seguinte, o ministro da Justiça Márcio Thomaz Bastos faria uma viagem particular valendo-se de um helicóptero da Polícia Federal. Os tempos do moralismo verbal petista tinham ficado para trás, bem para trás[986].

Ao se realizar um balanço dos primeiros cem dias do governo Lula, Benedita surgiria como a ministra cuja milhagem saía pelo ladrão: era quem mais tinha viajado. Visitara quatro países: Paraguai, Argentina, França e Bélgica. Depois de quase um mês de polêmica, resolveria depositar o dinheiro gasto na viagem de encontro com evangélicos à Argentina. Argumentou que não queria criar constrangimento para o presidente Lula, e que teria, se possível for compreender o raciocínio, "tomado a decisão de depositar em juízo o valor do transporte que fiz na Argentina e faço isso por entender que tenho razão para tal e que provarei que esta viagem oficial que fiz à Argentina tem fundamento". Pouco adiantaria. Depois de longa agonia, em 21 de janeiro de 2004, acabaria demitida[987].

Lula visitaria Cuba em setembro. Nada falou sobre a repressão e as centenas de presos políticos. Já silenciara em abril, sempre conivente com a ditadura castrista, quando o regime fuzilou três opositores e condenou quatro à prisão perpétua[988]. Frei Betto, presente na comitiva, diria

985 Pereira, Merval, *O Lulismo no poder*, cit., p. 16.

986 Villa, Marco Antonio. *Década perdida – 10 anos de PT no poder*, Rio de Janeiro: Record, 2013, p. 29-30.

987 Ibidem, p. 41-42.

988 Ibidem, p. 43-44.

ter ressalvas a Cuba, mas de um modo muito peculiar, por meio do qual o religioso podia se manter fiel à ditadura: "Adoto um princípio: os inimigos denuncio em público; os amigos crítico em particular. Sou amigo dos cubanos e solidário à Revolução"[989].

O mês de outubro terminaria com nova denúncia. Em dez meses, Lula gastara, com viagens e diárias, o dobro que Fernando Henrique no mesmo período de governo: quase R$ 20 milhões[990].

Desemprego – O balanço do primeiro semestre, não seria nada positivo. O número de desempregados aumentara em 560 mil, a informalidade se mantivera e a renda diminuíra. A taxa Selic fecharia em 26% (caíra 0,5% em junho) [991]. O MST[992] mobilizara-se timidamente nos primeiros meses do ano, retomou as manifestações, num tom acima, e invadiu várias propriedades com o intuito de pressionar a administração petista – pois também sua liderança era contestada. Os sindicatos dos funcionários públicos romperam com o governo. Naquela conjuntura, já não mais serviriam como massa de manobra para o PT. Podiam ser descartados – e o seriam[993].

Agosto e crise – Se o governo encerrava agosto com vitórias expressivas – um mês que a tradição política identificava com graves crises políticas, como o suicídio de Getúlio Vargas e a renúncia de Jânio Quadros –, a entrevista dada pelo então presidente do STF, Maurício Corrêa, serviria como ducha fria, pois, de acordo com o ministro, Lula havia abandonado ideias que defendera durante décadas. Vivia viajando e deixara o governo nas mãos de Palocci e Dirceu. Sustentava ainda que Lula estaria "aplicando a mesma agenda política e econômica adotada por Fernando Hen-

[989] Ibidem, p. 44.
[990] Ibidem, p. 46.
[991] Ibidem, p. 36.
[992] O MST – que não dera trégua ao governo de FHC (que assentou 635 mil famílias), mas que, com a ascensão de Lula, mantivera uma atitude inicial retraída – aos poucos daria algum sinal de vida, retomando lentamente as invasões, embora muito mais como uma satisfação à sua base de apoio. Em Janeiro, promoveu a primeira, em Rondônia. Em março, invadiu prédios públicos e terras, além de acampar na Esplanada dos Ministérios, em Brasília. VILLA, Marco Antônio. *Década perdida – 10 anos de PT no poder*, cit., p. 36, 37.
[993] Ibidem, p. 37.

rique". Para ele, o "presidente não é a mesma pessoa que se apresentou na campanha". Estava deslumbrado com o poder[994].

Acrescente-se[995]:

> *"Em outubro, o secretário Nacional de Segurança Pública, Luiz Eduardo Soares, pediria demissão, muito pressionado pela divulgação de um dossiê que o acusava de ter contratado, como consultoras, a atual, a ex-mulher e a ex-cunhada, todas consideradas especialistas na área.*
> *(...) Ainda naquele mês, o deputado Fernando Gabeira pediria desfiliação do PT. Protestava contra a política ambiental, especialmente a liberação do plantio de transgênicos, e se insurgia ante a postura de Lula quando da visita a Cuba, omisso em relação aos presos e perseguidos políticos da ilha".*

E Gabeira afirmava que seria uma ilusão imaginar que se transformaria o Brasil pelo Estado, pelo alto, uma vez que o País só poderia ser transformado pela sociedade:

Nossa geração não pode se contentar em estar no governo. Temos que dizer também por que estamos no governo, mas infelizmente isso não aconteceu." E concluía: "Não digo que o sonho acabou. Sonhei o sonho errado[996].

Ministros – Vários ministros tiveram desempenho decepcionante. E o destaque seria o enorme poder concentrado na Casa Civil. Todos os atos do governo passavam pela chancela de José Dirceu, principalmente as nomeações para os mais de 20 mil cargos comissionados. Lula até brincaria com o centralismo de Dirceu: "O problema do Zé é que às vezes ele quer mandar mais do que o presidente"[997].

Paralelamente às primeiras denúncias contra ministros, começaria a ficar mais clara a forma de governar – de aparelhar a máquina de Estado – do PT. Em oito meses, o partido fizera 15 mil nomeações para cargos de confiança. E ainda restavam mais 6 mil vagas – a serem partidariamente ocupadas. A indicação era precedida por um atestado ideológico petista. O "nada consta" e, especialmente, o "é um dos nossos" garan-

[994] Ibidem, p. 40-41.
[995] Ibidem, p. 45.
[996] Ibidem, p. 45.
[997] Ibidem, p. 36.

tiam o emprego. Essa foi uma das maiores críticas da oposição ao PT no poder[998].

Nomeações – O ex-guerrilheiro José Genoíno, presidente do PT, tentava justificar aquela sede de preenchimento: "Fomos eleitos para mudar". Além de transformar a máquina estatal em correia de transmissão do partido, de acordo com os princípios Lêninistas, o pagamento obrigatório do dízimo aumentara, de forma significativa, a receita partidária. Estimava-se que o PT recolheria algo em torno de 15 milhões de reais por ano a partir de 2003[999].O festival de nomeações – não é exagero supor que, no total, terão chegado a 40 mil – incluía as empresas e os bancos estatais, suas diretorias e seus conselhos[1000].

MST – Em julho, o MST, que sempre funcionara como um braço do PT, promoveria as manifestações mais fortes desde o início da Presidência de Lula, agora contra a interrupção da reforma agrária. O governo desapropriara 200 mil hectares, mas instalara apenas 2.500 famílias – número muito distante da meta de 60 mil para 2003[1001].

A Funasa (Fundação Nacional de Saúde), vinculada ao Ministério da Saúde, sempre foi desejada pelos corruptos devido aos recursos fabulosos que movimenta. Em 2000, um decreto definira que os coordenadores regionais da fundação deveriam ser funcionários de carreira, com pelo menos cinco anos de experiência em cargos de direção. Os petistas mudariam isso. Afinal, o decreto dificultava o aparelhamento da Funasa. Tinham razão. E como superam o obstáculo? Incluíram um "preferencialmente" ao texto. Ou seja, o indicado deveria ser preferencialmente – e não necessariamente, como antes – um funcionário de carreira com mais de cinco anos em cargos de direção. Aquele acréscimo retirava o caráter terminativo do decreto anterior. E isso se repetiria em toda máquina estatal[1002].

Inca – O caso do Instituto Nacional do Câncer (Inca) viraria referência para o estilo petista de aparelhamento do Estado. Conhecido pela exce-

[998] Ibidem, p. 42.
[999] Ibidem, p. 43.
[1000] Ibidem, p. 44.
[1001] Ibidem, p. 37.
[1002] Ibidem, p. 37.

lência no combate ao câncer, o Inca seria entregue, sob a gestão do PT, a uma senhora cuja experiência anterior consistira na direção de parques e jardins da prefeitura carioca. No hospital, portanto, faltava de tudo: remédios, material de limpeza, equipamentos. Mas não faltavam petistas em todos os postos de confiança[1003].

> ***Popularidade*** *– "outubro seria um mês ruim para o governo, pois, logo de início, foram divulgadas as pesquisas de opinião pública. A confiança em Lula caía sistematicamente. Em março, estava em 80%; em junho, em 76%; em setembro, baixara a 70%. Um número ainda favorável, sem dúvida, mas que não escondia a curva descendente. A avaliação positiva de seu governo reproduzia a mesma tendência de queda: 75%, depois 70% e afinal 69%"*[1004].

Uma pesquisa do Instituto Datafolha, no final do ano de 2005, divulgada em 15 de dezembro daquele ano, indicava maus presságios ao presidente Lula. Dava conta de que ele perderia para José Serra (que havia derrotado anteriormente) a eleição presidencial de 2006, ainda no primeiro turno. Era a primeira vez que isso acontecia. O estudo demonstrara ainda que o PT perdera um terço de seus simpatizantes em comparação com dezembro de 2004, por causa da crise do Mensalão. Entre outras questões, o desemprego também trazia problemas à imagem do governo. Chegaria, tal como no governo anterior, a ultrapassar os 20% em São Paulo e outras capitais importantes.

Uma outra questão delicada para o governo, o assassinato do ex-prefeito de Santo André, Celso Daniel, que foi morto em 2002, em circunstâncias misteriosas, voltaria às manchetes de jornais. É que um novo laudo pericial confirmou que Celso Daniel[1005] fora torturado antes

[1003] Ibidem, p. 43.

[1004] Ibidem, p. 44.

[1005] Três anos e meio depois do bárbaro assassinato do Prefeito de Santo André, Celso Daniel, morto em janeiro de 2002, novos indícios do crime surgiriam. A reabertura do inquérito, em 2005, viria na esteira de denúncias e revelações que devassavam as relações perigosas entre PT, governo e empresários. O caso expunha também a cobrança sistemática de propina nas prefeituras petistas com o objetivo de financiar o partido. Pouco antes de morrer, Daniel era o homem mais cotado para coordenar a campanha de Lula à Presidência. O misterioso assassinato, portanto, atraía suspeitas. Seria um crime político? Para a

de morto. Haveria sinais de queimaduras, provenientes do cano de um revólver quente, nas costas da vítima, além de espasmo cadavérico generalizado, característico de situações em que a tensão nervosa é tão intensa que a contração muscular persiste mesmo após a morte[1006].

4.7.4 O Mensalão e a CPI

A partir da denúncia de corrupção de um funcionário dos Correios, Maurício Marinho, deu-se início à investigação sobre o que seria um esquema clandestino de arrecadação de recursos para o PT, partido do presidente, e para assegurar apoio parlamentar no Congresso Nacional ao governo. O funcionário foi flagrado numa conversa clandestina em que falava sobre corrupção na estatal que estava sob o controle do PTB, partido da base aliada. Acuado, o presidente da agremiação Roberto Jefferson, afirmou em entrevista à *Folha de S. Paulo*, que os partidos aliados recebiam uma

polícia e para o PT, não. Tratara-se apenas de um crime comum. No entanto, o irmão do prefeito morto, João Francisco Daniel, revelaria que Celso comandava um esquema de propina que envolvia empresas prestadoras de serviços à prefeitura de Santo André. O assassinato seria consequência de um desentendimento com empresários, e teria como mandante Sérgio Gomes da Silva, o "Sombra", que estivera com o prefeito na noite do crime. Ainda de acordo com o irmão, Celso tentava acabar com o "caixa três" (dinheiro desviado, para fins pessoais, das propinas destinadas ao PT).Cinco dias após o assassinato, João Francisco, segundo relataria, recebeu um telefonema de Gilberto Carvalho,no qual o esquema lhe teria sido revelado. Os recursos desviados teriam sido repassados a José Dirceu e servido para pagar gastos das campanhas de Marta Suplicy à prefeitura de São Paulo, em 2000, e de Lula à Presidência da República, em 2002. De acordo com o legista Carlos Delmanto Printes – em entrevista concedida em agosto de 2005 –, Celso Daniel foi cruelmente torturado antes de morto. Segundo Printes, os sequestradores praticaram o chamado "esculacho", ou seja, deram tiros ao chão, bem próximos ao prefeito, simplesmente para amedrontá-lo. Além disso, o médico identificou vários hematomas no corpo de Daniel. *Vide* VILLA, Marco Antonio. *Década perdida – 10 anos de PT no poder*, p. 62-63. No entanto, a Polícia Civil paulista (de um governo tucano) fez três investigações sobre o caso e a Polícia Federal uma. Todas chegaram à mesma conclusão: crime comum, sem sinais de crime de mando. De acordo com as investigações, os bandidos pretendiam sequestrar um empresário que passaria pelo mesmo local em que passou o prefeito e *Sombra*, que o acompanhava, depois de um jantar, mas ele fez um caminho diferente. Assim, os criminosos abordaram o primeiro carro de luxo que passou, o que conduzia Daniel e seu acompanhante, uma Pajero.

1006 VILLA, Marco Antonio. *Década perdida – dez anos de PT no poder*, cit., p. 48.

mesada (o chamado mensalão) do PT para se manterem fiéis e o esquema estaria sob o comando do ministro da Casa Civil, José Dirceu. A denúncia, que saiu na revista *Veja*, levou à criação das CPIs do Mensalão e dos Correios.

Posteriormente, seriam implicados no caso, também, o presidente do PT, José Genoíno, o tesoureiro do partido, Delúbio Soares, o secretário-geral Silvio Pereira e o empresário Marcos Valério. Entre 22 e 27 de julho de 2007, o STF tornou réus 40 pessoas que estariam envolvidas no escândalo, acusados de crimes de corrupção passiva, formação de quadrilha e peculato. Tanto Jefferson quanto Dirceu, ambos deputados federais, tiveram seus mandatos cassados. Seriam condenados, posteriormente, pela Justiça. Notemos que,

> *"a partir do episódio do mensalão, o governo Lula adere à ideologia da governabilidade, com sua pretensa necessidade de formação de uma supermaioria parlamentar, que também deveria preservá-lo de um eventual processo de impeachment. Deu início a uma aliança com o PMDB que iria aos poucos se aprofundar e se consolidar, até se tornar uma aliança formal de governo. Nesse momento, a partir de meados de 2005, Lula finalmente assumiu por inteiro a presidência da República e o papel de articulador político de seu próprio governo"*[1007].
>
> *"Também foi esse episódio do mensalão que revelou um segundo movimento simultâneo. Ficou claro que o aparelho do PT, ainda controlado por Dirceu, tinha levantado ilegalmente uma enorme quantidade de fundos que serviram para financiar novas alianças locais e regionais nas eleições municipais de 2004. Isso mostrou que o projeto de obter uma bancada parlamentar robusta para o PT nas eleições de 2006 estava de fato em marcha, já que as eleições municipais são estratégicas para as eleições proporcionais federais. A ideia parecia ser a de fazer com que o PT, no cenário ideal, alcançasse uma bancada própria de tal peso que pudesse escapar com suas próprias pernas – e com algumas negociações de varejo – à camisa de força do modelo estabelecido no governo FHC"*[1008].

Há ainda quem remonte o Mensalão para mais tempo ainda, para 2004, quando Waldomiro Diniz, então assessor do ministro José Dirceu,

[1007] NOBRE, Marcos. *Da abertura democrática ao governo Dilma*, cit., p. 105.
[1008] Ibidem, p. 105.

tentou extorquir dinheiro de um bicheiro ligado aos bingos, Carlinhos Cachoeira, e foi filmado, tendo as imagens sido divulgadas. O líder do PTB na Câmara, Roberto Jefferson, que tinha sido líder do governo FHC, pediu ajuda governamental para que fosse barrada uma investigação contra um diretor dos Correios indicado pelo partido que tinha aparecido em um vídeo recebendo propina. Ao se convencer de que não só o governo não se empenharia em barrar a investigação como ainda iria responsabilizar seu partido pela corrupção, Jefferson concedeu, no início de junho de 2005, a entrevista em que denunciou um vasto e complexo esquema de arrecadação ilegal de fundos, o qual seria liderado por Dirceu e seus aliados instalados na máquina partidária.

> *(...) "Logo, foi a primeira crise política transmitida ao vivo e em tempo real, pela televisão, pelo rádio e pela internet. Todo o segundo semestre de 2005 foi dedicado à cobertura do episódio, e parecia que era o sistema político como um todo que não conseguiria se recuperar. Até mesmo partidos de oposição, da antiga base de FHC, eram citados como envolvidos.*
> *O PT foi duramente atingido. Não apenas em razão do ponto programático histórico que prometia fazer política de uma nova maneira, de uma maneira "ética", mas também porque perdeu alguns de seus mais importantes quadros. O júbilo da direita conservadora foi de tal ordem que o então senador Jorge Bornhausen (PFL, Santa Catarina) chegou a ponto de declarar, em relação aos petistas (e em relação à esquerda, de maneira geral), que estava "encantado" com a possibilidade de se ver "livre dessa raça pelos próximos trinta anos".*
> *Dezenove deputados estiveram sob investigação na Câmara, dos quais seis pertencentes ao PT. Quatro deles renunciaram antes do início da investigação. A maioria foi absolvida das acusações no nível parlamentar. Um novo presidente do PT foi eleito, o ministro da Educação Tarso Genro. O julgamento do caso pelo STF ocorreu apenas em 2012, na Ação Penal 470, que coincidiu com o período de campanha e votação das eleições municipais do mesmo ano"*[1009].

O presidente Lula fez tudo que era possível para se distanciar das ações ilegais. Tentou se colocar na posição de "traído", que não sabia

[1009] Nobre, Marcos. *Da abertura democrática ao governo Dilma*, cit., p. 106.

nada sobre o esquema. Ao mesmo tempo, selou aliança com setores do PMDB e colocou Dilma Roussef – que no futuro seria sua candidata à Presidência da República – no lugar de Dirceu. Até então, ela era ministra das Minas e Energia. Alguns quadros jovens, como Fernando Haddad, que promoveu a ministro da Educação – e posteriormente foi prefeito de São Paulo, ganharam espaço nesse período. Naquela ocasião, o governo continuou com a diretriz de olhar para os dois extremos sociais. A política econômica continuou ultraordotoxa, o que satisfazia os estratos mais ricos, mas ao mesmo tempo estabeleceu políticas compensatórias para os mais pobres, as principais das quais foram os aumentos reais no salário mínimo e o programa Bolsa Família.

Seria chamado pela oposição de "populista" por estabelecer "uma relação direta com a população sem a mediação de personalidades e instituições políticas. O governo chegaria naquele momento, a suas mais baixas taxas de aprovação, e o candidato à reeleição foi considerado pela maioria dos analistas políticos como "cachorro morto" [1010] para as eleições do ano seguinte.

Voto, produto do Assistencialismo – "Os programas sociais do governo são os principais responsáveis pela forte votação que Lula conserva entre a população de mais baixa renda e menos escolarizada, base para a solidez de sua popularidade e onde foi buscar o apoio que lhe falta em outras áreas da opinião pública, numa metamorfose política radical, indo dos grandes centros urbanos para mediação direta com o eleitorado dos grotões. O então presidente do PSDB, Tasso Jereissati, chamou-o de 'coronel do século XXI', que troca votos pelo assistencialismo. Mesmo que sejam necessários à chamada rede de proteção social, os três programas mais vistosos do governo – Bolsa Família, crédito consignado e agricultura familiar – acabaram caindo no assistencialismo puro e simples"[1011].

[1010] "A oposição, despertando de sua inércia, articulou-se para pedir o impeachment do mandatário. Nem os petistas duvidavam que tal ocorreria. Caciques do partido chegaram a debater a hipótese de renúncia. Até que Fernando Henrique Cardoso, o nome mais venerável do PSDB, desaconselhou os colegas a pedir o afastamento de Lula, e não se falou mais no assunto. SCHMIDT, Paulo. *Guia politicamente incorreto dos presidentes da República.* São Paulo: Leya, 2017, p. 369.

[1011] PEREIRA, Merval. *O lulismo no poder*, p. 123.

Frei Betto, o ex-assessor especial do Planalto e um dos formuladores do Fome Zero, em entrevista ao jornal italiano *Corriere della Sera,* definiu o Bolsa Família como "assistencialismo puro, que não muda a estrutura social e faz recair rapidamente na miséria". Diz que 11 milhões de famílias atendidas é um número prestigioso para Lula, mas significa pouco. Os beneficiados veriam no dinheiro "um salário" e "logicamente vão agradecer nas urnas"[1012].

Ainda outro benefício, o crédito consignado, também não tem funcionado como deveria. Por causa da leniência da fiscalização, tem sua função social distorcida. Jereissati afirmou que, no Nordeste, bancos colocam kombis nas ruas oferecendo o crédito consignado sem que o incauto cliente saiba que será descontado em folha. Há, também, relatos de políticos que induzem eleitores a pegar o dinheiro como se fosse doação governamental. Por outro lado, batem recordes o número de endividados e o comprometimento da renda com dívidas. Em julho, houve um aumento de 89,2% sobre julho de 2005 na média de 15 estados, segundo o Serviço de Proteção ao Crédito (SBPC). A alta acumulada no primeiro semestre é de 35%. A inadimplência cresceu 24,2% em relação ao fim de 2004[1013].

O economista Roberto Messenberg, do Instituto de Pesquisa Econômica Aplicada (Ipea), faz uma forte crítica da política do governo nesse particular que, em sua opinião, está desconectada da economia. "O esgotamento do crédito revela o artificialismo e a insustentabilidade das políticas adotadas pelo governo para promover o crescimento atual[1014]". O presidente, não por acaso, tem uma performance ascendente nas regiões Norte e Nordeste desde as primeiras eleições que disputou: saiu de 30% de votos na região em 1994, para 66,7% este em 2006, e de 25,5% no Norte para 56% no mesmo período. Não é por acaso que estão naquelas regiões os maiores investimentos do Bolsa Família. Há cidades em que até 45% da população é beneficiária do programa, como em Várzea Grande (Pernambuco) e Pedra Branca (Ceará). De acordo com a pesquisadora Rosa Maria Marques da Pontifícia Universidade Católica de São Paulo

1012 Ibidem, p. 123.
1013 Ibidem, p. 124.
1014 Ibidem, p. 124.

(PUC-SP), em cada dez famílias atendidas pelo programa, seis estão nas regiões Norte e Nordeste, que somam 63% dos atendimentos[1015].

O resultado disso, de acordo com os pesquisadores, é que as vendas do comércio no Nordeste cresceram 9,8% em 2005, mais que o dobro da média nacional, de 4,5%. O que vendeu mais foram computadores populares, telefones celulares, eletrodomésticos e materiais de construção. Isso foi propiciado por três fatores: o Bolsa Família, o aumento real do salário mínimo e os empréstimos consignados. Na região Norte, havia a estimativa de expansão de 11,2% na venda de produtos básicos. Em certas regiões, foi verificado um crescimento da economia em torno de 7%, classificado pelos especialistas como um "crescimento chinês", em referência à economia que mais se expande no mundo[1016].

Professor da PUC-RJ e historiador, Cesar Romero Jacob, considera que o Bolsa Família e outros programas sociais foram os grandes responsáveis pelo alto porcentual de votos para o PT no Nordeste:

> *Os vários programas que o governo desenvolveu nessas áreas acabaram dando à população a percepção de Lula como pai dos pobres. É o caso do Luz para Todos, o Programa Nacional de Fortalecimento da Economia Familiar (Pronaf) e o Pro-Uni, que dá a percepção que Lula quer que o negro e o pardo possam chegar à universidade*[1017].

O ex-assessor especial de Lula, Frei Betto, que já demonstrou publicamente suas divergências em relação ao programa, já classificado por ele de "assistencialista", aponta outro problema: No segundo governo, o presidente precisará "apontar a porta de saída do Bolsa Família. Com as 11 milhões de famílias beneficiárias poderão independer do governo federal e passar a gerir a própria renda?"[1018] O religioso afirma que a "distribuição de renda mínima" e o "direito à alimentação e à nutrição" são pontos positivos do primeiro governo Lula, no entanto, discorda da maneira como foi implantado o Bolsa Família, especialmente pela falta de reformas estruturais, e pelo fato de o acompanhamento de saúde e frequência

[1015] Ibidem, p. 124.
[1016] Ibidem, p. 125.
[1017] Ibidem, p. 130.
[1018] Ibidem, p. 132.

escolar não ser considerado prioritário pelo Ministério do Desenvolvimento Social.

Em sua obra, PEREIRA[1019] cita pesquisadores que associaram a pobreza do município e os votos obtidos pelo presidente Lula no segundo mandato. De acordo com ele, "*a associação entre o programa Bolsa Família e a renda dos municípios brasileiros mostra que quanto mais pobre é o município, mais recursos per capita ele recebeu do Bolsa Família, e quanto maior o IDHM-Renda, pior a votação obtida por Lula. Os pesquisadores ressaltam que esses dados "não nos permitem dizer que Lula tenha sido votado pelos pobres, mas apenas afirmar que ele teve votação expressiva nos municípios mais pobres do Brasil". No entanto, a associação entre o percentual de votos obtidos por Lula e os gastos do Bolsa Família é expressiva e indica que Lula obteve percentualmente mais votos nos municípios que receberam mais recursos per capita do Bolsa Família*"[1020].

O sociólogo Francisco de Oliveira, um ex-petista que saiu do partido por discordar da condução da política lulista, tenta explicar o conceito de "hegemonia às avessas" do cientista político italiano Antonio Gramsci em relação ao programa Bolsa Família:

> *"Os dominantes aceitam ser conduzidos politicamente pelos dominados. Desde que não sejam contestados. Essa hegemonia é exercida num contexto no qual Lula se transformou num mito, que se coloca acima das classes e dos conflitos, legitimando, no limite, a desigualdade – com a renúncia de se combater as causas estruturais dessa desigualdade: Você derrota a poderosa discriminação social brasileira, derrota o preconceito de classe... para quê? Para governar para os ricos*[1021].
> *O programa Bolsa Família constitui, de fato, uma política assistencialista e com grande potencial clientelista; portanto, manipulatória do ponto de vista político, em particular quando se leva em conta o seu público-alvo: uma massa de miseráveis desorganizada e sem experiência associativa e de luta por seus direitos. A renda transferida às famílias não constitui um direito social, podendo ser reduzida e/ou retirada a qualquer momento, ao sabor dos interesses de cada governo – bem ao gosto da política fiscal libe-*

[1019] Ibidem, p. 132.
[1020] Ibidem, p. 135.
[1021] Filgueiras, Luiz e Gonçalves, Reinaldo, *A economia política do governo Lula*. Rio de Janeiro: Contraponto, 2007, p. 166, 167.

ral-ortodoxa, que não concorda com nenhuma vinculação orçamentária entre receita e despesa, com exceção, naturalmente, do pagamento dos juros da dívida pública (a chamada Lei de Responsabilidade Fiscal tem esse objetivo). O Bolsa Família transforma-se, então, em poderoso instrumento do que tem sido denominado de "hegemonia às avessas""[1022].

A governança – Além dos problemas gerais, relacionados à sociedade, também sobram críticas que dizem respeito diretamente ao governo. A governança (capacidade gerencial e organizacional do governo) é outra incerteza crítica. No governo Lula, a governança foi baixa, como indicavam os riscos crescentes de problemas energéticos.

A questão da governabilidade refere-se à capacidade do governo formular e implementar políticas (eficazes ou não) e depende da sua base de sustentação política. Os mecanismos de cooptação política usados pelo governo Lula tiveram retorno decrescente, principalmente nos dois últimos anos do segundo mandato. A síndrome do "pato manco" (perda de credibilidade dos dirigentes) que afeta governantes em final de governo, principalmente no segundo mandato, pode atingir o processo de governabilidade. A ausência de resultados na área social, que transcendam as medidas assistencialistas, pode revitalizar os movimentos de resistência ao modelo liberal periférico.

A deterioração institucional do País também pode afetar negativamente a governabilidade. Reconhece-se que o Estado demonstrou fragilidade para enfrentar o grave problema da violência, ao mesmo tempo em que se constatam a existência de casos e escândalos de corrupção que podem atingir diretamente representantes do poder público nos mais altos escalões da República.

Devido às várias turbulências econômicas, sociais, políticas e institucionais havia risco à coesão do bloco dominante, liderado pelo PT nas próximas eleições. Havia a percepção de que esta coligação poderia correr riscos. "No contexto de acirramento da concorrência em relação ao excedente econômico, em geral e aos recursos do Estado, em particular, é provável que surjam conflitos e desarticulação do bloco dominante. As

[1022] Ibidem, p. 167.

disputas intrabloco podem nascer, inclusive, da dificuldade de o Estado desempenhar seu papel de mediador de conflitos entre as frações do capital. Esta é uma hipótese que não deve ser descartada para o segundo governo Lula"[1023].

A questão da governabilidade refere-se à capacidade do governo formular e implementar políticas (eficazes ou não) e depende da sua base de sustentação política. A deterioração institucional do País também pode afetar negativamente a governabilidade. Reconhece-se que o Estado tem demonstrado fragilidade para enfrentar o grave problema da violência, ao mesmo tempo em que se constatam a existência de casos e escândalos de corrupção que podem atingir diretamente representantes do poder público nos mais altos escalões da República[1024].

Eleições 2006 – Em novembro de 2006, Lula anuncia a sua candidatura à reeleição. Os seus adversários eram Geraldo Alckmin (PSDB), Cristovam Buarque (PDT) e Heloísa Helena (PSOL). O presidente obteve no primeiro turno 46.662.365 (48,61%) dos votos ante 39.968.369 (41,64%) de Alckmin, 6.575.393 (6,85%) de Heloísa Helena e 2.538.844 (2,64%) de Cristovam Buarque. No segundo turno, o petista venceu com 58.295.042 (60,83%) de votos contra 37.543.178 (39,17%) de Alckmin, tendo este recebido menos votos que no primeiro turno.

Lula foi quase reeleito logo no primeiro turno da eleição de 2006, tendo vencido no segundo turno com mais de 60% dos votos. Perplexos, os adversários se perguntaram:

> *Como se deu essa virada? É importante notar a diferença entre as taxas de aprovação de Lula e as taxas de aprovação de seu governo como fator que ajuda a explicar pelo menos em parte de que forma Lula pôde se recuperar da crise do mensalão e vencer a eleição de 2006. Assinala, não por último, que Lula conseguiu se apresentar como o representante dos mais pobres dentro do sistema político tradicional. Como foram de decisiva importância o bom desempenho da economia e o aumento expressivo da renda das famílias nesse período, algo que ficou conhecido como 'o Real do Lula'. A esses fatores deve se somar ainda uma significativa mudança da base eleitoral de Lula.*

[1023] Ibidem, p. 222.
[1024] Ibidem, p. 222.

Não basta, entretanto, a conjunção de fatores econômicos para explicar a vitória de Lula em termos político-eleitorais. (..) A efetividade dessa conjunção de fatores dependeu de um pacto com esse mesmo sistema político marginalizador, de um novo modo de funcionamento do governo, instaurado a partir de 2005. Não por último, esse pacto permitiu a utilização de máquinas partidárias altamente capilarizadas, capazes de chegar com eficácia também aos chamados rincões.[1025].

4.8 Luis Inácio Lula da Silva (Lula) (1º de janeiro 2007 a 31/12/2010) Vice: José Alencar – Consolidação de conquistas e inicio crise econômica – 2º mandato

No início do seu segundo mandato, o presidente Lula obteve uma aliança muito sólida com o PMDB, o que não havia ocorrido até então, e, ainda mais que no período anterior, obteve mais sucesso ainda ao ampliar sua coalizão, conseguindo filiar deputados e senadores oposicionistas. O País havia conseguido passar, sem grandes percalços, pela crise econômica mundial de 2008, ao contrário de momentos anteriores, e a oposição, representada pelo PSDB e seus aliados, estava enfraquecida e desarticulada.

"Contudo havia desde o final do primeiro mandato, "do ponto de vista político, a desarticulação dos campos político-ideológicos é cada vez maior. O transformismo do PT e de Lula, ao ocupar o espaço tradicionalmente mantido pelas forças políticas conservadoras, deu um xeque mate na oposição de direita, que perdeu o rumo e o prumo. Ao mesmo tempo, também conseguiu desarticular e reduzir significativamente a capacidade política da frente de esquerda que tradicionalmente confronta as forças político- sociais que sustentam o modelo liberal periférico. A "grande política" (projetos, programas, transformações estruturais e utopias) cedeu espaço para a "pequena política" (divisão de cargos, prestígio, fisiologismo, negócios e acordos corporativistas).
(...) A base política do segundo governo Lula, em razão da completa desfiguração do Partido dos Trabalhadores, foi constituída de forma ainda mais precária e fisiológica do que foi no primeiro. Pautado em acordos pontuais pragmáticos – com partidos e personagens tradicionalmente parasitas do Estado –, o governo tenderá a ter uma trajetória errática. Em resumo: a partir de 2007, o crescimento do lulismo gerará uma grande instabilidade política – maior do que no período 2003-2006 –, com o posicio-

[1025] Ibidem, p. 222-223.

namento do governo flutuando entre o centro e a direita do espectro político, ao sabor da conjuntura mais imediata.

A tragédia maior de todo o processo, até aqui, é a desarticulação, divisão e incapacidade da oposição de esquerda ao modelo econômico e às políticas ortodoxas. Essa oposição não consegue constituir uma alternativa política relevante. Isso engloba tanto a esquerda que está dentro do PT (extremamente minoritária e irrelevante na condução e nos rumos do governo) quanto aquela que está fora do partido e do governo Lula. Essa situação tem reflexos imediatos nos movimentos social e sindical, que também são atingidos pela divisão e a fragmentação"[1026].

Havia críticas ao Plano de Aceleração de Crescimento (PAC), um dos principais programas de governo do petista no segundo mandato. Em sua visão, o PAC tem ênfase na infraestrutura de apoio às exportações de produtos primários, portanto fortalece um dos pilares do modelo liberal periférico e da posição do agronegócio no bloco dominante. Além disso, lembra ele, os investimentos da União em infraestrutura sob a égide do programa representarão, em média, 0,5%, enquanto os pagamentos de juros absorverão 4% do PIB no segundo mandato. Ainda em outro aspecto, o meio ambiente, O PAC, para ele, trará "maiores riscos e incertezas" e redução dos gastos sociais em geral. Em síntese, "*a manutenção do viés restritivo das políticas monetária e fiscal reforça o bloco dominante, no qual desempenham papel de destaque os bancos e os rentistas. Portanto, o PAC reforça os pilares do modelo liberal periférico e mantém as travas macroeconômicas aos processos de acumulação de capital fixo, de distribuição de riqueza e renda, e de desenvolvimento econômico.*

A política de salário mínimo do PAC implica retrocesso em relação à experiência do passado recente. Quando confrontado com o desempenho do governo Cardoso nos seus dois mandatos, o governo Lula não apresenta desempenho superior no que diz respeito à distribuição da renda em favor da classe trabalhadora. variação média anual do salário real foi -2,1% e a do PIB real per capita foi 1,9% no período 2003-2005. Portanto, a relação salário/ PIB per capita caiu 3,9%.

A política fiscal restritiva significa a continuação do processo de transferência de renda do conjunto da sociedade, que tem elevada propensão a consumir, para

1026 NOBRE, Marcos. *Imobilismo em movimento – da abertura democrática ao governo Dilma*, cit., p. 107.

os rentistas (aqueles que vivem de juros), que têm baixa propensão a consumir. No que se refere à concentração da riqueza e à distribuição da renda, o desempenho do governo Lula não parece ser significativamente distinto daquele observado no governo Cardoso. O traço comum é o avanço da dominação financeira. As perspectivas de crescimento econômico são pouco favoráveis. O PAC não aponta para mudanças significativas no padrão de gestão macroeconômica"[1027].

4.8.1 A economia – da bonança à recessão

A crise econômica mundial de 2008 interrompeu uma série de boas notícias no setor econômico, uma das mais sensíveis para o Brasil foi o fim do chamado "boom de commodities". Antes disso, em 2007, haviam sido descobertas grandes reservas de petróleo na camada pré-sal, o que o governo exploraria como uma espécie de redenção da indústria petrolífera nacional, o Brasil fora confirmado como sede da Copa do Mundo de 2014 – o que levaria a muitos protestos de parte da população por não ver razão em altos investimentos nessa área, em detrimento de outras, mais importantes. Em abril de 2008, a elevação do País a "grau de investimento" pelas agências internacionais de avaliação de risco trouxe mais euforia ainda ao governo. Em fins de 2008, uma má notícia: a pré-candidata à Presidência, Dilma Rousseff, descobriu um linfoma. No início do ano seguinte uma melhor: o Brasil sediaria a Olímpiada de 2016[1028].

O governo Lula havia optado por um modelo econômico de escolher "campeões nacionais" que receberiam recursos via Banco Nacional de Desenvolvimento Econômico e Social (BNDES) e apoio para se estabelecer como plataforma de fornecimento de matérias-primas. Um desses exemplos foi a JBS, dos irmãos Joesley e Wesley Batista, que, anos depois, estaria no centro de um escândalo de corrupção de delação premiada. Outro dos "escolhidos" foi o empresário Eike Batista, que também acabou preso em virtude de acusações de corrupção. Uma diretriz do modelo é

[1027] Filgueiras, Luiz e Gonçalves, Reinaldo. *A economia política do governo Lula*, cit., p. 228.

[1028] Nobre, Marcos. *Imobilismo em movimento – da abertura democrática ao governo Dilma*, cit., p. 130.

que o crescimento econômico ocorreria, mas com a diminuição das desigualdades sociais e um forte apelo ao consumo[1029].

Essa nova orientação econômica, baseada em um desenvolvimentismo de matriz diferente, de acordo com o pesquisador, teve como um dos marcos dessa nova orientação de política industrial se deu com a ida de Guido Mantega para o Ministério da Fazenda (após a queda de Palocci, em março de 2006) e, posteriormente, em abril de 2007, com a nomeação de Luciano Coutinho para a presidência do BNDES. Foi somente com a entrada definitiva no governo, depois do mensalão, que a aliança com o empresariado nacional foi progressivamente se firmando.

> *"Pois, com o tempo, não apenas as grandes empreiteiras, as grandes empresas industriais, mineradoras e de serviço aderiram ao pacto lulista, mas também – fato inédito – os setores ruralistas, que até ali continuavam a hostilizar o PT e o governo Lula. Se é fato que o boom de commodities teve grande influência nessa adesão, foi pelo menos de igual importância para isso a sua representação no governo mediante a aliança com o PMDB. Esse movimento de adesão continuou se ampliando até o governo Dilma, momento em que se alinharam ao pacto até mesmo lideranças ruralistas tradicionais de oposição, como foi o caso da senadora Kátia Abreu, presidente da Confederação da Agricultura e Pecuária do Brasil (CNA)"*[1030].

Até aquela crise, que atingiu bancos e o sistema imobiliário dos Estados Unidos, quebrando, por exemplo, o Banco Leman Brothers, o Brasil cresceu a taxas relativamente altas. E a inflação estava baixa. Portanto, o presidente conseguiu, naquele período, o melhor dos mundos: taxas de crescimento significativas, com inflação sob controle, e distribuição de renda. No primeiro mandato de Lula, a taxa média de crescimento da economia era de 3,3% – maior que a de FHC em seus oito anos que foi de 2,3%. No início do segundo mandato, a taxa média de crescimento chegou a 4,5%, somada a uma significativa redução da desigualdade, um tema caro para o Brasil, que tradicionalmente ostentava o triste título de um dos países mais desiguais do mundo. Em 2007, apesar do bom momento vivido pelo governo, a derrota na tentativa de aprovação da prorrogação

1029 Ibidem, p. 118.
1030 Ibidem, p. 119.

do chamado imposto do cheque, a CPMF, demonstrou que a sociedade não aguentava mais aumentos da carga tributária[1031].

Em um pronunciamento em cadeia nacional de TV, em 23 de dezembro de 2008, o presidente demarcou sua estratégia para enfrentar a crise internacional. E ela estava centrada, primordialmente, no consumo das famílias, um dos agentes que movem a economia:

> "*Quero dizer, com toda a serenidade, que a crise não nos assusta. O País está preparado e tem comando. Seguiremos acompanhando com lupa a situação da economia, vinte e quatro horas por dia. O que tiver que ser feito, será feito. No tempo certo e na dose adequada. E sempre dialogando com o País. Mas é fundamental que todos façam sua parte. É importante que os empresários sigam investindo. É imprescindível que os trabalhadores defendam a produção e o emprego. Já o setor financeiro deve trabalhar para estimular o crédito e baixar os juros, que estão muito altos. E vocês, meu amigo e minha amiga, não tenham medo de consumir com responsabilidade. Se você está com dívidas, procure antes equilibrar seu orçamento. Mas, se tem um dinheirinho no bolso ou recebeu o décimo terceiro e está querendo comprar uma geladeira, um fogão ou trocar de carro, não frustre seu sonho, com medo do futuro. Porque, se você não comprar, o comércio não vende. E se a loja não vender, não fará novas encomendas à fábrica. E aí a fábrica produzirá menos e, a médio prazo, o seu emprego poderá estar em risco. Assim, quando você e sua família compram um bem, não estão só realizando um sonho. Estão também contribuindo para manter a roda da economia girando. E isso é bom para todos*"[1032].

Ao que parece, o governo acreditava que só seria possível manter a inflação sob controle, sem comprometer a redução das desigualdades, alcançando uma taxa média de 4% de crescimento. Com isso, as receitas públicas permitiriam a manutenção do déficit primário em 3,1% do PIB possibilitando o controle da inflação. Dessa maneira, especulavam os especialistas, as taxas de juros passariam a ser muito importantes. Por

[1031] Ibidem, p. 120.

[1032] Ibidem, p. 120. Em uma crítica a propostas desse tipo, o ex-presidente do Uruguai, José Pepe Mujica diria, em discurso na ONU em 2013: "O deus mercado organiza a economia, a vida e financia a aparência de liberdade. Parece que nascemos só para consumir e consumir".

isso, a então ministra da Casa Civil e futura sucessora de Lula, Dilma Rousseff, se insurgiu contra o Banco Central por causa da demora em baixar as taxas de juros[1033].

> *"Havia uma tensão entre o Ministério da Fazenda e o Banco Central foi permanente durante o segundo mandato de Lula e só se resolveu a partir de dezembro de 2010, com a indicação de Alexandre Tombini para o lugar de Henrique Meirelles. O choque de visões ficou claro na decisão do Ministério da Fazenda de não cumprir, para o ano de 2009, a meta de superávit primário, de maneira não apenas a contrabalançar a demora do Banco Central em baixar a taxa de juros, mas também para tentar impedir um resultado negativo para o PIB daquele ano. Uma medida que, lida pelo avesso, mostra também que o ambiente de crise foi fundamental para que essa nova política econômica começasse pouco a pouco a se estabelecer. Uma política que flexibiliza um ou outro elemento do sistema de metas de inflação se a meta de crescimento pretendida estiver em risco. Uma política que – obrigada a um ajuste para baixo – continuou sob a presidência de Dilma Rousseff"*[1034].

O mercado interno, por força das políticas de aumentos reais do salário mínimo, de benefícios especiais da Previdência e dos programas de transferência de renda teve papel relevante no menor declínio da atividade econômica A demanda interna mostrou-se um fator decisivo para impedir um retrocesso maior do crescimento em 2009. O pacto era manter o crescimento econômico no maior patamar possível, com a inflação sob controle. A oposição praticamente desapareceu. O PSDB se confundiu com o PMDB e seus governadores e prefeitos foram cooptados "na boca do caixa". O governo liberou muito seletivamente recursos, cele-

[1033] Nobre, Marcos. *Imobilismo em movimento – da abertura democrática ao governo Dilma*, cit., p. 121.

[1034] Filgueiras, Luiz e Gonçalves, Reinaldo. *A economia política do governo Lula*, cit., p. 102. O então ministro Henrique Meirelles ficou no Banco Central durante quase toda a administração Lula e, com o impeachment de sua sucessora, Dilma Roussef, tornou-se ministro da Fazenda do sucessor da petista, o antigo vice-presidente Michel Temer (PMDB). Nessa condição foi, sem dúvida, um dos mais influentes auxiliares do peemedebista. Posteriormente, em 2018, candidatou-se à Presidência da República pelo MDB, obtendo perto de 1,3 milhão de votos, o equivalente a 1,20% do eleitorado brasileiro. Gastou, segundo declaração ao TSE, R$ 54 milhões na campanha.

brou ou não convênios, para os quais negociou diferentes contrapartidas, tudo conforme a conveniência política do momento. E esses recursos e convênios são essenciais para o futuro político (mesmo que meramente local) de figuras oposicionistas[1035].

Para conferir algum aspecto de planejamento às atividades do governo, lançava-se o Programa de Aceleração do Crescimento – o PAC. Numa bem organizada operação de marketing, o Planalto transformara um mero ajuntamento de ações governamentais em um suposto plano de desenvolvimento.

> *"Ou seja, os investimentos previstos eram de R$ 500 bilhões, um valor considerável. Porém, somente R$ 11,5 bilhões representavam novos investimentos. O restante, promessa antiga, já fora anunciado: algumas obras estavam em andamento ou integravam o orçamento de 2007.Mas o barulho seria grande. E esse era o objetivo do governo, que, nos quatro anos anteriores, não conseguira apresentar um consistente programa econômico. O PAC passou a ser uma espécie de sigla mágica para qualquer ação do governo federal. Consistência? Nenhuma. O "programa" não enfrentava os tão falados gargalos da economia. Mas a sigla pegou"*[1036].

No final de 2008, a economia havia dado alguns sinais negativos, o que podia ser interpretado como um reflexo da crise americana, mas o ministro Mantega sempre repetia o mantra de que a economia brasileira tinha "fundamentos sólidos" O PIB havia crescido 5,4% e a inflação caíra para 3,6% embora a taxa Selic continuasse na casa dos 12%. O desemprego cairia apenas 0,2% em relação ao ano anterior, ficando em 8,2%. O crescimento mundial havia ficado em 5,8% e a China tinha crescido 11,9%, a Índia 9,3% e a Rússia 8,1% então os números do Brasil, apesar de respeitáveis, ainda estavam abaixo da média mundial. Com a finali-

[1035] NOBRE, Marcos. *Imobilismo em movimento – da abertura democrática ao governo Dilma*, cit., p. 102.

[1036] Um ano depois, seria divulgado que das 1.646 medidas prometidas no PAC, apenas metade tivera efetivo desenvolvimento, poucas das quais dentro do cronograma estabelecido. A razão é que os recursos necessários não eram disponibilizados. Somente 12 % dos investimentos programados tinham sido liberados. VILLA, Marco Antonio. *Década perdida*, cit., p. 149.

dade de compensar a extinção da CPMF, o Palácio do Planalto anunciou a elevação de impostos. Aumentaram-se as alíquotas do Imposto sobre Operações Financeiras e da Contribuição Social sobre o Lucro Líquido, que deveria financiar a Previdência Social[1037].

A tributação continuava em alta. Em janeiro, primeiro mês sem a cobrança da CPMF, a arrecadação subiria acima da inflação, num total de R$ 9,6 bilhões (20% superior ao do mesmo período em 2007). A 13 de março, o ministro Guido Mantega apresentaria boas notícias, mas a respeito do ano anterior. A economia brasileira crescera 6,1%, ante 4% em 2006. E foram fatores internos – como o consumo das famílias – os que mais haviam contribuído para aquele resultado positivo. A falta de planejamento, aliás, era dos maiores problemas do governo. A política econômica trabalhava com o curto prazo, aproveitando os bons resultados das exportações e da entrada de capitais estrangeiros. Não conseguia enxergar muito adiante, era cega para o longo prazo – o que seria decisivo para o estabelecimento sólido das condições necessárias ao investimento e ao incentivo à poupança[1038].

O Brasil era um dos líderes mundiais na exportação de produtos primários – especialmente agrícolas –, o que garantira receitas da ordem de US$ 400 bilhões desde 1998, mas não se manufaturavam as mercadorias. Dessa forma, vendendo produtos sem valor agregado, o lucro era menor, assim como os investimentos e a criação de empregos qualificados. Ao mesmo tempo, trazia um outro problema: a desindustrialização. De 50% de participação do setor industrial no primeiro semestre de 2007 caíra para 42% no mesmo período de 2008. O modelo já apresentava sinais de esgotamento em médio prazo e a crise americana deveria ser um sinal de alerta. Contudo, na visão do historiador, o oba-oba lulista ignorava a necessidade de mudanças, e usaria até a exaustão o padrão de desenvolvimento estruturado nos anos 1990. No Brasil, a fuga de dólares em 2008 fora de US$ 48,9 bilhões, o equivalente a 25% das reservas em moeda estrangeira – a maior retirada desde 1982. Ao contrário do que ocorrera

[1037] VILLA, Marco Antonio. *Década perdida*, cit., p. 168.

[1038] Ibidem, p. 170.

nos anos anteriores, desta vez a balança comercial não ajudou a compensar a corrida dos dólares[1039].

A taxa de juros mais alta do mundo atraía capital especulativo ao Brasil. No primeiro quadrimestre do ano, o fluxo de recursos estrangeiros aplicados no País passou de US$ 4,8 bilhões em 2006 para US$ 24 bilhões no mesmo período em 2008. Além disso, o dólar continuava baixo, permitindo a ampliação das importações e reduzir os preços internos. Com o baixo valor da moeda estrangeira, os brasileiros viajaram como nunca. Era o que a classe média chamava de "bolsa Miami". Durante o ano, uma enorme quantidade de dólares foi gasta em viagens. O aumento das reservas internacionais derrubou o risco Brasil. O dólar, por sua vez, chegou a ser cotado abaixo de R$ 2,00[1040].

Em outubro de 2008, a produção industrial brasileira caíra 1,4% em relação a setembro. No mês seguinte, a queda fora de 7,2%; e, em dezembro, chegaria a 12,4% – a maior retração desde o início da série histórica do IBGE, em 1991. A crise freou o PIB em 3,6% no último trimestre de 2008, assinalando o mais fraco desempenho econômico desde o Plano Real. "A crise econômica acentuara a mudança no perfil das exportações. A balança comercial brasileira fechou o primeiro quadrimestre de 2009 com saldo de US$ 6,7 bilhões – alta de 49,4% em relação ao mesmo período de 2008. E com dois trimestres seguidos de queda do PIB, o Brasil estava em recessão. Entre outubro e novembro de 2008, a retração fora de 3,6%; entre janeiro e março de 2009, de 0,5%[1041].

Em julho, o Brasil fechou um novo acordo com o Paraguai sobre o uso e o pagamento da energia gerada pela usina de Itaipu. *O País pagava anualmente ao vizinho US$ 120 milhões. O presidente paraguaio Fernando Lugo, porém, vinha exigindo um aumento neste valor. O oferecimento de Lula, contudo, superaria sua expectativa mais otimista: US$ 360 milhões! Ou seja: pelo mesmo volume de energia, o triplo do preço.*

O presidente brasileiro consideraria aquela uma decisão histórica. E foi mesmo: mas para o Paraguai. Não satisfeito, o governo do Brasil ainda concedeu um empréstimo de US$ 450 milhões para a construção de uma

[1039] Ibidem, p. 170.
[1040] Ibidem, p.152-153.
[1041] Ibidem, p. 192.

linha de transmissão da usina até Assunção"[1042]. Para complicar a situação, os resultados econômicos de 2009 foram muito ruins. Houve recessão. O PIB crescera negativamente 0,9%. E o predomínio das commodities era a cada ano maior: em 2003, representava 28% do total das exportações; em 2009, alcançara 40,5%. No mesmo período, a importação de bens de consumo saltou de 11,5% para 16,9% do total. A dívida pública superaria os R$ 2 trilhões[1043].

A 29 de março daquele ano, em grande cerimônia, Lula lançou oficialmente o PAC 2. Estiveram presentes 30 ministros, 18 governadores e dezenas de parlamentares. Tudo mero pretexto para mais um ato de campanha da candidata oficial. O slogan da segunda etapa do programa era "o Brasil vai continuar crescendo". Ironicamente, divulgou-se então o índice de crescimento do PIB em 2009, negativo em 0,9% no entanto - um quadro recessivo![1044]. É preciso considerar que a carga tributária havia aumentado violentamente. Em 2008, chegamos a R$ 823 bilhões, sendo R$ 582,9 bilhões arrecadados pelo governo federal. Para os Estados e municípios foram apenas R$ 92,6 bilhões[1045].

4.8.2 Principais fatos do segundo mandato – síntese

- Em outubro de 2007 o Supremo Tribunal Federal (STF) estabeleceu a interpretação de que os mandatos para cargos representativos pertencem ao partido, cláusula de fidelidade partidária que confirmou decisão anterior do Tribunal Superior Eleitoral (TSE).
- Em setembro de 2008 o banco Lehman Brothers Holdings Inc. pede concordata devido à crise do subprime, dando início oficial à crise econômica mundial[1046].

[1042] Ibidem, p. 195.
[1043] Ibidem, p. 195.
[1044] Ibidem, p. 205.
[1045] Ibidem, p. 205.
[1046] A chamada crise dos subprimes iniciou-se a partir de uma bolha da internet, com valorização artificial das ações das empresas dessas áreas que levou a outra, agora no setor imobiliário, em que os bancos emprestaram grandes somas de dinheiro a famílias que sabiam não poder pagar as prestações. Eram as subprime loan. Com a continuação, as agências de crédito, por razões desconhecidas, deram nota AAA, a mais alta para estes

- Eleições municipais (outubro de 2008). Surfando na popularidade que desfrutava o governo do PT na época, este partido e seus aliados ampliaram consideravelmente o número de prefeituras que ficariam sob sua administração. O Partido dos Trabalhadores teve crescimento de 36,10% no número de prefeituras sob seu comando, das eleições municipais de 2004 para 2008. Passou de 410 para 558 municípios. O PMDB foi o segundo partido com maior aumento absoluto no número de prefeituras: em 2004, o partido conseguiu eleger o dirigente de 1.060 cidades. Com as eleições de 2008, o número saltou para 1.207 – o que representa aumento de 13,87% no número de administrações municipais sob o comando da legenda. O PSB foi o terceiro partido com maior ganho absoluto de prefeituras: ao todo, nas eleições de 2008, foram mais 140 prefeitos eleitos, com relação a 2004, passando de 174 administrações para 314, com crescimento superior a 80%.
  Entre os que tiveram diminuição no número de prefeituras estavam o DEM e o PSDB. O Democratas (DEM) perdeu 293 administrações de 2004 para 2008, passando de 794 para 501 prefeitos eleitos. A diminuição foi de 36,90%, ou seja, mais de um terço do número de suas prefeituras. Já o PSDB teve ligeira queda, caindo de 870 para 788 cidades, o que o deixou como o segundo partido com o maior número de prefeituras, atrás do PMDB mas ainda à frente do PT.
- Em novembro de 2008 foi firmado um acordo entre o Brasil e a Santa Sé (promulgado em fevereiro de 2010) relativo ao estatuto da Igreja Católica no Brasil. Criticado por ferir a laicidade do Estado, o ato garantia o efeito civil do casamento religioso, entre outras

títulos "podres." Endividadas, as famílias não conseguiram honrar seus créditos, levando a uma crise que causou a falência do banco Lehman Brothers, fundado em 1850, e de várias outras grandes instituições de crédito, entre elas a seguradora American International Group (AIG). O governo se viu forçado, para evitar o colapso da economia, a reestatizar duas agências de crédito, Fannie Mae e Freddie Mac, que haviam sido privatizadas em 1996, injetando US$ 200 bilhões nelas, e a reorganizar todo o sistema. A crise chegou a todo o mundo e teve reflexos no Brasil. A consequência mais visível no País foi a queda nas cotações das bolsas nacionais provocada pela venda maciça de títulos por especuladores estrangeiros. Fonte: O momento Minsky, jornal Valor Econômico, edição de 31 de julho de 2009, p. A12.

demandas da Igreja. No ano seguinte, seria no Brasil a Jornada Mundial da Juventude, um dos principais eventos promovidos pela Santa Sé. Na opinião de VILLA, garantiria uma sólida base de apoio para a ministra da Casa Civil, Dilma Rousseff, que seria apresentada, em breve, como candidata á sucessão de Lula. Ela seria alcunhada pelo próprio presidente de "Mãe do PAC" numa tentativa de aproximá-la da população. Séria e de poucas palavras, ela tinha uma fama de "gerente durona", bem distante do carisma de Lula[1047].

- Quanto à oposição, estava praticamente sufocada. Entrincheirado em Estados importantes como São Paulo, com Geraldo Alckmin, e Minas Gerais, com Aécio Neves, o PSDB teve sua ação bloqueada. Seu parceiro DEM, antigo PFL, vivia enorme declínio. Quanto ao PPS, outro parceiro, não tinha poder de fogo praticamente algum. Em 2009, uma ex-petista, Marina da Silva, se candidataria à Presidência. O mesmo faria, em 2013, outro ex-aliado, Eduardo Campos, do PSB.
- Em questões internas, após fiscalizar 99 projetos do PAC, o Tribunal de Contas da União (TCU) recomendara a paralisação de 15 obras. Irritado, Lula sugeriria a criação de outra instância, de nível superior, capaz de superar impasses criados pelo tribunal. A ideia logo seria esquecida. Os 232 projetos classificados como prioritários haviam recebido, até setembro, menos de um quinto das verbas previstas para 2009. Apenas nove deles (4% do total) estavam sujeitos a algum tipo de restrição do TCU. O problema do PAC não era de gestão – era da chefe da Casa Civil, era de Dilma Rousseff[1048].
- Com o aumento do consumo em 2008, a Serasa informou que o endividamento cresceu 47% em 26 meses, sendo que cada consumidor tinha três débitos diferentes. O estudo apontou que 15%¨dos clientes tinham dívidas acima de R$ 5 mil. O calote aumentou violentamente naquele período.
- Tarso Genro, então ministro da Justiça, pediu a abertura dos arquivos da ditadura militar. Voltou à tona a discussão sobre a anistia de 1979.

[1047] VILLA, Marco Antonio. *Década perdida*, cit.,, p. 181.
[1048] Ibidem, p. 201.

4.8.3 Denúncias

Em 2009 o então presidente do Senado, José Sarney (PMDB) foi acusado, em reportagens do jornal *O Estado de S. Paulo*, de promover a farra dos chamados Atos Secretos. Eram determinações da presidência da Casa que não apareciam em publicações oficiais, e, portanto, não estavam sujeitas à fiscalização. No total, 979 decisões administrativas estavam escondidas desse modo e tratavam de beneficiar amigos, parentes e correligionários de senadores, aumentar salários de servidores de confiança, além de criar privilégios para os próprios senadores. Os atos tinham o aval de 37 senadores e 22 ex-parlamentares. O próprio Sarney era beneficiado, diretamente, assim como sua família, de cerca de 100 decisões administrativas, pouco mais de 10% do total. O filho do presidente, Fernando Sarney, entraria com uma ação para impedir que o jornal continuasse publicando os textos da chamada operação Boi Barrica, obtendo sucesso. Somente em fins de 2018, o jornal venceu definitivamente a ação.

O governo fez uma defesa aguerrida do presidente do Senado. Pouco antes, a bancado do PT havia salvado o mandato de outro peemedebista, Renan Calheiros, que havia sido obrigado a renunciar ao cargo de presidente do Senado, que ocupara até dezembro de 2007. Sarney acabaria, com apoio de Lula, se reelegendo presidente da Casa para o biênio 2009-2011. Seria sucedido por Renan Calheiros, em fevereiro de 2013. Era, para os pesquisadores, mais um marco no processo de pemedebização da política. A explicação para esta defesa do PT ao PMDB era a seguinte:

> *"Essa crescente blindagem do pemedebismo foi o preço que o governo Lula decidiu pagar não apenas para implementar seu projeto reformista, mas para tentar se manter no poder na eleição presidencial de 2010. Teve, para isso, os instrumentos convincentes do crescimento econômico, da diminuição das desigualdades, da alta concentração de recursos nas mãos do governo central, da melhora dos padrões gerais de vida, da popularidade nas alturas. É essa conjunção que pode explicar a longa transição que vai do travamento pemedebista dos anos 1980 até o "governo de ajuste" de Dilma Rousseff"*[1049].

[1049] Ibidem, p. 202.

Enquanto isso, no Judiciário seguia o inquérito do Mensalão. O seu relator no Supremo Tribunal Federal (STF), o ministro Joaquim Barbosa, indicado por Lula e o primeiro negro a ser ministro do Supremo, pretendia concluí-lo ainda no segundo semestre de 2008. A Polícia Federal, por sua vez, promovia ações de combate à corrupção, sempre com farta cobertura da imprensa.

O cenário da corrupção continuava:

- A Operação Navalha, deflagrada em 17 de maio, prenderia 46 suspeitos em nove estados, acusados de integrar uma quadrilha especializada em desviar recursos públicos. Segundo a denúncia, a construtora Gautama seria a principal articuladora do esquema de corrupção. Vários políticos e empresários foram detidos[1050].
- O Ministro dos Transportes, Silas Rondeau, indicado para o cargo pelo senador José Sarney, teria vinculações com o golpe e recebido R$ 100 mil de propina. A Gautama, de acordo com a PF, atuaria em mais cinco ministérios: Integração Nacional, Transportes, Planejamento, Cidades e Fazenda[1051].
- Duas semanas depois, nova operação da PF, agora contra a máfia dos caça níqueis, supunha o envolvimento de um dos irmãos de Lula, Genival Inácio da Silva (o Vavá). Era acusado de tentar favorecer, por meio de tráfico de influencia, empresários que tinham negócios com o governo..

Lula declarou que duvidava que seu irmão fosse lobista, pois, segundo o presidente, sempre alheio a assuntos de corrupção, Vavá era um homem simples, sem a articulação necessária para fazer lobby[1052]. Tanto é que no XIII Encontro Nacional do PT (2006) em São Paulo, Lula discursou solidarizando-se com os petistas supostamente envolvidos em escândalos de corrupção.

[1050] Ibidem, p. 184

[1051] Ibidem, p. 153

[1052] Ibidem, p. 154.

4.8.4 Política Externa

O presidente demonstrara condescendência semelhante, ao submeter-se aos países bolivarianos. Em maio daquele ano, Evo Morales, presidente da Bolívia, formalizaria a "compra" de refinarias da Petrobrás no país vizinho. Elas haviam sido ocupadas pelo Exército, em 2006, como "empresas imperialistas que exploravam o povo boliviano". O valor para a compra, US$ 112 milhões, era mais de dez vezes menor ao que a estatal havia investido no país desde 1996, cerca de US$ 1,5 bilhões. Enquanto esteve na Bolívia, a Petrobrás chegou a ser a maior empresa do país, responsável por 15% do PIB nacional. Além da companhia brasileira, outras empresas estrangeiras, como a espanhola RePSOL, a inglesa British Gas, a francesa Total e a coreana Dong Wrong também tiveram ativos sequestrados pelo governo boliviano[1053].

Revoltada, a opinião pública exigia que o presidente tomasse alguma providência contra a ação abusiva do presidente boliviano. No entanto, Lula aceitou passivamente tanto a ocupação das refinarias quanto o "negócio", considerado extremamente danoso aos interesses econômicos e políticos do Brasil. Ele já havia concordado, anteriormente, com um aumento do preço do gás daquele país que vinha para o Brasil, prejudicando empresas e consumidores privados no Brasil. Não havia nenhuma justificativa, a não ser simpatia ideológica pelo regime de Evo Morales, para a situação[1054].

Na área esportiva, a repatriação forçada de dois boxeadores cubanos, Guilhermo Rigondeaux e Erislandy Lara, que vieram ao Brasil participar dos Jogos Panamericanos de 2012, no Rio de Janeiro, causou um escândalo internacional que repercutiu na imagem do governo. Os atletas tentaram ficar no Brasil após os jogos, mas foram enviados de volta a Cuba em avião venezuelano cedido por Hugo Chávez. O Planalto divulgou a versão, que depois se revelou falsa, de que eles haviam solicitado voltar à ilha caribenha, comandada pela ditadura de Fidel Castro. Dois anos depois, os boxeadores fugiram de Cuba e foram para o México e depois os Estados Unidos, sem serem devolvidos ao seu país de origem[1055].

[1053] Ibidem, p. 156

[1054] Ibidem, p. 156.

[1055] Ibidem, p. 157.

Um incidente diplomático marcou o ano de 2007: o italiano **Cesare Battisti**, ex-membro do grupo militante de extrema esquerda Proletários Armados pelo Comunismo, considerado pelo governo italiano como um grupo terrorista, refugiou-se no Brasil, tendo passado antes pela França e pelo México. Na França, recebeu proteção do governo de Miterrand, período em que foi julgado à revelia e condenado à prisão perpétua na Itália por quatro homicídios. No Brasil, foi preso na cidade do Rio de Janeiro em 18 de março de 2007 por policiais brasileiros e franceses. Ainda naquele ano, o então ministro da Justiça, Tarso Genro, concedeu a ele o *status* de refugiado político, em uma decisão polêmica que foi muito criticada na Itália. Em 5 de fevereiro de 2009, o Parlamento Europeu adotou uma resolução em apoio ao governo italiano e, inclusive, realizou um minuto de silêncio em memória às vítimas de Battisti. Em 18 de novembro de 2009, o STF considerou ilegal o *status* de refugiado e permitiu a extradição, mas também declarou que a Constituição Brasileira confere ao presidente poderes pessoais para negar a extradição se ele assim decidir. Em 31 de dezembro de 2010, no último dia efetivo de Luiz Inácio Lula da Silva como presidente, a decisão de não permitir a extradição foi oficialmente anunciada.

Quando Michel Temer assumiu a presidência da República, uma de suas ações foi revogar a decisão de Lula de 2010. Com isso, em 13 de dezembro de 2018, teve nova ordem de prisão expedida pelo ministro Luiz Fux do STF, tendo sido assinado no dia seguinte, pelo presidente Temer, o decreto de extradição de Battisti. Capturado em 13 de janeiro de 2019, na Bolívia, Cesare Battisti foi extraditado diretamente para a Itália, e enviado para uma prisão de segurança máxima na Sardenha. Na Itália já aceitou algumas das acusações que pendiam contra ele.

Mudanças Ministeriais – Somente em 14 de março daquele ano, Lula anunciaria os nomes das mudanças ministeriais. Ao contrário do que se poderia esperar, que enxugasse a máquina administrativa quando a crise começava a se desenhar no horizonte, o presidente fez o contrário: aumentou o número de ministérios. Era uma tentativa de acomodar os novos aliados. Uma das criações consideradas mais estranhas foi a Secretaria dos Portos, desmembrada do Ministério dos Transportes e entregue ao PSB – na verdade a pasta era "propriedade" da família Gomes, formada pelos irmãos Ciro e Cid Gomes, do Ceará. O PMDB, que tinha dois ministérios, passava a dominar cinco. Um dos seus indicados, no entanto, o deputado paranaense, Odilo Balbinoti, nem assumira e se descobrira que ele era investigado em inquérito no STF por falsidade ideológica e crime contra a fé pública. Ao fim do processo, o espaço do PT diminuíra na Esplanada. Ficaria com 16 Pastas ante 18 do período anterior[1056].

A entrada, no segundo mandato, do jornalista Franklin Martins na Secretaria de Comunicação Social do governo foi um dos fatos mais importantes do segundo mandato. O jornalista, que tinha militado no MR-8 durante a ditadura militar, no qual participou do sequestro do embaixador americano Charles Burke Elbrick, ostentava uma carreira consolidada na área, com passagens pela Rede Globo e outros veículos de comunicação importantes. VILLA destaca:

> *"Trabalhava, então, na Rede Globo. Conhecia as entranhas do poder brasiliense. Sabia, como poucos, construir uma relação – favorável ao governo – com a mídia. E acabaria se transformando, como no clássico de George Orwell, no ministro da verdade de Lula*[1057].
> *Antes dele, havia uma tímida política de apoio governamental à imprensa chapa-branca. Já era dada atenção especial aos veículos de comunicação – incluindo internet e blogs – que apoiavam o PT. Mas só com Franklin a máquina seria profissionalizada, azeitada e ampliada"*[1058].
> *Através de "patrocínios" do governo federal e de empresas estatais, milhões de reais foram destinados aos apoiadores do petismo, e se organizou, como nunca na história do Brasil, uma rede eficaz de propaganda dos êxitos – reais ou não – da administração de Lula. Aos críticos do lulismo – transformados não em adversários, mas em inimigos – reservou-se o epíteto de membros do "partido da imprensa golpista", o PIG, como eram chamados"*[1059].

O PDT, partido aliado, com forte influência na segunda maior central trabalhista, do País, a Força Sindical, receberia o Ministério do Trabalho, transformado em um aparelho pedetista com tentáculos em todo o País.

[1056] Ibidem, p. 152.
[1057] Ibidem, p. 150.
[1058] Ibidem, p. 150.
[1059] Ibidem, p. 152.

Afinal, em cada estado há uma delegacia regional do Trabalho – e com muitos cargos.

Pois, durante anos, a CUT, braço sindical do PT, atacou a Força Sindical, que acusava de praticar um sindicalismo de resultados, de baixo nível político e sempre em busca de acordos com os patrões. A central combativa e autêntica, portanto, seria a CUT. Os tempos, contudo, mudaram... E ninguém mais falava em sindicato revolucionário. Entre 2003 e 2006, o governo transferiu R$ 72 milhões para as centrais sindicais. Nunca os sindicalistas tiveram tanto dinheiro e poder. Formaram, desde então, a aristocracia sindical, dependente financeiramente e servil politicamente ao Estado[1060].

Apesar dos problemas, a economia dava sinais de que, ao menos em termos de finanças, o ano seria bom.

As agências reguladoras – A corrupção atingia as agências reguladoras e a oposição começaria a reclamar do "aparelhamento" destas instituições como, por exemplo, A Agência Nacional de Aviação (a ANAC) era muito criticada desde o início do segundo governo Lula. Os aeroportos haviam se transformado em rodoviárias mal organizadas. O caos aéreo ocupara amplo espaço na imprensa. O cenário era o seguinte:

> *"A grave situação da ANAC relacionava-se aos ministérios da Defesa e do Turismo. No caso deste último, em meio à gritaria geral contra os péssimos serviços nos aeroportos e das próprias companhias aéreas, ficaria célebre uma frase – absolutamente infeliz – da responsável pela pasta, Marta Suplicy. Entrevistada sobre os problemas, resolvera fazer piada: 'Relaxa e goza, que você esquece todos os transtornos depois'"*[1061].

O governo aprofundava os laços com o grande capital e tinha no BNDES o principal instrumento para viabilizar esta aliança. Diferentemente do período do regime militar, que incentivara a então chamada "tríplice aliança" (tripé formado pelas empresas estatais, nacionais e estrangeiras), o lulismo colocou os recursos financeiros do Estado a serviço do grande capital. VILLA exemplifica:

[1060] Ibidem, p. 152.
[1061] Ibidem, p. 157.

"Em abril, a Oi anunciou a compra da Brasil Telecom. A negociação envolvia R$ 2,5 bilhões do BNDES e criava a maior empresa de telefonia no País. Em julho, a Oi obteria ainda R$ 4,3 bilhões do Banco do Brasil – o segundo financiamento público destinado a consolidar aquela aquisição. O valor total do impulso estatal alcançou a estratosférica quantia de R$ 6,86 bilhões".

A transação renderia ao banqueiro Daniel Dantas pelo menos R$ 1 bilhão, pois o Banco Opportunity era acionista da Brasil Telecom. Uma operação controversa, costurada antes da mudança de regras no setor – que, à época, não permitia um negócio como aquele.

A Anatel, no entanto, depois de meses de impasse, aprovaria a compra. Estranhamente, dois conselheiros da agência mudaram de posição depois de o Planalto cogitar a indicação de um substituto, para acabar com o impasse. Em novembro, Lula transformaria em decreto o novo Plano Geral de Outorgas, que acabava com a proibição de uma concessionária de telefonia fixa comprar outra. A mudança permitiu que a operação fosse concluída e que a Oi finalmente formalizasse a aquisição da BrT"[1062].

Populismo e Constituição – Apesar do mensalão, o índice de aprovação pública de Lula continuava muito alto. Havia, além disso, o poder de comunicação do presidente e sua habilidade para não se macular com os escândalos de corrupção, a consolidação dos programas assistencialistas, especialmente o Bolsa Família, a expansão do crédito e o aumento do salário mínimo. Esse conjunto de fatores transformara Lula em um fenômeno de marketing[1063].

"Os primeiros balões de ensaio sobre a possibilidade de uma reforma constitucional que garantisse um eventual terceiro mandato para Lula começaram a ser lançados em setembro. O patrono da ideia foi o deputado Devanir Ribeiro, do PT de São Paulo, do círculo íntimo do presidente. De acordo com o parlamentar, um plebiscito poderia aferir o desejo dos eleitores a respeito. A ideia encontrou pronta oposição do então presidente do TSE, o ministro Marco Aurélio, que a considerou uma 'blasfêmia'. Para ele, aquilo 'seria inimaginável e não atenderia às premissas de um Estado democrático, como o

[1062] Ibidem, p. 159, 160, 176.
[1063] Ibidem, p. 159.

que vivemos. Não seria bom para o Brasil nem para o presidente Lula'. Observou também que a 'paixão condenável está no apego ao poder, independentemente das balizas legais'. E ironizou: 'A pensar-se num terceiro mandato, porque não pensar-se também na vitaliciedade'"[1064].

Como a repercussão no Congresso e na imprensa, contudo, foi negativa – nenhum líder político ou empresarial fez qualquer manifestação favorável –, a ideia ficaria de lado[1065]. Politicamente, o governo vivia um excelente momento. Depois de se definir em relação à sua sucessão, deixando claro que não tentaria um terceiro mandato seguido, Lula passaria a "trabalhar" sua candidata: Dilma Rousseff.

Havia problemas na área ambiental. A taxa média de desmatamento da região amazônica, no segundo governo de Fernando Henrique, fora de 18.424 km². Já entre 2003 e 2007, saltou a 19.336 km². O número de multas ambientais também caíra em relação à administração anterior, e a área cultivada com transgênicos aumentara cinco vezes em apenas seis anos: passando de 3 milhões de hectares, em 2002, para 15 milhões em 2008[1066].

4.8.5 Sucessão presidencial – 2010

Àquela altura, avançada já a segunda metade do ano, a preocupação do presidente era outra: a candidata Dilma não decolava nas pesquisas. Em setembro, segundo levantamento CNT/Sensus, ela aparecia estancada em 19%, enquanto José Serra, do PSDB, alcançava 39%. Em maio, tivera 23,5%. Na pesquisa CNI/IBOPE, a situação seria ainda pior: aparecia também em segundo lugar, mas empatada com Ciro Gomes, que nem era candidato[1067].

Dilma Rousseff seria notada no mundo político apenas em 2002 – e somente no final do ano, após a eleição de Lula. VILLA descreve-a, de forma pouco lisonjeira:

[1064] Ibidem, p. 160-161.
[1065] Ibidem, p. 161.
[1066] Ibidem, p. 162.
[1067] Ibidem, p. 200.

"Nos anos de regime militar, atuou em grupos de luta armada, sem contudo se destacar entre as lideranças. Tinha um passado no PDT. Fizera política no Rio Grande do Sul, no entanto exercendo funções pouco expressivas. Tentara cursar pós-graduação em economia na Unicamp, mas sem sucesso: não conseguiu sequer fazer um simples exame de qualificação de mestrado. Mesmo assim, durante anos foi apresentada como 'doutora' em economia. Quis também se aventurar no mundo dos negócios. Abriu então, em Porto Alegre, uma lojinha de mercadorias populares, conhecidas como 'de 1,99'. Novamente, entretanto, fracassaria – logo tendo de fechar as portas"[1068].

A eleição – Dilma Rousseff (PT) foi lançada candidata em junho de 2010. Em pouco tempo, ela já estava empatada com o tucano José Serra (muito mais experiente) em intenções de voto. A curva das suas intenções era ascendente, portanto, ela estava crescendo enquanto o senador empacava e não conseguia agregar mais votos à sua candidatura. A campanha propriamente dita se iniciou em agosto. No campo das ideias, seria um fiasco. Acusações, dossiês e um excessivo predomínio do marketing eleitoral encobriram a discussão dos graves problemas nacionais. Apesar disso, o presidente não teria do que reclamar. Seu ano se fechava de forma vitoriosa. Ele conseguiu eleger a sucessora – o que era considerado uma aventura quando da indicação de Dilma – e as pesquisas de opinião apontavam para uma popularidade recorde de 87% da figura do presidente (e 80% do governo como um todo), em pesquisa CNT/Sensus de dezembro de 2010. Em termos de economia, o Brasil crescera 7,5%, o que era um excelente número.

Os principais concorrentes daquela eleição no primeiro turno foram: Dilma (PT) – 47.651.434 (46,91%) votos, José Serra (PSDB) – 33.132.283 (32,61%), e Marina Silva (PV) – 19.636.359 (19,33%). Os outros candidatos obtiveram, somados, cerca de 1,0% dos votos: Plínio de Arruda Sampaio (PSOL), José Maria Eymael (PSDC), José Maria de Almeida (PSTU), Levy Fidélix (PRTB), Ivan Pinheiro (PCB) e Rui Costa Pimenta (PCO). No segundo turno Dilma Rousseff (PT) foi eleita com 55.752.529 (56,05%) votos, derrotando José Serra (PSDB), que obteve 43.711.388 (43,95%) votos. Para além disso, o PT conseguiu ele-

[1068] Ibidem, p. 175.

ger amplas bancadas de deputados estaduais e federais. Era a segunda maior bancada da Câmara. Havia dúvidas entre os analistas se Lula conseguiria transferir sua popularidade a Dilma mas, aparentemente, isso se deu ao menos parcialmente. Não haveria possibilidade de a candidatura ser escolhida fora dos quadros do partido[1069]. Nos últimos dias antes da eleição, no entanto, a candidatura de Serra cresceu. A expectativa de que o PT seria vitorioso no primeiro turno não se confirmou. Na campanha eleitoral, ficou claro que a base social do projeto petista era suficiente para garantir sua presença no segundo turno. O adversário foi novamente José Serra (PSDB) [1070].

No segundo turno, o marketing pró-Serra, ao que parece com esperança de vencer, fez algo surpreendente:

> *"Liderou uma campanha de acusações pessoais e argumentos religiosos que não condiziam com sua biografia intelectual. Os ataques da imprensa já haviam derrubado a substituta de Dilma Rousseff na Casa Civil. Houve, depois, a acusação de que o PT era defensor do aborto. A campanha parou porque uma ex-aluna de Monica Serra (esposa do candidato) denunciou que Monica havia feito um aborto a pedido de Serra! Os demais veículos de imprensa escrita e falada usaram contra o PT uma rede de articulistas e comentaristas cuja carreira se consolidou durante os dois mandatos de Lula[1071]".*

No Estado de São Paulo[1072] Dilma Rousseff obteve 37,31% dos votos contra 40,66% do adversário no primeiro turno. Da diferença de cerca

[1069] Secco, Lincoln, *História do PT*. Cotia: Ateliê Editorial, 2018, p. 239.

[1070] Ibidem, p. 240.

[1071] Ibidem, p. 240.

[1072] Um desafio para o PT em São Paulo continuou sendo o de conquistar a maioria do eleitorado sem atacá-lo. Afinal, ao mais rico não se permite cultivar uma identidade local, posto que ela é conservadora e, por vezes, racista, separatista etc. Ora, para tais preconceitos há uma base econômica que o PT nunca compreendeu. As políticas sociais do PT não interessaram a este gigantesco eleitorado do mundo corporativo e de classe média. Ele se viu como pagador dos impostos que sustentaram a "bolsa família" e pareceram ver no governo uma aliança entre pobres e banqueiros contra os estratos médios. Diante disso, a esquerda do PT defendeu o cerceamento do grande capital com medidas tributárias e as centrais sindicais solicitaram a mudança das alíquotas do

de catorze milhões e meio de votos que ela obteve sobre o segundo colocado, quase nove milhões foram votos paulistas. No segundo turno a vantagem de Dilma sobre Serra foi de cerca de doze milhões de votos. Em São Paulo ela obteve 10.462.447 milhões de votos contra 12.308.483 de José Serra, em porcentuais de, respectivamente, 43,95% e 56,05%. Os tucanos reclamariam depois que o então governador de Minas Gerais, o segundo maior colégio eleitoral brasileiro, o também tucano Aécio Neves, não se empenhara como deveria para eleger o colega paulista.

4.8.5.1 Conclusões

A vitória de Dilma atrasou uma correlação de forças políticas na América Latina desfavorável à chamada esquerda. No Chile, havia vencido um candidato de direita, assim como na Colômbia. O então presidente do Equador, Rafael Correa, teve seu mandato ameaçado. A vitória da oposição no Brasil, se ocorresse, levaria o principal País da região a se filiar a uma onda conservadora que, certamente, afetaria outros países aliados dos petistas na região como a Bolívia de Evo Morales e a Venezuela de

imposto de renda (diminuindo o peso sobre a classe média). A defesa do imposto sobre transações financeiras, bastante impopular, para financiamento da saúde já havia sido uma grave derrota do Governo Lula no Congresso. Mas o PT não propôs efetivamente o imposto sobre grandes fortunas. Dessa maneira, não conseguiu mostrar aos assalariados do setor privado de renda mais elevada que seus adversários eram os muito ricos e não os muito pobres e que uma carga tributária elevada deveria ser a base de um Estado Social Democrata de bem estar que serviria também aos estratos médios. Na segunda fase (estatutária) do IV Congresso do PT, encerrada no dia 4 de setembro de 2011 em Brasília, o PT reservou uma cota de 20% para jovens até 29 anos nas suas direções. O fato mais marcante, entretanto, foi que 57% dos 1.350 delegados presentes resolveram que, a partir de 2014, vereadores, Deputados estaduais e federais só poderiam ter três mandatos consecutivos e os Senadores, dois mandatos, embora nos dias seguintes alguns parlamentares já desrespeitassem publicamente a norma, afirmando que era só uma "orientação". O IV Congresso também aumentou a cota das mulheres na direção do partido de 30% para metade. A militância ou ao menos os delegados eleitos tinham alguma força. Pouco antes, em junho de 2011 houve a "Revolta de Sumaré": dez mil pessoas participaram na cidade de Sumaré (SP) das atividades preparatórias do I Encontro das Macrorregiões paulistas. A base revoltou-se contra a direção partidária de maneira surpreendente. Secco, Lincoln. *História do PT*, cit., p. 241.

Hugo Chávez. Lula seria o primeiro presidente desde 1989 a eleger um sucessor de sua confiança[1073].

A guerra cambial no mundo e o risco de desindustrialização no Brasil seriam os temas dos primeiros pronunciamentos da presidente eleita. Logo em janeiro de 2011, pouco tempo após a eleição, ela já enfrentava uma verdadeira batalha no Congresso Nacional ao defender um salário mínimo menor do que queriam as centrais sindicais. Apesar disso, o PT ainda gozava de um certo prestígio naquela época em que a economia ainda não havia entrado em recessão e o País passara sem grandes sobressaltos da crise de 2008. A demanda chinesa por commodities, que o Brasil tinha a oferecer em quantidade, e o aquecimento do mercado interno em consequência da recuperação do salário mínimo, a extensão de luz elétricas em áreas desassistidas e a habitação popular eram trunfos que faziam com que o governo não enfrentasse grandes problemas logo em seu início[1074].

DULCI considera que houve avanços do País no último período, em áreas como habitação, saneamento básico, meio ambiente e cultura que também estão diretamente vinculados à participação e à mobilização popular. Afirmou:

> *"Além de conquistas fundamentais quanto aos direitos econômicos e sociais 'clássicos'- emprego, salário, proteção social, educação e saúde públicas –, a democracia participativa produziu resultados extraordinários no que se refere aos chamados 'novos direitos', incorporados à pauta emancipatória da sociedade brasileira nas últimas décadas: efetiva igualdade étnica e de gênero, respeito à diversidade sexual, reconhecimento das demandas próprias da juventude, dos idosos, das pessoas com deficiência.*
>
> *O governo Lula, em sintonia com as entidades feministas, o movimento negro e a rede de organizações LG BT, inovou profundamente nessa área. Enfrentou preconceitos arraigados e dogmas elitistas sobre a 'neutralidade' social do Estado, investindo estrategicamente nas políticas afirmativas. Já em 2003, promoveu uma corajosa reforma na estrutura da administração federal para adequá-la aos desafios dessa agenda emergente. Tal como na década de 1930 quando o Estado Brasileiro havia instituído os ministérios de Educação, Saúde e Trabalho, Lula não hesitou em criar, logo no iní-*

[1073] Ibidem, p. 242.
[1074] Ibidem, p. 243.

cio de seu mandato, órgãos específicos de primeiro escalão para responderem pela nova geração de políticas públicas"[1075].

A própria atitude do Brasil frente à crise financeira internacional foi amplamente discutida com o empresariado e as organizações populares. Estes já haviam opinado, ao longo de todo o governo, tanto em reuniões com Lula e a equipe de ministros como no âmbito do Conselho de Desenvolvimento Econômico e Social (CDES), sobre os principais temas produtivos, de infraestrutura, investimentos, geração de empregos etc. E tiveram participação destacada no lançamento da política industrial) assim como contribuíram para a elaboração do PAC, concebido ao mesmo tempo como política anticíclica, para reduzir a vulnerabilidade do País, e projeto de desenvolvimento de longo prazo[1076].

Quando a crise eclodiu, a interlocução Estado/sociedade civil mostrou todo o seu vigor e sentido estratégico. Imediatamente, o governo, o empresariado e as centrais sindicais pactuaram um conjunto de medidas antirrecessivas para neutralizar o pessimismo conservador, sustentar o consumo e a demanda e garantir o emprego. Decidiu se, por exemplo, promover forte desoneração tributária da indústria automobilística condicionada à manutenção do emprego. Os bancos públicos foram instruídos a suprir, se necessário, toda a demanda nacional de crédito. Sem falar na decisão de criar, em plena crise, o programa Minha Casa Minha Vida, com o objetivo de construir um milhão de habitações populares, previamente discutido com a indústria da construção civil e com as quatro grandes organizações de luta pela moradia – Confederação Nacional das Associações de Moradores (Conam), União Nacional por Moradia Popular (UNMP), Movimento Nacional de Luta pela Moradia (MNLM) e Central de Movimentos Populares (CMP)[1077].

Em 2010, ocorreram, ainda, os seguintes fatos:

[1075] DULCI, Luiz. *Um salto para o futuro.* São Paulo: Editora Perseu Abramo, 2013, p. 112. O autor foi ministro-chefe da Secretaria –Geral da Presidência entre 2003 e 2011.
[1076] Ibidem, p. 113.
[1077] Ibidem, p. 113.

- O Brasil passa à posição de credor no Fundo Monetário Internacional (FMI).
- Foi aprovado o Estatuto da Igualdade Racial.

Ricos e pobres – Para DULCI o presidente pareceu governar simultaneamente para os muito ricos e para os muito pobres. A sua classe média de sustentação original, modernizante e radical para a ordem de acomodações e as estratégias de conciliação brasileira com o pior, foi suavemente deixada de lado. E o grupo organizado e orgânico de sindicalistas, que o sustentavam como aparelho de enraizamento e tutela social eficaz junto às bases populares, foi muito bem premiado com uma imensa máquina de ascensão social, com a ocupação de cargos de Estado. De acordo com ele, que estudou o conceito weberiano do carisma:

> *"Para os pobres, Lula era uma espécie de igual, deslocado na direção do poder social. Seu corpo simbólico deveria ser contínuo ao deles, ele representava os seus interesses no governo, e em algum momento ele chegou a dar sinais disto com a metáfora do pai, muito arcaica, de ecos getulistas muito remotos. Para a política fisiológica e de apropriação patrimonialista brasileira e suas estruturas históricas de enraizamento no Estado, Lula também foi um igual, um líder e uma garantia plena de liberdade e impunidade pragmática, o que permitiu a entrada do seu grupo particular de classe para o clube do clientelismo brasileiro, os antigos proletários sindicalistas, agora novos gerentes da máquina pública, em um processo feliz e franco de aburguesamento.*
>
> *E, para uma elite técnica modernizante e de interesse social mais amplo no desenvolvimento do país, ele foi o líder político que garantiu as condições de trabalho em grandes e generosos gestos de delegação. Foi o célebre "nosso guia", nas palavras de Celso Amorim, bem destacadas por Elio Gaspari, ou "o grande líder", nas palavras de Dilma Rousseff. A nova ordem política de Lula e do PT no poder, muito diferente das coisas de sua origem, ecoava as velhas palavras de trinta anos antes, mas agora girando em falso, com conteúdos completamente diferentes, do grande líder original que muitos inventamos e investimos para a sua chegada ao poder"*[1078].

[1078] Ibidem, p. 114.

Na visão de outros autores, entretanto, a contradição entre o sindicalista do passado, o maior líder popular da história do País, se tornava evidente em alguns detalhes que diziam muito sobre o personagem. Um exemplo foi o momento posterior à posse de sua sucessora, Dilma Roussef:

> *"Lula poderia ter terminado seu governo em melhor companhia. O fato de [após a posse de Dilma Rousseff] Sarney tê-lo acompanhado no avião de Brasília até em casa foi de um oportunismo patético, mas também algo muito simbólico. Tão patético e simbólico quanto Lula, já 'ex', num palanque em S. Bernardo ao lado de Sarney, praguejando pela enésima vez contra 'as elites deste país'. O velho remanescente da ditadura que deu posse a Dilma no Congresso era prestigiado horas mais tarde no ABC por Lula, o maior líder popular da história"*[1079].

O País, faria, de acordo com o autor, os ajustes macroeconômicos demandados pelo centro do processo capitalista nos períodos Lula e FHC (num total de 16 anos) e, ao mesmo tempo, abriu seu mercado interno ao investimento financeirizado internacional, mantendo as bases desse pacto econômico global da gestão da economia local, com imensos ganhos dos países centrais na forma de juros e da entrada e saída livre de capitais especulativos Esse movimento, em sua visão, provocou a extinção da vocação de esquerda do PT.

> *"Assim, a cultura do governo Lula foi a da universalização do consumo, com a criação profunda de seu novo sujeito pós- moderno, sujeito do consumo, de agentes econômicos liberados para o vínculo com. a mercadoria em seu primeiro nível de acesso, e não com a cidadania plena, ou com o conhecimento livre ou crítico. Uma dimensão da subjetivação passou a ser a da transmissão direta do eu ao sonho e ao desejo do mercado. Enquanto os pobres, as classes C e D, tinham acesso à carne, e não mais ao velho frango do plano real, à televisão de modelo novo e ao primeiro computador, com a explosão de informação e mobilidade no espaço hiperespetacular e extremamente superficial da internet, a classe B explodia de comprar grandes carros e jipes suvs, emulando a mania*

[1079] AB'SÁBER, Tales. *Lulismo, carisma pop e cultura anticrítica*. São Paulo: Hedra, 2012, p. 47.

grosseira, narcísica e bélica norte-americana, exatamente no momento histórico em que os próprios americanos não podiam mais sustentar os seus maus hábitos"[1080].

Na prática, para o autor, em conclusão, o PT acabaria completando a obra do PSDB: "A verdadeira obra tucana, neoliberal, de submissão total do espaço público ao mercado e ao império do espetacular – ou fantasmagórico, como dizia Walter Benjamin – da mercadoria, finalmente se completara e PT e PSDB eram, nesta dimensão das coisas, duas faces da moeda de um mesmo e único processo histórico. De fato, esta radical expansão da mercadoria sobre a cultura é o grande movimento, agora incluindo o desejo de consumo das classes pobres do Brasil, da era Lula[1081]".

4.8.6 Lula e o Partido (PT) – Principais destaques:

- 2007. III Congresso do PT em São Paulo.
- 2008. O PT mantém nas eleições municipais de 2008 sua trajetória de crescimento, que vem desde a fundação. Elege 559 prefeitos, crescendo 36% em relação aos eleitos em 2004.
- 2010. IV Congresso do PT em Brasília. A candidata petista Dilma Rousseff, ex-ministra da Casa Civil, é eleita presidente da República.
- 2011. Delúbio Soares é reintegrado ao PT e José Eduardo Dutra renuncia à presidência do partido por motivo de saúde, sendo substituído pelo deputado estadual paulista Rui Falcão[1082].

Os ciclos do PT e o lulismo – Entre os anos de Lula e Dilma, o próprio PT enfrentaria sua crítica interna. Em livro em que conta a história do partido, desde o início, na década de 1980, com as Comissões Eclesiais de Base, os intelectuais e os sindicatos aguerridos até a chegada ao poder federal, o historiador e professor da USP, Lincoln Secco reconhece acertos, mas lamenta erros graves cometidos, entre os quais, por exemplo, o fim dos processos internos de eleição direta em que os próprios filiados escolhiam aqueles que iriam se candidatar. Segundo o autor,

[1080] Ibidem, , p. 63.
[1081] Ibidem, , p. 63.
[1082] SECCO, Lincoln, *História do PT*, cit., p. 270.

"é de lamentar que o próprio PT tenha contribuído para a perda de vitalidade da democracia no País ao diminuir substancialmente práticas inovadoras como a do chamado Processo de Eleição Direta (PED) no caso da escolha de candidaturas a cargos majoritários, em que, depois de uma série de discussões e debates, o conjunto dos integrantes do partido podia escolher aquela que lhe parecesse a melhor opção eleitoral. Um grande avanço na luta contra uma cultura política pemedebista, processos como esse são hoje bem menos utilizados no partido"[1083].

Perguntado sobre se a fórmula de escolher um candidato novo adotada para a candidatura de Fernando Haddad à prefeitura da capital paulista em 2012 iria se repetir para as eleições a governador em 2014, o próprio Lula, em entrevista ao jornal Valor Econômico, em março de 2013, respondeu o seguinte: "Hoje temos condições de ver cientificamente qual é o candidato que o povo espera. Por exemplo, quando o Haddad foi candidato a prefeito, eu nunca tive qualquer preocupação. Todas as pesquisas que a gente trabalhava, as qualitativas que a gente fazia, todas elas mostravam que o povo queria um candidato como ele"[1084].

Social-democracia – Muitos dos dissidentes de esquerda do PT o consideram um grupo revolucionário que abandonou seu caráter socialista e, potencialmente, revolucionário. O historiador inglês Eric Hobsbawrn o considera o último exemplo de um partido social-democrata de massas, como os que surgiram na Europa antes de 1914. Jacob Gorender, historiador comunista, acredita que o PT se tornou moderado, como um partido social democrata e não tem mais nada de revolucionário. Perry Anderson, historiador e ensaísta político inglês, o vê como o primeiro e único partido moderno brasileiro. Vale lembrar que jamais houve uma social democracia no Brasil antes do PT. O antigo PTB, agremiação política criada por Getúlio Vargas, tinha base sindical e apoio popular, mas foi criado por grupos, majoritariamente, de classe média. O PSDB, que tem a social-democracia no nome, por sua vez, jamais teve respaldo de sindicatos e movimentos sociais, apoiando-se, de fato, em intelectuais orgânicos, de caráter neoliberal, e em grandes empresários. Para Nobre, o partido é radicalmente diferente do padrão típico de partidos sociais

[1083] Ibidem, p. 271.

[1084] NOBRE, Marcos, *Imobilismo em movimento – da abertura democrática ao governo Dilma*, cit., p. 151.

democratas europeus em muitos aspectos. "Seu apelo de classe dirigido ao proletariado industrial foi ampliado para o "povo", como na Europa. Mas o "nosso povo" incluía mais os setores excluídos da economia formal do que as classes médias. Enquanto na Europa isto significava ir em direção à burguesia e à pequena burguesia"[1085].

A segunda fase (como partido de oposição predominantemente parlamentar) coincidiu com o refluxo das lutas sindicais. O partido se dividiu internamente e a esquerda teve uma influência maior, mas sem dirigir o partido de fato. A suposta oposição entre Lêninistas e social democratas apenas reproduzia dissensões clássicas vividas por outros partidos social democratas ao longo da história, levando a rupturas e formação de partidos revolucionários à esquerda do PT, mas sem a oportunidade histórica que os comunistas tiveram em outra época[1086].

Ao se tornar o partido de poder (e de governo) tudo mudou. Segundo o pesquisador, *"na terceira fase o PT se tornou finalmente um partido de governo e sobrepôs à sua identidade socialista e nacionalista uma tendência tecnocrata eivada dos vícios da política tradicional brasileira"*[1087].

"O próprio Florestan (Fernandes), que caracterizava o PT como operário e socialista e o desejava revolucionário e marxista, apontava dois caminhos: a Revolução dentro da ordem e contra a ordem. Os socialistas radicais preferiram sempre o segundo caminho, sem deixar de perceber que, num País como o nosso, a primeira já seria um salto qualitativo"[1088].

"Dessa forma, o PT acelerou o tempo histórico e condensou aquelas fases "europeias" em 22 anos. Foi o suficiente para chegar ao poder e manter-se nele. E isto deriva do momento de transição histórica em que ele cresceu"[1089].

"O PT não teve a identidade marxista que o SPD alemão teve por muitos decênios. Ora, a Social Democracia teve uma história singular e especifica em cada País. E o PT incorporou nas suas resoluções extensos debates sobre socialismo.

Mas todos eles tiveram características em comum com o PT: liderança operária ou uma base nuclear nesta classe; a expansão do discurso para o "povo" como

[1085] Ibidem, p. 151.
[1086] Ibidem, p. 151.
[1087] Ibidem, p. 151.
[1088] Ibidem, p. 151-152.
[1089] Ibidem, p. 152.

demonstrou Adam Przeworski; a subordinação do internacionalismo puro às questões nacionais; a burocratização; o crescimento parlamentar; a oposição da burguesia e da imprensa e a posterior aceitação por parte das elites das classes dominantes etc."[1090].

Para além do PT, existe o lulismo que, em alguns momentos, até supera o "petismo". Algumas considerações para tentar explicar esse fenômeno político:

> "*O lulismo existe sob o signo da contradição. Conservação e mudança, reprodução e superação, decepção e esperança num mesmo movimento. É o caráter ambíguo do fenômeno que torna difícil a sua interpretação. No entanto, é preciso arriscar os sentidos, as resultantes das forças em jogo, se desejamos avançar a compreensão do período. Faço a minha aposta principal em forma de pergunta, pois o processo ainda está em curso: a inesperada trajetória do lulismo incidirá sobre contradições centrais do capitalismo brasileiro) abrindo caminho para colocá-las em patamar superior?*"[1091].

Neoliberalismo – Depois da vitória, em 2002, o ex-metalúrgico, lembra o pesquisador, manteve, na prática, a ordem neoliberal, estabelecida nos mandatos de Collor e FHC. Decidido a evitar confronto com o capital, Lula adotou política econômica conservadora. O Comitê de Política Monetária (Copom) aumentou, nos dois primeiros meses de 2003, os juros de 25% para 26,5%. De modo a pagar a dívida contraída com essa elevação, o Executivo subiu a meta do superávit primário de 3,75 % em 2002, que já era considerada alta, para 4,25% do PIB (Produto Interno Bruto) e anunciou corte de R$ 14, 3 bilhões no orçamento público. Com isso, o poder de compra do salário mínimo foi praticamente congelado em 2003 e 2004. Em 30 de abril de 2003 apresentou ao Congresso um projeto com reforma conservadora da Previdência Social, a PEC 40, que acabava com a aposentadoria integral de futuros servidores. Os resultados foram desastrosos: o crescimento caiu de 2,7% nos últimos anos de FHC para 1,3% do PIB no primeiro ano do PT. O desemprego, por sua vez, teve um ligeiro aumento de 10,5% no período anterior para 10,9%

1090 Ibidem, p. 152.

1091 As observações são de André Singer, autor do livro *O sentido do lulismo*.

no período petista. As instituições financeiras tiveram um resultado 6,3% maior[1092].

Passados oito anos, no final do período lulista à frente da Presidência em dezembro de 2010 os juros tinham caído para 10,75% ao ano, com taxa real de 4,5%. O superávit primário fora reduzido para 2,8% do PIB e, "descontando efeitos contábeis", para 1,2%. O salário mínimo, aumentado em 6% acima da inflação naquele ano, totalizava 50% de acréscimo, além dos reajustes inflacionários, entre 2003 e 2010. Cerca de 12 milhões de famílias de baixíssima renda recebiam um auxílio entre R$ 22 e R$ 200 por mês do Programa Bolsa Família (PBF). O crédito havia se expandido de 25% para 45% do PIB, permitindo o aumento do padrão de consumo dos estratos menos favorecidos, em particular mediante o crédito consignado. O viés da política econômica havia passado de neoliberal para reformista[1093].

As consequências dessas medidas, voltadas para reduzir a pobreza, ativando o mercado interno, foram igualmente lógicas. O crescimento do PIB, em 2010, pulou para 7,5%. O desemprego, em dezembro, havia caído para 5,3%, taxa considerada pelos economistas próxima ao pleno emprego. O índice de Gini, que mede a desigualdade de renda, foi de 0,5886 em 2002 para 0,5304 em 2010, o que demonstrava que o Brasil ficou muito menos desigual no período[1094].

Para Singer, "teria havido, a partir de 2003, uma orientação que permitiu, contando com a mudança da conjuntura econômica internacional, a adoção de políticas para reduzir a pobreza – com destaque para o combate à miséria – e para a ativação do mercado interno, sem confronto com o capital. Isso teria produzido, em associação com a crise do 'mensalão', um realinhamento eleitoral que se cristaliza em 2006, surgindo o lulismo. O aparecimento de uma base lulista, por sua vez, proporcionou ao presidente maior margem de manobra no segundo mandato, possibi-

[1092] Nobre, Marcos, *Imobilismo em movimento – da abertura democrática ao governo Dilma*, cit., p. 152.
[1093] Ibidem, p. 152.
[1094] Ibidem, p. 152.

litando acelerar a implantação do modelo 'diminuição da pobreza com manutenção da ordem' esboçado no primeiro quadriênio"[1095].

O pesquisador considera que foi em 2006 que ocorreu o que chama de "realinhamento eleitoral", ou seja, um duplo deslocamento de classe que caracteriza o realinhamento brasileiro e estabeleceu a separação política entre ricos e pobres, a qual tem força suficiente para durar por muito tempo. O lulismo, que emerge junto com o realinhamento, é, do seu ponto de vista, o encontro de uma liderança, a de Lula, com uma fração de classe, o subproletariado, por meio do programa cujos pontos principais foram delineados entre 2003 e 2005: combater a pobreza, sobretudo onde ela é mais excruciante tanto social quanto regionalmente, por meio da ativação do mercado interno, melhorando o padrão de consumo da metade mais pobre da sociedade, que se concentra no Norte e Nordeste do País, sem confrontar os interesses do capital. Ao mesmo tempo, também decorre do realinhamento o antilulismo que se concentra no PSDB e afasta a classe média de Lula e do PT, criando-se uma tensão social que desmente a hipótese de despolarização da política brasileira pós-ascensão de Lula[1096].

Os mais pobres retribuíram na forma de apoio maciço e, em algumas regiões, fervoroso da eleição de 2006 em diante. Em algumas regiões do Nordeste, por exemplo, não convêm falar mal do PT. Por outro lado, o escândalo do mensalão, para ele, cristalizou o afastamento da classe média do PT – antes um público preferencial do partido – O curioso é que foram justamente os mais pobres que deram a vitória a Collor ante Lula em 1989. No período lulista, o partido do governo cresceu mais nos chamados grotões e perdeu capitais importantes, como São Paulo, para a oposição[1097].

[1095] SINGER, André. *O sentido do lulismo – reforma gradual e pacto conservador*. São Paulo: Companhia das Letras, 2012, p. 142.
[1096] Ibidem, p. 143.
[1097] Ibidem, p. 143.

Capítulo 5
DILMA, TEMER E BOLSONARO: A EROSÃO DA REPÚBLICA E DA DEMOCRACIA EM PLENO SÉCULO XXI

5.1 Dilma Vana Rousseff (2011-2014). Vice: Michel Temer – 1º mandato

Mineira de Belo Horizonte, a economista e ex-presidente da República foi membro do Comando de Libertação Nacional e da Vanguarda Armada Revolucionária Palmares, organizações estas que se opunham à ditadura militar por meio da ação armada. Presa entre 1970 e 1972 por sua atuação revolucionária, depois em liberdade filiou-se ao Partido Democrático Trabalhista. Ocupou o cargo de Secretária Municipal da Fazenda de Porto Alegre entre 1985 e 1988. Então, entre 1991 e 1993, foi presidente da Fundação de Economia e Estatística e, *a posteriori*, Secretária Estadual de Minas e Energia (1993-1994 e 1999-2002) nos governos Alceu Collares e Olívio Dutra, respectivamente. Filiou-se ao Partido dos Trabalhadores em 2001. No governo Lula, ministra de Minas e Energia (2003-2005) e ministra-chefe da Casa Civil a partir de 21 de junho de 2005 devido à renúncia de José Dirceu. Com o apoio de Lula elegeu-se presidente da República nas eleições de 2010, assumindo a presidência em 01º de janeiro de 2011, sendo posteriormente reeleita. Deixou o cargo devido ao processo de *impeachment* a que foi submetida, que muitos entendem na verdade como um "golpe parlamentar".

O primeiro mandato de Dilma Rousseff, a primeira mulher presidente da República, iniciou-se com uma posse mais discreta em relação à anterior. No evento, somente cerca de 25 mil pessoas – ante 120 mil em Brasília para ver a posse de Lula – estiveram presentes. Em nada lembraria, portanto, a euforia de 2003 quando as pessoas se espremiam para ver o operário nordestino no comando da nação ou a alegria contida de 2007. O discurso, preparado por assessores, foi burocrático e formal:

"O pronunciamento no Congresso Nacional deu a linha do que seria o governo de Dilma. Sem entusiasmo, a presidente leu o discurso preparado por assessores. Buscou um tom coloquial. Chamou os cidadãos de 'queridos e queridas', como uma mãe carinhosa. Foi patético.

Usou imagens gastas, pobres e de gosto duvidoso. Disse que 'será a primeira vez que a faixa presidencial cingirá o ombro de uma mulher', e que a 'aparente suavidade da seda verde-amarela da faixa presidencial' não escondia 'a força e o exemplo da mulher brasileira'.

Prometeu ser rígida no combate à corrupção e foi aplaudida por José Dirceu, presente à cerimônia. Louvou Lula entusiasticamente. Entre outras loas, falou: 'Sob sua liderança, o povo brasileiro fez a travessia para uma outra margem da história'"[1098].

5.1.1 As medidas governamentais

No governo Dilma ocorrem desonerações seletivas do imposto à produção, que reduz o custo do trabalho, preservando os salários, mas essa iniciativa posteriormente sofrerá muitas críticas. Os programas sociais foram mantidos, a exemplo do "Minha Casa Minha Vida" e o "Brasil sem Miséria", o que inclui o "Brasil Carinhoso", que tiveram expansão significativa. No seu primeiro ano de mandato, a presidente vai tentar criar uma imagem de que se distingue do modelo político, ou seja, "não se deixa contaminar" pela chamada política rasteira, do "dando que se recebe", o que, inicialmente, conquista a classe média, que nem de longe se sente representada pela classe política nacional[1099].

No início do seu governo, Dilma adiou por mais três meses o leilão para o trem-bala, que já havia sido suspenso em novembro de 2010. A obra, prometida para entrar em operação na Copa do Mundo de Futebol de 2014, cujo valor previsto era de R$ 53 bilhões, jamais saiu do papel e acabou sendo abandonada, posteriormente, devido ao alto custo e à falta de parceiros. No início de junho, o governo anunciou a entrega à iniciativa privada da administração dos aeroportos de Guarulhos, Viracopos e Brasília. A Infraero ficaria com 49% do empreendimento. A surpresa

[1098] VILLA, Marco Antônio. *Década perdida, o PT no poder*, cit., p. 225.

[1099] NOBRE, Marcos. *Imobilismo em movimento – da abertura democrática ao governo Dilma*, cit., p. 138.

devia-se ao abandono, na prática, do discurso estatista, que reaparecera na campanha eleitoral[1100].

Em abril de 2012, o governo sofreria a primeira (e dura) derrota na Câmara: o Código Florestal foi aprovado, por 274 a 184 votos, cuja redação final dos artigos dispunha sobre a redução da proteção aos ecossistemas aquáticos, trazendo problemas com a proteção ao meio ambiente marinho. O resultado demonstrou que, apesar de grande, a base governamental não era coesa. Dos 78 deputados da bancada ruralista, 76 votaram contra o governo. O então líder do PMDB, deputado Henrique Alves, observou: "o governo é ambientalista, mas também é ruralista, é pecuarista". Como se sabe, essas qualidades costumam não combinar muito entre si[1101].

5.1.2 A economia

Agosto de 2011 sinalizava que a economia do Brasil cresceria menos que a dos demais países emergentes. Nos últimos 12 meses, o crescimento econômico reduziu de 6,2% para 4,7% em julho de 2011. O setor industrial, principal segmento afetado pela valorização do real, na medida em que a cotação em alta prejudicava as exportações, foi atingido com a retração econômica e com a alta dos juros. No ano seguinte, o crescimento negativo afetou a agricultura e novamente a indústria. O setor de serviços sentiu menos os efeitos dessa estagnação econômica, tendo aliviado a perda do PIB. Enquanto isso, o desemprego se manteve baixo (apenas 5,5%, o que caracterizava pleno emprego), e a inflação teve um pequeno aumento, passando a 6,38%[1102].

Além da difícil situação econômica, o governo não podia evitar gastar nos seus primeiros anos, visto que foram contratados no governo anterior as obras de infraestrutura para a Copa do Mundo de 2014 e a Olímpiada de 2016, além do aumento relativo da conta de juros. A orientação geral do governo Dilma era calibrar cada um dos elementos de política econômica, de maneira a não comprometer nem o controle da inflação nem um mínimo de crescimento. Ou, em termos políticos, repactuar os grandes

[1100] VILLA, Marco Antônio. *Década perdida, o PT no poder*, cit., p. 229.
[1101] Ibidem, p. 229.
[1102] Ibidem, p. 230.

acordos sem prejudicar demais nenhum dos grandes pactuadores, buscando mostrar que o equilíbrio de forças anterior será mantido, ainda que em bases mais modestas:

> *"Uma calibragem desse tipo explica, por exemplo, por que o salário mínimo não teve o aumento exigido pelas centrais sindicais, mas manteve a perspectiva de reajustes futuros. Explica por que a taxa de juros deixou de ser o mecanismo por excelência de combate à inflação nos dois primeiros anos do governo. As medidas de restrição ao crédito tomadas entre dezembro de 2010 e o primeiro trimestre de 2011 e as medidas de incentivo ao crédito tomadas a partir do final de 2011 ocorreram de modo gradual e caso a caso, de maneira a não apertar nem afrouxar demais o consumo"*[1103].

[1103] "(...) o terceiro governo petista começou a produzir tensão e cisão de interesses (...), tornou-se a base do imenso racha, de caráter social, que expressou a posição classista de um novo tipo de paixão política à direita, que se abateu de modo feroz sobre o início do quarto governo petista. (...) Após anos de desgastes, (...) e mantendo-se o poder, apesar de toda crítica, a oposição social antipetista acabou por descobrir os mecanismos de protesto direto, imediato e de choque, que buscam reduzir muito a margem de manobra do discurso político do governo (...). Uma importante nova onda de baixa dos juros bancários brasileiros, promovida pelo governo, chegou ao seu ponto mais baixo, e gradualmente, disparou o discurso e a organização social de interesses contra a política governista. A taxa referencial dos juros brasileiros, a Selic, caiu continuamente, em uma série histórica incomum. De agosto de 2011, quando alcançava 12,5%, até novembro de 2012, quando chegou a 7,25%, a taxa atingiu de fato o menor nível no Brasil em todos os tempos. (...) de novembro de 2012 a abril de 2013, a taxa foi mantida exatamente no patamar de 7,25%, baixo para o Brasil. (...) a taxa Selic mínima alcançada no período Fernando Henrique/ Armínio Fraga, em fevereiro de 2001, foi de 15,25% (...). No período Lula o ponto mais baixo foi de 8,75%, em julho de 2009. A média da taxa de juros dos anos Lula foi de 13,79%. E a de Fernando Henrique, (...) 26,7%. (...) Em abril de 2012, quando o processo de queda dos juros ainda estava longe do auge, Roberto Luiz Troster, um ex-economista chefe da Febraban, revelou (...): 'O governo está determinado a baixar as taxas de juros bancárias. Para tanto, Banco do Brasil, Caixa e Ministério da Fazenda estariam preparando medidas para reduzir o custo do financiamento. O objetivo seria fazer as duas instituições ofertarem linhas de cheque especial, de aquisição de bens e de crédito pessoal a 2% ao mês. Com isso, forçariam as demais a emprestar mais barato. A ação do governo induziria a uma eficiência maior do sistema financeiro, compatível com sua sofisticação. Com isso, a inadimplência diminuiria, o consumo e o investimento seriam estimulados, em especial das pequenas e médias empresas. Mas isso é inviável. (...) Os grandes bancos no Brasil não conseguem emprestar ao consumidor nesse patamar de taxas'. (...) Este primeiro discurso contra a política de juros dilmista (...) era bastante claro: os bancos passariam a trabalhar

Um corte previsto da ordem de R$ 50 bilhões no orçamento federal era esperado para qualquer momento, mas 45 dias depois que ele foi anunciado, o governo ainda não atingira a meta. Os ministérios do Planejamento e da Fazenda, afinal, fechariam a redução de gastos em R$ 36,2 bilhões, um valor considerável, mas ainda assim menor do que o programado. O programa Minha Casa Minha Vida, uma das vitrines da campanha de Dilma, nem sequer tinha verba para quitar os R$ 9,5 bilhões em despesas remanescentes da administração lulista, período em que as moradias entregues não chegaram a um quarto do número prometido – R$ 1 milhão. Ainda permanecia a entrada de capital estrangeiro no País, mas era especulativo à procura de uma das maiores taxas de juros do mundo, não destinado à produção. Assim, a dívida externa, que era de R$ 200 bilhões no final de 2009, chegara a R$ 284 bilhões em maio de 2011[1104].

Ao menos uma boa notícia surgiria no horizonte: a divulgação completa do crescimento do PIB em 2010: chegava a 7,5%, o maior desde 1985 e "quase chinês" em sua extensão. Com isso, o Brasil tornava-se a sétima economia do mundo, superando a Itália, que ficou em oitava. O governo iria comemorar muito esta colocação – a melhor do Brasil até ali em sua história – e prever que, até o fim do mandato de Dilma, o País seria a quinta economia do mundo[1105]. Em junho, um escândalo na área da transparência, que teria grande repercussão, inclusive internacional: a Câmara aprovara uma medida provisória que permitia ao governo federal manter em segredo orçamentos feitos pela União, estados e municípios com vista às obras da Copa do Mundo de 2014 e da Olimpíada de 2016:

> *"A MP determinava que os orçamentos prévios seriam disponibilizados 'estritamente' aos órgãos de controle – e que os mesmos não poderiam ser divulgados. Segundo Ideli Salvatti, Ministra das Relações Institucionais, 'a possibilidade de sigilo é prevista na Constituição quando há interesse do Estado e da sociedade"*[1106].

com margens de lucros que consideravam insuficientes, e assim, eles não aceitavam a política. AB'SÁBER, Tales. *Dilma Rousseff e o ódio político*, São Paulo: Hedra, 2015, p. 26-31.

1104 VILLA, Marco Antônio. *Década perdida, o PT no poder*, cit., p. 236.

1105 Ibidem, p. 236.

1106 Ibidem, p. 236.

Apesar da previsão constitucional nesse sentido, esta não se aplica às contas públicas. Nem mesmo as ditaduras impediram a divulgação de gastos feitos com recursos públicos. Depois da repercussão negativa entre setores ligados à transparência em todo o mundo, o governo mudou o discurso. A MP foi reeditada e concedeu-se acesso permanente dos Tribunais de Contas às planilhas, assim como foi liberada a divulgação do material. Líder da base governista, o senador Romero Jucá (PMDB-AP), envolvido em muitos escândalos, e que seria um dos principais algozes da presidente em um futuro próximo quando ela sofreria *impeachment*, formava, ao lado de Moreira Franco e do vice-presidente Temer, o núcleo duro do grupo que depôs Dilma Rousseff, e diria, candidamente, que a medida visava impedir que os interessados nas licitações combinassem preços entre si, formando cartéis[1107].

Outro problema em relação a gasto público eram os estádios – chamados de arenas –, erguidos formalmente como PPPs (parcerias público-privadas), mas o dinheiro público bancava, em junho, mais de 60% das obras para o mundial.

> *"Em alguns casos, o compromisso estatal era muito maior, como no do estádio Fonte Nova, em Salvador, em que o setor público era responsável por 80% dos gastos. Procuradores do Ministério Público Federal denunciaram o desvirtuamento das PPPs, uma vez que muitos dos estados teriam condições de financiar as arenas por conta própria. A criação das Parcerias Público-Privadas, porém, era considerada uma 'vantagem' pelo governo, pois desobrigava as licitações – o que, dizia-se, resultaria em maior agilidade e, detalhe mais importante, em menor fiscalização sobre a aplicação dos recursos. Mesmo adotando o modelo em questão, Bahia, Ceará e Pernambuco tinham recebido, até junho, R$ 1 bilhão do BNDES, para um total de investimentos de R$ 1,76 bilhão"*[1108].

E o problema não era só esse. Os gastos totais com a Copa cresceram exponencialmente. Dos R$ 23,4 bilhões previstos em 2009 chegaria a R$ 112 bilhões, ou seja, quatro vezes mais. O uso do Regime Diferenciado de Contratações (RDC) dificultava a fiscalização do uso do dinheiro público e os projetos, além disso, eram precários. Estudo divulgado pela Funda-

[1107] Ibidem, p. 240.
[1108] Ibidem, p. 240.

ção Getúlio Vargas revelou que, entre 2002 e 2008, a soma de recursos desviados dos cofres federais teria chegado a R$ 40 bilhões. Além disso, não se levaram em conta o que ocorrera nas obras nos estados e municípios. Essa enorme soma de recursos permitiria construir 12 milhões de residências e reduzir à metade o déficit de moradias no País[1109].

Em setembro foi divulgada a previsão de inflação para 2011. De 5,8% fora revista para 6,4%, encostando no teto da meta, de 6,5%. Enquanto isso, a projeção do crescimento do PIB recuou de 4% para 3,5%. Três meses depois, o governo lançou um novo pacote, que incluía redução de impostos para produtos da chamada linha branca (fogões, geladeiras e lavadoras) e para empréstimos a pessoas físicas. Era mais uma tentativa, frustrada, de retomar o crescimento. Os novos números divulgados não deixavam dúvidas: o País parara de crescer desde o início daquele ano de 2010, o que faria o governo reduzir a previsão de crescimento do PIB de 3,8% para 3,2%. Serviço e Indústria reduziram seu tamanho e somente a agropecuária avançou, ainda que de forma tímida. No fim do ano, seria divulgado que o crescimento foi de apenas 2,7%, ou seja, cerca de metade do previsto em janeiro. Apesar disso, o desemprego continuava baixo, com 6%. Em janeiro de 2011 seria divulgado o PIB: recuo de 0,13% somente naquele mês. No ano anterior, o crescimento do PIB ficara em modestos 2,7%. O ano de 2011 teria um resultado menor ainda, 1,9%, daí o apelido de "pibinho"[1110].

No início de 2011 o governo transmitia mensagens de otimismo, apesar do crescimento econômico abaixo do esperado. A crise internacional, de fato, contribuíra para o resultado fraco, mas não o único, muito menos o mais determinante. Por sua vez, o mercado interno, também em crise, sofria com a diminuição acentuada do consumo. O endividamento das famílias crescia muito, o que dificultaria a obtenção de novos empréstimos e maiores níveis de consumo[1111].

No plano internacional se aprofundara a dependência da economia brasileira ao setor primário, portanto de menor valor agregado, o que fazia com que as exportações, embora altas, não resultassem em gran-

[1109] Ibidem, p. 241.
[1110] Ibidem, p. 238.
[1111] Ibidem, p. 238.

des lucros para os exportadores nacionais. A concorrência de produtos importados, mais baratos, trouxera enormes dificuldades à indústria. Para tentar melhorar o desempenho da economia, o governo resolveu ampliar a desoneração fiscal, que atingiu 3% do setor industrial. O valor, ainda no início do ano, chegaria a quase R$ 500 milhões, mas sem grandes resultados[1112].

O BNDES viraria uma espécie de mecenas do grande capital. Em três anos, R$ 28 bilhões foram repassados às grandes empresas para financiar seu crescimento à custa de recursos públicos. Desde a crise de 2008, estimativas davam conta de que R$ 282 bilhões, tomados a juros altos do mercado, tinham sido repassados ao banco. Ou seja:

> *"Apesar da série de medidas de estímulo adotadas pelo governo, a economia brasileira teria fraca reação: crescera apenas 0,4% no segundo trimestre. Na avaliação sempre otimista (e delirante) do Ministro Mantega, passáramos 'a pior fase'; existia uma retomada em curso: 'A economia está em aceleração gradual'"*[1113].

Mas segundo a divulgação dos dados, estes comprovavam justamente o contrário: o País vivia o mais longo ciclo de baixo crescimento desde o Plano Real[1114].

5.1.3 As denúncias de corrupção ativadas

Primeira denúncia de irregularidade – O primeiro caso tratou-se da entrega de passaportes diplomáticos – reservados, em tese, a diplomatas e autoridades de importância para a diplomacia brasileira – a dois filhos do ex-presidente Lula, Luís Cláudio e Marcos Cláudio, sob a alegação de "alto interesse do Brasil". Poucos dias depois, soube-se que até mesmo os netos de Lula tinham recebido o mesmo benefício[1115]. Pressionado, o Ita-

[1112] Ibidem, p. 238-239.
[1113] Ibidem, p. 239.
[1114] Ibidem, p. 239.
[1115] Depois da divulgação do problema na imprensa e da pressão contra a Presidência, o Itamaraty, por meio do então ministro Antônio Patriota, estabeleceria que os passaportes só poderiam ser entregues a presidentes da República, vices, ministros, parlamentares, ministros dos tribunais superiores, chefes de missões diplomáticas e ex-presidentes. Entre as vantagens estão o fato de não precisar enfrentar filas, tratamento menos rígido nos países

maraty revelaria a lista dos 328 beneficiados. O Ministério Público pediu a anulação do benefício, mas o chanceler Antônio Patriota afirmou que isso "feriria direitos adquiridos"[1116].

Palocci – Ao mesmo tempo, começavam a surgir crises motivadas pela corrupção. O ministro-chefe da Casa Civil, Antonio Palocci, foi alvo de uma reportagem do jornal *Folha de S. Paulo*, segundo a qual em apenas quatro anos Palocci, ex-prefeito de Ribeirão Preto e tido como um "neoliberal privatista" por parte do PT pela razão de ter privatizado empresas públicas, tivera uma evolução patrimonial de 25 vezes. Na ocasião, ele exercia um mandato de deputado federal e afirmaria à reportagem do jornal que a sua evolução patrimonial decorria do seu trabalho como "consultor". Em 2006, ele enfrentara um problema semelhante e não resistiria à pressão da imprensa e da sociedade civil. Naquele ano, ao entrar no governo, havia declarado bens no valor de apenas R$ 375 mil[1117].

Em 2009, fora demonstrado que ele comprara uma sala comercial nos Jardins, região nobre de São Paulo, por R$ 882 mil e, um ano depois, um apartamento na mesma região por R$ 6,6 milhões. Para complicar ainda mais sua situação, os jornalistas demonstrariam que o imóvel de 640 metros, avaliado em R$ 4 milhões, onde morava, era alugado de uma empresa que tinha como sócios um garoto de 17 anos e um jovem que ganhava salário de R$ 700. O rapaz confessaria não ser o verdadeiro proprietário. "São coisas que envolvem pessoas com quem não tenho como brigar, como o Palocci, entendeu? Eu não tenho como bater de frente com essas pessoas. Sou laranja"[1118]. Uma semana depois, outra denúncia dava conta de que o ministro havia recebido R$ 20 milhões através de sua consultoria, valor pago nas semanas posteriores à eleição de Dilma. Em 7 de junho, Palocci seria obrigado a pedir demissão. Seria o primeiro dos sete que cairiam em sequência[1119].[1120]

com os quais o Brasil mantém relações diplomáticas e, em alguns casos, dispensa de visto de entrada. VILLA, Marco Antônio. *Década perdida, o PT no poder*, cit., p. 239.

1116 Ibidem, p. 240.

1117 Ibidem, p. 240.

1118 Ibidem, p. 241.

1119 Ibidem, p. 241.

1120 No futuro, Palocci seria um algoz do PT. Depois de preso sob acusação de corrupção na Operação Lava Jato, faria várias denúncias contra líderes do partido, em especial Lula e

Queda do Ministro dos Transportes – A 6 de julho, denúncias levariam à queda de Alfredo Nascimento (PR-AM), titular dos Transportes. O segundo em um mês. O ministro era suspeito de envolvimento com casos de superfaturamento e propina em obras viárias:

> *"O foco das acusações eram os dois principais órgãos do ministério, o Departamento Nacional de Infraestrutura de Transportes (DNIT) e a Valec (empresa pública voltada à construção de ferrovias). A gota d'água para a queda do Ministro, no entanto, seria a denúncia de que uma empresa de seu filho, que tinha negócios com a pasta, obtivera, desde 2005, fabuloso crescimento no faturamento: 86.500%!"*[1121].

A demissão de Wagner Rossi – *Ministro da Agricultura* – Rossi, indicado pelo vice, Michel Temer, na cota do PMDB, seria o próximo a ser defenestrado. A imprensa descobriu que ele abrigava, dentro do prédio do Ministério, um lobista com sala, secretária e telefone. E nem era servidor público. O "funcionário" era responsável pelas licitações, que só em 2011 alcançariam a quantia de R$ 1,5 bilhões. Além disso, a Companhia Nacional de Abastecimento (Conab) tinha se transformado em um cabide de empregos. O número de "assessores especiais" saltara de seis para 26. Mostrando profunda identificação partidária, a companhia contratou vários parentes de peemedebistas ilustres: um filho de Renan Calheiros, a ex-mulher de Henrique Alves, um neto do deputado Mauro Benevides e um sobrinho de Orestes Quércia. Todos com altos salários. Rossi acabou forçado a pedir demissão[1122].

Denúncia contra o Ministro do Trabalho – Em 4 de dezembro de 2011, o pedetista Carlos Lupi, ministro do Trabalho[1123], seria o sexto titular de

Dilma, a partir de fins de 2018 e início de 2019. Inicialmente, a sua "delação premiada" não foi aceita pelo Ministério Público Federal, mas depois ele firmou um acordo com a Polícia Federal e suas denúncias foram usadas no período final da eleição de Jair Bolsonaro, o que trouxe prejuízos à campanha de Fernando Haddad (PT). Apesar das críticas, dirigentes do PT relativizaram a situação de Palocci, preso e sem perspectivas de sair da cadeia e recuperar seus bens. Depois de fazer denúncias contra o seu ex-partido, o ex-ministro foi solto e recuperou parte do seu patrimônio. Foi uma troca.

[1121] Villa, Marco Antônio. *Década perdida, o PT no poder*, cit., p. 241.

[1122] Ibidem, p. 241.

[1123] Ibidem, p. 241.

ministério a cair durante o governo Dilma. Muito ligado ao líder do PDT Leonel Brizola, que também já havia sido o líder da presidente, o ministro seria acusado de contratar ONGs e exigir propina para resolver problemas criados artificialmente pela burocracia da Pasta[1124].

Denúncia contra o Ministro das Cidades – Em 2 de fevereiro de 2012, mais um ministro daria adeus ao seu posto, Mário Negromonte, da pasta de Cidades, acusado de favorecer aliados com verbas públicas[1125].

Condenados do mensalão – Em setembro de 2011, começaram as primeiras condenações de réus no mensalão. Um total de 25 seriam condenados em um primeiro momento. Entre eles Henrique Pizzolato ex-diretor do Banco do Brasil, o publicitário Marcos Valério e dois sócios seus. Luiz Gushiken foi absolvido, enquanto o deputado João Paulo Cunha, que havia sido presidente da Câmara, sofreu tripla condenação no STF e desistiu da candidatura a prefeito de Osasco, na Grande São Paulo. Também foram condenados a ex-presidente do Banco Rural, Kátia Rabello, e o ex-vice-presidente, José Roberto Salgado, por gestão fraudulenta de instituição financeira. O ministro do STF Joaquim Barbosa disse que ajuda de campanha também se configura como corrupção. "Influencia a prática de atos de ofício no interesse dos corruptores", explicou[1126].

O ex-deputado Roberto Jefferson, que denunciou, em 2005, o escândalo do mensalão, também foi condenado, a exemplo de Valdemar da Costa Neto, (PTB), Pedro Correa (PP), Romeu Queiroz e Carlos Rodrigues, conhecido como Bispo Rodrigues. Antes poderoso chefe da Casa Civil de Lula, José Dirceu sofreu condenação, assim como o ex-presidente do PT, José Genoíno e o ex-tesoureiro Delúbio Soares. A maioria dos ministros seguiu o voto do relator, Joaquim Barbosa, para quem Dirceu ocupava "lugar central" no esquema[1127].

A ministra Cármen Lúcia consideraria a admissão do "ilícito" de caixa-dois, diante da Corte, um fato "inusitado e inédito": "Acho estranho e muito, muito grave que alguém diga com toda tranquilidade 'ora, houve caixa-dois'. Caixa-dois é crime. Caixa-dois é uma agressão à sociedade

1124 Ibidem, p. 241.
1125 Ibidem, p. 241.
1126 Ibidem, p. 241.
1127 Ibidem, p. 242.

brasileira... Fica parecendo que isso pode ser praticado e confessado e tudo bem"[1128].

A 17 de dezembro de 2012, o STF encerrou o julgamento do mensalão, o mais longo da história: 138 dias e 53 sessões. A Corte concluiu os trabalhos com o voto que tornava automática a perda de mandato dos parlamentares condenados no processo. Como dito, a decisão atingiu os deputados federais João Paulo Cunha (PT-SP), Valdemar Costa Neto (PR-SP) e Pedro Henry (PP-MT), que, segundo deliberação do STF, deveriam ser afastados do Congresso ao fim da apreciação de todos os recursos – o que só ocorreria em data impossível de ser prevista, dada a morosidade da Justiça brasileira. O então presidente da Câmara, Marco Maia (PT-RS) classificou a decisão como uma "ingerência" e o clima entre os dois poderes ficou ainda mais azedo[1129].

Os ministros do Supremo entenderam que João Paulo era culpado de corrupção passiva, peculato e lavagem de dinheiro:

> *"'[O processo] não deixa dúvidas de que as posições funcionais de João Paulo Cunha e Henrique Pizzolato foram decisivamente utilizadas para beneficiar as empresas de Marcos Valério', decretou o então presidente da Corte, Carlos Ayres Britto. O Supremo reconhecia a fraude e a simulação em empréstimos fantasmas concedidos pelo Banco Rural aos réus do mensalão. Em 2003, o banco repassara, em valores da época, R$ 29 milhões a Marcos Valério e R$ 3 milhões ao comando do PT. Os ministros apontaram que os empréstimos foram renovados sucessivas vezes sem pagamento e sem garantias, em desacordo com as normas bancárias. Tratava-se, portanto, de uma cortina de fumaça, que usava um fundo privado para encobrir o desvio de recursos públicos para o esquema. Foram condenados a ex-presidente do Banco Rural, Kátia Rabello, e o ex-vice-presidente, José Roberto Salgado, por gestão fraudulenta de instituição financeira. Joaquim Barbosa confirmou o ponto central da tese acusatória da Procuradoria-Geral da República. Segundo ele, entre 2003 e 2005, parlamentares e partidos receberam dinheiro para apoiar Lula no Congresso Nacional. O relator citou as reformas previdenciária e tributária como os principais exemplos de votações compradas. Bar-*

1128 Ibidem, p. 242.
1129 Ibidem, p. 242.

bosa também desmontou o argumento da defesa, segundo o qual o mensalão teria sido 'mero' caixa-dois eleitoral."[1130]

Ressalte-se que no desfecho de julgamento em 10 de outubro, "os ministros Rosa Weber e Luiz Fux seguiram o voto do relator, Joaquim Barbosa, e condenaram José Dirceu por "crime de corrupção ativa". Ricardo Lewandowski votaria pela sua absolvição, alegando que as acusações contra Dirceu não passavam de 'ilações' e 'conjecturas'. Em seu voto, o ministro Marco Aurélio Mello estranhou: 'Não tem mandante?' Tudo teria sido uma articulação do ex-tesoureiro Delúbio Soares? Lewandowski apenas repetiria o mantra: 'Não tenho provas para condenar José Dirceu'". A ministra Rosa Weber diria que também não tinha provas para condenar José Dirceu, mas o faria porque a literatura jurídica o permitia. O réu famoso diria que "havia sido condenado somente porque era ministro"[1131].[1132]

Na sequência, apenas 13 dias depois, Dirceu seria condenado – por seis votos a quatro (assim como outros mais nove réus) – pelo "crime de formação de quadrilha". Celso de Mello, o decano da Corte, declararia a propósito: "Em mais de 44 anos de atuação na área jurídica, nunca presenciei um caso em que o delito de formação de quadrilha se apresentasse tão nitidamente caracterizado"[1133]. Foi usada a polêmica "Teoria do Domínio do Fato", criada por Hans Welzel, e aprofundada por Klaus Roxim, teóricos alemães.

[1130] Ibidem, p. 242.

[1131] Ibidem, p. 242.

[1132] Dirceu, um quadro histórico da esquerda, foi condenado pelo chamado "domínio do fato". Na interpretação dos ministros do Supremo ele, como ministro, teria que saber do que ocorria no governo, em termos de corrupção, mesmo que essa ocorresse em locais diferentes do seu local de trabalho ou mesmo que ele nem conhecesse. Dirceu questionaria a decisão, alegando que não tinha condições de saber de tudo o que se passava no governo. Pelo mensalão, o ex-ministro foi condenado a 7 anos e 11 meses de prisão e passou a cumprir a pena em 15 de novembro de 2013, após se esgotarem as possibilidades de recurso. Em outubro de 2016 obteve o perdão da pena, mas permaneceu preso, em Curitiba, por envolvimento no esquema de corrupção investigado pela Operação Lava Jato, na qual já tinha sido condenado. Posteriormente, em 2019, foi solto. Hoje está livre e se defende das acusações.

[1133] VILLA, Marco Antônio. *Década perdida, o PT no poder*, cit., p. 243.

Para a maioria do STF, o grupo criminoso era formado por três núcleos: político, publicitário e financeiro. Coube ao primeiro – composto por Dirceu, Genoíno e Delúbio – idealizar o esquema. Já os núcleos publicitários (liderado por Marcos Valério) e financeiro (sob Kátia Rabello, dona do Banco Rural) eram responsáveis por viabilizar o mensalão por meio de desvios públicos, elaboração de empréstimos fictícios e distribuição de recursos a parlamentares corrompidos[1134].

Lembre-se de que, a 13 de novembro, outro momento marcante, o STF fixou as penas para os principais operadores do mensalão. Somadas, as condenações de Dirceu, Genoíno e Delúbio chegavam a 26 anos de detenção[1135].

Tráfico de influência – Outra operação da Polícia Federal, a Porto Seguro, viria agitar mais uma vez o noticiário político naquele ano. Policiais apreenderam documentos e arquivos eletrônicos no escritório da Presidência da República em São Paulo, na Avenida Paulista. A acusação era de tráfico de influência, que possibilitou atos de corrupção e falsidade ideológica. A chefe de gabinete do escritório, Rosemary Novoa de Noronha, a Rose, era a figura mais proeminente do grupo:

> *"De acordo com a denúncia, Rose teria usado desta proximidade para traficar influência e cometer atos de corrupção e de falsidade ideológica. Rose teria exigido vantagens financeiras a empresários, inclusive o pagamento de cirurgia plástica, e teria favorecido um esquema de corrupção plantado dentro do governo.*
> *Também estariam envolvidos os irmãos Paulo e Rubens Vieira, indicados pela 'amiga íntima' do presidente a cargos estratégicos: o primeiro era diretor da ANA (Agência Nacional de Águas); o segundo, da Anac (Agência Nacional de Aviação Civil). Logo seriam apelidados com os 'bebês de Rosemary'.*
> *A operação foi desencadeada pela denúncia do auditor da TCU, Cyonil da Cunha Borges de Faria Jr., que teria recebido propina no valor de R$ 100 mil. Arrependido, o funcionário contou à PF que o dinheiro lhe fora dado, entre 2009 e 2010, por Paulo Vieira, à época ouvidor da Antaq (Agência Nacional de Transportes Aquaviários) e conselheiro fiscal da Codesp (Cia. Docas do Estado de São Paulo). Em troca, Cyonil*

[1134] Ibidem, p. 243.
[1135] Ibidem, p. 243.

deveria fazer um relatório favorecendo a Tecondi, empresa de contêineres que opera em Santos

Outro indiciado na operação Porto Seguro, José Weber Holanda, foi afastado do cargo de advogado-geral adjunto da União. O ex-funcionário era suspeito de ajudar o ex-senador Gilberto Miranda a aprovar projeto portuário de R$ 2 bilhões na ilha de Bagres, em Santos. Miranda teria ocupado outra ilha vizinha e obtido pareceres da AGU para construir uma mansão e um heliponto em áreas públicas"[1136].

Crise no governo – Em março de 2012, após a queda de auxiliares diretos da presidente, outro problema viria trazer preocupação ao governo. Era um manifesto de deputados peemedebistas que, com o aval do vice-presidente Michel Temer, protestava contra a aliança "desigual e injusta" com o PT. Era apenas o primeiro movimento para um rompimento que ocorreria no mandato seguinte:

"Um mês depois, o problema seria com o PMDB. Não foi caso de demissão de algum ministro. O partido reclamava do espaço que o PT tinha no governo e exigia ampliar sua presença ministerial. Criticava também a entrega de ministérios para pequenas siglas, que ainda iniciavam possíveis acordos eleitorais com o PT visando às eleições municipais de outubro.

Com o aval do vice-presidente Michel Temer, deputados peemedebistas elaboraram um manifesto contra a 'hegemonia' do PT. O documento dizia que a relação entre os dois partidos era 'desigual e injusta'; e que o PT estaria se preparando para acabar com o 'protagonismo municipalista do PMDB'.

O estopim da crise foi a nomeação do senador Marcelo Crivella (PRB-RJ) [em 2016 tornou-se prefeito do Rio de Janeiro] *como Ministro da Pesca. Ele admitiria não ter conhecimentos técnicos sobre o setor pesqueiro: 'Eu não sei pôr uma minhoca no anzol'. O senador era bispo licenciado da Igreja Universal e fora designado como parte da estratégia petista de obter o apoio do PRB na eleição à prefeitura de São Paulo*"[1137].

Jogos – O escândalo envolvendo o "empresário de jogos" Carlinhos Cachoeira – filho do bicheiro Sebastião Almeida Ramos, Cachoeira envolveu-se com o crime organizado e corrupção, dela contando com a

[1136] Ibidem, p. 243.
[1137] Ibidem, p. 244.

participação de políticos, funcionários públicos e até padres – explodiria ainda em março. Seus tentáculos alcançaram o Senado – seria sócio em alguns empreendimentos do senador Demóstenes Torres (DEM-GO), até então considerado um paladino na luta contra a corrupção – e se estendiam perigosamente a vários executivos estaduais, ao governo da União e até ao poder Judiciário[1138].

Escutas telefônicas da Polícia Federal indicavam que a construtora Delta – desconhecida do grande público – pagava propinas ao governador petista Agnelo Queiroz para obter contratos de obras no Distrito Federal. O mediador das operações era o grupo liderado por Cachoeira[1139].

O Petrolão – A maré de más notícias continuava. Enquanto o Mensalão era desmontado, outro era articulado durante o governo Lula, desta vez um esquema bilionário de lavagem e desvio de dinheiro da maior empresa do Brasil e uma das maiores do mundo: a Petrobras. Para isso, o presidente teria contado com ajuda de diversas pessoas, entre as quais a sua ministra da casa civil Dilma Rousseff, que nomeou os diretores da estatal encarregados de, em conluio com empreiteiras e com o PT, desviar 10 bilhões de reais para cofres partidários, financiando, com parte dessa fortuna, as campanhas de Lula, em 2006, e de Dilma, em 2010 e 2014[1140].

[1138] Ibidem, p. 244.

[1139] Ibidem, p. 244.

[1140] "Várias suspeitas de corrupção envolvendo a Petrobras ocorreram durante os dois governos do presidente Luiz Inácio Lula da Silva (2003 – 2006 e 2007 – 2010) (...). Silvio Pereira, então secretário-geral do PT, (...) acabaria fazendo um acordo com a Justiça para não ser preso. (...). Outro indício (...) ainda na gestão Lula, foi a compra da Usina de Biodiesel de Marialva, situada no Paraná. O TCU determinaria a abertura de auditoria para apurar a aquisição, apelidada de 'mini-Pasadena' pelo relator do processo, ministro José Jorge, numa alusão ao megaescândalo da compra da Refinaria de Pasadena, nos Estados Unidos, cinco anos depois. Em 2009, a Petrobras comprara 50% da planta de Marialva por R$ 55 milhões, embora um grupo privado a tivesse adquirido por R$ 37 milhões dois meses antes. (...) como no caso da Refinaria de Pasadena, à época de Marialva a ministra Dilma Rousseff (PT-RS), sucessora de José Dirceu na Casa Civil, também acumulava o cargo de presidente do Conselho de Administração da Petrobras. (...) em 2008 com outra aquisição da Petrobras, a da Refinaria de Nansei, em Okinawa, no Japão (...) dava prejuízo aos japoneses e teria de ser adaptada para refinar o petróleo brasileiro, mais pesado. (...) Como supostamente procedera no caso de Pasadena, em 2006, o diretor da área Internacional da Petrobras, Nestor Cerveró, homem de confiança do PMDB não teria informado,

5.1.3.1 Operação Lava Jato – O espetáculo midiático

O esquema supramencionado foi desvendado a partir da Operação Lava Jato, que é considerada a maior iniciativa de combate à corrupção e lavagem de dinheiro da história do Brasil. Iniciada em 17 março de 2014, ainda no primeiro mandato de Dilma Rousseff (PT), após uma denúncia de lavagem de dinheiro pelo empresário Hermes Magnus, chegou a Curitiba (PR) como um conjunto de investigações contra quatro organizações criminosas lideradas por doleiros, dentre os quais os principais eram Alberto Youssef e Carlos Charter. O nome do caso, "Lava Jato", decorre do uso de uma rede de postos de combustíveis e lava a jato de automóveis, localizada em Brasília, para movimentar recursos ilícitos pertencentes a uma das organizações criminosas inicialmente investigadas. Embora os trabalhos tenham avançado para outros rumos, o nome inicial se consagrou. No primeiro momento, foram investigadas e processadas quatro organizações criminosas lideradas por doleiros, que são operadores do mercado paralelo de câmbio. Nesse esquema, havia a suposição de que grandes empreiteiras organizadas em cartel pagavam propina para altos executivos da estatal e outros agentes públicos. O valor da propina variava de 1% a 5% do montante total de contratos bilionários superfaturados. Esse suborno era distribuído por meio de operadores financeiros do esquema, incluindo doleiros investigados na primeira etapa.

Desde o início das ações, a operação liderada pelo Ministério Público Federal, com apoio da Polícia Federal, já apontou irregularidades na Petrobrás, maior empresa estatal do País, que teria sido lesada em mais de R$ 6 bilhões, bem como em contratos vultosos como da construção da usina nuclear de Angra 3, incriminando muitos políticos e empresários poderosos – vários dos quais foram presos – além de propor inquéritos

em 2007, os detalhes que cercavam o negócio em Okinawa. (...) a Petrobras comprou 87,5% da Refinaria de Nansei, incluindo seus estoques, por US$ 331 milhões, mas não pôde fazer os investimentos que a tornariam lucrativa. Nos anos seguintes, aplicaria mais de US$ 110 milhões (...), contando a aquisição dos 12,5% restantes, para tentar vender tudo, sem sucesso, em 2013. (...) O Gasoduto Urucu-Manaus é outro feito da gestão Lula. O TCU investigou, em 2007 e 2008, dezenas de contratos do projeto de 400 quilômetros para abastecer a capital do Amazonas com gás da região de Urucu. Identificou 26 irregularidades nas obras sob responsabilidade do diretor de Serviços, Renato Duque. (...)". PATARRA, Ivo. *Petroladrões*. São Paulo: Vide Editorial, 2016, p. 13-16.

criminais junto ao Supremo Tribunal Federal (STF) e Superior Tribunal de Justiça (STJ) contra as pessoas que têm prerrogativa de função. Os diretores da empresa petrolífera, Paulo Roberto Costa e Nestor Cerveró foram alguns dos primeiros presos e delatores da operação, que envolveu, principalmente, políticos do MDB, PT e PP.

Entre os mais ilustres condenados pela operação, que foi liderada pelo ex-juiz Sergio Moro, posteriormente ministro da Justiça e Segurança Pública do governo Jair Bolsonaro, ao lado do procurador federal Deltan Dallagnol, então coordenador da operação, estão o ex-presidente Luiz Inácio Lula da Silva (PT), o ex-ministro José Dirceu (PT), o ex-presidente da Câmara Eduardo Cunha (MDB) e os governadores do Rio Sérgio Cabral, Anthony Garotinho, Rosinha Garotinho e Luiz Fernando Pezão (todos do MDB), além de senadores e deputados federais, a maioria do MDB, PT e PP. Alguns poderosos empresários, como Marcelo Odebrecht, dono da construtora do mesmo nome, e Eike Batista, também foram presos. A operação teve desdobramentos no Rio de Janeiro e em São Paulo, onde é investigado o ex-presidente Michel Temer (PMDB). Estima-se que o volume de recursos públicos desviados pelos acusados esteja na casa de bilhões de reais.

O esquema foi descoberto graças à Operação Laja Jato, deflagrada em março de 2014 pela Polícia Federal. Várias prisões foram efetuadas, entre as quais a de um ex-diretor, Paulo Roberto Costa, que denunciou o esquema, e um dos principais organizadores, o doleiro Alberto Youssef, contrabandista com uma vasta ficha criminal. Ambos assinaram acordos de delação premiada[1141] em troca de diminuição das penas. Um ano após o início da Lava Jato, já eram dezessete os delatores do esquema[1139].

[1141] A delação premiada é uma técnica de investigação em que o Estado oferece benefícios àquele que confessar e prestar informações úteis ao esclarecimento do fato delituoso. Tendo sido prevista já nas Ordenações Filipinas (1603), a primeira lei a prever essa colaboração premiada no Brasil contemporâneo foi a Lei de Crimes Hediondos, em 1990. Previa-se a redução de um a dois terços da pena do participante ou associado de quadrilha voltada à prática de crimes hediondos, tortura, tráfico de drogas e terrorismo, que denunciasse à autoridade o grupo, permitindo seu desmantelamento (art. 8º, parágrafo único, Lei 8.072/1990). Posteriormente, passou-se a prever a delação premiada também para crimes contra o Sistema Financeiro Nacional e contra a ordem tributária (art. 16, parágrafo único, da Lei 8.137/1990, incluído pela Lei 9.080/1995) e crimes praticados

A presidente da Petrobras Graça Foster, que devia o cargo apenas à sua amizade com Dilma, foi afastada, juntamente com cinco diretores e outros funcionários. Quase trinta empresários foram presos, entre os quais Marcelo Odebrecht, presidente do grupo que construiu o porto de Mariel, em Cuba[1143].

O juiz federal do Paraná Sergio Moro[1144] tornara-se responsável pelas ações penais nos casos que não envolviam políticos, detentores de foro privilegiado e portanto, sujeitos a investigação pelo STF. O então relator do Petrolão, ministro Teori Zavascki, autorizou a abertura de inquéritos de 28 políticos envolvidos, todos do PT, PMDB e PP[1145]. Alberto Youssef afirmou, em depoimento, que Dilma e Lula tinham pleno conhecimento do desvio de dinheiro na Petrobras, tornando a a situação dos dois últi-

por organização criminosa (art. 6º, Lei 9.034/1995). No entanto o instituto somente foi reforçado e ganhou aplicabilidade prática com a Lei 9.613/1998, de combate à lavagem de dinheiro. Essa lei passou a prever prêmios mais estimulantes ao colaborador como a possibilidade de condenação a regime menos gravoso (aberto ou semiaberto), substituição da pena privativa de liberdade por restritiva de direitos e até mesmo perdão judicial (art. 1º, § 5º, Lei 9.613/1998). Entre outras novas normas, destaca-se a Lei 12.529/2011, que denominou a colaboração premiada de "acordo de leniência", prevendo sua aplicabilidade para infrações contra a ordem econômica (arts. 86 e 87). À exceção dessa última, todas as legislações anteriormente citadas pecavam por não regulamentar essa técnica de investigação, o que sujeitava alguns dos colaboradores a ficarem sujeitos ao decisionismo judicial. A Lei 12.529/2011 regulamentou mais especificamente o "acordo de leniência", prevendo, além do evidente sigilo (art. 86, § 9º), que o colaborador identifique os demais envolvidos e forneça informações e documentos que comprovem a infração noticiada ou sob investigação (art. 86, I e II). Além disso, é preciso que, por ocasião da propositura do acordo, não estejam disponíveis com antecedência provas suficientes para assegurar a condenação, o colaborador confesse sua participação no ilícito e coopere plena e permanentemente com as investigações (art. 86, § 1º).

Todavia, um procedimento completo foi previsto apenas com o advento da Lei 12.850/2013, que prevê medidas de combate às organizações criminosas. Essas duas últimas normas foram sancionadas durante o primeiro mandato de Dilma Roussef.

1142 VILLA, Marco Antônio. *Década perdida, o PT no poder*, cit., p. 226.

1143 Ibidem, p. 226.

1144 Moro tornou-se, no governo de Jair Bolsonaro (PSL), ministro da Justiça e da Segurança Pública. Foi acusado pela oposição de agir politicamente ao decretar a prisão de Lula, o primeiro colocado nas pesquisas de opinião, para favorecer Bolsonaro, que acabou saindo vitorioso no pleito.

1145 VILLA, Marco Antônio. *Década perdida, o PT no poder*, cit., p. 227.

mos presidentes da Nova República fragilizada[1146]. Contudo, não apresentou provas concretas.

Eleições municipais (2012) – Houve, em seguida, a eleição municipal e o PMDB elegeu 1.021 chefes de Executivos municipais. Era o maior número de prefeitos de todos os partidos, mas, comparando a 2008, foi registrada uma queda de 15% no total de municípios controlados pelo partido do vice-presidente. O PT, por sua vez, conquistou 632 prefeituras, um crescimento de 14% . Em número total de votos, ultrapassou o PMDB, tornando-se a agremiação mais votada com 17,3 milhões de votos, o que representava um aumento de 4% em relação a 2008. Porém passou a controlar apenas quatro capitais ante seis em 2008[1147].

O PSB, partido que no ano seguinte sairia da órbita do PT para apresentar um candidato à Presidência, Eduardo Campos, teve um desempenho muito expressivo nas eleições: um aumento de 51% no total de votos e de 41% no de vitórias. O recém-fundado PSD, de Gilberto Kassab, ex-prefeito de São Paulo, conquistou 493 prefeituras, 219 a mais que o veterano DEM. O PT conquistou a chamada "joia da coroa", a cidade de São Paulo, onde o ex-ministro da Educação, Fernando Haddad, derrotou José Serra, do PSDB, mas perdeu importantes redutos, como Vitória, Recife e Belo Horizonte[1148].Nos maiores colégios eleitorais, o PT perdeu em Belo Horizonte, Recife, Manaus, Fortaleza, Cuiabá, Campinas, Salvador e Porto Alegre[1149].

5.1.4 Reflexos das Revoltas de Junho de 2013

Um novo ingrediente seria adicionado à crise econômica e política do governo e até do sistema político como um todo: as manifestações de junho de 2013[1150], quando milhões de pessoas mostraram sua indignação pelas ruas[1151]. Por todo o País e mesmo no exterior, pessoas revoltadas

[1146] Schimidt, Paulo. *Guia politicamente incorreto dos presidentes,* cit., p. 400.

[1147] VILLA, Marco Antônio. *Década perdida, o PT no poder,* cit., p. 227.

[1148] Ibidem, p. 228.

[1149] Ibidem, p. 228.

[1150] Discorremos mais profundamente sobre as manifestações no primeiro capítulo dessa obra.

[1151] "(...) Uns e outros perceberam (...) que a realidade complexa dos protestos não era gentil aos esquemas. Ainda que os movimentos pela tarifa zero já estivessem, há pelo

protestavam contra a blindagem do sistema político, segundo diferentes pautas e reivindicações. Greves, ocupações, resistência a ações policiais, protestos, não deixaram de acontecer. Porém o caráter de massa e nacional das Revoltas de Junho conseguiu por fim abrir um enorme rombo na blindagem pemedebista tão cuidadosamente construída ao longo de todo o processo de redemocratização. Confrontaram o sistema político e sua lógica de funcionamento desde a base, exigindo sua reforma radical. Mas as Revoltas de Junho vão muito além disso: colocaram em novo passo o "imobilismo em movimento", que caracterizou o processo de redemocratização[1152].

A questão que envolveria os aumentos de tarifas de transporte foi muito além disso, a ponto de se questionar como eram elaborados os orçamentos públicos, de que forma se priorizavam os parcos recursos públicos. Há em questão, de certa forma, as fronteiras entre Estado e sociedade, mostrando que não há espaços rígidos e predeterminados para a participação cidadã:

menos dez anos, em atividade em várias cidades brasileiras, – tendo conquistado inclusive algumas reduções da tarifa, – nunca havia conseguido mobilizar uma manifestação de grande porte. (...) as redes sociais foram ocupadas por convocações, debates e muito material audiovisual produzido em tempo real. Organizaram-se assembleias na praça e nos bairros, se multiplicaram novos grupos e coletivos, criaram-se mídias para repercutir narrativas alternativas ao ramerrão 'antivandalismo' da mídia corporativa. Várias casas legislativas, municipais e estaduais, de cidades grandes ou médias, foram ocupadas pelo país, e pelo menos duas vezes os manifestantes ocuparam o Congresso". Em 15 de junho, a então presidente Dilma foi vaiada na abertura da Copa das Confederações, ocasião em que se tornava clara a revolta dos presentes qunto ao cenário de corrupção e à realização da Copa e das Olimpíadas. "A pauta reclamada nas ruas ampliou dos transportes coletivos para a segurança pública, a mobilidade urbana como um todo, a moradia, a saúde, a educação, a produção cultural. (...) A indignação extravasou a questão da tarifa zero, (...) e contaminou praticamente todos os fóruns e redes ativistas, transformando-as e produzindo novas. (...) Segundo pesquisa do Datafolha, publicada em 29 de junho, a aprovação da presidente havia baixado 27%, caindo de 57% para 30%. CAVA, Bruno. *A multidão foi ao deserto – as manifestações no Brasil em 2013*. São Paulo: Annablume, 2013, p. 12-20.

1152 NOBRE, Marcos. *Imobilismo em movimento – da abertura democrática ao governo Dilma*, cit., p. 142.

"Ao gritar e escrever 'Não me representa', quem se manifesta não quer apenas que o sistema político mude seu modo de funcionar: pretende mudar o jeito como a representação política é entendida. Não quer apenas votar periodicamente e guardar apenas a esperança de ser devidamente representado pelas instituições formais. Pretende encontrar novos caminhos de participar da política, tanto institucional quanto cotidiana. Pretende que mecanismos tradicionais de representação, como o voto, sejam acompanhados de outras formas de participação e de representação, de formas de participação direta, de mecanismos de deliberação colegiados, de órgãos de controle da representação próximos do seu alcance. Algumas dessas novas formas até já podem existir, mas não têm efetividade, não alcançam o coração do sistema político. Não se trata de abolir as formas de representação existentes, simplesmente, mas de mudar seu sentido, de criar mecanismos que convivam com elas e que mudem seu modo de funcionamento, de retraçar as fronteiras entre a sociedade e suas instituições formais"[1153].

Assim, a crítica não é dirigida à forma como funcionam os partidos e o sistema partidário, mas algo que está muito além: a própria noção de partido, como setor organizado da sociedade, sua parte, como o próprio nome indica. Dessa forma, buscam, a exemplo de outros movimentos pelo mundo, novas formas de participação e deliberação política. Vale lembrar que a revolta se organizou fora dos partidos e das organizações sociais tradicionais, com um novo impulso auto-organizativo:

"As Revoltas de Junho não têm lideranças[1154]*, palanques nem discursos. As passeatas se formam, se dividem e se reúnem sem roteiro estabelecido. É difícil até mesmo prever onde vão surgir e ganhar corpo. Organizam-se a partir de catalisadores nas redes sociais*

[1153] Ibidem, p. 142.

[1154] "Os *black blocs* enxergam a si próprios como uma vanguarda, um modelo e um exemplo. 'Estamos mostrando na rua a tática, e queremos que as pessoas se apropriem', explicou uma *black bloc*, estudante de Ciências Sociais. (...) Os *black blocs* são descendentes das organizações de 'ação direta' que emergiram na Alemanha e na Itália entre as décadas de 1970 e 1980. (...) almejam promover o caos para comprovar a tese política que abraçaram. As ideias têm importância. Os '40 garotos' inspiram-se no filósofo Herbert Marcuse, que interpretava as democracias representativas como regimes autoritários disfarçados sob uma película irrelevante de falsas liberdades. (...) Marcuse depositava suas esperanças revolucionárias no que os marxistas caracterizaram como 'lumpen-proletariado', isto é, a camada marginalizada de desempregados crônicos, jovens revoltados, pequenos crimino-

e no boca a boca das mensagens de texto. Tão importante quanto se sentir parte é fazer a sua própria manifestação, é encenar a individualidade sem diluí-la no coletivo, sem colá-la em uma liderança ou grupo. Mesmo fora do âmbito dos novos grupos que se reúnem em torno de ideias radicais de auto-organização, a recusa da subordinação se fez presente de diferentes maneiras.

Foi uma nova cultura política democrática que, apesar de um sistema político amorfo e blindado, se formou na base da sociedade e irrompeu nas ruas. As Revoltas de Junho produziram um incontável número de grupos de discussão, presenciais e virtuais. Não produziram apenas manifestações de massa, mas abriram caminho para que uma impressionante quantidade de protestos menores, localizados, se espalhasse pelo País. As reivindicações e passeatas se multiplicam, levantando problemas de bairro e de rua, problemas locais, regionais, nacionais, mundiais, tudo ao mesmo tempo. Irrupções nas periferias que se dirigem contra o absurdo das horas de vida perdidas dentro do transporte público, contra os baixos salários, contra a péssima qualidade dos empregos, em um País que se encontra em situação próxima do pleno emprego. O caso do transporte público é também exemplo de como a estratégia de crescimento econômico por meio do estímulo ao consumo cobrou sua conta: com seu exército de novos automóveis, levou o caos urbano ao limite do intolerável"[1155].

O movimento escancarou o esgotamento do modelo político-econômico que corresponde à fase "lulista" do projeto social-desenvolvimentista. Seria, em sua visão, a questão de colocar o desafio de evitar retrocessos, mas de, ao mesmo tempo, alcançar metas como a abolição do mercado informal de trabalho, ou mesmo a necessária universalização com qualidade da saúde e da educação públicas. Ou ainda a consolidação, em termos constitucionais, de programas de transferência de renda como o Bolsa Família. Ou um desafio ainda mais complexo, como criar as condições para a transição ambiental rumo a uma economia de baixo carbono. Esses são apenas alguns exemplos[1156].

sos, vigaristas e desordeiros dos centros urbanos. SOLANO, Esther; MANSO, Bruno Paes; e NOVAES, Willian. *Mascarados*. São Paulo: Geração Editorial, 2014, p. 20-21.

1155 Ibidem, p. 21.

1156 Ibidem, p. 21.

5.1.5 Considerações sobre o governo Dilma e a reeleição

O ano de 2014 seria complicado para o governo. A reeleição da presidente seria elevada a uma necessidade a qualquer custo. A ideia era fechar o ciclo de uma geração de domínio do PT sobre o País. No final dele, emergiria "o nosso Brasil", como dizia Lula. No entanto, diante do cenário econômico, as aspirações à reeleição enfrentariam um caminho tortuoso: um déficit fiscal de 6,2% do PIB (contra 3,1% em 2013); uma taxa de inflação de 6,4%, mas que escondeu os efeitos de preços controlados da ordem de 3% a 4%; a relação Dívida Bruta/ PIB aumentou em 6% do PIB; um déficit em conta corrente de US$ 104 bilhões (4,4% do PIB) e, por fim, uma queda de 0,7% do PIB per capita. Mantendo-se no poder, o PT acreditava, aparentemente, que poderia superar essas dificuldades e vencer as eleições de 2018 contra qualquer adversário. Mas havia problemas.

> *"Um relatório interno de 2013, da Secretaria de Política Econômica do Ministério da Fazenda, já apontava que a velocidade de crescimento das despesas primárias do governo era maior do que a da receita, que vinha sendo coberta com receitas atípicas, isto é, não recorrentes. Chamava a atenção para a sua aleatoriedade.*
> *Outro relatório interno da mesma origem, de 2011, propunha 'exatamente' as medidas conetivas iniciais do 'ajuste' fiscal que o Governo só enviou ao Congresso depois de reeleito. O Ministério da Fazenda imolou-se no altar da fúria de poder do PT. Inventou a 'nova matriz econômica' para dar cobertura à irresponsabilidade política. Como me ensinou meu velho avô, 'quando alguém erra três vezes na mesma direção, preste atenção, porque provavelmente ele está acertando. Houve uma trágica subestimação dos efeitos deletérios dessa estratégia. Na tentativa de corrigir o estrago eleitoral a Presidente impôs-se uma conversão comparável à de são Paulo na estrada de Damasco. Teria funcionado se ela não tivesse, ao mesmo tempo, perdido a confiança dos seus eleitores, o que tornou pior o que já estava ruim. Somou à crise econômica uma crise política, como é frequente quando o Executivo perde o seu protagonismo"*[1157].

Aliadas às questões econômico-conjunturais, as próprias dificuldades de relacionamento da presidente com ministros, auxiliares em geral e parlamentares, era outra dificuldade. Ao contrário do seu antecessor e padrinho político Lula, e até mesmo de Fernando Henrique Cardoso, a

[1157] AB'SÁBER, Tales. *Dilma Roussef e o ódio político*. cit., p. 16.

presidente tomaria, com alguma frequência, lições de etiqueta e marketing político com o próprio Lula. Ao que parece, não as levou a sério.

> *"Os elementos que também se revelam fortemente na personalidade da presidente são, como venho sustentando, eles próprios políticos: por cisão e ilegitimidade no trato com o governo – na sua parte petista ou não – por arrogância simplória e gosto comezinho pelo poder no trato com as forças externas ao governo, este modo de lutar poderia levar ao isolamento político, que em algum momento se tornou extremo. Dilma funcionou na política símplesmente como uma antipríncipe maquiavélico, ou seja, permanentemente incapaz de produzir uma ação política, ou de linguagem, que aumentasse o seu próprio poder e que, também, aumentasse a integração de sua comunidade.*
> *O único momento de bom humor legítimo, e sua inteligência, de Dilma Rousseff – quando ela teria dito que era uma mulher muito dura, cercada de homens muito fofos – revela a crise de todos contra todos no coração do terceiro governo petista. Esta crise pertence à política brasileira, pertence ao PT, e revela a inexistência real de medida pública unificadora entre os seus homens. Mas ela se torna inteiramente do governo quando levada por uma política que reage a ela como a presidente sempre reagiu"*[1158].

As tensões políticas trouxeram à tona um novo personagem que entraria em ação nas manifestações de 2013 contra a presidente e passaria a fazer parte do cenário político brasileiro: "o homem conservador médio, antipetista por tradição e anticomunista por natureza arcaica brasileira mais antiga – um homem de adesão ao poder por fantasia de proteção patriarcal e agregada, fruto familiar do atraso brasileiro no processo da produção social moderna – pode entrar em cena corno força política real, deixando de expressar privadamente um mero ressentimento rixoso, carregado de contradições, contra o relativo sucesso do governo lulo-petista, que jamais pode ser verdadeiramente compreendido por ele". Assim se produziu o fenômeno, visto nas ruas em todo o Brasil e no exterior, de enormes manifestações de rua em que esse personagem participou.

[1158] Ibidem, p. 17.

"Assim, antipetistas indignados com a corrupção[1159] *do outro, e anticomunistas do nada, tomaram as ruas para produzir o texto para os grandes conglomerados de mídia nacionais repercutirem, o que ocorreu, em tempo real. Estas forças herdaram as nas ruas a partir dos levantes, originalmente críticos ao governo, mas à esquerda, ocorridos em 2013, se apropriando da legitimidade política e simbólica do que era um outro movimento.*

Embora esvaziado em todo o mundo, e particularmente no modo de conceber o poder da até ontem bem sucedida esquerda democrática brasileira, a já tardia ideia de 'comunismo' parece ainda ter uma vigência imaginária importante no Brasil, e está bem presente, surpreendentemente, no fundo da ação na rua desta grande fração das classes altas brasileiras. Onde as coisas são assim, pode-se afirmar com alguma certeza um fracasso do vínculo entre pensamento e política.

Construção que vem de bem longe, ponto de apoio e ideia central para a instauração de duas ditaduras parafascistas no difícil século XX brasileiro, foco de uma guerra mundial pela hegemonia de Impérios, o anticomunismo sobrevive magicamente no Brasil de hoje como uma espécie de imagem de desejo, para a grande simplificação interessada da política que ele de fato realiza. Ele mantém o discurso político em um polo muito tenso e extremo de negatividade à qualquer realização democrática ou popular de governo; ou melhor, ele é contra qualquer realização que desvie a posse imaginária do Estado de seus senhores, imaginários, de direito.

Para antipetistas, movimento de desfaçatez do velho anticomunismo, basta atribuir ao governo o epíteto de stalinista, ou bolivariano – e gritar nas ruas que 'aqui não é a Venezuela', como se algum dia o Brasil o tenha sido – para poder se livrar de explicar

[1159] Em 3 de maio de 2016, no curso do inquérito da Lava Jato, Rodrigo Janot propôs a inclusão de mais 29 pessoas na investigação, entre elas o ex-presidente Lula, os ministros Jaques Wagner, Ricardo Berzoini e Edinho Silva, o principal assessor de Dilma, Giles Azevedo, e o ex-presidente da Petrobras José Sérgio Gabrielli. Segundo o procurador, "os diálogos interceptados com autorização judicial não deixam dúvidas de que, embora afastado formalmente do governo, o ex-presidente Lula mantém o controle das decisões mais relevantes, inclusive (...) articulações espúrias para influenciar o andamento da Operação Lava Jato (...)". Além disso, afirmara que "(...) essa organização criminosa jamais poderia ter funcionado por tantos anos e de uma forma tão ampla e agressiva no âmbito do governo federal sem que o ex-presidente Lula dela participasse". Em síntese, "no âmbito do núcleo do PT, a organização (...) era especialmente voltada à arrecadação de valores ilícitos, por meio de doações oficiais ao Diretório Nacional, que, posteriormente, fazia os repasses de acordo com a conveniência da organização criminosa". Netto, Vladimir. *Lava-jato*, São Paulo: Geração Editorial, 2015, p. 364-366.

todo o sentido real da política brasileira. Trata-se de um sortilégio, da redução da política ao maniqueísmo interessado mais simples, na esperança de desfechos já há muito impossíveis, do tipo guerra fria"[1160].

Dessa forma, estavam colocadas as condições para a preocupação do governo: "as súbitas conversões petistas, e seu novo beijar a cruz, já não convenciam mais, ou se tornaram redundantes e desnecessárias. E é a certeza da sustentação desta perspectiva que deu as reais garantais simbólicas para a aposta continuada da derrubada, nas ruas, do governo reeleito em 2014"[1161].

Dilma (PT) foi a mais votada no primeiro turno com 43.267.668 (41,59%) votos. Seus principais adversários tiveram as seguintes votações: Aécio Neves (PSDB) - 34.897.211 (33,55%); Marina Silva (PSB) - 22.176.619 (21,32%); Luciana Genro (PSOL) - 1.612.186 (1,55%). No segundo turno Dilma Roussef (PT) recebeu 54.501.118 (51,64%) votos, contra 51.041.155 (48,36) obtidos por José Serra (PSDB).

Em um pleito bastante acirrado, cuja eleição foi definida apenas no segundo turno, o PT conquistou a vitória a duras penas na eleição de 2014, visto que apenas 3 pontos porcentuais separaram a presidente reeleita, Dilma Roussef, do senador tucano Aécio Neves, o principal adversário. Ao final, o partido obteve a maior bancada do Congresso. Lembre-se de que a crise da Petrobras e as demais crises do mandato trouxeram grandes dificuldades ao governo. A economia seria outro complicador, mas o problema político da maior empresa brasileira, a Petrobras, que envolvia políticos do PT, PMDB e PP, traria ainda mais preocupações. No entanto, as maiores adversidades surgiriam depois, precisamente no Legislativo, onde Eduardo Cunha, do PMDB, se tornaria o presidente da Câmara[1162]. O deputado carioca, evangélico e conservador, se tornaria o maior inimigo da presidente, ao aceitar o pedido de impeachment formulado pela oposição. Posteriormente, seria destituído e preso, sob acusações de corrupção ativa e passiva, além de lavagem de dinheiro.

1160 AB'SÁBER, Tales. *Dilma Roussef e o ódio político*, cit., p. 17.
1161 Ibidem, p. 17.
1162 Ibidem, p. 18.

5.2 Dilma Vana Roussef (2015 a 2016). Vice: Michel Temer – segundo mandato e o "impeachment"

5.2.1 A economia, os recursos públicos e as pedaladas

Apesar do esforço de manter o pleno emprego no Brasil, foram gastas todas as fichas disponíveis para além do limite do equilíbrio fiscal, e Dilma não conseguiu promover crescimento no último ano e meio, levando o ânimo e a autoconcepção do governo petista à lona – a política econômica desgastou-se:

> *"O governo só parecia saber fazer política na plena posse do seu próprio modelo de economia – uma espécie de social-desenvolvimentismo, ou capitalismo social, se olharmos daqui ou dali – e ter de realizar cortes fortes nos gastos públicos, de tipo neoliberal, desorientou definitivamente a bússola governista para o próprio trabalho. Além disso, logo, a nova organização social à direita, a nova paixão política à direita, prosseguiu sua feroz crítica ao governo nas ruas, criando um fator de forte instabilidade que o PT não conhecia"*[1163].

Exatamente no início do governo, viriam aumentos da conta de luz, dos juros da casa própria, dos combustíveis, do transporte público e corte de verbas na educação e saúde. Logo, o conjunto de majorações ganharia o apelido de "pacote de maldades". As primeiras pesquisas de opinião apontavam uma queda sensível na popularidade da presidente na passagem do primeiro para o segundo mandato[1164].

As pedaladas e os recursos públicos – maio de 2014, numa retrospectiva, foi o momento em que a crise fiscal brasileira tornou-se aguda. Até aquele momento, o governo ainda conseguia apresentar superávits fiscais mensais, embora em queda. Naquele mês, no entanto, o Banco Central divulgou um déficit fiscal primário de R$ 11 bilhões. O resultado surpreendeu até os analistas mais pessimistas, já que ninguém esperava uma queda desse porte. O déficit se repetiria todos os meses a partir daquele momento. O tamanho do rombo deixava entrever que a situação se deterioraria bastante. Quando foi anunciado, durante a Copa do Mundo,

[1163] Ibidem, p. 18.

[1164] VILLAVERDE, João. *Perigosas pedaladas*. São Paulo: Geração Editorial, 2016, p. 80.

Arno Augustin, então secretário do Tesouro, afirmou que aquele era um ponto fora da curva e que as estimativas do Tesouro indicavam uma sensível melhora dos resultados até o fim do ano:

> *"Desde o início do ano, nas contas divulgadas oficialmente pelo governo, era possível identificar uma distorção com os gastos previdenciários, que representam a maior despesa federal. Embora seja difícil estimar com precisão a evolução desses gastos, era possível saber que não só as estimativas oficiais para o desempenho do saldo previdenciário para 2014 não se sustentavam, como os gastos registrados mês a mês eram menores do que deveriam ser na comparação com iguais períodos de 2012 e 2013. Isto é, o governo não só apresentara uma previsão oficial otimista como também os dados efetivamente divulgados não pareciam corresponder à realidade"*[1165].

Em março, *O Estado de S. Paulo* revelara que o governo tinha deixado de transferir os recursos devidos às construtoras envolvidas no programa habitacional Minha Casa, Minha Vida. As obras estavam num ritmo muito mais acelerado do que os pagamentos do Tesouro, o que permitia ao governo ter o melhor cenário: obras em andamento adequado e gastos públicos menores do que eles deveriam ser. Em junho, o *Valor Econômico* revelou que o Tesouro também adiara o repasse de *royalties* do petróleo devido aos Estados e Municípios, da cota-parte do salário-educação e da compensação financeira pelo uso de recursos hídricos[1166].

Havia, portanto, no fim do primeiro semestre de 2014, a percepção de que alguma distorção poderia estar ligada a um procedimento semelhante, de atrasos propositais nos repasses de recursos públicos pelo Tesouro, mas em áreas muito mais sensíveis – isto é, em programas obrigatórios do governo[1167].

Diferentemente de outras despesas federais, como os investimentos públicos e as inversões financeiras, os gastos obrigatórios têm esse nome porque simplesmente não podem ser reduzidos ou cortados sem que uma lei autorize esse procedimento. O gasto é obrigatório porque o governo é obrigado pela Constituição a iniciar a sua execução. Todos

[1165] Ibidem, p. 83.
[1166] Ibidem, p. 84.
[1167] Ibidem, p. 84.

os gastos públicos, como se imagina, devem ser pagos necessariamente. Mas enquanto as chamadas despesas discricionárias, como os investimentos, podem não ser iniciadas ou mesmo reduzidas de sua previsão inicial, as despesas obrigatórias precisam ser iniciadas e, consequentemente, pagas. Ou seja, o governo pode prever no orçamento gastar um determinado montante com os benefícios do seguro-desemprego, que é um gasto obrigatório. Se, ao longo do ano, desempregados demandarem mais benefícios do que o governo originalmente tinha previsto gastar, ele não pode deixar de pagar. No caso dos investimentos, o governo tradicionalmente aplica um redutor oficial, os chamados "restos a pagar", quando deseja atrasar ou simplesmente não conseguiu realizar o pagamento devido e estipulado para aquele ano[1168].

O referido mecanismo de nome curioso, "restos a pagar", serve para que o governo oficialmente reconheça uma dívida, mas deixa-a para ser paga no ano seguinte. Toda despesa pública começa com a dotação orçamentária, quando há o registro de que ela deve ocorrer, seguida do momento de "empenho", quando o recurso fica carimbado, passando pela fase de "liquidação" e terminando com o pagamento em si. Os "restos a pagar" são aquelas despesas que já foram empenhadas, mas ainda não foram pagas. Esse instrumento é previsto no artigo 36 da Lei 4.320, sancionada nos dias finais do governo João Goulart em 1964 e que, até hoje, disciplina as regras de Direito Financeiro na gestão orçamentária no Brasil. Segundo a lei, "consideram-se restos a pagar as despesas empenhadas, mas não pagas até o dia 31 de dezembro". De acordo com o manual federal de contabilidade pública, o governo somente poderia pendurar nos "restos a pagar" as despesas devidas a fornecedores, a pessoal e encargos a recolher. No entanto, os "restos a pagar" acabaram englobando investimentos também. Ao inscrever uma despesa empenhada em "restos a pagar", o governo não atinge a estatística fiscal oficial – o resultado primário (déficit ou superávit) e a dívida líquida do setor público somente oscilam quando a despesa é efetivamente paga, isto é, quando o dinheiro deixa os cofres públicos ou quando é financiada por alguma instituição financeira. Com os "res-

1168 Ibidem, p. 84.

tos a pagar", o governo consegue garantir que determinada operação ou obra aconteça, mas seu impacto nas contas públicas (que ocorre com o pagamento) seja postergado para o futuro[1169].

A inscrição de "restos a pagar", que vinha aumentando de forma paulatina de um ano para outro, cresceu em ritmo muito maior na passagem de 2013 para 2014, como notaram os especialistas. A Lei de Responsabilidade Fiscal (LRF) e a Lei do Colarinho Branco deixam claro que, para o caso de instituições financeiras públicas, a operação de financiamento entre o banco e seu controlador, o Tesouro, é expressamente proibida. As aposentadorias são pagas por bancos públicos e privados, mas outros programas obrigatórios federais, como o seguro-desemprego, o abono salarial e também o Bolsa Família, são responsabilidade exclusiva da Caixa Econômica Federal, instituição financeira fechada (sem ações negociadas em bolsa de valores) e controlada 100% pelo próprio governo federal[1170].

O termo "pedalada fiscal" foi cunhado por um grupo restrito de técnicos da área orçamentária e fiscal do governo e também das assessorias legislativas do Congresso, em especial aqueles que atendiam por outro apelido, os "siafeiros". Eram os especialistas em operar o Sistema Integrado de Administração Financeira do Governo Federal (Siafi)[1171].

Muito antes de 2014, quando o termo se disseminou, o conceito de "pedalada" como sinônimo para manobra com o intuito de ludibriar já existia e já era empregado no Brasil. No entanto, a manobra que passou a ser chamada de "pedalada fiscal" na crise aberta em meados de 2014 era algo que ia muito além da jogada conhecida pelos "siafeiros"[1172] e pelos contadores de empresas privadas:

[1169] Ibidem, p. 84.

[1170] Ibidem, p. 85.

[1171] Ibidem, p. 102.

[1172] O Siaf é o Sistema Integrado de administração financeira do governo federal – é um sistema contábil que tem por finalidade realizar todo o processamento, controle e execução financeira, patrimonial e contábil do governo federal brasileiro. Os 'siafeiros', como os chamou o autor, são os especialistas nesse sistema que há no governo federal.

"Primeiro, que não havia, em muitos casos, sequer registro no Siafi, no Orçamento ou em qualquer outro lugar: o dinheiro simplesmente não era transferido aos bancos. Segundo, que a prática passou a ser uma política continuada: o governo parou de transferir recursos devidos à Caixa por diversos meses consecutivos. Por todo o segundo semestre de 2013 e por praticamente todo o ano de 2014 esse novo tipo de pedalada – maior, disseminado e consecutivo – passou a ser a regra. Depois que os repasses à Caixa se normalizaram, a partir de setembro e outubro de 2014, a transferência de recursos ao Banco do Brasil, ao BNDES e também ao FGTS continuou paralisada por todo o ano seguinte. Somente no penúltimo dia útil de 2015 que toda a conta de recursos atrasados a estes três bancos foi efetivamente paga. Naquele momento, o saldo total de pedaladas chegara a R$ 72,4 bilhões"[1173].

Quando esse pagamento, enfim, ocorreu, as pedaladas já eram de conhecimento público. Mas em setembro de 2013, quando Arno Augustin foi ao Senado transmitir tranquilidade aos parlamentares, não eram.

"Em 2014, ano eleitoral, a estratégia foi a mesma. Mas desta vez o isolamento de Augustin e Mantega foi ainda maior. Quando, na Junta Orçamentária de fevereiro, foi decidido que a previsão para o déficit da Previdência Social seria colocada em R$ 40,1 bilhões, até os técnicos da Secretaria de Orçamento Federal (SOF), vinculada ao Ministério do Planejamento, não sabiam mais como fazer seus trabalhos. Augustin tinha decidido que, mesmo sem qualquer reforma na estrutura de pagamentos de pensões e aposentadorias ou com um aumento nas receitas do INSS, o déficit final da Previdência Social em 2014 seria muito menor do que o déficit registrado em 2013"[1174].
"Rolim, pela Previdência, não aguentou. Quando acompanhou Garibaldi Alves para uma entrevista ao jornal Valor Econômico, ele afirmou que a projeção do governo não se sustentava. A projeção oficial, feita pelo Ministério da Fazenda, era, segundo Garibaldi, "completamente irreal". O déficit seria "pelo menos" R$ 10 bilhões pior, na faixa de R$ 50 bilhões. Quer dizer, se tudo desse certo, o governo fecharia 2014 com um déficit estável em relação a 2013. O mais provável (como efetivamente aconteceria) seria um aumento do rombo. Mas seja como for, o déficit certamente não seria menor do que no ano anterior"[1175].

[1173] Villaverde, João. *Perigosas pedaladas*, cit., p. 102.
[1174] Ibidem, p. 102.
[1175] Ibidem, p. 102.

> *"A entrevista de Garibaldi foi publicada no dia 17 de março e imediatamente esquentou o clima nos gabinetes da equipe econômica. Augustin ficou enfurecido com a publicação, ao ver as mesmas críticas feitas pelo setor privado às previsões excessivamente otimistas feitas pela área econômica do governo, desta vez saindo do próprio governo, isto é, do Ministério da Previdência. Foi se queixar com Mantega, no gabinete do ministro. A entrevista manchava a condução das contas públicas e criava ruído em ano eleitoral, entenderam. Mantega ligou para o Palácio do Planalto para falar com o colega Aloizio Mercadante, então ministro-chefe da Casa Civil. Mercadante então telefonou para Garibaldi. De ministro para ministro ficou acertada uma reparação"*[1176].

No mesmo dia, o ministro da Previdência divulgou nota pública voltando atrás nas críticas e dizendo ser possível que o déficit de sua área fechasse 2014 em R$ 40,1 bilhões, "conforme prevê a área econômica do governo". Foi estabelecido, também, que Rolim deveria deixar seu cargo como forma de evitar futuras contestações. Até o fim de 2014, o governo manipularia a projeção de déficit da Previdência com o intuito de evitar um corte muito grande nos seus gastos. Ao final, o déficit seria de R$ 56 bilhões (em valores da época)[1177].

> *"As pedaladas praticadas pelo Tesouro nos ministérios fizeram com que a Caixa usasse recursos próprios, ou seja, do seu caixa geral, para continuar pagando em dia os programas do governo. Essa atitude é entendida como uma violação grave às regras da Lei de Responsabilidade Fiscal, assim como à Lei do Colarinho Branco. Assim, os funcionários podiam ser condenados. Dessa forma, foi procurada a Advocacia Geral da União (AGU) para que ficasse claro o que poderia ser feito nesse caso. O então presidente da Caixa, Jorge Hereda, autorizou e foi aberta uma câmara de conciliação na AGU envolvendo a Caixa e o Tesouro. Ainda assim, o Tesouro continuou atrasando os repasses. O presidente da Caixa, então, levou o caso ao ministro Guido Mantega"*[1178].

A preocupação com o risco de a manobra jurídica terminar em prisão dos envolvidos fez que com o departamento jurídico da Caixa buscasse dois pareceres da AGU, assinados pelo então advogado-geral nos tempos

[1176] Ibidem, p. 102.
[1177] Ibidem, p. 111.
[1178] Ibidem, p. 111.

de Itamar Franco, Geraldo Magela da Cruz Quintão, segundo os quais os efeitos do artigo que criminaliza as pedaladas no caso da Lei de Colarinho Branco não poderiam ser estendidos ao governo federal, valendo somente para governadores e prefeitos. Permaneceram, no entanto, dúvidas em relação à aplicação da Lei de Responsabilidade Fiscal nesse caso. Assim, o conselho de administração da Caixa recomendou que parasse de fazer os pagamentos. Apesar disso, a Caixa continuou pagando os benefícios sociais, usando recursos próprios para isso[1179].

A Caixa já discutia internamente desde o fim do ano anterior se deveria inscrever os recursos devidos pelo Tesouro em razão dos atrasos na subconta "Valores a receber – programas sociais". Se fizesse isso, no entanto, duas consequências imediatas estariam engatilhadas. Primeiro, a Caixa estaria admitindo que, ao ter recursos a receber do Tesouro ela tinha feito um "empréstimo" ao órgão, o que é proibido pela LRF. Segundo, a inscrição de uma dívida do setor público forçaria o Banco Central a fazer algo que não tinha sido feito até aquele momento, que era reconhecer as novas pedaladas fiscais como dívidas federais e que, portanto, deveriam ser incorporadas pelo BC no cálculo da dívida pública. O assunto também chegou a ser tratado entre Hereda e os integrantes do conselho de administração da Caixa na reunião realizada em 6 de junho, mas todos entenderam que não era possível inscrever as dívidas criadas pelo Tesouro com as pedaladas como valores a receber "ante a possibilidade de caracterização de empréstimo a controlador". Isto é, ficaria escancarado que a Caixa estava financiando o governo e, com isso, violando a LRF[1180].

A fim de evitar um corte muito grande em seus gastos, até o fim de 2014 o governo manipularia a projeção de déficit da Previdência, pasta que na época era presidida pelo então Ministro Garibaldi Alves Filho do PMDB de Sergipe, que votaria depois a favor do afastamento da presidente Dilma Rousseff. Frise-se que em dezembro daquele ano o déficit seria de R$ 56 bilhões. Conforme indicado, houve uma câmara de conciliação e arbitragem entre a AGU, o Caixa e o Tesouro, de forma a buscar saídas para a situação. A tensão tinha uma base real. Uma interpretação para a pedalada – de que, ao usar recursos próprios para continuar

[1179] Ibidem, p. 111.
[1180] Ibidem, p. 112.

pagando em dia despesas do governo, que é o controlador da Caixa, a instituição estaria financiando o governo – poderia significar a infração de duas leis, a Lei do Colarinho Branco e a Lei de Responsabilidade Fiscal (LRF). Diante desse impasse, o conselho de administração decidiu que o melhor seria a Caixa parar de fazer os pagamentos até que o departamento jurídico entendesse que esse procedimento não infringia nenhuma lei. Apesar da recomendação do conselho de administração, a Caixa continuou pagando os benefícios sociais, usando recursos próprios para isso, uma vez que os atrasos do Tesouro Nacional continuaram[1181].

A referida reunião da câmara de arbitragem da AGU sobre as pedaladas fiscais acabou sendo publicada nos jornais, em agosto. A publicação da reportagem sobre o fato escancarou que, de fato, o governo estava atrasando a transferência de recursos fiscais obrigatórios para o pagamento de diversos programas sociais e que a Caixa, pressionada por essas circunstâncias, tinha apelado para a AGU em busca de uma solução. Mas com a morte do então candidato à Presidência pelo PSB, Eduardo Campos, em um acidente de avião durante a campanha, o episódio acabou esquecido. Balanço da época do Banco do Brasil demonstrou que no segundo trimestre do ano, o Tesouro havia pendurado uma dívida de R$ 7,94 bilhões no banco. Em igual período de 2013, a dívida era quase metade, R$ 4,15 bilhões[1182].

Com as revelações de mais atrasos nos repasses do Tesouro Nacional e com isso a possível manipulação das contas fiscais decorrentes dessa manobra, o Banco Central ficou sob pressão. Ao deixar de pagar em dia despesas devidas à Caixa, ao Banco do Brasil e ao BNDES, o governo estava criando novas dívidas (no caso da Caixa) ou elevando passivos já existentes junto a essas instituições financeiras, mas nada disso estava sendo registrado pelo Banco Central no cálculo da dívida do setor público. Os atrasos, portanto, tinham atingido seu objetivo principal: os programas federais continuavam sendo operados em dia pelos bancos públicos, enquanto o governo gastava menos do que deveria com eles e nada disso aparecia na dívida pública[1183].

[1181] Ibidem, p. 112.
[1182] Ibidem, p. 112.
[1183] Ibidem, p. 112.

5.2.2 As manifestações contra Dilma – e o pedido de "impeachment"

Novas manifestações nos dias 15 de março, 12 de abril e 16 de agosto levaram uma multidão de cerca de 5 milhões de pessoas às ruas, em todo o País, para protestar contra a situação financeira e o governo. Com apenas 7% de aprovação popular, a presidente, além de tudo, demorou para reagir. Na Câmara, já se acumulavam, então, 14 pedidos de *impeachment*. Na economia, havia muitos problemas: a inflação se aproximava de 10%; o dólar ultrapassava os R$ 4,00; e o orçamento para o ano seguinte previa um déficit, até então inédito, de R$ 30,5 bilhões. Em 6 de outubro, o TCU declarou irregulares as contas do governo. No mesmo mês, o Tribunal Superior Eleitoral (TSE) decidiu, por 5 votos a 2, abrir uma ação para investigar a campanha que elegeu a presidente e o vice, Michel Temer, já oficialmente rompido com Dilma[1184].

Logo em seguida, ainda naquele fatídico mês, o presidente da Câmara, inimigo declarado da presidente, decidira acolher o pedido de *impeachment* contra a presidente, formulado pelos juristas Hélio Bicudo e Miguel Reale e pela advogada Janaína Paschoal. Acuado por denúncias de corrupção e movimentação ilegal de contas bancárias na Suíça, que negava, mas estavam plenamente confirmadas, Eduardo Cunha retaliava assim o PT, cuja bancada não aceitara votar a seu favor no processo da comissão de ética da Câmara. Estava aberto o processo de *impeachment* contra a primeira mulher presidente do Brasil[1185].

O conflito com a Câmara Federal – um obstáculo chamado Eduardo Cunha – Os demais partidos e os políticos mais experientes, "raposas velhas da política", percebiam que o governo estava profundamente enfraquecido. A inapetência para a política parlamentar da presidente ficara clara no primeiro mandato. O PMDB parecia dividido entre uma parte governista e outra, que pretendia se bandear para a oposição e fazer sua própria política. A impressão que dava é que os segundos estavam levando vantagem no confronto. A tal ponto que um dos líderes desse grupo, que sempre pressionara o partido para sair da aliança petista, Eduardo Cunha, um parlamentar com negócios escusos por todo o Brasil, diria que nem pensava em apoiar alguém do partido do governo para

[1184] Ibidem, p. 112.
[1185] Ibidem, p. 112.

presidir a Câmara. Ele mesmo é que queria (e iria, ao menos, em um primeiro momento) dar as cartas. Ele próprio diria isso, com todas as letras:

> *"Eu acho pouco provável o sucesso de uma candidatura do PT em qualquer disputa contra qualquer um, e não vejo dentre os deputados do PMDB nenhuma vontade de apoiar uma candidatura do PT [à presidência da Câmara] (...). Até para a governabilidade é melhor que se tenha alguém que seja representativo de uma maioria, que tenha capacidade de discussão e que esteja completamente distante do centro da polarização eleitoral que aconteceu"*[1186].

Com um "aliado" desses, além de próprios problemas e a incompetência de suas políticas, a presidente teria enorme dificuldade para governar. Eduardo Cunha elegeu-se presidente da Câmara para o biênio 2015-2016, ao derrotar outros três candidatos, entre eles o do PT, Arlindo Chinaglia, por 267 votos ante 136 do adversário, num cenário em que prometia buscar legitimidade, como nome da maioria, em nome da sua independência e como mediador da grande polarização eleitoral de 2014, contra um movimento político ligeiro e desorganizado do governo[1187].

Na época, quando o tema do aborto e o da regulação da mídia afloravam, Cunha declarou que só passando sobre seu cadáver eles seriam pautados na Câmara. Aliás, de modo acintoso, e sinalizando claramente seu vínculo com um grande sistema de poderes, ele também afirmou: "regulação econômica de mídia já existe no Brasil, você não pode ter mais de cinco geradoras de televisão". Suas declarações deixavam que ele exerceria ao máximo o poder de presidente da Câmara. Ele assumia a responsabilidade por sua pauta conservadora, ainda mais à direita do próprio grupo em geral informe, e voraz, de parlamentares que passou a liderar, dar cérebro e coluna, conhecido historicamente como o centrão[1188].

Sobre o aborto, a sua posição era tradicional. Homem ligado ao movimento político de massas das igrejas evangélicas brasileiras – mais precisamente à Assembleia de Deus, ministério Madureira –, em 2011 ele gerou polêmica ao propor o projeto de lei do "dia nacional do orgulho

1186 Ibidem, p. 112.
1187 Ibidem, p. 112.
1188 Ibidem, p. 112.

hétero", para defender a "maioria discriminada", segundo ele próprio, quando, após a novela da Globo *Amor à vida* exibir em seu último capítulo o muito aguardado beijo gay entre Félix e Nico, se manifestou pronta e assertivamente no Twitter: "Estamos vivendo a fase dos ataques, tais como a pressão gay, a dos maconheiros e abortistas. O povo evangélico tem que se posicionar"[1189].

No início da carreira, tinha integrado o governo Collor, como presidente da Telerj, empresa estatal de telefones do Rio. Na ocasião, envolveu-se em um escândalo de R$ 92 milhões, ao fazer um aditivo ilegal a um contrato. Chegou a ser convidado para integrar o núcleo econômico do governo federal, mas não aceitou. No governo de Anthony Garotinho, foi secretário da Habitação[1190]. Em sua gestão, Cunha, assim que assumiu a mesa diretora da Câmara, previu a construção de um novo conjunto de prédios ligados ao Congresso, com previsão de disponibilizar: maiores gabinetes, estacionamento, um novo auditório – um novo plenário, mais amplo e para mais deputados – e um shopping para os congressistas, no valor estimado de R$ 1 bilhão, que acabou não saindo do papel[1191].

Cunha teve a reputação abalada devido aos rumos da Lava Jato. Houve uma declaração explícita do delator Alberto Youssef em que acusa o presidente da Câmara de ter recebido propinas e tentar chantagear a empresa japonesa Mitsui & Co. quando cessaram os pagamentos ligados aos grandes desvios acontecidos na Petrobras. E em 16 de junho, Julio Camargo, homem ligado à construtora Toyo Setal, preso e sob regime de delação premiada da Operação Lava Jato[1192], declarou ao juiz Sérgio Moro[1190]:

[1189] Ibidem, p. 112.

[1190] Ibidem, p. 112.

[1191] Ibidem, p. 112.

[1192] Para chegar até o líder do PT, a Lava Jato percorreu o seguinte trajeto: "O primeiro ato da operação foi a quebra de sigilo de um posto de gasolina – o Posto da Torre, em Brasília –, para obter informações sobre doleiros envolvidos com lavagem de dinheiro no Paraná. As escutas levaram à prisão de alguns deles, incluindo Alberto Youssef, que se tornaria peça-chave da operação. No dia 17 de março de 2014, quando a polícia chegou ao hotel Luzeiros, em São Luís, no Maranhão, (...) ao perceber que a Polícia Federal estava atrás dele, Alberto Youssef teve certeza de que teria que encarar de novo o juiz Sergio Moro, da 13ª Vara Federal de Curitiba, que já o condenara anos antes no caso Banestado. A prisão

"Tivemos um encontro. O deputado Eduardo Cunha[1194]*, Fernando Soares [o doleiro tido por homem de Cunha] e eu. [...] Deputado Eduardo Cunha é conhecido como uma pessoa agressiva, mas confesso que comigo foi extremamente amistoso, dizendo que ele não tinha nada pessoal contra mim, mas que havia um débito meu com o Fernando do qual ele era merecedor de US$ 5 milhões"*[1195].

O deputado Eduardo Cunha, ativo, hábil com a linguagem, sempre de prontidão e com imenso gosto pelo poder, mais estruturado em suas

de Youssef trouxe à tona suas ligações perigosas com o ex-diretor de Abastecimento da Petrobras, Paulo Roberto Costa. (...) os investigadores revelaram um gigantesco esquema de corrupção na Petrobras envolvendo dirigentes da estatal, grandes empreiteiras e políticos da base do governo. NETTO, Vladimir. *Lava-jato: os bastidores da operação*, cit., p. 10-11.

1193 Sergio Fernando Moro, natural de Maringá, Paraná, formou-se em Direito pela Universidade Estadual de Maringá. Juiz aos 24 anos, enveredou pela área criminal a partir de 2003, atuando em vara especializada em combate a crimes de lavagem de dinheiro. Presidiu a Operação Farol da Colina e o escândalo do Banestado, o maior esquema de evasão de divisas já descoberto no Brasil. Em livro de sua autoria, *Crime e lavagem de dinheiro*, defende reformas na Justiça para enfrentar o crime organizado, como a questão dos múltiplos recursos, que "não raras vezes retardam indefinidamente a aplicação da lei penal, minando a efetividade e a confiança da sociedade no Estado de Direito". Ibidem, p. 13.

1194 Cunha era alvo da Lava Jato e, ao mesmo tempo, ameaçava iniciar o processo de *impeachment* contra Dilma, até que acolheu o pedido dos juristas Hélio Bicudo e Miguel Reale Júnior, além da advogada Janaína Paschoal. Fora acusado de fazer manobras por meio de seus aliados no Conselho de Ética da Câmara, para evitar o andamento do processo que poderia cassar o seu mandato. Quando os deputados do PT anunciaram que votariam a favor do processo contra Cunha, o presidente da Câmara, em 2 de dezembro, anunciou que aceitava o pedido de abertura de processo de *impeachment* da presidente Dilma Rousseff. Nos últimos dias do ano, durante a operação Catilinárias, cinquenta e três mandados de busca e apreensão foram expedidos. Entre os locais visitados pela PF estava a casa de Eduardo Cunha, residência oficial do presidente da Câmara, além de endereços ligados a outros políticos importantes do PMDB, como o presidente do Senado, Renan Calheiros, o senador Edison Lobão e os ministros da Ciência e Tecnologia, Celso Pansera, e do Turismo, Henrique Eduardo Alves. O resultado das buscas motivou o afastamento de Cunha, e por promover e integrar uma organização criminosa, obstruir e embaraçar as investigações. Segundo Janot, "Eduardo Cunha tinha usado indevidamente o mandato de deputado e o cargo de presidente da Câmara para constranger e intimidar testemunhas, colaboradores, advogados e agentes públicos. Tudo para atrapalhar e impedir a investigação contra ele e a quadrilha que integra". NETO, Vladimir. *Lava-jato*, cit., p. 316.

1195 Ibidem, p. 318.

bases, tornou-se, rapidamente, sob a ruína da política petista, o homem que a direita brasileira há muito tempo não dispunha. Ao adotar uma postura anti-Dilma Rousseff, tornou-se verdadeira liderança, produtiva para os próprios interesses de classe, com um aceno conservador nítido ao novo público político produzido nas igrejas, nas rádios e nas televisões evangélicas. Ele é egresso desta nova elite, popular, telerreligiosa, empreendedora, ativa e pós-moderna[1196].

Politicamente, em dois meses de direção da Câmara, Cunha liderou duas derrotas históricas à esquerda, em velocidade de Blitzkrieg: a aprovação na Comissão de Constituição e Justiça da proposta de diminuição da maioridade penal no Brasil e a aprovação em plenário de uma ampla lei de terceirização do trabalho no Brasil, produzindo a maior derrota nas leis trabalhistas brasileiras desde a sua instauração por Getúlio Vargas. Novamente, em uma frente, a pauta conservadora visava a sociedade civil, e noutra, se articulava para os maiores interesses empresariais, que aproveitaram o homem muito disposto no Congresso e a falência do governo para tramitar da noite para o dia, sem debate, um projeto de imenso impacto social, parado havia 11 anos. "Nestes primeiros dias, Cunha valeu-se do vácuo de governo para simplesmente governar o Brasil, desde o Congresso"[1197].

Com requintes de arbítrio – pondo em votação novamente a matéria após já ter sido derrotado, o que se tornou sua marca –, Cunha buscou fazer a mesma coisa com a reforma política, tentando antecipar-se à crise nacional que também promovera: aprovar em velocidade extrema a reforma da sua preferência, sem discussão. Pela primeira vez foi derrotado, em parte. Havia mais interesses em jogo do que a sua liderança agressiva podia dar conta. Mas garantiu o que lhe era principal: o atrelamento das campanhas políticas brasileiras ao dinheiro das empresas. Esse sempre foi seu principal interesse. A atuação era controversa do parlamentar[1198].

[1196] Ibidem, p. 318.
[1197] Ibidem, p. 320.
[1198] Ibidem, p. 321.

> *"Por fim, no retorno do recesso parlamentar, após ter sido explicitamente denunciado como corrupto ativo na Lava Jato, seu poder chegou ao máximo, já apontando a desfaçatez nacional geral que se formou ao redor de sua atuação, já há muito ilegítima: em uma única noite Cunha botou em votação e fez aprovar em sua Câmara rompida com a presidente as contas públicas do governo de Itamar Franco, dos dois governos de Fernando Henrique Cardoso, dos dois governos Lula, limpando a pauta do tema e abrindo condições formais para julgar as contas de Dilma Rousseff – caso recusadas, politicamente, pelo Tribunal de Contas da União – e finalmente abrir o processo de 'impeachment' contra ela. O casuísmo como normalidade, a virtual ilegalidade das ações, a decisão unilateral em proveito próprio e de seu grupo particular, nada faz com que haja reação pública às práticas políticas de exceção do deputado – que se revelam assim de interesse mais amplo – verdadeiro conspirador à direita, por dentro do aparato institucional da democracia"*[1199].

Em junho de 2015, o ministro do Tribunal de Contas da União (TCU), responsável pela análise das contas do governo, Augusto Nardes, já deixaria claro, em entrevistas aos jornalistas, que votaria pela reprovação das contas da presidente. O governo, por sua vez, comparava a situação de 2013 e 2014 à dos antecessores Lula e FHC, ao mesmo tempo em que criticava Nardes por antecipar o seu voto, o que é proibido pela Lei da Magistratura à qual os ministros do TCU estão submetidos. A oposição no Congresso, formada por PSDB, DEM, PPS, Solidariedade e setores rebelados do PSD e do PMDB, sob o comando do presidente da Câmara Eduardo Cunha (PMDB), sustentava que Dilma deveria sofrer o *impeachment* por ter infringido a Lei de Responsabilidade Fiscal e atentado contra as finanças públicas. O governo chegou a pedir, sem sucesso, a retirada de Nardes do caso. Em outubro, as contas foram rejeitadas, pela primeira vez em 77 anos, por decisão unânime. Os ministros haviam se negado a afastar o relator. O parecer do TCU seria usado para fundamentar a acusação que levaria ao *impeachment* da presidente[1200].

[1199] AB'SÁBER, Tales, *Dilma Roussef e o ódio político*, cit., p. 48.
[1200] Ibidem, p. 49.

5.2.3 O *impeachment* – no parlamento e no STF

A Lei do *Impeachment*, que está em vigor desde 1950, fundamentou o afastamento de Fernando Collor, em 1991, e de Dilma Rousseff, em 2015. O professor Rafael Mafei Rabelo Queiroz, da Faculdade de Direito da USP, levantou as discussões parlamentares registradas nos anais do Senado Federal entre 1946 e 1950, que antecedem a aprovação da lei, para entender por que a legislação é tão aberta. De acordo com a Lei do *Impeachment*, o chefe do Executivo pode ser afastado por "atuar contra a probidade da administração", mas não há qualquer especificidade adicional neste sentido – isto é, o conceito de probidade da administração fica aberto, amplo e, portanto, controverso e passível de discussão. Daí a interpretação do jurista Paulo Brossard, considerado o principal intérprete do *impeachment* no Brasil, de que processos como esses são eminentemente políticos. A exposição de motivos da lei, segundo os anais do Senado, revela que "o *impeachment* é caracteristicamente uma instituição política, cujo objeto não consiste propriamente em castigar delitos, mas principalmente em substituir um funcionário por outro melhor no intuito de obter um bom governo"[1201].

> *"Segundo a pesquisa de Queiroz, a Lei do Impeachment é fruto direto do esforço de deputados parlamentaristas que tinham lutado fortemente contra o governo centralizador de Getúlio Vargas sob o Estado Novo (1937-1945). O nome maior nessa luta era do deputado Raul Pilla, gaúcho tal como Vargas, mas que acreditava que o regime presidencialista de mandato fixo permitia um controle excessivo de poder no chefe do Executivo. Para ele, o regime parlamentarista permitiria não só uma relação política mais igual entre o Executivo e o Legislativo, como também seria canal para uma participação popular mais ativa. Sem conseguir implantar o parlamentarismo, Pilla e seus seguidores fizeram passar no Congresso a Lei do Impeachment, que tem inspiração claramente parlamentarista. Por isso a lei é abrangente, para permitir o julgamento político do presidente pelo Legislativo.*
>
> *No Brasil de hoje, sem que façamos uma reflexão sobre o que de fato recepcionamos da Lei 1.079/1950, fica claro que não temos nenhuma das duas coisas: busca-se a substituição de um governo, como se parlamentarismo fôssemos, mas isso levará junto a*

[1201] Schmidt, Paulo. *Guia politicamente incorreto dos presidentes da República*, cit., p 120.

chefia de Estado, porque presidencialismo somos. Ou percebemos que é isso que está em jogo, ou perpetuaremos um regime em que temos o pior dos dois mundos: conflagração eleitoral permanente e baixa capacidade de governança política do Executivo pelo Legislativo. Essa combinação resulta na enorme instabilidade que hoje vivemos, e que reviveremos frequentemente, enquanto não fizermos um juízo fundamentado sobre os termos em que a Lei dos Crimes de Responsabilidade se compatibiliza com a Constituição."[1202]

Investigações contra Lula – o tríplex – O estado de crise permanente fez com que o Brasil entrasse em 2016 conflagrado e paralisado pela extensão das crises política e econômica iniciadas dois anos antes. Acrescente-se o fato de que a Operação Aletheia da Lava Jato motivou o recrudescimento das divisões e das manifestações por parte daqueles que eram favoráveis e contra Lula. Na verdade, a Promotoria paulista tinha aberto um inquérito em 2010 para apurar desvios de recursos da Cooperativa Habitacional dos Bancários de São Paulo (Bancoop) que virou denúncia, dando origem a um processo contra o então presidente da Bancoop, João Vaccari Neto – ex-tesoureiro do PT preso na Lava Jato[1203].

Ao longo das investigações, surgiu a suspeita de que Lula seria o verdadeiro dono de um tríplex no Condomínio Solaris, no Guarujá, um empreendimento da cooperativa que, em crise financeira, teria repassado as obras no prédio para a OAS, uma das empresas envolvidas no escândalo de corrupção da Petrobras. No dia 4 de março de 2016, o ex-presidente prestou depoimento à Polícia Federal no aeroporto de Congonhas, após uma polêmica condução coercitiva. Depois, atribuiu-se a Lula a propriedade do sítio Santa Bárbara, em Atibaia. Na escritura de propriedade do imóvel constavam os nomes de Jacó Bittar e Jonas Suassuna, sócio de Lulinha. Lembre-se que, anteriormente, no dia 29 de janeiro, segundo a *Folha de S.Paulo*, a ex-dona de uma loja de materiais de construção, Patrícia Fabiana Mello, afirmava que a empreiteira Odebrecht havia realizado a maior parte da reforma no sítio, o que foi confirmado por engenheiro da empresa, Frederico Barbosa. A Odebrecht gastara 500 mil reais só na compra de material. Na versão da defesa de Lula, as obras foram ofere-

[1202] Ibidem, p. 121.

[1203] NETTO, Vladimir. *Lava jato*, cit., p. 340.

cidas pelo amigo José Carlos Bumlai, mas este alegou que sua participação restringia-se a 10% do valor total. Em 27 de janeiro, a PF conduziu a operação Triplo X, em alusão ao tríplex do Guarujá que ele negava ser de sua propriedade, estando sob suspeita de ocultar patrimônio. Pretendia-se também com essa operação investigar um esquema de abertura de *offshores* e contas no exterior para esconder propinas. Segundo a força-tarefa, o escritório de advocacia panamenho Mossack Fonseca constituíra outra empresa, a *offshore* Murray, que era dona de um tríplex no prédio do Guarujá. Outros investigados na Lava Jato, como Renato Duque e Pedro Barusco, teriam usado *offshores* abertas pela Mossack para mandar dinheiro para fora do Brasil[1204].

Agora havia a suspeita de que parentes do ex-tesoureiro do PT João Vaccari Neto teriam recebido apartamentos no Condomínio Solaris como propina". Em 29 de janeiro de 2016, Lula e Marisa Letícia foram intimados pelo Ministério Público de São Paulo a prestar depoimento em fevereiro sobre o tríplex do Guarujá, sob a alegação do MP de São Paulo de que o tríplex 164-A havia sido reformado pela OAS, cujas melhorias incluíam cozinha planejada e até a instalação de um elevador privativo, ao custo de 770 mil reais. Os promotores paulistas se perguntavam por que a empresa faria tal investimento se não havia um comprador definido. Não bastasse o clima de confronto já existente, a Lava Jato prendeu o marqueteiro João Santana e a mulher, Monica Moura. O casal foi alvo da 23ª fase, deflagrada em 22 de fevereiro de 2016 e batizada de Acarajé, nome usado pelos suspeitos para se referir à propina. Um bilhete de Monica com números de contas bancárias em Londres e Nova York, encontrado na casa do operador Zwi Skornicki durante a nona fase da Lava Jato, deu início a esta investigação. Na ordem de prisão, o juiz Sergio Moro cita que a força-tarefa da Lava Jato identificou pagamentos de 4,5 milhões de dólares feitos por Skornicki ao casal por meio de contas no exterior, entre setembro de 2013 e novembro de 2014, além de repasses de 3 milhões de dólares da Odebrecht entre abril de 2012 e março de 2013. O dia 13 de março foi marcado por manifestações apartidárias pelo País, em que mul-

[1204] Ibidem, p. 341.

tidões vestiram-se de verde e amarelo para homenagear Moro e repudiar a corrupção, a presidente Dilma, o ex-presidente Lula e o PT.

Em 18 de março, os partidários do governo foram às ruas defender o ex-presidente Lula, Dilma e o PT. As manifestações reuniram ao todo 1,3 milhão de pessoas, de acordo com os organizadores, e 275 mil, segundo os cálculos da Polícia Militar. Lula discursou na avenida Paulista em sua defesa. Aquela semana foi marcada por notícias bombásticas. A começar pela homologação da delação do senador Delcídio do Amaral e pela decisão do ministro Teori de retirar o sigilo do depoimento em que havia acusações contra Dilma, Lula, Temer e o presidente do PSDB, Aécio Neves. Acrescente-se a revelação da gravação envolvendo a conversa entre o ministro da Educação, Aloizio Mercadante, e o assessor de Delcídio, em que o primeiro oferecia ajuda ao ex-líder do governo no Senado e sugeria que ele não fizesse delação.

O processo de *impeachment* chegou a voto na Câmara, em 17 de abril, num cenário caótico da política brasileira, haja vista que pouco mais de um mês antes, a Polícia Federal conduzira o ex-presidente Lula para depor no âmbito da Lava-Jato. As ruas foram tomadas por protestos da esquerda e da direita após esse episódio, que ocorreu em 4 de março. Dias depois, Dilma pretendeu nomear Lula seu novo ministro-chefe da Casa Civil, mas diante do grampo da conversa do ex-presidente com Dilma, com autorização do juiz Sérgio Moro, responsável pela Lava-Jato em Curitiba, em que a presidente dizia ter enviado a seu antecessor o termo de posse como ministro para usar '"em caso de necessidade", Lula nem chegou a assumir o ministério[1205].

Na verdade, a gravação foi obtida pela imprensa na tarde do dia 16 de março, após Moro retirá-la do sigilo.

> *"Imediatamente disseminou-se a interpretação de que Dilma tentara obstruir os trabalhos da Justiça ao dar a Lula um ministério, garantindo a ele foro privilegiado – o que transferiria a condução judicial da Lava-Jato de Moro para o Supremo Tribunal Federal, em Brasília. Por outro lado, Dilma respondeu por meio de nota oficial que entregara o termo de posse a Lula porque não saberia se ele poderia atender pessoalmente à*

1205 VILLAVERDE, João. *Perigosas pedaladas*, cit., p. 232.

cerimônia oficial, marcada para o dia seguinte. Lula estava no Planalto e participou do evento, assinando o termo de posse ao lado de outros novos ministros, como o jurista Eugênio Aragão, que assumiu o Ministério da Justiça. A posse de Lula, no entanto, foi embargada pela Justiça no mesmo dia, iniciando então um vaivém jurídico que duraria quase dois meses."[1206]

A então presidente já não contava, naquele momento, meados do mês de março de 2015, com o apoio do principal parceiro, o PMDB. O partido do vice-presidente atuava ostensivamente, com poucas exceções, pela sua derrubada. No Congresso, os peemedebistas eram favoráveis ao *impeachment* de Dilma. Em 17 de abril, houve a votação da admissibilidade do *impeachment* na Câmara. Um total de 367 deputados votaram favoravelmente à proposta, ante 137, que foram contrários. A imensa maioria dos favoráveis não citou, em momento algum, as pedaladas fiscais ou qualquer ponto do parecer dos juristas em análise na sessão. As justificativas foram as mais disparatadas possíveis. A sessão, num domingo, foi transmitida para todo o País em rede de TV e Rádio. O deputado Bruno Araújo (PSDB-PE), que depois se tornaria ministro de Cidades do presidente Michel Temer, deu o voto número 342, que completou o total exigido para aprovação do pedido de impeachment[1207].

Antes da sessão do *impeachment* na Câmara, houve um evento no Palácio do Planalto, intitulado "Encontro de Juristas pela Legalidade e em Defesa da Democracia". Destacou-se o ex-desembargador Francisco de Queiroz Bezerra Cavalcanti, constitucionalista e professor titular na Universidade Federal de Pernambuco:

"Se o atraso no pagamento para bancos estatais, por questão de queda na arrecadação – que não afetou só o Brasil-é entendido como caso de pedalada fiscal, teríamos que afastar em torno de 16 governadores, inclusive alguns daqueles que estão defendendo o impeachment"[1208].

1206 Ibidem, p. 232-233.
1207 Ibidem, p. 233.
1208 Ibidem, p. 233.

Após um mês, Alexandre de Moraes, livre-docente pela Faculdade de Direito da Universidade de São Paulo (USP), manifestou sua posição contrária:

> *"Os Estados e Municípios não têm banco. A pedalada é pegar empréstimo de banco oficial. O fato existe. Esse fato é ilegal? É, pela Lei de Responsabilidade Fiscal. Esse fato ilegal é tipificado pela Lei no 1.079, a Lei do Impeachment? A tipicidade de crime de responsabilidade é um pouco mais aberta do que a da lei penal. Mas existe o fato, ele não é permitido pela Lei de Responsabilidade Fiscal. É possível falar juridicamente que não tem justa causa para o impeachment? Não"*[1209].

A imprensa internacional ficou surpresa com as motivações para o *impeachment*, bem diferentes do caso de Fernando Collor, em 1991. O *The New York Times*, um dos mais respeitados jornais do planeta, publicou reportagem sobre o tema, lembrando que o debate econômico e jurídico tinha ficado em segundo plano, diante das implicações políticas.

> *"(...) Há um consenso amplo de que o governo Dilma empregou manobras orçamentárias para esconder um crescente déficit e aumentar suas chances durante uma luta dura na campanha pela reeleição em 2014 (...) mas especialistas em Direito e constitucionalistas estão divididos quanto à possibilidade dessa ação ser alçada ao nível de uma ofensa que mereça seu afastamento da Presidência. 'O governo mentiu sobre a situação ruim da casa ao colocar uma janela bonita', disse Carlos Pereira, cientista político na Fundação Getúlio Vargas, uma universidade de elite brasileira. 'O governo traiu a população e por isso deve ser punido'. Mas os defensores da presidente dizem que essas irregularidades fiscais não qualificam como crime, o requerimento constitucional que permitiria que o Senado confirme o impeachment. Pedro Serrano, professor de Direito Constitucional na PUC-SP, disse que os inimigos de Dilma estão usando uma interpretação ampla da lei, num movimento que agride a jovem democracia do país.*
> *'Em qualquer país civilizado que tem instituições legais democráticas essa punição deve ser interpretada de forma restrita': disse ele. Oscar Vilhena, professor de Direito Constitucional na FGV, disse que a lei requer que o Congresso aprove mudanças no Orçamento federal e proíbe que o governo tome dinheiro emprestado de bancos controlados*

[1209] Ibidem, p. 234.

pelo próprio Estado. 'A natureza desses crimes é administrativa': afirmou. 'Não são crimes penais, então você não pode ir para a cadeia por causa deles, mas você pode perder seu mandato'. Ele adicionou: 'É politicamente desejável que ela perca o mandato? Esta é uma decisão que cabe ao Congresso. É uma decisão política'. A prática usada pelo governo Dilma, chamada de 'pedaladas fiscais'; é ilegal segundo uma lei de 16 anos de vida, designada a terminar práticas orçamentárias que levaram à devastação da hiperinflação na década de 1980. Desde então, a tática de usar dinheiro de bancos estatais para temporariamente financiar o governo foi usada por inúmeros políticos eleitos, incluindo prefeitos e governadores. André Rehbein Sathler, um economista que trabalha na Câmara dos Deputados, disse que o governo Dilma descumpriu a lei ao deixar de pagar os bancos pelos gastos que eles tiveram de fazer, um movimento semelhante ao de imprimir dinheiro sem controle algum. O governo acabou pagando os bancos somente depois das eleições. 'Dilma diz que outros presidentes fizeram a mesma coisa, mas só porque outras pessoas cometeram um crime não justifica os cometidos por você', disse ele"[1210].

O processo de *impeachment* contra a presidente baseava-se em dois pontos: abertura de créditos orçamentários por meio de decreto antes da aprovação da meta fiscal, o que faria com que a Câmara não participasse da ação, excluindo o Legislativo, e uma única "pedalada fiscal", como ficou conhecida a prática de um banco oficial "emprestar" recursos ao seu controlador, no caso o governo. No primeiro caso, a acusação era de que a presidente havia liberado R$ 2,5 bilhões em créditos orçamentários extraordinários, sem aval do Congresso. No fim do ano, o Congresso realmente aprovaria a mudança na meta fiscal, mas naquele momento, julho e agosto, ainda não havia a aprovação. A defesa da presidente alegou que o desempenho fiscal do governo deve ser analisado sob a ótica anual, não conjuntural, como a acusação alegava. O TCU e o Congresso consideravam o contrário. Para eles, o governo deveria aguardar uma autorização do Parlamento. A única pedalada citada no processo tratava-se de uma dívida do Tesouro Nacional com o Banco do Brasil, em 2015, como cobertura pelos empréstimos do Plano Safra, que contrariaria a Lei de Responsabilidade Fiscal. As outras pedaladas haviam sido sanadas no fim

[1210] Ibidem, p. 234-235.

de 2014, antes do segundo mandato de Dilma. O processo incluiu, então, somente fatos de 2015[1211].

Continuou, então, o debate sobre se as pedaladas seriam motivo para o *impeachment*. Um advogado, Fernando Maricato, professor de Direito da Fundação Getúlio Vargas, defendeu, em artigo, que havia justificativas para a retirada da presidente do cargo. Segundo ele, no dia 11 de maio, quando o Senado começou a julgar Dilma Rousseff:

> *"A opção do Congresso foi, portanto, a de responsabilizar o presidente da República, governadores e prefeitos e não seus assessores. Mas por que essa opção legislativa tão dura? A resposta é anterior ao Plano Real. Na década de 1980, uma das razões para a situação econômica calamitosa em que se encontrava o país era justamente a situação fiscal precária da União, Estados e Municípios. Muitos Estados vinham pedalando com suas empresas e bancos públicos. Como não tinham recursos fiscais suficientes, solicitavam aos bancos estaduais que fizessem pagamentos em seu nome ou mesmo tomavam empréstimos junto a esses bancos e, posteriormente, não pagavam. Muitas dessas operações não eram registradas como dívida dos Estados, maquiando as contas públicas (...) Para coibir essa prática, o Congresso aprovou a Lei de Responsabilidade Fiscal e a modificação da Lei do Impeachment, que passaram a considerar empréstimos dos governos junto ao seus bancos e empresas como crime de responsabilidade. Portanto, a interpretação da legislação sobre pedaladas não deve se ater a tecnicidades e argumentos jurídico-formais. É fundamental, antes de tudo, compreender que essa prática fere um dos pilares da estabilidade econômica do país, conquistada a duras penas nas últimas décadas"*[1212].

O advogado da presidente e ex-ministro da Justiça, José Eduardo Cardozo, contraditava a tese, argumentando que não havia crime, já que os atrasos nos repasses do Tesouro aos bancos públicos tinham ocorrido também em governos passados, em menor grau, e nunca tinham sido apontados como uma violação passível de afastamento do presidente da República. Quanto aos decretos de suplementação financeira, ele e o ministro da Fazenda, Nelson Barbosa, explicaram várias vezes se tratar de prática corriqueira na administração orçamentária e que o governo não

[1211] Ibidem, p. 236.
[1212] Ibidem, p. 238.

poderia depender do Congresso para o simples ato de transferir recursos de uma rubrica do Orçamento para outra. Barbosa e Esther também argumentavam que os decretos não aumentaram os gastos federais, mas sim permitiam a readequação de despesas dentro do orçamento já aprovado pelos parlamentares. Em seguida, o governo adotaria a tese de defesa de que não havia um ato constitucional no impeachment, mas sim um golpe parlamentar aplicado contra a presidente democraticamente eleita[1213].

Não adiantou a defesa. A presidente foi cassada também no Senado, neste caso por 61 votos a 20, no processo, relatado por Antonio Anastasia (PSDB-MG), em uma votação que avançou pela madrugada. Em uma segunda análise que decidiria se a presidente cassada deveria perder seus direitos políticos, a vitória pelo sim foi de 42 votos ante 36, com três abstenções. Como seriam necessários 54 votos, ela não perdeu os direitos de se candidatar ou votar em eleições. O chamada "fatiamento" da acusação, com autorização do presidente da sessão, o então presidente do STF, ministro Ricardo Lewandowski, levantou uma enorme polêmica, até com outros ministros, entre eles Gilmar Mendes, questionando Lewandowski por aplicar a pena de retirada do cargo, mas afastar a inabilitação para cargos públicos, que seria uma pena conjugada à primeira[1214].

O senador (PTB-AL) e ex-presidente Fernando Collor, que havia sofrido *impeachment* em 1991, e votou pelo afastamento de Dilma, foi duro em seu discurso: "O governo recebeu o país em 2010 com estabilidade política e institucional", leu Collor da tribuna, "mas a insistência na matriz macroeconômica e ao desprezar a voz das ruas, a partir de 2013, o governo tornou-se apartado da população e desconectado da realidade". Dilma também assistiu ao senador Lasier Martins, gaúcho do mesmo PDT que ela ajudara a fundar em 1981, defender o *impeachment* e citar o jurista Paulo Brossard, segundo quem o processo de afastamento definitivo do chefe do Executivo era jurídico e político ao mesmo tempo[1215].

Em sua defesa no Senado, a própria presidente negaria ter cometido qualquer crime e chamou de usurpadores o vice-presidente Michel Temer, e o presidente da Câmara, Eduardo Cunha, vistos por ela como

1213 Ibidem, p. 238.
1214 Ibidem, p. 238.
1215 Ibidem, p. 247.

líderes de um golpe. "As acusações são meros pretextos. Está claro que não houve crime de responsabilidade. Não é legítimo, como querem meus acusadores, afastar o chefe de Estado por não concordarem com o conjunto da obra. Quem afasta pelo conjunto da obra é o povo," afirmou, depois de chamar de "destruição da Previdência" a proposta de seu sucessor para a área[1216].

A presidente, então, foi afastada do seu mandato e o vice, Michel Temer, assumiu. Logo no início da gestão, um dos ministros e seu mais fiel aliado, o senador Romero Jucá (PMDB-RO), perdeu o cargo depois de ser flagrado, em áudio gravado pela Lava Jato, dizendo ao ex-presidente da subsidiária da Petrobrás, Transpetro, Sérgio Machado, que "era preciso colocar o Michel (Temer) lá (no poder) para acabar com as investigações e "salvar todo mundo". Um mês depois, técnicos do Senado responsáveis pela perícia solicitada pela defesa de Dilma no processo de impeachment confirmaram, em relatório, que não havia registro de que a presidente fora responsável pelas pedaladas, mas somente pela edição dos decretos orçamentários. As pedaladas eram atos do Tesouro Nacional, vinculado ao Ministério da Fazenda, mas não havia qualquer peça documental que apontasse Dilma como autora ou mesmo ciente das operações[1217].

Nos decretos, por outro lado, a perícia verificou o que já era evidente: por serem assinados pela própria presidente, não havia como afastar sua responsabilidade. A defesa aproveitou os resultados da perícia para voltar a reforçar o discurso de golpe, mas continuou negando que a edição de decretos tivesse sido um atentado às leis orçamentárias:

> *"Nas 223 páginas do relatório dos peritos havia, no entanto, a avaliação de que as pedaladas constituíram uma infração grave à Lei de Responsabilidade Fiscal, uma vez que ao se utilizar de instituições financeiras controladas pelo próprio governo, o Tesouro acabou sendo beneficiado por uma modalidade de financiamento, o que é vedado pela LRF. Os técnicos do Senado levantaram, inclusive, o Manual de Contabilidade do Setor Público para embasar o entendimento. De acordo com esse manual, "as operações de crédito nem sempre envolvem o usual crédito em uma instituição financeira, com o consequente ingresso de receita orçamentária nos cofres públicos, como nos casos de*

[1216] Ibidem, p. 257.
[1217] Ibidem, p. 239-240.

assunção, reconhecimento ou confissão de dívidas. Ao não registrar as dívidas que mantinha no Banco do Brasil no indicador oficial da dívida pública, o governo atingia o objetivo maior das manobras, que era o de apresentar dados fiscais melhores do que eles deveriam ser na prática. Somente no fim de 2015 a contabilidade fora alterada"[1218].

5.2.4 A Reação do PT – "O impeachment é um golpe parlamentar"

Logo após a derrubada de Dilma, o PT e setores da chamada esquerda começaram a se articular para reagir. Ao mesmo tempo em que as passeatas da chamada direita refluíam, as da esquerda começaram a crescer, a tal ponto que superaram as anteriores. Na interpretação de alguns intelectuais, a debacle da primeira mulher eleita presidente do Brasil foi, sem dúvida alguma, um golpe, que começou com o mensalão ainda no governo Lula:

> *"O Mensalão foi o ensaio geral para o golpismo de agora, especialmente do seu núcleo fundamental: a ação concertada entre mídia e aparato jurídico-policial do Estado. Como o combate efetivo à corrupção é o último dos objetivos da nossa mídia-partido de elite, a estratégia é novelizar a política e reduzi-la ao embate mocinho versus bandido. O bandido é o PT e as classes populares, assim como o projeto de sociedade que eles representam. O mocinho é o aparato jurídico-policial elevado à condição de paladino da higiene moral da nação. O pano de :funolo da corrupção 'apenas estatal', para tomar invisível a corrupção da elite no mercado que domina, legal e ilegal, é a compreensão hegemônica que permite que toda a farsa funcione. O fundamental aqui é a manutenção da 'fulanização da corrupção', ou seja, manipular o discurso da corrupção tomando invisível seu núcleo real e institucional, concentrando-se apenas em pessoas sempre da esquerda ou da base de apoio da esquerda.*
>
> *(...) Existe uma linha clara de continuidade entre as glorificadas e midiaticamente manipuladas manifestações de junho de 2013, as assim chamadas 'jornadas de junho", e o golpe de abril de 2016. Nesse intervalo de quase três anos, o ataque ao governo federal foi realizado sem tréguas até a vitória final no processo de impeachment. As manifestações de junho de 2013 marcam o ponto de virada da hegemonia ideológica até então dominante e das altas taxas de aprovação aos presidentes dos governos petistas. Na verdade, representam o início do cerco ideológico até hoje mal compreendido pela*

[1218] Ibidem, p. 240-241.

enorme maioria da população. A grande questão é como protestos localizados com foco em políticas municipais foram manipulados de tal modo a se 'federalizarem' e atingirem a popularidade da presidente Dilma, que àquela altura gozava dos mais altos índices de aprovação no seu governo"[1219].

No início, as manifestações foram lideradas pelo Movimento Passe Livre (MPL), cuja bandeira defende a tarifa zero para o transporte público. O MPL lutava na ocasião contra o aumento recente das passagens de ônibus na capital paulista. Os estudantes eram tanto de classe média quanto da periferia da capital e já espelhavam um descontentamento talvez maior que o simples aumento das passagens. A razão, para ele, é que os jovens da periferia estavam tendo acesso às universidades, mas os empregos disponíveis eram precários e de baixa produtividade. Ao menos em parte, a insatisfação podia já antecipar um fenômeno acontecido na Europa do pós-guerra que universalizara o acesso à escola e à universidade, incluindo também as classes populares. É um fenômeno que Pierre Bourdieu chamava de "inflação do diploma", para mostrar que o diploma, do mesmo modo que a moeda, quando produzido em quantidade excessiva e posto em circulação, já não vale o que valia antes para outras gerações[1220].

Isso, nessa visão, permitiria criticar o governo, mas uma crítica que pressionaria para aprofundar o processo de inclusão, que vinha desde o governo anterior. No entanto, não foi o que se viu. A presidente reagiu de forma dúbia ao desafio colocado. E, para ele, perdeu a batalha para a mídia dominante, que manteve o padrão de "fulanização seletiva" do tema corrupção. No início, chamados de "vândalos" na cobertura televisiva e dos jornais, os manifestantes passaram a ter, a partir de 17 de junho, um tratamento bem diferente da chamada mídia dominante:

"O protesto passou a ser definido como pacífico, e a bandeira brasileira se tornou seu símbolo. Agora os protestos eram tidos como "expressão democrática" e já não se dizia que causavam tumulto ou prejuízo ao trânsito. O sentido mudou de negativo para positivo. A ênfase em bandeiras específicas, como os protestos contra os gastos da copa do

[1219] Souza, Jessé. *A radiografia do golpe*, São Paulo: Leya, 2015, p. 50 e 87.
[1220] Ibidem, p. 87-88.

mundo, a PEC 37 e, em sentido ainda abstrato, contra a corrupção, se iniciam e consolidam a federalização aberta do movimento. Os apresentadores do jornal passavam a dizer com rosto feliz e sorriso aberto que tudo era pacífico. Os tumultos agora eram produto de uma "minoria de vândalos"[1221].

Então, "palavras de ordem como 'Muda Brasil', como forma cifrada de invocar a verdadeira bandeira – 'Muda (de governo) Brasil' – foram introjetadas no imaginário das manifestações. Temas como corrupção, saúde e educação ganharam ainda maior importância.

"Ocorre, na realidade, uma inversão de perspectivas que não deixa de confundir a todos: o governo federal que mais havia investido em educação e saúde passa a ser a vítima única da atenção midiática que, conscientemente e de caso pensado, confunde e embaralha as competências federativas de tal modo a que toda culpa caiba unicamente ao governo federal"[1222].

Foi levantada a tese de que o "golpe" de 2016 marcou um momento histórico no Brasil, em que a democracia foi fortemente afetada:

"O golpe de 2016 marca uma fratura irremediável no experimento democrático iniciado no Brasil em 1985. Ainda que com limitações e contradições, a ordem balizada pela Constituição de 1988 garantia a vigência das instituições mínimas da democracia liberal: o voto popular como meio necessário para a obtenção do poder político e o império da lei. A derrubada da presidente Dilma, mediante um processo ilegal, sinalizou que tais institutos deixaram de operar e, por consequência, o sistema político em vigor no país não pode mais receber o título de 'democracia' – mesmo na compreensão menos exigente da palavra[1223].

Nesse sentido, se obteve o apoio da classe média para a deposição da presidenta Dilma Rousseff. Para que isso fosse conseguido, trabalhou-se com alguns dos mitos mais presentes no imaginário dessa classe social,

1221 Ibidem, p. 90-91.

1222 Ibidem, p. 94.

1223 MIGUEL, Luís Felipe. A democracia na encruzilhada. In JINKINGS, Ivana; DORIA, Kim e CLETO, Murilo (org.). *Por que gritamos golpe?* São Paulo: Boitempo Editorial, 2016, p. 31.

tida como paradigma para os setores populares, como a "corrupção" só dos outros e o mito do "Estado corrupto" e do "mercado privado virtuoso". Martelado dia a dia na mídia, esse discurso calou fundo na mente dos estratos de classe média. Segundo SOUZA, esse resultado se obteve a partir da técnica de desprezo das classes populares e da destruição do conceito do Estado entre nós.

> *"Para os estratos da classe média, sobretudo de sua massa, ameaçada de proletarização, a violência fascista passa a ser tentadora. Como esses setores são "meritocráticos", a alternativa seria a de verem a si próprios como "fracassados" e culpados pelo próprio fracasso. O fascismo permite "exportar" a agressividade que seria dirigida contra si mesmo – levando ao alcoolismo e outras formas autodestrutivas – para um bode expiatório. No caso, o antipetismo cevado pela imprensa venal. O medo que a predileção por Bolsonaro expressa é o meda da desumanização, um legado da escravidão que ainda marca a condição proletária e marginal no Brasil. Descer de classe no Brasil, para esse pessoal, é deixar de ser tratado como "gente". Dai a força da pregação fascista entre nós. A criminalização do Estado, como patrimonial e corrupto, é, na verdade, o único discurso das elites em sua luta pela hegemonia social, tendo como contraponto o mercado virtuoso, transformado em paraíso"*[1224].

A base da crise – A partir de 2003 e até 2014, havia dois campos distintos na política brasileira: o chamado neodesenvolvimentista, formado por setores do governo no poder, e o campo neoliberal ortodoxo. Em 2011, com a crise do capitalismo internacional, iniciada em 2008 nos EUA, além de medidas políticas internas, o crescimento econômico brasileiro – que vinha muito bem – começou a decair. Assim, para parte dos autores considerados simpáticos ao PT, o capital internacional e a burguesia nacional viram nesse momento a possibilidade de lutar contra as medidas de radicalização do neodesenvolvimentismo tomadas pela então presidente, como a redução inusitada da taxa básica de juros, novas medidas protecionistas e depreciação cambial, entre outras[1225].

1224 SOUZA, Jessé. A classe média no espelho – sua história, seus sonhos e ilusões, sua realidade, Sextante, São Paulo, 2018, p. 162.

1225 BOITO JR., Armando. Os atores e o enredo da crise política. In JINKINGS, Ivana; DORIA, Kim & CLETO, Murilo (org.). *Por que gritamos golpe?*, cit., p. 28.

Nessa linha, há uma ofensiva diante do agravamento das contradições internas da frente neodesenvolvimentista. Assim, contradições presentes desde a formação da frente exacerbaram-se. O sindicalismo, que desde 2004 incrementava a luta grevista por ganhos salariais crescentes, elevou suas exigências a partir de 2012-2013. Esse fato afastou, aos poucos, a grande burguesia interna da frente neodesenvolvimentista. Com o surgimento de novas contradições, a baixa classe média fora contemplada com medidas democratizantes do acesso à universidade – a política de cotas, o Programa Universidade para Todos (ProUni), a Reestruturação e Expansão das Universidades Federais (Reuni) e o Fundo de Financiamento Estudantil (Fies). Ocorre que os novos graduados não encontraram no mercado de trabalho os empregos que julgavam garantidos. Essa insatisfação eclodiu nas ruas em junho de 2013. Os próprios beneficiários do neodesenvolvimentismo começavam a retirar seu apoio a essa política:

"Três acontecimentos maiores são responsáveis pela caminhada até aqui vitoriosa da grande ofensiva neoliberal restauradora. Primeiro, o ingresso da alta classe média como força social ativa e militante no processo político, por intermédio das grandes manifestações de rua. Segundo, fato que embaralhou a divisão de campos que perdurou na política brasileira até 2014, a gradativa deserção da grande burguesia interna da frente neodesenvolvimentista. Ao longo do ano de 2015, diversas associações empresariais que apoiavam os governos do PT foram, segundo levantamento que estamos realizando, passando para o campo neoliberal ortodoxo. O caso mais importante e notório é o da Fiesp (Federação das Indústrias de São Paulo), que, após apoiar os sucessivos governos do PT, tornou-se a vanguarda do golpe institucional no meio empresarial. Terceiro, o recuo passivo do governo Dilma diante da ofensiva restauradora. A frente neodesenvolvimentista entrou em crise e, com ela, o governo que a representava"[1226].

A história do mundo nos últimos dois séculos tem sido, sem dúvida, o predomínio do Estado de exceção. A democracia é que foi excepcional. De uma forma ou de outra, fica claro que ela é um peso grande para o Estado, para as classes dominantes e para o capital financeiro. "A democracia atrapalha, ela não facilita o trabalho da política capitalista. Daí a tendência a reduzir o espaço democrático, tomar medidas de exceção

[1226] Ibidem, p. 28.

e até mesmo usar o método do golpe, como estamos vendo na América Latina. O golpe de 2016 no Brasil não é o primeiro. Já tivemos golpes em Honduras e no Paraguai, e possivelmente teremos outro na Venezuela. Isso mostra que a democracia já não está mais sendo útil, que ela está atrapalhando a implantação das políticas neoliberais"[1227].

Instabilidade institucional – Desde a promulgação da Constituição de 1988, dois presidentes – Fernando Collor de Mello e Dilma Rousseff – o equivalente à metade dos presidentes eleitos, sofreram impeachment, encerrando seus mandatos antes do prazo previsto constitucionalmente. O índice de 50% de "impichados" no período democrático pós-ditadura, certamente um dos mais altos do mundo, demonstra que a **Carta brasileira não levou o País à estabilidade institucional**, na verdade tem ocorrido o contrário.

Após a deposição de Dilma Rousseff, em 2016, o instituto do impeachment, previsto no artigo 145 da Constituição de 1988, passou a sofrer críticas de que poderia estar sendo desvirtuado para a solução de impasses políticos em vez de cumprir a função para o qual foi destinado, ou seja, retirar do poder presidentes que praticaram atos tipificados como crimes de responsabilidade. Dessa forma, o impeachment, que só deveria ser usado em casos de extrema necessidade, tem sido banalizado no País, a ponto de criar certa insegurança jurídica na sociedade e nos seus mandatários.

No caso de Dilma, especificamente, juristas respeitados divulgaram um manifesto no qual criticam fortemente as razões apontadas para a deposição da presidente que veem somente como um "erro formal" que não daria vazão à instalação de um processo de impeachment contra ela. O impeachment, fundado na doutrina americana, de acordo com Lima[1228], trata- se de

> *"Um procedimento de responsabilização dos agentes políticos pela prática dos chamados crimes de responsabilidade, culminando no afastamento e remoção do agente do cargo para o qual foi legitimamente eleito. No Brasil, esse instituto foi adotado consti-*

[1227] Löwy, Michael. Da tragédia à farsa: o golpe de 2016 no Brasil. In Jinkings, Ivana; Doria, Kim & Cleto, Murilo (org.). *Por que gritamos golpe?*, cit., p. 61.

[1228] Ibidem, p. 12.

tucionalmente a partir de 1891, "com a adoção do sistema presidencialista, evoluindo com variações pelas sucessivas constituições: a de 1934, a de 1937, a de 1946, a de 1967 a Emenda Constitucional de 1969 e 1988".

Collor de Mello, por sua vez, sofreu um processo que culminou em seu impeachment em 1992 sob acusações de corrupção ativa e passiva. Dilma, por sua vez, caiu em razão da "prática reiterada das chamadas pedaladas fiscais." As razões para as quedas costumam estar a associadas a alguns fatores:

"Em um estudo mais amplo, considerando a América do Sul nos anos de 1978 a 2003, foi constatado que os "presidentes destituídos do poder tinham uma tendência maior a estarem pessoalmente implicados em escândalos, a seguirem políticas neoliberais e a não terem maioria no Congresso." Além desses fatores, a presença ou ausência de protestos populares nas ruas foram cruciais no sentido de determinar que presidentes realmente cairiam. As mobilizações sociais afetam a estabilidade presidencial, especialmente quando ligadas ao ativismo legislativo: elas apoiam umas às outras e juntas criam obstáculos intransponíveis para a sobrevivência presencial. Tais mobilizações sociais podem ser fortes o suficiente para derrubar os presidentes por conta própria.

Aplicando as características supracitadas ao caso brasileiro, Fernando Collor de Mello, cujo mandato se deu em 1990 a 1992, possuía a minoria parlamentar, estava envolvido em escândalos e possuía uma política mais neoliberal, tendo, no final do mandatado, sofrido impeachment. Alguns desses fatores que, segundo Hochstetler, levam à queda presidencial estiveram presentes em algumas situações, mas não culminaram em impeachment, gerando apenas contestação do mandato. Um exemplo foi Fernando Henrique Cardoso, que, durante seus mandatos de 1995 a 1998 e de 1999 a 2002, possuía a minoria parlamentar, tinha visão política mais neoliberal, mas não estava envolvido em escândalos.

No caso de Dilma Rousseff, embora a presidente não estivesse diretamente envolvida em escândalos, seu partido estava no epicentro de várias acusações sobre corrupção, sendo alvo de várias investigações, inclusive por grandes operações, como a "Operação Lava-Jato", da Polícia Federal. Ademais, apesar de integrar uma legenda que historicamente é alinhada a visões de esquerda, a presidente é relacionada como a chefe do Poder Executivo Federal que mais privatizou no Brasil, o que demonstra uma proximidade de seu perfil político com posturas neoliberais. Além disso, Dilma não possuía um apoio maciço no Legislativo, de modo que teve dificuldades para conduzir seu governo e aprovar suas medidas."[1229]

Poucos dias antes de Dilma sofrer impeachment, vários juristas publicaram um manifesto no qual condenavam os termos usados para impedir a presidente de governar. Para o professor de Direito Constitucional da PUC-SP, Pedro Estevam Serrano, um dos signatários do documento, os fundamentos para o impeachment podiam resultar em uma "fraude constitucional". De acordo com ele, "querem fazer o impeachment da presidente Dilma a qualquer custo, sem observar a Constituição". Ele alertou, na ocasião, para o risco de o Brasil entrar numa espiral de instabilidade institucional em que qualquer governo pode ser questionado e até deposto pelo Congresso Nacional por razões "absolutamente frágeis".

De acordo com o professor, a retirada de Dilma Rousseff do poder, em que pese eventuais erros que esta tenha cometido, se configura como um golpe de Estado funcional. "Não é um golpe de Estado clássico porque não foi feito por militares, mas há uma forma de fraudar a Constituição nesse caso. Fraudar é você desobedecer a Constituição dando a aparência de que a está obedecendo. Se utilizam das instituições democráticas para subverter a democracia. É o que fizeram nesse caso, apresentando razões muito frágeis para cassar o mandato da presidente. Ela não foi acusada de corrução, de ter desviado recursos em favor dela ou de ninguém. É acusada de irregularidade contábil. Ora, qualquer empresário pequeno sabe que irregularidade contábil todo mundo comete e, convenhamos, nem isso de fato ocorreu. Forçaram a barra para buscar um motivo de enquadrar ela em uma norma qualquer só para cassar seu mandato. Eu não posso prender ninguém, por exemplo, e ficar buscando motivo para justificar a prisão dessa pessoa, isso não é investigação, é devassa, o que não é permitido no Estado Democrático de Direito"[1230].

A também jurista Mônica Herman Caggiano, livre-docente da Universidade de São Paulo (USP) concorda com Serrano. Para ela, o impeachmet "intensifica o estado de intranquilidade política". Um processo de impedimento, de acordo com ela, compreende aspectos penais, políticos

[1229] Ibidem, p. 12.

[1230] https://www.brasil247.com/poder/impeachment-intensifica-instabilidade-politica.

e jurídicos que não estiveram presentes na argumentação para a cassação da petista. "Não nos parecem jurídicas e factíveis as razões a embasar o impeachment da presidente da República. Os fatos noticiados, na verdade, não incidem em qualquer um dos tipos elencados no artigo 85 da Constituição. Ao invés, ofendem, se configuram lesivos e investem contra um direito público subjetivo, o direito de sufrágio que, na sua formulação passiva é garantidor do exercício do mandato político conquistado nas urnas".

5.2.5 A economia no final do primeiro governo Dilma

Para alguns uma das marcas do governo Dilma Rousseff, ao seu término, foi a grave situação fiscal. Apesar da conjuntura da época, marcada pela crise externa, desvalorização dos preços das *commodities* e recessão interna, esses fatores não foram capazes de dar fundamento ao déficit tão extremo das contas públicas. Em parte, explica-se por tais motivos, mas também pelos "megassubsídios, inférteis, à gasolina, que fizeram o governo abrir mão da receita da Cide, a projetos caríssimos e de baixa qualidade e prioridade, como as hidrelétricas, e ao BNDES, para financiar empresas que quebraram, ou investiram no exterior, sem gerar sequer um novo emprego no país"[1231].

Para procurarmos entender o estágio a que chegou a economia brasileira ao final do governo Dilma, cumpre ao menos uma breve análise sobre o período.

Naquele 2011, o mundo em crise, Dilma disse: "É com crescimento, associado a fortes programas sociais, que venceremos a desigualdade da renda e do desenvolvimento regional. (...) Isso significa – reitero – manter a estabilidade econômica como valor. Já faz parte, aliás, da nossa cultura recente a convicção de que a inflação desorganiza a economia e degrada a renda do trabalhador. Não permitiremos, sob nenhuma hipótese, que essa praga volte a corroer nosso tecido econômico e a castigar as famílias mais pobres"[1232].

1231 Abranches, Sergio. *Presidencialismo de coalizão* – raízes e evolução do modelo político brasileiro, p. 332.

1232 Bole, Mônica Baumgarten de. *Como matar a borboleta azul – uma crônica da era Dilma*, cit., posição 128 (livro digital).

Fato é que o saldo positivo de quase duas décadas de balança comercial se transformaram em déficit. Além disso, como pano de fundo o monstruoso escândalo de corrupção na Petrobras, envolvendo boa parte das empreiteiras responsáveis por executar as obras do PAC[1233].

Na ocasião, os bancos concediam longos financiamentos sem obstáculos para a compra de automóveis e eletrodomésticos – compras, em parte, estimuladas pelo próprio governo na tentativa de manter o consumo das famílias brasileiras em alta[1234].

Por parte do governo, este impunha limite mais elevado aos depósitos compulsórios dos bancos, que são uma exigência regulatória, usada por todos os países, a fim de garantir que o sistema bancário tenha uma reserva de caixa, caso enfrente alguma situação em que as pessoas, por algum motivo, resolvam sacar seus depósitos dos bancos em montante maior do que o previsto[1235].

Ao determinar que os bancos mantenham uma reserva com o Banco Central, evita-se o que os economistas chamam de problemas de falta de liquidez – falta de dinheiro dos bancos para devolver os depósitos aos seus clientes. São medidas de cunho regulatório. Quando usadas de forma exagerada, tornam mais custoso para os bancos emprestar dinheiro, restringindo o crédito e afetando a economia em efeito cascata[1236].

Dilma não queria as políticas econômicas tradicionais, o receituário "anos 1990" de elevar os juros para conter a inflação. Queria, dentro de seu plano maior para a economia brasileira, reduzi-los e, por consequência, gerar crescimento por meio de um modelo calcado no incentivo ao crédito e ao consumo[1237].

A questão do problema era que, ao longo de todo o primeiro ano de seu governo, a presidente e o Banco Central vacilavam entre o combate

[1233] Ibidem, posição 145 (livro digital).
[1234] Ibidem, posição 248 (livro digital).
[1235] Ibidem, posição 251 (livro digital).
[1236] Ibidem, posição 258 (livro digital).
[1237] Ibidem, posição 278 (livro digital).

inflacionário e a preservação do crescimento, o que não se via no Brasil nem no mundo[1238].

A presidente chegou a ensaiar alguns passos de austeridade. No início do ano, disse que faria contingenciamento expressivo dos gastos – R$ 50 bilhões – para tornar as contas públicas mais robustas e ajudar o Banco Central no combate inflacionário. Ela não se referia, entretanto, a uma redução sistemática dos gastos, que, ao menos desde 2009, cresciam muito acima do razoável. Lembre-se de que os excessos de demanda doméstica observados, especialmente quando vinculados a um crescimento descontrolado do gasto e do crédito públicos, geravam sobrevalorização cambial e resultavam em pressão inflacionária[1239].

No Brasil a inflação permaneceu acima da meta ao longo não só do primeiro ano do mandato de Dilma, mas durante todos os anos subsequentes. Vale lembrar que a ortodoxia monetária servira muito bem aos países emergentes em passado ainda não muito distante.

As discussões no Brasil giravam em torno do papel do crédito público como fomentador do investimento de longo prazo, a reimplantação dos mecanismos de indexação – com as novas propostas de fixação do salário mínimo – e a interferência do governo no planejamento estratégico de grandes empresas para garantir o aumento do valor adicionado[1240].

Qual é a alternativa, contudo, se a valorização do câmbio prejudica a indústria e as exportações, de um lado, e não se pode elevar muito a taxa de juros para conter a inflação, de outro, sob o risco de estimular a ganância dos especuladores?

1238 Nos anos 1970 e 1980, a dúvida entre preservar o crescimento e combater a inflação – objetivos muitas vezes conflitantes – levou vários países ao que ficou conhecido como políticas de stop and go, isto é, ora se aumentavam os juros para conter a alta dos preços, ora se interrompia a elevação dos juros para não prejudicar o crescimento. Esse tipo de vacilação na condução da política econômica é ruim para a previsibilidade e a credibilidade daqueles que estão no comando da economia. O fenômeno, denominado "stop and go", desembocaria no mar de inflação que encobriu os Estados Unidos na década de 1980, na inédita alta de juros do FED, que levou as taxas americanas, pela primeira vez, a dois dígitos. Esses dois dígitos quebraram, um a um, diversos países latino-americanos, configurando a década perdida das moratórias. Ibidem, posição 275 (livro digital).

1239 Ibidem, posição 312 (livro digital).

1240 Ibidem, posição 378 (livro digital).

A real causa da falta de competitividade relativa da indústria brasileira eram (e ainda são) os onerosos encargos tributários que pesam sobre ela e a ausência de uma infraestrutura adequada para escoar a produção, pressionando os custos. Tampouco era a taxa de juros elevada que atiçava os fluxos, mas sim os desequilíbrios fiscais e as reformas parciais, que impediam uma redução de juros sem gerar desorganização macroeconômica no país. No entanto, mudar esse quadro era muito difícil – exigia, em especial, planejamento e vontade política[1241].

A manutenção de uma meta de inflação acima dos níveis que vigoram nos nossos pares emergentes e a aversão do governo a discutir seriamente as vantagens de um Banco Central independente são também reflexos desse impulso inflacionista nativo[1242].

E o quadro mostrava-se preocupante pelo fato de o Banco Nacional de Desenvolvimento Econômico e Social (BNDES) ter fomentado a política dos "campeões nacionais", não tendo as autoridades também se importado com as consequências da concessão sem critérios de crédito público, em parte porque não acreditavam nos malefícios, e sim apenas nos supostos benefícios. O crédito público, para a presidente, seria a chave para destravar o investimento no País, possibilitando "os ganhos permanentes de qualidade de vida"[1243].

Ocorre que para garantir a sustentação da redução dos juros, era necessário reduzir os gastos e encerrar a política de crédito público barato para os "campeões nacionais". Mas isso prejudicaria o crescimento, risco que o governo não queria correr.

O governo deixara para trás o tripé macroeconômico que funcionara no passado. A combinação de câmbio flutuante, metas de inflação e maior responsabilidade fiscal, que abrira caminho para a queda da inflação e a elevação do crescimento[1244].

Esperava-se que o governo brasileiro deixasse um pouco de lado o debate conjuntural para discutir seriamente as questões estruturais do

[1241] Ibidem, posição 412 (livro digital).
[1242] Ibidem, posição 435 (livro digital).
[1243] Ibidem, posição 487 (livro digital).
[1244] Ibidem, posição 630 (livro digital).

país: os gargalos de infraestrutura; a má qualificação da mão de obra; e os gravíssimos problemas de educação, noticiados diariamente nos jornais.

Houve na época a tentativa de um crescimento improviso, mas sem um plano para a infraestrutura e a educação, uma visão congruente de longo prazo sobre o que se quer para o desenvolvimento do país. A inflação aumentou e houve retrocesso[1245].

O governo brasileiro resolver priorizar o crescimento e a manutenção dos empregos – objetivos legítimos e louváveis –, porém o fez sem agenda clara para mostrar como poderiam ser mantidos[1246].

Entraves ao crescimento sustentável não faltavam: havia escassez de mão de obra qualificada, a infraestrutura se esfacelava, a carga tributária pesava de forma excessiva e ineficiente sobre a indústria. Com tantos problemas para resolver, a presidente deixara claro que sua prioridade era o estímulo ao consumo das famílias – que, na sua visão e na de seus assessores mais próximos do Ministério da Fazenda, entre eles Nelson Barbosa, inicialmente ministro do Planejamento e depois ministro da Fazenda por pouco tempo, era a sustentação da economia[1247].

Mas de onde viria o crescimento sustentável num país que não educa com qualidade, em que a infraestrutura se esfacela e a carga tributária é esmagadora? Não houve mágica que pôde sanar tal cenário[1248].

Tabela I – Taxa de crescimento anual de variáveis selecionadas para a economia brasileira em cinco subperíodos

	1999-2002	2003-2005	2006-2010	2013-2014	2015-2016
Salário mínimo (% ao ano, em termos reais)	1,8	6,8	5,9	3,0	1,2
Preço das commodities – FMI (% ao ano)	10,3	19,1	10,5	-7,0	-6,5
Investimentos federais (% ao ano, em termos reais)	-2,0	-4,7	27,6	1,0	-28,4
PIB (% ao ano, em termos reais)	2,3	3,4	4,5	2,3	-3,5
Consumo das famílias (% ao ano, em termos reais)	1,6	2,6	5,8	3,5	- 3,8
Investimento Total (% ao ano, em termos reais)	-1,2	2,0	9,1	2,2	-12,1
Exportações (% ao ano, em termos reais)	8,5	11,7	2,5	1,6	4,3
Inflação – IPCA (% ao ano)	8,8	7,5	4,7	6,2	8,5

Fontes: FMI (Primary Commodity Prices Index); IBGE (Contas Nacionais Trimestrais e Pesquisa Nacional por Amostra de Domicílios); Orair (2016); Ipeadata. As taxas anualizadas são as que seriam observadas caso a economia tivesse crescido ao mesmo ritmo em cada ano do subperíodo.

1245 Ibidem, posição 686 (livro digital).
1246 Ibidem, posição 717 (livro digital).
1247 Ibidem, posição 718 (livro digital).
1248 Ibidem, posição 923 (livro digital).

Tabela extraída da obra *Valsa brasileira – do boom ao caos econômico*, p. 12, de Laura Carvalho[1249].

5.3 Michel Miguel Elias Temer Lulia (2016-2018)

Natural de Tietê, São Paulo, advogado, professor de direito, escritor e ex-funcionário público, tendo atuado como procurador do Estado de São Paulo em 1970, concluiu o doutorado em direito público na PUC-SP em 1974. Filiou-se ao PMDB em 1981, sendo presidente do partido muitos anos depois: entre 2001 e 2010. Dada a proximidade com o governador de São Paulo, Franco Montoro, em 1983 foi nomeado procurador-geral do Estado. Michel Temer ocupou mandatos como deputado federal em legislaturas desde 1987 a 2007. Foi eleito presidente da Câmara dos Deputados por três vezes e presidente da República interino por duas vezes: de 27 a 31 de janeiro de 1998 e em 15 de junho de 1999. Em 1994, licenciou-se do mandato, na legislatura 1991-1995, para exercer o cargo de Secretário dos Negócios da Segurança Pública do Estado de São Paulo, de 6 de janeiro de 1993 a 5 de abril de 1994. Renunciou em 30 de dezembro de 2010 ao mandato de deputado federal, legislatura 2007-2011, para assumir o mandato de vice-presidente da República Federativa do Brasil.

Principais obras escritas por Michel Temer: *Território Federal nas constituições brasileiras*, 1975; *Seus direitos na Constituinte*, 1989; *Constituição e política*, 1994; *Elementos de direito constitucional*, 1998.

5.3.1 Primeira fase – Interino (12-5-2016 a 31-8-2016)

Quando Michel Temer tornou-se presidente em exercício, uma das principais propostas foi a de **recuperar a economia** e **unir o País por meio de um grande acordo nacional**. Com as contas no vermelho, o governo apresentou em outubro de 2016 a Proposta de Emenda Constitucional 241, que impunha um limite anual aos gastos dos Poderes Executivo, Legislativo e Judiciário nos próximos 20 anos, tendo em vista que em 2014 o déficit foi de R$ 17,24 bilhões, em 2015 de R$ 114,98 bilhões e, em 2016, algo em torno de 170,5 bilhões. O presidente afirmou: "Queremos

1249 Carvalho, Laura. *Valsa brasileira – do boom ao caos econômico*. São Paulo: Todavia, 2018, p. 12.

trazer o endividamento no setor público de volta ao patamar de sustentabilidade ao longo do tempo".

Aprovado pelo Congresso Nacional, o aludido projeto transformou-se na Emenda Constitucional n. 95/2016. Com efeito, além dos limites impostos ao aumento de gastos, os órgãos públicos foram impedidos de realizar concursos públicos para efetuar reposição de funcionários nos casos de aposentadorias. Acrescente-se que foi aprovada a majoração da tributação sobre a gasolina e a Taxa de Longo Prazo (TLP), que diminui, com o passar do tempo, o pagamento de subsídios pelo governo. Ao mesmo tempo, Temer anunciou programas de parcelamento de tributos vencidos para empresas, produtores rurais e Estados e municípios, com o objetivo de aumentar, no curto prazo, a arrecadação de impostos[1250].

Na área econômica, o então presidente optou por uma linha mais ortodoxa e menos intervencionista, por isso a nomeação de Henrique Meirelles para administrar a pasta do Ministério da Fazenda.

Mantendo essa política de controle de gastos, Temer logo anunciou a extinção de Ministérios, como os da Cultura, Comunicações e das Mulheres, da Igualdade Racial e dos Direitos Humanos, da Controladoria Geral da União, da Casa Militar da Presidência da República e do Ministério do Desenvolvimento Agrário. Tratou-se de primeira medida provisória, n. 726/2016, reduzindo de 32 para 23 o número de ministérios.

Por sua vez, criou-se o Ministério da Transparência, Fiscalização e Controle, reunindo competências da Controladoria-Geral da União (CGU). Quanto ao Ministério da Educação, este voltou a englobar a Cultura, ao passo que as funções do extinto Ministério das Comunicações foram para o Ministério da Ciência, Tecnologia, Inovações e Comunicações. Ao Ministério da Justiça e Cidadania coube as questões relativas às mulheres, igualdade racial e direitos humanos. Criado o Ministério do Desenvolvimento Social e Agrário, este assumiu as funções do antigo Ministério do Desenvolvimento Agrário.

Extinta a Casa Militar da Presidência, as funções passaram para o novo Gabinete de Segurança Institucional da Presidência da República.

[1250] Ibidem, p. 561.

Finalmente, quanto ao Ministério da Cultura, o então presidente mudou de posição, visto que recriou o Ministério, ao nomear ministro da pasta Marcelo Calero, advogado e diplomata[1251].

Ainda na fase de governo interino, Temer e o ministro do Trabalho, Ronaldo Nogueira, anunciavam que haveria uma reforma na CLT, com o intuito de flexibilizá-la, tornando-a mais simplificada e com novas regras sobre terceirização.

Em clima de festa, Temer defendeu a Lava Jato. Mas a contradição é que seu ministério dava abrigo para investigados e citados na operação. E isso traria problemas para ele logo nos primeiros dias de governo.

O País vivia uma forte recessão iniciada a partir do segundo semestre de 2014, deteriorando-se mais ainda na sequência. Era a mais forte depressão da economia na história, segundo a Fundação Getúlio Vargas (FGV). A inflação chegou a dois dígitos pela primeira vez em 13 anos e o desemprego aumentava, achatando a renda dos trabalhadores. Somente no primeiro trimestre de 2016, 2 milhões engrossaram a fila dos desempregados, que ultrapassou a marca de 11 milhões de pessoas e crescendo sempre. O PIB de 2015 caiu 3,8%, o pior índice em 25 anos.

Continua a Lava Jato – as empreiteiras e a corrupção – Além disso, a Petrobras, diante da difícil situação que vivia, reduziu seus investimentos. Como a empresa era a maior do Brasil, a situação ficou mais complicada ainda. Além da justiça brasileira, a estatal também tinha que responder à justiça americana, já que delatores a haviam citado como envolvida em operações suspeitas também nos EUA. Três dos principais delatores da Lava Jato, Augusto Ribeiro de Mendonça, Júlio Camargo e Pedro Barusco, fecharam acordo para fornecer informações nos Estados Unidos sobre o esquema de corrupção na Petrobras. Seriam ouvidos pela Corte de Nova York, que aceitou a denúncia de investidores estrangeiros que alegaram que a estatal fornecera material falso e comunicados enganosos, e não revelara uma cultura de corrupção dentro da empresa[1252]. O caso havia sido revelado pela Operação Lava Jato, que, iniciada no governo Dilma,

[1251] O primeiro ministério de Temer praticamente não teve mulheres. Eram apenas homens brancos e ricos, sem espaço para negros ou representantes do sexo feminino. As entidades voltadas à defesa das minorias fizeram críticas duras ao ministério.

[1252] Patarra, Ivo. *Petroladrões*. São Paulo: Luneta, 2016, p. 558.

ainda continuava a todo vapor durante a administração do presidente Michel Temer.

Na visão de Souza, a Lava Jato foi parte de um conluio entre setores nacionais e estrangeiros – principalmente dos EUA – para golpear de morte o Estado brasileiro, de forma a impedir a ascensão do País e de suas empresas multinacionais, entre as quais a Petrobras e a indústria da construção civil pesada, área em que companhias brasileiras disputavam com as americanas e europeias mercados em todo o mundo, notadamente nos países do terceiro mundo.

> *"Não vamos ser ingênuos. O início da Lava Jato foi a perspectiva de se acabar com o sonho dos Brics e dos brasileiros que aspiram a um país próspero para a maioria. Os americanos são os defensores de um status quo onde o Brasil e a América Latina só entram como fornecedores de matéria-prima, sem acesso a progresso industrial e tecnologia de ponta. A tecnologia para a usina de Volta Redonda, por exemplo, antes sempre recusada pelos EUA, teve que ser conseguida como contrapartida da entrada do Brasil na Segunda Guerra.*
> *O Brasil deveria e deve subsistir, para os americanos, como quintal empobrecido e mercado interno colonizado. O pré-sal e a Petrobras eram a carta na manga do país para uma inserção internacional menos dependente. Com um esquema de espionagem com acesso a todos os e-mails e à comunicação virtual de todo o mundo, como ficou provado nos escândalos envolvendo aliados como a Alemanha e a escuta da comunicação pessoal da primeira-ministra Angela Merkel, só bastava a CIA municiar os inimigos do PT para dar início à operação desmonte. Afinal, se existe uma coisa que não muda na América Latina é que os EUA estão por trás de todos os golpes de Estado"*[1253].

Logo, uma das maiores empreiteiras do Brasil, a Odebrecht, também seria citada pelos delatores como envolvida em irregularidades. A Odebrecht dizia que seu presidente não tinha nada a ver com essas suspeitas e que ele não admitiria crimes que não cometera. Os executivos da empresa também iriam fazer acordo de delação dentro de suas possibilidades e informações. Todo um time de advogados foi montado para organizar essa colaboração. Outras empreiteiras, que já haviam fechado acordo de

[1253] Souza, Jessé. *A elite do atraso – da escravidão à lava-jato*. São Paulo: Leya Brasil, 2017, p. 225.

colaboração e confirmado várias denúncias de corrupção, adotavam uma estratégia diferente.

Em maio de 2016, a Andrade Gutierrez publicou nos principais jornais do país uma nota se retratando. A empresa não repetiu o discurso de outras empreiteiras que, principalmente no início das investigações, alegavam ser inocentes e vítimas de arbitrariedades. A Andrade Gutierrez informou que estava pagando R$ 1 bilhão ao governo: "É o momento de a empresa vir a público e admitir, de modo transparente, perante toda a sociedade brasileira, seus erros e reparar os danos causados ao país e à sua própria reputação". Mais adiante acrescentava "um sincero pedido de desculpas ao povo brasileiro". Com 67 anos de existência, presente em 20 países, a empreiteira lembrava seu papel na geração de milhares de empregos e se mostrava disposta a mudar para continuar atuando no Brasil. O fim da crise, no entanto, não parecia próximo[1254].

Os acordos na esfera administrativa e criminal com as empreiteiras no âmbito da Lava Jato determinaram a recuperação de R$ 11,5 bilhões. O dinheiro veio de acordos contra formação de cartel, firmados com o Conselho Administrativo de Defesa Econômica (Cade), e de acordos judiciais contra práticas de corrupção e lavagem de dinheiro, fechados com o MPF. Reportagem do jornal *O Estado de S. Paulo*[1255] informou que as ações cíveis propostas pela Procuradoria da República no Paraná e pela Advocacia Geral da União (AGU) cobram de empreiteiras, pessoas físicas e até de um partido político indenizações superiores a R$ 70 bilhões, incluídos os R$ 19, 6 bilhões devidos à Petrobrás pelo esquema de corrupção de que a empresa foi vítima. Em 19 de abril de 2017, a Odebrecht foi condenada a pagar US$ 2,6 bilhões em multas ao Brasil, Estados Unidos e Suíça pela corrupção em vários países da América Latina, ao longo de 15 anos após acordo firmado na Justiça dos EUA. Entre 26 de junho e 6 de julho de 2017, Braskem, Andrade Gutierrez e Marcelo Odebrecht restituíram, juntos, R$ 903,9 milhões aos cofres públicos, em cumprimento às obrigações assumidas nos acordos feitos com o Ministério Público Federal. De acordo com números do MPF e do site Poder 360, até janeiro de 2020, a operação já tinha obtido a **condenação** de 285 pessoas a penas

[1254] Ibidem, p. 558
[1255] Edição de 3 de abril de 2017, p. A-3

que, somadas, ultrapassavam 3 mil anos, oferecido 1673 denúncias em 116 ações penais e celebrado 49 acordos de colaboração (delação premiada) e 14 de leniência[1256].

Até 2018 foram devolvidos à Petrobrás R$ 296 milhões, em duas partes, num total de 2,4 bilhões que devem ser quitados em breve. Em 16 de março de 2016, em viagem à Europa para nova repatriação de recursos, o então procurador-geral da República, Rodrigo Janot, disse que a operação Lava Jato já recuperara mais de R$ 4 bilhões. Em seus momentos principais, a Lava Jato contou com muito apoio da população e de parte dos formadores de opinião. Uma pesquisa do Instituto Datafolha de dezembro de 2019, divulgado pelo jornal *Folha de S.Paulo*[1257], revelou que 81% dos entrevistados acreditavam que a investigação ainda não atingiu seu objetivo e deveria continuar, ante 15% que consideravam que ela deveria ser encerrada porque já havia cumprido o objetivo proposto. Os números eram praticamente os mesmos de outra pesquisa em 2018. Apesar do apoio, o estudo revelou que 47% dos entrevistados consideram que mesmo com a Lava Jato, a corrupção continuará na mesma proporção de sempre. Foram ouvidas 2.948 pessoas em 176 municípios brasileiros.

Quando Michel Temer tornou-se presidente em exercício, a Lava Jato já tinha 26 meses, em um total de 28 etapas realizadas. Haviam sido feitas 133 prisões, 17 sentenças e 67 condenações. Ao menos naquele momento seria difícil haver alguma manobra contra a operação[1258]. Na primeira semana de maio, enquanto o processo de afastamento da presidente avançava rápido no Senado, a Lava Jato se aproximava de Dilma, por causa da suspeita de que ela tentara interferir na operação. Decisivo na abertura do processo de *impeachment*, o deputado Eduardo Cunha (PMDB), então presidente da Câmara, teve o seu mandato suspenso por ordem do ministro Teori Zavascki[1259], entre outros motivos, por atrapa-

[1256] Números disponíveis in http://www.mpf.mp.br/grandes-casos/lava-jato e no site poder 360. Disponível in https://www.poder360.com.br/lava-jato/5-anos-de-lava-jato-285-condenacoes-600-reus-e-3-000-anos-de-penas/

[1257] Edição de 12 de dezembro de 2019, p. A-4

[1258] PATARRA, Ivo. *Petroladrões*, cit., p. 555.

[1259] Teori, que era relator da Lava-Jato, morreu em um acidente aéreo em 19 de janeiro de 2017, no litoral de Paraty, no Rio de Janeiro. A investigação da Aeronáutica concluiu que foi um acidente comum, causada por desorientação espacial do piloto, que viajava sob

lhar as investigações contra ele. Os ministros do STF, reunidos em plenário, confirmaram a decisão de Teori por unanimidade.

Logo no início da gestão, um dos ministros e seu mais fiel aliado, o senador Romero Jucá (PMDB-RO) perdeu o cargo depois de ser flagrado, em áudio gravado pela Lava Jato, dizendo ao ex-presidente da subsidiária da Petrobrás, Transpetro, Sérgio Machado, que "era preciso colocar o Michel (Temer) lá (no poder) para acabar com as investigações, "salvar todo mundo" e "**estancar essa sangria**"[1260]. Machado, posteriormente, conseguiria prisão domiciliar em sua mansão na Aldeota, bairro nobre de Fortaleza.

Nos quatro meses que se passaram entre o pedido da PGR e a decisão do Supremo, as razões para o afastamento de Cunha se agravaram. Ele enfrentava processo no Conselho de Ética, que andava devagar por manobras de aliados, e já era réu pelas suspeitas de que se beneficiara dos desvios da Petrobras. Agora estava suspenso da Câmara e afastado da presidência da Casa. O presidente do Senado, Renan Calheiros (MDB), respondia a mais de dez inquéritos e, assim como muitos outros políticos, teria de enfrentar as acusações do Ministério Público Federal. Até maio de 2016, o procurador-geral já havia apresentado dez denúncias ao Supremo contra políticos no âmbito da Lava Jato. Outras estavam em elaboração. Brasília nunca tinha visto uma crise política de tamanha proporção[1261].

forte chuva e não houve sabotagem, mas a família do ministro, especialmente seu filho, Francisco, revelou que a família sofria ameaças. Indicado pela ex-presidente Dilma Roussef, o ministro chamou a atenção do juiz Sergio Moro por revelar áudios da ex-presidente com o ex-presidente Luiz Inácio Lula da Silva obtidos após o horário de escuta. Moro pediu "escusas" pelo fato. A relatoria da Lava-Jato no Supremo passou a ser do ministro Edson Fachin após sua morte. Fonte: El País Brasil, 01 outubro 2018, p. 12.

[1260] A pena do emedebista acabou sendo somente o constrangimento público. A PF e O MPF decidiram não investiga-lo sob acusação de tentativa de obstrução à Justiça revelada no áudio. No entanto, anos depois, nas eleições de 2018, não foi reeleito. Perdeu a vaga de senador por apenas 426 votos e atribuiu a derrota à "imprensa", à "Lava-jato" e aos "venezuelanos". Os candidatos Chico Rodrigues (DEM) e Mecias Rodrigues (PRB) foram eleitos nas duas vagas.

[1261] PATARRA, Ivo. *Petroladrões*, cit., p. 142.

5.3.2 Segunda fase – Titular (31-8-2016 a 1º-1-2019)

Em 31 de agosto de 2016, Michel Temer e seu PMDB assumiram em definitivo o poder no Palácio do Planalto.

Naquele momento, a situação política agravava-se. O presidente Michel Temer e os ministros Eliseu Padilha, Geddel Vieira Lima, Romero Jucá e Moreira Franco foram citados em investigações da Polícia Federal e Ministério Público[1262].

1262 Da mesma forma, o candidato derrotado à Presidência, Aécio Neves (PSDB-MG), um dos mais convictos líderes do governo, também foi citado por pelos menos oito delatores, um dos quais Delcídio do Amaral, senador cassado que integrara o PT de Mato Grosso do Sul. Na 27ª fase da Lava Jato, em 1 de abril de 2016, foi preso o dono do jornal *Diário do Grande ABC*, Ronan Maria Pinto. Isso fez com que a imprensa imediatamente estabelecesse uma conexão com a morte do prefeito da cidade Celso Daniel, em 2002. O ex-secretário-geral do PT Sílvio Pereira também foi preso, e Delúbio Soares, ex-tesoureiro do partido, foi levado para depor. Silvio e Delúbio participaram do mensalão. Essa escavação de outros escândalos foi necessária porque os investigadores haviam descoberto que metade do empréstimo de 12 milhões de reais dado pelo Banco Schahin a Bumlai para ser repassado ao PT acabara na conta de Ronan. Esse ponto parecia unir três casos do PT: a morte de Celso Daniel, o mensalão e o petrolão. Até mesmo um ex-senador, Gim Argello (PTB-DF) foi detido na operação Vitória de Pirro, que investigava a cobrança de propinas para evitar convocações de empreiteiros em comissões parlamentares de inquéritos sobre a Petrobras. Na Justiça Federal, sob o ritmo ditado pelo juiz Sergio Moro, os acusados eram julgados em um espaço de tempo relativamente curto. Muitos condenados cumpriam penas altas. E as instâncias superiores seguiam confirmando as decisões de Moro em mais de 95% dos casos. Em pouco mais de dois anos de Lava Jato, 432 pedidos de habeas corpus foram apresentados a tribunais superiores. Destes, somente 17 tiveram resultados favoráveis à defesa, um percentual de 3,9%. Ficaram presos o ex-ministro José Dirceu, o ex-presidente da Câmara, Eduardo Cunha, os deputados André Vargas e Argôlo. No Supremo, o relator da Lava Jato era o ministro Teori Zavascki, que acabou morrendo em um acidente de helicóptero em janeiro de 2017. O ministro Edson Fachin, cujo estilo é semelhante ao dele, o substituiu a partir dessa data. Os dois primeiros anos foram de tirar o fôlego, quebrando paradigmas e criando a necessidade de se estabelecer novos padrões de comportamento na política e na economia. Na fase batizada de Catilinárias, cujo alvo era Eduardo Cunha e outros políticos, foi necessário mergulhar na história antiga e nos discursos de Cícero no Senado romano para entender a situação do Brasil: "Até quando abusarás da nossa paciência? Por quanto tempo a tua loucura há de zombar de nós? A que extremos se há de precipitar a tua desenfreada audácia? (...) Não te dás conta de que teus planos foram descobertos?" O sentimento era mesmo o de que zombavam de nós e abusavam da nossa paciência. A pergunta "Até quando?" continua a ecoar nos ouvidos dos brasileiros. PATARRA, Ivo. *Petroladrões*, cit., p. 558-560. Acusado de parcialidade

O governo estava pressionado pelo fato de seus principais ministros, Moreira Franco, de Minas e Energia, e Eliseu Padilha, da Casa Civil, além de Romero Jucá (MDB), líder do governo no Senado, estarem sendo acusados pela PGR no STF de integrarem uma organização criminosa, o chamado "quadrilhão do PMDB".

O presidente enfrentou uma série de polêmicas durante sua administração. Uma das principais foram as duas denúncias ao Supremo Tribunal Federal (STF) por parte da PGR, então comandada pelo procurador **Rodrigo Janot**, contra o presidente. As denúncias, baseadas nas declarações do **dono da JBS, Joesley Batista**, trouxeram muita preocupação ao presidente e sua *entourage*.

Depois, em 18 de abril de 2017, o ex-assessor de Temer, **Rocha Loures**, foi pego em imagens da Polícia Federal recebendo uma **mala repleta de dinheiro**, no valor de **500 mil reais**, no estacionamento de uma pizzaria (SP), recebida do executivo da J&F Ricardo Saud, a ser supostamente entregue a Temer. De acordo com a delação de Joesley Batista, Loures

contra o PT e seus aliados, o juiz Moro se defendeu certa vez: "eu não tenho nenhuma, zero, zero, ligação com partido ou com pessoa ligada ao partido. O juiz vai trabalhar com os fatos, com as provas e com a lei. Se houver uma acusação formulada e for provada a responsabilidade criminal – categoricamente, acima de qualquer dúvida razoável-, o juiz pode proferir uma sentença condenatória. Se não houver é uma sentença absolvitória. Questão de partido, de interesse ou coisa assim, não é o caso da minha profissão". NETTO, Vladimir. *Lava jato*, cit., p. 367. O juiz foi muito criticado, no entanto, ao se permitir ser fotografado, em eventos públicos, ao lado de notórios adversários políticos dos réus que estão sob sua responsabilidade. Em um evento promovido pela revista *IstoÉ*, que homenageou os "brasileiros do ano", em 2017, uma imagem sua ao lado do senador Aécio Neves (PSDB-MG), denunciado em várias ocasiões na Lava-Jato, cochichando animadamente, repercutiu muito mal ao viralizar nas redes sociais, demonstrando a camaradagem entre um magistrado e um possível investigado (o parlamentar tucano foi declarado réu em três ocasiões pelo STF). Um ano depois, em evento promovido pelo grupo Lide, do empresário e político tucano João Dória Jr – ex-prefeito de São Paulo e então candidato ao governo do Estado pelo PSDB – o juiz e sua mulher, Rosângela, figuraram em fotografias ao lado de Dória e de sua mulher, Bia numa premiação em Nova York. Questionado pela imprensa, Moro disse que ser fotografado ao lado de alguém é "uma bobagem e não quer dizer nada". O magistrado paranaense e seu colega carioca Marcelo Bretas também foram muito questionados por fazer uso do auxílio-moradia (ajuda concedida aos juízes em início de carreira que trabalham longe de suas casas), apesar de terem casas próprias na cidade em que desenvolvem sua função. No caso de Bretas, o valor de pouco mais de R$ 4 mil ainda

fora indicado por Temer para tratar de uma demanda da JBS no Cade. Loures acabou sendo afastado da Câmara por decisão do STF[1263].

Em setembro de 2017, a rejeição a Temer atingiu, segundo o Data--Folha, 73% entre a população. Em contínua queda de popularidade, ele enfrentava as denúncias por crime, oferecidas por Rodrigo Janot, com base nas delações premiadas dos irmãos Batista e dos executivos do grupo J&F.

Em 16 de fevereiro de 2018, o presidente decretou a **intervenção federal** na área da segurança pública no **Rio de Janeiro**. A medida, a primeira autorizada desde a Constituição de 1988, provocou surpresa entre juristas e parlamentares já que a interpretação vigente dá conta de que não existe intervenção federal em somente um setor, mas no Estado como um todo. No caso carioca, o governador Luiz Fernando Pezão (MDB) continuava no controle do Estado, somente a área da segurança é que sofreria intervenção da União. Assim, o secretário de Segurança Pública foi afastado e o general do Exército Walter Braga Neto assumiu o

é dobrado já que sua mulher, também juíza, goza da mesma prerrogativa. Bretas é visto como o Moro carioca. Os juízes e suas entidades representativas costumam defender o privilégio como um aumento de salário indireto. Fonte: Jornais *O Estado de S.Paulo e Folha de S.Paulo*, várias edições e datas.

1263 Em junho de 2017, o presidente e sua chapa, encabeçada por Dilma, haviam sido absolvidos pelo Tribunal Superior Eleitoral (TSE), por 4 votos a 3, da acusação de abuso de poder político e econômico na campanha de 2014. A ação foi apresentada pelo PSDB logo após a eleição e apontava 20 infrações que teriam sido cometidas pela coligação vitoriosa, liderada pelo PT e o MDB. Depois que o presidente assumiu, após o impeachment de Dilma, o PSDB tentou, sem sucesso, desistir da ação, já que se tornara sócio do poder, ao lado de Temer, seu aliado. O então presidente do Tribunal, ministro Gilmar Mendes, deu o voto de minerva ao decidir pela absolvição do presidente, que poderia perder o mandato. Por outro lado, Dilma não perdeu seus direitos políticos graças a uma manobra do também ministro do STF e do TSE, Ricardo Lewandowski, que a puniu pela metade. Ela já havia perdido o mandato por causa do impeachment, mas manteve intactos seus direitos de votar e ser votada nas eleições. Em meados de maio de 2018, Dilma aparecia em primeiro lugar nas pesquisas para uma vaga no Senado por Minas Gerais. Por uma ironia do destino, seu opositor, Aécio Neves (PSDB) era o segundo colocado. No entanto, ao final da eleição, Dilma não obteve a vaga de senadora, ficando apenas em quarto lugar. Aécio, por sua vez, desistiu de concorrer ao Senado e se elegeu deputado federal, com votação muito abaixo de sua média histórica.

comando do setor, passando a controlar a Polícia Militar, a Polícia Civil e a política carcerária.

Apesar da intervenção federal, os números de violência no Estado continuaram altos. Até uma vereadora, Marielle Franco, do PSOL, foi assassinada a tiros durante o período. O caso ainda permanecia em apuração, mas os principais suspeitos eram milicianos e vereadores ligados a esse tipo de criminoso, em geral policial militar e bombeiro. O presidente criou ainda o Ministério da Segurança Pública e transferiu o controle da Polícia Federal, que respondia ao Ministério da Justiça, para a nova área. O então ministro da Defesa, Raul Jungman, assumiu o comando da Segurança Pública. Em seu lugar foi escolhido o general Joaquim Silva e Luna, o primeiro militar a comandar o Ministério da Defesa, tradicionalmente dirigido por civis[1264].

Posteriormente, em 10 de junho de 2018 a baixa popularidade atingiu o maior índice desde o período de redemocratização do País, em 1985. Em síntese, diante do avaço das investigações contra o presidente e da **greve dos caminhoneiros**, na ocasião incentivada pelo então presidenciável **Jair Bolsonaro**, visto que este prometeu, se fosse eleito, até anistiar quem fosse multado, ao final dos eventos 82% dos entrevistados consideravam Michel Temer "ruim" ou "péssimo".

Quanto à **greve dos caminhoneiros**, esta praticamente parou o País de norte a sul por falta de combustível. Iniciada a partir de reivindicações de descontos no óleo diesel e não pagamento de pedágio no eixo suspenso por caminhoneiros e empresas de transporte, o movimento provocou muitos problemas como desabastecimento generalizado de gêneros, falta de rações para animais, falta de insumos para a indústria, paralisa-

[1264] O sargento PM reformado Ronnie Lessa e o ex-pm Élcio Vieira de Queiroz foram presos pelo crime. Lessa, que mora no mesmo condomínio em que vive o presidente Jair Bolsonaro, foi acusado de ser o executor e Queiroz de ter sido o motorista do carro do qual partiram os tiros que mataram Marielle e o motorista Anderson Gomes. Posteriormente foram presos a mulher de Lessa, Elaine, e seu irmão, Bruno Figueiredo, acusados de sumir com as armas usadas pelo assassino, que teriam sido jogadas no mar, de forma a desaparecer com provas. Lessa e Queiroz integrariam o grupo de milicianos conhecido como Escritório do Crime. Ligado às milícias, o conselheiro afastado do Tribunal de Contas do Estado do Rio, Domingos Brazão, foi citado pela Polícia como um dos possíveis mandantes do assassinato da vereadora e do seu motorista.

ção do transporte individual e semi-paralisação do transporte público em algumas das principais cidades brasileiras. A greve, que durou 11 dias, trouxe ainda mais abalos à imagem do presidente e enormes prejuízos econômicos ao Brasil. Economistas calculavam que o crescimento do PIB, previsto para aumentar 2,37% cairia para 2,18%, enquanto a inflação passaria de 3,6% para 3,65% e o dólar sairia de R$ 3,45 para R$ 3,50. Havia uma previsão de aumento da taxa de juros de 6,25% para 6,50%[1265].

Os prejuízos totais com a paralisação dos caminhoneiros variavam entre R$ 75 bilhões e R$ 100 bilhões estimados. O setor do agronegócio foi um dos mais prejudicados com a greve. Foram registradas as mortes de mais de 100 milhões de aves, 120 mil toneladas de carne de frango deixaram de ser exportadas e 300 milhões de litros de leite foram jogados fora por falta de transporte para fazer com que os produtos chegassem aos consumidores. O governo calculava em R$ 4,7 bilhões a queda na arrecadação no período. Responsáveis por 60% da carga transportada no País –que tem uma malha ferroviária muito pequena para transporte de produtos industriais e agrícolas – os caminhoneiros enfrentaram muitos problemas nos últimos anos com um aumento de 56% no preço do óleo diesel ao mesmo tempo em que caía o valor dos fretes. Ao menos dez aeroportos do País ficaram sem combustível para suas operações diárias. Alguns passaram a só permitir o pouso de aeronaves que tivessem combustível suficiente para seguir viagem[1266].

Mais perto do fim da greve, postos de gasolina foram flagrados vendendo gasolina a R$ 10,00 o litro, ante cerca de R$ 4,00 antes do movimento. Os preços do álcool combustível também aumentaram muito, chegando a R$ 5,00, enquanto eram de pouco mais de R$ 2,00 no período posterior à paralisação. Estradas ficaram fechadas em todo o País e, em muitos casos, só foram reabertas após intervenção do Exército. Para encerrar a greve, o presidente Temer anunciou o desconto de R$ 0,46 por litro no óleo diesel por 60 dias, além do fim da cobrança pelo eixo suspenso, entre outras medidas. Apesar das concessões, os caminhoneiros ainda permaneceram mais dois dias trancando as estradas. Alguns estenderam faixas nas estradas pedindo "intervenção militar" e outras

[1265] Conf. Boletim Focus, disponível em *Folha de S.Paulo,* edição de 06/04/2018, p. B-12.
[1266] *O Estado de S.Paulo,* edição de 18 maio 2018, p. B-16.

que diziam que não "negociariam com corrupto", em referência ao presidente. Somente no 11º após o início do movimento, caminhões de transporte de combustível começaram a chegar a São Paulo e ao Rio de Janeiro entre outras capitais e a manifestação foi devidamente encerrada[1267].

No caso das investigações que envolviam o presidente, uma das acusações era de **corrupção passiva, organização criminosa e obstrução da Justiça**. Temer havia recebido o empresário Joesley, da JBS, em um encontro fora da agenda, à noite, na garagem do Palácio do Jaburu. A conversa entra ambos foi gravada por Joesley, que acusou Temer de ordenar que ele continuasse oferecendo dinheiro ao presidente da Câmara cassado, o ex-deputado Eduardo Cunha (MDB) para que este – um tradicional aliado do presidente – não o denunciasse. A frase pronunciada por Temer – "tem que manter isso ai, viu?" – foi interpretada pela PGR como um aval à compra do silêncio do emedebista, condenado pelo juiz Sérgio Moro por corrupção.

Temer articulou toda sua base na Câmara e Senado e conseguiu escapar do processo de ***impeachment*** em duas denúncias, mas pagou (literalmente) um preço alto pela vitória, ao liberar emendas para seus aliados[1268]. Pressionado até por aliados, o presidente fez um pronunciamento em que negou a intenção de deixar o governo. "Não renunciarei, repito, não renunciarei".

1267 Para conseguir pagar o chamado "pacote de bondades" ou "bolsa caminhoneiro" aos caminhoneiros e às empresas de transporte, que chegam a R$ 13,5 bilhões por ano, o presidente anunciou que retiraria recursos de áreas sociais como educação e saúde, além de incentivos à indústria. Do total a ser gasto, R$ 4 bilhões saíram do fim dos programas de incentivo à indústria e os R$ 9,5 bilhões restantes de cortes de verbas na saúde, educação e habitação, além de outros gastos previstos pelo governo. Havia sérias dúvidas se o movimento era espontâneo ou liderado por empresas da área de transporte rodoviário. Pelo menos um empresário do setor foi preso pela Polícia Federal sob acusação de promover locaute, ou seja a greve organizada pelo patronato e não pelos trabalhadores do setor Era o dono da empresa de logística Irapuan, do Rio Grande do Sul, Vinícius Pellez, que foi flagrado em áudio impedindo, por meio de ameaças, trabalhadores de voltarem a circular. *O Estado de S.Paulo*, edição de 31 de maio de 2018, p. B-6.

1268 Uma vez que o Congresso não autorizou o prosseguimento da denúncia contra o presidente. E essa autorização era necessária para o prosseguimento do inquérito, ele só poderá ser processado após o término do seu mandato, em 31 de dezembro de 2018. Posteriormente foi preso duas vezes, mas libertado em seguida.

Após enfrentar a repercussão da delação de Joesley Batista e as denúncias criminais, foi apresentada pelo Governo Temer a conclusão de sua proposta de Reforma da Previdência, cujo projeto de emenda constitucional 287, de 2016, por sinal, havia sido aprovado por uma comissão especial da Câmara em maio de 2017. Entre várias propostas, destaque para a idade mínima de 65 anos para homens e de 62 para mulheres e o tempo mínimo de contribuição de 15 anos, sem essas mudanças atingirem os militares.

Em 10 de dezembro de 2018, **nova intervenção federal**, mediante decreto presidencial, aprovado em 12 de dezembro pelo Senado. Desta vez a intervenção ocorreu em **Roraima**, devido à crise na segurança pública do Estado. Na verdade, agentes penitenciários e policiais militares estavam paralisados devido ao atraso no pagamento de salários e benefícios. Nas palavras do líder do governo no Senado, Romero Jucá, "A governadora Suely não pagava salários, não transferia ICMS obrigatório para os municípios e os municípios também não pagavam os salários. Agentes penitenciários não trabalhavam mais, não havia viatura de polícia na rua, nem medicamento nos hospitais, gasolina para ambulância, a delegacia não ficava aberta para receber qualquer tipo de ocorrência".

5.3.2.1 Síntese dos supostos casos de corrupção, noticiados pela imprensa

1) Denúncia contra Temer por organização criminosa (o quadrilhão do MDB), juntamente com o ex-deputado Eduardo Cunha, o ex-ministro Henrique Alves, o ex-ministro Geddel Vieira Lima, o ex-assessor de Temer Rodrigo Rocha Loures, o ex-ministro Eliseu Padilha e o ex-ministro Moreira Franco, que formaram um núcleo político para cometer crimes contra empresas e órgãos públicos.
2) Denúncia por corrupção passiva, envolvendo o caso da mala de dinheiro apreendida com o ex-assessor de Temer, Rocha Loures, no valor de 500 mil reais, recebida do executivo da J&F Ricardo Saud, a ser entregue a Temer.
3) Os sócios estrangeiros da Pérola S.A, terminal portuário alfandegado localizado no Porto de Santos (SP) e ligado ao grupo empresarial, instauraram uma investigação interna para apurar supostos

contratos firmados fictícios, por Antônio Celso Grecco, dono da empresa Rodrimar, com escritórios de advocacia. Grecco foi indiciado pela Polícia Federal, ao lado de Michel Temer, no inquérito que apura o favorecimento da Rodrimar pelo chamado Decreto dos Portos nº 9.048/2017, assinado em maio de 2017 pelo presidente.

4) Análise de contrato irregular entre a Argeplan e a empresa Fibria Celulose S/A, no valor de R$ 15,5 milhões.
5) Inquérito sobre suposto recebimento de R$ 10 milhões em propina da Odebrecht por Temer e pelos ex-ministros Moreira Franco e Eliseu Padilha, conforme delação de Cláudio Melo Filho, ex-vice-presidente de Relações Institucionais da empreiteira.
6) No fim de 2018, diante de delação de executivos do grupo J&F, Temer foi denunciado pela procuradora-geral da República, Raquel Dodge, pelos crimes de corrupção passiva e lavagem de dinheiro, por integrar um suposto esquema para favorecer empresas específicas na edição de um decreto sobre o setor portuário.
7) Inquérito a pedido de Rodrigo Janot para apuração de irregularidades por parte de Temer em razão de conversa gravada por Joesley Batista, em que trataram de nomeações e interesses do grupo J&F. Neste caso, Temer acabou sendo absolvido pelo juiz Marcus Vinícius Reis Bastos, por entender que a denúncia distorceu o teor do áudio.
8) A pedido da então procuradora-geral da época, Raquel Dodge, iniciou-se investigação sobre suposto crime de lavagem de dinheiro cometido na reforma de um imóvel da filha de Temer, Maristela, custeada pela empresa Argeplan. A Polícia Federal alegou que R$ 1 milhão proveio de pagamento de propina do grupo J&F, a pedido de Temer. Segundo delação premiada do dono da construtora Engevix, José Antunes Sobrinho, ele pagou o aludido valor de R$ 1 milhão em propina, a pedido do coronel João Baptista Lima Filho (amigo de Temer), do ex-ministro Moreira Franco e com o conhecimento do presidente Michel Temer. Em parceria com a empresa de Lima, a Argeplan, a Engevix havia fechado um contrato em um projeto da usina de Angra 3. Para a força-tarefa, Temer atuava como chefe de uma organização criminosa há 40 anos no Rio de Janeiro. Contudo, **as provas não foram apresentadas** naquele momento.

5.3.2.2 Economia, reformas, eleições

Ao completar dois anos de mandato, em agosto de 2018, o presidente Michel Temer liderava um governo que ostentava alguns bons índices econômicos, com a queda da inflação e a redução da taxa de juros. No entanto, enfrentava o aumento no número de desempregados e índices muito altos de rejeição na preferência popular. Praticamente todo o primeiro escalão do governo – entre os quais o próprio presidente – era alvo de denúncias da Procuradoria Geral da República (PGR), envolvido em graves crises políticas e no foco de investigações criminais de toda ordem.

O presidente podia comemorar a alta do PIB em 2017, depois de dois anos de retração, e as quedas da inflação e da taxa de juros. No entanto, a elevação do Produto Interno Bruto (PIB) foi de apenas 1% e o aumento do número de desempregados – de 11,4 milhões no ano de 2016 para 13,7 milhões em 2017 – fez com que houvesse muito pouco a comemorar. No caso da taxa de inflação houve uma redução considerável de 9,32% no fim do governo Dilma para 2,76% no aniversário de dois anos do governo Temer. A taxa Selic, que indexa os principais índices da economia, caiu de 14,25% ao ano para 6,50% ao ano durante a administração do emedebista. O índice era o menor da série histórica do Banco Central, iniciada em 1986. O dólar, por sua vez, foi de R$ 3,47 para R$ 3,60[1269].

Durante o seu mandato, o presidente também conseguiu aprovar a Reforma Trabalhista, tema polêmico que provocou muita discussão pelo Brasil, com parte dos magistrados trabalhistas negando-se a aplicar a nova legislação, tida como inconstitucional e protestos de trabalhadores. Outra prioridade que ele levou adiante foi o programa de concessões e privatizações que defendeu no discurso logo após a posse como presidente definitivo, após o impeachment de Dilma. De acordo com dados do governo, 74 projetos foram concluídos, entre os quais a licitação de quatro aeroportos, linhas de transmissão, terminais portuários e blocos para exploração de óleo e gás. Parte dessas concessões são parcerias público-privadas (PPPs). Uma das principais apostas do governo para 2018, a pri-

[1269] A fonte das informações é o Banco Central e o IBGE, de acordo com relatório do Caged.

vatização da Eletrobrás, ainda estava no Congresso para ser aprovada. A reforma da Previdência foi enterrada depois das denúncias que surgiram contra o presidente por parte do dono da empresa JBS, Joesley Batista[1270].

O presidente passou boa parte do ano de 2017 alegando que seria candidato à reeleição pelo MDB. No entanto, em meados de 2018, avisou que apoiaria o então ministro da Fazenda, Henrique Meirelles, para o cargo. A candidatura de Meirelles, recém-filiado ao partido, estava sendo contestada por alguns dos principais caciques do MDB. Em abril de 2018, o ministro tinha somente um ponto percentual – aproximadamente o mesmo percentual de votos de Temer – nas pesquisas divulgadas. Com isso, era um dos últimos colocados entre os candidatos ao Planalto. Meirelles logo avisou que não era o "candidato do governo", mas de sua própria biografia e história no mercado financeiro e no mundo dos negócios.

Após o fim de seu governo, Michel Temer foi preso duas vezes. A primeira em 21 de março de 2019, pela prática de crimes de cartel, corrupção ativa e passiva, lavagem de capitais e fraudes à licitação, cuja organização criminosa teria atuado na construção da usina nuclear de Angra 3, no Rio de Janeiro; e a segunda, em 9 de maio de 2019, após o Tribunal Regional Federal da 2ª Região ter revogado o *habeas corpus* concedido em março.

Em suma, poderíamos atribuir a esse governo três fases: "na primeira, Temer teve uma coalizão de rescaldo, nascida na articulação do processo de impeachment de Dilma Rousseff, em situação similar à de Itamar Franco entre o impeachment de Collor e o Plano Real. Essa particular coalizão de rescaldo tinha um diferencial político significativo. Embora o PMDB fosse o seu partido-pivô, com em todas as outras coalizões, pela primeira vez o presidente era do partido. Finalmente, o condomínio de poder do PMDB ocupava a Presidência da República. Nunca antes"[1271].

Em 17 de maio de 2017 teria iniciado a segunda fase: "quando estourou o escândalo da gravação da conversa entre o presidente e Joesley Batista, um dos donos do grupo JBS. Temer se apoiou, a partir daí, num acordo de conveniência, mais que numa coalizão. Um conluio político

1270 PATARRA, Ivo. *Petroladrões*, cit., p. 561.

1271 ABRANCHES, Sergio. *Presidencialismo de coalizão – raízes e evolução do modelo político brasileiro.* Rio de Janeiro: Companhia das Letras, 2018, p. 330.

para blindá-lo, ao ser denunciado por corrupção. Ele montou urna aliança de salvação coletiva de mandatos, sob direção do condomínio peemedebista, que temporariamente o livrou, e a vários parlamentares, entre eles o senador Aécio Neves (PSDB-MG), do alcance da Justiça. Essa aliança deu início a uma ação concertada, nos três Poderes, para neutralizar a Lava Jato. Contou como apoio solidário e firme do PSDB, partido que, aliás, esteve em papel de destaque, de coliderança nas coalizões do *impeachment* e de rescaldo. No momento em que Temer precisou do Congresso para manter seu mandato, a coalizão de rescaldo chegou ao fim e ele se tornou refém do plenário da Câmara. Endividou-se politicamente e perdeu a capacidade de liderar uma coalizão efetiva".

E a última, e derradeira, fase: "é a pré-eleitoral, em 2018. Refém desse acordo de conivência, o presidente tentou articular uma coalizão de governo para aprovar reformas como a da Previdência e fracassou. A coalizão desagarrou-se, Temer ficou cada vez mais isolado, e o Congresso cada vez mais paralisado.

5.3.2.3 Eleições, facada e *fake news*

A sucessão do presidente Michel Temer foi bastante disputada. No primeiro turno das eleições, realizado em 7 de outubro de 2018, participaram os candidatos Jair Bolsonaro (PSL), Fernando Haddad (PT), Ciro Gomes (PDT), Marina Silva (Rede), Geraldo Alckmin (PSDB), Henrique Meirelles (MDB), João Amoêdo (Novo), Guilherme Boulos (PSOL), Cabo Daciolo (Patriota) e vários outros candidatos nanicos. Abertas as urnas, ficaram nas duas primeiras colocações Bolsonaro, com 49,2 milhões de votos, o equivalente a 46,03% do eleitorado, e Fernando Haddad, com 31,3 milhões de votos, ou 29,28% do eleitorado. Vieram a seguir, Ciro Gomes, com 13,3 milhões (12,47%), Alckmin, com 5 milhões (4,76%), Amoedo, com 2,6 milhões (2,50%), Cabo Daciolo, com 1,3 milhões (1,26%), Meirelles, com 1,2 milhões (1,20%), Marina, com 1 milhão (1,00%), Álvaro Dias, com 859 mil (0,80%), Guilherme Boulos, com 617 mil (0,58%), Eymael, com 41 mil (0,04%) e João Goulart Filho, com 30 mil (0,03%). No segundo turno o candidato eleito foi Jair Bolsonaro (PSL), que obteve 55,13% dos votos válidos, conquistando 57.796.986 votos. Fernando Haddad (PT) teve 44,87% dos votos, o equivalente a 47.038.963 votos.

O ex-militar venceu nos Estados do Sudeste, Sul, Centro-Oeste e a maior parte do Norte e o professor nos Estados nordestinos e no Pará. A vitória parcial de Bolsonaro trouxe muitas preocupações à sociedade com um governo autoritário, de perfil fascista, que poderia vir a comandar. Haddad, por sua vez, teve pouco tempo, apenas três semanas, para fazer decolar sua candidatura. É que o PT esticou ao máximo a possibilidade de Lula, preso desde abril em Curitiba sob acusação de corrupção passiva, ser o candidato do partido, com Haddad como vice. A tese de insistir na candidatura do ex-presidente, que seria barrado pela Lei da Ficha Limpa, era sustentada por parte expressiva do PT, sob a liderança da senadora Gleise Hoffman. Por outro lado, setores do PCdoB, o principal aliado do PT, que indicou a vice, Manuela D'Ávila, queriam uma definição mais rápida, para que a candidatura tivesse mais chances de enfrentar Bolsonaro. "Minha avaliação é de que essa demora foi um erro grave. Temos pouquíssimo tempo para crescer porque perdemos um tempo precioso", afirmou um dirigente comunista, que preferiu não se identificar, ao jornal *El País Brasil*.[1272] Na ocasião, com apenas 9% das intenções de voto, Haddad estava embolado com Ciro Gomes, Marina Silva e Geraldo Alckmin na segunda colocação, bem atrás do líder, Bolsonaro, que chegava a 40%. Até Lula ser afastado da disputa, o ex-presidente liderava todas as pesquisas de opinião, segundo as quais ele venceria a eleição no primeiro turno. O PT e seus aliados PCdoB e Pros teriam que aumentar sua votação no Nordeste, sua principal base eleitoral, e conquistar apoios em outras regiões para ter chance de vitória no segundo turno.

Atentado contra Bolsonaro – Em 6 de setembro de 2018, ainda durante a campanha, Bolsonaro sofreu um atentado a faca, cometido por Adélio Bispo de Oliveira em Juiz de Fora (MG) durante um comício. Foi atendido rapidamente e conseguiu sobreviver. Este fato o tirou da campanha, mas acabou lhe sendo muito útil para a consolidação de sua imagem como "mito", favorecendo-o profundamente na mídia e protegendo-o de debates televisivos. Ele estava impossibilitado de participar devido a seu estado de saúde. A ideia propagada pelos adversários de que Bolsonaro se **desidrataria** durante a campanha foi destruída porque a TV

[1272] Edição de 12 de setembro de 2018, p. B-6.

– monopolizada pelo candidato do PSDB, Geraldo Alckmin, que tinha o maior tempo – deu lugar à propaganda eleitoral pela internet, principalmente as redes sociais, que foram muito utilizadas pelo candidato. A *Folha de S. Paulo*, por meio da repórter Patrícia Campos Mello, denunciou, por exemplo, um esquema de empresas, entre as quais a principal foi a Havan, de Luciano Hang, em um sistema de pagamentos de "disparos" de whatsapp que beneficiariam enormemente o candidato[1273]. Alguns contratos chegavam a R$ 18 milhões, o que é vetado pela legislação eleitoral que proíbe o apoio de empresas a candidatos. Bolsonaro ainda tentou "vender" a ideia de que Oliveira teria sido pago por seus adversários "de esquerda" para matá-lo (o agressor foi filiado ao PSOL anos atrás), mas a história não colou, a não ser em alguns círculos mais fanatizados das redes sociais. A Justiça o declarou inimputável por transtorno obsessivo e ele está internado em um hospital psiquiátrico. O presidente não recorreu da sentença.

5.3.2.4 Promessas de campanha

A proposta do futuro presidente era, aparentemente, de ruptura com a política ou ao menos com o que chamava de "**velha política**". "A energia, a belicosidade na fala de Bolsonaro, afrontando constante e deliberadamente o politicamente correto, também ajudou a dominar essa agenda. O tom aguerrido era percebido como firmeza, determinação, energia para combate ao crime. Suas bandeiras eram cortantes: diminuição da maioridade penal, ampliação do direito civil ao porte de armas, pena de castração química para os estupradores e mais garantias legais de proteção aos policiais em ação de combate, entre outras."[1274] Durante a campanha, havia feito, ainda, menções à Venezuela, dizendo que o PT ia transformar o Brasil numa Venezuela – país em forte crise econômica e social – e muitas outras mentiras que acabaram pegando. Outra foi sobre a tal "caixa-preta do BNDES", uma referência ao banco

[1273] Reportagem publicada em 18 de outubro de 2018, na página A-2 da edição impressa.
[1274] Moura, Maurício & Corbelini, Juliano. Eleição disruptiva – por que Bolsonaro venceu, São Paulo-Rio de Janeiro, Record, 2019, p. 32

de desenvolvimento brasileiro que financiaria ditaduras como a cubana e a venezuelana[1275].

Durante a campanha, que se passou em 2018, Bolsonaro fez uma série de promessas, em material de 81 páginas[1276]. A seguir, algumas delas[1277]:

1) Corrupção e questões éticas – No que diz respeito à corrupção, Bolsonaro prometia "um governo decente, diferente de tudo aquilo que nos jogou em uma crise ética moral e fiscal, um governo sem toma lá dá cá, sem esquemas espúrios".

2) Economia – Nesse setor, o compromisso era o seguinte: "estimamos reduzir em 20% o volume da dívida por meio de privatizações, concessões, venda de propriedades imobiliárias da União e devolução de recursos em instituições financeiras oficiais que hoje são utilizadas sem um benefício claro à população brasileira".

Em relação a inflação e empregos, a proposta era a seguinte: "faremos os ajustes necessários para garantir crescimento com **inflação baixa** e geração de empregos." Ainda na área da economia, o compromisso do presidente era ousado: "as economias de mercado são historicamente o maior instrumento de geração de renda, emprego, prosperidade e inclusão social. Graças ao liberalismo, bilhões de pessoas estão sendo salvas da miséria em todo o mundo".

Outro compromisso foi a redução do déficit primário (a dívida do governo): "está previsto pelo atual governo que para 2019 o Brasil terá **déficit primário** de R$ 139 bilhões, que tentaremos reduzir rapida-

1275 Uma auditoria conduzida por um escritório estrangeiro, o americano Cleary Gotlab Steen, que custou R$ 48 milhões ao governo e durou um ano e um mês, comprovou que não havia "caixa- preta" alguma nas operações do banco com empresas como a JBS, o grupo Bertin ou a Eldorado Brasil e Celulose, realizadas entre 2005 e 2018. A Ordem dos Advogados do Brasil (OAB) cobrou explicações ao governo sobre a auditoria e seus resultados. O Estado de S.Paulo, edição de 21 de janeiro de 2019, p. B-1

1276 Folha de S.Paulo, edição de 3 de janeiro de 2020, página A-6 – Poder – textos de Gustavo Uribe, Talita Fernandes e Ranier Bragon.

1277 O que ocorreu de fato no governo, ao menos em seu primeiro ano, está relatado páginas adiante, quando descrevemos o início do governo de Jair Bolsonaro. O leitor poderá perceber que praticamente tudo se deu ao contrário do que está escrito no programa de governo. Na parte seguinte, mantemos a mesma numeração das promessas para facilitar a leitura e a compreensão.

mente. O déficit primário precisa ser eliminado já no primeiro ano e convertido em superávit no segundo ano". No seu programa de governo, o presidente previa, ainda, a criação de uma nova carteira de trabalho verde e amarela, voluntária para novos trabalhadores.

3) Previdência Pública – No quesito Previdência, o programa previa o seguinte: "uma reforma da Previdência tendo como grande novidade a introdução de um sistema com contas individuais de capitalização. Nossa reforma (tributária) visa a unificação de tributos e a radical simplificação do sistema tributário nacional".

No seu programa de governo, o presidente previa a criação de uma nova carteira de trabalho verde e amarela, voluntária para novos trabalhadores, o que deveria aumentar a oferta de empregos.

4) Imprensa – No relacionamento com a imprensa, o governo dizia o seguinte até ser eleito: "somos defensores da liberdade de opinião, informação, imprensa, internet, política e religiosa. Somos contra qualquer regulação ou controle social da mídia".

5) Administração – O compromisso era expresso da seguinte forma: "O País funcionará melhor com menos ministérios".

6) Segurança Pública – O compromisso principal era reduzir a criminalidade. Outro: "reduzir a maioridade penal para 16 anos". Ainda estava previsto a "reformular o Estatuto do Desarmamento para garantir o direito do cidadão à legítima defesa sua, de seus familiares, de sua propriedade e a de terceiros".

7) Educação – Nessa área, o compromisso era "dar um salto de qualidade na educação com ênfase na infantil, básica e técnica, sem doutrinar".

8) Saúde – Estava prevista a criação do Prontuário Eletrônico Nacional Interligado. "Os postos, ambulatórios e hospitais deves ser informatizados, com todos os dados do atendimento, além de registrar o grau de satisfação do paciente ou do responsável." Outra promessa nessa área dizia respeito aos médicos em si: "credenciamento universal dos médicos. Toda força de trabalho da saúde poderá ser utilizada pelo SUS. Todo médico brasileiro poderá atender a qualquer plano de saúde".

9) Social – O compromisso era: "acima do valor do Bolsa Família, pretendemos instituir uma renda mínima para todas as famílias brasileiras. Nossa meta é garantir, a cada brasileiro, uma renda igual ou superior ao que atualmente é pago pelo Bolsa Família." A promessa era instituir a renda mínima, uma criação do então senador petista Eduardo Suplicy.

10) Política Externa – A promessa era uma inflexão na área da política externa: "deixaremos de louvar ditaduras assassinas e desprezar ou mesmo atacar democracias importantes como EUA, Israel e Itália".

A força das fake news – A campanha, nos dois turnos, principalmente de Bolsonaro, foi marcada pelo uso de *fake news*. Em reportagem de 18 de setembro de 2018, a repórter Patrícia Campos Mello, da *Folha de S.Paulo*, publicou reportagem segundo a qual a campanha de Bolsonaro contratou, por meio de empresas, disparos em massa de WhatsApp contra seu rival, com notícias negativas, muitas delas falsas. Somente a Havan, do empresário Luciano Hang, teria destinado R$ 12 milhões para contratar mensagens com *fake news* contra o petista. A reportagem foi usada pelo PT em uma ação contra a campanha do ex-militar no Tribunal Superior Eleitoral (TSE). Os acusados negaram ter contratado o serviço, mas o próprio WhatsApp suspendeu várias empresas de publicidade que usavam a plataforma do serviço de mensagens para enviar os *fake news* e o TSE entrou na história também, exigindo explicações da candidatura. Dias depois da publicação da reportagem, a repórter passou a ser perseguida por apoiadores do candidato. Um deles, um hacker, conseguiu entrar no telefone celular dela e, de lá, enviar mensagens de apoio a Bolsonaro. Em todas as suas redes sociais, apareciam ameaças contra a vida de Patrícia, experiente repórter com muitas coberturas internacionais. A empresa pediu à Polícia Federal a proteção de seus jornalistas. O candidato também entrou com ação na Justiça contra a *Folha* e a jornalista, sem sucesso, pedindo a retirada do texto. Dias depois, diria que o jornal "estava acabado" e que retiraria verbas publicitárias do governo eventualmente investidos na empresa que o edita. A medida anunciada foi criticada por órgãos de defesa dos jornais e dos jornalistas. Entre as notícias falsas divulgadas estavam uma segundo a qual Haddad teria determinado a distribuição de um inexistente kit gay nas escolas e de uma mamadeira com bico no formato de um pênis e de que até teria defendido em livro o incesto. Todas, naturalmente, eram mentirosas. Do outro lado, o filho de Bolsonaro, Carlos, aparecia com uma camiseta na qual estariam escritas ofensas contra nordestinos e o próprio candidato teria discutido com o bispo da Igreja Universal, Edir Macedo, um apoiador de primeira hora, a retirada de Nossa Senhora como padroeira do Brasil. Também era tudo falso.

A eleição de Bolsonaro (PSL), em 2018, foi, certamente, uma das que mais houve a ocorrência de notícias falsas (as chamadas fake news), divulgadas, principalmente, por redes sociais da internet, como o *WhatsApp*, o *Facebook e o Twitter*. O capitão se baseou em seu "ídolo", o presidente americano Donald Trump, que também se elegeu com o uso do que os pesquisadores chamam de "pós-verdade", da mesma forma divulgada via redes sociais. O filho do então candidato, o deputado federal Eduardo Bolsonaro, publicou em suas redes sociais uma foto em que aparecia abraçado com o estrategista-chefe da campanha de Trump, Steve K. Bannon. Ele era dirigente de uma empresa chamada *Cambridge Analytics*, fundada em 2018 no Reino Unido, que, além da campanha do presidente americano, também atuou na campanha vitoriosa do Brexit na Inglaterra e em outros 200 países. A empresa esteve envolvida em um escândalo internacional, que envolvia roubo de dados e manipulação psicológica. Até mesmo o presidente do Facebook, Marck Zuckerman, foi forçado a se explicar ao Congresso dos EUA depois das revelações[1278].

> *"Em março de 2018, um ex-diretor da Cambridge Analytica, Christopher Wylie, contou ao* The New York Times *e ao* The Guardian *que a empresa tinha acesso a dados de milhões de usuários do Facebook. As informações foram compiladas, de forma ilegal, com um aplicativo chamado Thisisyourdigitallife (esta é sua vida, numa tradução*

[1278] Estudo feito na USP pelo Grupo de Pesquisa em Políticas Públicas de Acesso à Informação, coordenado pelos professores Pablo Orteliado e Marcio Moretto, revelou que eram falsas três das cinco reportagens mais compartilhadas por brasileiros no Facebook entre os dias 12 e abril de 2016, semana que antecedeu a abertura do processo de impeachment de Dilma Roussef na Câmara dos Deputados. O grupo investigou o desempenho de mais de 8 mil reportagens publicadas naquele período por 117 jornais, revistas, sites e blogs noticiosos. Uma das notícias mais difundidas, com mais de 65 mil compartilhamentos naquela semana foi publicada no site Diário do Brasil com o título: "Presidente do PDT ordena que militância pró-Dilma vá armada no domingo: Atirar para matar." A campeã entre as fake news, no entanto, foi publicada no site Pensa Brasil e superou 90 mil compartilhamentos. "Polícia Federal quer saber os motivos para Dilma doar R$ 30 bilhões a Friboi" , dizia o título. Gonçalves, Míriam (organizadora), Enciclopédia do golpe, São Paulo, Canal 6 Editora, p. 59

livre). Desenvolvido por Aleksandr Kogan, cientista da Universidade de Cambrige, o app oferecia um teste gratuito de personalidade. Porém, em troca, recolhia as informações do usuário no Facebook. Entre 2014 e 2015, pelo menos 270 mil pessoas baixaram o aplicativo. O que elas não sabiam era que, ao fazer o teste, concordavam em dar acesso aos dados dos seus amigos na rede social. Com esse truque sujo, a Cambridge Analytica formou uma amostra com 87 milhões de pessoas, entre elas, 443 mil brasileiros. A partir dai, a empresa criou os perfis psicológicos do eleitorado e, com fake news, atacou as emoções e medos de grupos específicos. O objetivo era acessar a mente de um país para, segundo Wylie, "direcionar seus demônios íntimos" na hora do voto. De olho nas eleições de 2018, a Cambridge Analytica desembarcou no Brasil pelas mãos do publicitário baiano André Torreta. Ele lançou em 2017 a CA Ponte e passou a apresentar-se como o rosto tropical da empresa britânica. O publicitário tinha interesse em aplicar o modelo dos perfis de eleitorado no WhatsApp. Na época, cerca de 120 milhões de brasileiros tinham o aplicativo no celular. Quando o escândalo explodiu na imprensa, Torreta cortou relações com a Cambridge Analytica e negou saber que o método utilizado para coletar dados era ilegal. Na mira do FBI, a empresa britânica encerrou suas atividades em maio de 2018"[1279].

No Brasil – a atuação da empresa na eleição brasileira ainda é um mistério, mas, pouco antes do pleito, os celulares de eleitores de todo o Brasil foram inundados com mensagens falsas e alarmistas, que predispunham a população contra os candidatos de esquerda, em especial a chapa de Fernando Haddad (PT) e Manuela Dávila (PC do B), que começava a ganhar terreno. Em muitos aspectos, a atuação da campanha de Bolsonaro lembrava a eleição de Trump e o caso do Brexit, com muito terror psicológico e manipulação de dados e informações. Também houve fake news contra o candidato do PSL, mas nada que se compare ao que foi divulgado por sua campanha[1280].

[1279] Fátima, Bianco di. Dias de tormenta: os movimentos de indignação que derrubaram ditaduras, minaram democracias e levaram a extrema direita ao poder no Brasil, São Paulo, Geração Editorial, 2019, p. 245-246.

[1280] No dia 22 de outubro, o Facebook derrubou um cluster (conjunto de contas) pró-Bolsonaro na rede social. Um total de 68 páginas e 43 contas falsas eram usadas para propagar fake news em prol do ex-capitão. Um dia antes, a Folha de S.Paulo havia divulgado que empresas simpáticas ao candidato preparavam o disparo de milhões de mensagens contra o PT. Idem, ibidem, p. 249.

"Na semana que antecedeu o primeiro turno, os bolsominions fizeram circular um volume colossal de fake news pelas redes sociais. No submundo virtual, arregimentaram as tropas, definiram os alvos e avançaram, ora com soldados humanos, ora com ajuda de bots, contas automatizadas para replicar mensagens à exaustão. Com imagens forjadas e fora de contexto, a artilharia pesada tentava despertar a repulsa dos eleitores evangélicos e católicos contra o PT, segundo colocado nas pesquisas e que ameaçava ganhar terreno. Para ativar a narrativa do medo e manipular as emoções, como na Cambridge Analytica, relacionaram seus adversários ao caos nas ruas, teorias da conspiração e obscenidades. O maremoto de mentiras tragou o movimento contrário ao candidato do PSL. Em vez de famílias e crianças felizes do #EleSim, o #EleNão emergiu nas redes conectado a mulheres nuas, orgias, prostituição e consumo de drogas. No Twitter, fotos mostravam jovens de minissaia quebrando estatuetas sacras. Pelo WhatsApp, áudios relatavam sexo em praças e avenidas do país. No Facebook, um texto narrava que feministas defecaram dentro de uma igreja evangélica. Pelo YouTube, Olavo de Carvalho, ex-astrólogo e guru da extrema-direita, avaliou os artistas que davam apoio ao #EleNão: "Vivem de festinha regrada (sic) a champanhe francês e cocaína" O vídeo teve meio milhão de visualizações, e a caçada não parou por aí. Em algumas postagens, a campanha petista surgia vinculada ao tráfico de drogas no Rio e a um complô comunista para controlar a América Latina. Em outras, a um "kit gay" para crianças de até seis anos e ao projeto fantasioso que obriga padres e pastores a celebrar casamento de pessoas do mesmo sexo"[1281]

A força das fábricas de fake news é impressionante. Somente um dos sites "especializados" em espalhar notícias falsas, o Pensa Brasil, teve em março de 2016, 3,2 milhões de visitantes únicos e 10 milhões de pagewies (páginas visitadas) de visitantes únicos. De acordo com especialistas da área, renderia aos seus responsáveis cerca de R$ 50 mil por mês. "O que fazemos são modificações para tornar a notícia mais útil e interessante. Quem tem que saber o que é verdade e o que é mentira é quem lê a matéria", afirmou, candidamente, à *Folha de S. Paulo* o responsável pelo site, Beto Silva, morador de Poços de Caldas (MG). E não parou por aí.

[1281] Ibidem, p. 250.

"Em junho de 2017, o grupo da USP dirigido pelo professor Pablo Ortelado monitorou 500 páginas com conteúdo político falso ou distorcido compartilhado nas redes sociais. Seu desempenho era acachapante. Segundo os pesquisadores, 12 milhões de brasileiros difundiram fake news naquele mês. É muito. Se ao menos um post de cada um desses 12 milhões de usuários tiver alcançado 170 seguidores, seria possível inferir que toda a população brasileira foi potencialmente atingida por fake news naquele mês. "Infelizmente, não há saída para o problema das notícias falsas no âmbito da comunicação", escreveu Pablo Ortellado, para quem as fake news desempranharão papel determinante nas eleições de 2018. "O problema é de ordem política. Enquanto não desarmarmos a polarização[1282] *e a guerra de informação, vamos seguir nos informando mal e colocando nossa indignação a serviços das forças políticas que nos dividem"*[1283].

[1282] Terminado o primeiro turno, a violência continuou. Um capoeirista baiano, Romualdo Rosário da Costa, conhecido como Mestre Moa do Katendê, foi assassinado por um eleitor de Bolsonaro, o barbeiro Paulo Sérgio Ferreira de Santana, em uma briga de bar motivada por desavenças políticas. Moa, que havia sido homenageado por Caetano Veloso na música *Beleza Pura*, era eleitor do PT e havia discutido com seu agressor por essa razão. Santana é apoiador de Bolsonaro. O capoeirista foi morto com 12 facadas pelas costas e um primo seu ferido pelo barbeiro. Pelo menos 50 outros casos, de agressão e ameaças contra eleitores petistas e contra travestis – que o candidato ironiza e intimida em suas falas – foram registrados. Com isso, se criou um clima de medo no País. Pressionado, o candidato fez um pronunciamento tímido em que se recusou a condenar as ações dos seus correligionários, só disse que "rejeitava votos de quem agia assim e que não controla seus eleitores." Em geral, no segundo turno, os candidatos costumam moderar suas posições e se encaminhar para o centro, como uma estratégia para conquistar votos dos adversários. Com Bolsonaro, entretanto, isso não se deu. Ele continuou fazendo uma pregação belicista na qual prometia mandar prender ou expulsar seus opositores, entre eles até mesmo o seu concorrente direto. Uma fala do candidato nesse tom em um comício na Avenida Paulista foi condenada por vários setores da sociedade. "Esses marginais vermelhos vão ser presos ou exilados. Lula, se prepare para receber o Haddad ai, mas não como candidato, mas como preso. O Lula e o Haddad vão apodrecer na cadeia", disse, como se fosse um ditador superpoderoso. Um mês antes, em um comício, havia pegado um tripé como se fosse uma metralhadora e prometido "metralhar a petralhada do Acre". Apesar da retórica de guerra, Bolsonaro não foi a nenhum dos debates programados para o segundo turno. Nos primeiros, alegou que não havia sido liberado pelos médicos mas depois, quando acabou o tratamento, afirmou que seria uma questão "estratégica" a decisão de não participar das discussões na TV. Com isso, o pleito de 2018 foi o primeiro na história do Brasil em que não houve debates no segundo turno entre os dois candidatos escolhidos pela população.

5.3.2.5 A influência da Lava Jato na política

O discurso ético, em contraposição à suposta "corrupção" do PT também foi muito usado, de forma competente, pelo ex-capitão durante a campanha. O processo da Lava Jato, em Curitiba, contribuiu nesse sentido, a partir da atuação do então juiz **Sergio Moro** e do ex-coordenador da Lava Jato, o procurador da República Deltan Dallagnol, além de outros, como, por exemplo, o juiz federal no Rio de Janeiro Marcelo Bretas. O julgamento de **supostas irregularidades** envolvendo Lula e outras figuras ligadas ou apoiadores de partidos de esquerda se transformou num grande espetáculo midiático, inclusive com a **condução coercitiva** – mesmo sem ter sido chamado para depor – do próprio ex-presidente, que acabaria condenado por Moro, em decisão ratificada pelo Tribunal Regional Federal 3 (TRF-3), sediado em Porto Alegre – passando ao vivo no noticiário da TV e da internet. Instaurou-se o que se convencionou chamar de "Partido da Lava Jato), acusado de perseguir políticos de esquerda e que se propunha a "ser contra tudo o que está ai", indiretamente colaborando com a eleição de Bolsonaro. Até mesmo uma delação do ex-ministro petista Antônio Pallocci foi liberada a poucos dias da eleição, com o propósito de prejudicar o candidato do PT. A **Lava Jato**, que se iniciou com uma investigação sobre irregularidades contábeis num posto de gasolina em Brasília, atingiu a política em geral e particularmente a ala progressista do País. Temos, então, alguns fatores que colaboraram para a vitória de Jair Bolsonaro à Presidência: 1) o antipetismo militante; 2) o elitismo histórico, com a colaboração da população votante; 3) A religiosidade, com a adesão em massa dos evangélicos; 4) O aparente confronto com o sistema (a crítica à "velha política" na campanha; 5) O uso da tecnologia na área da comunicação, ajudando na manipulação da população; 6) Apoio empresarial – foi o caso do dono da rede de lojas Havan, entre outros personagens do mundo do empresariado.

5.3.2.6 Resultados finais

No segundo turno, Bolsonaro acabou vencendo com 57.797.259 votos, o equivalente a 55.13% dos votos válidos. Haddad ficou com 47.039.717

[1283] Gonçalves, Míriam (organizadora), *Enciclopédia do golpe*, São Paulo: Canal 6 Editora, p. 57.

votos, que equivalem a 44,87%. Houve 2.485.586 (2,14%) votos brancos, 8.608.048 (7,43%) nulos e 31.730.980 (21,30%) se abstiveram. No fim das contas, o vencedor ficou com 39% da votação, o segundo colocado com 32% e 29% anularam ou se abstiveram. Jair Bolsonaro, capitão reformado do Exército e deputado federal (PSL) pelo Rio de Janeiro, se tornou o 42º presidente do Brasil, o primeiro militar a ocupar o cargo desde o fim da ditadura, em 1985. Com um discurso conservador e anti-PT foi o primeiro presidente a se declarar de direita desde Fernando Collor, que sofreu impeachment. Em sua primeira fala, ainda na frente de sua casa, no bairro da Barra da Tijuca, no Rio de Janeiro, disse que defenderia a Constituição, faria reformas liberalizantes e pacificaria o País. "Isso é uma promessa não de um partido, não é a palavra vã de um homem, é um juramento a Deus", afirmou. Houve em seguida uma oração conduzida pelo senador não reeleito Magno Malta. Nas redes sociais, Bolsonaro, que se apresentou com uma bíblia, um livro sobre a trajetória do ex-primeiro ministro inglês Winston Churchill e outro do astrólogo Olavo de Carvalho, guru da direita brasileira, fez críticas à imprensa e a seus opositores. "Não poderíamos mais continuar flertando com o socialismo, com o comunismo, com o populismo e com o extremismo de esquerda", declarou. Com sua vitória, o ex-capitão encerrou o ciclo de disputas entre o PSDB e o PT, que vinha das últimas eleições a partir da redemocratização. Apesar de sua eleição com 55% dos votos válidos, o número de brancos e nulos bateu recorde. Em votos válidos, sua margem foi inferior à das duas eleições de Lula e à da eleição de Dilma Rousseff[1284].

Haddad, por sua vez, em um hotel em São Paulo, não cumprimentou inicialmente o candidato vitorioso e, em discurso, pediu coragem aos que votaram nele. "Temos uma tarefa enorme no País que é, em nome da democracia, defender o pensamento e as liberdades desses 45 milhões de brasileiros que nos acompanharam até aqui", afirmou. Somente no dia seguinte, o petista mandaria, via twitter, um cumprimento ao presidente eleito, que respondeu de forma irônica. O petista o cumprimentou pela vitória e disse que estava de "coração aberto". Bolsonaro agradeceu o cumprimento e disse que "o Brasil merece o melhor", em relação à sua

[1284] Valor, edição de 29 de outubro de 2018, p. A-3.

candidatura. Foram registrados conflitos entre apoiadores de Haddad e a PM na Avenida Paulista.

Em termos nacionais, o partido do presidente eleito, o PSL, conseguiu fazer governadores em três Estados – Comandante Moisés em Santa Catarina, Coronel Marcos Rocha em Rondônia e Antônio Denarium em Roraima e o do candidato derrotado, PT, em quatro – Rui Costa na Bahia, Camilo Santana no Ceará, Fátima Bezerra no Rio Grande do Norte, e Wellington Dias no Piauí. O partido de Bolsonaro obteve 14 governadores aliados e a oposição nove. O PT ficou com a maior bancada de deputados federais, com 56 ante 52 do PSL, segundo colocado. Em seguida, vieram o PP, com 37, MDB, com 34, e PSD, também com 34. Em termos de regiões, Bolsonaro se saiu melhor nos Estados da região Sudeste e do Sul, enquanto Haddad conquistou vitórias no Nordeste, no Pará e no Tocantins. A imprensa internacional repercutiu de forma desfavorável a eleição do candidato conservador. Os americanos *New York Times* e os diários econômicos *Wall Street Journal* e *Financial Times* o classificaram como "um político de extrema-direita que pode levar o Brasil a liderar uma guinada conservadora na região". A revista chilena *The Clinic* chegou a publicar uma capa com o Cristo Redentor fazendo a saudação nazista da mão espalmada.

Em editoriais no dia da eleição, 28 de outubro, os principais jornais impressos brasileiros, a *Folha de S. Paulo* e o *Estado de S. Paulo*, pediram respeito à Constituição e à liberdade de imprensa. A *Folha* afirmou que "o presidente também demonstrou desconhecer o papel da imprensa nas sociedades modernas. Inconformado com uma reportagem, entrou com uma ação contra três profissionais desse jornal. (...) na melhor das hipóteses, confunde jornalismo independente e crítico com atuação partidária. Na pior, pretende intimidar não só essa empresa, obcecada pelo pluralismo e pelo apartidarismo, mas todos os veículos que se recusam a lhe prestar continência." Bolsonaro havia feito severas críticas à Folha depois que o jornal publicou a reportagem, de autoria de Patrícia Campos Mello, que contava que empresários pagaram disparos de posts do Whatsapp com propaganda negativa contra seu concorrente. Uma delas, a Havan, de Luciano Hang, teria gasto mais de R$ 12 milhões para desgastar Haddad e promover Bolsonaro. Esse empresário ainda seria acusado pelo Ministério Público do Trabalho (MPT) de coagir seus funcionários a votarem no candidato. O MPT pediu que a Justiça o multasse em R$ 100 milhões.

O Estadão, por sua vez, no editorial *Salto no escuro*, lamentou que o País não tenha discutido os planos dos presidenciáveis. "Infelizmente para o Brasil, quem se apresentou para essa missão (combater o PT) não foi a oposição tradicional, organizada e responsável, e sim um obscuro parlamentar do baixo clero, portador de um discurso raivoso e vazio, que apelou aos sentimentos primários de uma parte significativa da sociedade exausta de tanto lulopetismo – e nisso foi muito bem sucedido. (...) O problema é que ninguém sabe quais são as ideias do presidente eleito, admitindo-se que ele as tem". Ambos e mais O Globo, foram barrados na primeira coletiva de imprensa do presidente eleito em sua casa.

Os mapas a seguir, compilados pela editoria de arte do jornal *O Estado de S. Paulo*, mostram a divisão por regiões da votação dos dois candidatos finalistas em 2018 e uma comparação do resultado final das eleições de outros anos com a de 2018, em relação à porcentagem de cada vencedor.

5.4 Jair Messias Bolsonaro (2019-) Vice: Antonio Hamilton Martins Mourão – "A Constituição sou eu" – resultado autofágico da Constituição de 1988

Jair Bolsonaro (21-3-1955 –) nasceu na cidade de Glicério, mas foi criado em Eldorado, no Vale do Ribeira. No fim da década de 1960, quando os militares caçavam o guerrilheiro **Carlos Lamarca** na região, ofereceu-se para guiar uma patrulha que perseguia o chefe da **Vanguarda Popular Revolucionária (VPR)**, grupo armado de oposição ao regime militar, e, por causa dessa movimentação de tropas, interessou-se em servir ao Exército e fez o curso da Academia Militar das Agulhas Negras (Aman)[1285].

[1285] Tinha dificuldade nos estudos, especialmente em geometria descritiva, mas algum sucesso nas atividades físicas, recebendo nessa época o apelido de "cavalão". Em seguida, em 1977, cursou a Escola de Educação Física do Exército, obtendo a primeira colocação, e o curso de paraquedismo.

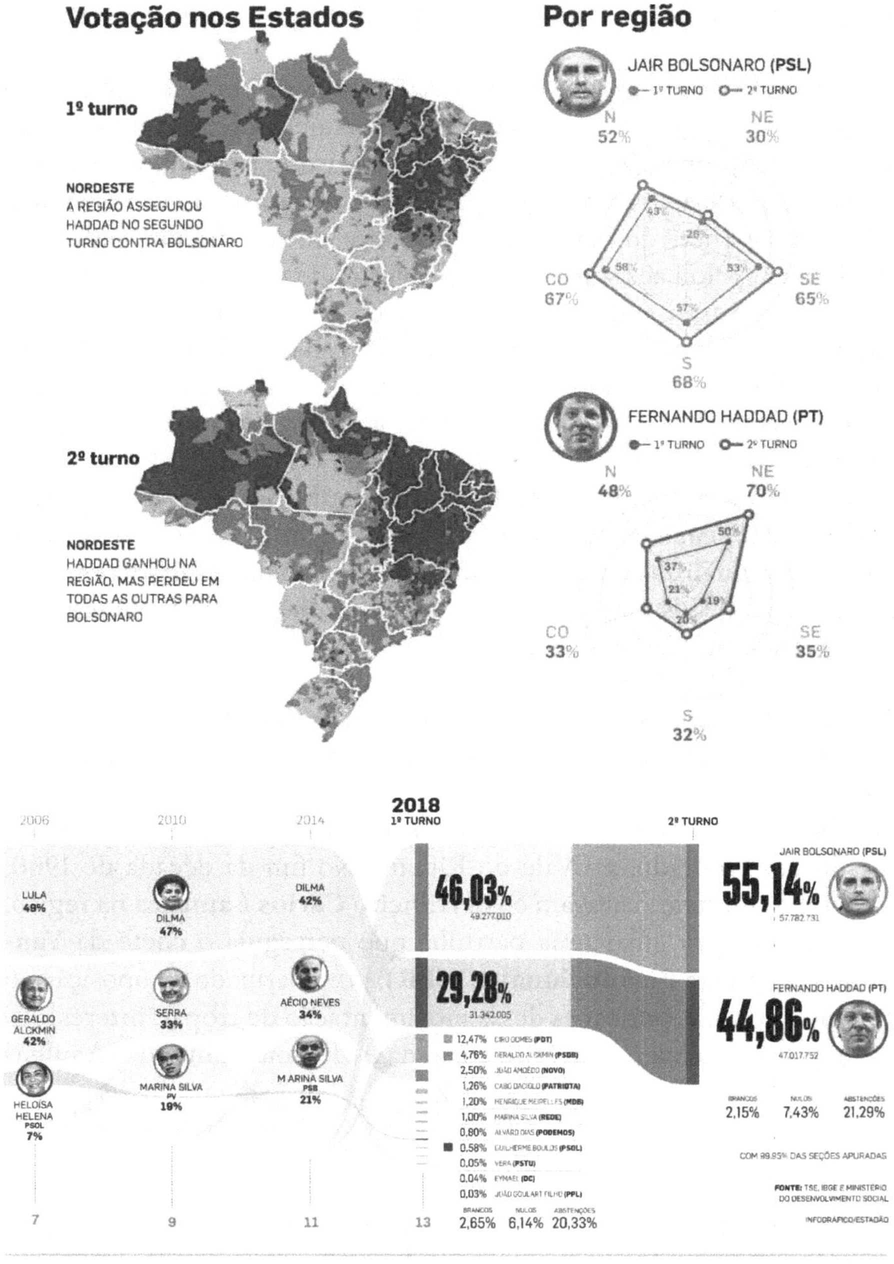

Fonte: *O Estado de S.Paulo*, 29/10/2018, p. A-15 e A-16.

Em 1983 foi acusado de "garimpo ilegal de ouro na Bahia"[1286]. Em 1986, publicou um artigo na revista *Veja* em que criticava os "baixos salários" da tropa[1287]. Foi punido com 15 dias de prisão, mas conseguiu salvar a carreira. O então general Newton Cruz[1288] foi um dos seus principais apoiadores. Em 1987, juntamente com o militar Fábio Passos, ele envolveu-se na **Operação Beco sem Saída**, cujo objetivo era explodir bombas em unidades militares do Rio de Janeiro a fim de pressionar o Ministro do Exército Leônidas Pires Gonçalves a aprovar o aumento nos soldos.

[1286] Texto do coronel Pellegrino, extraído do Conselho de Justificação: "Pela primeira vez, sua grande aspiração de poder desfrutar das comodidades que uma fortuna pudesse proporcionar". "Tinha permanentemente a intenção de liderar oficiais subalternos, no que foi sempre repelido, tanto em razão do tratamento agressivo dispensado a seus camaradas, como pela falta de lógica, racionalidade e equilíbrio na apresentação dos seus argumentos." SAINT-CLAIR, Clóvis. *Bolsonaro: o homem que peitou o Exército e desafia a democracia.* Rio de Janeiro: Máquina de Livros, 2018, p. 29-30.

[1287] "Como capitão do Exército brasileiro, da ativa, sou obrigado pela minha consciência a confessar que **a tropa vive uma situação crítica no que se refere a vencimentos**. Uma rápida passada de olhos na tabela de salários do contingente que inclui de terceiros-sargentos a capitães demonstra, por exemplo, que um capitão com oito a nove anos de permanência no posto recebe – incluindo soldo, quinquênio, habitação militar, indenização de tropa, representação e moradia, descontados o fundo de saúde e a pensão militar – exatos 10.433 cruzados por mês. (...) Esse quadro é a causa sem retoques da evasão, até agora, de mais de oitenta cadetes da Aman [Academia Militar das Agulhas Negra]. Eles solicitaram desligamento". *Veja*, Ponto de Vista, 3 set. 1986.

[1288] Newton Araújo de Oliveira Cruz, nascido em outubro de 1924 no Rio de Janeiro, era oficial da arma da Artilharia e tornou-se general de divisão do Exército. Atuou como chefe do Serviço Nacional de Informações (SNI) e foi comandante militar do Planalto entre 1982 e 1983, quando determinou o fechamento da Capital Federal durante a votação das Diretas Já. Militar ligado à direita do Exército, chegou a ser preso por ofender o então ministro do Exército, o general Leônidas Pires Gonçalves, o mesmo que foi atacado publicamente por Bolsonaro e seus aliados da Aman. Cruz esteve ligado a casos rumorosos, como o assassinato do jornalista Alexandre Von Baugartem, ex-diretor da revista *O Cruzeiro*, que acusou o general, em dossiê publicado posteriormente pela revista *Veja*, de tramar a execução do jornalista e a morte do bailarino Claudio Polila que, segundo a família, estava sendo ameaçado por Cruz. Também chegou a ser julgado por participação no atentado ao Riocentro, quando militares da extrema-direita tentaram colocar bombas no centro de convenções para explodir durante um show de música popular e culpar a esquerda pelo ato, mas o artefato acabou explodindo no colo de um deles.

Com a publicação da matéria jornalística sobre as críticas e as pretensões terroristas de Bolsonaro, além de um croqui para explodir a adutora de Guandu (Rio de Janeiro), o ministro do Exército acusou a reportagem de mentirosa e garantiu que "os dois envolvidos", o capitão e o militar Fábio Passos, o Xerife, "negaram (...) qualquer veracidade daquela informação"[1289].

Bolsonaro resolveu se reformar da carreira militar e abraçar a política, aos 33 anos. Em 1988, concorreu ao cargo de vereador na cidade do Rio de Janeiro pelo **Partido Democrata Cristão (PDC)** e obteve 11.062 votos. Dois anos depois elegeu-se deputado federal pelo estado fluminense. Ficou 28 anos no **Parlamento** e nesse período teve aprovada apenas uma emenda a projeto de Lei, exatamente a que prevê que votos eletrônicos devem ser impressos[1290]. E, mesmo assim, não produziu efeitos práticos, tendo em vista que os ministros do STF decidiram, em sessão

[1289] *Veja*, 4 nov. 1987, p. 56.

[1290] Entre várias propostas de lei de Bolsonaro houve até a de conferir o título de herói nacional ao ex-deputado Enéas Carneiro do PRONA (Partido de Reedificação da Ordem Nacional). Sob o manto de eleger de forma unilateral valores sociais incólumes, como "família", "honestidade", "religiosidade" e "vida ilibada", defendeu abertamente, ao longo de sua atuação parlamentar, a ditadura e até a prática da tortura. POTTER, Hyury. *DW Notícias Brasil.* 28 out. 2018. Disponível em https://www.dw.com/pt-br/a-trajet%C3%B3ria-pol%C3%ADtica-de-jair-bolsonaro/a-45986001. Acessado em 13 maio 2020.

Considerado um "mito" por seus apoiadores, as falas de Bolsonaro, como vereador e deputado, nutridas pelo ódio e pelo desmerecimento alheios, pela polarização de quaisquer discussões envolvendo direitos das intituladas "minorias", consistiram também em declarações preconceituosas e ofensivas a pobres, imigrantes, homossexuais, mulheres, negros e índios. Por exemplo:

- "[O pobre] *não sabe fazer nada (...). Mas não adianta distribuir preservativos a moradores de favelas, a molecada vai brincar de bexiga"* – posição defendida na tribuna da Câmara Municipal do Rio de Janeiro na legislatura de vereador pelo PDC (Partido Democrata Cristão), entre janeiro de 1989 a fevereiro de 1991.
- "*A escória do mundo está chegando ao Brasil como se nós não tivéssemos problema demais para resolver. (...) marginais do MST, dos haitianos, senegaleses, bolivianos e tudo que é escória do mundo. (...) Os sírios estão chegando também* – durante entrevista ao *Jornal Opção*, de Goiás, em 2015, quando deputado federal.
- "*Se eu vir dois homens se beijando na rua, vou bater"* – em repúdio à imagem do ex-presidente Fernando Henrique Cardoso segurando a bandeira arco-íris e pedindo a aprovação da união civil entre pessoas do mesmo sexo, em solenidade no dia 13 de maio de 2002.

ordinária realizada no dia 6 de junho de 2018, conceder medida cautelar para suspender a impressão de registro de votos realizados em urna eletrônica. Para a maioria do colegiado, a impressão colocava em risco o sigilo do voto e tornava vulnerável o sistema eleitoral. Em relação a projetos de Lei, entre todos os que apresentou, apenas dois foram aprovados: um que ampliava o benefício da isenção de IPI para bens de informática e outro que autorizava o uso da chamada "pílula do câncer" – muito combatida pelos especialistas – no tratamento da doença[1291], tendo sido esta norma derrubada pelo STF a pedido da Anvisa, uma vez que o produto não demonstrou eficácia.

Celebrizou-se como um parlamentar do "baixo clero", ou seja, de um segmento inexpressivo e sem capacidade de liderança[1292]. Bolsonaro votou favoravelmente ao ***impeachment*** da então presidente Dilma Rous-

- "*Eu fui num quilombo. O afrodescendente mais leve lá pesava sete arrobas. Não fazem nada.* ***Eu acho que nem para procriador ele serve mais****. Mais de R$ 1 bilhão por ano é gasto com eles*" – disse a uma plateia de cerca de 300 pessoas na Hebraica do Rio, em abril de 2017.
- "*Morreram poucos. A PM tinha que ter matado mil*" – sua declaração sobre o Massacre do Carandiru, em 2 de outubro de 1992, ocasião em que agentes da Política Militar mataram 111 detentos durante rebelião na Casa de Detenção de São Paulo.
- "*Através do voto você não vai mudar nada nesse país, nada, absolutamente nada! Só vai mudar, infelizmente, se um dia nós partirmos para uma guerra civil aqui dentro, e fazendo o trabalho que o regime militar não fez: matando uns 30 mil, começando com o FHC, não deixar para fora não, matando! Se vai morrer alguns inocentes, tudo bem, tudo quanto é guerra morre inocente*" – maio de 1999, declarações divulgadas por duas vezes pela TV Bandeirantes em 1999 (a segunda deu-se no programa Câmera Aberta).
- "*O erro da ditadura foi torturar e não matar*" – em entrevista à radio Jovem Pan, junho de 2016.
- "[O policial] *entra, resolve o problema e, se matar 10, 15 ou 20, com 10 ou 30 tiros cada um, ele tem que ser condecorado, e não processado. (...) Violência se combate com mais violência. (...)* [criminoso] *não é ser humano normal. (...) policial que não mata não é policial. (...) polícia brasileira tinha que matar é mais*" – em resposta a jornalista da TV Globo sobre a escalada da violência em 2018.

1291 *O Estado de S.Paulo*, 27 de julho de 2017, p. A-6.

1292 Três de seus filhos – o atual vereador carioca Carlos Bolsonaro, o senador Flávio Bolsonaro e o deputado federal Eduardo Bolsonaro – também abraçaram a carreira política com seu apoio, com participação ativa no governo federal e, por vezes, criando constrangimentos ao pai, mediante interfências, opiniões e palpites à sua governança. Jair Bolsonaro passou por muitos partidos em sua trajetória, entre eles o PDC, PPR, PPB, PTB, PFL, PSC, PEN, PSL.

seff (PT). Na ocasião, declarou: "Contra o comunismo, pela nossa liberdade, contra a *Folha de S. Paulo,* pela memória do coronel Carlos Alberto Brilhante Ustra[1293], o pavor de Dilma Rousseff... por um Brasil acima de tudo e por Deus acima de todos, o meu voto é sim!"

A posse – a formação do Ministério. Algumas das primeiras medidas do presidente eleito, ainda na fase de transição e de escolha dos ministros, provocaram polêmica. A escolha do juiz da Justiça Federal Sergio Moro para superministro da Justiça foi uma delas. Moro, juiz federal responsável pelos julgamentos relacionados à Operação Lava Jato, atuou no caso do ex-presidente Luiz Inácio Lula da Silva, a quem condenou no caso do tríplex do Guarujá. Ainda durante a campanha, liberou a delação de Antônio Pallocci, ex-ministro de Lula, o que atingiu a candidatura de Haddad. A decisão do então magistrado motivou questionamentos por parte da defesa do petista e por muitos juristas acerca de sua imparcialidade no caso. Logo após a nomeação de Moro para o Ministério, a defesa do ex-presidente entrou com pedido de *habeas corpus* no Supremo Tribunal Federal (STF), sob a alegação de "irremediável perda de imparcialidade" de Sergio Moro para processar e julgar o petista. Segundo os advogados, Moro "aceitou servir como ministro de Estado do principal opositor político" de Lula, contaminando o pressuposto de imparcialidade como magistrado. No documento, ainda pediram que o Supremo reconhecesse a suspeição de Moro e decretasse a nulidade de todos os atos relativos ao tríplex do Guarujá e outros ainda em julgamento.

[1293] O coronel do Exército Carlos Alberto Brilhante Ulstra (1932-2015) foi o primeiro militar brasileiro reconhecido como torturador pela Justiça após uma condenação, em 2008, no caso que envolveu a família Telles, que teve praticamente todos os seus membros torturados no DOI-Codi do II Exército quando o órgão estava sob o seu comando entre 1970 e 1974. A atriz e então deputada Bete Mendes o reconheceu quando fazia uma visita oficial ao Uruguai. Ele era adido militar naquele país e a havia torturado em 1970. Ela pediu sua demissão ao então presidente José Sarney e fez um pronunciamento no Congresso sobre o caso, mas o ministro do Exército, general Leônidas Pires Gonçalves, negou-se a demiti-lo, o que levou a uma crise militar no governo. Ustra morreu em um hospital de Brasília, quando se tratava de um câncer, em decorrência de pneumonia. Ele havia comandado sessões de tortura contra a ex-presidente que militava em organizações de luta armada durante a ditadura militar.

Bolsonaro, após assumir o cargo, reduziu o número de ministérios, mas não para 15, como era sua promessa de campanha. Se no governo Dilma havia 35 Ministérios e no governo Temer 29, o presidente eleito reduziu o número para 22 ministérios. Na verdade, houve a criação de "superministérios", uma vez que a intenção foi a de fundir as pastas. Por exemplo, o Ministério da Justiça passou a contar com Ministério da Segurança Pública (responsável pela polícia e que já era parte do Ministério da Justiça antes de se tornar um Ministério separado, no governo Temer), com partes do extinto Ministério do Trabalho (que dizem respeito a fiscalização das condições de trabalho), com o Conselho de Controle das Atividades Financeiras (COAF, que investiga movimentações financeiras suspeitas) e com a Controladoria Geral da União (CGU, atua com prevenção e combate à corrupção).

O Ministério da Economia, outro superministério, resultou da união dos antigos ministérios da Fazenda, do Planejamento, da Indústria, Comércio Exterior e Serviços e de parte do Ministério do Trabalho. Os Ministérios da Cultura, Esporte, Desenvolvimento Social e parte do Ministério do Trabalho foram incorporados ao superministério Ministério da Cidadania.

Por sua vez, os Ministérios das Cidades e da Integração Nacional passaram para o Ministério do Desenvolvimento Regional. Ainda que não tenha se juntado a outro ministério, o do Meio Ambiente perdeu força no governo Bolsonaro, uma vez que deixou de exercer a função de regularizar propriedades rurais e controlar áreas de preservação.

O Ministério de Direitos Humanos submeteu-se a nova denominação, passando a ser chamado de Ministério da Mulher, Família e Direitos Humanos, deixando de abrigar uma secretaria específica para a comunidade LGBT.

Na área da cultura, com o fim do respectivo ministério, visto que, como indicado anteriormente, foi incorporado ao Ministério da Cidadania, o governo federal alocou, *a posteriori*, sete órgãos da área de cultura ao Ministério do Turismo, antes vinculados, em seu próprio governo, ao Ministério da Cidadania. Logo, por meio de decreto presidencial de 8 de novembro de 2019, a Agência Nacional do Cinema (Ancine), o Instituto do Patrimônio Histórico e Artístico Nacional (Iphan), o Instituto Brasileiro de Museus (Ibram), a Fundação Biblioteca Nacional, a Fundação

Casa de Rui Barbosa, a Fundação Cultural Palmares e a Fundação Nacional de Artes (Funarte) vincularam-se ao Turismo.

Lembre-se de que a publicação do decreto resultou na migração do Conselho Nacional de Política Cultural, da Comissão Nacional de Incentivo à Cultura, da Comissão do Fundo Nacional de Cultura e de seis secretarias para o Ministério do Turismo.

Foram indicados um total de 22 ministros[1294]. Algumas nomeações do presidente geraram polêmicas. Por exemplo, a ministra da Cidadania e Direitos Humanos, a pastora evangélica Damares Alves, teve divulgado um vídeo anterior à sua chegada ao ministério no qual afirmava que havia visto "Jesus no pé de goiabeira". O de Meio Ambiente, Ricardo Salles, foi condenado pela Justiça por crime ambiental quando era secretário da mesma pasta no Estado de São Paulo[1295]. O responsável pelas Relações Exteriores, Ernesto Araújo, por sua vez, à época de sua nomeação,

[1294] Onyx Lorenzoni – Ministro da Casa Civil; Sergio Moro – Ministério da Justiça e Segurança Pública; General Fernando Azevedo – Ministro da Defesa; Ernesto Araújo – Ministro das Relações Exteriores; Paulo Guedes – Ministro da Economia; Tarcísio Gomes de Freitas – Minsitro da Infraestrutura; Tereza Cristina – Ministra da Agricultura; Abraham Weintraub – Minsitro da Educação; Osmar Terra – Ministro da Cidadania; Luiz Henrique Mandetta – Ministro da Saúde; Bento Costa Lima – Ministro de Minas e Energia; Tenente-coronel Marcos Pontes – Ministério da Ciência, Tecnologia e Comunicação; Ricardo Salles – Ministro do Meio Ambiente; Marcelo Álvaro Antônio – Ministro do Turismo; Gustavo Canuto – Ministro do Desenvolvimento Regional; Wagner Rosário – Minstro da Controladoria-Geral da União; Damares Alves – Ministra da Mulher, da Família e dos Direitos Humanos; Jorge Oliveira – Ministro da Secretaria-Geral da Presidência; Luiz Eduardo Ramos – Ministro da Secretaria de Governo da Presidência da República; General Augusto Heleno – Ministro da Segurança Institucional; André Luiz de Almeida – Advocacia-Geral da União; e Roberto Campos Neto – indicado à Presidência do Banco Central.

[1295] E, em novembro de 2019, a Justiça de São Paulo, 10ª Câmara de Direito Público do TJ-SP, autorizou a quebra do sigilo bancário do ministro Ricardo Salles, a pedido do Ministério Público, por suspeita de enriquecimento ilício entre 2012 e 2018, período em que seu patrimônio evoluiu de 1,4 milhão para R$ 8,8 milhões - Salles foi secretário particular do então governador Geraldo Alckmin de 2013 a 2014 e secretário do Meio Ambiente de São Paulo de 2016 a 2017. *Vide Valor Econômico*, 17 jan. 2020, p. B-3. Houve, também, o pedido do Ministério Público Federal de afastamento do ministro por improbidade administrativa, cuja ação, assinada por 12 procuradores, acusa-o de desmontar intencionalmente órgãos de fiscalização, desestruturar orçamentos e infringir princípios da administração pública – da moralidade, eficiência, legalidade, entre outros.

enfrentou enorme oposição interna no Itamaraty por suas posturas anti-globalistas e desprestígio às posições historicamente assumidas pelo País na área. Admirador de Trump e indicado pelo astrólogo Olavo de Carvalho, o guru da família Bolsonaro, Araújo foi qualificado como "maluco" e "despreparado" por diplomatas mais velhos, com influência no Itamaraty. Para a pasta da educação, foi nomeado o ministro Ricardo Vélez Rodríguez, colombiano e naturalizado brasileiro em 1997, cuja gestão, de pouco mais de 3 meses, foi marcada por declarações negativas; por exemplo, quando chamou os brasileiros em viagem de canibais, que "roubam coisas dos hotéis e o assento salva-vidas do avião"[1296]. Ainda mais uma ministra, Tereza Cristina, da Agricultura, ligada à bancada ruralista, especializou-se em dar declarações polêmicas. Em uma delas, afirmou que "o brasileiro não morria de fome porque no País havia muita manga". Nos primeiros meses, a ministra aprovou a liberação de mais de 100 agrotóxicos – sob a denominação "remédios de plantas" – para uso no Brasil, embora fossem expressamente proibidos na Europa e em outras partes do mundo, por conterem agentes cancerígenos e causarem a morte de insetos úteis ao meio ambiente, como abelhas.

Polêmicas dos primeiros dias – O presidente seguiu, em muitas ocasiões, conselhos do autodenominado "filósofo" **Olavo de Carvalho**, sediado em Virgínia, nos Estados Unidos, influenciador de toda a família do presidente, em especial do filho Eduardo. Os dois primeiros ministros da Educação, Ricardo Vélez e Abraham Weintraub, o ministro das Relações Exteriores, Ernesto Araújo, e o assessor especial para Relações Externas, Felipe Martins, foram indicações dele para o governo. Os militares – na administração, em quantidade superior à da ditadura de 1964 – , os ruralistas e os evangélicos foram apoios fortes do seu governo. Quanto aos últimos, por exemplo, líderes como Edir Macedo, da Igreja Universal; Silas Malafaia, da Assembleia de Deus Renovada; e Manoel Ferreira, da Assembleia de Deus. No início, o presidente entrou em confronto com os governadores do Nordeste – praticamente todos eles eleitos por partidos de oposição – ao se referir ao governador do Maranhão, Flávio Dino (PC do B), como "um paraíba, a quem não se deve dar nada". A declaração

[1296] Castro, Gabriel; e Vieira, Maria Clara. Faxina ideológia. Páginas Amarelas, *Veja*, 1º fev. 2010.

ocorreu em um evento em que o seu microfone estava aberto, sem ele saber – *paraíba* é a forma pejorativa como os nordestinos são tratados no Rio, onde Bolsonaro fez carreira política. Ainda ironizou o presidente da Ordem dos Advogados do Brasil (OAB), Felipe Santa Cruz, cujo pai, Fernando Santa Cruz, é um dos desaparecidos da **ditadura**. "Se ele quiser saber como o pai desapareceu, posso contar", disse, sugerindo que ele havia sido morto pelos próprios companheiros. A fala provocou fortes reações de Santa Cruz e dos advogados em geral. O site de verificação jornalística. *Aos fatos.org* analisou todas as falas do presidente no seu primeiro ano e chegou à conclusão que ele deu nada menos que 643 declarações falsas ou distorcidas nesse período. Algumas das mais reiteradas foram "montamos nossa equipe de forma técnica, sem o tradicional viés político" e "nós nunca censuramos nada"[1297]. O ministério de Bolsonaro, profundamente conservador, conta com o apoio e foi indicado pelas bancadas ruralista e evangélica do Congresso, entre outros atores políticos.

Bolsonaro afirmou que, a exemplo do presidente dos Estados Unidos, retiraria a embaixada brasileira em Israel de Tel-Aviv, a capital do país, para Jerusalém, cidade disputada por palestinos e israelenses, causou problemas com o Egito. Uma comitiva de 20 empresários brasileiros, que estava no país árabe para uma reunião de alto nível prevendo investimentos no Brasil, foi "desconvidada" a permanecer no Egito e teve que voltar sem fazer negócios. Os países árabes, quinto maior mercado para as exportações brasileiras, em 2017 importaram US$ 13,5 bilhões de produtos brasileiros. Na época, especialistas em comércio exterior avaliaram que existia o risco de os países árabes, que apoiam a Palestina no conflito contra Israel, retaliarem economicamente o Brasil por causa da proposta de mudança[1298].

Uma outra confusão foram várias falas do presidente eleito condenando a atividade dos médicos cubanos, ligados à Organização Panamericana de Saúde (OPAS), que prestam serviços ao Brasil. Durante a

[1297] www.aosfatos.org, disponível in https://aosfatos.org/todas-as-declara%C3%A7%C3%B5es-de-bolsonaro/.

[1298] OTTA, Lu Aiko; e CHADE, Jamil. Mudança de embaixada para Jerusalém gera polêmica. O *Estado de S.Paulo*, 2 nov. 2018. Disponível em https://politica.estadao.com.br/noticias/geral,mudanca-de-embaixada-para-jerusalem-gera-polemica,70002581971.

campanha, Bolsonaro afirmou várias vezes que iria rever o contrato dos cubanos para atuar no Brasil e determinar que eles revalidassem seus diplomas no Brasil. Também os acusou de serem "militares" e "agentes do governo cubano". Com isso, o Ministério da Saúde de Cuba, que classificou de "ameaçadoras" e "depreciativas" as declarações do presidente eleito, determinou o retorno de quase 28 mil profissionais cubanos que atendiam no Brasil, atuando principalmente em áreas pobres, aldeias indígenas e remanescentes de quilombos. A saída dos médicos, que se iniciou ainda em novembro e deveria se estender até dezembro de 2018, provocou problemas sérios de atendimento em vários lugares do Brasil. O Ministério da Saúde brasileiro abriu inscrições para a contratação de profissionais que quisessem substituir os cubanos. Até o dia 22 de novembro, de acordo com dados do Ministério, 84% das vagas haviam sido preenchidas, mas os profissionais brasileiros preferiam trabalhar nas capitais e não no interior, ao contrário dos caribenhos.

5.4.1 Atuação em 2019 – principais fatos

Fatos marcantes do primeiro ano de mandato do presidente Jair Bolsonaro. Quanto às promessas de campanha, pouco se cumpriu, considerando os três anos de governo a serem cumpridos[1299].

*1) **Denúncia de corrupção e questões éticas*** – O combate incessante à corrupção era uma promessa do presidente. Ao assumir a presidência em 1º de janeiro de 2019, quase imediatamente começaram as denúncias de corrupção envolvendo Bolsonaro, parentes, principalmente os filhos, Carlos, Eduardo e Flávio, e correligionários.

Por exemplo, apesar do indiciamento e denúncia do ministro do Turismo, Marcelo Àlvaro Antonio, no esquema das candidaturas laranjas do PSL no Estado de Minas Gerais, ele manteve-se à frente da pasta.

Contra **Flávio Bolsonaro**, então senador e ex-deputado estadual carioca, o Ministério Público Federal iniciou uma investigação após receber em dezembro de 2018 um documento de 422 páginas, elaborado pelo Conselho de Controle de Atividades Financeiras (Coaf), segundo o qual havia um sistema de "rachadinha" – quando o assessor devolve,

1299 Para confrontar com as promessas de campanha, ver lista contida nesta obra, no subitem "16.3.2.4. Promessas de campanha".

indevidamente, parte do salário a quem o contratou, desviando recursos públicos – no seu gabinete, que seria liderado pelo ex-assessor Fabrício Queiroz. Este é um ex-militar da PM carioca, com ligações muito fortes com a milícia **Escritório do Crime**, que estaria envolvida no assassinato da vereadora Marielle Franco e do seu motorista Anderson Gomes[1300].

Segundo esse relatório do Coaf, o primeiro, Queiroz movimentou R$ 1,2 milhão em um ano (jan./2016 – jan./2017), quantia amplamente superior aos seus rendimentos como funcionário público. Em resposta escrita ao Ministério Público Estadual (MPE) – que o convocou para depor ao menos duas vezes, sem sucesso –, Queiroz tentou defender-se dizendo que havia montado uma estrutura paralela no gabinete de Flávio na Assembleia Legislativa em que repassava parte dos salários dos funcionários para contratar outros "apoiadores". A justificativa foi considerada frágil pelos promotores e nenhum suposto assessor beneficiário do esquema foi apresentado à Justiça.

Ao contrário do que havia dito, Bolsonaro apoiou ação de defesa do filho Flávio, o que resultou em decisão liminar do ministro e presidente do STF, Dias Toffoli, congelando por quase cinco meses aos menos 935 investigações e ações penais em todo o País, inclusive a que envolvia o filho do presidente no caso Queiroz, de acordo com a Procuradoria Geral da República (PGR). A alegação da defesa era de que não teria havido o pedido da Justiça para compartilhamento dos dados do Conselho de Controle de Operações (Coaf), que apontou as referidas movimentações

[1300] Um dos principais suspeitos no caso Marielle, Ronnie Lessa, preso durante as investigações e acusado de ser o atirador, morava no mesmo condomínio onde Jair Bolsonaro tem residência, na cidade do Rio de Janeiro. Lessa também fazia parte do referido **Escritório do Crime**, cujos membros, de acordo com a imprensa, mantiveram relação com Jair Bolsonaro e seus filhos. Por exemplo, há os seguintes registros pela mídia: Élcio Queiroz, que dirigiu o carro utilizado no crime praticado contra Marielle, aparece nas redes sociais em fotografia com Bolsonaro; Josinaldo Lucas Freitas, que lançou ao mar as armas utilizadas na execução da vereadora, também aparece em foto ao lado do presidente; Adriano Magalhães da Nóbrega, ex-PM e apontado como um dos chefes da milícia de Rio das Pedras, associada ao Escritório do Crime, cuja mulher e mãe trabalharam no gabinete do então deputado estadual Flávio Bolsonaro, foi homenageado em duas ocasiões pelo parlamentar. FRAGA, Plínio. Ligação antiga de assassino de Marielle com clã Bolsonaro é investigada. *Uol Notícias*, 6 dez. 2019.

suspeitas daquele valor em um ano nas contas de Queiroz. Bolsonaro transformou o Coaf num outro departamento, a Unidade de Inteligência Financeira (UIF), com menos poder.

As acusações de práticas corruptas em um governo que, em tese, se baseava em discursos moralistas, chocaram a população. Dois dos principais líderes de milícias[1301] – grupos paramilitares formados por policiais e ex-policiais que exploram a população carioca – o ex-capitão do Batalhão de Operações Especiais (Bope), Adriano Magalhães da Nóbrega, e o

[1301] Em pouco mais de três anos, de 1968 a 1971, os esquadrões da morte brasileiros, liderados pelo delegado Sérgio Paranhos Fleury, um dos principais torturadores do regime militar, executaram mais de 800 pessoas – o dobro do número oficial admitido pela Comissão Nacional da Verdade em duas décadas de ditadura militar. Documentos da inteligência do governo dos Estados Unidos mostram que os grupos paramilitares de extermínio, como o liderado por Fleury, mataram mais de 800 pessoas, ante os 434 listados no relatório da Comissão Nacional da Verdade. "800 corpos assassinados por autoria desconhecida em circunstâncias nunca investigadas, resultando em inquéritos encerrados, antes mesmo de serem abertos", revela relatório de 11 páginas do Departamento de Estado do governo americano de 8 de junho de 1971, parte de uma remessa de documentos enviados em 2014 pelo governo daquele país à Comissão da Verdade brasileira. Duzentos desses crimes tiveram como origem a cidade de Niterói (RJ) e 182 ocorreram em São Paulo. Duas das principais referências do presidente Jair Bolsonaro, o general Newton Cruz e o coronel Carlos Alberto Brilhante Ulstra, ambos já mortos, têm em comum o fato de serem críticos à abertura democrática. Como parlamentar, Bolsonaro se tornou porta-voz dos grupos descontentes com o retorno à democracia. Vários dos militares envolvidos com os porões se tornariam, posteriormente, ligados a grupos de bicheiros e outros criminosos. Um dos casos foi o general Freddie Perdigão, que integrava o grupo da Casa da Morte de Petrópolis, aparelho de extermínio de opositores à ditadura, que se tornou sócio de bicheiros do Rio. "Pintados como heróis, esses policiais matadores, mais cedo ou mais tarde, usavam seu poder para enriquecer com diversos negócios criminosos. Foi assim que Bolsonaro e seus filhos se aproximaram de alguns dos milicianos mais perigosos do Rio. Isso ocorreu por intermédio do policial militar Fabrício Queiroz, que tinha papel de destaque nos mandatos parlamentares do clã. Queiroz trabalhou a maior parte da carreira como policial no 18º batalhão, em Jacarepaguá, unidade cuja omissão seria fundamental para o processo de espraiamento das milícias a partir de 2000 no Rio", informa o cientista social Bruno Paes Manso, autor do livro A República das Milícias (Ed. Todavia). Na sequência, se juntaria a Queiroz o então capitão Adriano Magalhães da Nóbrega, que se tornou um dos maiores milicianos do País. Reina, Eduardo & Pedretti, Lucas. *As mortes do esquadrão* & MANSO, Bruno Paes *Da Nova República à República das Milícias* in *Folha de S.Paulo – Ilustríssima,* 23 de outubro de 2020, p. C-7 e c-9.

major da PM Ronald Paulo Alves Pereira, foram homenageados por Flávio Bolsonaro durante a sua gestão na Assembleia carioca[1302].

O Brasil viveu um período confuso nos nove primeiros meses de governo Bolsonaro em 2019. Conflitos, confusões, trapalhadas, polêmicas inúteis, problemas diplomáticos e muitas informações desencontradas foram a tônica daquele período, compondo um cenário visto como desanimador por muitos críticos e até por alguns que apoiaram o então candidato nas eleições. Na ocasião, em vários aspectos, o País vivia uma espécie de caos social e institucional, com ministros dando declarações desastradas quase diariamente enquanto o presidente afirmava que "não havia nascido para ser presidente, havia nascido para ser militar".

A rigor, nos primeiros cem dias à frente do governo, o presidente havia cumprido algumas das suas promessas genéricas de campanha. A primeira promessa cumprida, ainda em janeiro, foi a de facilitar a posse de armas à população, desburocratizando as regras e diminuindo as exigências para obtenção de armamento.

2) Economia – medidas econômicas no início do governo Bolsonaro e o Posto Ipiranga (Paulo Guedes) – O governo pretendia reduzir a dívida pública, mas a projeção mais recente da época, ao contrário das propostas, previa que a dívida bruta deveria fechar 2019 em 77,3% do PIB, um aumento em relação a 2018, que fechou em 76,5%.

A realidade após o primeiro ano de governo foi bem diferente: a taxa de desocupação no trimestre ficou em 11,6%, estável em relação ao mesmo período do ano passado. A inflação acumulada até novembro/2018 ficou

1302 Ambos integram o grupo criminoso de milicianos Escritório do Crime. O Ministério Público Estadual do Rio descobriu um plano, que seria liderado por Nóbrega, para matar a promotora Simone Sibilio, responsável pela investigação do caso da vereadora Marielle Franco, morta pelos milicianos, a partir de informações do Disque-Denúncia. Nóbrega, que havia recebido a medalha Tiradentes, a maior comenda carioca, por indicação de Flávio Bolsonaro, então deputado estadual do PSL, foi morto em um sítio de propriedade do vereador do PSL Gilsinho da Dedé em Esplanada (BA), em uma ação que envolveu policiais cariocas e baianos no dia 9 de fevereiro de 2020. O ex-policial teria reagido à abordagem, armado, e morto no revide pelos policiais. A sua morte levantou suspeitas de "queima de arquivo". Quando era militar ainda, Nóbrega chegou a ser elogiado em plenário pelo então deputado federal Jair Bolsonaro. Sua ex-mulher e sua mãe foram funcionárias do gabinete de Flávio na assembleia legistativa do Rio de Janeiro.

em 3,12%, ligeiramente menor do que no mesmo período do ano anterior, quando ficou em 3,59%. O ministro da Economia, Paulo Guedes[1303], apesar de conduzir uma política econômica liberal, várias de suas tentativas ficaram pelo caminho ou foram desidratadas.

Ao fim do primeiro ano de governo, 2019, o **déficit primário** fechou abaixo de R$ 80 bilhões, muito em decorrência de concessões e privatizações. Para o ano de 2020, previu-se inicialmente o rombo de R$ 124 bilhões, mas devido à pandemia por Covid-19, o déficit nas contas do governo central pode atingir os R$ 877,8 bilhões, o equivalente a 12,75 do PIB brasileiro. Em suma, um aumento de 607,35%[1304].

Em abril de 2019, inconformado com o aumento do preço do diesel, Bolsonaro ordenou à direção da Petrobras que cancelasse o referido reajuste. O ministro da economia acabou contendo a ira presidencial com o seguinte argumento: "Em outubro, nós vamos fazer o maior leilão de petróleo do mundo. São 10 bilhões de barris. Se passar para o investidor que você está querendo controlar o preço do diesel, nós vamos perder esse investimento maravilhoso que está debaixo do mar"[1305].

1303 Os chilenos sepultaram, em 25 de outubro de 2020, a constituição da ditadura de Augusto Pinochet (1973-1990), que tinha como um dos seus sustentáculos os preceitos econômicos ultraliberais da Escola de Chicago, instituição em que, aliás, se formou o ministro da Economia brasileiro, Paulo Guedes que, inclusive, trabalhou no Chile. A população aprovou, por 78,2% a 21,7% a mudança na constituição chilena para se adequar aos novos tempos democráticos. Os eleitores que votaram a favor foram 5.886.421 e os que se posicionaram contrários foram 1.643.107, de acordo com o Serviço Eleitoral (Servel). Após a votação, estava previsto que em 15 de abril de 2021 seriam eleitos os novos constituintes para escrever o texto constitucional que substituirá a anterior. Depois de elaborado o texto, um novo plebiscito será convocado para que a população aceite ou não a carta magna. Esse processo deveria durar mais um ano. O governo entendeu o resultado como um recado claro do descontentamento da população. O presidente chileno, o conservador Sebastião Piñera, reuniu-se com seu gabinete e com os representantes dos partidos que formaram a coligação Chile Vamos, com a qual assumiu o poder em 2018. "Agora temos um papel como governo de acompanhar esse processo constituinte conforme previsto pela Constituição e, claro, não somos neutros em relação ao conteúdo constitucional", disse o porta-voz do governo, Jaime Bellolio. *O Estado de S.Paulo*, 27 de outubro de 2020, p. A-9.

1304 Accioly, Dante. Pandemia eleva previsão de déficit em 607%, para R$ 877 bilhões. Agência Senado, 7 ago. 2020.

1305 Oyama, Thaís. *Tormenta: o governo Bolsonaro*, cit., p. 170.

Após o presidente convencer-se das alegações de Guedes, o porta-voz da Presidência, Otávio do Rêgo Barros, emitiu uma nota com a transcrição da fala de Bolsonaro: "Eu não quero e não tenho direito de intervir na Petrobras"[1306].

No dia 28 de junho de 2019, Bolsonaro comemorou o anúncio da assinatura do mais importante acordo comercial do Brasil, visto que por 20 anos discutiu-se uma forma de o Mercosul selar com a União Europeia uma área de livre-comércio. Estimou-se, por ocasião desse momento histórico, que na hipótese de se cumprirem outras etapas de aprovação, o acordo propiciará ao PIB brasileiro um aumento de 7% em 15 anos[1307].

Logo, se as expectativas formais se cumprirem, e todas as nações envolvidas anuírem com as disposições do acordo, a expectativa é de menos barreiras comerciais, produtos de maior qualidade a preços mais baixos, cooperação em áreas estratégicas e mais investimentos diretos. Mas lembre-se de que, do lado brasileiro, é preciso reconhecer a questão da competitividade da nossa indústria diante da alta carga tributária nacional[1308].

Em outubro de 2019, o presidente desembarcou na China com dois propósitos: primeiro apagar a má impressão de ter afirmado, quando candidato à presidência, que o país asiático estava "comprando o Brasil, e não do Brasil"; segundo, fomentar as relações econômicas com aquele país, principalmente em áreas estratégicas para o País, como agricultura e pecuária. Na chegada a Pequim, Bolsonaro fugiu das polêmicas do passado e disse apenas que a China é "um país capitalista".

Commodities, cuja terminologia pode ser atribuída a insumos ou matérias-primas, por não terem se submetido a transformação industrial,

[1306] Ibidem, p. 170.

[1307] Desde a celebração da assinatura do acordo de livre-comércio entre Mercosul e União Europeia, está havendo uma fase correspondente de revisão técnica e jurídica, promovida pelos países participantes. Concluído esse trâmite, então o texto será submetido à análise dos parlamentos dos países-membros dos dois blocos comerciais. Logo, há três possibilidades: de a União Europeia-Mercosul aprovar, rejeitar ou arquivar a referida proposta.

[1308] Ibidem, p. 153. *Vide*, também, "Acordo entre Mercosul e União Europeia impressiona pelo tamanho". Agência Senado. Disponível em https://www12.senado.leg.br/noticias/videos/2019/07/acordo-entre-mercosul-e-uniao-europeia-impressiona-pelo-tamanho, 5 jul. 2019, acessado em 13 fev. 2020.

consistem em "um ativo físico que possui características padronizadas, de ampla negociação em diversas localidades, que pode ser transportado e armazenado por um longo período de tempo"[1309].

Havendo escassez da *commodity* em razão, por exemplo, de exaustão na extração ou redução de estoques globais, isso implicará na variação do respectivo preço em âmbito mundial, aspecto este que diz respeito a sua volatilidade.

Entre outras perspectivas de análise sobre o tema, lembre-se de que a volatilidade de preços das *commodities* guarda estreita relação com os respectivos níveis de estoque.

Conforme estudo da Confederação Nacional da Indústria (CNI), com base em dados da Organização para a Cooperação e Desenvolvimento Econômico (OCDE) e da Organização das Nações Unidas para o Desenvolvimento Industrial (Unido), a participação da indústria de transformação brasileira nas exportações mundiais do setor caiu de 0,93% em 2017 para 0,90% em 2018. Ressalte-se que entre os anos de 2015 e 2017 o indicador havia registrado recuperação de 0,89% para 0,93%[1310].

Portanto, esse quadro demonstra a perda de competitividade da indústria de transformação brasileira, que vem ocorrendo desde a década de 1990. Em 1994, valor máximo da série histórica iniciada em 1990, o País chegou a responder por 3,37% na produção global do segmento. Em 2018, o percentual chegou ao seu menor patamar: 1,83%. Entre diversas causas, pode-se destacar: "A perda de importância da indústria brasileira na produção industrial mundial é uma tendência de longo prazo, mas se intensificou nos últimos anos em razão da crise interna, umas das mais severas já ocorridas. Problemas estruturais antigos, ainda não solucionados, prejudicam nossa competitividade, como a complexidade do sistema

[1309] Pereira, Leonel Molero. *Modelo de formação de preços de commodities agrícolas aplicado ao mercado de açúcar e álcool*. São Paulo: Universidade de São Paulo – Faculdade de Economia, Administração e Contabilidade, 2009, p. 16.

[1310] Participação da indústria brasileira nas exportações mundiais recua em 2018. Agência de Notícias CNI, 30 dez. 2019. Disponível em https://noticias.portaldaindustria.com.br/noticias/economia/participacao-da-industria-brasileira-nas-exportacoes-mundiais--recua-em-2018/. Acessado em 20 fev. 2020.

tributário brasileiro, que gera insegurança jurídica e aumenta os custos das empresas"[1311].

Estados Unidos e China[1312] destacam-se como os maiores importadores, respectivamente, de semimanufaturados e *commodities* do Brasil. Como o caráter de nossas exportações é eminentemente primário, a inserção do Brasil no mercado internacional revela-se frágil, consolidando, a exemplo do período colonial de nossa histórica econômica, uma imagem de país periférico, vulnerável e dependente das contingências econômicas dos países importadores.

O Brasil parece não ter se livrado das amarras econômicas do passado, impostas a um país que praticamente sempre dependeu do bom humor dos mercados internacionais de *commodities* para atingir as metas de superávit primário[1313].

[1311] Ibidem. Acessado em 20 fev. 20-2-2020.

[1312] Entre janeiro e setembro de 2019, a China importou um total de US$ 46,2 bilhões. O valor representa uma queda de 2,6% em relação a 2018. O país asiático representa uma fatia de 27,6% entre as exportações brasileiras. Principais produtos: soja – 35%; óleos brutos de petróleo – 24%; minérios de ferro e seus concentrados – 21%. O saldo total de importações feitas pelos Estados Unidos entre janeiro e setembro de 2019 atingiu US$ 21,8 bilhões – um crescimento de 5,6% em comparação anual e representam 13% das exportações feitas pelo Brasil. Principais produtos: aviões – 6,1%; demais produtos manufaturados – 5,4%; máquinas e aparelhos para terraplanagem, perfuração etc. – 4,2%. *Vide* Santander – Programa Avançar. Conheça os 5 países que mais importam do Brasil. Disponível em https://santandernegocioseempresas.com.br/app/empreendedorismo/paises-que-mais-importam-do-brasil. 16 out. 2019. Acessado em 20-2-2020.

[1313] "Superávit primário é o resultado positivo de todas as receitas e despesas do governo, excetuando gastos com pagamento de juros. O déficit primário ocorre quando esse resultado é negativo. Ambos constituem o 'resultado primário'. O resultado primário é importante porque indica, segundo o Banco Central, a consistência entre as metas de política macroeconômicas e a sustentabilidade da dívida, ou seja, da capacidade do governo de honrar seus compromissos. A formação de superávit primário serve para garantir recursos para pagar os juros da dívida pública e reduzir o endividamento do governo no médio e longo prazos. Em 2014, o resultado primário foi negativo pela primeira vez desde que o Banco Central começou computar dados do setor público, que inclui governos federal, estaduais, municipais e empresas estatais, em 2001". Em 2014, o déficit foi de R$ 32,5 bilhões. Superávit primário. Agência Senado. Disponível em https://www12.senado.leg.br/noticias/entenda-o-assunto/superavit.

Se nos ativermos, inicialmente, ao período colonial, verificaremos que a economia apoiava-se na produção do açúcar no nordeste e do ouro em Minas Gerais. Depois, a partir do Império, estendendo-se até o início da República, o ciclo do café destacou-se como o principal produto exportador. Mas com a crise de 1929, quando os preços do café despencaram num cenário de drástica demanda, visto que os Estados Unidos mergulharam numa crise profunda, o País, forçosamente, iniciou sua caminhada em direção ao desenvolvimento da indústria nacional. Ocorre que em pleno século XXI os números demonstram a baixa competitividade de nossa indústria de transformação, por isso nossa inserção internacional, em essência, baseia-se em *commodities* agrícolas e minerais e semifaturados.

O País se encontra deveras atrasado em relação aos países que ostentam indústrias que aliam desenvolvimento tecnológico, mão de obra qualificada, infraestrutura adequada para escoar a produção e carga tributária compatível com os anseios de um setor competitivo na busca por novos mercados.

O ritmo da produção industrial brasileira está em franca desaceleração, se considerarmos a participação do setor no PIB, emprego e na massa salarial. Se nos ativermos à evolução da participação da indústria no PIB entre 1947 e 2018, segundo o IBGE a menor participação deu-se em 2018, 21,2%, ao passo que em 1986 atingiu mais de 46%. Outro dado: em 2008 a indústria empregava 27,3% das pessoas ativas, mas em 2018 caiu para 20,2. E em 2008 a participação da indústria na massa salarial era de 24,8%, ao passo que em 2018 atingiu apenas 19,6%[1314].

Para completar, em 22 de janeiro de 2019, por ocasião do Fórum Econômico Mundial em Davos, Jair Bolsonaro discursou na abertura do evento. Apesar da expectativa dos 3500 participantes, a fala de Bolsonaro, que durou apenas 6 minutos, limitou-se a dizer que resgataria os valores nacionais, defenderia a família e que o País estaria à espera de visitantes para desfrutarem as belezas naturais do Brasil[1315].

[1314] A importância da indústria no Brasil – participação no PIB, emprego e massa salarial do Brasil. IBGE e RAIS / Ministério da Economia (Serviços Industriais de Utilidade Pública).

[1315] Oyama, Thaís. Tormenta: *O governo Bolsonaro: crises, intrigas e segredos*. São Paulo: Companhia das Letras, 2020, p. 20.

Não se poderia esperar desenvoltura diversa do presidente, pois durante cerimônia de posse dos novos presidentes do Banco Nacional de Desenvolvimento Econômico e Social (BNDES), Caixa Econômica Federal (Caixa) e Banco do Brasil (BB) Bolsonaro admitira em 7 de janeiro de 2019 o próprio desconhecimento em relação à matéria econômica: "Tenho certeza de que conheço um pouco mais de política que o Paulo Guedes e ele, com certeza, conhece muito mais de economia do que eu"[1316].

3) Ecologia e economia – Os focos de incêndio na Floresta Amazônica aumentaram principalmente entre os meses de julho a agosto de 2019, resultando, entre janeiro a novembro de 2019, numa devastação de 70.698 km². Segundo os dados do Instituto Nacional de Pesquisas Especiais (Inpe)[1317], em agosto do mesmo ano o número de focos ativos de fogo foi de 19.925 casos, muito superior a janeiro, quando houve 1.419 casos. A título de comparação, considerando-se a série histórica anual de focos, em 2018 houve 68.345 casos, ao passo que em 2019 o acumulado foi de 89.178 casos. Em relação ao alcance das queimadas, medido em quilômetros quadrados, em 2018 o Inpe apurou a devastação de 43.171 km² por queimadas, ao passo que até novembro de 2019 já se registravam 70.689 km² de queimadas.

[1316] Paulo Guedes obteve seu doutorado na Universidade de Chicago; logo após voltar dos Estados Unidos para o Brasil, nos anos 1980, não conseguiu, como queria, dedicar-se em tempo integral à atividade docente em universidades como PUC e FGV, visto que recebeu convite apenas para ministrar aulas durante tempo determinado. Insatisfeito, Guedes acabou lecionando na Universidade do Chile, durante o período ditatorial de Pinochet. Devido aos tempos sombrios desse país, o futuro ministro de Bolsonaro se dedicaria à iniciativa privada, seara esta em que foi bem-sucedido. À época da campanha eleitoral de 2018, Paulo Guedes, que se tornaria em definitivo ministro da economia do governo Bolsonaro, esforçava-se em lecionar ao futuro presidente alguns conceitos econômicos. Certo assessor, que presenciou a referida aula, declarou: "Era como se o Paulo estivesse falando com um adolescente entediado. Bolsonaro simplesmente mudava de assunto no meio da conversa". OYAMA, Thaís. Tormenta: *O governo Bolsonaro: crises, intrigas e segredos*, cit., p. 151.

[1317] ELLER, Johanns. Focos de queimadas na Amazônia crescem 30% em 2019. *O Globo*, 8 jan. 2020. Disponível em https://oglobo.globo.com/sociedade/focos-de-queimadas-na-amazonia-crescem-30-em-2019-1-24176803. Acessado em 13 fev. 2020.

Como reação a esse cenário, de severa devastação da região amazônica por milhares de focos de incêndio entre os meses de julho a setembro, houve protestos em todo o mundo e no Brasil, com manifestantes exigindo ação efetiva do presidente Jair Bolsonaro e do seu ministro do Meio Ambiente, Ricardo Salles, para conter as chamas. Em 19 de agosto, os incêndios na Amazônia fizeram até o céu de São Paulo escurecer, subitamente, no meio da tarde. Segundo especialistas, tratou-se de um corredor de fumaça das queimadas no País e em nações vizinhas que se juntou a uma frente fria. A hasthtag *PrayforAmazonas* (preces pela Amazônia) chegou aos *treding top* (os mais vistos) *tweets* durante vários dias. O presidente reagiu, levantando a hipótese de que ONGs poderiam estar por trás dos incêndios, como uma forma de retaliação contra o governo por causa da suspensão de um repasse de US$ 33,2 milhões da Noruega ao Fundo Amazônia, criado exatamente para enfrentar queimadas na Floresta Amazônica.

Apesar de a Floresta Amazônica não ser o "pulmão do mundo"[1318], Alexandre Gontijo Bahia, representante da Associação Nacional dos Servidores da Carreira de Especialista em Meio Ambiente (Ascema), afirma: "Estudos científicos mostram que a Amazônia funciona como uma grande usina de bombeamento hídrico, regional e mundial. É uma espécie de coração planetário, que bombeia água para outras regiões do planeta, em especial a América do Sul inteira. A produção agrícola brasileira depende da floresta. Ela produz água para todo o país sem nenhum custo. É importante dar atenção aos alertas da ciência, ouvir a ciência é fundamental"[1319].

[1318] A oxigenação é realizada principalmente pelas algas marinhas. Somadas, as espécies de algas marinhas e de água doce produzem 55% do oxigênio do planeta. As florestas também produzem, mas boa parte do gás é consumida por lá mesmo, na respiração e na decomposição de animais e plantas. Já as algas fabricam muito mais oxigênio do que precisam. Redação Mundo Estranho. De onde vem o oxigênio que respiramos? *Revista Superinteressante*. Disponível em https://super.abril.com.br/mundo-estranho/de-onde-vem-o-oxigenio-que-respiramos/#:~:text=Somadas%2C%20as%20esp%C3%A9cies%20de%20algas,mais%20oxig%C3%AAnio%20do%20que%20precisam.

[1319] Incêndios na Amazônia são causados por desmatamento ilegal e ocorrem em terras públicas, diz especialista. In Agência Senado. disponível em https://www.camara.leg.

As primeiras amostras do que poderia tornar-se um entrave às ambições econômicas brasileiras em decorrência da devastação da Floresta Amazônica foram as notícias veiculadas pela mídia internacional. E empresas estrangeiras ameaçaram desde o início de agosto não comprar nossos produtos primários diante do cenário de devastação da floresta brasileira.

Bolsonaro foi alvo de inúmeras críticas no exterior. Em 1º de agosto, a revista britânica *The Economist* estampou na capa "A ameaça do desmatamento descontrolado". Na reportagem destaca que "o mundo precisa deixar claro para Bolsonaro que não vai tolerar seu vandalismo" e que "Jair Bolsonaro está acelerando o processo, em nome do desenvolvimento. O colapso ecológico que suas políticas podem precipitar seria sentido com mais intensidade nas fronteiras de seu país, que circundam 80% da bacia – mas iria muito além delas. Precisa ser evitado". A revista também sugeriu na matéria que "Empresas de alimentos, pressionadas pelos consumidores, devem rejeitar a soja e a carne produzidas em terras amazônicas exploradas ilegalmente. Os parceiros comerciais do Brasil devem fazer acordos contingentes de seu bom comportamento. O acordo alcançado em junho pela União Europeia e pelo Mercosul, do qual o Brasil é o maior membro, já inclui dispositivos para proteger a floresta tropical. Aplicá-los é esmagadoramente do interesse das partes. O mesmo vale para a China, que está preocupada com o aquecimento global e precisa da agricultura brasileira para alimentar sua pecuária"[1320].

Em 22 de agosto de 2019, dois dias antes do encontro dos países membros do G7[1321] (Alemanha, Canadá, Estados Unidos, França, Itália, Japão e Reino Unido) em Biarritz, França, o presidente francês, Emmanuel Macron, anunciou aos líderes dos países mais industrializados do mundo via postagem no Twitter que era urgente a discussão sobre as queimadas na Amazônia: "Nossa casa está queimando. Literalmente. (...) É uma

br/noticias/590651-incendios-na-amazonia-sao-causados-por-desmatamento-ilegal-e-ocorrem-em-terras-publicas-diz-especialista/. 25 set. 2019. Acessado em 13 fev. 2020.

1320 *The Economist:* Velório para a Amazônia, apud *O Estado de S.Paulo,* 2 ago. 2019, p. A11.

1321 Os países membros do G7 concentram mais de 64% da riqueza líquida mundial, segundo o Fundo Monetário Internacional (FMI).

crise internacional. Membros da Cúpula do G7, vamos discutir em dois dias este tema emergencial!"[1322].

O Ministro da Europa e dos Negócios Estrangeiros da França, Jean--Yves Le Drian, após o tuíte de Macron, afirmou em nota que a França estava "muito preocupada" com os incêndios na Amazônia, tendo se lembrado de um encontro em 16 de maio com o cacique Raoni, em Paris, e da visita ocorrida em julho ao Brasil – aliás, Bolsonaro cancelou um encontro com o referido representante horas antes, tendo postado, no mesmo horário desse compromisso, uma transmissão ao vivo em que ele está cortando seu cabelo com um barbeiro[1323], como represália às críticas do governo francês à política ambiental brasileira. Enquanto isso, o *Libération*, jornal francês, descreveu o presidente como "o câncer do pulmão verde".

Já no final de agosto, a VF Corporation, empresa americana que controla 20 marcas de vestuários e calçados, como Kipling, Timberland, Vans e outras, suspendeu a compra de couro brasileiro por tempo indefinido, "até que haja segurança de que os materiais usados não contribuem para o dano ambiental no país". Depois, a H&M, segunda maior varejista de moda do mundo, também anunciou a suspensão da compra de couro do Brasil, "devido aos graves incêndios na parte brasileira da floresta amazônica e às conexões com a produção de gado"[1324].

As circunstâncias do momento até resultaram em um pedido de esclarecimento por parte de representantes de fundos europeus ao governo brasileiro sobre a condição da floresta amazônica. A solicitação em referência tratou-se de um comunicado conjunto de 230 fundos de investimento – juntos administram US$ 16 trilhões – sobre as medidas que estariam sendo adotadas para proteger a floresta amazônica contra os desmatamentos e queimadas: "Estamos preocupados com o impacto financeiro que o desmatamento pode ter sobre as empresas investi-

[1322] Macron convoca países para discutir queimadas na Amazônia no G7: "É uma crise internacional". *O Globo*, 22 ago. 2019. Disponível em https://oglobo.globo.com/sociedade/macron-convoca-paises-para-discutir-queimadas-na-amazonia-no-g7-uma-crise--internacional-23896138. Acessado em 13 fev. 2020.

[1323] Ibidem, acessado em 13 fev. 2020.

[1324] OYAMA, Thaís. Tormenta: *O governo Bolsonaro: crises, intrigas e segredos*, cit., p. 186.

das, aumentando potencialmente os riscos de reputação, operacionais e regulatórios. Considerando o aumento das taxas de desmatamento e os recentes incêndios na Amazônia, estamos preocupados com o fato de as empresas expostas a desmatamento potencial em suas operações e cadeias de suprimentos brasileiras enfrentarem uma dificuldade crescente para acessar os mercados internacionais"[1325].

Por exemplo, dentre os integrantes do setor de fundos, assinou o comunicado a gestora britânica Aberdeen, que possui participação na BRF, dona das marcas Sadia e Perdigão, e detém ações de muitas outras empresas do Brasil[1326].

Fabio Alperowitch, diretor financeiro do fundo brasileiro Fama, que também assinou o manifesto, afirmou: "O que aconteceu é que a discussão ganhou intensidade. As queimadas sempre existiram, mas aumentaram muito. O governo também não apenas foi inábil para lidar com o tema como fomentou a questão, ao tomar iniciativas contrárias ao combate do desmatamento e das queimadas. O investidor estrangeiro começou a reagir"[1327].

Em resposta aos fundos, que juntos representam US$ 16 trilhões (R$ 65 trilhões), com destaque para os três maiores deles, que são o fundo Amundi, o Legal & General Investment Management e o Insight Investiment, o porta-voz da Presidência da República divulgou nota em que afirma que o governo estava adotando "todos os esforços" para enfrentar a crise ambiental[1328].

Outras queimadas – Além da falta de ação do governo federal diante de queimadas na Amazônia, houve o mesmo problema na região do Pantanal e nas chapadas Diamantina e dos Guimarães, respectivamente na Bahia e no Mato Grosso. Os problemas ambientais levaram 'a discussões com líderes internacionais como o presidente da França, Emanuel Macron, que criticou a inação do presidente brasileiro. Em resposta, Bol-

[1325] MAISONNAVE, Fabiano; e CAGLIARI, Arthur. 230 fundos que administram R$ 65 trilhões pedem ao Brasil que proteja Amazônia. *Folha de S. Paulo,* 18 set. 2019. Disponível em https://www1.folha.uol.com.br/mercado/2019/09/230-fundos-que-administram-r-65--trilhoes-exortam-brasil-a-proteger-a-amazonia.shtml. Acessado em 18 fev. 2020.

[1326] Ibidem, acessado em 18 fev. 2020.

[1327] Ibidem, acessado em 18 fev. 2020.

[1328] Ibidem, acessado em 18 fev. 2020.

sonaro e o ministro da Economia, Paulo Guedes, referiram-se à mulher do líder francês como sendo "feia e velha". A fala irritou Macron, que, com diplomacia, respondeu que os brasileiros não tinham um presidente à sua altura.

O presidente havia, pouco tempo antes do início das queimadas, demitido o presidente do Instituto de Pesquisas Espaciais (Inpe), Ricardo Galvão, um cientista respeitado mundialmente, acusando-o de publicar números falsos do desmatamento na região. Galvão defendeu-se, negando qualquer forma de manipulação. Os números comprovavam o desmatamento da floresta para fins de criação de pasto e de plantação de soja, entre outros produtos. Especialistas, com base em informações do Inpe e de outras fontes, destacaram a ligação entre o desmatamento proposital e os incêndios na mata. A própria retórica inflamada do presidente, que desde sua campanha demonstrava parco interesse pelo destino da floresta, encorajou, de acordo com os críticos, os fazendeiros a derrubarem a floresta amazônica. As autoridades investigam um grupo de 70 agricultores e grileiros no Estado do Pará que, de acordo com a revista Globo Rural, organizaram o Dia do Fogo, em que pagaram pessoas para queimarem a mata, principalmente às margens das rodovias estaduais e federais, em 10 de agosto. Além de liberar áreas para a pecuária, a ação teria o objetivo de apoiar o presidente e suas medidas para enfraquecer a ação de fiscalização dos órgãos ambientais no País[1329].

Óleo nas praias – Em agosto de 2019, foi a vez das praias brasileiras, que foram vítimas de uma enorme quantidade de óleo, de origem ainda desconhecida, que se espalhou pelas principais áreas de lazer e de preservação ambiental, principalmente nos Estados nordestinos. Basicamente, em vez do governo, a quem cabia enfrentar esse problema de grandes proporções, que ameaçava quase inviabilizar o turismo, grande fonte de renda na região, foram voluntários que arregaçaram as mangas e foram à luta para retirar o óleo das praias. Passados dois meses após o início do desastre ambiental é que o governo resolveu se mexer. O vice-presidente Hamílton Mourão, com o titular em viagem ao Japão e Oriente Médio, determinou que a 10ª Brigada de Infantaria Meca-

[1329] *El País*, 28 de setembro de 2019, e *O Estado de S.Paulo*, de 25 de setembro de 2019, p. A12.

nizada do Exército, sediada em Recife, com 5 mil homens, apoiasse a população e os governos estaduais na luta para conter o óleo. O ministro do Meio Ambiente chegou a afirmar, para ser contraditado logo depois, que o óleo teria origem venezuelana. Vários tambores com a marca Shell e cheios de óleo cru, no entanto, foram encontrados em várias praias. Até a metade de outubro de 2019, o produto já tinha chegado a mais de 200 localidades nordestinas.

A Justiça Federal em Pernambuco havia concedido, no dia 20 daquele mês, uma liminar determinando que o governo federal desse início, em 24 horas, à implementação de uma série de medidas para recolher o óleo que atinge o litoral e proteger áreas sensíveis do Estado. De acordo com a Marinha, somente até 2 de setembro haviam sido recolhidas mais de 600 toneladas de resíduos no litoral nordestino. O presidente em exercício declarou que o governo adotou todas as medias previstas no Plano Nacional de Contigência, firmado em 2013, no governo Dilma Rousseff. Segundo Mourão, a ideia do governo era dar visibilidade à questão. "Vamos botar visibilidade nisso ai", disse. No total, o óleo cru tinha atingido 200 localidades em 78 município de 9 Estados: Alagoas, Bahia, Ceará, Maranhão, Paraíba, Pernambuco, Piauí, Rio Grande do Norte e Sergipe. Muitos animais marinhos, entre os quais tartarugas, peixes e aves, foram afetados[1330].

[1330] *Folha de S.Paulo*, 20 de outubro de 2019, p. A-15 e G1, edição de 26 de setembro de 2019. Nos primeiros dias de março de 2020, as marés arrastaram resíduos que ficaram presos em pedras e na areia da praia de Camaçari, Bahia. Cerca de oito toneladas de petróleo foram retiradas desse local. Em entrevista à jornalista Marilu Cabañas, da **Rádio Brasil Atual**, o professor do Departamento de Geografia e do Programa de Pós-graduação em Ciência Ambiental da Universidade de São Paulo (USP) Wagner Ribeiro concorda e explica que o material faz parte dos resquícios que ficaram alojados em pedras e na areia por ser um óleo mais denso. De acordo com o geógrafo, a dinâmica das marés que, ao longo do tempo, adquire maior ou menor capacidade de transportar sedimentos, fez com o óleo soterrado fosse arrastado. Os integrantes do Guardiões do Litoral estimam que outras 25 toneladas do material sólido ainda estejam soterrados. Segundo Ribeiro, "É um material de grande volume e ao mesmo tempo de enorme impacto ambiental". Quase sete meses depois, óleo ainda mancha praias da Bahia. Rede Brasil Atual, 11 mar. 2020. Disponível em https://www.redebrasilatual.com.br/ambiente/2020/03/quase-sete-meses-depois-oleo-ainda-mancha-praias-da-bahia/. Acessado em 15 jun. 2020.

4) Previdência Pública e Social – O governo havia entregue ao Congresso, em fevereiro, a proposta de reforma da Previdência, que prometia, de acordo com o ministro da Economia Paulo Guedes, poupar R$ 1 trilhão em dez anos de recursos públicos. Não havia ainda uma base sólida do governo no Congresso e sobravam dúvidas se o governo Bolsonaro conseguiria aprovar uma reforma vista como excessivamente dura contra os mais pobres na qual estava embutida a ampliação da idade mínima para aposentadoria – 67 anos para os homens e 64 para as mulheres – e a redução de um salário mínimo (R$ 958,00) para no máximo R$ 400,00 no Benefício da Prestação Continuada (BPC), um auxílio para idosos pobres. Somente em julho de 2020 que o Executivo encaminhou uma primeira parte de proposta de reforma tributária ao Congresso.

Com a aprovação da Reforma da Previdência, em 13 de novembro de 2019, por meio da Emenda Constitucional n. 106, que dispôs sobre novas regras para aquisição de aposentadoria a segurados do Regime Geral de Previdência Social (RGPS) e do Regime Próprio de Previdência Social (RPPS) da União, sob a perspectiva do governo e de seus apoiadores, obteve-se um grande feito na área econômica. Vale destacar que as contas individuais de capitalização não foram aprovadas junto com a Reforma da Previdência.

A questão da Previdência fora uma bandeira de Paulo Guedes, e o ministro convencera Bolsonaro acerca dos problemas da situação em que ela se encontrava quando o presidente tomou posse. Em 2018 a despesa desse setor consumiu 58% dos gastos primários, ao passo que em 2026 consumiria 80%. No entanto, saliente-se que, da forma como foi aprovado pela Câmara e pelo Senado Federal o texto final da referida emenda, em vez da economia esperada de R$ 1,2 trilhão com a folha de pagamento de futuros aposentados ao longo de 10 anos, estima-se que, na verdade, será possível obter um ganho de R$ 800 bilhões em face das novas regras, que na prática acabaram postergando aposentadorias e reduzindo o valor dos referidos benefícios[1331].

[1331] Senado conclui reforma da Previdência; economia de R$ 800 bilhões é mantida. *Istoé*, 23 out. 2019. Disponível em https://istoe.com.br/apos-acordo-senado-conclui-votacao-da-reforma-da-previdencia/.

A Carteira de Trabalho Verde e Amarela prometida até saiu, o que ninguém tinha explicado é que essa nova modalidade previu o fim de vários benefícios concedidos aos portadores da carteira de trabalho convencional, azul.

Em relação à parte social, no primeiro ano, nenhum projeto de renda mínima foi implantado. Além disso, o governo pretendia anunciar ainda em dezembro um novo Bolsa Família, o Bolsa Brasil, mas os planos foram adiados por falta de dinheiro.

5) Política Externa – O ministro da Pasta, Ernesto Araújo, demitiu de seus postos diplomatas importantes como Paulo Roberto de Almeida[1332], que dirigia o Instituto de Pesquisas de Relações Internacionais (Ipri), órgão ligado ao Itamaraty, e Sérgio Amaral, embaixador brasileiro em Washington. Almeida havia criticado Olavo de Carvalho, dizendo que ele era "absolutamente inepto em matéria de relações internacionais" e reproduzido textos de Fernando Henrique Cardoso e do ex-ministro Rubens Ricupero, críticos à condução atual da política externa brasileira.

[1332] Paulo Roberto de Almeida, nascido em 19 de novembro de 1949 em São Paulo, é um sociólogo e diplomata brasileiro. Doutor em ciências sociais pela Université Libre de Bruxelles. Diplomata desde 1977. Professor da escola diplomática brasileira Instituto Rio Branco e do Centro Universitário de Brasília (UniCEUB). Entre 2003 a 2007 foi consultor da Secretaria de Assuntos Estratégicos da presidência. Em março de 2019, ao publicar no Facebook uma crítica do ex-presidente Fernando Henrique Cardoso à política externa, e afirmar que os "descaminhos" da diplomacia brasileira estavam entregues "aos eflúvios amadores de ideólogos tresloucados, como certo sofista da Virgínia" (sofista entenda-se Olavo de Carvalho, que mora no referido Estado e apontado como padrinho da escolha de Araújo como chanceler), e "fundamentalistas trumpistas totalmente equivocados", Almeida, embaixador, foi afastado do cargo de presidente do Instituto de Pesquisas de Relações Internacionais (Ipri). Para o Itamaraty, houve por parte de Almeida uma ofensa direta ao chanceler Ernesto Araújo, este, aliás, defensor irrestrito de Donald Trump, por isso a aludida demissão. Principais obras: *Nunca Antes na Diplomacia: a política externa brasileira em tempos não convencionais* (2014); *Formação da Diplomacia Econômica no Brasil: as relações econômicas internacionais no Império* (2017); *A Constituição contra o Brasil: ensaios de Roberto Campos sobre a Constituinte e a Constituição de 1988* (2018); *Contra a Corrente: ensaios contrarianistas sobre as relações internacionais do Brasil, 2014-2018* (2019); *Miséria da diplomacia: a destruição da inteligência no Itamaraty* (2019); *O Itamaraty num labirinto de sombras* (2020); *Uma certa ideia do Itamaraty: a reconstrução da política externa e a restauração da diplomacia brasileira* (2020).

Amaral, por sua vez, um dos mais experientes diplomatas brasileiros, foi transferido para um escritório do Itamaraty em São Paulo. O presidente havia avisado que ia demitir vários diplomatas por causa da "imagem ruim de seu governo no exterior".

No primeiro ano, o governo estreitou laços com os EUA e Israel, apesar de várias decisões do presidente americano, Donald Trump, terem prejudicado interesses do Brasil, entre as quais a de manter o embargo de nossa carne e do aço brasileiro. O Itamaraty afirmou que o Brasil "efetivamente adensou relações com democracias importantes, como as citadas, com ganhos específicos e concretos para o País, como o acordo de salvaguardas tecnológicas com os EUA e o aprofundamento da cooperação com Israel. Houve inflexão substancial no tratamento de ditaduras, revelada, por exemplo, no trabalho do Brasil no Grupo de Lima para a superação da crise humanitária e do regime na Venezuela, bem como nas recentes votações na ONU sobre Cuba." No segundo caso, o País rompeu uma tradição de 27 anos, sob pressão dos EUA, e não condenou o embargo americano contra a pequena nação do Caribe.

Entre os problemas diplomáticos vividos pelo País na ocasião, o presidente havia comprado briga com a China, o maior parceiro comercial do Brasil, ao afirmar que o país asiático podia comprar "do Brasil" mas não "comprar o Brasil". Os chineses exigiram explicações da frase pelo governo brasileiro e Bolsonaro se viu forçado a marcar uma visita ao país asiático em maio para tentar desfazer o mal-estar com suas declarações. Nos primeiros cem dias, ele esteve nos Estados Unidos, em visita ao presidente Donald Trump, e em Israel, ao lado do primeiro-ministro Benjamin Netanyahu, aliado de primeira hora, nesse caso em um agrado aos evangélicos. Em outro ponto sensível das relações internacionais, o filho do presidente, deputado federal Eduardo Bolsonaro, também presidente da Comissão de Relações Exteriores e Defesa da Câmara, em visita ao Chile no dia 20 de março de 2019, disse na época, ao jornal *La Tercera*, sobre a crise política e econômica na Venezuela: "será necessário o uso da força". No entanto, dada a repercussão de sua fala, afirmou em entrevista ao jornal *O Globo* que estaria descartada essa possibilidade com o seguinte argumento, em alusão à semana anterior, quando esteve com o presidente Jair Bolsonaro durante encontro com Donald Trump, presidente americano: "Eu falei a mensagem do Trump de que todas as possibilidades estão sobre a mesa. O presidente e generais a cargo disso têm dito que esta não é uma opção"[1333].

A nova relação diplomática brasileira com Israel causou problemas com nações árabes, grandes compradoras de produtos brasileiros e inimigas daquela nação, especialmente quando o Brasil cogitou de, a exemplo dos americanos, mudar a embaixada do Brasil em Israel de Tel-Aviv para Jerusalém, cidade disputada por árabes e judeus. Na verdade essa intenção foi anteriormente revelada por Jair Bolsonaro durante campanha eleitoral à presidência, ocasião também em que prometera retirar a embaixada da Palestina no Brasil por não considerá-la um país independente. O filho do presidente, Eduardo Bolsonaro, enquanto deputado federal e presidente da comissão de Assuntos Externos da Câmara, defendeu a mesma proposta polêmica. Além dos EUA, somente a Guatemala mudou sua representação diplomática. Os europeus, aparentemente, nem pensam em fazer semelhante gesto, que equivale a desprestigiar e desmerecer os países árabes. Além disso, o Brasil poderia ser afetado por represálias comerciais, caso levasse adiante a ideia. Em 2018, o País exportou mais de US$ 16 bilhões de carne de gado e de frango às nações árabes[1334].

[1333] FIGUEIREDO, Janaína. Eduardo Bolsonaro diz que "será necessário uso da força" na Venezuela, e depois tenta minimizar. *O Globo*, 22 mar. 2019.

[1334] O pesquisador do Centro Brasileiro de Análise e Planejamento (Cebrap), Mathias Alencastro, criticou em artigo na *Folha de S.Paulo* a condução da política externa brasileira no período bolsonarista, sob o comando do embaixador Ernesto Araújo, que vê como corrosiva à imagem do Brasil. Na opinião de Alencastro, a decadência do Ministério das Relações Exteriores tem nome e sobrenome, e a atuação de Araújo e de seus "embaixadores ideológicos" estão corroendo a imagem do Itamaraty, antes uma referência na diplomacia mundial.

(...) Numa missiva dirigida a um ex-ministro e atual colunista do Jornal de Angola, o embaixador do Brasil no país, Paulino Franco de Carvalho Neto , adotou um tom incompatível com o cargo, acusando o angolano de proferir "barbaridades" sobre o Brasil e afirmando que Jair Bolsonaro tem um "compromisso inquebrantável com a democracia", apesar de ser mundialmente conhecido por freqüentar protestos golpistas (....). Entre muitas outras pérolas, merece destaque o ataque do embaixador na Espanha, Pompeu Andreucci Neto ao El País. Com o vocabulário típico de um guerrilheiro guevarista, ele denunciou a "vocação neocolonialista" do jornal. Na sua reação a um artigo crítico do Le Monde, o embaixador na França, Luís Fernando Serra, explicou que governadores de oposição viram no "confinamento estrito" uma oportunidade para derrubar os "excelentes indicadores econômicos" da "administração Bolsonaro". Vale tudo para salvar o presidente, inclusive rebaixar a inteligência

Após as manifestações do recém-presidente eleito Bolsonaro – que ainda não havia tomado posse – e de seu filho, os países árabes deixaram subentendido que as exportações brasileiras ficariam prejudicadas caso essa decisão fosse colocada em prática[1335].

Filho embaixador – uma tentativa frustrada – O governo ainda cogitou transformar o deputado Eduardo Bolsonaro, filho do presidente, embaixador brasileiro nos Estados Unidos, mas, diante da resistência de vários setores, desistiu da ideia. Apenas 20 dos 81 senadores se comprometeram a defender a indicação no Senado. Ao comentar sua provável indicação, Eduardo afirmou que "conhecia muito bem os EUA. Já havia passado frio numa montanha e fritado hambúrguer lá".

Dentre outras justificativas, o presidente declarou publicamente que estava nas razões dessa indicação o parentesco filial, externando que pretendia "beneficiar o filho sim" e que daria, caso pudesse, "um filé mignon" para ele.

Apesar de haver posicionamento do STF acerca de não configurar o nepotismo descrito na Súmula Vinculante 13 a nomeação de parentes quando estes já exercem cargo eletivo, a nomeação para qualquer cargo público, mesmo para os que o concurso não é exigível e a indicação é atribuição discricionária do chefe do poder executivo, deve guardar consonância com o interesse público. Embora não seja ilícito nomear um parente nessas condições, é imprescindível que este tenha as necessárias qualificações éticas, políticas e técnicas para o exercício daquele cargo.

de outros políticos eleitos democraticamente. Caberá à sociedade civil cobrar ao Itamaraty uma reação a esses desvarios, num momento em que precisávamos, talvez mais do que nunca, de diplomatas bombeiros, em vez de incendiários. O bolsonarismo está corroendo a diplomacia. *Folha de S. Paulo,* 15 jun. 2020, p. A9.

1335 O primeiro entrave aconteceu quando, em novembro de 2018, uma comitiva de 20 empresários brasileiros que estava no Egito para uma reunião de alto nível prevendo investimentos no Brasil foi "desconvidada" a permanecer no Egito e teve que voltar sem fazer negócios. O governo brasileiro do então presidente Michel Temer foi informado do cancelamento do encontro pouco antes de o então ministro das Relações Exteriores, Aloysio Nunes, embarcar para aquele país.
Como o comércio com os países árabes representa cerca de 10% do total das exportações do setor agropecuário brasileiro e, em 2018, o País exportou mais de US$ 16 bilhões de carne de gado e frango às nações árabes, Bolsonaro recuou e acabou depois visitando a região em outubro de 2019 para reaproximar os laços comerciais e atrair investimentos

Não se afigura constitucional uma nomeação para cargo público apenas e tão somente pelo fato de o nomeado ter parentesco com o nomeante, não observando o princípio republicano e a impessoalidade que deve orientar todos os atos de um chefe da administração pública. Aí é possível vislumbrar ato de nepotismo, o que configuraria delito previsto no art. 9º, 4, 5 e 7, o mesmo dispositivo referente a crimes contra a probidade na administração[1336].

6) Segurança Pública e Moro – Nesse caso, os índices consolidados pelo governo federal mostram continuidade na redução de homicídios, verificada ainda antes da entrada de Bolsonaro. A segurança pública no Brasil, entretanto, é atribuição majoritária dos Estados, não do governo central. Outro compromisso foi a promessa de homenagear as famílias dos policiais mortos em serviço e gravar seus nomes no Panteão da Pátria, e aprovar o excludente de ilicitude, ou seja, o abrandamento da punição de agentes do Estado, especialmente policiais, que cometerem excessos em serviço. Nenhum nome de policial morto em serviço foi inscrito no Panteão da Pátria. Para haver inclusão, é necessário aprovar os nomes no Congresso.

O Congresso, por outro lado, vetou o excludente de ilicitude proposto pelo ministro da Justiça e Segurança Pública, Sergio Moro. No primeiro ano de governo, não houve nenhuma mudança nem movimentação no sentido de diminuir a maioridade penal para 16 anos. Outro compromisso era "reformular o Estatuto do Desarmamento para garantir o direito do cidadão à legítima defesa sua, de seus familiares, de sua propriedade e a de terceiros". Nesse ponto, o governo conseguiu flexibilizar a posse e o porte de armas, mas o Congresso amenizou a medida.

Também foi enviado ao Congresso um projeto de autoria do ministro da Justiça e Segurança Pública, o ex-juiz Sergio Moro, que pretendia combater o crime organizado e a corrupção, mas não foi muito bem recebido. O presidente da Câmara, Rodrigo Maia (DEM), fez várias críticas públicas à matéria, afirmando que Moro – que cobrou por *whatsapp*, de

1336 Galindo. Bruno. *Impeachment* do presidente Bolsonaro: Há fundamentos jurídicos? Justificando – Mentes inquietas pensam Direito. Disponível em justificando.com/2019/08/02/impeachment-do-presidente-bolsonaro-ha-fundamentos-juridicos/. Acessado em 12 jun. 2020.

madrugada, sua aprovação, irritando-o muito – havia copiado boa parte do projeto do ministro do Supremo Tribunal Federal (STF), Alexandre de Moraes, e que, se quisesse se dirigir a ele, deveria falar com seu "chefe", Jair Bolsonaro. "O ministro é funcionário do Bolsonaro. Eu sou chefe de um poder, assim como o presidente, e ele não pode se dirigir diretamente a mim", reclamou. Posteriormente, o ministro se recompôs com o presidente da Câmara. A relação com o presidente também ficou desgastada por este ter dito que "a bola estava com a Câmara", ao se referir à aprovação da proposta, como se o governo não tivesse responsabilidade nisso.

7) Saúde – Em relação ao plano que previa a informatização de dados dos usuários do SUS, em novembro, o Ministro da Saúde Luiz Henrique Mandetta lançou um programa-piloto de informatização de dados dos usuários do Serviço Único de Saúde (SUS) somente em Alagoas, para implantação até o fim de 2020 naquele Estado. Com relação ao credenciamento universal de médicos, no fim do primeiro ano de governo, o projeto não estava em funcionamento. O Ministério da Saúde informara que havia um projeto-piloto no Ceará, com expectativa de extensão a todo o País.

8) Educação – O primeiro ano dessa área no governo foi bastante conturbado, com vários problemas de gestão e postura ideológica radical de direita. O primeiro ministro que assumiu, o colombiano Ricardo Vélez Rodriguez, indicado pelo "filósofo" Olavo de Carvalho, foi demitido após ocupar a pasta por dois meses. Rodriguéz determinou que as escolas do País tocassem o hino antes das aulas e, ao final, repetissem o lema de campanha de Bolsonaro "Brasil acima de tudo, Deus acima de todos". O substituto, Abraaham Weintraub, no cargo de 9 de abril de 2019, prometia se insurgir contra um imaginário "marxismo cultural" nas universidades públicas e, seguindo a orientação do Executivo no sentido de pôr em prática as diretrizes dos programa Escola Sem Partido[1337] e "Escola de

[1337] Criado em 2004 pelo advogado e procurador do Estado de São Paulo Miguel Nagib, o programa Escola sem Partido defende o fim da "doutrinação ideológica" de esquerda em escolas e, entre outras medidas, postula a colocação de cartazes em salas de aula para relacionar os seis deveres do professor e que as aulas possam ser gravadas e disponibilizadas para pais de alunos. Vários projetos de lei nos âmbitos municipal e estadual tramitam pelo Brasil. Em alguns casos, como os dos estados de Alagoas, Santa Catarina, do Paraná e do

Todos", foi providenciado o envio de um ofício a todas as secretarias estaduais e municipais de ensino do País contendo orientações sobre como não haver "doutrinação" nem propaganda político-partidária nas escolas.

Em meio a muitas polêmicas sobre a sua gestão, inclusive problemas de gestão no Exame Nacional do Ensino Médio (Enem) e brigas com as universidades federais, das quais cortou recursos, parcialmente devolvidos somente meses depois, não houve nenhuma ação efetiva de prioridade para educação básica, ao contrário do que previa o plano de governo. Weintraub, depois, em reunião com o presidente, chamaria os ministros do Supremo de "vagabundos" e acabou demitido do governo. Caiu para cima, entretanto. Foi indicado pelo presidente para um cargo de consultor no Banco Mundial, em Washington, passando a receber em dólares.

9) Imprensa – O primeiro ano da gestão foi marcado por ataques a boa parte dos veículos da imprensa profissional. O presidente chegou a atacar a Rede Globo, até com xingamentos, depois de uma matéria no programa *Fantástico* que envolvia o seu nome com o caso Marielle Franco, vereadora do PSOL assassinada a tiros no Rio de Janeiro, e a *Folha de S.Paulo,* sob o argumento de perseguição a sua pessoa. Chegou a fazer ameaças a anunciantes do veículo, determinou cancelamento de assinaturas e excluiu o jornal da relação de veículos de um processo de licitação para acesso digital ao noticiário, voltando atrás dessa decisão apenas depois de receber a informação de que poderia ser alvo de um processo de *impeachment.*

10) Briga com partido PSL e Bivar – No mesmo período, o partido pelo qual se elegeu o presidente, o PSL, rachou em duas alas, uma que apoia Bolsonaro e outra favorável ao presidente da legenda, o deputado pernambucano Luciano Bivar. A razão foi uma tentativa, depois vitoriosa,

Rio de Janeiro (Volta Redonda), as leis aprovadas, sob inspiração no referido programa, estão sob *judice* por estar em discussão a sua constitucionalidade, na medida em que a competência para legislar sobre diretrizes e bases do ensino público compete privativamente à União. Em 2016, o então deputado Jair Bolsonaro já demonstrava seu apoio ao movimento quando postou um vídeo em que se declarava contra o intitulado "kit gay", um livro sobre sexo que nunca chegou às escolas, mas que, supostamente pelas mãos do PT, ensinaria as crianças a serem homossexuais. Em 18 de dezembro de 2019, já presidente, ao elogiar seu ministro da Educação, Bolsonaro afirmou que mesmo não havendo lei federal, o movimento Escola sem Partido estava em operação.

de Bolsonaro impor seu filho, Eduardo, como líder da bancada no Congresso no lugar do deputado Delegado Waldir (PSL-GO), mais próximo de Bivar. Deputados bolsonaristas apresentaram uma lista com 27 nomes para tentar tirar Waldir da liderança. Os mais ligados a Bivar fizeram o mesmo e uma das assinaturas da ala pró-Bolsonaro tinha sido repetida. Assim, Waldir permaneceu líder e suspendeu os mandatos de cinco deputados federais bolsonaristas, entre eles a paulista Carla Zambelli. Dois dias depois, Eduardo conseguiu ser indicado líder do partido, com a saída de Waldir. Sua primeira medida foi afastar 11 vice-presidentes da legenda, ligados a Bivar. O presidente do PSL foi alvo de uma ação da Polícia Federal em combate a candidaturas laranja de mulheres na cota parlamentar. A mesma acusação foi feita em relação ao presidente do partido em Minas Gerais e ministro do Turismo, Marcelo Álvaro Antônio, também acusado de indicar candidatas mulheres às eleições com a intenção de ficar com os recursos do Fundo Partidário. No entanto, ele não era alvo da ação da PF.

A disputa interna com Bivar pelo controle do partido se acirrou depois que, ao receber um admirador em frente ao Palácio da Alvorada, Bolsonaro afirmou que o presidente do partido estava "queimado pra caramba", em função das suspeitas das candidaturas laranja. Revoltado, Bivar, que afirmou estar o presidente "fora do partido", ameaçou retirar os filhos dele, Flávio e Eduardo, respectivamente do comando do partido em São Paulo e no Rio. Na sequência, Bolsonaro começou a movimentação para tirar o comando do partido de Bivar. Bolsonarista convicta e defensora do presidente desde este que era candidato, a deputada paulista Joice Hasselman (PSL-SP) perdeu o cargo de líder do governo na Câmara Federal depois de assinar uma lista em defesa do Delegado Waldir na liderança do partido. Exaltado, depois de descobrir, por meio da gravação de um telefonema do presidente para um deputado, que ele estava querendo retirá-lo do comando do partido, Waldir afirmou, em outra fala também gravada, que iria "implodir" Bolsonaro. "Eu fui o cara mais leal a ele, rodei 246 cidades, no sol, gritando o nome desse vagabundo", comentou. Em seguida, se recompôs com o presidente e disse que "não tinha nada para implodir ele". No fim das contas, a principal disputa é por causa dos R$ 359 milhões dos fundos partidário e eleitoral que o partido receberia a partir de 2020 como a segunda maior bancada da Câmara dos Deputados.

O então ministro da Secretaria Geral da Presidência de Jair Bolsonaro, Gustavo Bebianno, antes principal coordenador da campanha eleitoral do presidente, tornara-se o centro de uma crise que envolvia candidaturas laranjas de mulheres no Partido Social Liberal para se apossar de verbas públicas, e acabou sendo o primeiro ministro a ser demitido no governo, após 2 meses de exercício no cargo, em 18 de fevereiro de 2018, também por desentendimentos com Carlos, vereador no Rio de Janeiro, o filho preferido do presidente[1338].

11) Da Lava Jato à Vaza Jato **(o site *Intercept Brasil*) –** Enquanto tudo isso ocorria, a Operação Lava Jato continuava em atividade. Em 2020 ainda permanece, com investigações em várias partes do País. A operação teve, até janeiro de 2020, 74 fases.

A Lava Jato ganhou força e prestígio desde o seu início em 2014, mas, ao mesmo tempo, enfrentava muitas contestações, em razão dos seus métodos, vistos como pouco ortodoxos, e pelo protagonismo – considerado exagerado – dos seus membros, procuradores, promotores e juízes, que se transformaram quase em "artistas de cinema", com excessiva exposição na mídia, como se estivessem deslumbrados com o súbito poder que adquiriram. Uma das críticas, considerada mais contundente, entretanto, viria do chefe da Operação, o então procurador-geral da República (PGR) Rodrigo Janot, que em livro demonstrou incredulidade sobre as delações premiadas apresentadas pelos procuradores. No relato, ele se decepcionou com as provas que seus subordinados apresentaram[1339].

1338 A disputa entre Carlos e Bebianno começou quando o filho do presidente se revoltou com o então presidente do PSL por este ter divulgado que ele, Carlos, comandaria no futuro governo a comunicação do Planalto. Apoiadores de Bolsonaro criticaram o eventual caso de nepotismo e Carlos perdeu a chance de despachar ao lado do pai no Planalto. Após a morte de Gustavo Bebianno em 14 de março de 2020 por ataque do miocárdio, o ator Carlos Vereza divulgou que o ex-ministro, dias após sua saída do Ministério, havia redigido uma carta que lhe fora entregue, endereçada ao presidente, na qual descreve a relação entre o presidente e seu filho -- Carlos Bolsonaro sofreria com o próprio ódio, que "aprendeu a ser assim" com Bolsonaro, e o presidente deveria "romper esse ciclo de ódio", dando um "exemplo" ao filho. Embate entre Carlos e Bebianno joga governo em sua pior crise até agora". *O Estado de S.Paulo,* 14 fev. 2019. *Vide,* também, OYAMA, Thaís. *Tormenta – o governo Bolsonaro: crises, intrigas e segredos,* cit., p. 52-53.

1339 JANOT, Rodrigo e CARVALHO, Jaílton de. *Nada menos que tudo: bastidores da operação que colocou o sistema político em xeque.* São Paulo: Planeta, 2018, p. 41.

Rodrigo Janot relata os fatos da seguinte maneira:

"Não foi bem assim. Quando vimos o conteúdo das delações conduzidas por Curitiba e começamos a estrinchar os anexos das 'bombas atômicas que iam arrebentar Brasília' tivemos uma grande decepção. "Isso tá uma merda, não tem nada, tá raso esse negócio", eu disse numa conversa com Pelella e Vladimir Aras, assessores próximos"[1340].

"Aras se lembrou, então, de um diálogo que teve com Santos Lima, menos incensado que Dallagnol, mas centramente o principal estrategista da força-tarefa no Paraná. Segundo ele, Santos Lima disse que a intenção da força-tarefa era 'horizontalizar para chegar logo lá na frente.' E não 'verticalizar' as investigações, e que, por isso, teríamos dificuldade em fundamentar os pedidos de inquérito. O que seria 'horizontalizar para chegar logo lá na frente?' não entendi direito o conceito. Creio que meus colegas também não. Só depois de muito tempo, quando vi Sergio Moro viajando ao Rio de Janeiro para aceitar o convite para ser o ministro da Justiça do governo Jair Bolsonaro, é que me veio de novo à cabeça aquele expressão. Horizontalizar implicaria uma investigação com foco num determinado resultado? Eu não quis imaginar isso lá atrás e também não quero me esticar nesse assunto agora, mas isso ainda me incomoda um bocado, sobretudo quando penso em dois episódios separados no tempo, mas muito parecidos"[1341].

Em outro trecho, o ex-procurador-geral deixa claro que algumas declarações de personagens em delações obtidas pelos procuradores não

[1340] Janot refere-se a Eduardo Pelella e Vladimir Aras, personagens que continuaram tendo protagonismo nas investigações da Lava Jato em situações diferentes. Pelella, que era o seu chefe de gabinete, chegou a ser convocado para depor na Comissão Parlamentar Mista (CPMI) da JBS, em 2017, sob acusação de atuação política na delação de executivos da empresas. Também apareceu nos diálogos divulgados pelo site The Intercept Brasil discutindo com o também procurador Deltan Dallagnol um parecer preparado pelo MPF, a pedido do então juiz Sergio Moro, para manter na 13ª Vara Federal em Curitiba os processos da Lava Jato. Aras, por sua vez, foi indicado pelo presidente Jair Bolsonaro para ser o procurador-geral da República, cargo que ocupa desde janeiro de 2019. Ele não estava na lista tríplice votada pela categoria e sua indicação desagradou parte dos procuradores. Para Bolsonaro, entretanto, era um dos mais próximos de suas ideias. Aras é conservador e católico. JANOT, Rodrigo e CARVALHO, Jaílton de. *Nada menos que tudo*, cit., p. 41.

[1341] JANOT, Rodrigo e CARVALHO, Jaílton de. *Nada menos que tudo*, cit., p. 41.

tinham valor jurídico algum. No entanto, poderiam ser usadas – de fato o foram – como elementos do jogo político:

> *"Estou falando do vazamento de trechos de depoimentos de Youssef*[1342] *e do ex-ministro Antônio Pallocci na reta final das eleições presidenciais de 2014 e 2018, respectivamente. As declarações de Youssef, segundo o qual Lula e Dilma sabiam das falcatruas na Petrobrás, eram destituídas de qualquer valor jurídico. Youssef não compartilhava da intimidade do Palácio do Planalto e não tinha provas do que dizia. Mas, mesmo assim, eram de forte conteúdo político e não há dúvidas de que tiveram enorme impacto eleitoral. A divulgação de parte da delação de Pallocci teve reflexo menor. O tema abordado já não era novo. Mas naõ é demais supor que também ajudou a municiar um dos lados do jogo político. Esses dois casos, a meu ver, expõem contra a Lava Jato, que a todo momento tem que se defender de atuação com viés político.*
>
> *Agora, voltando aos fatos e deixando de lado essas considerações de natureza subjetiva, não teríamos como pedir alguns importantes inquéritos só com base nas parcas informações fornecidas por Youssef e Paulo Roberto Costa*[1343]*. O Supremo certamente não atenderia a esses pedidos. Seria um vexame. Por outro lado, se não pedíssemos inquéritos sobre os políticos referidos, depois de tudo que vinha sendo dito sobre os segredos do doleiro e do ex-diretor da Petrobras, seríamos acusados de não levar adiante uma das mais importantes etapas da Lava Jato, que era a caçada a deputados, senadores e ministros, os donos do poder, que ainda estavam no topo. Estávamos numa enrascada. Naquele dia, fui para casa deprimido. Dizia para mim mesmo: eu tô ferrado, todo mundo especulando com o negócio da lista do Janot, todo mundo fazendo um escarcéu danado e a lista do Janot vai virar um traque"*[1344].

Outros problemas gerados pela Lava Jato – Efeitos negativos também foram sentidos –e muito – com a Lava Jato. Algumas consultorias de economia calcularam que a retração na economia do país causada pela Operação Lava Jato seria em torno de **1% a 1,5% do PIB por ano**. Os efeitos

[1342] Trata-se de Alberto Youssef, doleiro que esteve envolvido no caso Banestado, na década de 1990, e também no Lava Jato.

[1343] Costa foi diretor de Abastecimento da Petrobras entre 2004 e 2012 e foi preso pela Polícia Federal em março de 2014 sob acusação de envolvimento em corrupção na estatal.

[1344] JANOT, Rodrigo, CARVALHO, Jaílton de. *Nada menos que tudo*, cit., p. 43.

diretos e indiretos da Operação Lava Jato na economia do país causaram, segundo projeção da consultoria Go Associados para 2015, uma retração de mais R$ 140 bilhões na economia, com a perda de milhares de empregos, principalmente nas áreas de energia e construção civil. Até mesmo a principal empresa do País, a **Petrobras** foi duramente atingida. "A Lava jato acelerou o processo de desvalorização econômica da empresa. Em meados de 2015, a Petrobrás teve suas ações de mercado reduzidas a menos da metade do valor contábil da empresa". Há quem manifeste preocupação com o "apetite" dos procuradores da Lava Jato. "Tudo isso nos faz questionar até que ponto uma investigação contra a corrupção deve ser feita de maneira tão veloz e açodada, sem que se leve em conta os impactos causados na população, já tão desgastada com a corrupção. Vê-se, pois, que estamos duplamente punidos, seja pelos desvios de dinheiro público, seja pelas medidas adotadas pelo governo para controlar a situação socioeconômica do País, os quais impactam diretamente na população"[1345]. As perdas geradas pela Lava Jato alcançaram R$ 187,1 bilhões, sendo recuperados pouco mais de R$ 11 bilhões, ou seja, as perdas são quase 20 vezes superiores aos ganhos[1346].

Como mais um resultado da operação, a **desnacionalização** da economia brasileira e o desaparecimento de setores de grande importância econômica como a construção pesada, a engenharia naval e outras são temores dos especialistas. Na área da construção pesada, na qual o Brasil era um dos líderes mundiais, o s resultados foram dramáticos. "A Camargo Correa demitiu 12.500. A Andrade Gutierrez, 90.000. A UTC, 20.325, a Odebrecht, 95.000. A Queiroz Galvão, 13.000. A OAS, 80.000. A Engevix, 17.000. A EAS, 3.500 e a Promon, apenas 380, a metade dos seus 760 empregados. Tudo isso enquanto a Skanska, uma das estrangeiras envolvidas na Lava Jato por superfaturar a manutenção de plataformas da Petrobras, vencia a licitação para realizar obras de conservação do Hyde Park em Londres"[1347]. Diante desse quadro, o que pode ocorrer com as empresas nacionais?

1345 Cruz, Leonildo e Cirne, Liana. *A Constituição Traída*. Curitiba: Hedra, 2017, p. 177-178.

1346 Warde, Walfrido. *O espetáculo da corrupção, como um sistema corrupto e o modo de combatê-lo estão destruindo o País*. São Paulo: Leya, 2017, p. 51.

1347 Ibidem, p. 70.

"A **morte da grande empresa brasileira**, consequência do brutal ataque ao capitalismo nacional, que se travestiu de combate à corrupção, submeterá em breve os nossos ativos, sim os ativos nacionais do povo brasileiro, ao que gosto de chamar, talvez impropriamente, de mínimo preço estrutural, isto é, o preço que se forma no mercado em que só há um comprador ou um grupo de compradores coordenados – e que, portanto, é determinado por esse comprador solitário diante de um vendedor prostrado. (...) A Lava Jato e os seus protagonistas acusaram, processaram, condenaram e mandaram prender, não necessariamente nessa ordem, gente importante por aqui. Levaram ao chão grandes empresas e, com isso, combaliram mercados estruturantes da economia. Acabaram[1348] com maus políticos e maus empresários e, no seu lugar, deixaram mais, e pior, do mesmo. Se o que digo já não é vitupério para a maioria esmagadora da população, que vive a angústia do desemprego e da pobreza, restarão apenas justificativas frágeis para o desmonte do País"[1349].

Outra consequência da Lava Jato foi **a renovação** de 47,3% dos deputados na Câmara Federal, com 243 parlamentares novos, a maior desde a **Assembleia Constituinte** de 1987. O Senado também passou por forte mudança. Das 54 vagas em disputa, 46 foram conquistadas por novos pleiteantes e dos 32 senadores que tentaram a reeleição, apenas oito conseguiram. Vários partidos mudaram de nome e símbolo e o PT, principal agremiação de oposição, que elegeu 630 prefeitos em 2012 teve esse número reduzido para 256 nas eleições municipais de 2016. De terceira legenda com mais prefeituras passou para décima, uma perda de mais de 50% no número de votos e, consequentemente, de administrações municipais. Como era o partido da presidente Dilma Rousseff, que sofreu *impeachment*, o partido ficou muito estigmatizado com o processo da Lava Jato, embora houvesse mais indiciados e condenados de outras legendas, como o MDB e o PP. Além do ministro Sergio Moro, outras 19 pessoas que têm em seu currículo a participação na Lava Jato ocupam cargos de comando no governo de Jair Bolsonaro. São delegados da Polícia Federal, auditores da Receita e outros profissionais. Reflexos da Lava Jato chegaram a países como Peru, Panamá, Equador e Angola, onde atuam empre-

[1348] Ibidem, p. 32.
[1349] Ibidem, p. 33-34.

sas brasileiras, que acabaram penalizadas e, em alguns casos, forçadas a rescindir seus contratos com os governos e as empresas estrangeiras. Foram prontamente substituídas por empresas multinacionais.

Parcialidade – Não faltaram acusações de parcialidade de Moro, por parte de líderes de esquerda, parlamentares e juristas, no caso que envolveu a condenação de Lula na Lava Jato. As divulgações das conversas entre o magistrado e os procuradores, reveladas pelo site *The Intercept Brasil,* confirmam uma espécie de parceria entre eles em desfavor do petista.

Segundo o antropólogo e cientista político Luiz Eduardo Soares, a prisão de Lula e os fatos relacionados comprovam que um dos principais objetivos da Lava Jato era interferir nas **eleições presidenciais** a serem realizadas em 2018. O ex-presidente era o líder de todas as pesquisas de opinião até sua prisão e condenação, o que abriu espaço para a vitória de Jair Bolsonaro.

Luiz Eduardo Soares apresentou os seguintes argumentos:

a) "A Justiça atuou desde o começo, e crescentemente, de um modo politizado, porque seletivo. Basta lembrar da midiática e desnecessária – por isso ilegal – condução coercitiva de Lula (só seria legal se ele tivesse sido intimado e se recusado a atender à intimação) e o vazamento da conversa telefônica do ex-presidente com a então presidente Duma Rousseff. Gravação de resto realizada depois de findo o prazo autorizado judicialmente. Desde então, o juiz vestiu a camisa da acusação e atuou ao lado do **MP** como acusador, maculando a imparcialidade necessária a um magistrado".

b) "O juiz acusador não se furtou a recorrer a redes sociais e a declarações públicas, assumindo um personagem heroico e vingador, cuja missão seria salvar o Brasil dos usurpadores, dos quais Lula foi escolhido como representante maior".

c) "Em paralelo, promotores recorriam a redes sociais pedindo abertamente apoio da sociedade e davam entrevistas coletivas divulgando suas 'descobertas'. Na arena judicial, diante da sociedade, o embate transcorria: de um lado, juiz e promotores, de outro, o acusado e seus advogados. Como supor que o juiz seria neutro, se já estava engajado no confronto com o réu?"

d) "Juiz e promotores de Curitiba projetaram-se para o mundo, encarnando papéis claramente políticos, dividindo a sociedade, e também o Judiciário, entre honrados e traidores, **valentes justiceiros** dispostos a punir, e cúmplices".

e) "Vazamentos foram adotados como mecanismo de ação política e provieram, de forma sistemática, de promotores e policiais federais, praticamente em tempo real, sempre alimentando divulgações tendenciosas da mídia, sem que jamais tenha havido averiguação e penalização dos infratores, dos responsáveis pelos vazamentos. O mais ostensivo de todos foi o já citado, que acabou inviabilizando a nomeação de Lula para o Ministério da Casa Civil. O **timing político** foi perfeito. Afinal, Moro cometeu duas transgressões graves: autorizou a gravação fora do tempo previamente estipulado pela Justiça e divulgou o áudio. Os "erros" lhe renderam uma advertência, mas não lhe custaram a perda do caso. Aliás, foi polêmica do início ao fim a distribuição a Moro do processo contra Lula.

f) "Na sequência, a Lava Jato perdeu-se, apesar de ter prestado importantes serviços na identificação de redes de corrupção praticadas por **criminosos de colarinho-branco**, o que era inusitado no Brasil. Atropelou direitos e garantias individuais, usando as prisões como chantagem para extrair delações negociadas com a finalidade de buscar incriminar, sobretudo, Lula. A prisão de Lula era o troféu longamente ambicionado. A operação prendeu e levou à condenação do almirante Othon Luiz Pinheiro da Silva, ex-presidente da Eletronuclear e um dos bastiões da defesa da soberania nacional. Provocou o **suicídio** do reitor da Universidade Federal de Santa Catarina, Luiz Carlos Canceilier de Olivo, sabidamente probo, dedicado havia décadas à universidade, jamais sequer acusado de maneira formal pelo Ministério Público. Invadiu a Universidade Federal de Minas Gerais para cumprir conduções coercitivas".

g) Em outro trecho, segundo o cientista político Luiz Eduardo Soares, Moro portou-se "como acusador", julgou e condenou Lula a 9 anos, "sem provas, com base em ilações". O TRF-4 confirmou a sentença e a estendeu para doze anos, "a fim de evitar a prescrição, sem sequer ouvir as ponderações da defesa (os votos vieram escritos) como sempre, o promotor sentou-se ao lado dos juízes, como se fossem parceiros da acusação. Nenhuma originalidade nesse fato, nem por isso menos significativo".

h) Luiz Eduardo Soares destacou que, finalmente, o STF, pelo voto de minerva da presidente, recusou o *habeas corpus* que impediria a prisão. "O voto que viabilizou a maioria contra o *habeas corpus* foi dado pela **ministra Rosa Weber**, a qual, entretanto, é contrária à prisão em segunda instância por entender que se deve respeitar a Constituição, segundo a qual só é permitida a prisão depois de transitada em julgado a sentença condenatória". Mas para acompanhar a maioria, em respeito à "colegialidade", votou "contra a concessão do *habeas corpus*. Ocorre que quem determinou para que lado penderia a maioria foi ela, foi seu voto", que "pretendia apenas seguir a maioria em reunião plenária passada".

i) O autor escreve em sua obra que "O *tweet* do general Villas Boas, comandante do Exército, contra a '**impunidade**', na véspera do julgamento do Supremo", juntou-se "à trama, apimentando-a", fato este em que foi possível identificar ameaça e chantagem.

j) O cientista político também se pergunta: "Como atribuir serena neutralidade à rapidez única da decretação da prisão de Lula e, na sequência, às reiteradas proibições de visitas, inclusive de parlamentares e do prêmio Nobel da Paz Adolfo Pérez Esquivel?" Para o autor, o juiz Moro e seus colegas do TRF-4 formaram um bloco e agiram politicamente. Participaram das "divisões **político-ideológicas** da sociedade brasileira como *players* referenciais". E o autor se questiona: "Como explicar a negação aos pedidos de jornalistas conceituados para entrevistar Lula, quando estes são concedidos a sentenciados por 'crimes hediondos' sem maiores dificuldades? Como entender a proibição de que Lula acompanhasse o velório de seu irmão, direito reconhecido pela Lei de Execuções Penais?".

k) Por fim, para Luiz Eduardo Soares, a **grande mídia** participou do jogo diariamente, sugerindo que a eventual mudança, vedando prisão depois do julgamento em segunda instância, favoreceria todos os criminosos brasileiros e tinha o propósito de livrar Lula da prisão, apesar de a Constituição condicionar explicitamente a prisão ao trânsito em julgado da sentença condenatória. Para o autor, durante aqueles acontecimentos, havia um ponto "muito mais problemático, muito mais ostensivamente politizado, marcando a emergência da justiça aparelhada e neutralizando a outra possibilidade de ser da Justiça". Soares referiu-se ao fato de que a decisão relativa à liberdade do ex-presidente Lula havia sido tomada por seis votos a cinco, e pôs em dúvida se essa divisão da corte não demonstrou o caráter no mínimo duvidoso de qualquer decisão. Se era assim, pôde-se deduzir que acatar ou não o *habeas corpus* impetrado pela defesa de Lula, autorizar ou não sua prisão *não estava acima* de dúvida razoável. Dessa forma, além da liberdade do cidadão Luiz Inácio Lula da Silva, estava em jogo a possibilidade de ele ter se candidatado à presidência da República e com chances de vitória, uma vez que liderava todas as **pesquisas de opinião**"[1350].

The Intercept e o declínio da Lava Jato – Vaza Jato explode a república de Curitiba

Um dos temas que provocou muita polêmica no primeiro ano do governo de Jair Bolsonaro, a partir de 8 de junho de 2019, foi a divulgação, pelo *site* de jornalismo investigativo *The Intercept Brasil*, dirigido pelo jornalista americano Gleen Greenwald[1351], de uma série de diálogos mantidos na rede social de conversas *Telegram* entre procuradores da República da Lava Jato, entre os quais o ex-coordenador da força-tarefa da Operação Lava Jato Deltan Dallagnol, e o então juiz federal Sergio Moro. O site disse ter recebido o material de fonte anônima, mas, posteriormente, a Polícia Federal identificou os *hackers* Walter Delgatti Neto, o Vermelho; Luiz Molição; Thiago Martins, o Chiclete; Danilo Cunha Marques; Priscila de Oliveira e Eliezer Martins Santos como os autores dos grampos. Eles foram presos pela Polícia Federal na Operação Spoofing, sob acusação de invadir os celulares de mais de mil pessoas, entre elas o presidente Jair Bolsonaro, o ministro Sergio Moro e o procurador Deltan Dallagnol. Os *hackers* teriam repassado o material, do aplicativo *Telegram*, para o The Intercept, que jamais admitiu que sua fonte era o grupo, sediado em Ribeirão Preto e em outras cidades do interior de São Paulo.[1352]

[1350] SOARES, Luiz Eduardo. *O Brasil e o seu duplo*. São Paulo: Todavia, 2018, p. 209.

[1351] Glenn Greenwald é um dos três fundadores do *The Intercept*. É jornalista, advogado constitucionalista e autor de quatro livros, entre eles, *No place to hide* (*Sem lugar para se esconder*), sobre o estado de vigilância implementado pelo governo americano durante as reportagens sobre os documentos vazados por Edward Snowden. Ganhador de vários prêmios internacionais, destaque-se o Pulitzer de 2014, conferido pela reportagem sobre a NSA (Agência de Segurança Nacional – EUA), na categoria Serviço Público.

[1352] O Globo, 19 de setembro de 2019, pág. A-6

As informações[1353] também foram divulgadas posteriormente por outros órgãos da imprensa comercial, como *Folha de S.Paulo*, *Veja*, e *El País*. Os diálogos ilustram o envolvimento tanto do procurador como do juiz em práticas ilegais na condução das investigações e dos processos de que eram responsáveis.

Nas conversas, Moro assume postura de comando, dá ordens, faz críticas, sugere testemunhas a procuradores e até antecipa uma decisão que tomaria. A situação contrasta com o determinado na legislação brasileira, que estabelece papéis diferentes para o juiz e a acusação, ou seja, o magistrado não pode ter contato direto com a acusação, representada pelo Ministério Público, para manter a imparcialidade e independência necessária ao exercício do seu cargo[1354].

[1353] Em 21 de janeiro de 2020, o procurador Wellington Divino Marques de Oliveira, do Ministério Público do Distrito Federal, denunciou, pelo crime de interceptação telefônica sem autorização judicial e associação criminosa, o jornalista Glenn Greenwald e seis outras pessoas, entre elas os hackers Walter Delgatti Netto e Luiz Molição. Lembre-se de que em agosto de 2018, o ministro Gilmar Mendes, do STF, concedeu liminar em que proibia que o jornalista fosse investigado e responsabilizado pelas autoridades públicas pela "recepção, obtenção ou transmissão de informação publicada na imprensa". Várias associações jornalísticas brasileiras e até o jornal americano *The Washington Post* criticaram o procurador brasileiro, classificando a ação como "um ataque à imprensa livre". *O Estado de S.Paulo*, 22 de janeiro de 2020, página A-4. O juiz da 10ª Vara da Justiça Federal de Brasília, Ricardo Augusto Santos Leite, rejeitou, preliminarmente, a denúncia contra o jornalista, mas a aceitou contra os outros seis indiciados. A decisão, segundo ele, valerá até que se resolva a controvérsia relacionada à decisão do ministro Gilmar Mendes, que proibiu o indiciamento de Glenn.

[1354] O Código de Ética da Magistratura Nacional, aprovado pelo Conselho Nacional de Justiça (CNJ), em 2008, estabelece, em seu primeiro artigo, que os juízes devem nortear sua atuação pelos princípios de independência, imparcialidade e manter segredo profissional sobre suas decisões. O capítulo 3 do código, que trata exclusivamente da imparcialidade, diz, no artigo oitavo: "O magistrado imparcial é aquele que busca nas provas a verdade dos fatos, com objetividade e fundamento, mantendo ao longo de todo o processo uma distância equivalente das partes, e evita todo o tipo de comportamento que possa refletir favoritismo, predisposição ou preconceito". O artigo seguinte determina que o juiz, "no desempenho de sua atividade, cumpre dispensar às partes igualdade de tratamento, vedada qualquer espécie de injustificada discriminação." O Código de Processo Penal (CPP), em seu artigo 254, inciso IV, prevê a possibilidade de anulação das decisões de um juiz que demonstre parcialidade flagrante no seu trabalho e tenha "aconselhado qualquer uma das partes". O Código da Magistratura e a Constituição definem a importância da

Em primeiro momento, Moro e Dallagnol negaram a autenticidade das conversas[1355]. Sugeriram, entretanto, ilegalidade na divulgação sem autorização da Justiça. O ministro e alguns membros do Ministério Público, entre eles o próprio Dallagnol e a juíza Gabriela Hardt, substituta de Moro durante alguns meses, alegaram que tiveram seus celulares invadidos por um *hacker*. A Telegram negou, no entanto, que sua rede cibernética tivesse sido invadida[1356].

Quanto a alguns trechos das falas, destacamos primeiro uma passagem em que os membros da força-tarefa em Curitiba discutem formas de inviabilizar uma entrevista do ex-presidente Lula, então na prisão, aos jornalistas Mônica Bergamo, da *Folha de S.Paulo*, e Florestan Fernandes Jr., do *El País*, autorizada pelo ministro do STF, Ricardo Lewandowski,. Para os procuradores, a entrevista, realizada menos de duas semanas antes da eleição presidencial, poderia "eleger o Haddad" e "permitir a volta do PT ao poder"[1357].

imparcialidade do juiz julgador. E o MP deve manter a prudente equidistância dos juízes para formar seu conceito em relação aos casos concretos.

1355 Procuradores e promotores do MP dispõem de uma rede segura e blindada, supervisionada pelo próprio MP, para suas conversas profissionais. Moro e Dallagnol, entretanto, preferiram fazer uso do Telegram, uma rede privada de diálogos telefônicos, criada pela inteligência russa para se contrapor à americana Whatsapp. O Telegram afirma ser totalmente seguro, mas há críticas à sua criptografia. Na rede do MP, as conversas ficam arquivadas, enquanto no Telegram elas podem ser apagadas depois de algum tempo.

1356 Um suposto *hacker* que teria até falado por mensagens com os juízes e procuradores usa um curioso linguajar jurídico nas suas comunicações. Utiliza expressões típicas desse universo como "outrossim" e "protesto por" nos textos. O presidente da associação dos procuradores, José Roberto Robalinho Cavalcanti, afirmou aos jornais ter falado com o tal invasor que disse ser o hacker, passando-se por um colega procurador, e ainda afirmou que continuaria hackeando os telefones de autoridades envolvidas com a Lava Jato. De acordo com o *site*, o material obtido pelo *The Intercept*, que ainda incluiria vídeos e áudios, além de muitos registos de conversas, foi enviado para vários países para ficar protegido de qualquer tentativa de apreensão do material. Os procuradores, o juiz e os demais citados não foram procurados antes da publicação, segundo o site, para evitar eventuais embargos da publicação pela Justiça.

1357 A procuradora Laura Tessler exclamou: "*que piada!!! Revoltante!! Lá vai o cara fazer palanque na cadeia. Um verdadeiro circo. E depois de Mônica Bergamo, pela isonomia, devem vir tantos outros jornalistas... e a gente fica aqui só fazendo papel de palhaço com um Supremo desse...*".

Caso Lula e Bancoop – Nas conversas dos procuradores e do ministro Moro (então juiz federal) havia certa insegurança sobre o teor das denúncias contra o ex-presidente Lula, que acabaram levando-o à prisão, em Curitiba, em 2016. De acordo com o *The Intercept*:

> *"No dia 9 de setembro de 2016, precisamente às 21h36 daquela sexta-feira, Deltan Dallagnol (...) digitou: 'Falarão que estamos acusando com base em notícia de jornal e indícios frágeis... então é um item que é bom que esteja bem amarrado. Fora esse item, até agora tenho receio da ligação entre Petrobras e o enriquecimento, e depois que me falaram to com receio da história do apto... São pontos em que temos que ter as respostas ajustadas e na ponta da língua'. (...) Naquele dia, ninguém respondeu à dúvida de Dallagnol (...). O documento seria anunciado ao público, com direito a um hoje famoso Power Point*[1358]*, dali a poucos dias (...). A ligação do apartamento com a corrupção na petrolífera tinha gerado uma guerra jurídica nos primeiros meses daquele 2016. De um lado, o Ministério Público do Estado de São Paulo. Do outro, a força-tarefa de Curitiba. (...) O MPSP já investigava o caso Bancoop muito antes de Curitiba. Em uma disputa que envolveu até mesmo o Supremo Tribunal Federal, a Lava Jato tentava tirar o caso das mãos dos paulistas para denunciar e julgar Lula em Curitiba. Para isso, o imóvel de Lula precisaria obrigatoriamente ter relação com a corrupção na Petrobras. (...). Mas a Lava Jato venceu e, pouco tempo depois, os procuradores conseguiram tirar o caso de São Paulo (...). Agora, com a revelação das conversas secretas do grupo da Lava Jato, descobre-se que os procuradores blefaram – eles não tinham certeza dessa relação nem mesmo poucas horas antes de apresentarem a denúncia. E, assim, o caso parou no colo do aliado Sergio Moro."*

[1358] As acusações contra Lula foram apresentadas por Dallagnol num *power point* com muitas bolinhas, que indicava o ex-presidente como culpado de corrupção no caso Petrobrás. Simplório e mal formulado, sem provas para demonstrar sua tese, o *power point* foi ridicularizado por vários setores da sociedade e chegou a ser criticado por membros do Supremo. Na internet, muitos memes (piadas visuais próprias dos ambientes digitais) também ridicularizaram a exposição do procurador, que chamou vários órgãos de imprensa para registrar as "descobertas" do MPF em um hotel de luxo, em Curitiba, onde ocorreu a entrevista coletiva.

Testemunha – De acordo com as interceptações, Moro sugeriu uma testemunha de acusação aos procuradores. Em 7 de dezembro de 2015 ele passou uma pista sobre o caso de Lula para que o MP investigasse[1359].

[1359] Segundo o *The Intercept*, a conversa foi assim: **Moro**: "*Então. Seguinte. Fonte me informou que a pessoa do contato estaria incomodado por ter sido a ela solicitada a lavratura de minutas de escrituras para transferências de propriedade de um dos filhos do ex Presidente. Aparentemente a pessoa estaria disposta a prestar a informação. Estou entao repassando. A fonte é seria*". **Dallagnol**: "*Obrigado!! Faremos contato*". **Moro**: "*E seriam dezenas de imóveis. (...)*. **Dallagnol**: "*Estou pensando em fazer uma intimação oficial até, com base em notícia apócrifa*". **Moro**: "*Melhor formalizar então*". No dia 28 de junho, uma sexta-feira, a revista *Veja* também entrou, assim como a *Folha de S.Paulo*, na história divulgada pelo *The Intercept*. A revista foi atrás de duas testemunhas contra Lula que haviam sido sugeridas pelo ex-juiz e ministro ao MPF. Nesse caso, também divulgado por meio do aplicativo Telegram, Moro admitiu a autenticidade do diálogo e alegou que havia sido um "descuido" de sua parte repassar a informação aos procuradores. "Eu recebi aquela informação, e aí, sim, vamos dizer que foi até um descuido meu, apenas passei pelo aplicativo. Mas não tem nenhuma anormalidade nisso. Não havia uma ação penal sequer em curso. O que havia é: é possível que tenha um crime de lavagem e eu passei ao Ministério Público", afirmou após uma cerimônia na Polícia Rodoviária Federal, em Brasília. Na conversa com Deltan pelo Telegram, Moro afirmou que havia uma testemunha "aparentemente disposta" a depor sobre imóveis do ex-presidente Lula e de sua família. Seguindo a orientação do juiz, Dallagnol procurou as pessoas citadas, mas elas teriam se recusado a colaborar. Em resposta a Moro, o procurador chegou a sugerir que se forjasse uma denúncia anônima para justificar a expedição de uma intimação que obrigasse as testemunhas a depor no MP. No entanto, não fica claro na troca de mensagens entre os dois se de fato houve essa testemunha forjada. De acordo com a publicação, o técnico em contabilidade Nilton Aparecido Alves, de 57 anos, e o empresário Mário César Neves, dono de um posto de combustível em Campo Grande (MS), teriam sido as duas testemunhas indicadas pelo então juiz Sergio Moro ao ex-chefe da força-tarefa da Lava Jato, Deltan Dallagnol. Com isso, ele, na prática, confirmou que auxiliou uma das partes, no caso a acusação, no processo, o que é terminantemente proibido de acordo com a legislação brasileira. A reportagem da revista semanal, em parceria com o *site The Intercept*, mostra que Nilton Aparecido tem um escritório no centro de Campo Grande. Conhecido na região por fazer negócios "nem sempre lícitos" relacionados a terras, ao ser abordado pela revista, ele não quis comentar muito sobre o episódio. O dono do posto de combustível Mário Cesar Neves, por sua vez, confirmou que em dezembro de 2015 um representante do Ministério Público Federal entrou em contato com ele para pedir informações sobre o técnico em contabilidade Nilton Aparecido. "O pessoal do Ministério Público me ligou, não sei mais o nome da pessoa, mas ela queria saber quem era o Nilton, que serviços ele prestava e como poderia encontrá-lo".

In Fux we trust – Três dias depois da primeira divulgação de conversas entre Moro e Dellagnol, um novo conjunto de questões foi repassado pelo *The Intercept*. Nele, Dallagnol relata a Moro uma conversa reservada que tivera com o ministro do STF, Luiz Fux, em 22 de abril de 2016, cinco dias depois que a Câmara votou a admissibilidade do processo de *impeachment* contra a ex-presidente Dilma Roussef. No texto, o procurador explica que o ministro se colocou à disposição da Lava Jato para ajudar no que fosse preciso. Em seguida, ele encaminha uma mensagem a Moro, que diz confiar no ministro: "In Fux we trust" (Em Fux nós confiamos)[1360].

"Showzinho" – Ao divulgar novos trechos em 14 de junho de 2019, de acordo com o *site*, enquanto julgava o ex-presidente Luiz Inácio Lula da Silva, o então juiz sugeriu a Dallagnol que este fizesse uma nota para rebater a defesa de Lula no caso do Tríplex do Guarujá, realizada em 10 de maio de 2017, pois, segundo ele, havia feito seu "showzinho". A sugestão foi acatada pelo então procurador Carlos Fernando de Lima, um dos responsáveis pela Lava Jato[1361].

FHC – "um aliado que não se deve melindrar" – O ex-juiz discordou de investigações sobre o ex-presidente Fernando Henrique Cardoso na Lava Jato porque não queria "melindrar alguém cujo apoio é importante". O diálogo ocorreu em 13 de abril de 2017, um dia depois de o Jornal Nacional ter veiculado reportagem a respeito de suspeitas contra FHC.

[1360] Moro e Dallagnol tentaram se defender das acusações de direcionamento de decisões, apelando para a questão legal. De acordo com ambos, haveria uma ilegalidade na obtenção dos vazamentos, que teriam sido obtidos, de forma fraudulenta, por meio de hackers. "Se quiserem podem divulgar tudo, não há problema algum", desafiou Moro em entrevista ao jornal *O Estado de S.Paulo*. Para ele, que disse que não se afastaria do cargo, "o alvo são as instituições". Moro afirmou ver viés político-partidário nas divulgações e disse estar "tranquilo" com a lisura de suas comunicações.

[1361] O pedido de Moro seria discutido no chat "Filhos do Januário 1". Acatando a sugestão do juiz, os procuradores distribuíram uma nota à imprensa, repercutida por *Folha de S.Paulo, Estadão*, Jovem Pan e todos os principais veículos e as agências do País. As notícias são centradas justamente na palavra desejada pelo juiz: "contradições". Na nota, a força-tarefa expõe o que considera serem três contradições do depoimento de Lula e refuta diretamente uma alegação da defesa do petista, que os procuradores consideraram mentirosa.

Em uma conversa no dia 17 de novembro de 2015, o procurador Roberson Pozzobon sugeriu investigar, num mesmo procedimento, pagamentos da Odebrecht aos institutos de Lula e FHC. "Assim ninguém poderia indevidamente criticar nossa atuação como se tivesse vies partidário"[1362].

Moro vaza conversa gravada ilegalmente entre Dilma e Lula para TV – Quando a então presidente Dilma tentou nomear Lula para a Casa Civil, Moro divulgou no mesmo dia, 16 de março de 2016, a famosa conversa gravada entre ambos, como uma suposta prova de que a presidente tentaria tornar Lula ministro para que este, ganhando foro privilegiado, escapasse das investigações da Operação Lava Jato[1363].

Houve severas críticas de juristas, políticos e até membros do STF quanto à divulgação dos áudios entre a presidente e o ex-presidente. Moro retratou-se ao ministro do Supremo e relator da Lava Jato na Corte, Teori Zavascki (este morreria num acidente de avião meses depois), devido à divulgação indevida e pediu "escusas" pelo comportamento no caso.

No dia 23 de junho de 2019, um domingo, a *Folha de S.Paulo*, em parceria com o *site The Intercept*, divulgou conversas entre Moro e os procuradores da Operação Lava Jato, em especial o ex-chefe da força-tarefa Deltan Dallagnol. O ministro Sergio Moro repreende e aconselha Dallagnol. Esses diálogos aconteceram dias depois de Moro suspender o sigilo da conversa telefônica entre Dilma e Lula[1364].

[1362] Depois de comentar sobre o instituto de FHC, Pozzobon postou duas imagens no grupo. A primeira é uma troca de e-mails de 2014 entre a secretária de FHC e dois interlocutores: um representante da Associação Petroquímica e Química da Argentina, a Apla, identificado como Manuel Diaz, e um empresário do ramo cultural, Pedro Longhi. A secretária fala para verificarem com a Braskem – empresa do ramo petroquímico controlada pela Odebrecht – qual a "melhor maneira para [a empresa] fazer a doação [para FHC]". No ano seguinte às conversas do procuradores, em 2016, FHC ainda apareceria em outras três delações. Em uma delas, ele apareceu na boca do operador ligado ao MDB Fernando Baiano, por causa do suposto beneficiamento da empresa de um filho do ex-presidente, Paulo Henrique Cardoso, em contratos com a petroleira.

[1363] Naquela manhã, Dallagnol e Moro discutiram a divulgação dos áudios e se consultaram sobre a estratégia a ser usada no caso. **Dallagnol – 12:44:28** – A decisão de abrir está mantida mesmo com a nomeacao, confirma? **Moro – 12:58:07** – Qual é a posicao do mpf? **Dallagnol – 15:27:33** – Abrir.

[1364] Edição de 23 de junho de 2019, p. A-4.

Como Moro havia sido advertido pelo então relator, ministro Teori Zavaski, e temia alguma punição no Conselho Nacional de Justiça (CNJ), o que não ocorreu, o ex-juiz avaliou que a Polícia Federal havia cometido "lambança" ao permitir a divulgação de uma lista apreendida em escritórios da construtora Odebrecht que supostamente implicava parlamentares e outros políticos com foro privilegiado em doações ilegais. Isso levaria o caso ao Supremo Tribunal Federal (STF), tirando-o das mãos do então magistrado[1365].

Poucas semanas depois, Teori devolveu os inquéritos a Curitiba, mantendo no STF somente as planilhas da empreiteira que listavam políticos com foro, como manda a lei, as mesmas que Moro não queria mandar ao Supremo. A *Folha* constatou, com base nas transcrições do material, que procuradores na linha de frente da Operação Lava Jato se articularam para proteger Sergio Moro e evitar que tensões entre ele e o Supremo Tribunal Federal paralisassem as investigações num momento crítico para a força-tarefa em 2016.

Léo Pinheiro, delator de Lula – Em novas conversas entre os procuradores e o ex-juiz, a *Folha* divulgou que os membros da Lava Jato desconfiavam de Léo Pinheiro, o empreiteiro que denunciou Lula no caso do Tríplex do Guarujá e foi responsável pela mais forte acusação contra o ex-presidente. A defesa de Lula sempre afirmou que Pinheiro inicialmente inocentou o ex-presidente, mas, pressionado pela Justiça, mudou várias vezes seu depoimento até incriminar Lula por acusações de tráfico de influência e de corrupção ativa. As mensagens indicam que Léo Pinheiro, ex-presidente da construtora OAS, só passou a ser considerado merecedor de crédito após mudar diversas vezes sua versão sobre o apartamento

1365 "Não pode cometer esse tipo de erro agora", disse Moro a Dallagnol. Em resposta, o procurador tenta animar Moro e promete apoio: "Faremos tudo o que for necessário para defender você de injustas acusações", escreveu. Em outro trecho, Moro critica os "tontos" do Movimento Brasil Livre (MBL), grupo de extrema-direita muito atuante no período do *impeachment*, por terem protestado contra Zavaski no condomínio do ministro. "Isso não ajuda, evidentemente", lamentou. O procurador chega a mandar uma mensagem ao delegado da Polícia Federal Márcio Anselmo, que chefiava as investigações sobre a Odebrecht, e disse: "Moro está chateado". Anselmo respondeu horas mais tarde, reconhecendo que tinha sido apressado, mas defendeu-se dizendo que "não via motivo para todo esse alvoroço".

tríplex de Guarujá (SP) que a empresa afirmou ter reformado para o líder petista[1366].

Com base nas mensagens, os procuradores voltaram a conversar com Léo Pinheiro sobre sua delação premiada. O Ministério Público pediu a Moro que reduzisse pela metade a pena do empreiteiro no caso do tríplex. Em julho, o juiz o condenou a 10 anos e 8 meses de prisão, mas o autorizou a sair quando completasse 2 anos e 6 meses atrás das grades[1367].

Os "projetos" de Dallagnol – Apurou-se que o coordenador pretendia se aproveitar do prestígio obtido com a Lava Jato para montar uma empresa de palestras e eventos e "faturar alto" na esteira da fama e dos contatos conseguidos durante a operação. Dallagnol e um colega procurador discutiram a formação de uma empresa em que eles não apareceriam formalmente como sócios, uma estratégia para evitar questionamentos legais e críticas. A ideia do procurador era colocar a empresa nos nomes de suas respectivas mulheres ou outros parentes. Eles também discutiram a criação de um instituto sem fins lucrativos para pagar altos cachês a eles mesmos, além de parceria com uma firma que organiza formaturas para alavancar os ganhos do projeto[1368].

1366 "Sobre o Lula eles não queriam trazer nem o apt. Guaruja", escreveu o promotor Sérgio Bruno Cabral Fernandes a outros integrantes da equipe que negociou com os advogados da OAS em agosto de 2016, numa discussão sobre a delação no aplicativo Telegram. "Diziam que não tinha crime." Léo Pinheiro só apresentou a versão que incriminou Lula em abril de 2017, mais de um ano depois do início das negociações com a Lava Jato, quando foi interrogado pelo então juiz Sergio Moro no processo do tríplex e disse que a reforma do apartamento era parte dos acertos que fizera com o PT para garantir contratos da OAS com a Petrobras. Os diálogos examinados pela *Folha* e pelo *Intercept* sugerem que o depoimento sobre Lula e o tríplex foi decisivo para que os procuradores voltassem a conversar com Pinheiro, meses depois de rejeitar sua primeira proposta de acordo.

1367 Para Deltan, havia o risco de um acordo com Léo Pinheiro, com redução de pena e outros benefícios em troca de sua cooperação, ser interpretado como concessão indevida. "Não pode parecer um prêmio pela condenação do Lula", disse o chefe da força-tarefa aos colegas em julho. Fato é que as negociações se arrastaram por meses até que um acordo fosse fechado, no fim de 2018. Ele foi assinado pelos procuradores e pelo colaborador, e apenas em setembro de 2019 foi homologado pelo ministro Edson Fachin, do STF. *Folha de S.Paulo*, edição de 10 de junho de 2019, p. A-4.

1368 "*Vamos organizar congressos e eventos e lucrar, ok? É um bom jeito de aproveitar nosso networking e visibilidade*", afirmou Dallagnol em conversa com a esposa. No mesmo mês, o

Outra investida do procurador da Lava Jato foi a de criar um ONG, que administraria uma fatia bilionária dos recursos desviados da Petrobras que voltaram ao Brasil, ou seja, 2,56 bilhões de reais, quantia esta oriunda de um acordo que livrou a Petrobras das pendências com a Justiça americana.

Segundo a proposta de Deltan, o dinheiro seria gerido pelos procuradores, com a missão de reforçar "a luta da sociedade brasileira contra a corrupção". Na época, a ideia do procurador foi cercada de incertezas, e a imprensa noticiou que abriria "brechas para que o poderio da República de Curitiba" crescesse sem limites[1369].

Moro na política – Os próprios procuradores da Lava Jato questionaram a imagem do então juiz Sergio Moro a partir de outubro de 2018, quando ele aceitou o convite do presidente eleito, Jair Bolsonaro (PSL), para ser seu ministro da Justiça e se retirou do Poder Judiciário, onde tinha cargo vitalício[1370].

Carlos Fernando dos Santos Lima, ex-procurador que esteve à frente da operação Lava Jato e aposentou-se no início de 2020, relatou, em relação à ida de Sergio Moro para o governo Bolsonaro que "pessoalmente eu manifestei a ele minha dúvida sobre se seria uma decisão correta. Eu vejo que num certo momento ela custou muito caro para a Lava Jato, obvia-

procurador dirigiu-se ao colega Roberson Pozzobon: "*Antes de darmos passos para abrir empresa, teríamos que ter um plano de negócios e ter claras as expectativas em relação a cada um. Para ter plano de negócios, seria bom ver os últimos eventos e preço*". Pozzobon respondeu: "*Temos que ver se o evento que vale mais a pena é: i) Mais gente, mais barato ii) Menos gente, mais caro. E um formato não exclui o outro*".

[1369] Oliveira, Thais Reis; Lava Jato: ONG bilionária com dinheiro da Petrobras é vista como "Estado paralelo". *Carta Capital*, 9 mar. 2019.

[1370] Monique Cheker, em uma das mensagens, diz: "Moro viola sempre o sistema acusatório e é tolerado por seus resultados" . A procuradora Jerusa Viecili, integrante da força-tarefa em Curitiba, escreveu: "Acho péssimo. Só dá ênfase às alegações de parcialidade e partidarismo." A procuradora Laura Tessler, também da força-tarefa, concordou: "Tb acho péssimo. MJ nem pensar... além de ele não ter poder para fazer mudanças positivas, vai queimar a LJ. Já tem gente falando que isso mostraria a parcialidade dele ao julgar o PT. E o discurso vai pegar. Péssimo. E Bozo é muito mal visto... se juntar a ele vai queimar o Moro." Viecili completou: "E queimando o moro queima a LJ". E o procurador Antônio Carlos Welter enfatizou que a postura de Moro era "incompatível com a de Juiz".

mente, como movimento, porque contaminou uma discussão política desnecessária"[1371].

Luís Roberto Barroso – No dia 10 de julho, um mês depois do início da divulgação das conversas no *Intercept*, um outro ministro do STF, além de Fachin e Fux, também foi citado nas conversas entre os procuradores. Trata-se de Luís Roberto Barroso. Em mensagem de 3 de agosto de 2016, Dallagnol relata a Moro que recebeu um e-mail do ministro, convidando-os para um encontro privado, "com máxima discrição"[1372].

Quando o então presidente Michel Temer tornou público seu indulto de Natal de 2017, a Lava Jato se colocou contrariamente à proposta, afirmando que a medida teria sido feita com o intuito de beneficiar condenados da Lava Jato. Cármen Lúcia, então na presidência do STF, suspendeu parcialmente parte do decreto. Diogo Castor havia escrito um violento artigo contra o ato presidencial. Dallagnol escreveu aos colegas:

28 de dezembro de 2017
13:46:56 – Laura Tessler: *Diogo, parabéns pelo artigo. Ficou muito bom.*
13:50:32 – Diogo: *Obrigado Laura!*
17:03:20 – Deltan: *Saiu a liminar. Carmem Lúcia suspendeu parcialmente o decreto.*
17:05:30 – Deltan: *Caso distribuído para Barroso*
17:05:52 – Deltan: *Que cá entre nós me escreveu elogiando o artigo sobre o indulto*
17:06:13 – Deltan: *A distribuicao pro Barroso foi o que pedi a Deus!!*

Quando Barroso determinou, no dia 29 de março de 2018, a prisão de José Yunes, ex-assessor do então presidente Michel Temer, Deltan,

[1371] Nunes, Valter Eduardo. Ida de Moro para governo Bolsonaro contaminou Lava Jato. *Folha de S.Paulo*, 08/06/2020, Entrevista da 2ª, p. A11.

[1372] *"Caros Deltan, Moro, Oscar, Caio Mário e Susan: Tereza e eu teremos o imenso prazer em recebê-los para um pequeno coquetel/jantar em nossa casa, no dia 9 de agosto próximo, 3ª feira, às 20:30, em honra dos participantes do evento", Democracia, Corrupção e Justiça: Diálogos para um País Melhor". Será uma reunião em traje casual, com a presença limitada aos organizadores do evento, o que inclui membros da minha assessoria e poucos dirigentes do UniCEUB. Com máxima discrição. Na medida do possível, desejamos manter como um evento reservado e privado. Estamos muito felizes de tê-los aqui. Nosso endereço é [TRECHO OMITIDO]. Nosso telefone é [TRECHO OMITIDO]. Deltan tem meu telefone e pode ligar em qualquer necessidade. Abraços a todos. Luís Roberto Barroso".*

no Telegram repassou a notícia do G1: ***"Barroso foi para guerra aberta. E conta conosco como tropa auxiliar"***[1373].

Vazamentos seletivos – Outro material obtido pelc *The Intercept Brasil* demonstrou que os membros da força-tarefa da Lava Jato de fato vazaram informações à imprensa, com o objetivo de manipular suspeitos, fazendo-os acreditar que sua denúncia era inevitável, mesmo que não fosse. O intuito desse método, conforme eles próprios afirmaram em *chats* do Telegram, era intimidar seus alvos para que eles fizessem delações. Os vazamentos desmontam a versão do então coordenador da Lava Jato, Deltan Dallagnol, que mentiu em público ao negar de forma categórica que agentes públicos passassem informações da operação[1374].

Parceria contra Gilmar Mendes – Deltan Dallagnol teria se colocado à disposição para ajudar a procuradora Thaméa Danelon a revisar parte do texto de um pedido de *impeachment* do ministro do Supremo Tribunal Federal (STF), Gilmar Mendes. Os vazamentos foram noticiados pelo jornalista Reinaldo Azevedo, da rádio *BandNews*, em parceria com o site

[1373] Em abril de 2019, Barroso concedeu uma palestra na Universidade de Columbia, em Nova York, e atacou o Supremo. Sugeriu que o achincalhe de que era alvo o tribunal era bastante compreensível, quem sabe justo. Disse: "A pergunta que me faço frequentemente é por que o STF está sob ataque, por que está sofrendo esse momento de descrédito. Bem, o que acho que está acontecendo é que há uma percepção em grande parte da sociedade e da imprensa brasileira de que o STF é um obstáculo na luta contra a corrupção no Brasil". O procurador Júlio Noronha posta no Telegram, no dia 25 de abril, link com reportagem da Folha. Por isso Deltan expressou seu apreço pelo Ministro.

[1374] Em um exemplo, de 21 de junho de 2015, o procurador da Lava Jato Orlando Martello perguntou ao colega Carlos Fernando Santos Lima, no grupo "FT MPF Curitiba 2": "qual foi a estratégia de revelar os próximos passos na Eletrobrás etc?" Santos Lima disse não saber do que Martello falava, mas afirmou, com toda a franqueza, que "meus vazamentos objetivam sempre fazer com que pensem que as investigações são inevitáveis e incentivar a colaboração." A Lei das Organizações Criminosas, que estipulou regras para as delações premiadas, prevê que o acordo só pode ser feito se a pessoa tiver colaborado "efetiva e voluntariamente", mas o procurador confessou ao colega que usava a imprensa para forjar um ambiente hostil e, com isso, conseguir delações por meio da manipulação do medo do preso o que, além de demonstrar uma ética questionável, interfere no caráter voluntário da delação.

The Intercept Brasil. Thaméa era, na ocasião, a favorita de Augusto Aras, indicado à Procuradoria-Geral da República pelo presidente Jair Bolsonaro, para chefiar o grupo da força-tarefa que atua no órgão[1375].

Michel Temer – Duas semanas antes de o então vice-presidente Michel Temer assumir a Presidência interinamente devido ao afastamento da então presidente Dilma Roussef em função do processo de *impeachment* instalado pela Câmara em 17 de abril de 2016, os procuradores da Operação Lava Jato receberam, de acordo com o *The Intercept Brasil* e o jornal espanhol *El Pais,* o anexo de uma delação premiada do empresário José Antunes Sobrinho[1376], sócio da construtora Engevix, que, se fosse aceito, naquele momento, conduziria a uma investigação contra o então vice-presidente por suspeita de corrupção. No entanto, os procuradores consideram que as declarações dos delatores não atendiam ao "interesse público" e não aceitaram a proposta de delação. Somente três anos depois, como Temer já na condição de ex-presidente, a mesma delação foi usada pela Lava Jato para orientar uma ação penal contra ele e pedir sua prisão preventiva[1377].

1375 Thaméa escreveu a Dallagnol: "Oi. O Professor Carvalhosa vai arguir o *Impeachment* do Gilmar. Ele pediu para eu minutar para ele!". O chefe da Operação Lava Jato escreveu: "Sensacional Tamis!! Manda ver. Fala com o pessoal do RJ QUE TEM tudo documentado quanto à atuação do sócio da esposa". A esposa a que ele se refere é Guiomar Feitosa Mendes, mulher de Gilmar e parceira do advogado Sérgio Bermudes em um escritório de advocacia no Rio de Janeiro. Depois, Dallagnol se manifesta: "Se quiser olhamos depois de Vc redigir". A procuradora respondeu: "Eba!!!! Obrigada!!! Já estou escrevendo!!! Quero sim!!!! Lógico!! Obrigada!!". O coordenador da força-tarefa ponderou: "Ng pode ficar sabendo que olhamos se não enfraquece. Vão dizer que é vinganca pq soltaram Dirceu". Thaméa, então, prometeu sigilo: "Não falarei para ninguém de vc!!".

1376 O empresário relatou um pagamento de propina para o vice-presidente. As conversas no chat "Acordos Engevix" no Telegram mostram que os procuradores de Curitiba, Rio e Brasília receberam a proposta de Antunes em 4 de abril de 2016. A menção a Temer, que viria a ser batizada de "anexo-bomba" mais tarde, dizia que Antunes fez um pagamento de R$ 1 milhão para atender a interesses seus, como compensação por um contrato na usina nuclear Angra 3, da estatal de energia Eletronuclear.

1377 De acordo com informações de El País e The Intercept na reportagem "Às vésperas do afastamento de Dilma, Lava Jato rejeitou delação que prenderia Temer em 2019", de autoria dos repórteres Haidar, Daniel, Rossi, Maria, Oliveira, Regiane, de El País, e Bianchi,

12) A defesa do AI-5 – Em 31 de outubro de 2019, ao ser perguntado pela apresentadora Leda Nagle em um canal de entrevista no YouTube sobre a situação dos países vizinhos ao Brasil, como Chile, que enfrentava uma onda de protestos, e Argentina, que elegera Alberto Fernández, ligado à esquerda, como presidente, o deputado federal Eduardo Bolsonaro (PSL) sugeriu que no caso de uma radicalização por parte da esquerda, uma "resposta" seria "um novo AI-5". E o parlamentar acrescentou:

> *"Alguma resposta vai ter que ser dada. É uma guerra assimétrica, não é uma guerra em que você está vendo o seu oponente do outro lado e você tem que aniquilar, como acontece nas guerras militares. É um inimigo interno, de difícil identificação, aqui dentro do País. Espero que não segue a esse ponto, mas a gente tem que ficar atentos"*[1378].

Além de se referir ao AI-5, que em 1968 impôs o fechamento do Congresso Nacional, cassou mandatos, suspendeu o direito a *habeas corpus* para crimes políticos, entre outras medidas que suspenderam garantias constitucionais e, portanto, selando o período mais sombrio da ditatura no Brasil, o filho do presidente insinuou que em relação aos protestos que ocorrriam no Chile, estes eram financiadas por Cuba e Venezuela:

"Seria ingenuidade achar que isso não é arquitetado (...). Desconfiamos que esse dinheiro vem muito por conta do BNDES, que no tempo de Dilma e Lula fazia essas obras superfaturadas no porto de Mariel, em Cuba, ou contrato de 'Mais Médicos', que rendia mais de R$ 1 bilhão para a ditadura cubana. Por que não acreditar que esse dinheiro vai se voltar para cá para fazer essas revoluções?"[1379].

Após essas declarações, políticos, partidos e entidades criticaram o deputado. Para o presidente nacional do PSDB na época, Bruno Araújo, "ameaçar a democracia é jogar o Brasil novamente nas trevas". Em nota, o Partido Novo afirmou: "Os políticos devem defender a liberdade do

Paula, do The Intercept. Disponível em https://brasil.elpais.com/brasil/2019/09/30/economia.

[1378] "Eduardo Bolsonaro fala em novo AI-5 'se esquerda radicalizar'". Uol notícias, 31 out. 2019.

[1379] Ibidem, 2019.

cidadão, e não medidas autoritárias, como vimos durante o período militar"[1380].

No mesmo dia, ao ser perguntado sobre o AI-5, o presidente Bolsonaro disse que lamentava a fala do filho, e afirmou:

"O AI-5 já existiu no passado, em outra Constituição, não existe mais. Esquece. Vai acabar a entrevista aqui. Cobrem deles. Quem quer que seja que fale em AI-5, está sonhando. Está sonhando! Não quero nem que dê notícia nesse sentido aí"[1381].

Durante entrevista em Washington, 26 de novembro de 2019, o ministro da Economia, Paulo Guedes, referindo-se aos movimentos de protesto por parte das esquerdas, principalmente no Chile, onde, num clima de convulsão social, a população deixava claro que se opunha ao regime liberal – aliás, essa é a referência com que o ministro brasileiro se orienta –, condenou os atos de vandalismo e lembrou da referência do filho do presidente, Eduardo Bolsonaro, ao AI-5. O próprio ministro da Economia afirmou: "Não se assustem então se alguém pedir o AI-5. Já não aconteceu uma vez? Ou foi diferente? Levando o povo para a rua para quebrar tudo. Isso é estúpido, burro, não está à altura da nossa tradição democrática. Nós construímos há 30 anos uma democracia extraordinária. Ela é resiliente, ela resistiu à hiperinflação, duas hiperinflações, à maior recessão da história do Brasil. Então, para que nós vamos prestigiar vozes da discórdia, gente que está fora de tom com o que está acontecendo no Brasil. 'Ah, um líder importante'. Tudo bem, mas não quero dar esse tipo de resposta"[1382].

Após essa manifestação do ministro, perguntaram-lhe se o AI-5 seria admissível, ao que respondeu com irritação: "O AI-5 é inadmissível em qualquer situação".

"É inconcebível, a democracia brasileira jamais admitira. Mesmo que a esquerda pegue as armas e invada tudo e derrube a força o Palácio do Planalto,

[1380] Ibidem, 2019.

[1381] Ibidem, 2019.

[1382] "Paulo Guedes cita AI-5 e provoca reações; em seguida, diz que AI-5 é inconcebível". G1, 26 nov. 2010. Disponível em https://g1.globo.com/globonews/arquivo-n/noticia/2019/11/26/paulo-guedes-cita-ai-5-e-provoca-reacoes-em-seguida-diz-que-ai-5-e-inconcebivel.ghtml. Acessado em 25 maio 2020.

jamais apoiaria um AI-5. Isso é inconcebível. Não aceitaria jamais isso. Está satisfeita?"[1383].

Posteriormente, foi a vez de o presidente Bolsonaro enviar ao Congresso Nacional um projeto de lei visando isentar de punição os militares, policiais federais e agentes da Força Nacional (formada por policiais de vários Estados) que cometessem excessos ou matassem durante operações sob o decreto presidencial de Garantia da Lei e da Ordem (GLO). Trata-se da ampliação do excludente de ilicitude durante operações desses agentes, projeto esse que foi assinado pelos ministros da Defesa, o general Fernando Azevedo Silva, e da Justiça, Sergio Moro, quando ainda estava no cargo. O chefe do Executivo afirmou na época: "Vai tocar fogo em ônibus, pode morrer inocente, vai incendiar bancos, vai invadir ministério, isso aí não é protesto. E se tiver GLO já sabe. Se o Congresso nos der o que a gente está pedindo, esse protesto vai ser simplesmente impedido de ser feito". O texto original previa que os agentes que alegassem "escusável medo, surpresa ou violenta emoção" após matar, poderiam ficar sem nenhuma punição, trecho este que foi excluído do projeto pelos deputados na Comissão de Segurança Pública da Câmara.

Lobby das armas – O Estadão revelou, a partir de estudos do deputado federal Ivan Valente (PSOL-SP), que lobistas e empresários de armas e munições têm presença assídua nos gabinetes do governo de Jair Bolsonaro. De acordo com reportagem de Patrick Camporez, as pastas da Casa Civil, da Defesa, da Justiça e das Relações Exteriores abriram espaços em suas agendas oficiais, entre janeiro de 2019 e abril de 2020, para 73 audiências e reuniões com representantes do setor. As entradas e saídas de advogados e empresários nos palácios e ministérios resultaram numa flexibilização sem precedentes no controle da produção de revólveres, fuzis e projéteis. Pelo menos 16 desses encontros de lobby registrados ocorreram em semanas em que o governo publicou portarias e decretos para atender demandas dos representantes das empresas. O mais assíduo deles é Rafael Mendes de Queiroz da Taurus e da Companhia Brasileira de Cartuchos (CBC). Oficialmente, ele participou de 46 encontros com autoridades, a maioria na Defesa e no Itamaraty. Rafael é filho do tenente

[1383] Ibidem, 25 maio 2020.

José Ronaldo de Queiroz, que atuou na Diretoria de Fiscalização de Produtos Controlados do Exército, área responsável pelo setor de armamentos e munições, entre 2007 e 2017. Na gestão Bolsonaro, o lobista influente na caserna participou de uma séria de conversas com autoridades nos dias que antecederam a publicação de pelo menos três normas de flexibilização de armas durante o governo de Jair Bolsonaro até então.

Outro lobista assíduo em Brasília é Hugo de Paula, representante da CZ Armas, uma empresa da República Tcheca. Tanto ele quanto Rafael estiveram na pasta da Justiça dias antes de Bolsonaro assinar o Decreto 9.685, de 7 de maio, para liberar o porte e ampliar a potência de armas. A norma quebrou o monopólio da indústria nacional, dispensou a comprovação de necessidade na Polícia Federal para obter o porte e a posse e aumentou a validade do registro de cinco para dez anos. O governo, porém, revogou o decreto após ser questionado no Supremo Tribunal Federal.

Houve um esforço para tentar manter parte da medida. Em 9 de maio, Hugo de Paula passou cinco horas no Ministério da Justiça discutindo o assunto. Também naquele dia, Franco Giaffone, presidente da Glock no Brasil, passou outras cinco horas na pasta. A Glock é uma fabricante austríaca de armas defendida nas redes sociais pelo deputado Eduardo Bolsonaro (PSL-SP), filho do presidente. Ao **Estadão**, técnicos da Justiça relataram que os representantes do setor chegaram ao governo por intermédio de Eduardo e do ex-chefe da Casa Civil e atual titular da Cidadania, Ônix Lorenzoni.

Desde o início do mandato, Bolsonaro editou oito decretos e seis portarias que ampliaram e facilitam o porte e a posse de armas. Os registros de entrada e saída de lobistas nas dependências dos prédios federais foram obtidos junto aos ministérios pelo deputado federal Ivan Valente (PSOL-SP). Esse levantamento mostra que o governo registrou, entre janeiro de 2019 e abril deste ano, 30 encontros de representantes das armas na pasta da Justiça, 27 nas Relações Exteriores, 13 na Defesa e quatro na Casa Civil. No Itamaraty, um dos visitantes foi Carlos Alberto M. Cidade, da Avibras, que esteve lá em pelo menos cinco ocasiões. As visitas levaram pelo menos uma hora. Mas, em alguns casos, duraram um dia inteiro, geralmente quando precedidas por publicações de nova normas. Em resposta, parlamentares apresentaram 12 projetos, além de 10 ações no Judiciário, com intuito de frear as medidas armamentistas do governo. Para Bruno Langeani, coordenador do Instituto Sou da Paz, o governo passou a aprovar, por meio de normas infralegais, medidas que deveriam ser discutidas no Congresso.

Por meio de nota, a Taurus destacou que todas as ações da firma "perante órgãos governamentais são orientadas para fortalecimento da base industrial de defesa". Sobre a visita à Índia, disse que o presidente da empresa participou da viagem para "celebrar" uma joint venture com a indiana Jindal. A fabricante disse ainda que Rafael Queiroz é "responsável por protocolar documentos junto aos órgãos oficiais" e "não tem conhecimento e nem autoridade para representar a Taurus em assuntos relacionado à empresa". A assessoria da CZ Armas do Brasil disse que não conseguiu contato com a diretoria "antes do fim do horário comercial". Procurada, a Glock não respondeu. O Palácio do Planalto e o Ministério da Justiça não responderam à reportagem. Já o Ministério da Defesa disse que os assuntos tratados nos encontros "são relativos à Base Industrial de Defesa do Brasil e fazem parte das competências legais da Secretaria de Produtos de Defesa"[1384].

5.4.2 Atuação em 2020 – principais fatos

1) O discurso nazista do Secretário da Cultura – Roberto Alvim – A crise do início do segundo ano do governo de Jair Bolsonaro (sem partido) se iniciou logo no primeiro mês de 2020. O então secretário especial de Cultura, Roberto Alvim, fez um discurso, no dia 17 do mês, no qual imitava o teor e a estética de um pronunciamento do ministro da Propaganda de Hitler, Joseph Goebbels. O caso, descoberto pelo *site* Jornalistas Livres, provocou muita polêmica e, no fim, levou à sua demissão, embora, em um primeiro momento, o governo tenha tentando mantê-lo e só o despediu quando as pressões se tornaram forte demais.

No vídeo, disponível na plataforma *Youtube*, Alvim, um dramaturgo de direita, ligado ao ex-astrólogo Olavo de Carvalho, um guru do bolsonarismo, vestido com um terno cinza, semelhante ao usado pelo nazista, diz, ao som de uma ópera de Richard Wagner, o compositor favorito de

[1384] Lobby de armas se reuniu 73 vezes no Governo Federal, Edição de 23 de junho de 2020, p. A-4.

Adolf Hitler: "*A arte brasileira da próxima década será heróica e será nacional. Será dotada de grande capacidade de envolvimento emocional e será igualmente imperativa (...) ou então não será nada.*" No texto original do nazista ele diz algo bem parecido: "*A arte alemã da próxima década será heróica, será ferrenhamente romântica, será objetiva e livre de sentimentalismo, será nacional, com grande páthos, e igualmente imperativa (...) ou então não será nada.*"

A divulgação do vídeo, em meio a uma cerimônia que previa prêmios de R$ 20 milhões para a cultura, levou a uma enxurrada de críticas nas redes sociais e na imprensa. O presidente da Câmara, Rodrigo Maia (DEM-RJ) e do Senado, Davi Alcolumbre (DEM-AP) – que é judeu –, criticaram o teor do discurso, além do STF. O mesmo fizeram a Confederação Judaica Brasileira e a Embaixada da Alemanha no Brasil. O então secretário ainda tentou se defender das críticas, mas não obteve sucesso. Em alguns momentos, até piorou a situação.

Depois de parafrasear o nazista, Alvim afirmou nas redes sociais que se tratou de "uma coincidência retórica" a semelhança do seu discurso com o de Goebbels e que não citou o líder nazista "e jamais o faria." Em entrevista ao jornal *O Estado de S.Paulo,* entretanto, alegou que a origem (da frase) é espúria, mas as ideias contidas nela são "absolutamente perfeitas". "Eu assino embaixo", ressaltou. Em outra entrevista, esta à Rádio Gaúcha, atribuiu o discurso a uma pesquisa feita por sua equipe no Google por discursos que envolvessem "nacionalismo em arte". Admitiu, ainda, ter escrito 90% do texto lido no discurso, mas não os trechos copiados de Goebbels. Novamente nas redes sociais, alegou que "se soubesse da origem da frase jamais a teria dito. Tenho profundo repúdio a qualquer regime totalitário e declaro minha total repugnância ao regime nazista." Não adiantou pedir desculpas. O Planalto inicialmente diria que não ia se manifestar, mas na sequência o secretário foi demitido, sob alegação de que o pronunciamento "tornou insustentável" sua permanência no cargo.

Reação – O discurso de Alvim deixou Bolsonaro em situação delicada. Eleito com apoio de boa parte da comunidade judaica do Brasil, o presidente empenhou-se desde a posse na tarefa de estreitar laços com o premiê israelense Benjamim Netanyahu – único líder internacional de expressão que compareceu à sua posse. Logo após a divulgação do discurso, a Confederação Israelita do Brasil divulgou nota em que dizia ser inaceitável o uso do discurso nazista pelo secretário. "É um sinal assustador da sua visão de cultura, que deve ser combatida e contida". A Embaixada da Alemanha no Brasil também publicou texto afirmando que "o período do nacional-socialismo é o período mais sombrio da história alemã. (...) opomo-nos a qualquer tentativa de banalizar ou glorificar essa era."

Até mesmo o ideólogo do bolsonarismo, Olavo de Carvalho, criticou o secretário. "É cedo para julgar, mas o Roberto Alvim talvez não esteja muito bem da cabeça. Veremos". O presidente da Câmara, Rodrigo Maia, pediu a sua demissão. "Passou de todos os limites. É inaceitável. O governo deveria afastá-lo com urgência do cargo."O presidente do Senado, Davi Alcolumbre, também se pronunciou. "Como primeiro presidente judeu do Congresso Nacional, manifesto veementemente meu total repúdio a essa atitude e peço seu afastamento imediato do cargo." O presidente do STF, Dias Toffoli, foi na mesma linha: " Há de se repudiar com toda a veemência a inaceitável agressão que representa a postagem feita pelo secretário de Cultura. É uma ofensa ao povo brasileiro, em especial à comunidade judaica."

Meses antes de ser indicado como secretário de Cultura, Alvim, então na direção do Centro de Artes Cênicas da Funarte, havia insultado a atriz Fernanda Montenegro, uma das mais conhecidas do País, depois que ela atacou o presidente Jair Bolsonaro em uma publicação. No comando da pasta ele indicou Sergio Camargo, um negro inimigo do movimento negro, para a presidência da Fundação Palmares. Camargo se celebrizou por relativizar a escravidão no Brasil. Chegou a ser impedido de assumir o cargo, mas, em fevereiro, conseguiu, após liminar do presidente do Superior Tribunal de Justiça (STJ), João Otávio de Noronha, ser reconduzido.

No lugar do diretor demitido, Bolsonaro colocou a atriz Regina Duarte. Conhecida por suas posições políticas de direita, ela abriu mão, segundo a mídia, de um salário de R$ 120 mil na Rede Globo para entrar no governo e ganhar R$ 17 mil. Ao chegar, em início de fevereiro, anunciava que teria "carta branca" para tocar a Secretaria, vinculada ao Ministério do Turismo. Ficou apenas três meses no cargo, sem conseguir indicar praticamente ninguém, e acabou demitida em maio. Durante sua curta gestão, morreram o compositor Aldir Blanc, de Covid-19, e Flavio Migliaccio, que se suicidou. A Secretaria não emitiu nenhuma nota de pesar, embora, nesses casos, seja uma praxe no meio a referida divulgação. No seu lugar, assumiu a secretaria o ator Márcio Frias, cuja participação na TV brasileira foi em alguns capítulos do seriado Malhação, da Rede Globo[1385].

Antes de ser demitida, a atriz protagonizou uma polêmica entrevista à CNN Brasil, ocasião em que relativizou as torturas da ditadura militar e até cantou a música *Pra frente Brasil,* tida como um hino do regime autoritário. Questionada sobre as torturas, respondeu ao entrevistador que "houve tortura e mortes em outros períodos". Quando confrontada com uma gravação em vídeo na qual a também atriz Maitê Proença questionava sua gestão, levantou-se e saiu do programa, que era ao vivo. "Vocês estão desenterrando defuntos", disse, em tom exaltado.

Como uma espécie de prêmio de consolação, após deixar o comando da Secretaria da Cultura, Regina recebeu a atribuição de dirigir a Cinemateca Brasileira, em São Paulo, onde não conseguiu assumir devido à forte crise da instituição, que data, na verdade desde 2013. Apesar de abrigar o maior acervo audiovisual da América Latina, a crise da Cinemateca agravou-se em 2019, quando se encerrou uma parte do contrato do Governo Federal com a Organização Social que administra a entidade – Associação de Comunicação Educativa Roquette Pinto (Acerp) – por iniciativa do MEC[1386].

2) Economia – No início de 2020 o País vivenciava uma taxa de câmbio crescente, tendo o dólar, em 13 de fevereiro, batido o quarto recorde con-

[1385] Alessi, Gil. Secretário da Cultura de Bolsonaro imita discurso de nazista Goebbels e revolta presidente da Câmara e do STF. Disponível em https://brasil.elpais.com/brasil/2020-01-17/secretario-da-cultura-de-bolsonaro-imita-discurso-de-nazista-goebbels-e-revolta-presidentes-da-camara-e-do-stf.html

[1386] Conforme divulgado na época pela mídia, a Cinemateca Brasileira não dispunha de fundos nem para pagar sua própria conta de luz, daí a preocupação com a salvaguarda da memória cinematográfica do País. Como o material original em celuloide, que compreende filmes de ficção, documentários, cinejornais que preservam a história do País e do mundo pelo cinema, é altamente inflamável e depende de equipamentos para mantê-los refrigerados, a uma temperatura constante, foi alegado que, sem energia elétrica, o acervo poderia deteriorar e perder-se em definitivo. Sobota, Guilherme; e Merten, Luiz Carlos. Manifestação na Cinemateca Brasileira pede resolução do impasse na instituição. *O Estado de S.Paulo*, 4 jun. 2020.

secutivo, a R$ 4,35. Depois, quando se imagina que a moeda americana não mais subiria, devido à disseminação do novo Coronavírus no mundo e à decisão da Arábia Saudita de aumentar a produção de petróleo, com o intuito de iniciar uma guerra de preços com a Rússia, o dólar se aproximou de R$ 4,80.

Por um lado, para o ministro da Economia, Paulo Guedes, quando a taxa cambial mantinha-se num patamar ascendente, mas não exorbitante, na sua visão a referida taxa seria "boa para todo mundo", uma vez que o dólar mais barato estaria prejudicando as exportações, e que o Brasil estava "em um processo de desindustrialização acelerada", e o juro um pouco mais baixo seria bom para todo mundo, de modo que "vamos investir, consumir mais e, ao mesmo tempo, ter um câmbio um pouquinho mais alto, o que é bom para todo mundo" ("mais exportação, mais substituições de importações")[1387].

Em outra senda, empresários e representantes de categorias afirmaram que nesse patamar da moeda americana, diferentemente da opinião de Guedes, poderia haver prejuízos para alguns negócios. Segundo o presidente para América do Sul da General Motors, Carlos Zarlenga, como há veículos das montadoras que utilizam 40% das peças importadas, o preço será repassado ao consumidor. Esse argumento também foi utilizado pelo setor farmacêutico, pois 95% da matéria-prima utilizada na fabricação dos medicamentos vêm do exterior. As empresas alegam que haverá redução da margem de lucro e revisão de contratações. Para o setor da aviação, os motivos de preocupação são recorrentes, pois, segundo as empresas do setor, além das oscilações internacionais do petróleo (os respectivos custos impactam 31,4% do total), elas serão também prejudicadas em razão dos preços das peças dos aviões, que são importadas, cujos custos representam quase 50% das suas despesas[1388].

Como se sabe, além do trigo, os preços dos combustíveis também são ditados pela variação do dólar, lembrando que, no caso da gasolina, em

[1387] Carro, medicamento, pão e até viagem de avião... Veja áreas impactadas pela alta do dólar. *O Estado de S.Paulo*. 13 fev. 2020. Disponível em https://economia.estadao.com.br/noticias/geral,carro-medicamento-pao-e-ate-viagem-de-aviao-veja-setores-impactados-pela-alta-do-dolar,70003196688. Acessado em 14 fev. 2020.
[1388] Ibidem, acessado em 14 fev. 2020.

2019 a Petrobrás aumentou a importação em 47,4%. Quanto ao diesel, a importação do produto aumentou em 18,6%[1389].

Outro aspecto a ser considerado, diz respeito, por exemplo, à volatilidade das *commodities* no Brasil em 2020, em especial durante o surto do Coronavírus, tema este a ser debatido a seguir, cujos reflexos negativos no governo Bolsonaro foram evidentes. Durante o período de combate à doença e devido ao receio de que a demanda chinesa fosse reduzida, os preços da soja em grão, do petróleo e do minério de ferro sofreram quedas. Desde a segunda quinzena de janeiro, a soja caiu 5,13%; o petróleo, 15,5%; e o minério de ferro, 14,3%[1390].

Na visão de Welber Barral, Sócio da BMJ Consultores Associados e ex-secretário de Comércio Exterior, "a epidemia (...) pode afetar ainda mais profundamente os preços de alguns produtos de exportação relevantes, como minério de ferro, petróleo e soja".

No entanto, alguns especialistas, como Yuri Pereira, analista da XP, entendem que, se o governo chinês mantiver a perspectiva de estímulo a sua economia e o coronavírus for controlado ainda no primeiro semestre de 2020, no caso da área de mineração, em que o país asiático compra atualmente 64% de todo o minério de ferro produzido no Brasil, "a demanda (...) será impulsionada e, assim, puxará os preços".

Mais um grande potencial para gerar dificuldades na retomada econômica do Brasil é o fato de ter aumentado na Europa a aversão à política ambiental e a outras posições do governo de Jair Bolsonaro,"podendo trazer sérios prejuízos para produtores agrícolas brasileiros nesses mercados"[1391]. No início de junho de 20202, grupos de oposição no Parlamento da Holanda, por exemplo, "conseguiram aprovar uma rejeição à ratificação do acordo de livre comércio entre a União Europeia (UE) e o Mercosul, ilustrando a dificuldade que Bruxelas terá para convencer

[1389] Ibidem, acessado em 14 fev. 2020.

[1390] Barbieri, Cristiane; Guimarães, Fernanda; Gomes, Wagner; Piovesana, Matheus. Coronavírus na China faz despencar cotações de *commodities* brasileiras. *O Estado de S.Paulo*, 9 fev. 2020. Disponível em https://economia.estadao.com.br/noticias/geral,coronavirus-na-china-faz-despencar-cotacoes-de-commodities-brasileiras,70003190587. Acessado em 18 fev. 2020.

[1391] Moreira, Assis. Cresce rejeição internacional a políticas do governo Bolsonaro. *Valor Econômico*, v.21, n.5016, 05/06/2020. Brasil, p. A4.

os europeus a aceitar o tratado.A votação holandesa não tem efeito vinculante como foi o caso da rejeição do Parlamento da Áustria ao acordo UE-Mercosul. Ou seja, a decisão de parlamentares holandeses tem efeito político, mas não legal. Já no caso da Áustria, o governo fica amarrado para buscar eventual mudança no tratado"[1392].

A decisão emanada do Parlamento holandês coincidiu com o "relatório publicado pelo Parlamento Europeu sobre a floresta Amazônica, na qual a mensagem política é clara oposição à política ambiental brasileira. Exemplifica que a atual taxa de desmatamento da Amazônia e violação de programas para os indígenas desafiam 'a confiança global no compromisso do país em relação a acordos internacionais'"[1393].

Segundo projeções feitas pelo Banco Mundial no dia 8 de junho a economia brasileira deve encolher 8% em 2020, um dos piores desempenhos globais. Em janeiro a previsão era de crescimento de 2%. "Além de ter uma retração superior à média mundial de 5,2%, o país terá uma recuperação mais lenta. A projeção de crescimento para 2021 é de 2,2%, pouco mais da metade do crescimento mundial de 4,2% esperado para o próximo ano"[1394]. Segundo o Banco Mundial "a contração no Brasil está ligada, principalmente, às medidas de contenção da propagação do vírus, investimentos em queda e redução no preço dos *commodities*"[1395].

Em 1º de setembro, o presidente da República anunciou o novo valor do auxílio emergencial, que passou de R$ 600,00 para R$ 300,00, pago até o final de 2020. Ao retirar R$ 85 bilhões da renda dos cidadãos, essa redução, "considerada a média da despesa do último bimestre e descontado o Bolsa Família, equivale a 1,2% do PIB"[1396].

Conforme anunciado anteriormente por especialistas, antes da pandemia do coronavírus, a economia crescia muito pouco, pois "a ideia de que estava decolando era desvario". Logo, nesse cenário, em tempos de

[1392] Ibidem.

[1393] Ibidem.

[1394] Cucolo, Eduardo. Economia brasileira deve encolher 8% em 2020 e terá recuperação fraca, projeta Banco Mundial.*Folha de S.Paulo,* 09/06/2020, Mercado, p. A18.

[1395] Ibidem.

[1396] Freire, Vinicius Torre. O bode morto na sala da economia. *Folha de S.Paulo,* 2 set. 2020,p. A21.

crise o apelo se volta para investimento em "infraestrutura, que venha de desembolso público ou privado. Não há nem um nem outro. (...) Dado o teto, não haverá dinheiro para investimento público nem com talhos politicamente muito difíceis em outros gastos do governo"[1397].

3) A saúde no Brasil e a pandemia do Coronavírus – um desastre nacional. A Organização Mundial de Saúde (OMS) declarou, no dia 11 de março de 2020, a pandemia de Covid-19, doença causada pelo novo coronavírus (Sars-Cov-2). Segundo o órgão, o número de pacientes infectados, de mortes e de países atingidos aumentaria exponencialmente nas semanas seguintes à declaração, o que de fato aconteceu. Mesmo assim, os diretores ressaltaram que a declaração não mudaria as orientações anteriormente passadas, e que os governos deveriam manter o foco na contenção da circulação do vírus, principalmente adotando o isolamento horizontal, ou seja, a redução de circulação de todas as pessoas, e não só dos mais vulneráveis à doença, que são principalmente os idosos e portadores de outras doenças, como hipertensos e diabéticos. Neste caso considera-se o isolamento como sendo vertical.

É que, na prática, o termo pandemia se refere ao momento em que uma doença já está espalhada por diversos continentes, com transmissão sustentada entre as pessoas, em que não é possível saber quem foi o responsável pela transmissão da doença.

Nas duas semanas que antecederam a declaração de pandemia, segundo a OMS, o número de casos fora da China aumentou 13 vezes e o número de países afetados triplicou. Eram mais de 118 mil casos ao redor do mundo e 4.291 mortes. Duas semanas após a declaração já seriam mais de 500 mil casos e passava de 20 mil o número de óbitos, demonstrando claramente o aumento exponencial da doença. Em 7 de junho de 2020, foi batido o recorde de novas infecções diárias no mundo, 136.409. Quanto ao Brasil, em único dia foram registrados 30.830 novos casos, ao passo que nos Estados Unidos houve 28.922 novos infectados[1398].

1397 Ibidem, p. A21.

1398 Pinheiro Lara. Mundo teve maior número de novas infecções diárias por Covid-19 desde início da pandemia, anuncia OMS. G1, 8 jun. 2020. Disponível em https://g1.globo.com/bemestar/coronavirus/noticia/2020/06/08/mundo-teve-maior-numero-de-novas-

O Brasil decretou emergência sanitária no dia 4 de fevereiro de 2020, antes da confirmação do primeiro caso no País, que se deu no dia 26 do mesmo mês. Com o avanço da doença e a necessidade de recursos para o seu combate, o Congresso Nacional aprovou o chamado estado de calamidade no dia 20 de março, que entre outras coisas retira a obrigação de bloqueio de gastos pelo governo. Diagnosticado com coronavírus, Davi Alcolumbre, presidente do Senado Federal, não participou da sessão que aprovou o estado de calamidade, uma vez que estava em isolamento em sua residência.

Com a declaração da pandemia, governadores e prefeitos, com base na autonomia que uma federação propicia, e no previsto no art. 23, II, da CF/1988, que coloca como competência concorrente entre os entes federativos ações que preservem a saúde da população, passaram a tomar medidas mais contundentes para diminuir o riso de propagação da doença, como quarentena para os que tiveram contato com doentes e o isolamento social. Os governadores do Rio de Janeiro e de São Paulo, por exemplo, determinaram a suspensão de qualquer atividade que resultasse em aglomeração de pessoas, assim como suspensão das aulas e fechamento do comércio. As medidas adotadas estavam em consonância com as declarações do ministro da Saúde, mas o presidente Jair Bolsonaro entrou em cena. Este, alegando que a economia não podia parar, passou a dar declarações contrárias às orientações médicas, da OMS e de seu próprio ministro da Saúde. Confrontou com os governadores, ao minimizar os efeitos da doença e exigir o reinício imediato das atividades econômicas, incluindo o retorno às aulas.

Pronunciamento em cadeia nacional sobre o Coronavírus – No dia 24 de março de 2020, por meio de cadeia nacional de rádio e televisão, o presidente Jair Bolsonaro (até essa data sem partido) afirmou: "algumas poucas autoridades, estaduais e municipais, devem abandonar o conceito de terra arrasada", bem como as medidas relacionadas a "proibição de transportes", o "fechamento do comércio" e o "confinamento em massa",

-infeccoes-diarias-por-covid-19-desde-inicio-da-pandemia-anuncia-oms.ghtml. Acessado em 15 jun. 2020.

ou seja, o regime de isolamento geral. Na visão do presidente, essas medidas resultariam em milhões de desempregados[1399].

Na oportunidade, o mandatário acabou lançando a ideia de editar medida que, *a posteriori*, possibilitaria a adoção do "isolamento vertical" apenas para idosos e pessoas de baixa renda[1400]. Em consequência, a crise política agravou-se ainda mais, somando-se à crise de saúde pública causada pelo novo Coronavírus. Governadores, parlamentares, juristas e especialistas em saúde acusaram o presidente de irresponsabilidade e insensibilidade social[1401].

1399 Ribeiro, Luci. Bolsonaro inclui igrejas como "serviços essenciais" e libera abertura durante a quarentena. Estadão, 26 mar. 2020. Disponível em https://politica.estadao.com.br/noticias/geral,bolsonaro-inclui-igrejas-e-lotericas-como-servicos-essenciais-que-podem-funcionar-na-quarentena,70003248590. Acessado em 26 mar. 2020.

1400 A proposta do presidente, duramente criticada por políticos, intelectuais e médicos, seguiu na contramão de todas as recomendações para a contenção do coronavírus da Organização Mundial de Saúde (OMS) e tinha potencial para transformar o Brasil numa espécie de Itália dos trópicos, país em que as autoridades não levaram a sério a quarentena e, em consequência, o número de mortos subiu vertiginosamente. Aliás, o prefeito de Milão, Giuseppe Sala, apenas um dia após o pronunciamento do presidente brasileiro, havia pedido desculpas à sua população por ter desestimulado a quarentena. Principalmente a região da Lombardia, onde fica a cidade turística, havia acumulado 34.889 casos, com 4.861 mortes causadas pelo vírus. Um mês antes eram 250 casos e Sala criou a campanha "Milão não para", pedindo às pessoas que continuassem suas vidas normalmente. Em uma imitação do prefeito, Bolsonaro lançou a campanha "O Brasil não pode parar", se contrapondo ao isolamento. O vice-presidente Hamilton Mourão mostrou-se favorável ao isolamento social. Dias depois, foi desautorizado pelo presidente.

1401 Ribeiro, João Ruela. Bolsonaro defendeu o fim do isolamento, mas acabou isolado politicamente. *Jornal Público* (Portugal). Disponível em: https://www.publico.pt/2020/03/25/mundo/noticia/bolsonaro-defendeu-fim-isolamento-acabou-isolado-politicamente-1909462. Acesso em 26 de março de 2020. Antes mesmo do pronunciamento, o presidente havia criticado medidas dos governadores de São Paulo, João Dória (PSDB) e do Rio de Janeiro, Wilson Witzel (PSC), que determinaram o isolamento de suas populações para evitar a disseminação do vírus. Bolsonaro e Dória trocaram acusações durante uma videoconferência com governadores da região Sudeste, realizada no dia 25 de março. Dória disse que Bolsonaro deveria dar um exemplo de líder durante a crise e lamentou o pronunciamento do presidente no dia anterior, ao passo que o presidente contra-atacou dizendo que o governador de São Paulo não tinha altura para criticar o governo federal nem era "exemplo para ninguém". Ex-aliados do presidente, Dória e Witzel eram vistos pelo Planalto como potenciais candidatos à eleição presidencial de

Rodrigo Maia (DEM-RJ), presidente da Câmara Federal, ao questionar a referida proposta de Bolsonaro – que acabou se concretizando em 25 de março de 2020 por meio de decreto –, afirmou:

"Minha opinião é que nas últimas semanas nós tivemos uma pressão muito grande de parte de investidores. Aqueles que colocaram recursos na Bolsa de valores, esperando a prosperidade com a Bolsa a 150 mil pontos, a 180 mil pontos. A Bolsa caiu, como caiu no mundo inteiro, porque essa não é uma crise do Brasil, é uma crise mundial que atinge o Brasil"[1402].

E acrescentou que faltava planejamento estratégico por parte do governo quando propunha "isolamento vertical":

"Nós colocarmos as vidas dos brasileiros em risco por uma pressão de parte de brasileiros que investiram na Bolsa e está perdendo dinheiro, quem foi para o risco, foi para o risco. O que a gente precisa é continuar seguindo a orientação do Ministério da Saúde". (...) "Não há preocupação para esses brasileiros que vivem em ambientes pequenos, com muita gente que, com certeza, saindo para trabalhar, contaminarão milhares de idosos"[1403].

O isolamento de Bolsonaro ficou patente no dia seguinte ao pronunciamento, no encontro que manteve com os governadores dos estados do Sudeste (São Paulo, Rio de Janeiro, Minas Gerais e Espírito Santo) para discutir medidas para conter a propagação do Coronavírus. A reunião

2022. Outro ex-aliado, o goiano Ronaldo Caiado (DEM), médico, também rompeu com Bolsonaro em consequência do seu posicionamento em relação à pandemia e ao Ministro da Saúde. Caiado disse: "Não tem mais diálogo com esse homem, as coisas têm que ter um ponto final", afirmou o mandatário, que é médico de formação e faz décadas que atua como político, sempre no segmento mais conservador. Ribeiro, João Ruela. Bolsonaro defendeu o fim do isolamento, mas acabou isolado politicamente. *Jornal Público* (Portugal). Disponível em: https://www.publico.pt/2020/03/25/mundo/noticia/bolsonaro-defendeu-fim-isolamento-acabou-isolado-politicamente-1909462. Acesso em 26 de março de 2020.

[1402] Turtelli, Camila. Pressão para fim do isolamento vem de investidores da Bolsa, afirma Maia. Estadão, 25 mar.2020. Disponível em ttps://politica.estadao.com.br/noticias/geral,pressao-para-fim-do-isolamento-vem-de-investidores-da-bolsa-afirma-maia,70003248091. Acessado em 26 mar. 2020.

[1403] Ibidem, *O Estado de S. Paulo,* 25 mar.2020.

ficou, no entanto, marcada pela troca de acusações entre Bolsonaro e o governador paulista, João Doria.

A tentativa das autoridades estaduais era para evitar que o sistema de saúde entrasse em colapso. "As pessoas pensam que colapso significa mau atendimento, mas não é isso. Colapso é quando você tem o dinheiro, tem o plano de saúde e até uma decisão judicial, mas não há sistema de saúde para entrar, como aconteceu na Itália. A continuar assim, até o fim do mês de abril, o sistema de saúde entra em colapso", havia afirmado dias antes do pronunciamento de Bolsonaro o então ministro da Saúde, Luiz Henrique Mandetta. Um dos países mais populosos do mundo, a Índia, havia determinado, no mesmo dia, o confinamento de toda sua população, de 1,3 bilhões de pessoas.

Enquanto o chefe de Estado fazia seu pronunciamento, as varandas e janelas dos prédios das principais cidades brasileiras voltavam a encher-se do barulho metálico de panelas sendo batidas, como já tinha ocorrido por ocasião do *impeachment* de Dilma Roussef em 2015/ 2016. É uma forma de protesto encontrada pela população e que proseguiu durante vários dias. Curiosamente os protestos foram intensos nos bairros historicamente mais conservadores, que deram amplo apoio à eleição de Bolsonaro em 2018.

Como consequência do controverso pronunciamento presidencial, no dia 25 de março de 2020, "em carta unificada sobre a crise gerada pelo coronavírus no Brasil, governadores de 25 Estados pedem apoio, 'bom-senso' e parceria do presidente Jair Bolsonaro para conter os efeitos na pandemia. No texto, os gestores listam uma série de demandas ao Executivo federal, fazem um apelo por mais 'solidariedade' do presidente e chamam o Congresso Nacional para assumir a mediação do diálogo em defesa do pacto federativo. 'Rogamos uma vez mais ao presidente Jair Bolsonaro que some forças com os governadores na luta contra a crise do coronavírus e seus impactos humanitários e econômicos. Entendemos que este momento exige a participação de todos os poderes, de todas as instâncias federativas e de toda a sociedade', escreveram os governadores"[1404].

[1404] Governadores pedem ajuda de Bolsonaro para conter crise e dizem que continuarão "seguindo ciência". *Jornal El País (Brasil)*. Disponível em: https://brasil.elpais.com/bra-

Não assinaram a carta os governadores de Rondônia, Coronel Marcos Rocha (PSL), e de Minas Gerais, Romeu Zema (Novo). Em nota, o Governo mineiro afirmou que Zema não endossou a carta, que cita Bolsonaro, por defender que "esse é um momento de união de todos os gestores públicos". Zema sugeriu uma nova redação para o texto[1405].

A imprensa internacional, por sua vez, também fez muitas críticas ao pronunciamento do presidente brasileiro. Alguns dos adjetivos usados para descrevê-lo foram "incendiário" e "irresponsável". O espanhol *El País* disse que ele era "o pior caso" entre os governantes da região. "Bolsonaro está mais preocupado com a briga com os governadores de São Paulo e do Rio – Estados que concentram 60% dos casos – do que com a saúde da população". O francês *Le Parisien* afirmou que sua tese segundo a qual os brasileiros estariam livres do vírus por alguma razão especial não bate com a realidade. "As deficiências no sistema de saúde, além da pobreza, ameaçam a primeira economia da América Latina". O inglês *The Guardian* ironizou a afirmação do presidente de que "nada sofreria" com a doença. "Essa é uma afirmação irresponsável que causou grandes panelaços no Rio e em São Paulo".

Logo após o pronunciamento, ficou claro qual era o problema do isolamento social para o presidente: danos à economia e, consequentemente, ao seu governo, causado pela pandemia. Ficou claro, também, quem foram seus "conselheiros" no caso: o chamado "gabinete do ódio", um grupo de assessores liderados por seu filho, o vereador carioca Carlos Bolsonaro (Republicanos) que se especializou em espalhar *fake news* nas redes sociais, insuflando um pequeno grupo de fanáticos bolsonaristas. Outro foi o autoproclamado filósofo Olavo de Carvalho, que chegou a publicar um vídeo no qual afirmava que a Covid-19 não existe e não passa de "tática de manipulação de massas".

sil/2020-03-26/governadores-pedem-ajuda-de-bolsonaro-para-conter-crise-e-dizem-que-continuarao-seguindo-a-ciencia.html. Acesso em 26 de março de 2020.

1405 Governadores pedem ajuda de Bolsonaro para conter crise e dizem que continuarão "seguindo ciência". *Jornal El País (Brasil)*. Disponível em: https://brasil.elpais.com/brasil/2020-03-26/governadores-pedem-ajuda-de-bolsonaro-para-conter-crise-e-dizem-que-continuarao-seguindo-a-ciencia.html. Acesso em 26 de março de 2020.

Um dia após o pronunciamento do presidente, o Congresso aprovou, em negociação com o Executivo, uma ajuda de R$ 600,00 para trabalhadores informais. Havia um pacote que previa, no total, R$ 308 bilhões para combate aos efeitos do coronavírus na economia, mas, de acordo com o jornal *O Estado de S. Paulo*, R$ 197 bilhões ainda aguardavam liberação porque o governo não havia encaminhado as propostas ou o Congresso ainda não havia votado os projetos de lei que estão sendo usados para acelerar as ações, inclusive aquelas para ampliar a rede de proteção à população de baixa renda[1406].

Em editorial, o *Estadão* deplorou as escolhas do presidente: "O presidente da República Jair Bolsonaro escolheu isolar-se dentro do seu próprio governo. Multiplicam-se os relatos de que Bolsonaro já não dá ouvidos nem mesmo a alguns de seus principais ministros, inclusive em questões de alta complexidade. Cada vez mais encerrado no "gabinete do ódio", Bolsonaro não tem outra coisa a oferecer ao Brasil"[1407].

O pronunciamento de Bolsonaro na noite do dia 24 de março deu ênfase à economia, mais do que à saúde, justamente em um momento em que a curva de casos começava a ficar ascendente. Entidades municipalistas e representantes da classe médica chamaram o pronunciamento de equivocado. "Postura irresponsável, alicerçada em convicções sem embasamento científico, que semeiam a discórdia e até mesmo a convulsão social, compromete as relações federativas", dizia o trecho de nota da Frente Nacional de Prefeitos. "Se a intenção foi acalmar, a reação da sociedade mostra que ele não alcançou seus objetivos", afirmou o presidente de Associação Paulista de Medicina, José Luiz Gomes do Amaral[1408].

Enquanto o presidente minimizava os efeitos sanitários da Covid-19, o comandante do Exército, o general Edson Leal Pujol, em vídeo que foi disponibilizado no *YouTube* horas antes do pronunciamento do dia 24 de

[1406] Edição de 27 de março de 2020, p. A-4.

[1407] Edição de 27 de março de 2020, p. A-3.

[1408] BENITES, Afonso. Isolado, Bolsonaro vê Exército, vice Mourão e 27 governadores marcarem distância na crise do coronavírus. *Jornal El País (Brasil)*. Disponível em: https://brasil.elpais.com/brasil/2020-03-26/isolado-bolsonaro-ve-exercito-vice-mourao-e-27-governadores-marcarem-distancia-na-crise-do-coronavirus.html. Acesso em 26 de março de 2020.

março, tratava o combate à enfermidade como um dos maiores desafios da atual geração. "Uma de nossas responsabilidades com a nação nesse momento de crise é que nossa tropa deve manter a capacidade operacional para enfrentar o desafio e fazer a diferença. Talvez seja a missão mais importante de nossa geração"[1409].

Como uma reação à ação dos governadores e de outros atores políticos, o governo federal lançou ainda no dia 26 de março uma campanha publicitária chamada "O Brasil não pode parar", com o intuito de defender a flexibilização do isolamento social, que faz parte das ações de combate ao novo coronavírus, e principalmente a retomada econômica. Na rede social *Instagram*, no perfil do governo federal, foi publicado que "no mundo todo, são raros os casos de vítimas fatais do coronavírus entre jovens e adultos", e que "a quase totalidade dos óbitos se deu com idosos. Portanto, é preciso proteger estas pessoas e todos os integrantes dos grupos de risco, com todo cuidado, carinho e respeito. Para estes, o isolamento. Para todos os demais, distanciamento, atenção redobrada e muita responsabilidade. Vamos, com cuidado e consciência, voltar à normalidade", dizia o texto, apostando no isolamento vertical.

O governo federal insistia em contrariar tanto as recomendaçõe da OMS como o pensamento científico, além de opor-se à política defendida pelos governadores. A campanha repetia parte do polêmico pronunciamento feito pelo presidente no dia 24 de março, em que, "pré-gravado de forma quase clandestina com auxílio familiar, em que o chefe de Estado contraria abertamente as diretivas dos governadores e do próprio Ministério da Saúde, pediu que as escolas voltassem a ter aulas e que o comércio abrisse as portas. Que a vida normal retomasse, ignorando o alastramento da doença e as normas do Ministério da Saúde"[1410].

[1409] Bonin, Robson. Em vídeo, comandante do Exército implode discurso negligente de Bolsonaro. *Revista Veja*. Disponível em: https://veja.abril.com.br/blog/radar/em-video-comandante-do-exercito-implode-discurso-negligente-de-bolsonaro/. Acesso em 27 de março de 2020.

[1410] Tréfaut, Sérgio. Bolsonaro, o suicídio em directo. *Jornal Público* (Portugal). Disponível em: https://www.publico.pt/2020/03/25/mundo/opiniao/bolsonaro-suicidio-directo-1909455. Acesso em 26 de março de 2020.

Outra fala do presidente brasileiro também causou surpresa: "Pelo meu histórico de atleta, nada sentiria se tivesse a doença, somente uma gripezinha". Um total de 23 pessoas que haviam acompanhado Bolsonaro em uma viagem ao resort Mar-a-Lago, de propriedade do seu colega americano Donald Trump, em Miami, na Flórida, testou positivo para Covid-19. O Hospital das Forças Armadas (HFA), onde Bolsonaro fez seus exames, negava-se a fornecer o resultado de exames em duas pessoas não identificadas. O presidente disse que dois exames seus deram negativo, mas, da mesma forma, negou-se a mostrar os resultados[1411]. Bolsonaro ainda atacou a imprensa, ao dizer que os "veículos de comunicação foram na contramão e ajudaram a espalhar o pavor, com os casos na Itália, país com clima e população bem diferentes do Brasil". Os órgãos de defesa dos jornalistas e da liberdade de imprensa refutaram-no e lembraram que todos os especialistas na área têm concordado que o vírus tem se comportado da mesma forma em todos os continentes. Atletas de ponta, como jogadores da NBA, estão contaminados.

Dois dias depois do pronunciamento oficial, o presidente do Brasil voltou a subestimar a pandemia da Covid-19 ao afirmar que o contágio no país não se assemelhará ao dos Estados Unidos porque "nada acontece com os brasileiros". "Eu acho que não vai chegar a esse ponto [situação dos Estados Unidos]. Até porque o brasileiro tem que ser estudado. Ele não pega nada. O sujeito pula num esgoto e sai mergulhando, não acontece nada com ele", disse Bolsonaro à imprensa brasileira, em frente do Palácio da Alvorada, a residência oficial em Brasília. "Acho até que muita gente já foi infectada aqui no Brasil, há poucas semanas ou meses. Eles

[1411] Um mês depois, instado pelo STF, após solicitação do Estadão, Bolsonaro entregou ao Tribunal três exames, que seriam dele, e que testaram negativo para coronavírus. Um deles estava em nome de Airton Guedes, um segundo em nome de Rafael Augusto Costa Ferraz e um terceiro, feito pela Fundação Oswaldo Cruz, identificava apenas o "paciente 05", sem nenhum outro dado. O Estadão não aceitou as alegações do presidente e pediu que fossem ouvidos médicos do Hospital Militar e da Fiocruz, que assinaram os exames, entregues pela AGU ao ministro Ricardo Levandowviski, do Supremo. Dias depois, o jornal descobriria que Rafael, nome usado num dos exames, era de um adolescente, filho de uma funcionária do Hospital Militar.

já têm anticorpos, o que ajuda a não proliferar isso daí [coronavírus]", acrescentou o presidente[1412].

Mais tarde, na habitual transmissão de vídeo pela rede social *Facebook*, o presidente do Brasil voltou a criticar as medidas de isolamento social e encerramento de comércios, anunciadas por alguns estados do Brasil, afirmando que "a neurose" levaria ao desemprego e prejudicaria a economia do País. De acordo com o chefe de Estado, a eventual "onda de desemprego" gerada pelo isolamento social teria efeitos mais graves do que o próprio coronavírus[1413].

Hospitais – No dia 11 de junho de 2020, o presidente, em uma live na internet, havia conclamado seus seguidores a invadirem hospitais de campanha nos Estados para "confirmar se havia doentes mesmo lá." Ao mesmo tempo, insinuou que governadores e prefeitos inflariam os números de mortes para obter mais recursos de ajuda do governo federal. A declaração levou a uma enxurrada de críticas por parte de entidades médicas, mas grupos de apoiadores do presidente, entre os quais alguns parlamentares, chegaram a invadir um hospital no Rio e tentaram fazer o mesmo em outro, na capital paulista. Todos respondem a inquéritos a pedido do Ministério Público que investiga os atos, considerados criminosos. Depois da fala do presidente, o ministro do STF Gilmar Mendes afirmou em uma rede social: "invadir hospital é crime. Incentivar a invasão também." Filho de Bolsonaro, o vereador Carlos Bolsonaro (Republicanos-RJ) rebateu, também em uma rede social: "só um criminoso ou débil mental para entender que o presidente mandou invadir hospitais. Ele estava incentivando os cidadãos a fazerem a devida fiscalização dos gastos públicos". Não foi o que se viu na live do presidente. Ele, realmente, pediu para que seus seguidores invadissem e filmassem hospitais de campanha que tratam de pacientes com Covid-19[1414].

[1412] Coronavírus: Bolsonaro volta a subestimar pandemia e diz que nada acontece com brasileiros. *Jornal Público (Brasil)*. Disponível em: https://www.publico.pt/2020/03/27/mundo/noticia/coronavirus-bolsonaro-volta-subestimar-pandemia-nada-acontece-brasileiros-1909754. Acesso em 26 de março de 2020.

[1413] Ibidem, 26 de março de 2020.

[1414] Uribe, Gustavo. Bolsonaro estimula população a invadir hospitais para filmar oferta de leitos. *Folha de S.Paulo*, 11 jun. 2020.

Durante a pandemia, houve divergência entre os discursos do governo federal e dos demais entes da federação, na medida em que o presidente da República se contrapôs às medidas de isolamento horizontal, propostas, em sua maioria, por governadores e prefeitos. Até o dia 13 de novembro de 2020, segundo levantamento do consórcio de veículos de imprensa, a partir de dados das secretarias estaduais de Saúde, foram registradas 164.332 mortes. Quanto aos infectados, foram confirmados 5.783.647 casos.

Lembre-se de que, no dia 7 de julho de 2020, o próprio chefe do Executivo declarou que fora infectado pelo novo coronavírus. Ele teve febre de 38 graus e outros sintomas e passou a ficar isolado no Palácio da Alvorada, residência oficial do governo. Dois dias depois, postou um vídeo nas redes sociais em que defendeu o uso do hidroxicloroquina, visto que se sentia "melhor" graças ao referido tratamento. Como fora divulgado pela OMS, até aquele momento não havia comprovação científica de resultados positivos da substância em tratamentos contra a pandemia.

Contaminação de autoridades – apesar de não ter sido anunciada em setembro de 2020 nenhuma vacina em condições para combater a Covid-19, autoridades de Brasília estavam a se confraternizar em festas e cerimônias. Mesmo diante dos números da época, ou seja, 4 milhões de casos e 135 mil mortes pelo coronavírus, houve, por exemplo, na semana do referido mês, casamento de filha de ministro, posse no Supremo Tribunal Federal e celebração do Ano-Novo judaico, regado a aglomeração, ausência de máscara e cumprimentos com abraços e apertos de mão.

Em 10 de setembro, contando com cerca de 50 autoridades do Legislativo, Executivo e do Judiciário, realizou-se a cerimônia de posse do ministro Luiz Fux como novo presidente do STF. Após o evento, constataram-se nove diagnósticos por Covid-19: o próprio ministro Fux; Luís Felipe Salomão, Antonio Saldanha Palheiro e Benedito Gonçalves, todos eles ministros do Superior Tribunal de Justiça; Maria Cristina Peduzzi, presidente do Tribunal Superior do Trabalho, que, por complicações, fora transferida de Brasília para São Paulo; Rodrigo Maia, presidente do Congresso Nacional; Augusto Aras, procurador-geral da República; Marcelo Álvaro Antônio, ministro do Turismo; e Carmen Lúcia, ministra do STF.

Depois, em 12 de setembro, houve o casamento da advogada Anna Carolina Noronha, filha do ex-presidente do Superior Tribunal de Justiça, o ministro João Otávio de Noronha, ocasião em que convidados encontravam-se sem máscaras.

No dia 15 de setembro, ocorreu a confraternização do Rosh Hashaná, o Ano-Novo judaico, ante a realização do encontro na sede da embaixada de Israel no Brasil, que contou com as presenças dos ministros Paulo Guedes (Economia), Ricardo Salles (Meio Ambiente), Ernesto Araújo (Relações Exteriores), Milton Ribeiro (Educação), Braga Netto (Casa Civil), Michelle Bolsonaro (primeira dama), Eduardo Bolsonaro (deputado federal pelo PSL-SP) e de Augusto Aras (procurador-geral da República)[1415].

Demissão do ministro Mandetta

Em 16 de abril, em meio à pandemia de Covid-19, o presidente Jair Bolsonaro demitiu o ministro da Saúde, Luiz Henrique Mandetta, que o estava contrariando publicamente por defender o isolamento social como estratégia para enfrentar a pandemia mundial, conforme preconizam as autoridades mundiais da área. Bolsonaro se colocava contrário à medida, defendida pela Organização Mundial de Saúde (OMS) e pelos principais líderes mundiais, entre eles o americano Donald Trump, que vê como ídolo. Ele se dizia favorável ao chamado "isolamento vertical" no qual ficariam isolados somente os idosos e integrantes de grupos de risco (pessoas com doenças crônicas) e os demais seriam liberados para trabalhar. Várias vezes se referiu à pandemia como uma "gripezinha" e até respondeu com um desdenhoso "e daí? O que você quer que eu faça? Eu sou Messias, mas não faço milagre" ao questionamento de jornalistas sobre a inação do governo federal no combate à doença.

Na sua argumentação, a medida evitaria danos maiores à economia, cujo sucesso enxerga como fundamental para garantir a continuidade do seu governo. A questão, alertam os técnicos, é que pessoas jovens e aparentemente saudáveis, mas assintomáticas, poderiam contaminar seus parentes idosos que se mantinham isolados, alimentando ainda mais a espiral da doença. A demissão do ministro, que estava fazendo um trabalho com qualidade reconhecida pelos secretários estaduais e municipais de saúde e até mesmo pela própria OMS, foi percebida como uma

[1415] CARVALHO, Daniel. Em eventos sem proteção, autoridades ignoram Covid. *Folha de S.Paulo*, 19 set. 2020, p. A6.

tentativa de o presidente fazer valer seus argumentos negacionistas e em defesa da cloriquina, medicamento indicado para malária e lúpus, que Bolsonaro considerava – assim como Trump – uma panaceia universal contra a doença. A demissão do ministro ocorreu em meio à escalada da pandemia.

A decisão do presidente de demitir Mandetta, segundo fontes do Planalto, ocorrera após a entrevista do ministro ao programa "Fantástico", da Rede Globo, ocasião em que este escancarou as diferenças entre os dois interlocutores.[1416] Tanto interna quanto externamente, a decisão do presidente da República repercutiu de forma negativa, até porque prevalecia a opinião de que Mandetta comandava a pasta da forma mais adequada e demiti-lo justamente durante o aumento dos casos de contágio e mortes por coronavírus seria um contrassenso.

Por exemplo, o jornal americano *Washington Post,* a agência de notícias *Bloomberg* e o argentino *Clarín* destacaram a forma nada racional como o presidente menosprezou a pandemia e ignorou as recomendações da Organização Mundial de Saúde e de epidemiologistas de renome acerca das medidas apoiadas em estudos científicos sobre a maneira mais correta de enfrentar o contágio da Covid-19, o que tornou insustentável a permanência de Mandetta no cargo, visto que este pensava diferente de Bolsonaro[1417]. Como reação, em cidades como São Paulo, Rio de Janeiro e Brasília houve panelaços contrários à saída do ministro da Saúde.

Substituição-relâmpago – Em seu lugar entrou o médico carioca Nelson Teich, empresário ligado à medicina privada, que no primeiro discurso afirmou estar "totalmente alinhado" com as ideias do presidente. Na sequência, passaria a ser visto como "perdido e desinformado" pelos secretários estaduais de saúde com quem se reunia semanalmente[1418]. No dia 15 de maio, cerca de um mês após ter assumido o Ministério, Teich pediu demissão depois de o presidente pressioná-lo a recomendar cloroquina para o tratamento da doença. O secretário-executivo do Minis-

1416 "Após demissão de Mandetta, São Paulo, Rio e Brasília registram panelaços". *O Estado de S.Paulo,* 16 abr. 2020.

1417 "Mídia internacional repercute demissão de Mandetta". *O Estado de S.Paulo,* 16 abr. 2020.

1418 O Estado de S.Paulo, edição de 10/04/2020, p. A-12.

tério, o general Eduardo Pazuello, assumiu o cargo interinamente. Na ocasião, já havia 37 militares no Ministério da Saúde. O então ministro foi avisado pelos jornalistas, durante uma coletiva, que o presidente havia decidido liberar para funcionamento academias e salões de cabeleireiros e demonstrou surpresa. "Isso não foi nosso, é do Ministério da Economia", disse.

Logo depois da saída de Teich do Ministério, o governo divulgou, no dia 20 de maio, um novo protocolo sobre o uso da cloroquina e da hidroxicloroquina para o tratamento de pacientes com Covid-19, permitindo que os medicamentos fossem administrados também em casos leves da doença provocada pelo novo coronavírus[1419]. A mudança do protocolo, para ampliar a possibilidade de uso dos medicamentos utilizados no tratamento da malária, foi feita a pedido de Bolsonaro, apesar da falta de comprovação científica quanto à eficácia desses remédios contra a doença. O novo protocolo não trouxe a assinatura de responsáveis médicos. E o presidente ironizou a mudança, aos risos: "Quem é de direita toma cloroquina. Quem é de esquerda toma Tubaína"[1420].

No dia 5 de junho de 2020, o Ministério da Saúde, sob o comando do secretário-executivo do Ministério, o general Eduardo Pazuello, divulgou com atraso os dados do coronavírus e deixou de apresentar as informa-

[1419] Apesar da permissão do uso da cloroquina e da hidroxicloroquina pelo Governo para o tratamento de pacientes com Covid-19, o Ministério da Saúde publicou em seu *site* um documento técnico denominado Orientações do Ministério da Saúde para Tratamento Medicamentoso Precoce de Pacientes com Diagnóstico de Covid-19, endereçado aos médicos, sob a seguinte menção:: "Considerando que até o momento não existem evidências científicas robustas que possibilitem a indicação de terapia farmacológica específica para a covid-19 (...)". Além disso, encontra-se no mesmo *site* um Termo de Ciência e Consentimento para o uso de hidroxicloroquina e cloroquina a ser assinado pelo paciente: "Compreendi, portanto, que não existe garantia de resultados positivos, e que o medicamento proposto pode inclusive agravar minha condição clínica, pois não há estudos demonstrando benefícios clínicos". Vecina. Gonzalo. O drama da cloroquina. *O Estado de S.Paulo*, 22 maio 2020.

[1420] A Associação dos Fabricantes de Refrigerantes do Brasil (Afebras) repudiou o que classificou como "uma infeliz declaração" do presidente envolvendo a Tubaína, refrigerante que costuma ser visto como item de consumo da população de baixa renda. A declaração do presidente veio no mesmo dia em que o Brasil registrou, pela primeira vez, mais de mil mortes por coronavírus em 24 horas.

ções completas sobre a pandemia do Coronavírus, como as informações históricas da doença no País e os dados acumulados de óbitos no País e em cada Estado. Em vez disso, passou a informar somente os casos de contágio e mortes nas últimas 24 horas, os casos de pessoas recuperadas da doença e somente os dados de novas contaminações e óbitos nas últimas 24 horas. O site específico do governo para os dados sobre a doença no País ficou fora do ar e, no dia seguinte, sábado, estava inoperante em grande parte do período. O argumento do Governo foi de que haveria óbitos a mais, ocorridos por outras doenças, mas erroneamente registrados como coronavírus, por isso seria necessário efetuar uma recontagem[1421].

No mesmo dia 5 de junho, em entrevista à coluna da jornalista Bela Megale, do jornal *O Globo*, Carlos Wizard Martins, então indicado a secretário de Ciência, Tecnologia e Insumos Estratégicos do Ministério da Saúde, com a expectativa de ser empossado no dia 8 de junho, o que não ocorreu, disse que o órgão iria recontar o número de mortos no Brasil e de vítimas do coronavírus porque os dados atuais seriam "fantasiosos ou manipulados". E acrescentou que os governos estaduais e municípios estariam inflando os números para receber mais recursos do governo federal. As declarações do empresário aspirante a secretário repercutiram negativamente e, por meio de nota, ele acabou desistindo de assumir o cargo com um pedido de desculpas por suas afirmações[1422].

Foi criada uma rede de informações pela mídia, representada por jornalistas de Estadão, G1, O Globo, Extra, Folha e UOL, para coletar nas secretarias de Saúde nos 26 Estados e no Distrito Federal os dados sobre a pandemia de Covid-19, na medida em que o governo Jair Bolsonaro decidiu restringir o acesso às referidas informações. Quanto ao horário da divulgação dos números, antes às 17h na gestão do ministro Luiz Henrique Mandetta (até 17 de abril), a mudança impôs o respectivo anúncio para as 19h e depois para as 22h, o que dificultou a publicação dos dados

[1421] RODRIGUES, Lorenna. Ministério da Saúde quer recontar mortes por coronavírus; secretarias dizem que medida é anti-ética. *O Estado de S.Paulo*, 6 jun. 2020. Disponível em https://saude.estadao.com.br/noticias/geral,apos-atrasar-divulgacao-de-dados-site-do-ministerio-da-saude-com-dados-sobre-coronavirus-continua-f,70003326748. Acessado em 13 jun. 2020.

[1422] Ibidem, 13 jun. 2020.

em telejornais e veículos impressos. Na época, o presidente da República disse, em tom de deboche: "Acabou matéria no Jornal Nacional". Além disso, o portal em que o ministério da Saúde divulgava o número de mortos e contaminados foi retirado do ar, só retornando após um período de 19 horas, quando passou a veicular somente os casos registrados no próprio dia. Enfim, os dados relativos ao histórico de casos desapareceram.

As mudanças na forma de apresentar os dados da covid-19 pelo ministério provocaram forte reação negativa e medidas judiciais. Em ação movida pela Rede Sustentabilidade, PSOL e PCdoB, o ministro Alexandre de Moraes, do Supremo Tribunal Federal (STF), determinou que a pasta recolocasse os dados sobre a doença em seu seu *site*, além de informações sobre a curva de notificações da doença no País. Na decisão, "classificou como 'ameaça real e gravíssima' a situação atual da pandemia no País, e apontou que cabe às autoridades brasileiras, 'em todos os níveis de governo', a efetivação concreta da proteção à saúde pública – incluindo o fornecimento de todas as informações necessárias para o planejamento e combate à doença. Para o ministro do Supremo, a transparência nos dados é importante na tomada de decisão pelas autoridades públicas e permite à população em geral 'o pleno conhecimento da situação da pandemia vivenciada no território nacional'"[1423].

4) Crise na Justiça – a demissão de Sérgio Moro e as denúncias do ex-ministro da Justiça contra o presidente da República – A troca do chefe da Polícia Federal (PF) no Rio – com o interesse de "ajudar" os filhos e aliados do presidente que são investigados por crimes diversos – havia sido, de acordo com o então ministro da Justiça e Segurança Pública, Sergio Moro, o estopim para o seu pedido de demissão no dia 24 de abril, que anunciou em uma concorrida coletiva. Acusado pelo PT de ter agido de forma parcial no julgamento do ex-presidente Lula em troca de uma vaga de ministro e de uma posterior indicação pelo governo de Jair Bolsonaro ao Supremo Tribunal Federal (STF), Moro estava havia um ano e meio no governo, suportando diversos desgastes.

No que teria levado ao seu pedido de demissão, o mandatário o avisara, em sua versão, que decidira trocar o então superintendente da PF no

[1423] VARGAS, Mateus. STF manda e Ministério da Saúde volta a detalhar dados. *O Estado de S.Paulo*, 10/06/2020, Política, p. A9.

Rio, Carlos Alexandre de Souza, colocando alguém de sua confiança no lugar. Maurício Valeixo, então superintendente da PF por indicação do então ministro, foi demitido no mesmo dia em que Moro pediu demissão. As assinaturas de Bolsonaro e Moro constaram na publicação do *Diário Oficial da União* (DOU) que noticiou sua saída mas, posteriormente, o ministro demissionário pediu a retirada da sua, já que alegava não ter demitido o policial.

Dias depois, em 30 de abril, o presidente foi impedido pelo ministro do STF Alexandre de Moraes de colocar na chefia da Polícia Federal no Rio de Janeiro o delegado Alexandre Ramagem, amigo íntimo de seus filhos, especialmente de Carlos Bolsonaro, que é chefe do "gabinete do ódio", um grupo de assessores que tem como função atacar pessoas e instituições pelas redes sociais, usando, inclusive, notícias falsas. Em resposta a uma ação civil pública movida pelo PDT, Moraes negou a nomeação do delegado por considerar que sua nomeação não atendia aos princípios constitucionais de "moralidade e probidade".

Indignado por ter sido contrariado, Bolsonaro atacou o ministro e disse que "por pouco não houve uma crise institucional", sugerindo que cogitou desobedecer à ordem de um juiz da corte suprema. "Quem manda sou eu, quero Ramagem na PF", vociferou diante dos apoiadores. Dias depois, nomeou o braço direito de Ramagem na Abin, o delegado Rolando Alexandre de Souza, no cargo que seria do diretor da agência, que retornou ao cargo original. Moraes, que também investiga a origem das *fake news* contra o Supremo, em outro inquérito, passou dias sendo atacado por bolsonaristas nas redes sociais. Alguns até estiveram em frente à sua casa, em São Paulo, protestando contra ele, em meio a gritos de "comunista" e "advogado do PCC". Dois dos manifestantes, Antonio Carlos Bonzeri e Jurandir Alencar, foram detidos e respondem a processo por ameaças e injúria.

Moro, ex-juiz da Operação Lava Jato, pediu para sair do cargo, de acordo com ele, depois que o presidente o pressionou para trocar a direção da PF no Rio, substituindo o então diretor para a entrada de Ramagem. Segundo o ex-ministro, o presidente afirmou desejar da PF, principalmente no Rio, alguém "com quem pudesse colher relatórios internos de inteligência". "Imagine se, no governo passado, a ex-presidente Dilma, que tinha seu partido investigado na Lava Jato, pedisse relatórios à PF", comparou. A saída de Moro, ministro com índices de popularidade maiores que os do próprio presidente, fez com que o ex-juiz passasse a ser chamado de "traidor" pelas hostes bolsonaristas nas redes sociais e até de "Judas" pelo presidente.

No dia do seu pedido de demissão, em entrevista coletiva, Moro afirmou que desembarcou do governo porque o presidente pretendia "interferir na Polícia Federal". O descontentamento de Moro no governo, expressado naquela manhã, foi revelado por meio destas afirmações, que motivaram a abertura de um inquérito:

> – *"Foi-me prometido carta branca para nomear todos os assessores".*
> – *"Na ocasião, foi dado equivocadamente que teria sido colocada como condição para eu assumir uma nomeação ao Supremo Tribunal Federal. Nunca houve isso".*
> – *"O presidente me disse mais de uma vez que ele queria ter uma pessoa do contato pessoal dele* [na Polícia Federal] *que ele pudesse ligar, colher relatórios de inteligência".*
> – *"É certo que o governo da época tinha inúmeros defeitos, aqueles crimes gigantescos de corrupção que aconteceram naquela época. Mas foi fundamental a manutenção da autonomia da PF pra que fosse possível realizar esse trabalho".*
> – *"O presidente também me informou que tinha preocupação com inquéritos em curso no Supremo Tribunal Federal e que a troca também seria oportuna da Polícia Federal"*[1424].

Atacado por Bolsonaro na mesma data, também em coletiva, ao lado de vários ministros, que o acusou de pretender "barganhar" uma indicação ao Supremo em troca da troca na PF, o ex-juiz negou e divulgou uma mensagem no WhatsApp em que Bolsonaro questiona uma investigação contra 12 deputados bolsonaristas, na verdade por determinação do STF. "Mais um motivo para a troca", escreveu o presidente no texto endereçado ao ministro.

Em conversa pela rede social, divulgada por Moro, a deputada federal Carla Zambelli (PSL-SP) pede que ele aceite Ramagem na PF, como pedia o presidente, e, em seguida, se torne ministro do Supremo, com

[1424] Sergio Moro anuncia demissão do Ministério da Justiça: frases. G1. Política, 14 abr. 2020. Disponível em https://g1.globo.com/politica/noticia/2020/04/24/sergio-moro-ministerio-da-justica-governo-bolsonaro-frases.ghtml. Acessado em 17 maio 2020.

seu apoio. "Eu me comprometo a falar com JB para ele aceitar", escreve ela no texto, referindo-se a Bolsonaro por suas iniciais. Moro respondeu: "prezada, não estou à venda".

O pedido de abertura de inquérito no STF pelo procurador-geral Augusto Aras – investigação sobre as declarações do ex-ministro da Justiça contra o presidente da República – Diante das declarações de Sérgio Moro sobre o presidente da República, que ocorreram após o ministro pedir demissão, o procurador-geral Augusto Aras pediu a abertura de um inquérito ao STF (INQ 4.829) para investigar as denúncias de Moro contra o presidente e o próprio ex-ministro, nesse caso por denunciação caluniosa. Na solicitação do referido inquérito, o procurador-geral apontou:

"A dimensão dos episódios narrados revela a declaração de Ministro de Estado de atos que revelariam a prática de ilícitos, imputando a sua prática ao Presidente da República, o que, de outra sorte, poderia caracterizar igualmente o crime de denunciação caluniosa" [1425].

No pedido de abertura de inquérito, apontou o procurador que haveria "a tipificação de delitos", sendo cometidos tanto pelo presidente da República quanto pelo ex-ministro Sérgio Moro, como: os de falsidade ideológica (art. 299 do Código Penal)", visto que na versão de Sergio Moro ele não teria assinado a exoneração do ex-diretor Maurício Valeixo, publicada no Diário Oficial. Teria havido, também, por parte de Bolsonaro: "coação no curso do processo (art. 344 do CP)", por suposta ameaça para interferir em processo em interesse próprio; advocacia administrativa (art. 321 do CP), com o intuito de patrocinar interesse do próprio presidente diante da administração pública; prevaricação (art. 319 do CP), por faltar ao cumprimento do dever por interesse ou má-fé; obstrução de Justiça (art. 1º, §2º, da Lei 12.850/2013), diante de suposta tentativa de Bolsonaro impedir investigação conduzida pela Polícia Federal; corrupção passiva privilegiada (art. 317, §2, do CP), sob a hipótese de ceder à influência agente público ferindo seu dever. Quanto aos crimes de denunciação caluniosa (art. 339 do Código Penal) e contra a honra

[1425] Moro acusa Bolsonaro: entenda o inquérito. G1 – Brasília. Disponível em https://g1.globo.com/politica/noticia/2020/04/28/moro-bolsonaro-inquerito-stf-entenda.ghtml. Acesso em 18 de maio de 2020.

(arts. 138 a 140 do CP), estes seriam imputados a Sérgio Moro, em caso de não comprovação dos fatos alegados contra o presidente, rssalvando-se que o ex-iministro perdeu o foro privilegiado[1426].

O inquérito, cujo objetivo era proceder a uma investigação prévia, foi instaurado porque o ministro do STF Celso de Mello entendeu que havia elementos nas declarações de Moro que justificavam uma investigação prévia. No despacho do ministro, houve menção de que os fatos narrados pareciam ter relação com o exercício do mandato do presidente Bolsonaro, hipótese em que a Constituição permite a abertura de um inquérito. “Os crimes supostamente praticados pelo senhor presidente da República, conforme noticiado pelo então Ministro da Justiça e Segurança Pública, parecem guardar (...) íntima conexão com o exercício do mandato presidencial, além de manterem – em função do período em que teriam sido alegadamente praticados – relação de contemporaneidade com o desempenho atual das funções político-jurídicas inerentes à chefia do Poder Executivo”, escreveu o ministro do STF[1427]. Dias depois, Moro prestou depoimento ao lado de seus advogados na Polícia Federal paranaense e sustentou suas denúncias. Afirmou que, em reunião ministerial do dia 22 de abril, Bolsonaro pediu a demissão de Valeixo e ameaçou todos os ministros, a começar pelo próprio Moro. Em razão disso, o ex-juiz pediu ao Supremo a gravação em vídeo com a íntegra da reunião. O ministro do Supremo, Celso de Mello, relator do caso, autorizou a divulgação do vídeo, retirando somente as partes em que os participantes citavam países estrangeiros para não prejudicar a diplomacia brasileira. O magistrado disse ter ficado “estarrecido” com a reunião ministerial.

O ex-juiz apresentou ao STF os nomes dos ministros (e generais) Luiz Eduardo Ramos, da Casa Civil, Augusto Heleno, do Gabinete de Segurança Institucional (GSI), e Braga Neto, do Governo, como testemunhas da pressão do presidente pela troca de comando na PF durante o encontro. Os ministros, que foram depor sob determinação do ministro do STF, Celso de Mello, negaram-se a confirmar o depoimento de Moro, embora Ramos tenha dito que o presidente citou a Polícia Federal na reunião – e depois recuou, após o presidente dizer que ele estava “equivocado”.

1426 Ibidem, 18 de maio de 2020.
1427 Ibidem, 18 de maio de 2020.

Heleno também confirmou a referência à PF a cobranças de "relatórios de inteligência" na reunião. Antes de entregar a gravação ao Supremo, conforme determinou Mello, a Advocacia Geral da União (AGU) tentou, por vários dias, convencer o STF a não requisitar a mídia contendo a reunião ministerial, ou aceitá-la somente parcialmente, sob a alegação de que ali haviam sido tratados "temas de segurança nacional", mas o ministro fez questão da íntegra. Os militares ficaram agastados com a determinação de Mello de ouvi-los mesmo "embaixo de vara", ou seja, de forma coercitiva, o que é praxe em processos.

Vídeo liberado pelo STF: repercussões da reunião ministerial com o Presidente da República em 22 de abril de 2020 – Os investigadores da PF classificaram o conteúdo do vídeo como "devastador", e Bolsonaro alegou que não tinha se referido à Polícia Federal, e sim à "segurança do Rio" durante a reunião com os ministros. Também disse que não tinha falado da sua família. A própria AGU encarregou-se de desmenti-lo. De acordo com o órgão, o presidente, de fato, referiu-se à Polícia Federal e à sua família durante a reunião. Um dia após a divulgação de trechos das falas, o mandatário disse ter falado em "PF"- sigla da instituição – para fazer reclamações quanto ao desempenho do "serviço de inteligência". Segundo sua argumentação, isso nada teria a ver com as alegações de Sergio Moro. "Palavra PF. Duas letras. Tem a ver com a Polícia Federal, mas é reclamação "PF", no tocante ao serviço de inteligência", declarou ele, que disse ter usado a palavra "interferir" depois de reclamar que não vinha recebendo informações de inteligência da Polícia Federal.

O trecho liberado pela AGU e depois visto no vídeo destaca o seguinte da fala de Bolsonaro: "Já tentei trocar gente da segurança nossa no Rio de Janeiro oficialmente e não consegui. Isso acabou. Eu não vou esperar f... minha família toda de sacanagem, ou amigo meu, porque eu não posso trocar alguém da segurança na ponta da linha que pertence à estrutura. Vou trocar; se não puder trocar o chefe [Valeixo – diretor-geral da PF], troco o ministro. E ponto final. Não estamos aqui para brincadeira", afirmou o presidente na ocasião[1428]. Desde agosto de 2019, o mandatário

[1428] *O Estado de S.Paulo*, edição de 15/05/20, p. A10.

pressionava o então ministro da Justiça para substituir Valeixo na direção-geral da PF e, assim, também trocar a chefia no Rio.

Bolsonaro revelou, também, que temia pela segurança da família e de amigos, pois o esquema de segurança pessoal, responsabilidade do GSI (Gabinete de Segurança Institucional) não estaria sendo executado de forma adequada. No entanto, a estrutura do GSI no Rio de Janeiro resume-se a uma sala, que se reporta diretamente a Brasília. A segurança pessoal do presidente e sua família é de responsabilidade do GSI e não da PF. Reportagem do *Jornal Nacional* da Rede Globo[1429] demonstrou que, ao contrário do que disse o mandatário, não havia insatisfação com sua segurança pessoal. Tanto que o responsável pelo escritório do GSI na capital carioca, o então coronel André Laranja Sá, foi promovido ao cargo de general de brigada e seu vice, o também coronel Gustavo Soares, assumiu o comando da segurança pessoal do presidente e sua família.

A defesa do ex-ministro Sergio Moro contestou as afirmações do presidente. Os advogados se disseram "surpreendidos" com a manifestação da AGU. Para eles, a transcrição parcial, como foi apresentado o material, revela "disparidade de armas", pois demonstra que a AGU tem acesso ao vídeo e a defesa não. Além disso, segundo os defensores, não contextualiza trechos relevantes para a adequada compreensão, como na parte da "segurança do RJ". "Mesmo o trecho literal, comparado com os fatos posteriores – demissão do diretor-geral da PF, troca do superintendente da PF e exoneração do ministro – confirma que as referências dizem respeito à PF e não ao GSI", disseram os advogados.

Na visão de Ernani Carvalho, cientista político da Universidade Federal de Pernambuco (UFPE), por exemplo, "o vídeo aumenta a instabilidade, torna a relação com o Supremo Tribunal Federal complicada, mas não se pode esquecer que ele também fortaleceu a militância por reacender as pautas do governo antes da eleição, como família, armamento e liberalismo econômico, por exemplo"[1430].

[1429] Edição de 15 de maio de 2020.

[1430] Monteiro, Renata. Cientistas políticos avaliam consequências da divulgação do vídeo da reunião de Bolsonaro com ministros. Jornal do Comércio. Extraído de https://jc.ne10.uol.com.br/politica/2020/05/5610183-cientistas-politicos-avaliam-consequencias-da-di-

No entanto, também vieram à tona falas de outros ministros que no mínimo foram caracterizadas como estarrecedoras, o que promove o acirramento do processo de desgaste pelo qual Bolsonaro já estava passando.

Celso de Mello, na decisão que liberou o acesso ao vídeo da reunião ministerial, assim destacou a participação do ministro da Educação:

> *"(...)*
> *8. Descoberta fortuita de prova da aparente prática, pelo Ministro da Educação, de possível crime contra a honra dos Ministros do Supremo Tribunal Federal.*
> *Havendo assistido à exibição integral do vídeo contido na "mídia" digital em questão, constatei, casualmente, a ocorrência de aparente prática criminosa, que teria sido cometida pelo Ministro da Educação, Abraham Weintraub, que, no curso da reunião ministerial realizada em 22/04/2020, no Palácio do Planalto, assim se pronunciou em relação aos Ministros do Supremo Tribunal Federal, conforme consta da degravação integral do vídeo procedida pelo Instituto Nacional de Criminalística da Polícia Federal (Laudo nº 1242/2020-INC/DITEC/PF):*
> *'Eu não quero ser escravo nesse país. E acabar com essa porcaria que é Brasília. Isso daqui é um cancro de corrupção, de privilégio. Eu tinha uma visão extremamente negativa de Brasília. Brasília é muito pior do que eu podia imaginar. (...) A gente tá perdendo a luta pela liberdade. É isso que o povo tá gritando. (...)*
> ***Eu, por mim, botava esses vagabundos todos na cadeia. Começando no STF**. E é isso que me choca. Era só isso presidente, eu... eu... realmente acho que toda essa discussão de 'vamos fazer isso', 'vamos fazer aquilo', ouvi muitos ministros que vi... chegaram, foram embora. Eu percebo que tem muita gente com agenda própria. Eu percebo que tem, assim, tem o jogo que é jogado aqui, mas eu não vim pra jogar o jogo. Eu vim aqui pra lutar. (...)**A gente tá conversando com quem a gente tinha que lutar. A gente não tá sendo duro o bastante contra os privilégios, com o tamanho do Estado** e é o... eu realmente tô aqui de peito aberto, como cês sabem disso, levo tiro... odeia... odeio o partido comunista (...).*
> *Eu sou, evidentemente, eu tô no grupo dos ministros que tá mais ligado com a militância. Evidente, porque eu era um militante. Eu tava militando de peito aberto, continuo militando. (grifei)*

vulgacao-do-video-da-reuniao-de-bolsonaro-com-ministros.html. Acesso em 25 de maio de 2020.

> *Essa gravíssima aleivosia perpetrada por referido Ministro de Estado, consubstanciada em discurso contumelioso e aparentemente ofensivo ao patrimônio moral dos Ministros da Suprema Corte brasileira ("Eu, por mim, botava esses vagabundos todos na cadeia. Começando no STF") – externada em plena reunião governamental ocorrida no próprio Palácio do Planalto, que contou com a presença de inúmeros participantes –, põe em evidência, além do seu destacado grau de incivilidade e de inaceitável grosseria, que tal afirmação configuraria possível delito contra a honra (como o crime de injúria)"*[1431].

Outra participação que gerou ampla repercussão foi a do ministro do Meio Ambiente, Ricardo Salles, que sugeriu que o governo aproveitasse que as atenções da imprensa estavam voltadas para a epidemia de Covid-19 para "passar a boiada" e, segundo ele, "simplificar" normas ambientais no País. Tal posicionamento, que ignora a necessidade de publicização dos atos públicos, gerou críticas entre ambientalistas no Brasil e no exterior. Em nota à imprensa, Salles afirma que sua intenção era "desburocratizar e simplificar normas", mas "dentro da lei".

Salles disse no vídeo: "A oportunidade que nós temos, que a imprensa não tá ... tá nos dando um pouco de alívio nos outros temas, é passar as reformas infralegais de desregulamentação, simplificação, todas as reformas que o mundo inteiro nessas viagens que se referiu o Onyx (Lorenzoni) certamente cobrou dele, cobrou do Paulo (Guedes)".

Um dos casos mais emblemáticos das mudanças "infralegais" citadas por Salles na reunião foi o despacho assinado por ele que reconhece como áreas de ocupação consolidada as áreas de preservação permanente (APPs) desmatadas até julho de 2008. Com isso, fica permitido o retorno de atividades agropecuárias nessas áreas. A medida tem impactos diretos na preservação da Mata Atlântica, bioma mais devastado do Brasil, porque as APPs são consideradas fundamentais para a segurança hídrica da região. Além disso, ao reconhecer essas áreas desmatadas como consolidadas, a medida abre brecha para que os proprietários que foram multa-

[1431] STF. Inquérito 4831. O documento pode ser acessado pelo endereço http://www.stf.jus.br/portal/autenticacao/autenticarDocumento.asp sob o código CFFE-C271-5A3F-D7F1 e senha 3BE2-1ECF-2EAE-8261. Acesso em 24 de maio de 2020.

dos pelo desmatamento sejam anistiados. A medida foi questionada na Justiça pelo Ministério Público Federal (MPF)[1432].

A ministra da Cidadania, Damares Alves, sugeriu no vídeo a prisão dos governadores e prefeitos que defendiam o isolamento social. Outro ministro, da Economia, Paulo Guedes, além de defender a privatização do Banco do Brasil, defendeu que o governo deve priorizar a ajuda às grandes empresas. Ele afirmou que "vai ganhar dinheiro usando recursos públicos para salvar grandes companhias. Agora, nós vamos perder dinheiro salvando empresas pequenininhas". Para Rodrigo Spada, presidente da Federação Brasileira de Associações de Fiscais de Tributos Estaduais (Febrafite) e da Associação dos Fiscais de Rendas do Estado de São Paulo (Afresp), "ouvir de um ministro da Economia que ele não se importa com pequenas empresas é a mostra do despreparo desse governo para lidar com questões emergenciais. A discussão vai além de apoiar uma política econômica mais liberal ou mais social, se trata de abandonar ou não o seu povo e as suas empresas"[1433].

No calor do momento, o ministro do Gabinete de Segurança Institucional (GSI), Augusto Heleno, afirmou em nota, no mesmo dia em que o vídeo da reunião ministerial foi divulgado, que "o pedido de apreensão do celular do presidente da República é inconcebível e, até certo ponto, inacreditável", que seria uma "afronta à autoridade máxima do Poder Executivo e interferência inadmissível de outro Poder" e que "poderá ter

1432 Prazeres,Leandro. *'Boiada' de Salles incluiu demissão de fiscais, anistia a desmatadores e submissão do Ibama a militares na Amazônia.* Jornal O Globo. Extraído de https://oglobo.globo.com/brasil/boiada-de-salles-incluiu-demissao-de-fiscais-anistia-desmatadores-submissao-do-ibama-militares-na-amazonia-24443867. Acesso em 25 de maio de 2020.

1433 BATISTA, Vera. *Em vídeo de reunião ministerial, Paulo Guedes diz que não vai perder dinheiro com empresas "pequenininhas".* Extraído de http://blogs.correiobraziliense.com.br/servidor/em-video-de-reuniao-ministerial-paulo-guedes-diz-que-nao-vai-perder-dinheiro-com-empresas-pequenininhas/. Acesso em 25 de maio de 2020. A linha defendida por Paulo Guedes durante a reunião ratifica as medidas tomadas pelo governo federal. O Brasil, diante da situação extrema causada pela pandemia do novo coronavírus, liberou efetivamente em créditos cerca de US$ 5 bilhões para pequenas e médias empresas. Para efeitos de comparação, em 2019 a liberação no mesmo período foi de US$ 7 bilhões. Ou seja, na contramão da lógica, ocorreu redução do crédito. Por outro lado, o sistema financeiro (bancos) recebeu, durante a pandemia, R$ 1,2 trilhão do governo federal, em torno de 240 vezes mais que o valor concedido às empresas.

consequências imprevisíveis". Horas depois, o próprio Bolsonaro compartilhou a nota em sua conta no Twitter.

Parlamentares de oposição e o presidente da Ordem dos Advogados do Brasil (OAB), Felipe Santa Cruz, reagiram à mensagem divulgada pelo general. Em postagem nas redes sociais, Santa Cruz traçou um paralelo entre o regime autoritário de 1964 e o período atual: "As instituições democráticas rechaçam o anacronismo de sua nota. Saia de 64 e tente contribuir com 2020, se puder. Se não puder, #ficaemcasa", escreveu Santa Cruz. Partidos de esquerda também interpretaram a nota como uma ameaça de golpe de Estado.

No inquérito que apura se o presidente da República tentou interferir no comando da Polícia Federal, o ministro Celso de Mello, do STF, em face de pedido do procurador-Geral da República, para que o presidente da República depusesse por escrito, determinou que "deverá ser inquirido sem a prerrogativa que o art. 221, § 1º do CPP confere, com exclusividade, apenas aos chefes dos Poderes da República, quando forem arrolados como testemunhas e/ou como vítimas". Logo, na visão do Ministro, a não ser que Bolsonaro não figurasse como investigado, seu depoimento seria por escrito, e não pessoalmente. No entanto, em relação ao despacho do ministro, o procurador-geral afirmou: "dada a estatura constitucional da Presidência da República e a envergadura das relevantes atribuições atinentes ao cargo, há de ser aplicada a mesma regra em qualquer fase da investigação ou do processo penal". Em outras palavras, para o procurador-geral da República, cabe o depoimento por escrito do presidente da República[1434].

Por sua vez, no dia 17 de setembro, o ministro Marco Aurélio, do STF, ante recurso de Bolsonaro para não comparecer à Polícia Federal, decidiu suspender o referido depoimento, tendo transferido a decisão de o presidente ser ou não interrogado presencialmente para o plenário da Corte Suprema.

Combate às "fake news" pelo STF e o gabinete do ódio – a oposição do Presidente da República à ação do Supremo – O STF determinou, no dia 27 de maio, uma operação da Polícia Federal, em que houve a apreensão

[1434] ROCHA, Marcelo. Celso de Mello determina depoimento presencial de Bolsonaro sobre acusações de Moro. *Folha de S.Paulo*, 11 set. 2020.

de documentos, celulares e computadores de 17 pessoas, entre as quais empresários bolsonaristas, parlamentares ligados ao presidente Jair Bolsonaro e blogueiros de direita do chamado "gabinete do ódio", especializados em espalhar notícias falsas contra inimigos do núcleo bolsonarista. A ação, sob o comando do ministro Alexandre de Moraes – que já havia tomado várias medidas que desagradaram o Planalto –, estremeceu ainda mais as relações entre o Executivo, na figura do presidente, e o Supremo[1435].

Em reação, o presidente Bolsonaro afirmou que a referida ação tratou-se de uma série de "ordens absurdas" e que não seriam mais cumpridas. Ele afirmou: "Não teremos outro dia como ontem [dia 27 de maio de 2020], chega! Querem tirar a mídia que eu tenho a meu favor sob o argumento mentiroso de *fake news*". Depois, à noite, em uma transmissão ao vivo nas redes sociais, disse que o inquérito no STF não tinha base legal e era inconstitucional: "Ontem foi um dia triste para os que lutam para que o País continue democrático"[1436].

1435 MOURA, Rafael Moraes; ORTEGA, Pepita; MACEDO, Fausto; e NETTO, Paulo Roberto. Alexandre chama 'gabinete do ódio' de associação criminosa e aponta que empresários financiaram uso de robôs para disseminar ataques. *O Estado de S.Paulo*, 27 maio 2020, p. A-4.

1436 Foram apreendidos os equipamentos do presidente nacional do PTB e aliado de Bolsonaro no comando do Centrão, Roberto Jefferson, do empresário Luciano Hang, dono da loja Havan, do blogueiro Allan dos Santos, do Terça Livre, da ativista bolsonarista Sara Winter e do *youtuber* e editor do site de Olavo de Carvalho, Bernardo Kuster. Vários parlamentares bolsonaristas foram convocados a depor no inquérito que investiga as fake news. São as deputadas federais Carla Zambelli (PSL-SP) e Bia Kicis (PSL-DF), os também deputados federais Luiz Philipe Orleans e Bragança (PSL-SP) e Daniel Silveira (PSL-RJ), além dos estaduais Douglas Garcia, Gil Diniz, Filipe Barros Ribeiro e Geraldo Junio do Amaral, todos do PSL paulista. Dado importante é que o inquérito das "fake news" pode vir a fortalecer as ações que pedem a cassação da chapa presidencial de Jair Bolsonaro e Hamilton Mourão no Tribunal Superior Eleitoral (TSE), já que ocorrerá compartilhamento de provas entre as duas investigações. "Esses processos tratam de um suposto esquema de impulsionamento ilegal de mensagens por WhatsApp que, durante a campanha eleitoral, teria sido bancado por empresários apoiadores do presidente. Confirmada, a prática pode ser considerada caixa dois, pois tais investimentos não constam na prestação de contas da coligação". CAMAROTTO, Murillo; SCHUCH, Matheus; e PERON, Isadora. Governo reage a STF e Bolsonaro diz que pode ignorar ordens. *Valor Econômico*. 29 maio 2020.

No seu despacho, Moraes definiu o "gabinete do ódio" como uma "associação criminosa" e determinou a quebra do sigilo fiscal e bancários dos empresários desde julho de 2018 – quando ocorria a campanha que elegeu Bolsonaro – e abril de 2020. O Planalto considerou "abusiva e desnecessária" a operação da PF[1437].

Ainda que se reconheçam outros momentos recentes de crise política no País, em que a relação entre os três Poderes se manteve estremecida, envolvendo, por exemplo, os processos de *impeachment* dos ex-presidentes Fernando Collor em 1992 e Dilma Rousseff em 2016, o julgamento do mensalão pelo STF em 2012, em que os acusados, políticos do Executivo e do Congresso Nacional, tiveram ampla oportunidade de se defender e, em alguns casos, de apelar para organismos internacionais, na verdade, a possibilidade de desobediência e desrespeito às regras democráticas ou à função e aos limites constitucionais do outro Poder, como se deu no caso da reação do presidente Bolsonaro às investigações conduzidas pela Polícia Federal a pedido do STF, para Roberto Dias um fato como esse nunca havia ocorrido desde a abertura política, que data dos governos Geisel, Figueiredo e a partir do advento da vigência da Constituição de 1988[1438].

Entidades como a Comissão Arns de Direitos Humanos[1439] e representantes da sociedade civil, como o ex-presidente Fernando Henrique Cardoso, a cientista política Ilona Szabó[1440] e o historiador Boris Fausto

[1437] Ibidem, p. A-4.

[1438] Ibidem, 29 maio 2020.

[1439] A Comissão de Defesa dos Direitos Humanos Dom Paulo Evaristo Arns foi criada no dia 20 de fevereiro de 2019, na Faculdade de Direito da Universidade de São Paulo, para apurar e denunciar violações de direitos humanos e o crescimento dos discursos de ódio no Brasil ao Judiciário e a organismos internacionais. Inspirada em Dom Paulo Evaristo Arns, o Arcebispo Emérito de São Paulo que se destacou pela luta política contra as torturas praticadas pela ditadura militar, a entidade, com 20 membros à data de sua criação, atua de maneira voluntária e reúne ativistas, advogados, cientistas políticos, filósofos e jornalistas.

[1440] Ilona Szabó, cientista política, é fundadora e diretora-executiva do Instituto Igarapé, e dedica-se a políticas públicas para a redução da violência. A entidade atua no Brasil, em países da América Latina, da Europa e África e nos Estados Unidos. Em relação ao governo Bolsonaro, Ilona afirmou: "Desde o retorno da democracia, nunca vimos um líder mais ditatorial do que o próprio Bolsonaro. (...) Seu conceito niilista de liberdade, que prega o vale-tudo, foge a qualquer civilidade. Tudo indica que ele está armando sua base e incitando a paranoia, para recorrer ao apoio dela no caso de qualquer tentativa legítima

lançaram um abaixo-assinado em defesa da democracia, da Constituição e emitiram uma nota pública de apoio ao STF nesse contexto de risco de ruptura. Para a professora Eloísa Machado, da FGV Direito SP, "o tom de Bolsonaro não é novo, e desde o segundo mês de mandato o presidente já estimulava ataques contra ministros do STF feitos por sua base de apoiadores, como enforcamentos e apedrejamentos simbólicos dos magistrados em praça pública[1441].

Para Conrado Gontijo, doutor em direito penal pela USP, "Bolsonaro subiu o tom porque se deu conta de que o inquérito das *fake news* está cada vez mais próximo de pessoas de seu núcleo de governo. (...) até mesmo familiares dele poderão ser identificados como artífices desse chamado 'gabinete do ódio', que é responsável por propagar *fake news* na internet. (...) A declaração sobre o ministro Alexandre de Moraes se configura em mais um de uma centena de crimes de responsabilidade que ele [Bolsonaro] tem praticado nos últimos meses, ao distorcer a lógica das instituições e ameçar a democracia"[1442].

No dia 15 de junho, foi presa pela Polícia Federal a militante bolsonarista Sara Winter, nome fantasia de Sara Giacomini, sob acusação de participar de atos antidemocráticos. Ela é a líder do grupo de extrema-direita autodenominado 300 do Brasil, que estava acampado na Praça dos Três Poderes. Dois dias antes, a Polícia do Distrito Federal havia desmontado o acampamento dos 300 – na verdade cerca de 30 pessoas. Em represália, integrantes do grupo jogaram fogos de artifício contra a sede

de afastá-lo do poder. Entre os seus apoiadores mais radicais, já se fala em guerra civil. Bolsonaro promove o caos para então instaurar medidas de exceção. (...) Não há dúvidas de que cruzamos a linha democrática. Em uma democracia você não governa apenas para os seus, não cala seus críticos, não ameaça a saúde e bem-estar de sua população, isso é inaceitável. Vivemos um dos momentos mais tristes da nossa história". Chamada de "abortista" por Bolsonaro, teve sua nomeação suspensa para ocupar uma vaga de suplente no Conselho Nacional de Política Criminal e Penitenciária, a convite do então Ministro da Justiça Sérgio Moro, por pressão do *lobby* das armas, visto que ela é contrária à flexibilização do porte de armas e redução da maioridade penal e defensora da legalização das drogas. ABUJAMRA, Adriana. À mesa com o Valor – Ilona Szabó: "Cruzamos a linha da democracia". *Valor Econômico*, 29 maio 2020.

1441 KLEIN, Cristian; e VIEIRA, André Guilherme. Especialistas apontam afronta inédita a Poderes constituídos, cit., 29 maio 2020.

1442 Ibidem, 29 maio 2020.

do STF, ao mesmo tempo em que gritavam ofensas e ameaças contra os ministros. Sara é um dos alvo do inquérito das fake news, presidido pelo ministro do STF Alexandre de Moraes, que investiga ameaças de morte e de agressões contra os magistrados do STF. No dia 24, ela foi libertada da cadeia, mas passou a usar tornozeleira eletrônica.

Como resposta, além de solicitar inquérito para punir os responsáveis pelo ataque, o ministro Dias Toffoli, presidente do STF, afirmou em nota que "o Supremo jamais se sujeitará, como não se sujeitou em toda a sua história, a nenhum tipo de ameaça, seja velada, indireta ou direta e continuará cumprindo a sua missão"[1443]. No texto, "o presidente da corte ainda diz que o ato 'simboliza um ataque a todas as instituições democraticamente constituídas. Financiadas ilegalmente, essas atitudes têm sido reiteradas e estimuladasporuma minoria da população e por integrantes do próprio Estado, apesar da tentativa de diálogo que o Supremo Tribunal Federal tenta estabelecercom todos, Poderes, instituições e sociedade civil, em prol do progresso da nação brasileira'"[1444].

No dia 16, foram quebrados os sigilos bancários de 11 deputados bolsonaristas e um senador, além de duas empresas ligadas ao grupo. Todos são acusados de financiar e apoiar as manifestações antidemocráticas que têm ocorrido desde março, em geral sendo prestigiadas pelo próprio Bolsonaro e por seus ministros. Entre os alvos da Operação Lume, como foi batizada, estavam os deputados Carla Zambelli (PSL-SP) e Daniel Silveira (PSL-RJ), dois dos mais fiéis aliados do presidente, o senador Arolde de Oliveira (PSC-RJ), e os deputados Bia Kicis (PSL-DF), Cabo Junio Amaral (PSL-MG), Otoni de Paula (PSC-RJ), Alê Silva (PSL-MG), General Girão (PSL-RN), Guiga Peixoto (PSL-SP) e Aline Sleutjs (PSL-PR), além do blogueiro Allan dos Santos, conhecido como um dos maiores disseminadores de *fake news* do País. Também foram alvos: os empresários Luiz Felipe Belmonte, responsável pelo financiamento do novo partido de Bolsonaro, o Aliança pelo Brasil; o publicitário Sérgio Lima, marqueteiro do futuro partido; e Otávio Fakhoury, financista, que também atua no mercado imobiliário, sendo ligado à ala mais ideológica

1443 ONOFRE, Renato. Aras acata pedido de Dias Toffoli e abre investigação sobre ataque ao Supremo. *Folha de S.Paulo*, 15/06/2020. Política, p. A4.
1444 Ibidem.

do bolsonarismo, influenciada pelo escritor Olavo de Carvalho. A operação foi solicitada pela Procuradoria-Geral da República (PGR) depois de denúncia do STF, em abril, sobre financiadores dos atos antidemocráticos. Em outro inquérito, que investiga as acusações contra o STF, o ministro Alexandre de Moraes havia determinado a apreensão de documentos nas casas dos empresários bolsonaristas Edgar Corona, dono da rede de academias Smart Fit, Luciano Hang, da Havan, Reynaldo Bianchi Júnior e Wiston Rodrigues Lima, sob a acusação de financiar *fake news* e ataques à Corte Suprema. De acordo com a PGR, os acusados teriam agido para "financiar e promover atos que se enquadram em práticas tipificadas como crimes pela Lei de Segurança Nacional (LSN)". O objetivo desse inquérito é descobrir quem está por trás de manifestações que pediam o fechamento do Congresso e do STF além da volta do AI-5, medida mais dura da ditadura militar[1445].

Em editorial, o jornal *O Estado de S.Paulo* questionou pronunciamento do presidente por tentar intimidar o Judiciário:

> *"À medida que o cerco judicial se fecha em torno das ilegalidades do movimento bolsonarista, com o avanço das investigações contra os camisas pardas das redes sociais e a quebra do sigilo bancário de parlamentares que integram a tropa de choque de Jair Bolsonaro no Congresso, o presidente da República demonstra crescente nervosismo – talvez por perceber que os rosnados bolsonaristas não têm sido suficientes para intimidar o Judiciário e fazê-lo dobrar-se a seu projeto de poder. 'Eles estão abusando', disse o presidente um dia depois da operação da Polícia Federal para desbaratar a máquina bolsonarista de destruição de reputações na internet, em investigação no âmbito do Supremo Tribunal Federal (STF), e, da ordem do Supremo, a pedido da Procuradoria Geral da República, para apurar o suposto envolvimento de parlamentares bolsonaristas no fomento de manifestações golpistas. O Supremo e o Ministério Público não fizeram nada além de sua obrigação, especialmente ante a escalada fascistoide protagonizada pelos bolsonaristas, sob inspiração do presidente. É preciso demonstrar a estes liberticidas, de maneira cabal, que a democracia tem seus mecanismos de defesa. (...) Isso não significa que o bolsonarismo esmorecerá. Bolsonaro não conhece outro comportamento que não seja o do confronto. (...) Quando o presidente cobra do STF observância*

1445 O *Estado de S.Paulo*, edição de 17 de junho de 2020, p. A-4

à democracia e à Constituição, como tem feito nos últimos dias, obviamente não é por reverência a uma ou outra, já que jamais as respeitou. O que ele pretende é confundir a opinião pública, convencendo-a que o único exegeta legítimo da Constituição é ele próprio, por ser alegadamente a encarnação da vontade popular. (...) Com base nestes pressupostos absurdos, o presidente advertiu: 'Está chegando a hora de tudo ser colocado no devido lugar'. É o que o Supremo está fazendo"[1446].

O inquérito aberto em 21 de abril de 2020 pelo ministro do STF Alexandre de Moraes, com o objetivo de apurar a ação de integrantes da militância bolsonarista que participaram de manifestações antidemocráticas, com pautas favoráveis ao AI-5 e ao fechamento do Congresso e do Supremo, resultou na convocação do vereador Carlos Bolsonaro (Republicanos-DF) para depor à Polícia Federal. Durante o depoimento, ao ser indagado sobre eventual ligação com assessores apontados como integrantes do chamado "gabinete do ódio", que estão à frente da estratégia digital bolsonarista, Carlos disse que mantinha ainda contato com o assessor José Matheus Salles Gomes, "em razão de solicitações realizadas [por Carlos] no tocante a fornecimento de informações relacionadas aos trabalhos desenvolvidos pelo governo federal", e para "divulgação nas suas redes sociais, uma vez que as redes sociais do declarante têm alcance maior do que de muitos órgãos do governo"[1447].

Ao final, Carlos Bolsonaro afirmou que não tinha relação com a criação ou divulgação de conteúdo com caráter antidemocrático, nem conhecia Sara Giromini, a líder do grupo de extrema direita 300 do Brasil, antes presa e depois liberada ante o uso de tornozeleira, tampouco Oswaldo Eustáquio, apoiador de Bolsonaro[1448].

Limites da liberdade de expressão – a ação da Polícia Federal no inquérito das "fake news", por determinação do STF – a liberdade de expressão é assegurada e reconhecida como um direito fundamental no inciso IV do art. 5º da Constituição Federal – "é livre a expressão da atividade intelectual, artística, científica e de comunicação, independentemente

[1446] *A caravana passa*, edição de 18 de junho de 2020, p. A-3

[1447] Rocha, Marcelo. Carlos diz à PF não ser "covarde" em usar robôs. *Folha de S.Paulo*, 18 set. 2020, p. A8.

[1448] Ibidem, p. A8.

de censura ou licença". Ocorre que a liberdade de expressão não se trata de um direito absoluto[1449]. Conforme a exposição do voto proferido, em 10 de junho de 2020, pelo ministro Edson Fachin, relator da ADPF 572/DF, de autoria do partido Rede Sustentabilidade[1450], que questionou a Portaria GP n. 69, de 14 de março de 2019, que determinou a abertura do Inquérito n. 4781 no âmbito do STF, de relatoria do ministro Alexandre de Moraes, para investigar a existência de notícias fraudulentas (*fake news*), denunciações caluniosas, ameaças e infrações revestidas de calúnia, difamação e injúria, que atingiram a honorabilidade e a segurança do STF, de seus membros e familiares, "a divulgação de *fake news*, falsas comunicações de crimes, denunciações caluniosas e ameaças, propagadas em massa pelas redes sociais, com o suporte de suposto esquema de financiamento, abalam e colocam em risco a integridade institucional da

[1449] Segundo a advogada criminalista e conselheira da OAB/SP, Ana Carolina Moreira Santos, apesar de ser uma garantia constitucional, a liberdade de expressão não é um direito absoluto: "No direito brasileiro não há nenhum direito absoluto. Ocorre a mesma coisa com a liberdade de expressão, existem outras garantias e, se uma é colocada ao lado da outra, se a garantia da liberdade de expressão está violando outro [direito], como a proteção da honra e da vida privada, isso deve ser analisado caso a caso". Para o diretor da Faculdade de Direito da USP, Floriano Peixoto de Azevedo Marques, "quando há como vítima um ministro, além da violação subjetiva pode ocorrer uma violação à incolumidade da instituição, o que pode tipificar crime previsto na Lei de Segurança Nacional". Por fim, segundo o jurista Carlos Ari Sundfeld, "A manifestação pública pode ser um instrumento, e aí envolverá também uma associação criminosa, de produzir destruição dos nossos valores constitucionais, para armar golpes, incitando o desrespeito a instituições, desmoralizando as instituições com um objetivo por trás que é o de abrir caminho para ruptura institucional". Ferreira, Flávio; e GALF, Renata. Liberdade de expressão tem limite se conteúdo busca acabar com instituições e desonrar pessoas. *Folha de S.Paulo*, 28 maio 2020.

[1450] No dia 3 de junho de 2020, o ministro Edson Fachin, do STF, indeferiu o pedido de desistência feito pelo partido Rede Sustentabilidade da Arguição de Descumprimento de Preceito Fundamental (ADPF) 572, pois, segundo o ministro, o art. 5º da Lei 9.868/1999, aplicável por analogia ao sistema uniforme de controle concentrado, veda a desistência da ação direta, uma vez que o interesse é indisponível, sendo aplicado o mesmo raciocínio à ADPF. Segundo a tese da Rede, que desistiu da ação, "desde o ajuizamento da ADPF, em março de 2019, houve alteração fático-jurídica, por isso estava aderindo ao parecer da Procuradoria-Geral da República, de 24/10/2019, pelo não cabimento da ação por ofensa reflexa". Ministro nega pedido de desistência da Rede em ação que questiona inquérito das *fake news*. Notícias STF, 3 jun. 2020.

Suprema Corte e de seus membros, objetivando atingir e expor "*a perigo de lesão a independência do Poder Judiciário e ao Estado de Direito*"[1451].

Sob o manto da livre expressão do pensamento, embora esta seja reconhecida como valor fundamental protegido pela Constituição, saliente-se que o conteúdo ou teor de uma fala ou manifestação escrita, e até mesmo de uma imagem, não pode "invadir e violar direitos, com lesão notória não apenas à dignidade e integridade de ministros, mas com a possibilidade de lesão a fundamentos do próprio Estado democrático de Direito"[1452].

Dessa forma, se, por um lado, é garantida a liberdade de expressão como "relevantíssimo valor constitucional", por outro, assegura-se também a dignidade da pessoa humana e, principalmente, "a necessidade de o Estado de Direito ter legítima defesa contra as tentativas de eliminá-lo". O arcabouço jurídico nacional apresenta-nos, por exemplo, algumas proibições à expressão do pensamento, quando esta implicar: "I) ofensa à dignidade e à honra de outrem (artigo 138 e seguintes do Código Penal); II) incitação ao crime (artigo 286 do Código Penal); III) discriminação racial, religiosa e de nacionalidade; e IV) divulgação do nazismo (artigo 20 da Lei 7.716/89 e seu §1º)"[1453].

A participação do presidente da República em manifestações contra o Congresso e o STF – O presidente participou de manifestações, ao lado de seus apoiadores, que defendiam, explicitamente, ataques e até o fechamento do STF e do Congresso, os dois outros Poderes da República, com a agravante de o primeiro destes atos ter ocorrido, dia 19 de abril, em frente ao Quartel-General do Exército, o Forte Apache, em Brasília. Os apoiadores do mandatário, chamados de "bolsominions" por seus rivais, chegaram a defender até, sem serem contraditados pelo presidente, um novo AI- 5 para "fechar o Congresso e a Corte Suprema", decerto transformando um presidente eleito democraticamente numa espécie de "imperador", aos gritos de "fora Maia" e "fecha o STF".

No ato, em cima de uma camionete, o presidente, sem máscara – cujo uso seria obrigatório devido à pandemia do novo Coronavírus –, discur-

1451 MELLO, Cecilia; e MORI, Celso Cintra. O voto do ministro Fachin e a liberdade de expressão. *O Estado de S.Paulo*, 12 jun. 2020.
1452 Ibidem, 12 jun. 2020.
1453 Ibidem, 12 jun. 2020.

sou para aliados, estes trajados de verde e amarelo: "Nós não queremos negociar nada. Nós queremos é ação pelo Brasil. Acabou a época da patifaria. Agora é o povo no poder". Em meio a acessos de tosse – que afirmou ser de refluxo –, Bolsonaro completou sua fala: "eu estou aqui porque acredito em vocês", referindo-se à plateia, de golpistas em potencial. Os militares, apesar de não terem se pronunciado oficialmente, ficaram agastados com o uso do QG da Força como cenário para um espetáculo antidemocrático. No vídeo em que o presidente divulgou pelo WhatsApp convocando seus apoiadores ao ato, um locutor, em tom emocionado, dizia: "ele luta por nós e quase morreu por nós", mostrando imagens do presidente internado em função do ataque a faca que sofreu durante a campanha.

Em resposta às críticas de juristas e líderes de praticamente todos os Poderes e partidos, o presidente afirmou que não havia tido um comportamento antidemocrático. Dias depois, chegou a repreender um apoiador que, na porta do Palácio da Alvorada, pedira o fechamento do STF, e declarou, parodiando Luiz XIV: "eu sou a Constituição". Diante da repercussão negativa dos acontecimentos, o procurador-geral da República (PGR), Augusto Aras, requereu à Corte Suprema a instauração de um inquérito para apurar quem financiara os protestos contra o Legislativo e o Judiciário que culminaram na manifestação em Brasília. Aras, indicado por Bolsonaro ao exercício do cargo de procurador-geral, conforme prevê a Constituição Federal (art. 128, §1º), não o citou como investigado por incentivar o ato. De acordo com informações de bastidores, empresários e parlamentares bolsonaristas teriam financiado e apoiado as manifestações. O fato de o presidente ter se voltado contra outros dois Poderes constituídos da República, em presença dos demais manifestantes, dá ao ato a configuração de crime contra a democracia. No entanto, o presidente pareceu não ter ficado intimidado em face do que está previsto no art. 5º, XLIV, da Constituição Federal: "constitui crime inafiançável e imprescritível a ação de grupos armados, civis ou militares, contra a ordem constitucional e o Estado Democrático"[1454].

[1454] *Folha de S.Paulo*, edição de 28/04/20, p. A-12.

Antes das manifestações pró-ditadura, Bolsonaro chegou a divulgar o seu apoio em vídeos, o que foi repudiado pelo ministro do STF, Celso de Mello, em mensagem ao jornal *Folha de S.Paulo*: "Isso, se confirmado, revela a face sombria de um presidente da República que desconhece o valor da ordem constitucional, que ignora o sentido fundamental da separação dos Poderes, que demonstra uma visão indigna de quem não está à altura do altíssimo cargo que exerce e cujo ato de inequívoca hostilidade aos demais Poderes da República traduz gesto de ominoso desapreço e de inaceitável degradação do princípio democrático"[1455]. O presidente da Câmara, Rodrigo Maia (DEM-RJ), por sua vez, ironizou: "no Brasil, nós temos que enfrentar o corona e o vírus do autoritarismo". Vinte dos 27 governadores divulgaram uma carta aberta de apoio a Maia e ao presidente do Senado, Davi Alcolumbre (DEM-AP), igualmente atacados nas redes sociais.

O ministro do STF Alexandre de Moraes foi indicado pela Corte para apurar quem teria financiado e apoiado as manifestações, em atendimento à solicitação da PGR. O ato, na visão do Ministro, poderia se caracterizar como crime de responsabilidade, passível de *impeachment*. No dia seguinte, 26 de abril, pelo Twitter, Bolsonaro tentou minimizar o seu apoio ao movimento, ao dizer que tinha uma rede de amigos no WhatsApp para "troca" de "mensagens de cunho pessoal. (...) Qualquer ilação fora desse contexto" tratava-se de "tentativas rasteiras de tumultuar a República". Pela mesma rede social, o ministro Gilmar Mendes também se manifestou: "a harmonia e o respeito mútuo entre os Poderes são pilares do Estado de Direito". A Associação Brasileira dos Juristas pela Democracia (ABJD) classificou a atitude do presidente como "um golpe contra a democracia" e um atentado contra a Constituição, em especial contra o artigo 85, que prevê a harmonia dos Poderes. O presidente do Tribunal Superior Eleitoral (TSE) e ministro do STF Luís Roberto Barroso reagiu duramente: "É assustador ver manifestantes defendendo a volta do regime militar após 30 anos de democracia. Só pode pedir a volta da ditadura quem perdeu a fé no futuro e sonha com um passado que nunca houve"[1456].

[1455] Edição de 16/03/20, p. A-15.

[1456] *Correio Brasiliense*, edição de 19/04/20, p. 6

A "marcha" rumo ao STF – No dia 7 de maio, o presidente havia surpreendido o mundo político ao fazer uma inesperada "marcha" em direção ao STF. Acompanhado por um grupo de empresários com os quais estava reunido no Palácio do Planalto para tentar encontrar saídas para o isolamento social, atravessou a Praça dos Três Poderes, ao lado do ministro da Economia Paulo Guedes, e fez uma reunião com o presidente do STF, Dias Toffoli, na qual tentou pressionar o presidente de outro Poder para que se colocasse contrário ao isolamento social. A reunião foi filmada e transmitida ao vivo nas redes sociais do presidente, sem a autorização de Toffoli, o que teria desagradado o presidente do Supremo. Em 15 de abril, o STF havia confirmado a competência de governadores e prefeitos para tomar medidas em suas regiões com o objetivo de conter o avanço do coronavírus.

Durante o encontro, vários empresários, líderes de setores da economia, demonstraram, assim como Bolsonaro, sua preocupação com a intitulada "morte de CNPJs", em função do isolamento social. O presidente do Supremo lembrou ao presidente da República que a vitória na luta contra o Coronavírus só se dará se houver união entre os vários entes públicos, e deixou bem claro que governadores e prefeitos, de acordo com decisão do próprio STF que irritou Bolsonaro, têm liberdade para agir contra a doença em seus territórios. "Podemos criar um comitê de crise que discutirá as saídas de maneira coordenada com Estados e municípios. A Constituição garante as competências específicas destes entes da federação", afirmou o presidente do Supremo, em um aparente puxão de orelhas em Bolsonaro.

No dia seguinte, vários setores dos empresários que estiveram no STF, principalmente os mais ligados aos bolsonaristas, começaram a ser beneficiados com sua retirada da lista de serviços que deveriam permanecer fechados durante a pandemia. Entre eles o de academias de esporte, ao qual é ligado o empresário Edgard Corona, dono da Smart Fit e da academia Biorritmo, da locação de veículos, do dono da Localiza Salim Mattar, e do comércio do também bolsonarista Luciano Hang, proprietário da Havan[1457], uma rede de lojas de departamento[1458].

[1457] *O Estado de S.Paulo*, 14/05/2020, p. A-12.

[1458] Bolsonaro também visitou, sem prévio convite, no dia 25 de maio, o procurador-geral

Em 30 de maio, Bolsonaro chegou a andar a cavalo em plena Praça dos Três Poderes para cumprimentar apoiadores que ocupavam o espaço público com faixas e cartazes contra o STF e o Congresso, como ocorria desde o início de 2020. Uma das faixas usada pelos manifestantes trazia a inscrição "marcha com Deus, pela família e pela liberdade", uma alusão ao movimento civil-militar que derrubou o presidente João Goulart em 1964, instalando a ditadura militar[1459]. Antes, ele havia passado com um helicóptero sobre a manifestação, acompanhado pelo ministro da Defesa, Fernando de Azevedo e Silva. Durante a manifestação, os filhos do presidente marcaram presença. O cavalo em que Bolsonaro cavalgou pertencia à Polícia Militar do Distrito Federal e era usado pelos policiais que faziam a segurança da manifestação. Assim como em outras ocasiões, apesar da obrigatoriedade, ele não usava máscara de proteção contra o coronavírus e promovia aglomerações, em desafio às orientações da OMS e das demais entidades médicas, além do próprio Ministério da Saúde.

Bolsonaro vs. STF – a continuidade da crise na Justiça – Na semana que se encerrou em 12 de junho de 2020 continuaram – e até se avolumaram – os embates entre o presidente Jair Bolsonaro e o STF, o TSE e, também, o Legislativo. No dia 11, o ministro Luiz Fux, vice-presidente da Corte Suprema e membro do Tribunal Superior Eleitoral (TSE), concedeu liminar, a pedido do PDT, na qual delimitou a atuação das For-

da República Augusto Aras, com o qual conversou, reservadamente, por 15 minutos. Aras era responsável por autorizar ou não a apreensão do telefone celular do presidente e de seu filho, Carlos, após pedido de partidos de oposição no inquérito que apura as denúncias de Moro contra Bolsonaro. Com relação a essa possibilidade, o ministro do GSI, general Augusto Heleno, publicou uma nota oficial na qual afirmou que a apreensão do celular de Bolsonaro se configuraria em "crime contra a segurança nacional" e poderia ensejar "conseqüências imprevisíveis". A fala gerou críticas de setores democráticos contra o militar, que recebeu apoio do próprio presidente e de um grupo de 90 oficiais da reserva, além do ministro da Defesa, o também general Fernando Azevedo.

1459 Outro ministro do STF, o decano Celso de Mello, diante desse cenário de manifestações, promovidas por seguidores do presidente Jair Bolsonaro, afirmou em sua rede social que era "preciso resistir à destruição da ordem democrática" e que "intervenção militar como pretendida por bolsonaristas e outras lideranças autocráticas que desprezam a liberdade e odeiam a democracia, nada mais significa, na novilíngua bolsonarista, senão a instauração, no Brasil, de uma desprezível e abjeta ditadura militar!!!!". PERON, Isadora. Mello compara Brasil à Alemanha de Hitler. *Valor Econômico*, 1º jun. 2020.

ças Armadas, de acordo com a Constituição. Na decisão, ele afirmou não haver qualquer margem que permitisse a interpretação de que as Forças Armadas pudessem ser utilizadas para "indevidas intromissões" no funcionamento dos outros Poderes da República. Na decisão, registrou: "As Forças Armadas não são poder moderador".

Militantes bolsonaristas notabilizaram-se por invocar o artigo 142 da Carta Constitucional para pedir uma "intervenção militar constitucional" (algo que ninguém sabe direito o que é), em que os militares ficariam ao lado do presidente, um ex-oficial do Exército que foi acusado de terrorismo e sedição no período em que estava na Força, salvando-se por pouco de ser expulso, conforme consta em sua biografia. O episódio, descrito a seguir, é emblemático do texto falho da Constituição Federal. Seu texto tem tão alto grau de ambiguidade que pode ser utilizado por qualquer um dos lados em disputa. Esse é um problema da redação do constitucional, apontado desde o início desta obra, e esse caso ilustra exatamente: as contradições da Constituição criam muitos problemas para sua aplicação.

Em sua decisão, de caráter pedagógico, Fux afirmou que o poder de "chefia do presidente sobre as Forças Armadas é limitado. "A missão institucional das Forças Armadas na defesa da pátria, na garantia dos poderes constitucionais e na garantia da lei e da ordem não acomoda o exercício do poder moderador entre os poderes Executivo, Legislativo e Judiciário". Se isso ocorresse, de acordo com o magistrado, o Poder Executivo, cujo chefe é o presidente da República, se tornaria um superpoder, acima dos demais, o que garantiria a total impunidade do presidente, colocando-o acima e fora do alcance da lei. Fux destacou ainda que a prerrogativa do presidente de autorizar o emprego das Forças Armadas, por iniciativa própria ou a pedido do STF e do Congresso Nacional, não pode ser exercida contra os próprios Poderes entre si. Bolsonaro tem dito o contrário a seus apoiadores.

Como resposta, "o ministro Gilmar Mendes, do Supremo Tribunal Federal (STF), classificou como 'irresponsável', 'loucura' e 'tese de lunático' a interpretação do presidente Jair Bolsonaro e aliados de que o artigo 142 da Constituição Federal pode ser usado para legitimar uma eventual intervenção militar e conter o que consideram excessos do Poder Judiciário. Em meio a uma crise entre os Poderes, o ministro defendeu ainda que as 'Forças Armadas não são milícias de uma dada facção partidária'"[1460]. O ministro também rebateu uma "declaração do procurador-geral da República, Augusto Aras, que defendeu que o artigo 142 da Constituição prevê que, em caso de interferência, os militares devem garantir o 'funcionamento dos Poderes constituídos'. 'Eu acho algo completamente irresponsável. Vou repetir: é uma interpretação irresponsável aquela que atribui às Forças Armadas o papel de interpretar a Constituição'"[1461].

Para Gilmar Mendes o Supremo é o "guardião da Constituição". Já o artigo 142 da CF/1988 "tem uma discussão muito importante que é a missão das Forças Armadas para proteger poderes constitucionais e assegurar a lei e a ordem a pedido de um dos Poderes, mas é só isso"[1462].

O PDT entrou com uma ação direta de inconstitucionalidade (Adin) no STF contra a Lei Complementar 97/1997, que disciplina o emprego das Forças Armadas e repete o artigo 142 da Constituição, com o objetivo de definir os limites do poder militar. O partido alegava que o dispositivo tem sido usado para defender uma eventual intervenção militar contra o Congresso e o Supremo. Com a sucessão de derrotas impostas ao Planalto pelo Supremo, apoiadores do presidente Jair Bolsonaro (sem partido) passaram a repetir, em todas as manifestações, o discurso da "intervenção das Forças Armadas como poder moderador" para enfrentar o STF. Para isso, aliados bolsonaristas se valeram justamente desse dispositivo constitucional.

A decisão de Fux, publicada dia 12 de junho, acompanhou a posição do presidente do STF, ministro Dias Toffoli, e do também ministro Gilmar Mendes. "As Forças Armadas sabem muito bem que o artigo 142 da Constituição não lhes dá o papel de poder moderador", afirmou Toffoli. Mendes, por sua vez, declarou que a interpretação dos bolsonaristas não tem base alguma na realidade. "Se alguém falou que o artigo 142 permite o autogolpe, isso seria absolutamente inconstitucional. Não tem nada a

1460 PERON, Isadora e MARTINS, Luísa. Forças Armadas não são milícias de facção partidária. *Valor Econômico*, v. 21, n. 5015, 04/06/2020. Política, p. A10.
1461 Ibidem.
1462 Ibidem.

ver com a Consituição. Golpe é inconstitucional – isso tem de ficar muito claro", afirmou[1463].

O presidente estava sofrendo muitos reveses em sua relação com o STF, e no TSE havia ações em julgamento que previam, até mesmo, a cassação da chapa Bolsonaro-Mourão por supostas fraudes durante a campanha eleitoral, entre as quais o disparo de mensagens em massa de Whatsapp. Uma das denúncias dizia respeito a milhares de reais gastos por empresários bolsonaristas, de forma ilegal, para promover a campanha do presidente e de seu vice. Somente um destes, o dono da rede de lojas Havan, foi acusado, em reportagem do jornal *Folha de S.Paulo* de 18 de outubro de 2018, de gastar R$ 12 milhões em disparos de mensagens para influenciar eleitores, o que é ilegal, além de o ato configurar crime de caixa 2.

Em 12 de junho de 2020, numa entrevista do ministro da Secretaria de Governo, general Luiz Eduardo Ramos, à revista *Veja* jogou mais ainda lenha na fogueira da crise institucional entre os poderes. Ramos, militar da ativa, declarou que o presidente Jair Bolsonaro nunca defendeu um golpe militar no País, mas alertou a oposição a "não esticar a corda". A declaração de Ramos foi uma resposta a um questionamento sobre a possibilidade de um golpe militar no Brasil. O ministro disse que foi instrutor da academia do Exército por vários anos e que formou boa parte dos comandantes da Força. E que eles vêem como ofensiva a narrativa de que as Forças Armadas vão romper com o regime democrático. "O próprio presidente nunca pregou o golpe, agora o outro lado tem de entender também o seguinte: não estica a corda."

Na entrevista, o ministro também criticou o Poder Judiciário, citando o processo de impugnação da chapa Bolsonaro-Mourão que corre no Tribunal Superior Eleitoral (TSE), o qual disse ter viés político e classificou como "um julgamento casuístico". Ele citou uma declaração do ministro Celso de Mello, que comparou o presidente a Hitler. "Vazou a mensagem do WhatsApp em que o ministro do Supremo comparou o presidente Bolsonaro ao Hitler e seus seguidores aos nazistas. Isso contribui para o clima de diálogo e para buscar uma harmonia entre os poderes? Acre-

[1463] *O Estado de S.Paulo*, 13 de junho de 2020, pág. A-10

dito que não[1464]". Um dos líderes da oposição ao governo no Congresso, o deputado federal Paulo Teixeira (PT-SP) contestou o ministro. "Ele representa um governo responsável pela morte de 41 mil brasileiros. Que moral o ministro tem para nos questionar"?

O próprio Bolsonaro, em entrevista à Bandnews[1465], afirmou que os militares não aceitariam um resultado contrário à sua absolvição na ação contra sua chapa no TSE. "Nós, militares, jamais aceitaríamos um julgamento político para destruir um presidente eleito", disse. Na mesma entrevista, o presidente defendeu que não teria motivos para promover um golpe de Estado. "Como vou dar um golpe se já sou presidente, se já sou comandante das Forças Armadas?", questionou.

Depois da liminar concedida por Fux, a pedido do PDT, ao delimitar a atuação das Forças Armadas, de acordo com a Constituição, o Planalto respondeu, no mesmo dia, com uma nota, assinada por Bolsonaro, pelo vice-presidente e general Hamilton Mourão e pelo ministro da Defesa e também general Fernando Azevedo e Silva, que comportava uma ameaça contra a democracia. No documento, os autores afirmaram que "as Forças Armadas não cumprem ordens absurdas nem aceitam julgamentos políticos", sugerindo, assim, que o governo poderia não aceitar uma decisão no STF ou no TSE contrária aos seus interesses. "As Forças Armadas não aceitam tentativas de tomada de poder por outro Poder da República, ao arrepio das leis, por conta de julgamentos políticos". O texto foi considerada uma referência velada aos processos em análise no STF e no TSE que podem prejudicar interesses do governo[1466].

Na nota divulgada, Bolsonaro afirmou que as Forças Armadas "estão sob a autoridade suprema do presidente da República de acordo com o artigo 142 da Constituição Federal. As mesmas destinam-se à defesa da pátria, à garantia dos poderes constitucionais e, por iniciativa de qualquer destes, da lei e da ordem." A nota foi criticada por juristas e políticos que viram em seu teor uma ameaça ao Judiciário e ao Congresso mais grave do que as várias passeatas de bolsonaristas pedindo o fechamento do STF e

[1464] O *Estado de S.Paulo*, 13 de junho de 2020, p. A-4

[1465] Disponível em ://noticias.band.uol.com.br/politica/noticias/100000992580/bolsonaro-jamais-aceitariamos-um-julgamento-para-me-destruir.html

[1466] *Folha de S.Paulo*, 13 de junho o de 2020, p. A-12

do Congresso. O documento repercutiu mal entre os próprios membros do Supremo, políticos de oposição e da situação e entre militares da ativa. Até mesmo um militar importante, o general Santos Cruz, ex-ministro do governo Bolsonaro, questionou a fala do presidente e de seus ministros. "Essa interpretação de que as Forças Armadas são um poder moderador é completamente equivocada. O nosso elemento moderador é a Constituição Federal e não as Forças Armadas. Essa é uma ideia muito perigosa". Questionado no dia seguinte, o vice-presidente disse que os militares não estão participando de manifestações políticas e tentou modular o teor do documento.

Um repórter do jornal *Folha de S.Paulo*[1467] entrevistou oficiais-generais das três Forças para repercutir a declaração do governo. Muitos afirmaram considerar que o Judiciário tem exagerado em suas decisões, mas reprovaram o tom da nota. Em grupos de WhatsApp de oficiais, a crítica mais comum era de que as Forças foram colocadas como uma extensão do bolsonarismo militante, que tem no confronto com poderes uma de suas características. Na coluna do jornalista Josias de Souza, do *site* Universo Online (Uol)[1468], um almirante revelou que ficou com inveja do general americano Mark Milley, chefe do Estado Maior que, na semana anterior, havia pedido desculpas aos americanos após participar de uma caminhada ao lado do presidente Donald Trump, logo após um ato contra o racismo na capital americana durante o qual os manifestantes pacíficos foram agredidos pela polícia local, e o presidente foi até uma igreja nas cercanias da Casa Branca, na frente da qual posou com uma bíblia nas mãos. "Eu não devia estar lá. A minha presença deixou a impressão de que as Forças Armadas americanas estão se envolvendo com a política interna". Os militares, de acordo com Souza, criticaram o fato de o ministro da Defesa, o general Fernando Azevedo e Silva, ter sobrevoado, ao lado de Bolsonaro, uma manifestação de militantes de direita que pediam o fechamento do STF e do Congresso e ter demonstrado excessivo alinhamento com o presidente.

[1467] Igor Gielow, edição de 14 de junho de 2002, p. A-13

[1468] Disponível em https://noticias.uol.com.br/colunas/josias-de-souza/2020/06/14/atos-de-ministro-da-defesa-aborrecem-os-colegas.htm

5) Lava Jato rumo ao esfacelamento? Com a iniciativa do Procurador-geral da República, Augusto Aras, de recorrer ao Conselho Nacional do Ministério Público para que recursos da Lava Jato no STJ deixassem de ser distribuídos automaticamente a subprocuradores-gerais designados para atuar nos recursos da operação no tribunal, como resultado, o CNMP proferiu no dia 2 de setembro de 2020 uma decisão liminar que concentrou a distribuição dos processos apenas na subprocuradora Áurea Maria Etelvina, conhecida por considerar Sérgio Moro um juiz "suspeito", falar mal da própria operação e demonstrar simpatia à causa de Lula como "réu político". Esse fato acabou impondo limites às investigações[1469].

Antes dessa mudança, a rotina então vigente era de que os casos da Lava Jato que chegassem ao STJ seriam distribuídos de maneira automática, aleatória e equitativa entre os integrantes da força-tarefa no tribunal[1470].

Outra ocorrência foi o pedido de renúncia de sete procuradores da força-tarefa da Lava Jato de São Paulo, no dia 2 de setembro, sob a alegação de que a procuradora Viviane Martinez passou a oferecer "resistência ao aprofundamento de investigações em cursos, argumentando que lhes faltaria uma conexão processual forte" e atuou para "barrar novas investigações, delações premiadas e acordos de leniência", conduzindo um processo de desmonte da operação. Além disso, a disputa entre Viviane e os demais procuradores deu-se acerca da forma como os casos eram distribuídos no MPF, o que motivou o envio de um ofício da própria procuradora para a Procuradoria Geral da República, a questionar essa prática, sob o argumento de que a distribuição deveria ser aleatória. O ápice do entrave, segundo os procuradores demissionários, decorreu do atraso na investigação que culminou na Operação Revoada, em 3 de julho, contra o ex-governador e atual senador José Serra (PSDB-SP), porque Viviane manteve-se à espera da criação da Unac (Unidade Nacional Anticorrupção, modelo proposto pela PGR que substituiria as forças-tarefas)[1471].

[1469] ROCHA, Marcelo. Iniciativa de Aras acaba na prática com a Lava Jato no STJ, dizem investigadores. *Folha de S.Paulo*, p. A14, 5. set. 2020.
[1470] Ibidem, 4 set. 2020.
[1471] MARQUES, José. Demissão na Lava Jato de SP mira briga interna e poupa Aras. *Folha de S.Paulo*, 4 set. 2020, p. A9.

Desde 2005, Viviane é chefe do 5º Ofício por meio de um procedimento interno para preencher a referida vaga[1472].

Deu-se nova derrota em 8 de setembro de 2020, ocasião em que o colegiado do STF decidiu retirar da 13ª Vara Federal de Curitiba a ação penal contra os ex-senadores Romero Jucá (MDB-RR) e Valdir Raupp (MDB-RO) e remeter à Justiça Federal de Brasília. Gilmar Mendes e Ricardo Lewandowski votaram para remover o caso da alçada da Lava Jato, enquanto Edson Fachin e Cármen Lúcia defenderam a manutenção da competência de Curitiba. Por ter havido empate, e como em julgamentos criminais nessa situação o réu é beneficiado, prevaleceu a tese de remessa da ação para Brasília[1473].

E no mesmo dia 8 de setembro, o Conselho Nacional do Ministério Público puniu o ex-coordenador da Operação Lava Jato, o procurador Deltan Dallagnol, com a pena de censura, pois, segundo os conselheiros, por 9 votos a 1, ele "extrapolou limites da simples crítica e teve o intuito de interferir nos rumos do Poder Legislativo". Na verdade, o senador Renan Calheiros (MDB-AL) acusou-o de quebra de decoro, sob a alegação de que o procurador foi às redes sociais para atacá-lo, ao afirmar que a vitória do emedebista dificultaria a votação de matérias legislativas para o combate à corrupção, e por supostamente tentar interferir na eleição da presidência do Senado em 2019, configurando ato político-partidário, vetado a integrantes do MPF. Em comentário ao julgamento, o senador afirmou: "A advertência do CNMP é branda para a odiosa perseguição de Deltan contra mim (...). Entrarei com ação civil para reparação de danos morais"[1474].

Dez dias depois, o juiz federal Marcelo Bretas, responsável pela Operação Lava Jato do Rio de Janeiro, submeteu-se à pena de censura, apli-

[1472] Os procuradores demissionários foram: Guilherme Rocha Göpfert, Thiago Lacerda Nobre, Paloma Alves Ramos, Marília Soares Ferreira Iftim, Paulo Sérgio Ferreira Filho, Yuri Corrêa da Luz e Janice Agostinho Barreto Ascari. *Vide* MACEDO, Fausto; ROBERTO NETTO, Paulo; ORTEGA, Pepita; MOTTA, Rayssa; e KRUSE, Tulio. Procuradora vetou novas delações, diz Lava Jato-SP. *O Estado de S. Paulo*, 4 set. 2020, p. A4.

[1473] TEIXEIRA, Matheus. Em casos de Jucá e Raupp, Lava Jato tem nova derrota no Supremo. *Folha de S.Paulo*, 9 set. 2020, p. A8.

[1474] ROCHA, Marcelo; e CHAIB, Julia. Conselho pune Deltan com censura por tuítes contra Renan Calheiros. *Folha de S. Paulo*, 9 set. 2020, p. A8.

cada pelo Tribunal Regional Federal da 2ª Região, por ter participado da inauguração de obra pública ao lado do presidente Jair Bolsonaro e do prefeito Marcelo Crivella. Para o Órgão Especial do tribunal, por 12 votos a 1, Bretas incorreu em superexposição e autopromoção ao estar ao lado dos políticos no evento e publicar imagens do ato em suas redes sociais.[1475].

No entanto, se na prática são discutidos os métodos da Lava Jato, e esta dá sinais de enfraquecimento, por outro, as operações continuaram em 2020, como a que ocorreu no dia 9 de setembro, intitulada "E$quema S", por determinação do juiz federal Marcelo Bretas, responsável pela Lava Jato no Rio de Janeiro, que resultou numa ação de busca e apreensão em escritórios de advocacia. Por exemplo, o advogado Cristiano Zanin, defensor do ex-presidente Lula, foi acusado de chefiar um esquema de desvio de dinheiro por meio da Fecomércio-RJ, envolvendo, segundo os investigadores, tráfico de influência no Tribunal de Contas da União e no Superior Tribunal de Justiça. Em defesa, Zanin afirmou que o juiz cometeu "abuso de autoridade" e "é notoriamente vinculado ao presidente Jair Bolsonaro e sua decisão no caso concreto está vinculada ao trabalhado desenvolvido em favor de um delator assistido por advogados ligados ao senador Flávio Bolsonaro"[1476].

E também em apoio às operações da Lava Jato, o presidente do Supremo Tribunal Federal, o ministro Luiz Fux, em cerimônia de sua posse, realizada no dia 10 de setembro de 2020, ao citar o combate aos desvios da Petrobras, os descaminhos gerados pelo mensalão e os avanços que a sociedade brasileira obteve nos últimos anos com operações policiais, afirmou: "Não admitiremos recuo no enfrentamento da criminalidade organizada, da lavagem de dinheiro e da corrupção. Aqueles que apostam na desonestidade como meio de vida não encontrarão em mim

[1475] Nogueira, Italo. Bretas recebe pena de censura por ir a evento com Bolsonaro. *Folha de S.Paulo*, 18 set. 2020, p. A6.

[1476] Nunes, Wálter; e Bächtold, Felipe. Cristiano Zanin Martins: "Lava Jato quer tirar meu foco da defesa de Lula, mas não vai conseguir. *Folha de S.Paulo*, 11 set. 2020, P. A11. *Vide*, também, Agostine, Cristiane; e Freitas, Carolina. Advogado de Lula diz que juiz é ligado a Bolsonaro. *Valor*, 10 set. 2020, p. A17.

qualquer condescendência, tolerância ou mesmo uma criativa exegese do direito"[1477].

Interpreta-se, também, no sentido de que o novo ministro do STF apoia a Lava Jato: "(...) o novo presidente se alinha à Lava Jato e é titular absoluto no grupo dos punitivistas, em oposição aos garantistas. Entre os primeiros, estão os juízes que passam por cima de regras e adotam a máxima de que, para situações excepcionais, decisões excepcionais. Já os garantistas têm na letra da lei o seu único compromisso"[1478].

E há quem, de forma contundente, oponha-se, com veemência, ao que qualifica "espetáculo da Lava Jato", em especial, a do Rio de Janeiro, e ao discurso do presidente do STF, que apoiou a referida operação durante solenidade de sua posse:

"Vive seus dias de parceria física e metafísica com o bolsonarismo. Fez um *strike* contra Wilson Witzel e promete não deixar um só pino em pé com a operação E$quema S, com esse cifrão que encanta os tiozões do WhatsApp que pedem golpe, com polo verde, ventre protuberante e meias e tênis pretos. (...) Preservar a Lava Jato? Exatamente o quê? O conluio entre juiz e órgão acusador? A subordinação da agenda anticorrupção a candidaturas? A condenação sem provas? O uso das prisões preventivas como instrumento para obter delações? A entrega dos destinos do país a um criminoso premiado, que decidirá quem vive e quem morre na República? (...) Bolsonaro ri de orelha a orelha. A Lava Jato já depôs um inimigo seu e agora intimida um tribunal superior. No passado, impediu que ele tivesse de concorrer com Lula, que volta a ser alvo, agora por intermédio do advogado Cristiano Zanin"[1479].

Se, em 2016, o então senador Romero Jucá, odiado e qualificado como "golpista" pela esquerda nacional, anunciava que era "preciso estancar a sangria" causada pela Operação Lava Jato, e o fim da operação era praticamente unânime na política brasileira, "da extrema esquerda à extrema direita, passando pelo extremo 'centrão'", quatro anos depois, o sonho

[1477] Peron, Isadora; Martins, Luísa; Murakawa, Fabio. Fux assume STF com defesa da Lava Jato e da independência do Judiciário. *Valor*, 11 set. 2020, p. A8.

[1478] Bittar, Rosângela. A cartada decisiva. *O Estado de S.Paulo*, 9 set. 2020, p. A14.

[1479] Azevedo, Reinaldo. Fux no STF e a E$quema no STJ. *Folha de S.Paulo*, 11 set. 2020, p. A9.

de Jucá começou a concretizar-se, haja vista as reações, por exemplo, de Lula, que, de forma obsessiva, ao longo do processo de seu julgamento, iniciou uma guerra contra Sérgio Moro, exigindo uma punição a quem o condenou; bem como do Supremo Tribunal Federal, pois os ministros Dias Toffoli, Gilmar Mendes e Ricardo Lewandowski acusaram a Lava Jato de destruir a democracia no Brasil com a "República de Curitiba"; e de Augusto Aras – o procurador-geral da República escolhido pelo presidente Jair Bolsonaro –, que já acusou a força-tarefa da Lava Jato em Curitiba de ocultar "caixas de segredos", em referência a supostos documentos que não seriam rastreáveis pelo sistema do Ministério Público Federal. Além do ódio petista ao ex-juiz Sérgio Moro, inclui-se também na lista de desafetos o presidente que fora eleito para o quatriênio 2019-2022, cujo sentimento nada amistoso floresceu à época da saída do ministro da Pasta da Justiça, quando este acusou o presidente da República por suposta interferência no comando da Polícia Federal[1480].

Em 10 de setembro de 2020 foi publicada a decisão da Procuradoria Geral da República de prorrogar a força-tarefa da Lava Jato em Curitiba até 31 de janeiro de 2021, preservando-se a atuação de 11 procuradores e dois procuradores regionais da República, responsáveis por auxiliar Alessandro Oliveira, coordenador da equipe, que substituiu Deltan Dallagnol, anteriormente na função. A medida gerou dúvidas quanto ao futuro da Lava Jato, motivando a possibilidade de criar a Unidade Naconal de Combate à Corrupção e ao Crime Organizado (Unac), em substituição ao modelo que se notabilizou por suas ações de combate à corrupção[1481].

Em consonância com o anúncio da prorrogação da Lava Jato, a força-tarefa de Curitiba informou que, diante da negociação de novas delações, estava planejando deflagrar cerca de dez novas fases e oferecer quinze denúncias criminais por "corrupção envolvendo agentes ligados a diferentes áreas da Petrobras, como a financeira e as ligadas à comercialização de combustíveis; corrupção envolvendo agentes ligados à Transpetro; lavagem de dinheiro envolvendo galerias de arte, instituições financeiras, empreiteiras; corrupção envolvendo agentes ligados à improbidade

[1480] Guzzo, J. R. Lula, Jucá e a PGR. *O Estado de S.Paulo*, 6 set. 2020, p. A12.

[1481] Kruse, Tulio; E brandt, Ricardo. PGR já discute futuro da Lava Jato e fim de 'marca'. *O Estado de S.Paulo*, 19 set. 2020, p. A4.

administrativa envolvendo pessoas politicamente expostas; e responsabilização civil de diversas pessoas jurídicas beneficiárias de atos de corrupção e lavagem de dinheiro, incluindo algumas multinacionais"[1482].

6) Críticas de Bolsonaro a governadores e prefeitos – Em 3 de maio, o presidente liderou outra manifestação antidemocrática, na rampa em frente ao Palácio do Planalto. Na ocasião, atacou os governadores que determinaram a quarentena da população para combater o vírus e, de forma ameaçadora, disse: "as Forças Armadas e o povo estão do nosso lado. Acabou a paciência". Na sua fala, indicou que não haveria mais "interferências", ao exemplo do veto do ministro do STF Alexandre de Moraes à indicação do delegado Alexandre Ramagem, então diretor da Agência Brasileira de Inteligência (Abin), para a direção da Polícia Federal (PF) no Rio de Janeiro, onde seus filhos eram investigados por vários crimes. Oficiais-generais, ouvidos pelo jornal *O Estado de S.Paulo*, criticaram, de forma reservada, a menção às Forças Armadas no discurso do presidente, afirmando que ele havia tentado, mais uma vez, "fazer uso político das instituições militares"[1483].

Nesse mesmo dia, o repórter-fotográfico do jornal *O Estado de S. Paulo*, Dida Sampaio, foi derrubado e agredido com chutes, murros e uma rasteira por fanáticos seguidores do presidente, ao lado do motorista do jornal, Marcos Pereira, e de Orlando Brito, também repórter-fotográfico. Dida, profissional premiado, se preparava para fotografar o presidente, que discursava para seus apoiadores. Os repórteres Júlia Lindner e André Borges também foram insultados pelos manifestantes. Os jornalistas tiveram que deixar o local sob escolta da PM. Questionado, Bolsonaro atribuiu a agressão a "algum infiltrado", mas em nenhum momento pediu desculpas aos profissionais e ao jornal, nem repreendeu seus defensores. A partir desse episódio, o *Estadão* passou a se referir aos apoiadores de Bolsonaro como "camisas pardas", uma referência aos apoiadores de Mussolini na Itália fascista. Ironicamente, 3 de maio é o dia mundial da liberdade de imprensa.

O chefe do Executivo também voltou a atacar governadores que impunham medidas restritivas de circulação à população dos seus Estados

[1482] Ibidem, p. A4.

[1483] *O Estado de S.Paulo*, edição de 2/5/20, p. A-7.

para conter o avanço da pandemia. "O Brasil reclama volta ao trabalho. Essa destruição de empregos irresponsável por parte de alguns governadores é inadmissível e o preço vai ser muito alto, com fome, desemprego, miséria. Sabemos do efeito do vírus, mas infelizmente muitos serão infectados. É uma realidade e teremos que enfrentar. Não podemos fazer com que o efeito colateral seja mais danoso que o próprio vírus". O presidente vinha questionando, principalmente, os governadores de São Paulo, João Dória (PSDB) e Wilson Witzel (PSC), que colocaram suas populações em isolamento.

Em 26 de maio, o presidente deu "parabéns" à PF pela operação Placebo, ocasião em que Witzel foi alvo, numa investigação por supostos desvios de verba para uso no combate ao coronavírus. A organização social Iabas, responsável pela construção dos hospitais de campanha do Estado, não entregou várias das unidades prometidas. O Palácio das Laranjeiras, residência oficial do governador, o escritório de sua mulher, a advogada Helena Brandão Witzel, e até a casa em que ele vivia foram alvos de mandado de busca. O aparelho celular do governador foi apreendido, e a ação foi classificada pelo chefe do Executivo estadual como "perseguição" pelo fato de ele se opor a Bolsonaro. Este, por sua vez, negou motivações políticas no caso[1484].

Na sequência, dia 28 de agosto de 2020, Witzel foi afastado do cargo por decisão monocrática do ministro Benedito Gonçalves, do STJ, a pedido do Ministério Público Federal, sob a denúncia por crimes de corrupção, organização criminosa e lavagem de dinheiro. Segundo o desembargador, a medida foi proferida antes de ouvir o governador porque era necessária para impedir que ele usasse a máquina estatal para seguir praticando crimes e dilapidando os cofres públicos. A referida medida

1484 No dia 8 de julho, o Facebook retirou do ar 196 páginas e 87 perfis de bolsonaristas sob alegação de que eles "violavam a política de autenticidade" da plataforma. Foram excluídas páginas e perfis de pessoas ligadas ao presidente Jair Bolsonaro e a seus filhos, o senador Flávio Bolsonaro e o deputado Eduardo Bolsonaro. Também foi atingido o perfil de Tércio Arnaud, assessor especial da Presidência, que trabalha a poucos metros de Bolsonaro, no Palácio do Planalto e é tido como um dos coordenadores do chamado "gabinete do ódio", liderado pelo vereador e filho do presidente, Carlos Bolsonaro. O grupo, de acordo com a rede social, usava contas falsas e perfis falsos para burlar as regras do Facebook. *Folha de S.Paulo,* 8 jul. 2020, p. A-7.

foi também embasada na delação premiada do ex-secretário de Saúde do Rio de Janeiro, Edmar Santos, que citou, além do governador, outros partícipes da organização criminosa: o presidente da Alerj, André Ceciliano (PT); o deputado Rodrigo Bacellar (SD), relator da comissão especial do *impeahment*; o vice-governador, Cláudio Castro; o secretário de Casa Civil, André Moura; e o deputado Márcio Canella (MDB)[1485].

Para Pedro Estevam Serrano, professor da Pontifícia Universidade Católica de São Paulo, houve "evidente agressão à soberania popular própria da democracia constitucional garantida na nossa Constituição". Por sua vez, Daniel Sarmento, professor da Universidade do Estado do Rio de Janeiro, disse: "Não me parece compatível com o princípio democrático o afastamento de autoridade eleita por simples decisão monocrática". Em acréscimo, o jurista Lenio Streck afirmou que nenhum governador pode ser afastado cautelarmente, tampouco por decisão monocráticas, antes do recebimento da denúncia[1486]. Eloísa Machado de Almeida, professora e coordenadora do "Supremo em Pauta" na FGV Direito SP, sustentou a tese de que "As Constituições estaduais, na sua maior parte, reproduziram a mesma lógica da Constituição Federal: governadores só poderiam ser afastados do cargo com autorização prévia do Legislativo, seja no recebimento de denúncia por crime comum ou na hipótese de crime de responsabilidade. (...) Ainda que as regras constitucionais sejam consideravelmente claras, (...) decisões judiciais instáveis, sem colegialidade e sujeitas a maior politização, tampouco é um bom resultado"[1487].

A mídia manifestou opinião no sentido de que o afastamento do governador do Rio coincide com outras decisões da Justiça, também consideradas ilegais, como a libertação de Queiroz, o dossiê contra os antifascistas e a perseguição ao colunista da *Folha de S. Paulo,* Hélio Schwartsman. No caso da medida contra Witzel, "é conveniente para Bolsonaro apenas porque o governador fluminense havia se tornado rival do presidente da

[1485] SARTORI, Caio. Em delação, ex-secretário de Witzel citou até relator do processo de *impeachment* como parte de esquema. *O Estado de S.Paulo*, 28 ago. 2020

[1486] RODAS, Sérgio. Afastamento cautelar de governador por decisão monocrática é controverso. *Revista Consultor Jurídico*, 28 ago. 2020.

[1487] ALMEIDA, Eloísa Machado de. Decisão que afastou Witzel parece ter algo fora do lugar. *Folha de S.Paulo*, 31 ago. 2020, p. A9.

República. No final deste anos, seja lá quem for o governador do Rio vai escolher o novo procurador-geral do Estado". Nesse sentido, Bolsonaro teria interesse na referida escolha, visto que o novo procurador atenderia aos anseios de "seu esquema de corrupção familiar"[1488].

7) Denúncia de Marinho e agravamento da crise no Planalto – Paulo Roberto Franco Marinho, empresário e presidente estadual do Partido da Social Democracia Brasileira (PSDB) no Rio de Janeiro, cuja proximidade com a família Bolsonaro aconteceu durante a campanha eleitoral por intermédio do então presidente do PSL, Gustavo Bebiano (1964-2020), este amigo do empresário por mais de 30 anos, em uma entrevista divulgada pelo jornal *Folha de S. Paulo* no dia 17 de maio, incriminou os Bolsonaro, principalmente o senador Flávio, de quem é suplente.

O empresário Paulo Marinho foi um dos principais nomes na órbita do presidente eleito, Jair Bolsonaro, durante as eleições de 2018. A casa de Marinho[1489], no bairro carioca do Jardim Botânico, foi usada para gravar programas eleitorais durante a campanha e serviu como sede para a primeira reunião de transição após a eleição, por exemplo. Ao jornal *Folha de S.Paulo*, Marinho, que se filiou ao PSDB após o rompimento de Gustavo Bebiano com o governo, afirmou que Flávio soube com antecedência da Operação Furna da Onça, deflagrada em novembro de 2018 pela Polícia Federal (PF), que expôs detalhes das movimentações financeiras suspeitas de Fabrício Queiroz, então chefe de segurança do parlamentar. Em nota, Flávio disse que a declaração do ex-aliado era "invenção de alguém desesperado e sem votos" e que Marinho queria prejudicá-lo dada a sua condição de substituto no Senado.

Marinho também revelou que policiais federais simpatizantes da candidatura de Jair Bolsonaro teriam postergado a operação para que ela ocorresse apenas após a realização do segundo turno. O delegado teria sugerido que Flávio tomasse "providências" antes da operação. Na versão de Marinho, Flávio Bolsonaro teria dito que um assessor seu de con-

[1488] Barros, Celso Rocha. O presidente derrubou um governador? *Folha de S.Paulo*, 31 ago. 2020, p. A6.

[1489] Apesar de ser apontado como rico empresário, Marinho declarou ao Tribunal Superior Eleitoral (TSE) possuir 752 mil reais de patrimônio. A casa do Jardim Botânico, por exemplo, não está em seu nome.

fiança, o ex-coronel Miguel Ângelo Braga (que depois virou chefe de seu gabinete no Senado), recebeu, logo após o primeiro turno, uma ligação de um delegado da PF do Rio que dizia ter uma informação de interesse de Flávio. Este, consultado, mandou Braga encontrá-lo. A reunião teria ocorrido na porta da Superintendência da PF na Praça Mauá, zona portuária do Rio, na presença do advogado Victor Granado Alves e de outra pessoa da confiança do senador, Val Meliga, que é irmã de dois notórios milicianos do Rio de Janeiro.

O diálogo entre Flávio e Marinho teria acontecido em 13 de dezembro de 2018, quando a operação Furna da Onça já havia sido deflagrada. O filho de Bolsonaro havia procurado o empresário porque queria uma indicação de advogado criminalista, uma vez que as investigações o implicavam, segundo o relato. Participaram do encontro e foram testemunhas da conversa, garante o empresário, o advogado Victor Granado Alves, da confiança de Flávio, e o advogado Christiano Fragoso, indicado à defesa do senador na ocasião.

Cobrado por ter demorado tanto tempo para fazer a denúncia, Marinho informou que tomou a decisão de fazer as revelações após a demissão do ex-ministro da Justiça Sergio Moro. A revelação agravou a crise política envolta do presidente, e elevou a pressão sobre o procurador geral da República, Augusto Aras, à frente da investigação de potenciais crimes que o presidente possa ter cometido, após as acusações de Moro. Marinho contou que Flávio soube por intermédio de um delegado simpatizante de Bolsonaro sobre o curso da operação Furna de Onça, que investigava transações suspeitas de dinheiro, e passavam pelas chamadas "rachadinhas" da Assembleia Legislativa do Rio. Queiroz, amigo de longa data do presidente, trabalhava para Flávio quando ele era deputado estadual. O hoje senador foi deputado entre 2003 e 2018. "Eu vou te contar uma história que nunca revelei antes porque não tinha razão para falar disso. Eu tenho até datas anotadas e vou ser bem preciso no relato que vou fazer", disse Marinho na entrevista.

O vazamento espontâneo da agenda de operações da PF ainda contou com outro detalhe preocupante. Segundo Marinho, o delegado simpatizante de Bolsonaro disse ao coronel Braga que a operação ia ser adiada para não atrapalhar o segundo turno das eleições presidenciais de 2018. A entrevista bomba gerou uma petição do deputado federal Marcelo Calero

(Cidadania-RJ) para que Paulo Marinho e os demais nomes citados por ele na entrevista fossem ouvidos no âmbito do inquérito conduzido pelo ministro Celso de Mello. Um ofício foi enviado à Polícia Federal para que o depoimento de Marinho fosse incluído no inquérito que apura eventuais interferências do presidente na PF[1490], e acabou sendo autorizado por Celso de Mello, no dia 22 de maio de 2020, sob sigilo da Justiça[1491].

Na reunião ministerial que ocorreu no Palácio do Planalto, no dia 22de abril de 2020, "Bolsonaro confirmou a seus ministros que mantinha o serviço próprio de informações e desdenhou do trabalho da ABIN, da Polícia Federal e dos centros de inteligência das Forças Armadas. 'Sistemas de informações: o meu funciona. O meu, particular, funciona', disse. 'Prefiro não ter informação do que ser desinformado por sistema de informações que eu tenho'"[1492].

[1490] Mesmo concordando com a Polícia Federal sobre a necessidade de tomar o depoimento do presidente no inquérito que apura a suposta interferência do chefe do Executivo no referido órgão, Augusto Aras, procurador-geral da República fora questionado por integrantes do MPF sobre sua posição omissa em defesa da democracia e pela subserviência ao presidente Jair Bolsonaro. Segundo alguns subprocuradores, Aras deveria ter cerrado "fileiras com os presdientes do Supremo Tribunal Federal, da Câmara dos Deputados e do Senado na defesa do Estado Democrático de Direito. Para Cláudio Fonteles, ex-procurador-geral da República entre 2003 e 2005, o atual procurador-geral deveria ter tido "posturas condizentes com a independência funcional que o cargo exige". E acrescentou: "Ele [o presidente da República] faz apoio a esses grupos ostensivamente, todos os domingos, agora a cavalo, de helicóptero, que pregam a ruptura do Estado Democrático de Direito. O doutor Aras deveria colocar em inquérito também a conduta reiterada do presidente da República, à luz do artigo 23, inciso I, da Lei de Segurança Nacional, que é textual em dizer, 'incitar a subversão da ordem pública'. (...) Meu Deus, se você, líder maior, participa, sorri, aplaude, faz gestos largos para pessoas que pedem o fechamento do Supremo, do Congresso e atacam pontualmente figuras representativas desses Poderes, você tem de ser investigado nesta conduta". Ao final, Fonteles atribuiu a Aras um desempenho "muitíssimo tímido" na função, diante dos fatos envolvendo o presidente Jair Bolsonaro. VIEIRA, André Guilherme. Aras aprova depoimento, mas procuradores ainda veem submissão. *Valor Econômico*, 3 jun. 2020.

[1491] NETTO, Paulo Roberto. Celso de Mello impõe sigilo em depoimento de Paulo Marinho no inquérito Moro contra Bolsonaro. *O Estado de S. Paulo*, 25 maio 2020.

[1492] MONTEIRO, Tânia. 'Abin paralela' de Bolsonaro tem de PMs a aliados. O Estado de S. Paulo. 04/06/2020. Política, p. A8.

8) Bolsonaro, o "centrão" e o impeachment -- Com péssima imagem internacional pela conturbada atuação no combate à pandemia, como o negacionismo demonstrado pelo governo federal em relação à Covid-19, que tem como consequência a falta de medidas sanitárias eficazes, fez a doença alastrar-se pelo território nacional, chegando o País ainda em maio de 2020 a ostentar a desonrosa marca de ser o segundo com o maior número de casos confirmados (atrás dos EUA), mesmo fazendo poucos testes, sem contar as dezenas de mortos pela doença. Tal marca fez que os EUA impedissem a entrada de pessoas oriundas do Brasil em seu território, com poucas exceções, pelo prazo de 30 dias, em revés da diplomacia brasileira, que se gabava de estar totalmente alinhada com a dos EUA.

Tal apatia do governo federal em relação à pandemia ajudou a corroer sua base de apoio, tendo como uma das consequências o avanço dos pedidos de *impeachment* protocolados na Câmara dos Deputados, que contaram com a adesão de cada vez mais partidos políticos e entidades da sociedade civil ao afastamento do presidente. Como resposta, Jair Bolsonaro intensificou as negociações com partidos do chamado "centrão"[1493], visando formar uma base de apoio para si no Congresso, tendo como um dos objetivos do movimento blindar o governo na eventualidade de processo de *impeachment*, já que este precisa ser aprovado por pelo menos 2/3 dos membros da Câmara dos Deputados.

O "centrão" é formado por um bloco informal na Câmara dos Deputados que reúne parlamentares de legendas de centro e centro-direita. O grupo é menos conhecido por suas bandeiras e mais pela característica de se aliar a governos diferentes, independentemente da ideologia. Na atual gestão o grupo tem a participação de quase a metade dos 513 deputados federais. Assim como em outras gestões, as negociações de Bolsonaro com o "centrão" envolvem a distribuição de cargos aos partidos, que terão o direito de indicar aliados para as vagas. A estratégia inicial do Palácio do Planalto era garantir a aprovação de medidas, principalmente na área

[1493] Na política brasileiral, "centrão" refere-se a um conjunto de partidos políticos que não possuem uma orientação ideológica específica e tem como objetivo assegurar uma proximidade ao poder executivo de modo que este lhes garanta vantagens e lhes permita distribuir privilégios por meio de redes clientelistas, principalmente com cargos estratégicos no governo federal, tanto do primeiro como do segundo escalão.

econômica, após a crise do coronavírus. No entanto, com a abertura do inquérito no Supremo Tribunal Federal (STF) com base nas declarações do ex-ministro Sérgio Moro de que Bolsonaro tentou interferir na Polícia Federal, o governo quer também garantir uma base aliada que possa barrar eventual processo de *impeachment*.

Como parte do acordo, no dia 6 de abril de 2020 o Diário Oficial trouxe a nomeação de Fernando Marcondes de Araújo Leão como diretor-geral do Departamento Nacional de Obras Contra a Seca (Dnocs). Leão é filiado ao Avante (antigo PT do B), mas foi indicado pelo Partido Progressista (PP). Comandará um orçamento de R$ 2,1 bilhões, dos quais R$ 265 milhões estão livres para investimentos. Foi a primeira entrega de um cargo de peso feita por Bolsonaro a legendas do "centrão", que logo foram seguidas de outras, inclusive no Ministério da Educação, que possui um dos maiores orçamentos na esfera federal.

Também indicado pelo "centrão", no começo de junho de 2020, mais precisamente pelo PL de Valdemar da Costa Neto, Alexandre Borges Cabral foi demitido da presidência do Banco do Nordeste 24 horas depois de tomar posse. A decisão do governo foi tomada após vir à tona que Cabral era alvo de uma apuração conduzida pelo Tribunal de Contas da União (T'CU) sobre suspeitas de irregularidades em contratações feitas pela Casa da Moeda durante sua gestão à frente da estatal, em 2018. O prejuízo é estimado em R$ 2,2 bilhões. Cabral tomou posse e, no dia seguinte, o conselho de administração do banco o destituiu do cargo. Auditores do TCU atribuem a Cabral "possível ato de gestão temerária" na presidência da Casa da Moeda e o descrevem como um dos "potenciais responsáveis" por prejuízos em contratos firmados durante sua gestão[1494].

Nas bancadas dos partidos que formam o Centrão, nova base de apoio ao presidente Jair Bolsonaro, um em cada quatro deputados é investigado ou responde por crimes ou ações de improbidade administrativa com danos ao erário e enriquecimento ilícito. Conforme levantamento feito pelo jornal O Estado de S. Paulo, dos cerca de 200 deputados que formam o bloco informal na Câmara ao menos 60 têm problemas na Justiça com acusações e suspeitas que envolvem desde lavagem de dinheiro

[1494] FERNANDES, Adriana. Banco do Nordeste demite presidente. O Estado de S. Paulo. 04/06/2020. Política, p. A10.

e corrupção até crimes ambientais. Com o agravamento da crise política, o Planalto passou a fazer uma investida explícita para atrair apoio das siglas do Centrão em troca de cargos. As negociações se chocam com o discurso contra a chamada "velha política" e o "toma lá dá cá", adotado por Bolsonaro desde a campanha eleitoral, o que, supostamente, o diferenciaria dos políticos tradicionais. Esse movimento, segundo o jornal, se intensificou após Sergio Moro deixar o Ministério da Justiça e da Segurança Pública, acusando o presidente de tentar interferir indevidamente na Polícia Federal.

No mês de junho de 2020, dois dos principais líderes do Centrão, o presidente do Solidariedade, deputado Paulinho da Força (SP) e seu colega, presidente do Progressistas (antigo PP), Arthur Lira (AL), viram as ações criminais avançarem em sua direção. Paulinho foi condenado a dez anos e dois meses de prisão pelo STF por crimes contra o sistema financeiro nacional, lavagem de dinheiro e associação criminosa. Lira, por sua vez, foi denunciado por corrupção passiva pela Procuradoria Geral da República (PGR) em uma investigação da Operação Lava-Jato. Entre os sete partidos do bloco, o Solidariedade tem a bancada com o maior número de parlamentares comprometidos com a Justição. Seis dos 14 parlamentares da legenda, o equivalente a 40%, são alvos de processos judiciais que contestam sua conduta no setor público. A maior parte dos casos refere-se a improbidade administrativa, com suspeita de danos aos cofres públicos.[1495]

O Progressistas, de Lira, vem a seguir, com 38% dos seus representantes na Câmara implicados em processos que apontam ou investigam crimes que vão de lavagem de dinheiro até fraude em licitação. Outras siglas que integram o Centrão são o PTB, com 33% da bancada investigada – o ex-deputado Roberto Jefferson, que chegou a ser preso por corrupção ativa, é presidente nacional da legenda – o PSD (25%), o Republicanos (25%), o DEM (27%) e o PL (23%).

Paralelamente à articulação do governo federal com o "centrão", avançam os pedidos de impeachment de Jair Bolsonaro, inclusive de ex-aliados. "Sim, nós acreditamos que é viável o caminho do *impeachment*", disse

[1495] KRASE, Túlio, *O Estado de S.Paulo,* edição de 14 de junho de 2020, p. A-4.

o deputado federal Kim Kataguiri (DEM-SP), um dos principais líderes do Movimento Brasil Livre (MBL), de direita, que apoiou a candidatura de Bolsonaro à Presidência. "Pode não ter maioria na Câmara agora, neste momento, mas é uma questão de tempo até a situação do Bolsonaro se deteriorar. Ele cada vez mais radicaliza o discurso, deixa o ambiente político cada vez pior, e ainda trabalha para agravar a crise econômica e a crise sanitária, de saúde. Por isso, tanto do ponto de vista jurídico, quanto do ponto de vista político (...), o *impeachment* é para a gente a melhor saída possível"[1496], disse ele.

Vale destacar que o MBL, grupo de direita, foi um dos principais propulsores do *impeachment* de Dilma Rousseff (PT), em 2015 e 2016. No pedido de *impeachment* que o grupo apresentou contra Bolsonaro no fim de abril, acusam o mandatário do crime de concussão, ao interferir no comando da Polícia Federal com a finalidade de proteger a si e seus familiares de investigações. Concussão é o crime cometido pelo funcionário público que usa o cargo para obter vantagens pessoais[1497].

Já o adversário de Bolsonaro nas eleições de 2018, Ciro Gomes (PDT), ressalta que cabe ao Congresso decidir sobre o *impeachment*. "O juízo político de conveniência e de oportunidade de um procedimento de *impeachment* são parte da deliberação do Parlamento". Segundo o ex-governador do Ceará, "como instituição da sociedade civil, meu partido (PDT) e eu nos sentimos obrigados a fazer a representação demonstrando os crimes e pedindo as providências. Sem esta mensagem contra Bolsonaro, se poderia pensar que seus crimes não provocam a devida reação do povo brasileiro que cultiva o estado de direito democrático"[1498]. O pedido é assinado por ele e pelo presidente do PDT, Carlos Lupi, além da ativista Jovita José Rosa. Na peça, Bolsonaro é acusado de atentar contra o livre exercício dos demais Poderes da República, ao participar de manifestações que pediam o fechamento do Congresso e do Supremo Tribunal

[1496] SHALDERS, André. Bolsonaro terá 'centrão', mas impeachment pode avançar se houver apoio popular, dizem autores de pedido. BBC News em Brasília. Extraído de https://www.bbc.com/portuguese/brasil-52569194. Acesso em 25 de maio de 2020.
[1497] Ibidem, 25 de maio de 2020.
[1498] Ibidem, 25 de maio de 2020.

Federal (STF). O partido também anexou 765 páginas de provas para embasar a peça.

O PSB, outro partido de oposição, apresentou pedido de *impeachment* no fim de abril, e atribui 11 crimes de responsabilidade a Jair Bolsonaro.

No dia 21 de maio de 2020, foi protocolado na Câmara dos deputados um pedido coletivo de *impeachment*, solicitado por mais de 400 entidades da sociedade civil, além de personalidades públicas como juristas e políticos, e sete partidos de oposição (PT, PCdoB, PSOL, PCB, PCO, PSTU e UP). Acusam o presidente Jair Bolsonaro de atentar contra a saúde pública e arriscar a vida da população pelo comportamento à frente da pandemia do coronavírus, dentre outros crimes. Entre os argumentos para a instalação do processo contra Bolsonaro por crimes de responsabilidade estão citados no pedido entregue ao presidente da Câmara, deputado Rodrigo Maia[1499] (DEM-RJ), os discursos do presidente contra o STF, a convocação de empresários para a "guerra contra governadores" à frente da pandemia do coronavírus, o bloqueio da compra de respiradores e outros equipamentos de saúde por estados e municípios, o apoio à milícia paramilitar "Acampamento dos 300", incitação de sublevação das Forças Armadas contra a democracia, além de pronunciamentos e atos durante a pandemia que configuram crimes contra a saúde pública[1500].

Na mesma data, a pedido da XP Investimentos, o instituto Ipespe apresentou uma pesquisa em que a avaliação negativa do governo Bolsonaro atingiu 50% dos brasileiros, considerando-o ruim ou péssimo. Se em janeiro de 2019 a aprovação do governo correspondia a 40% de ótimo ou bom, esta caiu para 25% em maio de 2020. Entre os evangélicos, para 37% a gestão era boa ou ótima. Em comparação a 22 de abril, essa taxa era de 44%. Entre os homens, Bolsonaro obteve 33% de apro-

1499 Em razão de diversas crises envolvendo os Poderes da República (Executivo, Legislativo e Judiciário, principalmente o STF), o presidente da Câmara, Rodrigo Maia (DEM-RJ), por meio do Ato de 24 de novembro de 2020, instituiu uma comissão de juristas para elaborar um anteprojeto de legislação que sistematiza as normas do processo constitucional brasileiro, com vistas a consolidar, sistematizar e harmonizar o regime jurídico para processar e julgar ações de controle abstrato de constitucionalidade, as reclamações constitucionais, o mandado de segurança, o *habeas data*, o mandado de injunção e os recursos extraordinários.

1500 Oposição reforça CPIs e se une por *impeachment*. *O Estado de S.Paulo*, 22 maio 2020.

vação, ao passo que entre as mulheres a aprovação foi de 18%. Segundo 23% dos entrevistados, o presidente é o principal responsável pela crise, a maior taxa desde o início do mandato. Para 25%, a maior parcela da responsabilidade cabe ao governo do ex-presidente Luiz Inácio Lula da Silva, enquanto 12% citam Dilma Rousseff, 9% atribuem a culpa a Michel Temer e outros 14% a fatores externos. Para 57%, a economia na gestão Bolsonaro está no caminho errado (recorde na série desde o início do mandato); 28% entendem que está no caminho certo[1501].

O descontentamento em relação ao governo Bolsonaro ficou evidenciado em crônica de Ignácio de Loyola Brandão, seja, por exemplo, devido à interferência do presidente na Saúde, seja pela indiferença do chefe do Executivo em relação aos milhares de mortos pela Covid-19. O cronista escreveu:

> "*Quando vejo noticiário, desligo se o presidente começa a falar, enraivecido, espalhando perdigotos, tossindo, espirrando, dando a mão, insensível, abusado.*
> *(...) Aqueles olhos claros que poderiam ser amorosos e cordiais nos fuzilam com chispas de ódio. (...) E esse presidente se diz religioso, vai a cultos, agrada a fiéis, bispos, pastores, o que for. Quem ele quer enganar?*
> *(...). Diz Joan Rule em* Os Foes da Papua-Nova Guiné (As Religiões do Mundo) *que, naquele país, na tribo dos foes, "os homens com uma relação com as coisas maléficas e que sabiam os encantamentos devidos eram favorecidos e não seriam incomodados. Porém os que provocassem a ira do espírito ficariam com as pernas ou o estômago inchados". É ou não é uma definição justa para bolsonarismo, milícias, o gabinete do ódio, redes de fake news, destruição de personalidades, ataques à natureza?*
> *(...) Rule nos revela outra crença que é metáfora perfeita para nossos tempos. Cita a existência dos "Soros, espíritos errantes que andam aqui e acolá, sempre à espreita para prejudicar os humanos". Esses espíritos estão encarnados naqueles que fazem carreatas contra isolamento, pregam a hidroxicloroquina (nenhum jornal perguntou quem está lucrando com essa história), o fim do Supremo, a volta da ditadura, da tortura, do AI-5, do fechamento do Congresso. (...) Sabemos que todas investigações morrerão nas mãos do procurador Aras. Não nos iludamos e esta minha crônica é propositalmente*

[1501] RICARDO, Mendonça. *Valor Econômico*, 21 maio 2020, p. A7.

desestruturada, algo caótica, porque retrata tempos que vivemos, não sabemos onde ir, o que fazer, pensar, para onde ir, de quem esperar".
O que fazer muitos sabem e têm nas mãos os poderes. Mas não fazem. Não querem. O que aconteceu, gente? Estamos anestesiados? Hipnotizados? Amortecidos? Deprimidos? Ou temos fumado muito, mas muito, muito crack? Para finalizar, quero dizer que, se eu morrer de covid-19, saibam que fui assassinado"[1502].

Talvez a síntese sobre as estratégias de sobrevivência do governo Bolsonaro possa ser explicada com o argumento de que ele sempre precisou do "confronto polarizado para continuar a existir politicamente", visto que decidiu governar de forma minoritária, "rejeitando a necessidade de construir coalizões legislativas estáveis", à mercê das "conexões diretas com seus eleitores para sobreviver, especialmente a partir de apelos de perfil fortemente identitário que funcionam como atalhos cognitivos de proteção para os membros do grupo". Optou, diante das circunstâncias, por manter seu núcleo duro por meio de apelos identitários cada vez mais inflamados, mas sem poder cruzar, até certo ponto, os limites institucionais, para não perder o próprio mandato. Em suma, adotou a seguinte estratégia: "dar a impressão que vai para os extremos, mesmo que ele saiba que não pode fazer isso, pois o desfecho final será certamente desfavorável a ele mesmo"[1503].

9) Denúncias contra Bolsonaro na ONU – direitos humanos, pandemia e desmatamento – desde 29 de maio de 2020 anunciava-se que as denúncias contra Bolsonaro no Conselho de Direitos Humanos na ONU atingiriam um nível crescente, a começar pela negligência de seu governo em relação à gravidade da pandemia por coronavírus, que resultou em milhares de mortes no Brasil; em razão dos vetos à Lei n. 14.021/2020, de proteção às famílias indígenas, quilombolas, de pescadores artesanais e dos demais povos e comunidades tradicionais contra a Covid-19; devido aos desmatamentos da Amazônia, que resultaram no manifesto de mais de 40 empresas e entidades para exigir medidas de combate a essa prática ilegal; aos ataques contra mulheres jornalistas, relatados por entida-

[1502] Brandão, Ignácio de Loyola Brandão. Se eu morrer, saibam quem me matou. *O Estado de S.Paulo*, p. H8, 22 maio 2020.
[1503] Pereira, Carlos. O homem que fala demais. *O Estado de S.Paulo*, 1º jun. 2020, p. A5.

des ao Conselho de Direitos Humanos da ONU em 7 de julho de 2020; entre outras denúncias.

Em relação à indiferença de Bolsonaro com o coronavírus, a atitude não passou despercebida, pois o presidente foi denunciado nas Nações Unidas em abril de 2020 pela Associação Brasileira de Juristas pela Democracia (ABJD), dadas as medidas e declarações do chefe do Executivo sobre a pandemia da Covid-19. De acordo com a denunciante, "as políticas econômicas e sociais irresponsáveis do Brasil colocam milhões de vidas em risco". No mesmo mês, organizações jurídicas, como o grupo de advogados intitulado Coletivo de Advocacia em Direitos Humanos (CADHu) e a Comissão Arns, denunciaram Jair Bolsonaro por crime contra a humanidade no Tribunal Penal Internacional[1504], na corte de Haia, Holanda, por sua atitude na crise do coronavírus, por expor "a vida de cidadãos brasileiros, com ações concretas que estimulam o contágio e a proliferação do vírus"[1505].

[1504] No entanto, para alguns especialistas, a referida denúncia contra Bolsonaro em Haia por crime contra a humanidade não deve prosperar porque o Tribunal Penal Internacional atua em grandes crimes contra a humanidade. Opinião de Cláudio Finkelstein, professor de direito internacional da Pontifícia Universidade Católica de São Paulo: "É uma representação que está na competência do Tribunal e que se houver indicativos de que houve uma incitação poderia levar a uma condenação, mas, na prática, é improvável que aconteça, pois tem que haver provas irrefutáveis dessa incitação. Por enquanto, me parece fadada ao arquivamento". No mesmo sentido, Valério de Oliveira Mazzuoli, professor de direito internacional da Universidade Federal de Mato Grosso: "O Tribunal Penal Internacional atua em grandes crimes contra a humanidade, como no uso de armas químicas, bacteriológicas, ou no uso de uma bomba contra uma capital". BRAUN, Julia. Para especialistas, denúncia contra Bolsonaro em Haia não deve prosperar. *Revista Veja*, 28 nov. 2019.

[1505] BRAUN, Julia. Bolsonaro é denunciado na ONU por ataques contra jornalistas. *Revista Veja*, 7 jul. 2020. Outro exemplo da negligência do presidente foi a decisão de vetar vários trechos da Lei n. 14.019/2020, sancionada em 3 de julho, de autoria do deputado Pedro Lucas Fernandes, do PTB-AM, que dispôs sobre o uso de máscara em espaços públicos. Bolsonaro, por exemplo, vetou a obrigatoriedade do uso em órgãos e entidades públicas e em estabelecimentos comerciais, industriais, templos religiosos, instituições de ensino e demais locais fechados em que haja reunião de pessoas. A justificativa, entre outras, foi de que a obrigatoriedade do uso das máscaras nesses locais fere "possível violação de domicílio". Até o fechamento da edição desta obra, vários senadores afirmaram que trabalhariam para derrubar os vetos do chefe do Executivo. "Senadores criticam veto de Bolsonaro a uso de máscara". Senado Notícias, 3 jul. 2020.

Quanto aos inúmeros vetos do presidente à Lei 14.021/2020 (projeto--lei de iniciativa da deputada Rosa Neide do PT-MT), que dispôs sobre a proteção de indígenas, quilombolas, pescadores artesanais e demais comunidades tradicionais, apesar da extrema vulnerabilidade dessa população, Bolsonaro derrubou, por exemplo, dispositivos que obrigavam o governo a fornecer a essas minorias água potável, cestas básicas, materiais de higiene e limpeza, sementes, ferramentas agrícolas para as aldeias e equipamentos hospitalares. Ao todo, foram vetados 16 itens que beneficiariam essas comunidades. A fundamentação principal do governo federal foi a de que as medidas criavam despesas obrigatórias para o Executivo federal, sem apresentar o respectivo impacto orçamentário e financeiro das ações[1506].

Em se tratando da questão acerca do desmatamento ilegal e das queimadas da floresta amazônica, o relator especial das Naçoes Unidas sobre as Implicações para os Direitos Humanos da Gestão e Disposição Ambientalmente Adequada de Resíduos e Substâncias Tóxicas, Baskut Tuncak[1507], alertou: "O governo não deve usar a Covid-19 como cortina de fumaça para minar ainda mais a proteção do meio ambiente, da saúde pública e dos trabalhadores". Principalmente com a divulgação do vídeo ministerial no dia 22 de abril de 2020, em que Ricardo Salles, ministro do Meio Ambiente, afirmou que a administração federal deveria aproveitar a pandemia para "passar a boiada" em termos de desregulamentação ambiental, o governo brasileiro foi notificado para manifestar-se na ONU em setembro de 2020. Até por questões de pressão externa e interna, por meio da iniciativa do Conselho Empresarial Brasileiro para o Desenvol-

1506 Ribeiro, Luci. Bolsonaro veta obrigatoriedade de fornecer água, comida e leitos emergenciais para índios. *O Estado de S.Paulo*, 8 jul. 2020.

1507 O mandato do relator Baskut Tuncak, da ONU, terminou em julho de 2020, e as conclusões do relatório sobre a resposta dada pelo País à pandemia ficarão a cargo do sucessor. Segundo Tuncak, "Dado tudo o que sabíamos em março [de 2020] sobre a Covid-19, o Brasil poderia ter salvo dezenas de milhares de vidas. (...) a inação e desinformação da liderança política sobre o coronavírus é uma violação das normas e padrões internacionais de direitos humanos. (...) a contínua rejeição da ciência nos níveis superiores do governo federal tenha uma consequência trágica para dezenas de milhares de vidas que poderiam ter sido salvas". Chade, Jamil. "govberno Bolsonaro terá de se exp´licar na ONU por sua resposata à pandemia. *Uol Notícias.*

vimento Sustentável, via videoconferência, o vice-presidente da República Hamilton Mourão conversou com dez representantes dos setores industrial, agrícola e de serviços para discutir a condução das pautas de meio ambiente e sustentabilidade em meio aos números progressivos de destruição da floresta. Esse encontro decorreu de uma carta assinada por mais de 40 empresas e entidades para reafirmar o compromisso público com a agenda do desenvolvimento sustentável e exigir o fim do desmatamento ilegal e de ações como a grilagem e as queimadas[1508].

E no que se refere a ataques a mulheres jornalistas no governo Bolsonaro, no dia 7 de julho de 2020, organizações da sociedade civil denunciaram, por ocasião da 44ª sessão do Conselho de Direitos Humanos da ONU, 54 casos de violência contras essas profissionais, com o objetivo de desacreditar e humilhá-las. As organizações apontaram a gravidade de um cenário em que agressões são praticadas até pela cúpula do governo federal. Trata-se de declarações públicas e ataques virtuais a mulheres comunicadoras, tornando o ambiente ainda mais hostil para o exercício da atividade profissional das jornalistas e para a liberdade de imprensa. No referido dia, as entidades foram representadas pela jornalista Bianca Santana[1509], a quem o presidente da República acusou de produzir *fake news*, atribuindo à jornalista a autoria de uma reportagem em que ele teria votado contra a lei brasileira de inclusão de pessoas com deficiência, quando era deputado federal[1510].

[1508] GRILLI, Mariana. Empresariado cobra fim do desmatamento ilegal ao vice-presidente Hamilton Mourão. *Revista Globo Rural*, 10 jul. 2020.

[1509] A jornalista Bianca Santana escreveu matérias sobre o envolvimento da família de Bolsonaro com a milícia que assassinou Marielle Franco. Segundo a Federação Nacional dos Jornalistas, Bianca Santana discursou em nome das seguintes entidades: Agência de Notícias Alma Preta, Artigo 19, Casa Neon Cunha, Coalizão Negra por Direitos, Cojira-SP – Comissão de Jornalistas pela Igualdade Racial de São Paulo, Federação Nacional dos Jornalistas, Instituto Marielle Franco, Geledés – Instituto da Mulher Negra, Gênero e Número, Instituto de Desenvolvimento e Direitos Humanos, Instituto Vladimir Herzog, Intervozes – Coletivo Brasil de Comunicação Social e Marcha das Mulheres Negras de São Paulo.

[1510] BRAUN, Julia. Bolsonaro é denunciado na ONU por ataques contra jornalistas, cit., 7 jul. 2020.

Repercussão do discurso de Bolsonaro na Assembleia-Geral da ONU (22-09-2020) – Devido à pandemia do coronavírus, os líderes mundiais discursaram de forma virtual e, seguindo a tradição desde 1947, o líder brasileiro foi o primeiro a manifestar-se. Quanto à questão ambiental, apesar dos dados do Instituto Nacional de Pesquisas Espaciais (INPE) sobre devastação em florestas brasileiras, segundo o presidente da República, o País é líder em "conservação de florestas tropicais", tendo alegado que havia perseguição internacional quanto ao aumento dos desmatamentos e das queimadas das florestas brasileiras, visto que a disseminação do fogo era causada por índios e caboclos, daí o argumento presidencial de que havia uma "campanha brutal de desinformação" sobre o tema. No âmbito das relações internacionais, elogiou o presidente Donald Trump pela inciativa de buscar uma solução para o conflito no Oriente Médio, ao dizer: "O Brasil saúda também o Plano de Paz e Prosperidade lançado pelo Presidente Donald Trump, com uma visão promissora para, após mais de sete décadas de esforços, retomar o caminho da tão desejada solução do conflito israelense-palestino". Por sua vez, culpou a Venezuela pelo derramamento de óleo no litoral brasileiro, em 2019, apesar de não ter apresentado provas sobre as verdadeiras causas desse desastre ambiental. Quanto à pandemia do coronavírus, acusou a imprensa de "politizar a doença e espalhar pânico". Mostrou-se contra o isolamento social, visto que criticou a quarentena recomendada por autoridades de saúde para evitar o contágio; defendeu a hidroxicloroquina e anunciou dados que, *a posteriori*, foram contestados por especialistas[1511]. Acabou distorcendo uma decisão do STF sobre medidas de enfrentamento da pandemia nos

[1511] Em relação aos valores que foram pagos a título de auxílio emergencial durante a pandemia do coronavírus, disse o presidente: "Nosso governo concedeu auxílio emergencial em parcelas que somam aproximadamente US$ 1 mil para 65 milhões de pessoas, o maior programa de assistência aos mais pobres no Brasil e talvez um dos maiores do mundo". No entanto, o valor concedido àqueles que receberão por todo o programa corresponde a US$ 771. Como US$ 1 mil corresponde, na cotação da época, a R$ 5.443,40, levando-se em conta 65 milhões de pessoas, o governo gastaria R$ 353,8 bilhões, "mas o orçamento do programa de auxílio emergencial é de R$ 254,2 bilhões, com mais R$ 67, 6 bilhões referentes a um crédito extraordinário. Ou seja, faltariam R$ 31 bilhões caso Bolsonaro quisesse pagar US$ 1 mil/ beneficiário". MONNERAT, Alessandra; BRAMATTI, Daniel; CASTRO, Fabrício de; COELHO, Gabi; BIANCHINI, Guilherme; PRATA, Pedro; LIMA,

Estados e municípios, ao afirmar que a referida Corte havia decidido que as ações de combate à pandemia deveriam ficar sob exclusiva responsabilidade de governadores e prefeitos, quando, na verdade, os ministros reconheceram a autonomia dos chefes do Executivo estadual e municipal de tomarem decisões contra a propagação da covid-19, mas sem tirar a responsabilidade da União, ou seja, a competência da União de implementar ações contra a pandemia é concorrente com a dos Estados, municípios e Distrito Federal. Ao encerrar, declarou que as minorias cristãs estavam sendo perseguidas em países de maioria islâmica, e completou: "Faço um apelo a toda a comunidade internacional pela liberdade religiosa e pelo combate à cristofogia"[1512].

A fala do presidente acabou repercutindo de forma negativa entre a mídia do Brasil e a do exterior. No plano interno, a imprensa manifestou-se da seguinte forma:

"Bolsonaro usou a ONU para divulgar a sua realidade paralela, num discurso com pelo menos uma dúzia de afirmações controversas, meias-verdades e mentiras. (...) Em vez de OMS, Ministério da Saúde e epidemiologistas o presidente ouviu amigos, aliados e interesseiros para propagandear a cloroquina – que não tem comprovação científica em nenhum lugar do mundo"[1513].

"Com Bolsonaro não há paralelo possível. Quando se pensava que nada poderia superar a fala do ano passado, na deste ano o presidente brasileiro disse cinicamente que o Brasil tem um dos melhores resultados no enfrentamento da covid-19, isso com mais de 137 mil mortos nas costas, enalteceu nossa política ambiental mesmo com a Amazônia e o Pantanal queimando aos olhos do mundo, converteu o auxílio emergencial em dólar e somou todas as parcelas para vender uma bonança dos mais pobres que é falsa e ainda inventou um conceito, a "cristofobia", que, se

Samuel; e Aguiar, Tiago. Presidente distorce dados em discurso. *Estadão Verifica. O Estado de S.Paulo*, 23 set., p. A10.

1512 *Vide* Soares, Jussara. Bolsonaro mantém tom de confronto em fala na ONU. *O Estado de S.Paulo*, 23 set. 2020, p. A4; e Monnerat, Alessandra; Bramatti, Daniel; Castro, Fabrício de; Coelho, Gabi; Bianchini, Guilherme; Prata, Pedro; Lima, Samuel; e AGUIAR, Tiago. Presidente distorce dados em discurso. *Estadão Verifica. O Estado de S.Paulo*, 23 set., p. A10.

1513 Cantanhêde, Eliane. O fantástico mundo bolsonarista. *O Estado de S.Paulo*, 23 set. 2020, p. A10.

bem explorado pelos seus ideólogos reacionários, pode fornecer mais empulhação para as eleições de 2022"[1514].

Nos *sites* e jornais internacionais, por exemplo, para o jornal francês *Le Monde*, Bolsonaro demonstrou grande "intolerância" e contradisse "declarações consensuais" de seus antecessores com suas declarações sobre a Amazônia, cuja manchete estampou a seguinte franse: "Jair Bolsonaro dispara carga de intolerância na Assembleia-Geral da ONU".

O jornal britânico *The Guardian ressaltou o ataque de Bolsonaro à mídia e o fato de o presidente ter* "trivializado repetidamente" o impacto da pandemia. Por sua vez, a agência Bloomberg contrastou as opiniões do presidente com o número de casos e mortes da Covid-19 no Brasil. O veículo também publicou um gráfico que mostrava como as queimadas na Amazônia explodiram desde a posse dos brasileiros[1515].

10) Bolsonaro e as Forças Armadas – o governo de Jair Bolsonaro tem sofrido desgaste entre setores do serviço ativo das Forças Armadas. "Três fatores principais, além de questionamentos já existentes sobre a identificação dos militares com o governo, concorreram para isso. O principal foi a confusão acerca da divulgação dos números da Covid-19 no país pelo Ministério da Saúde, controlado pelos militares. Foi visto com reserva o desempenho do interino, o general da ativa Eduardo Pazuello, por alguns de seus colegas de farda. A decisão dos militares da pasta de seguir a ordem de Jair Bolsonaro e alterar parâmetro de contagem de mortos e de reduzira transparência de dados foi vista como danosa às Forças. Ao longo dos anos pós-redemocratização, pesquisas apontaram os militares como titulares da instituição mais bem vista do país, e esse patrimônio está, para muitos, sob risco. Pazuello é visto como um oficial cumpridor expedito de ordens"[1516].

Outro fator de atrito foi o decreto, do Ministério da Defesa, permitindo ao Exército operar aviões de asa fixa, e não só helicópteros.

1514 Magalhães, Vera. Odorico, Severino e Bolsonaro. *O Estado de S.Paulo*, 23 set. 2020, p. A10

1515 De delirante a impactante, veja reações ao discurso de Bolsonaro. *Folha de S.Paulo*, 22 set. 2020.

1516 Gielow, Igor. Episódios desgastam Bolsonaro na ativa das Forças Armadas. *Folha de S.Paulo*, 10/06/2020. Política, p. A5.

O decreto provocou forte reação na Força Aérea, que logrou sua revogação dias após ser publicado. "Parece uma discussão bizantina, mas não é. A interoperabilidade entre Forças é chave de qualquer poder armado moderno: quanto mais sobre posições de funções, pior. A Aeronáutica viu no gesto um agrado a mais ao Exército, força de origem do capitão reformado Bolsonaro"[1517]. Além disso, tal fato enfraquece o ministro da Defesa, general da reserva Fernando Azevedo, cujo papel tem sido questionado nos meios políticos e militares. No dia 6 de junho, um sábado, ele "novamente embarcou em um helicóptero militar com Bolsonaro. Desta vez não foi sobrevoar ato golpista como no domingo anterior, mas sim para acompanhar o chefe em mais uma visita simbólica a uma unidade militar – o Comando de Artilharia do Exército. Azevedo foi questionado por ministros do Supremo acerca de sua conduta, e as respostas que deu foram consideradas evasivas"[1518].

O jornalista Elio Gaspari foi contundente na crítica ao governo: "tendo colocado um general no Ministério da Saúde, Jair Bolsonaro deveria escolher um médico para aconselhá-lo em assuntos militares. Fazendo isso, evitaria lambanças como a que produziu assinando um decreto que permitia ao Exército operar com aeronaves de asa fixa. Assinou o decreto no dia 2 e revogou-o uma semana depois. No escurinho de Brasília e na confusão da pandemia, passava-se uma boiada que criaria a aviação do Exército". E Continua: "Bolsonaro fala em 'minhas Forças Armadas'. Elas não são suas, mas o capitão precisa saber o que fazer com elas. Vá lá que batalhe pela cloroquina, que ouvisse seu ministro da 'Educassão' e tentasse passar a boiada das nomeações de reitores. A ideia de equipar a aviação do Exército é velha. Tratar essa questão com uma canetada foi um despropósito, tanto assim que nunca havia sido tentado"[1519].

O terceiro episódio que também afetou a relação do governo com as Forças Armadas refere-se ao *lobby* de Eduardo Bolsonaro, para que o Exército feche "parceria para a fabricação de pistolas da marca americana SIG Sauer no Brasil. O filho do presidente Jair Bolsonaro (sem partido)

[1517] Ibidem.

[1518] Ibidem.

[1519] GASPARI, Elio. A desastrada canetada militar do capitão. *O Globo*.14/06/2020, Política, p. 12.

é entusiasta de armas, e é visto no mercado como uma espécie de garoto propaganda da SIG"[1520].

Há bastante apoio ao presidente nas Forças Armadas, "em especial no seu embate com decisões do Supremo, mas ele vem decrescendo à medida que aumenta a graduação do militar. Há uma preocupação, compartilhada com os integrantes da ala militar, com as crescentes manifestações de rua contra Bolsonaro. Por um lado, uns temem que o presidente busque usar eventuais conflitos para justificar a convocação das Forças Armadas contra protestos"[1521].

11) A questão Queiroz e o clã Bolsonaro No dia 18 de junho, Fabrício Queiroz, ex-PM, assessor de Flávio Bolsonaro e do próprio presidente, que estava desaparecido havia mais de um ano, foi capturado em uma operação conjunta do Ministério Público do Rio e de São Paulo e da Polícia Civil paulista. Queiroz estava refugiado em Atibaia havia aproximadamente um ano na casa do advogado Frederick Wassef, defensor de Flávio em vários processos. De acordo com os policiais que o detiveram, Queiroz não esboçou resistência, só disse que estava um pouco doente e dormia quando a porta foi arrombada pelos agentes. Havia uma faixa pedindo o AI-5 no imóvel. Em recuperação de um câncer, com o ex-assessor foram apreendidos dois celulares, documentos e uma quantia não revelada em dinheiro. Depois de preso, Queiroz foi levado para o complexo de Bangu, no Rio de Janeiro. O advogado já dissera duas vezes no Congresso que desconhecia o paradeiro de Queiroz. Em entrevista à Rádio Gaúcha em 28 de abril de 2020, portanto menos de quatro meses antes de Queiroz ser capturado, Wassef afirmou: " Eu moro em Brasília. Eu estou no dia a dia aqui com o presidente e com a família Bolsonaro. Eu conheço tudo o que tramita na família Bolsonaro". No Twitter, Flávio, ex-chefe de Queiroz, tentou demonstrar tranquilidade: "Encaro com tranquilidade os acontecimentos de hoje. A verdade prevalecerá! Mais uma peça foi movimentada no tabuleiro para atacar Bolsonaro. Em 16 anos como deputado nunca houve uma vírgula contra mim. Bastou o Presidente Bolsonaro se eleger para mudar tudo! O jogo é bruto!". Imagens obtidas pela Polícia

[1520] Gielow, Igor. Episódios desgastam Bolsonaro na ativa das Forças Armadas. *Folha de S.Paulo*, 10/06/2020. Política, p. A5.
[1521] Ibidem.

mostram o ex-assessor participando de churrascos na casa e fazendo festas para comemorar o Ano Novo.

O advogado Frederico Wassef, então defensor de Flávio Bolsonaro no caso das "rachadinhas" quando ele era deputado estadual no Rio, inicialmente, afirmou que não tinha escondido Fabrício Queiroz em sua casa, em Atibaia, embora, segundo a Polícia, ele estivesse lá havia quase um ano quando foi preso. Dias depois, em entrevista à revista *Veja*, mudou a versão. Wassef, que havia deixado a defesa formal do senador Flávio Bolsonaro (Republicanos-RJ), contou uma nova história para explicar a guarida dada em sua casa ao ex-PM. De acordo com a revista, o advogado afirmou ter "se sensibilizado" com a situação de Queiroz, ex-assessor suspeito de ser laranja da família Bolsonaro, quando soube que ele precisaria ir até São Paulo para tratar um câncer e "fez chegar ao conhecimento dele" que poderia disponibilizar uma de suas propriedades para abrigá-lo durante o tratamento. O ex-assessor teria passado, também, por um apartamento no Guarujá. Seria "um ato humanitário" seu abrigo, afirmou o advogado. No dia da prisão do ex-assessor do seu filho e amigo de décadas, Bolsonaro afirmou que a prisão foi "espetaculosa" e "parecia que estavam prendendo o maior bandido da face da Terra".

Wassef também afirmou que, ao esconder Queiroz, acabou "protegendo" o presidente de uma suposta trama para matar o ex-policial e culpar Bolsonaro pelo crime, sem revelar a quem interessaria essa morte. "Havia um plano traçado para assassinar Fabrício Queiroz e dizer que foi a família Bolsonaro que o matou em uma suposta queima de arquiviro para evitar uma delação", disse. O advogado ainda comentou que manteve o máximo distanciamento em relação a Queiroz e afirmou que os dois nunca chegaram a se falar ao telefone. Ele negou ainda ser o "Anjo" citado por familiares do ex-assessor, encarregado de protegê-lo. De acordo com os promotores do Ministério Público do Rio, Wassef articulava a rotina de ocultação do paradeiro de Queiroz e dava uma série de ordens a ele e a sua família, entre elas restrições de movimentos e comunicação e ordens para faltar a depoimentos. Após a prisão do ex-assessor, o advogado, sempre veemente na defesa do senador Flávio Bolsonaro, passou dois dias "sumido" e, na sequência, alegou ser vítima de uma armação e negou ter escondido Fabrício Queiroz.

No dia 9 de julho, o ex-assessor teve sua prisão transformada em prisão domiciliar por despacho do presidente do Superior Tribunal de Justiça (STF), João Otávio de Noronha. O magistrado estendeu o benefício à mulher de Queiroz, Márcia Aguiar, que estava foragida, em uma decisão que causou perplexidade aos demais ministros. No entanto, como o tribunal estava em recesso, Noronha era o plantonista. Ele já havia se celebrizado por atender praticamente a todos os pedidos do presidente Jair Bolsonaro. De acordo com informações do jornal *O Estado de S.Paulo*, nada menos que 87,5% de suas decisões beneficiaram o presidente e sua família. A previsão era de que sua decisão fosse derrubada, mas somente na volta do recesso. O relator do caso, Félix Fischer, dificilmente tiraria Queiroz da cadeia. Professor da Fundação Getúlio Vargas (FGV), Davi Tangerino, disse que "nunca viu uma decisão como essa em 20 anos de advocacia" e destacou o fato de o *habeas corpus* ter sido julgado em meio ao recesso do STJ. [1522]

Flávio Bolsonaro – Em 24 de junho de 2020, a 3ª Câmara Criminal do Tribunal de Justiça do Rio aceitou pedido de *habeas corpus* do senador Flávio Bolsonaro (Republicanos-RJ) no caso das "rachadinhas" e concedeu a ele foro especial. Assim, quanto ao processo sobre a prática de "rachadinha" no gabinete de Flávio na Assembleia Legislativa do Rio, este saiu das mãos do juiz Flávio Itabaiana, da 27ª Vara Criminal, responsável pela prisão de Queiroz, e seguiu para o Órgão Especial do TJ, um colegiado formado por 25 desembargadores. Os desembargadores Paulo Rangel e Monica Tolledo votaram por aceitar o pedido de Flávio. A desembargadora Suimei Cavalieri, por sua vez, posicionou-se pela manutenção do processo na primeira instância.

Foi Itabaiana quem autorizou a quebra do sigilo fiscal e bancário do senador e a prisão de Fabrício Queiroz, detido em Atibaia no dia 18 de junho. A 3ª Câmara decidiu, ainda, que as medidas autorizadas pela 27ª Vara, entre elas a prisão de Queiroz, continuavam a valer com a transferência do processo para o Órgão Especial. O pedido da defesa, assinado pela advogada Luciana Pires, requisitava também a anulação das ações autorizadas pelo juiz da primeira instância, mas não foi aceito. Para obter

[1522] *O Estado de S.Paulo*, 19 de junho de 2020, p. A-4 e 10 de julho de 2020, p. A-4.

a saída do caso das mãos do juiz Itabaiana, a advogada alegou que como era deputado estadual na época dos fatos, Flávio teria direito a foro especial. Em maio de 2018, o STF entendeu que a prerrogativa do foro só se aplica aos crimes cometidos durante o mandato e em decorrência dele, o que não cabe para o caso. Por ser senador, Flávio Bolsonaro também não teria o direito, que é concedido a deputados estaduais, de ser julgado pelo Órgão Especial. Com base nesse entendimento, a tendência seria de o STF derrubar a medida, caso o Ministério Público recorra diretamente à corte.

Na visão da imprensa, o inquérito motivou a prisão preventiva de Queiroz na casa de campo do ex-advogado da família Bolsonaro, Frederico Wassef, "desnudando a relação do ex-assessor com o capitão Adriano da Nóbrega, chefão da milícia de Rio das Pedras e do Escritório do Crime. O depósito de mais de R$ 400 mil em dinheiro vivo do miliciano na conta do ex-faz-tudo do 01 soma-se agora às manifestações de simpatia do presidente e do senador pelo criminoso executado na Bahia. Jair, então deputado federal, prestigiou seu julgamento por homicídio e ordenou que o filho o condecorasse com a Medalha Tiradentes na cela onde vivia. Flávio ainda manifestou seu apreço por Adriano à época de sua morte, ocasião em que Fabrício se disse muito triste por ter perdido um amigo"[1523].

Conforme exposto, na visão da mídia, o presidente e o senador teriam transformado seus gabinetes em associações assistencialistas de familiares "desamparados" de milicianos, empregando-os sem exigir que trabalhassem. Foi o caso de Raimunda Veras Magalhães, mãe de Adriano, e de Márcia Aguiar, mulher de Fabrício Queiroz, que, por um período foragida, apresentou-se à Justiça para colocar uma tornozeleira eletrônica, a exemplo do marido, em 17 de julho de 2020, a fim de cumprirem juntos prisão domiciliar na casa em Taquara, Zona Oeste do Rio de Janeiro[1524].

De acordo com a revista *Crusoé*, e confirmado pelo jornal *O Estado de S. Paulo*, Queiroz depositou 21 cheques na conta de Michelle entre 2011 e 2016, no valor total de R$ 89 mil. Além do ex-assessor, sua mulher, Márcia Aguiar, também fez vários depósitos em favor de Michelle, totali-

1523 NÊUMANNE PINTO, José. O bandido Adriano e a famiglia Bolsonaro. *O Estado de S.Paulo*, edição de 24 de junho de 2020, p. A-2.

1524 NÊUMANNE PINTO, José. O bandido Adriano e a famiglia Bolsonaro, cit., p. A-2.

zando R$ 89 mil em 27 transações. Em nenhum momento, Bolsonaro ou alguém da sua família explicaram a razão de tanta "generosidade" do ex--assessor, que trabalhou com o senador Flávio Bolsonaro na Assembleia carioca, em relação à primeira-dama. Ao ser questionado por um repórter de *O Globo* sobre os referidos depósitos, o presidente da República disse ao profissional que tinha vontade de "encher a sua boca de porrada". Inicialmente, o presidente havia dito que se tratava do pagamento de um empréstimo de R$ 40 mil que teria feito a Queiroz. No entanto, os valores ultrapassaram em muito o suposto empréstimo[1525].

Carlos Bolsonaro e o conteúdo não declarado do cofre particular – em uma ação de indenização proposta pelo vereador, decorrente de supostos prejuízos que teriam sido causados por uma corretora em investimentos na Bolsa de Valores, Carlos Bolsonaro entregou à Justiça de São Paulo como prova extratos bancários que apontaram a existência de um cofre cujos valores em seu interior não foram declarados à Justiça Eleitoral quando se candidatou à reeleição na Câmara Municipal do Rio de Janeiro, em 2008. Alvo de investigação no Ministério Público do Rio de Janeiro por empregar funcionários fantasmas na Câmara Municipal, para investigadores, no gabinete do vereador havia um esquema de "rachadinha" semelhante ao vigente entre o ex-assessor Queiroz e Flávio Bolsonaro na Assembleia Legislativa do Rio de Janeiro. Um dos ex-assessores de Carlos, Márcio Gerbatim, ex-marido de Márcia Aguiar, mulher de Queiroz, sacava quase a totalidade dos vencimentos na Câmara Municipal. Essas informações foram obtidas a partir da quebra de sigilo bancário feita na investigação contra Flávio, que atingiu todos os ex-assessores deste entre janeiro de 2007 e dezembro de 2018. Aliás, Gerbatim foi assessor tanto de Carlos, entre abril de 2008 a abril de 2010, quanto de Flávio, entre abril de 2010 a maio de 2011[1526].

Na referida ação de indenização, Carlos Bolsonaro declarou ter pago R$ 15,5 mil em dinheiro vivo no mês de junho de 2009 para cobrir pre-

1525 NETTO, Paulo Roberto. "Lamentável ver a volta do perfil autoritário que tanta apreensão causa nos democratas", diz Santa Cruz ante ameaça de Bolsonaro a repórter. *O Estado de S.Paulo*, 23 ago. 2020.

1526 BÄCHTOLD, Felipe; e NOGUEIRA, Italo. Alvo de investigação, Carlos Bolsonaro manteve cofre particular em banco. *Folha de S.Paulo*, 6 set. 2020, p. A11.

juízos com o investimento na corretora. Nos documentos que serviram de embasamento de prova para as alegações do vereador Bolsonaro, no sentido de que efetuou transferências à corretora, constam extratos indicando "tarifa de aluguel de cofre". À Justiça Eleitoral, em 2008, o então candidato à reeleição declarou que seu patrimônio era de R$ 260 mil, no caso, um apartamento e um automóvel, mas nada informou a respeito de investimentos na Bolsa, tampouco acerca de bens guardados em banco[1527].

12) Crise na Educação – O presidente Jair Bolsonaro anunciou no dia 18 de junho a demissão de Abraham Weintraub do Ministério da Educação após 14 meses e 10 dias, período este em que o então ministro acumulou polêmicas e pouco realizou à frente da Pasta, além do longo desgaste político com os ministros do Supremo Tribunal Federal (STF). Dias antes, 12 de junho de 2020, o presidente do Senado, Davi Alcolumbre (DEM-AP) havia devolvido ao Planalto a Medida Provisória (MP) 979/2020, que permitia ao ministro da Educação, Abraham Weintraub, nomear, sem eleições, reitores de várias universidades federais durante a quarentena. Com a MP, o presidente e o ministro poderiam intervir diretamente no comando de centros de ensino federais e restringir a autonomia das instituições, garantida pela Constituição. O presidente do Congresso apontou dispositivos da Constituição que garantem "gestão democrática do ensino público e autonomia administrativa às universidades. (...) Pelo *Twitter*, avisou que não deixaria tramitar propostas que violassem a Carta Magna. Bolsonaro ainda ligou para Alcolumbre para tentar um acordo, mas foi rechaçado. Ao perceber que seria derrotado, o presidente resolveu revogar a MP. Entre as 16 instituições que seriam afetadas em 2020 estavam a Universidade de Brasília (UnB) e as Federais do Rio Grande do Sul (UFRGS), de São Carlos (Ufscar) e do Paraná (UFPR). Em nota, a associação dos reitores das universidades (Andifes) parabenizou Alcolumbre pela decisão. 'Merece todo aplauso de nossas universidades e da sociedade. Com seu importante gesto, reafirmou-se o valor elevado e incondicional da autonomia da universidade pública, da ciência e, sobretudo, da democracia brasileira'"[1528].

[1527] Ibidem, p. A11.

[1528] O *Estado de S.Paulo,* 13 de junho de 2020, p. A-18.

A queda do ministro foi confirmada em um vídeo em que os dois comunicaram a exoneração. Na gravação, Weintraub disse: "Desta vez é verdade". Na sequência, afirmou: "Não quero discutir os motivos da minha saída". Em seguida, deu um abraço num Bolsonaro visivelmente constrangido.

Ele disse ter recebido um convite, referendado por Bolsonaro, para ser o diretor representante do Brasil e de outros oito países no Banco Mundial, instituição multilateral de fomento ao desenvolvimento, com sede em Washington (EUA). O salário anual previsto é de US$ 258.570, o equivalente a R$ 115,8 mil por mês, ou mais de três vezes o salário de um ministro no Brasil, R$ 31 mil em 2020. A demissão de Weintraub – indicado para o cargo pelo ex-astrólogo Olavo de Carvalho, guru do bolsonarismo – coroou 14 meses de controvérsias e insultos disparados contra os mais variados alvos, do educador Paulo Freire à China, passando por desafetos políticos, jornalistas, especialistas, o presidente francês Emmanuel Macron e, com especial virulência, reitores, alunos e professores de universidades federais. Foi contra o STF, porém, que o ex-ministro cruzou limites legais institucionais ao insultar, em ao menos duas ocasiões, os ministros da Corte Suprema, chamando-os de "vagabundos".

As declarações provocaram reação do Supremo e do Congresso que, nos bastidores, cobrava a demissão do ministro. Sua permanência ficou insustentável, e a saída passou a ser defendida pelo entorno de Bolsonaro, que sofria pressão dos filhos para mantê-lo no MEC. Para a cúpula militar e uma ala do governo considerada técnica, só a demissão do ministro arrefeceria o clima beligerante entre os Poderes, incluindo o Congresso. Até a data de fechamento da edição desta obra, Weintraub é alvo do inquérito das fake news que tramita no Supremo, e também de uma investigação no tribunl por ter publicado um comentário depreciativo sobre a China. Na primeira investigação, ele teve negado, por 9 votos a 1, um pedido de *habeas corpus* ao STF para ser excluído do caso.

Por ocasião de sua saída, mais uma trapalhada: o ministro viajou aos Estados Unidos, supostamente para tratar do cargo no Banco Mundial, na condição de ministro mas, ao menos em tese, já estava demitido. O governo, entretanto, retificou a data de demissão no Diário Oficial para o dia 19, um dia antes do que constava no decreto anterior. A saída do ex-ministro foi anunciada no dia 18 de junho. A exoneração, entretanto, só foi oficializada no dia 20, depois que Weintraub chegou a Miami, nos Estados Unidos. Não foi a primeira vez que o presidente fez isso. No dia 24 de abril, ele retirou a assinatura de Moro da medida de exoneração de Maurício Valeixo da diretoria-geral da Polícia Federal. O procurador-geral do MP no TCU, Lucas Furtado, disse que a retificação do Diário Oficial demonstrava que "houve fraude" na demissão e nomeação de Weintraub.

No caso do ex-ministro, com sua ida às pressas aos EUA antes mesmo de oficializada a sua demissão, foram levantadas dúvidas sobre como ele entrou em território americano, se usou o passaporte concedido aos ministros ou um passaporte diplomático, e como vai permanecer no país com as restrições impostas a passageiros que chegam do Brasil em meio à pandemia do coronavírus. O País está na lista dos nacionais que não podem entrar em território americano, mas há exceções para representantes de governos estrangeiros, o que seria o caso de Weintraub que, no entanto, não era mais ministro quando "fugiu" para os EUA[1529].

Depois de Weintraub, em 25 de junho, Carlos Alberto Decotelli, o substituto, apresentou-se como pós-doutor por uma universidade alemã e doutor pela Universidade de Rosário, na Argentina. No entanto, o reitor da instituição argentina, Franco Bartolacci, afirmou que ele não foi aprovado no doutorado, só fez créditos das disciplinas. A universidade alemã de Wuppertal, por sua vez, negou que Decotelli tenha feito o referido pós-doutorado. Até mesmo o seu mestrado, na Fundação Getúlio Vargas (FGV), foi questionado. Uma análise demonstrou plágio em 70% do trabalho, o que poderia levar ao cancelamento do título de mestre. Os militares também não gostaram de ele intitular-se "oficial da reserva" quando, na verdade, fez somente um trabalho temporário na Marinha. Em 30 de junho, diante das revelações, o ex-futuro ministro pediu demissão do cargo que nem chegou a assumir.

Em 10 de julho, Bolsonaro indicou o professor e pastor presbiteriano Mílton Ribeiro, vice-reitor da Universidade Mackenzie, para assumir o cargo de ministro. O secretário de Educação do Paraná, Renato Feder, chegou a ser sondado para a cadeira, mas seu nome foi torpedeado pela

1529 Saldaña, Paulo, Sob pressão, Bolsonaro demite Abraham Weintraub do MEC, *Folha de S.Paulo*, 19 de junho de 2020, p. B-1 e edição de 24 de junho de 2020, p. A-7.

ala militar e pelos olavistas. Apesar de religioso, Ribeiro não foi indicado pela bancada evangélica do Congresso, nem era o preferido dos militares. A articulação do seu nome foi atribuída ao ministro-chefe da Secretaria Geral, Jorge Oliveira, e ao ministro da Justiça, André Mendonça, também presbiteriano. Entre as características que fizeram com que fosse escolhido estavam "o apreço à família e aos valores", diziam conhecidos e integrantes do governo. Desconhecido entre os especialistas em Educação, ele propôs "dar atenção especial à educação básica" e "incrementar o ensino superior e a pesquisa científica". No entanto, em vídeos resgatados nas redes sociais, há o registro de uma pregação na Igreja Presbiteriana Jardim da Oração, em que defendia castigos físicos para "educar as crianças". Em outro vídeo, revelou que as universidades "ensinam o sexo sem limites". Posteriormente, os vídeos foram apagados[1530].

13) Riscos no TSE – análise da eleição de 2018. A chapa Bolsonaro-Mourão era, em julho de 2020, alvo de oito ações no TSE (Tribunal Superior Eleitoral), visto que outras duas já haviam sido arquivadas. Elas pediam a cassação do presidente e de seu vice por abuso de poder econômico e uso indevido dos meios de comunicação durante a campanha eleitoral de 2018. No dia 23 de junho, outro processo, sobre uso irregular de *outdoors*, foi rejeitado pela Corte.

Apresentados em 2018, esses pedidos têm como base a Constituição Federal, o Código Eleitoral e a Lei Complementar 64, que definem os possíveis casos de inelegibilidade. Quatro ações foram movidas a partir de duas reportagens do jornal *Folha de S. Paulo*: a que revelou indícios de um esquema de impulsionamento de mensagens, financiado por empresários bolsonaristas contra o candidato do PT à Presidência, Fernando Haddad; e a que mostrou o uso fraudulento de nome e CPF de idosos, para registrar chips de celular –a operação garantia o disparo de lotes de mensagens em benefício de políticos.

Diferentemente dos pedidos de *impeachment* na Câmara, que miram apenas o presidente, o eventual avanço de uma das ações no TSE cassaria o mandato de Jair Bolsonaro (sem partido) e de seu vice Hamilton Mourão (PRTB). Caso acontecesse essa hipótese até o final de 2020, novas

[1530] O Estado de S.Paulo, 11 de julho de 2020, p. A-22

eleições seriam marcadas; caso contrário, se *a posteriori*, no interstício dos últimos dois anos de mandato, o Congresso escolheria os próximos nomes para o Executivo em uma eleição indireta. Resumidamente, algumas coligações partidárias de oposição a Bolsonaro apresentaram em suas respectivas ações diferentes argumentos em suas acusações, quais sejam: a chapa vencedora teria obtido vantagem eleitoral de forma ilícita por invadir mídias sociais mediante ataques cibernéticos, visando alterar conteúdo das respectivas páginas; abuso de poder econômico, devido à instalação de dezenas de *outdoors* em 33 municípios de 13 estados; indícios de que empresários bolsonaristas teriam financiado o envio em massa de mensagens contra o então candidato Fernando Haddad; uso fraudulento de nome e CPF de idosos para registrar *chips* de celular nas eleições de 2018; tratamento privilegiado ao candidato Bolsonaro por parte da TV Record e do Portal R7, diante do apoio declarado de Edir Macedo, dono das referidas mídias; abuso de poder econômico por parte de empresários, ao distribuírem camisetas, adesivos e supostamente constrangerem seus funcionários a votarem no então candidato do PSL, a exemplo de Denisson Moura de Freitas, proprietário da empresa Komeko, e de Luciano Hang, dono da rede de lojas Havan[1531].

14) Jair Bolsonaro e a Democracia – Em muitos fins de semana, desde a chegada da Covid-19 ao Brasil[1532], os apoiadores do presidente Jair Bolsonaro realizaram manifestações em Brasília e São Paulo, para demandar a reabertura da economia, parcialmente submetida a um *lockdown*, além de posturarem o fechamento do Supremo Tribunal Federal e do Congresso e o retorno do regime militar dos anos 1964/1985. Em Brasília, Bolsonaro, com frequência, juntou-se a eles, distribuindo abraços e apertos de mão e desafiando as regras de saúde estabelecidas. Nem ele nem as pessoas usavam máscaras no rosto durante essas manifestações[1533].

[1531] Arcanjo, Daniela; e Brandino, Géssica. Entenda as acusações contra Bolsonaro e Mourão no TSE, *Folha de S.Paulo*, 24 jun. 2020, p. A-12.

[1532] A pandemia declarada pela OMS devido ao alastramento da Covid-19 afetou drasticamente a economia de praticamente todos os países do mundo, com milhões de pessoas infectadas e centenas de milhares de mortos.

[1533] The Economist. *O Estado de S. Paulo*. 13/06/2020. Política, p. A12.

Desde que Bolsonaro assumiu o governo, em janeiro de 2019, "muitos brasileiros temem a ameaça que ele representa para a democracia. Alguns argumentam que as instituições do País são fortes o bastante para freá-lo. Na verdade, o presidente lotou o seu governo com oficiais militares"[1534]. Um dos pontos que causa preocupação é o fato de que "dez dos seus 22 ministros são militares e outros três mil ocupam cargos no governo. 'Na verdade, temos um regime miliar', disse um oficial aposentado. E isto representa um risco para as forças armadas e para a democracia. Bolsonaro tem exacerbado a divisão interna e a politização do Exército, cuja disciplina e hierarquia vêm se desgastando"[1535].

Uma pesquisa feita pela consultoria Quaest, a pedido do jornal *Valor Econômico*, demonstrou que as Forças Armadas, cada vez mais associadas à radicalização do governo Bolsonaro, estavam perdendo apoio nas redes sociais cada vez que ligavam sua imagem à do presidente e a de seus filhos e ministros. O estudo analisou dados do Twitter, a plataforma mais voltada à ação política. De acordo com o levantamento, os meses de abril e maio de 2019 foram os primeiros, desde o início do mandato de Bolsonaro, em que as referências a militares foram mais negativas do que positivas na rede social. Em março, houve um equilíbrio, com metade para cada lado. Em abril, 54% das postagens foram negativas, enquanto 46% se mostraram favoráveis às Forças Armadas. Em maio, reforçando a queda, o percentual de publicações críticas subiu para 55% e as positivas desceram mais, para 45%, gerando um índice de -0,18, o mais baixo da série.

A impopularidade contrasta com o clima predominante no ano passado, quando o volume de menções favoráveis, em dezembro, chegou a ser mais do que o dobro (69% a 31%) do que o de interações negativas. O resultado, aponta o cientista político Felipe Nunes, da Quaest, coincide com a escalada do autoritarismo no discurso de generais que são ministros no governo Bolsonaro, como Augusto Heleno (Gabinete de Segurança Institucional), com ameaças de golpe expressas em notas e cartas abertas, assim como as frequentes manifestações de rua em que bolsona-

[1534] Ibidem.
[1535] Ibidem.

ristas pedem intervenção militar, por meio do fechamento do Supremo Tribunal Federal (STF) e do Congresso Nacional.

"Em 2020, começa esse processo de queda da imagem, que está relacionado à exposição negativa dos militares, sobretudo quando ameaçam as instituições democráticas", afirma Nunes, professor da Universidade Federal de Minas Gerais (UFMG). Para o levantamento, o cientista político colheu por volta de 600 mil tuítes por mês, desde janeiro de 2019, de forma aleatória, que mencionavam alguma das duas dezenas de palavras relacionadas ao mundo da caserna e suas variantes, como militar(es), militarização, general(is), e ministros do governo, como Augusto Heleno e Walter Braga Netto (Casa Civil).[1536]

Alguns brasilianistas, que são intelectuais, em geral estrangeiros, aos quais os brasileiros recorrem quando querem entender a si mesmos, principalmente por terem uma perspectiva distanciada dos fatos, foram ouvidos pelo jornal Valor Econômico no início de junho de 2020. O britânico Kenneth Maxwell fornece uma síntese dessas opiniões: "é difícil imaginar uma combinação pior que a atual, com a Covid-19 devastando o País, um presidente em negação e um governo cheio de 'olavistas'. Ele diz que o Brasil é nação com 'ideias fora do lugar'. Uma delas, equivocada, seria a de que a democracia no país está consolidada"[1537].

"E quais ideias estão 'fora do lugar'? Uma delas, destacam os brasilianistas em uníssono, é a noção segundo a qual a democracia está consolidada no país. 'A transição de um regime autoritário para um democrático não depende apenas de eleições diretas', diz o americano Jerry Dávila, professor de história na Universidade de Illinois, nos EUA, que começou a estudar os problemas brasileiros 28 anos atrás. 'Ela é resultado de um processo multigeracional. Além do mais, requer como pressupostos uma sociedade menos desigual e um maior acesso aos direitos civis'.É possível começar a enumerar as ameaças que pairam sobre as instituições nacionais. Um golpe de Estado, nos moldes tradicionais, com direito a tanques de guerra nas ruas, como se tem cogitado em manifestações da direita

1536 Klein, Cristian. Cai apoio a militares em redes sociais, mostra pesquisa. *Valor Econômico*, 18 de junho de 2020, p. A-12

1537 Rydlewski, Carlos. Brasil está em processo de erosão, dizem brasilianistas. *Valor Econômico*, v.21, n. 5022, 12/06/2020. Eu e o fim de semana, p. 6 a 9.

radical, não chega a ser descartado pelos especialistas, mas é tido como improvável. O que se teme com maior ênfase é algo diferente. Trata-se de uma erosão que ocorre de dentro para fora no sistema democrático. 'É o que chamamos de *Executivetakeover*', diz Scott Mainwaring, professor da Universidade de Notre Dame, nos EUA, outro brasilianista histórico, que se debruça há 40 anos sobre a história do Brasil"[1538].

Para Mainwaring o termo "*Executivetakeover*" indica "uma sucessão de eventos, muitas vezes de pequeno porte, por meio dos quais o poder Executivo, na figura do presidente ou do primeiro-ministro, 'assume o controle' ou toma para si o arbítrio sobre o regime. "Essa tem sido a principal maneira pela qual muitas democracias têm morrido no mundo desde o fim da Guerra Fria (1991)', diz. Ele cita como exemplos desse fenômeno países que estão tanto à direita como à esquerda do espectro político, como é o caso da Hungria, da Polônia ou da Venezuela. O professor de Notre Dame acrescenta que, embora tal erosão provocada por Executivos autocráticos não siga regras ou método, alguns elementos são característicos dessas ações e podem ser identificados com facilidade. 'Em geral, as cortes e o Congresso são os primeiros alvos a serem atacados, mesmo porque são dois possíveis focos de resistência contra líderes autoritários', afirma Mainwaring. 'Outro fator importante para esses presidentes é o exercício de algum tipo de controle tanto sobre as Forças Armadas como sobre as forças policiais'"[1539].

Como aponta Fernando Abrucio, professor da Fundação Getúlio Vargas, "desde que acabou o regime militar, nunca o Brasil esteve tão perto da quebra democrática como na presidência de Jair Bolsonaro. Mesmo assim, um golpe de Estado tem menos chances de acontecer do que a manutenção da democracia. As instituições democráticas são mais fortes do que em 1964, a maior parte da sociedade (2/3 dela, pelo menos) não quer repassar um poder autocrático ao bolsonarismo e o País terá enormes dificuldades no plano internacional se adotar essa via. Entretanto, o golpismo não pode ser descartado. Afinal, o presidente tem estimulado atos autoritários e as reações têm sido mais tímidas do que deveriam

[1538] Ibidem.

[1539] RYDLEWSKI, Carlos. Brasil está em processo de erosão, dizem brasilianistas. Valor econômico, v.21, n. 5022, 12/06/2020. Eu e o fim de semana, p. 6 a 9.

ser"[1540]. Conclui que "nossos filhos e netos não merecem que o destino do País seja entregue a um chavismo de extrema direita. Além disso, mostrar o que seria uma distopia bolsonarista realça o seu contrário, isto é, o que deveríamos fazer para sair democraticamente da imensa crise atual. Algo que exigirá não só ideias melhores, mas lideranças e acordos políticos acima da polarização que nos comanda desde 2013"[1541].

Em junho de 2019 o jornalista Fernando Gabeira tinha críticas ao presidente Jair Bolsonaro, mas avaliava que as instituições eram suficientes para contê-lo. Em nova entrevista que concedeu, um ano depois, tinha mudado seu posicionamento. "A pregação em favor de armar a população, seus movimentos para atrair as Forças Armadas e sua aproximação das polícias militares foram decisivos para o jornalista mudar de ideia. Para ele a ação do presidente sugere o espectro de uma guerra civil ou um golpe de Estado, sem, necessariamente, participação direta das Forças. 'Muito possivelmente ele pode estar articulando um golpe usando polícias militares e neutralizando as Forças Armadas', disse Gabeira"[1542], levando em consideração o enorme apoio que Bolsonaro possui junto às forças de segurança que atuam no País. Tal fato aumenta inclusive o risco de formação de milícias, grupos paramilitares de apoio ao governo. Para o jornalista "é evidente agora que Bolsonaro está querendo armar o povo para uma expressão política, para que o povo tome uma posição política que eles querem. Está querendo criar milícias armadas. E um homem que quer armar parte da população está preparando uma guerra civil. Naquele momento, ficou bastante claro para mim qual é o desígnio dele, qual é a posição. Então, acho que tem que trabalhar para, ou neutralizá-lo visando ir até 2022, ou afastá-lo antes disso"[1543].

15) Bolsonaro e as pesquisas de popularidade – Durante o mês de julho, o presidente Jair Bolsonaro (sem partido) viu, contra todas as expectativas, sua popularidade aumentar, em meio à pandemia de coronavírus e

1540 Abrucio, Fernando. Brasil dança na corda bamba da sombrinha. Valor econômico, v.21, n. 4992, 08/05/2020. Eu e o fim de semana, p. 6.
1541 Ibidem.
1542 Tosta, Wilson. Generais viram que a proposta é guerra civil. Entrevistado: Fernando Gabeira. O estado de S. Paulo. 06/06/2020. Política, p. A12.
1543 Ibidem, p. A12.

à morte de centenas de milhares de brasileiros. Pesquisa publicada pela revista *Veja* em 24 de julho apontou o atual presidente como primeiro colocado em uma nova corrida eleitoral, com 27,5% a 30,7% das intenções de voto, segundo os cenários. De acordo com o estudo, Bolsonaro se destacaria diante de qualquer adversário, até mesmo Luiz Inácio Lula da Silva (PT) e seu ex-ministro da Justiça e atual desafeto, Sergio Moro. Outra pesquisa, divulgada pelo portal *Poder 360*, demonstrou que 43% dos entrevistados apoiavam o atual governo, ante 40% de duas semanas antes. Entre os brasileiros que recebem o auxílio emergencial de R$ 600, o porcentual dos apoiadores chegava a 52%.

Quando a pergunta dizia respeito à avaliação do trabalho individual do presidente, 30% dos entrevistados disseram considerar "bom"ou "excelente", em comparação com os 29% de duas semanas anteriores, e 43% "ruim" ou "péssimo". Na pesquisa anterior eram 46%. O número dos que consideravam o trabalho de Bolsonaro "regular" subiu três pontos porcentuais, chegando a 23%. Outra pesquisa, feita pela empresa de investimentos XP, demonstrou que 30% dos brasileiros tinham uma opinião favorável sobre o governo. A taxa de rejeição ao presidente e seu governo, que havia atingido 50% em maio, caiu para 45% nessa pesquisa. Questionados sobre o desempenho da economia, duramente atingida pela pandemia e pela recessão, 33% consideravam que a economia "está na direção certa", mesmo com a perspectiva de que o Brasil passará pela maior recessão de sua história em 2020. O número parece indicar que parte considerável dos brasileiros entrevistados concorda com a opinião do presidente segundo a qual os "efeitos colaterais" do confinamento, defendido por governadores e prefeitos, podem ser piores até do que a própria pandemia.[1544]

Em editorial no qual discutiu as questões relacionadas à popularidade do presidente, o jornal *Folha de S. Paulo* destacou o aumento de 32% para 37% dos que apoiavam o presidente, a melhor avaliação desde que assumiu o posto em janeiro de 2019, e atribuiu essa melhora a alguns fatores, como a abertura ainda incipiente da economia, o pagamento do auxílio emergencial e a reabertura gradual das atividades em vários Estados e

[1544] https://istoe.com.br/bolsonaro-volta-a-apresentar-popularidade-nas-pesquisas-de--opiniao/

cidades. A tentativa do presidente de se manter calado e tranquilo nos últimos meses também foi lembrada pelo jornal como decisiva para a mudança de imagem. Levantamento do Instituto Datafolha entre os dias 11 e 12 de julho demonstrou que 37% dos entrevistados consideravam o governo "ótimo" ou "bom". Foi uma evolução considerável ante os 32% que tinham a mesma opinião em junho desse ano. A mudança foi fortalecida, ainda, pelo fato de ter se verificado queda mais acentuada da rejeição, que voltou a patamares do início do mandato de Bolsonaro.

Os que classificam o desempenho do governo como ruim e péssimo encolheram de 44% para 34% e a gestão passou a ser vista como regular por 27%, quatro pontos porcentuais acima do estudo anterior. Em que pese o avanço ainda acelerado da Covid-19, que já havia resultado na ocasião em mais de 100 mil mortes pelo País, a imagem do governo melhorou em todas as faixas de renda. Entre os mais pobres, com renda até dois salários mínimos, subiu para 35% e superou a rejeição, em 31%. A reprovação é mais elevada entre os mais ricos e escolarizados, mas caiu da faixa de 53% para 47% na pesquisa. O editorial atribuiu a mudança de tom do presidente, numa tentativa de não parecer um mandatário autoritário, ao avanço das investigações contra seu filho, o senador Flávio Bolsonaro (Republicanos-RJ), e seu ex-assessor Fabrício Queiroz.

"Essa repaginação de imagem coincidiu com o avanço das investigações em torno das atividades suspeitas do senador Flávio Bolsonaro (Republicanos-RJ) e de seu ex-assessor Fabrício Queiroz, que trouxeram à luz evidências de ligações com a família presidencial. Ao mesmo tempo, fechou-se o cerco à atuação de bolsonaristas na difusão de fake news e em manifestações golpistas. Sentindo-se ameaçado e contido pela reação robusta das instituições democráticas, o presidente modulou o tom e passou a aproximar-se da política tradicional que antes rejeitava.

A melhora na avaliação do governo pode revelar-se transitória, mas sem dúvida constitui um sinal de que Bolsonaro permanece longe de perder sua base de apoio e mantém a possibilidade de voltar a ampliá-la – seja na busca pela reeleição em 2002, seja para preservar seu mandato até lá. Que sirva de estímulo para o abandono definitivo dos arroubos autoritário"[1545].

[1545] https://www1.folha.uol.com.br/opiniao/2020/08/bolsonaro-em-alta.shtml?origin=folha.

Em artigo publicado na revista *Piauí*, o jornalista César Zucco analisou 127 pesquisas de opinião publicadas sobre o presidente Jair Bolsonaro desde o início do seu governo e concluiu que se trata de ilusão a crença de que o mandatário tem um apoio estável de 30% da população, como parecem indicar os estudos. Abaixo, parte do texto:

Em que pese a diferença de métodos de agregação, a trajetória é extremamente semelhante. Vemos uma queda fortíssima nos primeiros meses de governo, seguido de um período de certa estabilidade com levíssima recuperação que durou até o início de 2020. Essa estabilidade deu origem à ideia de que o presidente conta com apoio sólido de cerca de um terço do eleitorado, mas apesar de um ou outro resultado desviante, como as recentes pesquisas do Datafolha realizadas por telefone, a trajetória agregada indica que desde fevereiro de 2020 houve uma queda bastante pronunciada. A única dúvida é se essa queda continua, já que a estimativa da popularidade latente indica alguma estabilidade nos últimos três meses, enquanto que essa estabilidade ainda não é visível na agregação via médias. A ideia do terço resiliente continua sendo propalada apesar da evidência sugerir que não passa de uma ilusão.

O terço simpático a Bolsonaro foi interpretado como sólido por conta da estabilidade da popularidade em face dos quase diários conflitos e das notícias negativas nos campos institucionais, educacionais, ambientais e, por que não?, policiais. Depois que o seu estilo beligerante de ser e do caótico funcionamento do governo levaram àquela acelerada queda inicial, a manutenção da popularidade demandava explicações.

No entanto, é importante reconhecer que a trajetória de popularidade do presidente é bastante compatível com o desempenho econômico observado no período. O ano de 2019 foi de certa estabilidade, com o crescimento do PIB de 0,2% no primeiro trimestre, seguido de dois trimestres com crescimento de 0,5%, e fechando o ano em 0,4%. Tivemos, em termos coloquiais, uma economia que andou de lado. Houve um tênue alívio da crise para parte da população, e havia ainda a expectativa de uma retomada econômica, que acabou sendo frustrada antes mesmo da pandemia. Não chega a ser surpreendente, nesse contexto, que a popularidade do presidente tenha permanecido estável em níveis relativamente baixos para um primeiro ano de mandato.

16) O "novo" Bolsonaro – Mas essa tentativa de parecer "palatável" e "democrático" por parte do presidente não durou muito. Em 23 de agosto, um domingo, em frente à Catedral de Brasília, após ter sido questionado por um repórter do jornal *O Globo* sobre qual a razão de o ex-assessor de seu filho, Flávio Bolsonaro (Republicanos-RJ), Fábricio Queiroz, ter depositado um total de R$ 89 mil na conta da primeira-dama Michelle Bolsonaro, o presidente se exaltou e respondeu que queria "cobrir a boca" do repórter com porrada". Os jornalistas, então, perguntaram se era uma ameaça. Bolsonaro não respondeu e saiu correndo do local, sem falar com a imprensa. Questionado, o Palácio do Planalto disse que não iria comentar. A resposta mal educada do presidente para o questionamento do jornalista gerou muitas críticas nas redes sociais e notas duras das entidades que representam os jornalistas e o jornalismo.

No dia seguinte, em um evento batizado como "Brasil vencendo a Covid-19" – um nome irônico para um País que então acumulava 115 mil mortos e 3,5 milhões de casos da doença, além estar sem ministro da Saúde havia mais de 100 dias –, o presidente ignorou a reação e, mais uma vez, atacou jornalistas. Disse ter sido alvo de "deboche" quando declarou que seu "histórico de atleta" impediria infecção mais grave pela Covid-19. Dirigindo-se aos profissionais presentes, afirmou que "quando pega um bundão de vocês, a chance de sobreviver é bem menor". Ministros do STF e políticos criticaram o comportamento do presidente, afirmando que ele não tem "a menor compostura" para governar um País como o Brasil[1546].

Mudança aparente de papel – A partir de junho de 2020, o presidente Jair Bolsonaro (sem partido) havia passado a adotar outra postura com a imprensa e com a sociedade em geral. Saiu de cena o Bolsonaro belicoso, apoiado por fanáticos nas redes sociais, que pedia o fim do STF e do Congresso e uma duvidosa "intervenção militar constitucional" e entrou outro, o presidente conciliador, disposto a negociar com os antigos "inimigos" STF e Legislativo, mais cordato, que passou a evitar declarações polêmicas e ataques à imprensa e aos demais Poderes. Até aquela ocasião, vários atos antidemocráticos de aliados do presidente, com a

[1546] LINDNER, Julia; e SOARES, Jussara. No evento "vencendo a covid-19, Bolsonaro não cita 115 mil vítimas e chama jornalistas de "bundões". *O Estado de S.Paulo*, 24 ago. 2020.

participação do próprio, pediam a extinção do STF e o fechamento do Congresso.

Um jantar na casa do ex-presidente e ministro do Supremo, Dias Toffoli, em 2 de outubro, durante o qual ambos foram fotografados trocando um caloroso abraço, ao lado dos presidentes da Câmara, Rodrigo Maia e do Senado Davi Alcolumbre (ambos do DEM) parece ter selado um pacto de não-agressão entre os Poderes. Entre os fatores que levaram a uma nova postura do presidente – que muitos acreditavam à época que poderia durar pouco – foi, de acordo com informações da revista *Veja*[1547], o risco concreto de prisão de dois filhos de Bolsonaro – o deputado federal Eduardo Bolsonaro e o vereador pelo Rio de Janeiro Carlos Bolsonaro – por ordem do ministro Alexandre de Moraes no âmbito da operação do STF contra os atos antidemocráticos que ambos teriam patrocinado.

"O Alexandre é louco o suficiente para decretar a prisão dos seus filhos. Quanto mais o senhor grita, mais ânimo ele terá para investigar", disse para o presidente um assessor seu, de acordo com a publicação. No dia 27 de maio, o ministro determinou que a Polícia Federal coletasse provas contra 21 pessoas, entre blogueiros, empresários e parlamentares bolsonaristas, acusados de incentivar e apoiar os tais atos. Os filhos do presidente seriam detidos com base na Lei de Segurança Nacional (LSN), sob acusação de organizar as milícias digitais bolsonaristas.

Diante da situação, o presidente teria decidido se retrair. Passou a evitar, até, frequentar o cercadinho em frente ao Palácio no qual ficam seus apoiadores e onde, em geral, costuma fazer declarações polêmicas. Além do medo de ver os filhos presos, teria pesado, também, na mudança de postura do presidente, a prisão, em 18 de junho, do ex-assessor do filho Flávio Bolsonaro, Fabrício Queiroz, amigo de longa data investigado no esquema da rachadinha. Outros fatores foram o avanço da CPMI das Fake News contra seus aliados, do inquérito com o mesmo nome no STF e a suspensão, pelo Facebook, de páginas de bolsonaristas na rede social.

A escolha do desembargador piauiense Kassio Nunes Marques para ministro do Supremo no lugar do decano Celso de Mello, que se aposentou, contribuiu, na visão de analistas políticos, na tentativa de desanuviar

[1547] Disponível em: https://veja.abril.com.br/politica/depois-dos-gritos-de-guerra-o-acordo-de-paz-entre-os-poderes/.

o ambiente político. O nome de Marques, acusado de inflar seu currículo e até de plagiar parte do mestrado, foi aprovado pelos parlamentares do Centrão, grupo de parlamentares fisiológicos que está fechado com Bolsonaro, e até parte da oposição, além de ministros do STF como Gilmar Mendes que classificou a postura do governo como "genocida" durante a pandemia e Dias Toffoli, que aprovou a investigação dos atos antidemocráticos. A escolha do ex-deputado Fábio Faria para o recém-criado Ministério das Comunicações também teria colaborado para melhorar o trânsito com o Congresso, do qual o novo ministro é egresso. Nunes Marques foi aprovado por 57 votos a dez em uma sabatina vista como excessivamente amigável no Senado.

A cientista política Thatiana Chicarino, professora da Fundação Escola de Sociologia e Política (Feesp) vê com desconfiança esse discurso mais contido do presidente. "O Bolsonaro recua, como figura pública, mas a estrutura de comunicação continua a mesma", afirma, ao lembrar que as bolhas virtuais bolsonaristas continuam reproduzindo o tom de enfrentamento utilizado pelo presidente. [1548] Da mesma forma, o líder da oposição na Câmara, deputado André Figueiredo (PDT-CE), também não acreditava, na ocasião, que essa trégua durasse muito tempo. "Isso é um fenômeno momentâneo O momento atual requer por parte dele uma certa dose de tranquilidade até para não acirrar ainda mais o posicionamento dos seus seguidores, dele próprio e dos seus familiares em relação ao Supremo Tribunal Federal, uma vez que investigações rondam os seus três filhos e ele", afirma o parlamentar.

De acordo com *Veja*, houve, por volta de julho, um encontro para uma conversa, descrita como "pacífica e tranquila", entre o presidente e um ministro do STF não identificado na publicação. Este teria dito a Bolsonaro: "há uma rede de instituições que têm uma coisa em comum: não aceitam ataques à democracia. Nós não temos raiva do senhor. Nós temos medo do senhor. E quem tem medo atira primeiro." O presidente teria respondido: "E eu tenho medo de vocês, pô!".[1549] Além do STF, uma

[1548] Disponível em: https://ultimosegundo.ig.com.br/politica/2020-07-18/bolsonaro--paz-e-amor-entenda-a-postura-moderada-do-presidente.html.

[1549] Disponível em: https://veja.abril.com.br/politica/depois-dos-gritos-de-guerra-o-acordo-de-paz-entre-os-poderes.

investigação no Tribunal Superior Eleitoral sobre supostos crimes cometidos pela chapa vencedora na campanha poderia levar, no limite à cassação de Bolsonaro.

Crise com STF e TSE – As investigações do STF e do TSE contra o presidente levaram a uma escalada de agressões entre o Executivo e o Judiciário desde o início de 2020, conforme vimos anteriormente nesse capítulo (item **A participação do presidente em atos contra o STF**) Em momentos mais quentes da disputa, a tensão se elevou bastante. Em um deles, alguns partidos de oposição pediram à Corte Suprema a apreensão do telefone celular do presidente. O ministro d Gabinete de Segurança Institucional (GSI) e general Augusto Heleno assinou uma nota em que previa "consequências imprevisíveis "para a República se isso ocorresse. O então ministro do STF Celso de Mello não autorizou a apreensão, mas lembrou que ninguém, nem o presidente, está acima da lei. Questionado, Heleno tentou minimizar a nota e disse que "os militares têm cumprido sem papel, sem excessos".

Em uma entrevista ao vivo (live) na Associação dos Magistrados Brasileiros, em 13 de junho, o então presidente da Corte, Dias Toffoli, pediu uma trégua na disputa entre os poderes. "Não é mais possível atitudes dúbias", disse ele, em afirmação direcionada diretamente ao chefe do Executivo. O ministro Gilmar Mendes, por sua vez, em entrevista ao site Bloomberg, dois dias depois, disse entender a "irritação" de Bolsonaro com a Corte Suprema e o Congresso, que têm suspendido várias de suas medidas, mas que isso ocorre porque o presidente tem um poder limitado. "O grupo que o assessora tem ideia de presidencialismo imperial. Tanto que ele usa muito a expressão 'estão esvaziando minha caneta, o STF tirou minha caneta', como se bastasse um decreto", afirmou ele. Para o ministro, o sistema de freios e contrapesos estabelecidos pela Constituição estava mais ativo no governo Bolsonaro porque há "provocações", incluindo ameaças, para desativá-los.[1550]

Popularidade – Em meio à pandemia e à mudança de rumos do governo, o presidente registrou, em setembro, níveis de popularidade de 40%, a maior taxa de aprovação desde o início do mandato, em janeiro

[1550] Disponível em: https://www.bbc.com/portuguese/brasil-53071440.

de 2019. De acordo com o Ibope, na pesquisa realizada entre 17 e 20 de setembro, 40% dos brasileiros consideravam "bom" ou "muito bom" o governo Bolsonaro. A taxa de rejeição ao presidente registrou um forte retrocesso de 38% para 29%. Trata-se de um aumento de 11 pontos percentuais na popularidade em relação à pesquisa anterior do Ibope, realizada em dezembro de 2019.

O resultado confirma uma tendência, exposta em um levantamento realizado em agosto pelo Instituto Datafolha segundo o qual a aprovação de Bolsonaro havia aumentado de 32% para 37% entre junho e agosto, em plena pandemia da Covid-19. A pesquisa do Ibope confirmou que a popularidade do presidente aumentou entre os brasileiros mais pobres, que começaram a receber em abril um auxílio emergencial no valor de R$ 600 para aliviar os efeitos da crise econômica causada pelo coronavírus. A ajuda foi prolongada até dezembro de 2020, mas com valor reduzido pela metade, o que não havia afetado a popularidade do governo.[1551]

Vacina e conflito político – Já em 22 de outubro de 2020, Bolsonaro dava demonstrações de que voltaria a ser o mesmo de antes da "trégua" com o STF. Um dia depois de o ministro da Saúde Eduardo Pazuello anunciar que o governo federal compraria 46 milhões de doses da vacina contra o coronavírus da marca Coronavac, produzida em parceria entre o Instituto Butantã de São Paulo e o laboratório chinês Sinovac, o presidente o desautorizou e disse que não compraria nada da "vacina chinesa" nem manteria conversas com o governador de São Paulo, João Dória (PSDB), seu adversário político. Este afirmou que a vacina não era chinesa, mas "brasileira".

Depois da fala de Bolsonaro, o Ministério da Saúde voltou atrás na compra e disse ter havido um "mal-entendido". Apesar disso, havia um protocolo de compra das doses da vacina e o ministro já havia se comprometido, em reunião com os secretários de Saúde estaduais, a adquirir o medicamento. Chamado às falas pelo presidente, Pazuello, que foi acometido de Covid-19, disse: "É simples assim: um manda e outro obedece",

[1551] Disponível em: Istoe.com.br/popularidade-de-bolsonaro-segue-crescendo-em-meio--a-pandemia/.

para justificar sua capitulação.[1552] Governadores e secretários de Saúde do País cogitaram organizar um consórcio para financiar e distribuir a Coronavac tão logo tenha aval da Agência Nacional de Vigilância Sanitária (Anvisa).[1553] Eles não descartavam, também, ir à Justiça contra Bolsonaro para garantir a aplicação do medicamento[1554] .

Recaída (novembro/2020) - O "Bolsonaro paz e amor" durou pouco. Logo, o presidente estava "comemorando", nas redes sociais, a morte de um voluntário da vacina Coronavac, fabricada em parceria entre o Instituto Butantan, de São Paulo, e a empresa chinesa Sinovac. Em seguida, constatou-se que o rapaz se suicidou, mas até a definição do motivo da morte, a Agência Nacional de Vigilância Sanitária (Anvisa), ligada ao governo federal, suspendeu, em outubro de 2020, os testes do medicamento. A determinação provocou perplexidade no meio científico e médico. Um dia depois, a autorização para os testes foi retomada.

1552 A recusa do presidente a aceitar uma vacina "chinesa", como se refere à Coronac, contra a Covid-19, remete ao episódio histórico da Revolta da Vacina, em 1904, quando o Rio de Janeiro se tornou um palco de conflito em razão da determinação do governo de ordenar, compulsoriamente, que a população tomasse uma vacina contra a febre amarela. Bolsonaro tem se colocado contrário à obrigatoriedade da vacina, mas 7 dos 11 ministros do STF admitiram, reservadamente, que optariam pela vacinação compulsória em julgamentos abertos na corte. O presidente afirmou que "o meu ministro da Saúde já disse claramente que não será obrigatória e ponto final." O governador de São Paulo, João Dória (PSDB), defendeu tese contrária e disse que no Estado a vacinação será compulsória e previu medidas legais contra os que recusassem a vacina. Autores do artigo *A revolta da Vacina*, Daniel Wei Liang, Ana Luiza Arruda e Gabriela Moribe lembram que a vacinação obrigatória já é prevista no direito brasileiro por meio da Lei Federal 6.259/75. O Código de Defesa da Criança e do Adolescente (ECA) também prevê sanções a pais que deixarem de vacinar seus filhos em casos recomendados pela Vigilância Sanitária. "A obrigatoriedade da vacinação é medida adequada se a restrição à autonomia individual for capaz de fomentar o objetivo de proteção da saúde pública. A resposta, no caso, é fácil, a princípio, dado que a imunização da população é medida efetiva para conter uma doença altamente contagiosa. Há também evidências de que a obrigatoriedade aumenta a taxa de cobertura vacinal", afirmam os autores. O presidente do STF, Luiz Fux, chegou a dizer que a judicialização sobre o tema seria "importante" e "necessária". *Folha de S. Paulo, Ilustríssima*, 23 de outubro de 2020, p. C-10 e *O Estado de S.Paulo*, 27 de outubro de 2017, p. A-12.

1553 O Estado de S.Paulo, Metrópole, edição de 23 de outubro de 2020, p. A-15.

1554 O curioso é que a vacina "inglesa" de Oxford, a preferida de Bolsonaro, também é feita, em boa parte de sua composição, com matéria-prima chinesa, da empresa Sinovac.

No Twitter, o presidente comentou a morte do voluntário e demonstrou contentamento pela suspensão. "Mais uma que Jair Bolsonaro ganhou", escreveu, referindo-se a si próprio na terceira pessoa. O governador de São Paulo, João Dória (PSDB) respondeu: "irresponsável".

Bolsonaro também, a exemplo de Donald Trump, com quem é fortemente alinhado, negou-se a reconhecer oficialmente a eleição do democrata Joe Biden nos Estados Unidos. Até o dia 17 de novembro, dez dias após ele ser declarado o 46º mandatário americano, o Brasil, ao lado da Rússia, do México e de mais alguns poucos países estava no grupo que ainda não tinha reconhecido a eleição. A China relutou alguns dias, mas depois resolveu cumprimentar o novo presidente que tomaria posse dia 20 de janeiro de 2021. O não-reconhecimento tinha potencial para isolar ainda mais o Brasil no cenário internacional, tornando o País um pária. Para complicar ainda mais a situação, o presidente disse, dirigindo-se ao ministro de Relações Exteriores Ernesto Araújo, que em diplomacia "quando acaba a saliva tem que ter pólvora". A frase foi considerada hostil ao novo governo dos EUA por vir na sequência de um pensamento em que ele fazia uma crítica indireta a Biden, embora sem citá-lo. "Um candidato a um governo estrangeiro disse que levantaria barreiras contra o Brasil se não parássemos de destruir a Amazônia". Em um debate com Trump ainda durante a campanha Biden havia citado o Brasil, avisando que repassaria U$$ 20 bilhões ao País se este se comprometesse a defender a Floresta Amazônica mas poderia ter "prejuízos econômicos consideráveis" se não o fizesse.[1555] Na ocasião, Biden não era mais candidato, mas presidente eleito, já que havia obtido 306 delegados ante 238 do republicano.

A relação do presidente com os militares – em parte fiadores de sua candidatura e do seu governo – também não andava às mil maravilhas. O comandante do Exército, general Edson Leal Pujol, fez questão de, durante um evento do Instituto para Reforma das Relações entre Estados e Empresas, em Brasília, no dia 12 de novembro, deixar claro que não interessava aos fardados se envolver com política. "O fato de ter alguns militares no governo é uma iniciativa do Executivo, mas o Exército é

[1555] *Folha de S.Paulo*, edição de 15 de novembro de 2020, p. A-6.

uma entidade permanente que está ligada ao Brasil, não a um ou outro governo. Não temos partido, nosso partido é o Brasil", fez questão de frisar. Em resposta, Bolsonaro disse concordar com o general. "O comandante do Exército, Edson Pujol, que eu indiquei para o comando, repete o que tenho dito: as Forças Armadas devem se manter apartidárias, baseadas na hierarquia e na disciplina, sob a autoridade suprema do presidente da República"[1556].

O resultado das eleições municipais de 2020, que ocorreram em primeiro turno dia 15 de novembro, também foi visto como adverso para o presidente. Poucos candidatos apoiados por ele tiveram bons resultados. Em São Paulo, Celso Russomano (Republicanos) que colou sua campanha ao apoio presidencial, teve apenas cerca de 9% dos votos, ficando na quinta colocação. No Recife, a Delegada Patrícia também ficou bem atrás, assim como o Coronel Menezes (Patriotas), em Manaus e Bruno Engler (PRTB) em Belo Horizonte. Somente o filho 02, Carlos Bolsonaro, conseguiu se eleger como vereador do Republicanos no Rio de Janeiro. Ainda assim, teve pouco mais de 70 mil votos, até 106 mil na eleição de 2016 quando foi o mais votado na cidade. Rogéria Bolsonaro, sua mãe, obteve apenas 2 mil e não conseguiu se eleger. A expectativa da família era de que Carlos tivesse 150 mil votos. O DEM, partido que integra o Centrão, foi um dos vencedores das eleições de 2020, conquistando capitais importantes como Curitiba, com Rafael Greca, e Salvador, com Bruno Reis. Na esquerda, o PSOL disputava o segundo turno em São Paulo com o PSDB, num embate entre Guilherme Boulos e Bruno Covas (PSDB), e em Belém, onde disputavam Edmilson Rodrigues, do PSOL, e delegado Iguchi, do Patriotas. No Rio, o prefeito Marcelo Crivella (Republicanos), com apoio do presidente, disputava o segundo turno contra Eduardo Paes, do DEM. Ele tinha, entretanto, índices de rejeição na casa dos 62% do eleitorado[1557].

Bolsonaro vs. Doria – a eficácia da vacina chinesa Coronavac – apesar de o então ministro da Saúde, Eduardo Pazuello, ter anunciado no dia 21 de outubro de 2020 a compra de 46 milhões de doses da vacina Coronavac, produzida em parceria pelo laboratório chinês Sinovac e o

[1556] *O Estado de S.Paulo*, edição de 14 de novembro de 2020, p. A-16.
[1557] *Valor*, edição de 14 de novembro de 2020, p. A-9.

Instituto Butantã, de São Paulo, o presidente Jair Bolsonaro, impulsionado pela ala ideológica do governo e pelo destaque da mídia a seu oponente político, o governador de São Paulo Dória, postou nas redes sociais: "Não será comprada". Depois, no Facebook, afirmou: "o povo brasileiro não será cobaia de ninguém. (...). O presidente sou eu"[1558].

Na época desse entrevero, a vacina chinesa encontrava-se na fase 3 dos testes clínicos, o mais avançado em humanos, e teve os melhores resultados de segurança entre imunizantes em teste. Em contrapartida, o presidente assinara uma medida provisória visando comprar 100 milhões de doses da vacina AstraZeneca, desenvolvida pela Universidade de Oxford, ao custo de R$ 1,9 bilhão, prevendo transferência de tecnologia de produção para a Fiocruz.

Élcio Franco, então secretário executivo da pasta da Saúde, disse ter havido "interpretação equivocada da fala do ministro da Saúde" sobre a compra da Coronavac, e destacou em pronunciamento na TV Brasil que não havia intenção de compra das "vacinas chinesas", por ocasião da ausência do ministro Pazuello, que havia contraído Covid, por isso sua ausência no canal de TV.

Atraso na compra de vacinas contra o Covid-19 – em dezembro de 2020, os jornais destacaram as críticas do então presidente da Câmara, Rodrigo Maia (DEM-RJ) ao presidente Jair Bolsonaro por não ter antecipado a compra de vacinas contra o Coronavírus – à época, prestes a deixar o mandato à frente do Congresso com mais de quarenta pedidos de *impeachment* não analisados. Segundo o deputado, o presidente estava criando um "balcão" de negócios na Câmara para eleger o próximo sucessor na Casa a fim de "tocar a agenda ideológica (...), a pauta de costumes, do voto impresso, para desqualificar o Tribunal Superior Eleitoral, (...) mas não as reformas, como havia sugerido o ministro da Economia, Paulo Guedes"[1559].

Quanto à questão da compra de vacinas, Maia afirmou: "A vacina é o ponto mais crítico do governo, o mais grave até hoje na sua relação

[1558] TURTELLI, Camila; ROSA, Vera; e BEHNKE, Emilly. Por ala ideológica, Bolsonaro desautoriza ministro e rejeita a "vacina da China". *O Estado de S.Paulo,* 22 out. 2020.

[1559] MATAIS, Andreza; FRAZÃO, Felipe; e MONTEIRO, Tânia. Rodrigo Maia: 'Demora da vacina é maior erro político de Bolsonaro' *O Estado de S.Paulo,* 12 dez. 2020.

com a sociedade. A demora na compra da vacina é o maior erro político de Bolsonaro. Esse é o tema que pode gerar o maior dano de imagem para o presidente. Faz voltar na memória das pessoas todos os erros do governo, desde o início da pandemia. Isso pode impactar o projeto de reeleição. Certamente, ele (Bolsonaro) tem pesquisa. E, se ele tem, está com essa mesma informação. As pessoas estão começando a entrar em pânico, em desespero. E aí ele isenta a importação de armas. Precisa tratar sem paixão, sem ideologia, esquecer o conflito com o governador de São Paulo"[1560].

Com relação ao discurso negacionista da fala do presidente da República, que as pessoas são "maricas" diante do Covid, o deputado comentou: "Você pode ter certeza que o que o Pazuello (o ministro foi contaminado pelo Covid) passou foi mais grave do que ele deve estar falando. As pessoas vão tendo, as famílias vão pegando, perdendo seus parentes. E ao longo do tempo, as pessoas vão vendo que o presidente tá errado. Tá errado desde o início, quando ele disse era uma gripezinha"[1561].

5.4.3 Bolsonaro – fatos 2021

O ano de 2021, em janeiro, teve início com ato de violência contra a democracia americana, a invasão do Congresso por adeptos do ex-presidente Donald Trump. A insurreição foi incitada por Trump, que, de forma mentirosa, dizia que tinha sido roubado nas eleições presidenciais por Joe Biden, do Partido Democrata.

As cenas foram chocantes durante a invasão, paredes foram escaladas, portas derrubadas para entrarem no Capitólio. Houve roubos, depredações e confronto armado. Uma mulher levou um tiro quando entrava por uma janela quebrada e morreu no hospital (*Veja*, 13 jan. 2021). Bolsonaro e familiares, apoiadores do republicano, não esconderam a simpatia com a invasão e passaram a relacionar a eleição americana com as eleições brasileiras de 2022, atacando as urnas eletrônicas e pedindo o voto impresso, classificado como o mais seguro. Passaram a fazer ataques violentos ao TSE e a pressionar o Congresso para votar e derrubar o projeto do voto eletrônico.

[1560] Ibidem, 12 dez. 2020.
[1561] Ibidem, 12 dez. 2020.

Além de Bolsonaro não ter reconhecido a vitória legítima de Biden para a presidência, numa profunda falta de etiqueta diplomática, insinuou repetir no Brasil a mesma insurreição populista, de extrema direita, que ocorreu nos EUA, se o Congresso não aprovar o voto impresso. Passou a ameaçar o País com um possível golpe de Estado, seduzindo as Forças Armadas e as Polícias Militares e os Corpos de Bombeiros para seus intentos. O comentarista da *Revista Veja* (27.1.21), preocupado com a situação, explicitou: "Nossas instituições são menos fortes do que gostaríamos de imaginar: ao contrário dos EUA, que barrou o golpe de Trump, nossa tradição não é liberal e democrática, mas corrupta e autoritária". Essa posição de Bolsonaro predominou durante o ano de 2021, gerando tensão, medo, choque entre os Poderes, crise econômica e social, além do aumento de mortes pelo Covid-19, que foram desprezadas pelo presidente desde 2020.

O Centrão e as eleições da Câmara Federal e do Senado – no início de 2021, para alcançar os seus objetivos administrativos e eleitorais, Bolsonaro empenhou-se para eleger os dois candidatos alinhados aos interesses do Planalto para o comando da Câmara e do Senado, respectivamente, o deputado federal Arthur Lira (Progressistas-AL) e o senador Rodrigo Pacheco (DEM-MG), sendo considerada uma vitória do presidente. Eles derrotaram, respectivamente, Baleia Rossi (MDB-SP) e Simone Tebet (MDB-MS) no processo de sucessão de Rodrigo Maia (DEM-RJ) e Davi Alcolumbre (DEM-AM). Maia fora considerado por Bolsonaro como um inimigo que mobilizou toda a estrutura do governo e dos aliados para derrotar seu candidato, Baleia Rossi. No último momento, por exemplo, um aliado, ACM Neto, o presidente do DEM, liberou os parlamentares do partido para votar em Lira, embora Maia fosse membro da agremiação. O presidente, por sua vez, não poupou esforços para garantir apoio aos aliados. No mesmo dia da votação, o governo liberou R$ 3 bilhões de recursos extras para as emendas de 285 deputados e prometeu cargos para arregimentar apoios a Lira e Pacheco, reforçando laços com o Centrão, um grupo de parlamentares fisiológicos que só têm interesses financeiros, e que se tornaria o principal fiador do governo Bolsonaro, recompensado com polpudas verbas e cargos. Em um sintoma dessa sintonia, o DEM, partido de Maia, recusou-se a apoiar Rossi, parlamentar que ele apontou como seu sucessor. Isso fez com que o ex-presidente da Câmara rompesse com o partido e saísse da legenda.

Diante desse cenário, Bolsonaro acreditava controlar o Congresso Nacional e sentia-se protegido em todas as suas propostas e atitudes.

Saúde – A crise sanitária devido ao Covid-19 continuou no País, tanto é que em entrevista o médico Gonzalo Vecina Neto, professor da USP, ex-mandatário da Agência Nacional da Saúde (ANS), declarou: "Foi um desastre sanitário provocado pela inação do presidente da República. Não há meias palavras para se dizer isso. E esse desastre sanitário significa responsabilização por mortes que seriam evitáveis. Se tivéssemos valorizado o distanciamento social, o uso de máscaras, o não uso de medicamentos ineficazes contra a doença, e agido rápido na busca da vacina, a situação seria melhor" (*Veja*, 13.1.21). E continuou: "A turma que entrou no Ministério não conhece nada de saúde. O general Pazuello (ex-ministro da Saúde) nunca se interessou em conhecer o Sistema de Saúde Pública. Não tem milagre, enquanto não tivermos vacina. Sair de casa significa elevar o número de casos de óbitos".

O Brasil, nesse momento, já registrava mais de 200 mil óbitos, e a situação era pior na cidade de Manaus, capital do Amazonas, onde a falta de oxigênio levou à morte vários pacientes e ao colapso da rede de saúde pública do Estado. Sem saída, o governo pediu ajuda aos Estados Unidos, mas foi a Venezuela – um governo rival, na visão de Bolsonaro – que enviou ajuda, na forma de cilindros de oxigênio, aos hospitais da cidade. O presidente pediu "calma" para a falta da vacina e recomendou o "tratamento precoce", com remédios que não funcionam para a doença, para combater o caos. O epidemiologista da Fiocruz, Jesen Orellana, atribuiu a uma nova cepa, encontrada em turistas japoneses que viajaram para a Amazônia, a razão para o aumento dos casos na cidade. Uma médica do Hospital Getúlio Vargas, que preferiu não se identificar, desabafou: "você vê o paciente morrendo e não pode fazer nada". Famílias se organizaram para comprar no comércio local cilindros de oxigênio para levar a seus parentes internados numa tentativa de evitar mortes. Por volta do fim de fevereiro de 2021, o Brasil chegava a 250 mil mortos pela Covid.

Em 18 de março, em conversa com apoiadores no cercadinho do Planalto, Bolsonaro, mais uma vez, minimizou o poder da vacina e criticou as vítimas da Covid-19 e seus parentes e o fechamento do comércio nos

Estados para conter a doença. "Chega de mimimi e frescura. Em todo lugar tá morrendo gente", disse. Ainda acusou seus críticos de quererem derrubá-lo e desafiou os presentes a apontarem algum país que estivesse "tratando bem" a questão da Covid. Na ocasião, de acordo com o *site* "Our World in Data", ligado à Universidade de Oxford, o Brasil ocupava o 11º lugar no mundo em número absoluto de vacinados, mas a 89ª colocação se levado em consideração o porcentual da população que havia sido vacinada. Na época, o País já registrava 285 mil mortes em consequência da pandemia.

Em decorrência da tragédia, o Senado, para dar uma satisfação à população, aprovou uma CPI para investigar o que estava ocorrendo no Ministério da Saúde.

CPI da Covid – Ainda naquele mês, a Comissão Parlamentar de Inquérito (CPI) da Covid, instalada no Senado depois que o STF determinou ao presidente da Casa, Rodrigo Pacheco (DEM-MG), que a instalasse, já que ele, alinhado ao presidente Jair Bolsonaro, não demonstrava interesse em fazê-lo, tomou uma decisão que levou muita preocupação ao Planalto: o pedido de quebra de sigilo de pessoas ligadas ao gabinete paralelo que instalou um grupo antivacina para "assessorar" o presidente no discurso favorável ao fantasioso "tratamento precoce" contra a doença e no uso de medicamentes ineficazes contra a doença, a exemplo da cloroquina. A lista dos que tiveram os seus sigilos fiscais e bancários abertos incluiu o ex-ministro da Saúde Eduardo Pazuello, o ex-ministro do Meio Ambiente Ricardo Salles e o assessor especial da Presidência Felipe Martins. Na sequência, Martins, muito ligado aos filhos de Bolsonaro, sairia do governo após fazer um gesto racista com as mãos durante a sessão do Senado e ser repreendido pelos senadores.

A CPI revelou, dias depois, que o governo Bolsonaro planejou comprar a vacina indiana Covaxin contra a Covid-19 por um preço até 1000% mais alto do que havia anunciado a própria fabricante, a Barath Biotech, seis meses antes. Um telegrama da embaixada brasileira em Nova Délhi de agosto do ano passado afirmava que a dose da vacina da empresa indiana estaria sendo vendida por US$ 1,34 a dose. Em fevereiro de 2021, no entanto, o Ministério da Saúde fechou contrato para comprar o imunizante a US$ 15 a unidade, a mais cara das seis vacinas compradas até aquela data. Um total de R$ 1,6 bilhões seriam gastos para adquirir 20 mil doses do imunizante. A compra, que acabou sendo suspensa após suspeitas de corrupção, seria intermediada pela empresa Precisa Medicamentos, dirigida por Francisco Maximiano, que entraria no foco da CPI. Maximiano teve o seu sigilo fiscal e bancário quebrados.

A empresa, por sua vez, já havia sido investigada pelo Ministério Público Federal (MPF) sob acusação de fraude na venda de testes para Covid. Nesse caso, o deputado federal Luís Miranda (DEM-DF) e seu irmão, Luís Ricardo Fernandes de Miranda, servidor de carreira do Ministério da Saúde, haviam levado ao presidente suspeitas de desvios na compra da vacina. Na ocasião, em um encontro no Palácio do Planalto, Bolsonaro teria atribuído a situação a um "rolo" do líder do governo na Câmara, deputado federal Ricardo Barros (Progressistas-PR), mas não tomou providências para resolver a questão. A compra foi suspensa somente após a CPI tornar pública as acusações. Barros havia sido ministro da Saúde no governo de Michel Temer (MDB) e responde a processo no caso da Precisa Medicamentos, que teria favorecido em sua gestão. Tanto ele quanto Maximiano são investigados pelo Ministério Público Federal por esse fato.

Muitas discussões, revelações e escândalos ocorreram durante a CPI e, no dia 8 de outubro de 2021, com o Brasil alcançando a marca de mais de 600 mil mortes[1562], o senador Randolfe Rodrigues (vice-presidente da CPI) pediu o adiamento para encerrar os trabalhos devido a "novos fatos ocorridos". Afirmou o senador: "tenho certeza que Bolsonaro tinha conhecimento dessas quadrilhas. E em algum momento, teve participação direta nisso. Ele indicou o diretor do Instituto Evandro Chagas. Aí tem a digital de Bolsonaro. Temos elementos de que ele cometeu crime de epidemia, crime contra a saúde pública, crime contra a ordem sanitária e prevaricação. Ainda precisamos ter uma análise maior sobre a corrupção passiva. Acho que, ao todo, hoje, temos de sete a oito tipos de infrações penais que pesam contra o presidente. Só o crime de epidemia prevê de 10 a 12 anos de prisão. E como agravante ele ser praticado por um agente público quando pode chegar a 20 anos. Sem falar do charlata-

[1562] Brasil ultrapassa a marca de 600.000 mortes pelo coronavírus. Disponível em https://noticias.uol.com.br/ultimas-noticias/afp/2021/10/08/brasil-ultrapassa-a-marca-de-600000-mortes-pelo-coronavirus.htm?cmpid=copiaecola. Acessado em 9 out. 2021.

nismo, prevaricação e os outros malfeitos que pesam contra Bolsonaro" (*Isto É*, 29.09.2021, p. 8).

Impeachment. A morte de pessoas por falta de oxigênio em Manaus, em crise causada pela falta de cuidado do Ministério da Saúde, então sob o comando do general Eduardo Pazuello, foi um dos fatores que, segundo o Datafolha, levou ao aumento da desaprovação do governo. A falta de vacinas quando muitos países do mundo já vacinavam seus cidadãos também pesou. Na ocasião, 50% dos brasileiros consideravam que ele não tinha condições de governar o País na crise do coronavírus. O encerramento do auxílio emergencial poderia jogar, de acordo com especialistas no tema, cerca de 3,4 milhões de brasileiros na pobreza extrema.

Panelaços de protesto contra o presidente ocorreram em vários pontos do Brasil. Em fevereiro de 2021 havia mais de 50 pedidos de *impeachment* na Câmara Federal parados.

Segundo o jurista Miguel Reale Jr.: "O *impeachment* trata-se de um remédio para casos graves, e estamos diante de um caso grave. Outro caminho é o processo criminal, porque há uma coletânea de crimes contra a saúde. O presidente tem de passar por exame de sanidade mental e ser interditado" (*Isto É*, 3.2.21, p. 28).

Em setembro o número de pedidos de *impeachment* chegou a 130, mas como Bolsonaro contou com o apoio do Centrão e do presidente eleito da Câmara Arthur Lira, não houve risco para a abertura do processo.

Em 1º de julho, partidos de oposição e de direita e líderes da sociedade civil e parlamentares que romperam com o governo entregaram ao presidente da Câmara, Arthur Lira (Progressistas-AL), um super pedido de *impeachment* do presidente Jair Bolsonaro (sem partido). A peça reúne mais de cem pedidos protocolados na Câmara. Diante da investida da CPI da Covid e de suspeitas de corrupção na compra de vacinas, o Planalto agiu para manter o acordo com o Centrão para evitar o risco de impedimento. O presidente da Câmara chamou o pedido de "compilação" e disse que ia esperar o fim da CPI. "*Impeachment* como ação política a gente faz com materialidade", afirmou. Acuado, Bolsonaro recorreu a ameaças: "Não vai ser com mentiras e com uma CPI integrada por sete bandidos que vão nos tirar daqui". Ameaçou, também, usar as Forças Armadas para se manter no cargo. "Só tenho paz e tranquilidade porque sei que, além do povo, temos Forças Armadas com a democracia e com a liberdade", afirmou.

Política Militar e as Forças Armadas – Enquanto isso, no Congresso, começavam a andar projetos, apresentados pela base bolsonarista, que tinham como intenção limitar o poder dos governadores sobre as polícias militar e civil, concentrando poderes na Presidência da República e em órgãos federais. Tradicionalmente, os policiais, especialmente os militares, integram a base do presidente. Entre as mudanças estavam a criação de um cargo de general para as PMs – hoje exclusivo do Exército – e a criação de um Conselho da Polícia Civil, ligado à União. Os projetos também propunham mandato de dois anos para os comandantes das PMs e delegados-gerais. Muito criticadas por especialistas, as propostas se propunham a garantir mais popularidade ao presidente e seus aliados no início do terceiro ano do mandato.

"Esta aberração não tem paralelo nos países democráticos" (*Isto É*, 20-7-21). O objetivo é exercer o controle da Polícia Militar pelo Ministério da Justiça, sem prestar contas aos governadores, servindo a interesses da Presidência da República, ou seja, ajudá-lo a manter no poder e reprimir movimentos sociais. Fez parte de um programa de militarização do País. No orçamento da União o presidente privilegiou os recursos para as Forças Armadas.

Bolsonaro, quando nomeou os generais para a cúpula de governo, adicionou quase cinco mil militares para trabalharem com o Executivo. Há propostas de criação de escolas cívicas com características militares em todo o Brasil com o endosso do MEC. Além disso, Bolsonaro participa sempre de formaturas do Exército, da Marinha, Aeronáutica e das polícias militares e rodoviária federais.

Para completar o quadro, foi criado uma sinecura militar, com 16 presidentes de estatais militares, que chegam a receber R$ 260 mil reais por mês, furando o texto constitucional, que se baseia nos salários dos Ministros do STF.

Por último, Bolsonaro editou quatro decretos que pretendem ampliar a compra e a posse do porte de armas para toda a população, prática já usada por várias ditaduras para formar batalhões populares e ideológicos, a fim de defender o governo e amedrontar os opositores, como ocorreu na Venezuela. Além disso, desenvolveu-se, paralelamente, um contato com os milicianos, que foi desenvolvido por Queiroz e os filhos do presidente. E a militarização da sociedade.

Os radicais do governo. Desde a posse de Bolsonaro, um grupo, com a participação de Sara Winter, Oswaldo Eustáquio, Allan dos Santos, o ex-ministro Wintraub, o deputado Daniel Silveira e os filhos de Bolsonaro, vive atacando o STF constantemente. Os membros pedem o fechamento deste Poder e chegaram a lançar fogos de artifício contra o prédio da Suprema Corte. A radicalização faz parte de uma rede de militantes financiados para realizar manifestações de protestos, divulgar notícias falsas com o objetivo de gerar instabilidade no País, atacar, também, o Congresso Nacional, a imprensa e qualquer crítico do governo.

A manobra tentava e tenta desqualificar o Poder Judiciário, o Legislativo e os opositores para fortalecer a supremacia autoritária de Bolsonaro. É uma campanha contra a democracia.

Acionado, o STF tomou uma série de medidas contra os radicais, prendendo Sara Winter e o deputado David Silveira, entre outros, por propagarem atos extremistas e *fake news*. O deputado, por exemplo, em 2020, na celebração do dia do Exército, pregava em suas redes sociais: "Vocês não fazem ideia do poder que o povo tem. Se o povo sair às ruas de fato, e resolver cercar o STF, resolver cercar o Parlamento (...) invadir mesmo, tô falando para cercar, invadir mesmo. Tô falando para cercar lá e retirar na base da porrada".

No dia 16 de fevereiro, o ministro do STF, Alexandre de Moraes, determinou a prisão do parlamentar, após a publicação de um vídeo com apologia ao Ato Institucional nº 5, xingamentos contra os ministros do STF e proposta de fechamento da Corte. A prisão foi imediata, em flagrante, por incitação à violência, desrespeito à Constituição e radical ataque à democracia. A imunidade parlamentar não protege o deputado nesses casos no Brasil.

O ministro Alexandre de Moraes vem investigando as notícias falsas, denunciações caluniosas e ameaças aos integrantes do STF desde 2019, por determinação da presidência deste Poder.

Lava Jato, Lula e Moro – Em uma reviravolta surpreendente no caso do ex-presidente Luiz Inácio Lula da Silva (PT), condenado em vários processos pela Operação Lava Jato, o ministro de STF Edson Fachin anulou todas as condenações que pesavam contra ele, tornando-o elegível para o pleito de 2022. Relator da Lava Jato no Supremo, Fachin considerou que a 13ª Vara de Curitiba não era competente para julgar os feitos que envolvessem Lula, o que fez com que os processos contra o petista fossem enviados à Justiça Federal de Brasília e de São Paulo. A ação, que teria sido combinada com o presidente da corte, ministro Luiz Fux, também alinhado à Lava Jato, seria uma estratégia para livrar o ex-juiz e ex-ministro Sergio Moro – que condenou Lula nas ações do Triplex no Guarujá e no Sítio de Atibaia – de ser considerado suspeito após o *site* "The Intercept Brasil" ter publicado bastidores da operação que deixavam seus líderes, principalmente Moro e o procurador Deltan Dallagnol, em situação bastante complicada.

Assim, Fachin pretendia anular os processos sem incluir o ex-juiz na questão. No entanto, o ministro Gilmar Mendes resolveu levar os processos ao plenário do Supremo, o que acabou levando à decretação de Moro como suspeito nos casos envolvendo o ex-presidente. Duas semanas depois, o STF formou maioria por 8 votos a 3 e acatou a decisão do ministro Edson Fachin de anular as condenações do ex-presidente no âmbito da Operação Lava Jato. Fachin votou para manter a decisão anterior de anular as condenações. Segundo o ministro, de acordo com entendimentos anteriores do STF, a 13ª Vara de Curitiba não é o "juízo universal" de fatos ligados à Lava Jato. Ele foi seguido por Alexandre de Moraes, Rosa Weber, Dias Toffoli, Gilmar Mendes, Ricardo Lewandowski, Carmen Lúcia e Luís Roberto Barroso. O ministro Kássio Nunes Marques, indicado ao cargo pelo presidente Jair Bolsonaro, abriu divergência ao afirmar que o crime pelo qual Lula tinha sido condenado aconteceu em detrimento da Petrobras, o que justificaria o julgamento pela 13ª Vara, mas foi voto vencido. Os ministros julgavam, na ocasião, um recurso da Procuradoria Geral da República (PGR) contra a decisão anterior de Fachin de declarar Curitiba incompetente para julgar as ações envolvendo a Petrobras.

Com a volta de Lula ao cenário eleitoral, ele passou a ser considerado o principal rival do presidente na sua busca por reeleição. Aos poucos, Lula conseguiria se livrar quase de todas as acusações que pesavam contra ele, principalmente após Sergio Moro, o juiz-inquisidor da Operação Lava Jato, ser considerado parcial e suspeito nos julgamentos de ações contra o ex-presidente. Até setembro daquele ano ele já havia sido inocentado em 19 ações que o acusavam de corrupção passiva e ativa.

A situação de Lula ficou confortável devido às trapalhadas e decisões injustas e políticas da Lava-Jato, e os seus processos encontram-se da seguinte maneira:

PROCESSO	DECISÃO	STATUS
Triplex do Guarujá	Lula foi condenado, mas a 13ª Vara de Curitiba foi declarada incompetente e Sérgio Moro, parcial, invalidando provas e depoimentos. O caso deve voltar à estaca zero.	Caso anulado
Sítio de Atibaia	O petista também foi condenado, mas, com as decisões sobre Moro e a competência de Curitiba, o caso foi reiniciado em Brasília, onde a denúncia foi rejeitada.	Caso anulado
Terreno para Instituto Lula	Suspeição de Moro levou à anulação de provas. Lula ainda pode ser condenado, mas apuração retrocedeu.	Caso anulado
Doações para instituto	Ministro do STF Ricardo Lewandowski suspendeu caso.	Caso suspenso
"Quadrilhão" do PT / "Quadrilhão" do PT (2)	A Justiça Federal do DF absolveu Lula e outros petistas por falta de provas. Uma nova denúncia foi rejeitada.	Absolvido e denúncia negada
Obstrução da Justiça	O juiz substituto da 10ª Vara Federal do DF, Ricardo Leite, absolveu Lula, acusado de silenciar Nestor Cerveró.	Absolvido
Palestras	A juíza Gabriela Hardt, da 13ª Vara Federal de Curitiba, reconheceu a legalidade das palestras.	Legalidade reconhecida
Operação Zelotes	O juiz Frederico Totelho de Barros Viana, da 10ª Vara Federal de Brasília, absolveu o ex-presidente na ação sobre incentivos fiscais a montadoras.	Absolvido
Lei de Segurança Nacional	A base da investigação foi a declaração de Lula sugerindo que Bolsonaro era "miliciano". O caso foi arquivado.	Caso arquivado
Touchdown	Justiça arquivou investigação contra Lula e seu filho, Luís Cláudio, a partir de delações da Odebrecht.	Caso arquivado

PROCESSO	DECISÃO	STATUS
Frei Chico	Juiz Ali Mazloum rejeito denúncia em que Lula e o irmão eram acusados de receber "mesada" da Odebrecht.	Denúncia rejeitada
Angola	A Quarta Turma do TRF-1 trancou ação na qual Lula era acusado em caso envolvendo Odebrecht e BNDES.	Ação trancada
Ocupação do triplex	A Primeira Turma Recursal do Juizado Especial Federal da 3ª Região reconheceu que a acusação prescreveu.	Absolvido
Revista "Carta Capital"	A 10ª Vara Criminal Federal de São Paulo arquivou o caso sobre contratos da Odebrecht com a revista.	Caso arquivado
Guiné Equatorial	A 5ª Turma do TRF-3 ordenou o trancamento da ação em que Lula era acusado de tráfico de influência.	Ação trancada
Tentativa de reabrir o caso do sítio de Atibaia	A Justiça Federal de Brasília rejeito a denúncia reapresentada pelo MPF contra o petista no caso do sítio.	Denúncia rejeitada
Odebrecht/ BNDES	O juiz federal Frederico Botelho de Barros Viana, da 10ª Vara da Justiça Federal do DF, trancou a ação penal.	Ação trancada
Tráfico de influência	A juíza Maria Carolina Akel Ayoub mandou trancar inquérito que apurava tráfico de influência internacional.	Investigação trancada

Fonte: *O Estado de S.Paulo*, 21 set. 2021, p. A8.

Meio ambiente – em maio, o então ministro do Meio Ambiente, tido como um dos mais fiéis a Bolsonaro e mais polêmicos, Ricardo Salles, tornou-se alvo da Polícia Federal (PF) em uma operação de venda de madeira ilegal para os Estados Unidos. A ação, deflagrada sob autorização do ministro do STF Alexandre de Moraes, investigava a venda ilegal de madeira apreendida para os EUA, denunciando às autoridades brasileiras o envio de produtos ilegais para aquele país, sob olhares complacentes dos órgãos ambientais brasileiros. O presidente do Ibama, Eduardo Bin, teve seu afastamento determinado pelo ministro. Moraes também anotou na decisão uma "movimentação atípica" entre 2012 e 2020 de valores superiores a R$ 14 milhões em contas de um escritório de advocacia do qual o ministro Salles é sócio em São Paulo. Moraes determinou buscas em escritórios de Salles, que reagiu afirmando que "o ministro foi induzido ao erro". Pouco tempo depois, desgastado e respondendo a processos, o titular do Meio Ambiente foi afastado do governo.

O trabalho de Salles dificultou a preservação da natureza e abriu caminho para a exploração predatória em todo o território brasileiro. Com a pandemia, iniciou o desmonte das conquistas ocorridas na área. A situação da pasta revela-se caótica, sendo a seguinte:

- Não cumpre acordos internacionais.
- Vetou a participação da sociedade civil no Conama.
- Facilitou o garimpo e a grilagem de terras.
- Nomeou pessoas adversárias de causa ambiental em cargos estratégicos do ministério.
- Com todos os problemas existentes, conseguiu baixar o orçamento de meio ambiente de R$ 2,9 bilhões para R$ 1,7 bilhão.
- As multas aplicadas pelo IBAMA foram reduzidas. Nesse contexto, na ONU, o Brasil tem visto a sua imagem prejudicada, não é à toa que o deputado Rodrigo Agostinho (PSB-SP) afirmou: "Precisamos ter a estrutura mínima de funcionamento, sob pena de assistirmos todas as tragédias do passado se repetirem".

Política externa – nas relações internacionais, o chanceler Ernesto Araújo não foi ouvido nem respeitado na área diplomática. Demonstrou completa inaptidão na diplomacia com diversos países, principalmente com a China, grande consumidor de produtos brasileiros, com os árabes e com as nações vizinhas. Deixou embaixadas e consulados em diversos pontos do mundo sem pagar as contas de luz, água, internet e até dos aluguéis.

Atrasou os salários de várias categorias que trabalhavam no exterior, como motoristas, copeiras, limpeza, segurança etc. Não foram nem realizados os pagamentos obrigatórios para organismos internacionais como ONU, UNESCO E OMC.

Em prestação de contas anual, afirmou que o Brasil deve combater a "histeria biopolítica", o "narco-socialismo", "o sistema intelectual politicamente correto", o "abortismo", "a cristofobia", o "Trans-humanismo", o "anticristianismo" e o "marxismo do mercado megatecnológico". E ratificando, acrescentou: "Quando você compra a biopolítica do "fique em casa", talvez esteja ajudando o "narcotráfico".

Tamanha coleção de asneiras escancara a indigência intelectual que impregna a atual administração, com consequências práticas (*Isto É*, 15.1.2021, p. 24).

Voto impresso e as fraudes nas eleições segundo Bolsonaro – No fim de julho, o *Estadão* denunciou que o ministro da Casa Civil, o general Walter Braga Neto, um dos auxiliares mais próximos de Bolsonaro, mandou um duro recado ao presidente da Câmara, Arthur Lira, afirmando que só haveria eleições em 2022 se fosse aprovado o voto impresso, ou "auditável" como o presidente afirma. A mensagem, segundo Andreza Matais e Vera Rosa, foi a seguinte: "a quem interessar diga que se não tiver eleição auditável não terá eleição." No mesmo dia 8 de julho, Bolsonaro repetiu publicamente a tentativa de intimidação. Braga Netto negou, posteriormente, que tenha ameaçado a Câmara, mas soltou uma nota em que reconhecia como "legítima" a tentativa do presidente, frustrada no Legislativo, de implantar o voto impresso nas eleições.

O presidente havia organizado uma *live* na qual prometia apresentar "provas" de fraudes nas urnas eletrônicas. No entanto, durante o programa não apresentou uma prova sequer, apenas requentou velhas "denúncias", vídeos falsos da internet e *fake news*. Ao fim da *live*, admitiu que não tinha provas, apenas supostos indícios de fraude. "Não tem como comprovar se as eleições foram ou não fraudadas. São indícios. Um crime se descobre com vários indícios". Desde março de 2020, o presidente havia anunciado que apresentaria "provas" de problemas nas urnas eletrônicas, no entanto as urnas são perfeitamente auditáveis e não há notícias de nenhum problema de fraude comprovada envolvendo o equipamento. O fracasso em apresentar provas diminuiu ainda mais sua credibilidade.

Com isso, em 5 de agosto, o ministro Alexandre de Moraes determinou a inclusão do presidente Jair Bolsonaro no inquérito das *fake news* antidemocráticas. Para Moraes, o mandatário pode ter cometido até 11 crimes. De acordo com o ministro, as pregações de Bolsonaro contra a urna eletrônica e as eleições incentivam a prática de ameaças, ataques e agressões contra o processo eleitoral. Moraes atendeu a notícia-crime apresentada pelo Tribunal Superior Eleitoral (TSE) contra o presidente.

Em resposta, em entrevista à rádio Jovem Pan, Bolsonaro ameaçou: "Está dentro das quatro linhas da Constituição, não está? Então, o antídoto para isso também não está dentro das quatro linhas. Aqui ninguém é mais macho que ninguém", disse, numa tortuosa linguagem que lembrava um aluno de quinta série em um curioso "campeonato de macheza" com os colegas. Na prática, sugeria que cometeria alguma ilegalidade para combater a decisão do STF.

No dia seguinte, o governo sofreria uma das suas mais contundentes derrotas no Congresso: a proposta de criação do voto impresso, praticamente uma obsessão do presidente Jair Bolsonaro, foi derrotada. A proposta, em cuja defesa o presidente empenhou grandes esforços, e foi apresentada pelo deputado Felipe Barros (PSL-PR) não obteve os votos necessários na comissão especial organizada para levá-la adiante. Foi rejeitada por 23 votos a 11. No mesmo dia, o presidente do STF, o ministro Luiz Fux, anunciou que a Corte Suprema não participaria mais de uma reunião entre representantes dos três Poderes, prevista para aquela semana. A razão para isso, de acordo com Fux, foram os insultos proferidos por Bolsonaro contra membros do Supremo. A decisão ocorreu após o presidente ter feito novas ameaças e ter dito que o presidente do TSE, Luiz Roberto Barroso, e o ministro do STF, Alexandre de Moraes, compunham a "ditadura da toga". Em resposta, Bolsonaro foi mais além ainda nas ameaças e disse que a hora de Moraes "vai chegar." Apesar da derrota na comissão especial, o presidente da Câmara, Artur Lira (Progressistas-AL) levou a proposta do voto impresso ao plenário. Em geral, propostas vencidas nas comissões especiais nem seguem adiante.

Agosto foi um mês profundamente tenso para o Brasil, visto que Bolsonaro gerou diversos choques entre os poderes da República. Além disso, registre-se o aumento de mortos pela Covid, que ultrapassou a soma de 500 mil.

Dia 13 de agosto, o presidente do PTB e aliado de primeira hora de Bolsonaro, o ex-deputado Roberto Jefferson, foi preso pela Polícia Federal após requerimento da própria PF, aceito pelo ministro do STF Alexandre de Moraes. Jefferson foi preso por estar incurso no inquérito da organização criminosa que espalha notícias falsas e ataques à democracia. Ele foi detido em Levy Gasparian, no interior do Rio. A prisão do ex-parlamentar, que fez vários vídeos na internet exibindo armas pesadas e ameaçando ministros e opositores do presidente Jair Bolsonaro, revoltou as hostes bolsonaristas.

Em seu despacho, Moraes afirmou que há fortes indícios de crimes de calúnia, difamação, injúria, incitação ao crime, associação criminosa, denunciação caluniosa, além de outros previstos em artigos da Lei de Segurança Nacional, que incluem fazer propaganda de processos violentos e ilegais para a alteração da ordem política e incitar a subversão da ordem política e social, entre outros. "A reiteração destas condutas por Roberto Jefferson revela-se gravíssima, pois atentatória ao Estado Democrático de Direito e às suas Instituições republicanas. A Constituição Federal não permite a propagação de ideias contrárias à ordem constitucional e ao Estado Democrático, nem tampouco a realização de manifestações nas redes sociais visando ao rompimento do Estado de Direito, com a extinção das cláusulas pétreas constitucionais – Separação de Poderes, com a consequente instalação do arbítrio", escreveu o ministro em sua decisão. A Procuradoria-Geral da República (PGR), liderada por Augusto Aras, muito ligado ao presidente, foi contrária à decisão do ministro.

A decisão do ministro, responsável por vários inquéritos contra o presidente e seus apoiadores, levou Bolsonaro a entrar no Senado com um inédito pedido de *impeachment* contra ele, prontamente recusado pelo presidente da Casa, Rodrigo Pacheco (DEM-MG), após análise da assessoria jurídica da Casa. A iniciativa recebeu críticas de vários setores da sociedade civil. Em editorial intitulado Um arruaceiro na Presidência, o jornal *O Estado de S. Paulo* afirmou que o pedido de afastamento contra o ministro não ia prosperar de forma alguma. "O pedido de *impeachment* é tacanho nos fundamentos e nos objetivos. Pelo teor da peça, seria crime de responsabilidade proferir decisão judicial que desagrade ao presidente da República. Em vez de recorrer judicialmente da decisão, como se faz num Estado Democrático de Direito, Jair Bolsonaro preferiu acusar um ministro do STF injustamente."

Em nota, o STF fez a defesa das decisões de Moraes. "O Estado Democrático de Direito não tolera que um magistrado seja acusado por suas decisões, uma vez que devem ser questionadas por vias recursais, obedecido o devido processo legal". Tão logo o presidente entregou o pedido de *impeachment*, as redes sociais bolsonaristas já começaram a trombetear, de forma ameaçadora: "ou abrem o *impeachment* ou paramos o País", diziam, em um abismo entre sua vontade e a realidade. Bolsonaro tinha afirmado que entraria com pedidos de *impeachment* contra Moraes e o também ministro Luís Roberto Barroso, presidente do TSE. Acabou entrando somente contra o primeiro e, ainda assim, foi derrotado. Naquela ocasião, já tinha começado a propaganda em prol das manifestações de 7 de setembro em que o presidente esperava reunir milhões de brasileiros em defesa de suas propostas. As mensagens deixavam claro o teor de ameaça contra autoridades e instituições, então consideradas "inimigas" do bolsonarismo.

Em outra decisão que incomodou muito os bolsonaristas, o corregedor-geral do Tribunal Superior Eleitoral (TSE), Luís Felipe Salomão, determinou a desmonetização (o fim dos pagamentos) de vários *sites* e *blogs* ligados a Bolsonaro. Estimativas do TSE davam conta de que os canais radicais tinham uma receita próxima a R$ 15 milhões por ano somente no Youtube, segundo estimativas da Social Blade, ferramenta que faz estatísticas das redes sociais. O público dos canais juntos superava 10 milhões de pessoas. Os canais e *blogs* eram usados para espalhar mentiras sobre vacinas e atacar os inimigos do presidente e de seus aliados. "A suposta neutralidade da internet não deve servir para proveito financeiro do mal", afirmou o presidente do TSE, o ministro Luís Roberto Barroso.

Por último, a ministra Rosa Weber autorizou, a pedido da Procuradoria Geral da República (PGR), a abertura de inquérito contra o presidente Jair Bolsonaro por suspeita de prevaricação no caso da compra da vacina indiana Covaxin. A prevaricação teria ocorrido porque, apesar de avisado pelo deputado Luiz Miranda (DEM-DF) e seu irmão, o servidor Luiz Ricardo Miranda não tomou providências para coibir os problemas revelados no contrato.

Orçamento secreto – Tratoraço e Centrão – Em maio, o presidente daria mais um passo para consolidar sua base de apoio a partir de um orçamento secreto para deputados, descoberto numa apuração do jornal *O Estado de S.Paulo*. De acordo com o jornal, o esquema envolve o repasse de cerca de R$ 3 bilhões a deputados da base. Boa parte desses recursos tem sido usado para comprar tratores com preço superfaturado para distribuir aos municípios onde os parlamentares atuam ou têm interesse. Os tratores e equipamentos agrícolas chegam a custar até 259% a mais no orçamento paralelo. O sistema, flagrantemente ilegal, permite que os próprios parlamentares escolham para onde vão os recursos e, mais ainda, a fiscalização do Tribunal de Contas da União (TCU) sobre os recursos públicos fica prejudicada em função de os recursos não serem distribuídos de forma equânime. Só os deputados favoráveis ao governo são contemplados.

Em relação a esse orçamento, "o MPF abriu recentemente procedimento preliminar contra os ministros Rogério Marim e Gilson Machado por causa do direcionamento de verbas do orçamento secreto. Houve o envio de R$ 1,4 milhão para a construção de um mirante turístico ao lado de um empreendimento privado que pertence a Marinho, em Monte das Gameleiras" (*O Estado de S.Paulo*, 28 set. 2021).

Renda cidadã – pedalada fiscal – conforme noticiaram os jornais em 29 de setembro de 2020[1563], o governo propôs financiar um novo programa, o Renda Cidadã, a alcançar o valor aproximado de R$ 290,00, ou seja, 50% acima do valor médio do benefício do Bolsa Família. Os recursos proviriam do pagamento de precatórios, o que repercutiu entre analistas como uma "pedalada fiscal", justamente em razão da pretensa iniciativa de se postergarem as dívidas então líquidas e certas dos precatórios, driblando, assim, o teto de gastos. Esse anúncio, que não se referiu a corte de despesas para bancar o intitulado plano, serviu de motivo para a alta do dólar, que no período fechou a R$ 5,63, sendo o Banco Central obrigado a dispor das reservas para conter o avanço da moeda americana.

Segundo Carlos Kawall, ex-secretário do Tesouro Nacional e atualmente diretor do Asa Investments, "o adiamento dos precatórios é uma 'pedalada fiscal', uma vez que a dívida não paga continua existindo. (...) Mas é pior do que isso, é calote. Se há dinheiro, mas não pago a dívida na data combinada para abrir mais espaço para gastar, lá na frente, pode fazer isso de novo e não pagar nunca" [1564].

O Ministro do Tribunal de Contas da União (TCU), Bruno Dantas, comentou: "parece truque reservado para esconder fuga do teto de gastos ao reduzir a despesa primária de forma artificial porque a dívida não

1563 TOMAZELLI, Idiana; FERNANDES, Adriana; e MONTEIRO, Tânia. TCU, Congresso e mercado veem drible a teto e "pedalada" em Renda Cidadã. *O Estado de S.Paulo*, 29 set. 2020.
1564 Ibidem, 29 set. 2020.

desaparece, apenas é rolada para o ano seguinte. Em vez do teto estimular economia, estimulou a criatividade" [1565].

Dívidas tributárias de igrejas – imunidade e perdão – conforme noticiado inicialmente pela imprensa em setembro de 2020[1566], apesar da resistência da área técnica da equipe econômica do Governo, o projeto de lei aprovado pelo Congresso Nacional (Lei n. 14.057/2020), que pretende anular dívidas tributárias de igrejas acumuladas após fiscalizações e multas aplicadas pela Receita Federal, foi defendido publicamente por Jair Bolsonaro, sob o fundamento de que era preciso "fazer justiça com os pastores, com os padres, nessa questão tributária".

Apesar do benefício da imunidade tributária no pagamento de impostos, as igrejas não contavam com isenção de contribuições como a Contribuição Social sobre o Lucro Líquido – CSLL ou a contribuição previdenciária e, como divulgado pelos meios de comunicação, "são alvos de autuações milionárias por driblarem a legislação e distribuírem lucros e outras remunerações a seus principais dirigentes e lideranças sem efetuar o devido recolhimento de tributos" [1567].

A proposta de lei, de autoria do deputado federal David Soares (DEM-SP), filho do missionário R. R. Soares, a beneficiar a própria igreja do pai, a Igreja Internacional da Graça de Deus, cuja dívida é de R$ 37,8 milhões inscritos na Dívida Ativa da União, além de outros débitos milionários ainda em fase de cobrança administrativa pela Receita, é a de excluir as igrejas do rol de contribuintes da CSLL e, portanto, ampliar o alcance da imunidade prevista na Constituição Federal, além de tornar nulas as autuações anteriores impostas pela Receita Federal por sonegação, uma vez que a intitulada "prebenda", que consiste no valor isento de contribuições recebido pelo pastor ou líder do ministério religioso por seus serviços, desde que corresponda a um valor fixo, conforme autuações do próprio Órgão, estava sendo percebida em valores variáveis, de acordo com a participação nos lucros ou bonificações por aqueles que detêm maiores rebanhos de fiéis.

1565 Ibidem, 29 set. 2020.

1566 TOMAZELLI, Idiana. Congresso perdoa dívidas de R$ 1 bilhão de igrejas; Bolsonaro precisa sancionar. *O Estado de S.Paulo*, 7 set. 2020 (Caderno Economia).

1567 Ibidem, 7 set. 2020.

No dia 13 de setembro, o presidente vetou uma parte do perdão a dívidas de igrejas, relacionada à Contribuição Social sobre o Lucro Líquido, por recomendação principalmente da assessoria jurídica, que alertou Bolsonaro para o risco de *impeachment* por crime de responsabilidade, tendo anunciado publicamente nas redes sociais que "caso fosse deputado ou senador, por ocasião da análise do veto (...), votaria pela derrubada do mesmo [sic]" [1568] . Quanto à prebenda, o presidente sancionou o referido artigo.

Na sequência, como esperado, o Congresso derrubou o veto presidencial em 17 de setembro de 2021, o que acabou por excluir as igrejas do rol de contribuintes da CSLL, livrando-as também de dívidas acumuladas no passado com esse tributo, representando a estimativa de renúncia tributária no valor de R$ 1,4 bilhão nos próximos 4 anos[1569].

O Estado é laico, mas Bolsonaro, para conseguir o apoio e voto dos evangélicos, quer transformá-lo em teocrático, agredindo mais uma vez os princípios da Constituição brasileira.

7 de setembro e o populismo de Bolsonaro – Bolsonaro e sua tropa de choque escolheram o dia da Independência do Brasil (7 de setembro) para uma grande manifestação de apoio às suas posições e propostas visando as eleições de 2022.

"Nas redes sociais e aplicativos de troca de mensagens, milhares de memes, vídeos, áudios, textos, convocaram os bolsonaristas a ganhar as ruas e pressionar pelas duas bandeiras que, à revelia do republicanismo e da legalidade não saem da cabeça do presidente: o voto impresso e o *impeachment* de ministros do STF, em especial Alexandre de Moraes, responsável pelos inquéritos de difícil digestão pelo Planalto (*Veja*, 8 set. 2021).

Participaram da organização militares da reserva, policiais, produtores rurais, evangélicos, católicos ultraconservadores, alguns empresários, caminhoneiros, todos desejando lotar a Avenida Paulista em São Paulo e a Esplanada dos Ministérios em Brasília, com a presença de Bolsonaro.

1568 TOMAZELLI, Idiana e SOARES, Jussara. Bolsonaro veta parte de perdão às igrejas, mas estimula derrubada do próprio veto. *O Estado de S.Paulo*, 13 set. 2020.

1569 WETERMAN, Daniel. Com aval de Bolsonaro, Congresso derruba veto e 'perdoa' dívida de igrejas. *O Estado de S.Paulo, 17 mar. 2021.*

Além dos ataques de praxe aos considerados "inimigos", também passaram a "defender uma certa liberdade de expressão contra a ditadura da toga", devido às prisões que tinham ocorrido de alguns correligionários envolvidos em *fake news*.

São Paulo estava sob tensão devido à possibilidade de um grande conflito na sua avenida principal, devido às posições favoráveis de alguns membros da Polícia Militar simpáticos ao presidente Bolsonaro.

Naqueles dias, o governador de São Paulo, João Dória (PSDB), afastou o coronel da Polícia Militar (PM), Aleksander Lacerda, então comandante do Comando de Policiamento do Interior, que fez, em suas redes sociais, uma convocação para os atos bolsonaristas de 7 de setembro, além de ter criticado o tucano, outros políticos e o STF. "A Corregedoria da instituição, que é legalista e tem o dever e a missão de defender a Constituição e os valores democráticos do País nela expressos, analisa as manifestações do oficial, que foi convocado ao Comando Geral para prestar esclarecimentos", afirma a instituição em nota.

As críticas do coronel haviam sido reveladas pelo jornal *O Estado de S.Paulo* e foram consideradas um degrau acima na percebida bolsonarização das forças policiais do País. Isso porque envolviam um oficial da ativa, com cargo de comando e na PM do mais populoso Estado brasileiro. O coronel comandava cerca de 5 mil pessoas de sete batalhões da região de Sorocaba, compreendendo 78 municípios. Doria tem insistido que não há contaminação na tropa, mas o incidente acendeu um alerta no Palácio dos Bandeirantes. "São Paulo tem orgulho da sua Polícia Militar, a mais bem treinada do Brasil. Indisciplina não será admitida na PM, que respeita suas regras e funções", disse o governador.

Em redes sociais, o coronel havia convocado "amigos" para o 7 de setembro bolsonarista, que vinha sendo promovido pelo presidente em meio à crise institucional com o Judiciário para angariar apoio. Nas postagens, criticou Doria, seu chefe, a quem chamou de "cepa indiana", numa analogia com a variante delta do novo coronavírus. Fez ataques a Rodrigo Maia (DEM-RJ), ex-presidente que havia passado a integrar o governo paulista, ao presidente do Senado, Rodrigo Pacheco (DEM-MG) e a ministros do Supremo. O policial também apoiou a pauta do voto impresso, derrotada na Câmara, mas transformada em desculpa prévia de Bolsonaro para tumultuar o processo eleitoral do ano que vem, no momento em que amargava grande rejeição nas pesquisas. Outros oficiais da reserva da PM paulista já haviam se manifestado em favor do ato. Foi o caso do coronel Ricardo de Mello Araújo, ex-comandante da Rota e diretor-geral da Ceagesp (Companhia de Entrepostos e Armazéns-Gerais de São Paulo), notório bolsonarista, muito próximo do presidente, que visitou o local, fazendo um discurso agressivo e sendo recebido com festa.

A reunião de 7 de setembro que os bolsonaristas esperavam contar com mais de 150 mil pessoas em cada um dos comícios não alcançou o número desejado. Mas em discursos inflamados de cólera, o presidente informou que não respeitaria as eleições de 2022, não aceitaria as decisões da Suprema Corte, ou seja, da Justiça, e ameaçou até o presidente Fux do STF.

Ratificou que não respeitaria as decisões da Justiça e só deixaria o cargo morto. Em tom profundamente ameaçador, gritou: "Quero dizer aos canalhas que eu nunca serei preso. Ou esse ministro se enquadra ou ele pede para sair. Não se pode admitir que uma pessoa apenas, um homem apenas (Moraes) tire a nossa liberdade", referindo-se ao ministro relator de diversos inquéritos Alexandre de Moraes, que envolvem o senador Carlos Bolsonaro (RJ) e o deputado federal Eduardo Bolsonaro, isto é, a sua família, além de diversos correligionários. E continuou: "Ou o chefe desse poder enquadra o seu ministro ou esse poder pode sofrer aquilo que nós não queremos".

A massa de ouvintes, principalmente na Avenida Paulista, respondia o discurso aos gritos de "eu autorizo". O Parlamento, também, foi atacado. No outro dia, o presidente do STF, Luiz Fux, respondeu de forma incisiva às ameaças ocorridas:

"Ninguém fechará esta Corte, nós a manteremos de pé, com suor e perseverança".

Considerou ilegais as ameaças de Bolsonaro e informou que se houvesse desrespeito a uma decisão judicial, o presidente poderá ser enquadrado em "crime de responsabilidade". A Câmara Federal, por intermédio do presidente Arthur Lira, pediu "temperança" e respeito à Constituição.

O presidente do Senado, Rodrigo Pacheco, também se manifestou e resolveu devolver uma "medida provisória" (MP) que impede as redes sociais de excluírem conteúdos de ódio ou desinformação, por ser inconstitucional, enviada por Bolsonaro.

Devido à repercussão negativa de suas manifestações e com o auxílio do ex-presidente Michel Temer, na quinta-feira (9-9-2021), o presidente Bolsonaro soltou uma nota recuando em relação às suas assertivas ocorridas em 7 de setembro.

No texto elaborado pelo ex-presidente, escreveu:

"Nunca tive intenção de agredir quaisquer poderes". Citou até a "harmonia dos poderes" e procurou mostrar respeito ao ministro Alexandre de Moraes. A esta altura vários partidos, como MDB, DEM, PSL e PSD, que estavam silentes, passaram a discutir uma possibilidade de *impeachment* devido às ameaças ao regime democrático. O presidente ficou ainda mais isolado na sociedade e política do Brasil.

Como resultado destas posições radicais, a Bolsa despencou 3,78%, as empresas chegaram a perder R$ 195 bilhões em valor de mercado. O dólar disparou 2,93%. Os investidores ficaram temerosos com o quadro econômico e jurídico brasileiro, que apresentava uma profunda e grave insegurança jurídica.

Bolsonaro e a ONU – a abertura da Assembleia Geral da ONU foi uma honra conquistada pelo Brasil desde o início dos seus trabalhos após a 2ª Guerra Mundial. Bolsonaro chegou com uma grande delegação em Nova York e se preparou para discursar na abertura dos trabalhos, marcada para o dia 21 de setembro de 2021. Todavia, em seu discurso, acabou contando uma série de inverdades sobre a real situação do Brasil quanto à pandemia, à defesa do meio ambiente e até recomendou o "tratamento precoce" para combater o Covid-19. Além dessas informações distorcidas, foi o único chefe de Estado presente na ONU que não tomou vacina. Em decorrência, o prefeito da cidade, Bill de Blasio, comunicou que "sem se vacinar Bolsonaro nem precisa vir à cidade". Sem ter o cartão de vacinação, ninguém pode frequentar restaurantes em Nova York, e o presidente acabou comendo pedaços de pizza num calçadão, junto com a sua equipe. Conseguiu, depois, numa churrascaria brasileira, ser recebido, mas ficou numa tenda improvisada na calçada do restaurante. Além dessas confusões, no encontro com o primeiro-ministro inglês Boris Johnson, Bolsonaro informou que não tinha sido vacinado ao ser arguido sobre a Astrazeneca, vacina desenvolvida pela Universidade de Oxford, ocasião em que Johnson disse:

"É uma ótima vacina, obrigado pessoal. Tomem vacinas da Astrazeneca, já tomei duas vezes". Os tabloides britânicos passaram a ridicularizar o governador brasileiro no outro dia. No encerramento da estadia na cidade, o ministro da Saúde Marcelo Queiroga, que tinha agredido manifestantes um dia antes com um gesto obsceno, pegou Covid e ficou em quarentena num hotel de luxo da megalópole. Outros membros da comitiva, também, foram atingidos pelo vírus, inclusive o deputado Eduardo Bolsonaro.

Segundo analistas, a comitiva desempenhou um papel lamentável, prejudicando ainda mais a imagem do Brasil.

Economia e popularidade do governo – A atividade econômica no País durante o segundo trimestre de 2021 apresentou uma redução de 0,15 do PIB no período. A indústria e a agricultura desaceleraram. O consumo dos brasileiros recuou 6% entre abril e junho em relação ao ano anterior. O custo de vida disparou junto com a inflação.

A massa salarial dos brasileiros ficou em 215,5 bilhões de reais mensais no segundo trimestre deste ano, criando 1,7% em relação a 2020, quando o valor era de 219,2 bilhões de reais. "O aumento dos preços da economia pela alta do dólar, combustíveis, dos alimentos e da energia, chegou a 9,68% em dezembro e está corroendo o poder de compras das famílias".

José Pastore, professor da USP, comentou: "O País está gerando empregos com remuneração muito baixa, sobretudo ocupações informais, em um cenário como era visto antes da pandemia. Soma-se a isso essa inflação brutal, e o resultado é a diminuição do poder de compra geral".

O recuo da renda média do brasileiro foi de 9,4% em relação ao fim de 2019. A população mais pobre sofreu uma perda de renda de 21,5%. Os saques na caderneta de poupança aumentaram, alcançando 5,46 bilhões de reais, para o brasileiro pagar as contas do dia a dia. O desemprego associado à inflação alcançou 9,68% em agosto de 2021, se comparado com os 2,44% do ano passado. Além desse panorama negativo, a energia teve o preço mais que duplicado, o gás triplicado, a gasolina subiu junto com o dólar, mas o brasileiro recebe o salário com o real desvalorizado em quase 40%.

O câmbio alcançou hiper valorização, 1 dólar correspondendo R$ 5,50. Para agravar a crise, o Ministro da Fazenda, Paulo Guedes, foi denunciado por ter uma *offshore* em paraíso fiscal e conseguiu ampliar substancialmente o seu patrimônio financeiro e de seus amigos banqueiros, explorando a desvalorização do Real e o grande aumento do preço do dólar em 2021, segundo a *Folha de S. Paulo.* Especulação explícita que, segundo alguns analistas, tem colaborado para o seu desgaste junto a Bolsonaro. Está sendo fritado pelos colegas de Ministério: "(...) o fogo amigo contra Guedes nos corredores do Planalto se intensificou nos últimos dias e auxiliares do presidente Jair Bolsonaro (sem partido) devem suar o episódio da *offshore* para aumentar a fritura. (...) No Planalto, segundo interlocutores do presidente, o titular da Economia enfrenta um 'paredão' de ministros contra ele – a sua demissão, inclusive, já foi sugerida por alguns pares do próprio Bolsonaro"[1570].

O senador Omar Aziz, presidente da CPI da Covid, sintetizou a situação, dando o seguinte depoimento:

"Com os problemas que o Brasil vive, incluindo desemprego, inflação alta, dólar alto, falta de perspectiva de crescimento, política ambiental desastrosa, política social ineficaz de distribuição de renda, energia todo dia aumentando, gasolina e gás de cozinha aumentando, essas pessoas vão para a rua em defesa deste governo... Estamos com quase 600.000 mortos por causa da pandemia e parece que nada está acontecendo".

O presidente Jair Bolsonaro, no final de setembro, esteve com a sua popularidade em baixa. Essa queda, registre-se, vinha crescendo desde janeiro de 2021.

17) As posições do presidente, uma síntese segundo Bruno Galindo – ameaças de impeachment de Bolsonaro? – se Fernando Collor de Mello e Dilma Rousseff sofreram *impeachment,* Bolsonaro, em 2019, na época com apenas sete meses de governo, cometeu atos que, ao menos em tese, poderiam levar ao seu impeachment. Autor do pedido de impedimento de Dilma, acatado pelo então presidente da Câmara, Eduardo Cunha, o jurista Miguel Reale Jr. professor titular da USP, o citou como passível

[1570] HOLANDA, Marianna; e COLETTA, Ricardo Della. Crise da "offshore" amplia isolamento de Guedes, e Bolsonaro é pressionado por aliados. *Folha de S.Paulo,* 7 out. 2021. Disponível em https://www1.folha.uol.com.br/mercado/2021/10/crise-da-offshore-amplia-isolamento-de-guedes-e-bolsonaro-e-pressionado-por-aliados.shtml. Acessado em 10 out. 2021.

de receber um pedido de *impeachment* contra sua administração. Reale, em entrevista à imprensa, afirmou que o caso do presidente seria grave a ponto de gerar, além do impedimento, sua interdição.

O professor da Universidade Federal de Pernambuco, Bruno Galindo, também defensor da tese, explica, por sua vez, que:

> *"O impeachment deve ser pensado como um instrumento excepcional, somente utilizável em situações de grave crise institucional e política aliado ao cometimento de um ou mais crimes por parte do chefe do poder executivo nacional. Não deve ser banalizado nem utilizado a qualquer momento, menos ainda pode servir à retirada de um presidente apenas por este estar, por exemplo, governando mal e sendo impopular. Como destacou William Rehnquist, célebre juiz presidente da Suprema Corte dos EUA, em relação às suas políticas públicas, o presidente da República somente pode ser responsável perante todo o país nas eleições periódicas quadrienais para a Presidência e não perante o Congresso através do processo de impeachment"*[1571].

O *impeachment* não é instrumento de abreviação de mandato por mau governo. Não obstante, se o presidente comete crimes (aqui no Brasil bifurcados em dois tipos, comuns e de responsabilidade) durante o exercício do mandato, é possível que ante esses fatos delituosos e tendo um razoável consenso político nas Casas do Congresso favorável a um processo dessa natureza, o impeachment possa ser utilizado. O *impeachment* possui uma natureza político-criminal em seus requisitos: 1) criminal: fundamento jurídico sólido e consistente consubstanciado no cometimento de um ou mais crimes (comuns e/ou de responsabilidade), sendo atos de natureza dolosa que violem ao mesmo tempo a Constituição e a Lei 1079/1950; 2) política: necessidade de razoável consenso político no âmbito das Casas parlamentares nacionais da imprescindibilidade de que tal processo ocorra. Ausente um ou outro desses requisitos, o impeachment não estaria constitucionalmente autorizado[1572].

[1571] GALINDO. Bruno. Impeachment do presidente Bolsonaro: Há fundamentos jurídicos? Justificando – Mentes inquietas pensam Direito. Disponível em justificando.com/2019/08/02/impeachment-do-presidente-bolsonaro-ha-fundamentos-juridicos/. Acessado em 12 jun. 2020.

[1572] Ibidem, 12 jun. 2020.

Segundo Galindo, o presidente, apenas em seu primeiro ano de mandato, cometeu infrações administrativas que poderiam dar ensejo à abertura de um processo de impeachment desde que houvesse condições políticas para tanto. As principais, de acordo com ele, são[1573]:

1. "Todos os nordestinos são paraíbas" – discriminação em razão da origem

"Daqueles governadores de 'paraíba', o pior é do Maranhão. Não tem que ter nada com esse cara".

A afirmação foi feita pelo presidente da República em evento envolvendo jornalistas, tendo sido captada por microfones da TV Brasil. Denota um tratamento pejorativo e inferiorizador dos nordestinos, comum dentre os cariocas que nutrem preconceito contra estes. O presidente é do Rio de Janeiro e na sua fala, evidentemente não se refere ao Estado da Paraíba, mas aos nordestinos em geral (governadores de "paraíba"). Foi criticado por praticar discriminação ou preconceito em razão da procedência, fato que, em tese, é ato que pode ser tipificado como o crime do art. 20 da Lei 7716/1989, assim redigido:

"Art. 20. Praticar, induzir ou incitar a discriminação ou preconceito de raça, cor, etnia, religião ou procedência nacional.

Trata-se de crime comum por esta Lei, sendo o caso de ajuizamento de ação penal por parte do Procurador Geral da República a ser julgada pelo Supremo Tribunal Federal, após autorizada a instauração do processo por 2/3 dos membros da Câmara dos Deputados.

2. Interferência na potencial deposição de governo de outro país

A simpatia ideológica com os EUA, e notadamente com o atual presidente daquele país, Donald Trump, por parte do presidente Bolsonaro são notórias. Para além, entretanto, dessa aproximação, sob Bolsonaro, o Brasil alinha-se quase irrestritamente à visão do norte-americano sobre a questão da Venezuela, tendo o Presidente falado abertamente em apoio à deposição do atual presidente deste último país, Nicolás Maduro, ainda no primeiro mês de seu mandato. Posteriormente, discutiu isso de modo aberto com o Presidente Trump em sua primeira visita aos EUA na con-

[1573] Ibidem, 12 jun. 2020.

dição de Chefe de Estado brasileiro, tendo chegado mesmo a fazer uma inusual visita à Central de Inteligência Americana (CIA), fora da agenda oficial. Em junho, prossegue discutindo com Trump formas de asfixiar economicamente o governo venezuelano com vistas à sua queda.

Por pior que seja um governo de um país estrangeiro, não parece que esteja entre as atribuições constitucionais do chefe do poder executivo brasileiro participar de conspirações para a derrubada destes. Dentre os princípios que regem as relações exteriores do Estado brasileiro estão a não intervenção e a autodeterminação dos povos (CF, art. 4º, III e IV), de observância obrigatória pelo Presidente da República na condução de sua política externa.

Além de descumprir esses princípios constitucionais, o Presidente pode em tese ter incorrido no crime de responsabilidade previsto no art. 5º, 3, da Lei 1079/1950 ("Art. 5º São crimes de responsabilidade contra a existência política da União: (...) 3) cometer ato de hostilidade contra nação estrangeira, expondo a República ao perigo da guerra, ou comprometendo-lhe a neutralidade;"), bem como é possível investigar o conteúdo de sua visita à Agência de Inteligência dos EUA ou das próprias tratativas junto ao Presidente norte-americano para esclarecer se não teriam ocorrido os delitos previstos na mesma Lei 1079/1950, art. 5º, 4 ("Art. 5º São crimes de responsabilidade contra a existência política da União: (...) 4) revelar negócios políticos ou militares, que devam ser mantidos secretos a bem da defesa da segurança externa ou dos interesses da Nação;") concomitantemente aos do art. 13 da Lei 7170/1983 ("art. 13 – Comunicar, entregar ou permitir a comunicação ou a entrega, a governo ou grupo estrangeiro, ou a organização ou grupo de existência ilegal, de dados, documentos ou cópias de documentos, planos, códigos, cifras ou assuntos que, no interesse do Estado brasileiro, são classificados como sigilosos. Pena: reclusão, de 3 a 15 anos").

3. Ordem para celebração de golpe de Estado de 1964 – ameaça a princípios constitucionais e a ordem democrática

Sem adentrar no mérito de que o movimento político das Forças Armadas em 1964 possa ter sido feito para impedir golpes de Estado do espectro ideológico oposto ao dos militares que o perpetraram, é fato amplamente aceito na teoria política de que se tratou de um efetivo golpe de Estado. Ainda que se queira intitular de "Revolução", é fora de qualquer dúvida que tivemos uma ruptura institucional e constitucional com a ordem democrática então vigente.

A Constituição da República possui compromisso estreito com a democracia e o Estado de direito. São fundamentos constitucionais do Estado brasileiro. Sua relevância é tamanha que a Lei Maior nacional possui mandamento de criminalização de conduta que vise à sua derrubada, considerando isso de tal gravidade que o crime, nesse caso, é inafiançável e imprescritível (CF, art. 5º, XLIV – constitui crime inafiançável e imprescritível a ação de grupos armados, civis ou militares, contra a ordem constitucional e o Estado Democrático).

Determinar a comemoração de uma ruptura com a ordem democrática e o Estado de direito, como fez o Presidente Bolsonaro este ano, é conduta presidencial passível de tipificação pela Lei 1079/1950, art. 8º, 4, combinada com a Lei 7170/1983, art. 22, I, como se pode ver de seus textos:

> **Lei 1.079/1950** – "Art. 8º São crimes contra a segurança interna do país:
> (...)
> 4 – praticar ou concorrer para que se perpetre qualquer dos crimes contra a segurança interna, definidos na legislação penal;"
> Lei 7170/1983
> "Art. 22 – Fazer, em público, propaganda:
> I – de processos violentos ou ilegais para alteração da ordem política ou social;
> (...)
> IV – de qualquer dos crimes previstos nesta Lei.

4. Livre exercício de poder constitucional de um Estado da Federação

"Daqueles governadores de "paraíba", o pior é do Maranhão. Não tem que ter nada com esse cara". Ao contrário do que pode parecer, não é simples réplica de parágrafo já escrito, mas é que nessa frase há potencialmente o cometimento de outro crime de responsabilidade. Não se sabe o que exatamente quer dizer a segunda parte da frase ("Não tem que ter nada com esse cara"), mas é ilegal e constitucionalmente vedado ao Presidente da República deliberadamente praticar discriminação entre os Estados da Federação com base na ideologia política dos governantes destes ou pelo fato deles lhe fazerem oposição ou serem aliados. Se o praticar, incorre em crime contra o livre exercício de poder constitucional, tipificado como crime de responsabilidade no art. 6º, 2 e 7, da Lei 1079/1950:

> "Art. 6º São crimes de responsabilidade contra o livre exercício dos poderes legislativo e judiciário e dos poderes constitucionais dos Estados:
> (...)

5. Ameaça à liberdade de manifestação de pensamento e de imprensa

"Até porque ele é casado com outro homem e tem meninos adotados no Brasil. Malandro para evitar um problema desse, casa com outro malandro ou adota criança no Brasil. O Glenn não vai embora, pode ficar tranquilo. Talvez pegue uma cana aqui no Brasil, não vai pegar lá fora não".

A frase acima, dita em cerimônia pública recente, referiu-se ao jornalista Glenn Greenwald, do *The Intercept*, responsável pelo que ficou conhecido como "Vaza Jato", vazamento de supostas conversas de bastidores atribuídas aos membros da denominada "Operação Lava Jato", com destaque para seu então coordenador, Procurador da República Deltan Dallagnol, e o Ministro da Justiça do Governo Bolsonaro, o ex-Juiz Federal Sérgio Moro. Em função da gravidade das revelações, parece haver por parte do Presidente uma postura intimidatória e ameaçadora em relação ao referido jornalista, tendo declarado que ele cometeu crime e pode vir a ser preso.

Evidentemente, determinar a prisão de quem quer que seja não é atribuição constitucional do Presidente da República, sendo competência exclusiva do poder judiciário, no que somente usurpando suas funções pode o chefe do executivo nacional direta ou indiretamente agir nesse sentido.

Neste caso, a conduta pode configurar crime contra o exercício de direito individual, tipificado na Lei 1079/1950, art. 7º, 5 e 9:

> "Art. 7º São crimes de responsabilidade contra o livre exercício dos direitos políticos, individuais e sociais:

> (...)
> 5 – servir-se das autoridades sob sua subordinação imediata para praticar abuso do poder, ou tolerar que essas autoridades o pratiquem sem repressão sua;
> (...)
> 9 – violar patentemente qualquer direito ou garantia individual constante do art. 141 e bem assim os direitos sociais assegurados no artigo 157 da Constituição;"

6. Demissão de servidor por razões pessoais

Em 2012, quando ainda era deputado federal, o Presidente Bolsonaro foi multado em R$ 10 mil por pesca ilegal em ação de fiscalização realizada sob a chefia de José Olímpio Augusto Morelli, analista ambiental do IBAMA. Em 27 de março de 2019, já sob o Governo atual, portanto, este órgão exonerou o servidor em questão do cargo de Chefe do Centro de Operações Aéreas da Diretoria de Proteção Ambiental. Tudo isso foi precedido por discursos de campanha do Presidente bastante agressivos contra o trabalho dos órgãos ambientais, tendo dito, inclusive, que a "festa" de multas ambientais iria acabar em seu governo. O referido fiscal, por sua vez, declarou em entrevista não ter dúvidas de que "Bolsonaro incorporou discurso antiambiente a fim de levar a cabo uma vingança pessoal, que se consumou agora com meu afastamento.

Sabe-se que cargos em comissão e funções de confiança são de livre nomeação e exoneração pelo poder executivo, mas apesar da discricionariedade, o interesse público é a motivação determinante desses atos de poder. Não se pode nomear ou exonerar com base em razões estritamente pessoais e não republicanas, confundindo discricionariedade com arbitrariedade. A se comprovar que a motivação da exoneração foi de fato dissociada de qualquer critério técnico ou interesse público, o Presidente da República pode ter incorrido nos crimes previstos no art. 9º, 4, 5 e 7:

> "Art. 9º São crimes de responsabilidade contra a probidade na administração:
> (...)
> 4 – expedir ordens ou fazer requisição de forma contrária às disposições expressas da Constituição;

5 – infringir no provimento dos cargos públicos, as normas legais;
(...)

7 – proceder de modo incompatível com a dignidade, a honra e o decoro do cargo".

Capítulo 6
CONSIDERAÇÕES FINAIS

Junho de 2013. Manifestações contra o aumento da tarifa de ônibus em São Paulo espalharam-se pelo País e, na ocasião, diferentes espaços, públicos e privados, desde Congresso Nacional, sedes de governos estaduais e municipais e assembleias legislativas, até lojas, agências de bancos, terminais de ônibus e metrô, submeteram-se a depredações, pichações e saques. No contexto de confusão nacional, o que seria um mero protesto contra o reajuste dos meios de transporte[1574], descambou em atos de violência urbana e choques com forças policiais, tendo motivado a rediscussão de temas que afligiam a população brasileira há muito tempo, como corrupção e violência, saúde e educação e, também, outros não menos complexos que afloraram, como redução da maioridade penal, reforma política e até mesmo a viabilidade da democracia direta, então apresentada como salvação para todos os males da nação brasileira, em substituição à democracia representativa.

Quanto à reivindicação popular por democracia direta, ou seja, dos plebiscitos e referendos, por ocasião das intituladas "Jornadas de 2013", sob a crença de que seria uma proposta "moderna" para resolver os mais variados problemas da sociedade brasileira, ela, na verdade, não se tra-

[1574] "Outro elemento que vale a pena recordar é o escancarado incentivo à produção e venda de automóveis particulares – impulsionado pelos governos Lula e Dilma –, diminuindo a tributação sobre essa indústria, o que serviu ilimitadamente ao grande capital do setor automobilístico. Isso fez com que as cidades se inchassem de automóveis, não se levando adiante uma política séria de transporte coletivo, por seu turno, cada vez mais entregue à iniciativa privada, a qual lucra com esse sistema de transporte precário e superlotado". ANTUNES, Ricardo. *O privilégio da servidão – o novo proletariado de serviços na era digital.* São Paulo: Boi Tempo Editorial, 2019, p. 249.

tava de nenhuma inovação ou qualquer avanço, haja vista que no passado fora habilmente conduzida, por exemplo, por pseudodemocratas, como Napoleão Bonaparte, Benito Mussolini, Adolf Hitler e outros.

Nos tempos desde Péricles (entre 338 a.C. e 439 a.C.), o pai da democracia direta ateniense, esta apresentava polêmicas, pois, de acordo com a legislação e os costumes, os "cidadãos" tinham direito, real ou ilusório, a uma estrita igualdade. No entanto, só gozavam, de fato, dos direitos de cidadãos uma parte dos habitantes da Ática, a Grécia Antiga, em especial Atenas, cidade-Estado grega. Tratava-se de 40 mil pessoas numa população global de 315 mil, ou seja, pouco mais de 10% do total. A democracia direta, portanto, era privilégio exclusivo desse grupo, que dominava uma massa, muito mais numerosa, de estrangeiros (metecos) e escravos. "(...) a grande cidade-Estado, pátria da democracia, se beneficiava de muitos privilégios e dominava outros"[1575]. É imperioso constatar que a democracia não é tão "democrática" assim na questão igualdade.

Nesse sentido, a democracia direta surge a partir de interesses econômicos sólidos, derivados da tentativa de imperialismo ateniense e da luta pelo poder absoluto, e no seu bojo estão a desigualdade social e a fonte para a formação de impérios com características de dominação, ou seja, a submissão de outros povos e regiões a seus desígnios. Para os gregos, "a segurança do todo era mais importante do que a de cada indivíduo isolado"; por isso, se determinado membro da Assembleia começasse a preocupar os mais conservadores com atitudes por demais inovadoras, propondo modificar alguns costumes, qualquer um podia lançar uma acusação contra ele e levá-lo a julgamento na própria Assembleia. Isso aconteceu com Sócrates, julgado e condenado pela influência que exercia sobre os jovens de sua época e pelos questionamentos aos mais sábios, que, sem argumentação, tinham dificuldade para contrapô-lo. Logo, os poderes conferidos ao povo da época eram tais, que além da administração da *polis*, os atenienses podiam atuar como júri, juízes, defensores ou até promotores[1576].

1575 BRAUDEL, Fernand. *Memórias do Mediterrâneo*. Lisboa: Terramar Editores, 2001, p. 268.
1576 GOMES, Fernanda da Silva. *Rousseau – democracia e representação*. Florianópolis: Universidade Federal de Santa Catarina, 2006, p. 59.

Considere-se, também, que o trabalho escravo permitia aos cidadãos da antiga Atenas, modelo da democracia direta, a posse do tempo livre necessário para a deliberação em praça pública. A ociosidade era então um fator importante para o exercício direto e contínuo da soberania e das funções administrativas pelo povo. Sem escravos, dificilmente haveria tanto tempo livre para alguém ocupar-se dos assuntos do Estado. Da mesma forma, num período posterior da história, a substituição da guerra pelo comércio também tirou o ócio do cidadão, impedindo-o de estar presencialmente nos atos políticos[1577].

Na sequência da história, Roma, a potência seguinte após a Grécia, com a República, alavanca princípios considerados democráticos que, no entanto, acabam descambando em império e governantes tirânicos – alguns até loucos –, o que culminou em sua completa ruína sob as patas dos cavalos dos chamados "bárbaros", ou seja, povos que falavam outra língua diferente do latim e viviam nas franjas do império romano.

Na Idade Média, a Magna Carta – "o primeiro passo dado no sentido do constitucionalismo", por isso considerada a mãe das futuras Constituições – representou um marco, ao ser lançada na Inglaterra em 1215. Depois, as ideias e ideais republicanos afloraram sob o Renascimento e o Mercantilismo, na passagem da Idade Média para a Idade Moderna, com muitos intelectuais, entre os quais Nicolau Maquiavel e Jean Bodin, discutindo o tema, por meio de trabalhos esclarecedores. Com a ascensão econômica e política do Estado inglês no século XVII, após o fracasso da República de Cromwell, instalou-se uma monarquia parlamentar que apresentava princípios democráticos e liberais, como explicado por John Locke.

Na Idade Moderna, entre o final do século XV e o século XVIII, o Iluminismo, movimento que se tratou de uma inovação no mundo das ideias,

[1577] "Hoje, por tratar cada um de seu sustento, os cidadãos não dispõem de tempo para se dedicarem às atividades políticas. O comércio, enfim, inspira aos homens um forte amor pela independência individual. (...) Isto significa, entre outras coisas, que quanto menos o governo interfere em seus negócios e assuntos particulares, mais satisfeitos ficam os cidadãos, ao mesmo tempo em que também ficam satisfeitos ao passarem as atividades e preocupações do Estado para as mãos de representantes." GOMES, Fernanda da Silva. *Rousseau – democracia e representação*, cit., p. 86.

colocando a razão como seu alicerce, partiu da Europa, com a edição da *Enciclopédia* na França, e difundiu-se também nas Américas. Nos Estados Unidos, cujo germe do movimento iluminista influenciaria a Guerra da Independência, que durou até 1781, e, finalmente, conduziria ao reconhecimento da independência das 13 colônias da América do Norte, em 1783, pela Inglaterra, também atingiria seu ápice com o advento da Revolução Francesa, em 1789.

Para Jean-Jacques Rousseau (1712-1778), na democracia direta, idealizada em um Estado pequeno, o poder político residiria na soberania popular, a quem cumpriria realizar o contrato social, devendo todos participar da Assembleia para aprovar a Constituição e criar o Estado, sob o pressuposto de que a monarquia hereditária era uma violência contra a liberdade e acabaria transformando-se em tirania. Logo, para o filósofo, a democracia direta seria o melhor instrumento para a República, estrutura ideal de Estado, em que necessariamente imperaria a vontade geral, que não poderia ser transferida, tampouco representada.

A aplicação desses princípios gerou, na França, o revolucionário Maximilien Robespierre (1758-1794), que, com seu maniqueísmo e seus discursos na Assembleia, principalmente a partir de 1791, onde se discutia a revisão da Constituição francesa, citava Rousseau para mostrar aos representantes que não deviam ter uma vontade diferente da do povo. O líder francês defendia um sistema de organização do Estado em que o indivíduo somente encontraria força e poder político como membro do corpo formado por todos os cidadãos, e quando a Assembleia não lhe parecia "caminhar no sentido da Revolução", invocava a desconfiança de Rousseau quanto à representação. Depois, principalmente durante o período radical da Revolução Francesa (1792 e 1794), ocasião em que Robespierre deu vida à teoria da democracia direta e republicana com o advento da 2º Constituição francesa, em 1793, todas as medidas implementadas pela Convenção – o Parlamento – por votação, levaram o governo a exercer o poder de maneira sanguinária e tirânica[1578] (Comitê de Salvação Pública – utilizado para prender, julgar e executar inimigos), aderindo, de forma totalitária, ao pensamento de Rousseau, de modo que o povo deveria ser

[1578] Scurr, Ruth. *Pureza fatal*, cit., p. 20.

o verdadeiro "soberano" a implantar a democracia direta por meio de um "governo popular". Os revolucionários eram os bons e os membros da oposição, que criticavam os rumos da revolução, os maus[1579].

A tentativa de democracia direta, portanto, fora de época, havia gerado o terror, a anarquia e a morte dos líderes revolucionários e membros do povo na França, como a de Georges Jacques Danton (1759-1794), que havia reagido ao período de radicalização imposto por Robespierre contra as classes médias e a propriedade privada, o qual detinha o controle do Comitê de Salvação Pública – o mecanismo que o próprio Danton ajudara a criar e que tornava fácil, para o homem que o comandava, prender, julgar e executar seus inimigos. Depois, Robespierre seria preso e guilhotinado em 28 de julho por seus atos ditatoriais[1580].

Contemporâneo de Robespierre, o abade Emmanuel Joseph Sieyés (1748-1836), que sobreviveu aos piores momentos da Revolução Francesa, a intitulada época do Terror, quando o discurso da vontade geral subverteu constantemente o da representação, e o fracasso da Constituição de 1791 conferiu uma forma institucional à síntese ambígua entre representação e soberania nacional, defendia o princípio da soberania da Nação e que o povo queria "ter verdadeiros representantes nos Estados Gerais, ou seja, deputados oriundos de sua ordem, hábeis em interpretar sua vontade e defender seus interesses". Segundo esse pensador – seu legado no século XIX suscitou as bases do poder constituinte originário –, no último estágio da formação das sociedades políticas, o governo passaria a ser exercido por procuração, ou seja, os representados deveriam escolher seus representantes para velar por suas necessidades. Sieyés propôs, em outras palavras, que o povo não deveria manifestar a sua vontade nem agir senão por meio de representantes. A eleição não deveria ser uma delegação, mas sim uma seleção. A democracia representativa implicaria a subordinação dos governantes à "vontade geral" do povo em corpo, como se cada um deles representasse não seus eleitores em particular, mas a "nação inteira"[1581].

1579 OZEUF, Mona e FURET, François. *Dicionário crítico da Revolução Francesa*, cit., p. 871-873; e AMARAL, Diogo Freitas do. *História do pensamento político ocidental*, cit., p. 279.
1580 *Os grandes líderes – Robespierre*. São Paulo: Nova Cultural, 1988, p. 6.
1581 GOYARD-FABRE, Simone. *O que é democracia?*, cit., p. 129.

No discurso mais marcante de abade Sieyés, este tentou priorizar o discurso racional do social em vez do da vontade política, ao expressar-se nestes termos na Convenção: "Desgraçados os homens, desgraçados os povos que acreditam saber o que querem, quando se limitam a querer! Querer é o que há de mais fácil...". Certo de que a representação no Estado Social era preponderante, afirmou que em política "era um erro muito prejudicial" sustentar que o "povo só deve delegar os poderes que não possa exercer ele próprio"[1582].

O pensamento de Rousseau sobre a democracia direta também fora contraditado por Benjamin Constant (1767-1830) e John Stuart Mill (1806-1873). Constant enfatizava:

"Daí vem, Senhores, a necessidade do sistema representativo. O sistema representativo não é mais que uma organização com a ajuda da qual uma nação confia a alguns indivíduos o que ela não pode ou não quer fazer. Os pobres fazem eles mesmos seus negócios; os homens ricos contratam administradores. É a história das nações antigas e das nações modernas. O sistema representativo é uma procuração dada a um certo número de homens pela massa do povo que deseja ter seus interesses defendidos e não tem, no entanto, tempo para defendê-los sozinho. Mas, salvo se forem insensatos, os homens ricos que têm administradores examinam, com atenção e severidade, se esses administradores cumprem seu dever, se não são negligentes, corruptos ou incapazes; e para julgar a gestão de seus mandatários, os constituintes que são prudentes mantém-se a par dos negócios cuja administração lhes confiam. Assim também os povos que, para desfrutar da liberdade que lhes é útil, recorrem ao sistema representativo, devem exercer uma vigilância ativa e constante sobre seus representantes e reservar-se o direito de, em momentos que não sejam demasiado distanciados, afastá-los, caso tenham traído suas promessas, assim como o de revogar os poderes dos quais eles tenham eventualmente abusado"[1583].

Para Mill, a democracia representativa era o único modo de conseguir que a democracia sobrevivesse no mundo moderno, e o seu exercício pelo povo não se concretizaria por meio da democracia direta, argumen-

[1582] FURET, François e OZOUF, Mona. *Dicionário crítico da Revolução Francesa*, cit., p. 328.
[1583] Ibidem, n. 2, 1985.

tando que as sociedades modernas eram simplesmente demasiado grandes para suportar o referido modelo, o que seria viável. Além disso, seria um retrocesso se o povo exercesse grande influência sobre os administradores especializados nomeados.

Conforme exposto, sob um critério evolutivo, à época da Grécia antiga o povo supostamente atuava "na gestão dos negócios públicos" por meio da democracia direta, e esse regime se caracterizava pelas manifestações de vontade em único ato, sem intermediação, cujas decisões ocorriam em assembleias populares; portanto, não se cogitava da representação ou da delegação de poderes para a prática decisional[1584]. É importante frisar que os escravos, as mulheres, e os estrangeiros não votavam. Era, portanto, uma democracia direta escravista.

Depois, registram-se as primeiras formas de democracia direta na Suíça, no século XII, principalmente na parte itálica do território atual, quando os habitantes se reuniam em "concílios" para resolver os problemas coletivos. Por sua vez, desde 1240 os primeiros cantões, de Uri, Schwyz e Unterwald, formavam pequenas comunidades autônomas habituadas a resolver os seus assuntos em assembleias de todos os cidadãos, os *Landsgemeiden*. Sucessivamente, houve a adesão de outros cantões, como Lucerna (1332), Zurique (1351), Glaris e Zoug (1352) e Berna (1353). Não havia governo central e cada um deles mantinha a sua autonomia, o seu governo e as suas leis[1585]. Firmaram-se outros pactos, até que em 1798 se instala a República Helvética. Com a edição do Pacto Federal de 1815, 22 cantões constituíram-se na Confederação Suíça – hoje conta com vinte e seis. No entanto, as mulheres só conseguiram votar em 1971.

As *Landsgemeiden*, ou seja, as assembleias anuais, abertas a todos os cidadãos com direito de voto dos Cantões, em que se aprovavam as decisões levantando os braços, começaram a ser abolidas, modelo este de democracia direta que fora criticado por muitos autores, uma vez que a sua prática só poderia ocorrer em colégios eleitorais muito restritos, por isso sua inviabilidade no mundo atual.

[1584] Silva, José Afonso da. O sistema representativo e a democracia semi-direta: democracia participativa. São Paulo: *Revista do Advogado*, ano 2003, n. 73, p. 96.,

[1585] Mourre, Michel. *Dicionário de História Universal*, cit., p. 1309-1310.

Na atualidade, a Suíça abriga uma democracia semidireta, visto que há o sistema representativo, com parlamentares eleitos, e o direto, em que o povo participa da tomada de decisões, seja por meio do instituto do referendo obrigatório, no qual o povo tem o direito constitucional de participar nas mudanças da Constituição; do referendo facultativo, em que a vontade popular é capaz de vetar leis e até modificá-las; e da iniciativa popular, como a que ocorreu em 18 de maio de 2003, quando duas iniciativas antinucleares foram rejeitadas, que pretendia a proibição de construção de novas usinas nucleares. Na hipótese de uma lei ser aprovada pelo Parlamento, o povo pode revogá-la a partir de um referendo, contanto que sejam providenciadas 50 mil assinaturas num prazo de 100 dias após a publicação da referida norma. Ao final, o parlamento votará sobre o conteúdo do referendo, que poderá ser aprovado por maioria absoluta de parlamentares votantes.

No caso da Alemanha, frise-se que a Constituição de Weimar de 1919, repleta, por exemplo, de direitos alusivos à proteção de todos e à educação que jamais foram efetivados[1586], conferia também ao povo a capacidade de decidir diretamente sobre a política do país, ou seja, abria a possibilidade de se formularem leis por meio de **plebiscitos e referendos**, o que retirava uma parte da competência constitucional do Parlamento e de sua específica forma de representação. Diante dessa permissão, perguntava-se Carl Schmitt: "Se leis podem ser formuladas por iniciativa popular e aprovadas via plebiscitos e referendos, qual seria o sentido específico da representação do Parlamento? Lembrando, também, que o Presidente do *Reich*, em momentos de exceção, sob a vigência do artigo 48 da Constituição de Weimar, também podia editar normas com força de lei posição de confronto com os princípios democráticos[1587].

Não por acaso, as forças conservadoras alemãs, que, em 1932, se aglomeraram no Partido Nacional-Socialista Alemão (NSDAP), passaram a propor reformas constitucionais com claro caráter antidemocrático, que

[1586] Lembre-se de que a Constituição de Weimar se tornou referência e inspiração para a Constituição brasileira de 1934.

[1587] Rizzi, Ester Gammardella. *Democracia e transformações sociais no estado parlamentar: Kirchheimer e a República de Weimar*. Dissertação de Mestrado. Faculdade de Direito da Universidade de São Paulo, 2011, p. 81

vinham acompanhadas de dissoluções do Parlamento e instaurações do estado de exceção por meio do recurso do mesmo dispositivo constitucional (art. 48). Isso configurava verdadeira extrapolação dos limites das normas constitucionais no último período da República (1930-1933). Com a ascensão do nazismo em 1933, e publicada a "Lei de Autorização" (*Ermächtigungsgesetz*), a permitir que o então chanceler Adolf Hitler editasse leis diretamente, tanto a Constituição como a República de Weimar já podiam ser consideradas extintas, na medida em que as garantias formais de liberdade públicas e o Estado tripartite foram sendo desconstituídos na Alemanha[1588].

Adolf Hitler e os nazistas aproveitaram-se da crise econômica pós-Primeira Guerra, da falta de consenso político-partidário e da correspondente incapacidade em apontar soluções para os inúmeros problemas que o povo alemão enfrentava. "Enquanto os partidos de Weimar representavam apenas grupos de interesses específicos, asseverava Hitler, o Movimento Nacional-Socialista defendia a nação como um todo"[1589].

Rússia e as tentativas frustradas de democracia – A Rússia, no contexto de sua história social e política, lutou pela democracia desde os seus primórdios até os tempos atuais, mas sem concretizá-la. Foi uma espécie de laboratório inicialmente tzarista e, portanto, absolutista. O país, a partir do século XVIII, foi influenciado pelo iluminismo francês, ocasião em que se questionou o absolutismo tzarista e a miséria a que aquele povo se submetia, e depois conviveu com o socialismo e suas diferentes fases, visto que a economia soviética, desde 1917, submeteu-se a períodos alternados, inicialmente, de socialismo e, posteriormente, de estatismo.

Por ocasião da Revolução de 1917, os bolcheviques russos promoveram o rígido controle da produção econômica e eliminaram as liberdades do sistema capitalista. Em março de 1921, dado o insucesso da produção, a fim de tirar a Rússia de uma profunda crise, o Partido bolchevique implementou a Nova Política Econômica (NEP), cuja principal medida foi a de

[1588] Rizzi, Ester Gammardella. *Democracia e transformações sociais no estado parlamentar: Kirchheimer e a República de Weimar*, cit., p. 45, 260 e 261.

[1589] Kershaw, Ian. *Hitler.* São Paulo: Companhia das Letras, 2010, p. 234, apud Friede, Reis. Que não se culpe a Constituição de Weimar! *Revista de Direito*. Universidade Federal de Viçosa, 2019, p. 158.

permitir que as pequenas e médias empresas privadas atuassem no mercado local e passassem a existir cooperativas agrícolas, com a participação dos camponeses.

Apesar dos bons resultados, após a morte de Vladmir Lênin, Josef Stalin passou a orientar a economia a partir dos planos quinquenais, tendo substituído a NEP pela coletivização forçada da agricultura, e a industrialização em marcha acelerada foi capaz de alcançar os países capitalistas desenvolvidos. Em relação ao setor agrário, os lotes particulares dos camponeses foram substituídos rapidamente pelas fazendas coletivas (*kolkhoses*) e fazendas do Estado (*sovkhoses*). Enquanto as terras cultivadas por cooperativas em 1930 correspondiam a 37%, em 1931 alcançaram 62%. Na prática, Stalin, ao liquidar a oposição de esquerda, deu continuidade à política da NEP e apoiou-se na direita do partido, para o qual o "enriquecimento da burguesia agrária e dos comerciantes urbanos não comprometia os rumos da revolução, desde que o Estado mantivesse o controle das indústrias básicas, do comércio externo, da moeda, da circulação financeira etc" [1590]. Portanto a Rússia migrou do absolutismo tzarista para o socialismo de Lenin, voltou-se para o capitalismo de Estado, consolidado pela NEP e o governo de Stálin. A tentativa de democracia após a Revolução de 1917, que teve influência da democracia direta e do marxismo leninismo, acabou numa ferrenha ditadura.

Portugal – crises e períodos de transição democrática – A história de Portugal é umbilicalmente ligada ao Brasil dado o papel da nação lusa como agente colonizador. Logo após o advento da Escola de Sagres (cerca de 1418), Portugal manteve-se, em poucos anos, ao lado da Espanha, na linha de frente das grandes navegações, com expedições em busca de uma nova rota para o comércio marítimo, que superasse o monopólio estabelecido no Mar Mediterrâneo pelos turcos.

Nessa época, o país experimentou, numa fase inicial, considerável desenvolvimento econômico com as grandes navegações e a exploração de novos territórios, mas, com o tempo, dada a envergadura da empresa

[1590] ROSENBERG, Arthur. *História do bolchevismo.* Belo Horizonte: Oficina de Livros, 1989, p. 264, apud LINDOSO, José Antônio Spinelli. União Soviética: da Nova Política Econômica (NEP) à construção do "socialismo num só país". Universidade Federal do Rio Grande do Norte: *Revista Cronos*, v. 14, n. 1, p. 114, 2013.

mercantil, esta trouxe prejuízos, obrigando os portugueses a tomar empréstimos a banqueiros com juros elevados, de holandeses, italianos a alemães, uma vez que não desenvolveu uma atividade manufatureira própria[1591].

No que se refere à legislação portuguesa, embora não fossem, propriamente ditas, uma "constituição", as Ordenações Afonsinas, Manuelinas e Filipinas continham uma intrínseca natureza de "durabilidade e de fundamentalidade", visto que não podiam ser revogadas sem menção expressa.

A primeira Constituição portuguesa, a de 1822, foi marcada por um forte impulso nacionalista, sob as marcas da Revolução liberal do Porto, motivada por um sentimento nacionalista de oposição à presença britânica em Portugal e contra o afastamento da Corte portuguesa, então presente no Brasil. A Carta notabilizou-se pelo caráter democrático indireto, visto que a Assembleia Constituinte soberana elaborou e entregou-a para aceitação e juramento do monarca – na prática, tendo como fontes inspiradoras a Constituição espanhola de Cádis de 1812 e as Constituições francesas de 1791 e de 1795, a constituição portuguesa, numa tentativa, deixou de representar a vontade absolutista do soberano, para ser a expressão da vontade geral (monarquia constitucional)[1592].

No entanto, D. João VI, em 3 de junho de 1823, revogou a referida Carta, tendo nomeado uma "Junta" de notáveis para redigir uma nova Constituição, o que seria efetivado em 29 de abril de 1826, sob influência da Carta brasileira de 1824 e, indiretamente, da Carta francesa de 1814, seguindo a lógica de que o próprio monarca concede a limitação dos seus poderes aos súditos e da recusa da clássica tripartição de poderes entre poder legislativo, poder executivo e poder judicial, pois fora acrescentado o quarto poder, o Moderador (arts. 11º, e 71º a 75º), que seria abo-

1591 SANTOS, Joel Rufino dos *et al.* História nova do Brasil, cit., p. 43.

1592 Saliente-se que estavam excluídos da capacidade eleitoral os desempregados, os vadios, os analfabetos adultos, os criados de servir que habitassem em casa dos seus patrões, os que viviam em comunidades monásticas (art. 33). BOTELHO, Catarina Santos. A história faz a constituição ou a constituição faz a história? – Reflexões sobre a história constitucional portuguesa. *Revista do Instituto do Direito Brasileiro da Faculdade de Direito da Universidade de Lisboa – RIDB*, 2013, n. 1, p. 232-233.

lido na Constituição de 1838, cuja vigência se estendeu até 1842, quando, mediante um golpe, restaurou-se a Carta de 1826, sendo introduzidas sucessivas alterações mediante a forma de Atos Adicionais, em 1852, 1885, 1896 e 1907[1593].

O período republicano português foi marcado por turbulências, passando por greves e golpes de Estado. A Constituição de 1911 foi antecedida pela Revolução de 5 de outubro de 1910, que aboliu o regime monárquico e instaurou a República, cuja decisão constituinte foi marcada por um procedimento democrático indireto, que se serviu da Constituição suíça e da Constituição brasileira de 1891 como inspirações, ocasião em que há a separação entre a Igreja e o Estado, a extinção dos títulos nobiliárquicos e das ordens honoríficas, a abolição da pena de morte e das penas corporais perpétuas, a obrigatoriedade e gratuidade do ensino primário complementar, entre outras disposições[1594].

Em 1928, num cenário de forte crise econômica, a presidência era ocupada pelo general golpista (1926) António Oscar de Fragoso Carmona, cujo Ministério das Finanças era comandado por Antônio de Oliveira Salazar, um civil. Este se tornaria, em 1932, presidente do Conselho de Ministros, a governar o país até 1968, que, de forma ditatorial, se mostrou contrário à atividade parlamentar e à Assembleia Nacional, ocasião em houve a supressão de todas as legendas, a aplicação das prisões, da censura e a oficialização de um partido único, o da União Nacional, de apoio ao governo.

Em 1933, elaborou-se uma nova Constituição, a do denominado Estado Novo, que se submeteu à aprovação popular por meio de plebiscito, em que as abstenções contaram como votos a favor, sendo influenciada pela Constituição de Weimar e, em parte, pelo modelo fascista italiano[1595].

1593 BOTELHO, Catarina Santos. A história faz a constituição ou a constituição faz a história? – Reflexões sobre a história constitucional portuguesa, cit., p. 234-236.

1594 Ibidem, p. 235.

1595 Outras características da Constituição portuguesa de 1933: "enorme ênfase dada ao Poder Executivo; ideia da inalienabilidade do ultramar; proibição da greve e do *lock-out*; consagração expressa de direitos sociais (tais como a proteção da família, o direito à educação e à cultura e a defesa da saúde pública). (...) todavia, a realidade constitucional testemunhou a limitação ou a supressão de direitos e liberdades fundamentais, tais como a liberdade de expressão, de associação, de reunião e de emigração (...) Ibidem, p. 237-238.

Salazar afastou-se do poder em 1968, e Marcelo Caetano (primeiro ministro) conduziu o governo até 25 de abril de 1974, quando renunciou por força da Revolução dos Cravos, um movimento das Forças Armadas que derrubou o Estado Novo[1596].

Na sequência, ao longo de um período de transição, com agitações políticas e crises[1597], realizaram-se eleições diretas em 25 de abril de 1975, a primeira em que as mulheres votaram sem restrições, a fim de eleger os deputados que prepararam e aprovaram a nova Constituição, de teor marxista-leninista e com uma redação excessivamente programática, sendo promulgada em 2 de abril de 1976, com a restauração das liberdades individuais e cívicas, a extinção da Censura e a libertação dos presos políticos. Estava caracterizada a constituição dirigente no país. Destaque-se que as constituições estrangeiras e, em parte, em suas devidas proporções, a portuguesa de 1976 também influenciaram a Constituição

[1596] O Conselho da Revolução, órgão de soberania na Constituição da República portuguesa, não visava somente garantir o cumprimento da Constituição, mas também, segundo o artigo 142º da CRP, perpetuar a "fidelidade ao espírito da Revolução Portuguesa de 25 de abril de 1974". Quanto à Comissão Constitucional, emitia pareceres prévios ao exercício das funções de garantia constitucional do Conselho de Revolução, que, na esmagadora maioria das vezes, foram seguidos. Ibidem, p. 238-239.

[1597] "O período que antecedeu a realização das primeiras eleições ficou marcado por uma forte agitação política. Entre abril de 1974 e abril de 1975 tomaram posse quatro governos provisórios, várias vezes reorganizados, e dois presidentes da República. Houve várias entradas e saídas do Conselho de Estado, que não sobreviveu até à data da eleição. Esta agitação não só marcou o período de discussão da lei eleitoral, como colocou em risco a realização das próprias eleições. O primeiro momento de risco ficou conhecido como 'a crise Palma Carlos'. Em julho de 1974, o então primeiro-ministro, Adelino da Palma Carlos, o Presidente da República, general António de Spínola, e parte do Governo apresentaram um projecto de lei para a realização de eleições presidenciais em outubro de 1974 e, na mesma data, um referendo a uma Constituição provisória. A proposta empurrava as eleições para a Assembleia Constituinte para finais de 1976, desrespeitando o prazo de 12 meses estipulado pelo Movimento das Forças Armadas – MFA. Militares, partidos de esquerda e alguns membros do governo e do Conselho de Estado rejeitaram o projecto de lei, que acabou por cair. (...) as tensões geradas pela tentativa de golpe de 11 de março levaram a que fossem adiadas para o dia 25 de abril (...).Morais, Joana Rebelo. 1975 – A eleição de todos os portugueses. Portal Público, 19 abr. 2020. Disponível em https://www.publico.pt/2020/04/19/politica/noticia/1975-eleicao-portugueses-1912535. Acessado em 23 out. 2020.

de 1988, a ponto de, sob o prisma, por exemplo, da constituição de Portugal, atribuir-se a nossa Carta Magna diversas características, entre elas a de ser também uma constituição dirigente ou programática.

A constituição dirigente, também intitulada "constituição compromissória", em sentido amplo, "reflete a pluralidade das forças políticas e sociais. Típica da sociedade plural e complexa em que vivemos, ela é fruto de conflitos profundos (*deep conflict*), da barganha, do jogo de interesses, do tom persuasivo do discurso político. O procedimento constituinte de elaboração das *constituições compromissórias* é tumultuado pelas correntes convergentes e divergentes de pensamento"[1598].

Defendida, *a priori*, pelo jusfilósofo português José Gomes Canotilho, autor de *Constituição dirigente e vinculação do legislador*, um estudo que foi embasado na Constituição portuguesa de 1976, ele propôs a adoção de um programa de "conformação da sociedade", isto é, "que o texto constitucional seria uma lei material, para preordenar programas a ser realizados, objetivos e princípios de transformação econômica e social". Sob inspiração ideológica socialista, na constituição dirigente, segundo seu idealizador – que anos depois acabou questionando, em nova edição do livro, a aplicabilidade de sua teoria nos dias de hoje –, concebe-se a ideia de que a Carta é o "plano global normativo de todo o Estado e de toda a sociedade que estabelece programas, definindo fins de ação futura". Em consequência, a grande controvérsia desse conceito contemporâneo de constituição reside na discussão acerca do que "ela deve e pode ordenar aos órgãos legislativos", ou seja, como o legislador pode agir no "cumprimento regular, adequado e oportuno das imposições constitucionais"[1599].

Em 1982 promoveu-se a primeira revisão constitucional, destacando-se a extinção do Conselho de Revolução e a criação do Tribunal Constitucional, bem como a eliminação de expressões como "sociedade sem classes", "transição para o socialismo", "processo revolucionário", além da revisão das normas relativas à reforma agrária e à expropriação de latifundiários sem indenização. Depois, em 1989, suprimiu-se a pretensão

[1598] BULOS, Uadi Lammêgo. *Curso de direito constitucional.* São Paulo: Saraiva, 2007, p. 33.
[1599] BULOS, Uadi Lammêgo. *Curso de direito constitucional*, cit., p. 35.

de "irreversibilidade das nacionalizações" e da "reforma agrária", sendo permitidas a privatizações[1600].

Brasil e a Constituição de 1988 – da antropofagia à autofagia – Após diversas Constituições anteriores ao longo da história brasileira, foi aprovada a Carta de 1988[1601], cuja desproporcionalidade entre direitos e deveres tornaram a República brasileira um confuso sistema de governo.

Foi preciso analisar a formação do Brasil, a começar pela evolução do pensamento político desde o tempo em que éramos Colônia de Portugal, passando pelo Império e chegando, finalmente, à República. Apesar de livrar-se da metrópole portuguesa, o País continuou dependente dos modelos estrangeiros, jamais obteve uma verdadeira independência econômica, transformando-se, com o passar do tempo, num país subdesenvolvido, hoje alcunhado de "emergente", algo apropriado para experiências políticas. E, no âmbito legislativo, não foi capaz de corretamente adequar as fontes normativas de outros países.

Se, no passado distante, o País não dispunha de capacidade técnica para agregar valor a suas exportações, por sua vez, a partir da década de 1930, o Brasil desenvolveu um polo industrial concentrado na região Sudeste, diversificando a economia com base na substituição de importações, já que a Europa, nosso principal fornecedor de produtos industrializados à época, estava em meio a duas guerras mundiais. Posteriormente, no final do século XX, iniciou-se o sucateamento do parque industrial brasileiro, e hoje o País é um fornecedor de *commodities* – principalmente minério de ferro – para o mercado externo, ou seja, um vendedor de pro-

[1600] Ibidem, p. 240.

[1601] Importante salientar que, antes da proposta de um Estado democrático de direito, que conduziria à edição da Constituição de 1988, alguns antecedentes históricos merecem ser lembrados, visto que o Brasil vivenciou o golpe do Estado Novo em 1937, estendendo-se com a era Vargas até 1945, quando houve o seu fim com novo golpe e depois a sucessão de governos eleitos pelo voto popular à luz de uma democracia representativa, como os de Eurico Gaspar Dutra (1946-1951), Getúlio Vargas (1951-1954), Juscelino Kubitschek (1956-1961) e Jânio Quadros (1961), ciclo este de presidentes eleitos diretamente que foi interrompido pelo regime ditatorial-militar, cujos novos chefes do Executivo assumiram seus cargos por eleições indiretas, como Castello Branco (1964-1967), Costa e Silva (1967-1968), Garrastazu Médici (1969-1974), Ernesto Geisel (1974-1979) e João Figueiredo (1979-1985).

dutos básicos, como era em seu nascimento como nação. Nesse passo, o País se tornará um Estado neocolonial absolutamente inexpressivo, como éramos no passado, quando havia a extração do látex da seringueira no Norte do Brasil; do açúcar, a partir da cana no litoral brasileiro; do ouro, principalmente em Minas Gerais; da produção do café, cujas plantações se formaram no Rio de Janeiro, São Paulo e Minas Gerais.

A democracia brasileira nunca alcançou estabilidade, apesar das tentativas constitucionais. Esse é o maior drama. Se a democracia, desde a antiguidade, até hoje oscila entre diástoles e sístoles, imaginemos os equívocos que ocorrem no âmbito nacional, num país que vive copiando, sem senso crítico, ideias e modelos constitucionais do exterior e aplicando-os sem reflexão e com resultados pífios. Nas palavras de George Santayana[1602], filósofo espanhol-americano, "aqueles que não podem lembrar o passado estão condenados a repeti-lo". Por meio de uma analogia, no caso de uma peça de teatro ou um filme pouco recomendado pela crítica, a explicação para esse insucesso se deve provavelmente à má qualidade do roteiro. De outra sorte, um texto bem redigido não garante, mas, certamente, receberá elogios por parte da crítica especializada. No caso do nosso texto constitucional, o "roteiro" não é bom, por isso o registro de inúmeros problemas na democracia brasileira, conforme podemos observar todos os dias nas páginas dos jornais e nas imagens de TV. A realidade nua e crua não bate com a legislação.

E boa parte dos referidos problemas que enfrentamos hoje, diariamente no País, desde o período da redemocratização no pós-ditadura e após a promulgação da Constituição de 1988, provém, como é possível observar na leitura das páginas anteriores desta obra, da Carta Magna brasileira que, com suas falhas institucionais, de redação, de compreensão, entre várias outras, todas decisivas, ajudou a criar um cenário de grande dificuldade institucional, quase um pré-caos no País.

[1602] Rui Santayanna & Borras, que usava como pseudônimo George Santayana, foi um filósofo nascido na Espanha, mas que fez carreira nos Estados Unidos, onde viveu boa parte de sua vida. A citação "Those who cannot remember the past are condemned to repeat", presente no volume 1 de sua obra *A vida da Razão,* lançada em *1905, significa,* literalmente, que quem não conhece o seu passado repetirá sempre os mesmos erros. A advertência, muito usada atualmente, aplica-se para civilizações e indivíduos.

Considerando a vigência e revogação de diversas Cartas anteriores, constata-se que a atual Constituição brasileira (a sétima na história do País, sem contar a Emenda de 1969) ainda padece de problemas graves, tornando-se um obstáculo – exatamente o contrário do que deveria representar – ao pleno desenvolvimento do País e de suas instituições. A ambição da Constituição brasileira de 1988, na mesma linha das Constituições anteriores de 1934 e 1946, era de construir um Estado Social, ao englobar entre as suas disposições as que deveriam garantir a função social da propriedade (artigos 5º, XXIII, e 170, III), os direitos trabalhistas (artigos 6º a 11) e previdenciários (artigos 194, 195 e 201 a 204), além de uma ordem econômica fundada na valorização do trabalho humano que, aliás, acabou submetido às imposições destrutivas do sistema de produção do capital. Aliás, ao final, aliás, não foi possível "assegurar a todos existência digna, conforme os ditames da justiça social" (art. 170).

A Constituição de 1988 foi preparada para ser parlamentarista, acabou alojando a atual constituição presidencialista, contando com um presidente da República que, por meio do "jogo político", deve articular a coalização com vários partidos para obter apoio e poder governar, daí a necessidade negociar com o Congresso, o que acarreta fisiologismo.

Vale salientar uma análise específica sobre o ordenamento jurídico brasileiro, que é o fato de o jurisprudencialismo ter usurpado o Direito e a Constituição, com a própria permissão ou conivência da nossa Carta Magna e, frise-se, também devido à sua própria fragilidade – afinal, trata-se ela de um "mix" de retalhos que incorporou princípios, e, de forma inevitável, por isso deram e dão motivo às mais diversas e absurdas interpretações. Decorridos mais de trinta e três anos, a condição do País agravou-se em todos os âmbitos, principalmente pelo fato de a Carta da República Federativa do Brasil estar enfrentando os conflitos e as imposições entre os Poderes, que deveriam caminhar conforme o "Espírito das Leis" para uma harmonia.

Além desse choque entre Executivo, Legislativo e Judiciário, houve também o surgimento ou empoderamento de um "poder" concorrente – o quarto Poder? –, o Ministério Público. Devido à força que lhe foi conferida na Constituição, tem se comportado como se fosse um poder independente, acima de tudo e de todos, com ativismo político e judicial. Seus membros, promotores e procuradores, têm participado de passeatas e manifestações, exercendo um papel político como se fossem líderes sindicais e não funcionários públicos, com deveres e prerrogativas inerentes aos cargos. Tudo isso fere profundamente os mecanismos de freios e contrapesos tão necessários para a manutenção da democracia, ainda mais em um país em que ela não está solidificada, como é o caso do Brasil.

Em maio de 2016, o ministro da Justiça da época, Alexandre de Moraes, ex-membro do *parquet*, teceu o seguinte comentário ao órgão: "*O poder de um Ministério Público é muito grande, mas nenhum poder pode ser absoluto*"[1603]. Justamente por propiciar um amplo leque de interpretações, quando se lê no artigo 127 da Constituição que o *parquet* é "instituição (...) essencial à função jurisdicional do Estado, incumbindo-lhe a defesa da ordem jurídica, do regime democrático e dos interesses sociais e individuais indisponíveis", interesses outros, senão do próprio Ministério Público, atribuiram-lhe o *status* de um "Poder da União" e, pior, que atua como tal. Ora, na mesma linha, não se cogita equiparar tamanho protagonismo à Advocacia Pública, à Advocacia e à Defensoria Pública, ainda que a Carta Magna registre a esses entes a mesma atribuição, qual seja, de que também exercem funções essenciais no âmbito da Justiça.

Mas como um texto constitucional dirigente traz programas a serem cumpridos, ressaltam-se os direitos sem correlação com os respectivos deveres, alargando-se a base interpretativa, o que fomenta o avanço de ativismo judicial, com nova dogmática da interpretação constitucional (neoconstitucionalismo), ainda mais quando se tem controle difuso de constitucionalidade. Aliado ao excesso de poderes concedidos aos magistrados e membros do Ministério Público, dilui-se o princípio da legalidade, trazendo insegurança jurídica e ineficácia do texto constitucional. São fatores que colocam em descrédito um dos pontos principais que o Estado democrático de direito busca defender, que é a própria democracia. Conforme se pretendeu demonstrar, o texto constitucional apresenta deficiências. Um dos principais questionamentos é a quantidade de direitos – 79[1604], em oposição aos deveres –, expressamente citados no texto constitucional. Certamente, nenhuma nação se sustenta se os

[1603] Bergamo, Mônica. Nenhum direito é absoluto, e País precisa funcionar, diz ministro da Justiça. *Folha de S.Paulo*, 16 maio 2016.

[1604] Arantes, Rogério B.; Couto, Cláudio G. 1988-2018: trinta anos de constitucionali-

direitos superam os deveres. Isso tende a criar uma sociedade permissiva, acostumada a usufruir somente de "direitos", sem se preocupar com o resultado disso, como se não lhe dissesse respeito. Ora, a cada direito deve corresponder um dever, de forma que haja equilíbrio na sociedade. No nosso caso, vale destacar que, além disso, a Constituição é uma espécie de colcha de retalhos, como frisado anteriormente, com pedaços de várias outras leis fundamentais pelo mundo afora, além de registrar a contribuição difusa do pensamento de variados pensadores, o que a torna, no conjunto, caótica e confusa, dificultando sua compreensão e aplicabilidade. Em alguns momentos, os conceitos chegam a ser conflitantes. Princípios latinos e anglo-saxões se confundem em um texto de difícil compreensão (e aplicabilidade) até para juristas, quanto mais a leigos e ao povo em geral.

No entanto, por derivar de um arremedo de outras constituições e de interesses corporativistas[1605] que foram introjetados apenas para se fazer valerem por mera conveniência e oportunidade da época da Constituinte, a Carta de 1988, insculpida em boa parte numa Teoria dos Princípios que, em vez de oferecer a concretude aos jurisdicionados, vem, por uma espécie de "estelionato jurídico", servindo para justificar decisões amplamente discricionárias e com base em um processo desregrado de interpretação e de aplicação da norma ao alvedrio do Judiciário[1606].

Segundo o artigo 6.°, sob a denominação "direitos sociais", todo brasileiro tem direito à educação, à saúde, ao trabalho, ao lazer, à segurança, à previdência social, à proteção à maternidade e à infância, além da assistência aos desamparados. Emendas constitucionais posteriores incluíram ainda os direitos à moradia, à alimentação e ao transporte nesse rol. Para

zação permanente. In Menezes Filho, Naercio; e Souza, André Portela (orgs.). *A carta – para entender a Constituição brasileira*. São Paulo: Todavia, 2019, p. 19.

1605 Muitos grupos de pressão mais organizados, entre os quais os membros do mundo jurídico como juízes, desembargadores, procuradores e promotores, além de militares, viram suas reivindicações serem apostas ao texto constitucional, em um privilégio para quem já é privilegiado. Certamente, poucas Leis Magnas em torno do planeta são tão específicas assim.

1606 Coutinho, Sheyla Yvette Cavalcanti Ribeiro. Os princípios no direito constitucional brasileiro: diretrizes de regulação a partir dos trabalhos de Ronald Dworkin e Hans-Georg Gadamer. *Revista Teorias do Direito e Realismo Jurídico*, 2016, p. 149.

vários constitucionalistas, o dispositivo apenas enuncia direitos, mas não diz como alcançá-los. São as chamadas "normas programáticas", cuja função é justamente apontar o caminho a seguir. No entanto, não leva em consideração as questões objetivas, como as ligadas ao financiamento desses direitos, ou seja, o dilema em questão é como sustentar tais direitos sem se ater à possibilidade econômica para concretizá-los. O capital, ressalte-se, provém dos impostos e das taxas que são pagos pelo próprio povo, e a tendência, para manter os investimentos propostos, é aumentar os respectivos tributos, procedimento este que ocasiona um ciclo vicioso.

Para ilustrar na área da saúde, segue um exemplo:

> *Em São Paulo, um orçamento de R$ 600 milhões atende 700 mil pacientes inscritos no programa normal de assistência farmacêutica. Não obstante, nos últimos anos, a Secretaria Estadual de Saúde teve que separar outros R$ 900 milhões para atender a outras 2 mil pessoas que conseguiram na Justiça o direito de o Estado bancar remédios de alto custo*[1607].

Os números deixam claro o desvio de finalidade: apenas um de cada dez vencedores dos pedidos na Justiça de remédios e tratamentos caros provêm da Defensoria Pública, que atende os que não podem pagar advogados. Os demais, a maioria absoluta, são provenientes de laudos feitos por médicos da rede particular, portanto atendem a grupos de integrantes das classes média, média alta e das mais abastadas. Não se sustenta, assim, o discurso segundo o qual os pobres ganham com a judicialização, visto que estes estão na base da pirâmide, havendo uma inversão perigosa do conceito de igualdade.

O jurista Pedro Estevam Serrano, professor de Direito Constitucional da Pontifícia Universidade Católica de São Paulo (PUC-SP), aponta a seguinte crítica à Constituição de 1988:

> *Uma das questões mais difíceis com a qual lidamos hoje no Brasil, senão a mais complexa, a desigualdade social, contudo, permanece gritante. Inexiste a universalização dos direitos garantidos pela Constituição a todos os brasileiros, pois a garantia dessas*

1607 Terceiro, Ivanildo. Seis fatos que mostram porque a nossa Constituição não faz o menor sentido. *Revista Sputnik.*, mar. 2017.

normas jurídicas só é estendida àqueles que possuem renda pessoal elevada e, com isso, milhões de outros menos favorecidos sobrevivem num Estado violento e vilipendiador de sua condição jurídica como seres humanos. Os ricos são contemplados com avanços no que tange à incidência da lei penal, enquanto os desfavorecidos penam por não terem qualquer garantia do sistema vigente[1608].

O professor centra sua análise no setor público, em especial nas concessões de rádios e emissoras de TV, setor em que, conforme sua visão, estão os maiores retrocessos: "Desde a vigência da Carta Constitucional, concessões de rádio e televisão, conferidas a particulares, se constituíram em uma esdrúxula fórmula de serviço, caracterizadas por serem verdadeiras capitanias hereditárias, e não concessões em sua essência. O interesse público, neste caso, foi completamente esquecido no decorrer dos anos, o que provocou perdas não só relacionadas à nação, mas principalmente a todos aqueles que usufruem da comunicação como modo eficaz de relacionamento entre os cidadãos"[1609].

No artigo *A rigidez do gasto público: problemas e soluções*[1610], os economistas Bernard Appy, Marcos de Barros Lisboa, Marcos Mendes e Sérgio Lazzarini chegam a uma conclusão surpreendente: mesmo o melhor gestor do mundo que estivesse à frente do Ministério da Saúde ou da Educação, por exemplo, e conseguisse renegociar todos os contratos de fornecimento, obtendo descontos da ordem de *50%* dos contratados não conseguiria economizar um mísero centavo. A razão é que os gastos com saúde, educação e assistência social foram determinados pela Constituição e o gestor não tem margem para mexer nos números, a não ser que consiga aprovar uma emenda constitucional.

Como a quantidade de dinheiro gasto nessas rubricas não pode diminuir, o gestor público fica estimulado a gastar cada vez mais, sem se preocupar com a qualidade do investimento. O resultado desse quadro? "Entre 2007 e 2014, o MEC contratou mais 90 mil pessoas, mas a qualidade do ensino permaneceu praticamente inalterada. O engessamento também desconsidera as mudanças na realidade de um país. Com o enve-

1608 *Revista Congresso em Foco*, número 112, dezembro de 2017.

1609 Ibidem.

1610 *Revista Interesse Nacional*, ano 8, número 3, outubro/dezembro de 2015, p. 3.

lhecimento da população e a queda na fertilidade, logo o Brasil terá que gastar menos com educação e mais com idosos, mas o texto não permite essa manobra"[1611]. Como os gastos são anuais e fixados em lei, o gestor fica impossibilitado de fazer uma poupança para tempos ruins, o que pode implodir (e implode) a capacidade de pagamento de entes federativos. Basta observar a calamitosa situação financeira de quase todos os Estados brasileiros, a começar pelo Rio de Janeiro, praticamente falido.

Nesse sentido, o cientista político e professor da Fundação Getúlio Vargas (FGV), Luiz Fernando Abrucio, aponta a incongruência do texto constitucional. "A Constituição contém muitas regras, que não deveriam estar nela, como as políticas públicas, que estão relacionadas a uma determinada conjuntura e, por isso, acaba havendo muitas emendas constitucionais. Isso emperra muito as decisões políticas, uma vez que não é fácil mudar a Constituição. Acho que ela precisaria ser enxugada em uma série de temas que não deveriam ser constitucionais. E quando essa mudança ocorrer, a carta de direitos, que é a parte mais importante na Carta, terá mais destaque"[1612].

A opinião da professora de Direito da Fundação Getúlio Vargas (FGV) no Rio, Tânia Rangel, segue no mesmo sentido da de Abrucio. Para ela, o problema é quando a Constituição sai do papel e vai à realidade concreta. "Na hora de passá-la para a realidade, a gente fica um pouco aquém. Mas pelo fato de o texto ter trazido tantos direitos, tantas garantias, que a gente até hoje não têm (efetivamente), por um lado também ela sinalizou para onde a gente tem que ir", comentou em entrevista. Um exemplo desse descompasso, para a especialista, é o artigo 7.°, que prevê que o salário mínimo deve ser suficiente para garantir a "moradia, alimentação, saúde, lazer, vestuário, higiene, transporte e previdência social" do trabalhador e de sua família. Apesar de esse artigo e de tantos outros da Constituição não serem cumpridos, da gente não poder vê-los na prática,

1611 Ibidem, p. 3.

1612 Entrevista à revista Educacional, em reportagem sobre os 20 anos da Constituição, em 2008.

temos caminhado no sentido de cada vez mais nos aproximar do desejo da Constituição", opinou[1613].

Entre outros problemas, a Constituição ainda é corporativista em sua essência. Muitos grupos de pressão mais organizados, entre os quais os membros do mundo jurídico como juízes, desembargadores, procuradores e promotores, além de militares, viram suas reivindicações serem apostas ao texto constitucional, em um privilégio para quem já é privilegiado. Certamente, poucas Leis Magnas em torno do planeta são tão específicas assim.

Os estudiosos apontam, entre outras questões, o fato de a Constituição ser ambígua, criando, propositadamente, um ambiente de instabilidade e incerteza jurídica. Exemplos desse fenômeno são os incisos XII, XIV e XXII do artigo 5.º. Há garantias e ressalvas e ressalvas dentro das ressalvas. "Constituintes da época diziam que o texto precisava ser ambíguo para ser aprovado, sem discussões. Era preciso contemplar uma série de interesses, caso contrário, simplesmente, não seria aceito. Para se obter maioria, tornou-se necessário encaixar um sem número de interesses e a única forma possível seria expandindo os meios pelos quais a futura norma seria interpretada", diz o pesquisador[1614].

Neste contexto, acaba ocorrendo a insegurança jurídica, pois "argumenta-se com frequência que a jurisprudência não poderia ser considerada fonte de direito no Brasil e que, portanto, cada magistrado teria completa liberdade para interpretar e aplicar a lei a cada situação individual (vive-se um cenário de forte resistência à vinculação a precedentes, algo que é extremamente nocivo tanto para a promoção da igualdade perante a lei, quanto para a garantia da previsibilidade necessária a diferentes esferas das relações sociais. (...) Juízes têm dificuldade em se vincular às decisões firmadas por seus pares e, muitas vezes, nem sequem são coerentes com seus próprios julgamentos"[1615].

[1613] Becker, Marcelo Miranda: juristas; após 25 anos, Brasil ainda não cumpre objetivos da Constituição, Revista Terra, março 2015.
[1614] Terceiro, Ivanildo. Seis fatos que mostram porque a nossa Constituição não faz o menor sentido, cit., p. 10.
[1615] Menezes Filho, Naercio. *A carta: para entender a Constituição brasileira*, cit., p. 104.

A fragilidade da Carta Magna revela-se também no fato de ter se submetido a inúmeras emendas constitucionais. Em 1º de março de 1992 foi editada a primeira emenda, ao passo que em 26 de agosto de 2020, com 250 artigos divididos em 9 títulos, já contava com 108 emendas constitucionais. A título comparativo, a Constituição americana, que já entrou no seu terceiro século, foi emendada apenas 27 vezes – uma média de nove acréscimos por século, ao passo que a Carta brasileira, dado o referido número de emendas, submeteu-se a mais de 30 mudanças por década, número bem superior ao registrado na carta americana. Logo, com base numa análise entre o texto original da Constituição de 1988 e o aumento de dispositivos via emendas constitucionais ao longo do tempo, que, aliás, não há perspectiva de interromper o referido ciclo, ressalte-se, por exemplo, que desde a promulgação do texto constitucional de 1988 até a edição da EC n. 105, de 12 de dezembro de 2019, houve acréscimo de 44% em seu conteúdo. Em um ranking de 2016 (*vide tabela* abaixo), a Constituição brasileira era a terceira maior em número de palavras, entre 190 países pesquisados, ficando pouco atrás da Carta da Nigéria (de 1999) e da primeira e extensíssima Constituição da Índia (de 1949). Em quantidade de direitos, ocupa a décima posição, ficando atrás das mais jovens do Equador (de 2008), da Bolívia (de 2009) e de Angola (de 2010), mas também de casos peculiares como México (de 1917) e Portugal (1976)[1616].

[1616] MENEZES FILHO, Naercio; e SOUZA, André Portela (apresentação). *A Carta – para entender a Constituição brasileira*. São Paulo: Todavia, 2019, p. 19.

TABELA 1 – Constituições de países selecionados (ordenadas por tamanho)

País	Ano de promulgação	Tamanho (em palavras)	Posição no Ranking de 190 países	Número de direitos*
Índia	1949	146 385	1	44
Nigéria	1999	66 263	2	57
Brasil	**1988**	**64 488**	**3**	**79**
México	1917	57 087	6	81
Equador	2008	54 555	9	99
Quênia	2010	48 818	14	72
África do Sul	1996	43 062	22	60
Bolívia	2009	39 375	31	88
Venezuela	1999	37 344	35	82
Portugal	1976	35 219	40	87
Alemanha	1949	27 379	57	48
Angola	2010	27 181	59	80
Sérvia	2006	19 891	75	88
Canadá	1867	19 565	80	36
Rússia	1993	12 908	116	64
França	1958	10 180	145	13
Estados Unidos	1789	7762	166	35
Noruega	1814	7307	170	39
Japão	1946	4998	186	48
Mônaco	1962	3814	190	26

* Segundo Elkins, Ginsburg e Melton, coordenadores do banco de dados: "*Number of Rights* — In our ongoing book project on human rights, we analyze a set of 117

Conforme indicado no referido estudo, em detrimento da quantidade de deveres, a Constituição brasileira é extensa em direitos, havendo, portanto, uma desproporcionalidade entre os referidos quesitos. Além disso, ao cobrir uma infinidade de temas e problemas, a Constituição de 1988 acabou por constitucionalizar políticas públicas, para além do arcabouço institucional básico do regime democrático brasileiro"[1617].

Nesse passo, é preciso distinguir duas dimensões normativas do processo político democrático, pois, ainda que o propósito das Constituições seja o de "organizar a estrutura política básica (*Polity*) de um país, por vezes também incorporam políticas públicas (*Policy*)", cujos efeitos se revelam importantes para o processo governamental. Como a Carta de 1988 e as respectivas emendas posteriores constitucionalizaram um grande número de políticas públicas, elas precisam ser reformadas de tempos em tempos, por isso a necessidade de permanente "emendamento constitucional", que resulta em "custos mais elevados de governabilidade"[1618].

O termo *Polity* estabelece elementos centrais da organização política e apresenta quatro ordens de fatores: 1) o Estado, a nação e a nacionalidade; 2) direitos civis e políticos; 3) regras do jogo institucional, estruturas e procedimentos fundamentais do sistema político; 4) direitos materiais orientados para o bem-estar[1619].

Por sua vez, *Policy* compreende a normatividade de "nível *governamental,* isto é, das normas produzidas por governos com vistas à implementação de suas políticas. Nesse sentido, elas veiculam as preferências daqueles que conquistaram o poder de governar legitimamente e delas não se deve esperar neutralidade ou generalidade". As políticas públicas revestem-se de um "recorte partidário", de forma que, com a alternância no poder, elas acabam, naturalmente, sendo revistas de tempos em tempos. Mesmo que sejam específicas e controversas, as normas que introduzem *Policy* não ameaçam a estrutura fundamental da *Polity* e, por essa razão, não despertam nos diferentes atores a sensação de risco à ordem democrática[1620].

Na Constituição de 1988, o Título IV – "Da organização dos poderes" corresponde a quase 1/3 do total de dispositivos da Carta, o que sugere a preocupação dos constituintes em organizar detalhadamente essa dimensão do sistema político brasileiro, qual seja, composição, competências,

[1617] Menezes Filho, Naercio; e Souza, André Portela (apresentação). *A Carta – para entender a Constituição brasileira*, cit., p. 18.
[1618] Ibidem, p. 8-9.
[1619] Ibidem, p. 21.
[1620] Ibidem, p. 20.

prerrogativas e regras de funcionamento dos poderes Executivo, Legislativo, Judiciário e órgãos como Ministério Público, Advocacia-Geral da União, Defensoria Pública, além de normas relativas ao exercício dos cargos (mandatos, imunidades, responsabilidades etc.), ao processo legislativo, à fiscalização financeira e orçamentária do governo e outros procedimentos para o controle recíproco entre os Poderes, à organização do Judiciário federal e às linhas gerais para a organização da Justiça nos estados[1621].

O segundo maior Título, o III – "Da organização do Estado", reúne o maior número de dispositivos de *Polity*, que fixa a "estrutura político-administrativa do País, com ênfase na dimensão do federalismo, dos governos subnacionais e de suas relações com a União". O Título II – "Dos Direitos e Garantias Fundamentais" e o Título VIII – "Da Ordem Social", juntos, perfazem 14% da *Polity* democrática brasileira[1622].

Mais da metade da *Polity* democrática é formada exclusivamente por "regras do jogo", característica, também, predominante nos demais 24,4% dos dispositivos que foram classificados com mais de um sentido de *Polity* (arranjo de redemocratização). Por sua vez, 30,7% do texto é composto de políticas públicas constitucionalizadas (princípios fundamentais tem 22 dispositivos com mais de 1 sentido)[1623].

A Constituição brasileira de 1988 é singular, pois enquanto a constituição mexicana de 1917, socialista, que mais se aproxima da brasileira em termos de *Policy* constitucionalizada, tem apenas 103 dispositivos, a nossa tem 499 dispositivos. Em outro exemplo, a constituição portuguesa de 1976 contém 42 dispositivos de *Policy*, ao passo que a Constituição Cidadã é 7 vezes maior do que a lusa, ou seja, apresenta 933 dispositivos[1624].

A margem de governabilidade na Carta de 1988 tornou-se reduzida para as maiorias políticas futuras – é um paroxismo. "Nenhuma Constituinte anterior foi tão aberta, descentralizada na forma de trabalhar, participativa do ponto de vista social e político e submetida permanentemente a escrutínio público". A de 1988 foi costurada em comissões e

[1621] Ibidem, p. 24-25.
[1622] Ibidem, p. 25.
[1623] Ibidem, p. 26.
[1624] Ibidem, p. 27.

subcomissões, não tendo havido um todo básico e coerente; portanto, "é extensa e detalhada", que envolveu "as gerações futuras em compromissos pontuais e conjunturas que, para serem revistos, necessitam de maiorias mais amplas do que as democraticamente eleitas"[1625].Até a edição da emenda constitucional de número 105, foram acrescentados 720 novos dispositivos de *Polity*, e retirados apenas 33, o que representou um saldo positivo de 159 na referida dimensão normativa. E foram acrescentados 720 dispositivos de *Policy*, ante a exclusão de somente 64, totalizando o saldo positivo de 656 dispositivos pertinentes a políticas públicas. Somando-se *Polity* e *Policy*, o saldo foi de 815 dispositivos.

Considerando o total de 105 emendas até 2019, que implicaram a aprovação de 1319 dispositivos, 19,6% modificaram textos originais. As modificações foram 12,7% da *Polity* e 22,4% da *Policy* constitucionalizada em 1988. Setenta e cinco por cento buscaram corrigir políticas públicas e 25% incidiram na *Polity*. Dispositivos paraconstitucionais correspondem a 12,1%, gerando uma *constituição paralela* com 159 dispositivos (não se encontram lá, mas como são emendas, são igualmente constitucionais)[1626].

Na ocasião dos 30 anos da Constituição de 1988, em 2018, ela encontrava-se bastante modificada, dispondo de mais 12,7% de definições de Estado e Nação e 15% a mais de regras do jogo. As políticas públicas constitucionalizadas cresceram 52,3%. O Executivo perdeu espaço, por exemplo, para o Ministério Público e as defensorias, que ganharam autonomia, o que resultou no controle do Executivo[1627].

Por outro lado, o Constituinte de 1988 manteve a força do Executivo, que provinha desde o Ato Institucional de 1º de abril de 1964, numa época, aliás, em que o presidente da República dispunha do poder de editar decretos-leis, e a partir da Constituição vigente conferiu-lhe a iniciativa da medida provisória. Na prática, o presidente da República "passou a controlar o orçamento (...) e a dispor da prerrogativa de enviar propostas de emendas constitucionais ao Congresso", daí as coalizões, estas bem específicas do presidencialismo de coalização, em que elas "são

[1625] Ibidem, p. 29.
[1626] Ibidem, p. 33.
[1627] Ibidem, p. 32 e 33.

forjadas a partir da alocação de cargos e ministérios, que se desdobram na definição de políticas e no direcionamento de recursos"[1628].

A Constituição "Cidadã" também conferiu um sistema peculiar de controle de constitucionalidade, capaz de questionar na Justiça a adoção de determinadas medidas governamentais. Na verdade, ao conjugar dois modelos, o difuso norte-americano e o concentrado europeu, o sistema híbrido brasileiro facultou aos juízes de todas as instâncias a prerrogativa de examinar a constitucionalidade das leis e dos atos normativos dos demais poderes no julgamento de casos concretos, assim como o Supremo Tribunal Federal, que se tornou competente para julgar essas mesmas ações em grau de recurso extraordinário, ante a provocação via ação direta a decidir sobre a lei em abstrato. Nessa linha, no âmbito da Corte Suprema, nove agentes puderam propor a ação direta de inconstitucionalidade, diferentemente do que ocorre em outros países da Europa, onde a referida propositura é uma excepcionalidade. Se antes, na Constituição de 1967, cabia a referida ação ao Procurador-Geral da República, nos termos do art. 103 da Constituição Federal de 1988 puderam, a partir de então, propor ações diretas de controle constitucional: 1) o Presidente da República; 2) a Mesa do Senado Federal; 3) a Mesa da Câmara dos Deputados; 4) a Mesa de Assembleia Legislativa ou da Câmara Legislativa do Distrito Federal; 5) o Governador de Estado ou do Distrito Federal; 6) o Procurador-Geral da República; 7) o Conselho Federal da Ordem dos Advogados do Brasil; 8) partido político com representação no Congresso Nacional; e 9) confederação sindical ou entidade de classe de âmbito nacional[1629].

Após 1988, mais de 700 autores diferentes propuseram mais de 5000 ações diretas de controle constitucional perante o STF. Ressalte-se a possibilidade de as emendas constitucionais, apesar de se submeterem à aprovação majoritária de 3/5 de deputados e senadores, submeterem-se a questionamento de sua constitucionalidade perante o STF caso ofendam as intituladas cláusulas pétreas (um *super veto point*)[1630].

[1628] Ibidem, p. 35.

[1629] Ibidem, p. 35.

[1630] Ibidem, p. 38. No governo de Fernando Henrique Cardoso foram editadas 35 emendas constitucionais; no de Lula, 28; no de Dilma houve a concentração em políticas públicas,

As emendas no Brasil ultrapassaram o limite do razoável e levará a Constituição de 1988 a "morrer em breve, mais por voracidade do que por letargia". Consolidou-se um "repositório de interesses circunstanciais e específico de diversos grupos", que visam proteger suas políticas, no curto prazo, contra ações de veto disparadas de outras dimensões do sistema político – como a Justiça e a Federação – e, no longo prazo, contra a alternância no poder. Em consequência, esse processo gerou a judicialização, uma vez que a Carta de 1988 transformou-se num "campo de disputa política constante" devido a sua flexibilidade, sendo "questionável" e "capturada"[1631].

A Constituição atual, como exposto, não garante estabilidade absoluta, pois, dadas as inúmeras alterações do texto legal, implicam em constantes reinterpretações, diferentemente do que ocorre em outras democracias. Contudo, tentar descartá-la agora, num cenário em que diversos setores do País se encontram em grave crise, significaria um perigo para a consolidação democrática.

Em editorial, o jornal *O Estado de S. Paulo* criticou o "detalhismo" dos seus 9 títulos, compostos de 250 artigos, subdivididos em centenas de parágrafos, itens e alíneas, que se preocupam em regular toda sorte de atividade. Para o centenário jornal, esse excesso de detalhes, altamente minuciosos, acaba tolhendo o País. Um texto enxuto e funcional, para o *Estadão,* funcionaria muito melhor no caso brasileiro.

> "(...) *É também negativa a tendência do texto constitucional de concentrar poderes no nível federal, em detrimento do estadual e do municipal. A experiência das democracias consolidadas e desenvolvidas demonstra que os governos regionais e, principalmente, os locais, mais próximos da população, tendem a ser mais sensíveis aos reclamos da sociedade e mais ágeis no seu atendimento. Por causa desses pontos fracos, a Constituição de 1988 já foi emendada 74 vezes* [105 até o final de 2019] – *sem que fossem transgredidas as cláusulas pétreas, garantidoras de direitos. E tramitam no Congresso Nacional*

sendo 8,7 dispositivos *Policy* para cada dispositivo *Polity*. Por sua vez, no governo Temer, houve 99 emendas regulares e (sem impedimento constitucional), sendo 25% Executivo, 36,5% na Câmara e 38,5 no Senado. Ibidem, p. 45. No governo Bolsonaro, em curso, somente em 2020 foram editadas três emendas constitucionais.

[1631] Ibidem, p. 49-50.

outras 1.700 propostas de emenda constitucional. Essa profusão de emendas se deve, também, à relativa facilidade com que se pode mudar a Constituição. Se, por um lado, o processo legislativo exige a aprovação de pelo menos três quintos dos senadores e dos deputados federais, por outro lado são dispensadas as complicações da convocação e realização de referendos populares sempre que a Carta é mudada.
Tudo isso reflete a precariedade – melhor dizendo, a transitoriedade – do texto aprovado em 1988. Tanto isso é verdade que a própria Carta estatuiu que, cinco anos após sua promulgação, seria realizada uma revisão constitucional, bastando para a sua aprovação a maioria simples dos parlamentares. Essa oportunidade de proporcionar ao País uma Carta concisa e funcional foi perdida, como tantas outras, porque o Congresso, tendo-se emaranhado na mais reles politicalha, perdeu de vista o interesse nacional e também as condições de fabricar o consenso necessário para uma reforma de fôlego"[1632].

Ora a Constituição, como podemos perceber, em vários momentos, mostra-se "avançada" e "progressista" do ponto de vista social, ora abraça certo conservadorismo em costumes e tradições, ora é rigorosa, outra é permissiva. De uma maneira geral, é extremamente minuciosa em suas descrições, chegando aos detalhes; em outros, passa ao largo de problemas reais. Evidente que a inserção de normas de cunho conjuntural, muitas vezes inexequíveis, pode tornar o texto precocemente obsoleto. Como contraponto vale lembrar a Magna Carta inglesa, que é consuetudinária, ou seja, apoia-se nos costumes e tradições, tendo apenas pequena parcela na forma escrita e, até por isso, nem de longe opera com o tipo de detalhamento da Constituição Brasileira, mas é fielmente seguida. Da mesma forma se dá com a Carta americana ou a alemã, sendo estas positivadas.

Uma comparação de qual é o sistema político mais eficiente entre o brasileiro e o inglês nos deixaria em situação bastante difícil, incômoda até, ao perceber que uma Constituição detalhada e dirigente – que determina o que deve ser feito, a partir da legislação – não ofereceu ao País o paraíso que era vendido na época de sua promulgação, há pouco mais de 30 anos. Não à toa, muitos dos seus dispositivos nem sequer foram regulamentados.

[1632] A Constituição imperfeita aos seus 25 anos (editorial). *O Estado de S.Paulo*. 5 de outubro de 2013, p. A-2.

Mesmo entre os que o foram há problemas, como é fácil perceber. No Brasil das últimas décadas, as confusões relacionadas à atuação dos Poderes fariam Montesquieu, o pensador francês, arquiteto da separação dos poderes e dos pesos e contrapesos, se perguntar onde errou. Como temos visto quase diariamente no País, o Executivo tem legislado, sufocando o papel do Legislativo, e o Judiciário, que deveria somente fazer valer as leis, tem agido de forma semelhante, extrapolando seu poder. O Legislativo, por sua vez, quase sempre, tem se posicionado como um poder auxiliar, subordinado ao Executivo, em todos os níveis, desde as câmaras municipais até o Congresso Nacional.

Insta ressaltar que um dos problemas da Judicialização da política no Brasil relaciona-se ao fortalecimento do Poder Judiciário, que se sente no direito de frustrar inúmeras decisões políticas do governo ou do Parlamento, cujos membros foram diplomados e eleitos pelo povo. Tal decisão, quando não capitaneada pelas exigências da razoabilidade, gera enorme prejuízo para o Estado de Direito, tanto quando a decisão do Tribunal não é respeitada como quando a decisão política do governo é substituída por um ato judicial. É que este, embora revestido da legalidade, não passa de ato jurídico de pessoa que não teve nenhum mandato democrático para levar a cabo tal função. E a instabilidade se instala, com prejuízos tanto para o princípio da legalidade como para a democracia. Tudo ocorre em nome da hermenêutica, ou seja, as interpretações dadas pelo Judiciário em relação à Constituição e a legislação vigente.

Ao mesmo tempo, o Congresso pode assumir, em alguns momentos, um papel proativo e confrontar o poder do Executivo quando lhe convém, no entanto somente com uma postura paroquial, ligada unicamente à disputa por cargos e por recursos para suas bases, traduzindo por dinheiro e poder. Naturalmente, isso deslustra a democracia brasileira ao demonstrar que, tal como a ateniense, ela não é tão "democrática" assim. Pior, deixa bem claro que não escapamos de hábitos que deveriam estar sepultados, como o paroquialismo, o patrimonialismo e a mais baixa política, motivada por interesses financeiros e pela busca de poder sem levar em consideração fatores mais nobres, de ordem política e social, exatamente os que deveriam ser contemplados após mais de 30 anos de vigência da Constituição Cidadã, como a alcunhou Ulysses Guimarães.

Exatamente por causa disso, o chamado "presidencialismo de coalizão", ancorado no multipartidarismo e no sistema proporcional para a eleição de deputados, foi, de acordo com o advogado Eliardo Telles Filho, um dos principais problemas criados pela Constituição de 1988. No entanto, segundo o especialista, o presidencialismo imperial, ou seja, a concentração de poderes na figura do presidente da República, já havia se manifestado na Constituição de 1946. De acordo com Telles, entretanto, a Carta de 1988 consagrou esse modelo, nos seguintes termos:

> *"Essa Constituição criou, a partir de elementos de continuidade existentes num ou noutro de nossos regimes constitucionais vigentes desde 1934, o regime do presidencialismo de coalizão, que ora dá sinais de esgotamento. (...) esse regime não foi desenhado a partir de uma visão global de ideologia constitucional, mas desde uma tentativa de compor uma união de forças políticas, resultando na repetição de fórmulas institucionais já conhecidas e que, ao que tudo indica, faziam consenso no momento de transição da ditadura para a democracia. Agora, no entanto, talvez seja o momento de repensar o tratamento dado ao poder na Constituição de 1988 desde uma perspectiva mais ampla, contemplando a imaginação de um regime que rompa com esses elementos do presidencialismo de coalizão, como o sistema proporcional para eleição de deputados federais, o multipartidarismo sem critérios corretivos, e o excesso de poderes do presidente da República. Em outras palavras, o momento pode ser propício para novas reflexões constitucionais ancoradas em uma concepção mais profunda do lugar do Estado e do poder político nas nossas vidas"*[1633].

Quanto ao quesito econômico-financeiro da Constituição, houve um recrudescimento de determinados aspectos instrumentais, invertendo o corolário programático do constitucionalismo dirigente, uma vez que, segundo essa linha de pensamento, a Constituição das políticas públicas e dos direitos sociais é entendida como prejudicial aos interesses do País, causadora última das crises econômicas, do déficit público e da

[1633] TELLES FILHO, Eliardo. O problema do poder na Constituição da República de 1988. *Revista Consultor Jurídico*, 11 jun. 2016. Disponível em https://www.conjur.com.br/2016-jun-11/problema-poder-constituicao-1988. Acessado em 5 out. 2020.

"ingovernabilidade"[1634]. Entende-se que, por ser excessivamente detalhista, ao estabelecer fins, tarefas e objetivos para o Estado e para a sociedade, diminui a densidade jurídica do texto, pecando em sua eficácia. Não só deixou de superar o gigantesco sistema tributário brasileiro, como ampliou, inclusive, a ineficaz burocracia em todos os níveis de poder.

Logo, a adoção de políticas neoliberais de ajuste fiscal, vinculadas, por exemplo, à tutela estatal da renda financeira do capital e à garantia da acumulação de riqueza privada, seria entendida pelo sistema financeiro internacional "como algo positivo para a credibilidade e a confiança do País"[1635]. Afinal, bancos centrais estão governando a nova economia global e ditam as regras do jogo em território nacional, com isso também impedindo a concretização do texto constitucional.

A democracia requer, "como condição *sine qua non*, a existência de um Estado-nação soberano. A prova disso é dada pelo sistema colonial: se o 'demo' está na colônia e a 'cracia' na metrópole, não pode o povo da colônia participar do processo decisório central que, por definição, transcorre fora do seu alcance. (...) a teoria democrática sempre pressupôs que o autogoverno é possível porque, sendo soberano, o Estado-nação 'detém o controle de seu próprio destino e está sujeito apenas aos limites que lhe são impostos por atores, agências e forças que operam no interior de suas fronteiras territoriais'. Desde que o Estado seja soberano, 'a origem das mudanças sociais encontra-se em processos internos à sociedade'. Caso contrário, não é possível pôr em prática o princípio da autodeterminação dos povos e reger pela regra majoritária a determinação das decisões de Estado, as quais se aplicam, por definição e compulsoriamente, a todos os membros da população. Em outras palavras, o conceito de democracia requer que os poderes estatais sejam exercidos por meio de um regime político que organiza a luta política em conformidade com o princípio da soberania popular, um regime que, portanto, converte os súditos em cidadãos dotados de direitos políticos verdadeiramente eficazes. Se o

1634 Bercovici, Gilberto; Massonetto, Luís Fernando. A constituição dirigente invertida: a blindagem da constituição financeira e a agonia da constituição econômica. *Boletim de Ciências Económicas*. Coimbra: Universidade de Coimbra, 2006, v. XLIX.

1635 Ibidem, cit., 27 out. 2016.

Estado for soberano, ele pode comportar um governo capaz de agir como representante da vontade majoritária do povo. Se não for, não pode"[1636].

Um exemplo de ações como essas, que contrariam o dirigismo estatal, são aquelas que focam na flexibilização dos direitos nas relações de trabalho e, por consequência, no descumprimento da Carta Magna vigente, visto que o preceito constitucional, contido no Título I – Dos Princípios Fundamentais, de que a República brasileira tem como fundamentos, entre outros, erradicar a pobreza, fazer justiça social e privilegiar os valores sociais do trabalho e da livre iniciativa, já teria caído por terra. Para alguns, sob severa crítica ao nascedouro desse desvirtuamento, no caso, para o período compreendido entre 31 de agosto de 2016 e 1º de janeiro de 2019, sustentam que:

> *"Com Temer no comando, começavam a deslanchar a devastação e o abandono da totalidade dos direitos sociais e trabalhistas conquistados pela classe trabalhadora brasileira, desde a Abolição até a Constituição de 1988, bem como o derrogamento da Consolidação das Leis do Trabalho (CLT), impostos pelo empresariado escravocrata com sua conhecida desfaçatez e consubstanciados pelo Congresso mais abjeto de toda a nossa história republicana".*
> *(...) aqueles que se mantêm empregados presenciam a corrosão dos seus direitos sociais e a erosão de suas conquistas históricas, consequência da lógica destrutiva do capital que, conforme expulsa centenas de milhões de homens e mulheres do mundo produtivo (em sentido amplo), recria, nos mais distantes e longínquos espaços, novas modalidades de trabalho informal, intermitente, precarizado, 'flexível', depauperando ainda mais os níveis de remuneração daqueles que se mantêm trabalhando.*
> *(...) se por um lado necessitamos do trabalho humano e de seu potencial emancipador e transformador, por outro devemos recusar o trabalho que explora, aliena e infelicita o ser social (...)"*[1637].

E numa perspectiva mais recente, tendo como atual condutor da política econômica brasileira o ministro Paulo Guedes, PhD em economia pela Universidade de Chicago, "berço do liberalismo econômico", mas

[1636] MARTINS, Carlos Estevam. Da globalização da economia à falência da democracia. *Economia e Sociedade*, Campinas, (6): 1-23, jun. 1996, p. 19.

[1637] ANTUNES, Ricardo. *O privilégio da servidão*. São Paulo: Boi Tempo Editorial, 2018, p. 268.

que sempre atuou em regimes autoritários[1638], como no Chile, outras críticas vicejam:

> *"A cada nova ideia produzida no Ministério da Economia sob o comando de Paulo Guedes para encontrar meios de financiar os projetos encomendados pelo presidente Jair Bolsonaro, fica mais evidente a vocação darwinista social de um governo que se elegeu sob a bandeira do liberalismo.*
> *(...) O verdadeiro liberal jamais consideraria empobrecer a população, reduzindo a capacidade dos mais vulneráveis de usufruir integralmente das liberdades prometidas pela democracia. Ao contrário: o liberalismo digno do nome entende que a interferência estatal se faz necessária justamente para criar condições para que todos e cada um dos cidadãos tenham chances de prosperar. Um Estado que, em vez disso, amplia os obstáculos para os mais pobres, seja qual for o pretexto, não é movido pela razão liberal, e sim pelo mais perverso espírito da lei da selva.*
> *É assustadora a lista de propostas do governo (...). (...) vai criando assim a atmosfera apropriada para a desmoralização do teto de gastos e para a recriação da famigerada CPMF, oferecida pelo ministro Paulo Guedes como fórmula mágica para entregar os programas de emprego e renda bolsonaristas enquanto mantém outros benefícios sociais e desonera a folha de pagamentos.*
> *Se isso prosperar, mais uma vez a conta será paga pelos pobres. A CPMF é eminentemente regressiva, pois afeta toda a cadeia produtiva nas duas pontas da transação financeira, elevando preços. Já a irresponsabilidade fiscal, como está mais do que provado, pode ser muito útil para os demagogos, mas é péssima para o País, pois pressiona a inflação e os juros e inibe investimentos, dificultando a geração de empregos e o crescimento da renda.*

[1638] Nos anos 1980, Guedes foi viver no Chile a convite de Jorge Selume Zaror, ex-diretor de Orçamento do regime de Pinochet. Ali, atuou como pesquisador e acadêmico da Faculdade de Economia e Negócios da Universidade do Chile. A equipe de Guedes se apresenta como um grupo de técnicos ortodoxos que prometem colocar ordem no caos econômico brasileiro. No Chile, uma parte importante das medidas neoliberais implementadas no início dos anos 1970 foram revertidas nos anos 1980 pelo próprio governo militar. Por exemplo, a política de desregulamentação financeira e mudanças no tipo de câmbio. Ambas, que favoreciam o capital financeiro, levaram o Chile a uma crise na década seguinte e acabaram revertidas. FAJARDO, Luis. O Chile deve seu milagre econômico ao governo Pinochet? *BBC News*, 12 jan. 2019. Disponível em https://www.bbc.com/portuguese/internacional-46796445. Acessado em 28 out. 2020.

Que fique claro de uma vez por todas: o algoz dos pobres não é o teto de gastos, mas a indiferença cruel daqueles que só pensam em eleição"[1639].

No âmbito eleitoral, as leis legitimaram o direito de todos os cidadãos votarem em seus representantes políticos nas esferas municipal, estadual e federal. E, numa tentativa de aproximar o Poder Judiciário do exercício da cidadania, ofereceu-se o mandado de injunção, dispositivo por meio do qual os cidadãos recorrem às autoridades judiciárias quando a lei não regulamenta determinada questão, e a possibilidade de impetração de mandado de segurança quando há abuso de poder ou violação de algum direito constitucional. As conquistas não apagam, entretanto, todos os problemas causados por uma redação que deixa muito a desejar, a tal ponto que pode confundir seus leitores e criar problemas institucionais de toda ordem.

Não se discute que o contexto brasileiro difere frontalmente da condição encontrada em países já desenvolvidos. Talvez seja necessária a invocação de uma teoria específica da Constituição Brasileira, "adequada aos países de modernidade tardia", na medida em que desde o advento da Carta de 1988, sob a promessa ou o compromisso de inaugurar o "Estado Democrático de Direito", na verdade até hoje não foram institucionalizadas, de fato, condições mínimas que permitam o gozo de uma vida digna por grande parte da população do País. Como sabemos, as principais questões de fundo nem sequer foram resolvidas, dentre elas a qualidade do processo educacional brasileiro, da saúde e das relações de trabalho. Esse quadro impacta diretamente na forma de participação democrática[1640].

Por fim, ressalte-se que a Constituição de 1988, da forma como foi costurada à luz de seu dirigismo programático e das inúmeras emendas constitucionais, em que se privilegiou, diga-se de passagem, todo o sistema de justiça brasileiro, possibilitando-lhe amplos mecanismos de atuação, a ponto de interferir diretamente em vários setores da sociedade, acabou por tornar a Justiça "um ator inafastável, independente e com alto

[1639] Darwinismo social. Notas & Informações. *O Estado de S.Paulo*, 17 set. 2020, p. A3.

[1640] STRECK, Lenio Luiz; MORAIS, José Luis Bolzan de. *Ciência política e teoria geral do estado*. 4. ed. Porto Alegre: Livraria do Advogado Editora, 2004, p. 111-112.

poder coercitivo (...), protagonista na definição dos contornos da cidadania (...)". Em consequência, os atores do sistema de justiça entraram no jogo político, adquiriram, com o tempo, mais poder e ingerência tanto sobre as demais esferas do Estado, quanto sobre praticamente todas as instâncias da vida pública e privada[1641].

Conforme a análise realizada, as constituições no Brasil, como a de 1988, submeteram-se a um processo de antropofagia que, *atualmente*, resulta em autofagia. É só considerar o contexto econômico, social, político e jurídico que o Brasil vivencia hoje, tendo como base nossa Constituição Federal, que foi analisada neste livro. A democracia não está ainda consolidada no Brasil, todavia, é necessário continuar lutando pela sua estabilidade. Afinal, não é hora para mudar a Constituição, visto que o contexto geral brasileiro está nebuloso.

[1641] MENEZES FILHO, Naercio; e SOUZA, André Portela (apresentação). *A Carta – para entender a Constituição brasileira*. São Paulo: Todavia, 2019, p. 110.

ANEXOS - CRONOLOGIA E REFERÊNCIAS

Cronologia do Período Analisado: de 1500 até 2021

1500	– Pedro Álvares Cabral
1501	– Primeiras expedições no Brasil
1502	– Arrendamento da extração do pau-brasil por três anos a Fernão de Noronha
1504	– Franceses nas costas brasileiras – Doação da ilha da Quaresma, como capitania, a Fernão de Noronha
1515	– João Diaz de Solis faz o reconhecimento da costa brasileira
1516	– Cristóvão Jaques funda feitoria em Pernambuco e explora as costas brasileiras
1519	– Fernão de Magalhães na Guanabara – Viagem de Circunavegação
1526	– Expedição guarda-costas de Cristóvão Jaques
1530	– Expedição de corsários ingleses ao Brasil, chefiados por W.Hawkins – Expedição de Martim Afonso de Sousa parte de Portugal
1531	– A expedição de Martim Afonso de Sousa chega ao Brasil
1532	– Fundação de São Vicente, primeira vila brasileira
1533	– Regresso de Martim Afonso a Portugal
1534/1536	– Criação de quatorze capitanias hereditárias no Brasil, por D. João III
1538	– Primeira partida de escravos africanos chega ao Brasil em navio de Lopes Bixorda
1543	– Instituição, em Santos, da primeira Santa Casa do Brasil, por meio de Brás Cubas
1549	– Chegada ao Brasil do primeiro Governador-geral, Tomé de Sousa – Fundação de Salvador – Chegada dos Jesuítas
1551	– Criação do primeiro bispado brasileiro, por bula do Papa Júlio III
1553	– Início do segundo Governo-geral (Duarte da Costa) – Fundação de Santo André da Borda do Campo.
1554	– Fundação do Colégio de São Paulo, através do Padre Manuel da Nóbrega
1555	– Fundação da "França Antártica" por Villegaignon no Rio de Janeiro
1557	– Terceiro Governo-geral no Brasil (Mem de Sá)
1560	– Vitória parcial sobre os franceses estabelecidos no Rio de Janeiro – Os habitantes de Santo André mudam-se para São Paulo.
1565	– Fundação da cidade de São Sebastião do Rio de Janeiro, por Estácio de Sá.
1567	– Derrota definitiva e expulsão dos franceses do Rio de Janeiro

1570	– D. Sebastião assina carta régia garantindo a liberdade dos indígenas brasileiros
1572	– Divisão do Brasil em dois governos – Colégio da Bahia (Salvador) – Cursos de Letras
1575	– Primeiros Graus de Bacharel na Bahia (Salvador)
1577	– Reunificação do Governo-geral do Brasil
1581	– Láurea de Doutor – Salvador
1584	– Início da conquista da Paraíba
1591	– Thomas Cavendish e seus corsários em S. Vicente – Instalação do Tribunal do Santo Ofício em Salvador
1594	– Franceses no Maranhão
1595	– Jaime Lancaster ataca Recife – Filipe II baixa decreto contra a escravização dos índios – Entrada de Belchior Moreia na Bahia
1596	– Feitorias inglesas na foz do rio Amazonas
1597	– Roma autoriza o Colégio da Bahia a conferir graus acadêmicos
1601	– Bandeira de André Leão
1602	– Holandeses no Amazonas
1603	– Expedição de Pero Coelho de Sousa ao Maranhão – Estabelecido o monopólio real da pesca de baleia
1605	– Proibida a escala e permanência de embarcações estrangeiras no Brasil
1606	– Bandeira de Diogo Quadros e Manuel Preto
1607	– Bandeira de Belchior Carneiro
1610	– Jesuítas espanhóis no rio Paranapanema – Expedição de Simão Álvares em Minas Gerais
1611	– Bandeira de Pedro Vaz de Barros
1612	– Martim Soares Moreno no Ceará – Os franceses fundam São Luís, no Maranhão
1615	– Derrota e expulsão dos franceses do Maranhão
1616	– Francisco Caldeira de Castelo Branco funda o forte do Presépio (mais tarde cidade de Belém)
1619	– Manuel Preto e seus sertanistas atacam as reduções jesuíticas – Pedro Teixeira e Maciel Parente esmagam os tupinambás no Pará
1621	– Criação do Estado do Maranhão, separado do Estado do Brasil
1624	– Holandeses tomam Salvador – Conflitos entre colonos e jesuítas no Maranhão
1625	– "Jornada dos Vassalos" expulsa os holandeses da Bahia
1629	– Bandeira de Raposo Tavares e Manuel Preto destrói reduções jesuíticas no Paraná
1630	– Holandeses ocupam Pernambuco – Início do Quilombo dos Palmares (?)
1632	– Bandeira de Ascenso Ribeiro em direção ao Mato Grosso
1635	– Holandeses destroem o Arraial do Bom Jesus, em Pernambuco – Bandeira de Aracambi para o Rio Grande do Sul
1637	– João Maurício de Nassau no Brasil – Projeto de uma Universidade (Nassau)
1640	– Nassau convoca o Conselho de Escabinos em Pernambuco

1641	– Holandeses conquistam Sergipe e Maranhão – Índios e jesuítas derrotam os bandeirantes em Mbororé
1642	– Decretado o monopólio real do comércio de tabaco
1644	– Nassau volta à Holanda – Rodolfo Baro ataca Palmares
1645	– Início da Insurreição Pernambucana – Blaer ataca Palmares
1648	– Primeira batalha dos Guararapes – Entrada de Raposo Tavares, que chegou às encostas andinas – Fundação de Paranaguá
1649	– Segunda batalha dos Guararapes – Fundação da Companhia Geral de Comércio do Brasil
1652	– Tribunal de Relação na Bahia
1654	– Expulsão definitiva dos holandeses do nordeste brasileiro
1655	– Jesuítas recebem todos os poderes sobre os indígenas
1661	– Holanda reconhece oficialmente a perda do nordeste brasileiro ("Paz de Haia") – Jesuítas expulsos do Estado do Maranhão
1664	– Entrada de Agostinho Barbalho – Última frota da Companhia Geral de Comércio do Brasil parte de Lisboa
1668	– Entrada de Lourenço Castanho – Fundação de Curitiba
1669	– Fundação do forte de São José (futura Manaus) – Criação da Escola de Artilharia e Arquitetura Militar
1671	– Alvará permitindo a entrada de navios estrangeiros nos portos do Brasil – André da Rocha ataca Palmares
1674	– Bandeira de Fernão Dias Pais em direção a Minas Gerais
1676	– Bandeira de Bartolomeu Bueno da Silva, o primeiro "Anhanguera", em direção a Goiás – Criação do Bispado do Rio de Janeiro
1677	– Fernão Carrilho ataca Palmares
1680	– Fundação da Colônia de Sacramento – Primeiro ataque espanhol a Sacramento
1682	– Fundação da Companhia de Comércio do Maranhão
1684	– Revolta de Beckman (Maranhão)
1685	– Fim da Revolta de Beckman, com a punição dos chefes
1686	– Publicação do Regimento das Missões
1688	– Decreto obrigando os navios a viajar em comboios
1692	– Primeiro ataque de Domingos Jorge Velho a Palmares
1693 (?)	– Descoberta de ouro nas Gerais
1694	– Novo ataque de Jorge Velho a Palmares – Primeira Casa da Moeda, na Bahia
1695	– Destruição do Quilombo dos Palmares – Morte de Zumbi, seu líder
1698	– A Casa da Moeda é transferida para o Rio de Janeiro
1699	– Rebelião de índios no Maranhão reprimida por Domingos Jorge Velho
1701	– Proibida a criação de gado a menos de dez léguas da costa

1704	– Novo ataque espanhol à colônia de Sacramento
1708	– Manuel Nunes Viana proclamado "governador" das Minas pelos emboabas
1709	– Paulistas massacrados pelos emboabas no "Capão da Traição" – Criação da Capitania de S. Paulo e Minas
1710	– O corsário francês Duclerc é preso após o fracasso de seu ataque ao Rio de Janeiro – Início, em Pernambuco, da "Guerra dos Mascates"
1711	– Fim do conflito dos Mascates – O corsário francês Duguay-Trouin ataca o Rio de Janeiro – Proibidas as naus estrangeiras de aportarem no Brasil, salvo se participantes de comboios portugueses ou quando em dificuldades – Proibição da exportação do ouro não-quintado
1714	– Nova Casa da Moeda criada na Bahia
1716	– Pernambuco passa a capitania real
1719	– Pascoal Moreira Cabral e seus homens descobrem ouro em Mato Grosso – Criação do Bispado de Belém
1720	– Criação da Capitania de Minas Gerais, separada de São Paulo – Tentativa de rebelião de escravos sufocada em Minas – Extinção da Companhia Geral de Comércio do Brasil – Rebelião de Vila Rica, sufocada no mesmo ano – Oficialização do Vice-Reino do Brasil – "Trancamento dos caminhos" para as Gerais
1722	– Parte de São Paulo a expedição de Bartolomeu Bueno da Silva (filho), que descobriria o ouro goiano
1724	– Fundação da "Academia dos Esquecidos" na Bahia
1725	– Descoberto o ouro goiano
1727	– Fundação de Cuiabá
1729	– Descobertas jazidas de diamantes em Serro Frio – Nascimento de Cláudio Manuel da Costa
1731	– Estabelecido o monopólio real da extração diamantífera
1733	– Gomes Freire de Andrada nomeado governador do Rio de Janeiro
1734	– Descobertas as minas de ouro do Guaporé
1735	– Novo ataque espanhol à Colônia de Sacramento – Início da ocupação da região de Vacaria – Gomes Freire de Andrada governador de Minas Gerais
1737	– Fundação de Rio Grande de São Pedro
1744	– Nascimento de Tomás Antonio Gonzaga – Criação da Capitania de Mato Grosso
1748	– Gomes Freire de Andrada nomeado governador das capitanias auríferas (Minas, Goiás e Mato Grosso)
1750	– Tratado de Madrid – Estabelecida a finta anual de 100 arrobas de ouro
1751	– A sede do Estado do Maranhão e Grão-Pará é mudada para Belém – Tribunal de Relação no Rio de Janeiro
1752	– Fundação de Vila Bela, na bacia do Guaporé – Pombal começa a extinguir as capitanias hereditárias
1755	– Criação da Capitania de São José do Rio Negro (atual Estado do Amazonas) – Criação da Companhia Geral do Comércio do Grão-Pará e Maranhão

1756	– Criação da Companhia da Pesca da Baleia
1759	– Expulsão dos jesuítas do Brasil – Porto Seguro, capitania real – Criação da Companhia de Comércio de Pernambuco e Paraíba
1760	– Capitania de Rio Grande de S. Pedro
1761	– Tratado de El Pardo
1762	– Sacramento tomada pelos espanhóis
1763	– Espanhóis tomam Rio Grande de São Pedro – Transferida a sede do Vice-Reino para o Rio de Janeiro
1774	– Extinto o Estado do Maranhão pelo Marquês de Pombal
1776	– Rio Grande retomada aos espanhóis
1779	– D. Luís de Vasconcelos e Sousa, vice-rei do Brasil
1780	– Extinção da Companhia de Comércio de Pernambuco e da Paraíba – Nascimento do Padre Januário da Cunha Barbosa
1783	– Luís da Cunha Meneses, governador da Capitania de Minas Gerais
1785	– Alvará de D. Maria I, proibindo as manufaturas no Brasil (5 de janeiro)
1786	– José Joaquim da Maia escreve a Thomas Jefferson em Paris – Fundação da Sociedade Literária do Rio de Janeiro
1788	– O Visconde de Barbacena é nomeado governador da Capitania de Minas Gerais – Primeiras reuniões dos inconfidentes de Minas Gerais
1789	– Joaquim Silvério dos Reis denuncia a Inconfidência Mineira (março) – Tiradentes é preso no Rio (abril), seguido pelos demais conspiradores, detidos em Minas – Abrem-se as duas devassas da Inconfidência – Assassinato de Cláudio Manuel da Costa na prisão (julho) – Projeto de Universidade para Minas
1790	– José Bonifácio de Andrada e Silva: "Memórias sobre os diamantes do Brasil" – D. José Luís de Castro, vice-rei do Brasil
1791	– Encerramento das Devassas da Inconfidência Mineira, pronunciando como réus 35 pessoas
1792	– Julgamento dos Inconfidentes (abril), condenando 14 dos réus à morte – D. Maria I comuta a pena de 13 condenados, mantendo apenas a de Tiradentes – Execução de Tiradentes (21 de abril)
1794	– Descoberta a "Conjuração do Rio de Janeiro"
1797	– Fundada na Bahia a sociedade secreta dos "Cavaleiros da Luz" – Dois carmelitas traduzem "Nova Heloísa," de Rousseau, e "Revolução do Tempo Passado," de Volney, na Bahia – Revoltas populares de mulatos e negros, na Bahia
1798	– Inconfidência Baiana ou "Conjura dos Alfaiates" em Salvador – Prisão dos principais líderes dos "Alfaiates", com 34 réus – Condenação à morte de seis desses réus, seguida de execução pública – Abolição do monopólio régio da pesca da baleia – Fundação da "Areópago de Itambé" pelo Padre Arruda Câmara
1801	– Abolição do monopólio régio da exploração do sal
1802	– Criação da "Academia de Suassuna"

1808	– Chegada da corte portuguesa à Bahia (22 de janeiro) – Decreto de Abertura dos Portos brasileiros (28 de janeiro) – Chegada da corte portuguesa ao Rio de Janeiro (7 de março) – Organização do novo ministério de D. João (10 de março) – Decreto permitindo a instalação de manufaturas no Brasil (1 de abril) – Criação da intendência Geral de Polícia (5 de abril) – Instalação da Mesa do Desembargo do Paço e da Consciência e Ordens (22 de abril) – Criação da Casa de Suplicação do Brasil (10 de maio) – Criação da Imprensa Régia (13 de maio) – Criação do Erário Régio e do Conselho da Fazenda no Brasil (28 de junho) – Fundação do Banco do Brasil (8 de outubro) – Hipólito da Costa inicia a publicação, em Londres, do "Correio Brasiliense" – Escolas Médicas na Bahia e projetos para o Rio – Aulas de Economia Política – Aula de Comércio
1809	– Alvará sobre a forma da concessão de sesmarias no Brasil (25 de janeiro) – Decreto isentando de impostos as mercadorias estrangeiras procedentes de Lisboa ou Porto (28 de janeiro) – Alvará igualando o valor das moedas de prata e cobre no Brasil (18 de abril) – Criação do cargo de provedor-mor de saúde no Brasil (28 e julho) – Isenção de impostos de entrada e saída aos tecidos produzidos no Brasil (6 de outubro) – Ocupação da Guiana Francesa – Criação de fato da Escola de Medicina do Rio de Janeiro – Academia de Guardas Marinhas
1810	– Assinatura dos "Tratados Strangford" com a Inglaterra (19 de fevereiro) – Alvará concedendo isenções aos tecidos produzidos no Brasil (6 de outubro) – Publicação da obra "Observações sobre a Fraqueza da Indústria e Estabelecimento de Fábricas no Brasil", do Visconde de Cairu – Instalação da Fábrica de Ferro Ipanema (Sorocaba) – Curso regular de Ciências Exatas e de observação (Engenharia)
1811	– Primeira tentativa de D. João de invadir a Banda Oriental – Criação da Junta da Fazenda (1º de março) – Criação dos Arsenais do Rio de Janeiro (1º de março) – Abertura da Academia Militar
1812	– Morte de D. Rodrigo de Sousa Coutinho, Conde Linhares, ministro da Guerra e Estrangeiros de D. João – Tropas luso-brasileiras retiram-se da Banda Oriental – Decreto criando uma lapidação de diamantes no Brasil – Alvará de auxílio ao Banco do Brasil (20 de outubro) – Decreto regulando a paridade cambial do mil-réis – Alvará criando a Vila de Porto Alegre (16 de dezembro) – Curso de Ensino Agrícola (Bahia) – Ensino de Química (Rio)
1813	– Criação da Academia Médico-Cirúrgica – Primeiro número da revista "O Patriota"
1814	– Fundação da loja maçônica "Patriotismo" em Pernambuco – Biblioteca Real é aberta ao público – Ensino de Botânica (Rio) – Estudos de Farmácia (Bahia)
1815	– Elevação do Brasil à categoria de Reino Unido a Portugal e Algarves (16 de dezembro) – Introdução do engenho a vapor na Bahia

1816	– Abertura de agências do Banco do Brasil em várias cidades brasileiras – Decreto proibindo o comércio de cabotagem a embarcações estrangeiras (29 de julho) – Morte de D. Maria I, a "Louca" – Chegada da missão artística francesa ao Rio – O Padre José Maurício compõe a "Missa de Réquiem", em homenagem a D. Maria I – Fundação da Academia de Belas-Artes – Segunda intervenção de D. João na Banda Oriental
1817	– Irrompe a revolução Pernambucana (6 de março) – Formação do Governo Provisório da revolução (7 de março) – Desembarque das tropas repressivas portuguesas em Recife (19 de maio) – Execução dos líderes revolucionários presos (10 de julho) – Caiena é devolvida à França – D. Pedro casa-se com D. Leopoldina – Expedição científica chega ao Brasil, com a presença de Spix e Martius – Curso de Desenho e História (Vila Rica)
1818	– O Príncipe regente D. João é coroado rei, com o título de D. João VI – Criação da colônia suíça da Nova Friburgo – Visconde de Cairu: "Memórias dos Benefícios Políticos do governo D'El Rei D. João VI" – Decreto suspendendo as devassas da Revolução Pernambucana de 1817 – Decreto suspendendo por oito meses a saída de moeda da Província do Rio de Janeiro – Curso de Desenho e História (Bahia) – Museu Nacional
1819	– Carta régia concedendo à Companhia de Mineração de Cuiabá a exclusividade da extração e fundição de ferro na Província de Mato Grosso – Cadeira de Farmácia na Escola de Medicina do Rio de Janeiro. – Curso de Filosofia e Retórica (Paracatu)
1820	– As notícias da Revolução do Porto provocam as primeiras agitações no Brasil – As forças joaninas conquistam a Banda Oriental – Cuiabá, capital de Mato Grosso – Monsenhor Pizarro: "Memórias do Rio de Janeiro"
1821	– Uruguai incorporado ao Brasil sob o nome de Província Cisplatina – D. João VI retorna a Portugal deixando o Príncipe D. Pedro como regente do trono – Aparece o jornal "Revérbero constitucional Fluminense," de Gonçalves Ledo – No Brasil aparecem as primeiras "Juntas Constitucionais," em apoio à Revolução do Porto
1822	– O dia do "Fico" (9 de janeiro) – Revolta antiportuguesa na Bahia (fevereiro) – Decreto impedindo a aplicação de qualquer medida das cortes de Lisboa sem o "cumpra-se" de D. Pedro (maio) – A Câmara de Cachoeira, na Bahia, rompe com Portugal, formando-se o "Conselho Interino de governo da Bahia" (junho – julho) – O "Manifesto de Agosto" – Declaração da Independência (7 de setembro) – Batalha do Pirajá, na Bahia (novembro)
1823	– Instalação da Assembleia Constituinte (maio) – Os Andradas abandonam o ministério (julho) – Aparecem os jornais "O Tamoio" e o "Sentinela da Liberdade à Beira do Mar da Praia Grande", de oposição a D. Pedro I – A "Noite da Agonia"; fechamento da Assembleia Constituinte (12 de novembro) – D. Pedro cria o Conselho de Estado – Portugueses expulsos da Bahia – Discussão sobre a criação de uma Universidade (Visconde de São Leopoldo)

1824	– Outorga da 1ª Constituição Brasileira (25 de março) – Início da "Confederação do Equador" (julho) – Estados Unidos reconhecem nossa independência – Violenta repressão à "confederação do Equador" (setembro-novembro) – Início da colonização alemã no Rio Grande do Sul
1825	– Portugal e Inglaterra reconhecem a independência do Brasil – Guerra entre Brasil e Argentina pela Província Cisplatina – Iniciada a publicação do "Diário de Pernambuco" – Curso Jurídico "provisório" no Rio de Janeiro
1826	– Brasil e Inglaterra assinam acordo sobre a extinção do tráfico negreiro – Instalação da Assembleia Legislativa
1827	– Início da publicação do jornal "Aurora Fluminense," de Evaristo da Veiga – Batalhas navais na Guerra da Cisplatina – Acordos com a Inglaterra para suprimir o tráfico negreiro – Cursos Jurídicos (São Paulo e Olinda)
1828	– Fim da Guerra da Cisplatina; independência do Uruguai – Falência do Banco do Brasil – Organização dos Conselhos de Província e do Supremo Tribunal de Justiça – Instituição dos Cursos Jurídicos (SP e Olinda)
1829	– Liquidação do Banco do Brasil – Casamento de D. Pedro I com Amélia de Leuchtenberg – Revolta popular em Afogados (Recife) – Martius: "Flora Brasiliensis"
1830	– Promulgação do Código Criminal – Assassinato, em São Paulo, do jornalista Líbero Badaró
1831	– "Noite das Garrafadas" (março) – Formação do "Ministério Brasileiro" (19 de março) – Destituição desse mesmo ministério e formação do "Ministério dos Marqueses" (5 de abril) – Manifestação popular no Rio, exigindo a abdicação do Imperador (6 de abril) – D. Pedro I abdica (7 de abril) – Forma-se a Regência Trinta Provisória (abril-junho) – Suspensas as prerrogativas do poder Moderador (3 de maio) – Escolhida a Regência Trina Permanente (junho) – Criação da Guarda Nacional – Revolta do 26º batalhão de Infantaria (julho)
1832	– "Abrilada" em Pernambuco, em apoio à volta de D. Pedro ao trono – Revoltas dos militares "exaltados" no Rio (abril) e dos "Caramurus", também no Rio, no mesmo mês – Promulgação do Código de Processo Criminal
1833	– José Bonifácio destituído da tutoria de D. Pedro de Alcântara, sendo substituído pelo Marquês de Itanhaém
1834	– Reforma da Carta Outorgada de 1824, através do Ato Adicional – Eleição de Feijó para a Primeira Regência Una – Províncias encarregadas do ensino primário.
1835	– Eclosão da "Cabanagem" no Pará (janeiro) – Irrompe a "Farroupilha" no Rio Grande do Sul (setembro) – Feijó toma posse no cargo de regente (outubro) – Revolta dos Malês na Bahia

1836	– Proclamação da República Rio-Grandense pelos rebeldes farroupilhas (setembro) – Tentativas de repressão à "Cabanagem", com auxílio do inglês John Taylor – Prisão de Bento Gonçalves no Rio Grande do Sul (outubro), sendo ele enviado à Bahia – Proposta de Universidade (Ministro José Inácio Borges)
1837	– Fuga de Bento Gonçalves da prisão na Bahia – Feijó demite-se do cargo de regente, sendo substituído por Pedro de Araújo Lima, depois Marquês de Olinda (setembro) – Inicia-se a "Sabinada" na Bahia (novembro) – Criação do Colégio Pedro II, no Rio – Proposta de Universidade do Ministro Paulino Limpo de Abreu
1838	– Eclosão da "Balaiada" no Maranhão – Pedro de Araújo Lima confirmado na regência do império – Fundação do Instituto Histórico e Geográfico Brasileiro – Fim da "Sabinada" na Bahia – Proposta de criação de Universidade (Ministro Bernardes Vasconcelos)
1839	– Fundação da "República Juliana" em Santa Catarina – Proposta de criação de Universidade (Ministro Alvarenga Albuquerque)
1840	– Em meio a violenta repressão é extinta a "Cabanagem" no Pará – Fundação do "Clube da Maioridade" pelo Senador José Martiniano de Alencar – Lei Interpretativa do Ato Adicional (12 de maio) – Antecipação da Maioridade de D. Pedro II (23 de julho) – Formação do 1º gabinete, chamado "da Maioridade" (24 de julho) – Realização das "eleições do cacete" – Proposta da Criação de Universidade (Ministro Aires Coelho)
1841	– Esmagada a "Balaiada" no Maranhão – Exoneração do ministério "liberal", substituído por outro "conservador" (23 de março) – Fundação do "Clube da Joana" – Brasil adota os selos postais – Fundação do Conservatório Musical do Rio de Janeiro
1842	– A anulação das "eleições do cacete" geram conflitos e revoltas em São Paulo e Minas Gerais (maio--agosto) – Repressão às revoltas, comandada por Luís Alves de Lima e Silva – Caxias nomeado presidente e comandante das armas do Rio Grande do Sul
1843	– Caxias obtém as vitórias de Poncho Verde, Piratini e Canguçu contra os "farroupilhas" – D. Pedro II incumbe o Senador Honório Carneiro Leão, depois Marquês do Paraná, de organizar o novo ministério, conservador (3º gabinete) – Casamento de D. Pedro II com D. Teresa Cristina – D. Pedro assume a chefia do poder moderador – Proposta de Criação de Universidade (Senador Manuel de Castro e Silva)
1844	– Liberais formam novo ministério (4º gabinete) – Revolta das Alagoas – Novas vitórias de Caxias no sul: Porongos e Arroio Grande – Adoção da "Tarifa Alves Branco"
1845	– Termina a "Guerra dos Farrapos" – Proclamada anistia aos insurretos – Formação do 5º gabinete (26 de maio)
1846	– Mauá constrói o estabelecimento industrial da Ponta da Areia, no Rio de Janeiro – Nascimento da Princesa Isabel

1847	– Criado o cargo de Presidente do Conselho de Ministros – Início da utilização do trabalho de imigrantes (suíços e alemães) na fazenda de café do Senador Vergueiro, em São Paulo
1850	– Fundação de Blumenau – Entra em vigor o Código Comercial Brasileiro – Criação da Província do Amazonas, separada do Pará – Incidente com o navio inglês "Cormoran", que apresou navios brasileiros suspeitos de tráfico negreiro – Lei Eusébio de Queirós, extinguindo o tráfico de escravos no Brasil (4 de setembro)
1851	– O líder uruguaio Oribe é derrotado por tropas brasileiras auxiliadas por Urquiza (1ª questão platina) – Reforma do Tesouro Nacional – Organização do Corpo Diplomático brasileiro
1852	– Mauá organiza a "Companhia de Navegação a Vapor do Amazonas"
1853	– Honório Hermeto Carneiro Leão forma o 12º gabinete, chamado "da Conciliação" (6 de setembro) – Fundação do 2º Banco do Brasil – Novos Estatutos dos Cursos Jurídicos (SP / RJ)
1854	– Inaugurada por Mauá a primeira estrada de ferro do Brasil – Rio de Janeiro ganha iluminação a gás – Varnhagen: primeiro volume da "História Geral do Brasil"
1855	– José Inácio de Abreu e Lima: "O Socialismo" – Reorganização do Conservatório de Música da Corte
1856	– Início da construção da primeira rodovia pavimentada do País, chamada "União e Indústria", ligando Luiz de Fora a Petrópolis
1857	– Tratado de amizade entre Brasil e Império Otomano – Tratado comercial com o Uruguai
1858	– Inauguração da Estrada de Ferro D. Pedro II (futura Central do Brasil) – Fim da "política de conciliação"
1860	– Criação do Ministério da Agricultura, Comércio e Obras Públicas
1861	– Naufrágio do navio inglês "Prince of Wales" no Rio Grande do Sul e roubo de sua carga. Começo da "Questão Christie"
1862	– Prisão de marinheiros ingleses gera o segundo episódio da "Questão Christie"
1863	– Brasil rompe relações diplomáticas com a Inglaterra – Leopoldo I, da Bélgica, dá ganho de causa ao Brasil na "Questão Christie"
1864	– 3ª questão platina-Brasil em guerra com o Uruguai – Início de séria crise financeira
1865	– Criação do corpo de "Voluntários da Pátria" – Formação do 21º gabinete (12 de maio)
1866	– Amazonas aberto à navegação internacional – Caxias nomeado comandante-chefe das forças da Guerra do Paraguai
1867	– Inauguração da Estrada de Ferro Santos a Jundiaí (São Paulo Railway)
1870	– Fundadas, no Rio de Janeiro, a "Sociedade de Libertação" e a "Sociedade Emancipadora do Elemento Servil" – Fim da Guerra do Paraguai – Publicado no jornal "A República" o primeiro manifesto republicano (03/12)
1871	– Aprovada a Lei do Ventre Livre (28/09)
1872	– Fundação do Partido Republicano Paulista (17/01) – Primeiro recenseamento feito no Brasil

1873	– Realiza-se um Itu (julho) o Primeiro Congresso Republicano – Os bispos de Olinda e do Pará interditam as irmandades ligadas à maçonaria
1874	– Início da emigração italiana para o Brasil – Reforma aduaneira do Visconde do Rio Branco – Cabo submarino ligando o Brasil à Europa – Prisão e condenação dos bispos de Olinda e do Pará. A "Questão Religiosa" – Criação da Escola Politécnica
1875	– Falência do Banco Mauá e do Banco Nacional – O Gabinete Caxias anistia os bispos de Olinda e do Pará – Começa a circular o jornal "A Província de São Paulo" – Instalação de Escola de Minas de Ouro Preto
1876	– Barão do Rio Branco nomeado cônsul em Liverpool – Surgimento da "Revista Ilustrada" – Castro Alves: "A Cachoeira de Paulo Afonso" – Fundação da Academia de Belas-Artes da Bahia – Machado de Assis: "Helena"
1877	– Violenta seca assola o Nordeste
1879	– Fundação do Partido Republicano Rio-Grandense – Discurso de Jerônimo Sodré na Câmara sobre a emancipação dos escravos
1880	– Revolta do Vintém, no Rio de Janeiro – Fundação da Associação Industrial – Fundação da "Sociedade Brasileira contra a Escravidão"
1881	– Fundação da "Sociedade Central de Imigração" – Machado: "Memórias Póstumas de Brás Cubas"
1882	– A borracha assume o 3º lugar entre as exportações brasileiras
1883	– Início da "Questão Militar" – Fundação da "Confederação Abolicionista" – Joaquim Nabuco: "O Abolicionismo"
1884	– Extinção da escravidão no Ceará (março) – Extinção da escravidão no Amazonas (julho) – Júlio de Castilhos assume a direção do jornal "A Federação" – O coronel Sena Madureira é punido pelo Ministro do Exército
1885	– Lei Saraiva-Cotegipe (28 de setembro)
1886	– Fundação da Sociedade Promotora da Imigração – Punição do coronel Cunha Matos – Deodoro é destituído do cargo de Presidente da Província do Rio Grande do Sul
1887	– Primeira linha férrea no Espírito Santo – A Igreja manifesta-se oficialmente a favor da Abolição – Os militares apresentam suas reivindicações ao Imperador, não sendo atendidos – Escola Politécnica da Bahia
1888	– Lei Áurea (13 de maio)
1889	– Proclamação da República (15/11)
1890	– Tratado das Missões entre Brasil e Argentina – Convocação da Constituinte. O projeto de Constituição é apresentado ao Ministério (22 de junho) – Eleições para as Constituintes federais (15 de setembro) – Instalada a Constituinte – Prudente de Morais é eleito vice-presidente do Senado (21 de novembro)

1891	– Crise no governo Deodoro; demissão do 1º gabinete republicano (20 de janeiro) – Promulgada a Constituição dos Estados Unidos do Brasil (14 de fevereiro) – Eleição de Deodoro para a presidência da República e de Floriano para a vice-presidência (25 de fevereiro) – Júlio de Castilhos, Presidente da Província do Rio Grande do Sul – Deodoro decreta o fechamento do Congresso (3 de novembro) – Júlio de Castilhos é deposto no Rio Grande do Sul – Renúncia de Deodoro, sendo substituído por Floriano (23 de novembro) – Reforma de Ensino (Benjamin Constant) – Faculdade de Medicina (SP) – Faculdade de Direito (RJ) – Faculdade de Direito (Salvador)
1892	– Greve dos ferroviários da Central do Brasil (22 de julho) – Morte de Deodoro da Fonseca – Faculdade de Direito de Belo Horizonte – Proposta de Criação de Universidade (Deputado Pedro Américo)
1893	– Início da Revolta Federalista no Rio Grande do Sul (fevereiro) – Prudente de Morais é indicado candidato à sucessão presidencial (3 de setembro) – Eclode a Revolta da Armada no Rio de Janeiro (6 de setembro) – Estado de sítio decretado em quatro Estados da Federação e mais o Distrito Federal (25 de setembro) – O forte Villegaignon adere à Revolta Armada (8 de outubro) – Adesão do Almirante Saldanha da Gama à Revolta (9 de dezembro)
1894	– Capitulação do Almirante Saldanha da Gama. Os rebeldes asilam-se em navios portugueses (fevereiro) – Brasil rompe relações com Portugal – Divisão do Exército Federalista invade o Rio Grande do Sul – Prudente e Manoel Vitorino são eleitos presidente e vice-presidente da República (1º de março) – O presidente e o vice eleitos tomam posse de seus cargos (15 de novembro) – Escola Politécnica (SP)
1895	– Prudente indulta soldados do Exército e Guarda Nacional (1º de janeiro) – Morte de Saldanha da Gama (24 de junho) – Morte de Floriano Peixoto (29 de junho) – Chega a Uauá a primeira expedição contra o Arraial de Canudos, sendo dizimada (19 a 21 de novembro) – A segunda expedição contra Canudos chega a Monte Santo (25 de novembro) – Proposta de criação de Universidade (Paulino de Souza Jr. e Eduardo Ramos)
1896	– Combates entre os guerrilheiros de Canudos e a segunda expedição, que é destruída – Doença de Prudente de Morais. Manoel Vitorino assume a presidência da República (10 de novembro) – Escola de Engenharia de Porto Alegre – Faculdade de Engenharia do Mackenzie (SP) – Francisco Glicério retoma debate sobre criação de Universidade

1897	– Terceira expedição contra Canudos parte para a Bahia (3 de fevereiro) – Morte dos comandantes da terceira expedição em Canudos (3 de março) – Prudente assume a presidência (4 de março) – Crise e agitações no Rio de Janeiro – Nova Expedição contra Canudos – Campos Sales indicado candidato à presidência da República, por Bernardino de Campos – Rompimento entre Prudente e Francisco Glicério – Destruição do Arraial de Canudos – Atentado contra Prudente (5 de novembro) – Fundação da Academia Brasileira de Letras
1898	– Eleição de Campos Sales e Francisco Rosa e Silva para a presidência e vice-presidência da República (1º de março) – Negociações de Campos Sales na Europa, para o "Funding-loan" – Faculdade de Odontologia (SP)
1899	– Tentativa de organizar uma maioria oposicionista no Congresso, liderada por Cassiano do Nascimento – Aplicação do primeiro "Funding-loan" – Proclamado o Estado independente do Acre, por D. Luiz Galvez
1900	– Banco da República suspende pagamentos. Pânico nos meios financeiros – Início das articulações para a eleição de Rodrigues Alves à presidência da República – Início da "Política dos Governadores" – Regulamentadas as fronteiras com a Guiana Francesa
1901	– São Paulo, Minas e Bahia apoiam a candidatura de Rodrigues Alves à presidência – Rodrigues Alves sugere o nome de Bernardino de Campos, em lugar do seu, como candidato (6 de janeiro) – Rodrigues Alves aceita a candidatura e apresenta seu programa de governo (23 de outubro) – Escola Superior de Agricultura (Piracicaba) – Reforma de Ensino (Campos Sales)
1902	– Eleição de Rodrigues Alves (1º de março) – Início da luta anti-imperialista chefiada por Plácido de Castro, no Acre – Posse de Rodrigues Alves e Silviano Brandão na presidência e vice da Republica (15 de novembro) – Aprovada a lei de ampliação de poderes do presidente da República (29 de dezembro) – Euclides da Cunha: "Os Sertões"
1903	– Afonso Pena é eleito vice-presidente da República, para o lugar de Silviano Brandão (18 de fevereiro) – Criticada, pela Academia Nacional de Medicina, a política sanitária de Oswaldo Cruz (abril) – Assinatura do contrato de empréstimo com bancos londrinos (setembro) – Assinatura do Tratado de Petrópolis com a Bolívia (novembro)
1904	– Apresentado no Congresso o projeto da vacinação obrigatória contra a varíola – O Banco da República passa a se chamar Banco do Brasil. Reforma do Banco do Brasil (agosto-setembro) – Revolta da Escola Militar (novembro) – Revolta da vacina (novembro)
1905	– Afonso Pena eleito presidente da República (2 de março) – Rodrigues Alves pede estado de sítio e intervenção em Mato Grosso (10 de julho) – Revolta policial contra o presidente do Estado de Sergipe, Guilherme Campos (agosto) – Intervenção de tropas federais em Sergipe (agosto)

1906	– Explosão do couraçado "Aquidabã" na baía de Jacuecanga (21 de janeiro) – Assinatura do Convênio de Taubaté (março) – Demissão do ministro da justiça, J. J. Seabra (maio) – Afonso Pena e Nilo Peçanha assumem a presidência e vice-presidência da República (15 de novembro) – Conferência interamericana do Rio de Janeiro
1907	– Morte de João Pinheiro, presidente de Minas Gerais – Tratados de limites com a Venezuela e a Colômbia
1908	– Realização da Exposição Nacional, comemorativa do centenário da abertura dos portos
1909	– Lançada a candidatura de Hermes da Fonseca à presidência da República (12 de maio) – Homologação da candidatura Hermes pela Convenção dos Congressistas (22 de maio) – Morte de Afonso Pena (14 de junho). Assume Nilo Peçanha – Tratado de limites com o Peru (setembro) – Rui Barbosa lança-se candidato à presidência da República, tendo como vice Albuquerque Lins (3 de outubro) – Tratado de limites com o Paraguai (outubro)
1910	– Rui Barbosa apresenta sua plataforma de governo (15 de janeiro) – Hermes da Fonseca derrota Rui Barbosa nas eleições presidenciais (1º de março). Venceslau Brás eleito vice-presidente – Brasil reconhece o regime republicano português (outubro) – Hermes e Venceslau assumem seus cargos (15 de novembro) – "Revolta da Chibata" (novembro) – Decreto de anistia aos revoltosos (25 de novembro) – Prisão de 22 marinheiros implicados na revolta – Revolta dos fuzileiros navais (9 de dezembro) – Governo contém a revolta (10 de dezembro)
1911	– Conflitos em Recife (outubro) – Dantas Barreto eleito presidente de Pernambuco. Revolta oposicionista (novembro). Choques entre forças federais e forças do Estado – Conflitos armados no Ceará (dezembro) – Reforma de Ensino (Rivadávia Correia)
1912	– Choques entre a polícia e forças federais na Bahia (janeiro) – Nogueira Accioly renuncia ao governo cearense, sendo substituído por Boaventura Bastos (janeiro) – Forças federais tentam repor Accioly no governo do Ceará (fevereiro) – Euclides Malta renuncia ao governo de Alagoas (março) – Franco Rabelo eleito presidente do Ceará (abril) – O General Clodoaldo da Fonseca assume o governo de Alagoas (julho) – Força Pública do Amazonas depõe o governador Bittencourt (dezembro)
1913	– Proposta a candidatura de Pinheiro Machado à presidência da República (fevereiro) – Vários Estados, entre eles Maranhão e Ceará, manifestam-se contra a candidatura de Pinheiro Machado (abril) – Minas recusa Pinheiro Machado (abril) – Morte de Campos Sales (junho) – Lançada a candidatura de Venceslau Brás (julho) – Venceslau Brás apresenta sua plataforma de governo (dezembro)
1914	– Venceslau Brás eleito presidente da República (1º de março) – Hermes da Fonseca solicita o estado de sítio para o Rio de Janeiro – Venceslau Brás assume a presidência da República (15 de novembro) – Feliciano Sodré toma posse da presidência do Rio de Janeiro (dezembro)

1915	– Venceslau Brás indica Hermes da Fonseca para o Senado, pelo Rio Grande do Sul (junho) – Manifestações gaúchas contra Hermes (julho) – Manifestações no Rio de Janeiro contra Hermes (julho) – Assassinato de Pinheiro Machado (8 de setembro) – Aprovado o Código Civil Brasileiro (dezembro) – Nilo Peçanha empossado como presidente do Rio de Janeiro (31 de dezembro) – Reforma de Ensino (Carlos Maximiliano)
1916	– Venceslau Brás sanciona o Código Civil Brasileiro (janeiro) – Eleições para o governo do Piauí (abril) – Conflitos políticos em Mato Grosso (julho) – Paraná e Santa Catarina entram em acordo sobre suas fronteiras (outubro) – Revolta da Força Pública em Belém (dezembro)
1917	– Venceslau Brás decreta intervenção em Mato Grosso (janeiro) – Lauro Sodré, presidente do Pará (fevereiro) – Torpedeado o navio brasileiro "Macau" (outubro) – Brasil na guerra – Greve geral operária em São Paulo
1918	– Rodrigues Alves, presidente eleito (1 de março) – Venceslau Brás passa a presidência a Delfim Moreira
1919	– Morte de Rodrigues Alves (17 de janeiro) – Epitácio Pessoa indicado candidato à presidência da República (25 de fevereiro) – Epitácio Pessoa é eleito presidente, vencendo a Rui Barbosa (13 de abril) – Epitácio Pessoa empossado no cargo de presidente da República (28 de julho)
1920	– Intervenção federal na Bahia (fevereiro) – Morte de Delfim Moreira (julho) – Ataques de Rui Barbosa a Epitácio Pessoa – J. J. Seabra eleito presidente da Bahia (dezembro)
1922	– Realização da "Semana de Arte Moderna" (fevereiro – São Paulo) – Eleito Artur Bernardes presidente da República (1º de março) – Nilo Peçanha contesta a vitória de Bernardes (7 de março) – Levante da Marinha, sufocado pelo governo (abril) – Ocupação de Recife por tropas federais. Sublevações em Pernambuco (maio) – Hermes da Fonseca intervém na questão pernambucana (julho) – Fechamento do Clube Militar, por ordem do presidente da República (julho) – Sublevações do Forte de Copacabana (5 de julho) e da Escola Militar – Sufocada a revolta. Hermes da Fonseca é preso (julho) – Fundado o PCB – Partido Comunista do Brasil
1923	– Borges de Medeiros reconhecido e empossado como Presidente do Rio Grande do Sul. Início da Revolução Gaúcha (janeiro) – Intervenção federal no Rio de Janeiro – Batalhas de Vista Alegre, Santa Rosa, Poncho Verde, Quaraí, São Lourenço, Olhos d'Água (abril a outubro) – Assinado o Pacto de Pedras Altas, pondo fim à Revolução Gaúcha (dezembro) – Feliciano Sodré, eleito presidente do Rio de Janeiro, toma posse no cargo (dezembro)
1924	– Início do movimento revolucionário em São Paulo (julho) – As tropas legalistas cercam e bombardeiam a capital de São Paulo – Os rebeldes, comandados por Isidoro Dias Lopes, retiram-se para Foz do Iguaçu (agosto e setembro) – Prestes e Siqueira Campos iniciam sublevação militar no Rio Grande do Sul (outubro), unindo-se os dois grupos revolucionários e formando a "Coluna Prestes" – Revolta do encouraçado "São Paulo" (novembro)

1925	– Confronto entre a Coluna Prestes e as tropas federais na Serra do Medeiros (janeiro) – Ofensiva do governo contra a Coluna em Catanduva (março) – A Coluna penetra no Paraguai (abril), voltando ao Brasil dias depois – Vitória da Coluna contra tropas governistas em Ponta Porã (maio) – A Coluna deixa Mato Grosso, dirigindo-se para Goiás (outubro) – A Coluna atinge a região do Maranhão (novembro) – Reforma de Ensino (Rocha Vaz)
1926	– A Coluna Prestes penetra em Minas Gerais, dirigindo-se para a Bahia (abril) – A Coluna atravessa o São Francisco, penetrando em Pernambuco (junho) – Lourenço Moreira Lima e Djalma Dutra vão ao Paraguai encontrar-se com Isidoro Dias Lopes (novembro) – Posse de Washington Luiz na Presidência da República (novembro) – Revolta contra a posse de Washington Luiz no Rio Grande do Sul (novembro)
1927	– São iniciadas conversações com a Bolívia para asilar os membros da Coluna Prestes (fevereiro), o que aconteceria ainda nesse mesmo mês – Eleições no Rio Grande do Sul (fevereiro) – Eleições em São Paulo (fevereiro) – Morte do presidente do Estado de São Paulo, Carlos de Campos (abril), substituído por Júlio Prestes (maio) – Fundação do Partido Democrático Nacional (setembro) – Getúlio Vargas eleito Presidente do Rio Grande do Sul (novembro) – O Partido Comunista do Brasil manda Astrojildo Pereira à Bolívia propor uma aliança a Luiz Carlos Prestes (dezembro)
1928	– Prestes dá entrevista ao jornal "A Esquerda" (janeiro) – Posse de Getúlio na Presidência do Rio Grande do Sul (janeiro) – Eleições em São Paulo (fevereiro) – Batista Luzardo envia Paulo Nogueira Filho a Los Libres, para articular a revolução em São Paulo, com Miguel Costa (março) – João Pessoa é empossado na presidência da Paraíba (outubro) – Minas veta o nome de Júlio Prestes como candidato à presidência da República (dezembro)
1929	– Entrevista de Antonio Carlos (Governador de Minas Gerais) ao "Correio da Manhã" (maio) – Lançado o nome de Antonio Carlos para a presidência da República, por Bias Fortes em Juiz-de-Fora (junho) – Passeata em Belo Horizonte, apoiando Antonio Carlos (junho) – PCB propõe a Luís Carlos Prestes que seja seu candidato à presidência da República (junho) – Antonio Carlos propõe o nome de Vargas como candidato à presidência da República (junho) – João Neves lança a candidatura de Vargas (julho) – Início da campanha da Aliança Liberal (agosto) – Luís Carlos Prestes encontra-se com Vargas (dezembro) – Inquérito da Associação Brasileira de Educação
1930	– Comício de Vargas no Rio (janeiro) – Congresso do Partido Democrático (janeiro) – Prisão de Juarez Távora (janeiro) – Atentado contra o vice-presidente da República, Fernando Viana, em Montes Claros (fevereiro) – Eleições presidenciais, com a vitória de Júlio Prestes (1º de março) – Luís Carlos Prestes lança seu Manifesto Socialista (maio) – Morte de Siqueira Campos (maio) – Assassinato de João Pessoa no Recife (26 de julho) – Começa a Revolução no Rio Grande do Sul, Minas, Pernambuco e Paraíba (3 de outubro) – Revolucionários tomam Curitiba (outubro) – Washington Luiz é deposto da presidência (24 de outubro), partindo para o exterior (26 de outubro)

1930	– Getúlio Vargas recebe o poder da Junta Governativa (3 de novembro) – Oswaldo Aranha ministro da Justiça (5 de novembro) – José Américo de Almeida ministro da Viação e Obras Públicas (11 de novembro) – Lançada a Legião Revolucionária, por Miguel Costa e João Alberto (12 de novembro) – Nomeados os primeiros interventores estaduais (15 de novembro) – Criação do Ministério do Trabalho, com Lindolfo Collor à sua frente (28 de novembro) – Instalado o Tribunal Revolucionário (11 de dezembro) – Ministério da Educação e Saúde Publica
1931	– VII Congresso do Partido Democrático (fevereiro) – Comércio da Liga Pró-Constituinte em São Paulo (fevereiro) – Decreto sobre sindicalização (março) – Polícia invade sede do PD em São Paulo. Vicente Rao é preso. O PD rompe com o interventor João Alberto (abril) – Comício da Legião Revolucionária em São Paulo (abril) – Motim da Força Pública em São Paulo (abril) – João Alberto substituído por Laudo Camargo na interventoria paulista – Laudo Camargo pede demissão, passando o cargo ao general Manuel Rabelo (novembro) – Modificações no ministério: Oswaldo Aranha vai para a Pasta da Fazenda, sendo substituído na da Justiça por Maurício Cardoso (novembro) – Juarez Távora se exonera do posto de "vice-rei" do Norte (dezembro) – Proposta de Pós-Graduação – Estatuto das Universidades – Reforma do Ensino (Francisco Campos). Organização do Ensino Superior e Secundário – Criação do Conselho Nacional de Educação
1932	– Fundação da AIB – Ação Integralista Brasileira – Formação da Frente Única Paulista (PD e PRP) (fevereiro) – Promulgação na nova Lei Eleitoral (fevereiro) – Pedro de Toledo interventor em São Paulo (fevereiro) – Lindolfo Collor pede demissão do Ministério do Trabalho e Maurício Cardoso do da Justiça (março) – Oswaldo Aranha e Leite de Castro demitem-se, respectivamente, do Ministério da Fazenda e da Guerra (junho) – Início da Revolução Constitucionalista em São Paulo (9 de julho). Pedro de Toledo aclamado governador (10 de julho) – Bertoldo Klinger assume o comando das tropas revolucionárias (julho) – Começa a reação governista, sob o comando do general Góis Monteiro (agosto) – As forças paulistas pedem o armistício (setembro) – General Valdomiro Lima nomeado por Vargas para o governo de São Paulo (outubro)
1933	– Eleições para formação da Assembleia Nacional Constituinte (3 de maio) – Instalação da Assembleia (novembro) – Juarez Távora apresenta anteprojeto de Constituição, baseado nas ideias do programa do Clube 3 de Outubro (dezembro) – Vargas candidata-se a um mandato constitucional como presidente da República (dezembro)
1934	– Cristiano Machado lança a candidatura de Góis Monteiro à Presidência da República (abril) – A comissão de redação do projeto constitucional encerra seus trabalhos (junho) – Promulgada a nova Constituição Federal (16 de julho) – Getúlio Vargas eleito, pelo Congresso, presidente Constitucional para um mandato de 4 anos (17 de julho) – Criação da USP

1935	– Chega ao Brasil Arthur Ewert, nome verdadeiro do comunista alemão Harry Berger (março) – Fundada a Aliança Nacional Libertadora (ANL), tendo Luís Carlos Prestes como presidente de honra (23 de março) – Góis Monteiro pede demissão do ministério da Guerra (11 de abril) – Comício da ANL em Petrópolis, ocorrendo conflitos com os integralistas de Plínio Salgado (junho) – Grande manifestação popular em Porto Alegre, no lançamento da ANL no Rio Grande do Sul (julho) – Vargas ordena o fechamento da ANL (11 de julho) – Início da insurreição militar da ANL em Natal (23 de novembro) – A insurreição espalha-se para Recife (24 de novembro) e Rio de Janeiro (27 de novembro), sendo duramente reprimida
1936	– Estabelecidas as normas de atuação da Comissão de Repressão ao Comunismo (janeiro) – Abel Chermont faz acusações contra a Polícia, que torturara Harry Berger (março) – Luís Carlos Prestes é preso (5 de março) – Os presos de Natal e Recife chegam ao Rio (março) – Getúlio solicita prorrogação do Estado de Guerra (março) – Prisão de Pedro Ernesto (abril) – Comissão de Justiça da Câmara aprova licença para processar deputados envolvidos no movimento de 1935 (junho) – Julgamento de Luís Carlos Prestes (agosto) – Criação do Tribunal de Segurança Nacional (setembro) – Prorrogação do Estado de Guerra por noventa dias (dezembro)
1937	– Armando de Salles é substituído por Cardoso de Melo Neto no governo de São Paulo, com a oposição do PRP (janeiro) – Intervenção federal em Mato Grosso e no Distrito Federal (março) – Julgamento de vários envolvidos no movimento de 1935, pelo STM (maio) – Homologada a Candidatura de José Américo de Almeida à presidência da República (maio) – João Mangabeira denuncia violências policiais (julho) – Fundação da UNE (agosto) – Getúlio começa a articular seus planos continuístas (setembro) – Pedro Ernesto apoia a candidatura de Armando de Salles à presidência da República (setembro) – Decretado novamente o Estado de Guerra (outubro) – Intervenção federal no Rio Grande do Sul (outubro) – Francisco Campos, novo ministro da Justiça (9 de novembro) – Instalação do Estado Novo (10 de Novembro) – Intervenção federal em todos os Estados, menos em Minas Gerais (novembro) – Fechada a Ação Integralista Brasileira (dezembro)
1938	– A "Hora do Brasil" irradiada por todas as rádios do País – Prisão de integralistas em vários pontos do País (janeiro a março) – Assinado contrato com a fábrica alemã Krupp para fornecimento de armas ao Brasil (março) – Tentativa de rebelião integralista contra o governo. Ataque ao Palácio Guanabara (maio)
1939	– Prisão de Plínio Salgado (janeiro) – Oswaldo Aranha vai aos EUA para entrevistar-se com Roosevelt (fevereiro) – Missão militar norte-americana chega do Rio de Janeiro (maio)
1940	– Criada a Comissão Executiva do Plano Siderúrgico Nacional (março) – Getúlio pronuncia polêmico discurso, a bordo do "Minas Gerais", contendo elogios ao fascismo (junho) – Vargas explica que seu discurso não representa um afastamento dos EUA (junho) – Conflito diplomático com a Inglaterra, que não permitira a passagem de dois navios brasileiros, transportando material bélico comprado à Alemanha (outubro a dezembro)

1941	– Criação do Ministério da Aeronáutica (janeiro) – Aviões alemães metralham o navio brasileiro "Taubaté" (março) – Regulamentadas as atividades da Comissão Militar Mista Brasil-EUA (julho)
1942	– Terceira Conferência dos Ministros do Exterior do Continente, no Rio de Janeiro (janeiro) – Torpedeados por submarinos alemães os navios brasileiros "Buarque", "Olinda" e "Cabedelo" (fevereiro), "Arabutã" e "Cairu" (março), "Parnaíba" e "Gonçalves Dias" (maio) – Vargas exige indenizações da Alemanha pelos danos causados a bens brasileiros (março) – Torpedeados os navios "Alegrete" e "Paracuri" (junho) – Passeata-monstro promovida pela UNE, contra o nazi-fascismo (julho) – Torpedeados os navios "Tamandaré", "Piave" e "Barbacena" por submarinos alemães (julho) e "Baependi", "Araraquara" e "Araxá" (agosto) – Góis Monteiro sai da chefia do Estado-Maior do Exército (agosto) – Governo brasileiro reconhece "estado de guerra" contra a Alemanha e Itália (agosto)
1943	– Roosevelt vem a Natal para um encontro com Vargas (janeiro) – Novos navios brasileiros torpedeados por submarinos italianos e alemães: "Afonso Pena" (março), "Tutóia" (junho) e "Pelotas" (julho) – Criada a 1ª Divisão de Infantaria Expedicionária (agosto) – Congresso Jurídico Nacional (agosto) – Vem a público o "Manifesto dos Mineiros" (outubro) – Passeata estudantil em São Paulo reprimida pela polícia. Estudantes são mortos (dezembro)
1944	– Embaixadores do Brasil e URSS entram secretamente em contato (janeiro) – Militares começam a se distanciar do governo, e firmam contato com as oposições civis (março) – Começa a ser articulada a formação da futura UDN (julho e agosto) – Benedito Valadares diz serem necessárias "aberturas democráticas" (julho) – Oswaldo Aranha demite-se do Ministério do Exterior (agosto) – Góes Monteiro afasta-se do governo de Getúlio (outubro)
1945	– Realização do Congresso Brasileiro de Escritores (janeiro) – Entrevistas de José Américo de Almeida ao "Correio da Manhã" (fevereiro) – Confirmada oficialmente a convocação de eleições (fevereiro) – Decretado o Ato Adicional nº 9 (fevereiro) – Lançada a candidatura de Eduardo Gomes à presidência da República (março) – Lançada a candidatura do general Dutra para a presidência da república (abril) – Brasil e URSS estabelecem relações diplomáticas (abril) – Decretada anistia aos "criminosos políticos" (abril) – Convenções do PSD (maio/julho) – Inicia-se o movimento "queremista" (junho) – Comícios "queremistas" em várias capitais do País (de julho a outubro) – Registro legal do PCB (outubro) – Oficiais-Generais das Forças Armadas dão "ultimatum" a Getúlio. Este renuncia (29 de outubro). Governo provisório de José Linhares. – Realização de eleições. Dutra presidente da República (2 de dezembro)
1946	– Dutra toma posse (janeiro) – Onda de greves operárias (janeiro e fevereiro) – Instala-se a Assembleia Constituinte (2 de fevereiro) – Lei 9.070, praticamente proibitiva de greves (março) – Congresso Brasileiro de Direito Social (maio) – Expurgo de funcionários públicos comunistas e repressão brutal a comício do PC (maio) – Apresentação do anteprojeto de Constituição (maio) – Congresso Sindical dos Trabalhadores do Brasil: criada a CGTB (setembro) – Promulgação da nova Constituição (16 de setembro)

1946	– Ruptura de Vargas com Dutra (dezembro) – Estatuto da Universidade do Brasil – aparece a expressão Pós-Graduação – União Legislativa sobre Diretrizes e Bases de Educação Nacional
1947	– Eleições estaduais (janeiro) – Criação do Partido Socialista Brasileiro (PSB) – Cassação do registro do PCB; intervenções federais em dezenas de sindicatos (maio) – Plano SALTE (maio) – Luís Carlos Prestes exige a renúncia de Dutra (maio) – Eleições municipais (novembro) – Greves na Sorocabana, Cia. Docas de Santos e outras (dezembro)
1948	– Cassação dos mandatos dos parlamentares comunistas (janeiro) – Acordo interpartidário entre PSD e UDN – Criação da Sociedade Brasileira para o Progresso da Ciência – SBPC
1949	– Articulações efetivas para a candidatura de Vargas à Presidência – "Relatório Abbink" da Comissão Mista Brasil-EUA (junho)
1950	– Manifesto de Luís Carlos Prestes por uma revolução de "Libertação Nacional" (agosto) – Vargas eleito presidente (outubro)
1951	– Posse de Getúlio e Café Filho na presidência e vice-presidência da República (janeiro) – PSD anuncia seu apoio ao governo (janeiro) – Góes Monteiro, chefe do Estado-Maior das Forças Armadas (fevereiro) – Getúlio propõe ao Congresso a criação do Serviço Social Rural (junho) – Proposta a criação do Plano Nacional do Carvão (agosto) – Proposta ao Congresso a criação do Banco do Nordeste do Brasil (outubro) – Getúlio envia mensagem ao Congresso, propondo a criação do Programa Nacional do Petróleo e da Petrobras (dezembro) – Getúlio assina a nova Lei do Salário Mínimo (dezembro) – Oficialização do CNPQ – Organização da CAPES
1952	– Decreto sobre o retorno do capital estrangeiro é assinado (janeiro) – Criada a Comissão Federal de Abastecimento e Preços (janeiro) – Proposta a criação do Banco Nacional de Desenvolvimento Econômico (fevereiro) – General Estillac Leal é demitido do Ministério da Guerra e substituído pelo General Espírito Santo Cardoso (março) – General Etchegoyen vence eleições para o Clube Militar (abril) – Sancionada lei proibindo a exigência de atestado ideológico (setembro) – Projeto de lei do governo criando o salário adicional por periculosidade e insalubridade (outubro)
1953	– Governo adota política cambial mais flexível (janeiro) – Ricardo Jaffet demite-se da presidência do Banco do Brasil (janeiro) – Jânio Quadros é eleito prefeito de São Paulo (fevereiro) – Negrão de Lima e João Cleófas demitem-se, respectivamente, do Ministério da Justiça e da Agricultura (junho) – João Goulart nomeado Ministro do Trabalho. Tancredo Neves vai para a pasta da Justiça (junho) – Proposta de criação da Petrobras

1954	– Vem a público o "Manifesto dos Coronéis" (fevereiro) – João Goulart é demitido do Ministério do Trabalho (fevereiro) – Zenóbio da Costa nomeado Ministro da Guerra (fevereiro) – Getúlio apresenta sua mensagem anual ao Congresso, de cunho altamente nacionalista (março) – Vargas apresenta projeto ao Congresso criando a Eletrobrás (abril) – Neves da Fontoura acusa Getúlio de estar armando pacto anti-norte-americano (abril) – Getúlio anuncia aumento de 100% no salário-mínimo (maio) – Atentado da Rua Toneleros contra Carlos Lacerda (5 de agosto) – Manifesto de oficiais da Aeronáutica e Exército exigindo a renúncia de Getúlio (22 e 23 de agosto) – Suicídio de Vargas (24 de agosto) – Café Filho assume a presidência da República (25 de agosto) – Revoltas populares contra os "assassinos de Vargas". Lacerda foge para o exterior (agosto/setembro) – Criação da Petrobras – Suicídio de Vargas
1955	– Comissão de Energia Atômica do CNPq – Acordo "Átomos para a Paz" – Instrução 113 da Sumoc favorece os investidores estrangeiros – Criação do Instituto Superior de Estudos Brasileiros (ISEB) – O general Henrique Lott garante as eleições e a posse de Juscelino Kubitschek
1956	– Posse do presidente Juscelino Kubitschek – Começo da construção de Brasília – Industria automobilística – Organização de IEA-USP – Revolta de oficiais da Aeronáutica contra o governo em Jacareacanga – Kubitschek inicia a aplicação de seu Plano de Metas, com o slogan "Cinquenta anos em cinco" – A Igreja começa a se dedicar ao trabalho no meio rural – Francisco Julião cria as Ligas Camponesas
1957	– Primeira missa em Brasília – início da construção da nova capital – Greve operária: 400 mil trabalhadores reivindicam reajuste salarial – Acordo entre o Brasil e os Estados Unidos acerca da instalação de uma base de teleguiados em Fernando de Noronha
1958	– John F. Dulles, Secretário de Estado Americano, visita o Brasil, e Kubitschek propõe que os Estados Unidos patrocinem um programa de desenvolvimento para a América Latina. No Rio de Janeiro, estudantes se manifestam contra a presença de Dulles – Movimentos políticos de trabalhadores rurais reivindicam uma reforma agrária radical
1959	– Criação da SUDENE – Juscelino Kubitschek declara o rompimento do Brasil com o Fundo Monetário Internacional – A UDN apoia a candidatura de Jânio Quadros à presidência da República; o marechal Lott é o candidato do PSD – Aprovado o projeto de criação da Superintendência do Desenvolvimento do Nordeste (Sudene) – Oficiais da Aeronáutica se rebelam contra o governo em Aragarças (Goiás)
1960	– Inauguração de Brasília – Inauguração da estrada Belém-Brasília – Criação da indústria naval – O presidente dos Estados Unidos visita o Brasil; ocorrem protestos de estudantes, liderados pela UNE – Eleições presidenciais. Vitória de Jânio Quadros e João Goulart, do PTB – Marítimos e ferroviários realizam greve nacional exigindo paridade com o soldo dos militares

1961	– Posse e renúncia do presidente Jânio Quadros – Parlamentarismo; posse do presidente João Goulart – Criação da UNB – Os ministros militares tentam impedir a posse do vice-presidente, João Goulart. Leonel Brizola, governador do Rio Grande do Sul, impede o golpe, com o apoio do III Exército – Realiza-se o Congresso de Camponeses, que resulta na radicalização da luta no campo – É promulgada a Lei de Diretrizes e Bases da Educação – Implantação do parlamentarismo
1962	– Criação do Estado do Acre – Brasil é bicampeão mundial de futebol – Estatutos do FAPESP (Decreto 40.132) – Criação do Conselho Nacional de Reforma Agrária – O Conselho Nacional dos Trabalhadores da Indústria e o Pacto de Unidade e Ação convocam uma greve geral para a formação de um ministério nacionalista e democrático – Tancredo Neves renuncia ao cargo de primeiro-ministro – No IV Encontro Sindical Nacional fica decidida a criação do Comando Geral dos Trabalhadores (CGT) – O Congresso aprova lei que restringe a remessa de lucros para o exterior
1963	– Plebiscito revoga o parlamentarismo – A Câmara dos Deputados rejeita o projeto do Estatuto da Terra – Sublevação dos sargentos da Marinha e da Aeronáutica – Manifestação em Recife que exige a reforma agrária reúne 30 mil camponeses e é reprimida pelo IV Exército – João Goulart solicita do Congresso a aprovação do estado de sítio, mas desiste da medida em virtude dos protestos generalizados – 700 mil operários entram em greve
1964	– Destituição do presidente João Goulart – golpe militar – Posse do presidente Humberto de Alencar Castello Branco – Em um comício no Rio de Janeiro, com a presença de 300 mil pessoas, Goulart preconiza a realização de reformas de base. O processo político se radicaliza – Realiza-se em São Paulo a Marcha da Família com Deus, pela Liberdade, para manifestar oposição a Goulart – A rebelião dos marinheiros alarma os comandantes militares – O Departamento de Estado dos Estados Unidos aprova plano de apoio logístico e militar aos golpistas. Em 31 de março é deflagrado um golpe político-militar – O Ato Institucional nº 1 suspende os direitos políticos de centenas de pessoas. – Criação do SNI (Serviço Nacional de Informações) – O general Humberto Castelo Branco toma posse na presidência da República
1965	– Definição e Regulamentação dos Cursos de Pós-Graduação (Parecer 977/65) – Promulgado o AI-2, que extingue os partidos políticos existentes – Instituído o bipartidarismo, com duas agremiações: Arena (Aliança Renovadora Nacional), de apoio ao governo, e MDB (Movimento Democrático Brasileiro), de oposição. – Reforma monetária institui o cruzeiro novo
1966	– Criação da SUDAM – Vários deputados federais são cassados, o que provoca a reação do Congresso, que é posto em recesso por um mês. – Eleições para deputados e senadores. Suspensas as eleições diretas para cargos executivos.

1967	– Nova Constituição – Criação do cruzeiro "novo" – Posse do presidente Artur da Costa e Silva – O marechal Costa e Silva toma posse como presidente. – Líderes da oposição, entre os quais Lacerda, Juscelino e Jango, organizam uma frente ampla contra o governo militar.
1968	– Lei 5.540/68 Organização e Funcionamento do Ensino Superior – Reforma Universitária – O Deputado Márcio Moreira Alves ataca os torturadores do governo em discurso contundente na Câmara e propõe uma operação Lisistrada (greve do sexo contra militares) – Câmara rejeita autorização para processar o deputado Márcio Moreira Alves – Morte do estudante Edson Luís de Lima por policiais no Calabouço (RJ). No enterro passeata de 5 mil pessoas contra os militares e greve estudantil – Passeata dos 100 mil (RJ) contra a ditadura militar – Carlos Marighella participa do sequestro do embaixador norte-americano Charles Elbrick – O médico Euryclides Zerbini realiza o primeiro transplante de coração no Brasil – Censura à imprensa – Movimentos de oposição ao governo militar são reprimidos com violência – Edição do AI-5 (Ato Inconstitucional)
1969	– Posse do presidente Emílio Garrastazu Médici – Parecer 77/69 – Estabelece as normas de credenciamento para Pós-Graduação – O Capitão Carlos Lamarca adere à luta armada e abandona o exército – Troca do embaixador americano Elbrick (sequestrado) por prisioneiros políticos do regime militar – O Delegado Sergio Fleury captura e mata o líder guerrilheiro Carlos Marighella – Enquadramento de subversivos na Lei de Segurança Nacional – Criação da EMBRAER (Empresa Brasileira de Aeronáutica) – Uma trombose afasta Costa e Silva do governo, que é assumido por uma Junta formada pelos militares – A alta oficialidade das Três Armas escolhe como presidente o general Garrastazu Médici
1970	– Início da Transamazônica – Dom Helder Câmara denuncia a tortura de presos políticos brasileiros no exterior – Intensifica-se a oposição ao governo, com guerrilhas na cidade e no campo. – A par do endurecimento do regime, com censura, prisões e torturas, o governo militar desenvolve grandes projetos de integração nacional como a Transamazônica, o INCRA e o Mobral
1971	– Desaparece o Deputado cassado Rubens Paiva após a sua prisão – A repressão começa a desarticular o movimento de guerrilhas.
1972	– Inaugurada a Transamazônica, em meio a críticas pela devastação do ambiente e pela invasão de terras indígenas – Inaugurada em Paulínia (SP) a maior refinaria de petróleo do País
1973	– Criação da Comissão de Justiça e Paz (D. Paulo Evaristo Arns) – Médici assina acordo com Stroessner, ditador paraguaio, para a construção da hidrelétrica de Itaipu – O general Ernesto Geisel, então presidente da Petrobras, é indicado para suceder a Médici
1974	– Ernesto Geisel chega à Presidência da República – Inaugurada a hidrelétrica de Ilha Solteira e a Ponte Rio-Niterói – Geisel assume a presidência – O MDB obtém expressiva vitória nas eleições legislativas
1975	– O jornalista Vladimir Herzog morre nas dependências do DOI – CODI (SP) – Assinatura de acordo nuclear com a Alemanha – Lançamento do Proálcool
1976	– Assinatura do primeiro contrato de risco para a exploração do petróleo com a empresa British Petroleum
1977	– Intensifica-se o movimento da sociedade civil em favor da recuperação dos direitos democráticos

1978	– Geisel inicia um processo de distensão gradual – Fim do AI-5 – Eleição indireta de Figueiredo, chefe do SNI
1979	– João B. Figueiredo assume a presidência da República – Aprovada a Anistia – Fim do AI-5 – Pluripartidarismo – Figueiredo assume a presidência – Aprovada a lei de anistia; centenas de exilados começam a retornar ao País – Restabelecida a pluralidade partidária, com a extinção da Arena e do MDB
1980	– Restabelecidas eleições diretas para os governadores – A crise econômica se agrava; multiplicam-se as greves e os movimentos de protesto – Descoberta uma imensa jazida de ouro em Serra Pelada (PA) – Aprovada emenda que restabelece eleições diretas para governadores, a partir de 1982 – O PDS substitui a Arena, e o PMDB fica no lugar do MDB. Leonel Brizola funda o PDT e Ivete Vargas, o PTB. Criado o PDS, com José Sarney como presidente
1981	– Bomba no Riocentro – Figueiredo tem um enfarte; durante três meses a presidência fica nas mãos de um civil, o vice Aureliano Chaves
1982	– Eleições diretas para governadores – Juruna torna-se o primeiro índio a se reeleger Deputado Federal – Eleições legislativas e para governadores e prefeitos. Vitória da oposição em Estados como São Paulo, Minas Gerais, Rio de Janeiro e Paraná – Inauguração da Hidrelétrica de Itaipu – Concedido o registro ao PT, criado em 1979, tendo como um de seus principais líderes, Luís Inácio Lula da Silva – Crise da dívida externa. O Brasil se reconhece sem condições de saldar os compromissos da dívida e recorre ao FMI
1983	– 1º Comício das Diretas para Presidência da República em São Paulo (Governo Montoro) – Dezenas de cassações de direitos políticos pelo governo e aposentadorias sumárias de professores e funcionários públicos
1984	– Ulisses Guimarães destaca-se no apoio às "Diretas Já" – Emenda das Diretas para presidente da Republica é rejeitada no Congresso Nacional – O País se mobiliza reivindicando eleições diretas. Emenda com esse objetivo é votada e rejeitada pelo Congresso – Grande comício em São Paulo pró-eleições diretas com a participação de mais de 200 mil pessoas – o País é envolvido pelas "Diretas-Já" – Emenda das Diretas para presidente da Republica é rejeitada no Congresso Nacional – O País se mobiliza reivindicando eleições diretas. A Emenda Dante de Oliveira para alterar a Constituição e permitir eleições diretas é discutida pelo Congresso Nacional e derrotada por não conseguir os dois terços dos congressistas. Resultado da votação: 298 deputados disseram sim e 65 votaram não. Houve três abstenções e 112 parlamentares faltaram (abril) – Em encontro na cidade de Cascavel, no Paraná, forma-se o Movimento dos Sem Terra (MST) (janeiro) – O filme Memórias do Cárcere, de Nelson Pereira dos Santos, é premiado em Cannes (maio) – Ocorre uma grande revolta de garimpeiros em Serra Pelada, no Pará. (junho) – A Companhia Siderúrgica Nacional enfrenta a primeira greve desde sua criação nos anos 1940 (junho) – O PDS sofre uma cisão. José Sarney, Marco Maciel e Aureliano Chaves, entre outros, abandonam o partido governista e lançam manifesto anunciando a formação da Frente Liberal (junho)

1984	– A convenção nacional do PDS escolhe seus candidatos: o deputado Paulo Maluf, à presidência da República, e o deputado Flávio Marcílio, à vice-presidência (agosto) – A mesa do Senado opta pelo voto a descoberto no Colégio Eleitoral que escolheria o sucessor de Figueiredo (dezembro) – Ulisses Guimarães destaca-se no apoio às "Diretas Já" – Nove governadores de oposição se reúnem em São Paulo e lançaram o governador de Minas Gerais, Tancredo Neves, à Presidência da República pelo Colégio Eleitoral de forma indireta. Formou-se a Aliança Democrática com o PMDB e o PFL (recém-criado) que indicou José Sarney para a vice-presidência de Tancredo Neves. O PTB e o PDT aderiram ao movimento que teve âmbito nacional como se fosse um pleito direto
1985	– Criado o Partido da Frente Liberal (PFL), por dissidentes do PDS (janeiro) – Realização do I Congresso Nacional do MST, em Curitiba (janeiro) – Inaugurada a estrada de ferro Carajás, que liga a serra de Carajás, no Pará, aos portos de Itaqui e Madeira, no Maranhão, cortando 890 km da Floresta Amazônica (fevereiro) – Em 15 de janeiro disputaram as eleições indiretas Paulo Maluf e Tancredo Neves. A vitória no Colégio Eleitoral foi de Tancredo, que conseguiu 480 votos contra 180 de Maluf e 26 abstenções – Em 14 de março Tancredo Neves adoece e é internado no Hospital de Base em Brasília – Em 15 de março assume a Presidência da República José Sarney (Vice Presidente) – Em 21 de abril morre Tancredo Neves. Comoção nacional. Assume definitivamente a Presidência da República José Sarney. Inicia-se a "Nova República" – O ministro do Trabalho do novo governo, Almir Pazzianotto, reabilita, em 18 de março, os 164 sindicalistas destituídos de seus mandatos durante os últimos anos do regime militar. Entre os beneficiados estão Luís Inácio Lula da Silva, Djalma Bon, Jair Meneguelli, Benedito Marcílio, Jacó Bittar e Olívio Dutra – Sancionadas varias medidas aprovadas pelo Congresso com o objetivo de redemocratizar o País, entre elas a extensão do direito de voto aos analfabetos, a legalização os partidos comunistas e o restabelecimento de eleições diretas para presidente (maio) – O presidente Sarney anuncia uma reforma agrária no IV Congresso da Confederação Brasileira dos Trabalhadores da Agricultura (Contag) (maio) – Anunciado em junho o Plano Nacional de Reforma Agrária, que pretende beneficiar 1,5 milhão de famílias por ano – Em 28 de junho o presidente José Sarney assina proposta de emenda constitucional convocando uma Assembleia Nacional constituinte para elaborar, a partir de 1º de fevereiro de 1987, uma nova Constituição. O Congresso aprova a emenda em novembro – Anulados os decretos de expulsão de estrangeiros acusados de subversão durante o regime militar (julho) – Morre em 9 de outubro o ex-presidente Emílio Garrastazu Médici – Realizadas eleições diretas para as prefeituras das capitais, estâncias hidrominerais, antigos municípios de segurança nacional e municípios recém-criados (novembro) – A arquidiocese de São Paulo lança o livro *Brasil nunca mais*, que denuncia a prática sistemática da tortura durante o regime militar (novembro) – O Mobral é extinto e em seu lugar é criada a fundação Educar (novembro) – Os presidentes José Sarney, do Brasil, e Raúl Alfonsín, da Argentina, encontram-se em Foz do Iguaçu e inauguram a ponte Tancredo Neves, que liga os dois países (novembro) – A inflação atinge 235,5%. Assume o Ministério da Fazenda Dílson Funaro e o Ministério do Planejamento João Sayad

1986	– Em fevereiro é lançado o Plano Cruzado, que substituiu o cruzeiro por uma nova moeda, o cruzado. Acabou a correção monetária, congelou os preços, a taxa de câmbio e os aluguéis. Os salários foram reajustados pela média dos últimos seis meses e tiveram um abono de 8%. Foi criado o chamado "gatilho salarial", em que os aumentos salariais seriam concedidos automaticamente sempre que a inflação atingisse 20% – O Presidente da República convoca a sociedade para fiscalizar os preços das mercadorias, surgindo os "fiscais do Sarney" – O Plano Econômico conteve temporariamente a inflação e aumentou o poder aquisitivo da população. Surgiu o ágio sobre os produtos – Vitória política do governo nas eleições para governadores de 1986 na maioria dos Estados. Composição da Assembleia Constituinte – Tem início o recadastramento eleitoral (abril) – Em 30 de abril, criação do seguro-desemprego, dirigido aos trabalhadores demitidos há mais de 60 dias – Brasil e Cuba anunciam o reatamento de relações diplomáticas (junho) – Realiza-se o primeiro congresso do PCB na ilegalidade desde os anos 1940 (julho) – Extinção do BNH (novembro) – Após as eleições, é lançado o Plano Cruzado II, que liberou os preços dos produtos, serviços e aluguéis – Ocorre em Brasília uma manifestação de protesto contra o Cruzado II, com violentos choques entre populares e forças policiais
1987	– Instala-se a Assembleia Constituinte, sob a presidência de Ulysses Guimarães – A crise econômica se aprofunda; a inflação não é controlada e dispara – Decretada a moratória da Dívida Externa – Plano Bresser congela os preços dos aluguéis e salários por três meses e atinge também as cadernetas de poupança numa tentativa de controlar a inflação – A inflação atinge 366% – A inflação superior a 20% ao mês traz o reajuste automático dos salários, o chamado "gatilho salarial" (janeiro) – Os quase 750 mil bancários do País entram em greve reivindicando reajuste salarial, estabilidade no emprego e aumento do piso salarial, no maior movimento já realizado pela categoria no Brasil (março) – O presidente Sarney reúne-se em Montevidéu com os presidentes da Argentina, Raúl Alfonsín, e do Uruguai, Julio Sanguinetti, para avaliar o andamento da integração econômica e política da região (27/05) – A União Democrática Ruralista (UDR) promove marcha em Brasília contra a proposta de reforma agrária em votação na Constituinte, reunindo cerca de 30 mil pessoas (11/07) – Morre em 17 de agosto o poeta Carlos Drummond de Andrade – A Unesco declara a cidade de Brasília patrimônio da humanidade (dezembro)
1988	– Criado o Partido Social Democracia Brasileira (PSDB) – Maílson da Nóbrega, novo Ministro da Fazenda (substituto de Bresser), lançou o "Plano Cruzado Novo", que congelou os preços, propôs a privatização de estatais, corte aos gastos públicos e exoneração de funcionários contratados nos últimos 5 anos para diminuir a folha de pagamento da União – A Assembleia Nacional Constituinte elaborou a "Constituição Cidadã", segundo Ulisses Guimarães. Promulgada a nova Constituição – O Presidencialismo predominou em relação ao Parlamentarismo e foi aprovado um mandato de 5 anos para Sarney pelo Congresso Nacional – Instalação de uma CPI para investigar suspeitas de corrupção no governo federal – O governo brasileiro suspende em 3 de janeiro a moratória – Em 6 de abril, os presidentes da Argentina e do Brasil assinam tratado de integração, cooperação e desenvolvimento, visando à formação de um mercado comum em 10 anos. A medida constitui o embrião do Mercosul

1988	– Fundação do Partido da Social Democracia Brasileira (PSDB), dissidência do PMDB (junho) – Após uma prolongada greve, tropas do Exército invadem a CSN, em Volta Redonda (RJ), e matam três operários (novembro) – Nas eleições municipais de novembro, o PDT e o PT têm vitórias significativas, ganhando as prefeituras do Rio de Janeiro (PDT), e de São Paulo e de Porto Alegre (PT) – Chico Mendes, líder seringalista, é assasinado em 22 de dezembro no Acre. O fato tem repercussão nacional e internacional, pelo prestígio que a vitima ganhara no campo da ecologia e nas questões sociais
1989	– Sarney lança em 14 de janeiro o novo plano econômico, o Plano Verão – O fazendeiro Darly Alves da Silva é indiciado pelo assassinato de Chico Mendes (janeiro) – CUT e CGT convocam greve geral nos dias 14 e 15 de março contra a política econômica do governo – Greve nacional mobiliza 40 mil portuários (abril) – Juristas da ONU investigam conflitos fundiários no Pará, Pernambuco, Bahia e Paraná. (junho) – Romaria da Terra, em Santa Luzia (MA), reúne 20 mil pessoas na defesa da reforma agrária (setembro) – Um surto de violência assola principalmente as grandes cidades – A inflação chega a 2.751%. Fracasso do "Plano Cruzado Novo". Hiperinflação. – Eleições diretas para Presidente da República com: Fernando Collor de Mello (Partido da Reconstrução Nacional – PRN); Luiz Inácio Lula da Silva (PT); Leonel Brizola (PDT); Paulo Maluf (PDS); Mário Covas (PSDB); Ulisses Guimarães (PMDB), entre outros – Vitória do "Caçador de Marajás" – Fernando Collor com 35 milhões de votos – O ano termina com uma inflação de mais de 1.700%
1990	– Assinado tratado de livre de comércio com a Argentina – Posse de Collor em 15 de março – Confisco das contas superiores a 50 mil cruzeiros para "enxugar a liquidez" e derrotar a inflação. Era o "Plano Collor", elaborado pela Ministra da Economia Zélia Cardoso de Mello, que também extinguia o cruzado e restabelecia o cruzeiro (Plano Collor) – Início da privatização e adesão ao neoliberalismo – Remarcação de 9,4 milhões de hectares da terra Yanomani – Promulgação do Código de Defesa do Consumidor – Morre em 7 de março, no Rio de Janeiro, o líder comunista Luís Carlos Prestes – Criado em março, por medida provisória, o Programa Nacional de Desestatização (PND), sancionado como lei em abril – Greve nacional dos petroleiros por aumento salarial e contra demissões na categoria (junho) – Collor extingue a Secretaria Especial de Informática e anuncia o fim da reserva de mercado no setor até 1992 (setembro) – Em 18 de setembro, funcionários da prefeitura de São Paulo localizam em Perus cemitério clandestino com ossadas de vítimas da ditadura militar – Os matadores de Chico Mendes são condenados (dezembro), mas o julgamento será anulado 14 meses depois – Extinto o SNI. Criada a Secretaria de Assuntos Estratégicos – Perseguição aos funcionários públicos – Collor demite 53 mil servidores públicos federais e coloca 52 mil em disponibilidade (junho)

1991	– Retomada da escalada inflacionária. O governo não obtém o apoio do Congresso, e a crise econômica se aprofunda – Novo conjunto de medidas de impacto busca corrigir a política econômica (Collor II) – Uma sucessão de sequestros difunde o pânico entre empresários, principalmente no Rio de Janeiro. A violência se dissemina – Primeiras denuncias de corrupção contra membros do governo Collor – Em 21 de março, os presidentes do Brasil, Argentina, Bolívia e Uruguai assinam o Tratado de Assunção, que cria o Mercosul – O governo libera em 15 de agosto os cruzados bloqueados pelo Plano Collor – Realizada a primeira privatização de empresa estatal no Brasil, a Usiminas, no âmbito do Programa Nacional de Desestatização. A venda, na Bolsa de Valores do Rio de Janeiro, ocorre em maio; grande manifestação popular, duramente reprimida pela polícia (outubro) – Implantada a TV por assinatura no Brasil
1992	– Reunidos em congresso extraordinário, integrantes do PCB abandonam a antiga legenda e formam o Partido Popular Socialista (PPS) (janeiro) – Realizada entre 3 e 14 de junho, no Rio, a Eco-92, encontro internacional em defesa do meio ambiente, que reúne representantes de 187 países de 114 chefes de Estado – Criado, em São Paulo, o Movimento pela Ética na Política (julho) – Rebelião de presos na Casa de Detenção, no bairro do Carandiru, em São Paulo, é duramente reprimida pela Polícia Militar: 111 detentos Morrem 111 detentos metralhados no dia 2 de outubro. O conflito teve grande repercussão, inclusive no exterior – Em 12 de outubro morrem, em acidente aéreo, o líder do PMDB, o deputado Ulisses Guimarães, e o ex-senador Severo Gomes – Escândalo contra Paulo César Farias – o "PC" –, acusado de extorsão contra empresários que desejavam fechar "negócios" com o governo. "PC" era homem de confiança de Collor – CPI para investigar o "esquema PC" – O presidente da ABI, o jornalista Barbosa Lima Sobrinho, é escolhido pela oposição para pedir o *impeachment* de Collor (agosto) – Manifestações populares contra o governo com a participação dos "caras pintadas" (estudantes com os rostos pintados em protesto contra Collor) – Collor renuncia em 29 de dezembro antes que o Senado decretasse o seu afastamento. Os seus direitos políticos foram cassados por dez anos – Assume a presidência Itamar Franco (vice-presidente)
1993	– Instalação de uma CPI para investigar denúncias de corrupção no orçamento da União – Índios Ianomâmis são exterminados na fronteira com a Venezuela – Criação do IPMF (Imposto Provisório sobre Movimentação Financeira) para reforçar o tesouro e combater a inflação – Privatização da CSN (Companhia Siderúrgica Nacional) – Plebiscito para consultar a vontade popular sobre o Sistema de Governo, se parlamentar ou presidencial. Vence o presidencialismo (57% dos votos) – Plano de Estabilização Econômica para promover o ajuste fiscal e zerar o déficit público – Em 21 de maio FHC assume o Ministério da Fazenda, substituindo Eliseu Resende – Em outubro, o PSDB lançou a candidatura de FHC à Presidência da República, que se considerava o "pai do novo plano econômico" – Em 24 de julho, seis policiais militares matam a tiros sete menores que dormiam em marquises próximas à igreja da Candelária, no Centro do Rio de Janeiro. A chacina ganha espaço no noticiário internacional

1994	– Em 1º de julho é lançado o Plano Real; o cruzeiro passa a chamar-se "cruzeiro real" e é restabelecido o "gatilho salarial". O índice adotado foi a URV (Unidade Real de Valor – espécie de moeda indexada ao dólar americano) – Em 15 de outubro Fernando Henrique Cardoso foi eleito Presidente da República com 54,3% dos votos. Em segundo lugar ficou Luiz Inácio Lula da Silva (PT) com 27% dos votos. Os outros candidatos à presidência foram: Orestes Quércia (PMDB); Leonel Brizola (PDT); Esperidião Amim (PPR); Enéas Carneiro (PRONA); Carlos Antonio Gomes (PRN) e Hernani Fortuna (PSC) – O Brasil vence a Itália e é campeão mundial de futebol pela quarta vez (julho)
1995	– Em 1 de janeiro Fernando Henrique Cardoso assume a presidência. A inflação estava abaixo de 3% – Lançado o Programa Comunidade Solidária, presidido pela primeira-dama Ruth Cardoso – Criado o PROER (Programa de Estímulo à Reestruturação e ao Fortalecimento do Sistema Financeiro) – fundo de financiamento a juros subsidiados para projetos de fusões e incorporações de instituições bancárias para evitar falências no sistema – Realizadas emendas constitucionais que derrubaram os monopólios estatais do petróleo, do gás canalizado, da navegação de cabotagem e das telecomunicações – Acabou a distinção entre empresas estrangeiras e nacionais – Escândalo do SIVAM (Sistema de Vigilância da Amazônia) que gerou escutas telefônicas clandestinas de membros do governo – Projetos para privatização das Estatais por intermédio de leilões – Criação da Comissão Especial de Mortos e Desaparecidos Políticos (maio) – Confronto armado entre a Polícia Militar e trabalhadores sem-terra em Corumbiara, distrito de Colorado do Oeste (RO), resulta na morte de 11 pessoas (agosto)
1996	– Discussão política sobre as reformas da Previdência e da Administração que encontram resistências – A emenda constitucional que permitiria a reeleição do presidente, dos governadores e de prefeitos entra em debate no Congresso Nacional – Cerca de três mil famílias do MST promovem a maior ocupação de terras do Brasil, no Pará (março) – Em confronto entre a polícia e o MST, 19 pessoas são mortas em Eldorado dos Carajás, no Pará (abril) – Morre, em 12 de setembro, no Rio de Janeiro, o ex-presidente Ernesto Geisel – Promulgada em 20 de dezembro a nova Lei de Diretrizes e Bases da Educação
1997	– Marcha de militantes do MST para Brasília (fevereiro) – A Companhia Vale do Rio Doce, maior empresa de mineração do mundo, é privatizada (maio) – O Brasil adere ao Tratado de Não Proliferação de Armas Nucleares (junho) – Denúncias sobre compra de votos para a aprovação de "reeleição" do presidente – Em junho de 1997 a Emenda Constitucional que permitia a reeleição foi aprovada sem a necessidade legal de desincompatibilização dos cargos
1998	– Arrecadação de 11 bilhões de dólares pelas privatizações e transferidos aos adquirentes 5,9 bilhões de dólares. Os recursos advindos destas vendas foram utilizados para pagar a dívida externa – A dívida, contudo, não diminuiu, pois estava em 254 milhões de dólares (em 1993 era de 143,5 milhões de dólares) – Campanha presidencial tendo como candidatos: FHC (PSDB), Luiz Inácio Lula da Silva (PT), Enéas Carneiro (PRONA), Ciro Gomes (PPS), Alfredo Syrkis (PV), brigadeiro Ivan Frota (PMN) entre outros – Fernando Henrique Cardoso foi reeleito com 53,06% dos votos
1999	– Crise da paridade do Real perante o dólar – A crise dos "países emergentes" atinge o Brasil – Discussão e organização das "Agências Regulatórias" – Em 9 de junho, criação do Ministério da Defesa e transformação dos ministérios do Exército, Marinha e Aeronáutica em comandos militares – O ex-presidente João Figueiredo morre em 24 de dezembro

2000	– Denúncias de corrupção contra políticos ligados ao governo ou à sua base de sustentação – MST pressiona o governo para executar a reforma agrária – Realizam-se vários eventos assinalando os 500 anos de Descobrimento do Brasil – Entre 1º de outubro e 15 de novembro são realizadas eleições municipais, com o uso de urnas eletrônicas em todo o país
2001	– Choque do Presidente do Senado, Antônio Carlos Magalhães (PFL) com FHC devido a disputas com o Senador Jader Barbalho (PMDB) pelo comando daquela instituição – Fraude no painel eletrônico do Senado durante a votação da cassação do Senador Luiz Estevão, com a participação do líder governista José Roberto Arruda – "Apagão Nacional" – para evitar os apagões energéticos, o governo impôs à população um programa de poupança de energia – Destaque para o programa brasileiro de tratamento da AIDS
2002	– Desgaste político do governo Fernando Henrique Cardoso – A política econômica gera milhões de desempregos no País – Aumento de matrículas no ensino médio, acompanhado de baixa qualidade nas avaliações – Eleições para a Presidência da República e Congresso Nacional – Principais concorrentes à Presidente da República: José Serra (PSDB); Luiz Inácio Lula da Silva (PT); Garotinho (PSB); Ciro Gomes (PPS) – Vitória de Luiz Inácio Lula da Silva, que prometeu 10 milhões de empregos para os brasileiros – Novo Código Civil – Dólar fecha no valor recorde de R$ 3,99 com o temor da vitória de Luiz Inácio Lula da Silva nas eleições de outubro – Eleição em segundo turno de Lula, que toma posse em 12 de janeiro de 2003
2003	– Posse de Lula em 1º de janeiro – Lançamento do programa "Fome Zero", que deveria receber 3,2 bilhões de dólares para combater a fome e a miséria. A ONU assina um acordo de cooperação com o Brasil para a Agricultura e Alimentação (FAO) no valor de 1 milhão de dólares – Instalação do Conselho de Desenvolvimento e Social (CDES) com o objetivo de conciliar interesses sindicais e empresariais – Lançamento do programa Primeiro Emprego para jovens carentes – Reabertura da SUDENE e da SUDAM, que tinham sido fechadas por Fernando Henrique Cardoso (2002) por causa de denúncias de corrupção – Denúncias de corrupção feitas pela Controladoria Geral da União (CGU) na manipulação das verbas do Governo Federal, repassadas para convênios e programas de complementação de renda (setembro), As fraudes ocorrem em Convênios da Fundação Nacional de Saúde (FUNASA) e nos repasses do MEC e da Integração Nacional – O Brasil é eleito para integrar o Conselho de Segurança da Organização das Nações Unidas (ONU) como membro não permanente pela nona vez – Prioridade para reformas polêmicas, tais como: Previdência, Tributária e do Judiciário – Optou no campo econômico pela continuação da política neoliberal de Fernando Henrique Cardoso, que objetivava a estabilidade macroeconômica, contrariando as propostas feitas durante a campanha de 2002 – Expulsão de parlamentares petistas do partido porque discordaram do governo durante os debates e votações das reformas tributárias e da previdência. – Acusação de corrupção contra Waldomiro Diniz, um dos principais assessores do Ministro da Casa Civil José Dirceu

2004	– Projeto em discussão que permitirá ao governo o controle da mídia e do setor cultural no Brasil – Denúncia de corrupção contra membros do governo, principalmente na área de saúde – Derrota do PT durante as eleições municipais nas principais capitais do Brasil – Tropas brasileiras atuando no Haiti em "missão de paz" – Criação do Bolsa-Família através da unificação de cinco programas preexistentes: Bolsa-Escola, Bolsa-Alimentação, Cadastro Único (2001), Auxílio-Gás (2002) e de Acesso à Alimentação (2003) – Emenda Constitucional nº 45 promove reforma no Poder Judiciário
2005	– Lei da Recuperação Judicial, cujo objetivo é viabilizar que uma empresa supere a situação de crise econômico-financeira para evitar a falência. Referendo rejeita a proibição do comércio de armas de fogo prevista no Estatuto do Desarmamento – Escândalo do "Mensalão". Nome dado a atos de corrupção política praticados entre 2003 e 2005 e julgados no STF na Ação Penal nº 470 em 2012 – Governo institui o Enade, exame que avalia o desempenho de alunos do ensino superior
2006	– Arrecadação de 11 bilhões de dólares pelas privatizações e transferidos aos adquirentes 5,9 bilhões de dólares. Os recursos advindos destas vendas foram utilizados para pagar a dívida externa – A dívida, contudo, não diminuiu, pois estava em 254 milhões de dólares (em 1993 era de 143,5 milhões de dólares) – Campanha presidencial tendo como candidatos: FHC (PSDB), Luiz Inácio Lula da Silva (PT), Enéas Carneiro (PRONA), Ciro Gomes (PPS), Alfredo Syrkis (PV), brigadeiro Ivan Frota (PMN) entre outros – Fernando Henrique Cardoso foi reeleito com 53,06% dos votos
2007	– Lançamento do Programa de Aceleração do Crescimento – Criação do Programa de Apoio a Planos de Reestruturação e Expansão das Universidades Federais – Anúncio da descoberta de grandes reservas de petróleo na camada pré-sal, em julho
2008	– Primeira reunião formal do grupo de países composto por Brasil, Rússia, linda e China (Brics). Em 2011 o grupo recebeu a adesão da África do Sul – Crise financeira global
2009	– Marina Silva (PV) sai da base do governo Lula e apresenta sua pré-candidatura à presidência – O Brasil é eleito sede dos Jogos da XXXI Olimpíada, em 2016
2010	– Lei da Ficha Limpa define novos critérios para candidatos a cargo eletivo – Dilma Rousseff vence a eleição presidencial no segundo turno e toma posse em 12 de janeiro de 2011 – O Brasil passa à posição de credor no Fundo Monetário Internacional (FMI) – Censo indica que o Brasil tem 190.732.694 habitantes
2011	– STF reconhece a união estável para relações homoafetivas
2012	– Equipe econômica do governo adota uma "nova matriz econômica" – STF declara a constitucionalidade de cotas raciais para acesso a universidades públicas – Lei das Cotas para o ensino superior reserva 50% das vagas em instituições federais de ensino para estudantes de escolas públicas, com preferência para negros, pardos, índios e deficientes
2013	– Manifestações de rua em todo o país exigem reformas
2014	– Conclusão do julgamento pelo STF do processo do "mensalão", com a condenação de 24 líderes políticos, executivos e empresários – Tem início a Operação Lava-jato, a maior investigação de corrupção e lavagem de dinheiro da história do país – Reeleição em segundo turno de Dilma Rousseff, que toma posse em 12 de janeiro de 2015 – Relatório da Comissão Nacional da Verdade lista 423 mortos e desaparecidos entre 1964 e 1988
2016	– Câmara dos Deputados autoriza abertura de processo de impeachment contra a presidente Dilma Rousseff – Senado aprova impeachment de Dilma e o vice, Michel Temer, assume o governo – Emenda Constitucional estabelece teto de gastos públicos por vinte anos

2017	– STF declara constitucional a Lei nº 12.990/14, que estabelece cotas raciais em concursos para serviço público federal – Reforma trabalhista flexibiliza normas da CLT, de 1943 – O dono da JBS, Joesley Batista, denuncia o presidente, que o recebeu na garagem do Palácio do Jabuti, acusando-o de corrupção e de conivência com atos de corrupção. A Procuradoria-Geral da República denunciou o presidente por dois crimes, mas a Câmara dos Deputados não permitiu que ele fosse processado – O chapa Dilma – Temer que concorreu em 2014 foi absolvida, por 3 votos a 2, na votação do Tribunal Superior Eleitoral (TSE) que poderia levar à perda do mandato de Michel Temer
2018	– Prisão do ex-presidente Luiz Inácio Lula da Silva, como resultado da Operação Lava-Jato – Eleições parlamentares promovem a maior renovação das Assembleias Legislativo da Câmara Federal desde a redemocratização. – O deputado federal Jair Bolsonaro (PSL-RJ) derrota o petista Fernando Haddad, ex-prefeito de São Paulo, no segundo turno das eleições presidenciais para a sucessão de Temer. O resultado final foi de 55,13% a 44,87% em favor do candidato, tido como de extrema-direita, diante do professor universitário de centro-esquerda. As primeiras nomeações de Bolsonaro, principalmente a do ministro da Justiça, o juiz federal Sergio Moro, provocaram polêmica – Confirma-se ampla renovação política nos governos dos estados. Partidos tradicionais perdem força. – O governo decreta intervenção federal na segurança pública do Rio de Janeiro – Inicia-se a greve dos caminhoneiros, que parou o País durante 11 dias e causou graves danos à imagem do presidente e do governo
2019	– Janeiro – Inicia-se o governo Jair Bolsonaro (PSL), tendo como vice o general Hamilton Mourão (PRTB). Logo no seu início, o novo presidente indica ministros polêmicos – Sergio Moro na Justiça, a pastora evangélica Damares Alves na Cidadania e Direitos Humanos, o colombiano Ricardo Vélez Rodriguéz na Educação, Ricardo Salles no Meio Ambiente e Ernesto Araújo nas Relações Exteriores, que complicam o seu início de governo com suas declarações atrapalhadas. Araújo e Rodriguéz foram indicados pelo astrólogo e autointitulado filósofo Olavo de Carvalho, que vive nos Estados Unidos e é tido como uma espécie de guru da família Bolsonaro. Também tem problemas com os filhos, Flávio, Eduardo e Carlos, que interferem muito no governo, causando problemas ao pai. Flávio, o mais velho, é investigado em três instâncias pelo Ministério Público carioca sob acusação de vários crimes, entre os quais lavagem de dinheiro. Eduardo, por sua vez, se comporta como um "ministro" informal das Relações Exteriores, e Carlos, mais conhecido como Carluxo, que é vereador no Rio de Janeiro, foi o responsável pela queda de um dos ministros, trazendo problemas para o governo. Ele também usa as redes sociais do pai presidente, trazendo-lhe inúmeros constrangimentos – Fevereiro – Bolsonaro, ao lado do superministro da Economia, Paulo Guedes, apresenta a Reforma da Previdência ao Congresso. E o também superministro Sergio Moro, por sua vez, uma legislação anticrime. Ambos os projetos são muito polêmicos, mas a Reforma já estaria aprovada na Câmara e no Senado antes do fim de outubro – Abril – Governo Bolsonaro chega aos primeiros cem dias, apresentando vários projetos ao Congresso, entre os quais um que torna o Banco Central independente. – Agosto – Queimadas na Amazônia e, posteriormente, no Pantanal e em outros biomas atraem a atenção do mundo para o Brasil. O papa Francisco e o presidente da França, Emanuel Macron, criticam a inação do governo brasileiro, sendo contestados por Jair Bolsonaro e pelo ministro do Meio Ambiente, Ricardo Salles – Setembro – Aparecem enormes manchas de óleo no litoral nordestino. Ministro do Meio Ambiente, em um primeiro momento, culpa a Venezuela pelo estrago ecológico, mas, posteriormente, são encontrados barris com o logotipo da Shell, cheios de óleo cru, produto danoso ao ambiente que foi encontrado nas praias nordestinas. Mais de 200 localidades em nove Estados foram atingidas

2019	– Outubro – O presidente Bolsonaro entra em conflito com seu partido, o PSL, em disputa com o então presidente da legenda, Luciano Bivar, pelo controle dos mais de R$ 359 milhões dos fundos partidário e eleitoral previstos para 2020. Bolsonaro impõe um de seus filhos, Eduardo, como líder do partido no Congresso, retirando o então líder, Delegado Waldir (PSL-GO). Eduardo acaba saindo do partido, e o presidente resolve fundar uma nova agremiação, a Aliança pelo Brasil, com a qual espera participar das eleições municipais de 2020 – Novembro – O Plenário do STF julga ilegal, por 6 votos a 5, a prisão em segunda instância, o que desagrada o ministro Sergio Moro. Em consequência, o ex-presidente Luiz Inácio Lula da Silva, preso desde abril de 2018 na Polícia Federal em Curitiba, é solto, a exemplo do ex-ministro José Dirceu, entre outros detidos. O Congresso promulga a Reforma da Previdência, que afeta as aposentadorias e pensões de 72 milhões de pessoas. Mais de 4 milhões de estudantes fazem o Exame Nacional do Exame Médio (Enem). Parte das provas tem problemas de correção – Dezembro – O Congresso aprova o pacote anticrime, projeto do ministro Sergio Moro. No entanto, o pacote foi "desidratado", com a retirada do excludente de ilicitude (mecanismo que permitia ao policial não responder por crimes em sua função) e foi criado o juiz de garantias, instituto que prevê a atuação de juízes diferentes a presidirinvestigações de inquéritos e sentenças. Moro havia pedido ao presidente Jair Bolsonaro o veto a este trecho da legislação. A implantação do juiz de garantias foi suspensa por seis meses pelo presidente da Corte, ministro Dias Toffoli, e, posteriormente, teve adiada sua implantação pelo ministro Luiz Fux, também do STF, por tempo indeterminado.
2020	– Janeiro – O documentário brasileiro *Democracia em Vertigem*, da diretora Petra Costa, foi indicado ao Oscar de melhor filme desse gênero. Conta a história do *impeachment* da ex-presidente Dilma Roussef (PT) pelo prisma da diretora. O governo demonstrou contrariedade com a indicação. Na votação, o documentário não foi o premiado, mas repercutiu muito no Brasil e no exterior. O jornalista americano Green Greenwald, residente no País, foi denunciado pelo Ministério Público, junto com seis outras pessoas, sob acusação de acobertar e incentivar atividades de *hackers*, que entraram nos telefones celulares de várias autoridades brasileiras, entre elas o presidente Jair Bolsonaro e o ministro da Justiça e Segurança Pública Sergio Moro. O pedido foi negado pela Justiça. O País ainda enfrentou problemas na correção das provas do Enem (Exame Nacional do Ensino Médio), o que prejudicou milhares de estudantes, com críticas ao ministro da Educação, Abraham Weintraub. O secretário nacional de Cultura, Roberto Alvim, foi demitido por Bolsonaro, por publicar um vídeo com estética e estilo muito semelhantes ao do ministro da Propaganda de Hitler, Joseph Goebbels. A atriz Regina Duarte foi convidada para o seu lugar, tendo aceitado o cargo. – Fevereiro – O coronavírus, ou Covid-19, é declarado pandemia mundial pela Organização Mundial da Saúde (OMS). Motim da Polícia Militar no Ceará, Estado governado pelo petista Camilo Santana, deixa 312 mortos em 13 dias de paralisação, com PMs armados e encapuzados aterrorizando os moradores e colegas de profissão. O senador Cid Gomes (PDT-CE) leva dois tiros ao tentar entrar, com uma escavadeira, em um quartel rebelado. Os amotinados acabam voltando ao trabalho e pelo menos 20 policiais passaram a ser investigados, podendo serem expulsos da corporação. Não houve anistia aos envolvidos nem aumento de salário, conforme pediam os líderes do motim. O presidente usa suas redes sociais e milíciais digitais para atacar a jornalista Patrícia Campos Mello, da *Folha de S.Paulo*, responsável por várias reportagens que associam sua campanha a grupos de disseminação de *fake news*. Faz insinuações de caráter sexual e misógino, tentando desqualificar a profissional. Entidades de defesa dos jornalistas e da democracia repudiam suas declarações, e a repórter decide processá-lo. – Março – Outra jornalista, Vera Magalhães, de *O Estado de S.Paulo*, também é duramente atacada e chamada de "mentirosa" por Bolsonaro após publicar vídeos divulgados por ele convocando seus apoiadores para uma manifestação, no dia 15, contra o Legislativo e o STF. O nome da escola em que estudam as filhas da jornalista chegou a ser divulgado pelas milícias virtuais ligadas ao presidente numa tentativa de intimidá-la. As manifestações ocorreram e reuniram apenas 1,2 mil pessoas em

2020	São Paulo e número semelhante no Rio, dificultando as relações entre os Poderes. Com o avanço do Coronavírus no Brasil, o presidente Jair Bolsonaro surpreendeu ao apoiar e cumprimentar manifestantes na frente do Palácio do Planalto. Ele deveria estar em isolamento, já que 17 integrantes de sua comitiva que visitaram os Estados Unidos a convite do presidente Donald Trump, em seu resort na Flórida, o Mar-a-Largo, foram diagnosticados com a doença, entre eles o secretário de Comunicação, Fábio Wajngarten. A atitude de Bolsonaro foi duramente criticada por políticos e médicos. No dia seguinte, ele tentou se redimir, marcando uma entrevista coletiva ao lado de oito ministros de Estado, entre os quais o da Saúde, Luiz Henrique Mandetta, todos de máscara cirúrgica, ocasião em que afagou o Legislativo e o Judiciário. Foram registrados panelaços contra o seu governo em 22 capitais brasileiras, entre as quais, São Paulo e Rio de Janeiro. Manifestações em seu favor também ocorreram, mas em número muito menor. O presidente do Senado, Davi Alcolumbre (DEM-AP), foi diagnosticado com a Covid-19. O mesmo se deu com os ministros Augusto Heleno, do Gabinete de Segurança Institucional (GSI), e seu colega, Bento Albuquerque, de Minas e Energia. – Setembro – As queimadas no Pantanal mato-grossense aumentaram mais de 210% ante o mesmo período de 2019. Foram, de acordo com o Instituto Nacional de Pesquisa Espacial (Inpe), 14.489 focos em 2020. No ano anterior, havia sido 4.660 focos de incêndio. – Outubro – As queimadas de florestas tomam conta da Amazônia e do Pantanal mato-grossense. O número de focos de calor supera, com folga, os números dos últimos dez anos. A sociedade civil critica o governo, que ameniza o problema. Em 22 de outubro, eram 89.604 focos de calor, mais que todo o ano de 2019, quando chegou a 89.176 pontos de calor. Liderada pelo vice-presidente Hamilton Mourão, uma ação coordenada pelo Exército, a Operação Brasil Verde, não conseguiu baixar os números. – Novembro – Apesar do elevado número de mortos – mais de 160 mil –, a vida nas grandes cidades brasileiras começa, aos poucos, a voltar ao normal, ou ao menos ao quase normal. Na maior parte dos Estados, as escolas e os restaurantes voltaram a funcionar, embora em condições especiais. As eleições municipais ocorrem nos dias 15 e 29 do mês corrente. O Brasil chegou a mais de 161 mil mortos e de 5 milhões de casos de Covid-19, mantendo-se na segunda colocação no mundo, atrás apenas dos Estados Unidos. O presidente Jair Bolsonaro "comemorou", nas redes sociais, a morte de um voluntário da vacina Coronavac, fabricada em parceria entre o Instituto Butantan, de São Paulo, e a empresa chinesa Sinovac. Em seguida, constatou-se que o rapaz se suicidou, mas até a definição do motivo da morte, a Agência Nacional de Vigilância Sanitária (Anvisa), ligada ao governo federal, havia suspendido os testes do medicamento. A determinação provocou perplexidade no meio científico e médico. Um dia depois, a autorização para os testes foi retomada. O Brasil e o mundo vivem a expectativa de uma vacina contra a pandemia.
2021	– Críticas de Bolsonaro ao voto eletrônico. – Bolsonaro elege os Presidentes da Câmara Federal e do Senado (Artur Lira e Rodrigo Pacheco). – O Executivo de maneira fisiológica coopta o "Centrão". – O covid-19 continua matando em todo o país e o governo insiste em negar o valor das vacinas. Recomenda sempre o kit cloroquina para evitar o vírus. – Realizada a CPI da Covid no Senado. – Diversos pedidos de impeachment ficam estocados na Câmara Federal (130). – O STF toma medidas contra os radicais ligados ao Governo, que realizaram manifestações e fake News. – Os processos contra Lula são anulados pelo Ministro Faquim do STF.O colegiado acompanha o Ministro. – Bolsonaro ameaça dar um "golpe de estado" com o apoio dos militares no dia 07 de setembro. Ameaça não cumprir decisões judiciais. – A popularidade do governo despenca em pesquisas de opinião. – No final do ano o Brasil alcança 620.000 mortos pela covid. – O preço dos combustíveis, energia elétrica e gás de cozinha disparam para o consumidor. – A inflação alcança mais de 10% ao mês, segundo órgãos oficiais. – A moeda nacional tem grande desvalorização. O dólar alcança o valor de R$ 5,70.

FORMAS E SISTEMAS DE GOVERNO			
	PAÍS	**CLASSIFICAÇÃO**	**Ranking *The Economist* 2019**[1642]
1	Noruega	Monarquia constitucional parlamentarista	Democracia plena
2	Islândia	República parlamentarista	Democracia plena
3	Suécia	Monarquia constitucional parlamentarista	Democracia plena
4	Nova Zelândia	Monarquia constitucional parlamentarista (Commonwealth[1643])	Democracia plena
5	Finlândia	República parlamentarista	Democracia plena
6	Irlanda	República parlamentarista	Democracia plena
7	Dinamarca	Monarquia constitucional parlamentarista	Democracia plena
8	Canadá	Monarquia constitucional parlamentarista (Commonwealth)	Democracia plena
9	Austrália	Monarquia constitucional parlamentarista (Commonwealth)	Democracia plena
10	Suíça	República – Conselho Federal	Democracia plena
11	Países Baixos	Monarquia constitucional parlamentarista	Democracia plena
12	Luxemburgo	Monarquia constitucional parlamentarista	Democracia plena
13	Alemanha	República parlamentarista	Democracia plena
14	Reino Unido	Monarquia constitucional parlamentarista (Commonwealth)	Democracia plena
15	Uruguai	República presidencialista	Democracia plena
16	Áustria	República parlamentarista	Democracia plena
16	Espanha	Monarquia constitucional parlamentarista	Democracia plena

1642 Índice de Democracia 2019. *The Economist, Intelligence Unit*. PDF (em inglês), p. 10-14. Extraído de https://www.in.gr/wp-content/uploads/2020/01/Democracy-Index-2019.pdf. Acesso em 01 dez. 2020.

1643 O Reino Unido e outros 15 países – Canadá, Austrália, Nova Zelândia, Antigua, Bahamas, Barbados, Belize, Granada, Ilhas Salomão, Jamaica, Papua, San Kitts, Santa Lucia, São Vicente e Granadinas e Tuvalu têm a rainha da Inglaterra como sua chefe de Estado e são conhecidos como *Commonwealth Realm*.

FORMAS E SISTEMAS DE GOVERNO			
18	Maurícia	Monarquia constitucional parlamentarista	Democracia plena
19	Costa Rica	República presidencialista	Democracia plena
20	França	República semipresidencialista	Democracia plena
21	Chile	República presidencialista	Democracia plena
22	Portugal	República semipresidencialista	Democracia plena
23	Coreia do Sul	República presidencialista	Democracia imperfeita
24	Japão	Monarquia constitucional parlamentarista	Democracia imperfeita
25	Estados Unidos	República presidencialista	Democracia imperfeita
26	Malta	República parlamentarista	Democracia imperfeita
27	Estônia	República parlamentarista	Democracia imperfeita
28	Israel	República parlamentarista	Democracia imperfeita
29	Botswana	República presidencialista	Democracia imperfeita
30	Cabo Verde	República semipresidencialista	Democracia imperfeita
31	Taiwan	República semipresidencialista	Democracia imperfeita
32	República Tcheca	República parlamentarista	Democracia imperfeita
33	Bélgica	Monarquia constitucional parlamentarista	Democracia imperfeita
34	Chipre	República presidencialista	Democracia imperfeita
35	Itália	República parlamentarista	Democracia imperfeita
36	Eslovênia	República parlamentarista	Democracia imperfeita
36	Lituânia	República parlamentarista	Democracia imperfeita
38	Letônia	República parlamentarista	Democracia imperfeita
39	Grécia	República parlamentarista	Democracia imperfeita
40	África do Sul	República presidencialista	Democracia imperfeita
41	Timor-Leste	República semipresidencialista	Democracia imperfeita
42	Eslováquia	República parlamentarista	Democracia imperfeita
43	Malásia	Monarquia constitucional parlamentarista	Democracia imperfeita
43	Trinidad e Tobago	República parlamentarista	Democracia imperfeita

FORMAS E SISTEMAS DE GOVERNO			
45	Colômbia	República presidencialista	Democracia imperfeita
46	Panamá	República presidencialista	Democracia imperfeita
47	Bulgária	República parlamentarista	Democracia imperfeita
48	Argentina	República presidencialista	Democracia imperfeita
49	Suriname	República presidencialista	Democracia imperfeita
50	Jamaica	Monarquia constitucional parlamentarista (Commonwealth)	Democracia imperfeita
51	Índia	República parlamentarista	Democracia imperfeita
52	Brasil	República presidencialista	Democracia imperfeita
53	Tunísia	República parlamentarista	Democracia imperfeita
54	Filipinas	República presidencialista	Democracia imperfeita
55	Gana	República presidencialista	Democracia imperfeita
56	Hungria	República parlamentarista	Democracia imperfeita
57	Polônia	República semipresidencialista	Democracia imperfeita
58	Peru	República presidencialista	Democracia imperfeita
59	Croácia	República parlamentarista	Democracia imperfeita
60	República Dominicana	República presidencialista	Democracia imperfeita
61	Lesoto	Monarquia constitucional parlamentarista	Democracia imperfeita
62	Mongólia	República semipresidencialista	Democracia imperfeita
63	Romênia	República semipresidencialista	Democracia imperfeita
64	Indonésia	República presidencialista	Democracia imperfeita
65	Namíbia	República presidencialista	Democracia imperfeita
66	Sérvia	República parlamentarista	Democracia imperfeita
67	Equador	República presidencialista	Democracia imperfeita
68	Tailândia	Monarquia constitucional parlamentarista	Democracia imperfeita
69	Sri Lanka	República semipresidencialista	Democracia imperfeita
70	Paraguai	República presidencialista	Democracia imperfeita
71	El Salvador	República presidencialista	Democracia imperfeita
72	Guiana	República presidencialista	Democracia imperfeita

FORMAS E SISTEMAS DE GOVERNO			
73	México	República presidencialista	Democracia imperfeita
74	Papua-Nova Guiné	Monarquia constitucional parlamentarista	Democracia imperfeita
75	Singapura	República parlamentarista	Democracia imperfeita
76	Macedônia do Norte	República parlamentarista	Regime híbrido
77	Ucrânia	República semipresidencialista	Regime híbrido
78	Albânia	República parlamentarista	Regime híbrido
79	Bangladesh	República parlamentarista	Regime híbrido
80	Fiji	República parlamentarista	Regime híbrido
81	Senegal	República semipresidencialista	Regime híbrido
82	Moldávia	República parlamentarista	Regime híbrido
83	Montenegro	República parlamentarista	Regime híbrido
84	Madagascar	República semipresidencialista	Regime híbrido
85	Armênia	República parlamentarista	Regime híbrido
86	Malawi	República presidencialista	Regime híbrido
87	Libéria	República presidencialista	Regime híbrido
88	Geórgia	República semipresidencialista	Regime híbrido
89	Honduras	República presidencialista	Regime híbrido
90	Butão	Monarquia constitucional parlamentarista	Regime híbrido
91	Nepal	República parlamentarista	Regime híbrido
92	Guatemala	República presidencialista	Regime híbrido
93	Quênia	República presidencialista	Regime híbrido
94	Tanzânia	República presidencialista	Regime híbrido
95	Marrocos	Monarquia constitucional parlamentarista[1644]	Regime híbrido
96	Benim	República presidencialista	Regime híbrido
97	Zâmbia	República presidencialista	Regime híbrido

[1644] O primeiro-ministro é um executivo ativo da nação, mas o monarca ainda tem poderes políticos consideráveis.

FORMAS E SISTEMAS DE GOVERNO			
98	Uganda	República presidencialista	Regime híbrido
99	Mali	República presidencialista	Regime híbrido
100	Quirguistão	República parlamentarista	Regime híbrido
101	Bósnia e Herzegovina	República parlamentarista	Regime híbrido
102	Serra Leoa	República presidencialista	Regime híbrido
103	Bolívia	República presidencialista	Regime híbrido
104	Haiti	República semipresidencialista	Regime híbrido
105	Líbano	República parlamentarista	Regime híbrido
106	Gâmbia	República presidencialista	Regime híbrido
107	Paquistão	República parlamentarista	Regime híbrido
108	Nigéria	República presidencialista	Regime híbrido
109	Turquia	República presidencialista	Regime híbrido
110	Costa do Marfim	República presidencialista	Regime híbrido
111	Burkina Faso	República semipresidencialista	Regime híbrido
112	Argélia	República semipresidencialista	Regime híbrido
113	Jordânia	Monarquia constitucional parlamentarista[1645]	Regime autoritário
114	Kuwait	Monarquia constitucional parlamentarista[1646]	Regime autoritário
115	Mauritânia	República semipresidencialista	Regime autoritário
116	Palestina	República parlamentarista	Regime autoritário
117	Iraque	República parlamentarista	Regime autoritário
118	Angola	República presidencialista	Regime autoritário
119	Moçambique	República presidencialista	Regime autoritário
120	Gabão	República presidencialista	Regime autoritário
121	Mianmar	República parlamentarista	Regime autoritário

[1645] O primeiro-ministro é um executivo ativo da nação, mas o monarca ainda tem poderes políticos consideráveis.
[1646] O primeiro-ministro é um executivo ativo da nação, mas o monarca ainda tem poderes políticos consideráveis.

FORMAS E SISTEMAS DE GOVERNO			
122	Nicarágua	República presidencialista	Regime autoritário
123	Camboja	Monarquia constitucional parlamentarista	Regime autoritário
124	Etiópia	República parlamentarista	Regime autoritário
125	Togo	República presidencialista	Regime autoritário
126	Níger	República presidencialista	Regime autoritário
127	Catar	Monarquia absoluta	Regime autoritário
128	Ruanda	República presidencialista	Regime autoritário
129	Zimbabwe	República presidencialista	Regime autoritário
130	Comores	República presidencialista	Regime autoritário
131	Essuatíni	Monarquia absoluta	Regime autoritário
132	Guiné	República presidencialista	Regime autoritário
133	República do Congo	República presidencialista	Regime autoritário
134	Rússia	República presidencialista	Regime autoritário
135	Vietnã	República presidencialista (partido único)	Regime autoritário
136	Egito	República presidencialista	Regime autoritário
137	Omã	Monarquia absoluta	Regime autoritário
138	Cazaquistão	República semipresidencialista	Regime autoritário
139	Venezuela	República presidencialista	Regime autoritário
140	Afeganistão	República presidencialista	Regime autoritário
141	Camarões	República presidencialista	Regime autoritário
142	Cuba	República presidencialista (regime de partido único)	Regime autoritário
143	Djibouti	República semipresidencialista	Regime autoritário
144	Emirados Árabes Unidos	Monarquia constitucional parlamentarista[1647]	Regime autoritário
145	Azerbaijão	República semipresidencialista	Regime autoritário
146	Sudão	República presidencialista	Regime autoritário

[1647] O primeiro-ministro é um executivo ativo da nação, mas o monarca ainda tem poderes políticos consideráveis.

FORMAS E SISTEMAS DE GOVERNO			
147	Guiné-Bissau	República semipresidencialista	Regime autoritário
148	Bahrein	Monarquia constitucional parlamentarista[1648]	Regime autoritário
149	Belarus	República semipresidencialista	Regime autoritário
150	Irã	República teocrática presidencialista	Regime autoritário
151	Eritreia	República presidencialista (regime de partido único)	Regime autoritário
152	China	República presidencialista (regime de partido único)	Regime autoritário
153	Burundi	República presidencialista	Regime autoritário
154	Laos	República presidencialista (regime de partido único)	Regime autoritário
155	Uzbequistão	República presidencialista	Regime autoritário
156	Iêmen	República presidencialista	Regime autoritário
157	Arábia Saudita	Monarquia absoluta	Regime autoritário
158	Tajiquistão	República presidencialista	Regime autoritário
159	Guiné Equatorial	República presidencialista	Regime autoritário
160	Turquemenistão	República presidencialista	Regime autoritário
161	Chade	República presidencialista	Regime autoritário
162	Síria	República presidencialista	Regime autoritário
163	República Centro-Africana	República presidencialista	Regime autoritário
164	República Democrática do Congo	República presidencialista	Regime autoritário
165	Coreia do Norte	República presidencialista (regime de partido único)	Regime autoritário

[1648] O primeiro-ministro é um executivo ativo da nação, mas o monarca ainda tem poderes políticos consideráveis.

REFERÊNCIAS

Agradeço a esses autores e livros que me auxiliaram na elaboração desta obra.

ABRANCHES, Sergio. *Presidencialismo de coalizão - raízes e evolução do modelo político brasileiro*. Rio de Janeiro: Companhia das Letras, 2018.

ABREU, Alzira Alves de *et al* (Coord.). *Dicionário histórico-biográfico brasileiro: pós-1930*. 2. ed. rev. e atual. Rio de Janeiro: FGV, 2001. 5 v.

AB'SÁBER, Tales. *Lulismo, carisma pop e cultura anticrítica*. São Paulo: Hedra, 2012.

—. *Dilma Rousseff e o ódio político*, São Paulo: Hedra, 2015.

ADAMS, Ian e DYSON, R. W. *50 pensadores políticos essenciais da Grécia antiga aos dias atuais*, Rio de Janeiro: Difel, 2006.

ADORNO, Sérgio. *Os Aprendizes do Poder*. Rio de Janeiro: Editora Paz e Terra, 1988.

AGOSTINHO, Santo. *A Cidade de Deus*: parte II, Petrópolis: Vozes, 2010.

ALMEIDA, Ângela Mendes, *A República de Weimar e a ascensão do nazismo*. Col. Tudo é História, São Paulo: Brasiliense, 1990.

ALMEIDA, Leandro Thomaz de. "Matar um homem não é defender uma doutrina, é matar um homem": notas sobre a estratégia argumentativa de Sébastien Castellion no caso Miguel Servet. *Revista USP de Letras Clássicas*, São Paulo, v. 17, n. 1, p. 97-108, 2013.

ALMEIDA, Paulo Roberto de. *Nunca antes na diplomacia: a política externa brasileira em tempos não convencionais*. Curitiba: Appris, 2014.

—. *Formação da diplomacia econômica no Brasil: as relações econômicas internacionais no Império*. 3. ed. Brasília: Funag, 2017.

—. *A Constituição contra o Brasil – ensaios de Roberto Campos sobre a Constituinte e a Constituição de 1988*. São Paulo: LVM Editora, 2018.

—. *Contra a corrente: ensaios contrarianistas sobre as relações internacionais do Brasil. 2014-2018*. Curitiba: Appris, 2019.

—. *Miséria da diplomacia*: a destruição da inteligência no Itamaraty. Boa Vista: Editora da UFRR, 2019.

—. *O Itamaraty num labirinto de sombras*: ensaios de política externa e de diplomacia brasileira. Brasília: Diplomatizzando, 2020.

—. *O Mercosul e o regionalismo latino-americano*: ensaios selecionados, 1989-2020. Brasília: Diplomatizzando, 2020.

—. *A ordem econômica mundial e a América Latina*: ensaios sobre dois séculos de história econômica. Brasília: Diplomatizzando, 2020.

—. *Uma certa ideia do Itamaraty: a reconstrução da política externa e a restauração da diplomacia brasileira.* Brasília: Diplomatizzando, 2020.

ALMOND, Mark. *O livro de ouro das revoluções.* São Paulo: Ediouro, 2011.

ALVES, Cleger Francisco. A influência do pensamento de Benjamim Constant na formação do Estado Imperial Brasileiro, Brasília: *Revista de informação legislativa*, v. 45, n. 180, p. 65-75, out./dez. 2008.

AMARAL, Diogo Freitas do. *História do pensamento político ocidental.* Coimbra: Almedina, 2012.

ANDERSON, PERRY. *Espectro - da direita à esquerda no mundo das ideias.* São Paulo: Boitempo, 2011.

ANTUNES, Ricardo. *A desertificação neoliberal no Brasil (Collor, FHC e Lula).* São Paulo: Autores Associados, 2004.

—. *O privilégio da servidão.* São Paulo: Boitempo Editorial, 2018.

AQUINO, Fernando; AQUINO, Rubim Santos Leão de; VIEIRA, Fernando Antonio da Costa; AGOSTINO, Carlos Gilberto Werneck; e ROEDEL, Hiran. *Sociedade brasileira: uma história através dos movimentos sociais.* Rio de Janeiro: Record, 1999.

AQUINO, Tomás de. *Suma Teológica I e II.* Coleção Os Pensadores. São Paulo: Nova Cultural, 2000.

ARANHA, Maria Lúcia de Arruda. *Maquiavel – a lógica da força.* 2. ed. São Paulo: Moderna, 2006.

ARAUJO, Cícero Romão Resende de. *A forma da república da constituição mista ao Estado.* São Paulo: Martins Fontes, 2013.

ARAÚJO, Rosalina Corrêa de. *O Estado e o Poder Judiciário no Brasil.* Rio de Janeiro: Lumen Juris, 2000.

ARRETCHE, Zaira Maria. *A ideia da representação nas teorias democráticas elitista* - republicana e democracia radical. Dissertação (mestrado em Ciências Humanas) - Universidade Federal de Pelotas: Pelotas, 2011.

ARISTÓTELES, *A política.* Lisboa: Publicação Europa-América, 1995.

ARMESTO, Felipe Fernandéz. *Américo: o homem que deu nome ao continente.* São Paulo: Companhia das Letras, 2002.

ARON, Raymond. *O marxismo de Marx*. São Paulo: Benvirá, 2012.

ARRAES, Virgílio Caixeta. O novo é o velho: o conservadorismo como força política na Itália. Meridiano 47, Brasília, v. 2, n. 10\12, p. 17-19, abr./jun. 2001. Disponível em: <http://periodicos.unb.br/index.php/MED/article/view/4679/3921>. Acesso em: 19 nov. 2019.

ASSUNÇÃO, Moacir e ASSUNÇÃO, Marcondes Pereira. *Ficha limpa, a lei da cidadania*. Realejo, Santos, 2010.

—. *Nem heróis nem vilões - curepas, cambás, macaquitos e caboclos e outras revelações da sangrenta Guerra do Paraguai*. São Paulo: Record, 2012.

— *São Paulo deve ser destruída*. Rio de Janeiro: Record, 2015.

—. *Os homens que mataram o facínora – a história dos grandes inimigos de Lampião*. Rio de Janeiro: Record, 2007.

AVELLAR, Hélio de Alcântara. *História administrativa e econômica do Brasil*. São Paulo: Fename, 1970.

AZEVEDO, Antonio Carlos do Amaral. *Dicionário de nomes, termos e conceitos históricos*. São Paulo: Lexicon, 2012.

BALEEIRO, Aliomar. *Constituições brasileiras, 1891*. 3. ed., v. II. Brasília: Senado Federal, 2012.

— e SOBRINHO, Barbosa Lima. *Constituições brasileiras – 1946*. 3. ed., v. V. Brasília: Senado Federal, 2001.

—; CAVALCANTI, Themístocles Brandão; BRITO, Luiz Navarro. *Constituições brasileiras – 1967*. 3. ed., v. VI. Brasília: Senado Federal, 2012.

BANDECCHI, Brasil. *História econômica e administrativa do Brasil*. 4. ed. São Paulo: Didática Irradiante, 1970.

BARACHO, José Alfredo de Oliveira. Teoria da Constituição. *R. Inf. Legis*. a. 15, n. 58, abr/jun, 1978.

BARAQUIM, Noella e LAFFITTE, Jacqueline. *Dicionário Universitário dos Filósofos*. São Paulo: Martins Fontes, 2007.

BARATA, Carlos Eduardo de Almeida e BUENO, Antônio Henrique da Cunha. *Dicionário das famílias brasileiras*. São Paulo: Originis-X, 1999, 2 v.

BARBOSA, Alexandre de Freitas; e KOURY, Ana Paula. Rômulo Almeida e o Brasil desenvolvimentista (1946-1964): ensaio de reinterpretação. *Revista Economia e Sociedade*. Campinas, v. 21, Número Especial, p. 1108, dez. 2012.

BARRETO, Tobias. *A questão do poder moderador e outros ensaios brasileiros*. Petrópolis: Editora Vozes, 1977.

BARROSO, Luís Roberto. *O direito constitucional e a efetividade de suas normas: limites e possibilidades da constituição brasileira*. 3. ed. Rio de Janeiro: Renovar, 1996.

BASTOS, Abguar. *Enciclopédia dos temas brasileiros- história da política revolucionária no Brasil*, 1º volume: 1900-1932; 2º volume: 1933-1945. São Paulo: Ler e Viver, 1978.

BATISTA, Felipe de Alvarenga. *Os Tratados de Methuen de 1703, guerras, portos, panos e vinhos*. Rio de Janeiro: Ed. UFRJ, 2014.

BAUMAN, Zygmunt. *Modernidade líquida*. Rio de Janeiro: Zahar, 2001.

BEARD, Henry e CERF, Christopher. *Dicionário do politicamente correto*. São Paulo: L&PM, 2007.

BEER, Max. *História do socialismo e das lutas sociais*. São Paulo: Expressão Popular, 2006.

BELO, Filomena; e OLIVEIRA, Ana. *A Revolução Francesa*. Lisboa: Quimera, 2001.

BENEDINI, Giuseppe Federico. A Rússia czarista e as origens da Revolução: um ensaio. *Cadernos do Tempo Presente*, n. 19, mar./abr. 2015.

BENEVIDES, Maria Victoria de Mesquita. *O governo Kubitschek*. Rio de Janeiro: Editora Paz e Terra, 1979.

—. *A cidadania ativa*. 3.ed. São Paulo: Ática Editora, 1991.

BERCOVICI, Gilberto; LIMA, Martonio Mont'Alverne Barreto; BELLO, Enzo. O fim das ilusões constitucionais de 1988? *Revista Direito & Práxis*, Rio de Janeiro, p. 1-43, 2018.

—. A problemática da constituição dirigente: algumas considerações sobre o caso brasileiro. Brasília: *Revista de Informação Legislativa*, a. 36, n. 142, abr./jun. 1999.

—. Carl Schmitt, o estado total e o guardião da constituição, *Revista Brasileira de Direito Constitucional*, n. 1, jan./jun. - 2003.

—. *Constituição econômica e desenvolvimento - uma leitura a partir da Constituição de 1988*. São Paulo: Malheiros, 2005.

—; MASSONETTO, Luís Fernando. A constituição dirigente invertida: a blindagem da Constituição Financeira e a agonia da Constituição Econômica. Coimbra: Faculdade de Direito da Universidade de Coimbra, *Boletim de Ciências Económicas*, v. XLIX, 2006.

BERTOLLI FILHO, Claudio. *A gripe espanhola em São Paulo 1918*. São Paulo: Paz e Terra, 2009.

BEWES, Diccon. *Swiss watching*, London: Nicholas Brealey Publishing, 2010.

BIGNOTTO, Newton. *Maquiavel - filosofia passo a passo*. Rio de Janeiro: Jorge Zahar, 2003.

BITTAR, C. B. Eduardo; ALMEIDA, Guilherme Assis de. *Curso de filosofia do direito.* 7. ed. São Paulo: Atlas, 2009.

BOBBIO, Norberto. *A era dos direitos.* Rio de Janeiro: Elsevier, 1992.

—. *Nem com Marx, nem contra Marx.* São Paulo, UNESP, 2006.

—, BOVERO, Michelângelo. *Sociedade e Estado na Filosofia Política Moderna.* São Paulo: Brasiliense, 1991.

— *et al. Dicionário de Política* - A-K. 13. ed. Brasília: UnB, 2007.

BÖCKENFÖRDE, Ernst-Wolfgang. *História da filosofia do direito e do estado - Antiguidade e Idade Média.* Porto Alegre: Sergio Antonio Fabris Editor, 2012.

BOCZAR, Sônia, Referendo e iniciativa popular na perspectiva dos modelos suíço e norte-americano (*dissertação de mestrado na Universidade de São Paulo – USP*). Orientador: Manoel Gonçalves Ferreira Filho, 1994.

BODIN, Jean. *Os seis livros da República* – livro primeiro. Trad. José Carlos Orsi Morel. São Paulo: Ícone, 2011.

BOLLE, Monica Baumgarten de. *Como matar a borboleta-azul: uma crônica da era Dilma.* Rio de Janeiro: Intrínseca, 2016 (edição digital).

BONAVIDES, Paulo. *Curso de Direito Constitucional.* 6. ed., São Paulo, Malheiros, 1996.

— e ANDRADE, Antônio Paes de. *História constitucional do Brasil.* Rio de Janeiro: Editora Paz e Terra, 1991, p. 92.

— e —. *História constitucional do Brasil.* 8. ed. Brasília: Editora OAB, 2006.

BORGES, Alexandre Walmott. *Clássicos de direito constitucional.* Curitiba: Clássica Editora, 2013.

BORGES, Maria de Lourdes Alves. *História e metafísica em Hegel*: sobre a noção do espírito no mundo. Porto Alegre: EdiPUCRS, 1998.

—. *A atualidade de Hegel.* Florianópolis: Universidade Federal de Santa Catarina, 2009.

BORJA, Sergio Augusto Pereira. *O projeto democrático.* São Paulo: Ricardo Lenz Editor, 2001.

—. Estudo sobre o bloco-constitucional da antiga URSS. *Revista Justiça e História.* Porto Alegre: Tribunal de Justiça do Estado do Rio Grande do Sul, v. 7, n. 13, p. 175–231, 2007.

BOTELHO, Catarina Santos. A história faz a constituição ou a constituição faz a história? - Reflexões sobre a história constitucional portuguesa. *Revista do Instituto do Direito Brasileiro da Faculdade de Direito da Universidade de Lisboa - RIDB,* 2013.

BOTTOMORE, Tom. *Dicionário do Pensamento Marxista*. Rio de Janeiro: Jorge Zahar Editor, 1983.

BOWDER, Diana. *Dicionário biográfico – quem foi quem em Roma Antiga*. São Paulo: Art Editora, 1995.

BRAGA, Hugo Wolovikis. Lavagem de dinheiro e o estudo do Tratado de Cooperação Jurídica em Matéria Penal entre a República Federativa do Brasil e a Confederação Suíça. *Revista do Tribunal Regional Federal da 1ª Região*, v. 18, n. 10, out. 2006.

BRANDÃO, Cláudio; SALDANHA, Nelson; FREITAS, Ricardo (coords.). *História do Direito e do pensamento jurídico em perspectiva*. São Paulo: Atlas, 2012.

BRAUDEL, Fernand. *Memórias do Mediterrâneo*. Lisboa: Terramar Editores, 2001.

BROCHADO, Mariá. O estado suíço e seus cantões. *Revista Veredas do Direito*. Belo Horizonte: Dom Helder - Escola de Direito, ano 1, n. 2, p. 103-112, 2004.

BROWN, Archie. *Ascenção e queda do comunismo*. Rio de Janeiro: Record, 2011.

BUARQUE, Felício. *Origens republicanas*. São Paulo: Editora Edaglit, 1962.

BUENO, José Pimenta. (Marquês de São Vicente). *Direito Público Brasileiro e análise da Constituição do Império*. São Paulo: Ed. 34, 2002.

BULOS, Uadi Lammêgo. *Curso de direito constitucional*. São Paulo: Saraiva, 2007.

BURKE, Edmund. *Reflexões sobre a Revolução em França*. Brasília: Editora UnB, 1982.

BUSHKOVITCH, Paul. *História concisa da Rússia*. São Paulo: Edipro, 2014.

CAENEGEM, R. C. Van. *Uma introdução histórica ao direito constitucional ocidental*. Lisboa: Fundação Calouste Guberkian, 1998; São Paulo: Martins Fontes, 2000.

CAGGIANI, Ivo. *David Canabarro, de tenente a general*. Porto Alegre: Martins Editora, 1992.

CALDERA, Alejandro Serrano. *Os dilemas da democracia*. São Leopoldo: Editora Unisinos, 1996.

CALDEIRA, Jorge. *Mauá, empresário do Império*. Rio de Janeiro, Nova Fronteira, 1995.

CALLINICOS, Alex. *A vingança da história* – o Marxismo e as revoluções do Leste Europeu, Rio de Janeiro: Jorge Zahar, 1982.

CALVIN, John. "Commentaries on Daniel". In *On God and Political Duty*. Indianapolis: Bobbs-Merrill, 1956.

CAMPOS, Raimundo C. B. e ALMEIDA JR., Antonio M., *Curso Abril Vestibular – história geral*, n. 09, São Paulo: Abril Cultural, 1972.

CAMPOS, Roberto. *O século esquisito*. São Paulo: Topbooks, 1990.

—. *A Lanterna na Popa*. São Paulo: Topbooks, 1994.

CANOTILHO, José Joaquim Gomes. *Constituição dirigente e vinculação do legislador: contributo para a compreensão das normas constitucionais programáticas.* 2. ed. Coimbra: Coimbra Editora, 2001.

—. Rever ou romper com a constituição dirigente? Defesa de um Constitucionalismo moralmente reflexivo. *Revista do Processo.* São Paulo: Revista dos Tribunais, abr.-jun. 2000.

—. *Direito constitucional e teoria da constituição.* 3. ed. Coimbra: Almedina, 1998.

CARNEIRO, Glauco. *História das revoluções brasileiras.* São Paulo: Edições O Cruzeiro, 1965.

CARONE, Edgar. *A República Velha – as instituições e classes sociais.* São Paulo: Difel, 1978.

—. *Evolução política do Brasil,* vol 2. São Paulo: Difel, 2000.

CARVALHO, Claudia Paiva. Desafios democráticos para a constituição dirigente: entre vinculação e abertura constitucional. Brasília: *Revista Jurídica da Presidência,* v. 14, n. 103, jun./set. 2012.

CARVALHO, José Murilo de. *Visconde do Uruguai.* São Paulo: Editora 34, 2002.

—. *A construção da ordem - teatro de sombras.* Rio de Janeiro: Editora Civilização Brasileira, 2003.

CARVALHO, Laura. *Valsa brasileira - do boom ao caos econômico.* São Paulo: Todavia, 2018.

CARVALHO, Manuel Proença de. *Manual de ciência política e sistemas políticos e constitucionais.* 3.ed. Lisboa: Quid Juris Sociedade Editora, 2010.

CARVALHO, Marcus J.M e CÂMARA, Bruno Dornelas. *A Praieira revisitada: considerações sobre o debate.* Brasília: Instituto Nacional do Livro - MEC, 1971.

CASTELLS, M.; HALL, P.; HALL, P.G. (2004). *Technopoles of the world: the making of twenty-first-century industrial complexes.* London: Routledge.

CASTRO, Celso. *A Proclamação da República,* Rio de Janeiro: Jorge Zahar, 2000.

CASTRO, Therezinha de. *História da civilização brasileira.* v. II, Rio de Janeiro: Record: 1969.

CAVA, Bruno. *A multidão foi ao deserto - as manifestações no Brasil em 2013.* São Paulo: Annablume, 2013.

CEREZO, Miguel Castro (Coord.). *História do Brasil - das origens ao século XXI.* Enciclopédia do Estudante, São Paulo: Moderna, 2008.

CERQUEIRA, Marcelo. *A Constituição na história.* Rio de Janeiro: Revan, 2002.

CHÂTELET, François. *Hegel.* Rio de Janeiro: Jorge Zahar, 1995.

—; DUHAMEL, Olivier; PISIER-HOUCHNER, Évelyne. Trad. Carlos Nelson Coutinho. *História das ideias políticas*. Rio de Janeiro: Jorge Zahar Editor, 1985.

CHEVALLIER, Jean-Jacques. *As grandes obras políticas*: de Maquiavel aos nossos dias. Rio de Janeiro: Agir, 1973.

CHIAVENATO, Julio José. *As lutas do povo brasileiro - do "descobrimento" a Canudos*. São Paulo: Moderna, 1988.

CÍCERO. *Da República*. Coleção Mestres pensadores. São Paulo: Editora Escala, 1995.

CIORAN, Emile Michel. *Antologia do retrato - De Saint-Simon a Tocqueville*. Rio de Janeiro: Rocco, 1998.

COELHO, Diva Julia Sousa da Cunha Safe; COELHO, Saulo de Oliveira Pinto; DINIZ, Ricardo Martins Spindola. Constituição, constitucionalismo e efetividade na China: ilações entre cultura tradicional, práxis política e discurso constitucionalista no contexto chinês. *Revista da Faculdade de Direito UFPR*, Curitiba, PR, Brasil, v. 62, n. 3, p. 187-220, set./dez. 2017. ISSN 2236-7284.

COMPARATO, Fábio Konder. *A afirmação histórica dos direitos humanos*. 2.ed. São Paulo: Saraiva, 2001.

—. A constituição de 1988: o direito e o avesso. In BENEDITO, Alexandre; FREITAS, Aline da Silva; e COSTA, Pedro Vitor Melo (orgs.). *Constituição Federal 30 anos - há o que comemorar?* Londrina: Thoth Editora, 2019.

CONSTANT, Benjamin. *Principes de politique*, Hofmann/Droz, 1980, t. I e II.

—. Da liberdade dos antigos comparada à dos modernos. Trad. Loura Silveira. Revista Filosofia Política, n. 2, 1985, p. 7-25. Disponível em: http://caosmose.net/candido/unisinos/fa/benjamin.doc. Aoesso em: 17 jul. 2018.

COQUARD, Olivier. *Marat, o amigo do povo*. São Paulo: Scritta, 1996.

CORDEIRO, Néstor Luís. *A invenção da filosofia*, São Paulo: Odysseus, 2011.

CORDON, Juan Manoel e MARTÍNEZ, Tomás Calvo. *História da filosofia*. Coimbra: Edições 70, 1995.

COSTA, João Cruz. *Pequena história da República*. Rio de Janeiro: Civilização Brasileira, 1968.

COSTA, Maria Emilia Viotti da. *Da Monarquia à República - momentos decisivos*. 6.ed., São Paulo: Brasiliense, 1994.

COUTELLE, José Eduardo. Por que a Inglaterra não aderiu ao Euro? São Paulo: *Revista Superinteressante*, 4 jul. 2018.

COUTINHO, Sheyla Yvette Cavalcanti Ribeiro. Os princípios no direito constitucional brasileiro: diretrizes de regulação a partir dos trabalhos de Ronald Dworkin e Hans-Georg Gadamer. *Revista Teorias do Direito e Realismo Jurídico*, 2016.

CROISET, A. *As democracias antigas*. Rio de Janeiro: Garnier, 1923.

CROUZET, Maurício (Coord). *História geral das civilizações (17 v.)*. Trad. Vítor Ramos e J. GUINSBURG. São Paulo: Divisão Europeia do Livro, 1960, v. IV e XV.

CRUZ, Leonildo e CIRNE, Liana. *A Constituição Traída*. Curitiba: Hedra, 2017.

CUNHA, Diogo. O negacionismo como estratégia política e discurso de ódio, disponível em https://www.cartamaior.com.br/?/Editoria/Politica/O-negacionismo-como-estrategia-politica-e-discurso-de-odio-E-algumas-licoes-da-experiencia-francesa-/4/43903. Acesso em 08 jan 2020.

CUNHA, Paulo; e CABRAL, Fátima (orgs.). *Nelson Werneck Sodré - entre o sabre e a pena*. São Paulo: Unesp, 2006.

CUNHA, Paulo Ferreira da. *Miragens do direito*. Campinas: Milenium, 2002.

DAHL, Robert. *Sobre a democracia*. Brasília: Editora UnB, 1998.

DALLARI, Dalmo de Abreu. *Elementos de teoria geral do Estado*. 3.ed. São Paulo: Saraiva, 1976.

—. *A constituição na vida dos povos*. 2.ed. São Paulo: Saraiva, 2012.

DANTAS, Miguel Calmon. Ode ou réquiem pela Constituição Dirigente? Disponível em www.facs.br/revistajuridica/edicao_maio2005/.../doc_01.doc. Acesso em: 14 de jan. de 2013.

DANTAS, Monica Duarte (org.). *Revoltas, motins, revoluções: homens livres e libertos no Brasil do século XIX*. São Paulo: Alameda Editorial, 2011.

DAHRENDORF, Ralf. *Reflexões sobre a revolução na Europa*. Rio de Janeiro: Zahar, 1991.

D'ARAUJO, Maria Celina. *O Estado Novo*. Col. Descobrindo o Brasil, Rio de Janeiro: Zahar, 2000.

DARNTON, Robert e DUHAMEL, Olivier. *Democracia*. São Paulo: Record, 2001.

D'ÁVILA, Luiz Felipe. *As Constituições do Brasil*. São Paulo: Brasiliense, 1993.

DELGADO, Paulo. 30 anos de uma constituição traída: "nunca foram solucionados os enigmas da Constituição de 88". In BENEDITO, Alexandre; FREITAS, Aline da Silva; e COSTA, Pedro Vitor Melo (orgs.). *Constituição Federal 30 anos - há o que comemorar?* Londrina: Thoth Editora, 2019.

DELLAGNEZZE, René, *Os 100 anos da Revolução Russa de 1917, a Constituição da Federação da Rússia e os direitos humanos*. Disponível em https://docplayer.com.br/61778350-Os-100-anos-da-revolucao-russa-de-1917-a-constituicao-da-federacao-da-russia-e-os-direitos-humanos.html cit., Acesso 20 jan 2020.

DENT, N. J. H. *Dicionário Rousseau*. Trad. Álvaro Cabral. Rio de Janeiro: Jorge Zahar, 1996.

DENISVO, A. e KIRICHENKO, M., *Soviet State Law*, Moscow: Foreign Languages Publishing House, 1960.

DEROSA, Cristian. *O poder moderador e o legado de Benjamin Constant no Brasil*. Disponível em http://hid0141.blogspot.com.br/2011/04/o-poder-moderador-e-o-legado-de.html. Acesso em 04 dez. 2019.

DIAS, Mariana Dattolli Gouveia. *A efetividade das normas constitucionais programáticas*. Publicado no site *Conteúdo Jurídico*, em 24 de maio de 2015, disponível em https://conteudojuridico.com.br/consulta/Artigos/39393/a-efetividade-das-normas-constitucionais-programaticas, Acesso 12 dez 2019.

Dicionário Larousse Cultural da Língua Portuguesa. São Paulo: Nova Cultural, 1990.

Dictionnaire historique de la Suisse (DHS). Hauterive: Editions Gilles Attinger, 2002.

DIDEROT e D'ALEMBERT. Trad. Maria das Graças de Souza. *Verbetes políticos da enciclopédia*. São Paulo: Unesp, 2006.

DIMOULIS, Dimitri. *Dicionário Brasileiro de Direito Constitucional*. 2.ed. São Paulo: Saraiva, 2012.

—. A introdução do controle de constitucionalidade difuso na Grécia - um caso de "ativismo judicial" na Europa do século XIX. *Revista Brasileira de Direito Constitucional*, n. 1, jan. jun. 2003.

DINUCCI, Aldo. *Górgias de Leontinos*. Col. Sofistas. São Paulo: Oficina do Livro, 2017, v. I.

D'IPPOLITO, Francesco e FIGUEIREDO Marcelo. *Mani Pulite Operação Mãos Limpas - 25 anos depois*. Extraído do site migalhas.com.br (Migalhas de peso). Acesso em 13 nov 2019.

DISTEN, Yoran. *Guerra, agressão e legítima defesa*. Barueri: Manole, 2001.

DÓRIA, Palmério. *O príncipe da privataria*. São Paulo: Geração Editorial, 2013.

DOWBOR, Ladislau. *A era do capital improdutivo*: A nova arquitetura do poder, sob dominação financeira, sequestro da democracia e destruição do planeta. 2. ed., São Paulo: Autonomia Literária, 2018.

DRAIBE, Sônia Miriam. O "Welfare State" no Brasil: características e perspectivas. *Ciências Sociais Hoje*, 1989. São Paulo: ANPOCS e Vértice, 1989.

DULCI, Luiz. *Um salto para o futuro*. São Paulo: Editora Perseu Abramo, 2013.

DUNN, John. *A história da democracia – um ensaio sobre a libertação do povo*. São Paulo: Unifesp, 2016.

DUPEUX, Louis. *História cultural da Alemanha*, Trad. Elena Gaidano, São Paulo: Civilização Brasileira, 1992.

DUQUE-ESTRADA, Luiz Gonzaga; Francisco Foot Hardman (ORG.); e Vera Lins (Orgs.). *Revoluções brasileiras*. São Paulo: Unesp, 1998.

DUROZOI, Gérard e ROUSSEL, André. *Dicionário de filosofia*, São Paulo: Papirus, 1993.

DUVERGER, Maurice, *As modernas tecnodemocracias*. São Paulo: Paz e Terra, 1975.

DWORKIN, Ronald. *A raposa e o porco-espinho - justiça e valor*. São Paulo: Martins Fontes, 2015.

—. *O império do direito*. 3.ed. São Paulo: Martins Fontes, 2014.

DWYER, Frank. *Danton*. Col. Os grandes líderes São Paulo: Nova Cultural, 1987.

EAGLETON, Terry. *Marx*. São Paulo: Unesp, 1999.

ELIAS, Norbert. *Os alemães*. Rio de Janeiro: Jorge Zahar, 1996.

Enciclopédia Barsa Universal. São Paulo: Barsa Planeta, 1964. v. 17.

Enciclopédia do Mundo Contemporâneo. 3.ed. São Paulo: Publifolha, 2002.

ESPÍNDOLA, Alberi. *Rousseau - pontos e contrapontos*. São Paulo: Barcarolla, 2012.

SILVA, Nuno J. Espinosa Gomes da. *História do direito português*. Lisboa: Fundação Calouste Gulbenkian, 2006.

FAORO, Raymundo. *Os donos do poder*. Porto Alegre: Editora Globo S.A., 1976.

FARIA, José Eduardo. *Retórica política e ideologia democrática: a legitimação do discurso liberal*. Rio de Janeiro: Graal, 1984.

—. *O direito na economia globalizada*. São Paulo: Malheiros, 2004.

FARHAT, Said. *Dicionário Parlamentar e Político: o processo político e legislativo no Brasil*. São Paulo: Melhoramentos, 1996.

FÁTIMA, Branco Di. *Dias de tormenta: os movimentos de indignação que derrubaram ditaduras, minaram democracias e levaram a extrema direita ao poder no Brasil*. São Paulo: Geração Editorial, 2019.

FAYE, Emmanuel. *Heidegger* – a introdução do nazismo na filosofia. São Paulo: É Realizações, 2015.

FERGUSON, Niall. *Empire: The rise and demise of the British world order and the lessons for global power* (em inglês). [S.l.]: Basic Books, 2002.

FERNANDES, Antonio Teixeira. *O estado democrático e a cidadania*. Porto: Edições Afrontamento, 1998.

FERNANDES, Antonio José. *Introdução à ciência política*. Porto: Porto editora, 2010.

FERNANDES, Luís. As armadilhas da globalização. *In* Carrion, Raul K.M. e VICENTINI, Paulo G. Fagundes. *Globalização, neoliberalismo, privatizações – quem decide este jogo?*, Porto Alegre: UFRGS, 1997.

FERRO, Marc. *História de França*. Lisboa: Edições 70, 2011.

FILGUEIRAS, Luiz e GONÇALVES, Reinaldo. *A economia política do governo Lula*. Rio de Janeiro: Contraponto, 2007.

FITZGERALD, Ross (Org.). *Pensadores políticos comparados*, Col. Pensamento Político, v. 52, Brasília: Editora UnB, 1980.

FIUZA, Ricardo Arnaldo Malheiros. *Revista Informativo Legislativo*. Brasília, ano 29, n. 113, jan./mar. 1992.

FLORENZANO, Modesto. *As revoluções burguesas*. Col. Tudo é história. São Paulo: Brasiliense, 1981.

FLORY, Thomas. *El Juez de Paz y el Jurado en el Brasil Imperial*. México: Fondo de Cultura Econômica, 1986.

FORTES, Luiz R. Salinas. *O iluminismo e os reis filósofos*. Col. Tudo é História. São Paulo: Brasiliense, 1993.

FRANÇA, R. Limongi. Reforma do Código ou Consolidação das Leis Civis?. *Enciclopédia Saraiva do Direito*. São Paulo: Saraiva, v. 25, 1977.

FRANCO, Afonso Arinos de Melo. *Curso de direito constitucional brasileiro*. Rio de Janeiro: Forense, 1960.

—. *História e teoria dos partidos políticos no Brasil*. São Paulo: Editora Alfa Omega, 1974.

FRASER, Antonia. *A conspiração da pólvora - terror e fé na Revolução Inglesa*. Rio de Janeiro: Record, 1998.

FRIEDE, Reis. Que não se culpe a Constituição de Weimar! *Revista de Direito*. Universidade Federal de Viçosa, 2019.

FRIEDRICH, Carl J. *Uma introdução à teoria política*. Rio de Janeiro: Zahar, 1970.

FROTA, Guilherme de Andrea. *Quinhentos anos de história do Brasil*. Rio de Janeiro: Biblioteca do Exército, 2000.

FURET, François. História das Revoluções, n. 6, v. I, *Revista O Cruzeiro*, São Paulo: Editora Três, 1974.

— e OZOUF, Mona. *Dicionário Crítico da Revolução Francesa*. Rio de Janeiro: Nova Fronteira, 1989.

GALBRAITH, John Kenneth. *1929 – A Grande Depressão*. São Paulo: Larousse, 1996

—. *A Paz indesejável? Relatório sobre a utilidade das guerras*. Paris: Calmann-Lévy edit., 1968.

GALGANO, Francesco. *Le Institutioni dell'Economia Capitalística*. Bologna: Zanichelli, 1984.

GAULD, Charles A. *Farquhar, o último titã – um empreendedor americano na américa latina*. São Paulo: De Cultura, 2006.

GERHARD COLM, Theodore Geiger. *A economia dos Estados Unidos*. Trad. Octávio Mendes Cajado. São Paulo: Cultrix, 1968.

GIANOTTI, José Arthur. *Lições de filosofia primeira*. Companhia das Letras, São Paulo, 2001.

GILISSEN, John. *Introdução histórica ao direito*. 3.ed. Lisboa: Fundação Calouste Gulbenkian, 2011.

GIORDANI, Mário Curtis. *História da Grécia*. Petrópolis: Vozes, 1984.

—. *História de Roma*. 3. ed. Petrópolis: Vozes, 1972.

—. *História do mundo feudal*. 3.ed. Petrópolis: Vozes, 1997.

—. *História do século XX*. São Paulo: Ideias e Letras, 2012.

GODOY, Arnaldo Sampaio de Moraes. O direito constitucional francês. Teresina: *Revista Jus Navigandi*, n. 1656, 13 jan. 2008.

GOMES, Fernanda da Silva. *Rousseau - democracia e representação*. Florianópolis: Universidade Federal de Santa Catarina, 2006.

GONÇALVES, Míriam (Org.). *Enciclopédia do golpe*. Bauru: Canal 6 Editora, 2018, 2 v.

GONZÁLES, Horácio. *Karl Marx*. São Paulo: Brasiliense, 1984.

GONZÁLEZ, Justo. *História del Cristianismo*. Miami: Editorial Unilit, 1994.

GORCZEVSKI, Clóvis; BOTELHO, Edison; LEAL, Mônica Clarissa Hennig. *Introdução ao estudo da ciência política, teoria do Estado e da Constituição*. Porto Alegre: Verbo Jurídico, 2007.

GOYARD-FABRE, Simone. *O que é democracia?* Trad. Claudia Berliner. São Paulo: Martins Fontes, 2003.

GRACIELA, Nayara. *O federalismo e a democracia na Suíça*. Disponível em http://www.conteudojuridico.com.br/artigo,o-federalismo-e-a-democracia-na-suica,32163.html. Acesso 15 dez. 2019.

GRANT, Michael. *Civilização clássica - história resumida (Grécia e Roma)*. Rio de Janeiro: Jorge Zahar, 1994.

GRAU, Eros Roberto. *O direito posto e o direito pressuposto*. 4. ed. São Paulo: Malheiros, 2002.

GRAY, John. *Voltaire*. Col. Grandes filósofos. São Paulo: Unesp, 2012

GRAZIA, Sebastian de. *Maquiavel no inferno*. Trad. Denise Bottmann. São Paulo: Companhia das Letras, 1993.

GRINBERG, Keila. *Código Civil e cidadania*. Rio de Janeiro: Jorge Zahar Editora, 2001.

Grunberg, Gérard. *La France vers le bipartisme? La présidentialisation du PS et de l'UMP*. [S.l.: s.n.], 2007.

GRUPPI, Luciano. *Tudo começou com Maquiavel*. São Paulo: L&PM Editores, 1996.

GHELERE, Gabriela Doll. *A liberdade individual para Benjamin Constant*. Dissertação de mestrado. Universidade de São Paulo - Departamento de Filosofia: São Paulo, 2008.

GUERRA, Elizabete Olinda. Vida e pensamento político de Carl Schmitt: breves considerações, *Profanações*, Ano 4, n. 1, p. 64-75, jan./jul. 2017.

HAMILTON, Alexander; MADISON, James e JAY, John. *Os federalistas*. Brasília: UnB, 1984.

HAMLYN, D. W. *Uma história da filosofia ocidental*. São Paulo: Jorge Zahar Editor, 2002.

HAMPSON, Norman. *A primeira revolução europeia*. Lisboa: Editorial Verbo, 1996.

HIRST, Paul. *A democracia representativa e seus limites*, Rio de Janeiro: Zahar, 1992.

HOBSBAWM, Eric J. *A era dos extremos*: o breve século XX. 2. ed. São Paulo: Companhia das Letras: 1997.

HOETZSCH, Otto. *A evolução da Rússia*. Lisboa: Editorial Verbo, 1966.

HOLLOWAY, Thomas H. *Vida e morte do Convênio de Taubaté - a primeira valorização do café*. Trad. Márcio Doctors. Rio de Janeiro: Paz e Terra, 1978.

HOUAISS, Antonio. *Dicionário Houaiss da Língua Portuguesa*. Rio de Janeiro: Objetiva, 2001.

HUISMAN, Denis. *Dicionário dos filósofos*. São Paulo: Martins Fontes, 2001.

HUME, David. *História da Inglaterra - da invasão de Júlio Cesar à revolução de 1688*. 2.ed. São Paulo: Unesp, 2017.

—. Col. *Os pensadores*. 3.ed. São Paulo: Abril, 1984.

HUSZAR, George B. *Aplicações práticas da democracia*. Trad. J. L. Melo. Rio de Janeiro: Record, 1965.

IGLÉSIAS, Francisco. *Constituintes e Constituições brasileiras*. Coleção Tudo é História. São Paulo: Brasiliense, 1982.

IGLÉSIAS, Francisco. *Trajetória política do Brasil: 1500 - 1964*. São Paulo: Companhia de Letras, 1993.

QUEIROZ, Maria Isaura Pereira de. *O messianismo no Brasil e no mundo*. 3.ed. São Paulo: Alfa-Ômega, 2003.

JANOT, Rodrigo e CARVALHO, Jaílton de. *Nada menos que tudo: bastidores da operação que colocou o sistema político em xeque.* São Paulo: Planeta, 2018.

JANUZZI, Giovanni. *Uma breve história da Itália.* Buenos Aires: Letemendia, 2005.

JEFFERSON, Thomas. *Escritos políticos.* Col. Os Pensadores. São Paulo: Abril Cultural, 1979.

JINKINGS, Ivana; DORIA, Kim e CLETO, Murilo (org.). *Por que gritamos golpe?* São Paulo: Boitempo Editorial, 2016.

JOHANN, Ernst e JUNKER, Jörg. *A República de Weimar (1918-1933)*, Excerto da História da Cultura Alemã dos Últimos Cem Anos. Munique: Nymphenburger Verlagshandlung, 1974.

JONES, Peter V., *O mundo de Atenas.* São Paulo: Martins Fontes, 1997.

JUDT, Tony e SNYDER, Timothy. *Pensando o século XX.* Rio de Janeiro: Objetiva, 2014.

KAGAN, Donald. *A guerra do Peloponeso.* Rio de Janeiro: Record, 2006.

KANT, Immanuel. *A religião nos limites da simples razão.* Trad. Artur Morão. Covilhã: LusoSofia, 2008.

—. *Doutrina do direito.* São Paulo: Ícone, 2013.

—, *Crítica da razão prática.* São Paulo: Martins Fontes, 1998.

KAUFMANN, A. e HASSEMER, W. *Introdução à filosofia do direito e à teoria do direito contemporâneas*, 2. ed. Lisboa: Fundação Calouste Gulbekian, 2015.

KEANE, John. *vida e morte da democracia.* Coimbra, Edições 70, 2011.

KELLER, Vilma (colab. especial). "*Café Filho*" (verbete). Rio de Janeiro: CPDOC | FGV - Centro de Pesquisa e Documentação de História Contemporânea do Brasil. Extraído de http://www.fgv.br/cpdoc/acervo/dicionarios/verbete-biografico/joao-cafe-filho. Acesso em 18 dez 2019.

KELLY, Paul *et al.* Trad. Rafael Longo. *O livro da política.* São Paulo: Editora Globo, 2013.

KELSEN, Hans. *Autobiografia de Hans* Kelsen. Trad Gabriel Nogueira Dias e José Ignácio Coelho Mendes Neto. Rio de Janeiro: Forense Universitária, 2011.

KERVÉGAN, Jean-François. *Hegel, Carl Schmitt* – O político entre a especulação e a positividade. Barueri: Manole, 2006.

KOERNER, Andrei. O Poder Judiciário na Constituição da República. *Dissertação de Mestrado em Ciência Política* - USP - S.P., 1992.

KOIFMAN, Fábio (Org.) *Presidente do Brasil - de Deodoro a FHC.* Rio de Janeiro: Editora Rio, 2002.

KONRAD, Diorge. *Em tribunais, política e justiça não nascem irmãs*, publicada no site www.vermelho.org.br, disponível in http://www.vermelho.org.br/coluna.php?id_coluna_texto=4983&id_coluna=14. Acesso em 12 dez. 2019.

KOSHIBA, Luiz; PEREIRA, Denise Manzi Frayze. *História do Brasil*. São Paulo: Atual, 1996.

KRITSCH, Raquel. Política, religião, revolução e soberania em "Reflexões sobre a revolução em França" do conservador E. Burke. *Revista Espaço Acadêmico*, n. 123, ago 2011.

KUGELMAS, Eduardo. *Marquês de São Vicente*. São Paulo: Editora 34, 2002.

LACOMBE, Américo Jacobina. A Cultura Jurídica in *História Geral da Civilização Brasileira*. T.II, v. 3. O Brasil Monárquico. Dir. HOLANDA, Sérgio Buarque. São Paulo: Editora Difel, 1976.

LATINI, A. Sidney. *A implantação da indústria automobilística no Brasil*. São Paulo: Alaúde, 2007.

LEAL, Aurelino. *História constitucional do Brasil*, Rio de Janeiro: Imprensa Nacional, 1915.

LEAL, Victor Nunes. *Coronelismo, Enxada e Voto*. São Paulo: Alfa Omega, 1986.

LEGROS, Robert. *O advento da democracia*. Lisboa: Instituto Piaget, 2001.

LEPAPE, Pierre. *Voltaire: nascimento dos intelectuais no século das luzes*. Rio de Janeiro: Jorge Zahar, 1995.

LIGUORI, Guido; e VOZA, Pasquale (orgs.). *Dicionário gramsciano (1926-1937)*. São Paulo: Boitempo Editorial, 2017.

LIMA, Heitor Ferreira. *História político-econômica e industrial do Brasil*. São Paulo: Companhia Editora Nacional, 1970.

—. *História do pensamento econômico no Brasil*, São Paulo: Editora Nacional, 1978.

LINDOSO, José Antônio Spinelli. União Soviética: da Nova Política Econômica (NEP) à construção do "socialismo num só país". Universidade Federal do Rio Grande do Norte: *Revista Cronos*, v. 14, n. 1, p. 114, 2013.

LIPSON, Leslie. *A civilização democrática*, v. I. Rio de Janeiro: Zahar Editores, 1966.

LOPES, José Reinaldo de Lima. *O direito na história - lições introdutórias*. 3.ed. São Paulo: Atlas, 2008.

—; ACCA, Thiago dos Santos; QUEIROZ, Rafael Mafei Rabelo, *O direito na história*, São Paulo: Método, 2006.

LOPEZ, Luiz Roberto. *História do Brasil contemporâneo*. Porto Alegre: Editora Mercado Aberto, 1993.

LOUREIRO, Isabel. *A revolução alemã* [1918 – 1923], Col. Revoluções do Século XX, São Paulo: Editora UNESP, 2005.

MABOTT, J. D. *O Estado e o cidadão: uma introdução à teoria política*. Rio de Janeiro: Zahar, 1968.

MACIEL, José Fabio Rodrigues; AGUIAR, Renan. *Manual de História do Direito*. 9. ed. São Paulo: Saraiva, 2019.

—; Madeu, Diógenes. *Introdução ao estudo e à teoria geral do direito*. São Paulo: Saraiva, 2015.

— (Coordenador). *Formação Humanística em Direito*. 2. ed. São Paulo: Saraiva, 2015.

—. *Teoria Geral do Direito*: segurança, valor, hermenêutica, princípios, sistema. São Paulo: Editora Saraiva, 2004.

MALACARNE, Cassiano. *Decretais de Gregório IX* (Livro 5, Títulos 1-2). Tese de doutorado. Porto Alegre: Universidade Federal do Rio Grande do Sul, 2016.

MANFRED, A. Z. *A concepção materialista da Revolução Francesa*. São Paulo: Global, 1989.

MANNION, James. *O livro completo da filosofia*. São Paulo: Madras, 2004.

MANSO, Bruno, SOLANO, Esther e NOVAES, Willian. *Mascarados, a verdadeira história dos adeptos da tática black bloc*. São Paulo: Geração Editorial, 2014.

MARÉS, Carlos F. de Souza Filho. O Direito Envergonhado (O direito dos juízes no Brasil), in *Estudos jurídicos* - PUC, n. 1, Curitiba, 1993.

MARIA, José. *História da República*. São Paulo: Editora Síntese, 1956.

MARQUES, J. Luiz. *O socialismo*. Porto Alegre: UFRGS, 1991.

MARTINS JUNIOR, José Izidoro. *História do direito nacional*. Rio de Janeiro: Typographia da Empreza Democrática Editora, 1895. Disponível em http://www2.senado.leg.br/bdsf/handle/id/224218. Acesso em 13 nov. 2019.

MARTINS, Carlos Estevam. Da globalização da economia à falência da democracia. *Economia e Sociedade*, Campinas, (6): 1-23, jun. 1996.

MARX, Karl. *Manuscritos econômico-filosóficos*. Trad. Jesus Ranieri. São Paulo: Boitempo Editorial, 2004.

MASCARO, Alysson Leandro. *Filosofia do direito*, 6. ed. São Paulo: Atlas, 2018.

MASSIE, Robert K. *Catarina, a grande - retrato de uma mulher*. Rio de Janeiro: Rocco, 2012.

MATTOSO, José. *História de Portugal - antes de Portugal*. Lisboa: Círculo de Leitores. 1992, v. I.

MCCOOK, Alison. *Is peer review broken?*. Reprinted from the Scientist 20(2) 26, 2006.

MEIRELLES, Domingos. *1930, Os órfãos da Revolução*. Rio de Janeiro: Record, 2005.

—. *As noites das grandes fogueiras – uma história da Coluna Prestes*. Rio de Janeiro: Record, 2000.

MELO, Clóvis. *Os ciclos econômicos do Brasil*. Rio de Janeiro: Ed. Laemmert, 1969.

MELLO, F. I. M. Homem de. A Constituinte perante a História. In *A Constituinte de 1823*. LIMA SOBRINHO, Barbosa *et al*. Brasília: Centro Gráfico do Senado, 1973.

MELLO, Evaldo Cabral de. *Frei Joaquim do Amor Divino Caneca*. São Paulo: Editora 34, 2001.

MELLO FRANCO, Afonso Arinos. *Estudos de direito constitucional*. Rio de Janeiro: Freitas Bastos, 1957.

MENDES, Conrado Hübner. A política do pânico e circo. In *Democracia em risco? 22 ensaios sobre o Brasil de hoje*. São Paulo: Companhia das Letras, 2019.

MENDES JR., Antonio; RONCARI, Luiz e MARANHÃO, Ricardo. *Brasil - história, texto e consulta*. São Paulo: Brasiliense, 1979. 4v.

MENDONÇA, J. X. Carvalho. *Tratado de direito comercial brasileiro*. Rio de Janeiro: Livraria Freitas Bastos, 1953.

MENDONÇA, José Vicente dos Santos. Vedação do Retrocesso: O que é e como Perder o Medo, in: *Revista de Direito da Associação dos Procuradores do Novo Estado do Rio de Janeiro*, vol. XII. Rio de Janeiro: Lúmen Juris, 2003.

MENDOZA, Plínio Apuleyo; MONTANER, Carlos Alberto; e LLOSA, Álvaro Vargas. *A volta do idiota*. Rio de Janeiro: Odisseia Editorial, 2007.

MENEZES, Paulo Braga de. *As constituições outorgadas ao Império do Brasil e ao Reino de Portugal*. Rio de Janeiro: Arquivo Nacional, 1974.

MENEZES FILHO, Naercio; e SOUZA, André Portela. *A carta - para entender a Constituição*. São Paulo: Todavia, 2019.

MERCADANTE, Paulo. *A consciência conservadora no Brasil*. Rio de Janeiro: Editora Civilização Brasileira 1972.

MILL, Stuart. *Considerações sobre o governo representativo*. Brasília: Editora UnB, 1981.

MONTEIRO, Daniel Lago. Anarquia e conformação das coisas: algumas observações sobre revolução, história e linguagem em Edmund Burke. *Revista dos Departamentos de Filosofia da Universidade Federal do Paraná e da Universidade Federal de São Carlos*, v. 8, n. 1, 2011, p. 11-22.

MONTEIRO, Tobias. *História do Império: a elaboração da independência*. Belo Horizonte: Itatiaia-Edusp, 1981.

MONTESQUIEU, Charles Louis de Secondat. *Do espírito das leis*. Col. Os Pensadores. São Paulo: Abril Cultural, 1973.

—. *O espírito das leis*. Trad. Pedro Vieira Mota. São Paulo: Saraiva, 1987.

MOOREHEAD, Alan. *A Revolução Russa*. São Paulo: Ibrasa, 1960

MORAES, Alexandre de. *Constituição da República: um projeto de nação - Homenagem aos 30 anos*. Brasília: OAB Editora, 2018.

MORAES, Alexandre de. *Direito constitucional*. 34. ed. São Paulo: Editora Atlas, 2018.

—. *Direitos humanos fundamentais - teoria geral*. 11. ed. São Paulo: Grupo GEN/Atlas, 2016.

—. *Improbidade administrativa*. 2. ed. Rio de Janeiro: Forense, 2016.

—. *Pareceres de direito público*. 2. ed. São Paulo: Atlas, 2015.

—. *IV Relatório Supremo em números - O Supremo e o Ministério Público*. Rio de Janeiro: FGV Rio, 2015.

—. *Jurisdição Constitucional e Tribunais Constitucionais - Garantia Suprema da Constituição*. 3. ed. São Paulo: Atlas, 2013.

—. *Presidencialismo*. 2. ed. São Paulo: Atlas, 2013.

—. *Constituição do Brasil Interpretada e Legislação Constitucional*. 9. ed. São Paulo: Atlas, 2013.

—. *Os 20 Anos da Constituição da República Federativa do Brasil*. São Paulo: Editora Atlas, 2009.

—. *Manual Atlas - Constituição da República Federativa do Brasil*. 30. ed. São Paulo: Editora Atlas, 2009.

—; SMANIO, G. P. *Legislação Penal Especial*. 10. ed. São Paulo: Editora Atlas S/A, 2008.

—. *Direito constitucional administrativo*. 4. ed. São Paulo: Editora Atlas, 2007.

—. *Constitucionalismo social*. São Paulo: LTr, 2003.

—. *Agência Reguladoras*. São Paulo: Editora Atlas, 2002.

—. *Administração Pública*. São Paulo: Revista dos Tribunais, 2002.

—. *Arguição de descumprimento de preceito fundamental: análise à luz da Lei nº 9.882/99*. São Paulo: Editora Atlas, 2001.

—. *Direito constitucional - Questões Ministério Público e Magistratura*. 2. ed. São Paulo: Editora Atlas, 2001.

MORAES, João Baptista Mascarenhas de. *A FEB pelo seu comandante*. Rio de Janeiro: Biblioteca do Exército Editora, Rio de Janeiro, 1947.

MORAES, Ricardo Quartim de. A evolução histórica do Estado Liberal ao Estado Democrático de Direito e sua relação com o constitucionalismo dirigente. *Revista de Informação Legislativa*, Brasília, ano 51, n. 204, p. 269-285, out./dez. 2014.

MORAIS, Fausto Santos de. A teoria constitucional e a morte do caráter dirigente e compromissório: pressupostos para uma teoria da Constituição brasileira. *Conteúdo Jurídico*, Brasília-DF: 16 jan 2020. Disponível em: https://conteudojuridico.com.br/consulta/Artigos/25711/a-teoria-constitucional-e-a-morte-do-carater-dirigente-e-compromissorio-pressupostos-para-uma-teoria-da-constituicao-brasileira. Acesso em: 16 jan 2020.

MOREIRA, Nelson Camatta. Dignidade humana na Constituição Dirigente de 1988. Belo Horizonte: *Revista Brasileira de Direito Público - RBDP*, ano 6, n. 21, abr. 2008.

MOREIRA, Ivone. Análise do conceito de natureza humana em Burke e Rousseau, *Gaudium Sciendi*, n. 5, p. 149-166, dez. 2013.

MORO, Sergio Fernando. Considerações sobre a operação *manipulite*. *R. CEJ, Brasília*, n. 26, p. 56-62, jul./set. 2004.

MORRISON, Wayne. *Filosofia do direito - dos gregos ao pós-modernismo*. 2. ed. São Paulo: Martins Fontes, 2012.

MOSS, Robert. *O colapso da democracia*. Lisboa: Edições FP, 1979.

MOSSÉ, Claude. *Péricles, o inventor da democracia*. São Paulo: Estação Liberdade, 2008.

—. *Dicionário da Civilização Grega*. Trad. Carlos Ramalhete. Rio de Janeiro: Jorge Zahar Editor, 2004.

MOURA, Clóvis. *Rebeliões da senzala, quilombos e guerrilhas*. São Paulo: Anita Garibaldi, 2014.

MOURA, Maurício e CORBELINI, Juliano. *Eleição disruptiva – por que Bolsonaro venceu*. São Paulo-Rio de Janeiro: Record, 2019.

MOURRE, Michel. *Dicionário de história universal*. Lisboa: ASA, 2005.

NABUCO, Joaquim. *Um estadista do Império*. Rio de Janeiro: Editora Nova Aguilar S/A, 1975.

NASCIMENTO, Maria das Graças. *Voltaire, a razão militante*. São Paulo: Moderna, 2004.

NASCIMENTO. Walter Vieira do. *Lições de história do direito*. Rio de Janeiro: Forense, 1990.

NEME, Mario. *Fórmulas políticas no Brasil holandês*. São Paulo: Difusão Europeia do Livro - Difel-Edusp, 1971.

NETO, Cláudio P. S. e SARMENTO, Daniel. *Direito constitucional- teoria, história e métodos de trabalho*. Belo Horizonte: Fórum, 2012.

NETO, Lira. *Getúlio (1930-1945): do governo provisório à ditadura do Estado Novo*. São Paulo: Companhia das Letras, 2013.

NETTO, Vladimir. *Lava-jato*. São Paulo: Geração Editorial, 2015.

NEVES, Guilherme Pereira das. *E receberá mercê: a mesa da consciência e Ordens e o clero secular no Brasil -1808-1828*: Rio de Janeiro: Arquivo Nacional, 1997.

NEVES, Marcelo. *A constituição simbólica*. São Paulo: Ed. Acadêmica, 1994.

NICOLA, Ubaldo. *Antologia ilustrada de filosofia*. Rio de Janeiro: Globo, 2005.

NIEBUHR, H. Richard. *As origens sociais das denominações cristãs*. Trad. Antônio Gouvêa Mendonça. São Paulo: Aste, 1992.

NOBRE, Marcos. *Imobilismo em movimento - da abertura democrática ao governo Dilma*. São Paulo: Companhia das Letras, 2013.

NOGUEIRA, Octaciano. *Constituições Brasileiras*: 1824. Coleção Constituições Brasileiras. Brasília: Senado Federal e Ministério da Ciência e Tecnologia, Centro de Estudos Estratégicos, 2001.

NUNES, Silvio Gabriel Serrano. *As origens do constitucionalismo calvinista e o direito de resistência: a legalidade bíblica do profeta em John Knox e o contratualismo secular do jurista em Théodore de Béze* (tese de doutorado). Universidade de São Paulo: São Paulo: 2017.

OLIVEIRA, Cecília Helena Lorenzini de Salles. Nação e cidadania: a constituição de 1824 e suas implicações políticas. Bragança Paulista: *Revista Horizonte*, 1998.

—. *Zacarias de Góes e Vasconcelos*. São Paulo: Editora 34, 2002.

OLIVEIRA, Liziane Paixão de. A soberania frente à globalização. *Revista do Programa de Mestrado em Direito do UniCEUB*, Brasília, v. 2, n. 1, p. 202-225, jan./jun. 2005.

OLIVEIRA, Raul José de Galaad. *Poder soberano e Constituições europeias*. Disponível em http://www2.Senado.leg.br/bdsf/bitstream/handle/id/771/R154-05.pdf?sequence=4. Acesso em 31 out. 2019.

OLIVEIRA, Reginaldo Gomes de; MAGALHÃES, Maria das Graças dias. A questão do Pirara: Roraima. Universidade Federal de Roraima: *Revista de Ciências Humanas*, n. 14, 2008.

OSBORNE, Catherine. *Filosofia pré-socrática*. Porto Alegre: L&PM Pocket Encyclopaedia, 2013.

PACHUKANIS, B. Eugeni. *Teoria geral do direito e do marxismo*. São Paulo: Boitempo Editorial, 2017.

PADOVANI, Humberto e CASTAGNOLA, Luiz. *História da filosofia*. São Paulo: Melhoramentos, 1998.

PAIM, Antonio. *Marxismo e descendência*. Col. História e Pensamento. São Paulo: Vide Editorial, 2009.

— e BARRETO, Vicente. *Evolução do pensamento político brasileiro*. Belo Horizonte: Itatiaia, 1989.

PAPINEAU, David. *Filosofia – grandes pensadores, principais fundamentos e escolas filosóficas*. São Paulo: Publifolha, 2009.

PATARRA, Ivo. *Petroladrões*. São Paulo: Luneta, 2016.

PAUPÉRIO, Arthur Machado. *Teoria democrática do Estado*, Rio de Janeiro: Forense Universitária, 1997.

PEIXINHO, Manoel Messias. *Os direitos fundamentais nas constituições francesas*. Disponível em http://www.publicadireito.com.br/artigos/?cod=b1bc40d056bad6ec. Acesso em 22 nov. 2019.

PELLEGRIN, Pierre. Trad. BERLINER, Claudia. *Vocabulário de Aristóteles*. São Paulo: Martins Fontes, 2010.

PENNA, Lincoln de Abreu. *Uma história da República*. Rio de Janeiro: Nova Fronteira, 1989.

PEREIRA, Maria Helena da Rocha. *Estudos de história da cultura clássica - cultura grega*. LIsboa: Fundação Calouste Gulbenkian, 2017.

PEREIRA, Merval. *O lulismo no poder*. Rio de Janeiro: Record, 2010.

PÉRRONET, Michel. *Revolução Francesa em 50 palavras-chaves*. Trad. Rita Braga. São Paulo: Brasiliense, 1989.

PERRY, Marvin. *Civilização ocidental, uma história concisa*. 4. ed., Martins Fontes: São Paulo, 2015.

PIGNERO, Jean. *As constituições democráticas do terceiro milênio*. Porto: Edições Enfrentamento, 1990.

PILAGALLO, Oscar. *A história do Brasil no século 20* (1900-1920). Col. Folha explica, Publifolha, São Paulo, 2002.

—. *A história do Brasil no século 20 (1920-1940)*. Col. Folha Explica. 2.ed. São Paulo: Publifolha, 2009.

—. *A história do Brasil no século 20 (1960-1980)*. 2.ed. São Paulo: Publifolha, 2009.

—. *A história do Brasil no século 20 (1980-2000)*. 2. ed. Col. Folha Explica. São Paulo: Publifolha, 2009.

PLOKHY, Seehii. *O último império: os últimos dias da União Soviética*. São Paulo: Leya, 2014.

PIRES, Francisco Murari. O *methodus* e a *Clio* tucidideana: as figurações heroicizantes do historiador. Belo Horizonte: *Varia história*, v.28, n. 47, jan./june, 2012.

POLETTI, Ronaldo. *Constituições brasileiras, 1934*. 3. ed. Brasília: Senado Federal, 2012, v. III.

POLITZER, Georges. *Princípios elementares de filosofia*. São Paulo: Fulgor, 1967.

POMAR, Pedro Estevam da Rocha. *Massacre na Lapa: como o Exército liquidou o Comitê Central do PCdoB*. São Paulo: Fundação Perseu Abramo, 1976.

PONDÉ, Luiz Felipe. *Guia politicamente incorreto da filosofia – um ensaio de ironia*. São Paulo: Leya, 2012.

POPPER, Karl. *A Sociedade Aberta e seus Inimigos*. Belo Horizonte: Itatiaia, 2006.

PORTO, Walter Costa. *Constituições brasileiras – 1937*. 3.ed. Brasília: Senado Federal, 2012, v. 4.

—. *Dicionário do voto*. Brasília: Giordano, 1995.

POSADA, Adolfo. *La Nouvelle Constitution Espagnole*. Paris: Librairie du Recueil Sirey, 1932.

PRADEAU, Jean François (coord.). *História da filosofia*. São Paulo: Vozes, 2011.

PRADO JR., Caio. *Evolução política do Brasil e outros estudos*. São Paulo: Editora Brasiliense, 1999.

—. *Evolução política do Brasil*. São Paulo: Editora Brasiliense, 1972.

PRIORE, Mary Del. *Histórias da gente brasileira: República: memórias (1889-1950)*, v. 3. Rio de Janeiro: Leya, 2017.

RAMON, Isabel de Cabo. *Turquia, Grécia y Chipre - historia del Mediterráneo oriental*. Barcelona: Universidad de Barcelona, 2005.

RAMOS. Dirceo Torrecillas. *Autoritarismo e democracia*. São Paulo: Madras, 1988.

RAMOS, Flamarion Caldeira; MELO, Rúrion e FRATESCHI, Yara. *Manual de filosofia política*. 2.ed. São Paulo: Saraiva, 2015.

RAMOS, Marcelo Maciel. *Os fundamentos éticos da cultura jurídica ocidental*. São Paulo: Alameda Editorial, 2012.

RANCIÈRE, Jacques. *O ódio à democracia*. São Paulo: Boitempo, 2005.

RANIERI, Nina. *Teoria geral do Estado*. São Paulo: Manole, 2004.

RAWLS, John. *Conferências sobre a história da filosofia política*. São Paulo: Martins Fontes, 2012.

—. *Uma teoria da justiça*. Lisboa: Presença, 1993.

REALE, Giovanni. *Sofistas, Sócrates e socráticos menores*. São Paulo: Edições Loyola, 1998.

RÉGIS, Osni de Medeiros. Observações sobre a nova Constituição da União Soviética. *Revista Sequência*, ano I, 1º semestre, p. 29-36, 1980.

REIS FILHO, Daniel Aarão. *A revolução alemã* - mitos e versões. São Paulo: Brasiliense, 1984.

RÉMOND, René. *O século XX - de 1914 aos nossos dias*. São Paulo: Cultrix, 1974.

—. *Introdução à história do nosso tempo* – do antigo regime aos nossos dias. Lisboa: Gradiva, 2017.

REVUNENKOV, V. G. *História dos tempos atuais* - 1917-1957. Rio de Janeiro: Editora Vitória, 1961.

RICHARD, Lionel. *A República de Weimar*. Trad. Jônatas Batista Neto. São Paulo: Companhia das Letras, 1983.

RISCAL, Sandra Aparecida. *O conceito de soberania em Jean Bodin: um estudo do desenvolvimento das ideias de administração pública, governo e Estado no século XVI*. Campinas: Universidade Estadual de Campinas, Faculdade de Educação (tese de doutorado), 2001.

RIZZI, Ester Gammardella. *Democracia e transformações sociais no estado parlamentar: Kirchheimer e a República de Weimar*. São Paulo: Faculdade de Direito da Universidade de São Paulo (dissertação de mestrado), 2011.

ROCHA, Cleidson de Jesus. *Princípios de política - o Estado segundo Benjamin Constant*. Acre: UFAC. [s.d].

ROCHA, Justiniano José. *Ação, reação, transação*. Rio de Janeiro: [s.e], 1855.

RODRIGUES, Gefferson Ramos. Ordem na baderna. Rio de Janeiro: UFF, *Revista de História*, fev. 2017.

RODRIGUES, José Honório. *Conciliação e reforma*. Rio de Janeiro: Civilização Brasileira, 1965.

RODRIGUES, Theófilo Codeço Machado; FERNANDES. Pedro de Araújo. *Constituições soviéticas*: da dissolução do Estado ao Estado-Partido. Rio de Janeiro: *Revista Direito e Práxis*, v. XX, n. X, 2018.

RODRÍGUEZ, Ricardo Vélez. *O liberalismo francês - a tradição doutrinária e a sua influência no Brasil*. Disponível em https://www.academia.edu/11727947/O_LIBERALISMO_FRANC%C3%8AS_-_A_TRADI%C3%87%C3%83O_DOUTRIN%C3%81RIA_E_A_SUA_INFLU%C3%8ANCIA_NO_BRASIL. Acesso 20 jan. 2020.

—. *Benjamin Constant de Rebecque e as origens do liberalismo doutrinário*. Juiz de Fora: UFJF, 2011.

—. *A democracia liberal segundo Alexis de Tocqueville*. São Paulo: Mandarim, 1998.

ROMERO, Jose Luiz Beired. *Breve história da Argentina*. São Paulo: Ática, 1996.

ROQUE, José Manuel de Carvalho. *Weimar* – Factores de colapso de um regime. 2013. Instituto Superior de Ciências Sociais e Políticas, Universidade Técnica de Lisboa (dissertação de mestrado). Disponível em: https://www.repository.utl.pt/handle/10400.5/5881. Acesso em: 30 out. 2019.

ROSENBERG, Arthur. *Democracia e socialismo*. São Paulo: Global, 1986.

ROSENFIELD, Denis L. *O que é democracia*. São Paulo: Brasiliense, 1984.

ROUSSEAU, Jean Jacques. *O contrato social e outros escritos*. São Paulo: Cultrix, 1990.

Royal Society. *Knowledge, networks and nations: scientific collaborations in the twenty-first century*. United Kingdom: Elsevier, 2011.

SADEK, Maria Tereza e QUIRINO, Celia. *O pensamento político clássico*. São Paulo: T.A Queiroz Editor, 1992.

SAINT-CLAIR, Clóvis. *Bolsonaro: o homem que peitou o Exército e desafia a democracia*. Rio de Janeiro: Máquina de Livros, 2018.

SALDANHA, Nelson. *Formação da teoria constitucional*. Rio de Janeiro Renovar, 2000.

SALGADO, Plínio. *História do Brasil*. São Paulo: FTD, 1970, v. 2.

SALLES, Hyllo Nader de Araújo. *Negócios e negociantes em uma conjuntura crítica: o porto de Salvador e os impactos da mineração - 1697-1731*. Juiz de Fora: Universidade Federal de Juiz de Fora, 2014.

SALOMÃO, Khalid Fernandes. *Reflexões sobre soberania, uma trajetória do pensamento clássico às questões contemporâneas*. Rio de Janeiro: PUC (dissertação de mestrado), 2007.

SANDRINI, Marcos. *As origens gregas da filosofia*. São Paulo: Vozes, 2011.

SARCEDO, Leandro. *Política criminal e crimes econômicos – uma crítica constitucional*. São Paulo: Alameda, 2012.

SARLET, Ingo Wolfgang. Proibição de retrocesso, dignidade da pessoa humana e direitos sociais: manifestação de um constitucionalismo dirigente possível. In: *Constituição e democracia* - estudos em homenagem ao professor J.J Gomes Canotilho. São Paulo: Malheiros, 2006.

—. *A eficácia dos direitos fundamentais*. 6. ed.. Porto Alegre: Livraria do Advogado Editora, 2006.

SCANTIMBURGO, João de. *O Brasil e a Revolução Francesa*, São Paulo: Pioneira, 1973.

SCHIOPPA, Antonio Padoa. *História do direito na Europa*. São Paulo: Martins Fontes, 2014.

SCHMIDT, Paulo. *Guia politicamente incorreto dos presidentes da República*. São Paulo: Leya, 2017.

SCHMITT, Carl, *Teologia política*. Belo Horizonte: Del Rey, 2006.

SCHOLZE, Victor. Emprego da teoria da constituição dirigente adequada à realidade brasileira. Teresina: *Revista Jus Navigandi*, ano 19, n. 4129, 21 out. 2014.

SCHUMPETER, Joseph A. *Capitalismo, socialismo e democracia*. São Paulo: Editora Unesp, 2017.

SCHWANITZ, Dietrich *et al. Cultura geral – tudo o que se deve saber*. São Paulo: Martins Fontes, 2009.

SCHWARCZ, Lilia Moritz. *Lima Barreto – triste visionário*. São Paulo: Companhia das Letras, 2002.

—; STARLING, Heloísa. *Brasil: uma biografia*. São Paulo: Companhia das Letras, 2015.

SCRUTON, Roger. *O que é conservadorismo*. São Paulo: É Realizações, 2015.

SCURR, Ruth. *Pureza fatal*. Rio de Janeiro: Record, 2009.

SECCO, Lincoln, *História do PT*. Cotia: Ateliê Editorial, 2018.

SEGRILLO, Ângelo. *Os russos*. São Paulo: Contexto, 2012.

SELLERS, Charles, MAY, Henry; Mc MILLEN, Neil R. *Uma reavaliação da história dos Estados Unidos*, Rio de Janeiro: Jorge Zahar Editor, 1990.

SEN, Amartya. *A ideia de justiça*. São Paulo: Companhia das Letras, 2011.

Senado Federal, *Constituição do Brasil e Constituições estrangeiras*. Brasília: Gráfica do Senado Federal, 1987.

SÉRGIO, António. *Breve interpretação da história de Portugal*. Coleção Clássicos Sá da Costa. Lisboa: Livr. Sá da Costa, 1972.

SERRA, Antonio Truyol y. *História da filosofia, do direito e do Estado*. Lisboa: Instituto das novas profissões, 1993. 2 v.

SEVERO, Jose Antônio. *Cinzas do Sul*. Rio de Janeiro: Record, 1998. v.2.

SGARBI, Adrian. *O referendo*. São Paulo: Renovar, 1999.

SIEYÈS, Abade. *Exposição refletida dos direitos do homem e do cidadão*. 2. ed., São Paulo: Atlas, 2015.

SILVA. Beatriz Coelho. *Jacobinismo*. Rio de Janeiro: Centro de Pesquisa e Documentação de História Contemporânea do Brasil (CPDOC), 2017.

SILVA, Hélio e CARNEIRO, Maria Cecília Ribas. *Os presidentes: Artur Bernardes - 12º presidente do Brasil (1922-1926)*. São Paulo: Editora Três, 1984.

— e —. *Os presidentes – Epitácio Pessoa 11º Presidente do Brasil 1919-1922*. São Paulo: Editora Três, 1984.

— e —. *Os presidentes – Washington Luís - Revolução de 30 (1926-1930)*. São Paulo: Editora Três, 1984.

SILVA, Ivan de Oliveira. *Curso moderno de filosofia do direito*. São Paulo: Atlas, 2012.

SILVA FILHO, João Antonio da. *A democracia e a democracia em Norberto Bobbio*. São Paulo: Verbatim, 2014.

SILVA, José Afonso da. *Curso de direito constitucional positivo*. 16. ed. São Paulo: Malheiros, 1999.

—. O sistema representativo e a democracia semi-direta: democracia participativa. São Paulo: *Revista do Advogado*, 2003.

—. *Aplicabilidade das normas constitucionais*. 6. ed. São Paulo: Malheiros, 2004.

SILVA, Joseane Suzart Lopes da. Teixeira de Freitas, o jurista que sedimentou o direito privado em prol da sociedade. Disponível em https://www.conjur.com.br/2017-out-23/teixeira-freitas-jurista-sedimentou-direto-privado#top. Acessado em 20 jan. 2020.

SILVA, Rogério Forastieri da. *A Revolução Francesa*. São Paulo: Núcleo 1989.

SILVA, Sergio S.; SZMRECSÁNYI, Tamás. *História econômica da Primeira República*. São Paulo: Edusp-Hucitec, 2002.

SILVEIRA, Denis Coitinho. Teoria da justiça de John Rawls: entre o liberalismo e o comunitarismo. Revista *Trans/Form/Ação*, São Paulo, 30(1): 169-190, 2007.

SILVEIRA, Renato de Mello Jorge. A aplicação da teoria da cegueira deliberada nos julgamentos da operação Lava Jato. *Revista Brasileira de Ciências Criminais*. Vol. 122/2016, p. 255-280, set. / out. 2016.

SIMÕES, Edson. *Intercâmbio cultural Brasil-Japão*. Coordenação: Kiyoshi Harada. São Paulo: Cadaris Comunicação, 2016 (coautoria).

—. *Tribunais de Contas – controle externo das contas públicas*. São Paulo: Saraiva, 2014.

—. *Tratado de Direito Financeiro*. Coordenação: Ives Gandra da Silva Martins, Gilmar Mendes e Carlos Valder Nascimento. Saraiva, São Paulo, 2013 (coautoria).

—. *Tratado de Direito Municipal*. Coordenação: Ives Gandra da Silva Martins e Mayr Godoy. São Paulo: Quartier Latin, 2012 (coautoria).

—. *Constituição Federal. 20 anos. Avanços, contribuições e modificações no processo democrático brasileiro*. Coordenação: Ives Gandra da Silva Martins e Francisco Rezek, Revista dos Tribunais, São Paulo, 2008 (coautoria).

—. *USP 70 Anos – Imagens de uma história vivida*. Organização: Shozo Motoyama (USP-CHC – Universidade de São Paulo, Centro de Interunidade de História da Ciência). São Paulo: Edusp, 2006 (coautoria).

—. *Construindo o futuro – 35 anos de pós-graduação da USP*. Organização: Shozo Motoyama (USP-CHC). São Paulo: Parma, 2004 (coautoria).

—. *50 Anos do CNPq – Conselho Nacional do Desenvolvimento Científico e Tecnológico contados pelos seus presidentes*. Organização: Shozo Motoyama (USP-CHC). São Paulo: Fapesp, 2002 (coautoria).

—. *Centenário: contribuição da imigração japonesa para o Brasil moderno e multicultural*. São Paulo: Paulo's Comunicação e Artes Gráficas, 2011 (coautoria).

—; ANTUNES, Celso. *Curso de geografia do Brasil*. São Paulo: Harba, 1985.

SIMONSEN, Roberto. *História econômica do Brasil* (1500-1820). Brasília: Edições do Senado, 2005.

SINGER, André. *Os sentidos do lulismo: reforma gradual e pacto conservador*. São Paulo: Companhia das Letras, 2012.

SKIDMORE, Thomas E. *Brasil de Getúlio a Castelo* – 1930-64. São Paulo: Companhia das Letras, 2010.

SKINNER, Kentin. *As fundações do pensamento político moderno*. São Paulo: Companhia das Letras, 1996.

SMITH, Douglas. *Rasputin, fé, poder e declínio dos Romanov*. São Paulo, Companhia das Letras, 2008.

SOARES, Luiz Eduardo. *O Brasil e o seu duplo*. São Paulo: Todavia, 2018.

SOARES, Marco Antônio Striquer. *Plebiscito, o referendo e o exercício do poder*. São Paulo: Celso Bastos, 1998.

SODRÉ, Nelson Werneck. *A Coluna Prestes*. Rio de Janeiro: Civilização Brasileira, 1978.

—. *História militar do Brasil*. São Paulo: Expressão Popular, 2010.

—; MELLO, Maurício Martins; UCHOA, Pedro Celso; FIGUEIRA; Pedro Alcântara; FERNANDES, Rubens Cézar; SANTOS, Joel Rufino dos. *História nova do Brasil*. São Paulo: Loyola, 1993.

SOLANO, Esther; MANSO, Bruno Paes; e NOVAES, Willian. *Mascarados*. São Paulo: Geração Editorial, 2014.

SOBOUL, Albert. *A Revolução Francesa*. São Paulo: Difel, 1982.

SOUTO MAIOR, Armando de. *História do Brasil*. São Paulo: Companhia Editora Nacional, 1968.

—, Armando de. *Quebra-quilos, lutas sociais no outono do Império*. São Paulo: São Paulo, 1978.

—, Laerte. *Luiz Carlos Prestes na Poesia*. Curitiba: Travessa dos Editores, 2006.

SOUSA, José Antonio Soares de. *A vida do Visconde de Uruguai*. São Paulo: Cia. Editora Nacional, 1944.

SOUZA, Braz Florentino de Henriques. *Do Poder Moderador*. Brasília: Senado Federal, 1978.

SOUZA, Ítalo Roberto Fuhrmann e. O princípio da proibição do retrocesso social como categoria autônoma no direito constitucional brasileiro: Conceito, fundamentação e alcance normativo frente a atual dogmática dos direito fundamentais. *Revista Brasileira de Estudos Constitucionais*. Belo Horizonte, v. 6, n. 23, jul./set. 2012.

SOUZA, Jessé; GRILLO, André. *A ralé brasileira, quem é e como vive.* São Paulo: Contracorrente, 2009.

—. *A radiografia do golpe,* São Paulo: Leya, 2015.

—. *A tolice da inteligência brasileira – ou como o país se deixa manipular pela elite.* São Paulo: Leya Brasil 2015.

—. *A elite do atraso – da escravidão à Lava Jato.* São Paulo: Leya 2017.

—. *A classe média no espelho – sua história, seus sonhos e ilusões, sua realidade.* São Paulo: Sextante, 2018

—. *Subcidadania brasileira: para entender o país além do jeitinho brasileiro.* São Paulo: Leya Brasil, 2018.

—. *A guerra contra o Brasil: como os EUA se uniram a uma organização criminosa para destruir o sonho brasileiro.* São Paulo: Sextante, 2020.

SOUZA, Maria das Graças de. *Natureza e ilustração sobre o materialismo de Diderot.* São Paulo: Unesp, 2002.

—. *Ilustração e história.* São Paulo: Fapesp, 2001.

SPECTOR, Céline. *Vocabulário de Montesquieu.* São Paulo: Martins Fontes, 2011.

SPIRE, Arnaud. *Marx esse desconhecido.* Lisboa: Edições Piaget, 2004.

STRECK, Lenio Luiz. *Hermenêutica jurídica e(m) crise.* Porto Alegre: Livraria do Advogado, 2009.

—. *Jurisdição constitucional e hermenêutica.* Rio de Janeiro: Forense, 2004.

—; MORAIS, José Luis Bolzan de. *Ciência política e teoria geral do estado.* 4. ed. Porto Alegre: Livraria do Advogado Editora, 2004.

TÁCITO, Caio. *1988 - Constituições brasileiras.* 3.ed.. Brasília: Senado Federal, 2012.

TAVARES, Ana Lucia de Lyra. A Constituição Brasileira de 1988: subsídios para os comparatistas. *Revista de informação legislativa,* v. 28, n. 109, p. 71-108, jan./mar. 1991.

TAVARES, Luís Henrique Dias. *História da Bahia.* 4. ed. Salvador: Itapuã, 1969.

TELLES, Ignácio da Silva. *A experiência da democracia liberal.* São Paulo: Revista dos Tribunais, 1977.

TEPEDINO, Gustavo José Mendes; FACHIN, Luiz Edson (Org.). *Doutrinas essenciais*: obrigações e contratos. São Paulo: RT, 2011, p. 15, v. 1.

THALMANN, Rita. *A República de Weimar.* Trad. Álvaro Cabral. Col. Cultura contemporânea, n. 11, Rio de Janeiro: Jorge Zahar Editora, 1988.

TOCQUEVILLE, Alexis de. *Lembranças de 1848, as jornadas revolucionárias de Paris.* São Paulo: Companhia das Letras, 1991.

—. *Igualdade social e liberdade política.* São Paulo: Editora Nerman, 1988.

—. *Viagens à Inglaterra e à Irlanda*. São Paulo: Imaginário, 2000.

TOMAZELI, Luiz Carlos, *O estado liberal e a democracia direta*. Porto Alegre: EDIPUCRS, 1999.

TORRES, João Camilo de Oliveira. *A democracia coroada* - teoria política do Império do Brasil. Rio de Janeiro: Vozes, 1964.

—. *Interpretação da realidade brasileira*. Rio de Janeiro: Livraria José Olympio, 1969.

—. *O Conselho de Estado*. Rio de Janeiro: Edições G.R.D., 1965.

TRAGTENBERG, Maurício. *A Revolução Russa*. 2. ed. São Paulo: Unesp, 1988.

TREVELYAN, G. M. *História concisa da Inglaterra*. Lisboa: Editora Europa-América, 1942, v I e II.

TREVISAN, Leonardo. *A República Velha – história popular do Brasil*. São Paulo: Global, 1982.

VAINFAS, Ronaldo. *Dicionário do Brasil Colonial* (1500-1808). Rio de Janeiro: Objetiva, 2001.

—. *Dicionário do Brasil Imperial* (1822-1889). Rio de Janeiro: Objetiva, 2002.

VASCONCELOS, Arnaldo. *Direito, humanismo e democracia*. 2.ed. São Paulo: Malheiros, 2006.

VERDÚ, Pablo Lucas. Lugar de la Teoria de la Constitución em el marco del derecho político. *Revista de Estudios Políticos*, Instituto de Estudios Políticos, v. 188, mar./abr., 1973.

VIANNA, Oliveira. *O idealismo da Constituição*. 2. ed. São Paulo: Companhia Editora Nacional, 1939.

VIEIRA, Oscar Vilhena. *A batalha dos poderes*. São Paulo, Companhia das Letras, 2018.

VILANI, Maria Cristina Seixas. *Origens medievais da democracia moderna*, Inédita: [s.l], 2000.

VILLA, Marco Antonio. *A história das constituições brasileiras*. São Paulo: Leya Brasil, 2012.

—. *Década perdida – 10 anos de PT no poder*, Rio de Janeiro: Record, 2013.

VILLAVERDE, João. *Perigosas pedaladas*. São Paulo: Geração Editorial, 2016.

Vocabulário Ortográfico da Língua Portuguesa. 5. ed. Rio de Janeiro: Academia Brasileira de Letras, 2009.

VOEGELIN, Eric. *História das ideias políticas - Idade Média até Tomás de Aquino*. São Paulo: É Realizações, 2012, v. II.

VOLTAIRE. *Comentários políticos*. São Paulo: Martins Fontes, 2001.

WALSH, R. *Notices of Brazil*. Boston: Richardson, 1831, v. II.

WARDE, Walfrido. *O espetáculo da corrupção, como um sistema corrupto e o modo de combatê-lo estão destruindo o País*. São Paulo: Leya, 2017.

WEBER, Max. *A ética protestante e o "espírito" do capitalismo*. São Paulo: Companhia das Letras, 2004.

WEEKS, Willian Earl. *Bulding the continental empire: the american expansionism from the revolution to the Civil War*. New York: American Ways, 1996.

WEFFORT, Francisco Corrêa. *Os clássicos da política*. 11. ed. São Paulo: Ática, 2006. v. 2.

WERTHEIN, Jorge. *Aspectos éticos da sociedade da informação: a marca da UNESCO no debate global*. Brasília: Observatório da Sociedade da Informação - Unesco, 2003.

WIKER, Benjamin. *Dez livros que estragaram o mundo e outros cinco que não ajudaram em nada*. Lisboa: Alêntheia, 2015.

WILLIAM, Wagner. *O soldado absoluto*. Rio de Janeiro: Record, 2002.

WILSON, Arthur M. *Diderot*. São Paulo: Perspectiva, 2012.

WITTMAN, Donald. A. *O mito do fracasso da democracia*. Rio de Janeiro: Bertrand Brasil, 1999.

WOLFF, Jonathan. *Introdução à filosofia política*. São Paulo: Madras, 2010.

WOKLER, Robert. *Rousseau*. São Paulo: L&PM Pocket Encyclopaedia, 2012.

WOODCOCK, George. *História das ideias e movimentos anarquistas - a ideia*. São Paulo: L&PM, 2003.

ZAGREBELSKY, Gustavo. *A crucificação e a democracia*. São Paulo: Saraiva, 2016.

ZIMMER, Robert. *O portal da filosofia*. São Paulo: Martins Fontes, 2010.

ZSCHIRNT, Christiane. *Livros, tudo o que você não pode deixar de ler*. São Paulo: Globo, 2000.

[s.a]. *Robespierre – o líder da Revolução Francesa*. Col. Grandes Personagens da História Universal, fascículo 48, São Paulo: Abril, 1988.